普通高等教育“十一五”国家级规划教材
科学出版社“十三五”普通高等教育本科规划教材
生命科学经典教材系列

植物生理学

（第三版）

武维华　主编

科学出版社
北京

内 容 简 介

植物生理学是生命科学的基础学科之一。本书编者在第二版的基础上，参考了国际上通行的植物生理学教材内容及最新研究进展，对本书进行了修改，力图使内容在基础性、包容性、通用性、先进性和参考性等方面达到统一。本书全面阐述了植物生理学的基本概念、基础知识及研究进展等内容，同时介绍相关实验技术，将研究思路、方法与理论内容有机结合起来。全书分四部分（植物细胞、水分与矿质营养，植物体内的物质代谢及能量转换，植物的生长发育，植物环境生理），共16章。书后设有主要参考文献和中英文名词对照索引，以便查询相关知识。

本书可作为综合大学及农林、师范院校的植物生理学教材，也可供其他教学科研人员和中学生物教师参考使用。

图书在版编目（CIP）数据

植物生理学 / 武维华主编. —3版. —北京：科学出版社，2018. 3
普通高等教育“十一五”国家级规划教材
科学出版社“十三五”普通高等教育本科规划教材
生命科学经典教材系列
ISBN 978-7-03-055318-8

Ⅰ. ①植… Ⅱ. ①武… Ⅲ. ①植物生理学-高等学校-教材 Ⅳ. ①Q945

中国版本图书馆CIP数据核字（2017）第276477号

责任编辑：丛　楠 / 责任校对：彭　涛
责任印制：吴兆东 / 封面设计：铭轩堂

科学出版社出版
北京东黄城根北街16号
邮政编码：100717
http://www.sciencep.com
天津市新科印刷有限公司印刷
科学出版社发行　各地新华书店经销
*
2003年4月第　一　版　开本：889×1194　1/16
2018年3月第　三　版　印张：27
2025年12月第十五次印刷　字数：874 000

定价：98.00元

（如有印装质量问题，我社负责调换）

《植物生理学》（第三版）编委会名单

主　编　武维华

副主编　杨淑华　韩玉珍

参　编　李颖章　傅　缨　毛同林　张学琴　张蜀秋　袁　明
张　军　叶　德　王　毅　陈益芳　陈智忠　任东涛
蒋才富　李继刚　张　静　汤赛君

主　编

武维华，中国农业大学教授，中国科学院院士。博士毕业于美国新泽西州立大学。国家杰出青年基金获得者，教育部“长江学者奖励计划”特聘教授。主要从事植物抗逆和磷/钾高效等重要性状的基因克隆和功能分析；植物响应干旱、高盐、磷钾营养亏缺的信号转导和基因表达调控网络机制等方面研究工作。

副主编

杨淑华，中国农业大学教授。博士毕业于新加坡国立大学。国家杰出青年基金获得者，教育部“长江学者奖励计划”特聘教授。主要从事植物响应低温胁迫的分子机制研究工作。

韩玉珍，中国农业大学教授。博士毕业于北京农业大学（现中国农业大学）。主要从事植物生理学本科生教学工作及植物生长发育调控与逆境应答机理研究工作。

参　编

李颖章，中国农业大学教授。博士毕业于中国农业大学。主要从事植物防卫反应信号转导及分子调控机制、植物响应盐胁迫的分子机制研究工作。

傅缨，中国农业大学教授。博士毕业于武汉大学。国家杰出青年基金获得者，教育部“长江学者奖励计划”特聘教授。主要从事细胞骨架响应激素和环境信号调控植物生长发育的分子机制研究工作。

毛同林，中国农业大学教授。博士毕业于中国农业大学。国家杰出青年基金获得者。主要从事植物细胞骨架的生理功能及调控机制的研究工作。

张学琴，中国农业大学副教授。博士毕业于中国农业大学。从事植物生理学教学工作，主要研究高等植物雌雄配子体发生与发育的分子机理。

张蜀秋，中国农业大学教授。毕业于中国农业大学。主要从事植物生理学教学工作。

张军，中国农业大学副教授。博士毕业于中国农业大学。主要从事植物生长调节剂的研究工作。

王毅，中国农业大学教授。博士毕业于中国农业大学。国家基金委优秀青年科学基金获得者，教育部“长江学者奖励计划”青年学者。主要从事植物钾营养高效的生理及分子遗传机制研究工作。

陈智忠，中国农业大学副教授。博士毕业于中国农业大学。主要从事植物抗旱的分子机制研究工作。

蒋才富，中国农业大学教授。博士毕业于中国科学院遗传与发育生物学研究所。主要从事植物响应盐胁迫的分子机制研究工作。

张静，中国农业大学教授。博士毕业于比利时根特大学。入选中组部“青年千人计划”。主要从事植物响应低氮胁迫的分子调控机制研究工作。

袁明，中国农业大学教授。博士毕业于中国农业大学。国家杰出青年基金获得者。主要从事植物细胞的生长调控，特别是细胞骨架对植物细胞生长调控机制的研究工作。

叶德，中国农业大学教授。博士毕业于比利时布鲁塞尔自由大学。教育部“长江学者奖励计划”特聘教授。主要从事植物有性生殖分子发育遗传机制研究工作。

陈益芳，中国农业大学教授。博士毕业于中国农业大学。主要从事植物磷营养高效的生理及分子遗传机制研究工作。

任东涛，中国农业大学教授。博士毕业于兰州大学。国家杰出青年基金获得者。主要从事植物 MAPK 级联途径参与的细胞信号转导机制研究工作。

李继刚，中国农业大学教授。博士毕业于北京大学。入选中组部“青年千人计划”。主要从事光信号调控植物 ABA 信号及逆境应答反应，以及玉米耐阴、耐密植的分子机理等方面的研究工作。

汤赛君，中国农业大学副教授。博士毕业于英国约翰因内斯中心。主要从事植物细胞死亡与植物抗病分子机理的研究工作。

娄成后第一版序

我国自古以务农为本，历代长年，发展田地耕作、作物栽培、维持定居的社会生活。在不断地改善农业生产技术中，逐步发掘出植物生长的一些特性，多方加以利用。一些久经考验的传统经验（如一年多茬复种的栽培措施等）不乏植物生理学的内涵，至今看来，仍有开发余地。中世纪末，西欧国家掀起了工业革命。蒸汽驱动机器的发明，使得生产效率十倍于牲畜、百倍于人力！工、商、交通、航运等事业从而崛起，工业蓬勃发展的势力遍及全世界。农、林、牧业也随着新兴社会的需要，大幅度地迅猛扩展。西方国家的经济发展很快地取代了我国历史上长期占有的经济优势。新型事业在不断创新中，需要应用物理学、化学、生物学的基础知识来启迪，从而带动了自然科学的理论研究。

植物生理学的兴起与发展与19世纪自然科学的三大发现（细胞理论、进化论、物质与能量守恒定律）密不可分，早期的植物生理学先驱们采纳物理、化学领先建立的试验方式，用来分析从生活植物中观察到的一些有关物质、能量与形态转变的生理现象。始于17世纪、一直延续到20世纪中期的有关植物营养代谢、生长发育等过程的研究，获得了一系列丰硕成果并被应用于作物田间生产实践，为光照、水分、肥源、土壤、物种、人工资源的利用制定了合理的措施，田间作物的单位面积产量也因此得以成倍提高。研究成果还被用来创造一些适于温室、大棚、厂房内栽培、加工、储藏的新技术，在很多方面极大地改进和丰富了作物生产的内容。诸如化肥和农药的制造、组织培养的无性繁殖与芽苗脱毒、育苗移栽、反季节园艺栽培、农产品长期储藏保鲜等，无一不是植物生理学研究成果的实践应用。

高等植物是以细胞为单元，逐步建立组织、器官等多层次的形态，并且和周围环境密切关联的复杂系统。植物生理的研究既有微观的对个别现象深入到分子水平的细微分析，又有宏观的对其部位间以至植株与环境间相互作用的整体综合。植物界种类多样，千姿百态，形态功能，各自有异。种瓜才能得瓜，取决于物种的遗传属性。20世纪中叶，从豌豆杂交试验引发了遗传学的系列研究，以致后来分子生物学的迅猛发展，连迭创建出一系列破天荒的崭新概念与精巧技术。分子生物学和遗传工程的发展给植物生理学的发展带来了大好机遇，使得在分子生物学水平深入地研究和解析复杂奇妙的植物生理现象成为可能。生物遗传属性乃是由细胞染色体内核酸构成的基因来决定的。基因在生物个体发育过程中的表达是通过核酸分子中所包含的特异碱基序列为模板，来合成对应的蛋白质以执行相应功能的。植物的个体发育与生命活动离不开多种蛋白质所操纵的生理功能。反过来说，应用基因操作技术改善作物的某些性状就是通过最终改变某些参与性状表现的蛋白或其功能。鉴定与功能蛋白相对应的核酸片段，将其加以改造或将其引入其他物种，改善被转化植物的遗传属性及其个体的生理功能，成为别开生面的创举！

另外，大量的生理、生态研究资料显示，环境的营养条件、光温周期的转换，以及其他有益的或有伤害的境遇，对植物个体发育的进程和遗传属性的表达与变异具有显著的影响和调控作用。植物的生命活动乃是内部遗传信息与外界信息相互作用的具体表现。植物个体的生理学研究正是串联微观的分子生物学和宏观的生态学的中间环节，从统筹考虑全局的观点出发，这三学科的相互协作才能更好地在生产实践中发挥效用。传统农田生产的栽培耕作技术，倾向于将植物看作被动的、“麻木不仁”的生产工具，多靠人为的照顾与安排、维持营养条件的适当配置，以及防除自然与生物灾害的侵袭。过去的小农经济不惜劳力不计成本，靠人力的经营与物资的投入来保证农作物的高产优质。现下农产品进入市场经济后，粮食作物、林木、果蔬等生产事业，不仅需要生产者和经营者熟练掌握植物生理学的一般知识，还必须钻研各种特殊植物的特有生活规律，以期结合实际情况来提高生产效率和经济效益。

高等植物的器官间可以借激素、生长因子等微量的活性物质传递信息，有些人工模拟的制剂已经被用来有效地调控作物个体发育的发芽、抽枝、展叶、开花、结实的过程，协调整体的活动来适应外界的变化。在提高产品质量、防除灾害的侵犯等方面，轻便地喷洒某些制剂就足以顶替大量的操作。此外，设施园艺无土栽培、叶面施肥、工厂化育苗移栽、组织培养的无性繁殖、节水灌溉等都是植物生理学知识被用于生产实践的范例。植物生理学研究工作发展的趋向已逐步向着利用多种手段以改善植物本身的生理功能、充分发挥植物自身主动适应复杂多变的环境条件以及高效利用有限水分养分资源的方向发展，最终目标当然是在如何尽量减少对生态环境破坏的前提下，生产出人们生活所需的优质产品。

一个微米级大小的植物细胞具有发育成完整植株的全能性，植物细胞内部包含各种灵活应变的细胞器，通过网络的联系而有序施工，执行新陈代谢的使命。它能将周围稀薄的简单原料与弥散的能源，合成结构简繁不拘、各有专司的多种有机物。现下兴旺发达的有机化学工业能够制定精巧的工序，大批量生产出各种各样社会所需的产品，这些产品大都是利用大型的工厂装置，经高温、高压的能量投入，加工成植物本来利用自然能源和简单物质就可以高效合成的有机物。现代植物生理学研究的重要职责之一就是努力揭示植物细胞自力更生的机密。一个令人悬念、梦寐以求的设想就是创造工艺取代植物所具有的高超的同化本领，以使人类在生活上完全摆脱对植物产品的依赖、更为自由地向广阔的时空迈进！

总结现代植物生理学各方面的成果、编写适用于高等院校教学的教材是一项很有意义的工作。本书是由我校从事植物生理学教研工作的几位骨干成员编写的，他们分工协作、历经数年努力，终于成书。本书所选用的素材丰富，有些是经典的内容，有些则代表植物生理学的新趋向以及植物生理学与其他学科交融合作开辟出的新领域，特别是在以往国内常用教材的基础上又增加了一些新的必要内容，适合于新时期的植物生理学教学实践。我期望他们能在今后随着植物生理学的发展，不断地进一步充实与完善教材的内容，为我国植物生理学的发展做出贡献。

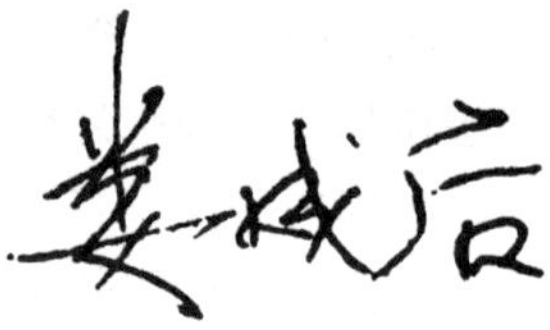

2003 年 2 月 15 日

许智宏第一版序

植物生理学是生命科学的基础学科之一，因此也是各类高等院校相关专业学生的必修专业基础课程之一。但近十余年来，我国高等学校植物生理学教学中一直缺乏能较全面地反映植物生理学基本内容和最新进展的教材。中国农业大学植物生理学与生物化学国家重点实验室的几位同志最近编写了这本《植物生理学》教材，其内容参考了国际最新流行教材的内容，在全面介绍植物生理学的基本知识和概念以及经典内容之外，又扼要介绍了植物生理学的最新研究进展，并力求反映分子生物学发展及其与植物生理学研究相结合对植物生理学本身发展的深刻影响。教材内容强调了植物生理学研究的核心内容是植物生命活动过程中的"功能及其调控机理"，注重了阐述从"基因表达"到"性状表达"之间的植物体内一系列信息传递、能量与物质代谢等过程的分子调控机制。教材除了注意保留植物生理学的经典章节内容外，新增加了"植物细胞离子跨膜运输"、"植物的次生物质代谢"、"植物激素作用机理"、"植物细胞信号转导"、"植物生物技术"等数章重要内容，教材最后还介绍了模式植物拟南芥。这些内容的增加一方面无疑是反映了植物生理学研究的进展，另一方面对逐步改变我国高等学校植物生理学教材一直按照理、工、农、医、师分类使用不同内容版本的做法是一有益的尝试。该教材内容在基础性、通用性、先进性、参考性等方面达到了较好的统一。

随着拟南芥、水稻等模式植物基因组全序列测序工作的完成，植物科学整体研究工作的重点将逐步转向"功能基因组"的研究，即研究与植物代谢和生长发育的分子调控机理、作物重要农艺性状表达密切相关的基因的功能及相互作用。而从"基因表达"到"性状表达"之间的过程是通过植物体内一系列信息传递、能量与物质代谢等复杂的生理生化过程及其调控环节来实现的，而"植物生理学"正是在植物整体、器官组织、细胞及分子水平上研究这些复杂生命活动过程及其调控机制的科学。也就是说，植物生理学的研究正是基因水平的研究与性状表达的研究之间的"桥梁"。可以预言，21世纪的植物生理学将逐步发展成为围绕植物生命活动过程的"功能实现及其调控机理"、在植物功能基因组的水平上全面探讨植物生长发育分子机理的全新学科。我期待着该教材在我国高校植物生理学的教学过程中发挥积极的促进作用，也希望教材内容在今后的改编或再版时能不断与时俱进。

2003年2月20日

第三版前言

本书的第二版完稿于2007年末，迄今已10年有余。本书的编者自2013年开始酝酿讨论本书的再版工作。为了实施科教兴国和人才强国的战略，紧赶飞速发展的植物生理学及植物细胞与分子生物学的前沿，我们特别邀请了一些优秀的中青年教师参加第三版教材的编写工作。在19位编者的共同努力下，经过2年多的艰辛工作，第三版书稿终于在2017年初完成。第三版内容的编写原则仍然是：依据植物生理学的自身学科性质，在力求较全面阐述基本概念和基础知识的同时，参考国际上较通行的植物生理学教材的章节框架和内容，尽可能在内容上反映本学科的最新研究进展，使内容在基础性、通用性、先进性、参考性等方面达到统一。与第二版内容相比较，第三版所有章节中均适量增加了一些最新研究进展内容，特别是对植物发育生物学、植物激素的代谢及作用机制、植物逆境生物学等章节内容有较大篇幅的修订。书中有些图增加了二维码，以便于读者查询相应图的彩图。

参加本书编写的人员均为中国农业大学植物生理学与生物化学国家重点实验室的学术骨干。在对编写内容进行分工时，主要结合个人相对专长的研究领域进行，以使教材内容尽可能充分地反映相关领域的最新研究进展。本书共分16章。绪论和第四、五章由武维华、王毅和陈益芳编写；第一至三章由袁明、傅缨和毛同林编写；第六、七章由韩玉珍、张蜀秋编写；第八、十章由韩玉珍编写；第九章由张军和任东涛编写；第十一章由张军、傅缨、蒋才富、杨淑华、陈智忠、毛同林、李继刚、张静和汤赛君编写；第十二、十五章由李颖章和李继刚编写；第十三、十四章由叶德和张学琴编写；第十六章由杨淑华、陈智忠和蒋才富编写。在完成初稿后，所有编写人员相互交叉审阅校正。全书由武维华、杨淑华、韩玉珍统稿。科学出版社的丛楠女士在本书的文字、图表及格式的修改审定方面做了大量工作。

本书的编写得到了科学出版社的指导和关心，同时也得到了编写人员所在单位许多领导和师生的关心和帮助，在此一并表示感谢。编者对教材中所引用的许多国内外教材、专著及科技期刊的大量资料和图片均尽最大可能地一一做了标注，如有遗漏和错误敬请谅解并指正。

尽管编者在编写过程中尽了最大努力，期望本书在全面介绍植物生理学基本概念和基础知识的同时，也尽可能地反映植物生理学研究领域的最新进展，但由于一方面本领域研究成果日新月异，另一方面编者的水平有限，因此内容上可能尚不尽如人意。同时，尽管我们在文字、图表等方面已尽最大努力反复校对核实，但仍难免会有一些错误，因此期望读者能随时将对本书的意见和建议反馈给我们，以便在本书有机会再版时予以修改。

编　者

2018年元月于中国农业大学植物生理学

与生物化学国家重点实验室

第二版前言

本教材的第一版完稿于2002年末（于2003年春季出版），至今已5年。在第一版由娄成后院士和许智宏院士所写“序”中，都对本书编写者提出了殷切期望，要求我们随着植物生理学的发展，不断与时俱进地充实与完善教材内容，我们对此一直铭记在心。在本书第一版付印后的5年间，不断地在酝酿讨论本书的再版工作。特别是近几年，一些优秀中青年教师陆续加入我们的植物生理学教学和研究团队，进一步增强了我们尽快对原书进行修改再版的信心。

在8位编写者的共同努力下，经过近2年的艰辛工作，第二版书稿终于在2007年末完成。第二版内容的编写原则依然是：依据植物生理学的自身学科性质，在力求较全面地阐述基本概念和介绍基础知识的基础上，参考国际上最近几年较通行的植物生理学教材的章节框架和内容，并尽可能在内容上反映国际上本学科的最新研究成果，以期使本教材内容达到在基础性、通用性、先进性、参考性等方面的统一。与第一版内容相比较，第二版对植物发育生物学、激素作用分子机理、植物逆境生物学等章节内容有较大篇幅的修订。所有章节中都不同程度地适量增加了一些植物分子生物学研究的最新进展内容。

参加本教材修改编写的人员均为中国农业大学植物生理学与生物化学国家重点实验室的主要学术骨干。在对编写内容分工时，基本上是结合个人相对专长的研究领域进行的，以保证教材内容能尽可能充分反映相关领域的最新研究进展和内容。本教材共分十六章。绪论和第四、第五章由武维华编写；第一、二、三章由袁明编写；第六、七章由张蜀秋编写；第九、十一章由张军编写；第八、十章由韩玉珍编写；第十二、十五章由李颖章编写；第十三、十四章由叶德编写；第十六章和附录由杨淑华编写。在完成初稿后，先在编写人员间相互交叉审阅，在避免不同章节内容重复或遗漏的同时，也对书稿做了初步校正。全书由武维华、张蜀秋统稿，最后经王学臣教授审定全稿。科学出版社的责任编辑在本书的文字、图表及其格式的修改审定方面做了大量工作。

本教材的编写得到了科学出版社科学出版中心的指导和关心，同时也得到了编写人员所在单位许多领导和师生的关心和帮助。在此一并表示感谢。编者对教材中所引用的许多国内外教材、专著及科技期刊的大量资料和图片均尽最大可能一一做了标注，如有遗漏和错误敬请谅解并指正。

尽管本书编著人员在编写过程中尽了最大努力，期望本书在全面介绍植物生理学基本概念和基础知识的同时，也尽可能地反映植物生理学研究领域近十年来的最新进展，但由于一方面本领域研究成果日新月异，另一方面编者的水平有限，所以内容上可能尚不尽如人意。同时，尽管我们在文字、图表等方面已尽最大努力反复校对核实，但仍难免会有一些错误，因此期望读者能随时将对本书的意见和建议反馈给我们，以便在本书有机会再版时予以修改。

编　者

2008年元月于中国农业大学植物

生理学与生物化学国家重点实验室

第一版前言

植物生理学是生命科学的基础学科之一，因此也是各类院校中与生物学相关的专业的本科及研究生必修的一门专业基础课程。

在过去的几十年中，我国高等学校教学使用的教材一直按照理、工、农、医、师分类使用不同的教材，植物生理学教材也一直沿袭理、农、医、师等的划分方法分别使用各主管部门组织编写的相应教材。这种条块分割的做法在一定程度上有悖于植物生理学作为生物学专业基础课程的性质，事实上也限制了我国植物生理学教材内容的基础性、包容性、通用性、参考性及先进性。例如，以往农业院校农学类各专业使用的植物生理学教材内容可能更注重强调与作物栽培相关的内容，而医学院校相关专业则可能更多强调与中草药相关的知识等等，再加上对教材篇幅和讲课时数的限制，导致我国的植物生理学教材的内容一直与国际通行的教材存在较大差距。而植物生理学作为生命科学的基础学科之一有其自身的性质和内涵，主要应包括对植物生理学的基本概念的阐述、基础知识的全面介绍、本学科的最新进展等。同时，植物生理学是一门实验科学，教材还应注意将实验技术方法与理论内容有机结合。在考虑到这些因素的前提下，编者在反复斟酌、讨论的基础上确定了本书的编写原则：依据植物生理学的自身学科性质，在力求较全面地阐述基本概念和介绍基础知识的基础上，参考国际上最近几年较通行的植物生理学教材的章节框架和内容，并尽可能在内容上反映国际上本学科的最新研究成果，以期使本教材内容达到在基础性、通用性、先进性、参考性等方面的统一。

参加本教材编写的人员均为中国农业大学植物生理学与生物化学国家重点实验室的主要学术骨干。在对编写内容分工时，基本上是结合个人相对专长的研究领域进行的，以保证教材内容能尽可能充分反映相关领域的最新研究进展和内容。本教材共分二十一章。绪论和第四、五、十八、二十一章由武维华编写；第一、二、三、六、八、十章由袁明编写；第七、十四、十五、十六、十七章由张蜀秋编写；第九、十一、十二、十三章由张军编写；第十九章由王学臣编写；第二十章由胡剑和武维华编写。在完成初稿后，先在编写人员间相互交叉审阅，在避免不同章节内容重复或遗漏的同时，也对书稿做了初步校正。然后由武维华统稿，最后经王学臣教授审定全稿。科学出版社的莫结胜女士在本书的文字、图表及其格式的修改审定方面做了大量工作。

本教材的编写得到了科学出版社科学出版中心和中国农业大学教务处的指导和关心，同时也得到了编写人员所在单位中国农业大学许多领导和师生的关心和帮助。在此一并表示感谢。编者对教材中所引用的许多国内外教材、专著及科技期刊的大量资料和图片均尽最大可能一一做了标注，如有遗漏和错误敬请见谅。

尽管编写者尽了最大努力期望本书在全面介绍植物生理学基本概念和基础知识的同时，也尽可能地反映植物生理学研究领域近十年来的最新进展，但由于一方面本领域从分子水平探讨植物生长发育机理的研究成果日新月异，另一方面编者的水平也有限，所以内容上可能尚不尽如人意。此外，尽管我们在文字、图表等方面已十分仔细认真，但仍难免会有一些错误，敬请读者见谅。同时，也望读者能将对本书的意见和建议反馈给我们，以便在本书有机会再版时予以相应的修改。

编　者

2002年10月于中国农业大学植物

生理学与生物化学国家重点实验室

目　录

第一部分　植物细胞、水分与矿质营养

第二部分 植物体内的物质代谢及能量转换

第三部分 植物的生长发育

第四部分 植物环境生理

绪　论

一、植物生理学的学习和研究内容

植物生理学（plant physiology）以学习和研究构成植物的各部分乃至整体的功能及其调控机制为主要内容，通过了解其功能实现过程及其调控机制来不断深入地阐明植物生命活动的规律和本质。简言之，植物生理学研究和探讨的核心内容是植物生命活动过程中的“功能及其调控机制”。诸如植物根组织细胞如何自土壤或水体中吸收无机营养和水分、叶片组织中叶肉细胞的叶绿体如何自大气环境中固定二氧化碳、植物体内的无机物和有机物如何通过维管束被转运、植物各部分的活细胞如何感受并传递环境刺激信号、植物如何适应恶劣自然环境等功能实现过程的机制及不同功能过程之间的相互协调和作用机制等，这些都属于植物生理学的研究范畴。

需要特别指出的是，植物生理学的研究范畴并不局限在个体、组织、器官、细胞和分子等某一结构层面上，研究植物生命活动功能的过程可以在较为宏观的个体或组织、器官水平上，也可以在细胞和分子水平上。例如，在20世纪50～70年代，植物生理学家在叶肉细胞和叶绿体结构水平上研究植物的光合作用过程及其调控机制；但自20世纪后期以来，人们逐步地开始在类囊体膜蛋白复合体、光合碳代谢关键酶的基因表达调控、叶绿体与细胞核间的信息传递等分子及分子遗传水平上研究光合机制及其调控。特别是近几年来，随着基因组学研究的迅猛发展，植物科学家已经开始了植物功能基因组学（plant functional genomics）、蛋白质组学（proteomics）和代谢组学（metabonomics）的研究，而植物生理学正是研究植物的“功能过程及其调控机制”的科学，这无疑为植物生理学研究的发展提供了更为广阔的空间。从分子遗传学的概念来讲，植物的各种性状是由基因的表达及其调控来控制的，而从基因表达到性状表达的过程是依赖多种生理生化过程（即功能实现过程）及其调控来实现的。根据植物生理学内涵的不断变化，人们也不断地提出一些新的学科名称来试图反映这些变化，如近年来就有“植物分子生理学”（plant molecular physiology）的提法。本书编者认为，对于植物生理学家来说，重要的是不断地以发展的眼光和态度去理解和充实植物生理学的真正内涵。

植物完成其生活史的生命活动过程十分复杂，从植物生理学的角度可人为地将其大致分为生长发育与形态建成、物质与能量代谢、信息传递和信号转导三个大的方面。

植物的生长发育是植物生命活动的外在表现。生长是指细胞数目增加、细胞体积扩大而导致的植物个体体积和重量的增加；而发育是指细胞的分化导致新组织、新器官的出现所造成的一系列形态变化（或称形态建成），包括从种子萌发，根、茎、叶的生长，直到开花、结实、衰老、死亡的全过程。人类对植物生命活动的认识正是从对其生长发育的观察和描述开始的。而植物生长发育的基础是植物体内的物质和能量代谢过程。

植物的代谢活动包括水分和养分的吸收、植物体内各种物质的运输、无机物的同化与利用、碳水化合物的合成与分解及转化等。作为实现和完成植物生长发育过程基础的各种代谢过程，受到多方面因素的调节，除了某一代谢过程自身在其各个环节上存在复杂的调节机制外，不同代谢过程之间也存在有机的协调。与其他生物种类相比较，绿色植物代谢活动的最大特点是它的“自养性”（autotropism）。绿色植物通过光合作用（photosynthesis）这一“地球上最重要的化学反应”（诺贝尔奖基金委员会评语），以太阳能为能源将简单的无机物（CO_2和H_2O）合成碳水化合物，又以碳水化合物为基本骨架合成蛋白质、核酸、脂类等各种生物大分子。植物通过光合作用不仅为其自身的生长发育和繁衍提供了物质和能量来源，还为人类及多种动物和异养微生物提供了食物来源，也是目前工业所需主要能源（煤、石油等）的来源。

植物的代谢途径异常复杂，而不同的代谢途径之间又存在相互联系和制约。植物通过其体内复杂的信息传递过程实现对多种代谢途径的调控。

植物生活在复杂多变的环境中，植物的生长发育过程在很大程度上受环境因素的影响。植物一方面在长期的进化过程中已逐步形成其顺应环境的、有规律变化的生命周期，另一方面在长期适应环境变化的过程中形成了对恶劣环境条件的适应或抵抗能力。植物对环境因素变化的响应首先始于植物对环境（物理的或化学的）信号的“感知”。在许多情况下，植物“感知”环境信号的部位（细胞、组织或器官）与植物响应环境信号发生特定生理效应的部位可能是不同的，这就存在信号感受部位将信息传递到发生反应的部位的过程，即所谓的信息传递。例如，当进入秋季后，自然光照时间变短（日长变短或夜长增加），一年生短日植物的叶片感受到夜长时间增加的环境信号后，经一系列信息传递过程使植物茎顶端分生组织发生一系列成花的生理反应，直至花芽形成和开花。而多年生落叶树木的叶片在感受到夜长增加的信号后，则会启动叶柄离层的形成，产生叶片脱落、植株进入休眠状态等一系列生理反应。植物除了能感受环境因素变化的信号并做出相应的反应外，植物内部的不同器官和细胞之间，甚至细胞内部的不同亚细胞结构之间也存在频繁的内源性信息传递过程。例如，高等植物的根组织合成的某种信号物质可能被运送至地上部分的组织或器官（甚至某些特定的细胞）而调控后者的生理生化过程。

“信息传递”和“信号转导”两种概念之间在字面上较容易混淆，一般“信息传递”主要指内源和外源的物理或化学信号在植物整体水平的传递过程（如根、冠间的信息传递），而“信号转导”多指在单个细胞水平上的信号传递过程，故又称为“细胞信号转导”（cellular signal transduction）。

二、植物生理学的发展历史

在植物生理学作为一个学科产生之前，人们对植物的研究最初是从对植物外部形态的描述开始的，因此，在植物科学领域最先产生的是植物形态学和以形态学为基础的植物分类学。随着显微镜的发明，人们对植物形态的描述逐步地从宏观进入微观，由此而产生了植物解剖学。而植物形态发生学、植物胚胎学等分支学科则是对植物的描述性研究由静态向动态发展的结果。与描述性科学不同，实验科学的结论须来自经过周密设计的实验和对实验结果的科学分析与判断。植物生理学正是从探索植物生命活动现象的本质开始孕育，并且逐渐成长而成为一门独立学科的。由于物质与能量的代谢作用是生命现象的基础，而对物质与能量代谢作用的研究和认识离不开化学和物理学理论与研究技术的发展，因此，也可以说植物生理学是随着化学和物理学的发展而产生和发展起来的。

在现代植物生理学诞生之前，人们通过肉眼的观察记载和生产劳动中经验的积累已具备了很多对植物生命活动现象的感性认识。中国是世界著名的文明古国之一，有着灿烂的历史文化和科技创造（如四大发明）及著称于世的悠久农业，在我国曾领先于世界其他各国的精耕细作传统农业技术中蕴藏着大量宝贵的植物生理学知识。周肇基先生在他编著的《中国植物生理学史》（周肇基，1998）一书中，引用了大量的历史文献、古代农书、地方志等，论述了我国上起原始社会、下至封建社会末年的5000余年间劳动人民应用在农业生产中的技术方法中所体现的植物生理学知识。远在公元前3世纪战国时期的《荀子·富国篇》中就有“多粪肥田”的记载，西汉《氾胜之书》已将施肥方式分为基肥、种肥、追肥。公元6世纪北魏贾思勰所撰《齐民要术》描述了“热进仓”贮麦法（“日曝令干，及热埋之”），此法一直沿用至近代。我国劳动人民为解决冬小麦春播不能正常抽穗问题而创造的“七九闷麦法”，实际上就是现在的“春化”法。但令人遗憾的是，与其他学科近代科学理论的建立及技术发展的情况类似，我国历史上这些宝贵的知识始终长期停留在原始积累和经验阶段，未能先于西方工业国家而发展成为一门自成体系的实验科学。

始于17世纪中叶的英国资产阶级革命使社会生产力空前高涨，也为18世纪60年代开始的工业产业革命准备了条件，而始于英国的工业产业革命很快影响到整个欧洲。在促进欧洲特别是西欧国家生产力发展的同时，科学技术的发展也被大大促进和加快。而植物生理学的最初研究工作也是始于17世纪。

（一）植物生理学的孕育阶段

这一阶段从1627年荷兰人范·海尔蒙特（J. B. van Helmont, 1577～1644）做的柳枝实验开始，直到19世纪40年代德国化学家李比希（J. von Liebig，1803～1873）创立植物矿质营养学说为止，经历了200多年。在植物生理学还未成为一门独立的学科之前，人们最初是从探讨植物营养和植物体内汁液流动、植物对空气的“净化作用”现象等问题开始的。在此之前的很长一段时期，人们一直以古希腊哲学家亚里士多德的“腐殖质学说”来解释植物是如何获取营养的。该学说用动物的营养方式来理解植物吸收利用营养的过程，认为植物通过类似于动物经过胃、肠吸收营养的方式，以植物的根通过从土壤中吸收腐殖质来构成其躯体。医生兼炼金术士范·海尔蒙特用实验否定了植物营养的“腐殖质学说”。他在一个大木桶中装入90kg土壤，栽植了一株2.27kg重的柳枝，以后只浇灌雨水，而且防止灰尘进入土壤。5年后，长成的柳树重达76.7kg，而土壤重量只减少了几十克。范·海尔蒙特由此认为，植物是从环境中摄取水分来构成其躯体的。可以说，范·海尔蒙特是第一个用科学实验来探讨植物营养本质的人，他的实验结果虽然动摇了亚里士多德的学说，但由于当时的化学知识尚处在比较原始的“炼金术”阶段，并不知道空气的组成和化学成分，更不知道水是由什么构成的，因此范·海尔蒙特不可能从他的实验结果中得出正确的结论。之后，英国的黑尔斯（S. Hales，1672～1761）研究了植物的蒸腾作用，为植物吸收和运转水分的过程提供了一些理论解释。1771年，氧的发现者英国学者普里斯特利（J. Priestley，1733～1804）发现绿色植物有一定的净化空气的作用，他将老鼠放在密闭的玻璃钟罩里，不久老鼠便窒息而死，其中的空气也失去助燃能力；但若在钟罩里同时放入绿色植物，经过几天老鼠仍能存活，而且放置绿色植物的钟罩里的空气能重新恢复助燃能力。后来，有人重复普里斯特利的实验而得出相反的结果，即植物也能把空气“变坏”。荷兰科学家英根浩兹（Jan Ingenhousz, 1730～1799）进行了一系列实验后于1779年指出，植物只有在光下才有净化空气的作用，并且只有植物的绿色部分才具备这种能力；在黑暗中，植物与动物一样，也能使空气“变坏”。这些关于绿色植物与空气成分变化的研究是对绿色植物光合作用认识的启蒙阶段。后来直到19世纪初，瑞士植物生理学家索苏尔（de Saussure）利用定量化学实验证明，植物在光下吸收的二氧化碳与放出的氧气有等体积关系，但在此期间植物体所增加的重量加上释放出的氧气重量超过了所吸收的二氧化碳重量，索苏尔认为，多余的重量是由水提供的。此外，这一时期还明确了二氧化碳被同化后的产物是糖和淀粉、光是推动此过程的动力、将叶片中的绿色色素命名为叶绿素（chlorophyll）、初步探讨了不同光谱成分对二氧化碳同化的影响等。至此，关于植物光合作用的概念已具雏形。

光合作用的初步发现动摇了植物营养的“腐殖质学说”，促使科学家以新的观念探究植物土壤营养的秘密。化学分析技术在18世纪末至19世纪初已有明显进展，促进了对植物和土壤化学成分的研究。1804年，索苏尔在他的著作《对于植物的化学分析》中指出：植物体内的碳素是从空气中得来的，而氮素则是以无机盐的形式从土壤中吸收来的。而法国学者布森高（J. B. D. Boussingault，1802～1879）建立的植物无土栽培试验方法则为植物矿质营养的研究奠定了技术基础。1840年，德国化学家李比希以对植物灰分分析的多年实验结果为依据，在他的著作《化学在农业及生理学中的应用》中指出，植物只需以无机物为养料便可维持其正常生活，除了碳素来自空气以外，植物体内的其他矿物质都是从土壤中摄取的。这些结论宣布了植物矿质营养学说的诞生，确立了植物区别于动物的“自养”特性，使争论了两个世纪的植物营养来源问题有了一个正确的结论。同时，李比希矿质营养学说的建立也标志着植物生理学作为一门学科的诞生。

（二）植物生理学的诞生、成长阶段

从李比希矿质营养学说的建立到19世纪末德国植物生理学家萨克斯（J. Sachs，1832～1897）和他的学生费弗尔（W. Pfeffer）的两部植物生理学专著问世为止，植物生理学的诞生和成长经历了约半个世纪的时间。

进入19世纪之后，细胞学说、能量守恒定律和生物进化论的陆续确立有力地推动了自然科学各个领域研究的迅速发展。在植物矿质营养的研究方面，明确了植物生长所需的氮素并不是直接自空气中获得的，豆科植物的固氮作用是由与其共生的根瘤细菌所完成的。1859年，诺普（W. Knop）和费

弗尔成功地使培养在按固定配方配制的营养液中的植物完成了生活史，使植物营养研究进入了精确化和定量化阶段，为植物必需的大量元素和微量元素的陆续发现创造了条件，也为农作物施肥奠定了理论基础。在细胞学说的推动下，费弗尔开展了植物原生质特性的研究，他和范特霍夫（J. H. Van’t Hoff）全面研究了细胞的渗透现象，提出了细胞渗透学说，科学地解释了水分进出细胞的现象。在能量守恒定律确定之后，人们开始认为光合作用也服从这一定律，光合作用产物中积累的能量就是由光能转化而来的，因此光合作用的本质就是将光能转化为化学能。19 世纪 60 年代，俄国著名植物生理学家季米里亚捷夫用自行设计的仪器对叶绿素的吸收光谱进行了比较精细的研究，证明光合作用所利用的光就是叶绿素所能吸收的光。在植物呼吸作用研究方面，俄国科学家巴赫（Bach）、巴拉金（Palladin）和科斯梯切夫（Kostychev）做出了重要贡献，确认呼吸作用是一种“生物燃烧”，所释放的能量来自呼吸底物中所储藏的能量。在植物的生长发育与环境影响的关系方面，达尔文关于植物运动的详细观察与实验开辟了植物感应性研究的新领域。

至 19 世纪末，萨克斯和费弗尔在全面总结了植物生理学以往研究成果的基础上，分别写成了《植物生理学讲义》（J. Sachs，1882）和三卷本的专著《植物生理学》（W. Pfeffer，1897），成为影响达数十年之久的植物生理学经典著作和植物生理学发展史中的重要里程碑。这两部著作的问世标志着植物生理学已经成为一门新兴的独立学科。

（三）植物生理学的发展阶段

随着 20 世纪以来科学技术的突飞猛进，植物生理学也得到了快速的壮大与发展。作为植物生理学理论基础的物理学和化学的迅速发展，使人们深入研究植物生长发育现象本质和规律的工作也大大加速。同时，与植物生理学密切相关的一些学科（如细胞学、遗传学、微生物学、生理物理学等）也在迅速发展，这也从另一方面促进了植物生理学的发展。而基于物理和化学基础理论的材料科学、激光与微电子技术的迅速发展，为生命科学提供了一系列现代化研究技术和观测手段，如同位素技术、电子显微镜技术、X 射线衍射技术、超离心技术、层析技术、电泳技术等，有力地促进了植物生理学在 20 世纪上半叶的快速发展。而在 20 世纪 50 年代以后，随着 DNA 双螺旋结构的揭示、遗传密码的破译，以及分子生物学、DNA 重组与遗传工程技术的迅猛发展，迅速地将植物生理学的研究工作推向了新的阶段。伴随着 20 世纪下半叶分子生物学的发展，其他一系列受计算机的普及应用所催生的新技术方法也相继诞生并被迅速应用，诸如各种数据与图像处理技术、信息网络技术、各种计算机数据库的建立（如拟南芥、水稻等模式植物的基因组数据库等），以及各种可由计算机控制和进行数据处理分析的生理生化观测与分析技术，这些都极大地促进了植物生理学从微观至宏观各个层次研究工作的发展。可以说，20 世纪植物生理学的研究在微观和宏观的各个层次上都取得了长足的进展，获得了许多重大突破。

光合作用机制的研究在 20 世纪中叶取得了突破性进展。首先是在光合碳代谢研究方面，美国加州大学伯克利分校的卡尔文（M. Calvin）和本森（A. Benson）及其同事在 1946～1953 年，利用放射性示踪（^{14}C 示踪）技术和纸层析技术，揭示了光合作用中 CO_2 同化的生化反应步骤，提出了著名的卡尔文循环（即“光合碳循环”）代谢途径（光合代谢 C_3 途径）。1965 年，美国科学家考茨彻克（H. P. Kortschak）等又发现了光合碳代谢的 C_4 途径。随后人们又在景天科植物中观测到了景天酸代谢途径（CAM）。在光合光反应机制研究方面，20 世纪中期就开始了解到光合光反应涉及两个光反应系统，随后逐步明确了光合电子传递链的基本结构及电子传递机制。在 20 世纪下半叶，主要研究工作集中在光合光反应过程中的光能吸收、传递、转换等的分子机制方面。而且，随着对一些光合膜上功能性色素蛋白及其复合体结构的研究，光合光反应分子机制的研究已逐步进入解析光合色素蛋白复合体的结构与功能关系的阶段。

在植物细胞结构与功能的研究方面，随着 20 世纪中期以后电子显微镜和 X 射线衍射技术的逐步广泛应用，人们对植物细胞的亚显微结构有了充分的认识。对细胞膜结构的了解及生物膜“流动镶嵌”模型的建立使得对细胞膜各种功能的研究成为可能，这一阶段对各种植物细胞膜结构所执行的电子传递、能量转换、离子吸收、信号转导等生理功能的研究取得了许多重要成就。而对细胞内各种细胞器结构与功能的研究也使人们在亚细胞水平解释植物的生命活动现象方面进入了新的阶段。

20 世纪 50 年代美国康奈尔大学的斯图尔德（F. C. Steward）和他的同事在研究植物激素——细胞分裂素调控细胞生长分化的同时，证实了单个植物体细胞在适当的条件下能够发育成完整的植株个体，这是植物生长发育机制研究在 20 世纪取得的重大突破之一。随后，人们陆续证实了不仅植物组织或单个体细胞，甚至原生质体或花粉在离体培养条件下也能分化成长为新的完整植物个体，这些工作的重要性不但从理论上证明了植物细胞具有“全能性”（totipotency），而且也为后来的植物细胞工程和植物基因工程的发展创造了技术条件。

在 20 世纪中叶还相继发现了植物光周期现象和控制光周期现象的色素蛋白复合体——光敏色素（phytochrome），到 20 世纪末人们已经知道植物体内存在多种不同的光敏色素分别对感受和传递不同波长或不同强度的光信号负责，这些光敏色素调控着许多与植物光形态建成相关的生理生化过程。进入 20 世纪 80 年代以后，人们开始陆续了解到植物细胞至少有三类光受体，包括对红光和远红光敏感的受体（即光敏色素）、对蓝光敏感的蓝光受体及对紫外光敏感的紫外光受体。其中关于对红光和远红光敏感的受体，即光敏色素的研究较为深入。而通过对模式植物拟南芥及其各种对光敏感或不敏感的突变体的研究证明，高等植物中存在光敏色素基因家族，如在拟南芥中克隆的 *PHYA*、*PHYB*、*PHYC*、*PHYD*、*PHYE* 就是分别编码 5 个不同光敏色素脱辅基单链多肽的基因。

关于植物激素的研究工作，以 20 世纪 30 年代首次确定生长素的分子结构为标志开始进入较快的发展时期，在 50 年代取得许多重要进展，迄今已陆续确定了 6 类公认的植物激素和 10 余类内源生长物质。80～90 年代的研究主要是围绕植物激素的分子作用机制而展开的，特别是利用模式植物拟南芥及其各种对激素敏感或不敏感的突变体所开展的关于植物激素受体的研究取得了重大突破。以乙烯受体研究为例，其突破主要是得益于拟南芥突变体材料的应用。根据乙烯对双子叶植物黄化幼苗茎、根细胞的伸长有显著的抑制作用（即乙烯的三重反应），利用模式植物拟南芥具有易被诱变、易于筛选突变体的优点，先后筛选出多个与乙烯作用、乙烯合成及乙烯生理效应有关的拟南芥突变体，如抗乙烯作用的拟南芥突变体（*etr*，ethylene resistant）、对乙烯不敏感的拟南芥突变体（*ein*，ethylene insensitive）、持续表现乙烯三重反应的突变体（*ctr*，constitutive triple response）等，利用这些拟南芥突变体在 90 年代很快地克隆了乙烯受体基因及其下游调控因子的基因，取得了被公认为是植物科学基础理论研究中重要成果之一的突破性进展。同时，对其他几类激素的受体或结合蛋白的研究也是硕果累累。与植物激素基础理论研究发展几乎同步得到发展的是各种植物生长调节剂在作物生长发育化学调控方面的广泛应用。

在 20 世纪下半叶获得长足发展的另一领域是有关植物逆境生理学的研究。随着世界人口的急剧增加和工业化进程的加速，全球环境恶化的问题日益严重，大气、水体、土壤等的严重污染、温室效应的加剧等不但迅速地破坏着自然生态环境，甚至直接威胁着人类赖以生存的作物生产和粮食供应。早在 20 世纪 80 年代的统计资料就表明，由旱、涝、盐、碱等自然灾害造成的全球粮食减产达总产的 30%～40%。显然，从理论层面上阐明植物适应逆境胁迫的生长发育机制对指导作物耕作栽培，以及培育抗逆、高产、优质作物新品种有重要的理论意义。自 20 世纪 70 年代以来，植物生理学家围绕生物膜的组成、结构和功能与植物抗逆性的关系，逆境条件下的活性氧伤害和活性氧清除系统与植物抗逆性，植物“热激蛋白”及其他“逆境蛋白”的功能和表达调控，植物细胞渗透调节物质的合成代谢及调控，植物抗旱及抗盐基因的鉴定和功能研究等与植物适应逆境的机制相关的研究开展了大量工作。到 20 世纪末，许多研究都已经进入了对抗逆基因的克隆和转化、以培育抗逆作物新品种的阶段。最近几年的前沿研究工作则集中在解析植物响应及适应逆境胁迫的分子调控网络机制方面。

而始于 20 世纪 70 年代、在 80～90 年代得到迅猛发展的植物生物技术及基因工程技术研究的发展和广泛应用也是得益于植物生理学领域有关植物组织和细胞培养的研究进展。植物细胞“全能性”的发现及后来利用植物体细胞、原生质体甚至花粉再生完整植株的理论与技术的建立和逐步成熟，为后来利用异源基因或目的基因转化植物奠定了必要基础和条件。目前已经在北美、南美的一些国家大面积推广的转基因作物品种无一不是利用植物细胞和组织培养技术而获得的，而植物细胞和组织培养技术在许多花卉和树木种苗培育方面的应用已经逐步成为不可或缺的常规技术。

总之，植物生理学在20世纪不但其自身得到了迅速和深入的发展，而且其取得的许多研究成果已经对其他相关学科的研究、作物栽培措施的应用和改进、作物新品种的培育等产生了巨大影响。有关植物生理学各个方面在20世纪及21世纪前10年所取得的主要进展在本书各章都有介绍，在此不一一详述。

三、植物生理学与生产实践

虽然植物生理学是一门基础学科，但其研究对象和研究内容决定了其与以植物生产力为基础的生产实践之间的密切关系。例如，关于植物矿质营养学说的创立及后来植物营养学研究的许多成果使化肥的广泛应用成为可能，在农作物生产中施用化肥使世界粮食产量剧增在保证世界人口急剧增加产生的对粮食需求的剧增方面发挥了无法估量的作用。同时，作物生产对化肥的需求又极大地刺激了化肥工业的发展。又如，有关植物激素的发现和研究使得植物生长调节剂在作物生产中得到了广泛应用，不仅大大地提高了粮食作物的产量，还极大地提高了农业劳动生产效率，同时也促进了农药工业的发展。而在20世纪50～60年代，根据如何提高光合效率以提高作物产量而培育的矮秆、耐肥、抗倒、叶片直立、株型紧凑的禾本科作物新品种所引起的“绿色革命”，则更是充分地体现了植物生理学的理论研究成果对指导作物生产的重要作用和意义。有关植物组织和器官呼吸作用调控机制的研究则促成了现代化蔬果储藏保鲜技术的推广应用及产业化。至于植物细胞全能性理论的确立，以及植物组织、细胞及原生质体培养等高效快速的植物无性繁殖或再生新技术，则不但为植物基因工程的发展和新种质的创造提供了先决条件，而且为新品种培育，以及花卉、苗木的工厂化快繁等提供了技术基础。植物生理学的基础理论研究与生产实践密切相关的事例不胜枚举，可以说，植物生理学的研究成就不但极大地丰富了生命科学的基础理论体系，而且在历史上、特别是在20世纪曾经为以农、林业为主的产业革命做出过重大的贡献。随着植物生物技术的广泛应用，植物生理学的研究成果已经开始渗透影响至基因药物生产、生态环境保护、资源合理利用、食品加工储藏等许多产业或行业。

人类在21世纪面临着一系列亟待解决的难题，其中尤以人口与健康、粮食、能源、环境与资源等问题最为突出，而这些问题的解决几乎无一不与植物生理学的研究密切相关。

（一）植物生理学与农作物生产

植物生理学研究在历史上最突出的贡献主要是其理论研究成果对农作物生产的影响，在21世纪可能仍然如此。首先，曾经于20世纪中叶根据如何提高光合效率而培育出的矮秆、株型紧凑作物品种导致了作物生产的“绿色革命”。而植物的光合效率仍大有可挖掘的潜力，随着对植物高光效、光合功能保护等分子机制研究的不断进展，完全有可能通过将基因工程技术与传统杂交育种相结合而培育出新一代高光效作物品种。

植物有较强的适应各种逆境的遗传潜能，随着对植物适应逆境性状功能基因组研究的开展和深入，阐明植物适应旱、涝、盐、碱及各种生物逆境的分子机制有望在近10年间获得重大突破，培育各种高抗逆作物品种或转基因抗逆植物将不但有可能极大地提高粮食产量，而且有可能使许多昔日的不毛之地变为对生态环境有积极影响的片片绿洲。

化肥的应用曾在历史上对农业生产有过突出贡献，但长期施用化肥又带来了许多负面影响，如环境污染、能源消耗、食品中化学物质残留等。植物营养生理学及分子遗传学的研究将逐步阐明植物吸收利用各种矿质营养元素的分子机制，挖掘植物吸收利用矿质营养的遗传潜能、培育能在低浓度营养元素条件（如低钾、低磷、低氮等）下高效吸收利用自然资源并正常生长发育的作物或苗木新品种，将对资源节约型可持续农业发展做出积极贡献。

在20世纪兴起的设施农业为人类在恶劣自然环境中生产所需农产品立下了汗马功劳。例如，以色列在沙漠中建立的设施农业保证了其国民的农产品供应，而我国北方大部分地区自20世纪80年代以后的大面积蔬菜种植大棚保证了反季节蔬菜的充足供应。但设施农业中也普遍存在一些亟待解决的问题，如低温或高温、弱光照、病害等，这些问题都与植物生理学的研究密切相关。植物生理学家已经在研究植物的耐阴性、抗病性、抗寒与抗热性等问题，结合材料科学、植物病理学、育种学、土壤学、气象学及工业和自动化等方面的研究工作，设施农业将在21世纪为人类生活品质的提高做出更大贡献。

随着人类文明的不断进步，人们对作物品质的要求也愈来愈高，而作物品质的形成取决于作物生长发育过程中的代谢调控。例如，是否可培育能生产出蛋白质含量较高且蛋白质中氨基酸组成合理的作物新品种，或培育富含各种人体必需维生素的蔬菜和果树新品种，而植物组织、器官或籽粒内各种物质成分的含量是由植物自身的代谢过程及其调控所决定的。因此，在植物生理学家逐步阐明各种物质代谢调控机制的基础上，结合基因工程和育种技术就有可能有目的地通过改造作物的物质代谢调控，从而达到改善谷物、蔬菜、水果营养品质的目的。人为地改善农产品其他品质（如口感、风味、颜色等）的道理也是类似的。

总之，植物生理学的基础研究将对未来的农业生产实践有多方面的理论指导意义，而农业生产的发展也会不断地对植物生理学的研究提出需要解决的理论研究课题。

（二）植物生理学与生态环境保护

地球上生长着的多种多样的植物是维系自然生态环境最重要的部分。植物利用光能、吸收利用二氧化碳，同时将水分子分解释放出氧气的生理过程使得其具有“净化空气”的特殊功能，而地表的各类植被所具有的巨大的涵养水体、防止地表水土流失、为野生动物提供栖息地等方面的生态功能也愈来愈被重视和利用。在保护现有植被的同时，人类在21世纪将面临如何有效地改造“不毛之地”的艰巨使命。例如，能在沙漠地区缺水少雨的恶劣环境下再造植被是人们的理想，而从植物生理学的角度研究植物适应干旱、盐碱的内在机制将有助于最大限度地挖掘植物自身在抗旱、抗盐碱方面的遗传潜能，从而为利用基因工程技术培育适合在各种恶劣环境下种植的植物提供理论和技术支撑。在如何保护原有植被、如何有效地营造人工植被、如何有效地保护濒危植物种类、如何有效地保护和利用植物的多样性等很多方面，也有许多植物生理学需要迫切研究的科学问题。

（三）植物生理学与医药工业

除了在人工栽培和利用各种药用植物方面有许多与植物生理学研究相关的问题外，植物生物技术的发展已经使利用植物作为“生物反应器”来生产药物成为可能。例如，治疗癌症和疟疾的有效药物紫杉醇和青蒿素等都是一些植物的次生代谢产物，具有极高的开发利用价值，但用传统的方法利用野生植物提取这些药物不但成本极高，而且严重地破坏了野生植物资源。但利用基因工程技术有目的地改造植物的次生代谢过程，将可能有效地提高这些次生代谢物质的产量。而植物组织和细胞培养技术的发展，也已经使利用细胞悬浮培养技术建立高效的类似于微生物培养的“植物发酵”生产工艺成为可能。在不远的将来，人们将有可能将经过基因工程改造的植物细胞在类似于“发酵罐”的容器中培养，以生产人们所需的药物。与利用动物生物反应器（如动物乳腺生物反应器）和微生物发酵生产药物相比较，利用植物生物反应器还有其不可比拟的优点。因为利用动物生物反应器有可能产生一些对人体有危害的污染，如产物中病毒等病原因子的污染；而利用微生物发酵所生产的药物也可能存在毒素污染等问题。但利用植物作为反应器生产药物则相对比较安全。此外，通过有目的地改造植物的物质代谢过程，还有可能生产出有药用功能的农产品，如富含各种维生素或含有各种预防疾病免疫物质的蔬菜和水果等。

（四）植物生理学与食品储藏加工

在20世纪中期以后被广泛采用的农产品收获或采摘后的储藏保鲜技术，主要是依据了植物呼吸过程的调控原理而建立起来的。在低温、缺氧等环境条件下保存谷物、蔬菜和水果可有效地抑制植物组织和器官的呼吸作用，从而延长了农产品的储藏时间。这些农产品储藏保鲜的技术在今后将继续得到更为广泛的应用，同时，植物生物技术的发展也为通过改造或调控农产品内在的代谢过程而达到长期储藏和保鲜的目的开辟了广阔的空间。20世纪末期，人们曾经尝试通过抑制番茄等果实内乙烯的合成而抑制其采后的呼吸作用，以达到延长其采后保存时间，研究成果已被成功应用于生产。在21世纪，随着植物功能基因组学的迅速发展及各种代谢途径调控机制和植物抗病机制的阐明，人们将有可能更多地利用植物生理学的研究成果有效地实现对谷物、蔬菜和水果的长期保质和保鲜。当然，除了农产品的储藏保鲜外，基因工程的普遍应用也势必对食品工业带来其他方面的更为直接的影响，如有目的地使各种农产品中直接含有各种对人体有益的营养成分等。

总之，植物生理学与生产实践的关系是多方面的。如果说植物生理学在20世纪与生产实践的关系更多地体现在对农业生产的贡献方面的话，21世纪植物生理学的研究与生产实践的关系将表现在人类生活品质提高的方方面面。

四、21世纪的植物生理学发展前景

自20世纪80年代以来，随着分子生物学的迅猛发展和深入，许多植物生理学的传统研究工作逐步与分子生物学的研究交叉融合。例如，光合作用机制及调控的研究已经深入到探讨光合膜蛋白复合体分子结构与功能的关系、光合碳代谢关键酶的基因表达调控；植物激素作用机制的研究已深入到探讨激素与受体蛋白的分子作用机制、受体下游信号传递的分子作用机制；等等。鉴于这些情况变化，一些原来的植物生理学国际学术组织、甚至一些权威的国际植物生理学期刊杂志也在酝酿讨论原有名称的改变。例如，原来的《植物生理学年评》（*Annual Review of Plant Physiology*）在20世纪80年代后期改为《植物生理学与分子生物学年评》（*Annual Review of Plant Physiology and Plant Molecular Biology*），之后又改为《植物生物学年评》（*Annual Review of Plant Biology*）；原“美国植物生理学家学会”于2000年更名为“美国植物生物学家学会”。与此同时，国内外植物生理学界也在不断地讨论植物生理学作为一个学科的独立性问题。事实上，一些相关名称或提法的改变并不一定能完全改变其内涵，在某种程度上可能只是一种顺应“潮流”的变化，如一些相关学会和期刊更名的主要理由之一就是为了吸引更多的人参加学会或投稿。

应该说，植物生理学研究内容不断发展的趋势是必然的和合理的，事实上任何学科都是处于不断的发展进程中的。分子生物学的发展也是如此，在20世纪70～80年代，分子生物学家主要致力于对某个或某些基因的序列分析，但进入90年代以后则逐步开始研究基因的表达调控、基因功能、不同基因间的互作，并在20世纪末期已全面进入功能基因组的研究时代。如果从发展的观点来分析植物生理学研究内容的变化，植物生理学与细胞生物学、生物物理学、分子生物学等相关学科的交叉、融合及相互影响会促进所有学科的共同发展。而对于植物生理学作为一个学科或领域而言，只有当它与其他学科达到“水乳交融”的状况，其自身才有可能得到不断发展与壮大。

如果将植物生理学与整个植物科学的发展趋势结合起来考虑，不难得出植物生理学在21世纪将进一步得到发展壮大的结论。随着拟南芥、水稻等模式植物基因组全序列测序工作的完成，植物科学界普遍认为其整体研究工作的重点将逐步转向“功能基因组”的研究，即研究与植物生长发育调控机制、作物重要农艺性状（如抗旱、抗盐、抗病、水分养分高效利用、产量与品质形成等）表达密切相关的基因的功能及相互作用。而从“基因表达”到“性状表达”之间的过程是通过植物体内一系列信息传递、能量与物质代谢等复杂的活细胞生理生化过程及其调控环节来实现的，而“植物生理学”正是在植物整体、组织器官、细胞及分子水平上研究这些复杂生命活动过程及其调控机制的科学，其研究和探讨的核心内容是植物生命活动过程中的“功能及其调控机制”。从学科间的相互关系上分析，“植物生理学”的研究正是基因水平的研究与性状表达研究之间的“桥梁”。换言之，21世纪的植物生理学将逐步发展成为围绕植物生命活动过程的“功能实现及其调控机制”、在植物功能基因组的水平上全面探讨植物生长发育分子机制的全新学科。植物生理学将在研究和阐明一些植物科学领域的重要基础理论问题的同时，不断地为植物生物技术、农作物耕作栽培、作物和经济植物新品种的培育、生态与环境保护、以植物为材料或对象的药物与材料生产和食品加工储藏等应用科学研究提供强大的理论指导和技术支撑。

思考题

（1）植物生理学的主要研究内容是什么？如何理解植物生理学与分子生物学等学科的关系？

（2）植物生理学的发展大致经历了哪三个阶段？其发展与科学技术整体发展水平的关系如何？

（3）植物生理学与生产实践的关系主要表现在哪些方面？举例说明植物生理学的理论研究成果对生产实践的指导作用。

（4）讨论21世纪植物生理学的发展前景。

第一部分
植物细胞、水分与矿质营养

第一章 植物细胞

细胞是生命活动的基本单位。细胞不但是有机体结构的基本单位，而且是代谢和功能及遗传的基本单位。同时，细胞的分裂、生长和分化也是有机体生长和发育的基础。因此，了解细胞的生命活动是阐明有机体生命活动的基础。植物生理学主要以高等植物为研究对象，因此本章内容将以高等植物细胞为主，对各细胞器的生理功能做一个概括性的介绍，其中叶绿体和线粒体将在光合作用（第六章和第七章）和呼吸代谢（第八章）的有关章节中介绍，具体的有关植物细胞功能的内容将贯穿于本书的各个章节。

高等植物体是由多细胞组成的，典型的高等植物细胞如图 1-1 所示。

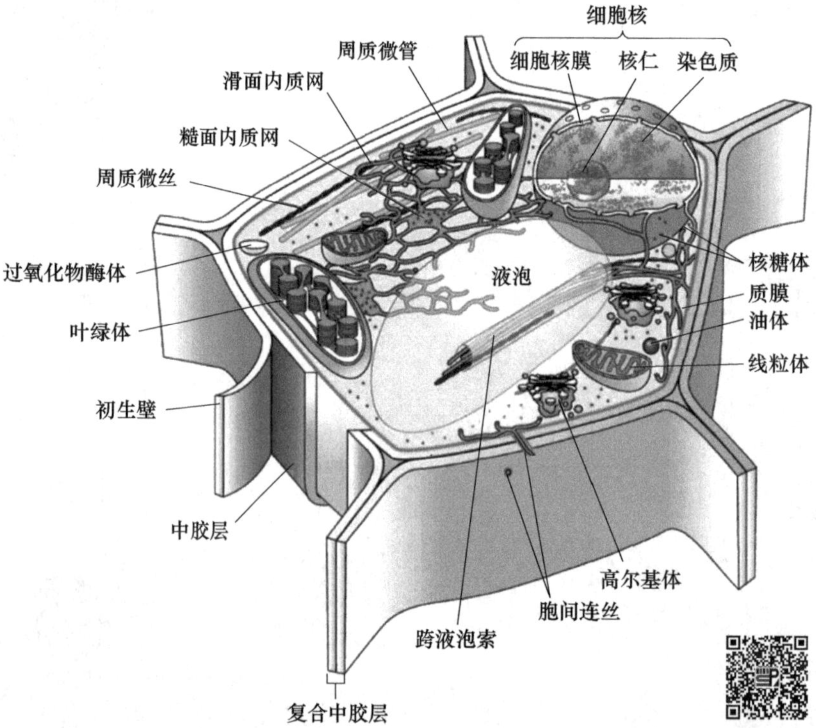

图 1-1　高等植物细胞模式图（Taiz et al.，2015）

植物体的细胞高度分化，不同植物的细胞及同一植物不同组织的细胞间有很大的差异。植物细胞的大小差别很大。例如，巨型的植物细胞如轮藻（*Chara*）的节间细胞可以有数厘米长，约 1mm 粗，而植物分生组织的细胞直径仅为十几微米。大多数高等植物细胞的直径为几十微米。除了细胞大小的差异，植物细胞在形态方面也有很大的差异，而且特定的细胞形态是与细胞的功能密切相关的。

与动物细胞相比，植物细胞具有许多显著不同的特性。高等植物的绝大多数细胞都具有坚硬的外壁——细胞壁。植物的许多基本生理过程，如生长、发育、形态建成、物质运输、信号传递等都和细胞壁有关。高等植物可以进行光合作用，在从事光合作用的高等植物细胞中含有叶绿体。具有细胞壁和光合作用可能是植物祖先最早产生的有别于其他生物的重要特征。在许多高等植物的成熟细胞中都有一个相当大的中央大液泡，这也是高等植物细胞的重要特征之一。中央大液泡在细胞的水分运输、生长、代谢等许多方面都具有至关重要的作用。对于动物细胞而言，细胞通常有一定的“寿命”，细胞在若干代之后会失去分裂的能力，但是植物分生组织的细胞通常具有无限生长的能力，可以永久地保持分裂能力。

第一节　细胞的膜系统

生物膜的产生是生命进化过程中极其重要的事件。细胞是以细胞质膜为界而独立于周围环境的，没有细胞质膜也就没有细胞的产生。此外，在细胞中大多数细胞器是由膜围成的，这些细胞器分别执行着不同的且极其重要的生理功能。生物膜通常具有类似的基本结构，它们都是以脂类和蛋白质为基本组成构成的单位膜结构。生物膜具有一些共同的物理特性。例如，生物膜对气体分子、小的不带电荷的极性分子、脂溶性分子等有较高的透性；但是离子或带电荷的分子则很难透过生物膜。生物膜具有较高的电阻，电阻率一般为 10^9～$10^{11}\Omega\cdot cm$，当然在活细胞中，由于膜上离子通道和离子载体的存在，膜电阻是可变和受到调控的；此外，膜蛋白的存在使生物膜表面张力降低，在生理 pH 下膜表面带负电荷等。细胞中不同的膜，如细胞膜、叶绿体膜或线粒体膜等一般具有独特的功能，构成这些膜的脂类常有一些差异，特别是膜蛋白更有重要的差别。膜的多种多样的功能和生理特性主要是由膜上的蛋白质所决定的，而膜脂和膜蛋白的相互作用也是影响膜功能的重要因素。

一、质膜

质膜（plasma membrane）也称细胞膜，是指包围着原生质的一层界膜。质膜的存在使细胞相对独立于外界环境，因而生命活动得以在一个相对稳定的微环境中进行；同时质膜又在细胞与外界环境进行不断的物质交换和信息交流过程中起着非常重要的作用。

（一）质膜的主要化学组成

质膜主要由膜脂和膜蛋白构成。

1. 膜脂　膜脂主要包括磷脂、糖脂和胆固醇三类。

（1）磷脂　磷脂是构成膜脂的基本成分，占整个膜脂的 50% 以上。磷脂可分为甘油磷脂和鞘磷脂两类。甘油磷脂又包括磷脂酰胆碱（卵磷脂）、磷脂酰丝氨酸、磷脂酰乙醇胺、磷脂酰肌醇等。磷脂分子由一个磷脂酰碱基（称为头部）和两条脂肪酸链（称为尾部）所组成，磷脂酰碱基和脂肪酸链两部分通过甘油基团衔接。磷脂酰碱基头部有磷酸和碱基，极性很强，亲水，而脂肪酸链的尾部为非极性，疏水。因此磷脂分子具有亲水和疏水的双重特性，在水溶液中会形成磷脂双分子层（phospholipid bilayer）的结构，极性头部伸向双分子层的表面，而疏水的尾部则伸向双分子层的内侧。

（2）糖脂　糖脂与磷脂的结构类似，只是由一个或多个糖基代替了磷脂酰碱基而与鞘氨醇的羟基结合。糖脂在膜脂中的含量一般在 5% 以下。

磷脂和糖脂的两条脂肪酸链的长度常为 14～24 碳，其中一条通常为饱和脂肪酸，而另一条则为不饱和脂肪酸。不饱和脂肪酸链使得脂类分子在双分子层中不能紧密排列，这对于保持膜的流动性是十分重要的，而膜的流动性对于膜的许多生理功能又是至关重要的。影响膜流动性的另一个重要因素是温度，由于植物无法移动或调节自身的温度，因此植物细胞膜中不饱和脂肪酸常有较高的比例。

（3）胆固醇　胆固醇在加强膜的流动性、稳定膜结构和降低水溶性物质的膜通透性等方面有作用。

2. 膜蛋白　膜蛋白（membrane protein）赋予细胞膜非常重要的生物学功能，如接受外界信号分子的受体蛋白、进行物质运输的载体蛋白和通道蛋白、催化各种反应的酶蛋白等。根据膜蛋白与脂分子的结合方式，膜蛋白可分为 3 种基本类型：外在膜蛋白（extrinsic membrane protein）或称外围膜蛋白（peripheral membrane protein）、内在膜蛋白（intrinsic membrane protein）或称整合膜蛋白（integral membrane protein）和脂锚定膜蛋白（lipid anchored protein）。外在膜蛋白为水溶性蛋白，靠离子键或其他较弱的键与膜表面的蛋白质分子或脂分子结合。因此当改变溶液的离子强度甚至提高温度时，外在膜蛋白就可以从膜上分离下来，而膜结构并不被破坏。内在膜蛋白多数为跨膜蛋白（transmembrane protein），与膜结合非常紧密，只有用去垢剂使膜崩解后才能将内在膜蛋白分离出来。内在膜蛋白与膜结合的主要方式为：①膜蛋白的跨膜结构域与磷脂双分子层的疏水核心相互作用；②膜蛋白跨膜结构域的两端携带正电荷的氨基酸残基与磷脂分子带负电的极性头部形成离子键，或带负电的氨基酸残基通过 Ca^{2+}、Mg^{2+} 等阳离子与带负电的磷脂极性头部相互作用；③某些膜蛋白在细胞质一侧的半胱氨酸残基上共价结合脂肪酸分子，插入磷脂双分子层之间，进一步加强膜蛋白与脂双层的结合力，还有少数蛋白质与糖脂共价结合。脂锚定蛋白是通过与之共价相连的脂肪酸或糖脂插入膜的磷脂双分子层，从而锚定在质膜上，其水溶性的蛋白质部分位于脂双层外，这一点与跨膜的内在膜蛋白有显著区别。

（二）膜的结构模型

有关生物膜的结构模型，目前较为公认的是流动镶嵌模型。流动镶嵌模型是由 Singer 和 Nicolson 于 1972 年提出的（图 1-2）。该模型认为：生物膜结构是由液态的脂类双分子层中镶嵌可以移动的球形蛋白质而形成的。随着科学研究技术的不断创新和改进，流动镶嵌模型也逐步得到完善。这一模型强调两点：①膜的流动性，膜蛋白和膜脂均可侧向移动。膜脂的基本运动方式是侧向运动，其他运动方式还有膜脂分子的自旋、膜脂尾部的摆动、双层膜脂间脂分子的“翻转”移动等。②膜蛋白分布的不对称性，蛋白质有的结合在膜的内表面或外表面，有的嵌入或横跨脂类双分子层。不同的膜在功能上的差别可以用镶嵌在脂类双分子层中的蛋白质的种类和数量上的不同来解释。

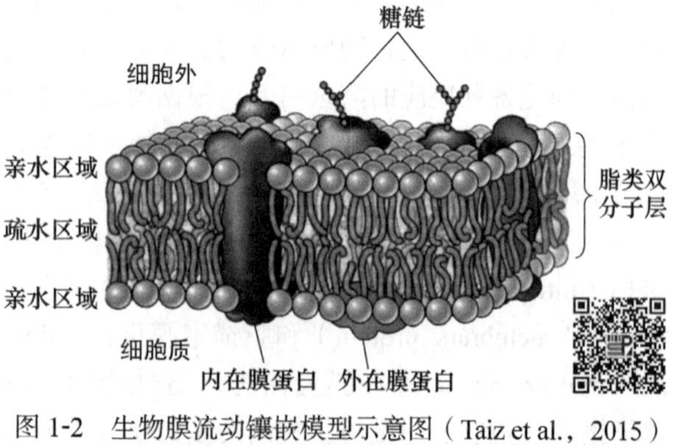

图 1-2 生物膜流动镶嵌模型示意图（Taiz et al.，2015）

根据流动镶嵌模型，膜脂和膜蛋白由于膜的流动性将趋于均匀分布，但是近年的研究结果却发现，许多膜蛋白的分布是有区域性的，膜蛋白的扩散也受到一定的限制。因此提出对流动镶嵌模型的修正，认为在膜的细胞质一侧有细胞骨架系统，膜下的细胞骨架系统可能有“锚定”膜蛋白及限制膜蛋白扩散的作用，从而将膜蛋白定位于特定的区域。此外，细胞膜中有 20%～30% 的磷脂是与蛋白质结合的，称为界面脂（boundary lipid），其流动性也受到膜蛋白性质和数量的制约。再者，细胞膜上普遍存在鞘脂（sphingolipid）和胆固醇的富集区域，相对于周围流动性较强的膜脂形成较为稳定的结构域，类似水面上漂浮的木筏，称为脂筏（lipid raft），脂筏承载着执行特定生物学功能的各种膜蛋白。因此，膜组分的空间分布是非均质的，受到细胞精密地组织和控制。

（三）质膜的功能

质膜是细胞原生质的界膜。对于大多数大分子物质和极性分子来说，质膜的通透性极低，这些物质不能经扩散作用通过质膜。因此，质膜使细胞相对独立于外界环境，形成一个稳定有序的、有利于细胞生命活动进行的内部环境。但是生活细胞必须与其外界环境不断地进行信息和物质的交流，而且这种交流必须是有序的、特异的和受严格调控的。质膜在细胞内外物质和信息的交流方面起着至关重要的作用，质膜上的各种膜蛋白如运输载体、离子通道、信号和激素受体等促进和（或）控制着跨膜的物质运输和信息传递。有关质膜上膜蛋白的各种相关功能将在以后的章节（如第四章和第十二章）中分别进行介绍。总而言之，细胞质膜的功能对于细胞的生命活动是根本性的，任何对质膜的伤害最终将导致细胞的死亡。从进化的角度来说，细胞质膜的产生也可能是原始细胞产生的最初事件。

二、内膜系统

在细胞中存在许多由膜包围而成的细胞器，这些细胞器组成一个在结构、功能或发生上具连续性的膜系统，称为内膜系统。在植物细胞中，内膜系统通常包括内质网、高尔基体、中央大液泡及它们形成的囊泡等。

（一）内质网

内质网（endoplasmic reticulum，ER）是真核细

胞重要的细胞器，它是由封闭膜系统及其包被的互相沟通的膜腔形成的三维网络结构（图 1-3A）。内质网是蛋白质和脂类合成与运输的重要场所，并且与其他细胞器联系紧密，因此很可能也同细胞器间的通信密切相关（图 1-3B）。内质网是一个高度动态的结构，它的结构形态、在细胞中的分布及滑面内质网和糙面内质网的比例都会随细胞类型、细胞周期时相及细胞环境的改变而发生变化（图 1-3C）。

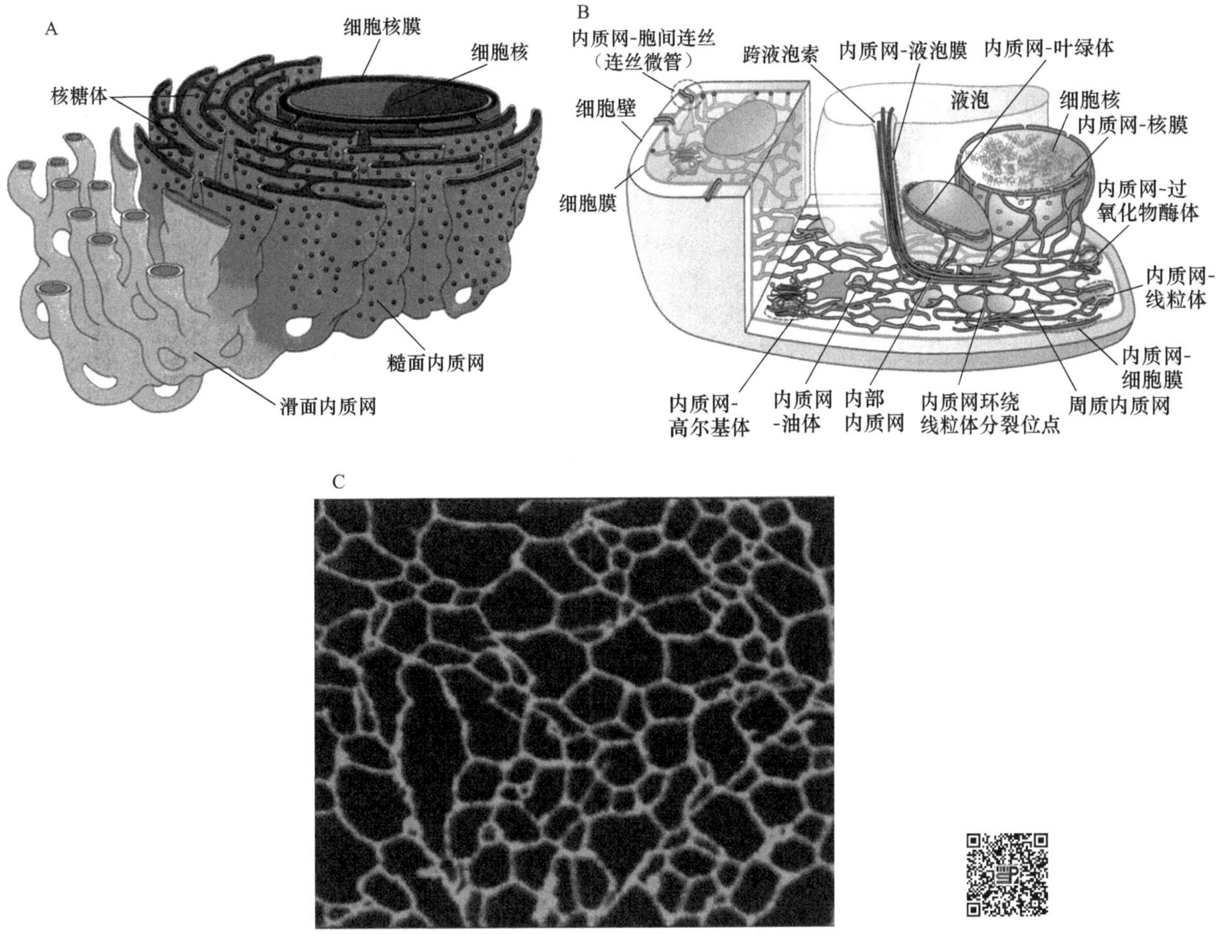

图 1-3 内质网结构（A）及与细胞器联系示意图（B）和植物细胞中内质网的荧光标记图像（C）
（Moore et al.，1995；Alberts et al.，2002；Taiz et al.，2015）

内质网膜是与细胞膜结构类似的单位膜，并且常与细胞核的外膜连在一起。内质网按其表面有无核糖体分为滑面内质网（smooth ER）和糙面内质网（rough ER）两类。滑面内质网常为管状结构，而糙面内质网在形态上常为扁平的囊状结构。糙面内质网是膜蛋白和分泌蛋白的主要合成场所，而滑面内质网的主要功能是进行脂类物质的合成。

糙面内质网上不仅合成蛋白质，同时还对所合成的蛋白质进行分选（sorting）。所有分泌的蛋白质和大多数膜蛋白的 N 端都有一段 18～30 个氨基酸残基的疏水序列，称为信号序列（signal sequence），即信号肽。蛋白质的合成首先是在细胞质基质中的游离核糖体上开始的。当翻译过程完成信号肽的合成后，该信号肽即被细胞质中的信号识别颗粒（signal recognition particle，SRP）所识别并与之结合，这时正在进行的翻译过程被暂时中止，直至 SRP 与内质网膜上的 SRP 受体［又称停泊蛋白（docking protein）］结合，之后信号识别颗粒脱离信号序列和核糖体，返回细胞基质中被重复使用，肽链延伸又重新开始。信号肽则引导肽链进入内质网腔中，肽链继续延伸直至完成整个多肽链的合成。信号肽则被腔面上的信号肽酶所切除。如果肽链中有某些序列与内质网膜有很强的亲和力而结合在脂双层中，那么这种多肽就会停留在膜脂中成为跨膜蛋白。所合成进入内质网的及停留在内质网膜中的蛋白质被装入小囊泡，或送到高尔基体进行进一步的加工，或经分泌排出细胞。

（二）高尔基体

高尔基体（Golgi body）又称高尔基器（Golgi apparatus）或高尔基复合体（Golgi complex），是普遍存在于真核细胞内的一种重要的细胞器。高尔基体是由排列较为整齐的扁平膜囊（cisternae）堆叠而成，膜囊叠成的垛堆（stack）构成了高尔基体的主体结构。高尔基体的扁囊多呈弓形，膜囊周围又有大量大小不等的囊泡结构，中间囊腔较窄，周缘多呈泡状（图 1-4）。高尔基体是一种有极性的细胞器，从内质网来的分泌蛋白小泡从高尔基体的一侧进入，从另一侧输出，因此每层膜囊也各不相同。在很多细胞中，高尔基体靠近细胞核的一面，扁囊弯曲成凸面，又称形成面（forming face）或顺面（*cis* face）；而面向细胞膜的一面常呈现凹面（concave），又称成熟面（mature face）或反面（*trans* face）。植物细胞中可以有上百个高尔基体分布在整个原生质中。

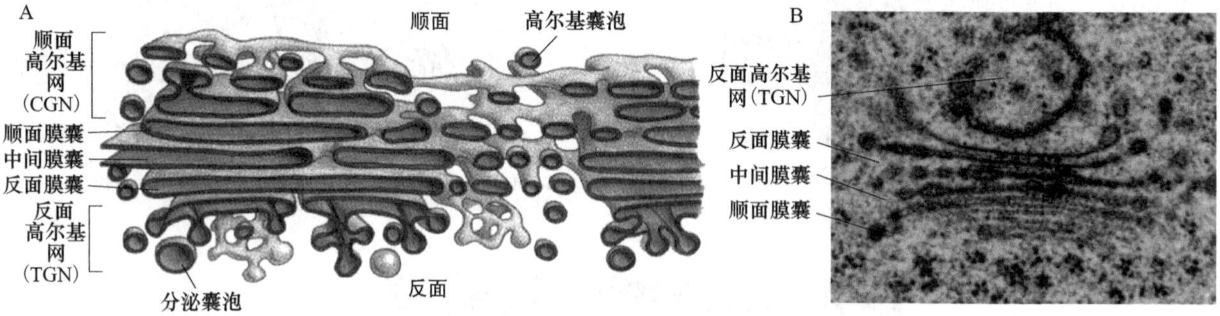

图 1-4　高尔基体结构模式图（A）及烟草根冠细胞中高尔基体的电镜图片（B）
（Alberts et al.，2002；Taiz et al.，2015）

高尔基体的主要功能是将内质网合成的多种蛋白质特别是糖蛋白进行加工、分类与包装，然后分门别类地运送到细胞特定的部位或分泌到细胞外。对于植物细胞来说，高尔基体在细胞壁的建造中有非常重要的作用。细胞壁中除纤维素以外的其他成分，如木质素、半纤维素、果胶等都在高尔基体中进行合成，细胞壁中的一些糖蛋白也在高尔基体中进行加工。在高尔基体中合成和加工后的多糖和糖蛋白被包装成分泌囊泡，然后运送到细胞膜并与之融合，将细胞壁物质运送到细胞外参与细胞壁的合成。分泌囊泡分为光滑分泌囊泡（smooth secretory vesicle）和有被囊泡（coated vesicle）。有被囊泡的表面有网格蛋白（clathrin），网格蛋白和其他多肽组成网格状的多面体囊泡包被。在植物细胞中有被囊泡可能在储藏蛋白的运输中起重要作用。

在细胞中有许多糖蛋白，如溶酶体中的水解酶类。多数细胞质膜蛋白和分泌蛋白都是糖蛋白，而糖蛋白的糖基化都在糙面内质网和高尔基体中进行。根据寡糖链与肽链氨基酸残基的结合方式可分成两大类不同的糖基化修饰，即 *N*-连接（连接到天冬酰胺残基的酰胺 N 原子上）糖基化和 *O*-连接（连接到丝氨酸残基、苏氨酸残基的羟基上）糖基化。*O*-连接的寡糖糖蛋白主要或全部是在高尔基体内合成的，而 *N*-连接的寡糖糖蛋白的合成是在内质网腔内完成的，运到高尔基体后，以植物特异的方式进行进一步的加工。

（三）中央大液泡

大多数植物细胞都有一个很大的、充满水溶液的中央大液泡（central vacuole）。中央大液泡由一层单位膜——液泡膜所包围。液泡最初发生是在根尖和茎尖的分生组织中，以很小的原液泡（provacuole）的形式存在。原液泡来源于靠近高尔基体成熟面的内质网，原液泡具有溶酶体的性质，其中含有许多酸性水解酶，能够分解细胞内的蛋白质、核酸、脂类和多糖等多种物质。随着细胞的成熟，原液泡通过吞噬细胞质和水合作用逐渐扩大并融合在一起，最终形成中央大液泡。中央大液泡是成熟细胞的重要特征。在成熟细胞中，中央大液泡可以占细胞体积的 80% 以上，而细胞质只是围绕在中央大液泡外的薄薄一层。在许多细胞中，细胞质形成丝状结构跨越中央大液泡，称为跨液泡索（transvacuolar strand），跨液泡索由液泡膜所包围，在跨液泡索中通常进行着频繁的胞质流动。

植物细胞的中央大液泡中含有多种酸性水解酶，如酸性磷酸酶、蛋白酶、核酸酶、酯酶、糖苷酶和氧化还原酶等，可以分解蛋白质、核酸、脂类及多糖等多种物质，因此具有溶酶体的性质。中央大液泡可以通过“自体吞噬”作用消化细胞质组分。例如，橡胶树乳管中的一些乳液成分即液泡通过自体吞噬作用消化细胞质的产物。中央大液泡的溶酶体性质还可能用于分解衰老的细胞器，起到清洁和再利用的作用。中央大液泡中的多种水解酶被释放进入细胞质会引起细胞的自溶和降解，这在细胞的衰亡过程中是很重要的。外部侵入的病原物或“异源物”也可能被液泡吞噬和消化。

增加植物细胞的体积是中央大液泡的一个重要功能。中央大液泡主要依靠水的吸收使其体积增加，因而使植物细胞的体积大为增加，细胞体积的增加伴随着细胞表面积的增加，因而细胞从外界所获得的物质和能量也随之增加。由于水被储藏在液泡中，因此这样增加体积的方式并不会造成细胞质的稀释而对细胞造成伤害。

中央大液泡通过跨液泡膜的运输积累物质，从而引起水分的吸收，提高细胞的膨压。细胞的膨压对于细胞生长和维持植物体的紧胀性是必需的。植物细胞的扩张生长只有当其膨压超过一定的阈值时才能进行。植物，特别是一些草本植物形态的维持需要细胞保持一定的膨压，当膨压降低时，植物就会发生萎蔫。某些植物运动也和膨压的变化有关。例如，植物的气孔运动就是通过保卫细胞的膨压变化而实现的。

中央大液泡又是细胞内重要的物质储藏库。中央大液泡与细胞质间进行着活跃的物质交流。液泡膜上有许多载体、离子通道、离子泵等用于细胞质和液泡间的物质运输。这种物质运输对于细胞正常生命活动的进行是至关重要的。中央大液泡中的水溶液是酸性的，其中含有无机离子、糖、酶、其他有机物等，这些物质可以储存在液泡中，需要时再被运输到细胞质，细胞质中由代谢产生的某些有害物质也可以运输到液泡，以保持细胞正常生理活动的进行。液泡也是种子储存蛋白质、脂肪和糖类物质的重要场所。在种子中大量存在的蛋白体（protein body）是特殊的蛋白质储藏液泡。当种子萌发时，蛋白体中的蛋白质发生水解成为氨基酸并被运出液泡，参与新蛋白质的合成。种子胚乳中的糊粉层也是由于蛋白质储存在液泡中形成的。在油类种子中，脂肪物质被储存在液泡形成的圆球体中。甜菜的块根和甘蔗茎中大部分蔗糖也储存在液泡中。

此外，液泡中还有一些十分重要的次生代谢物质，如各种生物碱、酚类物质和萜烯类化合物等。生物碱如人参皂苷、吗啡、奎宁等有重要的药用价值；酚类物质中的单宁、萜烯类化合物中的橡胶等是重要的工业原料；而植物花瓣、果实的丰富颜色则是由液泡中的花色素苷形成的。

（四）溶酶体

溶酶体（lysosome）是细胞质中由单层膜包围而成的大小为100～120nm的小泡，富含水解酶，能水解蛋白质、核酸和多糖，具有溶解和消化作用，因此被命名为溶酶体。溶酶体在动物细胞中普遍存在。植物细胞中的脂肪小体、圆球体（spherosome）、糊粉粒和液泡等膜泡结构含有各种水解酶（如蛋白酶、磷酸酶、淀粉酶和核糖核酸酶等），其中圆球体和糊粉粒主要存在于种子的子叶和胚乳中。这些膜泡结构在细胞中储藏物质的利用、细胞内不必要组分和受损细胞的清除等过程中行使消化作用，与动物细胞的溶酶体具有功能上的相似性，被称为植物细胞的溶酶体或溶酶体类似物。

（五）过氧化物酶体和乙醛酸循环体

微体（microbody）是一大类由单层膜构成的细胞器，普遍存在于真核细胞中。植物细胞中主要的两类微体是过氧化物酶体（peroxisome）和乙醛酸循环体（glyoxysome）。过氧化物酶体中的酶催化下列反应：

$$RH_2 + O_2 \longrightarrow R + H_2O_2 \text{（R 代表有机物）} \quad (1.1)$$

$$H_2O_2 \longrightarrow H_2O + 1/2\ O_2 \quad (1.2)$$

因此，过氧化物酶体是直接利用分子氧的细胞器，上述两种催化反应相互偶联，从而使细胞免受H_2O_2的毒害。叶肉细胞中过氧化物酶体常与叶绿体和线粒体在一起参与光合细胞中的光呼吸过程（参见第七章）。

乙醛酸循环体是植物特有的微体，通常存在于萌发期间的油性种子中。乙醛酸循环体具备乙醛酸循环的酶，因此在种子萌发时可以将储存的脂肪酸转化为糖，以便运输及利用。

第二节　细　胞　核

在大多数植物细胞中，一个细胞中只有一个细胞核。但是在某些类型的植物细胞或者某些细胞的特殊发育阶段会有多细胞核的现象。例如，轮藻的节间细胞中有许多细胞核；在植物胚乳细胞形成的过程中，由于细胞核先进行多次分裂之后才发生胞质分裂，因此也会产生阶段性的多核现象。

细胞核中包含了细胞的主要遗传物质，即核基因组。核基因组的表达和调控对于植物体的代谢、生长和发育都起着决定性作用。植物基因组的大小变化很大。例如，拟南芥（*Arabidopsis thaliana*）的基因组 DNA 约 1.5×10^8 碱基对，而某些裸子植物的基因组 DNA 可达 2×10^{11} 碱基对。虽然叶绿体和线粒体也具有自身的基因组，但是其编码的基因只能部分满足其结构和功能的需要，而叶绿体和线粒体中的大部分蛋白质仍然是由核基因编码的。

一、细胞核的结构

典型的细胞核结构如图 1-5 所示。

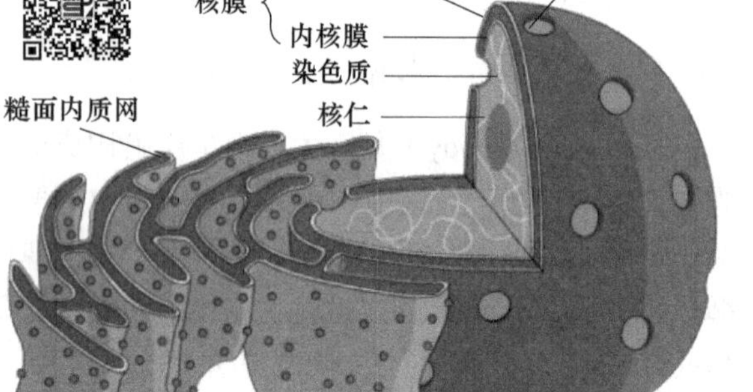

图 1-5　细胞核的模式结构示意图

（Moore et al.，1995）

1. 核膜　核膜（nuclear membrane）是细胞核的界膜，它由内外两层平行的单位膜组成，分别为外核膜（outer nuclear membrane）和内核膜（inner nuclear membrane）。外核膜面向细胞质，表面有大量核糖体颗粒，常与糙面内质网相连，所以可将外核膜视为内质网膜的一个特化区域。内核膜也由一个单位膜组成，面向核质，表面光滑，无核糖体颗粒。内核膜的核内一侧有一层蛋白网络结构称为核纤层（nuclear lamina），核纤层为内核膜及染色质提供结构支架，并介导核膜与染色质之间的相互作用。内、外核膜之间宽 20～40nm 的间隙称为核周隙（perinuclear space），与内质网腔相连通。

在细胞核的表面，内、外核膜在一定部位彼此融合，形成许多环状开口，称为核孔（nuclear pore），是核和细胞质间的重要通道。核孔的直径一般在 40～100nm，其密度一般为 35～60 孔 /μm^2。核孔的密度和总数与细胞类型有关，通常情况下，转录活性低或不进行转录的细胞，核孔少；转录活性高或生理机能旺盛的细胞，核孔多。内、外核膜融合形成的核孔上镶嵌着由许多种蛋白质组成的蛋白质复合体，称为核孔复合体（nuclear pore complex）。

核孔复合体结构模型如图 1-6 所示：在核孔的外膜侧和内膜侧各有 8 个蛋白质亚结构（环亚基）组成的环形结构，外核膜侧（细胞质一侧）的环称为胞质环，内核膜侧（细胞核一侧）的环称为核质环。核孔中由柱状亚单位（column subunit）、腔内亚单位（luminal subunit）和环带亚单位（annular subunit）组成的辐（spoke）从核孔边缘伸向中心，腔内亚单位穿过核膜伸入核周隙，将核孔复合体锚定到核膜上。胞质环向细胞质发出丝状结构（胞质纤丝）。核质环向核内伸出丝状物（核内纤丝），并在其末端形成小环，组成一个笼形结构，称为核篮（nuclear basket）。有的核孔复合体中还能观察到位于核孔中心的颗粒状或棒状的中央栓（central plug），也称为中央颗粒（central granule）。

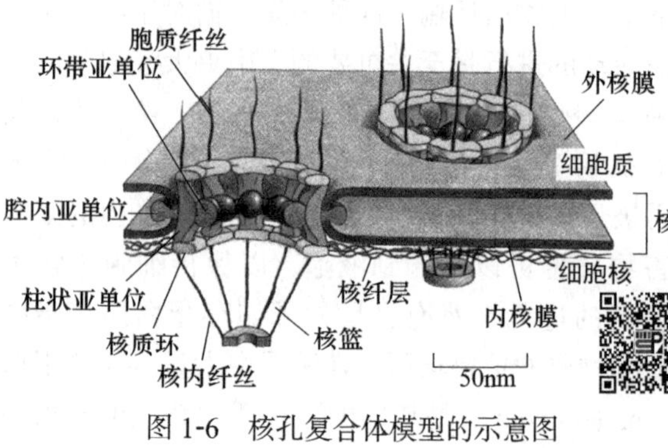

图 1-6　核孔复合体模型的示意图

（Alberts et al.，2002）

2. 染色体 染色质是间期细胞遗传物质存在的形式，是由 DNA、组蛋白、非组蛋白及少量 RNA 组成的线状复合结构。染色体是指细胞在有丝分裂或减数分裂过程中，由染色质聚缩而成的棒状结构。二者在化学组成上的差异并不大，其区别主要在于构型不同，即染色体的聚缩、折叠程度更高，反映了它们处于细胞周期的不同功能阶段。真核细胞的 DNA 在形成染色质或染色体的过程中往往要压缩上百万倍。这个包装、压缩的过程是严格有序、分级进行的。

染色体的基本结构单位是核小体（nucleosome）。每个核小体单位包括 200 碱基对左右的 DNA 和一个组蛋白八聚体及一分子的组蛋白 H_1，组蛋白八聚体构成核小体的核心结构，DNA 分子以左手方向盘绕八聚体两圈，一分子的组蛋白 H_1 与 DNA 结合，锁住核小体 DNA 的进出口，从而稳定了核小体的结构。两个相邻核小体之间以连接 DNA（linker DNA）相连，长度为 2～80 碱基对。由 DNA 包装成的核小体是染色体包装的一级结构。直径为 10nm 的核小体“念珠”结构再进一步螺旋盘绕成每圈 6 个核小体、外径 30nm、内径 10nm、螺距 11nm 的螺线管。30nm 螺线管是染色体包装的二级结构。染色体的进一步包装可能通过 30nm 螺线管在非组蛋白的支架上形成袢环结构，在此结构基础上再形成螺旋管进一步压缩，最后形成染色体（图 1-7）。

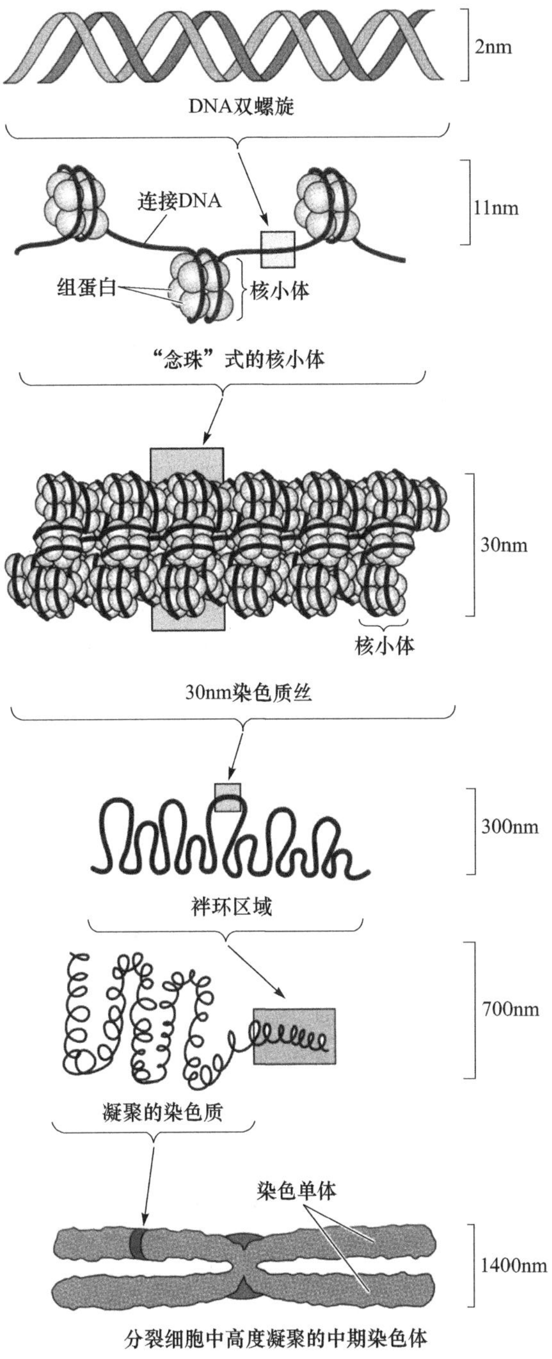

图 1-7 中期染色体 DNA 包装示意图
（Taiz & Zeiger，2010）

3. 核仁 核仁（nucleolus）是真核细胞间期核中最明显的结构，在光学显微镜下为一个或数个匀质的小球。核仁的大小、形状和数目都随细胞类型和代谢的状态而发生改变，因此核仁是一个高度动态的结构。核仁随细胞周期的进行表现出周期性的消失和重建，称为核仁周期（nucleolar cycle）。

核仁是细胞核内生产核糖体的“机器”，所有真核生物的核糖体 RNA（rRNA）的转录都是在核仁中完成的，其过程是由 rDNA 转录成 rRNA，rRNA 再与来自细胞质的蛋白质结合，进而加工、改造成核糖体的前体，然后输出到细胞质。

二、细胞核与细胞质间的物质运输

细胞中 DNA 的复制和 RNA 的转录主要在细胞核中进行，而蛋白质的合成则主要在细胞核外进行，它们的合成原料和产物都必须在细胞核和细胞质间进行运输。此外，对细胞基因表达进行调控的因子（如转录因子）通常也要由细胞质进入细胞核，因而细胞核和细胞质之间频繁的信息和物质交流是至关重要的。这种交流是一个跨核膜的过程，并非简单的扩散，而是受到严格控制的。核质间的物质交流通常通过核孔复合体进行。

核孔复合体是一亲水通道，它允许离子和水溶性小分子穿梭于核质之间，进行自由扩散。分子质量越大的分子通过核孔复合体的速率越慢，分子质量大于 60kDa 的球蛋白几乎不能通过扩散进入核内。除了通过核孔复合体的扩散之外，小分子物质还可以通过双层核膜的扩散作用进行运输。

大分子物质一般通过核孔复合体进行运输，包括核输入（如 DNA 聚合酶、RNA 聚合酶、组蛋白、核糖体蛋白等从细胞质运输到核内）和核输出（如核糖体蛋白颗粒从核内运到细胞质）双向途径。大分子物质的运输通常具有选择性，是消耗 ATP 的需能主动运输过程，往往涉及信号识别和载体介导。核孔复合体的有效直径可随运输颗粒的大小进行调节。

蛋白质分子的核质运输常常涉及信号的识别。通常把在细胞质内合成，然后输入核内发挥功能的一类蛋白质称为亲核蛋白（karyophilic protein）。亲核蛋白一般都含有特殊的由 4～8 个氨基酸残基组成的信号序列，即核定位信号（nuclear localization signal，NLS），用于指导蛋白质通过核孔复合体向核内输入并定位于细胞核。NLS 在指导亲核蛋白完成核输入后并不被切除，这和前面所提到的信号肽是不同的。

通过核孔复合体的主动运输是一种蛋白质介导的、有选择性的运输过程，在此过程中需要核转运蛋白（karyopherin）。核转运蛋白是控制核运输的一类蛋白超家族，它们可以选择性地识别运载物和核孔复合体上的蛋白质，相当于运载物（cargo）的受体。核转运蛋白家族中负责将运载物从细胞质运进细胞核的称为输入蛋白（importin），而负责将运载物从细胞核运出到细胞质的称为输出蛋白（exportin）。此外，核孔复合体的运输中还需要一类 GTP 结合蛋白，称为 Ran。Ran 蛋白可以调控运载物与核转运蛋白复合体的组装或解体，以及核转运蛋白通过核孔复合体的选择性运输（图 1-8）。

大分子物质由细胞核向细胞质运输同样有信号识别过程。真核细胞中经过转录后加工修饰具有 5′端 m^7GpppG 帽子结构的成熟 mRNA 分子被转运出细胞核，而没有帽子结构的 RNA 分子却滞留在核中，说明 5′端 m^7GpppG 帽子结构对于 mRNA 的核输出是关键信号。细胞核中的 RNA 分子通常结合蛋白质以核糖核蛋白（ribonucleoprotein，RNP）的形式转运到细胞质。RNP 的蛋白质上具有核输出信号（nuclear export signal，NES），RNP 与输出蛋白和 Ran 蛋白结合，形成 RNP-exportin-Ran · GTP 复合体，输出细胞核。

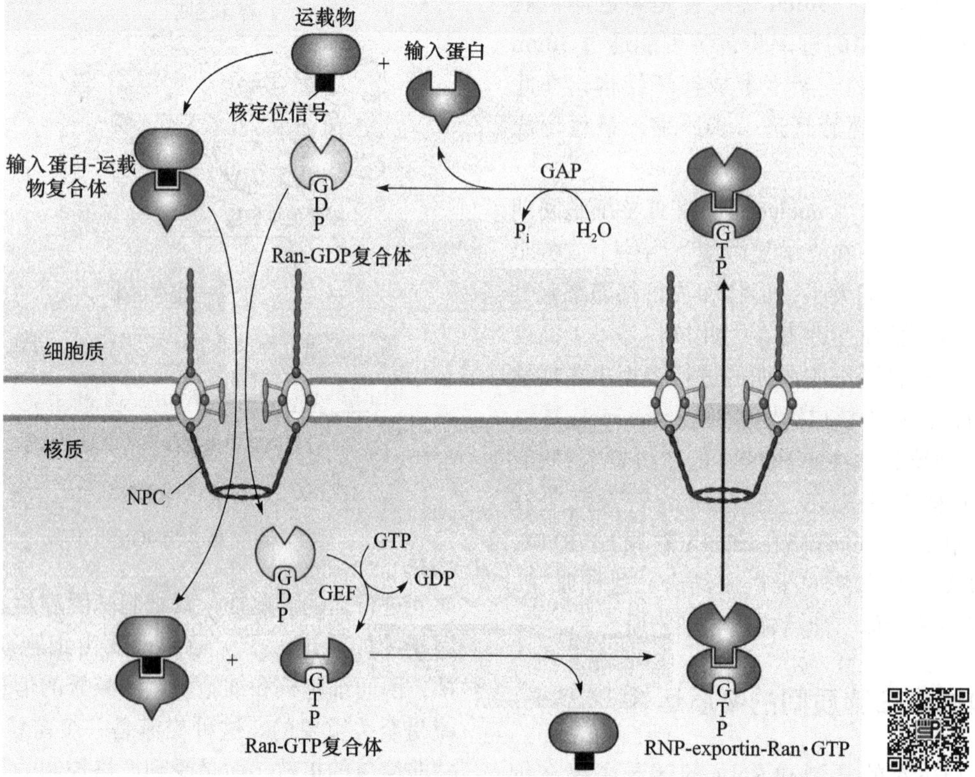

图 1-8　蛋白质核输入机制示意图（Lodish et al.，2008）

NPC（nuclear pore complex）为核孔复合体；GEF（guanine nucleotide-exchange factor）为鸟嘌呤核苷酸交换因子

第三节 细 胞 骨 架

细胞骨架（cytoskeleton）是真核细胞中由蛋白质聚合而成的三维纤维状网架体系。细胞骨架包括微丝、微管和中间纤维。细胞骨架在细胞分裂、细胞生长、细胞物质运输、细胞壁合成等许多生命活动中都具有非常重要的作用。

在植物细胞中虽然也发现有中间纤维结构，但是目前对其组成和功能的了解都比较少，因此本节内容主要对微丝和微管做一个简要的介绍。

一、微丝

（一）微丝的结构

微丝（microfilament）是由肌动蛋白（actin）聚合而成的、直径为 7nm 的丝状结构，因此也将微丝称为丝状肌动蛋白（filamental actin，F-actin），而将组成微丝的肌动蛋白单体称为球体肌动蛋白（globular actin，G-actin）。肌动蛋白是在进化中极为保守的蛋白质，不同真核生物细胞的肌动蛋白间具有很高的同源性。在植物细胞中肌动蛋白占总蛋白质量的 5%～10%。植物中通常有多个编码肌动蛋白的基因，有些甚至可以高达数十个，这些基因的表达常有一定的组织或时期特异性。

肌动蛋白为单个多肽链的球状蛋白质，分子质量约为 42kDa。肌动蛋白的分子结构是非对称性的，在肌动蛋白的一端有一个“裂隙”，其中有结合 ATP 的位点（图 1-9）。肌动蛋白聚合到微丝上之后，ATP 会水解为 ADP。通常参与微丝聚合的是 ATP-肌动蛋白。而 ADP-肌动蛋白上的 ADP 可以通过与 ATP 交换重新形成 ATP-肌动蛋白。

肌动蛋白沿微丝的轴螺旋排列，每 37nm 一周，形成微丝结构（图 1-9）。微丝中肌动蛋白之间由非共价键结合。由于肌动蛋白自身结构上的非对称性，微丝也具有极性。当微丝发生聚合时，单体肌动蛋白通常从微丝的两端加入从而使微丝延长，但两端的聚合速度有所不同，通常把聚合较快的一端称为正（+）端，而把聚合较慢的一端称为负（−）端。

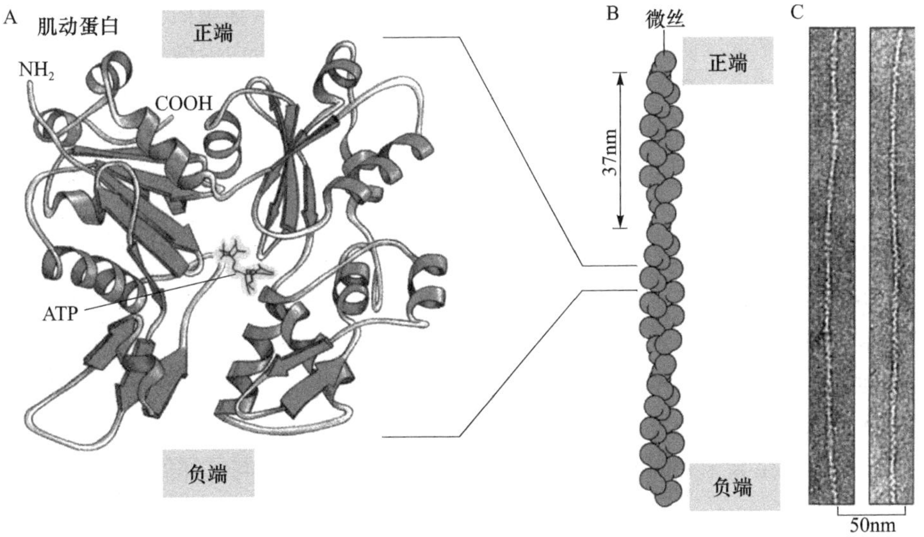

图 1-9 微丝结构示意图（Alberts et al.，2002）

A. 肌动蛋白的分子模型；B. 微丝模型；C. 微丝的电镜观察图

在活体细胞中通常存在一些游离的单体肌动蛋白，形成单体肌动蛋白的库。细胞中微丝是一个动态的结构，即微丝总在不断地聚合和解聚，这样，微丝中的肌动蛋白就会因解聚进入肌动蛋白库，而肌动蛋白库中的肌动蛋白又会因聚合而进入微丝，因而形成微丝-肌动蛋白的周转（turnover）。通常情况下，肌动蛋白只有在高于一定浓度时才能聚合成微丝，这个浓度称为肌动蛋白聚合的临界浓度（critical concentration）。细胞可以通过控制游离肌动蛋白的浓度，或者说肌动蛋白库的大小来调节微丝聚合和解聚，因此肌动蛋白库对于微丝骨架有重要的调控作用。

微丝在细胞中进一步形成有规律的排列或分布，这种组织方式随细胞的生长和生理状态及外界信号的传递而发生变化，并且与微丝骨架的生理功能密切相关。微丝的这种变化受到细胞内多种因子的调控，其中最重要是 actin 结合蛋白。在细胞中有许多可以和微丝或单体肌动蛋白结合的蛋白称为 actin 结合蛋白（actin binding protein，ABP）。目前在动物细胞中所发现的 ABP 已逾百种，在植物细胞中也已证实了许多 ABP，其对微丝骨架有重要的调控作用。例如，促进微丝的聚合或者解聚；使微丝形成不同结构和特定排列方向的微丝束或微丝网络；连接微丝骨架与其他细胞结构等。由于微丝骨架在细胞中的组织方式通常决定其在细胞中的功能，因此 ABP 对微丝的细胞功能是至关重要的。

（二）微丝和细胞生长

微丝骨架对于植物细胞的生长有非常重要的作用。当微丝骨架被破坏时细胞的生长也会被抑制。

植物细胞的伸长生长通常有两种基本的方式：扩散性生长（diffuse growth）和顶端生长（tip growth）。在扩散性生长时，细胞表面各个部位整体进行扩张的伸长速率基本是一致的，只是在特定的区域由于受到某些因素（如细胞壁）的限制而使生长受到抑制。顶端生长则不同，对于顶端生长的细胞其伸长部位仅局限于生长端的一小部分，而细胞的其余部位是不进行扩张伸长的。例如，花粉管和根毛的生长都是典型的顶端生长。当细胞进行极性扩张伸长时，需要新的细胞膜和细胞壁物质加入，细胞质中所合成的细胞壁物质是由在高尔基体形成的囊泡经过微丝系统运送到细胞伸长部位的。因此破坏微丝系统即会破坏生长物质的运输并进一步抑制细胞的生长，同时细胞通过生长来完成的细胞形态建成过程也会受到干扰。

许多进行极性生长（polar growth）的细胞，其生长的第一步是其极性的确定。例如，褐藻（*Fucus*）的受精卵在其第一次分裂前即确定极性，以后形成假根/假叶发育轴。极性的确定过程包括光诱导、细胞钙梯度的建立，之后微丝骨架会发生重新排列，细胞周质的微丝被分布到将来形成假根的那半边细胞。破坏微丝就会阻断极性的确定过程。在花粉的萌发过程中，同样也有微丝的重新排列过程。微丝在花粉萌发前变为浓密的平行束状循环结构，并集中于花粉萌发沟处，当花粉管萌发之后，微丝束则沿花粉管生长方向延伸，在花粉管内呈束状排列。破坏微丝也同样会抑制花粉的萌发。花粉管顶端还存在一类高度动态变化的细小微丝，对于维持花粉管正常的顶端生长至关重要。

（三）微丝和细胞运动

大多数细胞中的运动现象是与细胞骨架相关联的。相对于动物细胞而言，在植物细胞中微丝骨架起更多的作用。例如，在植物细胞中，内质网的动态、叶绿体的运动、囊泡的运输等都与微丝相关。

在植物细胞中广泛存在胞质流动（cytoplasmic streaming）的现象，指细胞质在细胞中以各种不同的方式进行集体的流动。丽藻（*Nitella*）和轮藻（*Chara*）的节间细胞、紫露草（*Tradescantia*）的雄蕊毛细胞及花粉管都是研究胞质流动的经典材料。胞质流动可能在植物细胞的物质运输方面有重要作用。微丝系统是形成胞质流动的基础。例如，在藻类节间细胞中，细胞质可以分为外部静止的外质和内部流动的内质两部分。在外质中微丝聚集成束非常规律地沿细胞纵向依一定极性排列，在内质中则存在依赖于微丝的马达蛋白——肌球蛋白。在内质与外质界面上肌球蛋白沿微丝的定向运动是产生胞质流动的动力来源。

除胞质流动外，一些特殊的植物运动也可能和微丝有关。例如，一些攀缘植物的卷须在接触物体后会发生快速的缠绕运动，用微丝的专一性抑制剂破坏微丝系统后，卷须的运动被明显地抑制，说明微丝系统可能参与了卷须的运动。此外，一些植物的感震运动，如含羞草叶的感震运动也与其叶枕细胞中的微丝有关，在此运动过程中伴随有肌动蛋白的磷酸化和去磷酸化。此外，气孔保卫细胞的运动也需要微丝骨架的参与（详见第三章）。

二、微管

（一）微管的结构

微管（microtubule）是存在于所有真核细胞中的管状蛋白多聚体结构，直径约 25nm，一般由 13 条原丝（protofilament）平行排列而成，每一条原丝由微管蛋白（tubulin）聚合而成（图 1-10）。微管的长度一般为几微米。

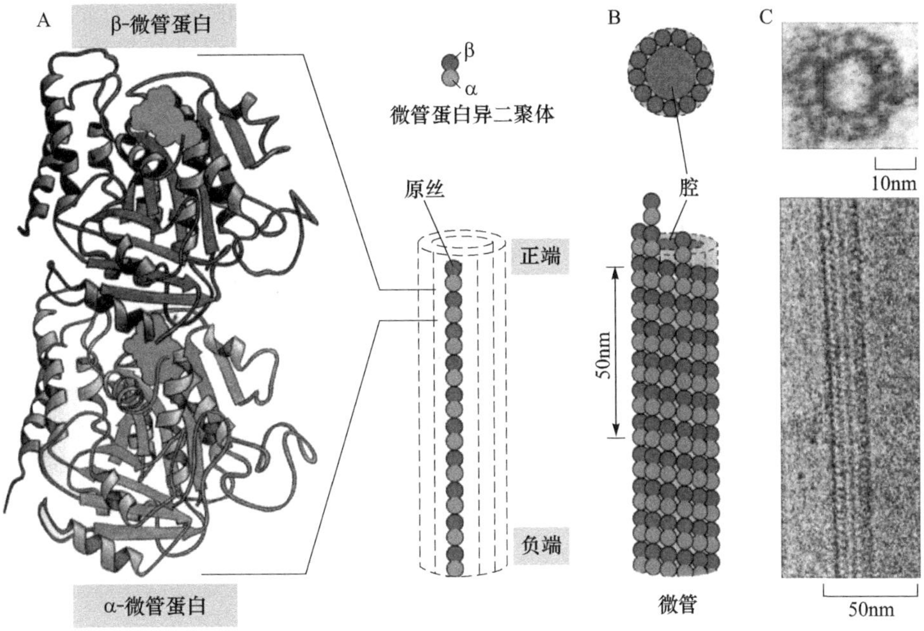

图 1-10 微管结构示意图（Alberts et al.，2002）

A. 微管蛋白异二聚体的分子模型；B. 微管模型；C. 微管的电镜观察图

组成微管的基本单位是由两种类型的微管蛋白（α-微管蛋白和 β-微管蛋白）所组成的微管蛋白异二聚体（tubulin heterodimer）（图 1-10）。α-微管蛋白和 β-微管蛋白的分子质量都在 55kDa 左右，但二者的氨基酸组成和多肽链的顺序是不相同的。在微管蛋白上有 GTP 的结合位点，当微管蛋白异二聚体聚合到微管上之后，β-微管蛋白上的 GTP 会水解为 GDP。β-微管蛋白上的 GDP 可以通过与 GTP 交换重新形成 GTP-微管蛋白。微管聚合时微管蛋白通常是在微管的两端加入。由于组成微管的基本单位是微管蛋白异二聚体，微管蛋白以异二聚体的形式加入微管。微管两端聚合的速度不同，聚合速率较快的一端为正（+）极，另一端聚合速率较慢，称为负（−）极。

微管蛋白是生物进化中最为保守的蛋白质之一。例如，哺乳动物的微管蛋白与藻类、原生动物及黏菌的微管蛋白氨基酸序列具有 82%～96% 的同源性；种子植物与脊椎动物的微管蛋白氨基酸序列至少具有 79% 的同源性。

与微丝一样，微管也始终处于不断聚合与解聚的过程中。在细胞质中也存在一定浓度的微管蛋白，称为微管蛋白库（tubulin pool），一些微管蛋白从微管上解聚下来，而一些微管蛋白库中的微管蛋白又通过聚合进入微管，因此形成微管的周转（turnover）。微管的周转速率在不同细胞周期中是不同的，一般来说，分裂细胞具有比间期细胞更快的微管周转速率，而植物间期细胞比动物间期细胞有更快的微管周转速率。例如，紫露草雄蕊毛间期细胞微管的周转半期（half-time of turnover）为 67s，比动物间期细胞微管的周转快约 4 倍。

在细胞中，微管的成核通常是在微管组织中心（microtubule organizing center，MTOC）完成的。在动物细胞中，中心体（centrosome）是具微管组织功能的细胞器，但是在植物细胞中缺少明确的具微管组织功能的细胞器。目前认为，植物细胞中 MTOC 可能分布在细胞的不同部位，并且在不同的细胞周期可能有不同的 MTOC 参与微管的组织，如在间期细胞中 MTOC 可能在细胞的周质，而在早前期 MTOC 可能在细胞核膜。

在细胞中，调控微管动态和组织方式的最重要的因子是微管结合蛋白（microtubule-associated protein，MAP）。微管结合蛋白可以和微管结合，并参与对微管结构和功能的调节。对细胞微管结合蛋白的研究结果表明，微管结合蛋白具有促进微管聚合、影响微管稳定性、在微管间形成跨桥结构、切割微管及将微管连接到细胞膜或细胞器上等作用。目前在植物细胞中已经鉴定到许多种微管结合蛋白，这些微管结合蛋白在稳定微管结构、微管动态调节及微管列阵的组织方面都有重要的功能。

微管在植物细胞中按一定的规律排列，组成所谓的微管列阵（microtubule array）。在细胞周期中，不同时期的植物细胞具有不同的微管列阵，而各个微管列阵都具有相应于所在时期的独特功能。一般来说，植物微管列阵包括：①间期周质微管列阵（cortical array）；②早前期微管带（preprophase band，PPB）；③纺锤体微管列阵（spindle array）；④成膜体微管列阵（phragmoplast array）。这些微管列阵随细胞周期依次转化，形成植物细胞的微管列阵周期变化（图 1-11）。

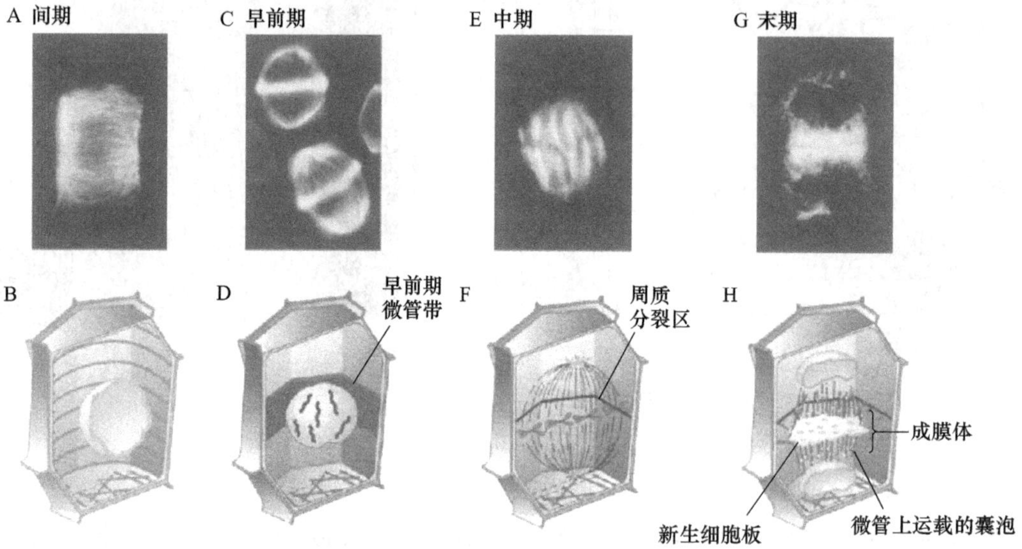

图 1-11　植物细胞的微管列阵及其周期变化（Lodish et al.，2013）

图中 A、C、E、G 为植物细胞中各微管列阵的免疫荧光染色图像；B、D、F、H 为各微管列阵的模式图。A 和 B 为间期周质微管；C 和 D 为早前期微管带；E 和 F 为中期纺锤体微管；G 和 H 为末期成膜体微管

（二）微管与细胞生长

在间期细胞中，微管大致相互平行地排列在细胞膜下，形成植物细胞独特的周质微管列阵。周质微管列阵通过控制细胞壁微纤丝的沉积方向，从而进一步控制细胞的生长。周质微管列阵的排列方向和植物细胞的生长密切相关。一般来说，当细胞快速伸长时，周质微管的排列方向与细胞伸长轴方向垂直；当细胞伸长速率降低或停止时周质微管排列方向与细胞伸长方向呈斜向或平行排列。通常周质微管首先改变排列的方向来决定植物细胞的生长方向及极性重建的方向。植物激素可以改变周质微管的排列方向。例如，生长素和赤霉素可以使斜向或纵向的微管排列转变为垂直排列，而乙烯和脱落酸则使微管列阵由垂直排列转变为斜向或纵向排列。许多外界环境因素，如光照、压力、电场、重力等都可以对周质微管的排列方向产生影响。

（三）微管与细胞分裂

细胞分裂包括核分裂和胞质分裂两个相互联系的过程，微管骨架在整个细胞分裂过程中起重要的调控作用。

在分裂期细胞完成 DNA 复制，进入早前期后，周质微管将逐步紧密地排列在一起，形成围绕细胞周质的“腰带”状早前期微管列阵。在早前期微管带形成过程中，细胞核膜表面有微管束发出连接到早前期微管带上。早前期微管带可精确预示经有丝分裂形成新细胞壁的位置。在细胞核膜破裂后，早前期微管带逐渐消失。早前期微管带预示新细胞壁位置的性质表明，在有丝分裂之前，细胞的分裂面在早前期微管带形成期间已经决定。早前期微管带有可能参与细胞分裂面的决定过程。

在核膜破裂后，微管逐步聚集成束并与染色体着丝粒结合形成纺锤体微管列阵。在纺锤体微管列阵中，着丝微管及非着丝微管几乎都具有相同的极性排列，即纺锤体两极的微管端点为负端而着丝点的微管端点为正端。染色体在分裂后期分离并向纺锤体两极运动。微管的聚合、解聚可能是染色体运动的能量来源；着丝粒上基于微管的马达蛋白也可能产生染色体运动的推动力。无论染色体运动的最终机制是什么，微管都是产生染色体向两极运动的最基本结构。

当子染色体基本完成分离后，成膜体微管列阵开始形成。成膜体微管首先在两子核之间近于纺锤体赤道面的两侧形成两个列阵，各列阵中的微管之间完全平行，微管向核的一端为负端，向赤道面的一端为正端，因此两微管列阵的极性是相反的。之后，成膜体微管由中心向外扩张，直到抵达细胞膜。这时中心部位的微管逐渐消失，形成两个平行的、指向相反的微管环形列阵。成膜体微管列阵与合成细胞板的物质的运输有关。

三、细胞骨架的马达蛋白

马达蛋白（motor protein）是依赖于细胞骨架的、通过水解 ATP 将化学能转变为机械能的一类蛋白质。马达蛋白具有三个基本的特性：首先，具备结合细胞骨架的性质，这种结合特性是依赖于 ATP 的；第二，具备 ATP 酶的性质，可以水解 ATP，它们的 ATP 酶活性只有在结合相应细胞骨架时才能被激活；第三，可以将水解 ATP 所产生的化学能转变为运动的机械能。马达蛋白按照其所结合的细胞骨架可以分为依赖微丝的马达蛋白（microfilament dependent motor protein）和依赖微管的马达蛋白（microtubule dependent motor protein）两大类。肌球蛋白超家族是一大类依赖微丝的马达蛋白，包括多种亚型，其中有一些是植物细胞特有的。肌球蛋白通过水解 ATP 沿微丝运动。依赖微管的马达蛋白主要是动蛋白（kinesin）和力蛋白（dynein）两大类，它们通过水解 ATP 沿微管运动。

马达蛋白在微丝或微管上的移动通常有一定的方向性，即某一类马达蛋白通常仅向微丝或微管的正极或仅向负极移动，从而可以分别执行细胞内不同的运动功能。大多数种类的肌球蛋白是正向运动的马达蛋白，但近来也发现负向运动的肌球蛋白。动蛋白可以通过水解 ATP 向微管的正极运动，力蛋白则通过水解 ATP 向微管的负极运动。在动蛋白家族中也有一些类动蛋白具有负向马达蛋白的特性。

细胞中的许多运动功能都和马达蛋白有关。例如，植物细胞中胞质流动的动力来源于肌球蛋白和微丝的相互滑动；染色体的运动则与微管马达蛋白有关；许多细胞内的物质运输和细胞器的运动都和马达蛋白有关。虽然产生机械运动是马达蛋白的最基本功能，但也有一些类型的马达蛋白在细胞骨架的组织和调控方面起重要作用。例如，一些动蛋白具有切割微管的特性，因而在微管的调控方面具有功能。

第四节 细胞壁

植物细胞的质膜外有一层并不是很厚但却坚韧的壁，称为细胞壁（cell wall），它是植物细胞区别于动物细胞的主要特征之一。不仅高等植物具有细胞壁，多数原核生物的细胞也具有细胞壁（但是它们的细胞壁的化学成分是不同的），真菌和藻类也具有细胞壁。植物的细胞壁是植物细胞所分泌的多种多聚糖及其他多聚物通过共价键和非共价键所组成的有序的网状结构。植物细胞壁中也存在蛋白质、酶和酚类多聚物等，以调节细胞壁的物理和化学特性。植物细胞壁除了其最基本的功能——调节细胞体积和决定细胞形状外，还具有其他如控制植物细胞的生长、细胞膨压的形成、细胞运动、提供机械支持、信号传递等重要的功能。

植物细胞壁不仅有重要的生理功能，它在人类的生活中同样具有重要的用途。例如，纸张、纺织品、纤维、木炭、木材及其他许多工业产品的原料均出于植物细胞壁；此外，从植物细胞壁中提取的多糖可用于生产塑料、胶卷、黏合剂和凝胶等。作为自然界中有机碳的最丰富来源，植物细胞壁在整个生态系统的碳循环中具有重要的作用。土壤中组成腐殖质的有机物来源于植物细胞壁，煤矿也来源于植物细胞壁。此外，细胞壁的纤维素对人类的健康也有重要的作用。

一、细胞壁的结构和成分

（一）细胞壁的组成

细胞壁是由多种大分子聚合物组成的。

1. 细胞壁中的多糖物质

（1）纤维素　纤维素（cellulose）是地球上

数量最多的有机大分子物质，是构成细胞壁的基础物质，占初生壁的20%～30%。纤维素分子是由β（1→4）连接的D-葡聚糖组成的高分子聚合物，并通过分子内氢键使其形成一种类螺旋状的结构。纤维素分子之间也有氢键，使彼此形成平行排列的结构，60～70个纤维素分子成为一束，称为纤维素微纤丝。纤维素微纤丝的长度是不确定的，不同来源的纤维素微纤丝具有不同的宽度和组织程度。例如，在电子显微镜下，陆生植物的纤维素微纤丝的宽度为4～10nm，而藻类植物的纤维素微纤丝的宽度可达30nm。这种宽度的变化反映了组成一根纤维素微纤丝的纤维素分子链数目的多少。

目前对纤维素微纤丝的组织方式还不完全清楚，比较流行的微纤丝结构模型认为，沿纤维素微纤丝分布着结晶区（crystalline domain），结晶区之间由非组织区（amorphous domain）连接。在结晶区纤维素分子具有高度的组织结构，相互间由非共价键连接，如氢键、疏水作用等。纤维素微纤丝中的单根纤维素分子链由2000～25 000个或更多的葡萄糖基组成，其长可达1～5μm，足以穿过多个结晶区和非组织区。

纤维素分子链组成纤维素微纤丝使其具有许多特异的性能，纤维素具有可以和钢铁相比的张力强度，以及水不溶性、不易被化学物质或酶所破坏等特性，因此纤维素是构成细胞壁的优良材料。

纤维素是由细胞膜上的纤维素合酶复合体（cellulose synthase complex）[也称为终端复合体（particle rosette 或 terminal complex）]合成并聚集成微纤丝的。纤维素合酶复合体是一种多聚体酶，每个复合体可能含有三种不同的纤维素合酶蛋白，而6个复合体排成六边形的玫瑰花样结构。纤维素合酶将葡萄糖供体上的葡萄糖基加到葡萄糖链上催化合成β（1→4）连接的D-葡聚糖链。用于合成的葡萄糖供体是尿苷二磷酸葡萄糖（uridine diphosphate glucose，UDPG 或 UDP-葡萄糖）。UDP-葡萄糖可能来源于蔗糖。蔗糖合酶将蔗糖中的葡萄糖转化为UDP-葡萄糖，然后加到纤维素链上（图1-12）。纤维素合酶中的糖基转移酶有两个催化位点，将核苷酸供体上的葡萄糖基转移到延长的纤维素链上。由于糖基转移酶有两个催化位点，纤维素链延伸时每次加入两个葡萄糖基，因此纤维素总是以二聚糖β（1→4）D-葡聚糖为重复单位。当进入细胞壁基质时，每个玫瑰花样结构中生成的、平行排列的葡聚糖长链组合成微纤丝。

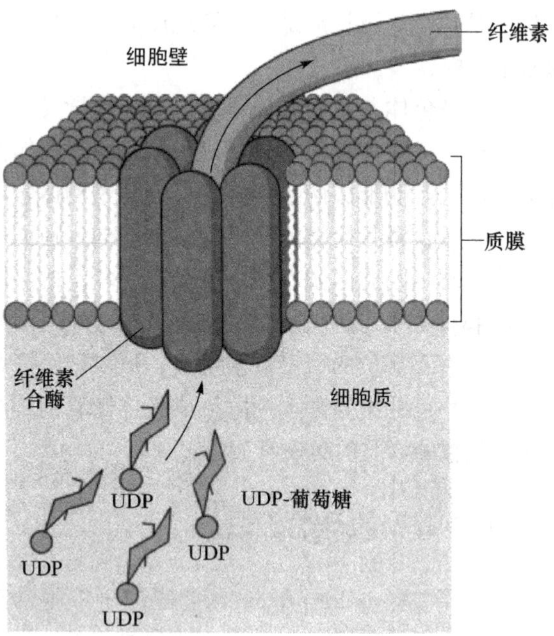

图1-12　纤维素在质膜纤维素合酶复合体上进行合成的分子模型（Hopkins & Hüner，2004）

细胞壁纤维素的合成过程不仅涉及纤维素葡聚糖链的合成，还涉及纤维素微纤丝的排列方向。纤维素微纤丝的排列方向对细胞的生长及细胞的形态建成具有决定性的作用。目前认为纤维素微纤丝在细胞壁中的排列方向可能是由质膜下的周质微管来控制的。

纤维素微纤丝合成后被释放到细胞壁的内层，在细胞壁的内层有许多其他的多糖物质，如半纤维素，这些多糖对于纤维素微纤丝结构可能有重要的影响。细胞壁的基质多糖（matrix polysaccharides）是在高尔基体中合成的，合成后以分泌囊泡的形式运输到质膜，然后排出细胞进入细胞壁。

（2）半纤维素　半纤维素（hemicellulose）是由不同种类的糖聚合而成的异质多聚糖。在植物细胞壁中有不同种类的半纤维素，来自不同植物种类和不同植物组织的细胞壁中也有不同的半纤维素。组成半纤维素的组分包括木聚糖、阿拉伯木聚糖、半乳甘露聚糖、木葡聚糖等。

在胚芽鞘初生壁中，最丰富的半纤维素是木葡聚糖（xyloglucan），占干重的20%～25%。木葡聚糖如同纤维素一样具有β（1→4）D-葡聚糖的骨架，但是木葡聚糖具有含木糖（xylose）、半乳糖（galactose）的侧链，在侧链末端常是墨角藻糖（fucose）。木葡聚糖的侧链阻止了其葡聚糖骨架相互间结合形成微纤丝，同时可以帮助纤维素微纤丝组成网状结构。在禾本科植物细胞壁中主要的半纤维素是混合键β-葡聚糖［mixed linkage（1→3），（1→4）glucan，MLG］。

（3）*果胶质* 果胶质（pectin）是中胶层的主要成分，是细胞壁中可溶性最强的多糖，约占植物干重的5%。果胶质主要包括半乳糖、阿拉伯糖（arabinose）、鼠李糖（rhamnose）和半乳糖醛酸（galacturonic acid）等，其化学结构和组成在不同植物中和不同组织中有所不同。

果胶多糖类分子的主要特征是由α（1→4）连接的D-半乳糖醛酸组成的线状链。植物细胞壁存在的果胶主要有两大类。第一类是半乳糖醛酸聚糖（galacturonan）和鼠李半乳醛酸聚糖（rhamnogalacturonan，RG），第二类为阿拉伯半乳聚糖（arabinogalactan）。

果胶分子可以形成亲水的凝胶，这是由果胶上的羧基通过钙离子相互间形成钙桥（calcium bridge）将果胶组成网状结构而形成的。除了钙离子外，果胶分子还可以通过其他共价键，如酯键相互连接。在细胞壁中许多果胶被修饰以改变其构象及其与细胞壁的连接。在高尔基体中进行合成时，许多酸性基团会被甲基化、乙酰化或与其他基团酯化。这样的酯化反应可以防止果胶间形成钙桥，阻止凝胶的形成，使果胶更具延展性。酯化的果胶被分泌到细胞壁后，细胞壁中的果胶酯酶（pectinesterase，PE）可以去掉酯类基团，增强果胶形成凝胶的能力，从而加强细胞壁的强度而减少壁的柔韧性。同时，去掉酯类基团后，增加了带电荷的羧基，因此可以影响细胞壁中离子的浓度并影响细胞壁中酶的活性。

2. 细胞壁蛋白质 细胞壁中存在许多种类的蛋白质。

（1）*参与细胞壁结构的蛋白质* 蛋白质也是组成细胞壁结构的组分之一。细胞壁的结构蛋白有若干种。这些蛋白质常以其主要氨基酸组成来分类，如富羟脯氨酸糖蛋白（hydroxyproline rich glycoprotein，HRGP）、富甘氨酸蛋白（glycine rich protein，GRP）、富脯氨酸蛋白（proline rich protein，PRP）等。许多结构蛋白具有高度重复的氨基酸序列并高度糖基化。结构蛋白刚从细胞分泌出来时是可溶的，但是随细胞壁的逐渐成熟，这些蛋白质也变得难以溶解。在不同细胞类型、不同成熟程度组织的细胞中，结构蛋白在细胞壁中的含量会发生很大的变化。当受到外界的刺激，如伤害、病理破坏或者引起细胞抗逆反应的处理时，都会诱导结构蛋白基因的表达发生变化，从而改变结构蛋白的含量。细胞壁结构蛋白的分布有细胞类型和组织的特异性。例如，HRGP常位于形成层、韧皮部薄壁细胞和厚壁组织细胞中；GRP和PRP则常位于木质部导管和纤维等非常特化的细胞壁中。

富羟脯氨酸糖蛋白是一个大的蛋白质家族，伸展蛋白（extensin）即其中一个亚家族，具有丝氨酸羟脯氨酸（Ser-Hyp-Hyp-Hyp-Hyp）高度重复的基序。伸展蛋白曾被认为与细胞的伸长有关，但后来被证明并非如此。目前认为伸展蛋白通过肽键交联构成独立的网状结构，增加了细胞壁的强度和刚性。富羟脯氨酸糖蛋白的基因表达可以为伤害和病害所诱导，因此可能与植物细胞抵抗逆境有关，此外其还可能在次生壁形成时参与木质化成核位点的形成。

细胞壁中还含有阿拉伯半乳聚糖蛋白（arabinogalactan protein，AGP），这是一类高度糖基化的可溶性蛋白，阿拉伯半乳聚糖蛋白大约有90%是其阿拉伯糖和半乳聚糖的残基。阿拉伯半乳聚糖蛋白的基因表达有组织和细胞的特异性，其可能在细胞间的黏合和信号转导中发挥作用。

（2）*与细胞壁组建或与调节细胞壁特性有关的酶类* 细胞壁中含有多种酶，如苹果酸脱氢酶、过氧化物酶、磷酸酶及许多糖基水解酶和转移酶，还有纤维素酶等。

过氧化物酶在细胞壁中有可溶性的、离子型结合的和共价结合的三种存在形式。过氧化物酶参与细胞壁中多种组分的聚合、交联反应，以增加细胞壁的刚性，限制细胞的伸展，从而调节细胞的生长。

纤维素酶的最适pH是5.5～6.0，因此酸性环境有利于该酶的水解活性。纤维素虽然可以是纤维素酶的底物，但是在正常细胞壁中，多数纤维素以纤维素微纤丝的结晶形式存在，纤维素酶很难接近，因此纤维素在细胞壁中并非纤维素酶的主要底物。木葡聚糖也同样具有葡聚糖的主链，但是它们不呈结晶态，而是覆盖在纤维素微纤丝表面，因此木葡聚糖可能是纤维素酶在正常细胞壁中的主要底物。纤维素酶水解木葡聚糖时，只作用于主链上不带木糖侧链的葡萄糖残基，每隔4个残基切开主链，根据它们所带侧链的长短，水解产物有木葡聚七糖（XG7）、木葡聚八糖（XG8）、木葡聚九糖

（XG9）和木葡聚十糖（XG10）。木葡聚糖的水解产物有重要的调节功能。细胞初生壁中多糖降解产生的具有生物活性的分子称为寡糖素（oligosaccharin）。例如，双子叶植物中的木葡聚九糖（XG9）具有很强的抗生长素活性，浓度为 10nmol/L 时可以抑制 0.5μmol/L 生长素的促生长作用。

木葡聚糖内糖基转移酶（xyloglucan endotransglycosylase，XET）是一个分子质量为 33kDa 的蛋白质，它的作用是切断和重新形成与邻近纤维素微纤丝交联的木葡聚糖，即以木葡聚糖作为供体和受体，把非还原端转给另一个木葡聚糖。XET 在初生壁代谢、木葡聚糖的生物合成及木葡聚糖和细胞壁其他组分的结合中起重要作用。

（3）细胞壁的调节蛋白　除了各种与细胞壁代谢有关的酶类，细胞壁中还有一些对细胞壁状态进行调节的蛋白质。

扩张蛋白（expansin）最初是在黄瓜下胚轴和燕麦胚芽鞘细胞壁中鉴定出来的，是一种在酸性条件下可以使热失活的细胞壁恢复伸展的蛋白质。扩张蛋白对 pH 敏感，可以使热失活的细胞壁恢复酸生长活性。扩张蛋白的活性具有高度专一性，只有在生长迅速的细胞，如下胚轴、胚芽鞘等部位的细胞壁中的扩张蛋白才具有生理活性。扩张蛋白不是细胞壁的结构物质，通常只占细胞壁干重的 1/5000。扩张蛋白可以与纤维素组成的不溶性细胞壁结合，而不能和可溶性的基质及结晶状纤维素微纤丝结合，但扩张蛋白无水解酶的活性，不能水解纤维素、半纤维素、木葡聚糖和果胶等细胞壁的结构物质。扩张蛋白可能对伸长中的细胞壁的松弛起着关键的作用。它们可逆地结合在细胞壁中纤维素微纤丝和基质多糖结合的交叉处，使其非共价键断裂，从而促进聚合物间的滑动，使细胞壁松弛。

在许多植物种属中的细胞壁中都发现存在钙调素和钙调素结合蛋白，它们可能在钙相关的信号转导中起作用。

3. 其他

（1）钙　细胞壁是植物细胞的最大钙库，细胞壁中的钙浓度可达到 10^{-4}～10^{-3}mol/L。虽然早已知道细胞壁中的钙与细胞的伸长有关，但是细胞壁中钙的作用仍然不清楚。钙在细胞壁果胶的羧基间形成钙桥，除去细胞壁中的钙会使细胞壁的伸展性增加，因此钙可能有固化细胞壁的作用。钙也可能起重要的信使作用。

（2）凝集素　凝集素（lectin）是一类能够凝集细胞或使含糖大分子发生沉淀的蛋白质。凝集素通常由几个亚基组成，多数有疏水结合部位并含有 Mn^{2+}、Ca^{2+} 等金属离子。凝集素可能在植物的防御反应中起重要作用。

（二）细胞壁的结构

植物细胞的细胞壁是多种多样的，对于植物的薄壁细胞来说，其细胞壁比较薄，通常没有明显的特征；而其他许多特化的细胞如表皮细胞、厚角细胞（collenchyma cell）、厚壁组织细胞（sclerenchyma）、木质部导管分子、韧皮部纤维等细胞则具有加厚的多层细胞壁。这些细胞壁常具有复杂的结构并充填有一些特殊的物质，如木质素（lignin）、角质（cutin）、硅质（silica）或者结构蛋白等。同一细胞的不同侧面的细胞壁可能有不同的厚度、不同的刻纹、不同的充填物质及不同密度的胞间连丝。例如，表皮细胞朝外一面的细胞壁通常加厚并有角质和蜡质，当然也没有胞间连丝存在。保卫细胞朝小孔一侧的细胞壁要比其他部位的细胞壁厚得多。这些细胞壁的特殊结构都是与细胞的功能相适应的。

尽管有以上这些不同，但植物细胞壁仍可一般地分为初生壁（primary wall）、次生壁（secondary wall）和中胶层（middle lamella）。在成熟细胞的细胞壁中由质膜向外依次为次生壁、初生壁和中胶层三层结构（图 1-13）。

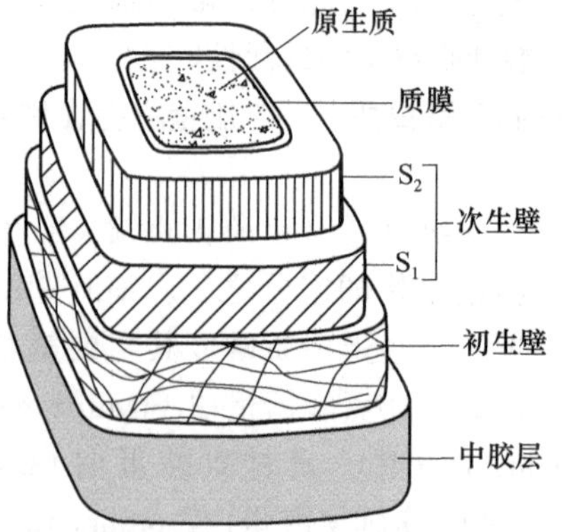

图 1-13　次生壁、初生壁和中胶层结构示意图

（Hopkins & Hüner，2004）

其中 S_1、S_2 代表微纤丝不同走向的两层次生壁

1. 初生壁

（1）初生壁的结构和组成　初生壁位于中胶

层和次生壁之间。初生壁较薄，具有弹性，可随细胞的伸长而延长。初生壁在生长中的细胞中形成，在不同细胞中分子组成并无很大差异，但是其超微结构仍有很大变化。例如，洋葱球茎的薄壁细胞的初生壁很薄，仅100nm厚，而厚壁组织和表皮细胞的初生壁则厚得多且由多层组成。

初生壁的组成按干物质计算，大约是25%的纤维素、25%的半纤维素、35%的果胶和1%～8%的结构蛋白。当然这个组成在不同植物中有很大的差异。例如，草本植物的胚芽鞘的细胞壁含有60%～70%的半纤维素和20%～25%的纤维素，而果胶只有约10%；谷类植物的胚乳细胞壁含有高达85%的半纤维素。初生壁还含75%～80%的水分，这些水主要位于基质中。基质的水合状态对于细胞壁的物理性质是一个重要的决定因素。植物细胞壁缺水时会变得比较僵硬因而抑制细胞的生长。

在初生壁中，纤维素微纤丝穿过伸展蛋白网络，交织在一起形成网状结构，并悬浮在亲水的果胶、半纤维素胶体中（图1-14）。纤维素微纤丝和伸展蛋白之间无共价连接，而是通过伸展蛋白环绕微纤丝形成封闭环使之交织在一起。木葡聚糖以氢键与纤维素组分结合形成“门闩”，可能控制着微纤丝在伸展蛋白网络中的滑动。

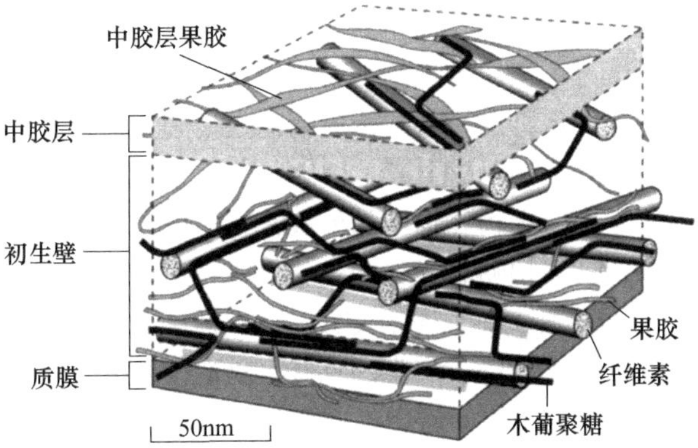

图1-14　初生壁的分子结构示意图

（Hopkins & Hüner，2004）

（2）*初生壁的形成过程*　细胞初生壁是在胞质分裂过程中形成的。在两个子细胞间由细胞壁前体物质形成的新壁称为细胞板（cell plate）。在细胞分裂的晚后期或早末期，正在分裂的细胞中的两极纺锤丝消失，靠赤道面的纺锤丝被保留下来，并在其周围增加微管的数量，向外围扩展形成桶状的成膜体。成膜体主要由微管和内质网组成，其中微丝也与微管并存，参与成膜过程。在细胞板形成过程中，富含成壁物质的高尔基体囊泡沿着成膜体的微管集中并排列在赤道板上，高尔基体囊泡的膜彼此发生融合并连接形成新的细胞膜，高尔基体囊泡中的内含物（主要为果胶质）被释放出来形成细胞板。

细胞板的形成导致了细胞壁合成的起始，在细胞板尚未延伸到母细胞两侧壁上的时候，两个子细胞之间的新壁已开始加固，新的多糖沉积在质膜之间的细胞板上，逐渐形成中胶层。此时高尔基体囊泡持续不断地运送过来，并将其含有的细胞壁合成的前体物质释放到中胶层和质膜之间，形成初生壁。初生壁两侧膜间的膜连续部分最终形成子细胞间的胞间连丝。

在细胞的初生壁形成之后，细胞仍然可以继续生长。其生长过程表现为：细胞壁物质的继续合成和分泌，细胞壁物质在细胞壁中的组装，细胞进一步扩张，直至细胞停止生长，次生壁形成。

分泌到细胞壁中的细胞壁结构物质必须按照细胞壁的结构需要进行组装、排列和交联，以满足细胞功能的需要。对于细胞壁结构物质的组织机制可能有两种方式：自组装和酶促组装。细胞壁中的多糖物质可能具有自发地组织成一定结构的趋向。例如，纤维素可以溶于强溶剂并形成人造丝（rayon）；用强碱性溶剂提取半纤维素，除去溶剂后半纤维素会聚集成类似细胞壁中的网状结构；果胶是高度水溶性的，会形成分散的、各向同性的网络——凝胶（gel）。因此细胞壁的多聚物有自行形成有组织的结构的趋向。除此之外，酶在细胞壁的组织中也有重要作用。木葡聚糖内糖基转移酶XET可以切断木葡聚糖链或将木葡聚糖链加到另一条木葡聚糖链上，或将新合成的木葡聚糖加到细胞壁中原有的木葡聚糖上。通过木葡聚糖间的连接和延长，使细胞壁得以延伸。其他如糖苷酶（glycosidase）、果胶甲酯酶（pectin methyl esterase，PME）、氧化酶（oxidase）等也可能参与细胞壁的组织。糖苷酶可以除去半纤维素的侧链，因此可以使其更容易地结合到微纤丝的表面。果胶甲酯酶水解封闭果胶羧基的甲酯，除去果胶羧基的封闭使果胶酸性基团增加，因此增加了果胶间形成的钙桥，促进果胶形成凝胶。氧化酶如过氧化物酶可以催化在细胞壁蛋白、果胶和其他细胞壁聚合物上的芳香族间的交联（如酪氨酸、苯丙氨酸、阿魏酸）。这些连接对于木质素的形成和其他细胞壁物质间的连接是很重要的。

2. 次生壁 次生壁出现在初生壁之内，一般较厚，5～10μm，而且坚硬，常出现在起机械支持和输导作用的植物细胞中，如导管、管胞、厚壁细胞、纤维细胞等。

当细胞的伸长生长停止后，细胞壁仍可以继续生长加厚，这时生成的壁称为次生壁。次生壁在结构和组成上高度特化，与初生壁有很大的不同。次生壁比较厚并且多层沉积，具有比初生壁含量高得多的纤维素，而且纤维素微纤丝的排列也比较有规律。在次生壁中含有木聚糖（xylan），而不是像初生壁含有木葡聚糖。次生壁常常含有木质素。木质素是一种不溶性的芳香类聚合物，由酚乙醇聚合而成。它们分泌到细胞壁后被过氧化物酶（peroxidase）和漆酶（laccase）所氧化。木质素在细胞壁中与纤维素紧密交联形成一个疏水的网并阻止细胞进一步伸长。木质素增加了细胞壁的机械强度及对病原物的抵抗能力。对于动物来说，木质素是难以消化的，因此，改良降低牧草中木质素的含量，可以增加草料的可消化性和营养。

3. 中胶层 中胶层在初生壁以外，对细胞起粘连作用。中胶层的组成和壁的其余部分很不同，富含果胶，其蛋白质成分也大不相同。中胶层的形成是在细胞质分裂时就开始的。

二、细胞壁的功能

细胞壁是植物细胞必不可少的部分，它并不仅仅是细胞无活性的结构骨架，几乎所有植物细胞的生理活动都与细胞壁有一定的关系。

细胞壁的首要作用是维持细胞的形状。植物细胞的形状主要是由细胞壁决定的，植物细胞通过控制细胞壁的组织，如微纤丝的合成部位和排列方向，从而控制细胞的形状。

在植物细胞的伸长生长中，细胞壁的弹性大小对细胞的生长速率起重要的调节作用，同时细胞壁微纤丝的排列方向也控制着细胞的扩张方向。

细胞壁具有很高的机械强度，因而提高了细胞对外界机械伤害的抵抗力，对植物细胞起重要的保护作用。细胞壁不但提高了植物细胞的机械强度，而且为植物整体提供了重要的机械支持，高大挺拔的树木实际上也是由细胞壁支撑的。

坚韧的细胞壁是产生细胞膨压的必要因素，因此与植物细胞水分平衡有关的生理活动也是和细胞壁相关的。

细胞壁形成了植物体的质外体空间，植物体中的许多运输过程都是在其中进行的。特别是由特化的细胞壁所形成的导管，在水分和矿物质运输中起着不可替代的作用。

某些特殊的细胞运动也和细胞壁有关。例如，植物气孔保卫细胞的变形运动就和保卫细胞细胞壁的不均匀加厚有关。

细胞壁形成了植物细胞的天然屏障，加强了植物细胞抵御病害和逆境的能力。当植物细胞受到病原物侵染时会产生抗毒素或植保素（phytoalexin），细胞壁中同型半乳糖醛酸聚糖和其他富含半乳糖醛酸的寡糖素可能作为植物内源的诱导物诱导组织合成抗毒素。当植物遭受伤害时会诱导合成大量特异蛋白质，以抑制昆虫或微生物的蛋白酶，这种合成也可被寡糖素所诱导。

细胞壁是植物细胞的外被，它可以通过和细胞质膜上的蛋白质相互作用将外界的环境信号传递给细胞。细胞壁中有许多具有生物学活性的物质，如前述的由多糖降解产生的具有生物活性的分子寡糖素可能就有重要的信息分子作用。

第五节 胞间连丝

胞间连丝（plasmodesma）是植物细胞间质膜的管状延伸，直径40～50nm，是相邻细胞间通过细胞壁的细胞质通路。由于植物体中大多数细胞间都有胞间连丝相连，因此形成一个细胞原生质连续的整体，称为共质体（symplast）。胞间连丝在细胞间的物质运输和信息传递中起着非常重要的作用。

一、胞间连丝的结构、分布和形态

（一）胞间连丝的亚显微结构

胞间连丝具有非常复杂的亚显微结构。由于其结构复杂且观察困难，虽然有许多模型被提出来，但其中仍有许多不确定之处，目前较为普遍接受的模型如图 1-15 所示。胞间连丝孔道外围是相邻细胞膜延续和连接所形成的管道，在管道中央是内质网压缩成的狭窄小管，称为连丝小管（desmotubule），连丝小管的两端分别同两边细胞的内质网膜相连，因此由于胞间连丝的存在，植物细胞不但形成原生质的连续整体，而且其内质网也是连续的。虽然从理论上讲连丝小管可以作为细胞间物质运输的通道，但是目前一般认为胞间连丝中连丝小管被挤压在一起，是封闭的，因此不能形成有效的运输通道。从横切面看，中央连丝小管和胞间连丝外膜间是一环形结构，称为孔环（annulus）。对于大多数可以通过胞间连丝的物质来说，孔环是最可能的扩散通道。但是虽然孔环宽 5～6nm，可以通过正常胞间连丝的分子大小却一般不超过 1.5～2.0nm，形成这种差异的原因是在孔环中有一些直径约 3nm 球状的蛋白质，这些蛋白质通过另一些辐条状的蛋白质将连丝小管和胞间连丝外围膜联系起来。埋于内质网膜内侧的蛋白质组成了连丝小管中心杆。质膜内侧和内质网外侧的蛋白质将外围膜和连丝小管之间的空间划分为 8～10 个微通道，微孔道的直径在 2.5nm 左右，这样的尺度与可以扩散通过胞间连丝分子的大小是大致相符的。

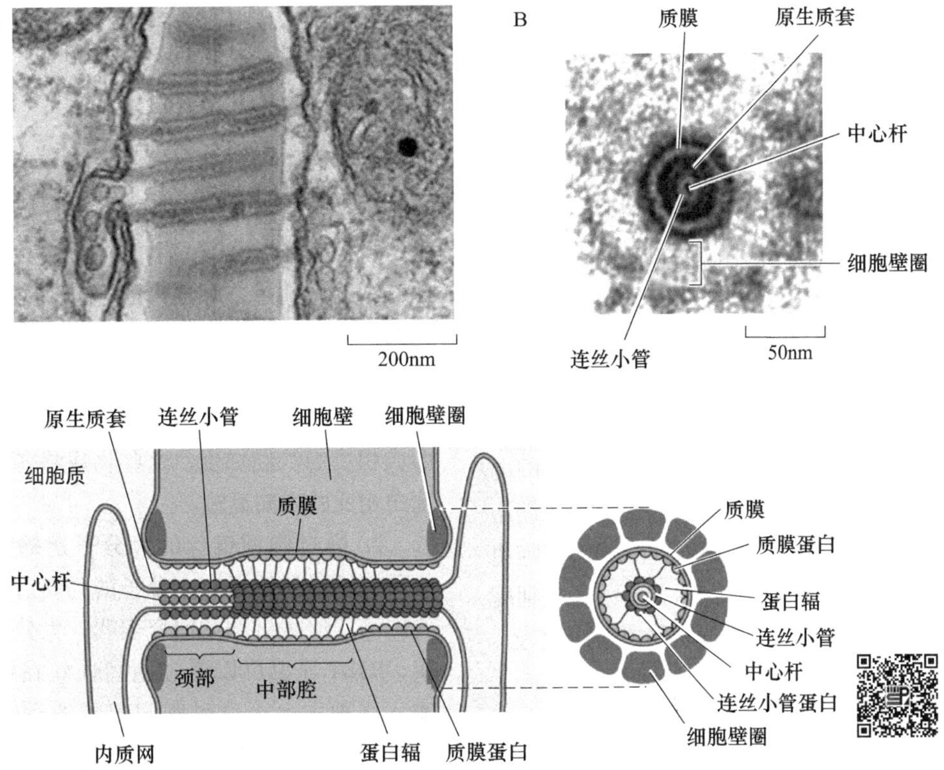

图 1-15 胞间连丝结构示意图（Taiz et al.，2015）

A. 胞间连丝的纵切电镜图；B. 胞间连丝的横切电镜图；C. 胞间连丝的模式图

（二）胞间连丝的分布和形态

胞间连丝在细胞壁上的分布密度常是不均匀的，如在次生加厚的细胞壁中，胞间连丝集中分布在初生纹孔场，其局部密度可达 30～40 个/μm²。胞间连丝的孔径也会扩大，当大于 0.1μm 时称为扩大的胞间连丝。在一定植物组织和发育时期，胞间连丝可能会发生结构的变化而成为胞间通道，细胞的原生质可以通过胞间通道从一个细胞向相邻细胞转移。细胞器，甚至细胞核都可以发生形变通过胞间通道在细胞间转移，即发生“核穿壁”现象。胞间连丝的形态还会出现“X”或“Y”形的分叉结构，这种结构常出现在筛管分子和伴胞间。

植物体中并非所有细胞间都存在胞间连丝。例如，成熟的保卫细胞与周围细胞间就没有胞间连丝。

（三）胞间连丝的形成

胞间连丝可以根据其生成的方式分为初生胞

间连丝（primary plasmodesma）和次生胞间连丝（secondary plasmodesma）。

初生胞间连丝是在细胞分裂过程中胞质分裂时形成的胞间连丝。胞质分裂时，细胞内质网有控制地穿越细胞板，定位于形成胞间连丝的位置；含有组成细胞壁前体物质的来自高尔基体的囊泡汇集到细胞板的位置，形成细胞壁的前体和细胞膜；在有内质网穿越的位置，高尔基囊泡围绕内质网融合并形成穿越细胞板的细胞膜管道，形成最初的细胞间原生质桥；以后壁逐渐加厚，原生质桥中的内质网被压缩形成连丝小管，连同围绕连丝小管的胞质孔环，即形成初生胞间连丝。

次生胞间连丝是在细胞壁形成以后形成的。在细胞伸长过程中有次生胞间连丝的形成。例如，玉米、萝卜、高粱和白车轴草等多种植物在根延长区的细胞伸长了4倍的情况下，其径向壁上胞间连丝的分布密度并未减少；尤其是玉米根延长区径向壁的胞间连丝密度由3.1个/μm^2增加到12.9个/μm^2，说明在细胞伸长过程中有次生胞间连丝的形成。在细胞的发育过程中也有次生胞间连丝的形成。例如，在泥炭藓叶片细胞的发育过程中，胞间连丝密度随发育有一个先下降之后又增加的过程。次生胞间连丝的形成首先是内质网与质膜发生接触，这时该部位的细胞壁发生松弛变薄，之后质膜连同内质网向外突出形成小管，小管逐渐突破细胞壁到相邻细胞并与其质膜融合，最终形成胞间连丝。相邻细胞也会发生相同的过程，当相邻细胞的突出小管在细胞壁中相遇并发生质膜的融合，即形成次生胞间连丝。

二、物质通过胞间连丝的运动

胞间连丝在植物细胞间形成了一个连续的原生质通道，许多物质可以通过胞间连丝在细胞间进行运输而无需经过跨膜的过程。在同化物的运输中胞间连丝起着相当重要的作用（见第十章）。此外，一些信号分子也可以通过胞间连丝在细胞间运动，形成重要的信号传递通道。

（一）胞间连丝的通透性

虽然胞间连丝是植物细胞间方便和快捷的物质运输通道，但是能够通过胞间连丝的分子大小是受到一定限制的，即胞间连丝的通透性（permeability）。这种限制通常用“分子大小排除限”（size exclusion limit，SEL）来表示。SEL是指可以经扩散通过胞间连丝的分子大小限度，也就是说，当分子大小小于该值时可以通过胞间连丝扩散到相邻细胞，而大于该值时则不能通过胞间连丝。利用显微注射荧光分子探针的方法测定SEL的结果表明，大多数植物细胞的胞间连丝的SEL在700～1000Da，相当于直径1.5～2.0nm大小的分子。但是SEL可以随细胞的发育而发生改变。例如，紫竹梅雄蕊毛在花蕾形成的早期其胞间连丝可以允许分子质量40kDa的荧光分子通过，而到开花时胞间连丝的SEL则降到1000Da以下，花衰老时又有所提高。胞间连丝的SEL也会受到某些细胞因子的调节。例如，细胞膨压的提高会引起胞间连丝通道的关闭，细胞内钙离子浓度提高也会产生同样的效果。因此胞间连丝的通透性是可变的，是受到植物生理状态严格控制的。

（二）物质通过胞间连丝的运输方式

1. 通过胞间连丝的扩散运动 物质，特别是小分子物质通过胞间连丝的运动通常是以顺浓度梯度的扩散方式进行的，如果消除或改变胞间连丝两侧运输物质的浓度差可以阻止该物质的运输，甚至改变运输的方向；如果在胞间连丝两侧有不同物质形成相反的浓度梯度，这些物质将各自沿其浓度梯度向相反的方向运输。

2. 通过胞间连丝的大分子运输 虽然早期的研究结果认为只有小分子的物质可以通过胞间连丝扩散，但是近期的研究表明，大分子物质如蛋白质、RNA等也可以通过胞间连丝在细胞间进行运输。这种大分子通过胞间连丝的运输过程是特异的，一些大分子物质可以选择性地通过胞间连丝向相邻的细胞运输，其过程涉及分子的识别及胞间连丝的打开等。这些特定大分子物质通过胞间连丝的运输，在细胞间的信息传递、细胞分化诱导，以及植物发育等诸多方面都起着十分重要的作用。因此，胞间连丝也可以认为是细胞间信息传递和物质运输的“高速公路”。

许多植物病毒分子在细胞间的运动是通过调节胞间连丝实现的。这些植物病毒通常编码一种或几种蛋白质，当缺少这类蛋白质时，病毒分子就不能在细胞间运动，因此这类蛋白质被称为运动蛋白（movement protein）。对运动蛋白的研究结果表明，某些运动蛋白可以通过解聚微丝骨架来增加胞间连丝的 SEL 从而完成病毒分子通过胞间连丝的扩散运动。

在植物体中明显存在大分子胞间运输的组织是筛管分子-伴胞复合体。成熟筛管分子是没有细胞核的活细胞，在筛管中存在许多不同种类的蛋白质，由于在筛管中不能进行蛋白质的合成，因此这些蛋白质只能来自与筛管相邻的伴胞。伴胞具有浓厚的原生质，进行着活跃的蛋白质合成，但是并不清楚在伴胞中合成的蛋白质是如何通过胞间连丝进入筛管的。利用显微注射的方法将某些筛管蛋白注射进叶肉细胞发现胞间连丝的 SEL 明显提高，说明筛管蛋白中存在类似病毒运动蛋白的植物内源运动蛋白，这些蛋白质可以通过调节胞间连丝的通透性帮助大分子在细胞间进行运输。

第六节 植物细胞信号转导概述

自然界中的植物生活在多变的环境中。构成高等植物的活细胞必须不断地感受、接受各种外界环境信号及来自相邻细胞的各种化学或物理信号，并做出适当的生理反应以维持其生命活动的进行及调控其生长和发育的进程。更为重要的是，植物细胞及植物体只有在获得适当信号的情况下才能正常生长和发育。

植物体所能感受的信号是相当广泛的，如光（包括光的强度、光质和光周期等）、温度、重力、风、CO_2 浓度、土壤中的营养元素、水分状况、O_2 浓度，甚至食草昆虫的啃食和微生物的入侵，以及植物体自身产生的各种激素和信号分子等。植物细胞在感受到外界和内源的信号之后，必须将这些信号转化为细胞内的信号，即信号的转导过程。

细胞信号转导（signal transduction）指的是偶联各种胞外信号（包括各种内、外源信号）与其所引起的特定生理效应之间的一系列分子反应机制（图 1-16），具体包括细胞感受、传递及放大各种刺激信号的分子机制，以及经传递和放大后的次级信号（第二信使）调控细胞生理生化活动的分子机制等。

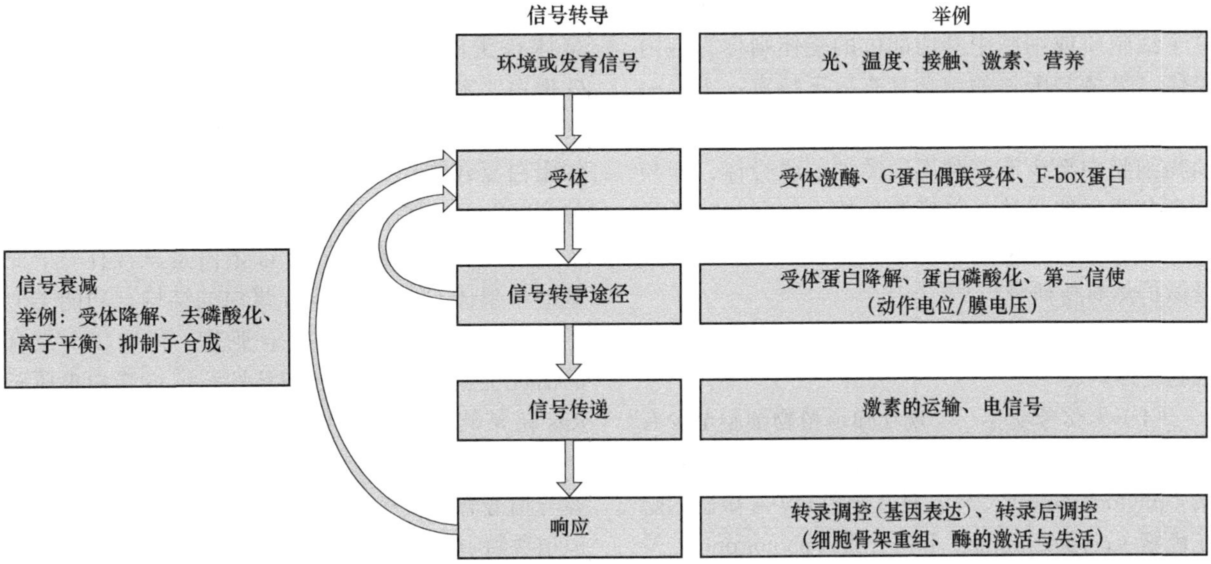

图 1-16 信号转导的一般模式框图（Taiz et al.，2015）

细胞信号转导过程的一个显著特点是，对于任何一种特定的刺激信号都有其特异的信号转导过程，而信号转导过程的特异性依赖于构成信号转导过程的分子机制的特异性。虽然构成不同信号转导过程的分子反应机制是不同的，表现为信号及信号受体的不同性质及其特异性，但是参与不同信号转导过程的因子或组分却在一定程度上有其相似性，而且有些因子是不同信号转导过程的共同因子。在信号转导过程中，由于一个信号转导组分可以激活其下游的多个靶分子，因此信号在转导过程中是被逐级放大的。再者，一旦信号转导过程完成，信号转导组分需要一个灭活机制，这个灭活过程可能是信号转导组分被迅速降解或隔离，或者信号转导组分由活性状态转化为非活性状态。

参与细胞跨膜及胞内信号转导过程的主要因子包括受体、G蛋白、第二信使系统[三磷酸肌醇、钙离子、pH和活性氧ROS（reactive oxygen species）等]、蛋白激酶/蛋白磷酸酶、细胞骨架等。其中受体是参与跨膜信号转导的主要因子，而三磷酸肌醇、钙离子等则属于参与胞内信号转导的第二信使物质，钙调蛋白、蛋白激酶/蛋白磷酸酶、离子通道等膜功能蛋白、细胞骨架等胞质功能蛋白等则作为第二信使下游作用的靶分子而与刺激信号引起的特定生理效应密切相关。

一、受体

受体（receptor）是能够特异识别生物活性分子并与之结合，进而引起生物学效应的特殊蛋白质（个别是糖脂）。能与受体特异性结合的生物活性分子称为配体（ligand）。大多数受体位于质膜上，而有一些受体则位于细胞质或细胞中的其他部位。位于细胞质膜上的受体称为膜受体；而位于细胞质或细胞中其他部位的受体则称为胞内受体。受体与配体的结合具有以下特点：①专一性；②高亲和力；③具有饱和性；④可逆性。在动物细胞中至少有三种不同类型的膜受体，即与G蛋白偶联的受体、与酶偶联的受体和与离子通道偶联的受体，但是在植物中是否也存在这三类受体仍然有待研究。

光信号受体和激素受体是两类研究较多的植物细胞受体。

（1）*光信号受体* 现在知道植物细胞至少有四大类光受体，包括对红光和远红光敏感的光敏色素（phytochrome）受体、对蓝光和UV-A敏感的隐花色素（cryptochrome）和向光素（phototropin）及UV-B受体UVR8等。有关光信号转导的内容请参考第十二章的内容。

（2）*激素受体* 在植物激素信号转导研究方面，激素受体的鉴定与功能研究是近年来的热点，几大经典植物激素（生长素、细胞分裂素、赤霉素、油菜素内酯、脱落酸和乙烯等）的受体均被陆续发现。有关植物激素信号转导过程中的相关步骤请参见第十一章。

（3）*植物细胞受体样激酶* 在植物细胞中还存在一类与哺乳动物表皮生长因子（EGF）受体相似的蛋白激酶，称为受体样激酶（receptor like kinase，RLK）。这类蛋白激酶跨膜存在，其N端位于胞外侧，可能与刺激信号的感受有关；而C端则位于胞内侧，具有激酶活性的区域。RLK的胞外侧部位类似于受体，当与某种胞外特异配体结合之后，胞内侧激酶的催化活性受其影响而改变。植物细胞中的RLK属苏氨酸/丝氨酸蛋白激酶类型，不同于动物细胞中的酪氨酸型受体样蛋白激酶。

二、GTP结合调节蛋白

GTP结合调节蛋白（GTP-binding regulatory protein，G蛋白），是活细胞内一类具有重要生理调节功能的蛋白质。此类蛋白质由于其生理调节功能有赖于与三磷酸鸟苷（GTP）的结合及具有GTP水解酶的活性而得名。一般来说，当结合GTP时G蛋白呈活化状态，而当GTP水解为GDP时G蛋白为非活化状态。

活细胞内的G蛋白一般分为两大类：异源三聚体G蛋白（heterotrimeric G-protein，又称为大G蛋白）和小G蛋白（small G-protein）。异源三聚体G蛋白是由三种不同亚基（α、β、γ）构成的蛋白复合体，其α亚基含有与GTP结合的活性位点，并具有GTP酶活性，而β和γ亚基一般呈稳定的复合状态存在。小G蛋白是只含有一个亚基的单聚体G蛋白。小G蛋白的结构与功能类似于异源三聚体G蛋白中的α亚基，有与GTP结合的活性位点并具有GTP酶活性。小G蛋白隶属于Ras超家族，又分为Ras、Rho、Rab、Arf和Ran 5个家族。其中Ras和Rho家族的小G蛋白直接参与信号转导。植物中没有Ras家族的小G蛋白，但植物特有的一类小G蛋白ROP构成了Rho家族中的一个亚家族。

利用cDNA、基因克隆、基因转移、蛋白质生物化学、生理学、电生理学等技术不但已证明了G蛋白在高等植物中普遍存在，而且已初步证明G蛋白在植物对光和激素的生理效应、植物细胞跨膜离子运输、植物组织和器官的形态建成等细胞信号转导过程中有重要调节作用。

三、第二信使系统

第二信使（second messenger）是指细胞内产生的非蛋白质类小分子和离子，在胞外信号与受体结合后能通过其浓度的变化，调节信号途径中靶蛋白的活性，从而行使放大和传递信号的功能。三磷酸肌醇、钙离子、pH和活性氧等是植物细胞中重要的第二信使。

（一）钙离子

Ca^{2+}在植物细胞的多种信号转导过程中都有非常重要的调节作用，特别是在植物适应各种环境胁迫的过程中起着关键作用。植物细胞内的Ca^{2+}已被许多研究工作证实是植物细胞信号转导过程中的重要第二信使。研究证明，几乎所有不同的胞外刺激信号都能引起胞内游离Ca^{2+}浓度的变化，如光照、触摸、重力、温度等各种物理刺激和各种植物激素、病原菌诱导因子等化学因子（图1-17），这种细胞质中钙离子浓度的波动变化称为钙振荡，是细胞传递信号的重要调控方式。植物细胞内游离钙离子浓度的微小变化可能显著影响细胞的生理生化活动。由此而引出的一个问题是：由Ca^{2+}浓度变化而介导的信号转导的特异性将如何被体现？近年来的许多研究表明，胞内Ca^{2+}信号的特异性有可能通过Ca^{2+}浓度变化的不同频率特点和区域特异性来体现。胞内不同Ca^{2+}浓度的区域化现象及Ca^{2+}浓度的周期性变化与细胞的特异生理功能相联系。有关Ca^{2+}跨膜运输及其调节机制参见第四章。

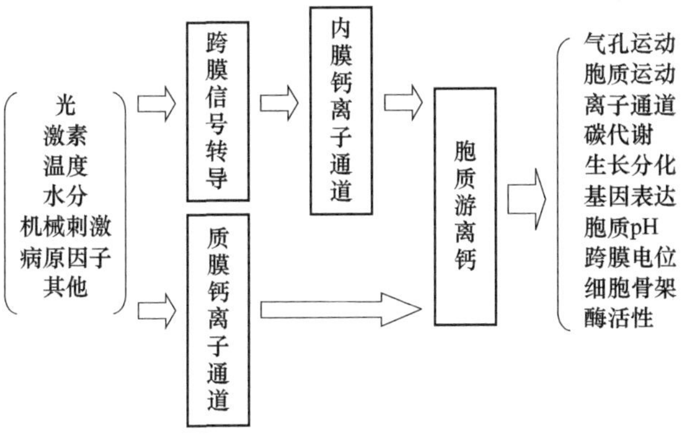

图1-17 钙参与植物细胞信号转导示意图

（二）磷脂酰肌醇

当细胞接受特定信号时，可以产生磷脂酰肌醇作为第二信使。当受体分子结合信号分子后，激活磷脂酶C将质膜上的磷脂酰二磷酸肌醇（phosphatidylinositol biphosphate，PIP_2）分解为二酰甘油（diacylglycerol，DAG）和三磷酸肌醇（inositol 1,4,5-triphosphate，IP_3）两个第二信使。IP_3可以动员细胞钙库释放钙离子，引起下游一系列的反应；而DAG则激活蛋白激酶C（protein kinase C，PKC）引起一系列的级联反应。这一信号转导过程称为磷脂酰肌醇信号途径（phosphatidylinositol signal pathway）。

在植物细胞中已证明三磷酸肌醇可作为胞内信使参与植物细胞的信号转导过程。研究表明，许多胞外刺激信号可引起胞内磷脂酰肌醇类物质代谢上的变化，这些刺激包括光照、激素、渗透胁迫、细胞降解酶类等。有研究表明，在胞内液泡膜上可能存在IP_3受体或作用位点，其作用可能与调节由液泡向细胞质释放Ca^{2+}有关，从而影响胞质内游离Ca^{2+}的浓度。

（三）pH和活性氧

近年来的研究表明，pH和活性氧（reactive oxygen species，ROS）也能作为第二信使在细胞信号转导过程中发挥重要作用。

在静息细胞（resting cell）中，胞质的pH通常保持在7.5左右，而细胞壁中的pH则为5.5或更低。胞外的pH能响应不同的内源或环境信号而迅速发生变化，而胞内的pH却因为细胞的缓冲能力而变化缓慢。例如，植物激素生长素能激活质膜上的H^+-ATPase，使细胞壁进一步酸化，从而激活促进细胞壁松弛的蛋白（如扩张蛋白）以促进细胞的伸长（具体内容请参考第十一章）。此外，植物对环境胁迫信号响应也经常包括Ca^{2+}依赖的pH变化。

细胞中大部分的ROS是在线粒体、质体、过氧化物酶体和细胞壁中形成的，越来越多的研究发现，ROS不仅是植物呼吸作用和光合作用过程中产生的具有细胞毒性的代谢副产品，还可以作为信号分子调控植物对不同内源或环境信号的响应。NADPH氧化酶是目前了解得比较多的催化ROS生成的酶类，其活性受Ca^{2+}及蛋白磷酸化的调控，并通常位于Ca^{2+}信号途径的下游。不过，也有证据显示ROS也有可能在Ca^{2+}信号途径上游发挥功能，如在保卫细胞中由植物激素ABA诱导产生的ROS通过传递信号至质膜上的Ca^{2+}通道从而参与对Ca^{2+}内流的调控。

四、蛋白激酶和蛋白磷酸酶

胞内许多功能蛋白质的活性调控是通过磷酸化/去磷酸化过程实现的。细胞内多种蛋白激酶和蛋白磷酸酶正是前述几类胞内信使进一步作用的靶分子。

（1）钙依赖型蛋白激酶　在20世纪80年代末期，人们在植物细胞中发现了一类具有重要生理作用的蛋白激酶，即钙依赖型蛋白激酶（Ca^{2+}-dependent protein kinase，CDPK）。CDPK是植物细胞特有的一个蛋白激酶家族。例如，拟南芥中存在大约40种CDPK。CDPK类蛋白激酶在其N端有一激酶活性区域，而在其C端有一类似于钙调素（calmodulin，CaM）的结构区域，在两者之间存在一个由31个氨基酸残基组成的自身抑制区域（auto inhibitory domain）。在C端的钙调素结构域中含有4个EF手性的钙离子结合位点。当钙离子与CDPK结合时，其自身抑制区域对激酶活性的抑制被解除，CDPK被活化。这类激酶的活性只依赖于钙而不依赖于钙调素。现在已经知道的可被CDPK磷酸化的作用靶分子（或底物分子）有细胞骨架成分、膜运输成分、质膜上的质子-ATP酶等。例如，从燕麦中分离出的与质膜相结合的CDPK成员可将质膜上的质子ATP酶磷酸化，从而调节跨质膜的质子运输，进而实现对胞质pH、膜电位、跨膜离子运输的调控。

除CDPK外，在植物细胞中还发现了其他类型的钙依赖型蛋白，如与植物光敏色素密切相关的钙依赖型蛋白激酶、一些同时受钙离子和钙调素调节的蛋白激酶等。

（2）其他蛋白激酶　除钙依赖型蛋白激酶外，在植物中还存在一类与哺乳动物表皮生长因子（EGF）受体相似的蛋白激酶，即在前面已讨论过的受体样激酶（RLK）。

（3）蛋白磷酸酶　在细胞信号转导过程中，蛋白激酶通过其对靶蛋白分子的磷酸化作用而实现对后者活性的调节，而蛋白磷酸酶则通过对靶蛋白分子的去磷酸化作用而实现对后者活性的调节，可以说两者具有同样重要的意义。

五、细胞信号转导网络

植物对内源及环境信号的各种响应依赖于细胞对多种信号的整合，以及对信号转导的有效控制。植物细胞内存在多种多样、高度复杂的信号转导途径。需要强调的是，这些已知或未知的信号转导途径并非线性的、孤立的传递，各信号途径之间存在所谓的交叉对话（cross-talk）和反馈（feedback），彼此之间相互交叉、相互调节，形成了复杂而有序的信号转导网络（signaling network）。信号转导网络的交叉通常在受体、效应蛋白或转录调节因子这三个层次实现，这些组成各种特定信号途径的重要蛋白质大多数都属于一些相同的蛋白质家族，具有结构和功能上的相关性。而且这些组分在不同的信号途径中会出现部分的共享，成为不同信号途径的交叉点，最终多种信号途径就组成了多层次、多环节的复杂信号网络。信号转导网络是细胞生命活动的重要特征，是植物有效应对复杂环境改变和内源信号刺激的重要基础和保障。

小　结

细胞不仅是一切生物体结构的基本单位，同时也是一切生物体功能的基本单位，因此各种植物生理活动的最终解释和阐明都需要到植物细胞中去找寻。尽管植物细胞与其他非植物的真核细胞相比，都有一些共同的基本组成和结构，但是植物细胞具有一些特殊的细胞结构。例如，植物细胞具有进行光合作用的叶绿体，大多数植物细胞具有中央大液泡及绝大多数植物细胞都具有坚硬的细胞壁等。这些细胞结构在植物的生理活动中起着极为重要的作用。在许多植物细胞中，中央大液泡占据了细胞的大部分体积，中央大液泡的存在扩大了植物细胞与外界物质、能量和信息的交流；中央大液泡对细胞膨压的作用，使其在植物的生长、光合和蒸腾（通过气孔运动）等重要的植物生理过程中都有不可取代的作用。植物细胞的细胞壁不仅是一个保护细胞的坚硬外壳，事实上还是植物细胞的外被，在植物细胞的生长调节和许多信息传递过程中起重要的作用。植物细胞间存在的胞间连丝使植物体形成一个连续的系统，成为植物体和植物细胞间重要的物质运输和信息传递通道。植物细胞必须不断地感受、接受各种信号，并做出适当的生理反应以维持和调控其生命活动。

思 考 题

（1）质膜有哪些重要的组分？这些组分是如何形成质膜的基本结构的？
（2）为什么说细胞的膜结构是动态的？
（3）蛋白质的合成和修饰与哪些细胞器有关？其过程为何？
（4）大分子物质是如何通过核膜在细胞核内外进行运输的？
（5）高等植物细胞的中央大液泡有何重要功能？
（6）植物细胞的细胞骨架与植物细胞生长的关系如何？
（7）细胞壁的基本组分有哪些？它们各自的作用是什么？
（8）细胞壁中的蛋白质可能是通过哪些合成、修饰和运输途径进入细胞壁的？
（9）植物细胞壁中微纤丝是如何形成和进行排列的？它们与植物细胞的形态有何关系？
（10）胞间连丝有哪些类型？胞间连丝是如何控制细胞间的物质运输的？
（11）什么是细胞的信号转导？信号转导的重要性体现在哪些方面？

第二章 水与植物细胞

水是生命的源泉，生命不但发生于水的环境，而且生命过程必须在水的环境中进行。

水是原生质的最主要组成成分，原生质的含水量在70%～90%。水是自然界最丰富的溶剂，而且对于大多数物质来说也是最好的溶剂。在细胞中，物质的代谢、运输都是在水溶液中进行的。在生物体中，细胞间的信号传递和物质运输也是在水溶液中进行的，因此水是细胞中各种代谢反应的基本介质。水同时又直接参加了许多生物化学反应，如水解和脱氢反应。对于绿色植物细胞来说，水和二氧化碳是进行光合作用的基本原料。水不但参与细胞的代谢活动，而且对于生物大分子，如蛋白质、核酸、多糖等的构象有重要的影响。细胞的含水量与其生理活动是否活跃常常是密切相关的，当细胞含水量充足时其生理活动常较活跃，而当含水量降低时细胞的生命活动也会减弱。

对于植物来说水具有特殊的重要性。与动物细胞不同，植物细胞具有膨压，这是通过水分关系的平衡建立起来的。植物细胞的膨压是细胞生长的必要条件；在叶片的气体交换中，保卫细胞起着关键作用，而保卫细胞的运动是由细胞的膨压所控制的；膨压在韧皮部及其他的运输过程中也起着重要作用；膨压对于维持植物的坚挺姿态、叶片的伸展、根的下扎等都是非常重要的。

第一节 水的物理化学性质

水的这些特殊物理化学性质使其成为生命活动的介质。

水分子的基本结构是一个氧原子与两个氢原子以共价键结合，两个O—H键之间的角度为105°（图2-1）。水分子在分子结构上是非对称性的，因此使得水分子成为一个极性分子。一个水分子上的部分带负电荷的氧原子会吸引另一个水分子上的部分带正电荷的氢原子，产生微弱的静电引力，称为氢键（hydrogen bond）。水分子间的氢键作用是水的许多物理特性产生的原因。水是目前已知溶剂中溶解范围最宽的溶剂。水分子的溶解特性主要由两个因素决定：一是水分子的体积很小；二是水分子的极性。水分子具有极性，使得它特别适合溶解离子及带有极性基团，如—OH和—NH_2的大分子物质。在水溶液中，水分子可以排列在离子表面“屏蔽”其电荷，从而降低离子间的静电作用，增加其溶解性。此外水分子还可以排列在大分子的极性基团表面，形成水合层（hydration shell），大分子和水分子间的氢键作用力会降低大分子间的作用力从而使其溶入水中。

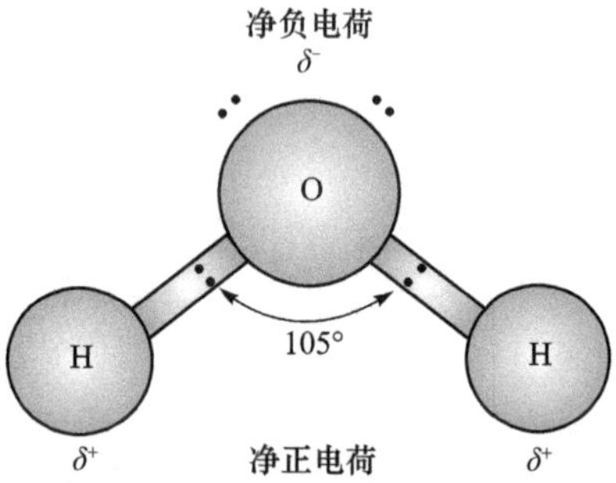

图2-1 水分子结构示意图（Taiz & Zeiger，2006）

氢对电子的吸引使水分子产生偏负电荷和偏正电荷的极性，图中δ表示水分子上电荷相反的两极

在生物体内，水常以束缚水和自由水两种状态存在。束缚水（bound water）是指紧密吸附在胶体颗粒或大分子表面不能移动的水。在重要的生物大分子表面形成的水合层对这些大分子的稳定性有很重要的作用，在水合的蛋白质中，这样的束缚水可

以占到30%。自由水（free water）是指不被吸附可以自由移动的水。束缚水被胶体或大分子吸附，因此不能再起溶剂的作用，而自由水可起溶剂的作用。在生物体中这两部分水的含量和比例是变动的，并对细胞的生理活动产生影响。

水分子氢键的存在，使水具有独特的热力学特性，具有较高的比热（specific heat）和蒸发潜热（latent heat of vaporization）。

比热是指提高单位数量的某物质单位温度所需要的热量。由于水分子间存在氢键，因此要提高水的温度，或者说要提高水分子的振动频率就需要增加多余的能量以打断水分子间的氢键。因此水比其他溶剂需要更多的能量以提高温度，也就是说具有较高的比热。水的高比热特性对于细胞来说是非常重要的，因为高比热意味着水的温度不容易发生改变，这样以水为介质的生命活动就可以在相对稳定的条件下进行。

蒸发潜热是指在恒定温度下，使某物质由液相转变为气相所需要的热量。在25℃时，水的蒸发潜热是44kJ/mol，是所有已知溶剂中最高的。水蒸发潜热高也是由于水分子间氢键的影响，水蒸发的能量大部分用于打断水分子间的氢键。水蒸发潜热高的特性对于植物是很重要的，因为植物叶片通过水分蒸发消耗过多吸收的光能从而避免温度升高对细胞造成伤害。

在水和空气间界面上的水分子的两边是不同的分子，界面水分子与邻近水分子的作用力大于其与空气分子间的作用力，因此水总是倾向于维持最小的水和空气间的界面。这样在水和空气间的界面产生一种力——表面张力（surface tension）。表面张力不但影响水面的形状，而且对水的其余部分产生压力。在导管的水分运输中，表面张力维持了水流的连续性。水分子间的氢键使水分子有相互的吸引力，称为内聚力（cohesion）。水分子与固相，如植物导管壁表面分子之间的吸引力称为附着力（adhesion）。水的表面张力、内聚力和附着力的共同作用使水分可以在较小直径的毛细管中上升到一定的高度，称为毛细现象（capillarity）。在毛细现象中，水分可上升的高度与毛细管的半径成反比，在越细小的管道中水分上升的高度越高。在植物木质部导管的水分运输中，毛细作用只能在较低的高度中起作用，而对高大树木的水分运输来说是远远不够的。但是细胞壁中有许多非常细的孔道（半径约10^{-8}m），因此可以产生很大的力作用于在其中运输的水分，这对于在细胞表面进行蒸发时维持水分的连续性是非常重要的。

物体抵抗拉力而不被拉断的能力称为抗张强度（tensile strength）。由于水分子间的内聚力，水具有很高的抗张强度，因此水柱可以抵抗外界的拉力而不会被拉断。水柱的抗张强度可以达到相当高的程度。实验表明，小水柱的抗张强度可以达到−30MPa。水柱的连续性是水柱能够抗拉力的基础，一旦水柱内有气泡产生，水柱就会立即发生断裂。

第二节　植物细胞的水分关系

在大多数生理状态下，植物细胞都要不断地进行水分的吸收和散失，在植物整体中还有不同组织细胞间水分的分配和调节。因此水总是在植物细胞的内外和细胞之间进行着不断的运动。水分的这种运动对于植物细胞和整个植物生理活动的进行是非常重要的。例如，植物导管和筛管中的物质运输、气孔的运动等都离不开水分的运动。同时，水分的转移和运动又受到植物细胞的生理活动的调节和控制。

一、水势

（一）水势的概念

不同的体系都具有一定的内能。体系内能包括体系中分子的热运动及分子间和分子内部相互间的势能。当体系间发生物质的交换时，在物理化学中可以用化学势的概念来表示体系的内能的变化。体系中某组分的化学势μ_j可以理解为等温等压条件下在无限大的体系中，加入1mol该物质（j）时引起体系自由能的改变量。自由能则是恒温恒压条件下，体系能做有用功的那部分能量。化学势的绝对值是不能测定的，通常以给定状态和人为规定的标准状态的差值来表示。化学势的度量单位是每摩尔的能量，如焦耳/摩尔（J/mol）。

在体系间发生物质交换的过程中，有一些过程是可以自发进行的，如水分从高处流向低处，热量由高温处流向低温处等。一般来说，体系总是自发地向使其自由能降低的方向进行，因此体系的化学势可以指示组分在体系间的转移趋势。例如，设组分 j 在地点 A 和地点 B 的化学势分别为 μ_j^A 和 μ_j^B。当 $\mu_j^A > \mu_j^B$ 时，组分 j 将自发地从地点 A 转移到地点 B。当 $\mu_j^A < \mu_j^B$ 时，组分 j 不能自发地从地点 A 转移到地点 B，只有从外界输入大于 $\mu_j^A - \mu_j^B$ 的能量，才能使组分 j 从地点 A 转移到地点 B。当 $\mu_j^A = \mu_j^B$ 时，地点 A 和地点 B 间没有组分 j 的净转移。

水的运动方向和其他物质的转移一样可以用体系的化学势来表示。在植物生理学研究中常使用水势（water potential）的概念，但是植物生理学中水势的定义并不是“水的化学势差”，而是每偏摩尔体积水的化学势差，以 ψ_w 表示。

$$\psi_w = \frac{\mu_w - \mu_w^0}{V_w} = \frac{\Delta\mu_w}{V_w} \qquad (2.1)$$

式中，μ_w 为一定条件下水的化学势；μ_w^0 为在一定条件下纯自由水的化学势；V_w 为水的偏摩尔体积，即在温度、压强及其他组分不变的条件下，在无限大体系中加入 1mol 水时对体系体积的增量。V_w 也可以近似地代之以纯水的摩尔体积 V_w（$= 18 \times 10^{-6} m^3/mol$）。因此，水势的概念也可以理解为体系中的水与纯水之间，每单位体积的自由能差。水势的单位与压强的单位是相同的，为 Pa（Pascal，帕斯卡）或 MPa（兆帕）。

（二）溶液水势的组成

溶液中水势的组分可由式（2.2）表示。

$$\psi_w = \psi_s + \psi_p + \psi_g \qquad (2.2)$$

式中，ψ_w 表示水势；ψ_s、ψ_p 和 ψ_g 分别表示溶质浓度、压力和重力对水的自由能的影响，即溶质势、压力势和重力势。

1. 溶质势 ψ_s 称为溶质势（solute potential）或渗透势（osmotic potential）。溶质势表示溶质对水势的作用，溶质通过“稀释”水而降低水的自由能，这主要是熵的效应，即溶质和水混合增加了系统的无序性，因而降低了水的自由能。对于非解离物质的稀溶液，渗透势可以由范特霍夫（Van't Hoff）方程式估算。

$$\psi_s = -RTC_s \qquad (2.3)$$

式中，R 为气体常数［8.32J/(mol·K)］；T 为热力学温度，以开尔文（Kelvin）为单位；C_s 为溶质的浓度，以克分子渗透浓度（非国标用法）或每升水中完全溶解的溶质的物质的量来表示（mol/L）；负号表示溶解的溶质降低溶液的水势。

如果溶质溶解为两个或多个离子，其渗透效应数将相应地以溶解后的离子数进行计算。例如，将 0.1mol 的葡萄糖溶于 1L 水后，浓度为 0.1mol/L；而将 0.1mol 的 NaCl 溶于 1L 水后，离子的浓度可视为 0.2mol/L。温度在 20℃（293K）时，上述葡萄糖溶液的渗透势为 −0.244MPa，而 NaCl 溶液为 −0.488MPa。

2. 压力势 ψ_p 称为压力势，是由于溶液的静水压（hydrostatic pressure）所增加的溶液的水势。静水压是以溶液压力与周围压力的差值来衡量的，因此当纯水的压力与周围压力相同，即实际水的压力为 0 时，$\psi_p = 0$。但由于存在大气的压力，水的绝对压力大约为 0.1MPa；而在绝对真空时，水的 $\psi_p = -0.1MPa$。因此，水的绝对压力和 ψ_p 是不同的。

在植物细胞内，正的静水压常称为膨压（turgor pressure）。植物细胞的膨压是由细胞吸水后相对较为刚性的细胞壁对细胞体积的限制所造成的。因此一般情况下植物细胞的 $\psi_p > 0$，但某些情况下也可以是负值，如木质部导管中溶液处于负压力下，这对水的长距离运输是很重要的。

3. 重力势 ψ_g 称为重力势，由于重力的存在使水势增加的数值。重力势增加了细胞水分的自由能，提高水势的值，以正值表示。

重力对水势的影响可表示为式（2.4）。

$$\psi_g = \rho_w g h \qquad (2.4)$$

式中，ρ_w 为水的密度；g 为重力加速度；h 为水相对参考状态时的高度；其中 $P_w g$ 约等于 0.01MPa/m。重力势依赖参考状态下水的高度、密度和重力加速度。因此，10m 的高度对水势产生约 0.1MPa 的增量。考虑到水分在细胞之间的移动，与渗透势和压力势相比，重力势通常省略不计。

4. 基质势 ψ_m 称为基质势（matric potential），是由于亲水的衬质与水分子的相互作用使水的自由能降低的那部分水势。例如，当水分子附着在土壤颗粒、细胞壁、细胞内亲水蛋白质或其他物质表面时，会形成一两个水分子厚度的薄层，在细胞壁中的微小孔道内可以形成毛细管力，因此水的自由能降低，这种自由能的降低即基质势。

在一般情况下，特别是水合的细胞和细胞壁中基质势常可忽略或者作为压力势的扣除。例如，在叶片蒸发表面的细胞壁的微毛细管道中，所保持的水分具有负压，称为壁基质势。而干种子的基质势很低，可达 −100MPa。

在许多情况下，溶液水势可以看作溶质势和压力势之和，即式（2.5）。

$$\psi_w = \psi_s + \psi_p \qquad (2.5)$$

例如，当纯水置于大气中时，其静水压与大气压力相同，因此 ψ_p=0，而 ψ_s=0，这样水势 $\psi_w=\psi_s+\psi_p$=0；而 0.1mol/L 蔗糖的 ψ_s 为 −0.244MPa，ψ_p 为 0，此时溶液的水势 $\psi_w=\psi_s+\psi_p$=−0.244MPa。因此，当溶液置于大气压力条件时（ψ_p = 0），$\psi_w=\psi_s$，即水势等于溶质势。

二、水分的运动

无论系统的水势组成有何不同，水分在系统间的转移方向通常是由系统的水势差所决定的。水总是顺水势梯度从水势高的地点转移到水势低的地点。

（一）扩散

由热力学运动或随机的动力学活性所引起的分子（气体分子、水分子或溶质分子）从一点到另一点的运动称为扩散（diffusion）。扩散是分子从较高化学势向较低化学势的随机的但是累进的运动，通常导致扩散分子的均匀分布。在没有压力势、电势等影响的情况下，扩散分子从高浓度部位向低浓度部位转移。在这样的系统中，扩散速率与浓度梯度成正比，即符合菲克第一定律（Fick's first law）。

$$J_s = -D_s \cdot \frac{dC_s}{dx} \qquad (2.6)$$

扩散速率（J_s）是指单位时间内，物质经过单位面积的数量，用 mol/(m^2 • s）表示。D_s 称为扩散系数，是物质在一定系统中扩散的比例常数。扩散系数是扩散分子的特征常数，一般分子质量较大的分子，具有较小的扩散系数。此外，扩散系数也与扩散介质有关。例如，分子在空气中的扩散系数比在水中的要大得多。在很多情况下，浓度梯度 dC_s/dx 也可用 $\Delta C_s/\Delta x$，即两点间浓度差值与两点距离之比来表示。方程式中的负号是表示扩散运动的方向是顺浓度梯度进行的。

在植物细胞尺度的距离内扩散可以作为物质运输的有效方式，但在植物体长距离的运输中，扩散的速率是远远不够的。例如，一个葡萄糖扩散通过直径为 50μm 的细胞大约需要 2.5s，然而，相同的葡萄糖分子在水中扩散 1m，则需要 32 年左右。

（二）集流

由于压力差的存在而形成的大量分子集体的运动称为集流（bulk flow）。这种压力差可以由重力或机械力产生，如水从高处流向低处，以及用力压迫针筒的推杆使溶液从针尖流出等。集流是植物进行长距离运输的重要方式。此外，水在细胞壁的微小间隙中的流动通常也是通过集流的方式。

集流在一个管道中的流动速率取决于管道的半径、溶液的黏度及推动集流的压力差，可用 Poiseuille 方程表示。

$$Q = \frac{\pi r^4}{8\eta} \cdot \frac{\Delta\psi_p}{\Delta x} \qquad (2.7)$$

式中，集流速率（Q）的单位是 m^3/s，r 为管道半径；η 为溶液黏度；$\Delta\psi_p/\Delta x$ 为压力差。

从式（2.7）可以看出，集流的流速对管道的粗细非常敏感，如果管道加倍，体积流速将增加到原值的 16 倍，虽然集流中溶质的浓度对黏度有一定影响，但其影响很小，可忽略。因此，溶液的浓度对流速的影响较小，集流的速率与压力差成正比。在植物体中最常见的溶液的集流是木质部导管和韧皮部筛管中溶液的流动。

（三）渗透

当溶液被膜分隔为两个部分，溶质无法跨膜运动时，溶剂的跨膜扩散运动称为渗透（osmosis）。水的跨膜运动——渗透是沿自由能梯度或水势梯度进行的。如果用半透膜将浓度不同的两种溶液分隔开，经过一段时间就会发现水从浓度较低的溶液透过膜进入浓度较高的溶液。在这个系统中，溶液的水势主要是由溶液的渗透势所决定的，即溶质浓度较低的溶液具有较高的水势，而溶质浓度较高的溶液具有较低的水势，因此水是从低浓度溶液转移到高浓度溶液。水跨半透膜的渗透主要是扩散运动。

成熟的植物细胞中中央大液泡内的液体可以看作细胞的内部溶液；包围着液泡的液泡膜、原生质和细胞膜所组成的原生质层允许水分子通过，但其他分子则较难或不能通过，因而可以认为是细胞的半透膜，这样就会与细胞外的溶液发生渗透现象。由细胞溶质的积累形成的细胞内外的渗透势梯度对植物的水分吸收有重要的作用。一般来说，大多数温带生长植物的叶细胞的渗透势为 −2～−1MPa，沙漠地区旱生植物叶细胞的渗透势可到 −10MPa。对于生活的植物细胞而言，细胞的渗透势是可调节的，会因内外条件的不同而变化。特别是某些运动细胞，如保卫细胞的渗透调节对于其功能是至关重要的。

水跨细胞膜的渗透运动包括水分子跨脂双层膜的扩散及水通过膜上蛋白通道（水通道）的运动（图 2-2）。细胞膜上存在蛋白质（水孔蛋白，aquaporin）组成的对水具有特异通透性的孔道，称为水通道（water channel）。水可以通过水通道，因而促进水的跨膜运动。水通道跨膜运输水的能力可以被其磷酸化所调节，在水通道蛋白的氨基酸残基上加上或除去磷酸就可以改变其对水的通透性，从而也调节了细胞膜对水的通透性。虽然水通道可以加快水跨膜运动的速率，但是并不能改变水运动的方向。无论是通过脂双层膜还是膜上的水通道，细胞内外溶质的浓度梯度及细胞膨压所形成的压力梯度，或者说水势梯度都是水跨细胞膜进行渗透的动力并决定水跨膜运动的方向。

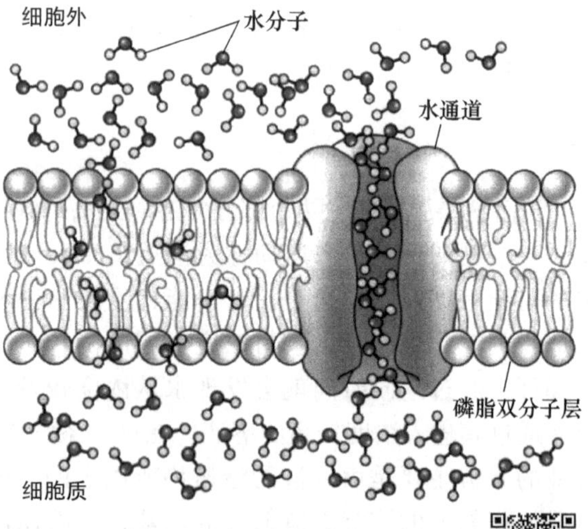

图 2-2　水跨细胞膜的运动过程
（Taiz et al.，2015）

水的运动是一个被动的过程，在水的运动过程中，不需要如同泵一类的耗能过程。值得注意的是，如果运输的物质仅仅是水，那么水的运动从总体上讲是从水势高的区域向水势低的区域运动，但是在一些跨膜的短距离运输，或者韧皮部的长距离运输中，水会与一些溶质共同运输，而这种运输有可能是逆水势梯度进行的。例如，在韧皮部，汁液从叶到根的流动是逆水势梯度进行的（见第十章）。在另一些情况下，糖、氨基酸及其他小分子由膜蛋白进行运输时，是与水分子的运输偶联进行的，运输 1 分子溶质的同时运输 260 个水分子。这样的运动并不违背热力学定律，因为在运输过程中，溶质失去的自由能多于水分子得到的自由能。因此，总的运输过程是失去自由能的。但是，在植物体中大多数水分运动是顺水势梯度进行的。

无论水的运动采用何种方式，水分运输的速率将取决于驱动力和导水率（hydraulic conductance）（导水率是水流通过该系统难易程度的量度，是系统对水流阻力的倒数，可以类比于表示某系统通过电流难易程度的电导）。例如，在集流运动中，压力梯度是水分运输的驱动力，压力梯度越陡水的运输速率也越高；影响导水率的因素较复杂，溶液的黏滞度、集流系统的形状等都对导水率有影响。

三、植物细胞水势

（一）植物细胞的水势关系

如上所述，水分进入细胞也是顺其水势梯度进行的。植物细胞水势的计算也常用简化的方程 $\psi_w=\psi_s+\psi_p$ 进行处理。

如图 2-3 所示，假设有一个萎蔫的细胞（此时细胞膨压为零），其中的溶质浓度为 0.3mol/L，根据范特霍夫方程式估算其溶质势为 ψ_s=−0.732 MPa，由于细胞中膨压 ψ_p=0，因此该细胞的水势 $\psi_w=\psi_s+\psi_p=\psi_s$=−0.732MPa。如果将此细胞置于 0.1mol/L 的蔗糖溶液中，由于溶液水势为 −0.244MPa，而细胞的水势为 −0.732MPa，因此水将从水势高处向水势低处移动，即从溶液进入细胞。

植物细胞体积受到相当坚硬的细胞壁限制，因此只要细胞体积有很少的膨胀就会使细胞的静水压上升。当水分进入细胞使其体积增大时，会压迫细胞壁，而由于细胞壁的相对不可变形性而反作用于原生质体，细胞的静水压或膨压 ψ_p 就会上升，这样的结果就是细胞内外的水势差减小，当膨压 ψ_p 上升到一定数值时，细胞内外的水势相等，这时水分进出细胞达到动态平衡。由于

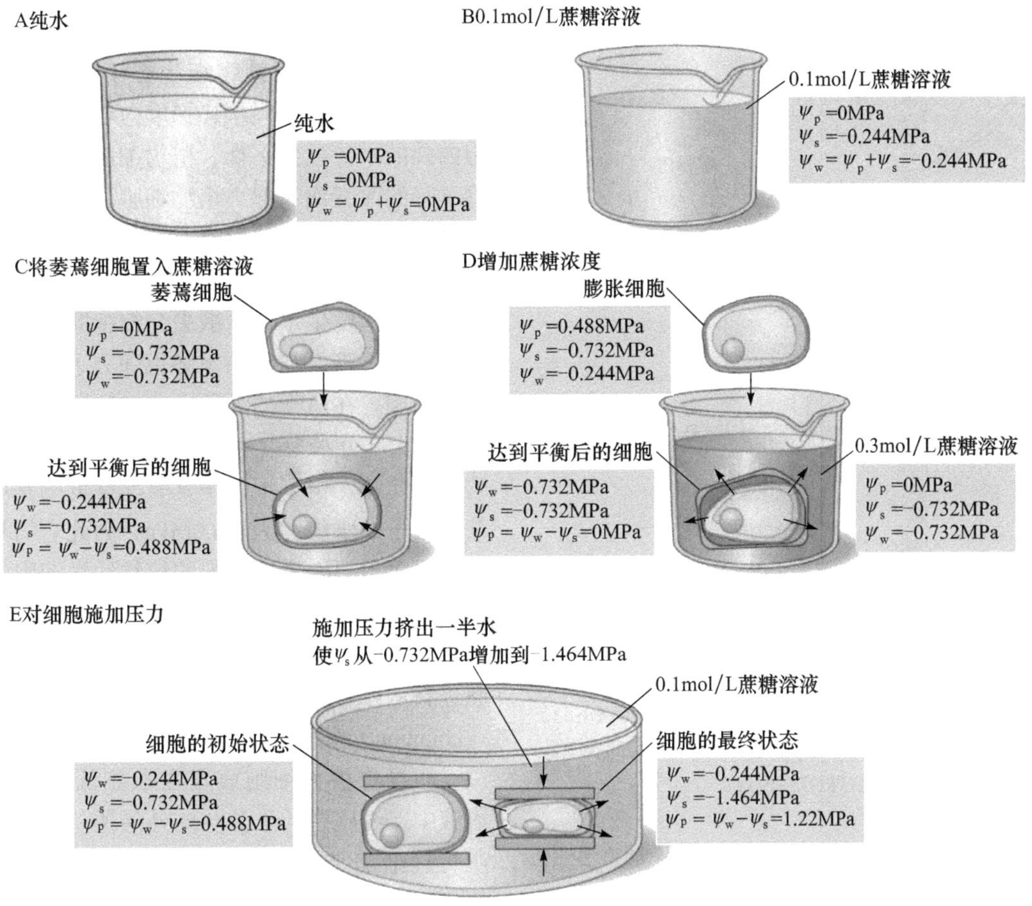

图 2-3　细胞水势及其组成的相互关系（Taiz et al.，2015）

进入细胞的水分体积相对于细胞外溶液体积来说非常小，不会影响溶液的水势，因此，当细胞内外水势达到平衡时，细胞水势 = 溶液水势 = −0.244MPa。由于细胞壁的限制，进入细胞的水分很少，因此对细胞溶质势的影响可以忽略，在达到平衡时，溶质势仍然为 −0.732MPa，这样根据公式 $\psi_w=\psi_s+\psi_p$ 得到膨压 $\psi_p=\psi_w-\psi_s=(-0.244)-(-0.732)=0.488$MPa。

当细胞内外水势发生改变时，水也可以沿水势梯度离开细胞。

水可以因溶质势的改变而转移出细胞。例如，如果我们将以上达到平衡的细胞从溶液中移至另一个溶液，这个溶液含有 0.3mol/L 浓度的蔗糖，因此它的水势为 −0.732MPa，由于细胞的水势为 −0.244MPa，水就会从水势高的细胞内通过渗透转移到水势低的细胞外溶液，当达到平衡时，细胞内外的水势相等，即细胞水势等于溶液水势，为 −0.732MPa，再根据公式可以得出膨压 $\psi_p=0$。

改变细胞的膨压也可以使细胞内的水转移出细胞。例如，如果我们在前述已经达到平衡的细胞上施加外力，提高细胞的膨压，这样细胞内水势会提高，水分就会从细胞向外渗透。如果我们持续加压至细胞体积减小到原体积的一半，然后保持这样的状态，这时细胞内外水势会达到新的平衡。由于细胞外溶液水势并未发生变化，因此达到平衡时，细胞的水势仍应是 −0.244MPa，同时由于细胞体积减小一半，因此溶质浓度也提高 1 倍，这时的溶质势应是原来的 2 倍，即 $-0.732\times2=-1.464$MPa，再根据公式 $\psi_w=\psi_s+\psi_p$ 得到膨压 $\psi_p=\psi_w-\psi_s=(-0.244)-(-1.464)=1.22$MPa。

由于植物细胞具有坚硬的细胞壁，因此，很小的细胞体积和水势的变化都会引起细胞膨压的很大变化，这样的关系可以由 Höfler 图解来表示（图 2-4）。

在 Höfler 图解中，以细胞的水势 ψ_w、膨压 ψ_p 和溶质势 ψ_s 分别对细胞相对体积作图，在图中假

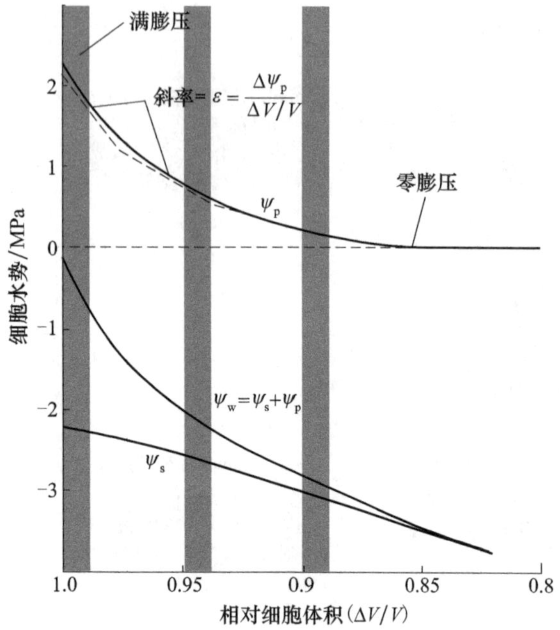

图 2-4　改进的 Höfler 图（Taiz & Zeiger，2006）

细胞体积最初发生改变时，细胞水势的改变主要是膨压的改变，而细胞的溶质势改变较小；当细胞相对体积降低到 90% 以下时，细胞水势的改变主要由溶质势决定。细胞膨压变化曲线的斜率是细胞壁的容积弹性模量 ε

定的细胞中，细胞体积变化 5% 时，水势从 0 变化到 −1.8MPa，而这个变化主要是由于膨压的改变造成的，在这里膨压变化了 1.5MPa，而溶质势仅下降了 0.3MPa。这种变化的幅度取决于细胞壁的刚性，细胞壁越坚硬，曲线的陡度越大，细胞体积变化引起的细胞膨压的变化也就越大，细胞的坚硬度可以由容积弹性模量（volumetric elastic modulus）来量度，以式（2.8）表示。

$$\varepsilon=\frac{\Delta\Psi_p}{\Delta V/V} \tag{2.8}$$

式中，$\Delta\psi_p$ 为膨压改变值；$\Delta V/V$ 为细胞相对变化体积；容积弹性模量 ε 用压力单位表示。假设 ε 为 10MPa，以式（2.8）计算，当细胞体积改变 1% 时，细胞膨压变化为 0.1MPa，对于典型的具有 1MPa 膨压的细胞来说，相当于膨压变化了 10%，而此时细胞溶质势仅增加了 1%。因此，当细胞吸水时水势的增加主要是由膨压增加所致。当细胞体积减少 10%～15% 时，细胞的膨压就降至 0（对于细胞壁弹性较大的细胞，如保卫细胞，这一数值可能会大得多）。ε 并非常数，当细胞体积变小时，该值也减小；当 ε 和膨压很小时，细胞水势的变化主要是由溶质数量的改变来决定的。

（二）植物细胞的吸水

如前所述，当植物细胞置于水势高于细胞水势的溶液时，水会顺水势梯度向细胞内运动直至细胞内外的水势达到平衡。植物细胞的吸水可以由其溶质势的改变而引起。植物细胞可以通过代谢改变自身的溶质浓度，从而降低细胞水势使外界水进入细胞。植物细胞膨压改变也是细胞吸水的原因。例如，当细胞发生水分的散失，细胞原生质体积变小膨压因而下降，细胞的水势也随之下降，使外界水进入细胞。在风干的种子中，细胞原生质处于凝胶状态，大部分水为束缚水，压力势为 0，它们的水势就是基质势。由于干种子具有非常低的基质势，如苍耳种子的水势约为 −100MPa，因此它们具有极强的吸水能力。未形成液泡的植物幼嫩细胞能够利用构成细胞壁的果胶和纤维素及细胞中的蛋白质亲水胶体对水的吸附力进行水分吸收。这种利用亲水表面进行吸水的现象称为水合（hydration）或者吸胀（imbibition）作用。

如果将植物细胞放置在水势低于细胞水势的溶液中，细胞内的水分会向外渗透。这样细胞的体积将逐渐缩小，如果细胞持续失水，由于细胞壁的相对刚性而无法随之缩小，因此细胞原生质体将和细胞壁分离。当细胞原生质刚开始在细胞角隅处与细胞壁发生分离时，称为初始质壁分离（initial plasmolysis）。如果细胞进一步失水，原生质收缩成团，与细胞壁完全分离，这一现象称为质壁分离（plasmolysis）。此时细胞的膨压为 0。如果将已发生质壁分离的细胞重新放入水势较高的溶液或纯水中，水又会重新进入细胞，原生质体随之扩大，最后又重新紧贴细胞壁，这种现象称为质壁分离复原（deplasmolysis）。

（三）植物细胞水势的测定

细胞的生长、光合作用及作物的产量都和植物细胞的水势状况密切相关。因此，植物生理学家发展了多种方法对植物组织和细胞的水势进行测量。

1. 干湿球湿度计法　当水溶液的水势降低时水的蒸汽压就会降低，这是稀溶液的依数性特性之一，而水从一个表面蒸发会降低这个表面的温度。用干湿球湿度计（psychrometer）测量溶液或植物组织水势就是基于这样的现象和原理（图 2-5）。

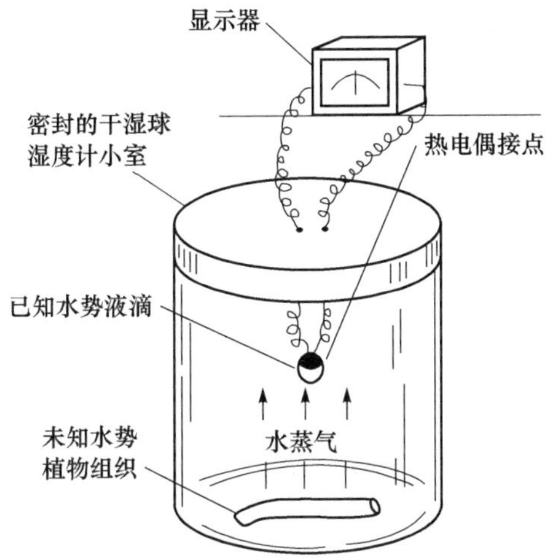

图 2-5　利用干湿球法测定植物组织水势的示意图（Taiz & Zeiger，1998）

如果将待测量的植物材料放置于一个密闭小容器中，在容器中装置一个温度传感器，并使该温度传感器与一小滴水接触。开始时水会同时从植物材料和水滴蒸发，并逐步使容器中的水蒸气饱和，这时，如果植物材料和水滴的温度与周边空气的温度相同，而且植物组织具有较低的水势，那么水滴的水就会继续蒸发、扩散并被植物组织吸收，这个蒸发过程会降低水滴的温度，植物材料和水滴间水势差越大，水分的转移就越快，水滴的降温也就越大。如果不是将纯水水滴置于温度传感器中，而是用已知溶质浓度的溶液滴与温度传感器接触，当该溶液的水势低于植物材料时，水将从植物材料转移到溶液滴上来，因而使液滴的温度上升。如果植物材料与液滴水势完全相同，液滴的温度不变。这样，测量一系列已知溶质浓度的溶液，就可能找到与植物材料水势相同的溶液。

干湿球湿度计法可以用于对分离组织或整体植株水势的测量，也可以对溶液水势进行测量。对溶液来说，由于压力势 $\psi_p=0$，因此 $\psi_w=\psi_s$，即溶液的水势等于溶质势。如果首先用此方法测量出活组织的水势，然后破碎该组织取得细胞汁液，再用该方法测量细胞汁液的溶质势，就可以根据 $\psi_p=\psi_w-\psi_s$ 进一步推算得到膨压值。

干湿球湿度计法对温度的变动非常敏感。例如，0.01℃的温度差即相当于 0.1MPa 的水势变动，而一般测量需要分辨率达到 0.01MPa。因此，测量装置必须放置在严格控制的恒温条件下。

2. 压力室法　压力室（pressure chamber）法可以较快速地对植物组织，如叶片、茎的水势进行测量。压力室法认为在测量条件下木质部溶液的水势是和植物组织的水势相近的，因此只要测量出木质部溶液的压力势和溶质势，并根据计算得到木质部溶液的水势即可得到植物组织的水势。

测量时，把待测量的植物器官从植物体上分离下来，部分密封在一个压力室内（图 2-6）。在器官被切下来之前，木质部中的水柱处于负张力状态，当切下器官后，由于木质部中断，张力被破坏，木

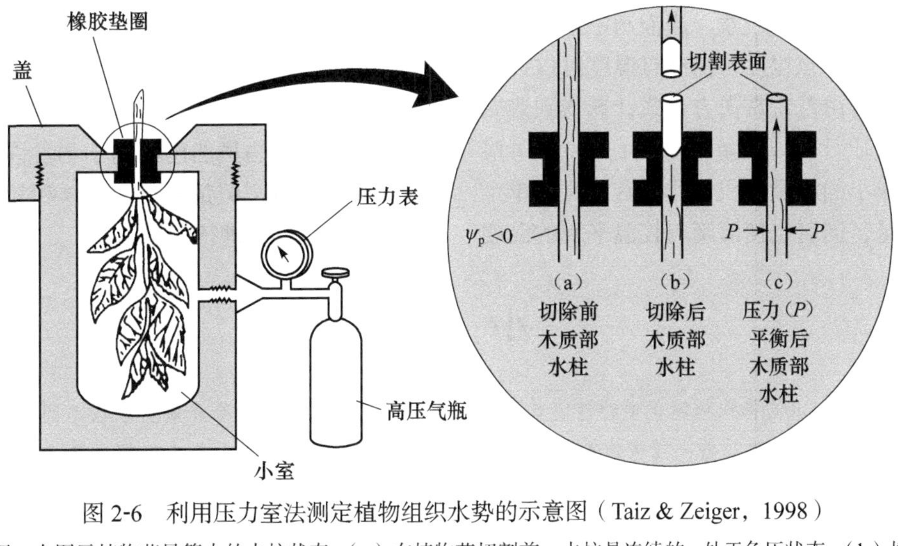

图 2-6　利用压力室法测定植物组织水势的示意图（Taiz & Zeiger，1998）

左图为装置示意图；右图示植物茎导管中的水柱状态；（a）在植物茎切割前，水柱是连续的，处于负压状态；（b）切割后，水柱在负压作用下缩进植物茎内；（c）在压力室正压力的作用下，水柱回到切割表面

质部水柱会缩进组织内，这时叶柄端或茎端的表面会变得干燥暗涩，在压力室中逐渐增加空气压力，可以使植物器官内木质部水柱重新返回叶柄或茎的端部，因而端口细胞重新变得湿润发亮。刚好使木质部水柱返回端口的压力称为平衡压力（balancing pressure），这个压力的值可以很方便地从压力室的压力表上读取。平衡压力与植物器官在切割分离之前木质部中的压力在数值上是相等的（但符号相反）。再进一步测定木质部溶液的溶质势，即可计算得到木质部的水势，而这个水势与植物组织的水势是相近的。

在许多室外的植物中，木质部的压力势为 -2～-1MPa，而溶质势仅为 -0.2～-0.05MPa，因此，在许多情况下可以粗略地将压力室所测定的值作为所测材料的水势值。由于压力室法可以快速地对水势进行测量，并不需要严格控制测量条件，因此，在田间测量中得到广泛应用。

3. 冰点下降法 当溶液中溶质浓度上升时，溶液的冰点会下降，这也是溶液的依数性质之一。例如，纯水的冰点是 0℃，在 1kg 纯水中加入 1mol 溶质时，溶液冰点下降到 -1.86℃。因此，可以通过测量溶液的冰点来计算出溶液的渗透势。

冰点下降法测定的装置有许多，冰点渗透计是较常用的一种。冰点渗透计有一个控温的平台，平台上有一些装着油的小池，平台为银制，使其具有较高的导热性。测量时，将样品液滴悬浮置于油中，以避免蒸发。然后将平台的温度迅速降低到约 -30℃使液滴冻结，然后再使平台温度缓慢上升，液滴的融化过程通过显微镜进行观察。当液滴中水刚刚完全融化时的温度即冰点温度。由冰点温度可以计算得到溶质浓度，再由范特霍夫方程式计算得到溶质势。用冰点渗透压计可以测量小至 1nL（10^{-9}L）溶液的冰点。这样小的测量体积使我们有可能对单个细胞液进行测量，同时也使液滴与控温平台的温度能够迅速地达到平衡。

4. 压力探针法 由于植物细胞的体积很小，直接对其膨压进行测量是相当困难的工作，压力探针（pressure probe）法是对植物细胞膨压进行直接测量的方法（图 2-7）。

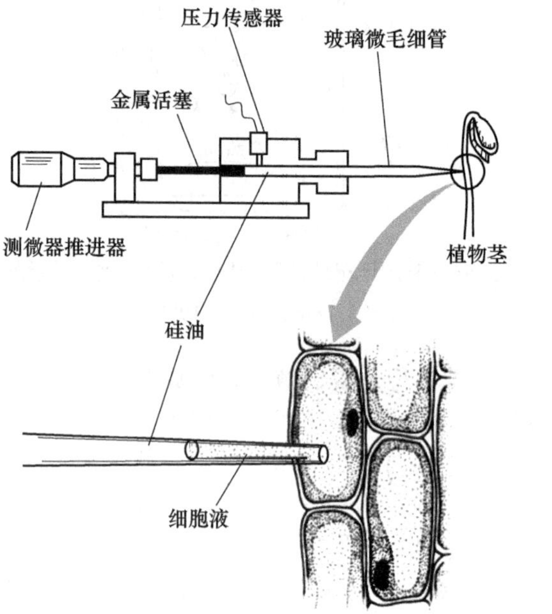

图 2-7 利用压力探针法测定植物细胞水势的示意图（Taiz & Zeiger，1998）

压力探针法是将一个尖端非常尖细的玻璃毛细管刺入细胞，细胞液会由于膨压而进入玻璃毛细管，在玻璃毛细管中充满着硅油，细胞液和硅油的界面在显微镜下很容易看清楚，这时推动活塞，增加压力使细胞液重新退回到细胞。使细胞液刚好完全返回细胞的压力即平衡压力，平衡压力与细胞的膨压相等。平衡压力可以由装置中安置的压力传感器来测定，这样就完成了对单细胞膨压的测量。

压力探针法虽然已经用于测量许多类型高等植物细胞的膨压，但是对于许多体积较小的植物细胞的膨压仍然难以进行测量。

小 结

水是生命的源泉。水的特殊物理化学特性使其成为进行各种生命活动的最好介质。水在不同体系中的内能状况可以用每偏摩尔体积水的化学势差，或者体系中水与纯水之间每单位体积的自由能差，即水势来表示。水总是从水势高的地点向水势低的地点转移。一般来说，植物细胞中的水势由溶质势、压力势（或膨压）和基质势组成。水的运动包括扩散和集流。渗透是水跨半透膜的特殊扩散运动。水势梯度是水跨细胞膜运动的动力并决定水跨膜运动的方向。当植物细胞的水势低于外界溶液的水势时，水向细胞内运动；当植物细胞的水势高于外界溶液的水势时，水向细胞外转移。

思 考 题

（1）水分子的氢键对水的物理化学性质有何重要影响？

（2）什么是水势？水势的基本组成有哪些？

（3）水的基本运动形式有哪些？它们各自是如何被驱动的？

（4）植物细胞的水势有哪些基本组成？它们对水进出细胞有何影响？

（5）细胞膜和细胞壁在水分进出细胞过程中有什么作用？

（6）测定植物水势和细胞膨压的方法有哪些？它们各自有何优缺点？

第三章 植物整体水分平衡

对于植物来说，水具有特别重要的意义。水是植物进行光合作用所必不可少的原料。此外，光合作用过程中植物在吸收二氧化碳的同时不可避免地要散失水分。植物体在一生中需要不断地吸收和散失水，这种水的吸收和散失过程对于植物是必需的。植物体每生产 1g 有机物质大约要消耗 500g 水，一生中大约要散失掉自身重量 100 倍的水分。植物，特别是陆生植物需要精确地平衡水分吸收和散失之间的关系。任何水分关系的失衡都会影响植物的生长和发育，乃至威胁植物的生存。

在夏季炎热干燥的条件下，叶片每小时散失的水分相当于自身所含的全部水分。植物体通过水分的散失将光照带来的多余能量消耗掉，避免了温度升高的伤害。在典型的条件下，叶片吸收的光照能量大约有一半要通过这样的方式被消耗掉。

植物体一方面经过叶片不断地散失水，另一方面又通过根系不断地吸收水，这样就形成了水由下而上的不断流动。植物根系所吸收的各种矿质元素就是经由这样的水的流动被带到叶片和其他地上部分的。

在农业生产中，水往往是作物产量的制约因素，因此灌溉也是提高产量的重要措施。水在维持植物的生态环境中也有重要的作用。例如，对土壤和大气的温度调节，在作物栽培中常以冬灌提高冬小麦的抗寒性。

第一节 水分吸收

一、土壤中水分的状态

植物通过根系从土壤中吸收水，因此土壤中水分的状态直接影响植物对水的吸收。

一般来说，土壤中的含水量越高，可供植物吸收的水分也就越多。不同土壤的保持水分能力是不同的。土壤田间持水量（field capacity）是指使土壤水分饱和然后再让重力水流失之后的土壤水分含量。因此土壤田间持水量表示了该土壤所能够持有的最高水分含量。但是土壤中所持有的水分并不都是能被植物所吸收的。例如，在盐碱土中的大部分水分都不能为植物所利用。

根据水势的概念，水的运动通常总是从高水势的地点转移到低水势的地点，植物从土壤中吸收水也可以认为是水从高水势的土壤向低水势的植物根转移的过程。因此用水势衡量土壤中的水分也许能够更好地说明土壤中可供植物吸收的水分状况。土壤水势主要由溶质势和基质势组成。在大多数情况下土壤中溶质的含量很低，因此土壤的溶质势通常也非常高（数的绝对值很小），溶质势的数值常在 −0.02MPa，常可忽略。但是在盐碱的土壤中，溶液中含有相当高数量的溶质，溶质势可达 −0.2MPa。对于湿润的土壤，土壤水的基质势接近于零。但是当土壤变得干燥时基质势就会下降。这是因为当土壤逐渐干燥时，水会附着在土壤颗粒的表面形成一薄层水层，由于土壤颗粒表面的凹凸不平，水层的表面也是凹凸不平的，这种凹凸不平的表面会由于水的表面张力产生很大的负压，即基质势。例如，当表面曲率半径为 1μm 时，可以产生 −0.15MPa 的基质势，而当土壤非常干燥形成很小的水层表面曲率半径时，产生的基质势可以达到 −2～−1MPa。根据以上的分析，在非盐碱土壤及土壤接近饱和水的条件下，土壤的水势接近纯水的水势。

根据土壤和植物根的水势，我们可以判断植物是否能够从土壤中吸收水。当土壤水势高于植物根水势时，植物能够从土壤吸水，而当土壤水势低于植物根水势时，植物则不能从土壤吸收水。当然在大多数情况下，土壤的水势是高于植物根水势的。土壤和植物根之间的水势差在很大程度上也影响着植物对水的吸收速率，因为土壤和植物根间水的运动速率是和它们的水势差相关的。

土壤中水的状况是否有利于植物吸收除了取决于土壤的水势外，还和土壤中水的运动有关。水在土壤中的运动主要是以集流的形式沿水势梯度进行。当根从土壤吸收水时，首先会吸收掉根表面与土壤接触部位的水，引起根表面静水压的下降，这样就形成了根表面和附近土壤间的水势梯度。由于在湿润土壤中，土壤颗粒间充满水并在其间形成彼此相通的微细管道，水会沿此水势梯度形成集流，通过这些管道运动到根的表面。水流的速率取决于水势梯度和土壤的导水率。土壤的导水率和土壤的类型有关。例如，沙土中颗粒间空隙较大因而具有较高的导水率，而黏土的颗粒间隙较小因而具有较低的导水率。除此之外，土壤导水率与土壤基质势相关，当土壤基质势下降时，土壤的导水率以对数级迅速下降。因此，土壤中溶质增加或水分减少等引起土壤水势下降的因素都会使土壤导水率降低。土壤水分减少引起土壤导水率下降的原因还在于当水分减少时水无法充满土壤颗粒间隙，土壤颗粒间的管道由于被充入空气而使水流中断，这时水只能沿土壤颗粒表面流动，导水率因而降低。因此当土壤水势降低时，植物对水的吸收速率也会降低。

由于植物在吸收水的同时也在散失水（如蒸腾），当土壤的水势低于某一数值时，这种水的吸收和散失就不能平衡，散失的水分将多于吸收的水分，植物将失去膨压而发生萎蔫（wilting）。此时若减少水的散失，水分又可达到新的平衡，因此植物膨压恢复，萎蔫现象消失。如果植物即使完全不发生水分的散失但植物的萎蔫仍然不能恢复，此时的土壤水势称为永久萎蔫点（permanent wilting point），如果用土壤水分的百分比表示则称为永久萎蔫百分比（permanent wilting percentage）。发生永久萎蔫时，土壤水势等于或低于植物根的水势，因此植物无法吸收水。由于植物的水势并非固定值，因此土壤永久萎蔫点也随植物种类而变化。在土壤田间持水量与永久萎蔫点之间的土壤含水量被认为是有效水（available water）的含量。

二、根的吸水

根系是植物吸收水的主要器官。虽然土壤的水分状况对植物的水分吸收有重要的影响，但是植物整体的水分平衡维持更多地依赖于植物根吸水的能力。如前所述，植物一生要散失大量的水分以满足其生理的需要，特别是在炎热的气候条件下，植物散失水分的速率是很高的，因此植物的根必须具有大量吸收水的能力以维持植物整体的水分平衡。植物根与土壤间的接触面积的大小和紧密程度对于根系的吸水是非常重要的。植物通过大量的根系生长以扩大根与土壤间的接触面积。一株植物的根在土壤中的分支有千百万，据报道一株黑麦的根系每天总增长量可达 3.1m。根毛的生长也是植物扩大其根与土壤接触面积的重要方式。根毛是根表皮细胞突起的延伸，根毛可以极大地扩大根系的面积，据统计生长 4 个月的黑麦的根毛面积可达其根总面积的 60% 以上。根系与土壤间接触面积的增加大大加强了根系吸收水分和矿质的能力。

（一）根吸水的部位

虽然植物的根系很长且有很大的表面积，但是根吸收水的部位主要是在根的顶端部分（图 3-1）。根顶端的幼嫩部分包括分生区、伸长区和根毛区。水的吸收主要发生在根毛区和伸长区，特别是根毛区。根毛的生长不但扩大了根吸收水分的面积，而且使根能够更紧密地接触土壤颗粒，有利于水分的吸收。在根毛区水的输导组织已经初步形成，初生木质部已经分化，次生木质部也开始分化，这样根顶端吸收的水就能通过这些输导组织顺利地运向植物的地上部分。根毛的寿命很短，一般仅有几天，随着根的不断生长，新的根毛又会不断形成。这样根的吸水区就会随根的生长而向土壤富水区不断转移。根的成熟区通常具有保护组织，称为外皮层（exodermis 或 hypodermis），其中含有疏水物质，对水的通透性较低。

虽然根的顶端是水的主要吸收部位，但是随着蒸腾速率的加快，根顶端的吸水将不能满足蒸腾的需要，在高蒸腾速率时，根上吸水最快的区域也会逐渐从根的端部向根的基部转移。

（二）水分进入植物的过程

1. 根的共质体和质外体　植物根内部可分为

共质体（symplast）和质外体（apoplast）两部分。共质体和质外体的概念是由 Münch（1930）提出的，他认为细胞间胞间连丝的存在使细胞的原生质相互连接起来，形成一个原生质的连续体，称为共质体。质外体是水和溶质可以自由扩散移动的自由空间，包括植物细胞壁、细胞间隙及木质部导管等。根的内皮层有凯氏带（Casparian strip），由于凯氏带是水不透性的，因此并不把凯氏带部分视为质外体的一部分。水在植物体中的长距离运输几乎完全是在质外体中进行的，特别是木质部的质外体部分，如导管，此外还有皮层及叶细胞的细胞壁也是水分运输的重要途径。

2. 水进入植物的途径　水从土壤进入植物体内部的途径是相当复杂的。理论上讲，水可以通过两种途径进入植物体内部：首先是质外体途径，水通过细胞壁和细胞间隙扩散进入植物体；其次是共质体途径，水通过胞间连丝从一个细胞到另一个细胞运动进入植物体。当然水也可以通过两种途径交替进行，水从细胞一侧跨膜渗透进入细胞，而后从细胞的另一侧出细胞，并依次跨膜进出细胞最后进入植物体（图 3-1）。虽然有实验说明在玉米根中质外体途径可能是主要的，但是现在还不能肯定水是通过什么途径进入共质体途径的。

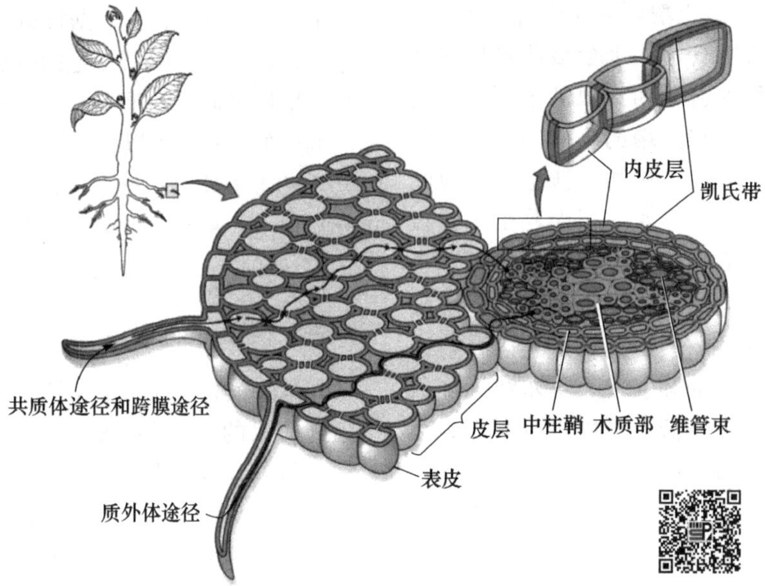

图 3-1　植物根吸收水分的途径示意图（Taiz et al.，2015）

水可以经质外体途径及细胞途径通过外皮层，质外体途径在凯氏带处被阻断，细胞途径包括跨膜途径和共质体途径

虽然水径向进入植物体的途径相当复杂，但是我们可以将其简化。在根的内皮层中，水的运动会被凯氏带所阻隔（图 3-1）。凯氏带是内皮层细胞径向壁上加厚的带，其中富含类似蜡质的木栓质（suberin）。木栓化的凯氏带形成了水和溶质难以逾越的屏障，因此根的质外体在此是不连续的，可分为内皮层以外和内皮层以内两部分，而把内皮层假设为是一层“膜”，当“膜”的两侧有水势差时就会发生水的运动。由于水径向从根毛到木质部假设为只经过一层“膜”，因此只具有一个根导水率（root hydraulic conductance）L_{root}，可以用式（3.1）表示。

$$L_{root} = \frac{J_v}{\Delta\Psi_w} \tag{3.1}$$

式中，J_v 为水的跨根运动速率；$\Delta\psi_w$ 为径向的跨根水势梯度。

根的导水率并非是恒定值，它随水跨根的运动速率和跨根水势建立的方式不同而不同。这是因为水跨根运动并非真正是经过一层膜，压力势梯度和渗透势梯度对水的运动都有推动作用，而压力势梯度对水的运动比渗透势梯度更为有效。而当水的运动由压力势梯度或者渗透势梯度所驱动时，所采用的机制和途径是不同的。

根的导水率与植物根系的呼吸有很大的关系。

用呼吸抑制剂处理根或使之处于低温或缺氧的条件，降低根的呼吸水平，就会引起根的导水率下降，因而使水分运输减少。其中的确切机制目前还不清楚。

不同植物对温度的敏感程度不同，喜温的植物如黄瓜，当土温降到10℃以下时，吸水就会明显减少；而冬小麦在土温近0℃时，仍然有一定的吸水能力。在实践中，也需要避免在高温气候条件下用冷水灌溉植物，这样往往会引起植物的萎蔫。

土壤通气状况对植物的根系吸水也有重要影响。例如，在水涝的情况下，植物会发生萎蔫。这是由于在水涝的条件下植物根系会缺氧，呼吸水平下降，因此根的导水率也会下降，从而造成水分供应不足，引起植物萎蔫。当然，不同的植物对土壤中氧气条件的需求是不同的。一些植物，如番茄、烟草等在土壤水分饱和时容易缺氧而发生萎蔫；而另一些植物，如水稻、芦苇等在水分饱和的土壤中可以正常生长，这是因为这些水生植物在根部有较大的气腔，与茎、叶的气腔相互贯通，可以储存氧气。

第二节　水在植物体内的运输

在大多数植物中，木质部（xylem）是植物体内进行水分运输的主要途径。

一、木质部结构

维管束是植物中进行长距离运输的输导组织。维管束由木质部和韧皮部组成。木质部是水分运输的主要通道。木质部通常包括管胞（tracheid）、导管分子（vessel element）、木质部薄壁细胞（xylem parenchyma）及纤维（fiber）4种细胞，其中只有木质部薄壁细胞是生活细胞。

木质部中输导水分的细胞具有非常特化的结构，这样的结构使它们可以极为有效地运输大量的水分。木质部中的输导细胞称为管状分子（tracheary element），主要有管胞和导管分子两类（图3-2）。导管分子存在于被子植物和某些裸子植物（Gymnospermae）中，管胞则在被子植物和裸子植物中都存在。有功能的管胞和导管分子都是死的细胞，它们没有膜和细胞器，就像中空的管子，它们的壁通常被木质化而加强。

管胞是伸长的纺锤形细胞，其侧壁有许多小凹坑作为相邻管胞间的通道，称为纹孔。纹孔是管胞壁上多孔的微小区域，不具次生壁，初生壁也较薄。两相邻管胞间的纹孔常成对形成，因此也称为纹孔对（pit pair）。纹孔对是相邻管胞间水分转移的低阻通道，其间包括两层初生壁及中间的一薄层纹孔膜（pit membrane）（图3-2）。裸子植物管胞的纹孔膜中央常有一加厚部位称为纹孔塞（torus）。纹孔塞如同一个阀门，当其插入边缘加厚的圆形或椭圆形的纹孔中就会导致纹孔关闭，这对于防止气泡的进入是很重要的。

导管分子比管胞要短一些和宽一些。如同管胞一样，在导管分子的侧壁上也有纹孔。导管分子一个一个通过穿孔板（两端的壁上形成孔或洞的区域）连接起来就形成导管（vessel）。植物中的导管可长达数米，位于导管端部的导管分子的顶端是封闭的，导管分子之间也可以通过纹孔进行交流（图3-2）。

二、木质部水分运输速率

导管分子间没有膜的阻隔，在木质部中组成毛细管道，形成植物体内水分运输极为有效的途径。水分的运动是被管道两端压力差所驱动的。水分在木质部中运动的速率可以达到相当快的程度。水分运输的速率取决于植物的种类和植物蒸腾的速率，可达1～45m/h。

要维持一定的水分运输速率，需要有一定的压力梯度。如果按4mm/s的速率，管道宽度为40μm计算，所需压力梯度约为0.02MPa/m。当然这样的计算是按理想管道进行的，而实际上植物木质部导管中管道的粗细和结构都是非均匀的，因而需要较计算所得数值更大一些的压力梯度。但是这个数值大致反映了导管中水分运输所需的压力范围。如果按照这一数值进行计算，对于许多高大树木来说，运输所需压力是相当大的。例如，世界上最高的树——红杉（redwood）高达100m以上，因此运输水分从根到顶端所需的压力将高达2MPa，考

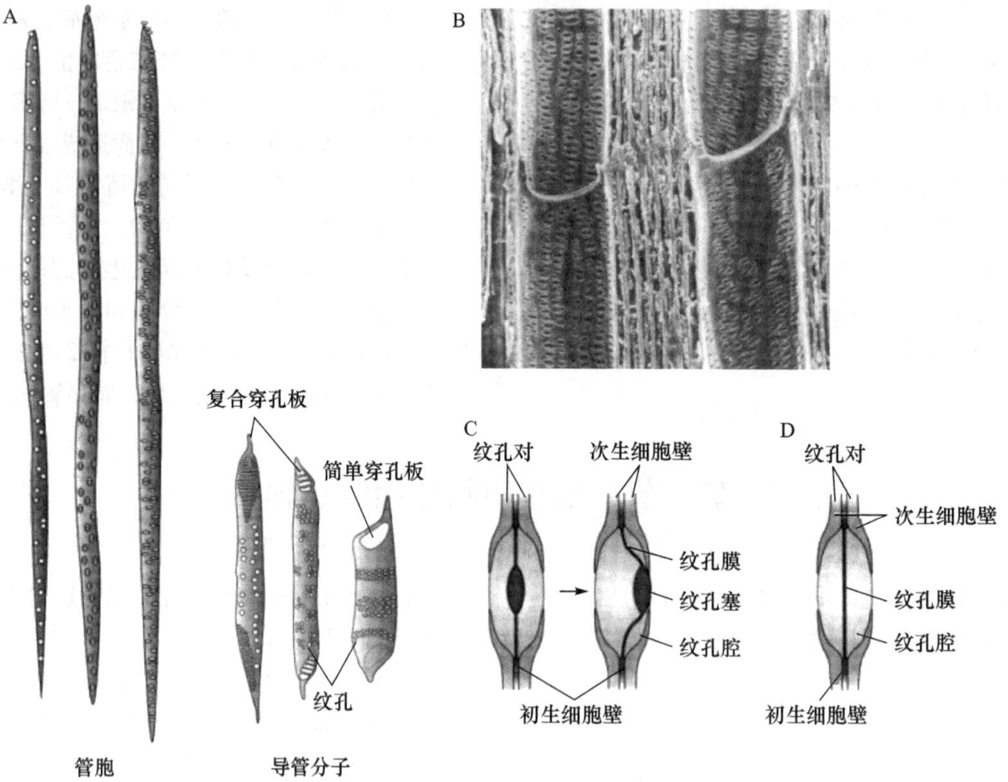

图 3-2　导管和管胞的结构（Taiz et al.，2015）

A. 管胞和导管分子的示意图；B. 栎木中导管分子形成部分导管的扫描电镜图；C. 针叶树的纹孔对结构示意图，纹孔塞可以堵塞住纹孔；D. 其他维管植物中的纹孔对结构示意图

虑到导管中 100m 水柱对导管底部所造成的压力约 1MPa，所以红杉中水分向上运输至少需要 3MPa 的压力。

三、木质部水分向上运输的机制

如前所述，水分在导管中的运输是靠导管两端的压力差所驱动的。从理论上讲，这个压力差可以由在根部产生的正压力压迫水向上运动，或者由植物顶端产生的负压力拉动水向上运动。

（一）根压

1. 根压现象　当幼苗在茎基部靠近地面的部位被切断时，可以看到在切面的木质部有液滴流出，液流可持续数小时或更久，这种现象称为伤流（bleeding）。如果将切断部位用橡皮管连接到一个压力计（图 3-3），可以测量到一定的正压力，压力值可以达到 0.05～0.5MPa，称为根压（root pressure）。根压是木质部中的正压力。

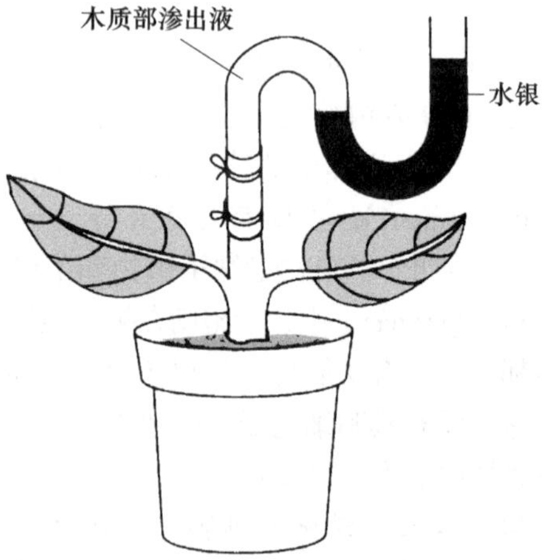

图 3-3　植物根压测定示意图（Hopkins & Hüner，2004）

建立起根压的植物常表现出在其叶片的边缘有水滴渗出，这种现象称为吐水（guttation）。木质部中的水是通过排水孔（hydathode）渗出的，排水孔位于叶缘维管束末端的管胞处。吐水通常发生在湿度较大、蒸腾很弱的情况下，如清晨或夜晚。在水分状况很好、蒸腾很弱的条件下可测到明显的根

压。在蒸腾强烈的条件下植物失水很快，木质部中无法建立起正的压力，因而无法形成根压。

2. 根压产生的机制　植物根部可以分为共质体和质外体，凯氏带将根的质外体分为内、外两个部分，因此我们可以把根假设为具有一层膜的渗透系统。根从土壤溶液中吸收溶质，并通过共质体途径将溶质输送到内皮层的内侧，溶质再进入木质部使木质部中溶质的浓度提高，木质部 ψ_s 下降因而 ψ_w 降低，这样就在内皮层内外建立起吸收水的水势梯度，水沿水势梯度进入木质部并建立起正压力。在这里整个根就像一个渗透细胞，根中各种组织就像一层膜，当木质部积累溶质时水就进入木质部建立起正的静水压，即根压。这个静水压就会推动水向上运输。

根压所产生的压力通常小于 0.1MPa，而且只是在蒸腾速率较低时才会产生，当蒸腾速率较高时便会消失。因此对于较高大的植株，这样的水分运输机制显然是不够的。

（二）蒸腾拉力

植物吸水的另一个可能的机制是，植物在顶部的蒸腾作用（transpiration）会产生很大的负静水压，这个负压可以将导管中的水柱向上拖动形成蒸腾拉力，即水分向上运输的主要动力。

进行强烈蒸腾的叶片在 1h 内就可散失相当其全部重量的水分，因此，如果不能及时得到水分补充的话，植物叶片会很快萎蔫死亡。在植物体中，水通过维管束的木质部由根输送到叶片。维管束在叶片中组成遍布全叶的脉络结构，称为叶脉，叶脉的终端——小叶脉（minor vein）延伸到叶片的各个部位。在典型的叶片中，任何细胞距离小叶脉不会超过 0.5mm。水沿叶脉最终运输到叶肉细胞和细胞壁。木质部在叶端的负压是在叶肉细胞的细胞壁产生的。细胞壁的微纤丝和其他亲水物质组成一个多微孔道的结构，其中可以含有大量的水分。叶肉细胞间有大量的细胞间隙并与空气直接接触。当水分在叶肉细胞的间隙表面蒸发时，细胞表面的水层会变薄并退入细胞壁的裂隙，在那里形成曲率半径很小的半月板形水层表面，因而产生很大的张力或负的静水压。水分蒸发越多，产生的半月板形水层表面就越多，水的静水压就越负，这样就形成了木质部拉动水向上运输的负压（图 3-4）。因此，在蒸腾过程中木质部水分运输的动力产生于叶片细胞的气-水界面上。

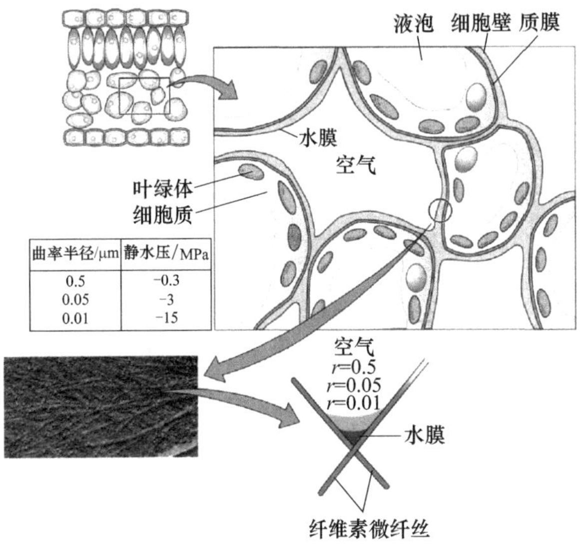

图 3-4　叶细胞壁上水张力或负压产生的来源（Taiz et al.，2015）

导管的水柱向上运输过程中有两个问题需要解决：首先，导管中的水柱是否确实承受着很大的负压，将水向上拉动运输；其次，这个向上的水柱的完整性是如何维持的。内聚力-张力学说（cohesion-tension theory）认为水分子间具有很强的相互吸引的力量，即内聚力，使水柱可以抵抗 −30MPa 的张力，远远高于植物木质部可能具有的负压，进而维持导管中水柱的完整性。

一些研究表明木质部的确存在负压状态。例如，在正在蒸腾的植株的茎表面滴上墨汁，然后刺破木质部，可以看到墨汁立刻被吸入木质部。如果精确地测量树木的直径，可以发现当快速蒸腾时，树木的直径变小了，这是因为大气压力和导管负压间的压力差使导管变细。用压力室方法可以对木质部压力进行直接的精确测量。测量的结果表明在导管中确实存在负的压力。对于正在快速蒸腾的温带树木，这个负压为 −2.5～−0.5MPa。并且，树冠顶部的负压比树木基部的负压更负。由于木质部内部的负压，导管分子和管胞的外壁将承受一定的压力，如果它们的细胞壁不够牢固，大气压力会将它们压破或压扁。事实上，导管分子和管胞的壁都被加厚并木质化以适应木质部在水分运输时所处的负压状态。这些研究结果都充分支持了内聚力-张力学说。目前大多数研究者都认为内聚力-张力学说是正确的。

当导管中水处于负压时，一个重要问题是溶解在水中的气体会从水中释放出来，而且空气从侧壁纹孔进入导管或管胞的可能性也增加。一旦空气进入，导管或管胞中就会形成空穴或小气泡，称为空穴化（cavitation）。大的气泡会堵塞管道，称为栓塞（embolism）。空气不能抵抗张力，因此如果导管或管胞中形成栓塞，水柱的连续性就会遭到破坏，水分的向上运输便会中断。在植物木质部中空穴化的现象并非偶然现象。研究者利用在木质部的空穴快速形成和扩张时会造成高频声波的现象，将超声探测器放置于植株的茎部，探测器所探测到的"咔哒"声就能显示出木质部的空穴化过程。植物在冬季发生结冰时，导管也经常发生栓塞。

木质部的空穴化如果不能恢复，植物的水分运输就会中止，而植物体就会因缺水而死亡。植物可以通过若干途径避免木质部空穴化和栓塞的影响。当木质部的导管分子或管胞中形成气泡时，气泡的扩张会被阻挡在导管分子和管胞的两端，这是因为空气难以通过纹孔膜，而水却可以通过侧壁的纹孔对进入相邻的导管或管胞（图 3-5）。而且，当夜晚蒸腾很弱时木质部的负压会消失，甚至形成根压产生正压力，导管或管胞中的气泡会缩小以至消失。另外，在许多植物中会生成新的有功能的木质部以取代被空气或其他分泌物闭塞的导管。例如，树木在春季蒸腾逐渐恢复时，就可能生成新的导管以取代在冬季发生栓塞的导管。

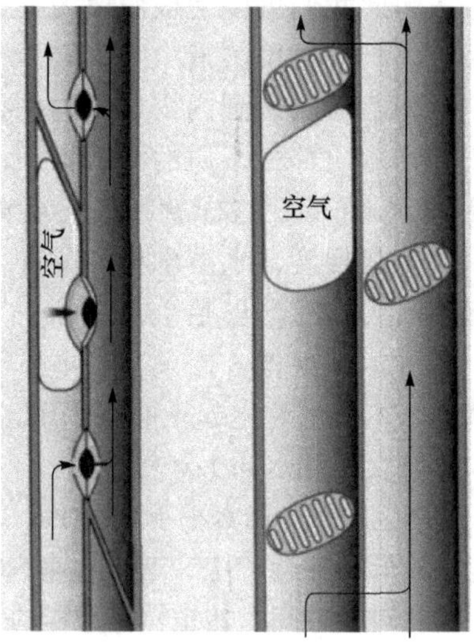

图 3-5　木质部管胞或导管中形成气泡时的水分运输示意图（Hopkins & Hüner，2004）

当发生栓塞时，气泡被封闭在受阻的管胞（左）或导管（右）中；而水可以通过侧壁上的纹孔进入其他管胞或导管

第三节　蒸腾作用

一、植物蒸腾的方式

蒸腾作用是指水从植物地上部分以水蒸气的状态向外界散失的过程。植物的蒸腾主要是叶片蒸腾。

植物叶片的表层是排列紧密的表皮细胞，在表皮细胞的外侧或在叶片的表面通常有一层角质层。角质层是水、气扩散的障碍，蒸腾中大约只有 5% 的水分是通过角质层扩散进入大气的，这种通过角质层进行的蒸腾称为角质层蒸腾（cuticular transpiration）。绝大多数水分的蒸腾是通过叶片上的特殊结构——气孔（stoma，复数 stomata）进行的。

叶片中叶肉细胞的排列比较松散，其间有较大的细胞间隙，在有些植物中叶肉细胞的间隙可以占到叶片体积的 70%。这个由细胞间隙贯通形成的空间经由气孔连接到外界大气空间，所以也称为气孔下腔（substomatal space）。叶肉细胞的表面可以形成很大的细胞蒸发表面。据测定，阴生植物叶片内细胞间隙总面积比叶片外表面积大 6～9 倍；在中生植物中为 12～18 倍；在旱生植物中可以高达 16～29 倍。但是许多研究表明，在叶肉细胞表面有角质层，因此不太可能作为水的主要蒸发表面。于是提出气孔附近表皮细胞的内表面可能是水进行蒸发的主要部位。这种蒸发方式也称为孔缘蒸发（peristomatal evaporation）。目前关于水在叶内空间究竟是从叶肉细胞表面蒸发还是在孔缘蒸发还有待进一步研究。因此，我们可以这样表述叶片中水的蒸腾途径：水在叶肉细胞间隙表面，特别是在气孔附近的表皮细胞的内表面进行蒸发，水蒸气再通过气孔扩散到外界大气中（图 3-6）。

植物通过茎、枝上的皮孔也可以进行蒸腾，称为皮孔蒸腾，但是皮孔的蒸腾量非常小，仅占全部蒸腾量的 0.1% 左右。

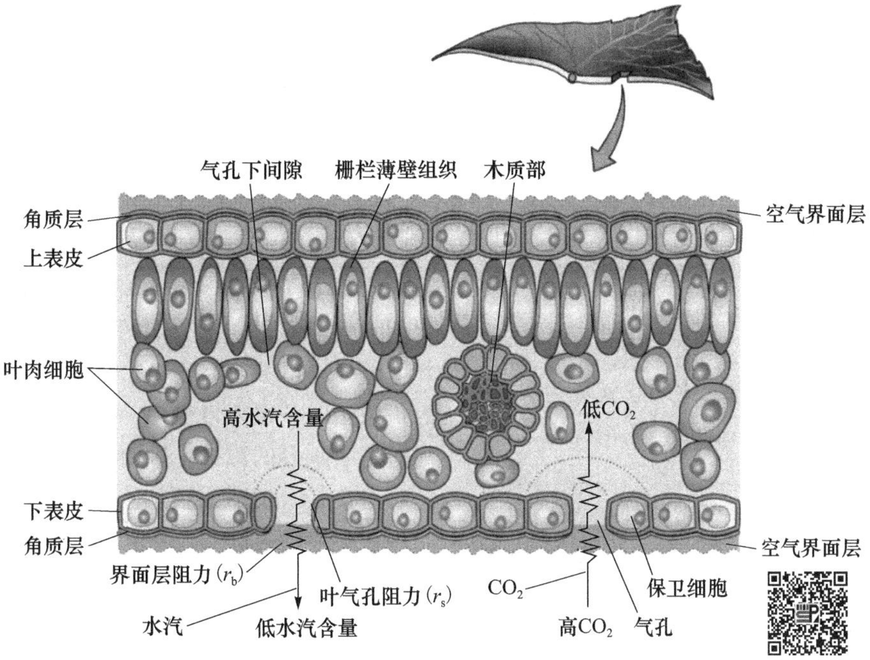

图 3-6　叶片中水的蒸腾途径（Taiz et al.，2015）

二、蒸腾的指标

（一）蒸腾速率

蒸腾速率是指植物在单位时间内单位面积通过蒸腾作用所散失的水量，也可称为蒸腾强度，一般用 g/(m^2·h）表示。

水在气孔下腔蒸发后，需要通过扩散进入大气。水蒸气在空气中的扩散是非常迅速的，同时，水蒸气从气孔下腔扩散到外界大气的距离也很短。假设水蒸气从气孔下腔扩散到外界大气的距离为 1mm，水蒸气在空气中的扩散系数是 $2.4\times10^{5}m^2/s$，代入式（2.6），经计算可以得到：水蒸气从气孔下腔扩散到外界大气只需约 0.042s。由此可见，水蒸气在空气中的扩散速度对于蒸腾作用是足够迅速的，扩散并不是蒸腾的限制因素。

实际上，蒸腾速率主要是由叶片气孔下腔的水蒸气浓度和大气中水蒸气浓度之间的浓度差及水蒸气扩散途径的阻力所决定的。可以用式（3.2）表示。

蒸腾速率 = 水蒸气浓度差 / 水蒸气扩散阻力（3.2）

1. 水蒸气的浓度差　水蒸气的浓度差是水分散失的动力。水蒸气浓度差是叶片气孔下腔的水蒸气浓度与大气中水蒸气浓度的差值。水蒸气浓度差也可以用水蒸气压表示，称为水蒸气压亏缺（water vapor pressure deficit）。水蒸气压用 kPa（千帕）表示，与水蒸气浓度成正比。大气中水蒸气浓度比较容易测量，但是叶内的水蒸气浓度的测量却非易事。假定叶细胞间隙中水蒸气的水势与叶细胞的水势处于平衡状态，可以根据测量所得的叶细胞的水势 ψ_w 和叶片的温度，用式（3.3）得到相对湿度。

$$\psi_w = RT\frac{\ln RH}{V_w} \qquad (3.3)$$

式中，R 是气体常数；T 是热力学温度；V_w 是液体水的偏摩尔体积；RH 是相对湿度。

相对湿度 RH 是在该温度下水蒸气浓度和饱和水蒸气浓度 $C_{wv(sat)}$ 的比值，即

$$RH = C_{wv}/C_{wv(sat)} \qquad (3.4)$$

由式（3.4）即可得到水蒸气浓度 C_{wv}。

在这里首先值得注意的是，水分散失的动力是水蒸气的浓度而不是相对湿度 RH；再者，RH 是依赖于叶片温度的。

2. 水蒸气的扩散阻力　控制水分散失的第二个因素是水蒸气的扩散阻力。水蒸气的扩散阻力是水蒸气在扩散过程中各部分阻力的总和。其中最重要的有两个，首先是水蒸气通过气孔时的阻力，称为气孔阻力（stomatal resistance）。由于叶片角质层的不透水性，水蒸气的扩散主要通过气孔进行，微小的气孔为气体的扩散提供了低阻的通道，因而改

变气孔阻力也是控制蒸腾的最主要因素。气孔的阻力主要是由气孔开度的大小来控制的，有关的情况将在以后的章节中进行讨论。其次是水蒸气通过叶面的静止空气层——界面层（boundary layer）的阻力，称为界面层阻力。水蒸气扩散经过气孔后，还需跨过叶片表面的界面层才能到达外界大气。界面层是紧贴着叶子表面的一薄层未被扰动的空气层，它对水蒸气的扩散阻力与其厚度成正比。影响界面层厚度的重要因素是风。一方面，当空气静止无风时界面层可能会变得相当厚，这时它就成为决定水蒸气扩散阻力的主要因素。在这样的情况下，即使气孔完全打开，蒸腾速率也无法提高。而当风速增加、界面层的厚度降低时，界面层对水蒸气扩散的阻力就会减小，这时气孔阻力又成为控制蒸腾速率的主要因素。另一方面，当叶子的温度高于空气温度时，风可以增加热的散失而降低叶温，从而降低叶内水蒸气浓度，也就降低了蒸腾的速率。

叶子的形态解剖特性也可以影响界面层的厚薄。叶表面的表皮毛可以减少风对界面层的影响；某些植物具有下陷的气孔，保护其免受风的影响。虽然界面层可以受到各种因素的影响，但是植物对外界环境快速和灵敏的调控反应还是靠气孔的调节进行的。

（二）蒸腾比率

蒸腾比率（transpiration ratio）是指植物光合作用固定每摩尔的 CO_2 所需蒸腾散失的水的物质的量的比率，即

$$蒸腾比率=\frac{蒸腾散失的水分的量}{光合作用固定的CO_2的量} \tag{3.5}$$

蒸腾比率是表示植物在光合作用吸收 CO_2 的同时散失水分的效率。不同类型的植物常有不同的蒸腾比率，木本植物的蒸腾比率较草本植物的小，C_4 植物较 C_3 植物的小。典型的 C_3 植物的蒸腾比率为 500，典型的 C_4 植物的蒸腾比率只有约 250，而适应于沙漠生存条件的 CAM 植物的蒸腾比率可以达 50 左右。

植物通常在进行光合作用的同时需要消耗大量水分，或者说蒸腾比率较高。首先，因为空气中 CO_2 的浓度很低而叶子内的水蒸气浓度却很高，推动水蒸气向叶外扩散的水蒸气浓度梯度比推动 CO_2 向叶内扩散的 CO_2 浓度梯度要高 50 倍；其次，由于 CO_2 分子比水分子大，其扩散速度比水蒸气慢 1.6 倍；再者，CO_2 进入细胞叶绿体必须扩散经过质膜和叶绿体膜才能最终到达光合作用的场所。

三、气孔蒸腾

水分通过气孔进行的蒸腾称为气孔蒸腾（stomatal transpiration）。

陆生植物面临的一个困难是，植物既要从大气中获取 CO_2 进行光合作用，又要防止水分的散失，而大气和叶子内 CO_2 的浓度差比起两者间水蒸气浓度差要小得多，因此 CO_2 扩散进入叶子比起水蒸气扩散出叶子也要慢得多。叶子表面的角质层有效地防止了水分的散失，进而避免了叶片干燥，但是同时也使 CO_2 的进入更加困难。气孔正是植物在进化过程中产生的解决这个矛盾的重要结构。

气孔是叶表皮细胞分化形成的小孔隙。气孔可以通过调节其小孔的大小来控制气体进出叶子。当夜晚植物停止光合作用无需从空气中获取 CO_2 时，气孔关闭从而避免了水分的散失；当阳光普照、水源充足，植物进行光合作用需要大量 CO_2 时，气孔又会张开以满足光合作用对 CO_2 的需要，这时水分的供应可以充分满足蒸腾的需要，而蒸腾也给叶子带来光合作用所需的矿质元素。在土壤水分发生亏缺时，气孔会维持较小的孔径甚至完全关闭，以避免脱水的伤害。

不同植物的气孔数目的多少和分布也有所不同。阳生植物具有较多的气孔，气孔数可以达到 100～200 个/mm^2；而阴生植物的气孔较少，一般为 40～100 个/mm^2。许多植物叶片的上下表皮都有气孔，如玉米、水稻、大麦、小麦等禾谷类作物，且数目大致相等；双子叶草本植物，如马铃薯、蚕豆、番茄、豌豆等的气孔大多分布在下表皮；但是木本植物的气孔只分布在下表皮；而水生植物，如浮萍的气孔则仅分布在上表皮。

在气体通过气孔进出叶子的扩散过程中，气体浓度差和界面阻力一般来说是物理的过程，它们不受植物的生理学过程所控制，而气孔的阻力则是植物通过其生理活动所控制的，是植物调节叶片气体交换的主要手段。

（一）气孔复合体

气孔的控制依赖于它的精巧结构。气孔的小孔是由一对特化的表皮细胞围绕而成的，这对特化的细胞称为保卫细胞（guard cell）。保卫细胞存在于

所有的维管植物及一些更原始的植物如苔藓类植物中。保卫细胞虽然在结构上有相当大的变异，但是总的来说可以分为两大类（图 3-7）。一类存在于大部分双子叶植物及许多单子叶植物、苔藓类植物、蕨类植物和裸子植物中。这类保卫细胞是一对肾形的细胞，并列形成椭圆的外形，中间是通气的小孔。另一类保卫细胞存在于许多草本植物和某些单子叶植物（如棕榈）中。这类植物的保卫细胞是一对并列的呈哑铃状的细胞，两端是哑铃的球状体，中间两个哑铃把之间的缝隙即通气小孔。在两个保卫细胞的外侧各有一个分化的表皮细胞，称为副卫细胞（subsidiary cell），帮助保卫细胞控制小孔。虽然在具有肾形保卫细胞的植物种属中很多都有副卫细胞，但是仍有许多并没有副卫细胞，因此把与保卫细胞毗连的，在形态上与表皮细胞相同的细胞称为邻近细胞（neighboring cell），而把形态上分化的细胞称为副卫细胞。保卫细胞、副卫细胞或邻近细胞及保卫细胞中间的小孔合在一起称为气孔复合体（stomatal complex）。

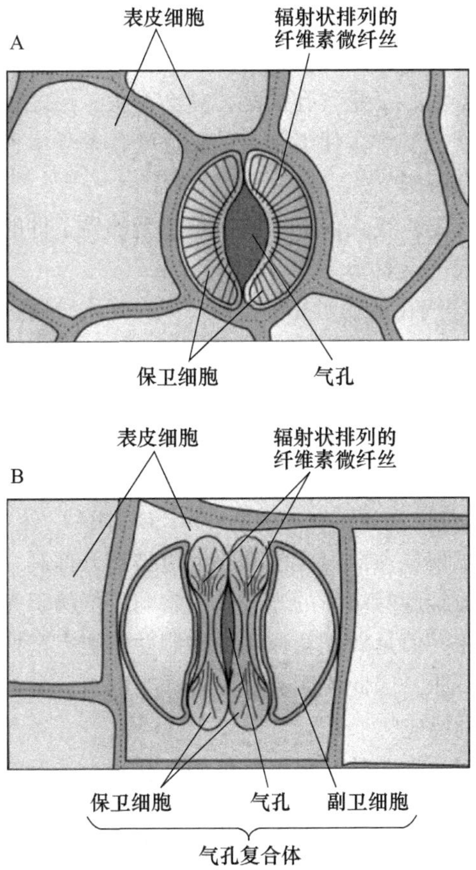

图 3-7 肾形（A）和哑铃形（B）两类气孔复合体（Taiz et al.，2015）

保卫细胞的一个重要特征是其部分细胞壁明显加厚，保卫细胞部分细胞壁可加厚到 5μm，而普通表皮细胞的壁仅 1～2μm 厚。肾形保卫细胞的细胞壁是不均等加厚的，它们具有较薄的外侧壁（靠表皮细胞一侧）称为背壁（dorsal wall），以及很厚的内侧壁（靠小孔一侧）称为腹壁（ventral wall）。在腹壁靠大气的一侧细胞壁加厚，形成小孔。

保卫细胞的壁除了加厚之外，它们的纤维素微纤丝的排列方式也具有重要的特征（图 3-7）。肾形保卫细胞细胞壁的纤维素微纤丝从小孔向外辐射状排列，这样的排列不仅加固了保卫细胞的外围，又不会影响气孔打开时保卫细胞的弯曲。哑铃形保卫细胞细胞壁的纤维素微纤丝则像射线从气孔的缝隙向两端辐射，这样在气孔打开和关闭的过程中就像扇子的骨架一样开合而不至阻碍气孔的运动。

除了外形特征外，保卫细胞与周围表皮细胞重要的区别之一是：保卫细胞具有叶绿体而表皮细胞不具备叶绿体。对于大多数植物，每个保卫细胞含有大约 10 个叶绿体，阴地植物可达 50 个。保卫细胞的叶绿体中含有丰富的淀粉体，黑暗时淀粉积累，而光照时淀粉减少，这与正常光合细胞中的情况恰好相反。保卫细胞中的线粒体异常丰富，每个保卫细胞里线粒体的数目在同一体积上为叶肉细胞的 5～10 倍。保卫细胞中液泡的形态随气孔的开关而变化，关闭时液泡形成凹凸多支的表面，而当开张时液泡表面变得比较光滑平整。成熟的保卫细胞与周围细胞间没有胞间连丝。

（二）气体扩散的小孔定律

气孔虽然很多，但其总面积仅占叶片表面积的 1%，似乎很难满足气体扩散的需要，但是实际上，通过气孔的水分蒸腾量可以相当于与叶面积相等的自由水面积的蒸发量的 50%，甚至达到 100%。其原因是气孔的面积很小，水通过小孔蒸发的扩散过程是依气体扩散的小孔定律进行的：气体通过小孔表面的扩散速率不是与小孔的面积成正比，而是与小孔的周长成正比，这就是气体扩散的小孔定律。当一定面积的蒸发面被划分为许多小的蒸发面时，由于其蒸发面的周长极大增加，因此蒸发速率也大为提高。这就是较小面积的气孔可以维持较大蒸腾量的原因。

（三）气孔运动

1. 气孔运动的方式　保卫细胞的运动（或形状的改变）可以导致小孔关闭或打开。对于具有肾形保卫细胞的气孔，当一对肾形保卫细胞向外弯曲时，它们之间的小孔就会打开，反之就会关闭。对于具有哑铃形保卫细胞的气孔，当保卫细胞两端的哑铃球膨胀变大时，它们之间的缝隙就会变宽，孔道变大，反之孔道就会关闭。

大多数植物的气孔在白天张开，使大气中 CO_2 扩散进入叶内用于光合作用，而在夜晚光合作用停止时，气孔关闭以减少水分的散失。但是一些在沙漠条件下生长的植物，如仙人掌科及凤梨科植物具有景天酸代谢途径（CAM 途径），它们的气孔运动与其他植物不同。在炎热干燥的白天，气孔关闭以避免过度的水分散失，而在夜晚温度降低时气孔则逐渐打开。由于白天气孔关闭 CO_2 无法进入植物体内，因此这类植物在长期的进化过程中形成了特殊的 CO_2 同化方式。有关 CAM 途径将在第七章中讨论。

气孔运动是个相当复杂的过程，在同一叶片上的气孔有时会出现一些气孔开张而相邻的气孔却部分关闭的现象，这样的气孔称为斑驳气孔（patchy stomata）。

2. 环境因素对气孔运动的影响　气孔运动受各种环境因素的影响。

（1）光照　光照是引起气孔运动的主要环境因素。大多数植物的气孔在光照下张开，而在黑暗下关闭。气孔在清晨张开的过程大约需要 1h，而关闭的过程则延续整个下午，逐渐地进行。引起气孔张开所需的光照强度很低，只相当于全光照的 1/1000～1/30，刚刚够净光合作用的发生。

（2）CO_2　低浓度 CO_2 可以导致大多数植物气孔张开。即使在黑暗条件下，用无 CO_2 的空气处理叶片同样会引起气孔的张开。而用高浓度的 CO_2 处理则会使气孔部分关闭。但是如果气孔完全关闭，用无 CO_2 的空气处理却无法使气孔张开，说明对气孔运动起作用的是气孔下腔的 CO_2 浓度，而不是叶面 CO_2 的浓度。

（3）空气湿度　许多植物对大气中水蒸气压非常敏感。当空气干燥，空气中水蒸气压和气孔下腔水蒸气压之间的差值达到一定阈值时，气孔就会关闭。当发生水分亏缺时，无论其他有关气孔运动的因素如何，气孔都会发生关闭。

（4）温度　高温（30～35℃）会导致气孔关闭。这可能是一种间接的影响。高温可能使水分散失的速率增加，或者使细胞的呼吸增加，导致叶内的 CO_2 浓度增加，从而使气孔关闭。但是也有一些植物在高温条件下，气孔反而会张开，导致蒸腾速率加快而使叶温下降。

（5）风　风会使气孔关闭。这可能也是间接的影响。因为风可以降低气孔的气体扩散阻力，因而使叶内 CO_2 浓度增加，此外风也会加速水的散失，导致气孔的关闭。

虽然气孔的运动受各种环境信号的控制，但是气孔运动有其自身的内在节律。如果将植物置于黑暗中，气孔白天开张夜晚关闭的 24h 周期节律仍然可以维持一段时间。

（四）气孔运动的调节机制

总的来说，引起气孔运动的直接原因是保卫细胞的膨压发生改变。当保卫细胞膨压发生改变时，由于细胞壁的不均匀加厚，细胞会发生相应的形变。例如，肾形保卫细胞在膨压增加时会向两边弯曲，哑铃形保卫细胞在膨压增加时两端的哑铃球会膨胀变大，于是气孔的孔径就会变大，反之气孔的孔径就会变小。保卫细胞的膨压变化是受多种生理学机制所调节的。

首先，气孔保卫细胞必须感受外界条件的变化而调控气孔运动。

1. 气孔运动对光的反应　在无水分胁迫的自然环境中，光是最主要的控制气孔运动的环境信号。

气孔对光的反应是两个不同系统的综合效果，一个依赖于保卫细胞的光合作用，另一个则是被蓝光所推动。用光合电子传递的抑制剂二氯苯基二甲脲（dichlorophenyldimethylurea，DCMU）处理叶片，发现气孔对白光的开张反应被部分抑制。这表明保卫细胞叶绿体的光合作用参与了依赖于光的气孔开张。但是对光合作用的抑制并不能完全抑制气孔的开张，因此说明有非光合作用的组分参与气孔对光的反应。

双光实验的结果可以证明气孔对光的反应是由两个完全不同的系统推动的。在双光实验中，用红光使光合反应饱和，在红光的饱和效应完成以后再加以蓝光照射，气孔明显地进一步开张，这个效应不能用光合作用来解释，因为增加红光并不能引起相同的效应（图 3-8）。对这种气孔开张效应的作用光谱的研究结果也说明，这是典型的蓝光反应。这些实验说明存在一个蓝光激发的参与气孔开张的控制系统。如果用蓝光照射保卫细胞的原生质体，保卫细胞原生质体会发生膨胀，说明这种蓝光反应是发生在保卫细胞中的。保卫细胞原生质体的膨胀说明，在有壁的情况下保卫细胞的膨压会发生改变，而膨压的改变正是气孔运动的原因。

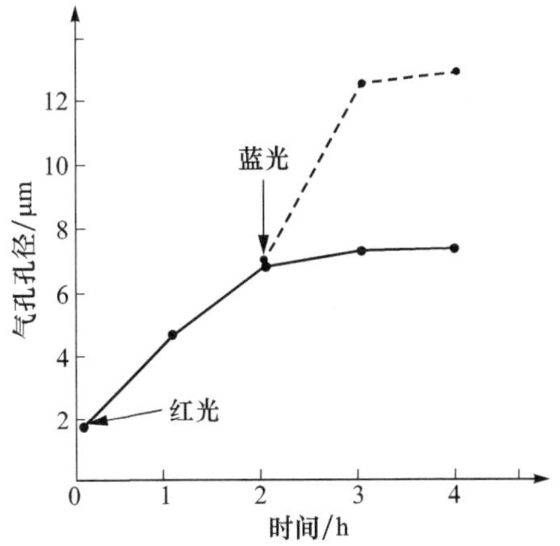

图 3-8　蓝光参与气孔开张的控制（Taiz et al.，2015）

图为气孔在红光背景下对蓝光的反应。用饱和红光照射鸭跖草（*Commelina communis*）的离体表皮，当外加蓝光照射时引起气孔进一步开张，说明存在接收蓝光的受体参与了气孔的调节

当植物叶片用红光饱和时，蓝光的照射会引起蚕豆保卫细胞原生质体的质子外流，因而细胞外溶液酸化（图 3-9）。这个蓝光引起的溶液酸化对破坏跨膜质子梯度及抑制质子泵 H^+-ATPase 的药剂敏感，说明蓝光的酸化效应是通过细胞膜上的 H^+-ATPase 将细胞内的质子泵出细胞所致的。

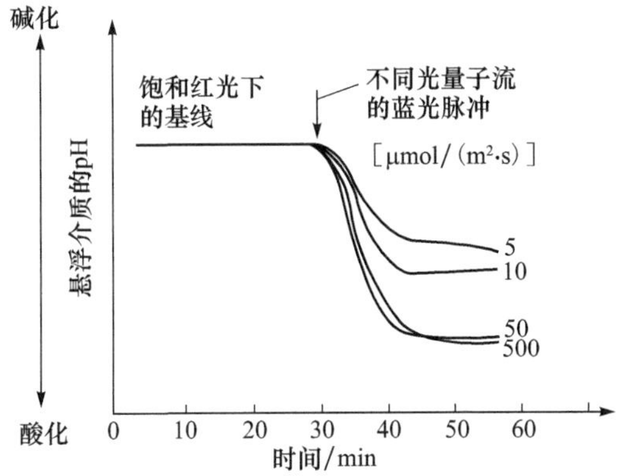

图 3-9　蓝光刺激蚕豆保卫细胞原生质体所引起的介质酸化效应（Taiz et al.，2015）

在饱和红光下，不同强度的 30s 脉冲蓝光可以刺激保卫细胞 H^+-ATPase，从而使介质酸化

蓝光的反应强度，如酸化程度和外向电流的大小和蓝光的强弱有关。在非饱和光强、同样的照射脉冲长度的条件下，蓝光引起的反应是和蓝光的强度成正比的，并随着蓝光光强的增加逐渐趋于饱和。蓝光所引起的气孔孔径大小变化的反应取决于总光量的大小，而不仅仅取决于光强度或光照的长度。因此气孔可以作为叶片的“光感受器”来感知到达叶面的光量。

目前已知植物中有三种蓝光受体：隐花色素（cryptochrome）、向光素（phototropin）和玉米黄素（zeaxanthin），其中玉米黄素主要参与蓝光诱导的气孔开放。提高玉米黄素的浓度能够增强保卫细胞对蓝光的敏感性。

2. 气孔运动对水分亏缺的反应　除了光照的影响之外，对气孔运动影响最大的外界因素是水分状况。植物在水分发生亏缺（如发生旱情）时往往会通过某种调节方式减少蒸腾以避免脱水死亡。当植物受到干旱胁迫时，最先感受水分发生亏缺的器官是根。当土壤中水分逐渐发生亏缺而植物叶中尚未发生水分亏缺时，气孔首先会发生关闭。这样的气孔关闭机制称为主动脱水关闭（hydroactive closure）。研究发现，在早期根部发生水分亏缺引起气孔关闭的过程中，有“信息”分子从根向叶传递。将一株植物的根系分开置于两个容器中用营养溶液进行培养，如果将一个容器中的溶液抽去，结果发现植物的气孔发生部分关闭，而此时由于仍有另一半根系可以进行水的吸收，因此叶中的细胞并不曾发生水分的亏缺。由此可以认为，在植物的根系中有“感知”水分状态的系统，当发生水分亏缺时，可以通过信息传递调节地上部气孔的运动，以适应根系的水分吸收状况。进一步的研究发现，根部合成的植物激素脱落酸（ABA）可以随木质部液流向地上部转移，对气孔的运动进行调节。

植物的缺水也可以发生在叶片的叶肉细胞。例如，当植物蒸腾很快而植物的吸水来不及进行补偿时，或者当旱情严重、土壤中水分很少时，叶肉细胞都可能发生缺水。叶肉细胞发生水分亏缺会引起气孔关闭。这样的气孔关闭机制称为被动脱水关闭（hydropassive closure）。在植物叶肉细胞中一般总是有低水平的 ABA 合成，所合成的 ABA 在正常情况下累积在叶绿体中。当发生缺水时，叶绿体中的 ABA 就会被释放进入细胞质，而后被释放到质外体空间并随蒸腾流到达保卫细胞，ABA 使保卫细胞的溶质外流，气孔因而关闭。除了 ABA 发生重新分布之外，叶肉细胞中的 ABA 合成也会增加，这样就更促进了气孔的关闭。

ABA 作用于保卫细胞的 ABA 受体后，引发下游的一系列信号转导过程，最终使气孔关闭。有关 ABA 的信号转导途径见第十一章。

3. 气孔运动的信号转导过程 气孔保卫细胞在接收了外界信号之后，必须经过一系列的信号转导过程，最终对气孔运动进行调节。

气孔运动涉及许多信号传导途径。钙离子、活性氧、磷酸肌醇、G-蛋白、磷脂酶、蛋白激酶及钙调素等都与气孔运动有关。在细胞中参与气孔调节的信号传递过程是相当复杂的，许多植物细胞中存在的信号转导途径都参与了气孔运动的调节，保卫细胞也因而成为研究植物细胞信号转导途径的模式细胞。

（1）钙离子 钙离子是调节气孔运动的重要信使。当胞质钙浓度增加时，细胞膜去极化，刺激外向阴离子通道和外向 K^+ 通道的活性，并抑制内向 K^+ 通道的活性，细胞水势的升高，膨压下降，气孔关闭。

（2）活性氧 活性氧（reactive oxygen species, ROS）也是信号分子。内向钙离子通道的激活与 NADPH 氧化酶介导的活性氧有关，这些活性氧作为第二信使诱导质膜钙离子通道的活化。

（3）磷酸肌醇 磷酸肌醇途径对细胞中的钙离子浓度有重要的调控作用。三磷酸肌醇（IP_3）通过 cADPR 诱导液泡或内质网内储存的 Ca^{2+} 释放到细胞质内。

（4）蛋白激酶和磷酸酶 蛋白激酶 CDPK 是钙依赖性的蛋白激酶，它可将质膜上的质子-ATPase 磷酸化，从而调节跨质膜的质子运输，改变膜电位，进而调控离子通道。

（5）离子通道 离子通道是离子进出细胞的重要通道，在气孔运动的调节方面，比较重要的离子通道是钾离子通道和钙离子通道。在大多数情况下，信号转导途径最终将作用到离子通道的调节。钾离子进出保卫细胞是调控气孔运动的最重要的机制，而钾离子通道则是钾离子进出保卫细胞的最重要途径。同样，保卫细胞中的钙离子也是通过钙离子通道进入细胞质的，而在细胞膜和其他细胞器的膜上都存在钙离子通道，因此钙可以从胞外或胞内钙库进入细胞质。

4. 气孔运动的渗透调节 外界信号在经过一系列的信号转导途径后，最终对气孔运动进行调控。

前文已经说明气孔运动是由保卫细胞的膨压变化而引起的。进一步的问题是：保卫细胞的膨压变化又是由什么引起的？一般来说，保卫细胞的膨压变化是由于离子和有机物质进出保卫细胞使细胞的渗透势发生改变，细胞的水势也就发生改变，细胞水势的改变会引起水进出细胞，因此导致细胞膨压发生改变。

（1）钾离子 已证明钾离子是引起保卫细胞渗透势发生改变的最重要的离子（图 3-10）。气孔关闭时保卫细胞的钾浓度约 100mmol/L，而在气孔开张时保卫细胞的钾含量增加，浓度可以达到 400～800mmol/L。

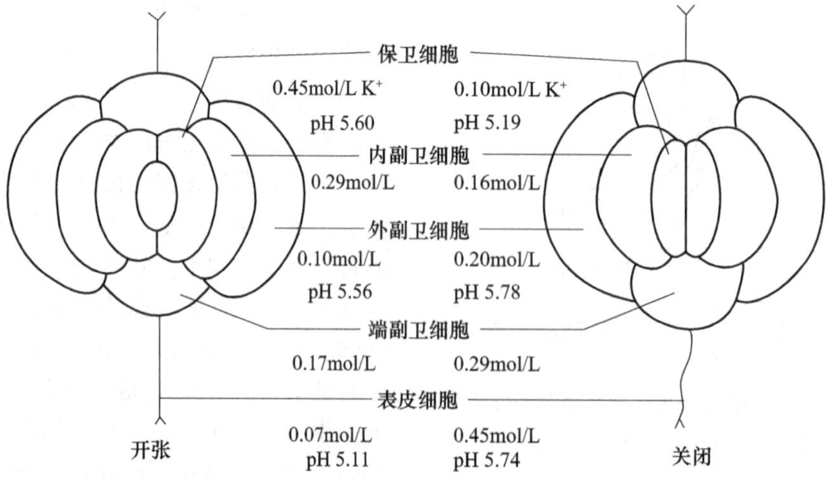

图 3-10 气孔处于开张或关闭状态时，气孔复合体细胞中钾离子浓度和 pH 的测定结果（Salisbury & Ross，1992）

钾离子增加所带来的细胞内正电荷的增加可以被氯离子和苹果酸根所平衡，因此在钾离子增加时其苹果酸盐和氯离子也增加。在气孔张开时氯离子与钾离子一样被保卫细胞吸收，在气孔关闭时又被排出保卫细胞。但是苹果酸则是在保卫细胞的细胞质中合成的，合成代谢需要淀粉的水解。在保卫细胞叶绿体中含有许多淀粉，这些淀粉在气孔张开时会消失。在蓝光的促进下淀粉被分解成磷酸烯醇丙酮酸（phosphoenolpyruvate，PEP），PEP 经羧化结合 CO_2 形成草酰乙酸，草酰乙酸则转化为苹果酸。在气孔关闭时苹果酸含量会减少。

植物是用氯离子还是用苹果酸根平衡钾离子依植物种类而不同。在一些植物中（如洋葱）钾离子由氯离子平衡，而在许多其他植物中则由不同比例的氯离子和苹果酸根所平衡。用于平衡钾离子的氯离子和苹果酸根的比例也是和环境条件有关的。例如，对于生长在温室的蚕豆保卫细胞中的钾离子主要是由氯离子平衡的，而生长在生长箱中的蚕豆保卫细胞中很大部分的钾离子则是由苹果酸根平衡的。因为在这两种条件中温室更接近自然环境，所以自然条件下植物可能是以氯离子来平衡钾离子的。

钾离子和氯离子的跨膜运输是由 H^+-ATPase 质子泵建立的质子梯度来推动的次级运输。质子被排出保卫细胞使其跨膜电势变得更负，由光照引起的膜超极化可以达到 50mV。除此之外，质子泵建立起 pH 相差 0.5～1 单位的质子梯度。质子泵建立的电势差可以用于钾离子通道的被动运输；而氯离子则可能是通过氯-质子共运载体进入保卫细胞的。

（2）*蔗糖*　最初由植物生理学家 F. E. Lloyd 在 1908 年提出关于气孔运动的糖-淀粉假说，认为气孔运动是由保卫细胞中糖和淀粉间的相互转化而形成的渗透势改变而造成的。保卫细胞的叶绿体中有明显的淀粉大颗粒，当气孔张开时淀粉的含量下降而气孔关闭时淀粉含量则上升。淀粉是水不溶性的大分子多聚体，它对细胞的渗透势没有影响；但是淀粉水解转化为可溶性糖后会对保卫细胞的渗透势产生重要影响。因此淀粉水解时蔗糖含量增加，保卫细胞的渗透势降低，水进入细胞使细胞膨压增加，气孔因而张开；反之当淀粉合成时可溶性糖含量减少，保卫细胞渗透势增加，水离开细胞使细胞膨压降低，气孔因而关闭。

气孔运动的糖-淀粉假说曾被广泛接受，但是由于钾离子在保卫细胞渗透调节中重要作用的发现使这一假说被忽视。最近的研究结果表明，蔗糖在保卫细胞渗透调节的某些阶段起着重要的渗透调节作用。

如果对气孔在一天中的变化进行连续的观察，发现当气孔在上午逐渐张开时伴随着保卫细胞钾含量的增加，但是下午较早时候当气孔孔径仍然在增加时，钾离子浓度却已经开始下降。在这样的情况下，蔗糖浓度在上午缓慢增加逐渐成为主要的渗透溶质，当气孔在较晚时候关闭时蔗糖的浓度也随之下降（图 3-11）。这个观察结果似乎表明，气孔的张开与钾离子的吸收有关，而气孔的关闭则和蔗糖浓度的下降有关。因此在气孔的运动中可能有不同的渗透调节阶段：在日出时光照引起的气孔张开阶段，保卫细胞对钾离子的吸收是主要的渗透调节机制；在日出以后保卫细胞的蔗糖浓度逐渐提高成为主要的渗透物质。在蔗糖调节的阶段，气孔开度是与光合作用有关的。

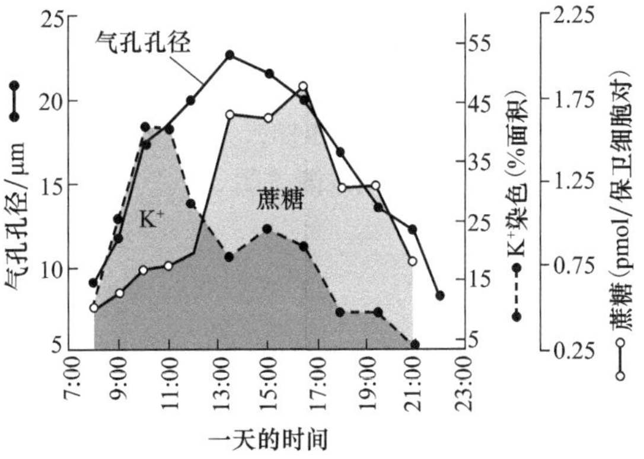

图 3-11　一天中蚕豆完整叶片的气孔孔径的变化及保卫细胞中钾离子和蔗糖浓度的变化（Taiz et al.，2015）

保卫细胞中调节其膨压的蔗糖可能来自不同的途径，如淀粉水解转化产生的蔗糖、保卫细胞叶绿体光合作用生产的蔗糖及从质外体中吸收的在叶肉细胞中生产的蔗糖。

5. 参与气孔运动调节的其他机制　气孔运动的调控是一个非常复杂的过程。虽然保卫细胞的渗透调节是决定气孔运动的主要机制，但是气孔运动过程还需要一些其他生理机制的参与。

（1）*细胞骨架*　保卫细胞中细胞骨架有特殊的排列方式。例如，微管骨架在保卫细胞中常由腹壁向背壁呈辐射状排列，与细胞壁中的微纤丝排列的方式类似，这样的排列方式是与保卫细胞在气孔运动过程中的细胞形变相适应的。利用破坏微管骨架的药剂处理叶片，气孔的开张和关闭都会受到抑制。而微丝骨架在气孔运动的过程中会发生解聚，之后在气孔达到稳定开张或关闭状态时又重新聚合起来，抑制微丝解聚的同时也会抑制气孔的运动。有研究表明，保卫细胞的钾离子通道活性也受微丝骨架的调控。

（2）*液泡的动态*　保卫细胞中液泡的形态变化与气孔的开张和关闭相关。当气孔处于关闭状态时液泡形成凹凸多枝的表面，这种形状的液泡在显微镜的单张横切面图像中则呈现出分散的多个小液泡的状态；当气孔处于开张状态时，保卫细胞液泡的表面变得比较光滑平整，在单个横切面图像上呈现出单个液泡的形态。抑制液泡的这种形态变化过程会影响气孔的运动，而微丝骨架可能参与其中。

事实上，气孔的运动不仅取决于保卫细胞的膨压状况，还与保卫细胞周围的表皮细胞有关。气孔的开关是与保卫细胞膨压及其周围表皮细胞膨压的平衡相关的。在水分胁迫的初期，表皮细胞失水膨压下降而保卫细胞相对膨压较高时，气孔会开张。不过这种气孔的开张是暂时的，当水分胁迫持续存在时，保卫细胞失水而逐渐关闭。

四、蒸腾的意义

蒸腾的生理作用是个争议较大的问题。虽然有研究者认为蒸腾可能在水分的运输或者矿质元素的运输方面有作用，但是蒸腾作用似乎并非这些过程所必需。例如，某些生长在热带雨林高湿度条件下的植物，基本上没有蒸腾作用发生，但是仍然生长得非常茂盛。对矿质元素的跟踪研究也表明，植物可以重复利用自身的矿质元素，蒸腾的减少并不成为矿质营养的限制因子。而且高湿条件似乎对植物生长更加有利。在多数情况下，蒸腾反而是造成植物发生水分亏缺，甚至脱水的主要原因。因此蒸腾作用也许是陆生植物为解决光合作用吸收 CO_2 的需要而不得不付出的水分散失的代价。在不影响光合作用的前提下，减少蒸腾作用可能更有利于植物的生长。

陆生植物在吸收光能进行光合作用时，叶片的温度会升高。过高的植物叶温会加速植物的呼吸作用，甚至破坏植物的光合系统。蒸腾作用可以通过水分的散失带走大量热能，蒸腾速率较高的叶片其叶温总是低于环境温度。这可能是蒸腾作用对植物生理活动的有利方面。

五、土壤-植物-大气连续体系

在本章中我们讨论了水从土壤到植物体，再从植物体到大气的运动过程。在此，水的运动总是从水势较高的区域向水势较低的区域进行，即从土壤到植物再到大气，形成一个土壤-植物-大气连续体系（soil-plant-atmosphere continuum，SPAC），在这个体系中水势是以递减的形式分布的（图 3-12）。水在这个体系中依水势梯度的运动基本上是一个降低自由能的自发运动，并不需要能量的输入。

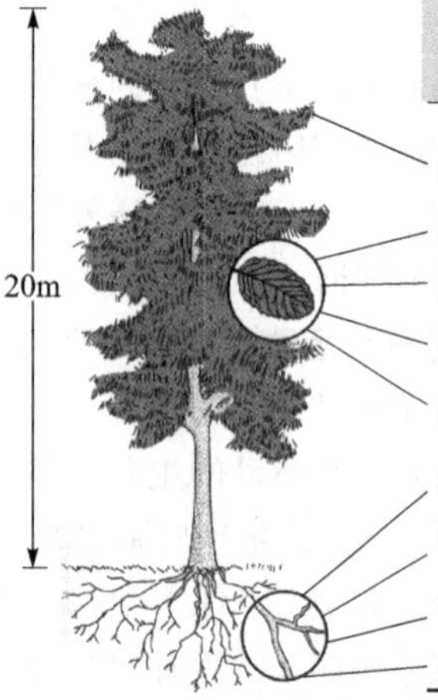

位置	水势及其组成/MPa			
	水势	压力势	渗透势	重力势
外界空气（相对湿度=50%）	−95.2			
叶间空气	−0.8			
叶肉细胞细胞壁(10m处)	−0.8	−0.7	−0.2	0.1
叶肉细胞液泡（10m处）	−0.8	0.2	−1.1	0.1
叶木质部（10m处）	−0.8	−0.8	−0.1	0.1
根木质部（接近表面）	−0.6	−0.5	−0.1	0.0
根细胞液泡（接近表面）	−0.6	0.5	−1.1	0.0
与根连接的土壤	−0.5	−0.4	−0.1	0.0
与根距离10mm的土壤	−0.3	−0.2	−0.1	0.0

图 3-12　土壤-植物-大气连续体系示意图（Taiz & Zeiger，1998）

水的运动，随着其运动阶段的不同而采用不同的方式。水在土壤和植物体中的运动以集流的方式进行，而从叶向大气运动时则以扩散的方式，水进入植物体时还要涉及跨膜的渗透方式等。但是无论水通过何种方式进行运动，总是遵循沿水势梯度运动的原则。但是，在水运输途径的不同部分中，水势的组成可能会完全不同。例如，叶子的叶肉细胞和其附近的木质部的水势是相当接近的，但是在木质部水势的主要成分是负的静水压而叶肉细胞的膨压却是正的压力，叶肉细胞的负水势是由溶质势决定的。对于大气中的水蒸气来说，相对湿度是决定水势的重要因素。

小　结

陆生植物在进行光合作用的同时，不可避免地会散失水分。因此水分的吸收和散失是植物体极为重要的生理活动。植物通过发达的根系从土壤吸收水分。土壤的水分状况直接影响植物的水分吸收。植物根系吸收的水需要通过木质部向上运输到植物体地上各部分。根吸收的水主要通过蒸腾形成的植物体地上部负压将其拉动向上运输，而根压只有在蒸腾很小、运输高度不大的情况下才有一定的作用。在植物的蒸腾作用中，气孔蒸腾占主导作用。植物通过对气孔运动的调控，协调光合作用需要吸收 CO_2 和水分散失之间的关系。蓝光信号系统是气孔运动的重要光调控系统，而植物激素 ABA 则是引起气孔对水分状况进行反应的最重要因素。气孔运动涉及众多的信号转导途径。渗透调节是导致气孔运动的基本机制，其中最重要的渗透调节物质是钾离子和蔗糖，此外还存在渗透调节之外的气孔调节机制。

思 考 题

（1）土壤中的水分状况如何影响植物根的水分吸收？
（2）水是如何通过植物的根进入植物体的？
（3）水是通过什么机制经木质部向上运输的？
（4）木质部有哪些类型的细胞？它们的结构特征及其与水分运输的关系是什么？
（5）何谓蒸腾作用？蒸腾作用有哪些方式？
（6）什么是气孔复合体？它有哪些类型？气孔如何控制叶片的气体交换？
（7）保卫细胞中参与气孔运动调控的信号转导途径有哪些？它们是如何协调以控制气孔运动的？
（8）有关气孔运动渗透调节的假说有哪些？它们都有哪些研究的证据？
（9）气孔运动受哪些因素的影响？

第四章 植物细胞溶质跨膜运输机制

高等植物的生长发育有赖于构成植物个体的活细胞不断地从土壤、大气、水体等环境中吸收利用各种营养元素。在植物细胞水平上对营养元素的吸收利用过程是植物不断摄取营养元素的基础。植物细胞膜是细胞与环境之间的空间界限，活细胞对各种营养元素的吸收过程就是这些元素的跨膜运输过程。植物生长发育所必需的各种矿质营养元素（见第五章）中大部分是以带电离子的形式被植物细胞所吸收利用的，所以了解各种离子跨植物细胞膜的运输机制是学习植物矿质营养（第五章）的基础。植物细胞与动物或微生物细胞的溶质（离子或分子）跨膜运输机制有许多相似之处，也有不同之处，但作为物质运动的一类形式，都遵循物理和化学的基本规律。本章在扼要介绍溶质跨膜运输的一些基本知识的基础上，简要地讨论氮、磷、钾、钙等主要营养元素的离子跨膜运输系统和机制，而有关膜生物学及溶质跨膜运输的详细内容请参考相关书籍。

第一节 生物膜的物理化学特性

细胞膜是活细胞与环境间进行物质与能量交换的界面。活细胞的膜对所通过的各种物质具有严格的选择性及调控机制，使得细胞内相对稳定的微环境得以维持。多细胞生物个体的复杂生命活动是以单个细胞为基本单位完成的，而所谓生命活动与非生命活动之间的空间界限正是包裹活细胞的细胞膜。显然，细胞膜的这种“界限”作用对于生命活动的存在和进行是至关重要的。活细胞的膜除了作为生命活动与环境间的空间结构界限外，同时也是执行一系列重要生命活动的场所。有关生物膜的基本化学组成、结构模型等内容请读者参考本书第一章，以下仅就与溶质跨膜运输相关的生物膜的一些物理、化学特性及其与功能实现的关系进行简单介绍。

一、生物膜的“两亲性”和“绝缘性”

构成生物膜的脂类物质中最主要的是甘油磷脂类物质。这类物质均具有典型的“两亲性”（amphipathic），即分子结构中有“亲水”的（hydrophilic）和“疏水”的（hydrophobic）基团。具有“两亲性”的磷脂类物质在水相中可自发地排列形成脂质双层（lipid bilayer）结构。脂质双层结构中间的疏水部分占据了很大空间，这一特点使疏水性较强或具有两亲性的物质较易通过膜结构，而亲水性的带电物质（如各种离子）通过脂质双层膜时阻力很大。在金属导体中，自由电子的移动形成电流；在以水相为基础的活细胞或生物体中，带电离子的移动形成电流并产生电现象。因为带电离子通过脂质双层膜时阻力很大，所以说脂质双层膜结构具有一定的“绝缘性”。图 4-1 表示水、甘油和几种离子通过人工膜或生物膜时的相对通透性。甘油是既亲脂又亲水的两性分子，所以较易通过人工膜或生物膜，膜对甘油的相对通透性也就较高。K^+、Na^+、Cl^- 等带电离子具有极强的亲水性，所以几乎很难通过完全由磷脂构成的人工膜。生物膜与人工膜相比较，主要区别在于生物膜结构中含有多种执行离子跨膜运输的功能蛋白，所以生物膜对带电离子的通透性高于人工膜。

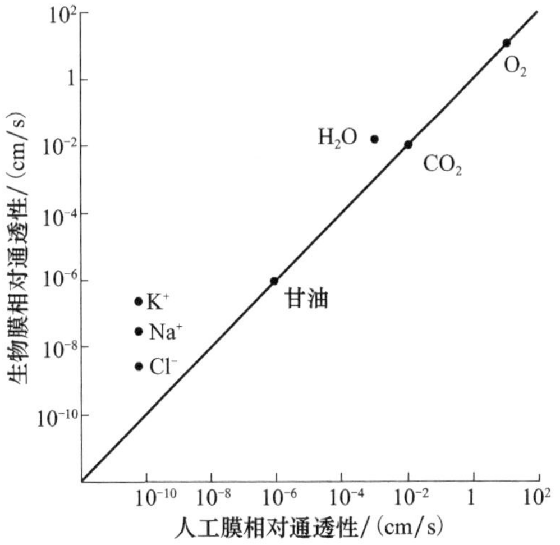

图 4-1 人工膜和生物膜对几种常见离子和分子的相对通透性（Taiz et al., 2015）

水分子的跨膜运输较为特殊，无论人工膜还是生物膜，对水分子的通透性都较高，而水分子显然是强极性分子（具有典型的“亲水性”），理论上膜对水分子的通透性应该较低。但一般认为水分子的直径较小，可以以“渗透”的方式顺着水势梯度、自脂质双层的分子间隙中通过。同时，生物膜中含有水孔蛋白（见第二章）可增加膜对水分子的通透性。有关水孔蛋白功能调控的研究将有助于人们对水分跨膜运输机制有进一步的了解，而如何全面准确地解释水分子的跨膜运输调控机制仍需要进一步的研究。

二、跨膜电化学势梯度

任何物质的运动都需要驱动力的存在。驱使离子或分子进行跨膜运输的动力来自跨膜电化学势梯度（transmembrane electro-chemical potential gradient）或水解 ATP 产生的能量。根据热力学的原理，任何物质的自发运动均是自化学势较高的区域向化学势较低的区域进行的。对于不带电的中性分子或粒子来说，其化学势的高低取决于它的浓度高低。因此，在不存在外力作用的情况下，不带电的分子发生运动时总是自浓度高的区域向浓度低的区域自发进行。但对于带电粒子来说，其发生运动时不仅受其浓度高低（化学势高低）的影响，同时还受不同体系（或区域）间电势高低的影响，即受“电化学势梯度”的影响。

某种离子的跨膜电化学势梯度包括跨膜化学势梯度和跨膜电势梯度（transmembrane electrical potential gradient）两个方面，而两者又是相互关联的。因为决定某种离子化学势高低的是离子浓度，而离子浓度的高低又决定了该种离子所携带电荷的多少，进而影响电势的高低。

离子在跨膜电化学势的驱动下发生跨膜运动的过程可由图 4-2 和图 4-3 的简化模式图说明。图 4-2 表示由人工半透膜相隔的两相之间的离子跨膜运输过程。由于体系中只存在均可透过半透膜的两种离子，而在起始状态时，A 相两种离子的浓度（或电化学势）高于 B 相两种离子的浓度（或电化学势），因此对两种离子均存在自 A 向 B、由高向低的电化学势差，两种离子均自 A 向 B 发生运动，最终两相间达到完全平衡。当然，如果半透膜对阴、阳两种离子的通透性（permeability）不同，即阴、阳两种离子的跨膜扩散速度不同，则在中间状态时会产生膜两侧正、负电荷分布不平衡的现象。

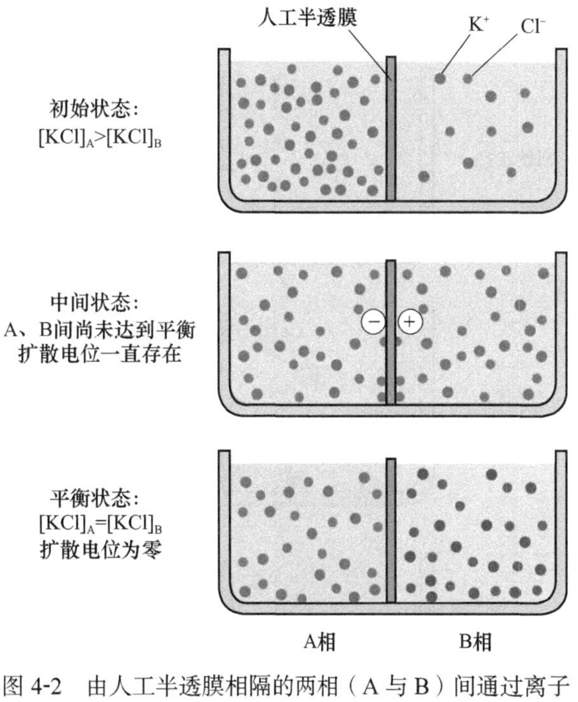

图 4-2 由人工半透膜相隔的两相（A 与 B）间通过离子的跨膜运输最终达到平衡的过程示意图（Taiz et al., 2015）

假设 K^+ 和 Cl^- 两种离子均可通过半透膜（即半透膜对两种离子均具有一定的通透性），由于半透膜对 K^+ 的通透性高于对 Cl^- 的通透性，所以 K^+ 自 A 向 B 的跨膜移动速率高于 Cl^- 的跨膜运动，结果造成了如图中“中间状态”所示的 B 相中 K^+ 的浓度高于 Cl^- 的浓度（正电荷多于负电荷），而 A 相中 K^+ 的浓度低于 Cl^- 的浓度（正电荷少于负电荷）。但在跨膜电化学势差的驱动下，最终两相间达到完全平衡

图 4-3 所示的模型则较图 4-2 所示模型更接近活细胞的状况，体系中除了存在两种可透过膜的阴、阳离子外，在膜的一侧（假定的细胞内侧）存在一些不可跨膜扩散的阴离子。在活细胞内，伴随不可跨膜扩散阴离子的阳离子往往是质子。在起始状态时，A 相（假定的细胞外侧）阴、阳两种离子的浓度（或电化学势）高于 B 相（假定的细胞内侧）两种相应离子的浓度（或电化学势），因此对两种离子均存在自 A 向 B、由高向低的电化学势差，两种离子均自 A 向 B 发生运动。同时，B 相的质子也向 A 相运动（有关质子跨膜运输的机制请参见本章第二节）。由于 B 相存在一些不可跨膜扩散的阴离子，结果最终在两相间可跨膜扩散阴、阳离子不可能达到完全平衡，A 相中可跨膜扩散阴离子的浓度可能高于可跨膜扩散阳离子的浓度，而 B 相中可跨膜扩散阳离子的浓度则高于可跨膜扩散阴离子的浓度。

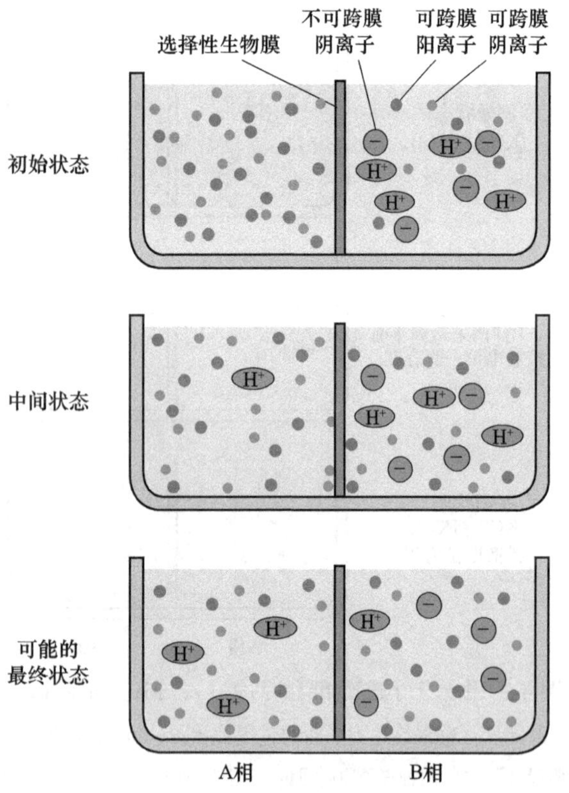

图 4-3　由选择性生物膜相隔的膜外侧（A）与膜内侧（B）两相间的离子跨膜运输过程示意图

在离子发生跨膜扩散的过程中（如图 4-2 所示情况）或达到动态平衡时（如图 4-3 所示情况），都有可能产生可跨膜扩散的阴、阳离子分布不平衡的状态，这就造成了膜两侧电荷分布的不平衡，表现为膜两侧之间存在跨膜的电势（或电位）差。

在将压力、重力加速度等因素忽略不计的情况下，某一体系中某种离子（n）的电化学势可定量描述为：

$$\mu_n=\mu_n^0+RT\ln a_n+z_nFE \tag{4.1}$$

式中，μ_n 代表离子 n 的电化学势；μ_n^0 代表标准状态下离子 n 的电化学势；R 代表气体常数；T 代表绝对温度；a_n 代表离子 n 的相对活度（或浓度）；z_n 代表离子 n 所带电荷数（带正电用正数表示，带负电用负数表示）；F 代表法拉第常数；E 代表离子 n 所处体系的电势。

仍以图 4-2 或图 4-3 所示的模型为例，A 相相对于 B 相之间某种可跨膜扩散的离子 n 的跨膜电化学势差可定量地描述为：

$$\Delta\mu_n=\mu_n^A-\mu_n^B=RT\ln(a_n^A/a_n^B)+z_nF(E_A-E_B) \tag{4.2}$$

也可表示为：

$$\Delta\mu_n=\mu_n^A-\mu_n^B=RT\ln(a_n^A/a_n^B)+z_nF\Delta E \tag{4.3}$$

三、能斯特方程和跨膜电位

在式（4.3）中，当 $\Delta\mu_n>0$ 时，表示 A 相 n 离子的电化学势大于 B 相 n 离子的电化学势，存在推动离子 n 自 A 向 B 进行扩散的跨膜电化学势差，此时：$\Delta E>-\dfrac{RT}{z_nF}\ln\dfrac{a_n^A}{a_n^B}$。

当 $\Delta\mu_n<0$ 时，表示 B 相 n 离子的电化学势大于 A 相 n 离子的电化学势，存在推动离子 n 自 B 向 A 进行扩散的跨膜电化学势差，此时：$\Delta E<-\dfrac{RT}{z_nF}\ln\dfrac{a_n^A}{a_n^B}$。

而当 $\Delta\mu_n=0$ 时，n 离子在 A、B 两相间的跨膜扩散运动处于动态平衡（即无净的 n 离子的跨膜运动），此时：

$$\Delta E=-\frac{RT}{z_nF}\ln\frac{a_n^A}{a_n^B} \tag{4.4}$$

式（4.4）就是著名的能斯特方程（Nernst equation），用以定量描述离子 n 在 A、B 两体系间形成的扩散电位。由于在 $\Delta\mu_n=0$ 的情况下，在 A、B 两体系间无净的离子 n 的运动，因此又称式（4.4）中的 ΔE 为两体系间离子 n 的静息电势差（或静息电位）。如果 A、B 两体系由图 4-2 或

图 4-3 的选择性半透膜相隔离，ΔE 又被称为跨膜静息电位（transmembrane resting potential）。由式（4.4）可知，由某种离子在膜两侧的不平衡分布所产生的跨膜电位的大小及方向取决于该种离子在膜两侧的活度（或浓度），即膜电位的绝对值与膜两侧该种离子活度（或浓度）比值的对数成正比。应该注意的是，跨膜电位是有方向性的。例如，在式（4.4）推导过程中，ΔE 代表的是（$E_A - E_B$），即 A 相相对于 B 相的膜电位。在表述活细胞的膜电位时，一般用膜内侧（细胞内）相对于膜外侧（细胞外）的电位来表示。例如，一个活细胞的胞内 K^+ 浓度为 100mmol/L，胞外 K^+ 浓度为 1mmol/L，在 25℃时，根据能斯特方程计算的胞内相对于胞外的 K^+ 的跨膜扩散电位约为 −118mV（毫伏）。一般来讲，植物活细胞膜的跨膜电位为负值。而且习惯上所说的膜电位高低是指膜电位的绝对值，如将 −120mV 的跨膜电位和 −100mV 的跨膜电位相比较，习惯上说前一膜电位较高，但准确的说法应该是前者较后者更负。

用能斯特方程定量描述的跨膜电位是指某种离子的跨膜扩散电位，而活细胞的细胞质内则含有各种不同的离子。显然，仅依某种离子的胞内外活度（或浓度）数值用能斯特方程计算出的活细胞跨膜电位数值与实际的跨膜电位数值会有所不同。如果在计算膜电位时考虑多种不同离子对跨膜电位的贡献，则应该用 Goldman-Hodgkin-Katz（GHK）方程进行计算（有关内容请参考相关书籍和文献）。

图 4-4 表示活细胞膜电位的基本测定方法。利用输入阻抗较高（如大于 $1\times10^{10}\Omega$）的电压计或放大器可以很方便地实际测量活细胞的膜电位。

钾离子是高等植物细胞内含量最高的阳离子，并且细胞膜对钾离子具有最高的通透性。因此，对于许多类型的高等植物活细胞，实际测量得到的跨膜电位与利用被测细胞内外钾离子浓度根据能斯特方程计算得到的膜电位的数值十分接近。表 4-1 列出了豌豆根细胞内外各种离子浓度的预期值和实际观测值，根据实际观测的细胞内外钾离子浓度和能斯特方程计算出的跨膜电位大约为 −108mV（假定温度为 25℃），而实际测量得到的跨膜电位为 −110mV。因此，对于许多植物细胞，可以根据细胞内外钾离子浓度的数值估算跨膜电位。

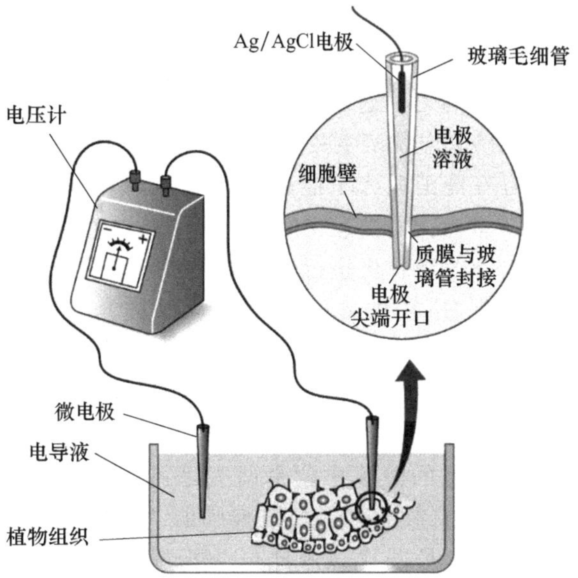

图 4-4　植物细胞膜电位测定示意图（Taiz et al., 2015）

用于膜电位测定的两个微电极之一插入胞内，另一个置于浸泡植物组织的溶液（电导液）中。如果插入胞内的微电极的尖端位于细胞质，测得的电位反映胞质与质膜外环境间的电位差。如果微电极插入液泡内，则观测到的电位为液泡内环境与胞外环境之间的电位差

表 4-1　豌豆根细胞内各种离子浓度的预期值和实际观测值的比较（Taiz et al., 2015）

离子种类	胞外浓度/(mmol/L)	胞内浓度/(mmol/L)	
		预期值	实际观测值
K^+	1	74	75
Na^+	1	74	8
Mg^{2+}	0.25	1 340	3
Ca^{2+}	1	5 360	2
NO_3^-	2	0.027 2	28
Cl^-	1	0.013 6	7
$H_2PO_4^-$	1	0.013 6	21
SO_4^{2-}	0.25	0.000 05	19

注：测量的膜电位为 −110mV

跨膜电位形成的本质是电荷在膜两侧的不均匀分布，而且膜对这些不均匀分布的电荷载体（离子）有一定的通透性。处于膜两侧的不均匀分布的任何一种离子都有自电化学势较高的一侧向电化学势较低的一侧进行扩散运动的趋势，因此活细胞的膜电位有时也被称为扩散电位（diffusion potential）。对于活细胞来说，由于膜对不同离子

的选择透性不同，因此在达到扩散平衡时就可能会出现如图 4-3 所示的情况，即一些离子在膜两侧的分布不均匀，这是膜电位形成的原因之一。而使细胞跨膜电位产生并得以维持的另一原因在于，膜上存在能消耗 ATP 能量而运送带电离子的所谓离子泵蛋白，而被运送的带电离子是逆着该种离子的电化学势梯度进行的。植物细胞中最典型的离子泵是 H^+-ATPase（见本章第二节内容），此类 H^+-ATPase 的作用是将 H^+ 从膜的一侧运向另一侧，结果使膜两侧的电荷分布不均，因此也被称为致电泵（electrogenic pump）。

活细胞的跨膜电位是研究细胞生理活动的重要指标或参数之一。细胞膜的“超极化”和“去极化”是两个以膜电位为指标描述细胞膜或细胞生理状态的重要概念。所谓“超极化”（hyperpolarization）是指跨膜电位处于较原来的参照状态（如静息状态）下的跨膜电位更负（膜电位的绝对值更高）的状态，如膜电位由 −80mV 变为 −120mV，就可表述为细胞膜发生了超极化。反之，“去极化”（depolarization）是指跨膜电位处于较原来的参照状态下的跨膜电位更正（膜电位的绝对值较低）的状态，如膜电位由 −120mV 变为 −80mV，就可表述为细胞膜发生了去极化。就一般情况而言，活细胞处于超极化状态时，细胞的整体生理活动较为活跃。例如，叶肉细胞在黑暗条件下不进行光合作用时，细胞的跨膜电位大多在 −100～−60mV；但处于光照条件下后，细胞的光合代谢活动开始进行，细胞的跨膜电位迅速发生超极化而达到 −160mV 左右，有些植物叶肉细胞的跨膜电位在光照条件下甚至可达 −200mV 左右。处于旺盛生长发育状态的细胞膜电位较已经成熟或完成分化的细胞膜电位更负一些，如根尖、茎尖分生组织细胞的膜电位多处于相对于静息状态的超极化状态。

第二节　细胞膜结构中的跨膜运输蛋白

镶嵌在生物膜中的大量功能蛋白中执行离子或分子跨膜运输过程的功能蛋白统称为跨膜运输蛋白（transporter）。对拟南芥全基因组序列的分析表明，根据目前能够初步判断的可能编码跨膜运输蛋白的基因有近 800 种（表 4-2），估计随着人们对更多基因功能的了解，这一数字还会增加。根据跨膜运输蛋白的结构及其运送离子或分子的方式，一般将跨膜运输蛋白分为离子通道（ion channel）、载体蛋白（carrier protein）、离子泵（ion pump）三类。

表 4-2　拟南芥中各种跨膜运输蛋白分类一览表

中文名称	英文名称	基因家族数量	基因数量
ABC 转运体	ABC transporter	8	94
反向转运体	antiporter	13	70
水孔蛋白	aquaporin	2	35
无机溶质共转运体	inorganic solute cotransporter	16	84
离子通道	ion channel	7	61
有机溶质共转运体	organic solute cotransporter	35	279
泵（ATP 酶）	primary pump（ATPase）	12	83
氨基酸 / 生长素通透酶	amino acid/auxin permease（AAAP）	1	43
主要内在蛋白	major intrinsic protein（MIP）	1	38

一、离子通道

离子通道是由多肽链中的若干疏水性区段在膜的脂质双层结构中形成的跨膜孔道结构。离子通道对所通过的离子是有一定选择性的，即所谓离子通道是选择性通道。不同的离子通道对不同离子的选择性或选择能力有所不同，有的离子通道对所通过离子种类的选择性极强，只允许单一种类的离子通过；而有的离子通道对所通过离子种类的选择性较弱，可能允许一种以上带同种电荷的离子通过。当离子通道处于开放状态时，相应的离子顺着跨膜电化学势梯度进行跨膜运动。根据离子通道对离子的选择性、运送离子的方向、通道开放与关闭的调控机制等可将离子通道分为多种类型。例如，可选择性地运输钾离子的通道称为钾离子通道；如果该通道只是将钾离子自胞外向胞内运输，则将其称为内向钾离子通道。如果某种离子通道的开放或关闭是受跨膜电位所调控的，则称该种通道为电压门控通道，如电压依赖的钾离子通道。如果离子通道的开放或关闭是受配体（信号小分子）所调控的，则称该种通道为配体门控通道，如受环核苷酸调控的阳离子通道。在植物细胞膜上还存在一些受机械伸张激活的离子通道，此类通道对离子的选择性较弱，可允许不同种类离子较迅速地通过，如参与快速运动过程的一些细胞（如含羞草等的叶枕细胞）多有此类通道。

在植物细胞中研究较多的是各种钾离子通道，其次是氯离子等阴离子通道，而对钙离子通道的研究较少，特别是在分子生物学水平对钙离子通道的研究进展较慢。图 4-5 为植物细胞内主要阳离子通道的结构模型示意图。植物中的钾离子通道主要分为 3 类，分别是 Shaker 钾离子通道、TPK 钾离子通道（two-pore domain K^+ channel）和 KCO3（K^+ channel outward-rectifier 3）钾离子通道。这些通道对钾离子具有较高的选择性。环核苷酸门控通道（cyclic nucleotide-gated channel）对阳离子的选择性不高，是一类弱选择性的阳离子通道。谷氨酸受体通道（glutamate receptor）和 TPC1 通道（two-pore channel 1）可作为植物中的钙离子通道起作用，但它们也可以允许某些一价或二价阳离子通过。

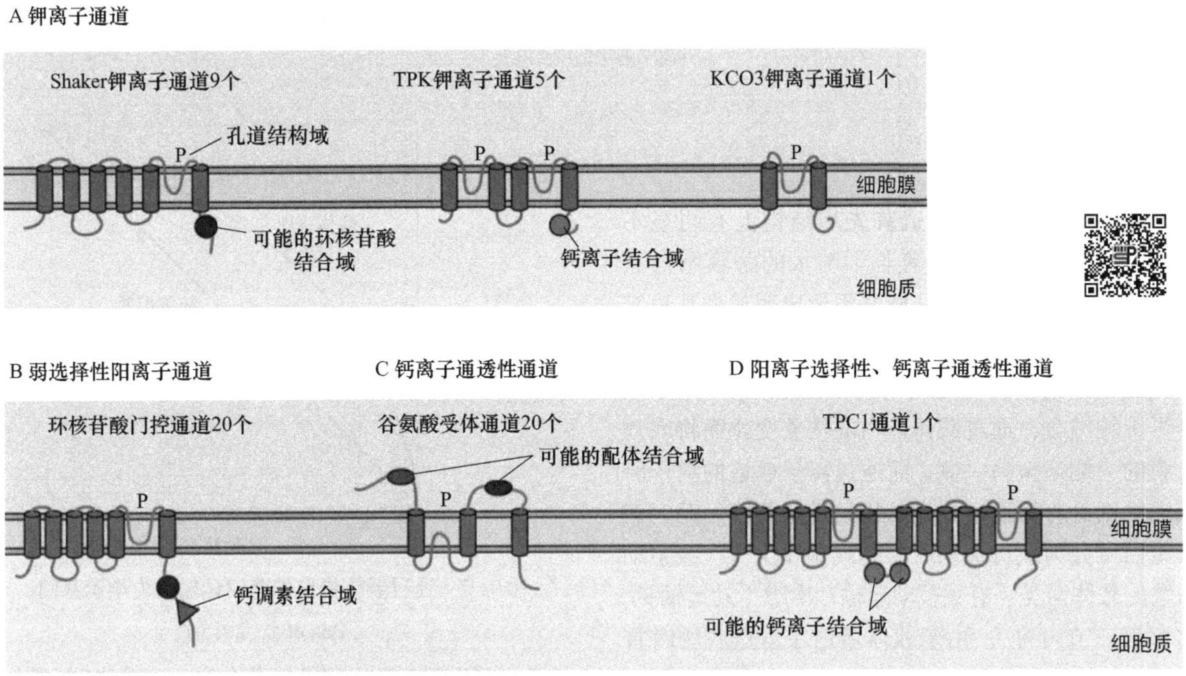

图 4-5　植物细胞阳离子通道结构模型示意图（Taiz et al., 2015）

图中所示 4 类离子通道均选取拟南芥中的离子通道作为代表

目前，植物中研究最深入的是 Shaker 钾离子通道。Shaker 家族中既包含内向的钾离子通道，也包含外向的钾离子通道。这些 Shaker 钾离子通道在植物多种生理过程中发挥着重要作用，如参与钾离子的吸收、转运；调节气孔运动；调控花粉管生长；参与同化产物运输等。图 4-6 为植物 Shaker 钾离子通道结构模型示意图。一个完整的 Shaker 钾离子通道由 4 个蛋白亚基围绕在一起组成，通道中央是一个可供钾离子通过的疏水孔道结构。每个蛋白亚基自身具有 6 个跨膜区（S1～S6）。其中 S5 和 S6 区段是孔道区域的主要结构。S5 和 S6 之间的环状结构（P-loop）是构成中央孔道的基础，它高度保守的序列特征使 Shaker 钾离子通道具有较高的钾离子选择性。S4 疏水区段含有带正电荷的氨基酸（赖氨酸和精氨酸），构成了通道的电压感受器（voltage sensor），当跨膜电压适宜于通道开放时，S4 响应跨膜电位使通道蛋白发生构象变化从而使通道开放。C 端胞内区包含多个功能结构域，是调控通道活性的重要部位。

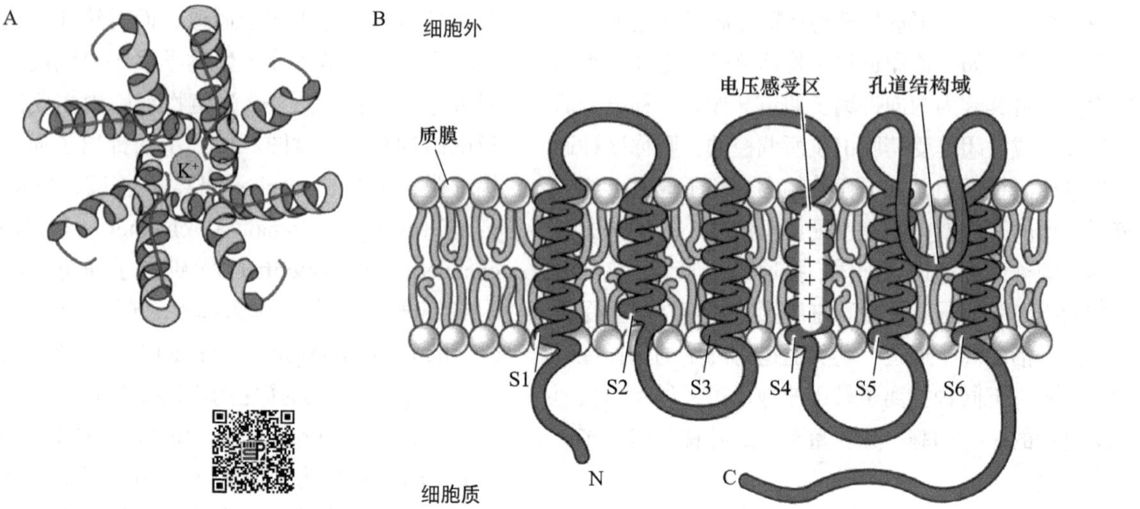

图 4-6　植物 Shaker 钾离子通道结构模型示意图（Taiz et al., 2015）

A. Shaker 钾离子通道结构模型示意图，一个完整的 Shaker 钾离子通道由 4 个蛋白亚基围绕在一起组成；B. Shaker 钾离子通道蛋白亚基结构示意图，一个蛋白亚基包含 6 个跨膜区 (S1～S6)，S4 区段含有通道的电压感受器，S5 和 S6 之间的环状孔道结构域组成 Shaker 钾离子通道的中央孔道

二、载体蛋白

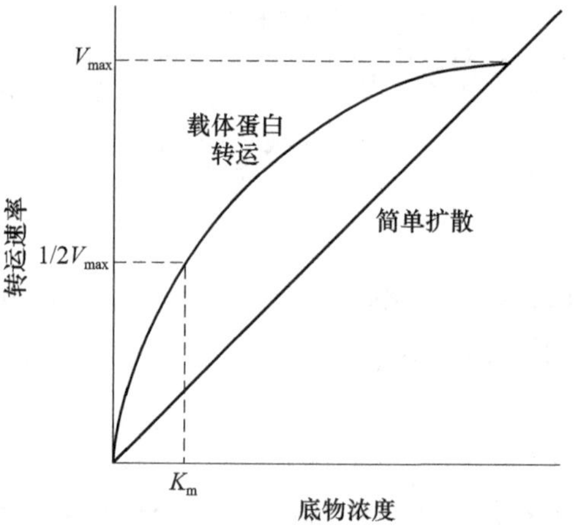

图 4-7　通过载体蛋白的跨膜运输动力学示意图（Taiz et al., 2015）

当被运送的底物的浓度较高时，载体蛋白运送底物的速率表现出饱和效应，即转运速率达到最高 (V_{max})；当转运速率达到最高速率的一半时 ($1/2\ V_{max}$)，相对应的底物浓度为米氏常数 (K_m)

载体蛋白与离子通道首先在结构上有明显不同，虽然两类膜蛋白都有若干疏水的跨膜结构区域，但载体蛋白的跨膜区域并不形成明显的孔道结构。载体蛋白与离子通道在跨膜运送离子或分子的方式上也不同，前者是先与被运送的底物（离子或分子）相结合，通过载体蛋白的构象变化而将底物自膜的一侧运至另一侧；而通过离子通道的离子跨膜运输则是直接通过孔道结构而进行跨膜运动。载体蛋白可分为执行被动运输的载体和执行次级主动运输的载体两类（有关被动运输和次级主动运输见本章第三节内容）。由于载体蛋白在运送底物时首先要与被运送的底物结合，因此其运行方式类似于酶促反应过程，其动力学符合用于描述酶促反应的米氏方程。如图 4-7 所示，当被运送的底物浓度较高时，载体蛋白运送底物的速率表现出饱和效应。载体蛋白运送底物进行跨膜运输的过程可由图 4-8 说明，被运送的底物（图中用“S”表示）先自膜的一侧与相应的载体结合，载体蛋白通过其构象变化将与其结合的底物在膜的另一侧释放。

植物所必需的多种矿质营养元素都是以离子的形式经植物细胞膜上的载体蛋白运送进入细胞的，如 NH_4^+、NO_3^-、$H_2PO_4^-$、SO_4^{2-} 等。部分 K^+、Cl^- 等离子除了经离子通道运输外，也可经载体蛋白进行跨膜运输（主要离子的跨膜运输系统见本章第四节内容）。除了无机离子外，一些呈离子状态的有机代谢物的跨膜运输也是经载体蛋白执行的，如一些氨基酸、有机酸等。此外，一些小分子如蔗糖、己糖、多肽等，也是通过载体蛋白进行跨膜运输的。

根据对模式植物基因组的分析表明，膜上的各种载体蛋白（包括运送有机小分子物质的载体）是一类超基因家族，其成员众多可进一步分为多个基因家族（表 4-2）。据目前的研究结果，载体多由单个亚基构成，大部分含有 10～12 个跨膜区域、分子质量为 40～50kDa。

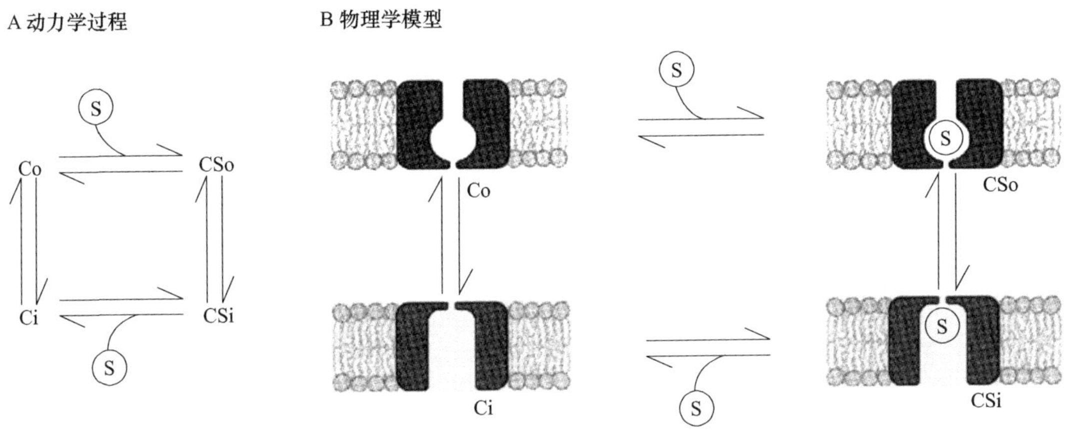

图 4-8 底物通过载体自膜的一侧被运送到膜的另一侧的过程示意图（Buchanan et al., 2000）

图中 S 代表运输底物，Co 和 Ci 分别表示载体蛋白向外开放和向内开放的构象，CSo 和 CSi 分别表示载体蛋白结合底物后向外开放和向内开放的构象

三、离子泵

严格地讲，离子泵也是载体蛋白的一种，只是其运送底物直接与能量来源偶联，如 ATP 水解或叶绿体和线粒体电子传递链中的某些氧化还原反应，而且被运送离子是逆着其电化学势梯度进行的。根据离子泵活动对膜电位的影响又可将其分为致电离子泵（electrogenic pump）和中性离子泵（electroneutral pump），前者可以导致有净电荷的跨膜运动，而后者则不改变膜两侧的电荷分布状况。

迄今为止，在植物细胞上所确认的离子泵包括 H^+-ATPase（也称为质子泵）、Ca^{2+}-ATPase（也称为钙离子泵）及 H^+-焦磷酸酶（依赖水解焦磷酸获取能量来跨膜运送质子）。需要特别指出的是，以往一些教材或参考书中提到的植物细胞的 K^+ 泵、Na^+ 泵或 K^+/Na^+ 泵可能是参考了动物细胞的情况，至少到目前为止在植物细胞中还无确切的实验证据表明这些离子泵的存在。

植物细胞膜上的 H^+-ATPase 有三类，第一类是位于质膜上的 P 型 H^+-ATPase，第二类是主要存在于液泡膜上的 V 型 H^+-ATPase，第三类是存在于线粒体内膜和叶绿体类囊体膜上的 F 型 H^+-ATPase（参见有关光合作用和呼吸作用的章节）。在高等植物细胞中，质膜上的 H^+-ATPase（P 型 H^+-ATPase）是最普遍且最重要的致电泵。图 4-9 给出了植物细胞质膜 H^+-ATPase 的结构模型。P 型 H^+-ATPase 将 H^+ 自细胞质泵至胞外，使质膜两侧的 H^+ 维持 1～2 个数量级的浓度差（即 1～2 个 pH 单位）。图 4-10 展示了植物细胞质膜 H^+-ATPase 跨膜运送质子的大致过程。V 型 H^+-ATPase 将 H^+ 自细胞质泵至液泡内等内膜系统，使液泡膜两侧的 H^+ 维持 2 个数量级左右的浓度差（即 2 个左右 pH 单位）。因此，一般植物活细胞细胞质的 pH 在 7 左右，胞外质外体环境的 pH 为 5～6，而液泡内的 pH 则在 5 左右或更低（图 4-11）。

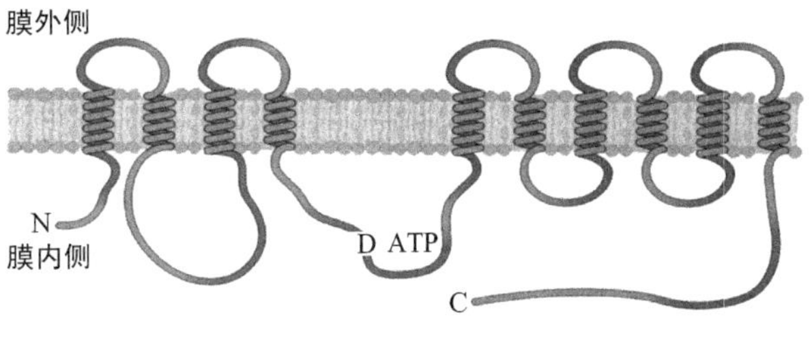

图 4-9 植物细胞质膜 H^+-ATPase 结构示意图（Buchanan et al., 2000）

植物细胞质膜 H^+-ATPase 含有 10 个跨膜结构域。在第 4 与第 5 跨膜域之间存在一个较长的胞内结构域，其上有一个保守的天冬氨酸残基 (D) 可以被磷酸化，从而调节酶的活性。C 端胞内区含有自抑制结构域。翻译后修饰可以导致自抑制结构域的移位，从而激活 H^+-ATPase 的活性

在植物细胞中，位于质膜和液泡膜上的 H^+-ATPase 依赖消耗 ATP 能量建立跨膜质子电化学势梯度，而此跨膜质子电化学势梯度是推动各种离子和小分子代谢产物进行跨膜运输的动力。换言之，如果这些 H^+-ATPase 停止工作，则其他大部分离子跨膜运输过程都将会受阻。因此，有人将植物细胞膜上的 H^+-ATPase 称为“主宰酶”。图 4-11 所示为 H^+-ATPase 与植

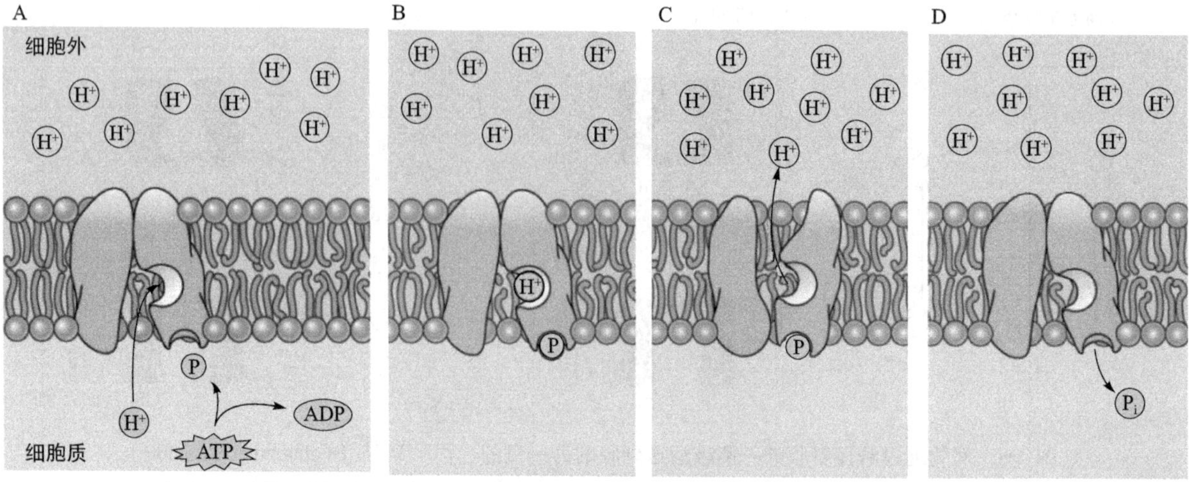

图 4-10 植物细胞质膜 H^+-ATPase 跨膜运输质子的过程示意图（Taiz et al., 2015）

A. 细胞内的质子与 H^+-ATPase 结合；B. H^+-ATPase 的胞内区被磷酸化；C. 磷酸化导致 H^+-ATPase 构象的改变，从而使质子在细胞外释放；D. 胞内区去磷酸化导致 H^+-ATPase 回到起始构象，然后开始新一轮的质子转运过程

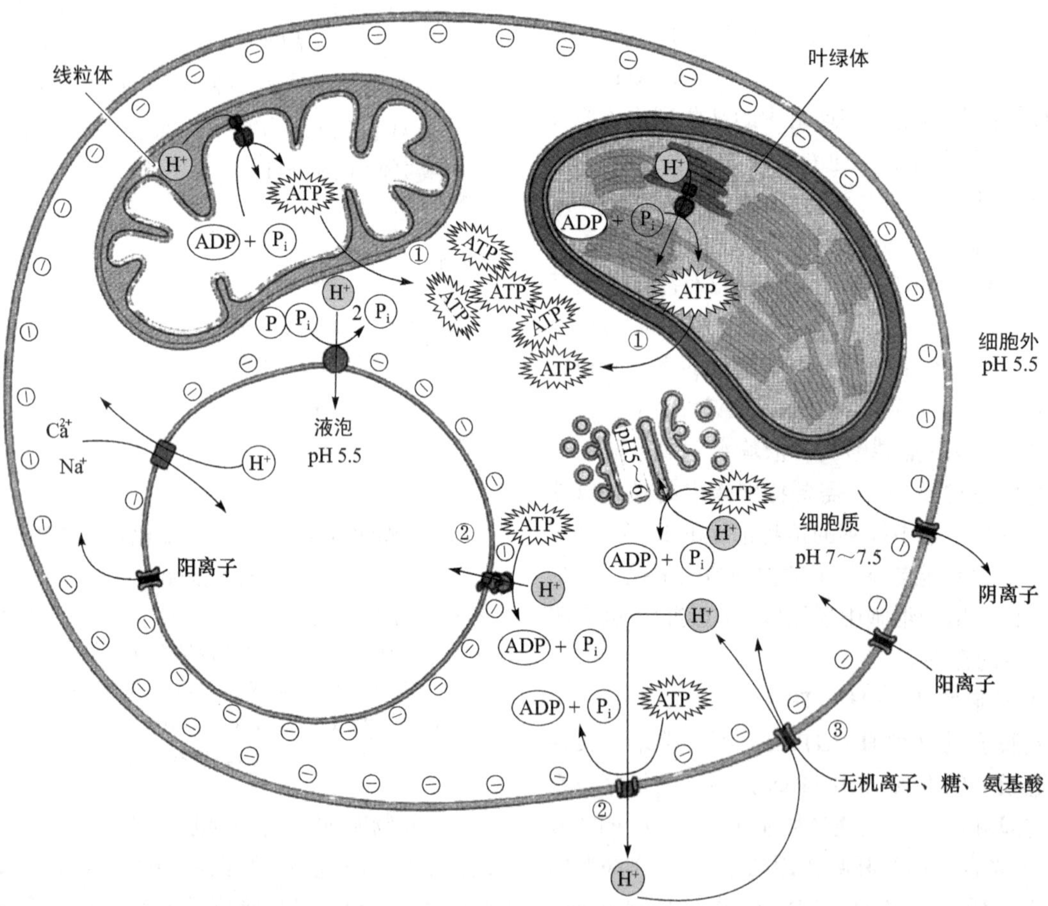

图 4-11 植物细胞内 ATP 的合成、H^+-ATPase 消耗 ATP 建立跨膜质子电化学势示意图（Buchanan et al., 2000）

①在叶绿体与线粒体中，储存在跨膜质子梯度中的能量推动 ATP 的合成；②位于质膜和液泡膜上的质子泵依赖消耗 ATP 能量建立跨膜质子电化学势梯度；③由质子泵消耗 ATP 建立的跨膜质子电化学势梯度是推动各种离子和小分子代谢产物进行跨膜运输的动力

物细胞内 ATP 合成、其他物质的跨膜运输的关系。

在植物细胞中，细胞质中的自由钙离子浓度极低，一般维持在 20～200nmol/L。而在植物细胞外，以及细胞内液泡、内质网等空间中的自由钙离子浓度可以达到 mmol/L 的水平，因此，这些区域也被称为钙库。植物细胞膜上的 Ca^{2+}-ATPase（钙离子泵）可以利用水解 ATP 释放的能量驱动钙离子从细胞质向钙库中运输，以维持细胞质内较低的自由钙离子浓度（有关钙离子泵的内容请参见本章第四节）。

第三节 植物细胞的跨膜运输机制

根据离子或分子跨膜运输是否与能量的消耗相偶联，以及发生跨膜运输的离子或分子的运动方向与该种离子或分子的电化学势梯度方向的关系，可将跨膜运输大致分为两大类，即被动运输（passive transport）和主动运输（active transport）。表 4-3 所示为植物细胞中物质跨膜运输的主要类型。

表 4-3 植物细胞中物质跨膜运输的主要类型

运输类型		运输蛋白	运输方向	能量来源	转运底物	举例
被动运输	简单扩散		顺电化学势梯度	跨膜电化学势梯度	非极性分子	O_2、CO_2 等
		离子通道	顺电化学势梯度	跨膜电化学势梯度	离子	K^+ 通道、Ca^{2+} 通道等
	协助扩散	载体蛋白	顺电化学势梯度	跨膜电化学势梯度	离子或分子	蔗糖转运体等
主动运输	初级主动运输	离子泵 /H^+	逆电化学势梯度	水解 ATP	质子	H^+-ATPase
		离子泵 /H^+-焦磷酸酶	逆电化学势梯度	水解焦磷酸	质子	H^+-焦磷酸酶
		离子泵 /Ca^{2+}-ATPase	逆电化学势梯度	水解 ATP	钙离子	Ca^{2+}-ATPase
		离子泵 /ABC 转运体	逆电化学势梯度	水解 ATP	离子、有机分子等	ABC 转运体
	次级主动运输	同向转运体	逆电化学势梯度	跨膜质子电化学势梯度	离子或分子	NO_3^-/H^+、K^+/H^+、P_i/H^+ 同向转运体等
		反向转运体	逆电化学势梯度	跨膜质子电化学势梯度	离子或分子	K^+/H^+、Ca^{2+}/H^+ 反向转运体等

一、被动运输

在离子或分子的被动运输过程中，并不直接消耗水解 ATP 的能量，而且离子或分子运动的方向是顺着跨膜电化学势梯度进行的。植物细胞膜上的被动运输主要有三类（图 4-12）。第一类属于简单扩散（simple diffusion），即某些物质顺着跨膜电化学势梯度直接从膜的一侧扩散至另一侧，此过程不需要借助跨膜运输蛋白。一些非极性小分子，如 O_2、CO_2 等可以通过简单扩散通过细胞膜。第二类是离子借助离子通道的跨膜运输。当某种离子的通道处于开放状态，且跨膜存在能使该种离子发生运动的驱动力（电化学势梯度）时，离子就顺着跨膜电化学势梯度方向通过其通道发生运动。这种离子跨膜运输方式有时被认为是一种类似于简单扩散的离子运动方式。但实际上离子通道对所通过的离子是有一定选择性的，因而要与简单扩散区分开。第三类是离子或分子借助载体蛋白，顺着跨膜电化学势梯度进行运输，而并不直接消耗能量。

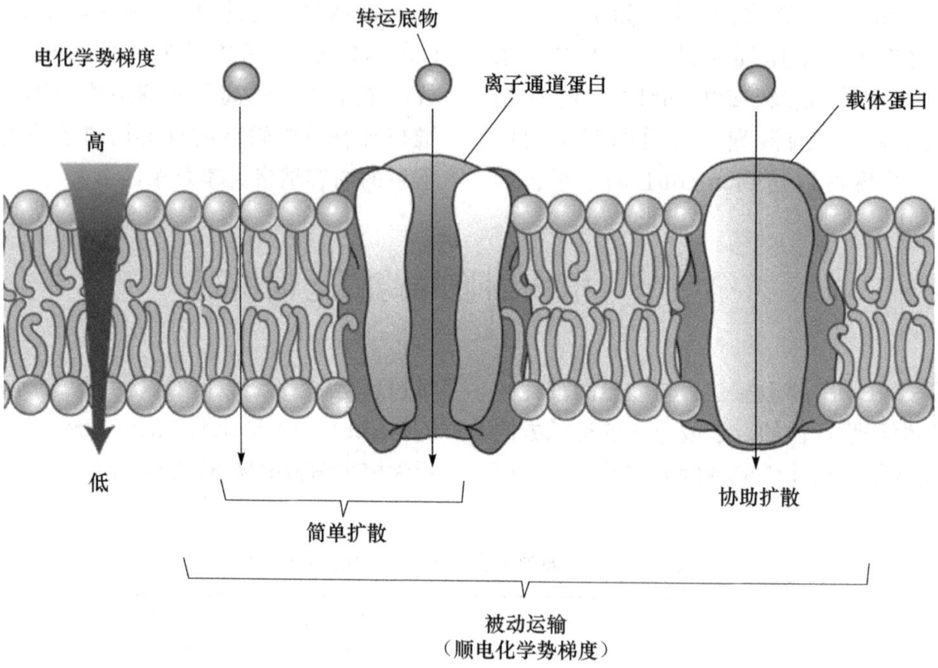

图 4-12 被动运输过程示意图（Taiz et al., 2015）

上面提到的后两种情况，离子或分子的被动跨膜运输是通过跨膜运输蛋白进行的，此类运输机制也被称为协助扩散（facilitated diffusion），意为离子或分子通过膜的被动扩散是在跨膜运输蛋白的协助下完成的。相对于通过离子通道的跨膜被动运输过程，通过载体蛋白的被动运输速度要慢得多。

二、主动运输

在主动运输过程中，离子或分子的跨膜运输与消耗水解 ATP 的能量相偶联，而且被运送离子或分子运动的方向是逆着该种离子或分子的跨膜电化学势梯度进行的。离子通过离子泵的跨膜运输就是主动运输过程，如质膜上或液泡膜上的 H^+-ATPase 运送质子进行跨膜运输的过程就是典型的主动运输过程。植物细胞膜上由 H^+-ATPase 所执行的主动运输过程又被称为初级主动运输（primary active transport），而由 H^+-ATPase 活动所建立的跨膜质子电化学势梯度所驱动的其他离子或分子的跨膜运输过程被称为次级主动运输（secondary active transport）。图 4-13 为主动运输过程的示意图。

图 4-11 中的②与③间的关系表示了初级主动运输与次级主动运输间的关系，前者直接依赖水解 ATP 而获取所需能量，后者则依赖由前者所建立的跨膜质子电化学势梯度将某种离子或分子逆着电化学势梯度进行运输。

次级主动运输实际上是一种共运输（co-transport）过程，也被称为协同运输，是指底物（离子或分子）与质子被同时运输过膜的机制，两者缺一则此过程不会发生。如图 4-13 所示，根据底物与质子被跨膜运输的方向，共运输被分为同向共运输（symport）和反向共运输（antiport）。执行同向共运输的载体蛋白被称为同向转运体（symporter），而执行反向共运输的载体蛋白被称为反向转运体（antiporter）。在同向共运输过程中，底物与质子跨膜运输的方向相同；而在反向共运输过程中，底物与质子跨膜运输的方向相反。无论是同向共运输还是反向共运输，底物的运输总是逆着其跨膜电化学势梯度进行的，其运输所需的能量来源于跨膜的质子电化学势梯度。图 4-14 为通过载体蛋白的同向共运输过程示意图。

共运输是植物细胞中最常见的跨膜运输方式之一，许多离子或分子，如 K^+、NO_3^-、$H_2PO_4^-$、蔗糖、氨基酸等的跨膜运输都依赖于共运输途径。图 4-15 为植物细胞离子或分子跨膜运输系统的综合示意图。

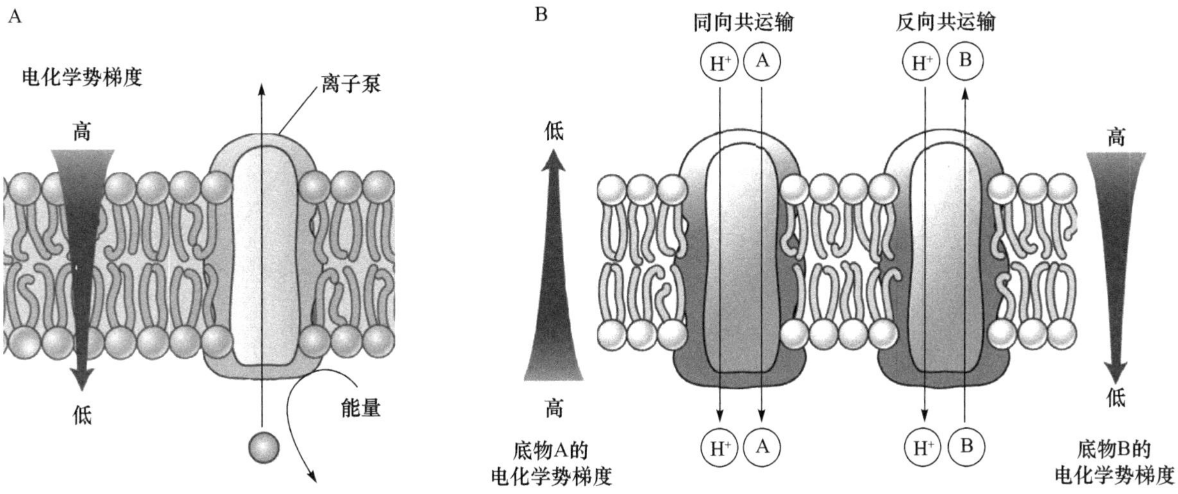

图 4-13　主动运输过程示意图（Taiz et al. 2015）

A. 初级主动运输；B. 次级主动运输

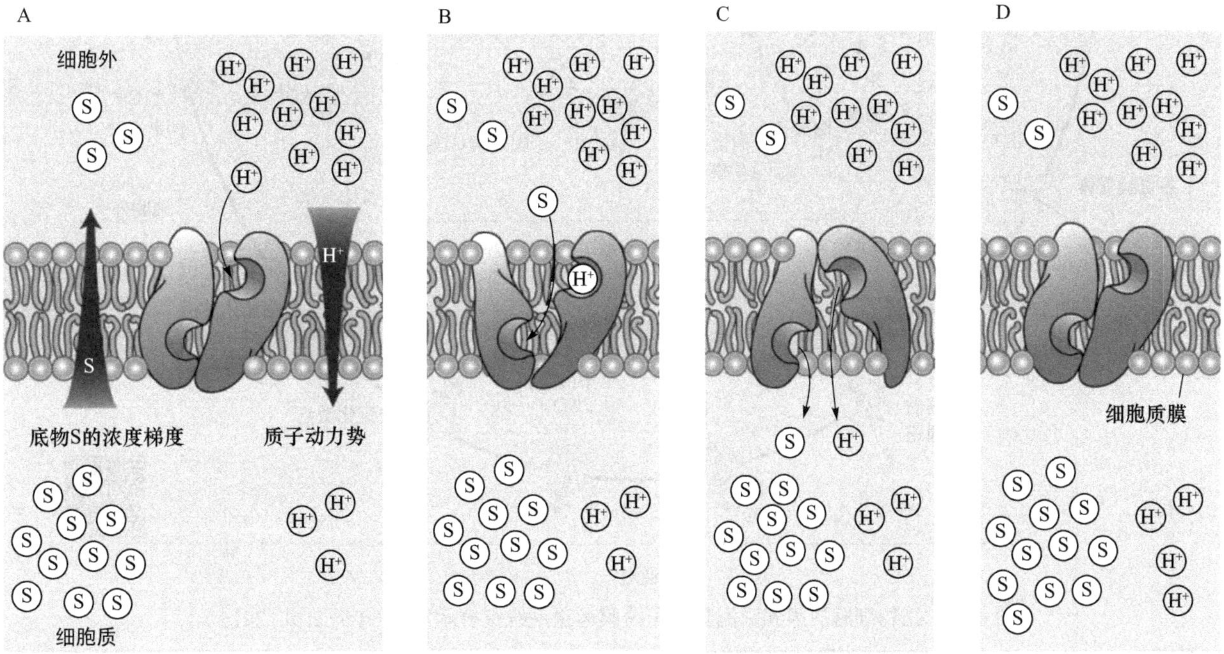

图 4-14　通过载体蛋白的同向共运输过程示意图（Taiz et al., 2015）

A. 细胞外的质子与载体蛋白结合；B. 质子与载体蛋白结合后导致载体蛋白构象发生改变，从而使载体蛋白可以结合底物 S；C. 底物 S 与载体蛋白结合后导致载体蛋白再次发生构象改变，从而使质子与底物 S 暴露于细胞内；D. 质子与底物 S 在细胞内释放，载体蛋白回到起始构象，然后开始新一轮的转运过程

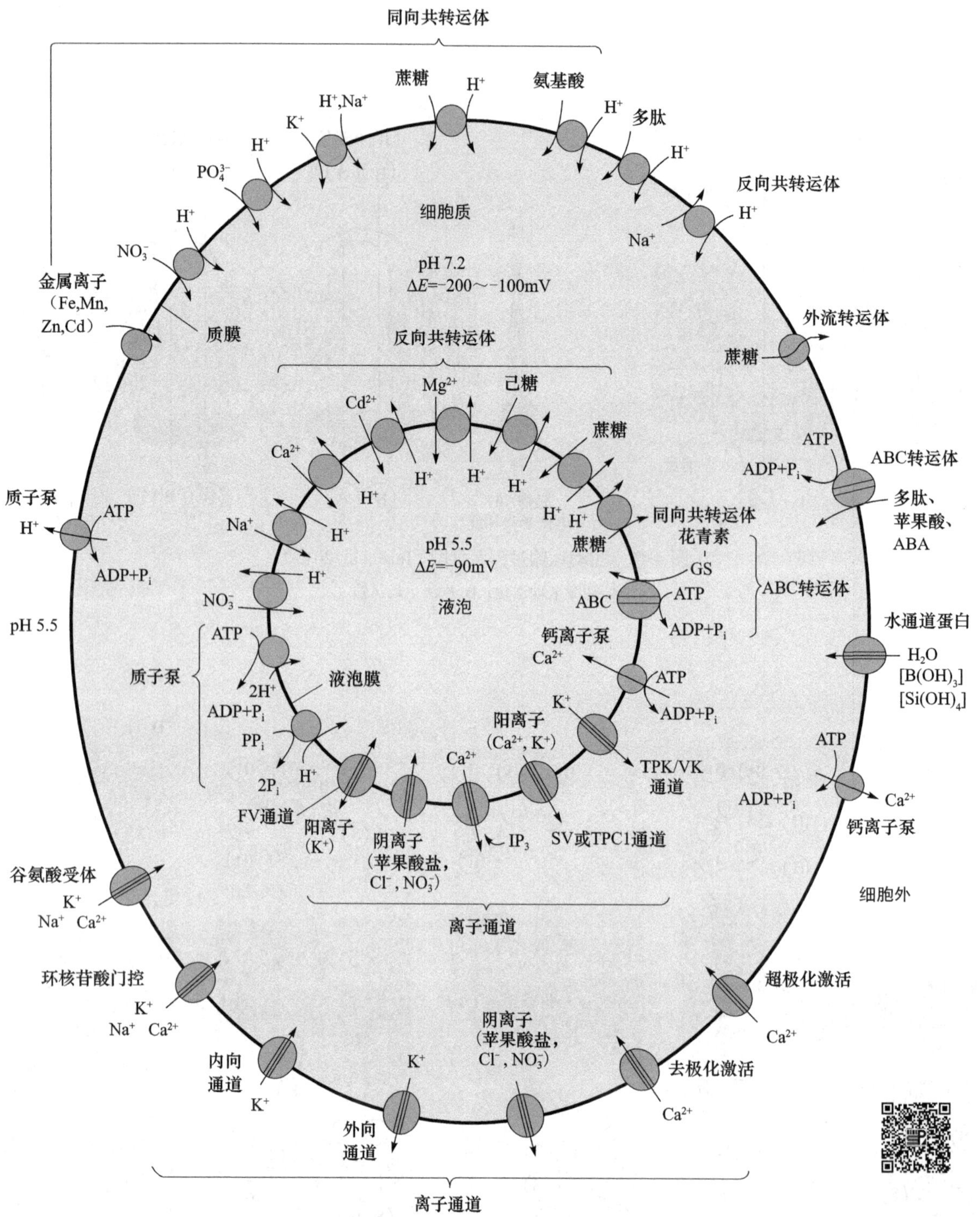

图 4-15　植物细胞质膜和液泡膜离子跨膜运输系统综合示意图（Taiz et al., 2015）

FV(fast vacuolar channel) 通道：液泡快速通道；SV(slow vacuolar channel) 通道：液泡慢速通道；VK(vacuolar K⁺ channel) 通道：液泡钾通道

第四节　植物细胞氮、磷、钾、钙的跨膜运输系统

由表 4-3 和图 4-15 可知，植物细胞中溶质跨膜运输的机制非常繁杂。目前，在植物中已经发现多种类型的跨膜运输蛋白，它们分属于不同的基因家族，负责转运不同的离子或分子。本节扼要介绍氮（NO_3^-）、磷（$H_2PO_4^-$）、钾（K^+）、钙（Ca^{2+}）的跨膜运输系统和机制研究进展。

一、氮的跨膜运输系统

植物可吸收利用的氮素有多种，从简单的NH_4^+和NO_3^-到一些氨基酸和多肽等含氮化合物都可被植物细胞吸收利用。但NO_3^-态氮是植物从土壤或其他介质中吸收利用的主要氮源形态，因此这里仅简要介绍植物细胞吸收转运NO_3^-态氮的跨膜转运系统。

植物根系吸收NO_3^-的过程依赖于多种NO_3^-转运蛋白，利用跨膜质子电化学势梯度将NO_3^-与质子同向共转运，属于主动运输过程。根据动力学特征不同，NO_3^-转运体可分为低亲和性转运系统（low-affinity transport system，LATS）和高亲和性转运系统（high-affinity transport system，HATS），分别在外界NO_3^-浓度较高（毫摩尔级）或较低（微摩尔级）的条件下行使功能。高亲和性转运系统又包括组成型（constitutive HATS，cHATS）和诱导型（inducible HATS，iHATS）两类NO_3^-转运体。组成型NO_3^-转运体基因的表达不受外界NO_3^-浓度的影响，而诱导型NO_3^-转运体的基因能够被外界NO_3^-诱导表达。

目前已知的植物细胞NO_3^-跨膜转运系统主要包括NRT1/PTF（NPF，nitrate transporter 1/peptide transporter family）和NRT2两个NO_3^-转运体家族的成员。表4-4列出了部分已明确生理功能的拟南芥NO_3^-跨膜转运体。

表4-4 已明确生理功能的拟南芥NO_3^-跨膜转运体

基因名称	基因编号	功能	NO_3^-反应
NPF6.3/NRT1.1/CHL1	AT1G12110	双亲和性NO_3^-转运，NO_3^-感受器	受NO_3^-诱导，受NO_3^-饥饿抑制
NPF4.6/NRT1.2/AIT1	AT1G69850	低亲和性NO_3^-转运	不受NO_3^-诱导
NPF6.4/NRT1.3	AT3G21670	未知	受NO_3^-诱导（冠中）
NPF6.2/NRT1.4	AT2G26690	叶中NO_3^-动态平衡	不受NO_3^-诱导
NPF7.3/NRT1.5	AT1G32450	根中NO_3^-木质部装载	受NO_3^-诱导
NPF2.12/NRT1.6	AT1G27080	向发育中的胚运输NO_3^-	受NO_3^-饥饿诱导
NPF2.13/NRT1.7	AT1G69870	老叶向幼叶NO_3^-再转运	受NO_3^-饥饿诱导
NPF7.2/NRT1.8	AT4G21680	木质部NO_3^-卸载，镉抗性	受NO_3^-诱导
NPF2.9/NRT1.9	AT1G18880	根中韧皮部NO_3^-装载	不受NO_3^-诱导
NPF1.2/NRT1.11	AT1G52190	老叶向幼叶NO_3^-再转运	不受NO_3^-诱导
NRT1.12	AT3G16180	老叶向幼叶NO_3^-再转运	不受NO_3^-诱导
NPF2.7/NAXT1	AT3G45650	根中NO_3^-外流	未知
NRT2.1/ACH1	AT1G08090	高亲和性NO_3^-转运	受NO_3^-诱导
NRT2.2/ACH2	AT1G08100	高亲和性NO_3^-转运	受NO_3^-诱导
NRT2.4	AT5G60770	高亲和性NO_3^-转运	受NO_3^-抑制，受NO_3^-饥饿诱导
NRT2.5	AT1G12940	高亲和性NO_3^-转运	受NO_3^-饥饿诱导
NRT2.6	AT3G45060	ROS生成	受高浓度NO_3^-诱导
NRT2.7	AT5G14570	成熟胚中NO_3^-储存	不受NO_3^-诱导

拟南芥NRT1/PTR家族包括53个成员，这些成员被认为是NO_3^-/H^+同向转运体。该家族成员大都属于低亲和性NO_3^-转运体（K_m>1mmol/L），但NRT1.1/CHL1对NO_3^-的转运具有双亲和性（低亲和性和高亲和性）。这个家族的成员除了主要转运NO_3^-之外，部分成员还能够转运氨基酸、多肽和植物激素等底物，它们在植物体内具有多样的转运功能。

NRT2属于NNP（nitrate-nitrite porter）家族。该家族成员的蛋白结构与NRT1家族类似，通常具有

12个跨膜区，每6个跨膜域构成一个亚单位，第6、第7个跨膜域之间由亲水环相连，蛋白C端、N端长度不尽相同但都位于胞质一侧。拟南芥NRT2家族共有7个成员，它们均为高亲和性NO_3^-转运体，并特异地以NO_3^-为底物。

已有的研究结果表明，介质中存在的NO_3^-对植物吸收NO_3^-有强烈的诱导作用。在介质中加入NO_3^-诱导后，植株对NO_3^-的吸收速率在几小时后达到最大，然后随着植株体内NO_3^-的积累，吸收速率达到最高后会明显降低。对大麦、大豆、拟南芥进行氮饥饿处理后再供给NO_3^-时，即使供给的NO_3^-浓度非常低（10～50μmol/L），也可观察到部分*NRT2*基因的转录迅速增强。例如，在拟南芥中，*AtNRT2.1*和*AtNRT2.2*在转录水平的表达都受NO_3^-诱导，它们均属于诱导型NO_3^-转运体。

在许多植物中还发现NO_3^-的吸收速率存在昼夜节律性变化，在白天吸收速率达到最高而在晚上（黑暗）吸收速率降到最低。在拟南芥中观测到*AtNRT2.1*基因的转录存在昼夜节律性变化，而在培养液中加入蔗糖时导致*AtNRT2.1*基因的转录被推迟。这些结果说明，植物吸收NO_3^-的过程可能同时受光合作用及碳代谢过程的调控。

二、磷的跨膜运输系统

土壤溶液或其他植物生存环境中非结合态的无机磷可以$H_2PO_4^-$、HPO_4^{2-}、PO_4^{3-}等形式存在，其中$H_2PO_4^-$（以下简写为P_i）是植物细胞吸收磷的主要形式。植物吸收磷是一个耗能过程，由质膜上的H^+-ATP酶产生的跨膜质子电化学势梯度是P_i进行跨膜转运的能量来源。P_i在质子电化学势梯度的推动下与质子进行跨膜共运输，一般每运送一个P_i需2～4个质子。

植物细胞对P_i的跨膜转运是通过膜上的磷转运体（phosphate transporter）进行的，磷转运体是一类P_i/H^+同向转运体。目前已克隆鉴定的植物细胞质膜上的磷转运体均为包含12个跨膜区域的膜蛋白，每6个跨膜区域构成1个亚单位。拟南芥基因组存在9个编码质膜磷转运体的基因，它们属于PHT1家族，表4-5列出了这些磷转运体的基本信息。其中磷转运体PHT1;1和PHT1;4负责植物根系从土壤中吸收磷；PHT1;5参与磷素在源库间的运输。在低磷胁迫条件下，*PHT1;1*和*PHT1;4*的表达明显上调，从而增加磷的吸收速率。植物还可以在蛋白质水平调控PHT1;1的质膜定位，以及经E3泛素蛋白酶体途径降解PHT1;1和PHT1;4，从而维持植物体内的磷稳态。

表4-5　拟南芥PHT1家族磷转运体

基因名称	基因编号	基因别名	是否被低磷诱导	表达部位	跨膜转运活性
PHT1;1	At5g43350	*PHT1*、*APT2*、*AtPT1*	是	根、子叶、幼叶	P_i高亲和转运体
PHT1;2	At5g43370	*PHT2*、*APT1*	是	根、子叶、幼叶	P_i高亲和转运体
PHT1;3	At5g43360	*PHT3*、*AtPT4*	是	根	P_i高亲和转运体
PHT1;4	At5g43360	*PHT4*、*AtPT2*	是	根、子叶、花	P_i高亲和转运体
PHT1;5	At5g43360	*PHT5*	是	根、子叶、老叶	P_i高亲和转运体
PHT1;6	At5g43340	*PHT6*	不确定	花	P_i高亲和转运体
PHT1;7	At3g54700		是	根、子叶、花	不确定
PHT1;8	At1g20860		是	根	不确定
PHT1;9	At1g76430		是	根	不确定

植物的不同组织和不同类型细胞中表达不同的磷转运体，这可能是由于不同组织和不同类型细胞执行的功能不同所致。例如，植物根组织表皮、根毛及部分皮层细胞可能以磷吸收为主，但靠近木质部的皮层细胞则兼有将吸收的磷迅速转运到木质部的功能，而经木质部汁液被长距离运输至植株地上部分的磷还须被再次吸收并转运，另外还有植株体内磷的再分配和再利用的转运过程等。利用模式植物拟南芥突变体开展的研究为人们认识植物吸收转运磷的机制提供了极大的帮助。例如，在拟南芥*pho1*突变体中，磷不能被运送至木质部，由此获得了在木质部存在特殊的磷转运体的证据。又如拟南芥突变体*pht5;1*的磷含量显著低于野生型拟南芥，由此发现PHT5;1是液泡膜上的磷转运体，负责将

磷从胞质转运进入液泡。

生长在自然环境中的植物经常遭受低磷甚至磷饥饿胁迫。研究表明，植物具有主动响应低磷胁迫的内在反应机制。在低磷胁迫条件下，植物对磷的吸收调节主要是通过增加表达磷转运体来实现的。磷转运体基因受到低磷胁迫的诱导而快速表达，使植株吸收磷的速率增加，从一定程度上缓解了低磷条件对植物生长发育的胁迫。在植物遭受低磷胁迫时，大多数已知的磷转运体首先在根中被诱导表达。例如，番茄在受到磷饥饿胁迫时，其磷转运体基因 *LePT1* 和 *LePT2* 主要在根表皮和根毛中表达。在缺磷的生长环境中，根毛对植物吸收磷的贡献最大，因此，磷转运体在根毛中的诱导表达可使植物有可能更快更多地吸收磷。

植株根系的磷吸收速率还可能受植物地上部器官生长发育“需求信号”的调控。拟南芥突变体 *pho2* 的突变性状是其地上部器官积累过量的磷。在相同供磷条件下，*pho2* 的磷吸收量是野生型植株的 2 倍，然而，*pho2* 和野生型拟南芥的根系磷转运体的表达水平却基本相同。因此有人推测，植株地上部可能存在某种调控根系磷吸收的信号，在 *pho2* 突变体中，这种地上部存在的调控根系磷吸收的信号系统被破坏，导致地上部的磷积累失去控制，但目前尚不明了这种信号的属性。此外，磷饥饿不仅会导致植株吸收磷的速率提高，同时也会刺激磷在植物体内的径向流动及增强磷从胞质向木质部的外流，这些现象的机制也还不清楚。

三、钾的跨膜运输系统

植物所需的钾元素主要是以钾离子（K^+）的形式被植物细胞所吸收，钾在植物体内的转运和利用也都是以 K^+ 的形式进行的。钾在植物体内的跨膜运输主要包括两方面，一方面是植物从外界吸收 K^+，另一方面是 K^+ 在植物体内的跨膜运输。

自 Hoagland 于 1948 年发现活细胞内 K^+ 浓度远高于胞外以来，人们对植物细胞的 K^+ 吸收机制进行了大量研究。20 世纪 60 年代，Epstein 等测定了在外界 K^+ 浓度为 0.002～50mmol/L 时大麦的 K^+ 吸收速率，发现大麦 K^+ 吸收速率与溶液中 K^+ 浓度的关系可用两个分别都符合米氏方程的动力学过程描述（图 4-16）。其中一个动力学过程的 K_m 值约为 0.021mmol/L，当溶液 K^+ 浓度高于 0.2mmol/L 时趋于饱和；另一个 K_m 值约为 16mmol/L。后来在其他植物中也发现类似的现象，由此推测质膜上存在两类不同的 K^+ 吸收系统，即高亲和性 K^+ 吸收系统和低亲和性 K^+ 吸收系统。前者主要在环境中钾浓度低于 0.2～0.5mmol/L 时执行 K^+ 吸收功能，而后者则主要在环境中钾浓度高于 0.5mmol/L 时发挥作用。

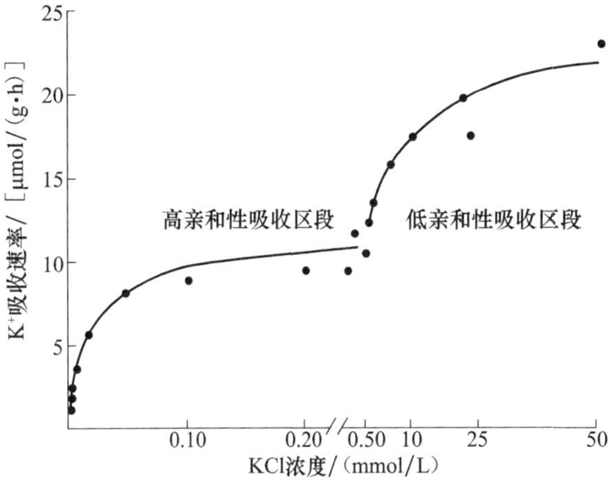

图 4-16　大麦根的 K^+ 吸收动力学示意图

（Taiz & Zeiger, 1998）

电生理学的研究表明，当外界 K^+ 浓度高于 1mmol/L 时，拟南芥根表皮细胞的跨膜电位足以推动 K^+ 内流；而当外界 K^+ 浓度低于 1mmol/L 时，仅靠跨膜电位已不足以推动 K^+ 内流，因而在此浓度范围内，拟南芥的 K^+ 吸收还需要膜电位以外的能量。一般认为植物细胞的低亲和性 K^+ 吸收是 K^+ 顺着自身电化学势梯度进行运输，而高亲和性 K^+ 吸收则是 K^+ 逆自身电化学势梯度进行运输。

（一）植物的高亲和性 K^+ 吸收机制

植物高亲和性 K^+ 吸收是 K^+ 逆电化学势梯度运输，需要额外的能量来源。目前认为，植物细胞内的高亲和性 K^+ 吸收主要依赖于细胞膜上的 K^+/H^+ 同向转运体进行，其运输所需的能量来源于跨膜的质子电化学势梯度。植物中介导高亲和性 K^+ 吸收的 K^+/H^+ 同向转运体主要来自 KUP/HAK/KT 家族，这些钾离子转运体与大肠杆菌（*Escherichia coli*）钾离子转运体 KUP 及酵母（*Schwanniomyces occidentalis*）钾离子转运体 HAK1 具有较高的同源性。植物中最早被克隆和功能鉴定的 KUP/HAK/KT 成员是拟南芥中的 AtKUP1 和大麦中的 HvHAK1，它们都是高亲和性的钾离子转运体。随后，这一家族的许多成员已经被证实在不同的植物中介导高亲和性 K^+ 吸收。在模式植物拟南芥中，AtHAK5 是参与高亲和性 K^+ 吸收的主要组分之一。研究还发现，这些钾离子转运体基因的表达水平也受到调控。钾元素缺乏会显著诱导这些基因的表达水平上调，从而增强植物在低钾条件下的 K^+ 吸收能力。这是植物抵御钾元素缺乏的重要应对手段之一。

（二）植物的低亲和性 K^+ 吸收机制

植物的低亲和性 K^+ 吸收主要由细胞膜上的钾离子通道蛋白所介导。1992 年，拟南芥钾离子通道基因 *AtAKT1* 和 *AtKAT1* 被克隆，这是植物中最早被克隆的钾离子通道基因，电生理学实验结果也证实它们具有钾离子通道活性。此后，人们陆续利用电生理技术在多种植物的不同类型细胞上观测记录到了内向和外向钾离子通道介导的 K^+ 电流，并详细研究了这些钾离子通道的特性。

植物中的钾离子通道蛋白广泛分布在植物细胞的质膜及内膜系统上。即使在相同的细胞膜上，也可能存在不同种类的钾离子通道。目前植物中研究比较深入的是 Shaker 钾离子通道（Shaker 钾离子通道的基本结构见本章第二节内容）。此类钾离子通道在植物的 K^+ 吸收、转运等方面都起着重要的作用。以拟南芥为例，Shaker 内向钾离子通道 AtAKT1 主要负责根细胞从外界环境中吸收 K^+。AtAKT1 既可以介导低亲和性 K^+ 吸收，也可以介导高亲和性 K^+ 吸收。*AtAKT1* 的转录水平不受钾供给变化的影响，但是 AtAKT1 的通道活性却受丝氨酸/苏氨酸蛋白激酶 AtCIPK23 的调控。在拟南芥中，AtAKT1 与 AtHAK5 一起构成了 K^+ 吸收的主要机制。AtAKT1 与 AtHAK5 的同源蛋白在其他植物的 K^+ 吸收中也发挥着重要作用。

（三）植物体内的 K^+ 运输机制

钾离子在植物体内的跨膜运输主要是由钾离子跨膜运输蛋白负责。这些跨膜运输蛋白既有钾离子通道，也有 K^+/H^+ 同向或反向转运体。这些不同的钾离子跨膜运输蛋白在不同的组织部位表达，参与不同的生理过程。例如，在拟南芥中，Shaker 外向钾离子通道 AtSKOR 主要负责将根中木质部薄壁细胞里的 K^+ 向细胞外转运，以便 K^+ 可以通过木质部向地上部运输。而 Shaker 内向钾离子通道 AtKAT1 和 AtKAT2 在拟南芥保卫细胞中表达，它们可以介导细胞外的 K^+ 向保卫细胞中转运，从而介导气孔的开放（相关内容可参见第三章“气孔运动的调节机制”）。钾离子通道 AtTPK1 定位在液泡膜上，介导胞质和液泡之间的 K^+ 运输。K^+/H^+ 反向转运体 AtKEA1 等则定位在叶绿体内膜和类囊体膜上，介导 K^+ 的跨膜运输，并参与叶绿体的渗透调节和 pH 调节。

根据对拟南芥基因组序列的分析，将拟南芥中存在的钾离子跨膜运输蛋白列于表 4-6。由表 4-6 可知，植物的 K^+ 吸收和转运机制是多样化的，这可以满足植物对 K^+ 吸收和转运的不同需求，也有利于植物应对各种外界环境。

表 4-6　拟南芥中的钾离子通道和钾离子转运体

	家族名称	成员	结构特征	运输方向	亚细胞定位
钾离子通道	Shaker	9 个	6TM-1P、CNBD、Anky、KHA	内向、外向	质膜
	TPK	5 个	4TM-2P、EF-hand、14-3-3 结合域	内向、外向	质膜、液泡膜、类囊体膜
	KCO3	1 个	2TM-1P	不确定	液泡膜
钾离子转运体	HKT	1 个	8TM-4P	K^+（Na^+）/H^+ 同向转运体	质膜
	KUP/HAK/KT	13 个	12TM	K^+/H^+ 同向转运体	质膜、液泡膜
	NHX	8 个	10～12TM	K^+（Na^+）/H^+ 反向转运体	质膜、液泡膜、内膜系统
	CHX	28 个	10～12TM	K^+（Na^+）/H^+ 反向转运体	质膜、内质网膜、叶绿体膜
	KEA	6 个	10TM	K^+/H^+ 反向转运体	叶绿体膜、类囊体膜

注：TM. 跨膜结构域；P. 孔道结构域；CNBD. 环核苷酸结合域；Anky. 锚蛋白结构域；KHA. 富含疏水和酸性氨基酸结构域；EF-hand. EF 手性结构域；14-3-3 结合域 . 14-3-3 蛋白结合域

四、钙的跨膜运输系统

在植物细胞中，细胞质、胞外、液泡等内膜系统空间的自由钙离子浓度存在非常显著的差异。如图 4-17 所示，植物活细胞细胞质内的自由钙离子浓度是非常低的，为 20～200nmol/L，一般经常提到的细胞质内钙离子浓度的变化也是在此浓度范围内的波动。活细胞细胞质内自由钙离子浓度是受各种复杂机制严格调控的，如果细胞质内自由钙离子浓度过高（如超过 1μmol/L），则细胞可能处于不正常状态或濒临死亡。而活细胞所处的环境和胞内内膜系统（如液泡）空间中的钙离子浓度通常高达约 1mmol/L 的水平，因此在细胞质与胞外环境之间及与内膜系统空间之间的钙离子通常存在高达 4～5 个数量级的浓度差，而由此也产生了跨质膜和跨液泡膜的巨大钙离子浓度梯度。可以想象，一旦质膜或液泡膜上的钙离子通道处于开放状态，将会有大量的钙离子在巨大的跨膜钙离子浓度梯度的驱动下迅速“涌入”细胞质。植物细胞的外部质外体空间和胞内内膜系统空间犹如两个巨大的“钙库”，一般将活细胞外的空间称为“胞外钙库”、内膜系统空间称为“胞内钙库”。

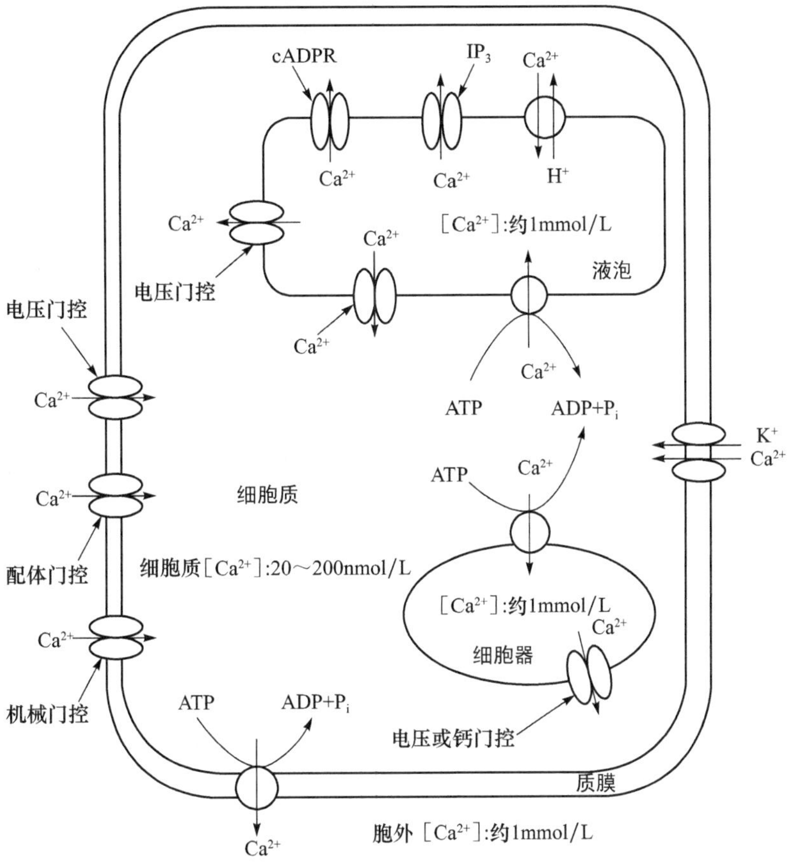

图 4-17　高等植物细胞各种 Ca^{2+} 跨膜运输途径示意图

质膜 Ca^{2+} 通道包括电压门控的 Ca^{2+} 通道、配体门控的 Ca^{2+} 通道和机械门控的 Ca^{2+} 通道。液泡膜上的 Ca^{2+} 释放通道包括三磷酸肌醇（IP_3）激活的 Ca^{2+} 通道、cADPR 激活的 Ca^{2+} 通道和 Ca^{2+} 激活的 Ca^{2+} 通道。质膜上存在 Ca^{2+} 泵；液泡膜上存在 Ca^{2+} 泵和 Ca^{2+}/H^+ 反向转运体

细胞质内的自由钙浓度主要依靠质膜和内膜系统（如液泡膜、内质网膜等）上的钙离子通道、钙离子泵及钙离子转运体的协同作用来调控。钙离子通道的作用主要是，当通道被激活开放时允许“钙库”中的钙离子进入细胞质，结果导致胞质钙离子浓度升高。但如前所述，由于跨膜存在的巨大钙离子浓度梯度，钙离子通过通道进入细胞质的速度是非常快的，因此钙离子通道的激活是受严格调控的。现在看来，植物细胞存在有受张力、电压、配体、光照等各种不同刺激或信号调控的钙离子通道，不同类型的通道可能分别参与不同的信号转导及生理调控过程。

正常的活细胞内，其钙离子浓度必须维持相对的稳定状态，即所谓的“钙稳态”。也就是说，当活细胞受到某种刺激作用其胞质钙离子浓度升高后，随之就必须有使胞质钙离子浓度恢复到原来较低水平的机制。质膜和内膜系统上的钙离子泵和 Ca^{2+}/H^+ 反向转运体的作用就在于不断将钙离子从胞质内泵至“钙库”。因此，存在于质膜和内膜系统上的各类钙离子通道、钙离子泵及 Ca^{2+}/H^+ 反向转

运体等构成了活细胞钙离子跨膜运输的复合系统，该系统中的任一成员的活动都受系统内其他成员及活细胞其他系统或过程的调控。

（一）植物细胞钙离子通道

如上所述，在细胞“钙稳态”机制中，钙离子通道是一类非常重要的调节蛋白，在许多信号转导过程的起始中起重要作用。当细胞需要时，质膜和（或）内膜系统上的钙离子通道负责将胞外和（或）胞内钙库中的 Ca^{2+} 运入细胞质。迄今已在植物细胞膜上发现多种类型的钙离子通道，依其存在的部位可划分为两大类，一类是质膜上的钙离子通道，将胞外的 Ca^{2+} 运进细胞质；另一类是位于内膜系统上的钙离子通道，负责将胞内钙库中储存的 Ca^{2+} 释放进入细胞质（图 4-17）。目前，关于植物细胞钙离子通道的研究大多局限于电生理及其他一些间接方法的研究，而在生化与分子生物学方面的研究进展较慢。

用膜片钳技术首次记录到的高等植物细胞质膜钙离子通道是对机械刺激敏感（或称拉伸激活）的钙离子通透性通道，而近年来用同位素示踪和电生理方法证明了高等植物细胞质膜上也存在电压门控的钙离子通道。而在液泡膜上研究较多的则是两类配体门控的钙离子通道，即类似于动物细胞的由 IP_3 门控的钙离子通道和受 cADPR（cyclic ADP-ribose）门控的钙离子通道。此外还发现在液泡膜、内质网膜、类囊体膜上存在电压依赖性的钙离子通道。

表 4-7 总结了已经报道的不同植物种类、不同细胞膜系统上的钙离子通道的一些基本特征，图 4-17 大体上表示了植物细胞膜和内膜系统上的各类钙离子通道。总体上讲，迄今已积累的有关高等植物细胞钙离子通道的文献资料尚很缺乏，多数局限于利用电生理及同位素示踪等间接方法所取得的实验证据。根据多数研究结果分析，植物细胞钙离子通道大多具有选择性不高的特点，即所谓的钙通透性通道同时也对其他离子有一定的通透性，甚至有些钙通透性通道对其他离子（如钾、镁等）的通透性高于对钙离子的通透性。在拟南芥全基因组测序工作完成以后，人们利用动物细胞钙离子通道基因保守序列对拟南芥基因组数据库的查询结果显示，植物细胞只有少数几种与动物细胞同源的钙离子通道基因。当然，这并不能排除植物细胞具有一些特有的特殊类型的钙离子通道基因。目前在拟南芥中发现，定位在质膜上的谷氨酸受体通道和定位在液泡膜上的 AtTPC1 通道可能作为植物中的钙离子通道起作用，但它们对其他一价或二价阳离子也具有较高的通透性。鉴于钙离子通道在植物细胞信号转导及植物生长发育调控中的重要作用，今后有关植物细胞钙离子通道的生物化学和分子生物学研究将无疑具有重要的科学理论意义。

表 4-7　部分高等植物细胞钙离子通道及其特性

膜来源	植物种类	通道门控类型	电导 /pS	$P_{Ca^{2+}}/P_{K^+}$	Ca^{2+} 浓度 /（mmol/L）
质膜					
重组蛋白	胡萝卜	电压	13	不确定	40
根	黑麦	电压	135	2	100
根	黑麦	电压	40	3	100
根	小麦	电压	27	17～26	0.1～1
成熟叶肉	拟南芥	电压	23	＞30	50[a]
表皮细胞	洋葱	拉伸	100	17	100
保卫细胞	蚕豆	拉伸	3	200	30
液泡膜					
悬浮培养细胞	烟草	电压	30	＞30	50[a]
悬浮培养细胞	甜菜	电压	14	20	10[a]
根	甜菜	电压	12	15～20	5
根	甜菜	配体（IP_3）	不确定	100～800	5
根	甜菜	配体（cADPR）	不确定	9～27	5
保卫细胞	蚕豆	电压	14 / 27	4 和 9	5
	泻根	电压	29	6.6	50
类囊体膜					
叶肉细胞	菠菜	电压	21	1.93	5

a 表示用 Ba^{2+} 代替 Ca^{2+}

（二）植物细胞钙离子泵和转运体

当胞质钙浓度过高时，质膜和内膜系统上的 Ca^{2+} 泵或 Ca^{2+}/H^+ 反向转运体负责将多余的 Ca^{2+} 运出细胞质存入钙库，这些钙泵和转运体运送 Ca^{2+} 的方向总是自细胞质向“外”运输（包括向胞外和向内膜系统空间）（图 4-17）。

植物细胞中的钙离子泵（Ca^{2+}-ATPase）均为 P 型 ATPase。这些 Ca^{2+}-ATPase 主要分为两类，第一类是 P_{IIA} 型 Ca^{2+}-ATPase，在拟南芥中发现 4 个成员，被命名为 ECA（ER-type calcium ATPase）钙泵。第二类是 P_{IIB} 型 Ca^{2+}-ATPase，也被称为 ACA （autoinhibited calcium ATPase）钙泵，在拟南芥中共有 10 个成员。这些钙泵广泛地分布在不同的植物细胞膜系统上，包括质膜、液泡膜、内质网膜及高尔基体膜等，它们负责将胞质中的 Ca^{2+} 回收到钙库中。

植物细胞中的 Ca^{2+}/H^+ 反向转运体主要来自 CAX 家族，该家族成员可以介导 Ca^{2+} 和其他二价阳离子（如 Cd^{2+}）的跨膜转运。例如，拟南芥中的 AtCAX1 位于细胞液泡膜上，负责将胞质中的 Ca^{2+} 转运至液泡中。

前面曾经提到，在细胞质与胞外环境之间及与内膜系统空间之间存在巨大的钙离子浓度差，因此当质膜或内膜上的 Ca^{2+}-ATPase 逆着钙离子浓度梯度跨膜运送钙离子时需消耗大量能量。但除了跨膜存在的钙离子浓度差对 Ca^{2+}-ATPase 跨膜运送钙离子形成的巨大阻力外，还由于细胞质空间相对于胞外或内膜空间的跨膜电位是负值，将任何阳离子运出细胞质都会受到来自膜电位的阻力，因此作为二价阳离子的钙离子被 Ca^{2+}-ATPase 运出细胞质时就更加困难。但是，经 Ca^{2+}/H^+ 反向转运体将钙离子运出细胞质时所受到的阻力则会小得多，因为 Ca^{2+}/H^+ 反向转运体的工作方式是在将 Ca^{2+} 运出细胞质的同时，还有可能电荷数较多的质子被反向运输，因此这一过程几乎不受来自跨膜电位的阻力。所以有人认为，植物细胞膜上的 Ca^{2+}/H^+ 反向转运体至少和 Ca^{2+}-ATPase 的作用同样重要，两者的协同作用可能是植物细胞维持钙稳态的重要机制。

小　结

细胞的各种生命活动在被生物膜包裹的环境中进行，各种离子和分子的跨膜运输是生命活动不可或缺的过程。生物膜脂质双层结构中疏水空间使各种离子或分子不能自由进行跨膜运输，离子或分子跨膜运输的过程由镶嵌在膜中的各种跨膜运输蛋白来执行。根据跨膜运输蛋白的结构及运送离子或分子发生跨膜运输的方式，将跨膜运输蛋白分为离子通道、载体蛋白和离子泵。这些跨膜运输蛋白均为膜内在蛋白，分别具有若干疏水的跨膜区段。离子通道是由通道蛋白多肽链中的若干疏水性区段在膜的脂质双层结构中形成的跨膜孔道结构，而载体蛋白的跨膜区域并不形成明显的孔道结构。离子泵是一些具有 ATP 水解酶功能、并能利用水解 ATP 的能量将离子逆着其电化学势梯度进行跨膜运输的载体蛋白。

离子或分子进行跨膜运输的驱动力来自跨膜电化学势梯度或 ATP 被水解所释放的能量。跨膜电化学势梯度包括跨膜化学势梯度和跨膜电位梯度。跨膜电位形成的本质是电荷在膜两侧的不均匀分布，而且膜对这些不均匀分布的电荷载体（离子）有一定的通透性。处于膜两侧的不均匀分布的任何一种离子都有自电化学势较高的一侧向电化学势较低的另一侧进行扩散运动的趋势。离子或分子在电化学势的驱动下通过离子通道或载体蛋白进行跨膜运输的方式称为被动运输，这一过程并不直接消耗水解 ATP 的能量。此类运输机制也被称为协助扩散。所有被动运输过程的最大特点是离子的运输方向顺着电化学势梯度的方向。在离子或分子的主动运输过程中，跨膜运输与消耗水解 ATP 的能量相偶联，而且被运送离子或分子运动的方向是逆着该种离子或分子的跨膜电化学势梯度进行的。离子通过离子泵的跨膜运输就是主动运输过程。植物细胞膜上由 H^+-ATPase 所执行的主动运输过程又称为初级主动运输，而由 H^+-ATPase 活动所建立的跨膜质子电化学势梯度所驱动的其他离子或分子的跨膜运输过程称为次级主动运输。

思　考　题

（1）在正常情况下，植物细胞膜外侧环境中的钾离子浓度为 1～10mmol/L，而膜内侧（细胞质内）的钾离子浓度在 100mmol/L 左右；即细胞质内带正电荷的钾离子浓度远高于膜外侧；但据膜两侧之间钾离子浓度差由 Nernst 方程计算出的跨膜电位却为内负外正，请解释为什么。

（2）较为低等的海生植物能在钠盐较高的环境中生长，高等陆生植物则一般对钠盐较为敏感；而高等陆生植物一般被认为是自低等的海生植物进化而来。请用进化及分子生物学的观点解释高等陆生植物对钠盐敏感的可能原因。

（3）何谓“膜电位”？并解释膜的“超极化”和“去极化”现象。

（4）讨论离子跨膜的被动运输和主动运输机制，并简述这两者间的相互关系。

（5）解释“初级主动运输”和“次级主动运输”，两者有何差异？

（6）讨论植物细胞膜对不同离子的选择性与植物对环境的适应性之间的可能关系。

第五章　植物的矿质营养和植物对氮、硫、磷的同化

高等植物生长发育的营养来源除了在种子萌发和幼苗生长阶段可部分依赖自母体种子储藏的物质外，其生长发育过程所需营养中的绝大部分均来自其自身地上部分的光合作用和根系自土壤溶液中吸收的矿质营养元素。绿色高等植物自环境中不断吸收、同化、利用各种矿质营养元素是植物生长发育所必需的基本过程，也是其作为自养生物的特征之一。植物吸收的这些元素，有的作为植物体的组成成分，有的参与调节生命活动，有的则兼有这两种功能。

人们对植物矿质营养的认识经历了漫长的实践探索。我国古代的农学巨著《齐民要术》中曾有："五木者，五谷之先也；欲知五谷，但视五木。择其木盛者，来年多种之，万不失一也。"这种根据树木的长势来判断土壤肥沃程度以决定是否适宜种植谷物的观点，已经蕴涵了判断土壤肥力及其对植物生长影响的思想。在《管子》一书中更是将土壤划分为上、中、下三等，每等土壤又分为6个类别（共18类），每类土壤又被分为5种（共90种），并逐一描述了各种土壤的特性及在各种土壤中适宜种植的植物种类。古代人们对植物营养的认识大多源于生产实践中的观察和经验，而现代植物营养学的研究直到19世纪中叶才始见端倪。第一位用实验方法探索植物营养来源的科学家是荷兰人凡・海尔蒙。其后，格劳勃（Glauber，1650）发现，向土壤中加入硝酸盐能使植物产量增加，于是他认为水和硝酸盐是植物生长的基础。1699年，英国的伍德沃德（Woodward）用不同来源的水（雨水、河水、山泉水、自来水和花园土的水浸提液等）培养薄荷，发现植株在河水中生长比在雨水中好，而在土壤浸提液中生长最好。据此他认为，构成植物体的不仅是水，还有土壤中含有的一些特殊物质。后来又有人将植物培养在蒸馏水中，植物不久即死亡，植物残骸的灰分含量也没有增加；而将植物的灰分和硝酸盐加入蒸馏水中，植物便可正常生长。这证明了灰分元素对植物生长的必需性。1840年，德国的李比希（J. von Liebig，1803～1873）建立了矿质营养学说，并确立了植物生长所需无机营养来自土壤的观点。布森高（J. B. D. Boussingault，1802～1879）进一步在石英砂和木炭中加入无机化学药品来培养植物，并对植物周围的气体做定量分析，证明构成植物体的碳、氢、氧是从空气和水中得来的，而矿质元素是从土壤中得来的。1859年，诺普（W. Knop）等成功地使培养在按固定配方配制的营养液中的植物完成了生活史，使植物营养研究进入了精确化和定量化阶段，为植物必需的大量元素和微量元素的陆续发现创造了条件，也为农作物施肥奠定了理论基础。近年来，农业科学家在作物高效吸收矿质营养方面不仅提出了创新机制，而且也为倡导绿水青山就是金山银山的理念方面贡献了中国方案。

第一节　植物体内的必需元素

一、植物体内的元素

将植物材料在105℃下烘干称重，可测得蒸发的水分占植物组织的10%～95%（不同植物种类或不同植物组织和器官的水分含量差异很大），干物质占5%～90%。干物质中包括有机物和无机物。将在105℃下烘干至恒重的植物材料在600℃下高温烘烤，干物质中绝大部分有机物中的碳、氢、氧、氮、硫等元素以二氧化碳、水、分子态氮、NH_3、氮和硫的氧化物等气体形式挥发出来，其总重量占干物质中的90%～95%；剩余的不能挥发的灰白色残渣称为

植物灰分（ash），其总重量占干物质中的 5%～10%。灰分中的物质为各种矿质的氧化物、硫酸盐、磷酸盐等，构成植物灰分的元素称为植物灰分元素（ash element），由于它们直接或间接地来自土壤矿质，故又称为矿质元素（mineral element）。由于氮在高温烘烤过程中变为各种气态物质而挥发，氮并不存在于灰分中，因此有时认为氮不是矿质元素。但除了能依赖共生固氮菌自大气中直接获取氮素的豆科等植物种类外，其他大部分植物体内的氮素也和其他灰分元素类似，主要是从土壤中所摄取的。

不同种类植物体内的矿质元素含量不同，同一植物的不同组织或器官的矿质元素含量也不同。甚至生长在不同环境条件下的同种植物或不同年龄的同种植物体内矿质元素含量也会有所不同。一般水生植物矿质元素含量只有干重的 1% 左右，中生植物占干重的 5%～10%，而盐生植物最高，有时达 45% 以上。同种植物不同器官的矿质元素含量差异也很大，一般木质部约为 1%，种子约为 3%，草本植物的茎和根为 4%～5%，叶则为 10%～15%。

二、植物的必需矿质元素和确定方法

（一）植物的必需矿质元素

目前已在各种植物体内发现有 70 种以上的元素，但这些元素并不都是植物正常生长发育所必需的。某一元素是否对植物的生长发育是必需的，并不一定取决于该种元素在植物体内的含量。植物的必需元素（essential element 或 essential nutrient）是指植物正常生长发育必不可少的营养元素。

判断某种元素是否为植物的必需元素有三条标准，即不可缺少性、不可替代性、直接功能性。所谓不可缺少性是指缺乏该元素时，植物生长发育明显受到抑制，以致不能完成生活史；不可替代性是指缺少该元素所造成的营养缺乏症状只能通过加入该元素的方法进行预防或恢复，而加入其他任何元素均不能替代该元素的作用；直接功能性是指该元素对植物生长发育的影响是由该元素的直接作用而造成的，并不是由该元素通过影响土壤的物理化学性质、微生物生长条件等原因而产生的间接效果。根据上述标准，现已确定的植物必需营养元素有 17 种。其中必需矿质元素（包括氮素）共有 14 种，即氮、磷、钾、钙、镁、硫、铁、铜、硼、锌、锰、钼、镍、氯；植物自大气和水中摄取的非矿质必需元素为碳、氢、氧（表 5-1）。

表 5-1　植物的必需元素

元素	化学符号	植物利用的形式	原子量	在干物质中的浓度/%	与钼相比较的相对原子数量*
大量元素					
氢	H	H_2O	1.01	6	60 000 000
碳	C	CO_2	12.01	45	35 000 000
氧	O	O_2，H_2O	16.00	45	30 000 000
氮	N	NO_3^-，NH_4^+	14.01	1.5	1 000 000
钾	K	K^+	39.10	1.0	250 000
钙	Ca	Ca^{2+}	40.08	0.5	125 000
镁	Mg	Mg^{2+}	24.32	0.2	80 000
磷	P	$H_2PO_4^-$，HPO_4^{2-}	30.98	0.2	60 000
硫	S	SO_4^{2-}	32.07	0.1	30 000
微量元素					
氯	Cl	Cl^-	35.46	0.010	3 000
铁	Fe	Fe^{2+}，Fe^{3+}	55.85	0.010	2 000
硼	B	H_3BO_3	10.82	0.002	2 000
锰	Mn	Mn^{2+}	54.94	0.005 0	1 000
锌	Zn	Zn^{2+}	65.38	0.002 0	300
铜	Cu	Cu^{2+}，Cu^+	63.54	0.000 06	100
镍	Ni	Ni^{2+}	58.69	0.000 01	2
钼	Mo	MoO_4^{2-}	95.95	0.000 01	1

* 与钼相比较的相对原子数量是指以植物体内钼元素的原子数为 1 时该元素的相对原子数量

需要说明的是，国际植物生理学界对植物必需元素种类的确定尚存一些争议。表 5-1 列出了 17 种植物的必需元素，主要依据 F. B. Salisbury 和 C. W. Ross 编著的 *Plant Physiology*（1992 年出版）和 Bob Buchanan 等编著的 *Biochemistry & Molecular Biology of Plants*（2000 年出版）两书的内容。由 L. Taiz 和 E. Zeiger 编著的 *Plant Physiology and Development*（第六版，2015 年）则列出了 19 种植物必需元素，即除了上述 17 种外还包括了钠（Na）和硅（Si）。其中关于钠是否为植物的必需元素一直存在争议，因为有些盐生植物的正常生长发育确实需要摄取大量的钠，而且在有些情况下其他元素（如同为一价阳离子的钾）还不能完全替代钠的作用。硅对有些植物（特别是水稻等禾本科植物）的生长发育确实有积极影响，除了可能的直接功能外，对植物抵御病原菌的侵染等也有特别重要的作用。事实上，其他矿质元素中有的也对植物生长发育有显著影响。例如，在有些植物的培养液中加入少量铝可显著促进其生长发育，但过量的铝又对大部分植物的生长有负面影响。这种不同意见的存在可能正是反映了在植物必需营养元素的确定方面仍有进一步深入研究的必要，而有关植物必需元素种类的确定与研究者所关注的科学问题（研究角度）及所掌握标准的严格程度也有关系。首先，对某种元素的必需性是否是对大部分已经研究过的植物种类而言，因为不同植物对某一元素的必需性有可能是不同的，如钠对盐生植物和非盐生植物的影响和作用就是截然不同的。其次，对有些植物体内含量甚微的元素，确定其是否为必需元素还取决于分析测定方法的灵敏度和精确度。当分析测定方法还不足以对某种微量元素进行准确的分析测定时，确定其是否为必需元素则显然是不可能的。总之，随着研究工作的进一步深入和元素分析测定技术的发展，特别是对植物体内各种元素的确切生理生化功能的明确，人们对植物必需元素的种类会不断地有进一步的认识。

根据植物体内各种必需元素的含量，一般将其分为大量元素（macroelement 或 macronutrient）和微量元素（microelement、micronutrient 或 trace element）两大类。如表 5-1 所示，植物的大量必需元素包括碳（C）、氢（H）、氧（O）、氮（N）、磷（P）、钾（K）、钙（Ca）、镁（Mg）、硫（S）9 种，此类元素分别占植物体干重的 0.01%～10%；微量元素有氯（Cl）、铁（Fe）、硼（B）、锰（Mn）、锌（Zn）、铜（Cu）、镍（Ni）、钼（Mo）8 种，这些元素各自占植物体干重的 10^{-7}～10^{-4}。

（二）确定植物必需矿质元素的研究方法

由于植物体内所含的元素并不一定是植物的必需元素，因此分析植物灰分中各种元素的组成并不能确定某种矿质元素是否为必需元素。可靠的方法是在人为严格控制植物生长环境（如土壤、非土壤培养基、培养液等）中各种元素组成的条件下，对照植物必需元素的三条标准，逐一地分析各种元素的存在与否是否对植物生长发育有符合必需元素条件的影响。显然，利用成分复杂的天然土壤培养植物无法进行这样的实验工作。通常利用人为配制的、可控制成分的营养液（nutrient solution）培养植物（即“溶液培养法”或称“水培法”），以确定各种营养元素的必需性。此外，各种溶液培养方法已经被广泛地应用于实验室研究工作、工厂化育苗，甚至较大规模的产业化生产过程。

溶液培养法也称水培法（solution culture 或 hydroponics），是在含有全部或部分营养元素的溶液中培养植物的方法。最简单的溶液培养法是直接将植物的根系浸没于营养液中而进行植物培养；而砂基培养法则在洗净的石英砂等基质中加入营养液，利用砂基作为固定植物根系的支持物来培养植物的方法，与溶液培养法并无实质性的不同。除去技术条件方面的要求，植物溶液培养方法的关键是培养液或营养液的组成及理化条件。首先，培养液中应按照植物生长发育的需求，按一定比例和一定浓度加入所有必需的矿质营养元素，即配制平衡营养溶液；同时也要注意溶液的酸碱度等理化条件，防止某些成分之间发生反应形成不溶物等。表 5-2 列出了 3 种常用的植物营养液配方，其中又以 Hoagland 营养液最为常用。在利用水培法培养植物时要注意溶液系统的通气状况，防止光线对根系的直接照射等。

表 5-2　几种常用的营养液配方

成分	Sachs 营养液 /（g/L）	Knop 营养液 /（g/L）	Hoagland 营养液 /（g/L）
$Ca(NO_3)_2 \cdot 4H_2O$	—	0.8	1.18
NaCl	0.25	—	—
KNO_3	1.0	0.2	0.51
$Ca_3(PO_4)_2$	0.5	—	—
$CaSO_4$	0.5	—	—
K_2HPO_4	—	0.2	0.14
$MgSO_4 \cdot 7H_2O$	0.5	0.2	0.49
$FePO_4$	微量	—	—
$FeSO_4$	—	微量	—
$FeC_4H_4O_6$	—	—	0.005
H_3BO_3	—	—	0.002 9
$MnCl_2 \cdot 4H_2O$	—	—	0.001 8
$ZnSO_4$	—	—	0.000 22
$CuSO_4 \cdot 5H_2O$	—	—	0.000 08
H_2MoO_4	—	—	0.000 02

注：“—”表示不含对应物质

在研究植物的必需矿质元素时，可在配制的营养液中除去或加入某一元素，以观察植物的生长发育情况及其变化。如果在培养液中除去某一元素导致植物生长发育不良，并出现特有的病症，而当加入该元素后症状又消失，则说明该元素为植物的必需元素。如果自营养液中除去某一元素对植物的生长发育无明显的不良影响，且植物也不表现明显的病症，则该元素不是植物的必需元素。

图 5-1 是几种常用的植物无土栽培装置示意图。除了传统的溶液培养系统（图 5-1A）外，现在工厂化育秧或蔬菜种植则多采用营养膜培养系统（图 5-1B）。在营养膜培养系统中，利用溶液泵将营养液循环利用，使植物根部置于流动的营养液膜层中；被循环利用的营养液的 pH 和营养成分可通过自动控制装置不断予以调节或补充。由植物的水培方法还发展出有氧溶液培养法简称气培法（aeroponics）或称雾培法。如图 5-1C 所示，气培法是将植物根系置于营养液气雾中培养植物的方法，植物根系并不直接浸入营养液。

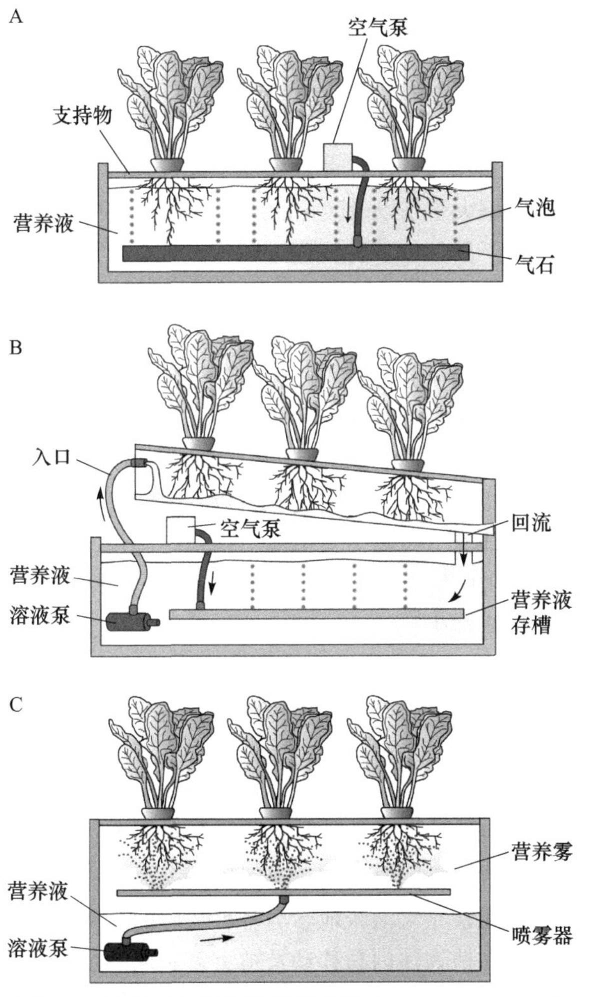

图 5-1　植物无土栽培装置示意图（Taiz et al.，2015）

A. 溶液培养系统，将植物根部直接浸入营养液，利用空气泵向营养液补充氧气；B. 营养膜培养系统，常用于工厂化生产的营养膜培养系统，利用水泵将营养液循环利用，在植物根部保持流动的营养液膜层，被循环利用的营养液的 pH 和营养成分可通过自动控制装置不断予以调节或补充；C. 有氧溶液培养系统，植物根系不直接浸入营养液，利用浸入营养液的电动旋转装置在培养槽中产生雾状营养液

根据表 5-2 所列配方配制的营养液在使用时常常需要稀释，特别是对于培养蒸腾量较大的植物材料时尤其应注意稀释。例如，一般在实验室水培拟南芥时多使用 1/4（稀释 4 倍）或 1/8（稀释 8 倍）的 Hoagland 营养液。

由于不同植物对各种营养元素的相互比例要求不同，人们在实验工作或生产实践中又分别针对不同植物的特点而配制和使用特殊的营养液，表 5-3 列出了适宜于培养水稻的 Espino 营养液配方。

表 5-3　适于水稻的 Espino 营养液

试剂	浓度/(g/L)	试剂	浓度/(mg/L)
$Ca(NO_3)\cdot 4H_2O$	0.089	H_3BO_2	2.86
$MgSO_4\cdot 2H_2O$	0.250	$ZnSO_4\cdot 7H_2O$	0.22
$(NH_4)_2SO_4$	0.049	$MnCl_2\cdot 2H_2O$	1.81
KH_2PO_4	0.034	$CuSO_4\cdot 5H_2O$	0.08
$FeCl_2$	0.030	$H_2MoO_4\cdot 4H_2O$	0.02

三、植物必需元素的主要生理功能概述

必需元素在植物生长发育过程中的生理功能概括起来主要有以下几个方面：一是作为活细胞结构的物质组成成分，如细胞壁和细胞膜等结构中存在的钙离子对稳定这些结构有重要作用；二是作为能量转换过程中的电子传递体，如铁离子和铜离子在呼吸和光合电子传递中作为不可或缺的电子传递体；三是作为活细胞电化学平衡的重要介质，在稳定细胞质的电荷平衡、维持适当的跨膜电位等方面有重要作用；四是作为活细胞的重要渗透物质调节细胞的膨压，如钾离子、氯离子等在细胞渗透压调节中的重要作用；五是作为重要的细胞信号转导信使，如钙离子已被证明是细胞信号转导中的重要第二信使；六是许多离子是酶的辅基，参与代谢调节；等等。以下简述各种必需矿质元素的生理功能及缺乏该种元素时植物表现的症状。

（一）氮

根系吸收的氮主要是无机硝态氮，也可吸收少量铵态氮及一些有机态氮（如尿素、氨基酸等）。

氮是蛋白质、核酸、磷脂及其他植物生长发育所必需的有机氮化合物的构成成分，这些物质是活细胞赖以生存的结构或功能成分，因此氮被称为“生命元素”。氮是许多辅酶和辅基如 NAD^+、

$NADP^+$、FAD等，以及叶绿素分子结构的成分。氮还是某些植物激素（如生长素和细胞分裂素）、维生素（如维生素B_1、维生素B_2、维生素B_6、维生素PP等）分子结构的成分，这些物质是植物生长发育的重要调节成分。植物次生代谢中的许多中间产物分子结构中也含有氮元素。

由于氮元素具有多种重要生理生化功能，因此植物生长环境中氮元素供应是否充足直接影响细胞的分裂和生长及整体的生长发育。

当氮肥供应充足时，植株枝叶繁茂、躯体高大、分蘖（分枝）能力强，籽粒中蛋白质含量高。在除碳、氢、氧外的植物必需元素中，植物的正常生长发育对氮的需要量最大。因此，在作物栽培中应特别注意氮肥的供应。作物生产中常用的人粪尿、尿素、硝酸铵、硫酸铵、碳酸氢铵等肥料，主要是为作物生长供给氮素营养。当然，过量施用氮肥也会对植物生长发育造成负面影响，氮素供应过多时，植物叶片大而深绿，植株柔软披散、徒长、根冠比较小，营养生长过盛而影响生殖生长，茎秆中的机械组织不发达，易造成倒伏和被病虫害侵害等。同时，过量施用氮肥也会对环境造成污染。

植物在生长发育过程中缺氮时，细胞的许多生理生化活动都会受到影响，如一些重要物质（如蛋白质、核酸等）的合成受阻、功能蛋白的活性降低、细胞的生长分裂减缓等，造成植物生长矮小，分枝、分蘖很少，叶片小而薄，花果少且易脱落。缺氮还会影响叶绿素的合成，使枝叶变黄，叶片早衰甚至干枯，从而导致产量降低。植物体内氮的移动性大，老叶中的氮化物分解后可运到幼嫩组织中被重复利用，所以缺氮时叶片发黄，并由老叶开始逐渐向幼叶发展，这是缺氮症状的显著特点。

（二）磷

磷主要以$H_2PO_4^-$或HPO_4^{2-}的形式被植物吸收。植物吸收$H_2PO_4^-$和HPO_4^{2-}的比例取决于土壤pH。当土壤溶液偏酸性（pH<7）时，磷主要以$H_2PO_4^-$形式存在；当土壤溶液偏碱性（pH>7）时，磷主要以HPO_4^{2-}形式存在。当$H_2PO_4^-$或$H_2PO_4^{2-}$被吸收进入根系并经木质部被运送到地上部分的组织或器官后，首先被用于合成ATP，进而被用于合成有机物质如磷脂、核苷酸等；有一部分则以无机磷形式存在，参与ATP和ADP之间的转化。植物体中磷元素的分布很不均匀，根、茎的生长点较多，嫩叶比老叶多，果实、种子中也较丰富。

磷是核酸、核蛋白、磷脂等活细胞内多种功能性物质的重要成分，与活细胞的能量代谢、各种有机物的合成和分解代谢、细胞信号转导、基因表达调控等几乎所有的生命活动过程密切相关。磷是许多辅酶如NAD^+、$NADP^+$等的成分，它们参与了光合作用、呼吸过程。磷是植物体内能量转换的重要介质元素，在ADP和ATP中的磷酸高能键是大多数生化代谢反应所需能量的来源。对蛋白质磷酸化和去磷酸化的研究表明，许多功能蛋白的活性调控是通过磷酸化和去磷酸化而实现的。磷对氮代谢有重要作用，如硝酸还原过程中有NAD^+和FAD的参与，而磷酸吡哆醛和磷酸吡哆胺则参与氨基酸的转化。磷与脂肪转化也有关系，脂肪代谢需要NADPH、ATP、CoA和NAD^+的参与。磷还参与植物体内碳水化合物的代谢和运输，如在光合作用和呼吸作用过程中，各种糖的中间产物的合成、转化、降解大多是以磷酸化的形式参与反应的。

由于磷参与多种代谢过程，而且在生命活动最旺盛的分生组织中含量较高，因此在作物栽培中适量施磷对植株的分蘖、分枝及根系生长都有良好作用。由于磷促进碳水化合物的合成、转化和运输，对种子、块根、块茎的生长有利，因此马铃薯、甘薯和禾谷类作物施磷后有明显的增产效果。因为磷与氮的吸收利用关系密切，所以缺氮时，磷肥的效果就不能充分发挥。只有氮、磷配合施用，才能充分发挥磷肥的效果。

植物在生长发育过程中缺少磷的供应会影响细胞生长和分裂，使分蘖、分枝减少，幼芽、幼叶生长停滞，茎、根纤细，植株矮小，花果脱落，成熟延迟；缺磷时，植物体内蛋白质合成下降、糖的运转受阻，从而使营养器官中糖的含量相对提高，促进了花青素的形成，故缺磷时叶片呈现不正常的暗绿色或紫红色（图5-2）的典型病症。

磷元素非常活跃地参与各种物质的合成与分解代谢，在植物体内易移动及被重复利用。植物缺磷时，老叶中的磷被迅速转移至正在生长的幼嫩组织中，因此，植株缺磷的症状首先在老叶出现，并逐渐向较幼嫩的组织或器官发展。

磷肥施用过多时，植株叶片组织会出现小焦斑，为磷酸钙沉淀所致。磷过多还会阻碍植物对硅的吸收，易导致水稻感病。水溶性磷酸盐能与土壤中的锌、钙等二价阳离子结合，降低这些元

图 5-2 叶片的缺素症状
（Buchanan et al.，2000）

素的有效性，故施用磷酸盐过多可导致植株发生缺锌、缺钙等症状。

（三）钾

钾在土壤中以 KCl、K_2SO_4 等盐类形式存在，在土壤溶液或水中解离成 K^+ 而被植物根系吸收。植物细胞吸收钾离子是通过其细胞膜上的钾离子通道或转运体进行的（参见第四章第四节相关内容）。在植物体内钾呈离子状态。植物体的所有活细胞的细胞质中均含有大量钾离子，而在幼嫩的植物组织和器官中（如生长点、形成层、幼叶）及生理生化活动较为活跃的组织和器官（如功能叶片、幼根等）则相对含量更高。植物细胞的细胞质内通常含有 80～100mmol/L 的钾离子，而在一些代谢极为活跃的细胞中则含量更高，如在进行光合作用的叶肉细胞中，钾离子的含量可高达 200～250mmol/L。不同植物吸收和积聚钾的能力有所不同，因而不同植物体内的含钾量也显著不同。虽然大多数植物体内的含钾量占其干重的 0.3%～3%，但有些能够富集钾的植物体内钾含量可达干重的 5%～8%（如苋科的空心莲子草）。研究这些能够富集钾的植物吸收、积累钾的生理及分子遗传机制，有可能利用分子育种的手段来改良作物的钾营养性状。

尽管还不太清楚钾离子调节许多功能蛋白活性的机制，但钾离子可以显著提高活细胞中许多酶及其他功能蛋白的活性却早已被证实，如钾离子可以显著地激活丙酮酸激酶、果糖激酶、苹果酸脱氢酶、琥珀酸脱氢酶、淀粉合酶、琥珀酰 CoA 合成酶、谷胱甘肽合成酶等。钾有促进蛋白质合成的作用，钾充足时，植物体内合成蛋白质较多，从而使可溶性氮减少。钾与蛋白质在植物体中的分布是一致的，如在生长点、形成层等蛋白质丰富的部位，钾离子含量也较高。富含蛋白质的豆科植物的籽粒中钾的含量比禾本科植物高。钾与糖类的合成及运转密切相关。大麦和豌豆幼苗缺钾时，淀粉和蔗糖合成缓慢，从而导致单糖大量积累；而钾肥充足时，蔗糖、淀粉、纤维素和木质素含量较高，葡萄糖积累则较少。钾也能促进糖类物质被运输到储藏器官中，所以在富含糖类的储藏器官（如马铃薯块茎、甜菜根和谷物籽粒）中钾含量较多。此外，韧皮部汁液中含有较高浓度的 K^+，约占韧皮部阳离子总量的 80%。从而推测 K^+ 对韧皮部运输也有作用。因此钾在碳水化合物代谢、呼吸作用及蛋白质代谢中起重要作用。

K^+ 是大多数植物活细胞中含量最高的无机离子，因此也是调节植物细胞渗透势的最重要组分。在根组织内，K^+ 从薄壁细胞转运至木质部，从而降低了木质部的水势，使水分能从根系表面源源不断地被转运到木质部中去。K^+ 通过对叶片气孔保卫细胞渗透势的调节而显著地调控气孔的开、闭运动，从而影响植物的蒸腾作用。K^+ 有使原生质胶体膨胀的作用，故施钾肥能提高作物的抗旱性。K^+ 还是植物细胞中最重要的电荷平衡成分，在维系活细胞正常生命活动所必需的跨膜（质膜、液泡膜、叶绿体膜、线粒体膜等）电位中有不可替代的作用。

植物在生长发育过程中缺少钾供应时，植株茎秆柔弱、易倒伏，抗旱、抗寒性降低，叶片失水，蛋白质、叶绿素等物质被分解破坏，叶色变黄而叶组织逐渐坏死。缺钾时还会出现叶缘焦枯，生长缓慢等现象，由于叶中部生长仍较快，因此整个叶子会形成杯状弯曲，或发生皱缩（图 5-2）。钾是可被重复利用元素，故缺素症状首先出现在较老的组织或器官（如老叶）。

以上简要介绍了氮、磷、钾三种元素的一些重要生理生化功能。由于植物生长发育需要大量的氮、磷、钾，土壤中的氮、磷、钾浓度或含量会随着耕种作物而大幅度下降，因此在作物栽培过程中应特别注意施用氮、磷、钾肥。氮、磷、钾肥也被称为作物栽培的“肥料三要素”。在施用氮、磷、钾肥时，应特别注意三者之间的比例。对于大多数作物，氮、磷、钾肥的施用比例为1：（0.4～0.5）：（0.3～0.4），当然，对于不同作物或同种作物的不同品种而言，氮、磷、钾肥的施用比例也应有所不同。从我国作物生产的总体情况来看，由于我国的磷、钾矿物资源严重匮乏，磷、钾肥生产及供应量不足，生产实践中施用氮肥的比例过高，而磷、钾肥的施用量严重不足。因此，在作物栽培实践中应特别注意氮、磷、钾肥的施用比例，即所谓“平衡施肥”。

（四）钙

钙元素以钙离子（Ca^{2+}）的形式被植物吸收利用。钙离子进入植物体后一部分仍以离子状态存在，一部分形成难溶的有机盐类（如草酸钙等），还有一部分与有机物（如植酸、果胶酸、蛋白质）相结合。钙在植物体内主要分布在老叶、储藏器官或其他衰老或死亡的组织中。

钙是植物细胞壁胞间层中果胶酸钙的重要成分，因此，缺钙时，细胞分裂不能进行或不能完成，而形成多核细胞。钙离子能作为磷脂中的磷酸与蛋白质的羧基间联结的桥梁，具有稳定膜结构的作用。钙可与植物体内的草酸形成草酸钙结晶，消除过量草酸对植物（特别是一些含酸量高的肉质植物，如景天科植物）的毒害。

钙对植物抵御病原菌的侵染有一定作用，钙供应不足时，许多作物容易产生病害。一些水果和蔬菜的生理病害就是因缺钙引起的。苹果果实的疮痂病会使果皮受到伤害，但如果供钙充足，则易形成愈伤组织以防止果肉受到进一步伤害。钙也是一些酶的活化剂，如由ATP水解酶、磷脂水解酶等催化的反应都需要钙离子的参与。

缺钙初期顶芽、幼叶呈淡绿色，继而叶尖出现典型的钩状，随后坏死（图5-2）。缺素症状首先表现在地上部幼茎、幼叶上，如大白菜缺钙时心叶呈褐色。

钙离子是植物活细胞信号转导过程的重要第二信使，通过许多种依赖钙的调节蛋白和功能蛋白，钙信使几乎在植物细胞的所有信号转导途径中发挥重要作用。有关内容详见第一章第六节及其他参考书。

（五）镁

镁以离子状态（Mg^{2+}）被吸收进入植物体，它在体内一部分与有机物结合，另一部分仍以游离的离子状态存在。

镁是叶绿素分子的构成成分，又是RuBP羧化酶、核酮糖-5-磷酸激酶等参与光合碳代谢的酶的活化剂；镁离子在叶绿体基质与类囊体基质之间起着电荷平衡的重要作用，镁离子还是ATP酶的激活剂。因此镁离子对光合作用、呼吸作用及能量代谢有至关重要的作用。此外，镁离子是葡萄糖激酶、果糖激酶、丙酮酸激酶、乙酰CoA合成酶、异柠檬酸脱氢酶、α-酮戊二酸脱氢酶、苹果酸合成酶、琥珀酰辅酶A合成酶等酶的活化剂，因而与碳水化合物的转化和降解及氮代谢密切相关。镁离子还是核糖核酸聚合酶的活化剂，对DNA和RNA的合成有重要调控作用。具有合成蛋白质能力的核糖体是由许多亚单位组成的，而镁能使这些亚单位结合形成稳定的复合结构。如果镁的浓度过低（如用EDTA处理以使游离的镁离子被螯合），则核糖体的复合结构解体为亚单位，导致其丧失合成蛋白质的功能。而且，镁离子还参与蛋白质合成中氨基酸的活化过程。

镁离子供应短缺时导致叶绿素合成受阻，最终使叶片失绿，其特点是首先从叶片边缘开始枯黄，而叶脉较多的叶中央仍可保持一定绿色（图5-2），这是与缺氮症状的主要区别。严重缺镁时可引起叶片的早衰与脱落，最终导致植株枯黄、死亡。

（六）硫

硫元素主要以SO_4^{2-}的形式被植物吸收。SO_4^{2-}进入植物体后，一部分仍以SO_4^{2-}的形式存在，而大部分则被还原同化为含硫氨基酸（如胱氨酸、半胱氨酸和甲硫氨酸）。这些含硫氨基酸是蛋白质的重要组成成分，特别是这些含硫氨基酸残基往往是功能蛋白的活性中心所在。一些功能蛋白的活性调控也往往通过这些含硫氨基酸残基的二硫键（—S—S—）与巯基（硫氢基，—SH）之间的氧化还原转换而完成。蛋白质中含硫氨基酸间的—SH与—S—S—的转换还具有调节植物体内的氧化还原反应、稳定蛋白质空间结构等作用。辅酶A和硫胺素、生物素等维生素也含有硫，且辅酶A中的硫氢基（—SH）具有储藏能量的作用。硫还是硫氧还蛋白、铁硫蛋白与固氮酶的组分，因而硫在光合电子传递、豆科植物根瘤中根瘤菌的固氮作用过程中起重要作用。

硫元素在植物体内不易移动，缺硫时一般在幼叶首先表现缺绿症状，且新叶均衡失绿，呈黄白色并易脱落。缺硫情况在作物栽培实践中很少遇到，因为土壤中有足够的硫以满足植物的生长发育需要。

（七）铁

铁主要以 Fe^{2+} 的螯合物被植物吸收。铁进入植物体内之后就处于较为固定的状态而不易被转运。铁离子在植物体内以二价（Fe^{2+}）和三价（Fe^{3+}）两种形式存在，二者之间的转换构成了活细胞内最重要的氧化还原系统，因此 Fe^{2+}/Fe^{3+} 是许多与氧化还原相关的酶的辅基，如细胞色素、细胞色素氧化酶、过氧化物酶和过氧化氢酶、豆科植物根瘤菌中的血红蛋白等；Fe^{2+}/Fe^{3+} 也是光合和呼吸电子传递链中的重要电子传递体，如光合和呼吸电子传递链中的细胞色素、光合电子传递链中的铁硫蛋白和铁氧还蛋白等都是含铁蛋白。

铁是合成叶绿素所必需的，虽然其具体机制尚不清楚，但催化叶绿素合成的酶中有几个酶的活性表达需要 Fe^{2+}。植物在生长发育过程中缺铁时，由于叶绿素合成受阻而导致叶片发黄（图 5-2）。近年来发现，铁对叶绿体构造的影响比对叶绿素合成的影响更大，如眼藻虫（*Euglena*）缺铁时，在叶绿素分解的同时叶绿体也解体。

铁是不易被重复利用的元素，因而缺铁最明显的症状是幼芽幼叶缺绿发黄，甚至变为黄白色，而老龄叶片仍为绿色。一般情况下土壤中的含铁量能满足植物生长发育的需要，但在碱性或石灰质土壤中，铁易形成不溶性的化合物而使植物表现出缺素症状。

（八）铜

在通气良好的土壤中，铜多以二价离子（Cu^{2+}）的形式被吸收，而在潮湿缺氧的土壤中，则多以一价离子（Cu^{+}）的形式被吸收。

与铁离子的情况类似，铜离子在植物体内以一价（Cu^{+}）和二价（Cu^{2+}）两种形式存在，二者之间的转换构成了活细胞内又一重要的氧化还原系统，因此 Cu^{+}/Cu^{2+} 是许多与氧化还原相关的酶的辅基，如铜作为多酚氧化酶、抗坏血酸氧化酶等的辅基起传递电子的作用，在呼吸作用的氧化还原反应中起重要作用。铜也是质体蓝素的成分，参与光合电子传递。

有研究表明，铜具有提高马铃薯抗晚疫病的能力，所以喷施硫酸铜对防治该病有良好效果。

植物缺铜时，叶片生长缓慢，呈现蓝绿色，幼叶缺绿（图 5-2），随之出现枯斑，最后死亡脱落。另外，缺铜会导致叶片栅栏组织退化，气孔下面形成空腔，使植株即使在水分供应充足时也会因蒸腾过度而发生萎蔫。

（九）硼

硼以硼酸（H_3BO_3）的形式被植物吸收。高等植物体内硼的含量较少，为 2～95mg/L。植株各器官间硼的含量以花器官中最高，花中又以柱头和子房为高。硼与花粉形成、花粉管萌发和受精有密切关系。缺硼时，花药花丝萎缩、花粉母细胞不能向四分体分化、授粉后的花粉不能萌发。用 ^{14}C 标记的蔗糖试验证明，硼参与糖的运转与代谢。硼有激活尿苷二磷酸葡萄糖焦磷酸化酶的作用，故能促进蔗糖的合成。尿苷二磷酸葡萄糖（UDPG）不仅可参与蔗糖的生物合成，还在合成果胶等多种糖类物质中起重要作用。硼还能促进植物根系发育，特别对豆科植物根瘤的形成影响较大，因为硼能影响碳水化合物的运输，从而影响根对根瘤菌碳水化合物的供应。因此，缺硼可阻碍根瘤形成，降低豆科植物的固氮能力。此外，用 ^{14}C-氨基酸的标记试验发现，缺硼时很少有新的蛋白质合成。

不同植物对硼的需要量不同，油菜、花椰菜、萝卜、苹果、葡萄等需硼较多，需注意充分供给；棉花、烟草、甘薯、花生、桃、梨等对硼的需要量中等，要防止缺硼；水稻、大麦、小麦、玉米、大豆、柑橘等需硼较少，若发现这些作物出现缺硼症状，说明土壤缺硼已相当严重，应及时补给。

缺硼时，植株的有性生殖过程受阻而导致结实减少。油菜出现的“花而不实”和棉花上出现的“蕾而不花”等现象都有可能与缺硼有关。

缺硼时根尖、茎尖的生长点停止生长，侧根侧芽大量发生，其后侧根侧芽的生长点又死亡，而形成簇生状。甜菜的干腐病、花椰菜的褐腐病、马铃薯的卷叶病和苹果的缩果病等都与缺硼有关。

（十）锌

锌以二价离子（Zn^{2+}）的形式被植物吸收。锌是色氨酸合成酶的必要成分，缺锌时植物合成色氨酸的反应受阻，而色氨酸是合成吲哚乙酸的前体。因此缺锌时植物体内的生长素合成过程受到抑制，从而导致植物生长受阻，出现通常所说的“小叶病”（图 5-2），如苹果、桃、梨等果树缺锌时叶片小而脆，且丛生在一起，叶上还出现黄色斑点。我国北方地区果园在春季易出现此病。

锌是碳酸酐酶的成分，此酶催化 $CO_2+H_2O \longrightarrow H_2CO_3$ 的反应。由于被植物吸收和释放的 CO_2 通常都先溶于水，而这一反应由碳酸酐酶催化，因此缺锌时呼吸和光合作用均会受到影响。锌也是谷氨酸脱氢酶及羧肽酶的组成成分，因此在氮代谢中也起一定作用。

（十一）锰

锰主要以 Mn^{2+} 形式被植物吸收。由于锰离子可以多种不同化合价的形式存在，因此是植物细胞中与氧化还原、电子传递等过程密切相关的元素。锰是叶绿体中光合放氧复合体的重要组成，由于光合放氧复合体的不同氧化状态是由锰原子的不同氧化状态所决定的，因此缺锰时光合放氧受到抑制。锰也是维持叶绿素正常结构的必需元素。此外，锰是许多酶的活化剂，如一些转移磷酸的酶和三羧酸循环中的柠檬酸脱氢酶、草酰琥珀酸脱氢酶、α-酮戊二酸脱氢酶、苹果酸脱氢酶、柠檬酸合成酶等。锰还是硝酸还原的辅助因素，缺锰时硝酸被还原成氨的过程受到抑制，进而使氨基酸和蛋白质的合成受阻。总之，锰与植物的光合、呼吸、叶绿素和蛋白质的合成等重要代谢过程密切相关。

缺锰时植物不能形成叶绿素，叶脉间失绿褪色，但叶脉仍保持绿色，叶片自叶缘开始枯黄，此为缺锰与缺铁的主要区别（图 5-2）。

（十二）钼

钼以 MoO_4^{2-} 的形式被植物吸收。钼是硝酸还原酶的组成成分，缺钼则硝酸的还原过程受到抑制，植株表现出缺氮病症。豆科植物根瘤菌的固氮过程必须有钼的参与，因为 N_2 的还原是在固氮酶的催化下进行的，而固氮酶是由铁蛋白和铁钼蛋白组成的。

缺钼时，植株叶片较小、叶脉间失绿、叶片上有坏死斑点，且叶边缘焦枯，向内卷曲。十字花科植物缺钼时叶片卷曲畸形，老叶变厚且枯焦。禾谷类作物在缺钼时则籽粒皱缩或不能形成籽粒。

（十三）镍

镍在 1988 年才被确定为植物的必需元素。在表 5-2 所列的 17 种必需元素中，植物体内镍的含量几乎是最低的，可能是测定技术上的原因，使得镍一直未能被确定为必需元素。后来的研究结果证明，即便是在培养液中绝对不加入镍，仅仅是种子中残留的微量镍也足以使其后代完成生活史。1987 年有人报道，经过连续三代进行无镍培养后所获得的大麦种子不能萌发，证明了镍是植物的必需元素。镍以 Ni^{2+} 的形式被植物吸收。

事实上人们很早就发现镍是脲酶的必需辅基，脲酶的作用是将尿素水解为 CO_2 和 NH_4^+。无镍时，脲酶失活，尿素在植物体内积累，最终对植物造成毒害。但有关镍是否为必需元素的争论集中在是否大部分或所有植物的代谢活动都产生尿素，进而才能证明脲酶及镍元素对植物是否是必需的。20 世纪 80 年代有关植物代谢途径的研究结果陆续证明，大多数植物确实在代谢过程中产生尿素。例如，许多豆科植物在根瘤的固氮过程中产生一些含脲基的化合物，而这些含脲基的化合物的进一步代谢则必然产生尿素，而无镍时，尿素不能被及时分解而积累，结果首先造成叶片的尖端和边缘组织坏死，严重时叶片整体坏死而影响植物的正常生长发育。腺嘌呤和鸟嘌呤的降解过程中也产生含脲基的化合物及尿素，显然所有的植物都存在嘌呤化合物的降解，因此也必须由镍激活的脲酶降解尿素。

（十四）氯

氯在 1954 年才被确定为植物的必需元素。氯以 Cl^- 的形式被植物吸收，进入植物体内后绝大部分仍以 Cl^- 的形式存在，只有极少量的氯被结合进有机物，其中 4-氯吲哚乙酸是一种天然的生长素类激素。大多数植物对氯的需要量较少，仅需约 6mg/L；而盐生植物的含氯相对较高，达 70～100mg/kg，这与盐生植物体内含钠量高、需要较多氯离子平衡有关。

在光合作用中 Cl^- 参与水的光解氧化过程。叶和根细胞的分裂也需要 Cl^- 的参与。Cl^- 是植物细胞内含量最高的无机阴离子，作为 K^+ 等阳离子的电荷平衡成分，在细胞的渗透调节和电荷平衡等方面起重要作用。例如，在气孔运动调节过程中，Cl^- 进出保卫细胞除参与渗透势的调节外，同时还对保卫细胞跨膜电位的维持和变化有重要作用。缺氯时，植株叶片萎蔫、失绿坏死，最后变为褐色；同时根系生长受阻、变粗，根尖变为棒状。

四、植物的有益元素和有害元素

（一）有益元素

有些元素并非是植物的必需元素，但这些元素对植物的生长发育或对植物生长发育过程中的某些环节有积极影响，这些元素被称为植物的有益元素（beneficial element）。人们对于有益元素如何影响植物生长发育的生理生化及分子机制还知之甚少，有待于今后的逐步研究。常见的植物有益元素有钠、硅、钴、硒、钒等。

1. 钠 许多植物的正常生长发育需要钠盐的供给，如盐生植物藜科的滨藜（*Atriplex patens*）、碱蓬（*Suaeda glauca*）等。盐生植物往往生长在土壤含盐量高、干旱等环境中，这些植物往往通过在液泡中大量储存 Na^+ 以调节细胞渗透势，通过降低细胞水势而促进活细胞自环境中吸收水分等。所以有人认为钠是盐生植物生长所必需的“营养”元素。而对于大多数非盐生植物，环境中钠盐过高时对植物生长造成盐胁迫。但对于一些生长或培养在低钾环境中的非盐生植物，如果有适量的钠存在，可在一定程度上缓解植物的缺钾症状，但钠并不能取代钾的作用。

2. 硅 硅在土壤中含量较为丰富，通常以 SiO_2 形式存在，而植物能够吸收的硅的形态是单硅酸［$Si(OH)_4$］。不同植物中的硅含量差别很大，如禾本科植物的硅含量很高，特别是水稻茎叶干物质中含有 15%～20% 的 SiO_2。在禾本科植物中，硅多集中在表皮细胞内，使细胞壁硅质化，有利于增强这些植物对病虫害的抵御能力和抗倒伏能力。硅对生殖器官的形成有促进作用，如对穗数、小穗数和籽粒增重都是有益的。

3. 钴 钴对许多植物的生长发育有重要调节作用。植物一般含有 0.05～0.5mg/kg 的钴，豆科植物的含钴量较高，禾本科植物含钴量较低。钴是维生素 B_{12} 的成分，也是黄素激酶、葡糖磷酸变位酶、酸性磷酸酶、异柠檬酸脱氢酶、草酰乙酸脱羧酶等的激活剂。

4. 硒 大部分耕地土壤的含硒量很低，平均为 0.2mg/kg。硒的价态很多，在土壤中以 Se^{6+}、Se^{4+}、Se^0、Se^{2-} 等价态存在，形成硒盐、亚硒酸盐、元素硒、硒化物及有机态硒。土壤中硒的存在价态决定其对于植物的供给性和在土壤中的移动情况。植物中的含硒量较低，大多数植物新鲜组织中的每千克鲜重含硒量为 0.001～0.01mg（如新鲜的水果和蔬菜），三叶草、苜蓿等草本植物每千克鲜重的含硒量不超过 0.1mg。硒在植物的生长点和种子中的含量可达每千克鲜重 1500mg 硒。少数富含硒的植物组织中的含硒量也可达每千克鲜重上千毫克硒。

虽然硒不是植物的必需元素，但低浓度的硒对一些植物的生长发育有利，而过多的硒则有毒害作用。硒毒害表现为植物生长发育受阻、黄化。硒引起植物毒害的原因可能是硒酸盐干扰了植物同化硫的代谢过程。

5. 钒 钒不是植物的必需元素，但作物栽培实践表明，给作物施用适量的钒可以促进作物的生长发育，并有增加作物产量或改善作物品质的作用。例如，喷施硫酸钒可增加甜菜根中蔗糖的含量，也可增加玉米籽粒中蛋白质和淀粉的含量。

6. 稀土元素 稀土元素是元素周期表中原子序数从 57～71 的镧系元素及化学性质与镧系相近的钪（Sc）和钇（Y）共 17 种元素的统称。土壤和植物体内普遍含有稀土元素。

低浓度的稀土元素可促进种子萌发和幼苗生长。例如，用稀土拌种，冬小麦种子萌发率可提高 8%～9%。稀土元素对植物扦插生根有特殊的促进作用，同时还可提高植物叶绿素含量和光合速率。稀土元素可促进大豆根系生长，增加结瘤数，提高根瘤的固氮活性等。

（二）有害元素

有些元素少量或过量存在时均对植物有不同程度的毒害作用，习惯上将这些元素称为有害元素，如重金属汞、铅、钨、铝等。

汞、铅等对植物有剧毒。钨对豆科植物与根瘤菌的共生固氮过程有抑制作用，因其竞争性地抑制共生体系对钼的吸收，而后者是根瘤菌固氮酶（钼铁蛋白）的成分。环境中铝含量高时可抑制植物对铁和钙的吸收，强烈干扰磷代谢，阻碍磷的吸收和向地上部的运转等。铝对植物的毒害表现症状有：抑制根的生长、根尖和侧根变粗成棕色、地上部生长受阻、叶子呈暗绿色、茎呈紫色等。

五、植物的缺素诊断

植物在生长发育过程中缺乏某种必需元素时其生理生化过程受到影响，进而在植物的组织或器官的形态、颜色等方面发生一些可观测到的变化。无论在研究工作的植物材料培养过程中，还是在作物栽培实践中，如果能够及时准确地判断缺素现象，可有效地避免损失。判断植物生长发育过程中组织或器官的一些形态变化是否由缺乏某种元素所致，一般应循以下步骤。

1. 确定植物组织、器官在形态、颜色等方面发生变化的原因 首先应区分生理病害、病虫危害和其他环境条件不适而引起的病症。引起植物发生类似于缺乏某种或某些营养元素的症状的原因可能是多方面的，如病毒可引起植株矮化，出现花叶或小叶等症状；植物受到蚜虫侵袭后会出现卷叶现象；干旱或涝灾会导致植株叶片发黄；等等。这些现象与一些缺素症状非常相似。其次，如能确定是由于缺素导致的生理病害，应根据症状归类分析以确定是由于缺乏何种元素导致的症状。例如，多种元素的缺乏都可能导致叶片失绿，但叶片失绿的现象不同则可能指示出不同元素的缺乏。如果新生叶失绿，可能是缺铁、硫、锰等元素。其中，若幼叶全部失绿，可能是缺硫；若幼叶呈白色，可能是缺铁；若叶脉绿色而叶肉变黄，则可能是缺锰。如果老叶首先失绿，则可能是由缺乏氮、镁、锌等元素所造成的。具体判断可参考缺素症状检索表（表 5-4）和图 5-2。表 5-4 可以检索的内容是针对植物的一般缺素症状而言。然后，再对缺乏某种或某些元素的原因进行分析，如分析土壤（或培养介质）的理化性质及对施肥（或营养液成分）情况加以分析。土壤酸碱度对各种矿质元素的溶解度影响很大，当土壤的 pH 过高或过低时往往使某些元素呈现不溶解状态，使其不能被植物吸收利用。例如，磷在强酸性环境中，往往与水溶性的 Fe^{3+} 或 Al^{3+} 形成不溶性的磷酸铁或磷酸铝，以致不能被植物利用。对于栽培作物，可根据过去的施肥及轮作情况来分析土壤中可能缺乏的元素种类。

表 5-4 部分必需元素缺乏的主要症状检索表

1. 较幼嫩组织先出现病症——不易或难以重复利用的元素
  2. 生长点枯死
    3. 叶缺绿……………………………………………………… B
    3. 叶缺绿，皱缩，坏死；根系发育不良；果实极少或不能形成…………………………………………………………… Ca
  2. 生长点不枯死
    3. 叶缺绿
      4. 叶脉间缺绿以至坏死……………………………… Mn
      4. 不坏死
        5. 叶淡绿至黄色；茎细小……………………………… S
        5. 叶黄白色……………………………………………… Fe
    3. 叶尖变白，叶细，扭曲，易萎蔫…………………… Cu
1. 较老的组织先出现病症——易重复利用的元素
  2. 整个植株生长受抑制
    3. 较老叶片先缺绿……………………………………… N
    3. 叶暗绿色或红紫色…………………………………… P
  2. 失绿斑点或条纹以至坏死
    3. 脉间缺绿……………………………………………… Mg
    3. 叶缘失绿或整个叶片上有失绿或坏死斑点
      4. 叶缘失绿以至坏死，有时叶片上也有失绿至坏死斑点… K
      4. 整个叶片有失绿至坏死斑点或条纹 ………………… Zn

当然，通过上述方法只能做出初步的判断，而通过对植物体内和土壤营养元素成分的测定，并辅之以加入不同营养元素以观察植物症状是否发生变化的试验，才能最终比较准确地判断植物缺素的种类。

2. 植物组织及土壤成分的测定 在上述初步判断的基础上，对某种或某些可能缺乏的元素进行植物组织或土壤（或其他介质）样品的测定，可有助于进一步判断是否缺乏某种或某些元素。例如，植株出现缺氮病症，可测定植物组织中的含氮量，并与其他正常植株进行比较分析。同时，也可对土壤（或其他植物培养介质）中的某种或某些元素含量进行测定分析。应该注意的是，植物体内或土壤（或介质）中即便不缺乏某种元素，也可能出现对应于该种元素的缺素症状。例如，即便植物能够自环境中摄取足够的硝态氮（NO_3^-），但如果植物体内缺乏有机物或还原物质的供应（即植物的整体同化能力降低的情况下），则硝态氮的还原过程就可能受阻而使植株表现缺氮病症。因此，对于植株的缺素症状应进行综合分析。

3. 补充营养元素 如能初步确定植株的病症是由缺乏某种元素而造成的，可通过施肥或在生长介质中补充该种元素的方法，以观察植株的恢复情况。如缺素症状消失，则可判断是缺乏该元素。对于大田栽培作物，为避免浪费或失误，可先进行小面积试验，待明确效果明显后再进行大面积施肥处理。

第二节　植物对矿质元素的吸收及运输

一、根系吸收矿质元素的区域和过程

（一）根系吸收矿质元素的区域

虽然正常生长的陆生植物除根系以外的组织和器官也能自环境中吸收少量矿质元素，但陆生植物的根系是植物吸收矿质元素的最主要器官。而根系的哪一或哪些部位是吸收矿质元素的主要区域至今仍是植物生理学家经常争论的问题。有些人认为根尖是植物吸收矿质元素的主要部位，而另一些人则认为整个根系的表面都能吸收矿质元素。有不同的实验证据分别支持不同的观点，但现在多数人一般认为，不同的矿质元素的主要根系吸收区域是有所不同的，而且不同植物对同种矿质元素的吸收部位也有所不同。例如，大麦吸收钙、铁的区域主要是在根尖区域，而玉米的整个根系表面都能够吸收铁。许多植物的整个根系表面都能够吸收钾、硝酸根、铵、磷酸根离子，但玉米吸收钾、硝酸根离子的主要区域是根尖的伸长区。有一些实验证据支持根尖的伸长区和根毛区是根系吸收矿质元素主要部位的观点，这一方面是由伸长区和根毛区组织迅速生长对营养元素的需求所致，另一方面也可能是由根尖组织所处的环境中矿质元素的供给较为充足所造成。总之，对于植物根系吸收矿质元素的确切部位应当视具体情况予以具体分析研究。

（二）根系吸收矿质元素的过程

植物根系吸收矿质元素大致经过三个过程：①土壤溶液中多数以离子形式存在的矿质元素到达根组织表面；②经质外体或共质体途径进入根组织维管束的木质部导管；③进入木质部导管的矿质元素随木质部汁液在蒸腾拉力和根压的共同作用下上运至植物的地上部分。

1. 矿质元素被吸附到根组织细胞表面　根组织细胞呼吸作用释放 CO_2 和 H_2O。CO_2 溶于水生成的 H_2CO_3，H_2CO_3 在适当的 pH 环境中解离为 H^+ 和 HCO_3^- 离子，这些离子同土壤溶液和土壤胶粒上吸附的离子（如 K^+、Cl^-、NO_3^- 等）进行离子交换，使土壤中的离子到达根组织表面。离子交换按“同荷等价”的原理进行，即阳离子与阳离子交换、阴离子与阴离子交换，而且价数相等。除了离子交换的方式外，由于根组织活细胞质膜内侧呈负电状态，土壤中的阳离子在静电作用下也可被吸附到根组织表面。

2. 矿质元素在根组织内的质外体和共质体运输途径　吸附在根组织表面的各种矿质元素（主要是各种无机离子）可以通过根组织的质外体或共质体两种途径向木质部导管运输（图 5-3）。植物组织中细胞质膜外部的细胞壁部分在组织内构成一连续的结构空间被称为质外体（apoplast）。土壤溶液中的各种矿质元素可顺着电化学势梯度在质外体空间扩散，故有时又将质外体称为自由空间。活组织自由空间的体积大小可通过某种离子的扩散平衡实验来估算，这个估算值称为相对自由空间（relative free space，RFS）。估算的方法大致为，将被测活组织（如根组织）置于含有某种离子且已知浓度和体积的溶液中，待组织内外离子达到平衡后，测定溶液中该种离子的浓度和进入组织内自由空间的离子总量，并用式（5.1）计算出相对自由空间。

$$\text{RFS}(\%)=\frac{\text{自由空间体积}}{\text{根组织总体积}}\times 100=\frac{\text{进入组织自由空间的溶质数（μmol）}}{\text{外部平衡溶液溶质浓度（μmol/mL）}\times\text{组织总体积（mL）}}\times 100 \tag{5.1}$$

研究工作中比较准确的测定质外体或自由空间体积的方法则是利用放射性标记的物质来进行的。将活组织置于含有用 ^3H 标记的水和 ^{14}C 标记的山梨糖醇（或甘露醇）的混合溶液中（两者的放射性比活及浓度均为已知），由于水分子能自由出入活细胞，因此利用被测组织中 ^3H 标记的水的数量可以计算出组织的总体积；而 ^{14}C 标记的山梨糖醇（或甘露醇）只能扩散进入质外体（自由空间），利用被测组织中 ^{14}C 标记的山梨糖醇（或甘露醇）的数量可计算出质外体空间的体积。

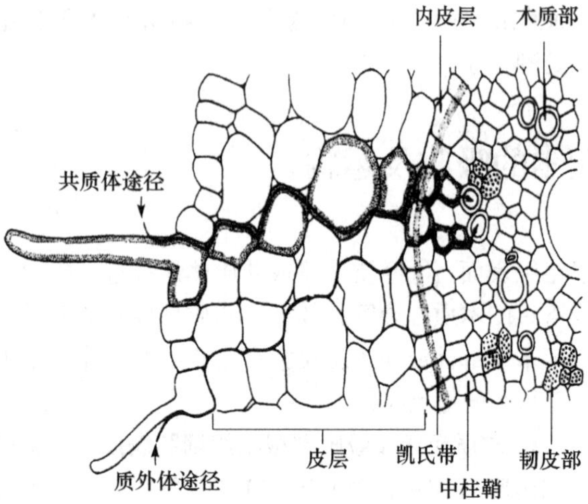

图 5-3　根毛区离子吸收的共质体和质外体途径

（Salisbury & Ross，1992）

据测定，大部分植物活组织的相对自由空间为5%～20%。

各种溶质可通过扩散作用进入根部自由空间，并能较为容易地穿过根组织的外皮层组织。内皮层细胞上有凯氏带（Casparian strip）形成的不允许溶质和水分通过的屏障，因此溶质和水通过质外体的运输仅限于根的内皮层以外。溶质和水分子到达内皮层后只有转入共质体后才能进入维管束组织。不过根的幼嫩部分，其内皮层细胞尚未形成凯氏带前，溶质和水分可经过质外体到达导管。另外，在内皮层中有个别细胞（通道细胞）的胞壁不加厚，也可作为溶质和水分的通道。

溶质通过跨膜运转进入原生质（见第四章），并通过活细胞间的胞间连丝或连续不断的跨膜运转而从一个活细胞运输至另一活细胞的过程称为共质体运输。自根表面开始一些溶质就可以直接被根的表皮细胞或外皮层细胞吸收而进入细胞。在细胞内离子可以通过内质网及胞间连丝从表皮细胞进入皮层细胞、跨过内皮层并进入木质部薄壁细胞，然后再从木质部薄壁细胞释放到导管中。溶质自木质部薄壁细胞释放至导管的过程可以是被动的，也可以是主动的，释放过程对溶质的种类具有选择性。在木质部薄壁细胞质膜存在的 H^+-ATPase 在薄壁细胞向导管分泌离子的过程中有重要作用。溶质进入导管后随蒸腾流被运至地上部分。

二、植物吸收矿质元素的特点

1. 根系吸收矿质营养与吸收水分的关系　只有溶于水的矿质营养元素才有可能被植物吸收，而盐分子也必须在水溶液中解离为离子后才能被植物吸收。虽然矿质元素在被吸收的过程中的某些环节可经质外体进行扩散运输，但最终矿质元素必须跨膜进入活细胞的原生质才能保证植物的生长发育。水分子和各种矿质元素在跨膜进入活细胞时是分别通过不同的跨膜运输蛋白进行的，前者须通过膜上的水孔蛋白、后者则分别通过相应的离子跨膜转运蛋白（离子通道、载体蛋白、离子泵等，见第四章）而进入活细胞。因此，植物对水分和矿质的吸收是既相互联系，又相对独立的。所谓两者相关表现为矿质元素需溶于水中才能被根系吸收，而且活细胞对矿质元素的吸收导致了细胞水势的降低，从而又促进了植物细胞吸收水分。所谓两者相互独立则是指两者的吸收并不一定成比例且吸收机制也不同，水分吸收的动力主要来自蒸腾拉力，而矿质元素的吸收则需消耗代谢能量。此外，两者的运输去向也不尽相同，水分主要被运输至叶片，而矿质元素则主要被运输至当时的生长中心。

2. 根系对离子吸收具有选择性　植物对各种矿质元素的吸收表现出明显的选择性。所谓植物对无机离子的选择吸收是指植物对同一溶液中不同离子的吸收比例不同的现象。例如，给作物施用 $NaNO_3$，作物对 NO_3^- 的吸收大于对 Na^+ 的吸收；又如，同是一价阳离子的 K^+ 和 Na^+，非盐生植物（甜土植物）可能对 K^+ 的吸收高于对 Na^+ 的吸收，但盐生植物则可能对 Na^+ 的吸收高于对 K^+ 的吸收。由于植物细胞内总的正负电荷数需维持相对平衡，因此当植物吸收某种离子的同时伴随着带同种电荷及相同电荷数的离子的排出，或者伴随着带相反电荷及相同电荷数的离子的吸收。例如，在植物选择性吸收 NO_3^- 时，伴随着 H^+ 的吸收或 HCO_3^-、Cl^- 等阴离子的排出。又如，当植物选择性吸收 K^+ 时，伴随着 H^+ 的排出或 Cl^- 等阴离子的同时吸收。以在土壤中施用 $NaNO_3$ 为例，植物在选择性吸收 NO_3^- 时大多伴随着 H^+ 的吸收，环境中 H^+ 的减少使 OH^- 的相对浓度增加，从而导致土壤溶液的 pH 升高。因此，将这类由于植物对离子的选择性吸收而使环境 pH 升高的盐类称为生理碱性盐（physiologically alkaline salt），硝酸盐类（硝酸铵除外）一般均属生理碱性盐。相反，如 $(NH_4)_2SO_4$ 等硫酸盐类，因植物对其阳离子（NH_4^+）的吸收大于阴离子（SO_4^{2-}），同时伴随着根细胞向外释放 H^+ 以达到电荷平衡，因此在环境中积累 SO_4^{2-} 的同时也积累了 H^+，使环境 pH 下降，故称这种盐类为生理酸性盐（physiologically acid salt）。而对于生理中性盐（physiologically neutral salt），植物根系吸收其阴、阳离子的量很相近，结果并不改变环境的 pH，如 NH_4NO_3 即属此类盐。显然，如果在土壤中长期施用某种生理酸性盐或某种生理碱性盐化学肥料，就会导致土壤酸碱度发生改变，从而破坏土壤结构，所以施化肥应注意肥料类型的合理搭配。

3. 单盐毒害　将植物培养在某一单盐溶液中（即溶液中只含有单一盐类），不久植株即呈现不正常状态甚至枯死，这种现象称为单盐毒害（toxicity of single salt）。无论该种单盐是必需营养元素还是非必需营养元素，都可导致植物受到单盐毒害，而且在溶液浓度很低时植物就会受害。例如，将海生植物置于与海水浓度相同的 NaCl 溶液中，植物会很快死亡。许多陆生植物的根系浸入钙、镁、钾、钠、铁等任何一种元素的单一盐类溶液中，根系都会迅速停止生长，且分生区的细胞壁黏液化、细胞被破坏，最终导致植物死亡。

若在单盐溶液中加入少量其他盐类，单盐毒害现象就会被消除。这种不同离子间能够相互消除使植物免受单盐毒害的现象，称为离子拮抗（ion antagonism）。所以，植物只有在含有适当比例的多盐溶液中才能正常生长发育，这种溶液称为平衡溶液（balanced solution）。表 5-2 和表 5-3 所列的几种植物营养液都是平衡溶液。土壤溶液一般含有多种盐类，因此对于陆生植物而言是平衡溶液，但并非理想的平衡溶液，而在作物生产中施用各种化肥的目的就是使土壤中各种矿质元素达到平衡，以利于植物的正常生长发育。

三、影响根系吸收矿质元素的因素

植物吸收矿质元素的过程受各种环境条件的影响，其中以土壤温度、土壤通气状况、土壤溶液中各种矿质元素的浓度和土壤酸碱度的影响最为显著。

1. 土壤温度　在一定温度范围内，根系吸收矿质元素的速度随土壤温度的升高而加快，但当超过一定温度时，吸收速度反而下降（图 5-4）。一方面，土壤温度直接影响溶质的扩散速度，温度较高时溶质在溶液中的扩散速度较快。另一方面，土壤温度间接地通过影响根系的呼吸作用而影响根组织对矿质元素的主动吸收。温度也影响各种酶的活性，在适宜的温度下，根组织的各种代谢活动加强，需要矿质元素的量增加，根组织吸收溶质的量也相应增多。温度也通过影响原生质胶体状况而影响根系对矿质元素的吸收，低温下原生质胶体黏性增加，透性降低，吸收减少；而在适宜温度下原生质黏性降低，透性增加，对离子的吸收加快。大气温度的高低或变化也影响植物对矿质的吸收。一方面大气温度通过影响土壤温度而影响根系的生理活动，另一方面大气温度直接影响植物地上部分的生理状况而间接影响根系对矿质的吸收（如蒸腾强度、地上部分的生长状况等）。

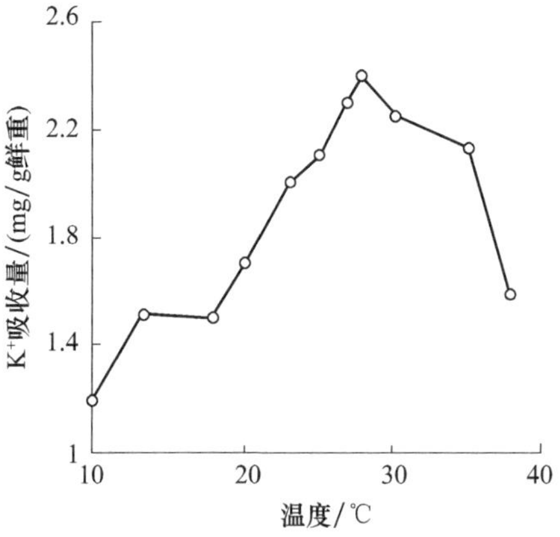

图 5-4　温度对小麦幼苗吸收 K^+ 的影响

2. 土壤通气状况　土壤通气状况直接影响根系的呼吸作用，进而影响根组织的生理状况及对矿质元素的吸收。通气良好时土壤含氧量较高，根系的呼吸代谢较为旺盛，根组织吸收矿质元素的速度较快。当然，土壤含氧量过高也不利于根系的正常生理代谢活动，进而会对矿质吸收产生负面影响。利用离体根组织的试验结果表明，水稻在土壤含氧量为 3% 左右时吸收钾的速度最快，而番茄则需要土壤含氧量在 5% ～10% 时才出现吸收高峰。土壤处于缺氧状况时，根系的生理代谢活动受到抑制，植物吸收矿质的速度明显减缓。在多数情况下，土壤处于较为缺氧的状态，因此各种改善土壤通气状况的措施（如增施有机肥料以改善土壤结构、加强中耕松土等）均能增强植物根系对矿质元素的吸收。改善土壤通气状况除可有效增加土壤含氧量外，还有减少土壤中 CO_2 含量的作用。土壤中 CO_2 含量过高会抑制根系的呼吸作用，进而影响根系对矿质元素的吸收。

3. 土壤溶液中各种矿质元素的浓度 在土壤中各种矿质元素的浓度较低时，根系吸收矿质元素的速度随着矿质元素浓度的增加而增加。但当土壤中矿质元素含量达到一定浓度时，再增加这些矿质元素的浓度也不会提高根系对它们的吸收速度。这一方面是由于根系吸收矿质元素的速率可能已经达到饱和，另一方面矿质元素（溶质）浓度过高会对根组织产生渗透胁迫，严重时会引起根组织乃至整个植株失水而出现所谓“烧苗”现象。因此，过量的土壤施肥或叶面喷施化肥都可能会对植物造成伤害。

4. 土壤酸碱度（pH） 土壤pH对矿质元素吸收的影响因离子性质不同而异。在一定的pH范围内，一般阳离子的吸收速度随土壤pH升高而加快，而阴离子的吸收速度则随土壤pH升高而下降（图5-5）。土壤pH对阴、阳离子吸收影响不同的原因与组成细胞质的蛋白质为两性电解质有关。在酸性土壤环境中，根组织活细胞膜及胞质内构成蛋白质的氨基酸的氨基处于带正电状态（图5-6），根细胞易吸收外界溶液中的阴离子；而在碱性环境中，氨基酸的羧基多发生解离而处于带负电状态，根细胞易吸收外部的阳离子。

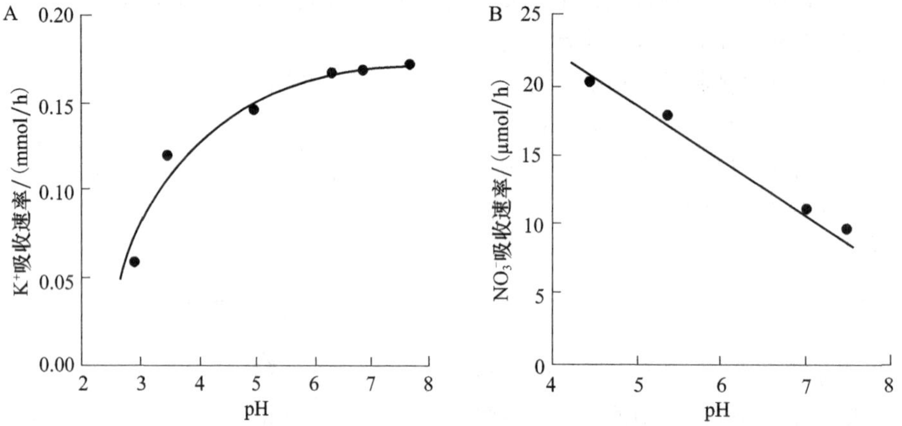

图5-5 pH对植物吸收矿质元素的影响

A. pH对燕麦吸收K^+的影响；B. pH对小麦吸收NO_3^-的影响

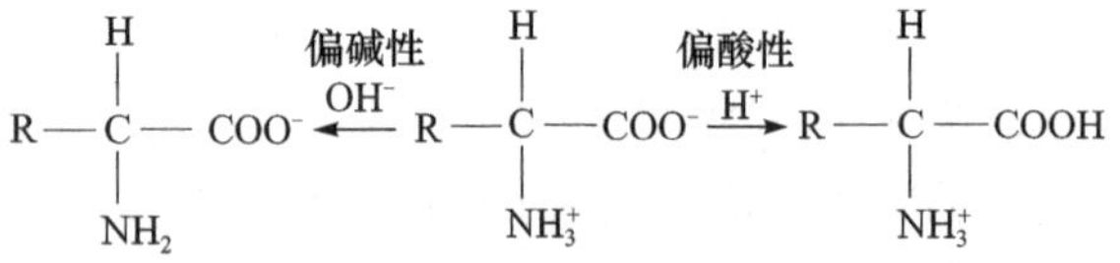

图5-6 不同pH条件下氨基酸带电情况

土壤溶液pH对植物营养的间接影响比直接影响大得多，这是由于pH可显著影响土壤中各种矿质元素的可利用性或活度（availability）。当土壤溶液偏碱性时，Fe、Ca、Mg、Cu、Zn等元素易形成难溶性化合物，使这些元素的有效浓度降低。而在偏酸性环境中，PO_4^{3-}、K^+、Ca^{2+}、Mg^{2+}等溶解性增加，其有效浓度增加有利于植物的吸收利用，但同时又不利于这些元素在土壤中的持久存在（易流失），因此在酸性红壤中常缺乏PO_4^{3-}、K^+等营养元素。当土壤过于偏酸性时，Al、Fe、Mn等的溶解度增大，当土壤中这些元素的含量超过一定浓度时可使植物中毒。

总之，植物正常吸收矿质营养元素的过程需要在适合的土壤pH条件下进行，而不同植物对土壤pH的要求也不尽相同。例如，茶树、马铃薯、烟草等喜偏酸的土壤环境，而甘蔗、甜菜等则喜偏碱的土壤环境。对多数植物而言，最适生长的土壤酸碱度（pH）在6～7。

四、植物地上部分对矿质元素的吸收

植物除了根系以外，地上部分（茎、叶等器官）也具有一定吸收矿质元素的功能。在作物栽培实践中，有时将一些速效性肥料直接喷施于植物地上部分以供植物吸收，这种施肥方法称为根外施肥。

用含有矿质元素的溶液喷施植物地上部分（主要是叶片）后，营养元素可通过叶片气孔或茎表面的皮孔进入植物体内，也可通过植株体表的角质层进入植物体内。水溶液虽然难以穿透植物体表或叶片表层的角质层（角质层主要由一些脂类化合物构成），但角质层结构常存在一些呈细微孔道的裂缝，可允许溶液通过。含有矿质元素的溶液经角质层孔隙到达表皮细胞外侧壁后，再经胞壁中的外连丝（ectodesma）到达表皮细胞的质膜，进而被转运到细胞内部，最后到达茎、叶中的韧皮部。外连丝是贯穿植物表皮细胞外侧壁的一种胞间连丝样纤细通道，从胞腔延伸到胞壁外，是外部营养物质进入植物体的重要通道，它遍布于表皮细胞、保卫细胞和副卫细胞的外围。

根外施肥时，营养物质进入植物体内的多少与多种因素有关。例如，幼嫩叶片较衰老叶片直接吸收利用营养元素的速率高、数量大，这是因为二者的表层结构差异和生理活性不同。大气温度对营养元素进入叶片有直接影响，如在30℃、20℃和10℃时，叶片吸收^{32}P的相对速率（30℃时^{32}P的吸收速率设为100）分别为100、71和53。由于植物茎、叶只能吸收溶液中的营养物质，溶液在植物体表留存的时间越长，可能被吸收的营养元素的量就越多。因此，凡影响液体蒸发的外界环境因素（如光照、风速、气温、大气湿度等）都会影响茎表、叶片对营养元素的吸收。所以在生产上，根外施肥作业多选择在凉爽、无风、相对湿度较高的时间（如阴天、傍晚）进行。

根外施肥无疑具有肥料用量省、肥效快等特点。而对于作物生长的特殊阶段或在一些特殊环境条件下，根外施肥更具有其不可替代的作用。例如，在作物生长后期根系活力降低、吸收矿质营养能力衰退时，根外施肥对于提高作物产量有显著作用；又如，在土壤缺少有效水分、土壤施肥难以发挥效益时，或因某些矿质元素在土壤施肥效果差时（如铁在碱性土壤中有效性很低、钼在酸性土壤中被固定等），利用根外追肥可以收到明显效果。常用于作物叶面喷施的肥料有尿素、磷酸二氢钾及微量元素。在禾谷类作物生长后期喷施氮肥，可有效地增加种子中的蛋白质含量。

当然，对于植株体表角质层较厚的植物（如柑橘类）来说，根外施肥的效果较差。在进行叶面施肥时，切忌喷施浓度过高，以免对叶片造成直接伤害。

五、矿质元素在体内的运输和利用

植物根系吸收的矿质元素只有少部分被根的生长发育和代谢活动所利用，其余大部分经木质部被运送至植物的地上部分。

1. 植物体内矿质元素的运输形式　根系吸收的氮素多数是硝酸根离子（NO_3^-）的形式，其中一部分在根部被还原并用于各种氨基酸（如天冬氨酸、天冬酰胺、谷氨酸、谷氨酰胺，以及少量丙氨酸、缬氨酸和甲硫氨酸）及含氮有机化合物，然后以氨基酸或其他有机物的形式随蒸腾流被运往地上部。也有一部分氮素以NO_3^-的形式直接被运送至叶片后再被还原利用（见本章第三节相关内容“氮的同化”）。根系吸收的磷主要以磷酸根离子的形式向上运输，也有少量磷先被合成磷酰胆碱和ATP、ADP、AMP、葡萄糖-6-磷酸、果糖-6-磷酸等有机化合物后再运往地上部。钾、钙、镁、铁、硫等元素则分别以K^+、Ca^{2+}、Mg^{2+}、Fe^{2+}、SO_4^{2-}等相应的离子形式运往地上部。

2. 矿质元素运输途径　矿质元素被根系吸收进入木质部导管后，随蒸腾流沿木质部向上运输，这是矿质元素在植物体内纵向长距离运输的主要途径。在矿质元素沿木质部上运的同时，也存在部分矿质元素发生横向运输至韧皮部的现象。当然，在植物体内也存在矿质元素经韧皮部自地上部分（如叶片）向下运输的现象，特别是在植物的特殊生长发育阶段，如多年生植物在秋冬季叶片脱落前，叶片中的矿质元素大量向根部和茎秆转移，即所谓植物体内物质的再分配和再利用。

3. 矿质元素的利用　被根系吸收并经木质部运输至植物各器官和组织（主要是生长部位或代谢活动较为旺盛的部位）的矿质元素，其中一部分与体内的同化物合成有机物质，如氮参与合成氨基酸、蛋白质、核酸、磷脂、叶绿素等，磷参与合成核苷酸、核酸、磷脂等，硫参与含硫氨基酸、蛋白质、辅酶A等的合成；另一部分不参与有机化合物合成的矿质元素，有的作为酶的活化剂，如Mg^{2+}、Mn^{2+}、Zn^{2+}等，有的作为渗透物质调节植物细胞的渗透势及水分的吸收，如K^+、Cl^-等。

被植物吸收利用的矿质元素在植物生长发育的某些阶段也可被再行运输到其他部位被重复利用。不同元素被重复利用的情况不尽相同，氮、磷、钾、镁等易被多次重复利用，铜、锌则可部分被重复利用，硫、锰、钼较难被重复利用，而钙、铁则几乎不能被重复利用。氮、磷、钾等易被重复利用元素，有的从衰老器官转到幼嫩器官（如从老叶转到上部幼叶芽）；有的从衰老叶片转入休眠芽或根茎，以供来年再被利用；有的从叶、茎、根转入种子。

第三节　植物对氮、硫、磷的同化

一、氮的同化

（一）植物的氮源

空气中含有近 80% 的氮气（N_2），植物却无法直接利用这些分子态氮。只有某些微生物（包括与高等植物共生的固氮微生物）才能直接同化利用分子态氮以合成含氮有机化合物。对于大多数陆生植物而言，其所利用的氮源主要来自土壤。

土壤中的有机含氮化合物主要来源于动物、植物和微生物躯体腐烂分解后的产物，但这些含氮化合物大多是不溶性的，通常不能直接为植物所利用，植物只能吸收其中的氨基酸、酰胺和尿素等水溶性的有机含氮化合物。尿素虽是植物良好的氮源，但由于它易被分解为 NH_3 和 CO_2，因此施入田间的尿素，也只有一部分是以尿素的形式被植物吸收。

植物的氮源主要是无机含氮化合物，而无机含氮化合物中又以铵盐和硝酸盐为主。植物可直接利用自土壤中吸收的铵态氮（NH_4^+）合成氨基酸，而植物吸收的硝态氮（NO_3^-）则必须经过还原形成铵态氮后才能被利用。

（二）硝酸盐的还原

大多数植物虽能吸收 NH_4^+，但在一般的土壤条件下，NO_3^- 是植物吸收的主要形式。NO_3^- 进入细胞后被硝酸还原酶和亚硝酸还原酶还原成铵。在 NO_3^- 被还原的过程中，每形成一分子 NH_4^+ 要求供给 8 个电子。硝酸盐的还原（nitrate reduction）过程可简单地表示如下。

$$\underset{(+5价)}{NO_3^-}\xrightarrow[\text{硝酸还原酶}]{+2e^-}\underset{(+3价)}{NO_2^-}\xrightarrow[\text{亚硝酸还原酶}]{+6e^-}\underset{(-3价)}{NH_4^+}$$

硝酸还原酶（nitrate reductase，NR）催化硝酸盐还原为亚硝酸盐，反应式如下。

$$NO_3^- + NAD(P)H + H^+ \xrightarrow{NR} NO_2^- + NAD(P)^+ + H_2O$$

硝酸还原酶是一种可溶性的钼黄素蛋白（molybdoflavo protein），它含有黄素腺嘌呤二核苷酸（FAD）、血红素（亚铁原卟啉，Heme）和钼复合物（MoCo），单体分子质量为 100kDa。高等植物中的硝酸还原酶结构为同源二聚体（homodimer），分子质量为 200kDa。图 5-7 为硝酸还原酶的大致结构。大部分硝酸还原酶在还原硝酸盐时的供氢体是 NADH，而在非绿色组织（如根组织）中的硝酸还原酶则可以 NADH 或 NADPH 为氢供体。

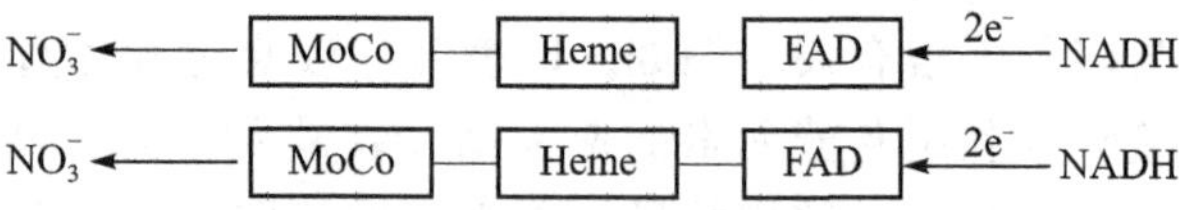

图 5-7　硝酸还原酶二聚体结构模型及电子传递示意图（Taiz et al.，2015）

硝酸还原酶是一种底物诱导酶（induced enzyme）。我国科学家吴相钰和汤佩松在 1957 年发现，水稻幼苗若培养在含硝酸盐的溶液中就会诱导幼苗合成硝酸还原酶，若培养液中不含硝酸盐则无硝酸还原酶合成。这也是国内外最早的有关高等植物体内存在诱导酶的报道。

亚硝酸还原酶（nitrite reductase，NiR）催化亚硝酸盐还原为铵的过程，反应式如下。

$$NO_2^- + 6Fd_{red} + 6e^- + 8H^+ \xrightarrow{NiR} NH_4^+ + 6Fd_{ox} + 2H_2O$$

亚硝酸还原酶为单条肽链，分子质量为 63kDa。其辅基包括一个血红素和一个 Fe_4S_4 簇。图 5-8 为亚硝酸还原酶所催化的大致反应过程。亚硝酸还原酶的催化反应以铁氧还蛋白为电子供体，6 个电子依次由亚硝酸还原酶的 Fe_4S_4 簇和血红素被转移到底物亚硝酸，使后者被还原为铵离子。亚硝酸还原酶受光照和硝酸根的诱导而合成。亚硝酸是活性很强、对植物有较强毒害作用的物质，但植物体内的亚硝酸还原酶的数量大、活性高。因此在正常条件下，植物体内的亚硝酸盐迅速被还原，很少在植物体内积累。

在植物的根细胞和叶肉细胞中都存在还原硝酸根的酶系，因此该过程既可在根组织中进行，也可在叶组织中进行。至于硝酸根在根和叶中还原的比例则随不同植物及不同环境条件而有所不同。当植物吸收较少量的硝酸根时，大部分硝酸根在根组织中被还原；而当植物吸收大量硝酸根时，大部分硝酸根被转运至叶片中被还原。通常在光照条件下、土壤环境中硝酸盐供应充足时，绿色组织（如叶片）中硝酸盐的还原比非绿色组织（如根组织）中

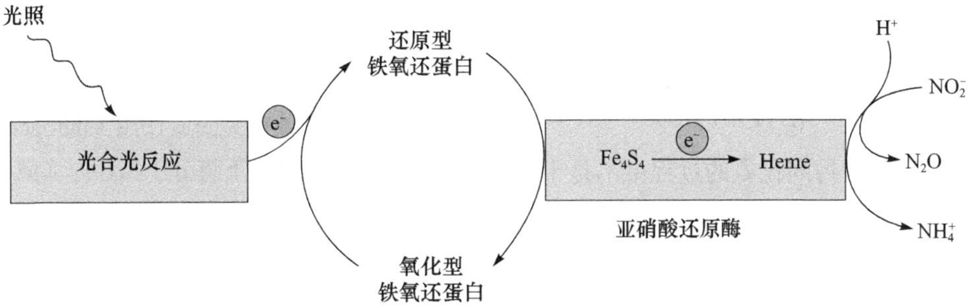

图 5-8　亚硝酸还原酶催化的反应过程示意图（Taiz et al.，2015）

更为活跃，这可能是这一过程需大量消耗还原态氢供体的缘故，因在光照条件下绿色组织内的还原类物质浓度较高。另外，一般温带植物大多利用其根系还原硝酸根，而热带和亚热带植物则更多利用其绿色组织还原硝酸根。

在叶片的叶肉细胞中，硝酸根被还原成亚硝酸根的过程是在细胞质中进行的，然后亚硝酸根被运至叶绿体内被进一步还原为铵。当硝酸盐进入叶肉细胞后，细胞质中的硝酸还原酶利用 NADH 作为供氢体将硝酸还原为亚硝酸，而生成 NADH 时的氢供体为苹果酸，是经苹果酸脱氢酶催化将 NAD^+ 还原生成的。NO_3^- 还原形成 NO_2^- 后被运到叶绿体，叶绿体内存在的 NiR 利用光合反应生成的还原型 Fd 作为电子供体将 NO_2^- 还原为 NH_4^+。

硝酸盐在根中的还原与叶中基本相同，即硝酸盐通过硝酸转运体进入细胞质，被 NR 还原为 NO_2^-，电子供体 NADH（或 NADPH）是根细胞的呼吸作用产物。形成的 NO_2^- 被运至前质体被 NiR 还原为 NH_4^+。

（三）铵的同化

植物从土壤中直接吸收或由硝酸盐还原形成的铵在植物体内会被迅速用于氨基酸或酰胺的合成，而铵或氨态氮的积累会对植物细胞造成毒害。铵的同化在根细胞和叶细胞中都可进行。铵的同化最初主要是通过谷氨酸-谷氨酰胺循环进行的（图 5-9），在此循环中的两种重要的酶分别是谷氨酰胺合成酶（glutamine synthetase，GS）和谷氨酸合酶（glutamate synthase，GOGAT）。

谷氨酰胺合成酶催化下列反应：

$$\text{L-谷氨酸} + ATP + NH_4^+ \xrightarrow[Mg^{2+}]{GS} \text{L-谷氨酰胺} + ADP + P_i$$

GS 由 8 个近乎相同的亚基构成，总分子质量约为 350kDa。除 Mg^{2+} 外，二价的 Mn^{2+} 或 Co^{2+} 均可作为 GS 的辅基。GS 普遍存在于各种植物组织中，其对氨有很高的亲和力，其 K_m 为 10^{-5}～10^{-4}mol/L，因此能迅速将植物体内的氨同化。

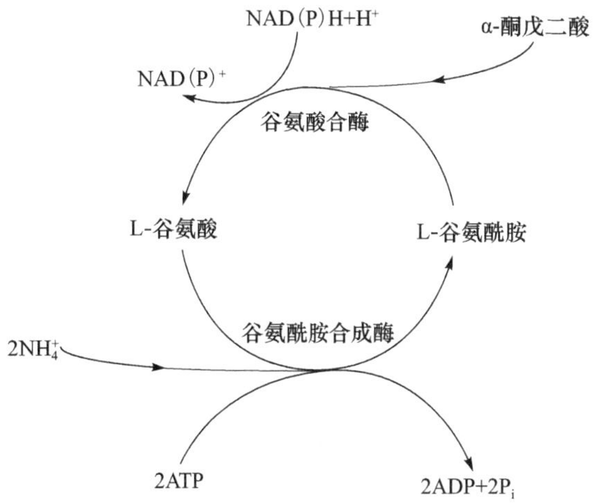

图 5-9　谷氨酸-谷氨酰胺循环示意图

谷氨酸合酶有两种形式，分别是以 NAD（P）H 为电子供体的 NAD(P) H-GOGAT 和以还原态 Fd 为电子供体的 Fd-GOGAT。两种形式的 GOGAT 均可催化如下反应。

$$\text{L-谷氨酰胺} + \alpha\text{-酮戊二酸} + [NAD(P)H \text{ 或 } Fd_{red}] \xrightarrow{GOGAT} 2\text{L-谷氨酸} + [NAD(P)^+ \text{ 或 } Fd_{ox}]$$

NAD（P）H-GOGAT 在微生物和植物中广泛存在，而 Fd-GOGAT 几乎存在于所有具有光合作用的生物体中。被子植物的组织中都有较高的 GOGAT 活力，且种子、根及叶片等组织中两种 GOGAT 共存。一般叶片中的酶活力较根组织中高，其中 Fd-GOGAT 活力又比 NAD(P)H-GOGAT 活力高（种子中例外）。

此外，谷氨酸脱氢酶（glutamate dehydrogenase，GDH）也参与氨的同化过程，GDH 催化下列反应。

$$\alpha\text{-酮戊二酸} + NH_4^+ + NAD(P)H \xrightleftharpoons{GDH} \text{L-谷氨酸} + NAD(P)^+ + H_2O$$

谷氨酸脱氢酶在植物同化氨的过程中不是十分重要，因为GDH对NH_3的亲和力很低，其K_m值为10^{-3}mol/L（即毫摩尔水平），但GDH在谷氨酸的降解中有重要作用。

三种酶在细胞中的定位有所不同，在绿色组织中，GOGAT存在于叶绿体内，GS在叶绿体和细胞质中都有存在。在非绿色组织特别是根组织中，GS和GOGAT定位于质体。以NADH为电子供体的GDH存在于线粒体中，而以NADPH为电子供体的GDH则存在于叶绿体中。

当氨被同化形成谷氨酸和谷氨酰胺后，通过氨基转移过程可合成其他氨基酸，催化此类反应的酶称为氨基转移酶（aminotransferase）。例如，天冬氨酸氨基转移酶（aspartate aminotransferase，AAT）催化以下反应。

$$\text{谷氨酸} + \text{草酰乙酸} \xrightarrow{AAT} \text{天冬氨酸} + \alpha\text{-酮戊二酸}$$

所有氨基转移酶催化的反应过程均以磷酸吡哆醛（维生素B_6）为辅基。氨基转移酶广泛存在于各种组织细胞的细胞质、叶绿体、线粒体、乙醛酸循环体、过氧化物酶体中。存在于叶绿体中的氨基转移酶的作用特别重要，因为光合作用碳代谢过程中的许多中间产物都可与氨基转移过程相配合而大量合成各种氨基酸。

另外，还应特别提到的是天冬酰胺在氮同化及氮代谢与碳代谢的协调方面有重要作用。天冬酰胺是第一个被确认的酰胺类物质，其在活细胞中具有较高的稳定性和高的氮碳比（天冬酰胺的氮碳比为2N：4C；而谷氨酸和谷氨酰胺的氮碳比则分别为1N：5C和2N：5C）的特点使其在氮的转运和储藏方面有重要作用。天冬酰胺的合成由天冬酰胺合成酶（asparagine synthetase，AS）所催化，在AS的催化作用下，谷氨酰胺的氨基被转移至天冬氨酸而生成谷氨酸和天冬酰胺。

$$\text{谷氨酰胺} + \text{天冬氨酸} + ATP \xrightarrow{AS} \text{谷氨酸} + \text{天冬酰胺} + AMP + PP_i$$

天冬酰胺合酶存在于根、叶、根瘤组织细胞的细胞质中，由两个相同亚基构成，分子质量为160kDa。

（四）生物固氮

大气中的分子氮被氧化形成氮氧化物或被还原形成氨的过程统称为固氮作用（nitrogen fixation）。人为地在高温、高压下将分子氮还原成氨的过程称为工业固氮，而自然界也存在多种自然固氮过程。自然固氮过程所固定的分子氮的总量远大于人为的工业固氮所固定的总氮量。自然固氮总量的10%左右是利用闪电过程的极端条件完成的，而其余约90%则主要是通过生活在海洋、湖泊、土壤等环境中的微生物完成的。微生物或其他生物将大气中的分子态氮同化为含氮化合物的过程称为生物固氮（biological nitrogen fixation）。由于工业固氮过程（合成氨过程）必须在高温、高压条件下完成，需消耗大量能源，而且也严重污染环境，因此无限制地发展工业固氮对生态保护和农业可持续发展有明显的不利影响。而生物固氮是自然过程，既不消耗不可再生能源，也不会对环境造成污染，如能充分有效地利用生物固氮为作物生产服务，显然具有十分重大的意义。

生物固氮主要是由两类原核微生物来完成的：一类是自生固氮微生物，包括多种细菌和蓝绿藻等，大部分固氮微生物属于此类；另一类是与作为宿主的植物共生的微生物，如与豆科植物共生的根瘤菌、与非豆科植物共生的放线菌、与水生蕨类红萍（也称满江红）共生的蓝藻（鱼腥藻）等，这类微生物仅占固氮微生物的一小部分，其中以根瘤菌与豆科植物的共生固氮对作物生产最为重要。

1. 豆科植物根瘤的形成 与豆科植物共生的根瘤菌的固氮作用是在被称为根瘤（nodule）的特殊结构中进行的（图5-10）。豆科植物根部根瘤的形成是植物与根瘤菌互作的复杂过程（图5-11）。在土壤环境中缺乏可利用氮源时，豆科植物根系分泌黄酮类物质，此类物质具有使根瘤菌朝植物根系发生向化性运动的作用，同时还诱导根瘤菌合成结瘤因子（nod factor，NF）。当根瘤菌与豆科植物根毛发生接触后（图5-11A），根瘤菌释放结瘤因子，后者可引起根毛发生变形及弯曲。根瘤菌作用于寄主植物根毛细胞引起后者发生一系列变化的信号转导过程现在还不十分清楚，但目前至少已经知道钙离子在此过程中起着重要的信号传递作用。结瘤因子的基本骨架结构为3～6个乙酰氨基葡萄糖形成的寡聚糖，其一端连有几丁质，另一端连有16～18碳的脂肪酸链（结瘤因子化学结构的英文名称为 lipochitin oligosaccharide）。结瘤因子激活豆科植物根产生凝集素（一类糖结合蛋白），后者在寄主植物识别根瘤菌种类的过程中发挥作用。随着寄主植物根毛在结瘤因子的作用下发生弯曲，根瘤菌在根毛弯曲形成的空间内聚集（图 5-11B）。邻近根瘤菌聚集处的根毛细胞壁发生局部降解使根瘤菌与根毛细胞质膜外表面接触，随着根毛细胞内膜囊泡的大量形成并与质膜融合，形成了由质膜包被向内延伸的管状结构，管状结构内有大量根瘤菌繁殖（图 5-11C），即形成所谓根瘤菌侵染线。随着侵染线不断向内延伸而进入寄主根皮层细胞（图 5-11D～F），使后者发生去分化而开始细胞分裂。皮层细胞的大量分裂生长最终导致了根瘤结构的形成。根瘤菌在根瘤结构中依赖消耗寄主植物的碳水化合物作为能量来源而执行固氮功能，而其固定的氮则作为寄主植物生长发育所需的氮源。

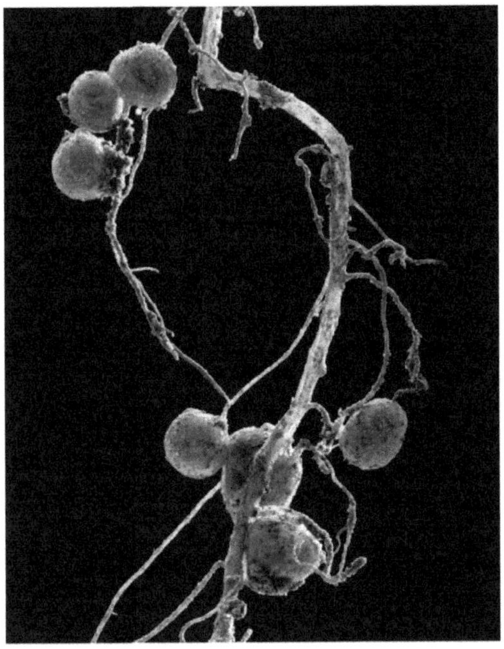

图 5-10　菜豆根部的结瘤情况（Taiz et al.，2015）

2. 固氮酶　根瘤菌及其他固氮微生物细胞内含有固氮酶（nitrogenase），它催化还原分子氮为氨的反应。

$$N_2 + 8e^- + 8H^+ + 16ATP \xrightarrow{\text{固氮酶}} 2NH_3 + H_2 + 16ADP + 16P_i$$

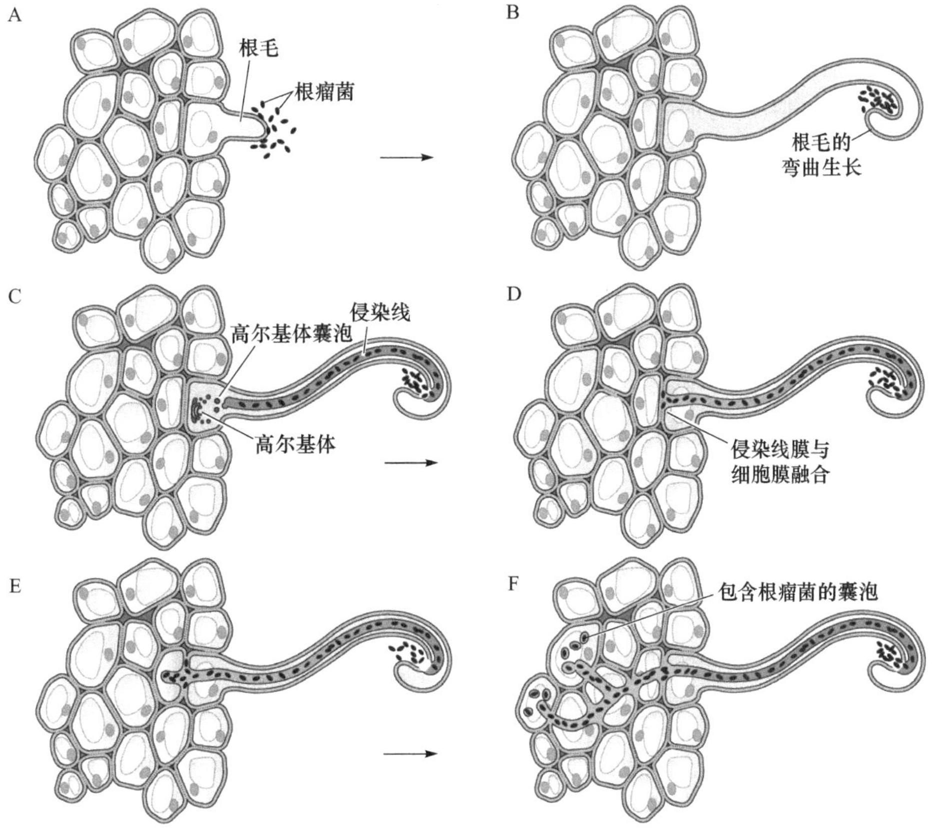

图 5-11　根瘤菌侵染豆科植物根的过程示意图（Taiz et al.，2015）

固氮酶由钼铁蛋白和铁蛋白两部分构成，两者都是可溶性蛋白质，任何一部分单独都不具有固氮酶的活性。从分子质量来说，铁蛋白是固氮酶较小的部分，铁蛋白是由两个相同亚基构成的同源二聚体，其分子质量在不同的固氮微生物中是不同的，为30～72kDa。每一个铁蛋白组分含有一个铁硫簇（Fe_4S_4），负责固氮酶还原分子态氮过程中的电子传递。钼铁蛋白由4个亚基构成，其分子质量为180～235kDa。钼铁蛋白的每个亚基含有两个Mo-Fe-S簇。在固氮酶催化的反应过程中（图5-12），由铁氧还蛋白提供的电子首先传递给固氮酶的铁蛋白组分，处于还原态的铁蛋白在水解ATP的同时将固氮酶的钼铁蛋白还原，然后钼铁蛋白再将电子传递至分子态氮使后者被还原。

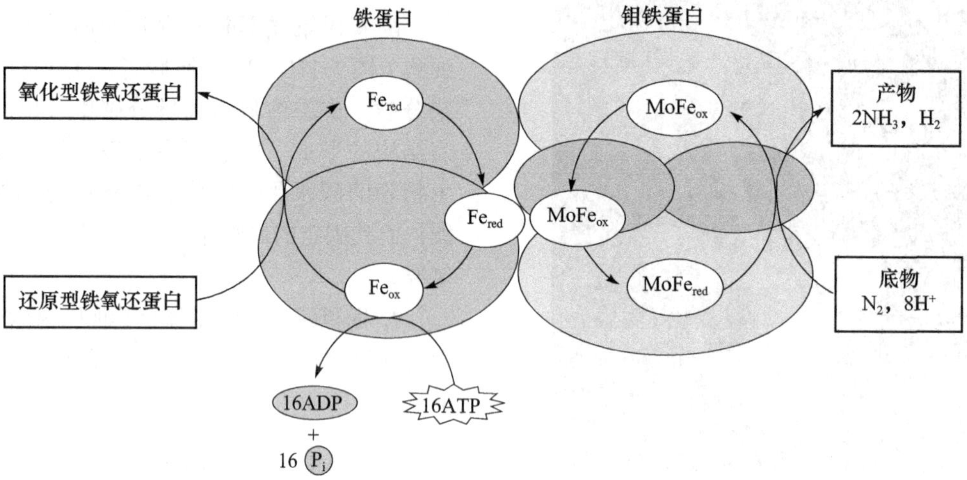

图5-12　固氮酶催化的反应过程示意图（Taiz et al.，2015）

固氮酶中的铁蛋白和钼铁蛋白的活性都能被氧抑制，前者对氧极为敏感，其在氧作用下的失活半衰期仅为30～45s；后者被氧抑制失活的半衰期则为10min左右。因此，固氮酶的正常活性要求几乎绝对的厌氧条件。

固氮酶除了能催化分子态氮转化为氨的反应外，还能催化其他多种底物的还原及ATP的水解。表5-5列出了固氮酶催化的反应过程。

表5-5　固氮酶催化的反应（Taiz et al.，2015）

反应式	注解
$N_2 \rightarrow NH_3$	分子态氮被还原为氨
$N_2O \rightarrow N_2+H_2O$	氮氧化物被还原为氮
$N_3^- \rightarrow N_2+NH_3$	叠氮化物被还原为氮和氨
$C_2H_2 \rightarrow C_2H_4$	乙炔被还原为乙烯
$2H^+ \rightarrow H_2$	氢离子被还原为氢气
$ATP \rightarrow ADP + P_i$	ATP的水解

生物固氮是一个高耗能过程，固氮酶每固定1分子N_2要消耗8个电子和16分子ATP。据估算，豆科植物依赖与其共生的根瘤菌每固定1g氮素要消耗12g有机碳化合物。

3. 根瘤菌固氮产物的转化和输出　根瘤菌固氮作用的直接产物是氨，但氨对与根瘤菌共生的植物是有毒害作用的，因此，被根瘤菌固定的氮素在被转运至豆科植物根的木质部之前，在根细胞中被迅速转化成两类含氮有机物，酰胺类化合物和脲类化合物。温带生长的豆科植物一般将氨转化为酰胺类化合物后向茎部运输，而热带生长的豆科植物则多将氨转化为脲类化合物后向上运。酰胺类化合物主要是谷氨酰胺和天冬酰胺，脲类化合物则包括尿囊酸、尿囊素和瓜氨酸。这些含氮有机物被运送至寄主植物的地上部分后，通过氨基转移反应将氮素用于氨基酸等的合成。

二、硫的同化

硫是所有生物体内最重要的元素之一，对于植物也不例外。蛋白质中的二硫键在稳定蛋白质的空间结构、调节蛋白质的活性方面具有不可替代的作用，硫元素参与的多种氧化还原电子传递过程（如在铁硫蛋白中作为铁硫簇的成分）也是生命活动所不可或缺的，而许多酶和辅酶的催化区域含有硫元素（如脲酶和辅酶A等）则更使硫元素凸显其在生命活动中的重要性。此外，植物体内的多种次生代谢产物也含有硫元素。

植物吸收的硫主要是硫酸根（SO_4^{2-}）形式，除了植物根系自土壤中吸收硫酸根离子外，植物叶片通过气孔也可以吸收少量 SO_2（进入植物体内溶于水后也以 SO_4^{2-} 形式存在）。

植物合成含硫有机物的第一步是将 SO_4^{2-} 还原合成半胱氨酸，而在此之前 SO_4^{2-} 首先要被活化。硫酸根的活化是其与 ATP 作用而形成腺苷-5′-磷酸硫酸（adenosine-5′-phosphosulfate，APS），催化此反应的酶为 ATP 硫酸化酶。

$$SO_4^{2-} + ATP \xrightarrow{\text{ATP硫酸化酶}} APS + PP_i$$

虽然先前曾报道在其他植物细胞的细胞质和质体内都存在此酶，但近来对拟南芥的研究表明，ATP 硫酸化酶仅存在于质体中。

APS 还可被进一步活化形成 3′-磷酸腺苷 -5′-磷酸硫酸（3′-phosphoadenosine-5′-phosphosulfate，PAPS）。之后，PAPS 在细菌、真菌等微生物中的主要代谢途径是被依次还原为亚硫酸（SO_3^{2-}）和硫化物（S^{2-}）。在植物中的另一种途径是 APS 或 PAPS 被先转化为与酶结合的硫代磺酸（$R—SO_3^-$），再被还原为硫代硫化物（$R—S^-$）。形成的硫代硫化物或硫化物以乙酰丝氨酸作为底物合成半胱氨酸。催化半胱氨酸合成的酶广泛存在于各种植物细胞的细胞质、质体和线粒体中。

在硫酸根被还原合成半胱氨酸的过程中，硫元素从 +6 价变为 −4 价，其还原过程中有 10 个电子发生转移，因此是一个高耗能过程。也许正是此原因，大部分硫的还原过程在还原势较强的叶细胞中进行。另外，叶片光呼吸作用的中间产物丝氨酸作为半胱氨酸合成的底物也有利于硫的还原。被还原的硫大多首先被用于合成谷胱甘肽，然后经韧皮部被运送至植物各组织器官。在质体中，半胱氨酸也被用于合成甲硫氨酸。

三、磷的同化

植物根系自土壤溶液中吸收的磷大多以 $H_2PO_4^-$（P_i）的形式存在。磷的最主要同化过程是与 ADP 合成生命活动的主要能量形式 ATP。植物细胞中 ATP 的合成主要有两个途径，一是发生在叶绿体中的光合磷酸化，二是发生在线粒体中的氧化磷酸化。有关 ATP 合成的过程在光合作用（第六章和第七章）和呼吸作用（第八章）的相关章节有详细介绍。

在植物细胞中，磷的同化过程总是伴随着物质和能量的代谢。植物细胞中许多小分子通过磷酸化作用，形成含磷的小分子。这些含磷的小分子可以作为多种生物大分子（如核酸、脂类、糖类、蛋白质等）合成的物质和能量来源。例如，与 ATP 类似的含磷小分子还包括 UTP、GTP、CTP 等。这些三磷酸核苷是合成 RNA 的主要物质，而脱氧型的三磷酸核苷用于 DNA 的合成。在脂类代谢中，糖转化为甘油和脂肪酸的过程都需要磷的参与。磷脂是构成细胞膜的基本成分，CTP 可以作为能量物质参与甘油磷脂的合成。此外，蔗糖和淀粉的合成则需要消耗 ATP 和 UTP（参见第七章相关内容“蔗糖的合成”与“淀粉的合成和动员）。在糖类代谢过程中，许多底物必须先发生磷酸化，才能进行下一步反应。单糖之间转化时，都需要先经过磷酸化形成相应的磷酸酯，然后才能转化为另一种糖的磷酸酯。

第四节　合理施肥的生理基础

由于耕地土壤中所含的可供植物吸收利用的有效矿物元素常常不能满足作物正常生长发育的需求，因此在作物生产中经常需要通过施肥来补充作物对矿质元素的需要。

一、作物需肥特点

首先，不同作物的需肥情况不同，施肥时应根据栽培作物的种类合理搭配氮、磷、钾肥的施用量。禾谷类作物如小麦、水稻、玉米等需要氮肥较多，同时又要供给足够的磷和钾，以使后期籽粒饱满；豆科作物如大豆、豌豆、花生等能固定空气中的氮素，故需磷、钾较多。叶菜类则要多施氮肥，以保证叶片肥大、质地柔嫩；薯类作物和甜菜需要更多的磷、钾以保证碳水化合物在块根或块茎中的大量积累。棉花、油菜等油料作物对氮、磷、钾的需要量都很大，需充分及平衡供给。另外，油料作物对镁有特殊需要；而甜菜、苜蓿、亚麻则对硼有特殊要求。同一作物因栽培目的不同，施肥的情况也有所不同。例如，食用大麦，应在灌浆前后多施氮肥，使种子中的蛋白质含量增高；而用于酿造啤酒的大麦则应减少后期施氮，否则蛋白质含量过高会影响啤酒品质。

其次，施肥时应注意不同作物对肥料类型的要求不同。肥料主要有有机肥和无机化肥两大类。菌肥实际上并不能直接为植物提供矿物营养，但有协助植物吸收土壤中矿物营养的作用。施肥时应根据作物的种类和生产目的选择有利于作物生产的肥料种类。马铃薯用草木灰等有机钾肥比氯化钾等无机钾肥效果好，因为氯可降低马铃薯的淀粉含量（氯有阻碍糖运输的作用）。水稻宜施铵态氮而不宜施硝态氮，因为水稻体内硝酸还原酶的活性较低，难以同化利用硝态氮。另外，黄花苜蓿及紫云英吸收磷的能力弱，以施用水溶性的过磷酸钙为宜；毛苕、荞麦吸收磷的能力强，施用难溶解的磷矿粉和钙、镁、磷肥也能被利用。

再者，施肥时还应特别注意的是，同一作物在不同生育期需肥不同，处于不同生长发育阶段的植物对矿质营养的种类和数量的要求有所不同。例如，在种子萌发期间，因种子胚乳内储藏有丰富的包括各种矿质元素在内的营养物质，所以只需吸收水分即可萌发，特别是对于一些种子颗粒较大的植物（如蚕豆等）尤为如此。在幼苗阶段，虽然植株逐步开始吸收一些矿质元素，但需要量较少；而随着幼苗的长大，植株吸收矿质元素的量会逐渐增加。对于一年生植物，当植物进入由营养生长向生殖生长转变的时期及开花结实期时，对矿质元素的吸收利用达到高峰；之后，随着植株生长的减缓并进入衰老期，吸收矿质元素的需求逐渐下降直至停止。另外，植物在营养生长阶段需氮肥量较大，但在进入生殖生长期则需磷、钾肥较多。对于某种栽培作物，有一个时期施用肥料的营养效果最好，这个时期被称为植物营养最大效率期。一般作物的营养最大效率期是生殖生长时期。作物对缺乏矿质元素最为敏感的生长发育时期称为需肥临界期或营养临界期，如禾本科作物的幼穗分化期，油菜、大豆的开花期，棉花的盛花期等。一般来说，作物的营养最大效率期和需肥临界期是基本相同的。

因此，在作物栽培过程中，应根据作物的种类、作物不同生长发育阶段对矿质营养的需求特点等多方面因素来综合考虑施肥方案。

二、施肥指标

要合理施肥，就要全面掌握土壤肥力和植物营养状况，即所谓掌握合理施肥的科学指标。

通过对土壤各种营养元素含量的测定即所谓掌握土壤营养丰缺指标，对确定施肥方案有重要参考价值。在生产实践中常说的土壤肥力是一个综合指标，是由土壤的综合物理化学性质所决定的。由于不同作物对土壤中各种矿质元素的含量及比例要求不同，而且各地的土壤、气候、耕作管理水平也差别很大，因此施肥的土壤营养指标也因地、因作物而异（请参考有关作物栽培学及土壤学等相关书籍）。

而通过所栽培作物的形态、生理等指标（即所谓作物营养丰缺指标）来确定是否施肥及所施肥料的种类，也是生产实践上常用的方法。所谓形态指标主要是指植株生长的快慢、植株的大小、植株的株型结构、叶片的形态和颜色等。其中以叶片的形态和叶色指标最为常用。表 5-4 列出了缺乏一些主要矿质元素时植株所表现的形态特征，在生产实践中还应根据作物的种类而选用适当的指标。所谓施肥的生理指标是根据作物的生理状况来判断作物是否缺乏某种或某些矿质营养元素，如测定植株体内的矿质元素、叶绿素、酰胺和淀粉含量等。例如，当植株吸收氮素过多时，氮就以酰胺的形式被储藏在叶片中，如在叶片中测到天冬酰胺则表示氮肥充足，否则表示缺氮应立即追施氮肥。又如，水稻叶鞘中淀粉的含量也可作为氮素的丰缺指标；氮肥不足导致淀粉在叶鞘中累积，所以叶鞘内淀粉愈多表示氮肥愈缺乏。植物体内有多种酶蛋白，其活性依赖于作为辅基或活化剂的矿质元素，当这些元素缺乏时，相应酶的活性会下降；如缺铜时抗坏血酸氧化酶和多酚氧化酶活性下降，缺钼时硝酸还原酶活性下降，缺锌时碳酸酐酶和核糖核酸酶活性降低，缺铁可引起过氧化物酶和过氧化氢酶活性下降等。所以还可根据某种酶活性的变化来分析某一元素的丰缺情况。另外，测定叶片等器官中各种矿质元素的含量也可以直接判断植株营养的丰缺情况。

总的说来，生理指标可靠、准确，是诊断作物营养状况的较好方法。由于测定生理指标需要一定的设备条件和技术，其推广应用对于零散的作物栽培有一定困难。但随着作物生产不断向大规模、产业化的方向发展，利用生理指标作为诊断作物营养状况的方法有着较好的发展前景。

三、发挥肥料利用效率的措施

在作物栽培实践中除了适时适量地施入合适种类的肥料外，还要配合采取一些耕作措施以保证作物对矿质营养的利用效率。

首先，由于绝大部分矿质元素必须先溶于水才能被吸收利用，因此在施肥的同时适量灌水才能保证肥料的利用效率，当然，灌水的多少应根据肥料和作物的种类而定。其次，适当深耕并增施有机肥料可以改善土壤理化性质（如促进团粒结构的形成），不但可增加土壤保水保肥的能力，而且改善根系生长环境可使根系生长良好以扩大对水肥的吸收利用效率。而选择适当的施肥方式也能有效提高肥料的利用效率，如改表层施肥为深层施肥可有效减少矿质元素的流失等。再者，合理密植以保证通风透光、提高作物光合效率也是充分发挥肥料效益的重要措施。

第五节　植物的无土栽培

无土栽培是指用含有各种植物生长发育所需矿质营养元素的营养液培养植物的方法。植物的无土栽培方法在 20 世纪得到了较快发展，而且随着工业的发展、耕地的紧缺，以及人们对蔬菜、花卉等多种植物产品质量的要求不断提高等多种因素，植物无土栽培将会有广阔的发展前景。图 5-1 表示几种植物无土栽培的装置情况。

一、无土栽培的种类和设施

在 1976 年召开的世界无土栽培会议上，人们对不同的无土栽培系统进行了分类，表 5-6 列出了无土栽培类型的定义和特点。

表 5-6　植物无土栽培的类型

类型	定义和特点	举例
水培（water culture）	植物根系浸没在营养液中的培养方法	如直接浸入法（图 5-1A）、营养膜技术（图 5-1B）、雾培法（图 5-1C）
砂培（sand culture）	植物根系生长在直径小于 3mm 的固体颗粒中	如将植物植于砂子、珍珠岩、塑料粒等固体无机物质中并淋浇营养液
砂砾栽培（gravel culture）	植物的根系生长在直径大于 3mm 的固体颗粒中	如将植物植于砂砾、火山渣、塑料粒及其他无机物质中并淋浇营养液
蛭石栽培（vermiculaponics）	植物根系生长在蛭石或蛭石与其他颗粒状无机物质的混合物中	
岩棉栽培（rockwool culture）	植物根系生长在岩棉（石棉）、玻璃棉或其他同类物质中	

无土栽培方法大致可归纳为两大类，一类属于如图 5-1 所示的溶液培养方法（即水培），另一类为固体介质栽培方法。采用溶液培养方法时应注意不断补充营养液中的矿质营养成分。较先进的溶液培养系统最好配置有能够自动检测培养液中主要矿质元素（如氮、磷、钾、钙、镁、硫等）含量的装置，并根据溶液中某种元素的缺乏情况而进行自动补充。固体栽培方法是由固体物质作为植株的固定支撑基质，这些固体物质中并不含有植物生长所需的矿质营养，因此也需要用营养液通过循环、淋浇、滴灌等方式供给植物矿质营养。无土栽培设施一般建立在能控制或调节温度、湿度、光照的温室或大棚内，当条件适当时，一年四季都能进行植物栽培。

二、植物无土栽培营养液

无论选用哪种无土栽培方法，都必须利用营养溶液供给植物矿质营养，因此营养液的矿质元素含量及比例、各种理化特性是无土栽培技术的关键。营养液由含植物所需的各种矿质元素的化合物溶解于水配制而成。

营养液中绝大部分是水，对水质的要求依进行无土栽培的目的而有所不同。例如，在研究营养液新配方或某些营养元素的缺乏病症时，需要使用纯度较高的水（如蒸馏水或去离子水）来配制营养液，但对于一般蔬菜、花卉的栽培则可使用自来水、井水等。

营养液中含有植物必需的大量元素和微量元素，各种元素的浓度和不同元素之间的比例应根据生理平衡和化学平衡原则来确定，同时也应考虑到所栽培植物的种类。对于易形成难溶性化合物的阳离子和阴离子应控制其阴、阳离子浓度，以避免形成沉淀。营养液的渗透势一般为 −0.03～−0.15MPa，大多情况下较适宜的营养液渗透势在 −0.09MPa 左右。配制营养液时应根据不同目的而选用不同纯度的试剂。对于进行营养液新配方的研制或研究营养元素缺乏症等试验工作，最好用分析纯的试剂，尽管有时化学纯的试剂也能满足要求。在较大规模的无土栽培生产实践中，除了微量元素需用化学纯试剂或医药用品外，大量元素的供给多采用农业用品（如化肥或复合化学肥料）以降低成本。

pH 是营养液的重要参数，一般应控制在 5.5～6.5。而且，由于在植物生长过程中会对其生长环境介质的 pH 产生影响，因此在营养液的使用过程中还应注意经常监测并调节其 pH。合适的 pH 不仅是直接影响植物根系生长发育的重要因素，而且还影响营养液中各种矿质营养的有效性。如当 pH 高于 7 时，P、Ca、Mg、Fe、Mn、B、Zn 等元素的有效性都会降低；而 pH 低于 5 时，由于 H^+ 浓度过高而对 Ca 产生显著的拮抗，植物吸收 Ca 减少而出现缺钙症。

溶液的含氧量也是影响植物无土栽培（特别是水培）的重要因素。利用营养膜和雾培的方法就是为了使植物根系能够获得足够的氧。生长在营养液中的植物根系，其呼吸作用所需的氧气主要是来源于营养液中的溶氧，因此在无土栽培过程中须不断对营养液进行补充溶氧。常用的向营养液补充溶氧的方法有：①充分搅拌溶液；②向溶液通气；③保持营养液处于流动循环状态；④利用化学试剂增氧。

此外，还应注意营养液的温度。一方面，应使营养液温度不要过高或过低，如夏季的液温应不超过 28℃、冬季的液温应不低于 15℃左右；另一方面，在有条件的情况下可调节营养液温度使其低于气温 2～4℃，因为对于大多数植物来说，适当的根冠间的温差有利于植物的生长发育。

各种文献中报道的营养液配方有许多种，其中以美国植物营养学家霍格兰德（D. R. Hoagland）研究的营养液配方（表 5-2）应用最为广泛。很多其他营养液配方大多也是参照霍格兰德的配方，根据自己的使用目的和植物的种类等因素而调整后形成的。

三、无土栽培的优点和发展前景

植物的无土栽培方法无疑有多种优点。第一，无土栽培可以不受环境条件的限制。地球上的许多地区都不适宜于种植植物，如极端寒冷地区、沙漠等。但在温室、大棚等保护地内进行植物的无土栽培则一般不受地域限制。以色列在沙漠上创造了所谓农业奇迹，其中在以色列科学家和农户的共同努力下广泛应用的无土栽培技术功不可没。在家庭、办公室等地方，也可充分利用窗台、阳台、走廊、屋顶及其他空闲地方进行植物的无土栽培。

第二，由于无土栽培经常采用柱式或多层式培养等立体式栽培方式，因此利用无土栽培技术可以大大提高土地使用效率。例如，利用柱式无土栽培方式种植生菜，可使种植面积达所占土地面积的 3～5 倍。这对于土地非常紧缺的我国而言尤其具有重要意义。而对于空间极为珍贵的情况（如空间站等），高密度的无土立体栽培技术无疑具有其独特的优势。美国宇航局（NASA）自 20 世纪 80 年代开始，不间断地资助适于在空间站应用的植物无土栽培技术。

第三，利用无土栽培生产的蔬菜、花卉等不但产量高，而且品质往往优于一般土壤栽培的植物产品。例如，无土栽培的番茄除外观较好外，维生素 C 的含量也比土培番茄提高 30%，维生素 A 含量和矿物质含量也都有明显增加。无土栽培的花卉其各项指标均优于土培产品，如无土栽培的玫瑰多采用脱毒苗，花瓣上无病害造成的斑点，而且整体形状均匀、美观。

第四，在当前“绿色农业”兴起的情况下，利用无土栽培方式生产“绿色”无污染植物产品也愈来愈受到关注。无土栽培过程中较少存在杂草问题，因此避免了使用化学除草剂；而进行无土栽培的保护地（温室、大棚等设施）内对病虫害（特别是虫害）的控制也较为容易，可减少甚至避免使用农药。因此，应用规范的无土栽培方法生产的蔬菜、瓜、果等属于低污染或无污染食品。

第五，无土栽培的另一重要特点是节约水肥。一般大田作物栽培灌溉水中的大部分都被蒸发、流失和渗漏了，被植物吸收利用的水仅是其中很少一部分。而无土栽培由于在相对封闭的环境中进行，水的蒸发量要少得多，而流失或渗漏则几乎为零。有研究报告表明，每生产 1kg 茄子，利用无土栽培方式所消耗的水分仅是土培方式所消耗水分的 1/7。因此，在我国这样一个水资源严重匮乏的国家大力发展无土栽培，对实现我国的资源节约型可持续发展农业具有重大的战略意义。大田作物栽培中所施肥料的损失也是很大的。例如，大田中一般氮肥的利用率为30%～50%，其余部分或随雨水流失、或在土壤中的硝化细菌和反硝化细菌的作用下成为氮气进入大气。又如，磷酸盐在土壤中大部分被转化为难溶盐的形式，不能被植物吸收，当年利用率为20%。而利用无土栽培方法可有效地提高肥料利用效率。

第六，无土栽培方式还便于使种植业实现工厂化。目前，世界上已有许多全自动化无土栽培设施和立体化无土栽培工厂。因此无土栽培具有十分诱人且广阔的发展前景。

小　结

通过无土栽培方法，人们了解到植物的正常生长发育必需碳、氢、氧、氮、磷、钾、硫、钙、镁、铁、锰、硼、锌、铜、钼、镍、氯17种元素，故称这17种元素为植物的必需元素。其中碳、氢、氧是由CO_2和H_2O提供，其余14种主要由土壤提供，称为矿质元素。根据植物生长发育对各种矿质元素需要的多寡，将植物的必需元素分为大量元素和微量元素。

植物必需矿质元素在活细胞内除了可作为细胞结构物质的组成成分外，还参与代谢活动及生长发育的调节（如酶的辅基或活化剂）、细胞的渗透调节、细胞质的电化学平衡等多种生理生化过程。不同矿质元素的功能不同，植物缺乏某种矿质元素时呈现特征性病症。植物生长环境中的各种矿质元素种类、比例适当时，植物生长发育良好。

矿质元素只有溶解在水中才能被植物吸收。根系对同一溶液中不同离子或同种盐中阴阳离子的吸收比例不同，表明植物根系对矿质元素具有选择吸收的特性。

根系所吸收的溶质从根表皮被运送至中柱导管是通过共质体和质外体两条途径同时、交互进行的。进入根系导管的矿质元素和水随蒸腾流一起上运至植物的茎叶。根部吸收的矿质向上运输主要通过木质部，叶片吸收的离子在茎内向上或向下运输的途径主要通过韧皮部，木质部与韧皮部之间存在横向运输。易被重复利用的元素如氮、磷、钾等多分布于代谢旺盛幼嫩部分，不易被重复利用的元素如钙、铁等多分布于老组织中。

根系吸收的氮素主要是硝酸盐和铵盐，前者被根系吸收后被还原为铵。硝酸盐还原在根部和地上部都可进行。铵的同化过程主要是先合成谷氨酰胺和谷氨酸，然后再通过氨基转移酶的作用被用于其他氨基酸的合成。

栽培作物时应给作物根系创造最适的吸收养分的环境条件。施肥应根据作物的种类、不同生育期及作物生产的目的等采取适当的相应措施，同时应特别注意各种养分间的平衡。

思 考 题

（1）植物进行正常生命活动必需哪些矿质元素？用什么方法、根据什么标准来确定某种元素是否为植物的必需元素？如何区分大量元素、微量元素和有益元素？

（2）讨论氮、磷、钾的生理功能及植物缺乏这些元素时的主要病症。

（3）下列化合物、酶蛋白或其他大分子物质中分别含有哪些植物必需元素：叶绿素，碳酸酐酶，细胞色素，硝酸还原酶，多酚氧化酶，ATP，辅酶A，甲硫氨酸，NAD，NADP，铁氧还蛋白，核酸？

（4）植物缺素病症有的出现在顶端幼嫩枝叶，有的出现在下部老叶，为什么？举例加以说明。

（5）植物根系吸收矿质元素有哪些特点？什么是生理酸性盐和生理碱性盐？

（6）比较白天和夜晚两种不同条件下，植物体内还原硝酸盐的速率是否相同？为什么？

（7）简述硝态氮进入植物体被还原及合成氨基酸的过程。

（8）什么是生物固氮？固氮酶有什么特点？

（9）试述矿质元素在光合作用中的生理作用（结合第六、第七两章内容）。

（10）为什么在叶菜类植物的栽培中常多施用氮肥，而栽培马铃薯和甘薯则较多地施用钾肥？

（11）举例说明无土栽培的类型、特点和发展前景。

第二部分
植物体内的物质代谢及能量转换

第六章　光合作用Ⅰ：植物对光能的吸收与转换

光合作用（photosynthesis）是植物（包括光合细菌）利用光能将二氧化碳同化为碳水化合物的过程。光合作用是植物体内最重要的生命活动过程，也是地球上最重要的化学反应过程。

光合作用将太阳光能转换为可用于生命过程的化学能并合成有机物。经光合作用所合成的物质是植物和其他生命有机体的结构和能量物质的根本来源，地球上几乎所有的有机物质都直接或间接地来源于光合作用。光合作用是维持生命的能量来源，地球上大部分的能量物质也是经光合作用由太阳能而来。例如，目前最重要的矿物燃料——石油和煤就是古代动植物经久远的地质过程而形成的。植物光合作用是目前唯一知道的通过分解水产生氧气的生物过程。地球上的生物种类大多数是依赖于氧气的，从这个意义上讲，没有光合作用也就没有目前的生命形式。光合作用利用太阳的能量将空气中的二氧化碳还原为有机物，而需氧生物的呼吸作用又将有机物氧化为二氧化碳和水，因此形成了二氧化碳和氧的循环。

植物光合作用总体过程可用以下的反应式表示。

$$CO_2 + H_2O \xrightarrow{\text{绿色植物，光}} (CH_2O) + O_2 \quad (6.1)$$

式中，(CH_2O) 表示碳水化合物。光合作用实际上是氧化还原的过程，H_2O 被氧化，提供电子，而 CO_2 是电子受体被还原。这个耗能过程由太阳能驱动。

光合作用通常可以分为光反应（light reaction）和碳固定反应（carbon fixation reaction）两个阶段（图 6-1）。在光反应过程中，植物吸收光能形成同化力（assimilatory power），即 NADPH 和 ATP，由于这些反应都是在叶绿体（chloroplast）中的类囊体（thylakoid）上进行的，因此也可以称其为类囊体反应（thylakoid reaction）。植物利用光反应中生成的同化力在叶绿体基质（stroma）中固定二氧化碳，形成有机物，其主要形式是糖。本章主要介绍光反应，碳固定的过程将在第七章介绍。

光合作用直接与植物的生物量相关，也是农作物产量的关键。近年来，我国科学家正致力于农作物的稳产与高产，致力于创制粮食产量与品质的新品种，致力于中国人的饭碗牢牢端在自己手中的伟大事业。

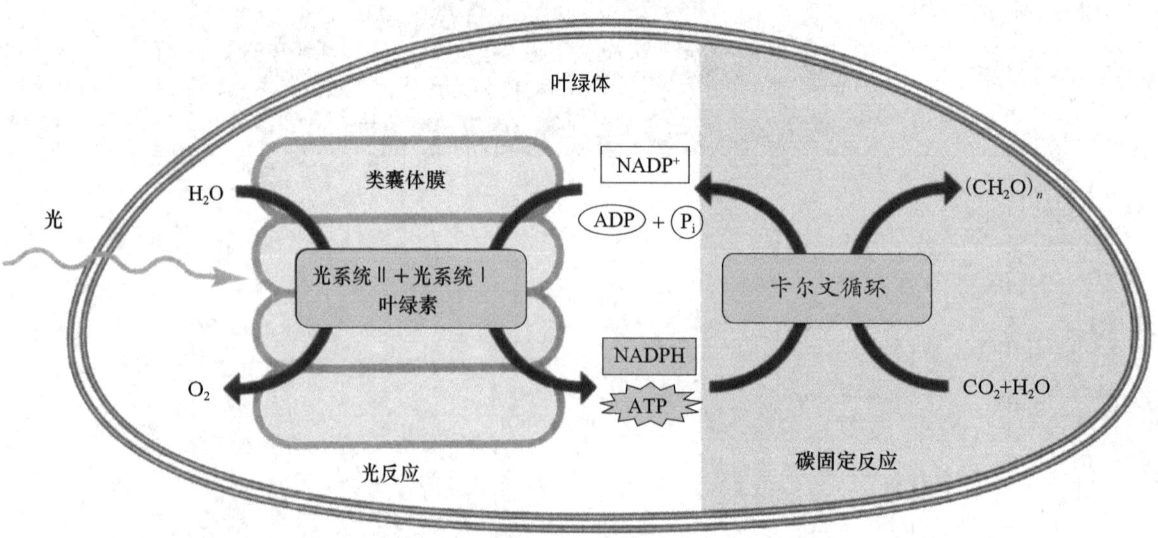

图 6-1　高等植物叶绿体中的光反应和碳固定反应（Taiz et al., 2015）

第一节　光合作用的细胞器——叶绿体的结构与功能

植物体的绿色部分基本上都有进行光合作用的能力，在高等植物体中进行光合作用的主要器官是叶片。叶片叶肉细胞中的叶绿体是进行光合作用的基本细胞器。

一、叶绿体的结构

在高等植物中，光镜下所观察到的叶绿体一般为扁平的椭圆形，呈凸镜状。叶绿体的形状因植物种类不同而有很大差别，特别是藻类的叶绿体差异更大，可以是板状、带状、杯状、囊状等。高等植物的叶绿体平均直径为4～6μm，厚为2～3μm。大多数高等植物的叶肉细胞含有50～200个叶绿体，可占细胞质体积的40%。叶绿体的大小和数目因物种、细胞种类、生理状况和环境而不同。例如，在同一叶片中栅栏组织细胞中的叶绿体要比海绵组织细胞中多；生长在背阴地区的植物的叶绿体比生长在向阳地区的要大一些、多一些。叶绿体一般均匀分布在细胞质基质中，有时也靠近核或细胞壁。外界条件（特别是光的强弱）常会影响叶绿体在细胞内的位置分布。

叶绿体的超微结构如图6-2所示。叶绿体的外围是双层膜结构，叶绿体内是复杂的膜系统和基质。

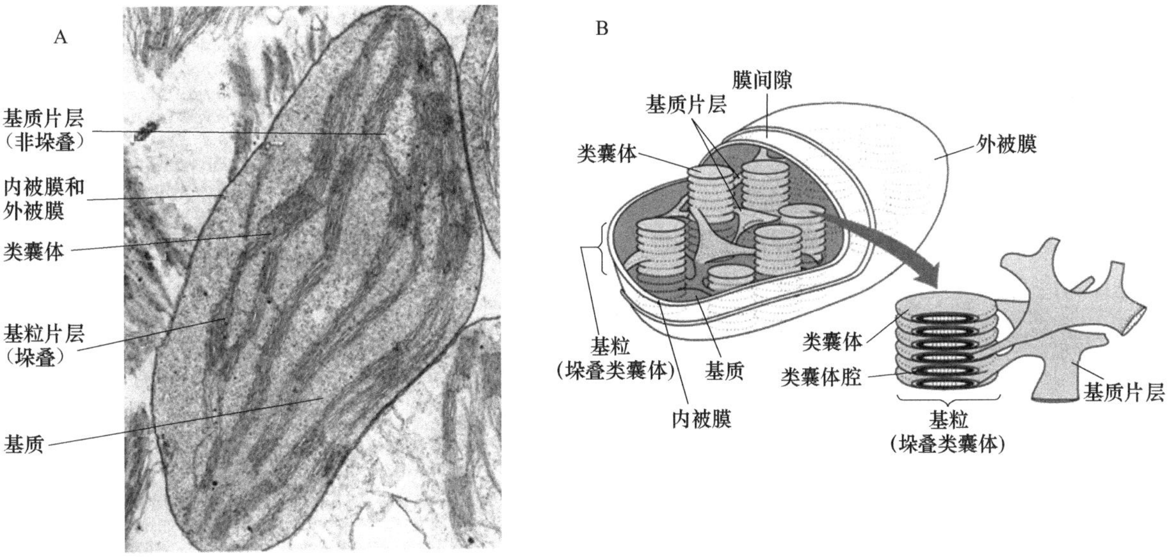

图6-2　叶绿体的结构（Taiz et al.，2015）

A. 叶绿体结构的电镜图片；B. 叶绿体和类囊体结构的示意图

（一）叶绿体被膜

叶绿体由双层膜包围，称为叶绿体被膜（envelope），是叶绿体的保护屏障，其外层膜称为外被膜（outer envelope），其内层膜称为内被膜（inner envelope）。叶绿体的外被膜和内被膜均由单位膜组成，每层膜厚6～8nm，内外两层膜之间为10～20nm宽的膜间隙。叶绿体被膜具有控制代谢物质进出叶绿体的功能，但外被膜上具有由孔蛋白（porin）构成的通道，允许10kDa以下分子质量的物质自由通过，因此许多化合物如核苷酸、无机磷、磷酸衍生物、羧酸类等均可自由通过外被膜；内被膜对物质透过的选择性较强，是细胞质基质和叶绿体基质间的功能屏障，一些化合物如磷酸甘油酸、苹果酸、草酰乙酸等需由膜上的特殊载体的转运才能通过。

（二）类囊体

叶绿体内膜结构的基本单位是类囊体，光合作用的光反应在类囊体上进行。所有光合作用的色素和参与光反应的蛋白复合体都位于类囊体膜上，类囊体结构对光能的吸收和传递、光化学反应、电子传递和ATP的产生都有至关重要的作用。

1. 类囊体结构　类囊体是在叶绿体基质

中悬浮着的由单位膜封闭形成的扁平小囊（图 6-2）。类囊体一般沿叶绿体长轴平行排列。许多直径为 0.25～0.8μm 的圆盘状类囊体垛叠为基粒（granum，复数 grana）。组成基粒的类囊体称为基粒类囊体（granum thylakoid），也称为基粒片层（grana lamellae）。在基粒类囊体上形成垛叠的区域称为垛叠区（appressed region），暴露于基质的区域称为非垛叠区（non-appressed region）。贯穿在两个或两个以上基粒之间没有发生垛叠的类囊体，称为基质类囊体（stroma thylakoid），也称为基质片层（stroma lamella）。由类囊体膜所包围的内腔称为类囊体腔（thylakoid lumen）。一个叶绿体一般含有 40～60 个基粒，一个基粒由 5～30 个基粒类囊体组成，其数目依不同植物或同一植物不同部位的细胞而有很大变化。例如，烟草叶绿体的基粒有 10～15 个类囊体，玉米叶绿体则有 15～50 个。由于相邻基粒经网管状或扁平状的基质类囊体相连，使类囊体腔彼此相通，因此一个叶绿体内的全部类囊体实际上是一个连续的封闭膜囊的三维结构。

2. 类囊体膜的化学组成 组成类囊体膜的主要物质包括蛋白质、脂类和色素。蛋白质和脂类的重量比约为 1∶1，叶绿体色素约占叶绿体干重的 8%。叶绿体色素在光合作用中起决定作用，将在后面专门讨论。

（1）脂类 与以磷脂为主要成分的线粒体或其他膜的组成显著不同，在类囊体中的脂类主要是糖脂，而磷脂却较少。糖脂中含量较多的是单半乳糖二酯甘油，约占 27%。其次是二半乳糖基二酰甘油，此外还含有三半乳糖二酰甘油、含硫的酸性糖脂——硫代奎诺糖二酰甘油等。磷脂中含量最高的磷脂酰胆碱，也不过占类囊体膜全部脂类的 4%～10%。与其他生物膜比较，类囊体膜的不饱和脂肪酸，特别是亚麻酸的含量高，不饱和脂肪酸占类囊体膜内全脂肪酸的 80%，这表示类囊体膜是富于流动性的膜，膜中进行的反应不易受环境温度的影响。

（2）蛋白质 类囊体膜上有许多膜整合蛋白。这些蛋白质有许多疏水片段插入类囊体膜内形成跨膜的片段，同时它们又有突出于基质一侧和囊腔一侧的部分，因而在类囊体膜上形成具有特定方向的排列方式。光合作用中的许多起关键作用的蛋白质，如捕光天线色素蛋白、光反应中心蛋白等都具有这样的特性。

类囊体膜是光合作用中光反应的场所。吸收光能的捕光色素蛋白复合体（light harvesting complex，LHC）、光系统Ⅰ（photosystem Ⅰ，PSⅠ）和光系统Ⅱ（photosystem Ⅱ，PSⅡ）、细胞色素 b_6f 复合体（cytochrome b_6f complex）、ATP 合酶（ATP synthase）及与电子传递有关的蛋白质，都以一定的形式组装在类囊体膜上。

蛋白复合体在类囊体膜上的分布不均衡，特别是基粒类囊体的垛叠区和基质类囊体上的蛋白复合体有相当大的不同。一般来说，PSⅡ主要集中在垛叠的类囊体膜上，而 PSⅠ和 ATP 合酶则主要分布于基质类囊体膜上或者基粒类囊体的边缘。细胞色素 b_6f 复合体在类囊体的膜上分布较为均匀。因此，光合作用的两个光反应系统在空间上是分离的（图 6-3）。

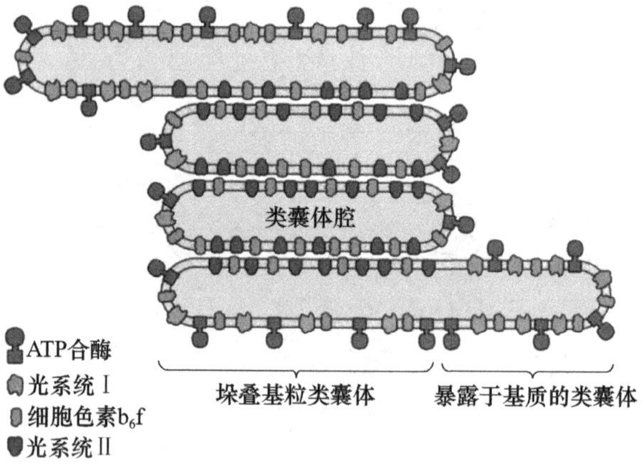

图 6-3 类囊体反应的蛋白复合体在类囊体上的分布（Buchanan et al.，2000）

蛋白复合体在类囊体膜上的分布不仅是非均衡的，而且是动态的。蛋白复合体可以沿类囊体膜侧向移动，特别是捕光色素蛋白复合体和细胞色素 b_6f 复合体在基粒类囊体和基质类囊体间的运动在光能分配和电子传递的调控中有非常重要的功能。

（三）叶绿体基质

叶绿体膜内呈流动状态的基础物质称为基质。基质的主要成分是水、可溶性蛋白（大量的酶）和其他代谢物质。光合作用中催化碳固定及淀粉合成的酶系统存在于基质中，所以，光合作用的 CO_2 固定还原及淀粉合成都在叶绿体基质中完成。此外，基质中还含有硝酸盐、氨基酸、蛋白质、脂类（糖脂、磷脂、硫脂）、四吡咯类（叶绿素、细胞色素）

和萜类（类胡萝卜素、叶醇）等物质及与这些物质合成和降解的有关酶类，因而在基质中能进行与氮素、脂类、色素等相关的多种生化反应。

基质中存在着叶绿体自身的 DNA、RNA 和核糖体，因此有其自身的遗传系统。许多蛋白质是由叶绿体的 DNA 编码，并在叶绿体中进行转录和翻译的。但是叶绿体结构和功能所需的大部分蛋白质仍然是由核基因编码，并在细胞质基质中合成后被运入叶绿体。

二、光合色素

光合生物在光合作用过程中吸收光能的色素统称为光合色素。与高等植物光合作用相关的色素都位于叶绿体中。

（一）光合色素的基本结构和光化学特性

光合色素主要有叶绿素［chlorophyll，包括细菌叶绿素（bacteriochlorophyll）］、类胡萝卜素（carotenoid）和藻胆素（phycobilin）三大类（图 6-4）。绿藻和高等植物的叶绿素包括叶绿素 a 和叶绿素 b，叶绿素 a 呈蓝绿色，叶绿素 b 呈黄绿色。类胡萝卜素是黄色或橙黄色的色素，包括胡萝卜素和叶黄素。藻胆素存在于蓝细菌和红藻中，分别为藻蓝素和藻红素。

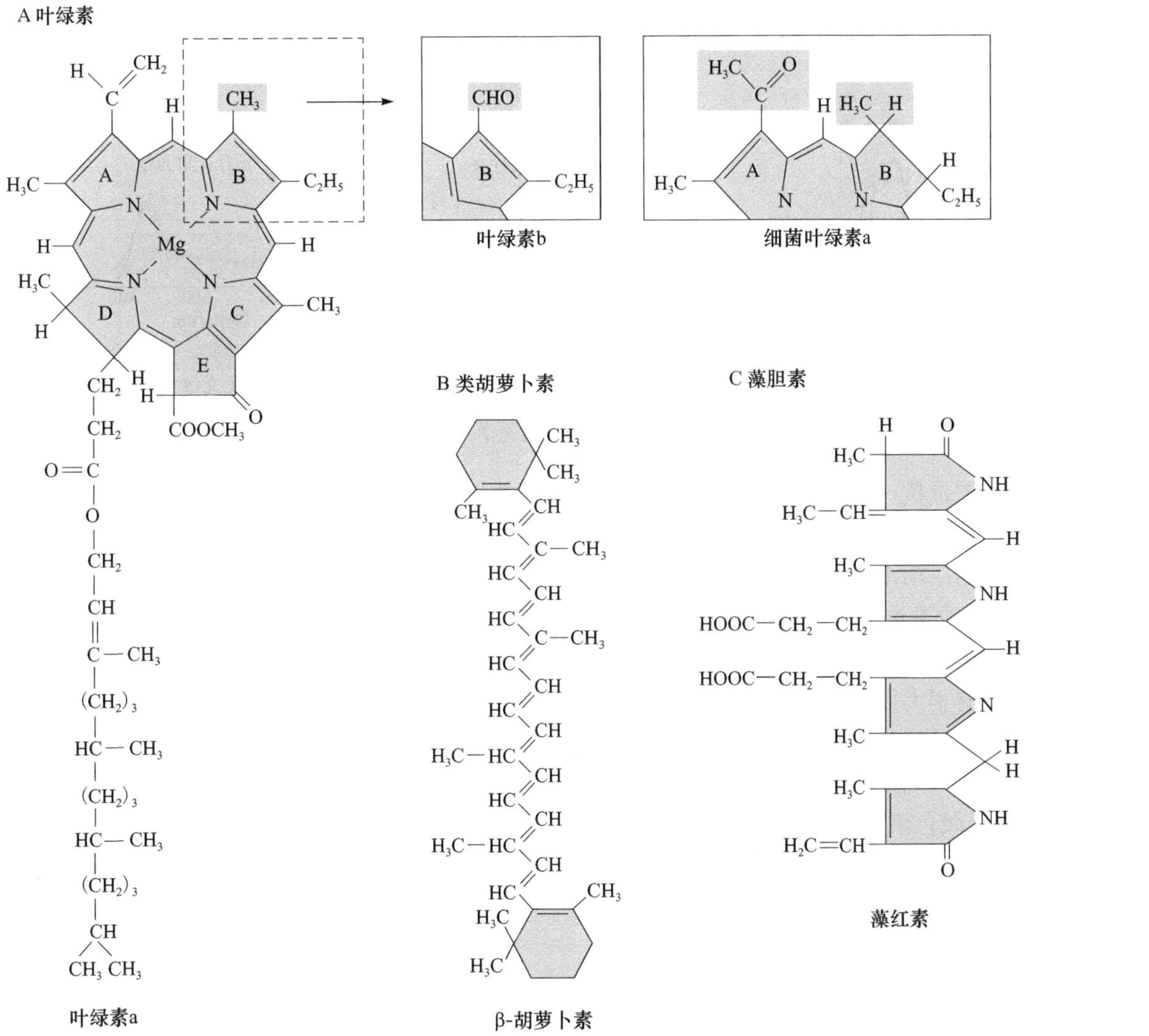

图 6-4　一些光合色素的分子结构（Taiz et al.，2015）

A. 叶绿素分子有一个由 4 个吡咯环组成的卟啉环，在其中心，镁原子与 4 个氮原子配位结合。卟啉环是发生电子跃迁和氧化还原的部位，卟啉环是亲水的。长的、疏水的尾部入膜中，起到定位作用。各种叶绿素的结构差异在于环上的基团或双键不同；B. 类胡萝卜素，其中 β-胡萝卜素是由 8 个异戊二烯单位组成的一种四萜，含有一系列共轭双键，β-胡萝卜素同时作为天线色素和光保护色素；C. 藻胆素是 4 个吡咯开环结构，存在于蓝细菌和红藻的藻胆体里

叶绿素分子含有一个卟啉“头部”和一条叶醇“尾部”。卟啉由4个吡咯环和1个镁离子组成。类胡萝卜素是多聚异戊二烯长链分子，具有大量的共轭双键，分子的两端都有不饱和的取代的环己烯。藻胆素是由直线排列的4个吡咯环构成的化合物。

叶绿素和类胡萝卜素具有特殊的吸收光谱（absorption spectrum）。叶绿素吸收光谱的最强吸收区是波长为640～660nm的红光和430～450nm的蓝紫光。胡萝卜素和叶黄素的最大吸收带在400～500nm的蓝紫光部分（图6-5A）。从光合作用光谱（photosynthesis action spectrum）——不同波长下植物的光合作用放氧速率图谱和吸收光谱的比较可以看出，高等植物光合作用最有效的光是红光和蓝紫光（图6-5B）。

从功能上讲，可以将叶绿素分为吸收和传递光能的叶绿素和参与光化学反应的叶绿素。大多数的叶绿素a和全部的叶绿素b都是参与吸收和传递光能的叶绿素，将这些参与光能传递的叶绿素称为天线色素（antenna pigment）。另有一部分叶绿素a位于光反应系统复合体上，起光反应中心的作用，它们吸收光能或接收从其他天线色素传递过来的能量用于推动光化学反应的进行，称为反应中心色素（reaction center pigment）。无论是天线色素还是反应中心色素，都结合在特定的蛋白质上，组成色素蛋白复合体行使其功能。

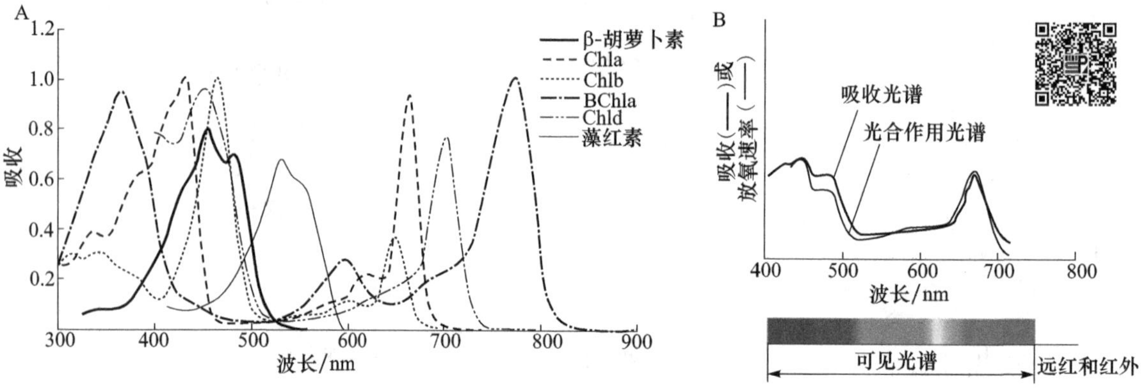

图6-5 光合色素吸收光谱（A）及植物光合作用光谱与吸收光谱比较（B）（Taiz et al., 2015）

类胡萝卜素也执行天线色素功能，但能量从类胡萝卜素向叶绿素的传递效率比叶绿素间的要低。类胡萝卜素的另一项重要功能是进行光保护（见本章第五节）。天线系统的功能是将所吸收的光能高效地传递到与之相联系的光反应中心。不同光合生物的天线系统有很大区别。这种差别反映了物种对不同环境条件的适应及生物分配两个光系统间光能的功能需要。在一些光合细菌中每一光反应中心具有20～30个天线色素分子；高等植物每个光反应中心具有200～300个天线色素分子；而在一些藻类中，这一数值可以达到数千个。

（二）叶绿素的生物合成和降解

叶绿素分子的生物合成是非常复杂的过程。整个叶绿素的生物合成过程包括十余步酶促反应步骤（图6-6）。可以分为若干个阶段。各阶段是可以相互分离的，但是又是高度协调和有控制的。由于游离的叶绿素分子及其合成过程中的中间产物是色素分子，它们可以有效地吸收光能，但是如果无法将能量传递出去，就会形成对细胞有伤害的单线态氧，因此在叶绿素的生物合成过程中对各阶段的严格控制和协调是非常关键的。

在叶绿素生物合成的第一阶段，谷氨酸被转变为5-氨基乙酰丙酸（5-aminolevulinic acid，ALA）。之后，两分子的ALA聚合成胆色素原（porphobilinogen，PBG）。PBG将最终形成叶绿素的吡咯环。

然后经过6步酶促反应，4分子的PBG聚合形成卟啉结构，最终形成原卟啉Ⅸ（protoporphyrin Ⅸ）。这里是叶绿素和血红素生物合成的分支点。之后的反应是向合成叶绿素进行或向合成血红素进行取决于何种金属离子被插入卟啉的中心。如果被镁螯合酶（chelatase）催化插入镁，反应将向合成叶绿素方向进行；如果被铁螯合酶催化，插入铁则反应向合成血红素方向进行。

再下一阶段是使丙酸的一条侧链环化，形成叶绿素的第五个环（E环），生成单乙烯基原叶绿素酸

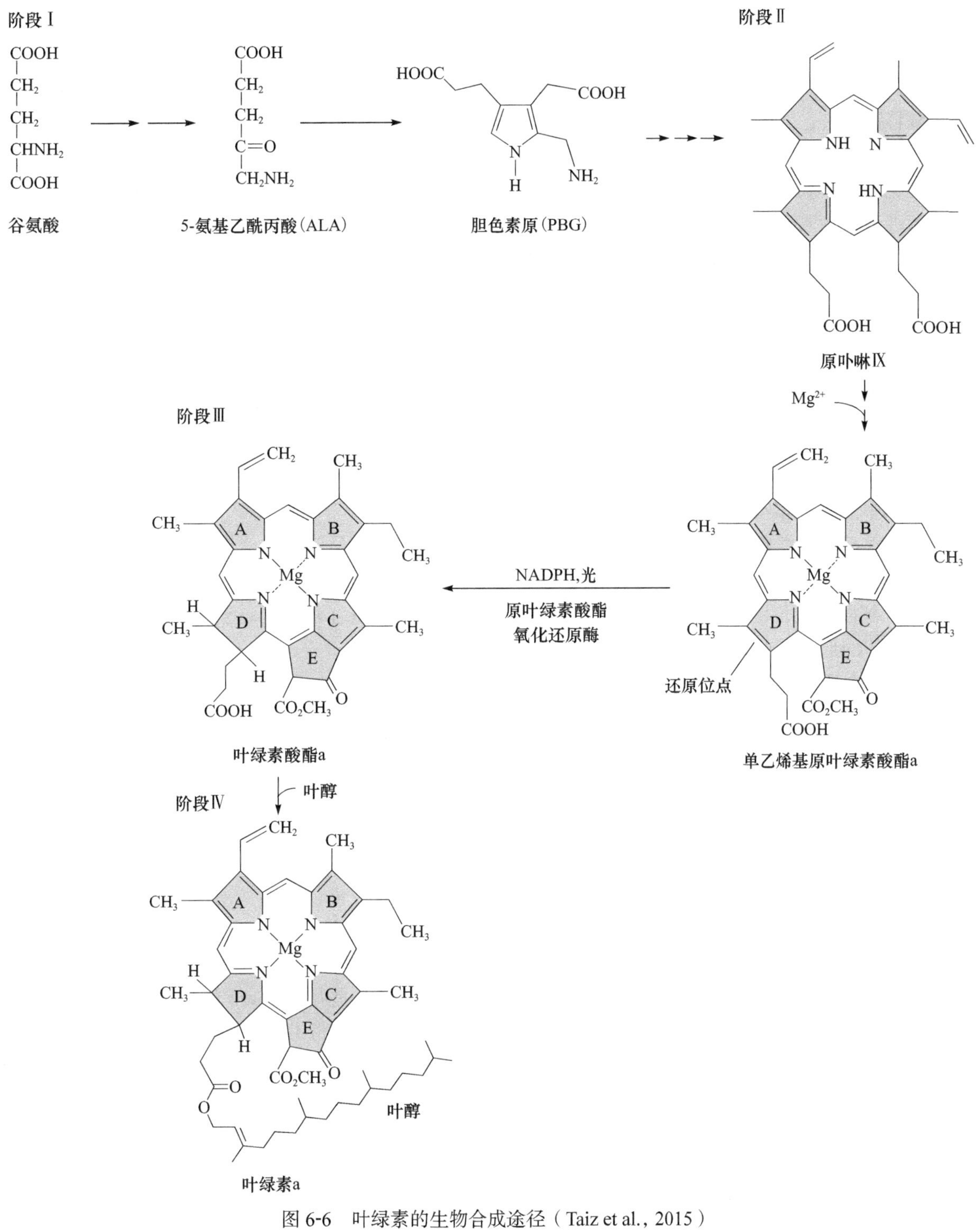

图 6-6　叶绿素的生物合成途径（Taiz et al.，2015）

酯 a（monovinyl protochlorophyllide a）。进一步在原叶绿素酸酯氧化还原酶（protochlorophyllide oxidoreductase，POR）的催化下利用 NADPH 还原 D 环的双键，形成叶绿素酸酯 a，这一过程被光所驱动。非放氧的光合菌采用不同的酶催化这一步骤，因而不需要光的驱动。蓝细菌、藻类、低等植物和裸子植物同时具有需光的 POR 途径和不需光的 POR 途径。在暗中生长的种子植物由于无法满足 POR 途径所需要的光条件因此无法合成叶绿素，结果形成黄化苗。黄化苗在光下会迅速地合成叶绿素，转变为绿色。叶绿素 a 生物合成的最终步骤由叶绿素 a 合成酶催化完成，加上叶醇的“尾巴”。叶绿素 b

则是由叶绿素a氧化形成的。

叶绿素的降解过程由完全不同的酶促反应完成。首先在叶绿素酶作用下将叶醇尾除去；再由镁脱螯合酶将镁除去；之后再由依赖于氧的加氧酶将卟啉结构打开，形成四吡咯；四吡咯进一步形成水溶性的、无色的产物。这些代谢产物被输出衰老的叶绿体并进入植物液泡。叶绿素的代谢产物并不被循环使用，但与叶绿素结合的色素蛋白却是被重复使用的。

类胡萝卜素由8个异戊二烯生成四萜类分子，再生成番茄红素，其末端的不同环化生成不同的胡萝卜素，再转化为叶黄素。

（三）叶绿素蛋白复合体

叶绿体中的叶绿素有两个重要的特点：首先，所有的叶绿素都位于类囊体膜上，这一点和所有的光反应都是在类囊体膜上进行是一致的；其次，所有的叶绿素都以非共价键排列在特定的蛋白质上，以蛋白复合体的形式存在，并插入膜内。在许多情况下，是由蛋白质上的组氨酸残基与叶绿素上的镁离子形成配位键。一个叶绿素蛋白的多肽链上常结合多个叶绿素分子。叶绿素的疏水叶醇基可能位于蛋白质和膜脂之间，而其亲水的卟啉环可能位于蛋白质内。这样，蛋白质提供了安排叶绿素的框架，使叶绿素有严格的空间排列（方向、距离等），才能保证能量按一定方向高效传递。因此，光合作用的光能吸收和传递都是由类囊体膜上的叶绿素蛋白复合体完成的。

按色素蛋白所含的叶绿素分类，主要有两类叶绿素蛋白复合体。

1. 叶绿素a蛋白复合体　叶绿素a蛋白复合体包括PSⅠ核心复合体和PSⅡ核心复合体。这些复合体具有一些共同特性：①结合叶绿素a，含有β-胡萝卜素；②为高疏水性蛋白，与反应中心紧密联系；③分子质量一般高于叶绿素a/b蛋白复合体；④都是由叶绿体基因编码的蛋白质。

2. 叶绿素a/b蛋白复合体　叶绿素a/b蛋白复合体又称捕光色素蛋白复合体（light harvesting complex，LHC），它是类囊体膜上最丰富的蛋白复合体，LHC结合了叶绿素a总量的50%和所有的叶绿素b，不参与光化学反应，只起光能传递的作用。

叶绿素a/b蛋白复合体也具有一些共同的特性：①结合叶绿素a和叶绿素b；②分子质量为20～30kDa，由核基因编码；③光诱导合成，在黑暗中生长的植物缺失叶绿素a/b蛋白复合体，在光照后合成；④叶绿素a/b蛋白复合体的蛋白亚基具有某些共同的氨基酸序列，在结构上有共性。

叶绿素a/b蛋白复合体又分为两类，即LHCⅠ和LHCⅡ，分别为光系统PSⅠ和PSⅡ的天线，它们又分为多种类型（表6-1）。

表6-1　捕光色素蛋白复合体的性质

（Buchanan et al.，2000）

复合体	叶绿素a/叶绿素b比率	核编码基因	分子质量/kDa
PSⅠ的捕光色素复合体			
LHC-Ⅰa（LHC-Ⅰ 680）	2.0～3.1	*lhca3*	20.5
		lhca2	18
LHC-Ⅰb（LHC-Ⅰ 730）	2.2～4.4	*lhca1*	20
		lhca4	20
PSⅡ的捕光色素复合体			
LHC-Ⅱa（CP29）	4.0	*lhcb4*	29
LHC-Ⅱb	1.35	*lhcb1*	27～28
		lhcb2	25～27
		lhcb3	25
LHC-Ⅱc（CP26）	2.9	*lhcb5*	26.5
LHC-Ⅱd（CP24）	1.51	*lhcb6*	24

LHCⅡb是叶绿素a/b蛋白复合体的主要类型，因此许多文献将LHCⅡb简称为LHCⅡ。LHCⅡ单体含有14个叶绿素a、叶绿素b分子，以及4个类胡萝卜素分子，其主要功能是进行光能的吸收和传递，提高捕光面积和捕光效率；此外，LHCⅡ在光能分配的调节及光保护反应中也具有重要的作用。

自然状态下有生理活性的LHCⅡ是同三聚体。三聚体的形成与磷脂有关，磷脂有稳定三聚体的作用。不同的膜脂可以使LHCⅡ形成结构不同的聚合体。已经用电子结晶学方法以3.4Å的分辨率确定了LHCⅡ的结构（图6-7）。叶绿素在LHCⅡ中的排列保证了其间的适当距离和角度，使能量可以在其间高效地传递。

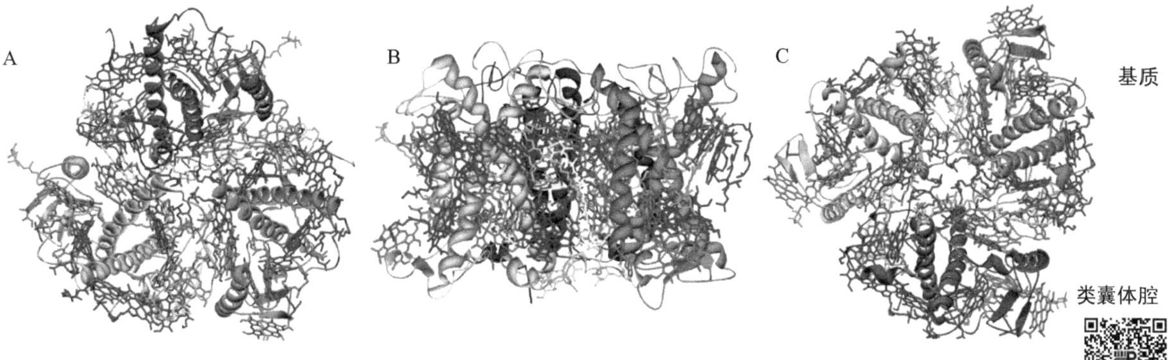

图 6-7　高等植物捕光色素蛋白复合体 LHCⅡ三聚体的结构（Taiz et al.，2015）

A. 从叶绿体基质侧视图；B. 从膜内视图；C. 从类囊体腔视图

第二节　光能的吸收和传递

植物光合作用中用于同化二氧化碳的同化力产生于一系列的电子传递过程，而这个电子传递过程的动力来自光能。利用光能，首先需要吸收光能，并且将吸收的能量传递到特定的光反应中心引发光化学反应，以推动电子的传递。

一、光的性质

光是植物进行光合作用的最基本条件。光作为一种电磁波，具有波长和粒子的双重性质。首先光具有一定的波长和频率。波长和频率间的关系可用式（6.2）表示。

$$c=\lambda v \qquad (6.2)$$

式中，c 为光的速度；λ 为光的波长；v 为光的频率。由于在一定介质中光的传播速率是恒定的（真空中的速率为 3.0×10^8m/ s），因此光的波长与其频率成反比。

光也具粒子的特性。光的粒子称为光子（photon），每一粒子具有特定的能量，称为光量子（quantum），因此光所包含的能量及其传递是量子化的。一个光子所包含的能量（E）取决于其频率。这一关系可由普朗克定律（Planck's law）描述。

$$E=hv \qquad (6.3)$$

式中，h 为普朗克常数（6.626×10^{-34}J • s）。

光量子的能量与其频率成正比。频率越高（或波长越短）的光量子具有较高的能量。波长较长的光具有较低能量的光量子，而波长较短的光具有较高能量的光量子（图 6-8）。太阳光中靠近光谱红色端的光波长较长，而靠近紫色端的光波长较短，波长长于红色光的光是红外线，而波长短于紫色光的光是紫外线。

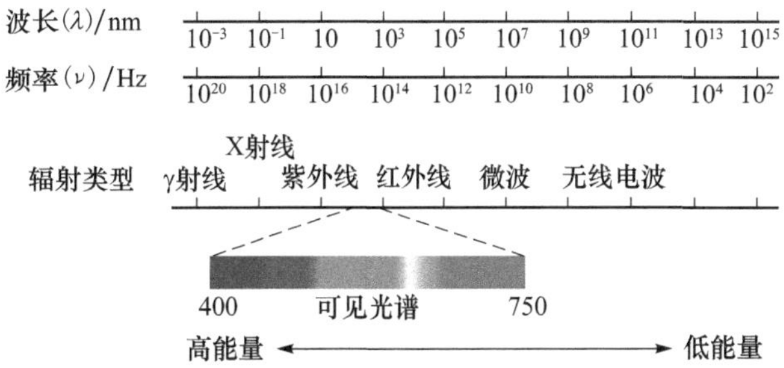

图 6-8　不同类型电磁波的波长、频率与能量的关系（Taiz et al.，2015）

光波长（λ）与频率（ν）呈负相关。短波长光具有高的能量，而长波长光能量则较低。肉眼只能分辨一小段波长范围的光，即 400（紫）～700nm（红）的可见光

二、光能的吸收和传递

物质吸收光能是以一个一个光量子的形式进行的。当分子吸收光能后，其电子从能量的基态被激发到高能态的激发态。激发态的电子是不稳定的，在激发态停留的时间一般不超过数纳秒（10^{-9}s），分子所吸收的光能会迅速地向邻近的分子传递或转变为其他的能量形式，而电子又由激发态回到基态。此过程即激发态的衰变（decay）。

叶绿素分子在可见光部分有两个吸收区：红光区和蓝光区（图 6-9）。叶绿素分子吸收蓝光量子后，电子就跃迁到能量较高的第二单线态；如果吸收红光，则跃迁到能量水平较低的第一单线态。处于第二单线态的叶绿素分子极不稳定，它以热的形式释放部分能量到第一单线态（10^{-9}s）：处于第一单线态的叶绿素分子可以通过以下方式回到基态。①放热：吸收的光能以热能形式释放。②发射荧光（fluorescence）：分子所吸收的能量以光能的形式释放，这时由于一部分能量已经转变为热，耗损了部分能量，因此所释放的光量子的能量总是低于所吸收的光量子的能量，也就是说物质所发出的光的波长要长于所吸收的光的波长。这种色素分子吸收光能后，再以较长波长光的形式释放出来的现象称为荧光现象（fluorescence phenomenon），所释放的光称为荧光。③能量传递：叶绿素分子在吸收光能后可以将能量向邻近的其他叶绿素分子迅速传递。④光化学反应：色素分子可以将所吸收的光能用于推动某种化学反应的进行。叶绿体中只有一小部分叶绿素 a 分子可以进行光化学反应。

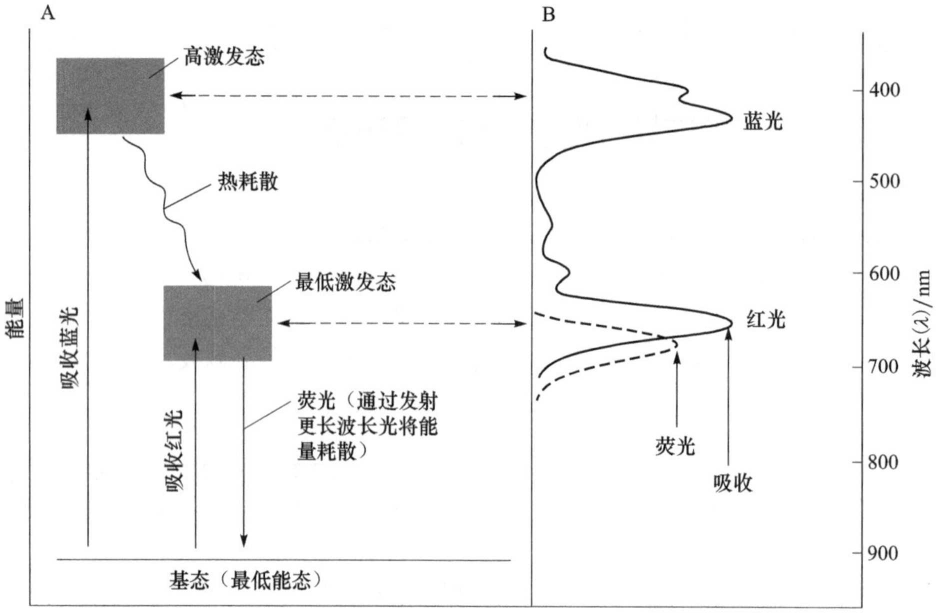

图 6-9　叶绿素的吸收和发射光谱（Taiz et al., 2015）

A. 能量水平示意图；B. 吸收光谱和荧光光谱

在激发态的衰变中采用何种方式常取决于各途径的能量转换速率，一般是在该条件下能量转换速率最高的途径。某一途径在能量转换中所占的比例可用量子产率（quantum yield，Φ）来表示。量子产率是指每吸收一个光子所导致发生的特定事件的数量。例如，对于光化学反应而言，Φ 可用式（6.4）表示。

Φ = 光化学反应的数量 / 所吸收的光子的总量（6.4）

这里，Φ 的数值可以从 0 到 1.0，0 表示该途径不参与此条件下的激发态的衰退，而 1 则表示激发态的衰退完全通过此途径进行。各途径的 Φ 值的总和应该是 1.0。例如，在弱光条件下，功能叶绿体的光化学反应的量子产率大约为 0.95，而荧光的量子产率为 0.05，其他途径的量子产率可忽略，说明在此条件下大部分的光能都被用于光化学反应。量子产率的倒数称为量子需要量（quantum requirement），表示每一产物所需的光子数量。

对光合作用的产物，如 O_2 的量子产率可以进行精确的测量，所测结果表明 O_2 的最高量子产率大约为 0.1，即每产生一分子的 O_2 大约需要吸收 10 个光子。这是因为每产生一分子的 O_2 需要经过 8 个光化学反应，详细内容将在本章第三节中介绍。色素发射荧光的能量与用于光合作用的能量是相互竞争的，这是叶绿素 a 荧光常常被作为光合作用无效指标的依据。此外，分子的荧光特性是由该分子的化学性质及其周围环境因素的相互作用所控制的。因此，荧光测量是无损研究光合作用过程的重要手段。

光能在色素分子间的传递目前常用荧光共振能量转移（fluorescence resonance energy transfer，FRET）学说解释。一个色素分子吸收光能被激发后，其中高能电子的振动会引起附近另一个分子中某个电子的振动，当第二个分子的电子振动被诱导起来，就发生了电子激发能量的传递，第一个分子中原来被激发的电子便停止振动。色素分子间的共振转移要求分子间有适当的角度和足够接近的距离。叶绿体色素分子结合在天线色素蛋白复合体的多肽链上，天线色素分子间的角度和距离得以确定和稳定。光能在天线色素间的传递效率是很高的，有95%～99%的被天线色素所吸收的光能可以最终传递到反应中心（reaction center），用于推动光化学反应的进行。光能在分子间的传递过程是单纯的物理过程，而光化学反应则涉及分子的化学变化。

天线色素所吸收的光能通过一系列的色素分子向光反应中心传递。天线色素分子在类囊体膜上有序排列，色素分子的光谱吸收峰值逐步向红端转移，能量在传递过程中逐步降低。例如，光能从叶绿素b向叶绿素a传递，叶绿素b的光谱吸收峰为650nm，而叶绿素a的光谱吸收峰为670nm。色素间传递过程中所减少的那部分能量以热的形式被消耗掉。这样，能量从高向低的传递可以顺利进行而反向能量传递过程由于能量差的存在而难以进行。因此能量传递过程中的这部分损耗从表面上看是丢失了部分能量，但它保证了能量传递的方向性和不可逆性，使天线色素所吸收的光能能够顺利地、定向地传递到反应中心（图6-10）。光合色素距离反应中心越远，其激发能态就越高，这样就保障了能量向反应中心的传递。如前所述，天线色素分子都结合于蛋白质上组成色素蛋白复合体，这样就保证了色素分子间的适当距离和夹角，有利于能量的高效传递。

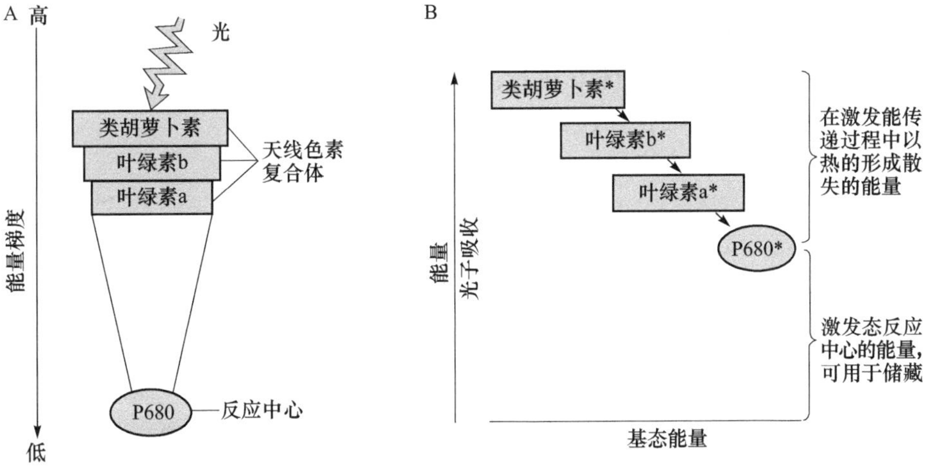

图6-10　叶绿体色素之间的能量传递（Taiz et al.，2015）

A. 光合色素距离反应中心越远，其激发能态就越高，这样就保障了能量向反应中心的传递；
B. 激发能传递过程中一部分能量以热的形式散失

第三节　光合作用的光化学反应与电子传递

一、光化学反应

在绝大多数生物中，利用光能生成化学能的过程都是光化学反应（photochemical reaction），即利用光能推动的氧化还原反应。光合作用是生物体中最大规模的利用光化学反应进行生物合成的过程。当叶绿素吸收的光能传递到反应中心时，在反应中心会发生一个光化学反应，这个反应的重要特点是形成电荷的分离。光化学反应的过程可以用一个中心色素分子P［在这里中心色素分子也是原初电子供体（primary electron donor，P）］、电子供体D及一个原初电子受体A（primary electron acceptor，A）在受到光能激发后的电荷分布变化来说明。光化学反应过程中，天线色素分子吸收的光能经传递到达反应中心的中心色素分子P，P被激发形成激发态P*，P*释放高能电子给原初受体A，这样P被氧化成为带正电荷的P^+，而A被还原为带负电荷的A^-，这样就形成了电荷分离。进一步，P^+又可以从电子供体D获得电子，D则被氧化为D^+，其结果是D被氧化而A被还原，P又恢复到原状。此过程可归纳如下。

$$D \cdot P \cdot A \xrightarrow{h\nu} D \cdot P^* \cdot A \rightarrow D \cdot P^+ \cdot A^- \rightarrow D^+ \cdot P \cdot A^- \quad (6.5)$$

反应中心色素被激发的电子经过一系列电子传递体的传递就形成了电子的流动。电荷分离的原理之一在于各电子传递体在空间上排列成适合于电子正向传递的状态，而不利于电荷重新结合到P^+。这些电子传递载体不但要有相应顺序的氧化还原电位，而且在空间上也有严格的分布要求。这样的空间分布是由一系列的电子传递体结合在蛋白质多肽链上并组成蛋白复合体，形成了固定的最有利于电子正向传递进行的几何排列。电子的传递方向是由电位低的载体向电位高的载体进行，每一步电子传递都会伴随着能量的损耗，这样的能量消耗阻止了电子的逆向传递，也就保证了电子有效的正向传递。

二、反应中心

光合作用的反应中心是植物吸收光能进行光化学反应的场所，它由原初电子供体、原初电子受体等电子传递体，以及维持这些电子传递体的微环境所必需的蛋白质所组成的色素蛋白复合体，共同组成光合作用的基本功能单位。

放氧光合生物具有两个反应中心。两个反应中心的发现最初来自观察到的红降现象和双光增益效应。Emerson发现当用波长在680nm以上的光照射时，虽然在叶绿素吸收的有效范围内，但光合作用的量子产率却急剧下降，这种现象称为红降现象（red drop）（图6-11）。随后Emerson又进一步发现，如果在引起红降的光照射（如700nm）的同时，再外加少量短波（如680nm）的光照射，光合速率有增益现象，即大于用两种光分别单独照射之和，称为双光增益效应（enhancement effect）或埃默森效应（Emerson effect）（图6-12）。红降现象和增益效应都暗示了在光合系统中可能存在两个相互串联的反应中心。如果仅一个反应中心活化，光合效率下降，两个反应中心都被激发时，光合效率就会提高。

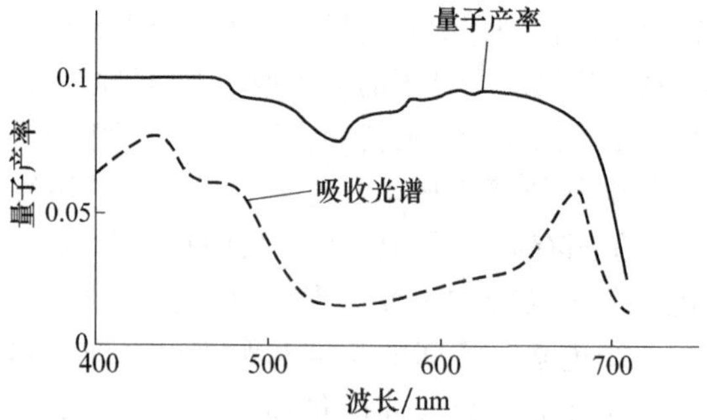

图6-11　光合作用光反应的红降现象（Taiz & Zeiger，2006）

在波长＞680nm的远红光区，光合作用的量子产率急剧下降，表明远红光单独不能有效地驱动光合作用。500nm附近量子产率的下跌是由对辅助色素吸收的光的利用效率较低所引起的

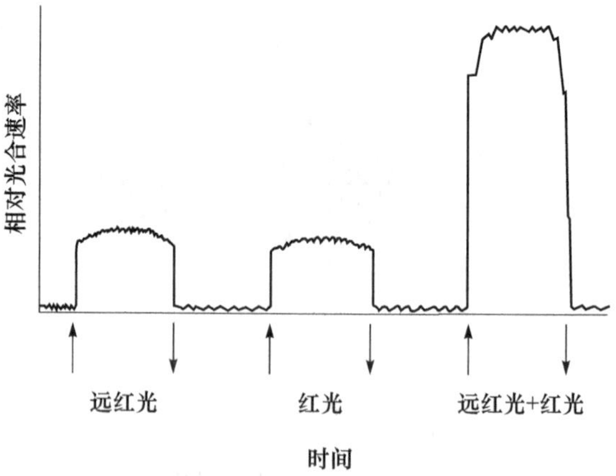

图6-12　光合作用的双光增益效应（Taiz & Zeiger，2006）

红光和远红光同时照射，比用两种光分别进行照射对光合速率有增益的效应。向上和向下的箭头分别表示光照的开和关

根据以上实验结果，希尔（1960）等提出双光系统（two photosystem）的概念，把吸收长波光（大于680nm）的系统称为光系统Ⅰ（PSⅠ），吸收短波光（小于或等于680nm）的系统称为光系统Ⅱ（PSⅡ）。20世纪60年代以后，人们已能直接从叶绿体中分离出PSⅠ和PSⅡ的色素蛋白复合体颗粒。目前已知PSⅡ和PSⅠ的反应中心具有一些共同的特点：它们都是由两条对称的多肽组成，都利用“特殊对”的叶绿素a分子作为中心色素分子（原初电子供体，分别称为P680和P700），它们的原初电子受体是一个叶绿素或去镁叶绿素分子，说明这两

个反应中心可能有共同的进化来源。但是它们也有一些完全不同的特点：PSⅡ的最终电子受体是质醌（plastoquinone，PQ），因此也称为醌型反应中心；而PSⅠ的最终电子受体是铁氧还蛋白（ferredoxin，Fd），因此称为铁-硫反应中心。Ⅱ型反应中心和Ⅰ型反应中心分别存在于两类非放氧的光合细菌中，紫色光合细菌（*Rhodopseudomonas viridis*）具有醌型反应中心，绿硫光合细菌和阳生光合细菌含铁-硫反应中心。20世纪60年代末，从紫色光合细菌中纯化出光合反应中心复合体，经过近20年的努力，直到80年代中期，三位德国科学家H. Michel、J. Deisenhofer和R. Huber才成功地得到了紫色光合细菌反应中心色素蛋白复合体的三维晶体，并利用X射线衍射分析方法首次在原子水平上确定了其三维空间结构。这一成就是光合作用研究的一个里程碑，他们因此获得了1988年诺贝尔化学奖。在放氧的蓝细菌、藻类和高等植物中，同时含有醌型反应中心和铁-硫反应中心，这两个反应中心串联起来，前者产生氧化电位分解水，后者则利用Ⅱ型反应中心产生的电子还原$NADP^+$。

由于PSⅠ和PSⅡ在类囊体膜上的分布在空间上是分离的，因此必须有电子传递体使电子得以在两个光系统间进行传递。此外，两个光系统间并不是一一对应的关系，完成PSⅡ和PSⅠ间电子传递的载体是共同的质醌库，PSⅡ将电子传递给氧化型质醌使其还原，而PSⅠ从质醌库取得电子使质醌氧化。事实上，在叶绿体中PSⅡ的数量往往多于PSⅠ，在许多情况下，PSⅡ∶PSⅠ的比率大约为1.5∶1。这种比率关系常随环境的光条件件而变化。但蓝细菌和C_4植物的维管束鞘细胞的叶绿体中PSⅠ的数量则远多于PSⅡ。

研究发现，Ⅱ型和Ⅰ型光反应中心分别存在于两类非放氧的光合细菌中，对这些细菌的光反应中心的研究使人们对光合作用反应中心的认识有了突破性进展。

三、光合电子传递

在反应中心进行光化学反应实现了电荷的分离，被原初电子受体接受的高能电子将进行进一步传递，最终交给$NADP^+$；氧化态的P680也将最终从水中获得电子而还原。整个过程是在类囊体膜上的一系列电子传递体间进行的。根据电子的传递顺序和其氧化还原电位作图，形成一条类似英文字母Z的光合作用电子传递途径，称为Z链（Z scheme）（图6-13）。Z链是光合作用电子传递的主要途径。其中，PSⅠ和PSⅡ的反应中心在光能驱动下发生电荷分离：PSⅡ反应中心色素P680主要吸收680nm的红光，产生强氧化剂用以氧化水，释放电子和质子；PSⅠ反应中心色素P700主要吸收700nm的远红光，产生强还原剂，使$NADP^+$还原。这两个光反应系统通过一系列的电子传递体串接起来进行电子传递，最终形成NADPH，在电子传递的同时形成跨类囊体膜的质子电动势，用于ATP的合成。所形成的NADPH和ATP将用于还原CO_2产生有机物的过程。因此，电子传递链是光合作用形成同化力的核心环节。

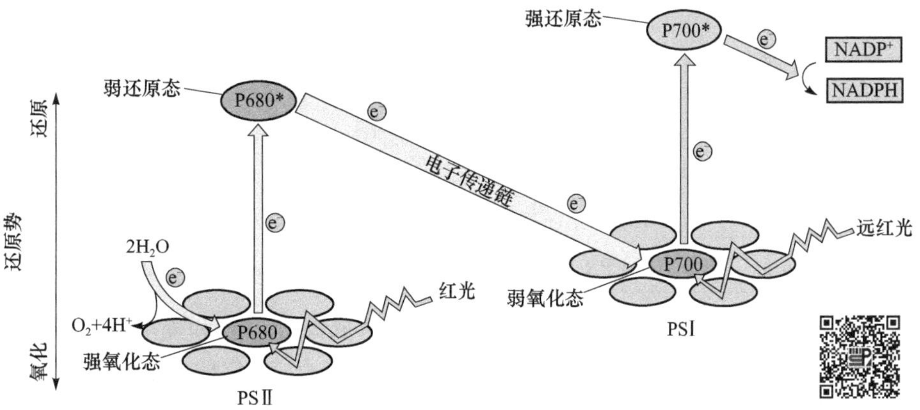

图6-13 光合作用Z链（Taiz et al., 2015）

（一）电子传递链的组成和电子传递过程

参与光合作用的电子传递体大多结合在蛋白复合体上。光合作用电子传递链的蛋白复合体包括PSⅡ、细胞色素b_6f复合体和PSⅠ，在PSⅡ和细胞色素b_6f复合物间有质醌在其间传递电子，而在细胞色素b_6f复合体和PSⅠ之间则有质蓝素（plastocyanin，PC）进行电子的传递（图6-14）。

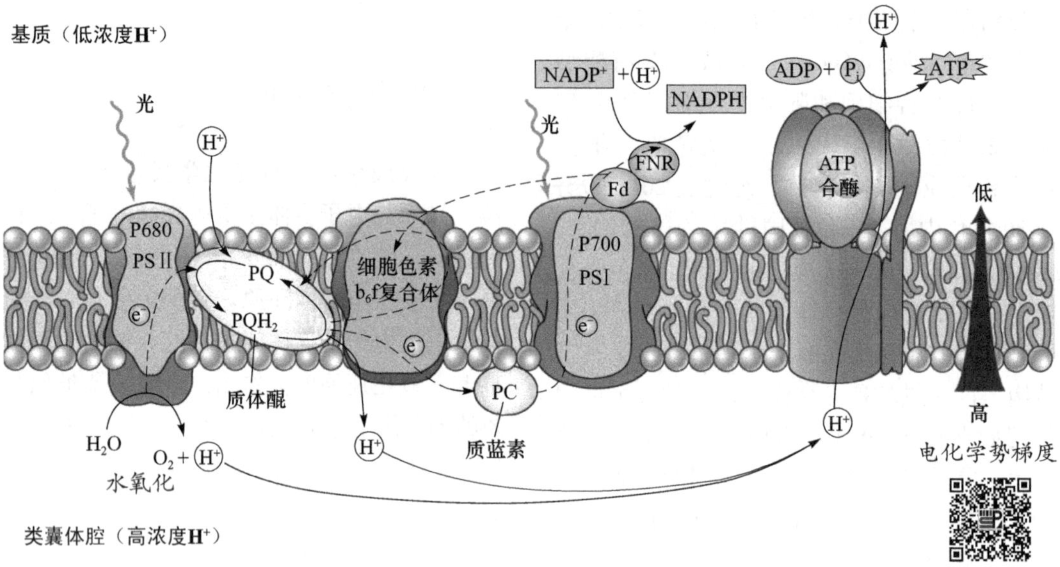

图6-14　光合作用光反应Z链上蛋白复合体在类囊体膜上的分布及电子传递示意图（Taiz et al., 2015）

1. 光系统Ⅱ复合体　PSⅡ是包含P680的色素蛋白复合体（图6-15，图6-16），它利用光能推动一系列的电子传递反应，导致水裂解产生氧气和质子，并将电子传到PQ。PSⅡ推动的反应可以表示如下。

$$2H_2O + 2PQ \longrightarrow O_2 + 2PQH_2 \qquad (6.6)$$

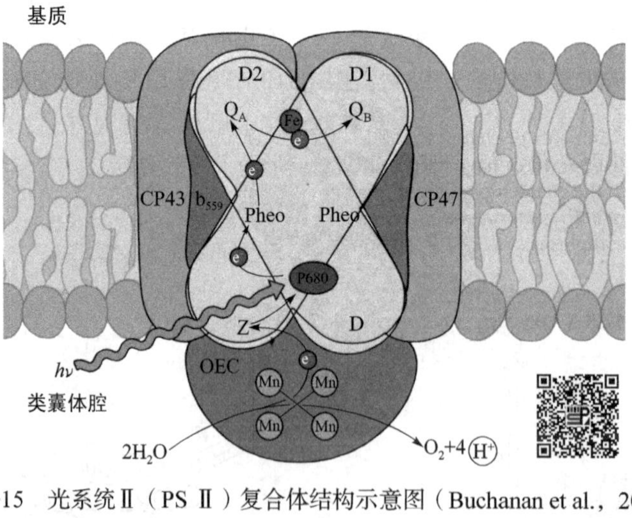

图6-15　光系统Ⅱ（PSⅡ）复合体结构示意图（Buchanan et al., 2000）

（1）PSⅡ复合体的组成和结构　PSⅡ复合体结合P680和许多色素分子，包括大约250个叶绿素（叶绿素a和叶绿素b）及β-胡萝卜素、叶黄素（xanthophyll）、新黄素（neoxanthin）和紫黄素（violaxanthin）。

组成高等植物和藻类的完整PSⅡ的蛋白复合体的多肽有20余种。这些多肽包括PSⅡ的天线蛋白、PSⅡ反应中心蛋白、与水裂解和氧释放相关的蛋白质及维持该复合体所必需的蛋白质等（表6-2，图6-15）。

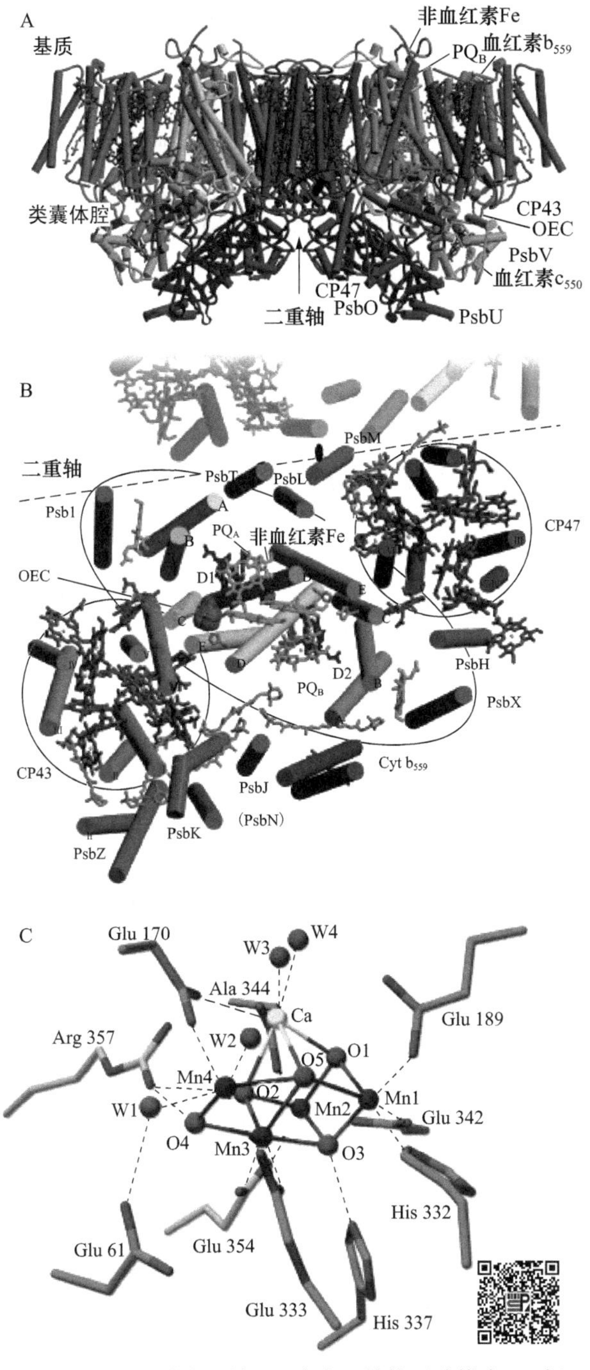

图 6-16　蓝细菌光系统Ⅱ反应中心结构（分辨率 3.5Å）

（Taiz et al., 2015）

A. 与膜平行的侧面视图；B. 从囊腔面视图，图中结构包括反应中心蛋白 D1（黄色）和 D2（橙色），天线色素蛋白 CP43（绿色）和 CP47（红色），细胞色素 b_{559}，外在的 33kDa 放氧蛋白 PsbO（深蓝色），色素和其他辅助因子；C. 含锰的水裂解复合体细节图示

高等植物 PSⅡ反应中心蛋白组成为：D1、D2、细胞色素 b_{559}（具 α 和 β 亚基）及 *psbI* 基因产物等 5 种多肽。D1 和 D2 呈双重对称性，电子传递体主要结合在这两条多肽上。PSⅡ复合体具有自身的天线蛋白 CP43 和 CP47，它们与 PSⅡ复合体上的 D1 和 D2 紧密结合，成为该复合体的内天线。

表 6-2　PSⅡ复合体主要蛋白亚基（Buchanan et al., 2015）

蛋白亚基	基因	基因位置	分子质量/kDa	功能
疏水亚基				
D1	*psbA*	叶绿体	32	反应中心蛋白
D2	*psbD*	叶绿体	34	反应中心蛋白
CP47	*psbB*	叶绿体	51	核心天线
CP43	*psbC*	叶绿体	43	核心天线
细胞色素 b_{559}				
α 亚基	*psaE*	叶绿体	9	未知
β 亚基	*psaF*	叶绿体	4	未知
PsbH	*psbH*	叶绿体	10	未知
PsbI	*psbI*	叶绿体	4.8	组装
亲水亚基				
33kDa	*psaO*	细胞核	33	放氧
23kDa	*psaP*	细胞核	23	放氧
17kDa	*psaQ*	细胞核	17	放氧

PSⅡ复合体在体内主要以二聚体的形式存在，并且结合外天线 LHCⅡ，形成超级复合体（图 6-17）。

（2）PSⅡ上的电子传递　在 PSⅡ反应中心上电子的传递过程如下。

$$D1\text{-}161Tyr \rightarrow P680^+;\ P680^* \rightarrow Pheo \rightarrow Q_A \rightarrow Q_B$$

当 PSⅡ的反应中心色素 P680 被激发时，将电子传递给脱镁叶绿素（Pheo），形成 $P680^+$，$P680^+$ 是一个很强的氧化物，它的氧化还原电位为 +1.1V，因而可以从 D1 蛋白亚基上 161 位的酪氨酸残基（D1-161Tyr，过去也称 Z）夺取电子，D1-161Tyr 给出电子后又通过放氧复合体（oxygen evolving complex，OEC）从水分子中夺取电子，同时使水分子裂解，形成分子氧和质子。质子释放在类囊体腔中，是构成跨类囊体膜质子电化学势梯度的因素之一。$Pheo^-$ 将电子传递给结合于 D2 上的质醌 Q_A，Q_A^- 又将电子传递给位于 D1 上的另一质醌 Q_B。Q_B 得到第一电子后仍然停留在 PSⅡ复合体上，直到下一次电子传递发生，得到两个电子后形成 PQH_2 并释放到膜脂中。

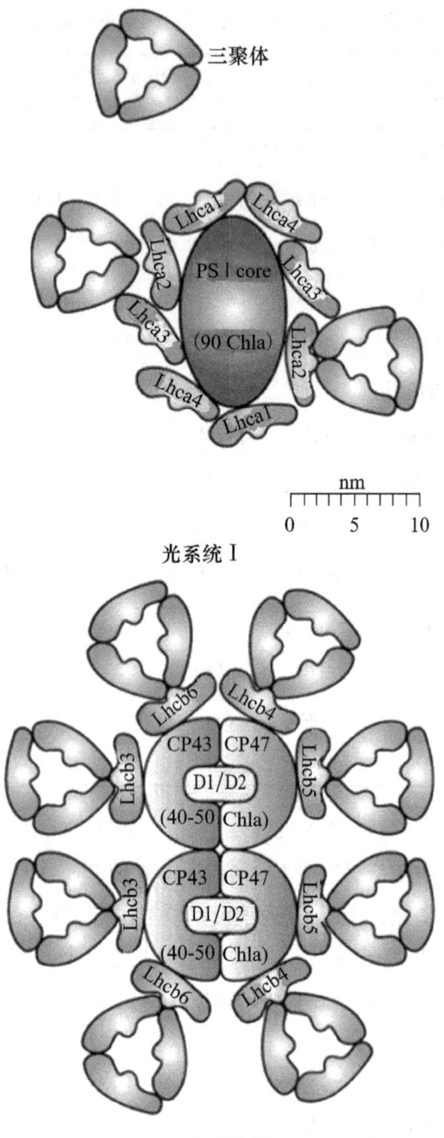

图 6-17　PSⅠ和 PSⅡ超级复合物（Buchanan et al.，2000）

（3）水的氧化过程　水分子是光合作用电子传递过程最初的电子提供者，PSⅡ通过氧化水而获得电子。氧化水是 PSⅡ的重要功能。

水的氧化可由式（6.7）表示：

$$2H_2O \longrightarrow O_2+4H^++4e^- \qquad (6.7)$$

2 分子水被氧化、裂解，放出 1 分子氧气，产生 4 个电子和 4 个 H^+。水是非常稳定的分子，氧化水释放氧是很困难的，光系统Ⅱ中的 OEC 是唯一能进行此反应的生物化学系统。OEC 是由三条分子质量分别为 16kDa、23kDa、33kDa 的多肽链及 Mn_4CaO_5 聚集体（Mn_4CaO_5 cluster）组成的复合体，三条肽链具有稳定和保护 Mn_4CaO_5 聚集体的作用。

因为 PSⅡ被光激发一次，只能获取 1 个电子，所以水氧化过程理论上有两种可能性：① 4 个 PSⅡ反应中心共同运转，一次从 2 个 H_2O 中夺取 4 个 e^-，释放 1 个 O_2；②每个 PSⅡ反应中心独立运转，依次获取 4 个 e^-，以某种机制积累 4 个正电荷，然后一次用于 H_2O 的氧化释放 O_2。在 20 世纪 60 年代用小球藻做的试验观察到，当适应了黑暗条件后，用非常短暂的脉冲强光照射，在第一和第二次照射时，几乎不产生氧气，而在第三次照射时，产生最大的氧气释放量，每 4 次闪光有一个氧释放的高峰，之后氧释放量趋于稳定（图 6-18A）。根据以上实验结果，Kok 等提出水氧化的 S 态转换机制（S state mechanism）。

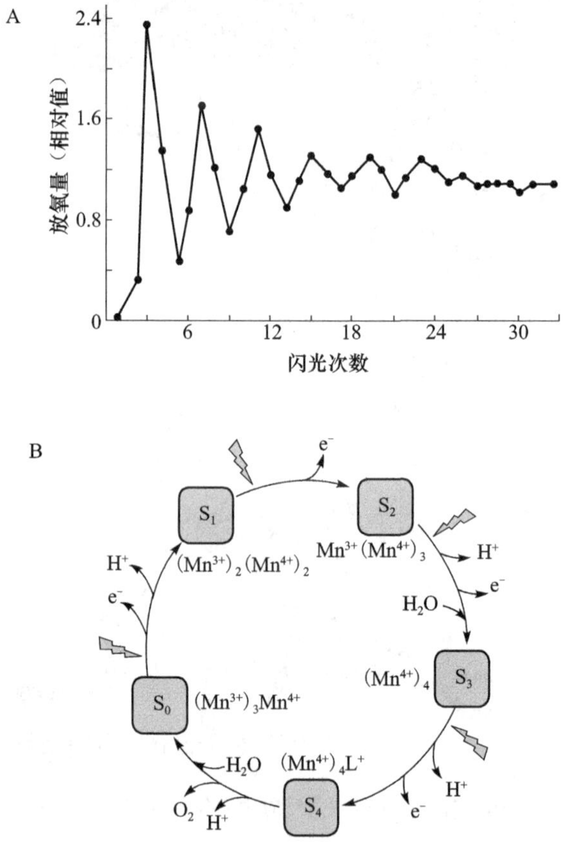

图 6-18　光系统Ⅱ的放氧机制

A. 植物放氧量与闪光次数的关系（Buchanan et al.，2000）；B. 放氧过程的 S 状态模型（Vogt et al.，2015）

S 态转换机制认为：在水的氧化过程中，水的氧化系统存在 S_0～S_4 不同氧化状态，它们的氧化能力依次增强。它们被光照驱动，由一个状态向另一个状态顺序转换。S_4 状态时氧化能力最强，能氧化水、释放氧气并回到 S_0 状态，这个过程称为 Kok

循环（图 6-18B）。S_4 状态是不稳定的，只是短暂存在的状态，而在黑暗中，S_2 状态和 S_3 状态也会发生衰变而回到 S_1 状态，因此，在暗中水氧化系统大约有 3/4 处于 S_1 状态而 1/4 处于 S_0 状态。这就是为什么在适应黑暗后，要在第三次闪光时才达到最大放氧量。此外，每次闪光脉冲后，有些放氧复合体会发生两次状态的转换，而有些放氧复合体可能不发生状态的转换，在若干次照射后，放氧复合体可能处于各种不同的状态，因此照射所引起的放氧量逐渐达到稳定的状态。

水裂解过程中质子的释放似乎并不与氧的释放同步。氧的释放发生在状态循环的最后一步，而质子的释放是在氧释放之前，质子可能并非来源于水的部分氧化，而是来自放氧复合体上蛋白质的某些可离子化的氨基酸基团。由于放氧复合体位于类囊体的囊腔一侧，因此水氧化所释放的质子将直接进入类囊体腔。这是形成跨类囊体膜 pH 差的重要因素。

OEC 的中心是一个 Mn_4CaO_5 聚集体（图 6-16C）。目前认为，S 状态的转换代表着 Mn_4CaO_5 聚集体不同的氧化状态。Mn_4CaO_5 被 4 个独立的光化学反应依次转化为高价状态，每一次 P680 被光激发从 D1-161Tyr 得到一个电子，Mn_4CaO_5 聚集体就会转变到一个新的氧化状态，直到放出氧气，Mn_4CaO_5 聚集体又回到原初的状态（图 6-18B）。Mn_4CaO_5 聚集体在类囊体腔面可能与 D1 蛋白紧密地连接在一起。实验表明 Cl^- 也是水的氧化过程所必需的。

水裂解放氧反应最初是由英国科学家 Hill（1937）发现的。在离体的叶绿体（实际是被膜破碎的叶绿体）悬浮液中加入适当的电子受体如草酸铁、醌或醛等，光照时可使水分解释放氧气，并使这些化合物还原。这一发现为光合作用放出的氧气来自水提供了实验证据，所以水裂解产生氧的反应也称为希尔反应（Hill reaction）。

2. 细胞色素 b_6f 复合体 细胞色素 b_6f 复合体在 PSⅡ和 PSⅠ光反应复合体之间进行电子的传递，催化 PQH_2 的氧化和质蓝素的还原；并与此偶联地把质子从叶绿体基质转移到类囊体腔内，建立起跨类囊体膜的质子电化学势梯度，形成驱动合成 ATP 的动力；此外，它还有调节 PSⅡ和 PSⅠ间能量分配及 NADPH 和 ATP 比例的功能。

（1）光反应系统复合体和细胞色素 b_6f 复合体间的电子传递体 在细胞色素 b_6f 复合体与 PSⅡ和 PSⅠ间的电子传递是通过一些可扩散的电子传递体进行的。

在 PSⅡ和细胞色素 b_6f 复合体之间的电子传递体是质醌。质醌是脂溶性分子，在膜脂中可进行扩散运动，质醌有氧化态（PQ）、还原态（PQH_2）和半醌（$PQ^{\bar{\cdot}}$）等几种状态（图 6-19）。一分子 PQH_2 可携带 2 个电子和 2 个质子。质醌是类囊体膜上最丰富的电子传递体，与 PSⅡ有很高的比率（不同说法，有 40∶1；也有 8∶1），因此也称为质醌库（PQ pool）。质醌不但传递电子，而且在质子跨膜运转形成质子梯度中起重要作用。

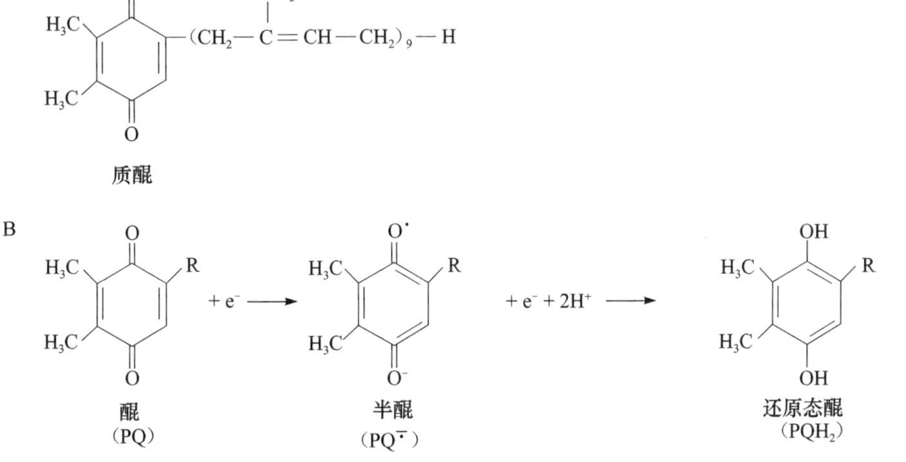

图 6-19 质醌结构及醌的不同氧化状态（Taiz et al.，2015）

A. 质醌由醌环和长的非极性侧链组成；B. 质醌的还原反应

在细胞色素 b_6f 复合体和 PSⅠ之间的电子传递体是质蓝素。质蓝素是可溶性的蛋白质，分子质量 40kDa，由 4 条多肽组成，每条多肽的组氨酸残基上结合 1 个铜原子，还有 2 个硫原子结合于胱氨酸残基上。氧化态的 PC 是蓝色的。可以携带 1 个电子并传递给 PSⅠ。如前所述，PSⅡ和 PSⅠ在类囊体膜上的分布在空间上是分离的，因此在两者间的电子传递必然涉及电子传递体的扩散。细胞色素 b_6f 复合体是较大的蛋白复合体，难以在膜脂中迅速扩散，因此完成这种电子传递过程的电子传递体主要是 PQ 或 PC。

（2）细胞色素 b_6f 复合体的组成和结构　细胞色素 b_6f 复合体在植物体内以二聚体形式存在。细胞色素 b_6f 复合体单体有 4 个主要亚基：细胞色素 f、细胞色素 b_6、Rieske 蛋白和亚基Ⅳ（表 6-3）。

细胞色素 f 含 1 个 c 型血红素。细胞色素 b_6 含 2 个 b_6 型血红素。Rieske 蛋白（FeS_R）含有 1 个 2Fe-2S 簇。亚基Ⅳ被认为是质体醌的结合蛋白，亚基Ⅳ位于类囊体腔一侧，可能是 PQH_2 的结合部位。在亚基 Cyt b_6 和亚基Ⅳ的膜基质侧有许多保守的序列，推测是氧化态 PQ 结合的部位。

另外还有一些小分子质量亚基，其生理功能与复合体的稳定性相关。

表 6-3　细胞色素 b_6f 复合体的蛋白亚基

（Buchanan et al.，2015）

蛋白亚基	基因	基因位置	分子质量 /kDa	功能
Cyt f	*petA*	叶绿体	32	Cyt f 脱辅基蛋白
Cyt b_6	*petB*	叶绿体	24	Cyt b_6 脱辅基蛋白
Rieske 蛋白	*petC*	细胞核	19	Rieske 脱辅基蛋白
亚基Ⅳ	*petD*	叶绿体	17	质醌结合
PetG	*petG*	叶绿体	4.0	稳定性
PetL	*petL*	叶绿体	3.4	稳定性
PetM	*petM*	细胞核	4.0	稳定性
PetN	*petN*	叶绿体	3.3	稳定性

（3）细胞色素 b_6f 复合体上的电子传递　细胞色素 b_6f 复合体可以看作氧化还原酶类，它催化 PQH_2 的氧化和 PC 的还原，即将电子从 PQH_2 传递到 PC。值得注意的是，一分子质醌传递的是 2 个电子和 2 个质子，而 PC 只传递电子并不传递质子，因此细胞色素 b_6f 复合体在 PQH_2 向 PC 传递电子的过程中，一部分自由能被细胞色素 b_6f 复合体转变为质子的驱动力，把质子从基质中跨膜转移到类囊体腔中，形成跨膜的质子电化学势梯度。目前用醌循环（Q cycle）模型来说明电子在细胞色素 b_6f 复合体上的传递和跨膜运转质子的过程（图 6-21）。

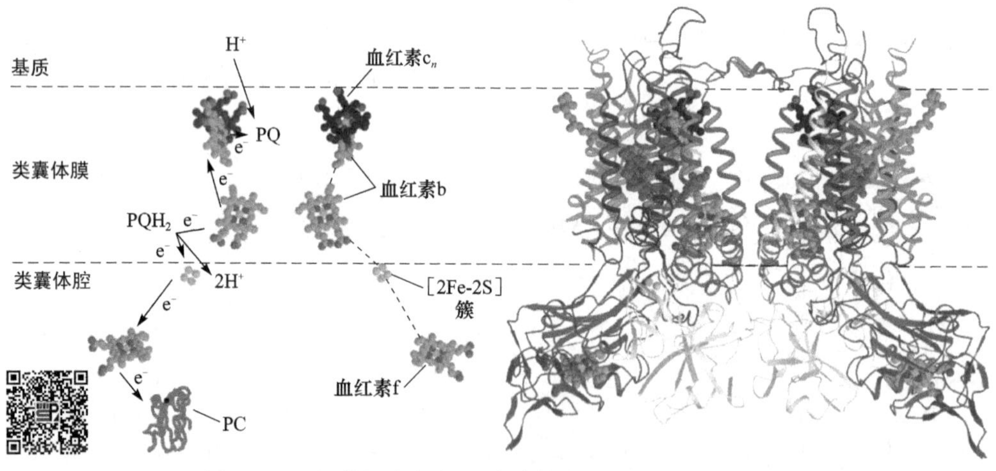

图 6-20　蓝细菌细胞色素 b_6f 复合体结构（Taiz et al.，2015）

左边是辅基的结构；右边是蛋白质的结构，红色表示细胞色素 f，黄色表示 Rieske 蛋白，蓝色表示细胞色素 b，紫色表示亚基Ⅳ

醌循环模型认为，在细胞色素 b_6f 复合体上发生的第一次氧化过程是：一个 PQH_2 复合体在囊腔侧被氧化，两个电子分别传递给 FeS_R 蛋白和 Cyt b，其中经 FeS_R 的电子传递给复合体中的 Cyt f，然后交给 PC，进而还原 PSⅠ的 P700；另一个电子经复合体的 Cyt b 还原一分子 PQ 为半醌。在 PQH_2 失去两个电子的同时将两个质子释放到类囊体腔中（图 6-21A）。第二次氧化过程是：第二个 PQH_2 被氧化，其中一个电子经 FeS_R 传递到 P700，另一个电子经 Cyt b 将质醌的半醌还原为 PQH_2，同时从基质中获取质子，转移到类囊体腔中。这就是一个 Q 循环，其总的效果是：氧化 1 分子 PQH_2 为 PQ，传递了 2 个电子，经 PC 到光系统Ⅰ的反应中心 P700，同时跨膜运转了 4 个质子进入类囊体腔，形成跨膜的质子电化学势梯度（图 6-21B）。

3. 光系统Ⅰ复合体　PSⅠ从 PC 接受电子，利用光能推动电子传递，最终将电子传递到铁氧还蛋白（ferredoxin，Fd）。可以把 PSⅠ看作一个氧化还原酶系，氧化 PC 还原铁氧还蛋白，因此也可以称为 PC-铁氧还蛋白氧化还原酶系。

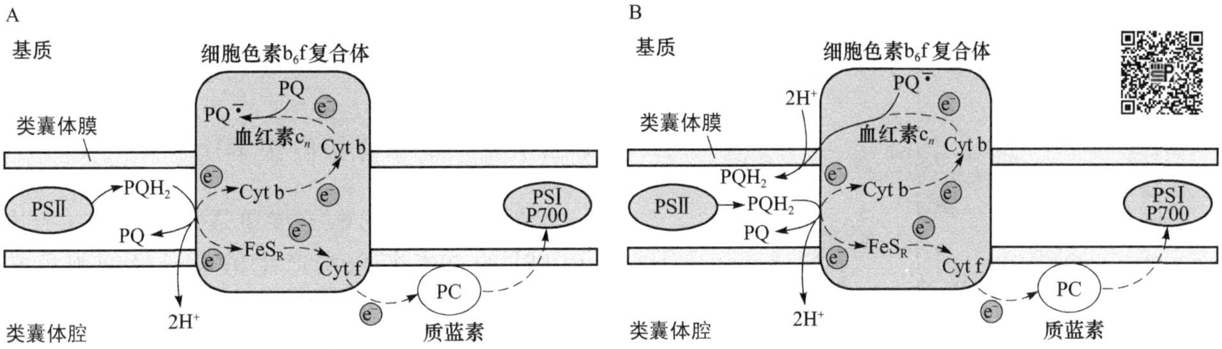

图 6-21　细胞色素 b_6f 复合体的电子传递和质子转移的机制（Taiz et al., 2015）

A. 第一个 PQH_2 在囊腔侧被氧化；B. 第二个 PQH_2 被氧化

（1）PSⅠ的组成和结构　PSⅠ含一对中心色素 P700、100 个左右的天线叶绿素 a、几个胡萝卜素、2 个维生素 K_1（叶醌）和 3 个 4Fe-4S 中心，至少有 15 种多肽（表 6-4，图 6-22）。绿藻和高等植物还含有捕光色素蛋白复合体Ⅰ（LHCⅠ），约含 100 个叶绿素分子。

目前普遍认为，所有与电子传递有关的有机或无机因子都是结合在 PsaA 、PsaB 和 PsaC 3 条中心多肽链上，PsaA 和 PsaB 是 PSⅠ光反应中心的基本多肽结构。它们组成跨膜的对称异二聚体结构，除 F_A/F_B 外，所有电子传递体都结合在这个异二聚体上。PsaA 和 PsaB 的氨基酸有 45% 左右相同。PsaA 和 PsaB 也是色素结合的部位。几乎所有 PSⅠ核心复合体上的叶绿素 a 都与该二聚体结合，此外还有 β-胡萝卜素。PsaC 位于基质面，是 F_A/F_B 的结合部位。

PsaF 是唯一已知功能的位于类囊体腔面的蛋白质，其主要功能是参与 PC 与 PSⅠ的结合和电子传递。PsaD 是位于基质面的多肽，它的功能是为铁氧还蛋白 Fd 结合提供位点。PsaE 也是位于基质面的多肽，它可能与循环电子传递和 Fd 的结合有关。

表 6-4　PSⅠ复合体的蛋白亚基（Buchanan et al., 2015）

蛋白亚基	基因	基因位置	分子质量 /kDa	功能
疏水亚基				
PsaA	*psaA*	叶绿体	83	反应中心蛋白
PsaB	*psaB*	叶绿体	82	反应中心蛋白
PsaF	*psaF*	细胞核	17	连接 PC
PsaG	*psaG*	细胞核	11	结合 LHCⅠ
PsaH	*psaH*	细胞核	10	连接 LHCⅡ-P
PsaI	*psaI*	叶绿体	4	未知
PsaJ	*psaJ*	叶绿体	5	与 PsaF 互作
PsaK	*psaK*	细胞核	9	结合 LHCⅠ
PsaL	*psaL*	细胞核	18	连接 LHCⅡ-P
PsaO	*psaO*	细胞核	10	连接 LHCⅡ-P
PsaP	*psaP*	细胞核	14	连接 LHCⅡ-P
亲水亚基				
基质面				
PsaC	*psaC*	叶绿体	9	Fe-s 脱辅基蛋白
PsaD	*psaD*	细胞核	18	连接 Fd
PsaE	*psaE*	细胞核	10	连接 Fd
腔面				
PsaN	*psaN*	细胞核	10	连接 PC

PSⅠ还含有一些低分子质量的位于类囊体膜内的蛋白质，如PsaG、PsaI、PsaJ、PsaK、PsaL、PsaM、PsaH，这些亚基的功能还不确定，它们可能有一些共同的功能，如稳定或促进蛋白复合体和膜脂间的相互作用。

（2）PSⅠ复合体上的电子传递　PSⅠ从PC接受电子并把电子传递给Fd。PSⅠ复合体上的电子传递的途径是：P700 → A_0 → A_1 → F_X → F_A/F_B（图6-22）。目前对电子在F_A和F_B间的传递顺序问题还不明确。因此常将两者合称F_A/F_B。

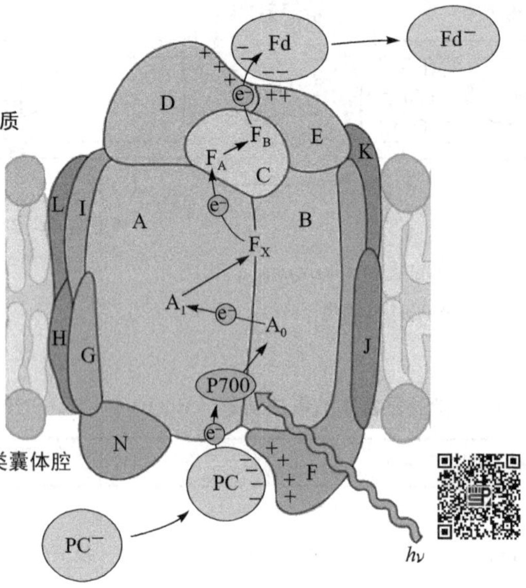

图6-22 光系统Ⅰ（PSⅠ）复合体结构示意图
（Buchanan et al.，2000）

P700是PSⅠ的原初电子供体，是一对叶绿素a分子。P700的氧还电位为+430mV，受激发的P700*的氧还电位为−1200mV，是生物界氧还电位最低的分子之一。A_0是一个叶绿素a分子，与P700的距离不到20Å。A_1是次级电子受体，为两个叶醌分子。F_X是PSⅠ中3个铁硫中心之一，它为4Fe-4S中心，由4个半胱氨酸残基提供配位键。F_X位于PsaA和PsaB之间，所需的配位键可能由PsaA和PsaB共同提供。

4. 铁氧还蛋白　Fd分子质量在17kDa左右，具有2Fe-2S簇。Fd为可溶性电子传递体，存在于叶绿体基质中。还原性的Fd可以将电子用于多种生物还原过程，如还原硝酸、亚硝酸、$NADP^+$、固氮酶等。还原$NADP^+$是铁氧还蛋白最重要功能之一。其反应在Fd-NADP还原酶（FNR）催化下进行。FNR为含1分子黄素腺嘌呤二核苷酸（FAD）的分子质量为33kDa的蛋白质。一般认为FNR在类囊体的非垛叠区，也发现它可以和细胞色素b_6f复合体结合在一起。FNR通过黄素将H^+转移到$NADP^+$，完成非环式电子传递。

铁氧还蛋白是光合电子传递链中很重要的成员，在无$NADP^+$的情况下，加入铁氧还蛋白，仍然可以光合放氧和产生ATP。此外，铁氧还蛋白也参与环式电子传递。再者，铁氧还蛋白是C、N、S同化的中心，在碳同化中，铁氧还蛋白还与硫氧还蛋白的还原有关。

（二）光合电子传递的多条途径及意义

光合作用中的电子传递是多途径的。上述由PSⅡ的OEC氧化水产生的电子经细胞色素b_6f复合体至PSⅠ，最后经Fd还原$NADP^+$的电子传递称为非环式电子传递途径（noncyclic electron transport）。在这条途径中产生了还原性的NADPH，并建立了跨类囊体膜的质子电化学势梯度，为ATP合成提供驱动力。在上述电子传递途径中，如果Fd将电子交给O_2，形成H_2O_2，而不是还原$NADP^+$则称为假环式电子传递途径（pseudocyclic electron transport）。在假环式电子传递途径中，没有NADPH的形成，但有跨类囊体膜的质子电化学势梯度产生。

除上述途径外，还存在多条环式电子传递途径（cyclic electron transport）。一条主要的环式电子传递途径是围绕PSⅠ进行的电子传递途径。在这条途径中，电子在Fd-质醌氧化还原酶作用下从Fd传递给质醌（图6-23），再经细胞色素b_6f复合体和PC

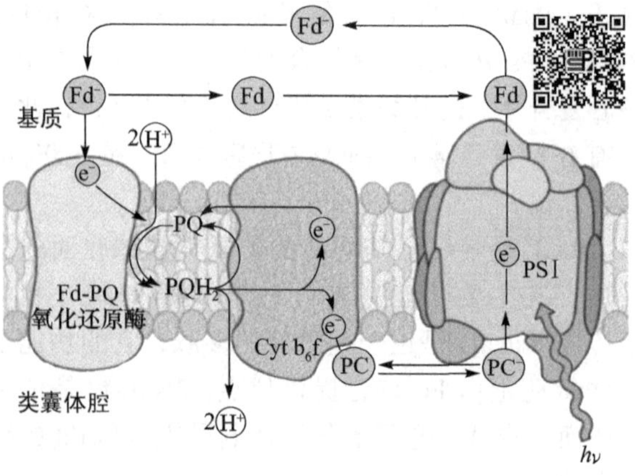

图6-23　电子经铁氧还蛋白（Fd）的循环传递途径示意图（Buchanan et al.，2000）

传给PSⅠ。在这条途径中没有NADPH的形成，但有跨类囊体膜的质子电化学势梯度产生。研究表明，可能也存在通过细胞色素b_{559}的环绕PSⅡ的环式电子传递途径，此循环由醌提供电子给细胞色素b_{559}，再通过与P680紧密结合的叶绿素a传递给P680。在饱和光照下，约有15%的电子进行此循环。也有实验报道在光系统Ⅱ内有去镁叶绿素→细胞色素b_{559}→P680的电子循环途径。

植物通过光化学反应和电子传递，产生NADPH和ATP，用于碳的固定。但是ATP和NADPH的需求量是随代谢和生理状态而改变的。多条电子传递途径的存在对于植物适应不同生理状态和/或环境下对同化力的需要是非常重要的。例如，CO_2供应不足时，$NADP^+$供应不足，可能更多地进行环式电子传递；C_4植物维管束细胞中，PSⅠ环式电子传递提供植物光合作用对额外ATP的需要；在光抑制条件下，PSⅡ受到破坏时，也会更多地进行PSⅠ环式电子传递；此外，环式和假环式电子传递途径在消耗掉多余的光能、保护光合作用系统免遭活性氧破坏中也起重要作用。

第四节 叶绿体中的ATP的合成

如前所述，电子传递的结果不仅使NADP还原，同时还形成了跨类囊体膜的pH梯度（ΔpH）及电势梯度（Δ*E*），这正是ATP合成的能量来源。这种依赖于光、由于光合作用电子传递而引起的ATP的合成，称为光合磷酸化（photophosphorylation）。由于电子传递有不同的途径，因此相应地也有非环式光合磷酸化和环式光合磷酸化等的区分，但在体内磷酸化的机制是相同的。ATP合成与光合作用电子传递相偶联，如发生电子传递而不伴随磷酸化则称为解偶联（uncoupling）。ATP的合成是通过化学渗透机制（chemiosmotic mechanism）在类囊体膜上的ATP合酶（ATP synthase）上进行的。

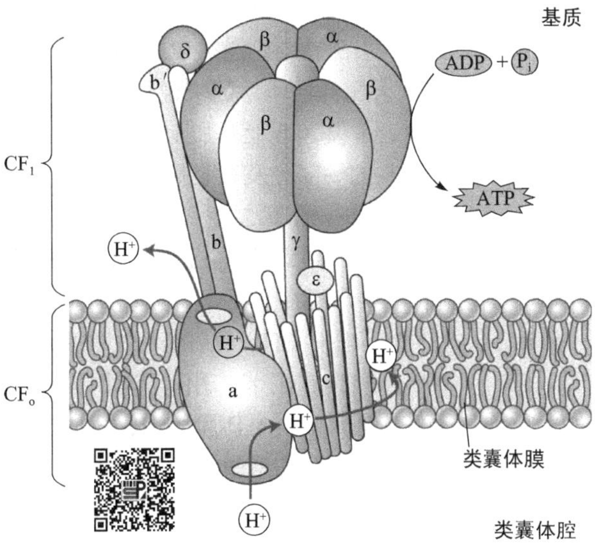

图6-24 ATP合酶的结构示意图（Taiz et al.，2015）

一、ATP合酶

叶绿体的ATP合酶又称光合磷酸化反应偶联因子（coupling factor），是直径约10nm的球形颗粒，它由跨膜的CF_o单位和位于基质侧起催化作用的CF_1单位组成（图6-24）。ATP合酶只存在于与基质直接相接触的类囊体（非垛叠区）膜上。ATP合酶CF_o-CF_1不仅在ATP的合成反应中起关键作用，它同时还具有ATP酶的活性，即也可以水解ATP并利用释放的能量进行质子的跨膜运输。

ATP合酶的CF_1松散地连接在CF_o上，在低浓度离子（特别是Mg^{2+}）条件下脱离CF_o。当CF_1脱离CF_o时，表现为ATP酶的活性，因此CF_o对于偶联因子的ATP合成功能是很重要的。CF_o和CF_1都是多亚基的蛋白复合体（表6-5）。

表6-5 ATP合酶的蛋白亚基（Buchanan et al.，2000）

蛋白亚基	基因	基因位置	亚基数量	分子质量/kDa	功能
CF_1					
α亚基	*atpA*	叶绿体	3	55	催化
β亚基	*atpB*	叶绿体	3	54	催化
γ亚基	*atpC*	细胞核	1	36	控制质子流
δ亚基	*atpD*	细胞核	1	20	CF_1和CF_o的结合调控
ε亚基	*atpE*	叶绿体	1	15	ATP酶活性的抑制
CF_o					
a	*atpF*	叶绿体	1	17	使CF_o与CF_1结合
b	*atpG*	细胞核	1	16	使CF_o与CF_1结合
b′	*atpI*	叶绿体	1	27	使CF_o与CF_1结合
c	*atpH*	叶绿体	14	8	质子的输送

（一）CF_1

CF_1 包括 5 种亚基（表 6-6），它们的组成比例为 α∶β∶γ∶δ∶ε=3∶3∶1∶1∶1。

α 亚基和 β 亚基交替排列组成"头部"中空的六角形。α 亚基可能还有将 CF_1 结合到 CF_o 的作用。而 ATP 结合位点在 β 亚基上。γ 亚基位于 α 亚基和 β 亚基组成的"六角形"的空隙，对催化起重要作用。它含有大量对酶的活性很重要的半胱氨酸残基（约每个肽链含 4 个）。ATP 合酶在黑暗中是失活的，光或二硫苏糖醇激活其活性，可能就是由于对亚基上二硫键的影响。δ 亚基位于柄部，连接着 CF_1 和 CF_o。去除 δ 亚基对 ATP 合酶的活性没有影响，它主要起阻止 H^+"泄漏"的作用，可以通过影响质子的通过来调节光合磷酸化。ε 亚基对质子的通过也有影响，去除它会刺激 ATP 合酶活性而加上后可抑制 ATP 合酶活性。总的来说，CF_1 的可能多肽结构是：由 α 亚基和 β 亚基加上 γ 亚基组成它的头部；由 α 亚基的一部分及 δ 亚基和 ε 亚基组成"柄部"。利用 *N*-乙基-顺丁烯二酰亚胺（与—SH 基反应）测量结果表明，在黑暗中 γ-亚基上的—SH 被"埋藏"在多肽链中，而在光下又暴露出来，用与—SH 结合的药物处理使 ATP 合酶的活性增加，说明—SH 对 ATP 合成具有调节作用。光对 CF_o-CF_1 的活化作用不仅是通过跨类囊体膜 ΔpH，还通过硫氧还蛋白系统。硫氧还蛋白通过其他叶绿体蛋白来改变亚基上的—SH。

（二）CF_o

CF_o 由 a、b、b′和 c 4 个亚基组成（表 6-6）。它们的分子组成比例为 a∶b∶ b′∶c=1∶1∶ 1∶14。它们形成埋入膜内的质子通道。亚基 b 和亚基 b′可能是柄的一部分；c 亚基，也称为蛋白脂（proteolipid），形成质子通道；a 亚基可能与质子通道的孔的形成有关，它有 5 个跨膜的螺旋，其中一个具有许多带电荷的氨基酸残基并与 c 亚基连接。膜脂也是形成有效 CF_o 所必需的。

二、ATP 产生的机制

公认的解释光合磷酸化机制的学说是化学渗透学说，该学说由英国生物化学家 P. Mitchell 于 1961 年提出，他因此获得 1978 年诺贝尔化学奖。化学渗透学说认为：电子在膜上的电子传递体的传递过程起着质子泵的作用，因而在膜的两侧形成了 pH 梯度（ΔpH）及电势梯度（ΔE），产生质子动力势（proton motive force，pmf 或 Δp），质子动力势驱动质子穿过膜上的 ATP 合酶复合物流回到基质，其能量促使 ADP 和 P_i 合成 ATP。化学渗透学说强调膜结构的完整性，如果膜不完整，质子能自由通过膜，则无法在内膜两侧形成质子动力势，就会发生解偶联现象，一些解偶联剂的作用就在于改变膜对 H^+ 的通透性，从而使电子传递所释放的能量不能转换合成 ATP。此外，化学渗透学说强调电子传递链组分在膜上分布的非对称性，正是由于这种不对称性才使质子的跨膜转移成为可能。

叶绿体类囊体膜的质子动力势主要来自 ΔpH，ΔE 的贡献较小，原因是其他离子如 Mg^{2+} 也能通过类囊体膜进行转运，当 H^+ 从叶绿体基质转运到类囊体腔时，Mg^{2+} 会从类囊体腔转运到叶绿体基质（$1Mg^{2+}/2H^+$），这样就不产生大的电势差。

关于质子动力势如何驱动 ATP 合成，目前被广泛接受的是结合转化机制（binding change mechanism）或称变构学说。Boyer 和 Walker 由于提出该学说的重要贡献，获得了 1997 年诺贝尔化学奖。

根据变构学说，ATP 合酶的 CF_1 部分有 3 个核苷酸结合位点，每一个位点都以 3 种构象状态之一存在（图 6-25）：开放（O，释放 ATP，为 ADP 和 P_i 提供结合位点）、松弛（L，有松弛结合的 ADP 和 P_i）和紧张（T，有合成的 ATP）。当质子从类囊体腔通过 CF_o 通道向基质运动时，释放的能量导致 γ 亚基转动，引起 3 个核苷酸结合位点构象依次发生变化：O 位点转换为 L 位点，松弛结合 ADP 和 P_i；L 位点转换为 T 位点，合成 ATP；T 位点转换为 O 位点，释放 ATP。在整个过程中，主要的耗能步骤是 ATP 的释放，而非 ATP 的合成。

对 ATP 合酶的晶体结构分析结果表明，3 个 β 亚基的构象是不同的，γ 亚基插入这个催化复合体的中心。在 β 亚基和组成"外圈"的 α 亚基的界面是高度疏水的，这种疏水性使 β 亚基与外圈亚基间的相互作用很小，有利于 γ 亚基的转动。研究者将带荧光的微丝片段（约 1μm）"黏结"在 γ 亚基上，当加入 ATP 时，在荧光镜下直接观察到荧光微丝的转动，说明 γ 亚基在质子通过时确实发生了转动。

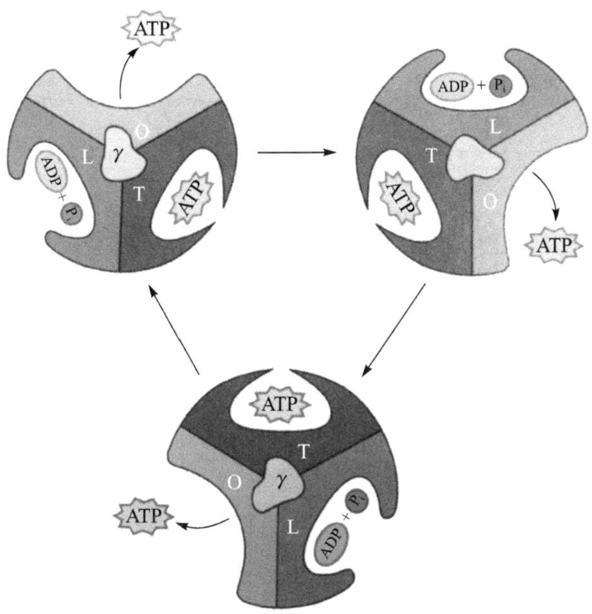

图 6-25　ATP 合成的变构学说模式图

（Buchanan et al.，2015）

γ 亚基的转动引起 β 亚基的构象依开放（O）→松弛（L）→紧张（T）的顺序发生改变，完成 ADP 和无机磷酸（P_i）的结合、ATP 的合成及 ATP 的释放过程

三、光合磷酸化的抑制剂

叶绿体进行光合磷酸化，必须具备在类囊体膜上进行电子传递、跨类囊体膜有质子梯度和有活性的 ATP 合酶 3 个条件。缺乏任一条件都不能完成光合磷酸化。影响这 3 个方面的任何试剂都是光合磷酸化的抑制剂。

（1）光合电子传递抑制剂　一类物质抑制电子传递过程，如二氯苯基二甲基脲（dichlorophenyldimethylurea，DCMU），又名敌草隆，它竞争性地结合 PSⅡ中 D1 蛋白的 Q_B 位点，阻止其还原。另一类质醌类似物 2,5-二溴-3-甲基异丙基-*p*-苯醌（DBMIB）竞争性地结合细胞色素 b_6f 复合体的氧化型 PQ 结合位点来阻断电子传递。百草枯（也称为甲基紫精，paraquat）抑制 PSⅠ铁氧还蛋白的还原。这些物质通过阻断电子传递而抑制光合作用，因而可用作除草剂，同时这些试剂也有助于光合作用电子传递的研究。

（2）解偶联剂　解偶联剂是指具有解除电子传递和磷酸化反应之间偶联的试剂。常见的有二硝基酚（dinitrophenol，DNP）、NH_4^+、短杆菌肽、尼日利亚霉素等。这些试剂增加类囊体膜对质子的透性或偶联因子渗透质子的能力，消除跨膜质子梯度，因此虽然仍有电子传递进行，但磷酸化反应不能进行。

（3）ATP 合酶抑制剂　直接作用于 ATP 合酶，抑制其活性，使磷酸化反应不能进行。这类抑制剂有二环己基碳二亚胺（DCCD）、对氯汞基苯（PCMB）、寡霉素等，DCCD 和 PCMB 作用于 CF_1，寡霉素作用于 CF_o（CF_o 下标的 o 就是基于其对寡霉素 oligomycin 敏感而得名）。

第五节　光能的分配调节和光保护

光是自然界中变化最大的环境因素。一天中光强和光质始终处于变动之中，一年中每天的光照长度会发生周期性的变化，气候的变化也会影响光照情况。在正常条件下，植物能够通过各种调节过程，精确地控制和调节光能在光系统间的平衡分配，使光合作用高效进行。此外，在许多情况下，外界的光照常超出植物的调节范围，如在夏日的高光照条件下，植物吸收的光能常超出植物所能利用的范围，多余的能量会造成植物光合系统的损伤，因此植物还需要通过一定的方式将多余的能量消耗掉，避免对植物光合系统的损害。

一、光能的分配调节

在高等植物和藻类中，光合作用是通过两个独立的、在空间上分离的光系统进行的。这两个光系统有各自的天线系统进行光能的吸收和传递，引发光化学反应和电子传递。但是这两个光系统在功能上是相互联系的，电子传递通过两个光系统的串联才能得以完成，任何一个光系统效率的降低都会引起整个光合效率的降低。因此光能在两个光系统间分配的不均衡必然会使光合作用效率降低。只有当吸收的激发能在两个光系统平衡时，光能的转化效率才能达到最高。在植物体中，植物吸收的光能在两个光系统间的分配受到有效的调节控制，保证了光合作用的高效进行和对环境变化的适应。

除了两个光系统的串联电子传递要求光能在两个系统间的平衡外，光系统的调节还要适应不同光强条件及代谢对同化力 NADPH 和 ATP 的不同需求。

（一）光能分配的状态

虽然光系统Ⅱ和光系统Ⅰ具有不同的光吸收特性，但是植物的光合作用在相当宽的光谱范围内，其量子产率是和光照的波长无关的。这个现象说明，植物具有调节光能在两个光系统间分配比例的能力。

Bonaventure 和 Myers（1969）在限制光条件下，用主要被 PSⅠ吸收的光（＞700nm）照射小球藻细胞，发现吸收的激发能向 PSⅡ的分配比例增加；如用主要为 PSⅡ吸收的光（650nm）照射则激发能向 PSⅠ的分配比例增加。因此将激发能向 PSⅡ分配比例增加的状态称为“状态Ⅰ”（State 1）；而将激发能向 PSⅠ分配比例增加的状态称为“状态Ⅱ”（State 2）。

（二）光能分配的磷酸化调节

20 世纪 80 年代初期发现，完整叶绿体膜在光与 Mg^{2+}、ATP 存在的条件下可诱导捕光色素蛋白复合体 LHCⅡ磷酸化，同时使吸收的激发能向 PSⅠ分配，即诱导状态Ⅱ；而在暗中这一过程可逆转，已磷酸化的 LHCⅡ发生去磷酸化，同时激发能更多地向 PSⅡ分配，即诱导状态Ⅰ。以后又证明 LHCⅡ磷酸化和去磷酸化对光能分配的调节作用取决于与膜结合的 LHCⅡ激酶和 LHCⅡ磷酸酶活性的平衡，以及质醌氧化还原状态的控制。由此提出光能分配的 LHCⅡ磷酸化/去磷酸化调节机制（图 6-26）：当 PSⅡ被光能优先激发时，PQ 被还原，PQ 的还原使 LHCⅡ激酶活化，引起 LHCⅡ磷酸化，磷酸化的 LHCⅡ从 PSⅡ分布的基粒类囊体的垛叠区向 PSⅠ分布的基质类囊体移动，因此扩大了 PSⅠ的捕光面积，使吸收的光能更多地向 PSⅠ分配，因而导致状态Ⅰ转变为状态Ⅱ；反之，当 PSⅠ被光能优先激发，PQ 被氧化，PQ 的氧化使 LHCⅡ磷酸酶活化，引起 LHCⅡ去磷酸化，去磷酸化的 LHCⅡ则从基质类囊体向基粒类囊体垛叠区移动，其结果是扩大了 PSⅡ的捕光面积，使吸收的光能更多地向 PSⅡ分配，因而导致状态Ⅱ转变为状态Ⅰ。

LHCⅡ磷酸化/去磷酸化调节机制已经被一些实验观察所证实。当叶绿体膜经蛋白磷酸化后，确实发现有 LHCⅡ由垛叠区向非垛叠区转移。

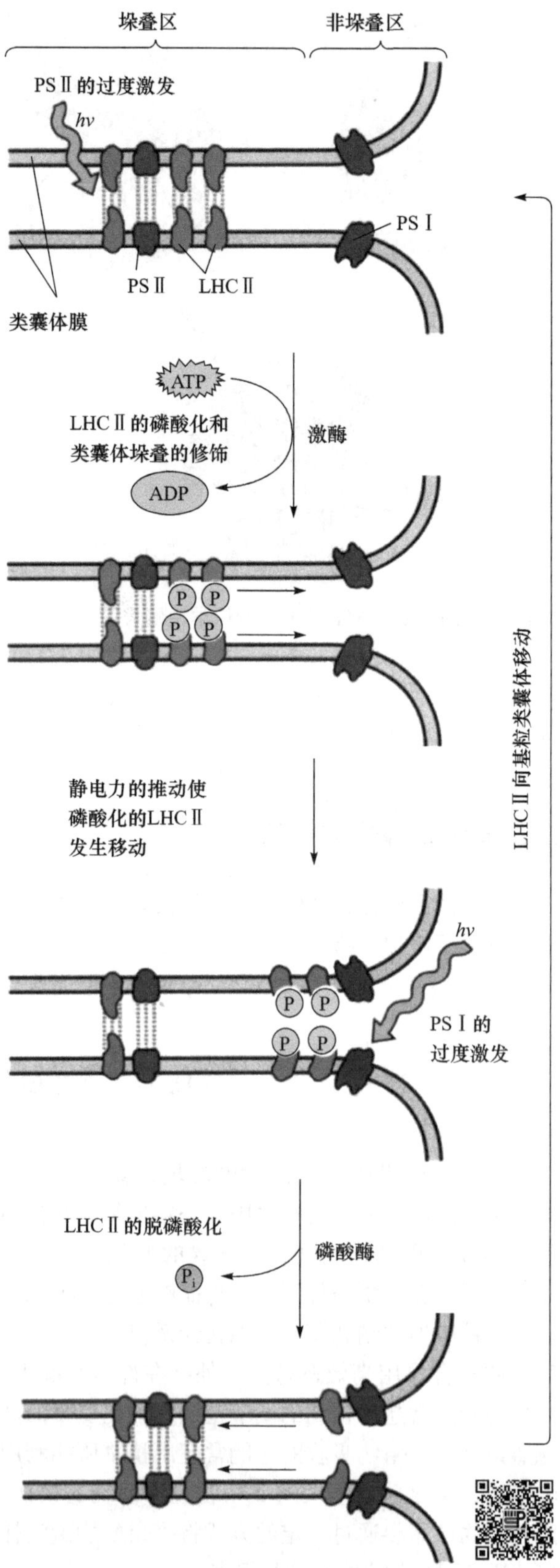

图 6-26　光能分配的磷酸化调节机制

（Buchanan et al.，2015）

LHCⅡ的磷酸化和去磷酸化引起 LHCⅡ在类囊体垛叠区和非垛叠区移动，从而使光能在两个光系统间的分配得到平衡

（三）细胞色素 b_6f 复合体在光能分配中的作用

虽然捕光色素蛋白复合体的磷酸化机制较好地解释了光能在两个光系统间的分配调节问题，但是实验表明，LHCⅡ在光能分配的不同状态下在类囊体不同区域间的移动量仅为其总量的10%～20%，因此捕光色素蛋白复合体的移动不能完全满足光能分配的需要。用分部分离和免疫细胞化学显微术相结合的研究表明：玉米和衣藻基质片层中细胞色素 b_6f 复合体的数量在“状态Ⅱ”下显著多于在“状态Ⅰ”下，说明从状态Ⅰ转变为状态Ⅱ时，伴随着细胞色素 b_6f 复合体从基粒膜区域向基质膜区域的迁移，而且这种重分配的数量为细胞色素 b_6f 复合体总量的30%～40%。

此外，细胞色素 b_6f 复合体对LHCⅡ的磷酸化也是必需的。利用突变体的研究发现，在细胞色素 b_6f 复合体缺失的突变体中，即使类囊体膜结构、PSⅡ和PSⅠ反应中心都正常，质醌库也正常，但是无论在光下还是在还原质醌条件下，都不发生LHCⅡ的磷酸化，而且突变体无光能分配的状态转换。

因此，细胞色素 b_6f 复合体不但可以通过在类囊体不同区域间的移动来协调能量在两个光系统间的分配，而且细胞色素 b_6f 复合体还参与了LHCⅡ的磷酸化过程。

二、光抑制与光保护作用

光能是光合作用的基本要素。捕光色素复合体使光能可以更为有效地传递到光系统的反应中心，但又可能使传递到反应中心的激发能超出光系统可以“使用”的能量。在高光强下，植物的光合作用会产生光抑制现象。光抑制（photoinhibition）是指多余光能对光合作用产生抑制作用。光抑制的特性取决于植物所吸收的光能超出其光合作用所需的大小，当所超出的光能并不是很多时，虽然光合的量子产率下降，但光合作用的最高速率并不受影响。这种量子产率的下降通常是暂时的，当光强下降到饱和光强以下时可以恢复到原来的水平，这种光抑制反应称为动态光抑制（dynamic photoinhibition）。动态光抑制的量子产率下降是植物将所吸收的多余光量子转变为热能而耗散掉的结果。但是多余的光能不能被完全转化为热耗散掉时就会对光系统造成伤害，这样的伤害不仅导致量子产率的降低，同时也使光合最高速率下降，而且这种光抑制是较长期的，可以持续数周，甚至数月，这种光抑制反应称为长期性光抑制（chronic photoinhibition）。因此，动态光抑制反映了植物对光能的调控机制，而长期性光抑制则表明多余光能已经超出植物可能的调节范围而对植物造成了伤害。因此植物不仅要将多余的光能耗散掉，同时还需要对受损伤的光合系统进行修复。

光合生物在进化的过程中，产生了多层次的光保护机制，以保障植物在多变的光照条件下进行高效的光合作用的同时，又不受到光的伤害（图6-27）。

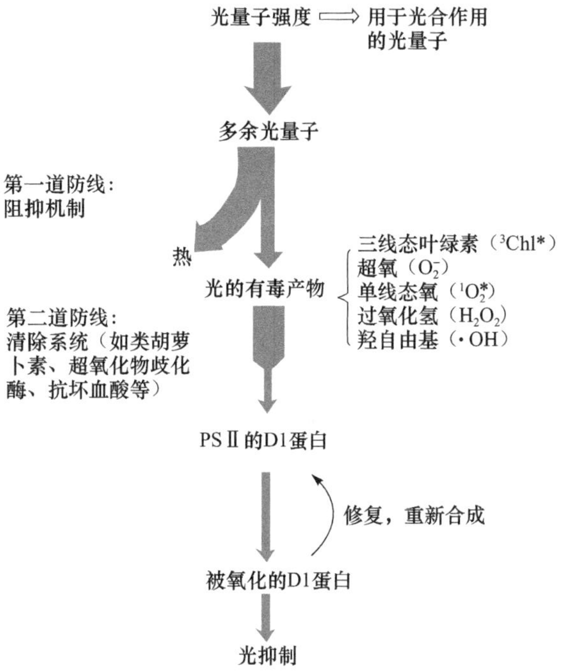

图6-27 光合系统的多层次光保护和修复机制（Taiz et al., 2015）

（一）通过形态结构方面的改变减少对光能的吸收

植物在进化过程中发展出多方面的防止或减轻光破坏的系统。首先，植物通过各种方式减少光能的吸收，如减少叶面积，在叶表面形成叶毛或表面物质，改变叶与光的角度等都可以降低光能的吸收。在高光照的地区，植物叶片常较小；在干燥、高光照的沙漠地区，一些植物的叶变态为刺（当然这和水分平衡也是有关的）。一些植物叶的表面形成叶毛结构，形成角质或蜡质层不仅可以减少水分的散失，还可以减少光的吸收。在许多植物中，叶肉细胞的叶绿体可以随入射光强度改变其在细胞中的分布。在弱光下，叶绿体以其扁平面向着光源，并散布开以获得最大的光吸收面积；而在强光下，叶绿体则以其窄面向着光源，并沿光线排列相互遮挡以减少光的吸收面积（图 6-28）。

植物细胞还可以通过改变光合组分的量，减少光能吸收，达到降低光破坏的效果。例如，在弱光下生长的植物叶绿体中 LHC 的含量常高于强光下的含量，LHC 含量的改变可以改变天线色素的面积，从而改变光能的吸收量。

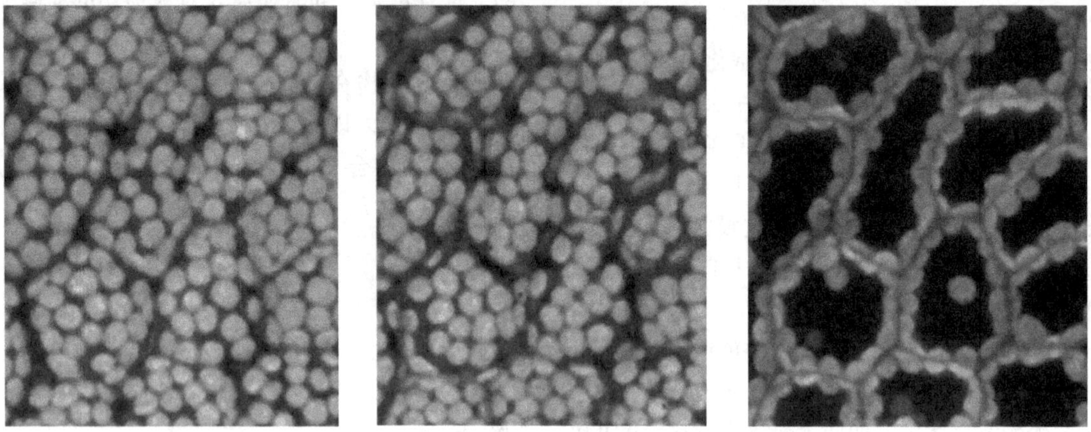

图 6-28　在不同光强下浮萍光合细胞中叶绿体的分布（Taiz et al., 2015）

（二）加强能量耗散过程

当光强增加时，光反应中心复合体的含量、与电子传递链有关的组分和 Rubisco（核酮糖-1,5- 二磷酸羧化酶/加氧酶）等的含量都增加，因此电子传递速率和 CO_2 固定增加，消耗较多的同化力，减少了激发能的积累。

植物也通过环式电子传递、假环式电子传递（梅勒反应）、光呼吸（见第七章）等过程加强对能量的耗散。

依赖叶黄素循环（xanthophyll cycle）的激发能耗散在保护光合机构中起重要作用。叶黄素（xanthophyll）是类胡萝卜素中的一类色素。在分析植物叶片中类胡萝卜素含量时发现 3 种叶黄素的变化：紫黄素（violaxanthin）、玉米黄素（zeaxanthin）和环氧玉米黄素（antheraxanthin）。它们可以在紫黄素脱环氧化酶和玉米黄素环氧化酶的作用下，相互转变，形成叶黄素循环（图 6-29）。在强光和缺氧的条件下，紫黄素含量会降低并发生脱环氧化作用；而在暗中和有氧条件下，玉米黄素含量降低，环氧玉米黄素含量增加，同时紫黄素也开始增加，并进行环氧化作用。

在自然条件下生长的植物叶片中，玉米黄素的含量表现出明显的昼夜规律性，一般当早晨叶片接受阳光时，叶片中几乎不含玉米黄素，到中午光照高峰时，玉米黄素含量达到最高，到夜间含量为零。

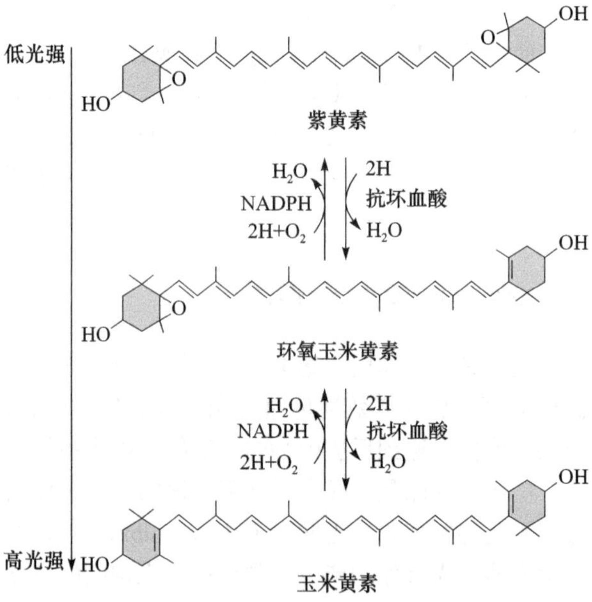

图 6-29　叶黄素循环（Taiz et al., 2015）

催化叶黄素循环的是紫黄素脱环氧化酶和玉米黄素环氧化酶。紫黄素脱环氧化酶催化紫黄素脱环氧化作用，位于类囊体腔中，在 pH<6.5 时被活化，并与类囊体结合进行催化反应，在 pH 7.0 时失活，从类囊体膜上脱离。玉米黄素环氧化酶催化玉米黄素环化作用，是含铜氧化酶，最适 pH 7.5。高光条件趋向活化紫黄素脱环氧化酶，生成玉米黄素；而低光条件则活化玉米黄素环氧化酶，生

成紫黄素。玉米黄素和H^+与捕光色素蛋白复合体结合引起其构象发生改变，进而导致激发能以热的形式耗散——非光化学猝灭（non-photochemical quenching）。目前认为叶黄素的这种非光化学猝灭功能与PSⅡ上的天线复合物上的PsbS蛋白有关。

已有证据表明：高光强下玉米黄素的含量与植物对高光强胁迫的忍受能力有关。缺乏叶黄素循环的突变体在高光强和有氧环境下不能存活。

（三）活性氧的消除

叶绿素吸收光能后成为激发态的叶绿素，激发态的叶绿素通过能量转移、光化学反应（光化学猝灭）和/或非光化学猝灭等方式回到基态。如果激发态不能及时被猝灭，激发态的叶绿素就会与环境中的分子氧作用，产生单线态氧（singlet oxygen）。具单线态氧的分子的氧化活性非常强，会作用于许多细胞组分，特别是脂类，并造成这些细胞组分的破坏。

植物可以通过许多机制消除破坏性的活性氧。例如，在植物细胞中有过氧化氢酶、超氧化物歧化酶、谷胱甘肽还原酶、抗坏血酸氧化酶等酶系统，可以使氧自由基、过氧化物等失活，防止对植物细胞的破坏。植物中的酚类化合物、类胡萝卜素等可以直接猝灭单线态氧。类胡萝卜素还在叶绿素的能量淬灭中起重要作用。叶绿素的激发能可以迅速转移到类胡萝卜素，激发态的类胡萝卜素的能量不足以形成单线态的氧，而只能通过热耗散的方式回到基态。这样，叶绿素所吸收的多余激发能就可以被类胡萝卜素以热耗散的方式消耗掉，而没有破坏性的单线态氧的发生。缺失类胡萝卜素的光合生物的突变体在光和氧分子同时存在的情况下难以生存，说明类胡萝卜素在防止光下单线态氧发生中的重要性。

（四）光系统Ⅱ的修复

PSⅡ被证明是最易受光破坏的光合结构。在高光强下PSⅡ被破坏的主要是组成其反应中心的D1蛋白。因此，PSⅡ的修复需要有新的D1蛋白的合成，而PSⅡ上的其他多肽则可能是被重复使用的。研究表明，植物体内D1蛋白具有较快的周转率，且受光强调节。在酶的作用下，受损的D1蛋白被除去，新合成的D1蛋白组入原有的PSⅡ中，恢复光合活性。

小　结

光合作用是植物和光合细菌利用太阳能生产有机物的过程，是地球上有机物和能量的主要来源。

叶绿体是进行光合作用的细胞器。光反应在类囊体膜上进行，色素蛋白复合体PSⅠ、PSⅡ、Cyt b_6f和ATP合酶存在于类囊体膜上。高等植物的光合色素有两大类：叶绿素类和类胡萝卜素类，这些色素以特定方式结合在类囊体膜的蛋白质中，完成光能吸收、传递和转换。

光合色素吸收的光能通过天线色素间的能量传递被传递到光系统的反应中心。反应中心是由多条多肽和一系列电子传递体组成的蛋白复合体，是进行光化学反应将光能转变为化学能的关键部位。一般认为，反应中心上进行光化学反应或原初电荷分离的是一“特殊对”叶绿素a。光合生物中存在两类反应中心：一类是以醌为最终电子受体的，称为醌型反应中心；另一类是以铁-硫中心作为电子的最终受体，称为铁-硫型反应中心。两个反应中心通过电子传递体串联起来推动电子传递，从水中夺取电子（氧化水）并将电子最终传递给$NADP^+$（还原为NADPH），形成非循环式电子传递链（Z链）。PSⅡ具有氧化水、放出氧气的重要功能，通过PSⅡ上锰聚集体的不同氧化状态（S状态）的依次转换，氧化水放出氧气。PSⅡ和PSⅠ在空间上是分离的，PSⅡ主要位于基粒类囊体的垛叠区，而PSⅠ主要位于基质类囊体。在两个光系统间还有PQ、PC和细胞色素b_6f复合体进行电子的传递。细胞色素b_6f复合体还在质子的跨膜转移中起重要的作用。在电子传递过程中形成的跨类囊体膜的电化学势梯度，主要是跨膜pH梯度，是光合磷酸化合成ATP的能量来源。ATP合酶利用质子动力势推动其γ亚基转动，引起β亚基的构象发生转变，因而完成ADP与P_i的结合、ATP形成和ATP释放的过程。NADPH和ATP形成光合作用的同化力，被用于CO_2的固定，合成有机物。

光能在两个光系统间的不平衡会降低光合作用的效率，而多余的光照更会造成光系统的破坏，因此光能向光系统输送的多少和在两个光系统间的分配比例都是受到精细调控的。捕光色素蛋白复合体LHCⅡ的磷酸化及其在类囊体不同区域间的移动在光能的分配调节中起重要的作用。类胡萝卜素可以猝灭激发态的叶绿素并以热耗散的方式消除多余的能量，减少了向光反应中心输送的能量，保护光系统免受多余激发能的破坏。叶黄素循环也在光保护反应中起非常重要的作用。

思 考 题

（1）光合色素有哪些特性?

（2）在类囊体反应中，涉及哪些蛋白复合体？简述它们的分布特点及与功能的关系。

（3）捕光色素蛋白复合体 LHCⅡ的结构和功能是什么?

（4）在光合生物中存在哪两类光反应中心？它们有何共同的特点，它们各自又有何特点?

（5）如何证明植物中存在两个串联的光反应系统?

（6）光系统Ⅱ如何进行水的氧化，其中涉及哪些关键装置？氧气的释放步骤如何?

（7）细胞色素 b_6f 复合体是如何使质子进行跨膜转移的?

（8）论述光合作用非环式、环式和假环式电子传递途径及其生理意义。

（9）什么是光合磷酸化？ ATP 合酶是如何进行 ATP 的合成的?

（10）植物如何实现光能在两个光系统间的平衡分配?

（11）什么是光合作用的光抑制？植物体进行光保护的机制有哪些?

第七章 光合作用Ⅱ：光合碳同化

在光合作用光反应过程中，伴随H_2O被光解氧化及光合作用电子传递，$NADP^+$被还原为NADPH，与电子传递偶联的光合磷酸化产生了ATP，即将光能转换为活跃的化学能。在叶绿体基质中，利用ATP与NADPH储存的能量，即同化力，通过一系列酶促反应，催化CO_2还原为稳定的碳水化合物，这就是CO_2同化（CO_2 assimilation）或称碳固定的过程。

研究发现，不同植物CO_2同化途径有所不同，根据CO_2同化过程中的最初产物及碳代谢特点，将光合碳同化途径分为三类：C_3途径（C_3 pathway）、C_4途径（C_4 pathway）和景天酸代谢（crassulacean acid metablism，CAM）途径。相应的植物被分别称为C_3植物（C_3 plant）、C_4植物（C_4 plant）和CAM植物（CAM plant）。本章将介绍CO_2同化的不同途径；植物的光呼吸代谢；各种环境因子对光合作用的影响及光合作用与农业生产的关系。

第一节　光合碳同化的C_3途径——卡尔文循环

1946年美国加州大学的卡尔文与本森的实验室采用^{14}C同位素标记测定及双向纸层析技术，发现了小球藻光合作用中CO_2固定的反应步骤，由此推导出CO_2同化的途径，称为卡尔文循环（Calvin cycle），他们因此荣获1961年诺贝尔化学奖。在这条途径中，CO_2被固定后形成的最初稳定产物为三碳化合物3-磷酸甘油酸（PGA），所以也称为C_3途径或光合碳还原循环（photosynthetic carbon reduction，PCR cycle）。这是植物光合作用固定CO_2的基本循环，是放氧光合生物同化CO_2的共有途径。

一、卡尔文循环的反应步骤

卡尔文循环包括核酮糖-1,5-二磷酸（ribulose-1,5-bisphosphate，RuBP）的羧化、C_3产物的还原和RuBP的再生三个阶段（图7-1），均在叶绿体基质中完成。卡尔文循环的反应过程如图7-2所示。

（一）RuBP的羧化

进入叶绿体的CO_2与其受体RuBP结合后经水解生成3-PGA（图7-3）。这是光合作用碳同化的第一步骤，CO_2被固定，无机物转化为有机物。其反应分两步进行：第一步为羧化反应（carboxylation），即RuBP接受一分子CO_2，其分子上部羧基化，形成一个不稳定的中间化合物；第二步为水解反应，即该中间化合物水解形成2分子3-PGA。

$$3RuBP + 3CO_2 + 3H_2O \longrightarrow 6\ 3\text{-}PGA + 6H^+ \quad (7.1)$$

催化羧化反应的酶是核酮糖-1,5-二磷酸羧化酶/加氧酶（ribulose-1,5-bisphosphate carboxylase/oxygenase，Rubisco）。该酶存在于叶绿体基质中，含量丰富。它所催化的羧化反应是光合作用中最基本的碳还原反应。

（二）C_3产物的还原

在羧化反应中形成的3-PGA为有机酸，在叶绿体基质中，利用光反应中生成的ATP与NADPH将3-PGA进一步还原为丙糖磷酸。

如图7-2所示，3-磷酸甘油酸激酶催化3-PGA的磷酸化反应形成1,3-二磷酸甘油酸（1,3-BPGA），再由NADP-甘油醛-3-磷酸脱氢酶催化形

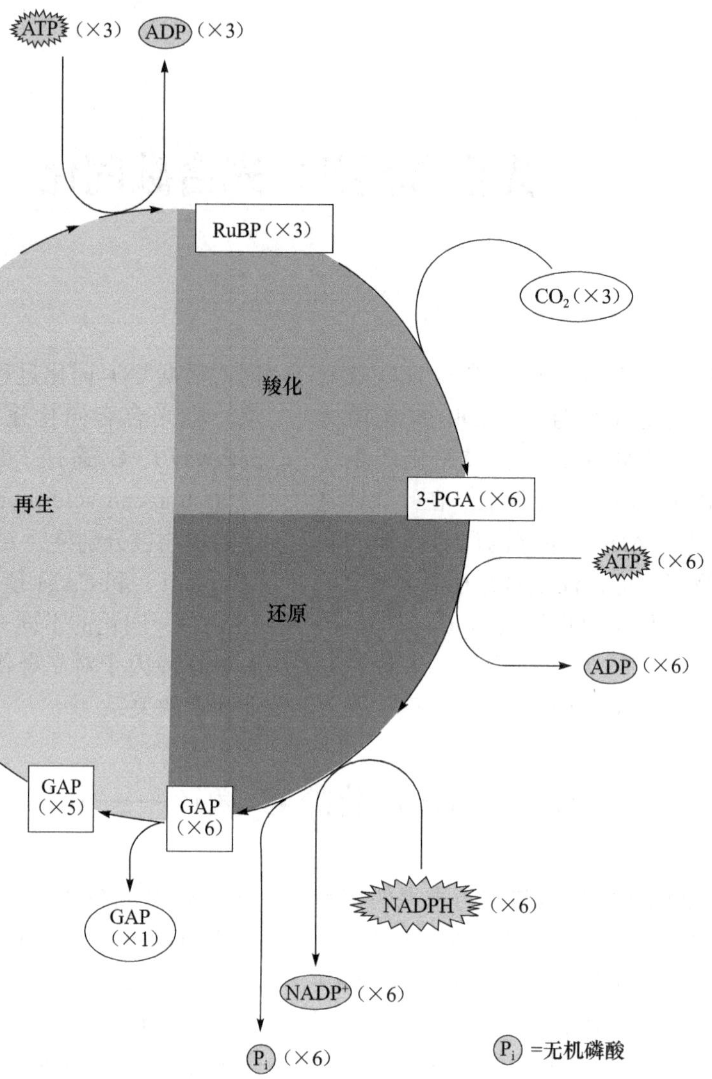

图 7-1 卡尔文循环过程中 RuBP 的羧化、PGA 的还原和 RuBP 的再生三个阶段示意图（Buchanan et al., 2000）

成甘油醛-3-磷酸（GAP），GAP 可异构为磷酸二羟丙酮（DHAP），统称为丙糖磷酸（triose phosphate）。丙糖磷酸是叶绿体中光合碳同化的重要产物。至此，3-PGA 被还原为糖，光合作用光反应中形成的 ATP 与 NADPH 携带的能量转储于碳水化合物中。

$$3\text{-PGA}+ATP \longrightarrow 1,3\text{-BPGA}+ADP \quad (7.2)$$

$$1,3\text{-BPGA}+NADPH+H^+ \longrightarrow GAP+NADP^++P_i \quad (7.3)$$

（三）RuBP 的再生

叶绿体中需保持 RuBP 不断再生去接受 CO_2，卡尔文循环才能得以继续运转。经羧化反应和还原反应形成的 GAP 经过三碳糖、四碳糖、五碳糖、六碳糖、七碳糖的一系列反应转化，形成核酮糖-5-磷酸（Ru5P），最后由核酮糖-5-磷酸激酶催化，消耗 ATP，再形成 RuBP（7-2）。再生过程自 GAP 始，最终形成 RuBP，再生过程的总反应可表示如下。

$$5GAP+3ATP+2H_2O \longrightarrow 3RuBP+3ADP+2P_i+3H^+ \quad (7.4)$$

（四）卡尔文循环中的能量转换

卡尔文循环的总反应式可表示如下。

$$3CO_2+5H_2O+6NADPH+9ATP \longrightarrow GAP+6NADP^++3H^++9ADP+8P_i \quad (7.5)$$

在卡尔文循环中，每同化 3 分子 CO_2，消耗 9 分子 ATP 与 6 分子 NADPH，形成 1 分子丙糖磷酸，以很高的能量转化效率（达 80% 以上）将光反应中转化的活跃化学能转换为稳定的化学能，储存在丙糖磷酸中。

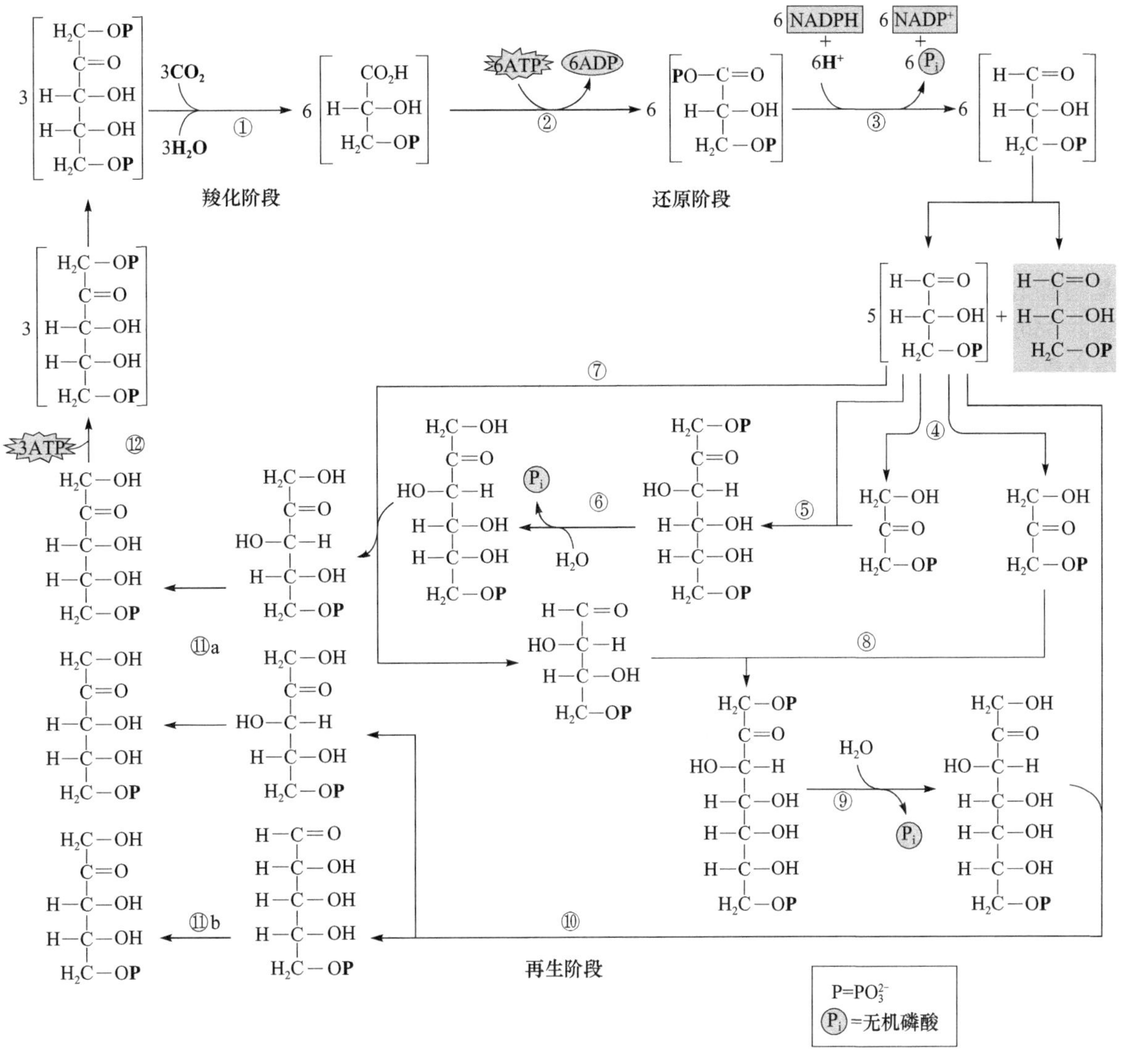

图 7-2　卡尔文循环（Taiz et al., 2015）

①RuBP 羧化酶/加氧酶；②磷酸甘油酸激酶；③磷酸甘油醛脱氢酶；④丙糖磷酸异构酶；⑤醛缩酶；⑥果糖-1,6-二磷酸磷酸酶；⑦转酮酶；⑧醛缩酶；⑨景天庚酮糖-1,7-二磷酸磷酸酶；⑩转酮酶；⑪a戊糖磷酸表异构酶；⑪b戊糖磷酸异构酶；⑫核酮糖磷酸激酶

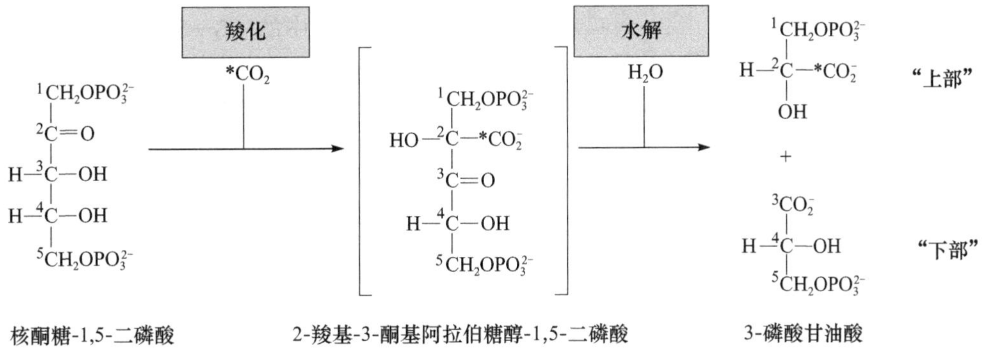

图 7-3　核酮糖-1,5-二磷酸羧化酶催化的羧化反应（Taiz & Zeiger, 1998）

二、卡尔文循环的调节

（一）Rubisco 的活性调节

在高等植物中，作为催化固定 CO_2 的第一个酶，Rubisco 是叶绿体中最丰富的可溶性蛋白质。Rubisco 由 8 个大亚基（56kDa）和 8 个小亚基（14kDa）组成，大亚基有 476 个氨基酸残基，小亚基约有 123 个氨基酸残基，整个酶蛋白的分子质量共 560kDa。由 X 射线衍射可知，每 2 个大亚基结合成一组，其间有 Mg^{2+} 作为连接的桥，每个大亚基都有一个催化部位和一个调节部位，小亚基仅有调节作用。编码 Rubisco 大亚基的基因在叶绿体的环状 DNA 上，而 Rubisco 的小亚基是由核基因编码的，在核中转录形成 RNA 后，在胞质中翻译形成 Rubisco 的小亚基前体，运入叶绿体后切去前导肽，与大亚基结合，形成 Rubisco 的全蛋白。

Rubisco 是受光诱导表达的酶。光对其大、小亚基的基因转录都有影响。在小亚基基因的上游启动子序列上已发现受光调节的元件。该基因的表达表现出红光-远红光可逆反应，说明光敏色素参与其调节。

光也通过翻译后修饰快速调节 Rubisco 的酶活性。Rubisco 具有钝化和活化两种形式。暗中 RuBP 结合在 Rubisco 上，使其钝化；光下 Rubisco 的活化的过程如下：首先，光激活一种核基因编码的 Rubisco 活化酶（Rubisco activase），它是一种具有 ATPase 活性的类似伴侣蛋白。Rubisco 活化酶结合 ATP 后引起 14～16 个活化酶多肽自聚合，随后结合到 Rubisco 上，ATP 水解，活化酶多肽解聚，同时使 Rubisco 构象发生变化，释放 RuBP，游离态的 Rubisco 大亚基活性位点的赖氨酸的氨基与 CO_2 结合，形成氨基甲酸酯 Lys-NH-CO_2，Mg^{2+} 再迅速结合上去，此时形成具有催化活性的酶（图 7-4）。然后 Rubisco 才能依次结合 RuBP 和底物 CO_2，执行催化羧化反应的功能。

光下光合作用过程中，H^+ 从叶绿体基质转运到类囊体腔，与 H^+ 进入相偶联的是 Mg^{2+} 从类囊体腔转运到基质中，使基质的 pH 从 7 上升到 8 左右，Mg^{2+} 提高 2～5mmol/L。基质中较高的 pH 和 Mg^{2+} 浓度都是形成酶(E)-NH-CO_2^- · Mg^{2+} 所需要的。

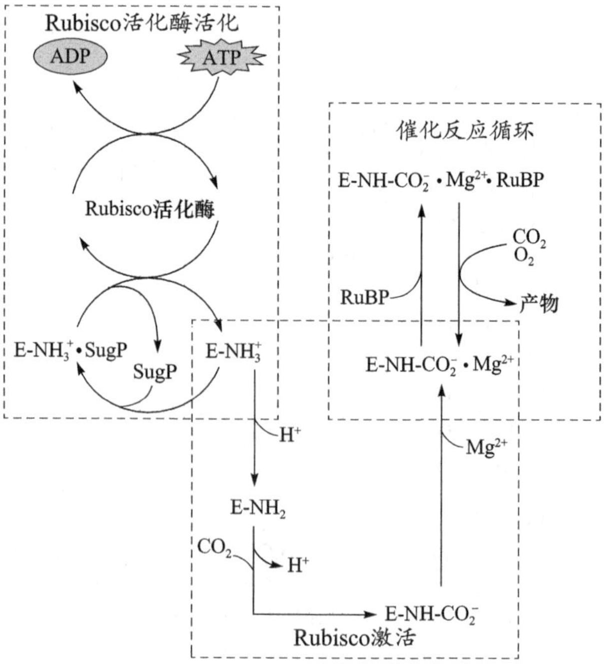

图 7-4　Rubisco 的活化（Taiz et al.，2015）

Rubisco 活化酶偶联 ATP 水解，使非活化型 Rubisco（E-NH^{3+} · SugP）解除与磷酸糖（SugP，如 RuBP）的结合，自由的 Rubisco 才能与 CO_2 和 Mg^{2+} 结合而活化，催化 RuBP 和 CO_2 发生羧化反应。图中 E 表示酶蛋白

（二）光对卡尔文循环中酶的共价修饰调节

在卡尔文循环中，除 Rubisco 外，还有 NADP-甘油醛-3-磷酸脱氢酶（GAPDH）、果糖-1,6-二磷酸磷酸酶（FBPase）、景天庚酮糖-1,7-二磷酸磷酸酶（SBPase）、核酮糖-5-磷酸激酶（Ru5PK）等的活性都是受光调节的。这 4 种酶通过铁氧还蛋白-硫氧还蛋白系统（ferredoxin-thioredoxin system）的氧化还原来控制酶活性，这个系统由铁氧还蛋白、铁氧还蛋白/硫氧还蛋白还原酶及硫氧还蛋白组成，硫氧还蛋白中的硫氢基氧化态（—S—S—）与还原态（—SH HS—）在光、暗下发生可逆变化，当 PSⅠ受光激发时，酶中的—S—S—被铁氧还蛋白-硫氧还蛋白还原酶催化还原成为—SH HS—，导致酶活化（图 7-5）。Rubisco 活化酶也是受铁氧还蛋白-硫氧还蛋白系统活化的。

（三）光控制叶绿体酶组装成超分子复合物

酶可以通过组合成超分子复合物调节其催化活性，进而调控代谢途径。叶绿体基质中的酶也采取了这个调节策略。已经发现核酮糖-5-磷酸激酶、甘油醛-3-磷酸脱氢酶在暗中形成超分子复

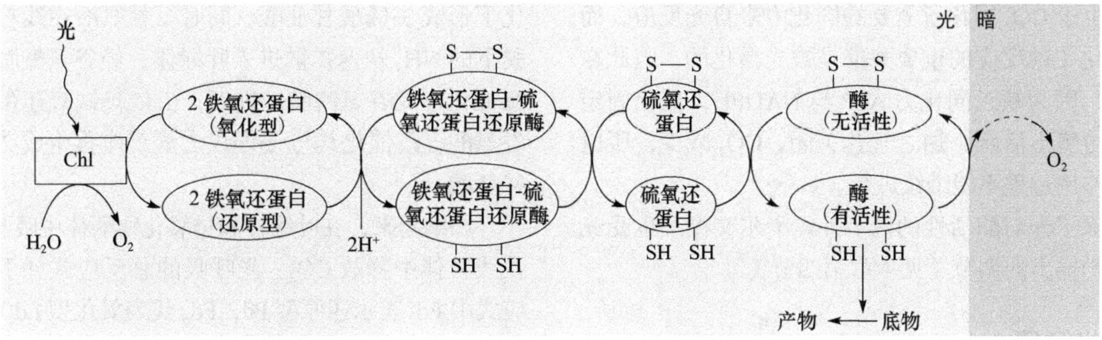

图 7-5　铁氧还蛋白-硫氧还蛋白系统提供一种光依赖的酶活性调节机制（Taiz et al.，2015）

合物（图 7-6），其催化活性受到抑制；在光下超分子复合物解离，催化活性提高。研究表明，一种称为 CP12 的含有二硫键的蛋白质（分子质量约为 8.5kDa）参与了超分子复合物的形成。光下，各种酶都处于还原状态，活性高。随着光强下降，还原性硫氧还蛋白/氧化性硫氧还蛋白比值下降，CP12 形成二硫键使构象发生改变，与核酮糖-5-磷酸激酶同二聚体及甘油醛-3-磷酸脱氢酶同四聚体（A_4）结合形成超分子复合物，酶活性受到抑制。此外，在陆生植物中还存在异四聚体的甘油醛-3-磷酸脱氢酶（A_2B_2），B 亚基比 A 亚基在 C 端多出一段含—SH 的序列，在暗中，该段序列形成二硫键，导致四聚体（A_2B_2）形成超级复合体（A_8B_8）（图 7-6），使酶活性受到抑制。

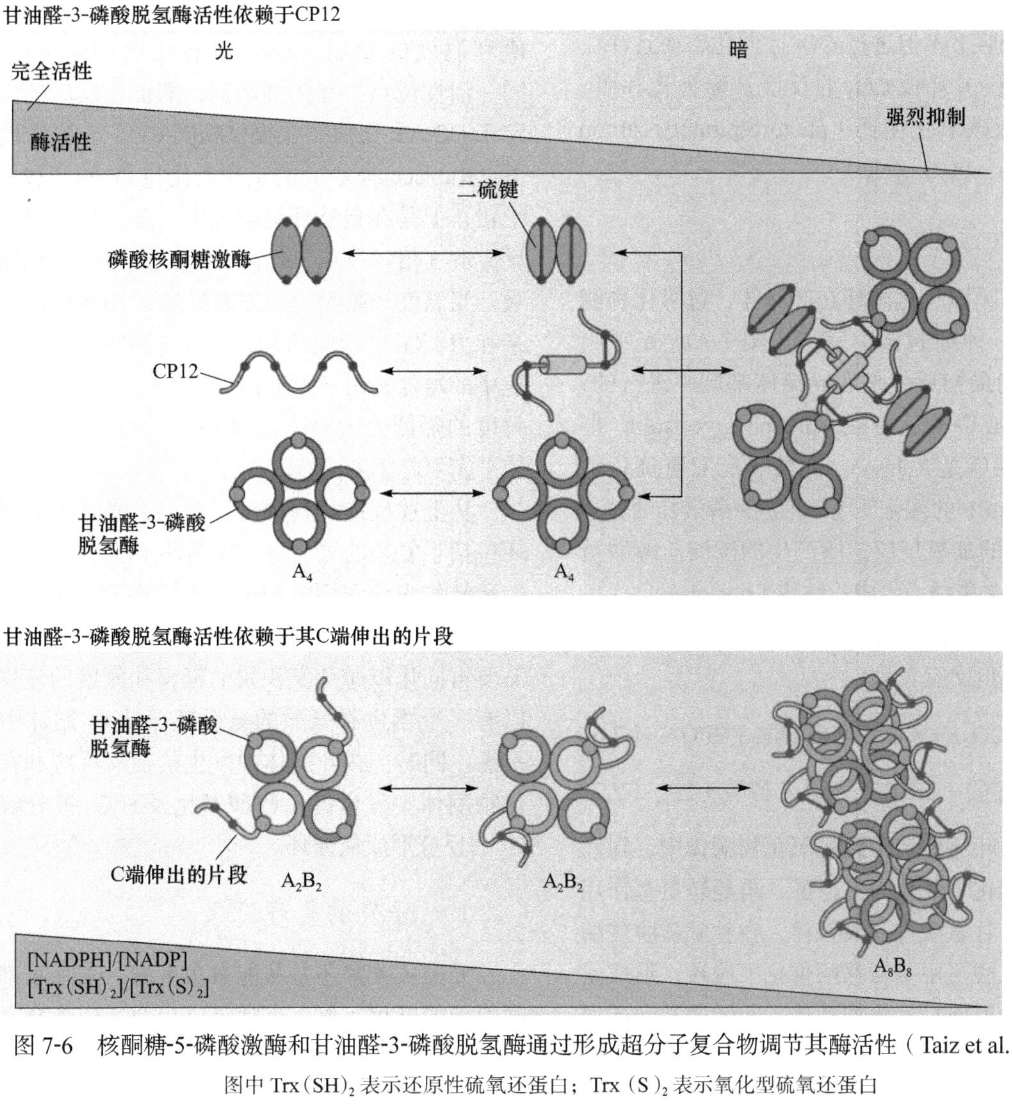

图 7-6　核酮糖-5-磷酸激酶和甘油醛-3-磷酸脱氢酶通过形成超分子复合物调节其酶活性（Taiz et al.，2015）

图中 Trx(SH)$_2$ 表示还原性硫氧还蛋白；Trx（S）$_2$ 表示氧化型硫氧还蛋白

由于CO_2同化所需要的同化力来自光反应，而且催化关键反应的重要酶都是被光活化的，因此在暗中，因为缺乏同化力ATP与NADPH，催化固定CO_2的酶不活跃，加之气孔关闭，CO_2减少，所以光合作用过程不能继续进行。

除了光对酶活性的调节外，卡尔文循环也受光合产物输出的调节（见本章第四节）。

三、光呼吸

Warburg在20世纪20年代发现增加氧可抑制小球藻的光合作用，这种氧对光合作用抑制的现象称为瓦布格效应（Warburg effect）。在许多C_3植物中，当氧浓度加倍时，其光合速率降低50%；后来在测定烟草的光合速率时，观察到在停止照光后的短时间内，叶片大量释放CO_2，即“CO_2猝发”（CO_2 outburst）现象。这些实验结果导致光呼吸（photorespiration）现象的发现，即植物含叶绿体的细胞在光照下不但进行CO_2的同化，而且存在依赖光的消耗O_2释放CO_2的反应，称为光呼吸，也称为光呼吸碳氧化循环（photorespiratory carbon oxidation cycle，PCO cycle）。

（一）光呼吸代谢

整个光呼吸碳氧化循环在叶绿体、过氧化物酶体和线粒体三种细胞器中完成（图7-7）。光呼吸碳氧化循环的最初反应是在叶绿体基质中进行的，RuBP被氧化成磷酸乙醇酸（phosphoglycolate），催化此反应的酶就是Rubisco。此酶具有双重催化活性，既催化RuBP的羧化反应，形成3-磷酸甘油酸；又催化RuBP的加氧反应，所产生的磷酸乙醇酸被磷酸酶催化脱去磷酸而生成乙醇酸（glycolate）。

RuBP在Rubisco的催化下发生的加氧反应过程可用以下两步反应表示。

$$2RuBP + 2O_2 \longrightarrow 2\text{磷酸乙醇酸} + 2PGA \quad (7.6)$$

$$2\text{磷酸乙醇酸} + 2H_2O \longrightarrow 2\text{乙醇酸} + 2P_i \quad (7.7)$$

乙醇酸从叶绿体转移到过氧化物酶体中，在乙醇酸氧化酶催化下氧化为乙醛酸，再经转氨基作用形成甘氨酸。甘氨酸进入线粒体，在甘氨酸脱羧酶复合体和丝氨酸羟甲基转移酶催化下脱羧，形成丝氨酸。丝氨酸返回过氧化物酶体，经转氨基和还原形成甘油酸。甘油酸再返回叶绿体在甘油酸激酶催化下形成3-磷酸甘油酸。同时，甘氨酸在线粒体中脱下的NH_4^+快速扩散进入叶绿体，经谷氨酰胺合成酶催化形成谷氨酰胺，进而，由依赖铁氧还蛋白的谷氨酸合酶催化其与α-酮戊二酸反应再生成2分子谷氨酸。

归纳起来，在叶绿体和过氧化物酶体中吸收O_2，在线粒体中释放CO_2。光呼吸的总反应式如下（反应式中Fd_r表示还原型Fd，Fd_o代表氧化型Fd）。

$$2RuBP + 3O_2 + H_2O + ATP + [2Fd_r + 2H^+ + ATP] \longrightarrow 3\ 3\text{-}PGA + CO_2 + 2P_i + ADP + [2Fd_o + ADP + P_i] \quad (7.8)$$

在光呼吸碳氧化循环中，乙醇酸、乙醛酸、甘氨酸等均为二碳化合物，因此，光呼吸碳氧化循环又称为C_2循环。RuBP的羧化或加氧间的竞争使光合碳固定效率降低，所以在叶片中的光合碳代谢实际上是卡尔文循环与光呼吸碳氧化循环整合平衡的结果。

代谢物在两个环之间的分配除取决于Rubisco本身的动力学特性外，还受底物CO_2与O_2浓度比值和温度的影响。Rubisco的底物CO_2与O_2竞争同一活性位点，互为抑制剂，酶催化反应的方向决定于CO_2/O_2比值。在提供相同CO_2与O_2浓度条件下，Rubisco与CO_2的亲和力比与O_2的亲和力高几十倍，但是在自然环境空气中，羧化反应仅为加氧反应的3倍，显然，提高CO_2浓度可明显抑制光呼吸。当温度升高时，一方面提高了Rubisco与O_2的亲和力，O_2的吸收增加，表现光呼吸增加高于光合速率的增加；另一方面温度升高时，溶液对CO_2溶解度的降低大于O_2，溶液中CO_2/O_2比值降低，也使平衡更趋于C_2循环。

从上述反应过程中可以看出，光呼吸碳氧化循环包括了复杂的碳、氮、氧循环（图7-8）。C_2循环的运转与光合作用电子传递系统连锁，光合电子传递提供了ATP和还原型Fd。在光呼吸中产生的氨需要再同化以避免氨积累的毒害和氮素的流失，所以有一个再生谷氨酸的氮循环保持C_2循环中的氮平衡。同时，在叶绿体中发生的加氧反应和在过氧化物酶体中发生的乙醇酸氧化及H_2O_2被分解释放O_2的反应形成氧循环。

（二）光呼吸的生理意义

无论从碳素还是从能量角度看，光呼吸都是一种浪费的过程。那么光呼吸过程的适应性意义是什么呢？一种观点认为：由于Rubisco活性位点本身

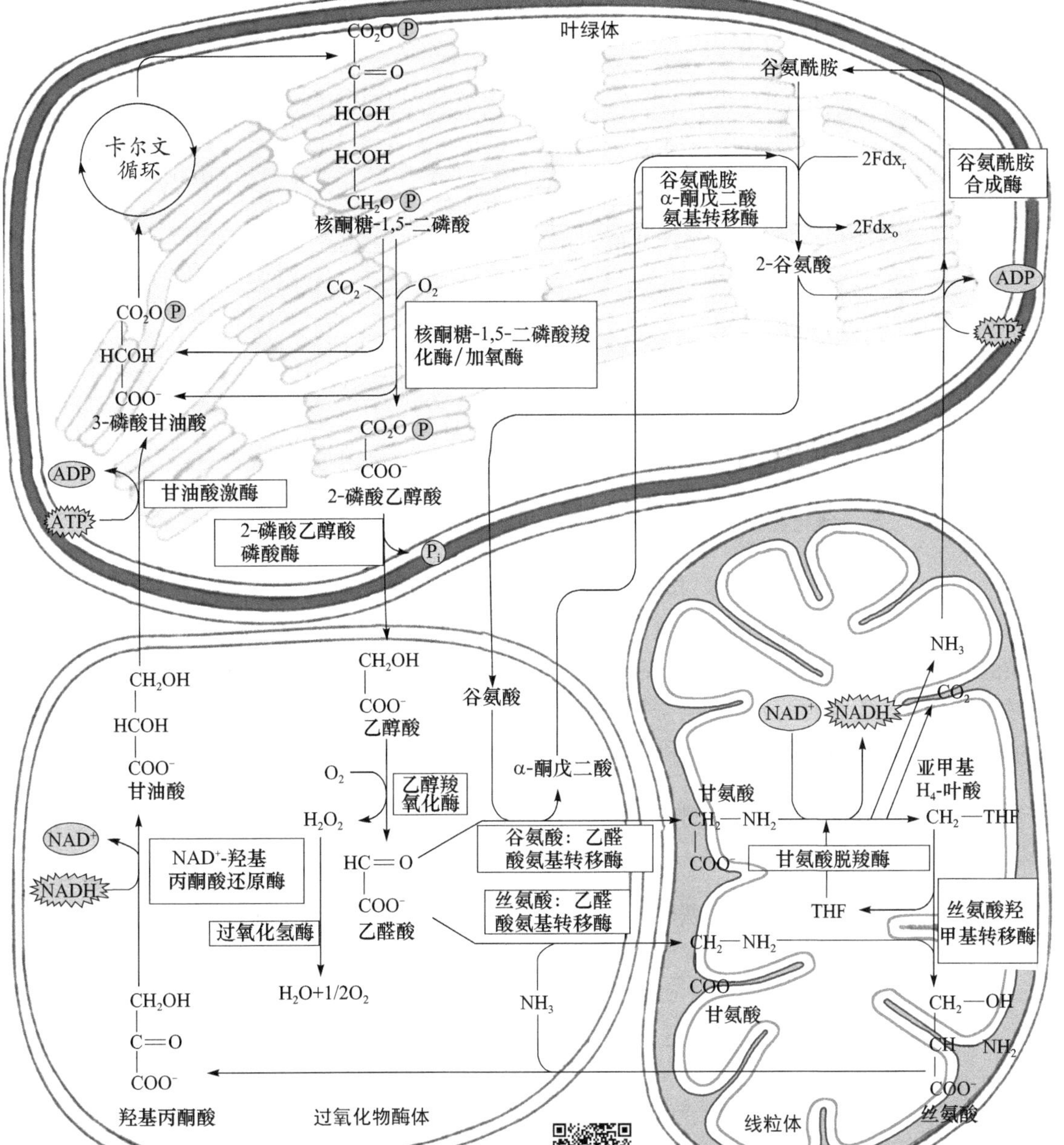

图 7-7　在叶绿体、过氧化物酶体和线粒体中发生的光呼吸碳氧化循环（Buchanan et al.，2000）

不能区分 CO_2 和 O_2，因此羧化反应或加氧反应取决于大气中 CO_2 和 O_2 的比例。在早期地球上大气中 CO_2/O_2 比例高的条件下，Rubisco 的加氧活性被抑制，随着绿色植物光合作用的进行，大气中 CO_2/O_2 比值逐渐降低，催化加氧反应的活性表现出来。因此，伴随光合作用的进行，磷酸乙醇酸的产生是不可避免的，C_2 循环可将乙醇酸中 75% 的碳回收，并避免乙醇酸积累对细胞的毒害。同时，在光呼吸过程中有辅助的氮循环，产生的甘氨酸和丝氨酸也可参与蛋白质合成。

另一种观点认为：光呼吸代谢不仅减少了碳的损失，而且在减少过多光能导致的光合作用光抑制方面有重要作用。例如，在高光强、高温、低 CO_2 和水分缺乏条件下，光呼吸过程消耗了光反应产生的过剩 ATP 与还原力，阻止了光合电子传递链的过度还原，减少了活性氧的产生和对光合结构的破坏，因此是一种保护机制。利用拟南芥 C_2 循环相关酶的基因突变体的研究发现，在正常大气条件下突变体不能存活，只有在高 CO_2 浓度（大于 0.2%）条件下才能正常生长，说明 C_2 循环有其特别的生理功能。

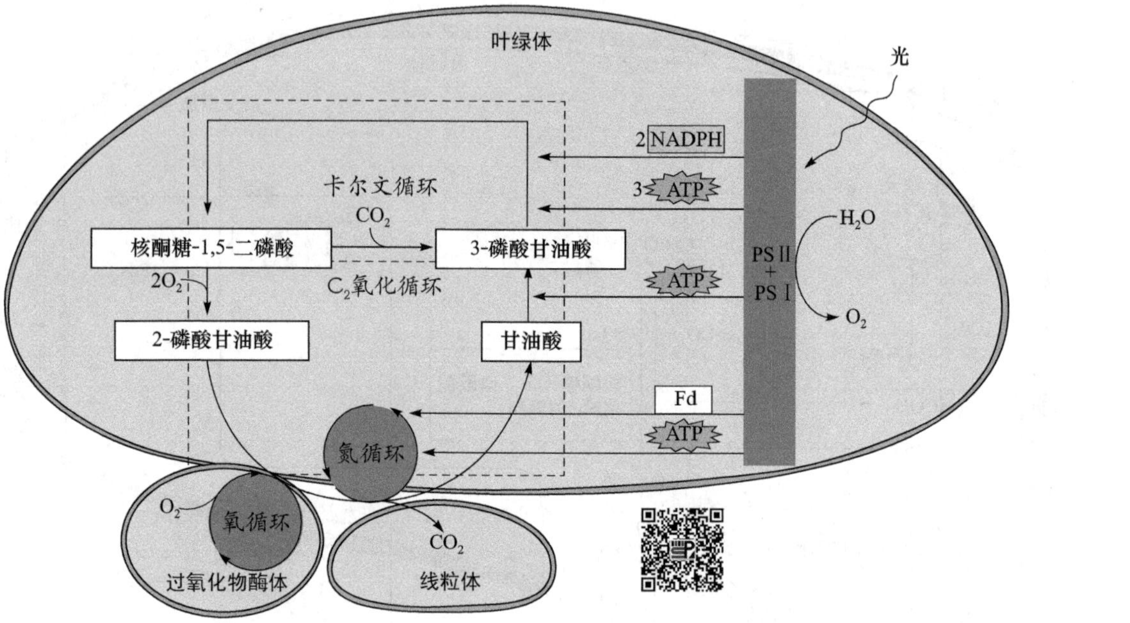

图 7-8 C_2 循环对叶绿体代谢的依赖（Taiz et al., 2015）

光呼吸在进化中的另一个影响是导致光合碳固定更复杂的生化途径，即 C_4 途径的出现。随着大气中 CO_2 浓度的增加，C_3 植物的光呼吸会降低，净光合产量可能增加，对 C_4 植物却不一定有利。

（三）通过遗传工程手段改造光呼吸代谢可以提高生物产量

如前所述，光呼吸过程是一个耗费碳素和能量的过程。如果能降低光呼吸代谢无疑会提高农作物的生物产量。长期以来人们进行了降低植物光呼吸代谢的诸多努力，但都没能成功。因为光呼吸过程对陆生植物似乎是必需的，近期有人尝试通过引进一条补充途径回收乙醇酸中的碳的方案。该方案中，植物仍完全保留原有乙醇酸氧化途径，但同时将大肠杆菌乙醇酸代谢途径整合到植物叶绿体中（图 7-9）。在转基因植物中，乙醇酸氧化

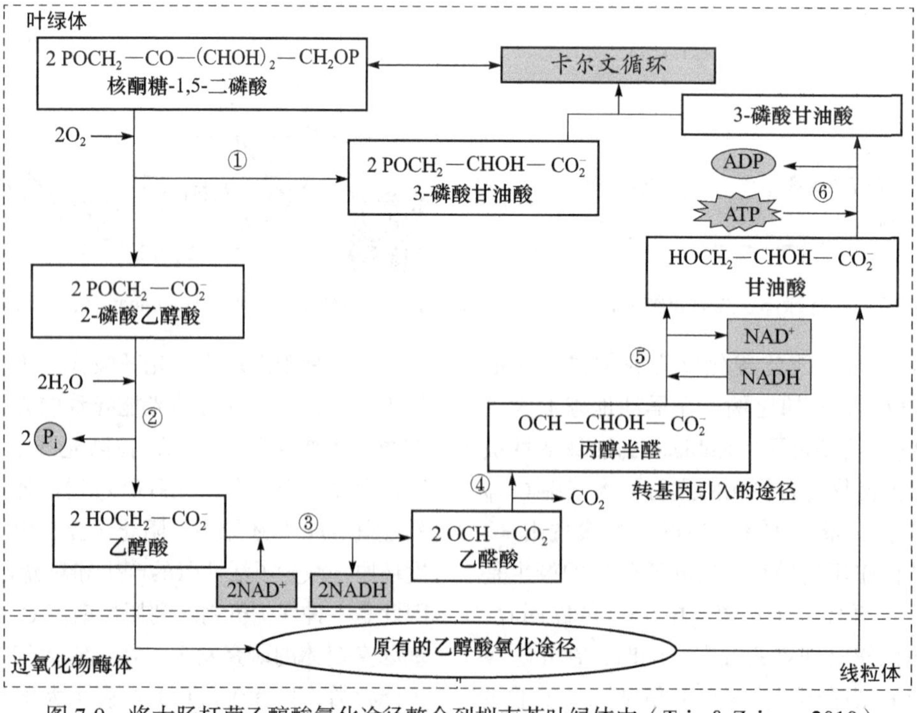

图 7-9 将大肠杆菌乙醇酸氧化途径整合到拟南芥叶绿体中（Taiz & Zeiger, 2010）

① Rubisco；② 2-磷酸乙醇酸磷酸酶；③乙醇酸脱氢酶；④丙醇半醛合酶；⑤丙醇半醛还原酶；⑥甘油酸激酶

过程主要在叶绿体中进行，这样就减少了乙醇酸通过过氧化物酶体和线粒体的氧化代谢。利用细菌代谢途径进行的光呼吸减少了植物光呼吸过程中通过谷氨酸合酶途径回收氨所需要消耗的能量（1ATP，2个还原型Fd，图7-7），同时释放CO_2的过程在叶绿体基质中进行，有利于卡尔文循环回收。结果，转基因植物生长更快，可溶性糖含量和生物产量都提高。

第二节　光合碳同化的C_4代谢途径

在研究光合作用碳代谢过程中，利用^{14}C标记的CO_2培养甘蔗、玉米等植物，发现70%～80%的$^{14}CO_2$标记产物为四碳化合物而不是三碳化合物。Hatch和Slack经过反复实验发现，这些植物固定CO_2的最初产物是苹果酸或天冬氨酸等四碳二羧酸，催化羧化反应的酶是磷酸烯醇丙酮酸羧化酶（phosphoenolpyruvate carboxylase，PEPC），因而提出了CO_2同化的C_4途径，又称Hatch-Slack途径。

一、C_4植物

已知被子植物中的20科约2000种植物的光合作用为C_4途径，将这些植物称为C_4植物。C_4植物叶片解剖结构与C_3植物不同（图7-10），C_4植物叶片的栅栏组织与海绵组织分化不明显；维管束密集，且维管束周围有发达的维管束鞘细胞（bundle sheath cell）形成花环状的结构。与叶肉细胞叶绿

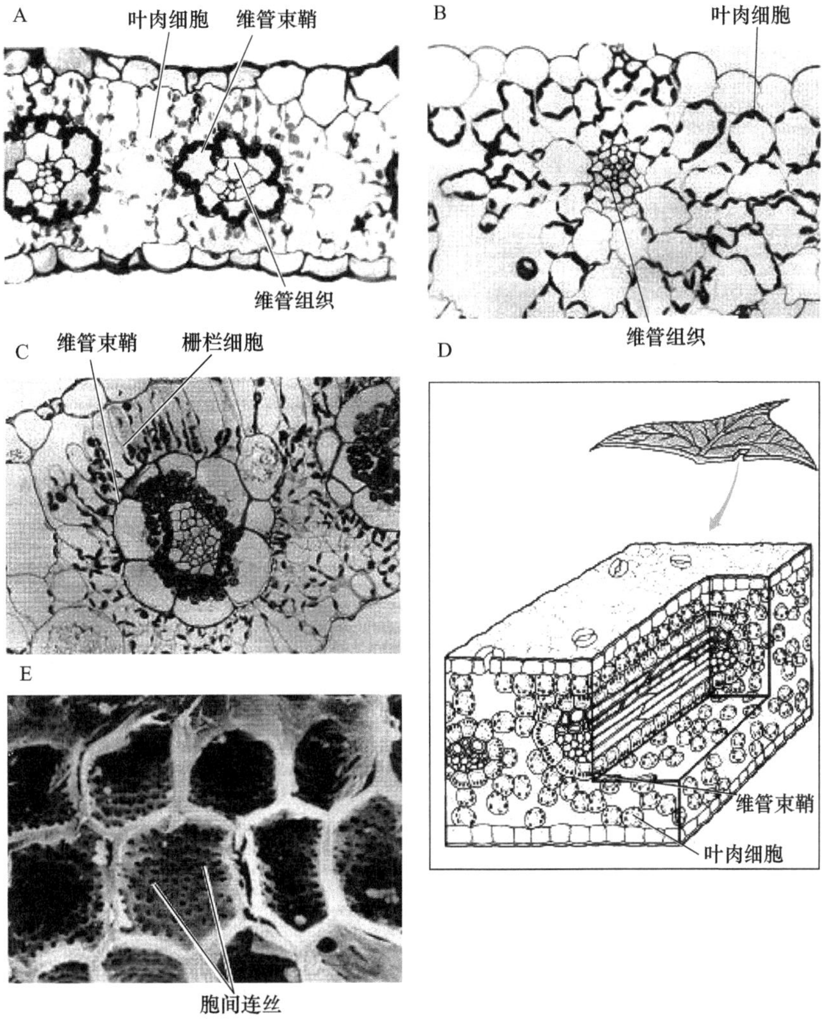

图7-10　C_3植物与C_4植物叶片解剖结构比较（Taiz & Zeiger，1998）

A. C_4单子叶植物玉米；B. C_3单子叶植物燕麦；C. C_4双子叶植物千日红；D. C_4植物叶片的三维结构模式图；E. C_4植物叶片扫描电镜图，示维管束鞘细胞壁上的胞间连丝

体相比，维管束鞘细胞中含有较大的叶绿体，其中的基粒垛叠较少且 PSⅡ含量低；还具有丰富的线粒体等其他细胞器；维管束鞘细胞与叶肉细胞间存在大量胞间连丝，有利于光合产物的转运。C_4 植物的 CO_2 同化全过程在叶肉细胞和维管束鞘细胞两类细胞中进行。在两类光合细胞中含有不同的酶类，叶肉细胞中含 PEPC，而维管束鞘细胞中含脱羧酶和 Rubisco，分别催化不同的反应而共同完成 CO_2 同化。

二、C_4 途径

（一）PEP 的羧化与还原

进入叶肉细胞的 CO_2 首先在细胞质基质中被碳酸酐酶催化形成 HCO_3^-，再在 PEPC 催化下，被磷酸烯醇丙酮酸（PEP）接受而羧化，形成草酰乙酸（OAA）。

$$CO_2 + H_2O \longrightarrow HCO_3^- + H^+ \quad (7.9)$$

$$PEP + HCO_3^- \longrightarrow OAA + P_i \quad (7.10)$$

与 C_3 途径不同的是：催化此反应的 PEPC 分布在叶肉细胞的细胞质基质中，因此，在 C_4 途径中，固定 CO_2 的最初反应不是在叶绿体中而是在细胞质基质中进行的；PEP 接受的是 HCO_3^-，而不是 CO_2（图 7-11）。

草酰乙酸通过二羧酸转运体进入叶绿体中被 NADP-苹果酸酶催化还原为苹果酸（Mal）；也可经转氨基作用而形成天冬氨酸。

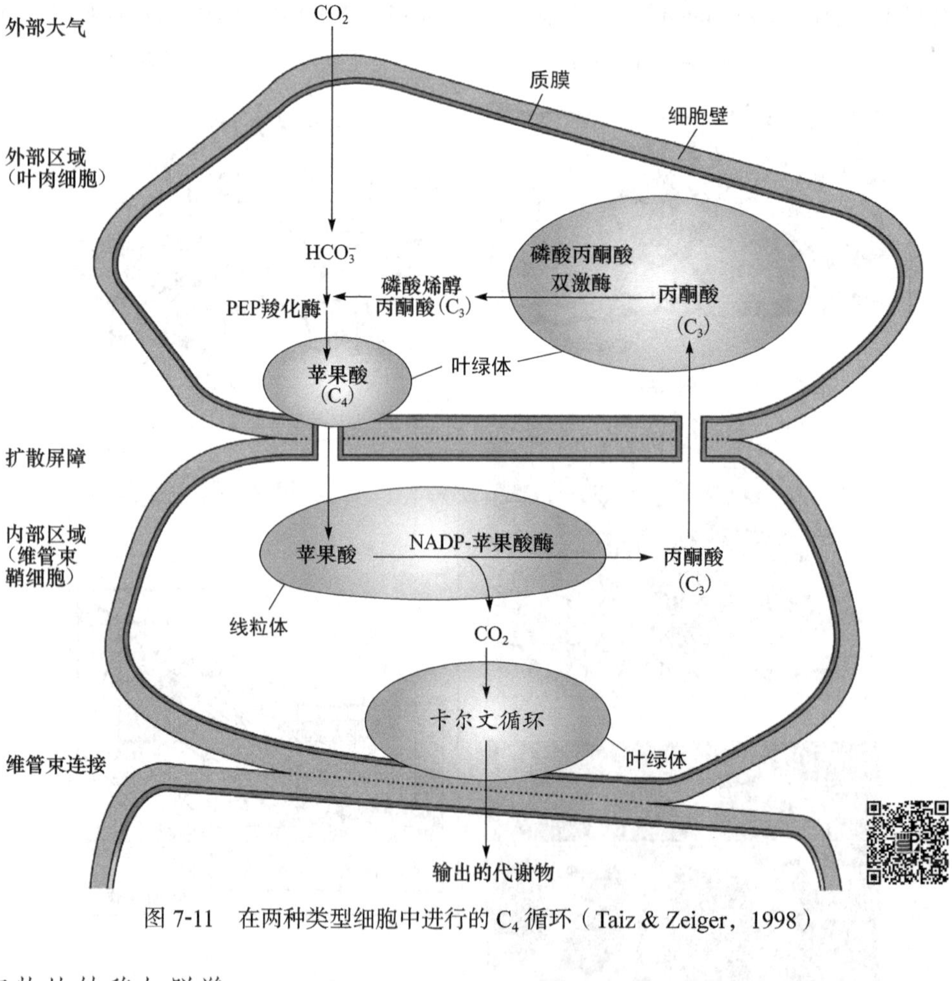

图 7-11　在两种类型细胞中进行的 C_4 循环（Taiz & Zeiger，1998）

（二）初产物的转移与脱羧

在 C_4 植物叶肉细胞与维管束鞘细胞之间有大量胞间连丝，生成的苹果酸或天冬氨酸从叶肉细胞经胞间连丝快速转移到维管束鞘细胞，在那里发生脱羧反应，产生丙酮酸（Pyr）并释放出 CO_2，在叶绿体中进入卡尔文循环，经过再次固定、还原形成丙糖磷酸。

$$Mal + NADP^+ \longrightarrow Pyr + CO_2 + NADPH + H^+ \quad (7.11)$$

根据不同植物形成四碳二羧酸的种类、催化脱羧反应的酶及脱羧反应发生的部位，又可将 C_4 途径分为三种类型（图 7-12，表 7-1）：NADP-苹果酸酶型（NADP-ME 型）、NAD-苹果酸酶型（NAD-ME 型）和 PEP 羧激酶型（PEP-CK 型）。

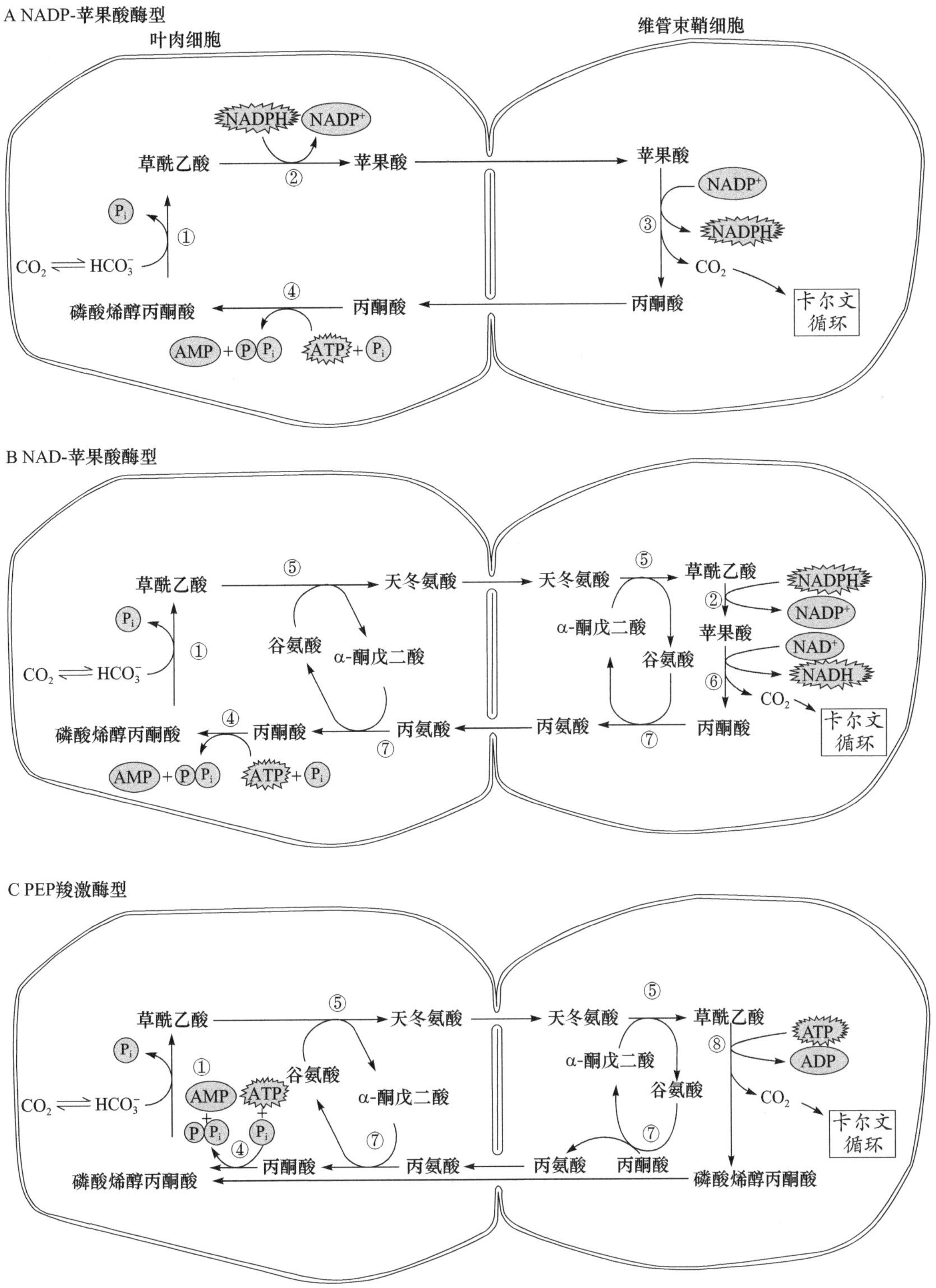

图 7-12　C_4 光合碳同化的三种类型（Buchanan et al.，2000）

①PEP 羧化酶；②NADP-苹果酸脱氢酶；③NADP-苹果酸酶；④磷酸丙酮酸双激酶；⑤天冬氨酸氨基转移酶；⑥NAD-苹果酸酶；⑦丙氨酸氨基转移酶；⑧PEP 羧激酶

表 7-1　C_4 途径的三种类型比较

类型	转移到维管束鞘细胞的 C_4 酸	脱羧酶	返回叶肉细胞的 C_3 酸	代表植物
NADP-ME 型	苹果酸	NADP-苹果酸酶	丙酮酸	玉米、甘蔗、高粱、谷子等
NAD-ME 型	天冬氨酸	NAD-苹果酸酶	丙氨酸	马齿苋、狗尾草、粟等
PEP-CK 型	天冬氨酸	PEP 羧激酶	丙氨酸或 PEP	羊草、非洲鼠尾黍、大黍等

1. NADP-苹果酸酶型　在维管束鞘细胞中，由 NADP-苹果酸酶催化苹果酸脱羧，生成丙酮酸。CO_2 进入卡尔文循环，丙酮酸运回到叶肉细胞中，再生 PEP。

2. NAD-苹果酸酶型　这类植物的叶肉细胞和维管束鞘细胞中有高活性的氨基转移酶和 NAD-苹果酸酶，固定 CO_2 的最初产物为天冬氨酸，运入维管束鞘细胞，经转氨基作用形成 OAA，再被 NAD-苹果酸脱氢酶还原为苹果酸；在维管束鞘细胞的线粒体中，由 NAD-苹果酸酶催化苹果酸脱羧，生成丙酮酸，在细胞质基质中由丙酮酸转氨酶催化生成丙氨酸后运回叶肉细胞，再生 PEP。

3. PEP 羧激酶型　在这类植物的维管束鞘细胞的细胞质基质中有很高活性的 PEP 羧激酶。羧化反应生成的天冬氨酸经转氨基作用转化为 OAA，再在 PEP 羧激酶催化下生成 PEP 并释放 CO_2，CO_2 进入卡尔文循环，PEP 转化为丙氨酸或以 PEP 形式运回叶肉细胞。

（三）底物 PEP 的再生

C_4 酸脱羧所形成的丙酮酸返回叶肉细胞，在其叶绿体中，由磷酸丙酮酸双激酶（pyruvate phosphate dikinase，PPDK）催化，再生 PEP，又可重新接受 CO_2。在 NAD-ME 型和 PEP-CK 型中形成的丙氨酸先在叶肉细胞质中转变为丙酮酸，再生成 PEP。

$$\mathrm{Pyr} + \mathrm{ATP} + \mathrm{P_i} \longrightarrow \mathrm{PEP} + \mathrm{AMP} + \mathrm{PP_i} \quad (7.12)$$

PEP 的再生要利用 ATP 的能量，ATP 水解成为 AMP 而不是 ADP，所以，相当于消耗了 2 个 ATP。因此，在 C_4 途径的运转中，每同化 1 个 CO_2，消耗 5 个 ATP 与 2 个 NADPH。所以 C_4 途径的运转比 C_3 途径有更高的能量需求。

三、C_4 途径的调节及其生理生态意义

（一）光对 C_4 途径中关键酶活性的调节

在 C_4 途径中，PEPC、NADP-苹果酸脱氢酶、PPDK 都是光活化酶。其中，PEPC 受光依赖的磷酸化与去磷酸化调节，光激活 PEPC 激酶，它催化 PEPC 的丝氨酸残基磷酸化，进而使酶活化，对底物 PEP 的亲和力提高；夜间，PEPC 被蛋白磷酸酶 2A 去磷酸化，酶钝化（图 7-13）。

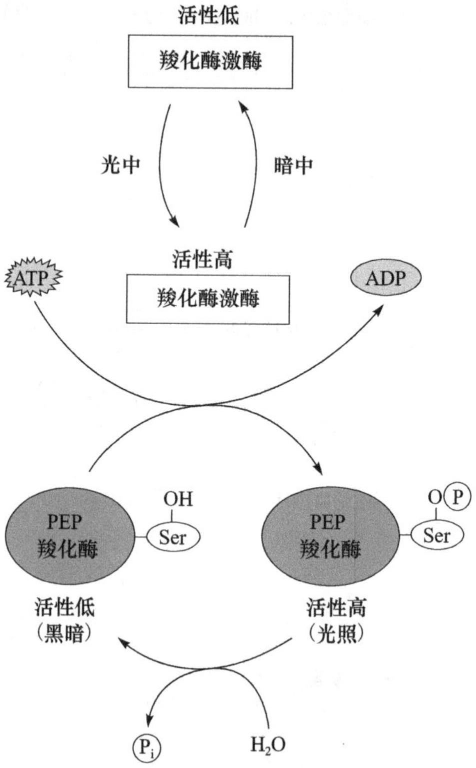

图 7-13　C_4 植物 PEP 羧化酶的调节（Buchanan et al.，2000）

NADP-苹果酸脱氢酶通过叶绿体中的铁氧还蛋白-硫氧还蛋白系统调节巯基氧化还原，光下被还原而活化，暗中氧化而失活。PPDK 的活性是通过一种双功能酶（苏氨酸激酶-磷酸酶）调节的苏氨酸残基磷酸化与去磷酸化实现的：该酶催化依赖 ADP 的苏氨酸磷酸化和 P_i 依赖的去磷酸化。在暗中 ADP 浓度增加时，它催化 PPDK 磷酸化失活；光下 ADP 被用于 ATP 合成而浓度降低，催化 PPDK 去磷酸化而活化。

（二）C_4 途径的特点和生理生态意义

C_4 植物多起源于热带高温干旱地区，与 C_3 植物比较，其光合速率高，光呼吸低，减少了水分丢失，对高温干旱有更大的适应性。C_3 植物在高温及空气相对湿度较低的环境下，叶片气孔导度下降，CO_2 进入减少，Rubisco 的加氧活性增加，光呼吸上升，光合速率降低。由于 C_4 途径中固定 CO_2 的底物为 HCO_3^-，PEPC 与它的亲和力极高，即使气孔部分关闭，PEPC 仍能催化固定较低浓度的 CO_2，而且没有与 O_2 的竞争反应，因此固定 CO_2 的效率高。

C_4 植物具有两种类型的光合细胞，通过两个循环（C_4，C_3）同化 CO_2。在 C_4 植物维管束鞘细胞中苹果酸的脱羧反应起着"CO_2 泵"的作用，使维管束鞘细胞中有相对高的 CO_2 浓度，促进了 Rubisco 催化的羧化反应，而抑制了加氧反应，降低了光呼吸。有的 C_4 植物如藜科的异子蓬等，甚至在单个叶肉细胞中存在不同类型叶绿体和不同酶的分区定位，含 Rubisco 的叶绿体更靠近线粒体，以得到较多的 CO_2，以避免光呼吸。

同时，在维管束鞘细胞中形成的光合产物可及时运至维管束，从而避免了光合产物积累可能产生的反馈抑制作用。因此，在高光强与较高温度下，C_4 植物可产生更多的同化力，有较高的光合速率，也更能适应较干旱的环境。但是，正如前面所说，C_4 植物这种"CO_2 泵"的运转是以多消耗 ATP 为代价的，在光强较弱及温度较低的情况下体现不出其优势，其光合速率并不一定比 C_3 植物高。

第三节 景天酸代谢途径

许多起源于热带的植物，如景天科的景天、仙人掌科的仙人掌、凤梨科的菠萝、兰科的兰花等植物多具肉质茎、叶，叶片表面有较厚的角质层，叶肉细胞有很大的液泡，从形态与结构上对高温干旱有很强的适应性。同时，这类植物在进化中还发展了特殊的碳固定代谢途径——景天酸代谢途径（crassulacean acid metabolism pathway，CAM pathway），以适应高温干旱的特殊生态环境。已经在几十科的几百种被子植物及某些蕨类植物中发现光合碳代谢的 CAM 途径，这些植物称为 CAM 植物。

一、CAM 植物的碳固定

CAM 植物的叶肉细胞中同时存在 PEPC 与 Rubisco 两种酶，因而有两套羧化固定 CO_2 的系统。与 C_4 植物类似，CAM 植物在叶肉细胞的细胞质基质中以 PEP 接受 HCO_3^- 形成苹果酸，而后苹果酸脱羧，CO_2 进入卡尔文循环，被再次固定。但是，与 C_4 植物不同的是，CAM 植物维管束鞘没有明显的"花环结构"，两类酶都存在于叶肉细胞中，这类植物通过酶活性的昼夜调节使羧化反应与 CO_2 再固定分别在夜间和白天完成（图 7-14）。

（一）在夜间进行 PEP 的羧化反应

CAM 植物面临的主要生理问题是如何减少水分丢失以适应高温干旱的生态环境。由于 CO_2 与 H_2O 出入叶片都要经过气孔，为保存水分、提高水分利用效率，CAM 植物的一个显著特征是白天气孔关闭，当夜间温度降低、相对湿度升高时气孔才开放。因此，在夜间 CO_2 才能进入叶肉细胞，在细胞质中，由 PEPC 催化，迅速发生羧化反应，PEP 与 HCO_3^- 结合生成草酰乙酸；并在 NAD- 苹果酸脱氢酶催化下，将草酰乙酸还原为苹果酸，大量苹果酸暂时储存在叶肉细胞的大液泡中，此时叶片酸化，并维持较低的渗透势以保存水分。接受 CO_2 的 PEP 来自淀粉或其他多糖经糖酵解途径水解生成。

（二）在光下完成 CO_2 再固定

CAM 植物叶片气孔白天关闭，CO_2 不能进入。夜间储存的苹果酸从液泡转移到细胞质中，被 NADP-苹果酸酶催化脱羧，或由 PEP 羧激酶催化 OAA 脱羧。释放的 CO_2 进入叶绿体，在卡尔文循环中得以再固定。此时，由于气孔关闭，CO_2 不易逃逸出叶片，细胞质中相对高的 CO_2 浓度限制了 Rubisco 的加氧活性，这也体现了浓缩 CO_2 的效应。苹果酸脱羧后产生的丙酮酸被还原为 PEP，进而转化为丙糖磷酸后可被合成淀粉，所以，白天植物叶片酸度下降。

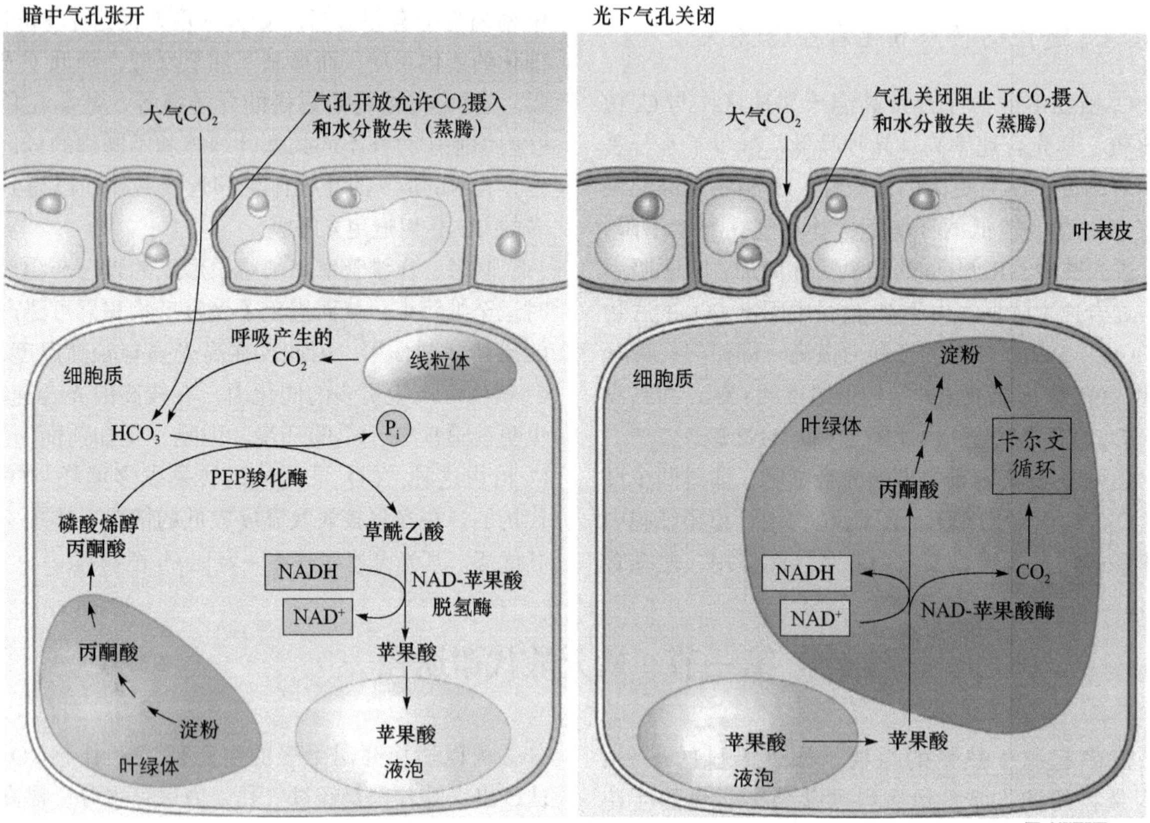

图 7-14　CAM 途径：夜间吸收并固定 CO_2，白天脱羧，CO_2 被再固定（Taiz et al., 2015）

（三）CAM 途径的调节

1. PEPC 的调节　CAM 植物的 PEPC 与苹果酸脱羧酶同在细胞质基质中，但在不同的时间执行不同的功能，为避免耗能的无效循环，CAM 植物的 PEPC 活性由内源节律控制，表现昼夜周期性节奏变化，酶的两种状态经酶蛋白的丝氨酸残基的磷酸化和去磷酸化转换（图 7-15）。夜间，在蛋白激酶催化下，PEPC 被磷酸化而活化，对苹果酸抑制作用的敏感性下降，并与 PEP 有高的亲和性；同时，PEPC 的正效应剂葡萄糖 6-磷酸也在夜间增加，因而有利于催化 PEP 的羧化并大量积累苹果酸。反之，白天在磷酸酶的作用下，PEPC 的丝氨酸残基去磷酸化，这种状态的 PEPC 对低浓度苹果酸非常敏感而活性被抑制，同时对 PEP 的亲和性降低而不催化羧化反应。

2. CAM 途径的长期调节　这是指季节周期性对 CAM 碳同化的调节。某些 CAM 植物的碳同化途径随水分供应情况而改变，如冰叶日中花（*Mesembryanthemum crystallinum*）在水分充足时，主要经 C_3 途径同化 CO_2，在高温、缺水或盐胁迫时又是典型的 CAM 途径，胁迫信号导致大量 CAM 途径相关基因的表达而改变其代谢类型。

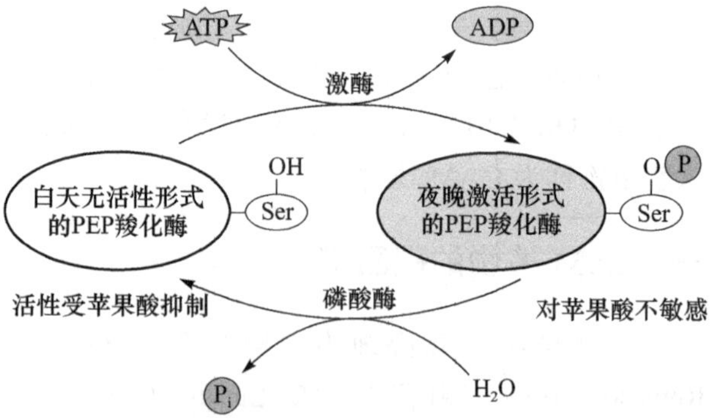

图 7-15　CAM 植物 PEP 羧化酶的昼夜周期性磷酸化调节（Taiz & Zeiger, 2002）

二、C_3 植物、C_4 植物与 CAM 植物光合特性比较

不同光合碳代谢途径的植物，在叶片解剖结构、光合与生理生态特性上有很大的差异。表 7-2 列出一些主要的特征。

表 7-2 C_3 植物、C_4 植物、CAM 植物的光合及生理生态特性比较

特性	C_3 植物	C_4 植物	CAM 植物
代表植物	典型的温带植物，小麦、棉花、水稻、大豆、烟草	典型的热带，亚热带植物，禾本科的玉米、高粱、甘蔗，苋科等	典型的热带干旱地区植物，仙人掌科，景天科，兰科，凤梨科等
叶片解剖结构	维管束鞘细胞不发达，内无叶绿体，叶肉细胞中一种类型叶绿体	维管束鞘细胞发达，内有叶绿体，大多具两种不同类型的叶绿体	肉质叶片，维管束鞘细胞不发达，叶肉细胞中有大液泡
叶绿素 a/ 叶绿素 b	约 3	约 4	2.5～3
碳同化途径	一条 C_3 途径	在不同细胞中存在两条途径	在不同时间的两条途径
CO_2 受体	RuBP	细胞质基质中 PEP；维管束鞘细胞中 RuBP	暗中 PEP；光下 RuBP
催化 CO_2 羧化反应的酶活性	高 Rubisco 酶活性	叶肉细胞中有高 PEPC 酶活性；维管束鞘细胞中有高 Rubisco 活性	暗中有高 PEPC 酶活性；光下有高 Rubisco 酶活性
光合初产物	PGA	草酰乙酸	暗中草酰乙酸；光下 PGA
光呼吸	高	低	低
光合最适温度 /℃	较低，15～30	较高，30～47	约 35
饱和光强	全日照的 1/4～1/2 下饱和	强光下不易达到光饱和状态	同 C_4 植物或不一定
CO_2 补偿点 /（mg/L）	40～70	5～10	暗中，约 5
光合速率 /［CO_2 μmol/（m^2·s）］	10～25	25～50	1～3
蒸腾系数 /（g H_2O/g DW）	450～950	250～350	暗中：80～100
耐旱性	弱	耐旱	极耐旱
光合净同化率 /［g DW/（m^2·d）］	约20	30～40	变化较大
光合产物运输速率	相对慢	相对快	不一定

不同植物的光合碳代谢途径是对特定生态环境的适应和进化的结果。C_4 植物比 C_3 植物进化，特别是禾本科中的 C_4 植物较多。三类植物主要分布地区也有所不同。在高光强、高温及相对湿度较低的条件下，C_4 植物的光合速率比 C_3 植物高，但在光照弱、温度低的条件下，C_4 植物的光合速率甚至比 C_3 植物还低。

不同的碳代谢途径也不是截然分开的，常随植物的器官、生育期及环境条件而变化。某些植物的解剖结构和光合碳固定的特性介于 C_3 植物与 C_4 植物之间，如禾本科的黍属、粟米草科的粟米草属、苋科的莲子草属、菊科的黄菊属、紫茉莉科的叶子花属等。这些植物的维管束鞘细胞不如 C_4 植物发达，不像 C_4 植物那样 Rubisco 和 PEPC 被严格分开定位在不同的细胞中，但叶肉细胞有分化，具有两种催化羧化反应的酶，CO_2 同化以卡尔文循环为主，但也有有限的 C_4 循环。这些植物的光呼吸也介于 C_3 植物与 C_4 植物之间。目前一般认为，C_3-C_4 中间型植物是从 C_3 植物到 C_4 植物进化的中间过渡类型。

同时，某些植物在环境条件发生变化或发育的不同阶段，也会在 C_3 与 C_4 途径间转换。例如，C_3 植物烟草感染花叶病毒后，则在幼叶中出现 C_4 途径。禾本科的毛颖草（*Alloteropsis semialata*）在低温多雨地区以 C_3 途径固定 CO_2，而在高温干旱地区则经 C_4 途径固定 CO_2。玉米幼苗叶片具 C_3 植物的某些特征，至第五叶才具有完全的 C_4 植物特征；C_4 植物衰老时，也会出现 C_3 植物的某些特征。CAM 植物也有专性与兼性之分。光合碳代谢途径的多样性及其相互间的转化也是植物对多变的生态环境的适应性。

第四节 光合产物蔗糖与淀粉的合成

蔗糖是光合作用的重要产物，是多数植物体内长距离运输碳水化合物的主要形式，也是某些植物如甘蔗、甜菜、胡萝卜等储藏的主要化合物。淀粉是存在于几乎所有植物中、相对稳定的高分子碳水化合物。叶片中的蔗糖和淀粉都由在卡尔文循环中产生的丙糖磷酸转化合成（图 7-16）。

一、蔗糖的合成

（一）蔗糖磷酸合酶途径

叶绿体中的光合产物主要以丙糖磷酸的形式运到细胞质基质中。在叶绿体被膜上存在磷酸转运体（phosphate translocator，P_i translocator）或称丙糖磷酸转运体（triose phosphate translocator，TPT），它是丙糖磷酸与无机磷酸的反向转运体，在将丙糖磷酸运到细胞质基质的同时将无机磷酸运入叶绿体（图 7-16）。TPT 是叶绿体内被膜上的重要蛋白质，是由核基因编码的疏水膜内在蛋白，占叶绿体内被膜蛋白总量的 10%～15%。

运输到细胞质基质的磷酸甘油醛和磷酸二羟丙酮在醛缩酶催化下形成果糖-1,6-二磷酸（F-1,6-BP），由果糖-1,6-二磷酸磷酸酶（FBPase）催化水解形成果糖-6-磷酸（F-6-P），再由葡萄糖磷酸异构酶与变位酶催化形成葡萄糖-6-磷酸（G-6-P）与葡萄糖-1-磷酸（G-1-P）。F-6-P、G-6-P 和 G-1-P 构成了细胞质基质中的己糖磷酸库（图 7-17）。

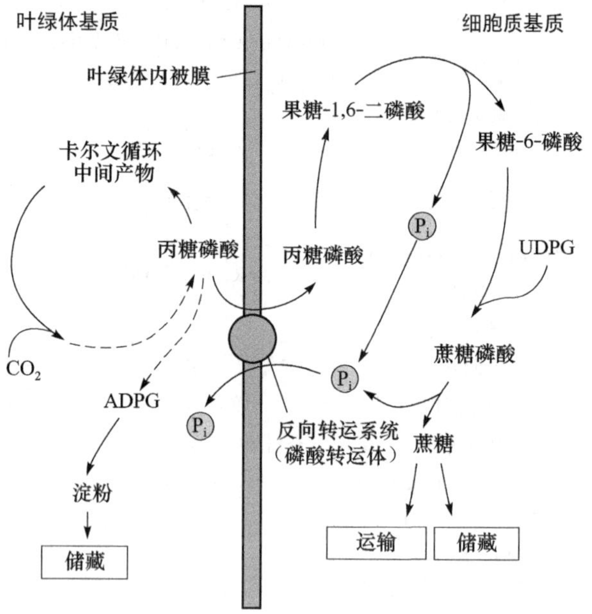

图 7-16　叶绿体中合成的丙糖磷酸转运到细胞质基质合成蔗糖并在叶绿体中合成淀粉（Taiz et al.，2015）

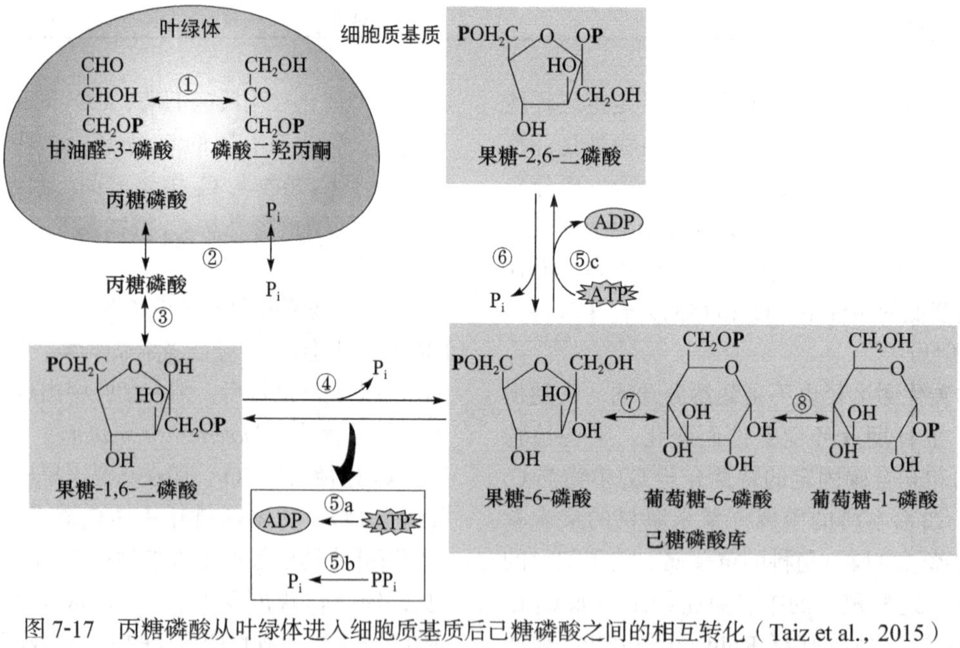

图 7-17　丙糖磷酸从叶绿体进入细胞质基质后己糖磷酸之间的相互转化（Taiz et al.，2015）

①丙糖磷酸异构酶；②丙糖磷酸/磷酸转运体；③果糖-1,6-二磷酸醛缩酶；④果糖-1,6-二磷酸磷酸酶；⑤a果糖-6-磷酸-1-激酶（果糖磷酸激酶）；⑤b依赖焦磷酸的果糖磷酸激酶；⑤c果糖-6-磷酸-2-激酶；⑥果糖-2,6-二磷酸磷酸酶；⑦己糖磷酸异构酶；⑧葡萄糖磷酸异构酶

葡萄糖-1-磷酸和 UTP 在 UDP 葡萄糖焦磷酸化酶（UDPG pyrophosphorylase）的催化下，形成 UDPG 和焦磷酸。UDPG 是合成蔗糖的葡萄糖供体，通过蔗糖-6^F-磷酸合酶（sucrose phosphate synthase，SPSase）将葡萄糖基团转移到 F-6-P 上，形成蔗糖-6^F-磷酸（上标字母表示在果糖的 6 位 C 上发生磷酸化）。蔗糖-6^F-磷酸在蔗糖磷酸磷酸酶（sucrose phosphate phosphatase，SPPase）的催化下水解形成蔗糖（图 7-18）。

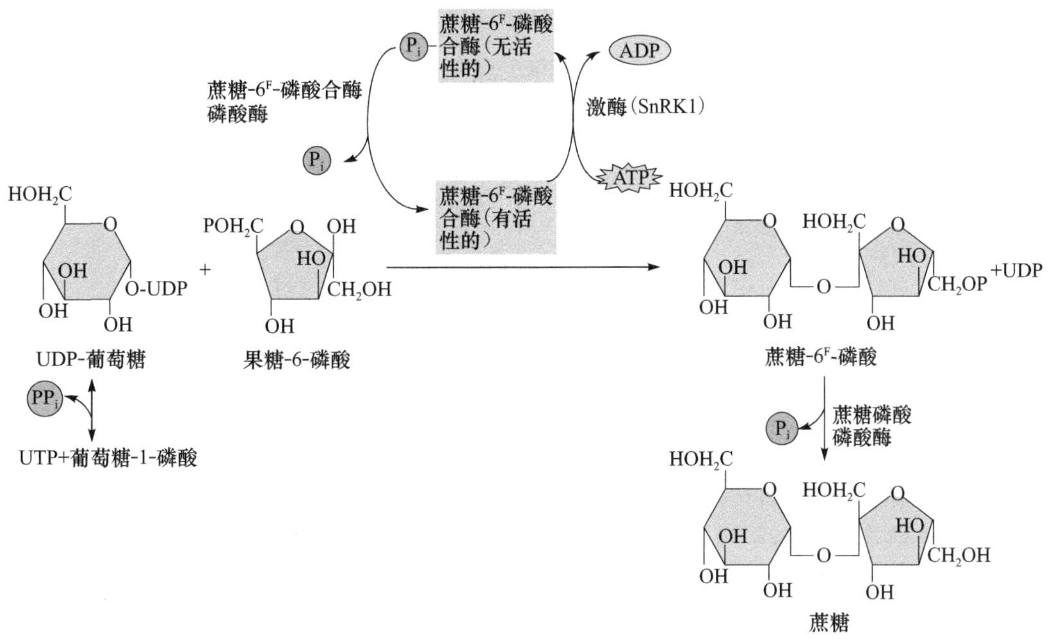

图 7-18　蔗糖合成（Taiz et al., 2015）

在蔗糖合成的过程中，FBPase 和 SPSase 是调节酶。FBPase 活性受果糖-2,6-二磷酸（F-2,6-BP）的强烈抑制。F-2,6-BP 是双功能酶果糖-6-磷酸-2-激酶/果糖-2,6-二磷酸磷酸酶的激酶活性催化的 F-6-P 磷酸化形成的（图 7-18）。当细胞质基质中丙糖磷酸积累到一定浓度时，抑制该双功能酶的激酶活性，促进其磷酸酶活性，降低 F-2,6-BP 的浓度，进而解除对 SBPase 的抑制，增加己糖磷酸库存，有利于蔗糖的合成。反之，当细胞中丙糖磷酸浓度低，而无机磷酸（P_i）、F-6-P 浓度高时，激活双功能酶的激酶活性，抑制其磷酸酶活性，F-2,6-BP 浓度增高，强烈抑制 FBPase 活性，降低己糖磷酸库存，蔗糖合成速率下降。

SPSase 的活性受翻译后共价修饰（蛋白磷酸化）和代谢物的变构调节从而对蔗糖合成进行非常灵敏的控制（图 7-18，图 7-19）。在暗中，SPSase 受激酶 SnRK1（sucrose non-fermenting-1-related protein kinase）催化发生磷酸化，活性下降。SnRK1 是信号转导途径的中心组分，它也催化其他酶的磷酸化失活，如硝酸还原酶、海藻糖-6-磷酸合酶、果糖-6-磷酸-2-激酶/果糖-2,6-二磷酸磷酸酶等。在光下，失活的 SPSase 被蛋白磷酸酶去磷酸化而激活。细胞代谢物也调节着 SPSase 的活性：G-6-P 激活 SPSase 的活性，抑制激酶 SnRK1 的活性，从而促进蔗糖的合成；而 P_i 则起相反的作用，它使 SPSase 失活，并抑制蛋白磷酸酶的活性，因而降低蔗糖的合成（图 7-19）。

（二）蔗糖合酶途径

蔗糖合酶（sucrose synthase）催化的蔗糖合成是一可逆反应，细胞中蔗糖浓度较高时，反应向分解方向进行，这个反应被认为主要是蔗糖分解的途径而不是蔗糖合成的主要途径。果糖抑制其催化分解的活性；Mg^{2+} 能促进蔗糖的合成并抑制蔗糖分解。

$$\text{UDPG} + \text{果糖} \rightleftharpoons \text{蔗糖} + \text{UDP} \qquad (7.13)$$

二、淀粉的合成和动员

（一）淀粉的合成

在叶绿体中，当丙糖磷酸输出减慢而积累时（图 7-17），在醛缩酶的催化下，生成 F-1,6-BP，再脱磷酸成为 F-6-P 后转化为 G-6-P 和 G-1-P。由 ADPG 焦磷酸化酶（ADP glucose pyrophosphorylase，AGPase）催化形成作为葡萄糖供体的 ADPG。

$$\text{G-1-P} + \text{ATP} \longrightarrow \text{ADPG} + \text{PP}_i \qquad (7.14)$$

ADPG 再由淀粉合酶（starch synthase）催化将分子中的葡萄糖基转移到（1→4）葡聚糖引物的非还原端，如此不断延长，而形成长链的直链淀粉（amylose）。

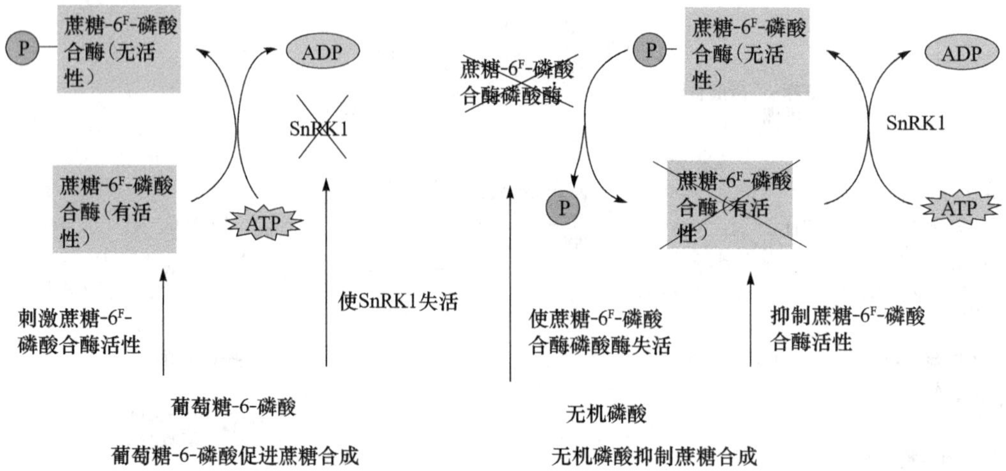

图 7-19　葡萄糖-6-磷酸和无机磷酸调节蔗糖的合成（参考 Taiz et al.，2015 绘）

葡萄糖-6-磷酸通过两种方式促进蔗糖的合成：直接增强蔗糖-6^F-磷酸合酶的活性；抑制 SnRK1 激酶的活性从而阻抑无活性形式的蔗糖-6^F-磷酸合酶的形成。无机磷酸通过相反的方式降低蔗糖的合成：直接失活蔗糖-6^F-磷酸合酶；使蔗糖-6^F-磷酸合酶磷酸酶失活从而阻抑活性形式的蔗糖-6^F-磷酸合酶的形成。叉号示酶失活

$$\text{ADPG}+(\text{葡萄糖})_n \longrightarrow \text{ADP}+(\text{葡萄糖})_{n+1} \quad (7.15)$$

支链淀粉（amylopectin）是由分支酶催化形成α-1,6-糖苷键的分支葡聚糖链，其分子质量可不断增大，储存更多的能量。α-1,6-糖苷键的导入使分子的非还原端增加，也有利于 AGPase 和淀粉合酶催化的反应，使之合成更多的淀粉。

随机形成的支链淀粉组入到淀粉粒中还需要另外两种酶——异淀粉酶和 D-酶（disproportionating enzyme）的作用。因为随机形成的水溶性多糖不能组装成半晶体的不溶性淀粉粒，异淀粉酶修剪去那些阻止半晶体形成的分支。剪下的多糖链可以通过 D-酶的作用再整合到多糖中。

淀粉在叶绿体中合成后可暂时储存在叶绿体中，大量葡萄糖聚合成为少量淀粉分子，可能是避免过多溶质存在于叶绿体基质中，造成水分流入而导致叶绿体膨胀破裂的一种保护机制。而在储藏组织中长期储存淀粉的细胞器是淀粉质体。

淀粉合成途径的一个关键的调节酶是 AGPase，它定位于质体中，由两个大亚基（51kDa）和两个稍小的亚基（50kDa）构成，大亚基起调节作用，小亚基具有催化和调节双重功能。AGPase 受到多层次调节。在转录水平上，AGPase 的基因表达受糖上调，受 P_i 和硝酸的下调。AGPase 的酶活性受铁氧还蛋白-硫氧还蛋白系统的调节，光下光反应产生的还原性铁氧还蛋白通过硫氧还蛋白将 AGPase 小亚基上的二硫键还原，酶活化。此外，AGPase 的活性还受依赖 NADP 的硫氧还蛋白还原酶 C 的调节。铁氧还蛋白-硫氧还蛋白系统感受光信号调节 AGPase 的活性，NADP-硫氧还蛋白还原酶 C 可能感受细胞的可溶性糖水平而调节 AGPase 的活性。在光下的组织细胞中二者都起作用，而在暗中的组织细胞中（如块茎中）只有 NADP-硫氧还蛋白还原酶 C 起作用。AGPase 的活性还受代谢物的变构调节，被 3-PGA 激活而被 P_i 抑制。还原态的 AGPase 对 3-PGA 更为敏感，对底物亲和力更强。

（二）淀粉的降解

大多数植物在进行光合作用时，淀粉在叶绿体中积累，成为叶中最丰富的储存碳水化合物。夜间光合作用停止，淀粉开始降解，为植物生长提供碳源。

淀粉降解之前，首先需要被磷酸化（图 7-20）。将磷酸基团组入到淀粉中的酶是葡聚糖-水双激酶（glucan-water dikinase）。与大多数激酶不同，葡聚糖-水双激酶将 ATP 的 β-磷酸基团转移到淀粉（主要是支链淀粉）的葡萄糖残基的 6-位碳原子上，形成磷酸化葡聚糖。

$$\text{AMP-P*-P（ATP）+ 葡聚糖} + H_2O \xrightarrow{\text{葡聚糖-水双激酶}} \text{AMP} + (\text{葡聚糖})\text{- P*} + P_i \quad (7.16)$$

尽管淀粉中大约 2000 个葡萄糖残基中才有一个磷酸基团，但葡聚糖-水双激酶活性降低的转基因植物或突变体表现出淀粉降解速率的下降，结果导

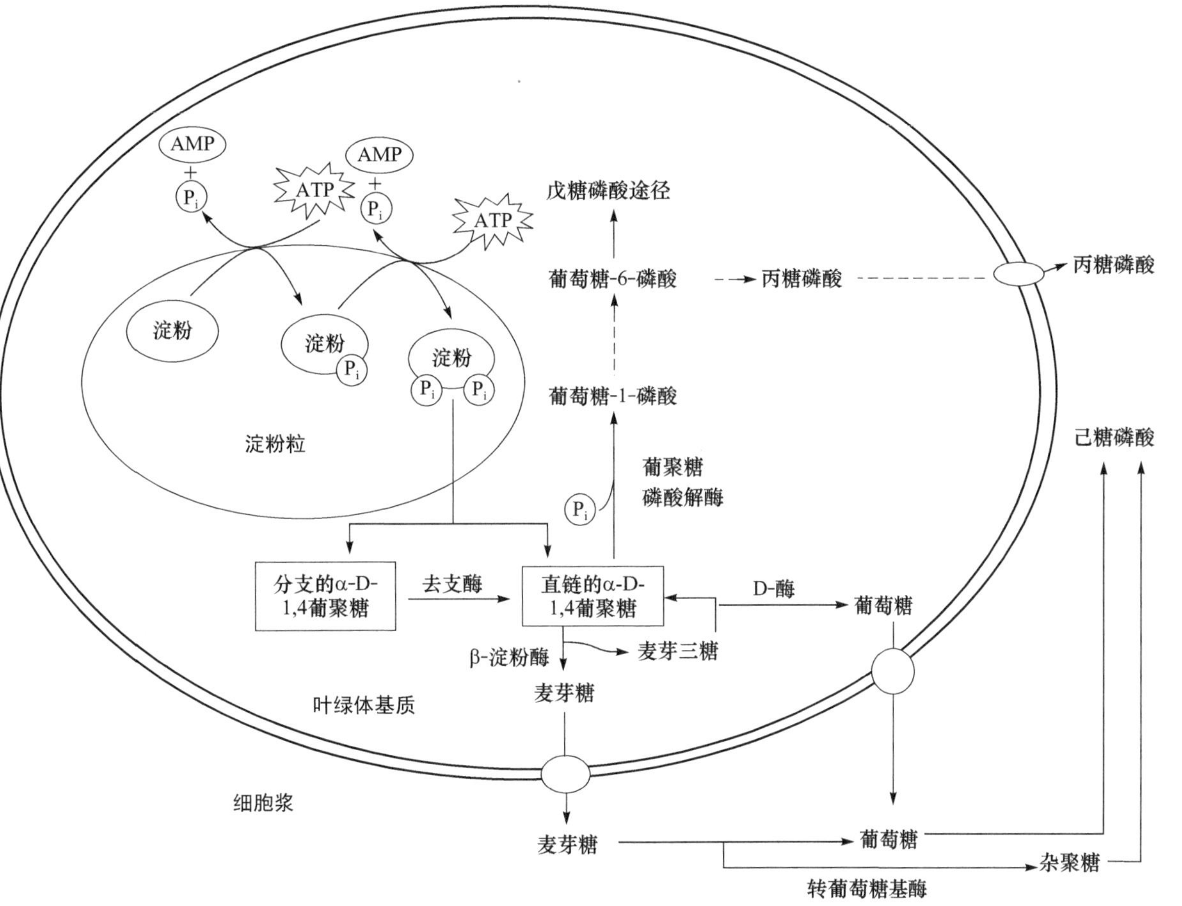

图 7-20 拟南芥叶片中淀粉的夜间降解（改自 Taiz et al.，2015）

致成熟叶中有过量的淀粉。在暗中，葡聚糖-水双激酶附着在淀粉粒上；在照光的叶中，部分成为可溶性状态。依赖硫氧还蛋白的过程调节着葡聚糖-水双激酶的活性和酶在叶绿体基质与淀粉粒之间的比例。

陆生植物还含有葡聚糖磷酸-水双激酶（phosphoglucose-water dikinase）。该酶与葡聚糖-水双激酶催化的反应类似，但底物是葡聚糖磷酸而不是葡聚糖，葡聚糖磷酸-水双激酶将 ATP 的 β-磷酸基团转移到葡聚糖磷酸的另一个葡萄糖残基的 3-碳原子上。缺乏葡聚糖磷酸-水双激酶的突变体叶片也表现出高的淀粉含量。

$$\text{AMP-P*-P（ATP）+ 葡聚糖-P} + H_2O \xrightarrow{\text{葡聚糖磷酸-水双激酶}} \text{AMP +（葡聚糖磷酸）-P*} + P_i \quad (7.17)$$

磷酸化的淀粉的 α-D-1,4-糖苷键的降解有两种机制：水解和磷酸解。水解由淀粉酶催化，α-淀粉酶（α-amlyase）随机地作用于直链淀粉和支链淀粉的 1,4-糖苷键使淀粉粒降解；β-淀粉酶（β-amlyase）作用于淀粉的非还原端将淀粉水解为 β-麦芽糖。

$$[\text{葡萄糖}]_n + H_2O \xrightarrow{\alpha\text{-淀粉酶}} [\text{葡萄糖}]_{n-m} + [\text{葡萄糖}]_m (n \geqslant 3) \quad (7.18)$$

$$[\text{葡萄糖}]_n + H_2O \xrightarrow{\beta\text{-淀粉酶}} [\text{葡萄糖}]_{(n-2)} + \text{麦芽糖} \quad (7.19)$$

对于直链淀粉，α-淀粉酶可以将其最终水解为葡萄糖和麦芽糖。但是 α-淀粉酶无法水解支链淀粉的 1,6-糖苷键，因此 α-淀粉酶水解支链淀粉最后形成糊精（dextrin）。α-淀粉酶的活性可以被 Ca^{2+} 所激活。同样 β-淀粉酶也可以完全水解直链淀粉，但是同样无法水解支链淀粉的分支，最后形成糊精。

淀粉的磷酸解由淀粉磷酸解酶（starch phosphorylase）催化。淀粉磷酸解酶分解淀粉并不需要水，而是加入磷酸，从淀粉的非还原端裂解单个葡萄糖，产生葡萄糖-1-磷酸。淀粉磷酸解酶主要存在于质体中，需要至少 4 个葡萄糖残基的链才能起作用。

$$[\text{葡萄糖}]_n + P_i \xrightarrow{\text{淀粉磷酸解酶}} [\text{葡萄糖}]_{(n-1)} + \text{葡萄糖-1-磷酸} \quad (7.20)$$

淀粉磷酸解酶也不能分解支链淀粉，它从各分支的非还原端开始通过磷酸化分解淀粉，而在分支处停止，因此最终也形成糊精。

通过淀粉酶或淀粉磷酸解酶分解淀粉形成的糊精在脱支酶（debranching enzyme，又称 R 酶）和异淀粉酶（isoamylase）的作用下，将 1,6-糖苷键降解，形成直链葡聚糖，再经淀粉酶作用最终形成的麦芽糖、葡萄糖及少量麦芽三糖。麦芽三糖在 D-酶的作用下形成葡萄糖和麦芽戊糖。麦芽戊糖在 β-淀粉酶的作用下再降解为麦芽糖和麦芽三糖。

$$2\,[\text{葡萄糖}]_3 \xrightarrow{\text{D-酶}} [\text{葡萄糖}]_5 + \text{葡萄糖} \quad (7.21)$$

淀粉降解的产物最终以麦芽糖和葡萄糖形式分别通过位于叶绿体内膜上的麦芽糖转运体和己糖转运体转运到细胞质基质，或进一步降解为丙糖磷酸通过 TPT 运输到细胞质基质。其中以麦芽糖形式运输更占优势。

转运到细胞质基质的麦芽糖经转葡萄糖基转移酶的作用将一分子葡萄糖残基转移到由阿拉伯糖、半乳糖和葡萄糖组成的杂聚糖上（杂聚三糖 + 麦芽糖 ⟶ 杂聚三糖-葡萄糖 + 葡萄糖），产生的葡萄糖经己糖激酶磷酸化进入己糖磷酸库，合成蔗糖或进入糖酵解。缺乏葡萄糖基转移酶的转基因植物比野生型植物积累更高的麦芽糖，并且淀粉降解速率大大下降。

三、同化物在叶绿体与细胞质基质间的分配

在叶绿体中形成的丙糖磷酸作为共同的底物，转化为两种主要的碳水化合物，在细胞质基质中合成蔗糖，或在叶绿体中合成淀粉，这是一种细胞内区域化的竞争机制的调节（图 7-21），内外因素控

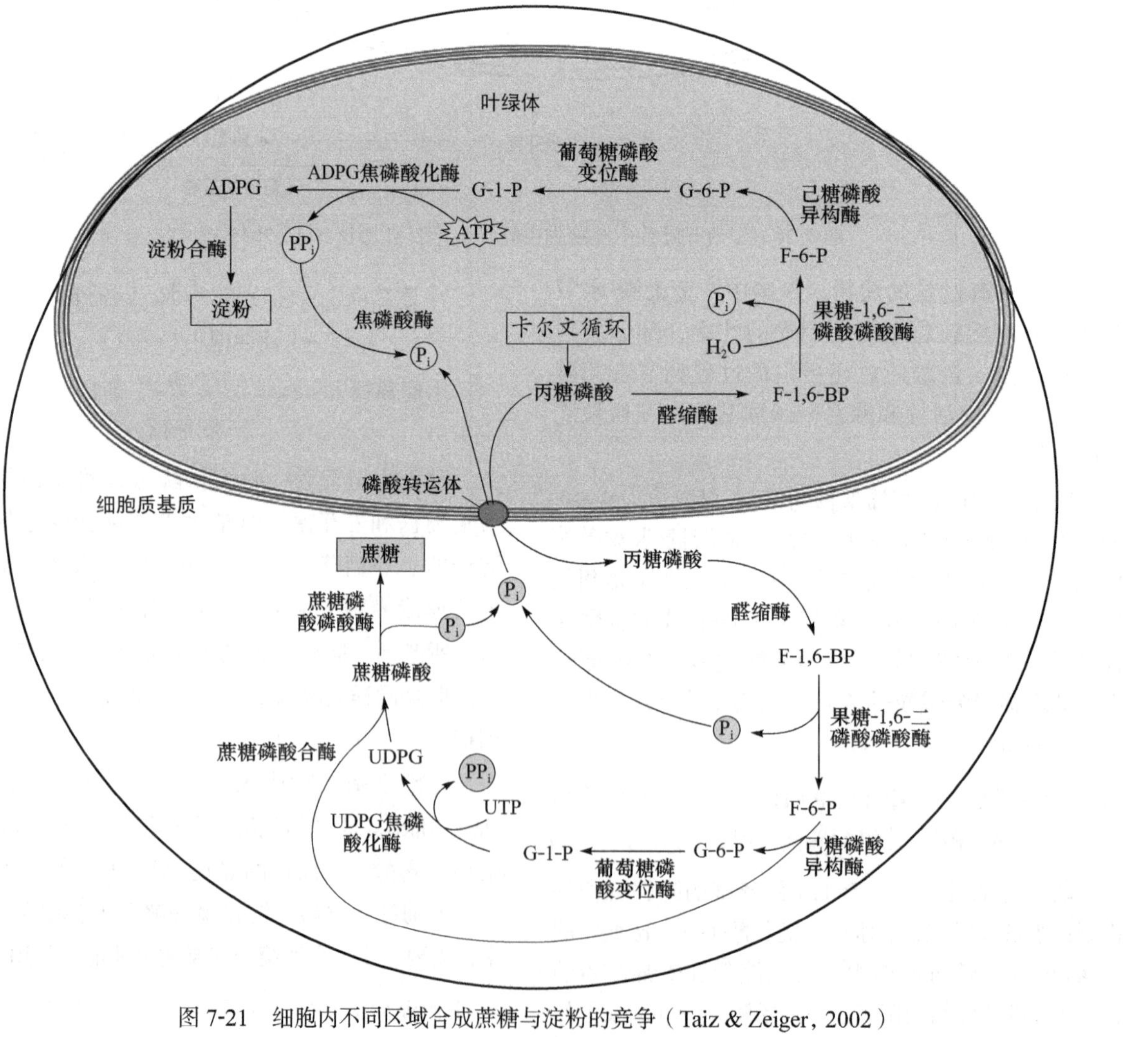

图 7-21 细胞内不同区域合成蔗糖与淀粉的竞争（Taiz & Zeiger，2002）

制固定的碳在蔗糖和淀粉间的分配。丙糖磷酸的运出需经叶绿体内膜上 TPT 与 P_i 交换，因此，丙糖磷酸的分配取决于细胞质基质与叶绿体中各自无机磷酸的浓度。当白天光合作用活跃时，大量合成丙糖磷酸，经与 P_i 交换而进入细胞质基质的速率增加，当细胞质基质中 P_i 的水平降低时，丙糖磷酸就滞留在叶绿体中，合成淀粉暂时储存。由此可见，P_i 在叶绿体与细胞质基质间有效的再循环，对维持光合作用的正常运转是必需的。在夜间，光合产物供应减少，叶绿体中的淀粉水解，产生的葡萄糖和麦芽糖由叶绿体输出，进入细胞质基质中的己糖库，继续保持高速率合成蔗糖（图 7-22）。因此，白天在叶绿体中常见到大的淀粉粒，而夜晚叶绿体中的淀粉粒消失。叶肉细胞通过 P_i 对多种酶进行精细调控，控制碳源流向在蔗糖和淀粉之间达到优化配置，以使植物在不同环境条件下维持正常代谢活动。

近年来有实验表明，海藻糖［α-D-Glu（1→1）-α-D-Glu，T-6-P］可能在调节叶肉细胞淀粉和蔗糖合成过程中起到信号分子的作用。海藻糖在除脊椎动物以外的所有有机体中合成，但并不大量积累。然而在拟南芥中发现大量 T-6-P 合成的基因。研究发现：给拟南芥叶片供应 T-6-P 导致淀粉合成增加，同时 AGPase 被还原活化；分离的叶绿体与 T-6-P 温育也明显地增强了 AGPase 活性。而细胞中 T-6-P 的水平又受到细胞质基质中蔗糖浓度的影响，提高细胞基质中蔗糖水平的处理都会导致 T-6-P 水平的提高。蔗糖可能通过改变 T-6-P 合酶（TPS）/T-6-P 磷酸酶（TPP）的活性影响了 T-6-P 的水平。因为细胞中合成 T-6-P 的前体是葡萄糖-6-磷酸和 UDPG，而 UDPG 同时又是合成蔗糖的前体（UDPG + 果糖 $\rightleftharpoons$ 蔗糖 + UDP），因此当细胞中有大量蔗糖积累时，有可能导致 UDPG 增加，因而也会促进 T-6-P 的合成。T-6-P 进入质体中通过依赖 NADP 的硫氧还蛋白还原酶 C 或/和铁氧还蛋白-硫氧还蛋白系统激活 AGPase 促进淀粉合成。

光合作用中合成的糖运入维管组织韧皮部，以蔗糖为主要运输形式，运至根、茎、幼叶等生长部位或籽粒、块茎等储藏器官。糖为生长部位提供碳和能源；而淀粉是许多植物储藏碳水化合物的主要形式（图 7-22）。

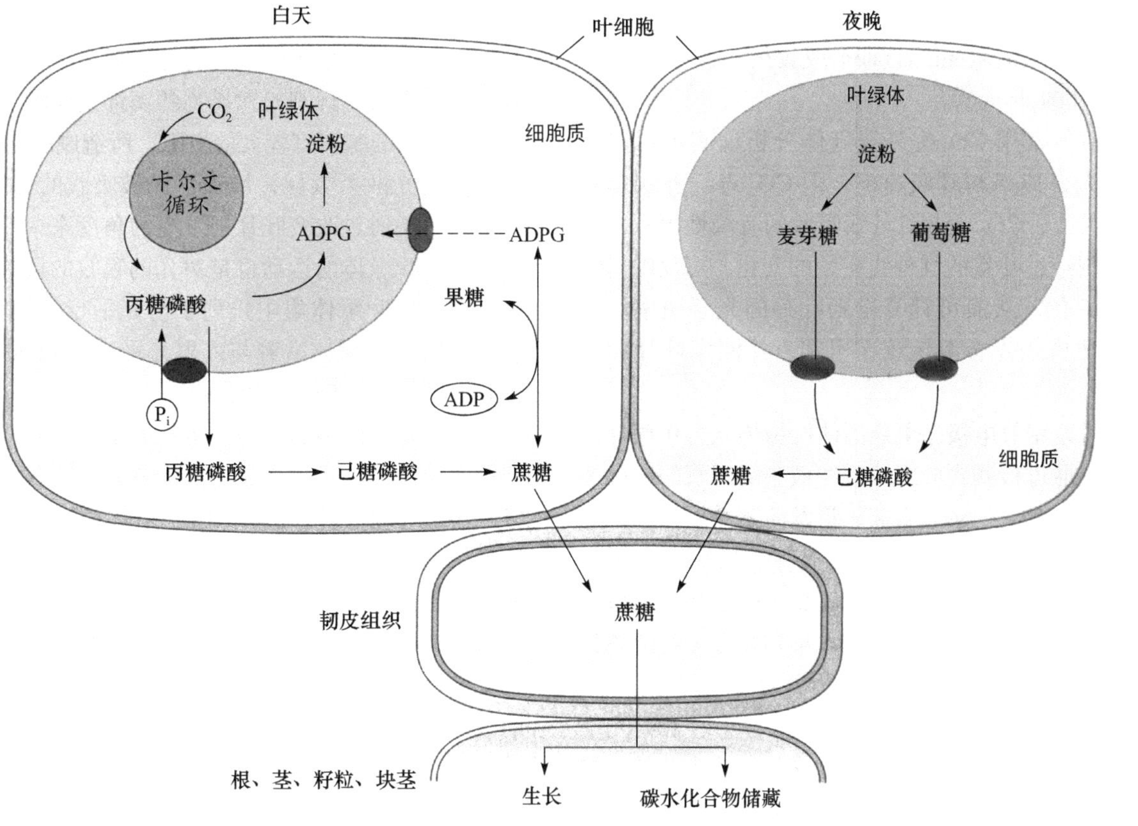

图 7-22 陆地植物中的碳代谢（Taiz et al., 2015）

第五节 光合作用生态生理

一、植物的光合速率

通常以光合速率（photosynthetic rate）作为检测植物光合作用强弱的指标。光合速率是指单位时间、单位叶面积吸收 CO_2 的量或释放 O_2 的量。常用单位有：CO_2 吸收量［μmol/（m^2·s）］，O_2 释放量［μmol/（m^2·s）］。也可用单位叶面积、单位时间积累的干物质量表示：mg/（dm^2·h）。在表示田间群体或整株植物的光合生产率时还常用净同化率（net assimilation rate）表示，即植物在一昼夜内单位叶面积积累的干物质重量［g/（m^2·d）］。

植物在进行光合作用积累物质的同时，也在不断地进行呼吸作用消耗有机物并释放 CO_2，在测定光合速率时，一般得到的是实际光合速率与呼吸速率之差，称为表观光合速率（apparent photosynthesis rate），或称为净光合速率（net photosynthesis rate）。如果在测定光合 CO_2 吸收量的同时，测定呼吸释放 CO_2 的量，并加以校正，即可得到实际的总光合速率（gross photosynthesis rate）或真正光合速率（true photosynthesis rate）。

目前常用 CO_2 红外线气体分析仪测定植物叶片的光合速率与呼吸速率。因 CO_2 对红外线有较强的吸收，CO_2 量与红外线吸收间有线性关系，通过检测经过叶室的红外线能量的变化，可反映 CO_2 浓度变化，从而可计算得到叶片的光合速率。也常用便携式光合测定仪在田间直接测定叶片的光合速率。

可以用氧电极来测定离体叶绿体光合作用释放的氧。通过检测含叶绿体缓冲液中溶解氧的浓度变化，以电流值记录光合放氧量及希尔反应活性。此法也可测定离体线粒体的呼吸速率。

还可用简便的称重法即改良半叶法测定单位时间、单位叶面积干重的增加，可知光合产物的积累量，此法虽不够精确但简便易行。

目前还常用叶绿素荧光仪测定叶绿素荧光动力学参数，用于研究光系统的光化学效率及其光抑制、光合电子传递效率、非光化学猝灭、热耗散等光合作用重要特征。

二、影响光合作用的因素

光合作用是植物整个生命活动的重要生理过程，光合作用受多种内、外因子的影响。了解各种环境因子对光合作用的影响及植物对环境的适应，对于提高作物产量和品质有重要意义。不同植物的光合速率由其遗传特性决定；同一植株的不同发育阶段、不同叶龄叶片的光合速率不同。同时，光合作用也受同化器官与消耗器官、储藏器官间的协调关系影响。

在农业生产中，当选用一定品种后，光合速率主要受光照、CO_2、温度、水分、矿质营养等环境因子的影响。

（一）光对光合作用的影响

1. 叶片对光的适应 叶片高度特化的解剖结构适于捕获更多的光能，并能随时进行调节。叶片表皮细胞可透光并起到类似凸透镜的聚光作用，使到达叶肉细胞中叶绿体的光增强了许多倍。叶片上表皮细胞下是一或几层较紧密纵向排列的栅栏组织细胞，可以有效地吸收光。透过栅栏组织细胞及其间隙的光再被不规则松散排列的海绵组织细胞所截获，在这些细胞间有较大的空隙，所造成的空气-水界面产生光散射效应，增加了光被吸收的可能性。许多植物还通过改变叶片与日光的角度来调节对光的吸收；叶绿体的运动也是对光的吸收的调节，当光线弱时，叶绿体集中排列于与光平行的细胞面，而光强时，叶绿体沿着与入射光平行的侧面排列，由此可以使叶片减少光的吸收。

在强光或遮阴的环境中生长的植物在叶片形态结构、叶绿素含量、光合酶活性方面都有其对光适应的不同特征（图 7-23）。阳生植物的叶片厚，栅栏组织细胞长而且层数多，而阴生植物叶片较大且薄。阴生植物叶片叶绿体具有较大的基粒与更多的片层结构；每个反应中心含更多的叶绿素分子，有较低的叶绿素a/叶绿素b比值；所有这些特征都有助于阴生植物叶片在较低的光强度下充分地吸收和转换光能。阳生植物叶片叶绿体中含更多的可溶性蛋白，尤其是Rubisco和叶黄素循环成分，因而能更充分地利用同化力，且有更高的碳同化能力。

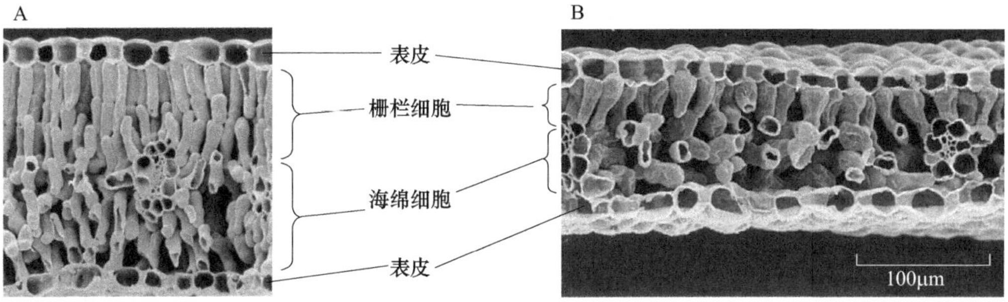

图 7-23　生长在不同光照条件下的豆科植物叶片的解剖电镜扫描图（Taiz et al., 2015）

A. 阳光下生长的叶片；B. 遮阴下生长的叶片

2. 光对叶片光合速率的影响　光是叶绿素生物合成及叶绿体发育的必要条件，是光合作用的原动力。碳同化过程中关键酶的活性受光的控制，光照也影响其他环境因子，因此光对光合速率有最深刻和多方面的影响。

通过在不同光强下测定光合速率，作出光合作用的光强-光合速率曲线图（图 7-24）。植物在暗中不进行光合作用，可以测得呼吸释放的 CO_2 量，随光强增加，光合速率迅速上升，当达到某一光强、叶片光合速率等于呼吸速率时，即吸收的 CO_2 与释放的 CO_2 相等，此时测定表观光合速率为零，这时的光强称为光补偿点（light compensation point）。生长在不同环境中的植物的光补偿点不同，一般来说，阳生植物光补偿点较高，为 10～20μmol/(m^2·s)；阴生植物的呼吸速率较低，其光补偿点也低，为 1～5μmol/(m^2·s)。所以在弱光下，植物生存适应的一种反应是低光补偿点，能更充分地利用低强度光（图 7-25）。

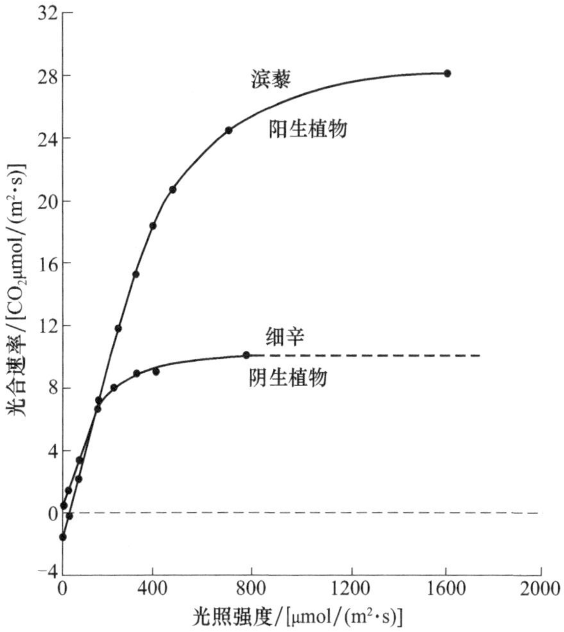

图 7-25　阳生植物和阴生植物的光合速率与光照强度的关系曲线比较（Taiz et al., 2015）

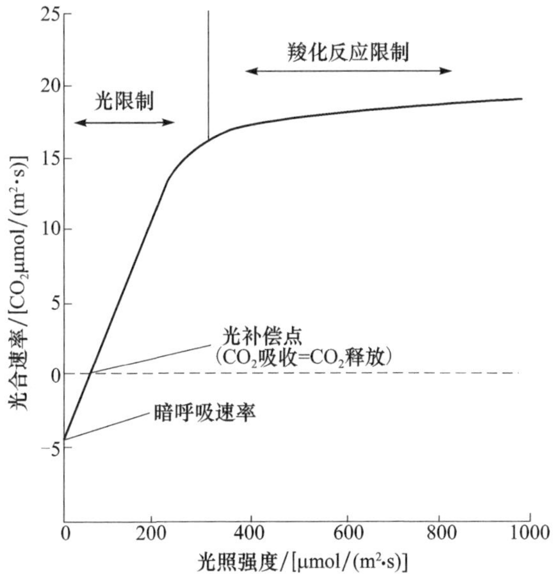

图 7-24　C_3 植物光合速率与光照强度的关系曲线（Taiz et al., 2015）

在光补偿点以上的一定光强范围内随着光强的增加，光合速率成正比迅速上升，在此范围内，光强是光合作用的主要限制因子。当超过一定光强时，光合速率的增加减慢，达到某一光强，即光饱和点（light saturation point）时，光合速率不再增加，表现出光饱和现象（图 7-24）。出现光饱和现象可能是电子传递速率、CO_2 浓度、CO_2 同化过程的一系列酶促反应速度等因素限制了光合速率。

多数植物的光饱和点在 500～1000mol/(m^2·s)，但不同植物的光饱和点也有很大差异，一般阳生植物的光饱和点明显高于阴生植物（图 7-25），C_4 植物的光饱和点高于 C_3 植物。在一般光照下，C_4 植物没有明显的光饱和现象，因为 C_4 植物同化 CO_2 消耗更多的同化力，而且可充分利用较低浓度的 CO_2。而 C_3 植物的光饱和点仅为全光照的 1/4～1/2。所以在高温、高光强下，C_3 植物常出现光饱和现象，而 C_4 植物仍保持较高的光合速率，在利用日光能方面优于 C_3 植物。

植物的光补偿点和光饱和点随其他环境条件变化而变化。当 CO_2 浓度增高时，光补偿点降低而光饱和点升高；温度升高时，光补偿点升高。植物的光补偿点和光饱和点显示了植物叶片对强光和弱光的利用能力，代表了植物的需光特性。这些特性在选用某地区栽培作物品种与正确选择间种、套作的作物和林带树种搭配方面，以及在决定作物的密植程度方面有重要的参考价值。可考虑如何降低作物的光补偿点，而提高作物的光饱和点，以最大限度地利用日光能。

光合作用也与光质有关，不同波长光的光合量子产率不同。由于叶绿体色素的吸收高峰在红光和蓝紫光部分，因此在能量相等时，红光、蓝光量子产率高于黄绿光。另外，光合作用依赖于 PSⅠ与 PSⅡ间的协调运转，光质也影响两个光系统的状态及光能的分配进而影响光化学效率。

3. 光对光合速率的抑制 当叶片接受的光能超过它所能利用的光量时，光合活性降低，表现为光合作用的光抑制（见第六章）。在晴天中午，当光强超过光饱和点时，小麦、水稻、棉花、大豆等许多 C_3 植物都表现为光合速率下降，出现“光合午休”现象。主要原因是在干热的中午，叶片萎蔫，气孔导度下降，CO_2 吸收减少，光呼吸增强，导致光合速率下降。

（二）CO_2

CO_2 是光合作用的原料。大气中 CO_2 经叶片表面的气孔进入细胞间隙，再进入叶肉细胞叶绿体。在 CO_2 扩散的途径中，受到叶片表面的水气界面层阻力、气孔阻力、细胞间隙阻力和进入叶肉细胞及叶绿体的阻力（图 7-26）。其中主要的阻力在气孔，气孔的开度直接影响 CO_2 的进入量进而控制着光合作用。

CO_2 经常是光合作用的限制因子。大气中的 CO_2 浓度一般都不能满足植物光合作用的需求，所以在温度适宜、无风、光照较强的晴朗天气里，植物往往处于 CO_2“饥饿”状态；随着 CO_2 浓度增加，光合速率增加，当植物光合作用吸收的 CO_2 量与呼吸作用和光呼吸释放的 CO_2 量达到动态平衡时，环境中的 CO_2 浓度称为 CO_2 补偿点

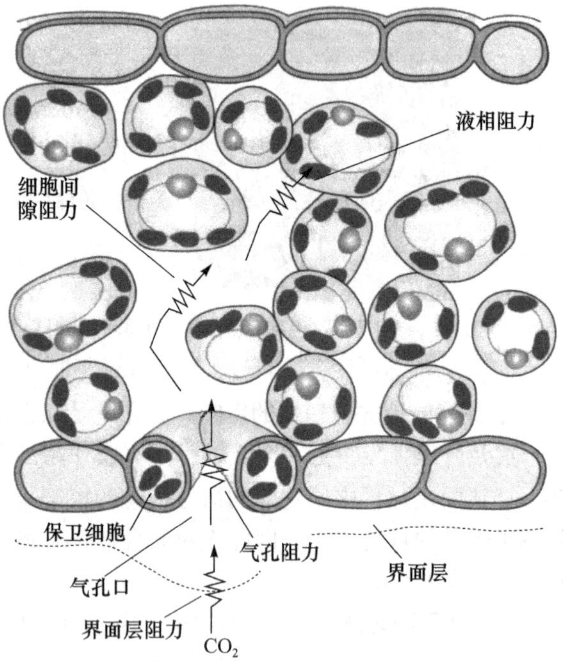

图 7-26 大气 CO_2 扩散进入叶绿体的阻力（Taiz et al., 2015）

（CO_2 compensation point）。随 CO_2 浓度进一步提高，植物的光合速率呈线性快速上升，但到一定 CO_2 浓度时，光合速率不再增加，这时环境中的 CO_2 浓度称为该植物的 CO_2 饱和点（CO_2 saturation point）。此时的光合速率反映了光合电子传递和光合磷酸化的活性，即叶片光合能力。

不同植物的 CO_2 饱和点与补偿点不同，特别是 C_3 植物和 C_4 植物有较大的区别。一般 C_4 植物的 CO_2 饱和点比 C_3 植物低。C_4 植物的 CO_2 补偿点也比 C_3 植物低（图 7-27）。例如，C_3 植物小麦的 CO_2 补偿点为 50μL/L；而 C_4 植物玉米的 CO_2 补偿点为 0～5μL/L。因此，在低 CO_2 浓度时，C_4 植物的光合效率高于 C_3 植物。原因在于 C_4 植物的 PEPC 与叶肉细胞胞质中的 HCO_3^- 的亲和力较高，而且经苹果酸形成而浓缩 CO_2，降低了维管束鞘细胞中的光呼吸，因而能更充分地利用低浓度 CO_2 进行光合作用。

CO_2 补偿点也受其他环境因素的影响。在温度升高、光照较弱、水分亏缺等条件下，CO_2 补偿点上升，光合作用下降。在温室栽培中，加强通风、增施 CO_2 可防止植物出现 CO_2“饥饿”；在大田生产中，增施有机肥，经土壤微生物分解释放 CO_2，能有效地提高作物的光合效率。

目前，人类的活动使大气中的 CO_2 浓度持续上升，这虽然可能减轻由于 CO_2 缺乏对植物光合作用

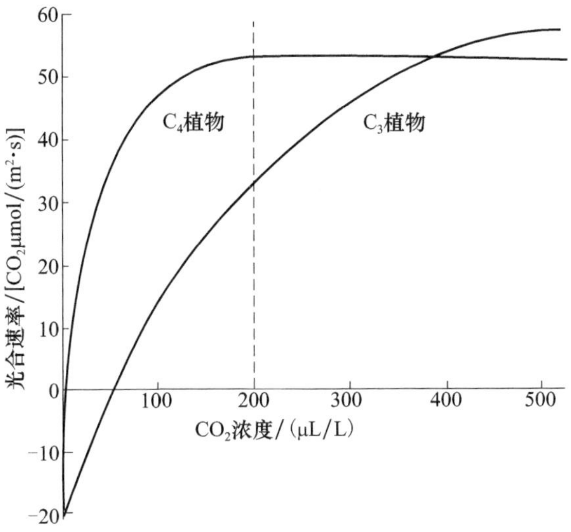

图 7-27　C_3 植物和 C_4 植物的光合速率与大气中 CO_2 浓度的关系曲线（Buchanan et al.，2000）

的限制，但所导致的“温室效应”会给地球的生态环境及人类活动带来一系列严重的问题。

（三）温度

光合碳代谢过程是一系列酶促反应，温度是一个重要条件。温度主要影响酶活性，进而影响生化反应，温度也影响叶绿体超微结构、气孔的开闭及呼吸速率等。

植物可以在一个较大的温度范围内进行光合作用，在一定范围内，随温度变化，光合速率为“钟形”曲线（图 7-27），有光合作用的最适温度、最高温度和最低温度，即光合作用的温度三基点（表 7-3）。温度数值因不同植物而异，一些耐寒的植物如地衣在 −20℃还能进行光合作用，而一些热带的植物光合作用的热限高达 50～60℃。

表 7-3　在自然 CO_2 浓度和光饱和条件下不同植物净光合作用的温度三基点　（单位：℃）

植物类型		最低温度	最适温度	最高温度
草本植物：	热带 C_4 植物	5～7	35～45	50～60
	C_3 农作物	−2～0	20～30	40～50
	阳生植物（温带）	−2～0	20～30	40～50
	阴生植物	−2～0	10～20	约为 40
	CAM 植物（夜间固定 CO_2）	−2～0	5～15	25～30
	春天开花植物和高山植物	−7～−2	10～20	30～40
木本植物：	热带和亚热带常绿阔叶乔木	0～5	25～30	45～55
	干旱地区硬叶乔木和灌木	−5～−1	15～35	42～55
	温带冬季落叶乔木	−3～−1	15～25	40～45
	常绿针叶乔木	−5～−3	10～25	35～42

温度对光合作用的影响与植物遗传和生长环境温度等有关，长期在高温下生长的植物的最适温度比在低温下生长的植物高。C_3 植物与 C_4 植物对温度变化的反应不同（图 7-28A），随着温度升高，C_3 植物的光合速率变化较平缓，而 C_4 植物变化要大得多。这是因为在温度升高时，虽然光合速率升高，但同时溶解 O_2/CO_2 加大，C_3 植物的光呼吸加强而抵消了温度升高对光合作用的促进；C_4 植物光呼吸弱，所以其最适温度比 C_3 植物高。

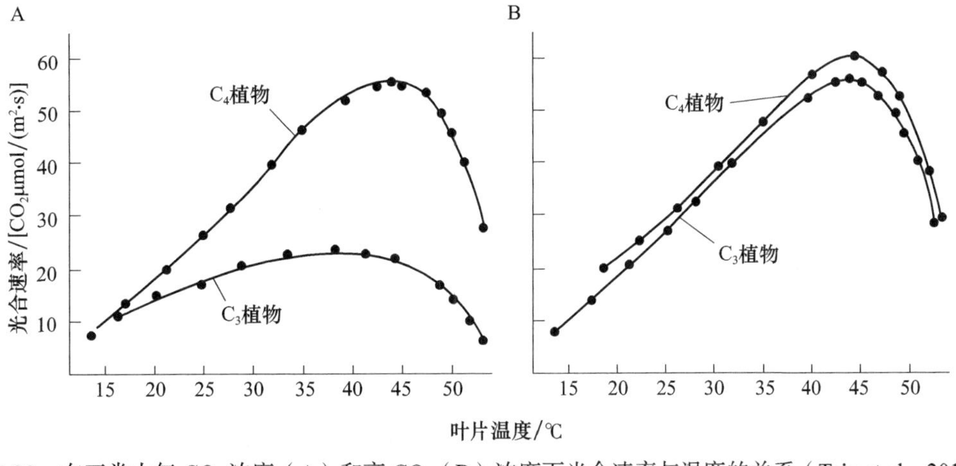

图 7-28　在正常大气 CO_2 浓度（A）和高 CO_2（B）浓度下光合速率与温度的关系（Taiz et al.，2015）

温度对光合作用的影响多是因为影响了酶促反应速度。温度低时，光合酶活性低，CO_2 同化减慢，淀粉与蔗糖的合成减少，对丙糖磷酸的需求量下降，进入叶绿体的无机磷酸减少，同化力的合成受到限制。温度高时，由于呼吸作用的最适温度比光合作用的高，当光合作用不再升高时，呼吸作用继续升高而使净光合速率下降。同时，温度过高时，酶钝化，光合结构受损，而导致光合速率迅速下降。昼夜温差大时，有利于净光合产物的积累，在白天较高温度下植物有高的光合速率，而夜间温度较低时可减少呼吸消耗，因而可积累更多的物质。在不同 CO_2 浓度下，温度对光合作用的影响也有所不同（图 7-28B），在大气 CO_2 浓度下，温度升高的促进作用被光呼吸所抵消，而在高 CO_2 浓度下，由于抑制了光呼吸，温度成为光合作用的主要限制因子，因而表现出明显的温度促进作用。

（四）水分

水是光合作用的原料，没有水就不能进行光合作用。但是，与同是光合作用原料的 CO_2 相比，用于光合作用的水仅为植物从土壤吸收或蒸腾失水的 1% 以下，一般而言，不会由于作为原料的水的供应不足而影响光合作用。

缺水时叶片气孔开度减小，影响 CO_2 进入，而使光合作用的原料缺乏，光合速率下降。光合速率随缺水与恢复供水发生明显的下降与恢复。从这一点讲 C_4 植物比 C_3 植物更抗干旱，因为 C_4 植物通过浓缩 CO_2 的机制，在气孔开度减小时仍能保持维管束鞘细胞中有充分的 CO_2，保持 Rubisco 催化的羧化反应正常进行。

另外，水分亏缺时，一些水解酶活性提高，不利于糖的合成。缺水还影响细胞伸长生长并抑制蛋白质合成，而使光合面积减小，限制了植物的光合作用。在较严重缺水时，光合机构受损，电子传递速率下降，光合磷酸化解偶联，影响同化力的形成。在严重缺水时，叶绿体片层结构受到破坏，叶片光合能力不再能恢复。

水分过多时，也会因土壤通气不良、根系发育不好或根系活力降低而间接影响光合作用。

（五）矿质营养

矿质营养影响了植物的光合面积、光合时间和光合能力。具体可在如下几方面起作用：N、P、S、Mg 等是叶绿素的组分及叶绿体的组成成分，其中 N 与叶绿素含量、叶绿体发育、光合酶活性的关系都很大，所以氮素营养对光合作用的影响最为显著；Fe、Mn、Cu、Zn 等作为酶的辅基或活化剂而影响叶绿素的生物合成。在光合电子传递链中，主要的电子传递体是含 Cu、Fe 的蛋白质；Mn、Cl 作为放氧复合体的成分参与 H_2O 的光解；光合作用中同化力 ATP 和 NADPH 的形成及许多中间磷酸化合物都需要无机磷酸；K、Ca 影响气孔开闭而影响 CO_2 的出入。K、Mg、Zn 等是多种重要的相关酶的活化剂。磷酸和 B 促进光合产物的运输等。

三、光合作用与作物产量

（一）光合作用与作物产量形成

作物产量取决于干物质积累的多少，其中从土壤中吸收的矿质营养仅占 5%～10%，有机物占 90%～95%，这些有机物都是直接或间接地来自于光合作用。人类收获的经济产量是以生物产量为基础的。

$$经济产量 = 生物产量 \times 经济系数 \quad (7.22)$$

式中，经济产量是指人们要求收获的经济器官的干重；生物产量是植物一生中所累积的物质总干重；经济系数与品种遗传特性、栽培管理措施及物质的分配有关。

$$生物产量 = 总光合产量 - 消耗 \quad (7.23)$$

$$总光合产量 = 光合速率 \times 光合面积 \times 光合时间 \quad (7.24)$$

所以：

$$经济产量 = (光合速率 \times 光合面积 \times 光合时间 - 消耗) \times 经济系数 \quad (7.25)$$

其中光合速率是最关键的因素，与品种遗传特性及各种外界条件的影响相关。光合面积与品种特性、叶面积及群体结构有关。光合时间与生育期、日照时数及叶片的寿命等有关。消耗主要是指呼吸消耗，凡是影响呼吸的各因素都与之有关，其他如落花、落果、病虫害等也减少了生物产量。

提高作物产量的途径，主要是通过促进光合作用，如控制环境条件，提高光合速率，延长光合时间；提高群体光能利用率；减少光合产物的消耗；调节光合产物的分配和利用等。在农业生产中，关键的是提高作物群体的光能利用率（efficiency for solar energy utilization）。

作物生育期内，通过光合作用储存的化学能占投射到这一面积上的日光能的百分比称为光能利用率。

$$光能利用率（\%）= \frac{单位面积上的作物生物产量折合热能}{单位土地面积在生育期所接受的日光能} \times 100 \quad (7.26)$$

太阳的总辐射能很高，但不能被植物所完全吸收与利用，到达叶片表面的可见光中，一部分被反射或透过叶片损失，一部分为热散失，部分用于其他代谢耗损，最多仅约5%的光能被光合作用转化储存在碳水化合物中（图7-29）。加之播种期与作物苗期的漏光也可达1/3以上；还有其他因素如CO_2供应不足、土壤水分匮缺、温度过高或过低、缺肥、病虫害等的影响。实际的光能利用率很低，如北京地区亩[①]产达千斤的小麦，光能利用率仅为0.5%～1%。从理论上计算，理想条件下可达5%～10%，所以还有相当大的提高光能利用率的潜力，虽然不可能达到理想水平，但通过一些栽培措施，确实能在一定范围内提高作物群体的光能利用率，以提高作物产量。

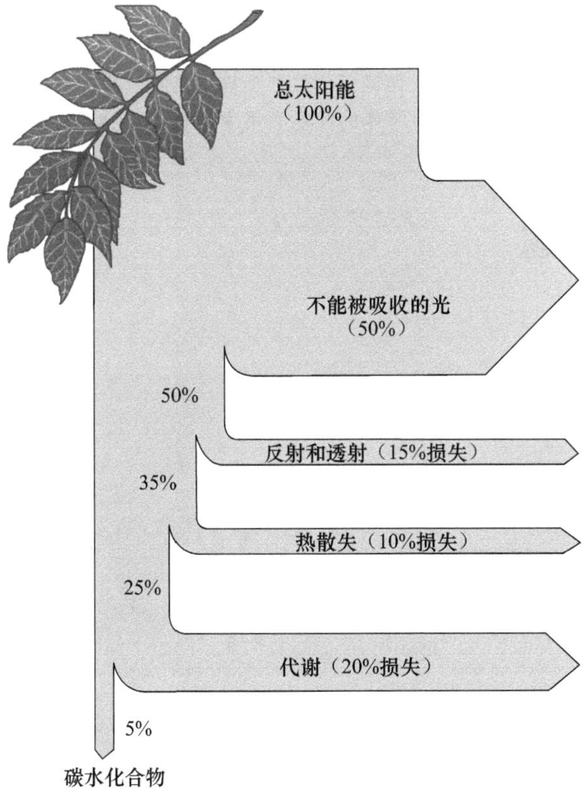

图7-29　叶片吸收转化太阳能的能力（Taiz et al., 2015）
总辐射能中只有大约5%可被植物转化并储存在碳水化合物中

① 1亩≈666.7m²

（二）提高群体光能利用率的途径

1. 增加光合面积　通过合理密植或改变作物的株型等可有效增加叶片的总面积，也就增加了单位土地面积上的总光合面积。这项措施的关键在于合理的种植密度，既使群体得到适当发展，又使个体得到充分发育，以达到既充分利用光能与地力，又充分发挥作物的各优良特性的目的。

在生产上常用叶面积系数（leaf area index, LAI）作为一个衡量密植是否合理、作物群体发育是否正常的指标。

$$LAI = 绿叶总面积 / 土地面积 \quad (7.27)$$

当LAI在2.5以下时，随其增加，光合产量增加，一般为5～7较好，过高时，则叶片太密而群体郁闭，下部叶片不能正常进行光合作用，通风不良，呼吸消耗增加，也易引起病害与倒伏，反而使产量下降。同时要掌握合理的叶面积系数的动态变化。前期叶面积扩展增加较快，减少漏光；中期保持LAI相对稳定，但也要避免叶片过多；后期LAI的下降要慢，以延长光合时间，这与经济产量关系极大。不同株型植物的LAI及密植程度不同，目前多培育矮秆、叶片厚而直立的品种，可适当增加密植程度。

2. 延长光合时间　可通过提高复种指数（multiple crop index）、延长生育期或补充光照等措施来适当延长光合时间。复种指数是指全年作物的收获面积与耕地面积之比。

我国传统的间种、套作及目前应用的温室栽培或育苗移栽都可有效地提高复种指数，减少从播种到苗期的漏光损失。对高秆与矮秆、喜阳与喜阴、紧株型与松散株型的作物搭配最能充分利用光能和地力，如豆/麦、麦/棉、粮食作物与蔬菜的间种、套作等。

3. 提高光合效率　从遗传育种方面培育高光效作物品种；控制光照、CO_2、温度、水分、矿质营养等环境条件，促进光合作用；采取措施，降低水稻、小麦、大豆等C_3植物的光呼吸；促进同化物向经济器官运输与分配，提高经济系数等增加作物经济产量。

小　　结

光合碳同化是利用光反应中光能转化形成的同化力将无机物转化为有机物的过程。在适应各种生态环境中，不同植物发展了不同的碳同化途径，包括C_3途径、C_4途径与CAM途径。C_3途径是碳同化的基本共同途径，在卡尔文循环中，CO_2经羧化和还原阶段，生成丙糖磷酸，经叶绿体内膜上的磷酸转运器与无机磷酸交换，运到细胞质中进一步合成蔗糖，一部分丙糖磷酸在叶绿体中合成淀粉，储存在叶绿体中，夜间降解运输至细胞质基质供植物利用。

在卡尔文循环中，催化羧化反应的酶是Rubisco，它具有羧化与加氧双重催化活性。CO_2/O_2比值影响其催化方向，当CO_2充分时，催化羧化反应而固定CO_2；当O_2分压增高时，催化加氧反应，而发生光呼吸代谢。光呼吸是伴随光合作用发生的吸收O_2并释放CO_2的过程，在叶绿体、过氧化物酶体和线粒体中完成对乙醇酸的氧化。

C_4途径在两种细胞中完成，在叶肉细胞的胞质中，由PEPC催化羧化反应，形成C_4二羧酸，进入维管束鞘细胞脱羧，释放的CO_2进入卡尔文循环被再固定。由于这种CO_2浓缩的机制抑制了Rubisco催化的加氧反应，因此C_4植物的光呼吸低，光合速率相对高。

CAM途径是对高温、干旱气候的特殊适应。CAM植物的气孔晚上开放，在叶肉细胞中由PEPC催化固定CO_2，形成苹果酸，储存在大液泡中，白天为减少水分丢失，气孔关闭，苹果酸脱羧产生的CO_2由Rubisco催化羧化反应，实现CO_2的再固定。

在光合碳代谢中催化许多重要生化反应的酶是受光调节的，如Rubisco、PEPC、磷酸甘油醛脱氢酶、果糖-1,6-二磷酸磷酸酶、景天庚酮糖酯酶、Ru5P激酶等都是光调节酶；用于CO_2固定与还原的同化力产生于光反应中，说明CO_2的同化也是依赖光的。

叶绿体形成的光合作用初产物进一步转化为蔗糖和淀粉。在细胞质中合成蔗糖，在叶绿体基质中合成淀粉，固定的碳流向蔗糖和淀粉是受到调节的。代谢产物（丙糖磷酸、无机磷酸、3-磷酸甘油酸等）对酶活性的调节在碳流向的调控中起重要作用。近期发现的海藻糖-6-磷酸在细胞质蔗糖合成和叶绿体基质淀粉合成的调节中起信号分子作用。

光合作用受光照、CO_2、温度、水分和矿质营养等多种环境因素的影响，在植物生长的环境中，这些因子同时起作用，是相互联系、相互制约的。光合作用是作物产量形成的基础，提高作物群体的光能利用率是提高作物产量的重要途径。

思　考　题

（1）卡尔文循环中的主要酶促反应及其生理意义是什么？

（2）说明Rubisco的特点及其对光合作用的重要性。

（3）叶绿体类囊体内pH和Mg^{2+}浓度在光暗条件下如何变化？对光合碳循环有什么意义？

（4）比较光合作用碳代谢的C_3途径和C_4途径。

（5）说明光对光合酶的调节及其意义。

（6）光呼吸有什么特点？说明C_2循环和C_3循环的关系。

（7）从植物结构与功能的统一来比较C_3植物、C_4植物、CAM植物的光合作用特性。

（8）在植物细胞中，蔗糖和淀粉是怎样合成的？

（9）植物如何调节叶肉细胞中光合产物的分配？

（10）绘出一般植物光合作用光强曲线图并加以说明。

（11）从光合作用机制上来讨论影响光合作用的各种环境因子。

（12）按功能列出与光合作用有关的矿质元素。

（13）在生产实践中如何应用光补偿点、光饱和点、CO_2补偿点、CO_2饱和点的知识？

（14）冬季在温室中栽培蔬菜，采取哪些农业措施来提高植物的光合速率？

（15）作物光能利用率不高的原因有哪些？怎样提高作物群体光能利用率？

第八章 植物的呼吸代谢及能量转换

第一节 呼吸作用的概念及生理意义

呼吸作用（respiration）是在所有生物体中进行的基本生理过程。呼吸作用是生物氧化的过程，是生物体将细胞内的有机物通过有控制的步骤逐步氧化分解，并释放能量的过程。

呼吸作用的首要作用是提供生物体各种生命活动所需的能量。在光合作用中，植物把光能转化为化学能并存储在还原态的碳水化合物中，这可以认为是所有生物的生命活动的能量来源。但是光合作用所生产的碳水化合物通常并不能直接为生物提供生理活动所需的能量，而必须通过呼吸作用将其逐步氧化，释放出自由能并以 ATP 的形式供应生物体各种代谢的需要。呼吸作用一般以葡萄糖的氧化表示，然而，在大多数高等植物细胞中，呼吸作用所用的还原碳来自光合作用产生的蔗糖、丙糖磷酸、有机酸等，以及脂和蛋白质降解的代谢物。从化学角度来看，植物呼吸过程可表述为 C_{12} 分子蔗糖的氧化和 12 分子氧的还原。

$$C_{12}H_{22}O_{11} + 13H_2O \longrightarrow 12CO_2 + 48H^+ + 48e^- \quad (8.1)$$

$$12O_2 + 48H^+ + 48e^- \longrightarrow 24H_2O \quad (8.2)$$

净反应式如下。

$$C_{12}H_{22}O_{11} + 12O_2 \longrightarrow 12CO_2 + 11H_2O \quad (8.3)$$

对比光合作用的方程式，这一过程可视为光合作用的逆过程。1mol 蔗糖彻底氧化可以释放大约 5760kJ 的自由能。

呼吸作用的另一重要作用是提供合成其他有机物所需的原料。在呼吸代谢的过程中，碳水化合物的氧化是通过呼吸代谢途径逐步进行的。在逐步降解的过程中会产生一系列的中间产物，这些中间产物又可以是其他代谢途径的中间产物，因而提供了生产各种其他有机化合物所需的原料，并将各种代谢过程联系起来。因此，呼吸代谢可以看作植物代谢的中心环节。

呼吸代谢主要包括底物的降解和能量产生两大阶段（图 8-1）。呼吸底物的氧化过程是经过一系列

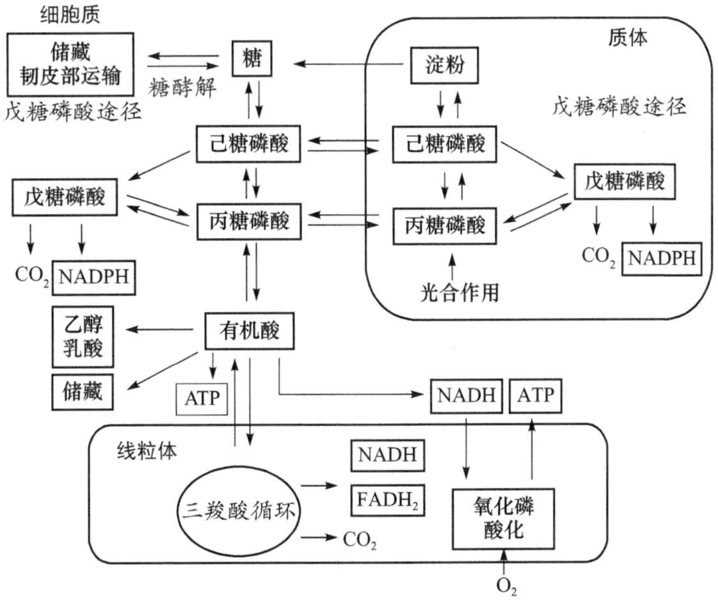

图 8-1 植物呼吸代谢途径概貌（改自 Taiz et al.，2015）

酶促反应，逐步地和有控制地进行的。有一些基本的呼吸代谢途径是大多数生物所共有的，如糖酵解、三羧酸循环及氧化磷酸化等途径。虽然植物的呼吸从根本上来说，是与其他生物类似的，但也有其特殊的地方，我们将在本章中分别加以介绍。

呼吸作用可以分为有氧呼吸和无氧呼吸。有氧呼吸（aerobic respiration）是指呼吸底物在有氧条件下，被彻底氧化降解为 H_2O 和 CO_2 并释放大量能量的过程；而无氧呼吸（anaerobic respiration）则是在无氧或缺氧的条件下，呼吸底物被部分氧化分解（不被彻底氧化为 H_2O 和 CO_2）并只有较少能量产生的过程，高等植物进行无氧呼吸时产生乳酸或乙醇。

第二节　植物呼吸代谢的途径

一、底物氧化途径

不同植物或不同组织和器官中的呼吸底物可能有所不同。例如，当种子萌发时，淀粉类种子以糖类为主要呼吸底物，而油料种子则以油脂为主要呼吸底物。但是在大多数植物中，光合作用所生产的糖是呼吸代谢的主要底物。糖在植物体内的呼吸代谢通常经过共同的呼吸代谢途径，如糖酵解途径、三羧酸循环途径、戊糖磷酸途径等。这些呼吸代谢途径是相互联系的。例如，糖经糖酵解途径降解产生丙酮酸，丙酮酸进入三羧酸循环，最后被彻底降解为 CO_2。呼吸底物的氧化降解大多数是通过脱氢反应进行的，氢的受体 NAD^+、FAD 或 $NADP^+$ 接受氢和电子形成的 NADH、$FADH_2$ 或 NADPH 进入末端氧化途径，经电子传递推动 ATP 合成，并吸收 O_2 最终形成水。植物细胞中呼吸代谢的途径在空间上是被分隔开的。糖酵解途径在细胞质基质中进行，而三羧酸循环、电子传递和氧化磷酸化则在线粒体中进行。呼吸代谢途径的分室化，特别是线粒体结构对于呼吸代谢途径的进行是至关重要的，如果没有这种结构上的保障，细胞的呼吸代谢将无法进行。

（一）糖酵解途径

糖酵解（glycolysis）一般是指己糖经一系列无氧的氧化过程而分解为丙酮酸的代谢途径。糖酵解途径也称 EMP 途径，这是以对糖酵解途径做出重要贡献的三位科学家 Embden、Meyerhof 和 Parnas 的姓氏的字头来命名的。糖酵解过程并不直接需要氧，整个过程在细胞质基质中进行。糖酵解存在于所有的生物体中，包括原核生物和真核生物。植物细胞中与经典糖酵解有关的反应与动物细胞几乎是完全一致的（图 8-2）。然而植物糖酵解有独特的调节特征、旁路酶及质体中平行的部分途径。

动物细胞中，糖酵解是从葡萄糖开始，其终产物是丙酮酸。在植物细胞中蔗糖是大多数植物中的主要运输糖，因此也是大多数非光合组织中碳进入呼吸途径的主要形式，所以也有人认为蔗糖是植物呼吸作用的真正底物。植物糖酵解的终产物除丙酮酸外还有苹果酸。在糖酵解的早期步骤中，蔗糖被转化为两个单糖。在大多数植物组织中，细胞质中的蔗糖合酶（sucrose synthase）被用于蔗糖的分解。蔗糖合酶利用尿苷二磷酸（UDP）将蔗糖分解为果糖和 UDP-葡萄糖（UDPG）。

$$\text{蔗糖} + \text{UDP} \xrightleftharpoons{\text{蔗糖合酶}} \text{UDPG} + \text{果糖} \quad (8.4)$$

蔗糖合酶催化的反应是可逆反应，该酶参与了蔗糖的合成与分解，但蔗糖合酶在降解蔗糖的组织里要比在合成蔗糖的组织里丰富，说明蔗糖合酶的主要生理功能是蔗糖的分解作用。

蔗糖水解的另一途径是转化酶（invertase）催化的蔗糖水解为果糖和葡萄糖。

$$\text{蔗糖} + H_2O \xrightarrow{\text{转化酶}} \text{葡萄糖} + \text{果糖} \quad (8.5)$$

转化酶存在于细胞质基质、液泡及细胞壁中。细胞质基质中的转化酶最适 pH 大约为 7.5，属碱性转化酶；而液泡和细胞壁中的转化酶最适 pH 为 5 或小于 5，属于酸性转化酶。液泡中的转化酶水解储藏在液泡中的蔗糖，产生的己糖运回细胞质基质，供呼吸或代谢。细胞壁中的转化酶将卸出到质外体的蔗糖水解为葡萄糖和果糖，参与韧皮部卸出（见第十章）。

蔗糖分解产生的己糖在己糖激酶作用下形成己糖磷酸，而 UDPG 在 UDPG 焦磷酸化酶作用下与焦磷酸形成葡萄糖-6-磷酸和 UTP。

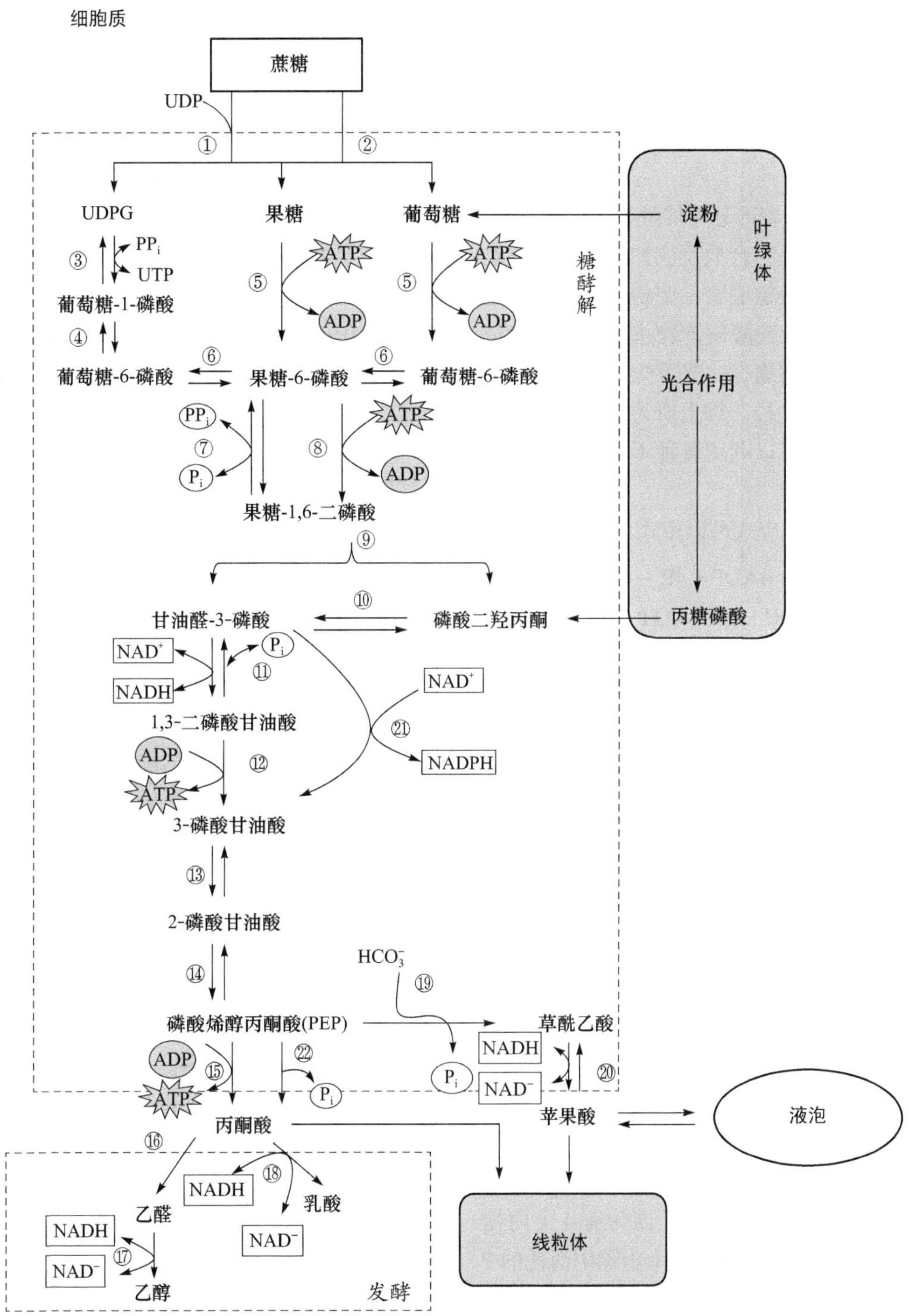

图 8-2 植物糖酵解途径及乙醇和乳酸发酵（参考 Taiz et al., 2014； Buchanan et al., 2000 绘）

①蔗糖合酶；②转化酶；③ UDPG 焦磷酸化酶；④葡萄糖磷酸变位酶；⑤己糖激酶；⑥己糖磷酸异构酶；⑦依赖焦磷酸的果糖磷酸激酶；⑧依赖 ATP 的果糖磷酸激酶；⑨醛缩酶；⑩丙糖磷酸异构酶；⑪甘油醛-3-磷酸脱氢酶；⑫磷酸甘油酸激酶；⑬磷酸甘油酸变位酶；⑭烯醇化酶；⑮丙酮酸激酶；⑯丙酮酸脱羧酶；⑰乙醇脱氢酶；⑱乳酸脱氢酶；⑲ PEP 羧化酶；⑳苹果酸脱氢酶；㉑非磷酸化的甘油醛-3-磷酸脱氢酶；㉒磷酸烯醇丙酮酸磷酸酶

通过转基因研究发现，转化酶和蔗糖合酶在不同植物和不同组织中作用有所差异。例如，蔗糖合酶和细胞壁转化酶对几种作物的果实正常发育是必需的，而细胞质基质转化酶对于拟南芥维持根细胞壁完整性和叶片呼吸是必需的。蔗糖合酶和转化酶都可在糖酵解途径中降解蔗糖，如果其中一个酶缺失，另一个酶仍然可以维持呼吸作用。这种起类似功能的不同途径可以相互代替，在其中一条途径缺失后对整体功能没有明显影响的现象称为代谢冗余（metabolic redundancy），它是植物代谢中普遍存在的现象。

质体中也平行进行着部分糖酵解途径（图 8-2），产生的代谢物为质体生物合成反应如脂肪酸、萜类和芳香族氨基酸合成提供底物。淀粉合成和降解也在质体中发生。夜间淀粉降解产物主要以葡萄糖或麦芽糖形式进入糖酵解途径，光下光合产物以丙糖磷酸形式进入糖酵解途径。综上所述，依赖于生理状态的不同，糖酵解可以利用各种不同来源的碳水化合物。

植物糖酵解的总反应式可以用式（8.6）表示。

$$\text{蔗糖} + 4NAD^+ + 4ADP + 4P_i \longrightarrow 4\,\text{丙酮酸} + 4NADH + 4H^+ + 4ATP + 4H_2O \quad (8.6)$$

糖酵解使糖分子发生非彻底的氧化，将 1 分子蔗糖转化为 4 分子丙酮酸。在糖酵解过程中，没有 CO_2 的释放，也没有 O_2 的吸收。1 分子蔗糖经糖酵解可以产生 4 分子 NADH，所产生的 NADH 可以进入线粒体被 O_2 所氧化，可产生 6（4×1.5）分子的 ATP（具体计算参见本节“二”）；也可以在细胞质基质中参与许多合成过程的还原反应。

糖酵解过程总的来说是一个生成 ATP 的过程。但是在糖酵解的最初几个步骤是需要消耗 ATP 的。在葡萄糖转化为葡萄糖-6-磷酸的过程中需要消耗 1 分子 ATP；在果糖-6-磷酸转化为果糖-1,6-二磷酸的过程中要消耗另 1 分子 ATP。从果糖-1,6-二磷酸裂解为两个丙糖磷酸，并最终氧化为丙酮酸的过程中，每个丙糖磷酸氧化可产生 2 分子的 ATP，因此共产生 8 分子的 ATP（因为有 4 个丙糖磷酸）。除去前述的糖酵解起初几个步骤中消耗的 2 分子 ATP，蔗糖经糖酵解途径净产生 4 分子 ATP。若蔗糖通过蔗糖合酶途径降解，则会少消耗 1 分子 ATP，即糖酵解会产生 5 分子 ATP。因此通过蔗糖合酶途径降解蔗糖从能量利用角度看效率更高。

植物糖酵解过程还有多条旁路（图 8-2），以保证植物呼吸代谢的灵活性。首先，果糖-6-磷酸转化为果糖-1,6-二磷酸的过程可以有两条路径。一条由 ATP-果糖磷酸激酶（ATP-phosphofructokinase，ATP-PFK）所催化，该酶催化的反应是不可逆的，这是所有生物糖酵解具有的共同步骤。另一条是植物特有的以焦磷酸（pyrophosphate，PP_i）为磷酸供体，由焦磷酸果糖磷酸激酶（pyrophosphate phosphofructokinase，PP_i-PFK）催化的反应，该酶催化的反应是可逆的。甘油醛-3-磷酸脱氢形成 3-磷酸甘油酸的过程在植物中也有旁路途径，即存在着非磷酸化的甘油醛-3-磷酸脱氢酶，它催化甘油醛-3-磷酸脱氢形成 3-磷酸甘油酸和 NADPH。此外，由 PEP 形成丙酮酸的过程也可绕开丙酮酸激酶，而由液泡中的 PEP 磷酸酶催化 PEP 水解形成丙酮酸。PEP 也可以被细胞质 PEP 羧化酶羧化形成草酰乙酸，草酰乙酸被还原为苹果酸后，苹果酸转运到液泡中储藏或直接进入线粒体后被氧化。这样，植物糖酵解最终就产生了丙酮酸和苹果酸，尽管在大多数组织中以丙酮酸占优势。

糖酵解过程中的这些旁路在植物代谢中的作用还不完全清楚。利用转基因植物研究 PP_i-PFK 的作用，通过转入 PP_i-PFK 的反义克隆可以将转基因植物的 PP_i-PFK 的表达量降低到不足野生型植株的 2%，这类转基因的马铃薯和烟草植株的生长和发育都正常，只是茎内淀粉的浓度略有下降，糖酵解也受到轻微的抑制，但不足以影响植物的生长。过量表达 PP_i-PFK 的植株仍能进行正常的生长和发育。丙酮酸激酶水平降低到野生型 5% 的转基因烟草除根的生长受到一定抑制外，叶片的呼吸和光合作用都没有受到明显影响。目前认为这些旁路可能为植物提供了忍受逆境的能力。例如，在某些植物体内，当磷酸短缺时，PP_i-PFK 的量会增加。在这种情况下，体内腺嘌呤核苷酸的浓度大大降低，需要 ADP 或 ATP 的反应都可能被抑制。同时 PP_i-PFK 的活化使焦磷酸成为一种替代的能源，从而保存了 ATP。甘油醛-3-磷酸脱氢酶和磷酸烯醇丙酮酸磷酸酶同样可以绕开需要 ADP 作为底物的反应，使得碳源可以通过糖酵解而不合成 ATP。因此旁路酶的存在可以使碳源流动在逆境（如缺磷）中得以继续。

糖酵解产生的丙酮酸在有氧和无氧条件下均可以进入不同的代谢途径。在缺氧的条件下，植物进行发酵（fermentation），也就是无氧呼吸。在有氧条件下进入三羧酸循环。

（二）发酵作用

糖酵解产生的丙酮酸在无氧条件下可以进行乙醇发酵（alcohol fermentation）或乳酸发酵（lactate

acid fermentation）。在乙醇发酵过程中，丙酮酸在丙酮酸脱羧酶作用下脱羧生成乙醛，乙醛再在乙醇酸脱氢酶的作用下，利用酵解过程产生的 $NADH+H^+$ 还原为乙醇（图 8-2）。在缺少丙酮酸脱羧酶而含乳酸脱氢酶的组织里，丙酮酸便被 $NADH+H^+$ 还原为乳酸，即乳酸发酵。乙醇发酵或乳酸发酵消耗了 $NADH+H^+$，为糖酵解过程提供了 NAD^+，使得糖酵解可以继续进行。

在植物体内无氧呼吸是广泛存在的，如种子萌发初期，块根、块茎、果实内部或根部淹水等情况下，植物都可进行无氧呼吸，暂时为植物生命活动提供能量。植物进行无氧呼吸时，糖酵解过程中形成的 2 分子 $NADH+H^+$ 被消耗掉，这样每分子葡萄糖发酵时，只净形成 2 分子 ATP，葡萄糖中的大部分能量仍保存在乳酸或乙醇分子中。可见发酵作用的能量利用效率低，有机物耗损大，而且发酵产物的产生和累积，对细胞原生质有毒害作用。如乙醇积累过多，会破坏细胞的膜结构，但一般认为乙醇是较低毒性的发酵产物，它能够从细胞中扩散出来；而酸性发酵产物则累积在细胞中，使细胞酸化，如超过细胞本身的缓冲能力，会引起细胞酸中毒。因此依赖无氧呼吸不可能长期维持细胞的生命活动。

（三）三羧酸循环

糖酵解所产生的丙酮酸在有氧条件下将进一步氧化降解，最终生成二氧化碳和水。在细胞中这些代谢途径是在特殊的细胞器——线粒体中进行的。

1. 植物线粒体　植物线粒体和其他非植物生物的线粒体是基本相似的（图 8-3）。线粒体有多种形态，但以圆柱体和椭球体为主。线粒体是较大的细胞器，一般直径为 0.5～1.0μm，长 1.5～3μm，线粒体的大小也因细胞种类和生理状况的不同而不一样。细胞中线粒体的数目也是随细胞种类和生理状况而变化的，在代谢较活跃的组织中，细胞的线粒体数目也较多，一般来说，一个植物细胞含有大约数百个线粒体。

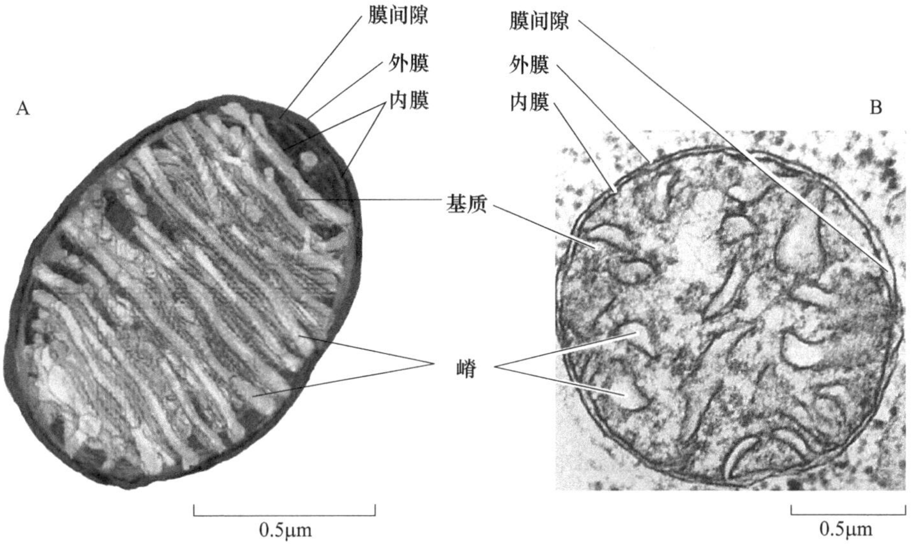

图 8-3　动物和植物细胞线粒体的结构（Taiz et al.，2015）

A. 鸡脑细胞线粒体的三维断层影像图；B. 蚕豆叶肉细胞线粒体电子显微镜图

包围在线粒体最外面的一层单位膜称为外膜（outer membrane）。外膜上有孔蛋白形成的孔径为 2～3nm 的小孔，分子质量小于 10kDa 的物质可以自由通过。因此对于大多数代谢底物来说，线粒体的外膜是通透的。在外膜内侧的另一层膜称为内膜（inner membrane），内膜对物质的通透性很低，只有不带电荷的小分子物质才能通过。一些较大的分子需由特异的运输载体才能通过。内、外膜之间的间隙称为膜间隙（intermembrane space），间隙宽约 25nm。包围在内膜以内的液相称为线粒体基质（matrix）。基质呈胶状，具有一定的 pH 和渗透压，在线粒体中进行的三羧酸循环、脂肪酸氧化等多种代谢途径的酶都存在于基质中，基质中还有线粒体 DNA、RNA、核糖体及储存颗粒。基质中水很少，流动性受到限制，基质蛋白很可能组织成多酶复合体（所谓的 metabolon），促进底物传输。线粒体的内膜向内折叠所形成的结构称为线粒体的嵴（cristae）。嵴使内膜的表面积大大扩大，在内膜和嵴的基质一侧的面上有许多规则排列的带柄的球状小体，即ATP合酶，它利用电子传递过程中形成的质子跨膜电化学势梯度合成ATP。

线粒体是半自主性的细胞器（semiautonomous organelle）。植物线粒体具有自身的DNA，编码3种rRNA和十多种tRNA，以及一些线粒体蛋白质。确切的植物线粒体DNA编码的tRNA数目因植物种类而异，但是没有一种植物线粒体编码全部tRNA，因此有一些tRNA由核基因编码并从细胞质基质输入。植物线粒体DNA只编码了20～30个线粒体蛋白质。DNA的大部分由非编码序列组成，包括许多内含子和功能未知序列。虽然线粒体编码了一部分自身的蛋白质，但是绝大部分线粒体中的蛋白质是由细胞核基因编码的。核基因编码的蛋白质在细胞质基质中合成，需要通过特殊的方式输入线粒体。

植物线粒体基因具有一些不同于其他生物线粒体的特性。第一，植物线粒体的基因组比较大，通常有上百个千碱基对（kb），而动物线粒体仅为16kb，不同植物间线粒体基因组的大小变化很大。第二，植物线粒体基因严格地按照通用的遗传密码编码，而不像其他生物的线粒体往往有少数的变异。第三，植物线粒体DNA和其mRNA间常缺少互补性，因此植物线粒体必定存在很高频率的剪接和修饰等RNA的编辑（RNA editing）过程。此外，植物线粒体基因组的重排常与植物的细胞质雄性不育（cytoplasmic male sterility）有关。

2. 三羧酸循环 三羧酸循环（tricarboxylic acid cycle，TCA环），也称Krebs循环，这是以提出这一循环的英国生物化学家Hans A. Krebs的姓氏来命名的。Krebs把这一循环称为柠檬酸循环（citric acid cycle），因为柠檬酸是这个循环中的重要中间产物。三羧酸循环可以看作有氧呼吸的第二个阶段，它是在线粒体基质中进行的。

在细胞质基质中，通过糖酵解产生的丙酮酸由位于线粒体内膜上的丙酮酸转运体（pyruvate translocator）运入线粒体基质（图8-9）。丙酮酸进入线粒体基质后，在丙酮酸脱氢酶复合体的催化下，氧化脱羧生成乙酰CoA和NADH（图8-4）。丙酮酸脱氢酶复合体由5种酶蛋白组成。分别是丙酮酸脱羧酶、硫辛酸乙酰转移酶和二氢硫辛酸脱氢酶、激酶和磷酸酶。激酶和磷酸酶对其他3种酶起调节作用。此外，丙酮酸脱氢酶复合物还包括焦磷酸硫胺素（TPP）、辅酶A（CoA）、FAD、NAD^+、硫辛酸和Mg^{2+}等辅助因子。催化的反应式如下。

$$\text{丙酮酸} + \text{CoA-SH} + NAD^+ \xrightarrow{\text{丙酮酸脱氢酶复合体}} \text{乙酰 CoA} + CO_2 + NADH + H^+ \quad (8.7)$$

一方面，乙酰CoA在细胞代谢中是降解和合成的枢纽物质，不仅是糖代谢的中间产物，还是油脂和某些氨基酸的代谢产物。另一方面，乙酰CoA又可参与到多种合成反应中去，如脂肪酸、类胡萝卜素、萜类及赤霉素等的合成均需乙酰CoA作为原料。

乙酰CoA进入三羧酸循环进一步脱氢脱羧，整个循环过程如下：①乙酰CoA在柠檬酸合酶的催化下，与草酰乙酸缩合形成柠檬酸；②在乌头酸酶的催化下，柠檬酸先脱水生成顺乌头酸，再加水生成异柠檬酸；③异柠檬酸在异柠檬酸脱氢酶的催化下，脱氢生成草酰琥珀酸。草酰琥珀酸不稳定，会自动脱羧形成α-酮戊二酸。在此反应中释放1分子CO_2，产生1分子NADH；④α-酮戊二酸在α-酮戊二酸脱氢酶系的催化下，生成琥珀酰辅酶A，α-酮戊二酸脱氢酶系是由α-酮戊二酸脱羧酶、硫辛酸琥珀酰基转移酶及二氢硫辛酸脱氢酶所组成的多酶复合体，在此反应中再次释放1分子CO_2，产生1分子NADH；⑤琥珀酰辅酶A在ADP和P_i参与下，经琥珀酰辅酶A合成酶催化，生成琥珀酸和ATP；⑥琥珀酸在琥珀酸脱氢酶的催化下，脱氢生成延胡索酸，所脱下的氢由另一种辅酶FAD接收，琥珀酸脱氢酶是参与TCA循环的酶中唯一结合在线粒体内膜上的酶，它是线粒体内膜上呼吸电子传递链复合体Ⅱ的组成部分；⑦延胡索酸在延胡索酸酶的催化下，加水生成苹果酸；⑧苹果酸在苹果酸脱氢酶的催化下，脱氢生成草酰乙酸。草酰乙酸可进入下一轮循环。

在三羧酸循环中，起始加入的含二碳的乙酰辅酶A经两步脱羧反应，生成2分子CO_2，被完全氧化。每次循环在4个步骤中产生3分子NADH和1分子$FADH_2$，并通过底物水平的磷酸化产生1分子ATP。在三羧酸循环的分步氧化过程中释放的自由能主要以NADH和$FADH_2$的形式储存起来，再经氧化磷酸化过程转化为ATP。

在植物中进行的三羧酸循环有一些不同于动物的特点。首先，由琥珀酰辅酶A合成酶催化的由琥珀酰辅酶A转化为琥珀酸的反应，在植物中生成的是

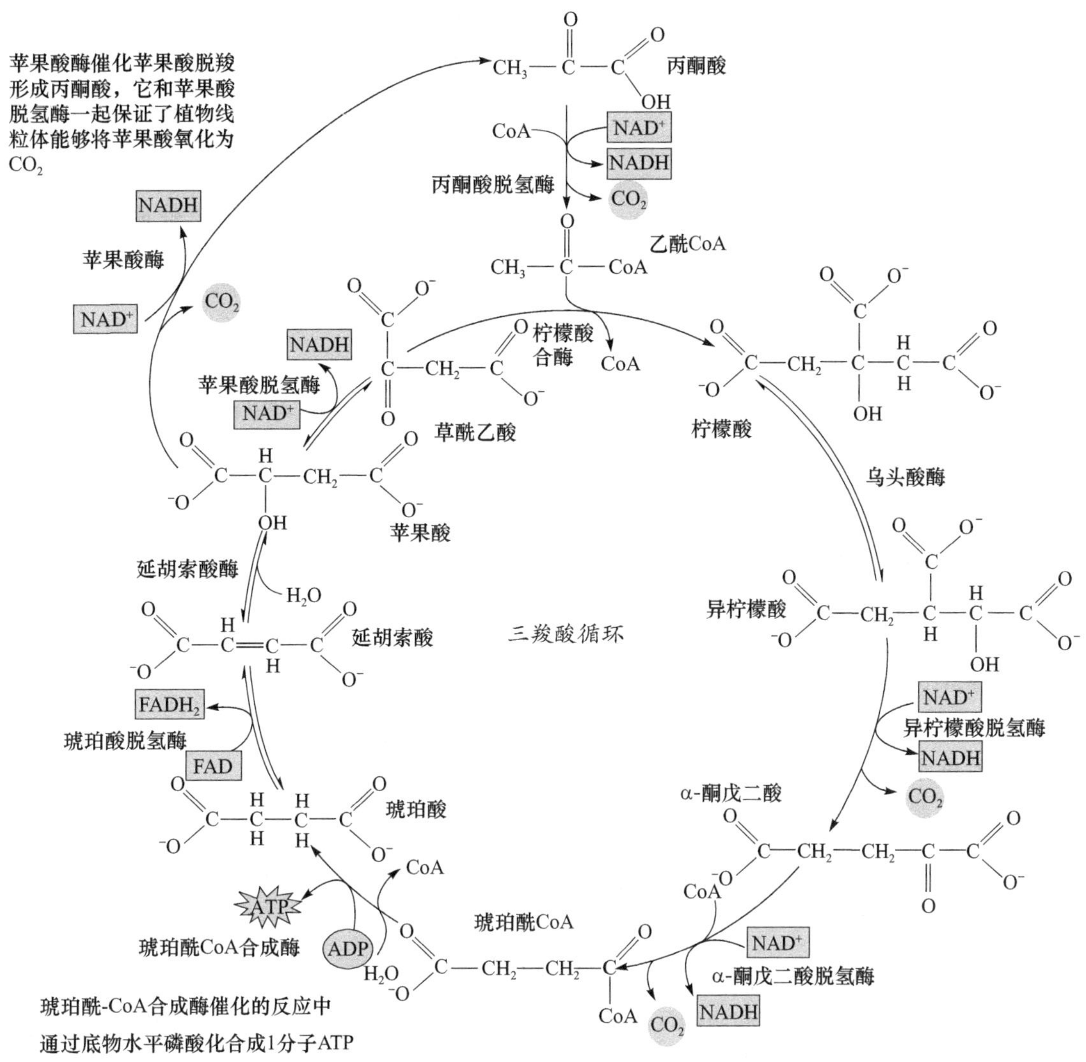

图 8-4　植物三羧酸循环反应过程（Taiz et al., 2015）

ATP，而在动物中生成的是 GTP。此外，在植物线粒体基质中普遍存在 NAD^+ 苹果酸酶，这在其他生物中是不存在的。NAD^+ 苹果酸酶催化苹果酸的氧化脱羧反应。

$$\text{苹果酸} + NAD^+ \longrightarrow \text{丙酮酸} + CO_2 + NADH \quad (8.8)$$

NAD^+ 苹果酸酶的存在使植物线粒体可以通过另一途径来代谢从糖酵解产生的磷酸烯醇丙酮酸（PEP）。在细胞质基质中，PEP 可以通过 PEP 羧化酶和苹果酸脱氢酶产生苹果酸。植物线粒体内膜上有二羧酸转运体（dicarboxylate transporter，图 8-9），它可以促进苹果酸和线粒体基质中的 P_i 进行交换，将苹果酸运入线粒体基质。在基质中，NAD^+ 苹果酸酶再将苹果酸脱羧氧化为丙酮酸，丙酮酸则可进入 TCA 循环被彻底氧化。NAD^+ 苹果酸酶的存在使植物可以在缺少丙酮酸的情况下，完全利用有机酸，如苹果酸、柠檬酸、α-酮戊二酸等。许多植物（不只是 CAM 植物）的液泡中都储存大量苹果酸或其他有机酸。苹果酸通过线粒体苹果酸酶降解对调节细胞中有机酸的水平也是很重要的。例如，果实成熟过程中，大量有机酸分解，果实由酸变甜。

在各种生物或非生物逆境条件下，植物还会积累 γ-氨基丁酸（GABA）。氨基丁酸从 α-酮戊二酸合成，并通过所谓的 GABA 支路降解为琥珀酸，这条支路绕过了 α-酮戊二酸脱氢酶和琥珀酰辅酶 A 合成酶。该途径的生理意义目前还不清楚。

（四）戊糖磷酸途径

植物除了可以通过糖酵解和三羧酸循环代谢途径将糖氧化为二氧化碳和水并获得能量外，还可以通过另一代谢途径，由于这一代谢途径中的主要中间产物是五碳糖，因此被称为戊糖磷酸途径（pentose phosphate pathway，PPP）。戊糖磷酸途径在细胞质基质和质体中进行，一般来说，该途径在质体中比在细胞质基质中更为活跃。糖酵解-三羧酸循环和戊糖磷酸途径都是将葡萄糖磷酸氧化降解的过程，但是在戊糖磷酸途径中电子的受体是 $NADP^+$，而糖酵解-三羧酸循环中是 NAD^+。在戊糖磷酸途径中的一些中间产物是和光合作用中的卡尔文循环的中间产物是相同的。但是戊糖磷酸途径是进行分解反应而卡尔文循环是进行合成反应。

戊糖磷酸途径的反应过程如图 8-5 所示。

戊糖磷酸途径的起始反应需要葡萄糖-6-磷酸。葡萄糖-6-磷酸经葡萄糖-6-磷酸脱氢酶催化，不可逆地脱氢形成葡糖酸内酯-6-磷酸；葡糖酸内酯-6-磷酸被内酯酶水解转化成葡糖酸-6-磷酸；葡糖酸-6-磷酸在葡糖酸-6-磷酸脱氢酶的催化下，不可逆地氧化脱羧形成核酮糖-5-磷酸。接下来的反应是在异构酶和差向异构酶的催化下，戊糖磷酸间的异构变位。之后，戊糖磷酸途径与卡尔文循环有许多相同的反应。其中的甘油醛-3-磷酸和果糖-6-磷酸也是糖酵解途径的中间产物，因此可以通过糖酵解途径而被氧化。

戊糖磷酸途径有一些重要的功能。细胞质基质中产生的 NADPH 为生物合成反应和防御反应提供还原力，也是除去活性氧反应所需要的。此外，植物线粒体内膜外侧具有 NADPH 脱氢酶，细胞质戊糖磷酸途径来源的 NADPH 也可以通过线粒体内膜上的电子传递链将电子传给氧，并通过氧化磷酸化合成 ATP。质体中戊糖磷酸途径产生的 NADPH 用于脂类合成和氮素同化，特别是在黑暗中的组织，戊糖磷酸途径是 NADPH 的主要来源。在戊糖磷酸途径中有赤藓糖-4-磷酸生成，它是许多酚类化合物合成的起始物，如花色素苷、木质素、黄酮、植保素等。PPP 的中间产物核糖-5-磷酸是合成核酸，包括 RNA 和 DNA 的前体物质。此外，该途径的中间产物如丙糖、丁糖、戊糖、己糖、庚糖与卡尔文循环的中间产物相同，在叶片发育早期，该途径可能为光合碳循环提供中间产物。

戊糖磷酸途径在植物呼吸中所占的比例因植物种类、器官、年龄不同而不同。通过同位素标记葡萄糖的实验表明，一般情况下，戊糖磷酸途径占总呼吸途径的 10%～25%。植物组织衰老、遇到病害、受到干旱或伤害时，该途径活性增强。

戊糖磷酸途径受由葡萄糖-6-磷酸脱氢酶催化的初始反应控制。当 NADPH/NADP 的比率增加时，葡萄糖-6-磷酸脱氢酶的活性被抑制。

二、呼吸电子传递链与氧化磷酸化

在细胞中各种生理活动所使用的基本能量形式最主要的是 ATP。在三羧酸循环中，氧化过程所获得的能量是以 NADH 和 $FADH_2$ 形式储存的，因此它们必须转化为 ATP 的形式才能用于细胞的生理活动。这个转化的过程是在线粒体的内膜上，通过一系列的电子传递过程来实现的。电子的传递涉及一系列的电子传递体，线粒体内膜上一系列电子传递体组成的电子传递链称为呼吸链（respiratory chain）。由于电子的最终受体是氧，因此这一电子传递过程是依赖于 O_2 的。电子的传递是以分步骤的、能量逐步降低的形式进行的，电子传递过程中形成跨线粒体内膜的质子梯度。

（一）电子传递过程

1. 细胞色素呼吸链 每 1 分子六碳糖经糖酵解可以在细胞质基质中产生 2 分子 NADH，再经三羧酸循环可以在线粒体基质中产生 8 分子 NADH 和 2 分子 $FADH_2$。如果这些还原态的辅酶不被氧化，整个呼吸过程就会被中止。在线粒体中 NAD^+ 的库容很小，因此 NADH 的氧化尤为重要。当电子从 NADH 或 $FADH_2$ 通过电子传递链传递到氧，整个呼吸过程就完成了。NADH 的氧化过程可以表示如下。

$$NADH+H^++1/2O_2 \longrightarrow NAD^++H_2O \quad (8.9)$$

这一过程所释放的自由能大约为 220kJ/mol，而 $FADH_2$ 氧化过程产生的自由能大约为 167.5kJ/mol。NADH 或 $FADH_2$ 氧化所产生的自由能在电子传递的过程中被用于产生跨线粒体内膜的质子电化学梯度。

植物线粒体中所含有的电子传递体与其他非植物线粒体中的大致相同。线粒体中的电子传递体分别构成 4 个蛋白复合体，以罗马数字进行命名。它们分别为：复合体Ⅰ（NADH：泛醌氧化还原酶）、复合体Ⅱ（琥珀酸：泛醌氧化还原酶）、复合体Ⅲ（泛醌：细胞色素 c 氧化还原酶）和复合体Ⅳ（细胞色素 c 氧化酶），这些蛋白复合体都位于线粒体内膜上。电子依次经过这 4 个复合体形成的电子传递链（图 8-6）。

复合体Ⅰ是一种 NADH 脱氢酶，氧化三羧酸循

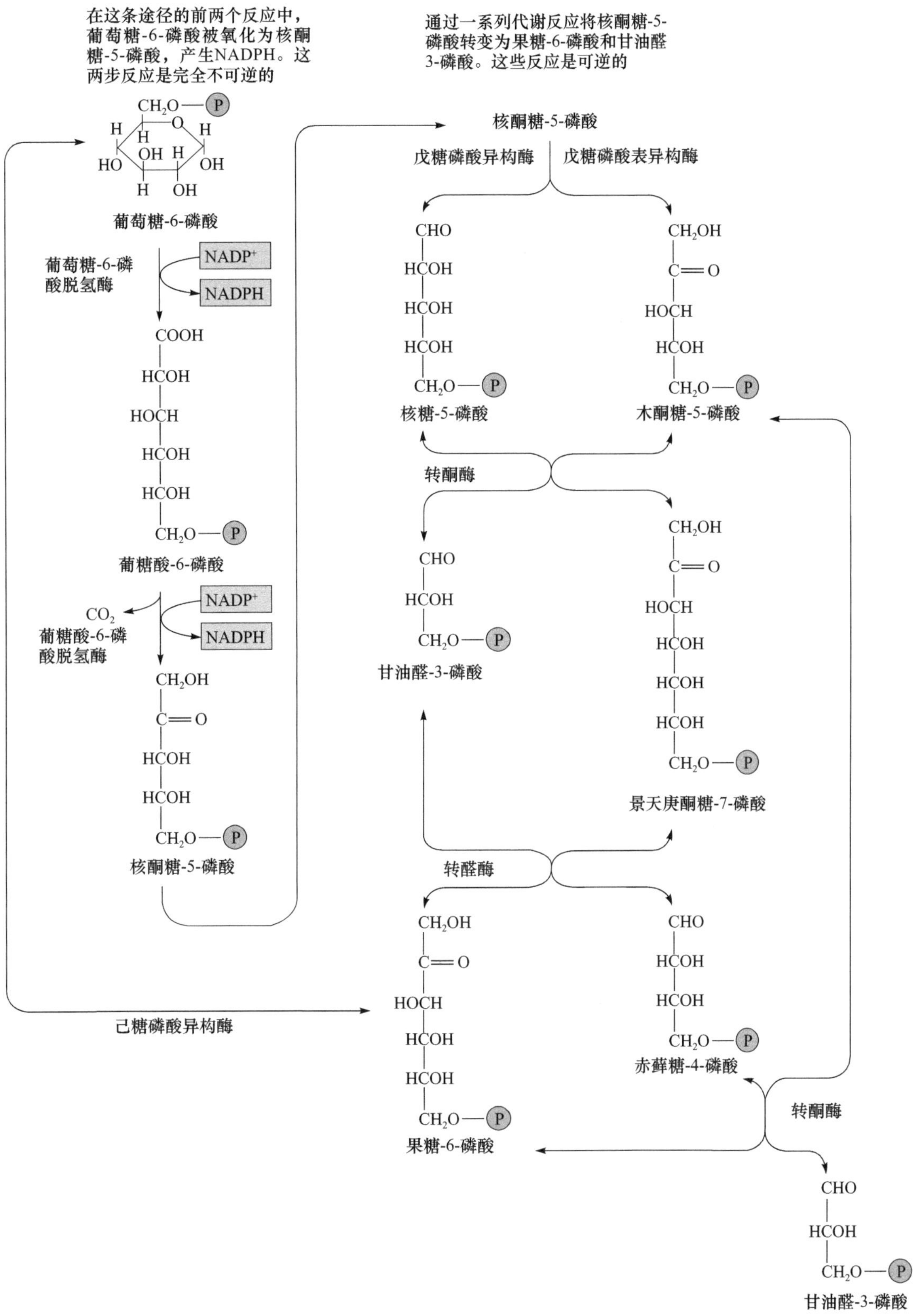

图 8-5　戊糖磷酸途径反应过程（Taiz et al., 2015）

环产生的 NADH 并将电子转移给泛醌（ubiquinone, UQ）。泛醌存在于线粒体的内膜中，以与叶绿体中的质醌类似的方式进行电子和质子的传递。复合体Ⅰ的电子传递体包括黄素单核苷酸（FMN）和几个铁-硫（Fe-S）中心。每对电子通过复合体Ⅰ传递至 UQ 时，有 4 个质子从线粒体基质转移到膜间隙。

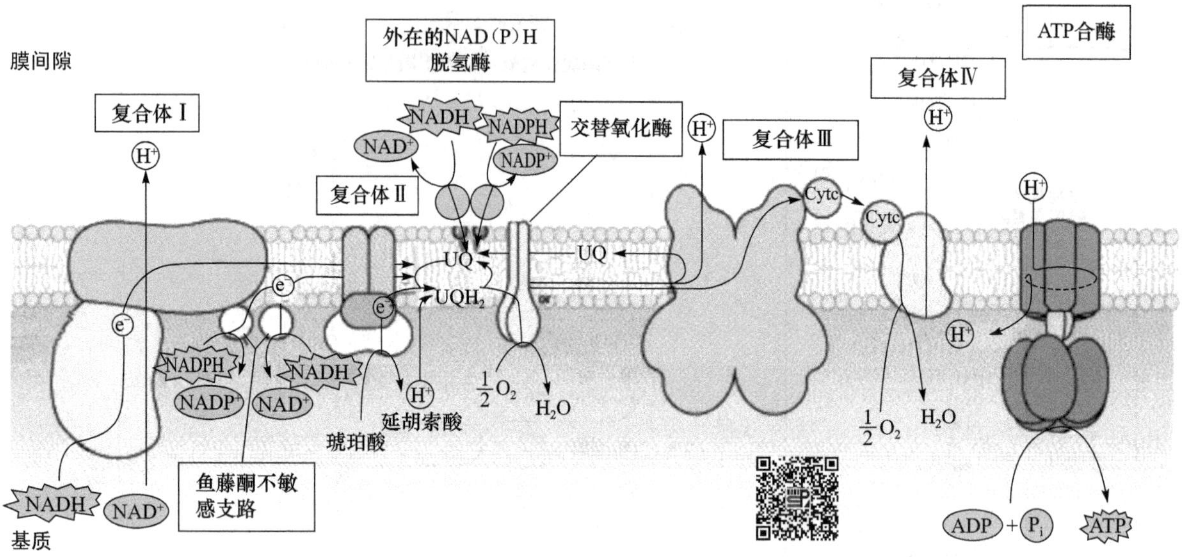

图 8-6　植物线粒体内膜上电子传递链的组成（Buchanan et al.，2000）

复合体Ⅱ又称琥珀酸脱氢酶，电子传递体包括 FAD 和 3 个铁-硫中心，催化琥珀酸氧化成延胡索酸并通过 FAD 及 3 个铁-硫中心将电子转移给泛醌。该复合体不转移质子。

复合体Ⅲ又称细胞色素 bc_1 复合物，它氧化还原态的泛醌，并通过一个铁-硫中心、两个 b 型细胞色素（b_{565} 和 b_{560}）和一个与膜结合的细胞色素 c_1 将电子传递给细胞色素 c。每对电子通过复合体Ⅲ传递至细胞色素 c 时，有 4 个质子从线粒体基质转移到膜间隙。

细胞色素 c 是松散地附着在线粒体内膜外侧小分子质量的蛋白质，它是呼吸链中唯一可移动的电子传递体，在复合体Ⅲ和复合体Ⅳ之间进行电子的传递。

复合体Ⅳ是细胞色素 c 氧化酶，它有两个含铜中心，称为 Cu_A 和 Cu_B，以及细胞色素 a 和细胞色素 a_3。复合体Ⅳ催化细胞色素 c 的氧化并将 4 个电子传递给 O_2，将其还原为 2 分子 H_2O。每对电子通过复合体Ⅳ进行传递可将 2 个质子从线粒体基质转移到膜间隙。

这 4 个复合体在线粒体内膜上的空间分布是很特殊的。NADH 和琥珀酸的氧化是在膜的基质一侧，氧的还原也是在同一侧。细胞色素 c 松弛地结合于线粒体内膜的外侧，即膜间隙的一侧。在复合体Ⅲ中，铁-硫中心、细胞色素 c_1 和细胞色素 b_{565} 靠近线粒体内膜的外侧，而细胞色素 b_{560} 则靠近基质一侧。这样的排列使电子在电子传递体间进行传递同时进行质子跨膜转运。这对于跨膜质子电化学势梯度的形成是非常重要的。

电子在呼吸链上传递的动力是电势梯度，每个电子传递体都具有其标准电位 E_0'，电子只能从低电位电子传递体传递到高电位电子传递体（图 8-7）。

上述线粒体电子传递途径是所有生物体共有的电子传递途径，在这条途径中，电子最终经细胞色素 c 氧化酶传递给氧，形成水。因此这条途径也称为细胞色素呼吸链。细胞色素呼吸链受一些电子传递抑制剂的抑制，如鱼藤酮（rotenone）、安米妥（amytal）可阻断电子由 NADH 向 UQ 的传递，丙二酸（malonate）可阻断电子由琥珀酸传递到复合物Ⅱ，抗霉素 A（antimycin A）可阻断电子在复合物Ⅲ上的传递，氰化物、叠氮化物和一氧化碳抑制复合物Ⅳ上细胞色素 c 氧化酶将电子传递给氧。

除上述细胞色素呼吸链主路之外，在植物线粒体中还特有一些细胞色素呼吸链的支路（图 8-6）。首先，在植物线粒体内膜外侧附着两个 NAD(P)H 脱氢酶，它们均是依赖 Ca^{2+} 的酶，催化来自细胞质基质中的 NADH 或 NADPH 的氧化，是一类“外

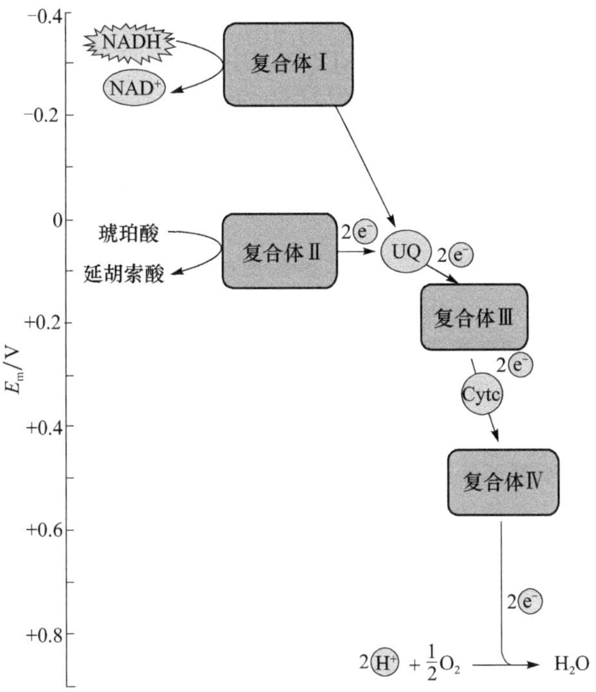

图 8-7　呼吸链组分在氧化还原坐标上的大致位置
（Buchanan et al., 2000）

呼吸链中电子传递过程释放能量促使质子转移的三个位点：复合体Ⅰ与泛醌（UQ）之间；UQ 与细胞色素 c 之间；细胞色素 c 与 O_2 之间

在”的 NAD(P)H 脱氢酶。这些外在的 NAD(P)H 脱氢酶将 NAD(P)H 的电子传递到泛醌，进入电子传递链。此外，在植物线粒体内膜内侧还存在一条对鱼藤酮不敏感的 NADH 氧化途径，氧化线粒体基质中的 NADH，将电子传递给泛醌库，但不转移质子到膜间隙。鱼藤酮不敏感 NADH 脱氢酶对 NADH 的亲和力远小于复合体Ⅰ对 NADH 的亲和力，所以只有在基质中 NADH 浓度很高时，这条支路才起作用。目前一般认为这条途径的作用是当复合体Ⅰ负荷过度时，将基质中的 NADH 的电子传递至泛醌，如在光呼吸情况下。在线粒体内膜内侧还存在着一种 NADPH 脱氢酶，也不受鱼藤酮抑制，目前对其生理功能还了解很少。

线粒体内膜上还存在着其他的脱氢酶。一个是脯氨酸脱氢酶。植物在渗透胁迫下积累脯氨酸，当水分状态回到正常情况下时，脯氨酸通过线粒体内膜上的脯氨酸脱氢酶氧化降解。另一个是黄素蛋白-醌氧化还原酶，它催化几个氨基酸的降解，这些氨基酸作为光照不足诱导产生的饥饿条件下的碳储备。此外，线粒体内膜上还存在植物特有的半乳糖基-γ-内酯脱氢酶，它直接氧化半乳糖内酯生成抗坏血酸（维生素 C），该反应是抗坏血酸生物合成的最后一步反应。该酶利用细胞色素 c 作为它的电子受体，与正常呼吸电子传递相竞争。

2. 交替途径　细胞色素电子传递途径是所有生物共有的主要的呼吸电子传递途径。除细胞色素电子传递途径外，大多数植物还具有另外一条电子传递途径。如果将氰化物（1mmol/L）加到活跃呼吸的动物组织中，呼吸速率会迅速地下降到最初速率的 1% 以下。而植物则仍表现出较高的呼吸水平，可达对照组织的 10%～25%，在某些组织中甚至 100%。这种在氰化物存在下进行的呼吸作用称为抗氰呼吸（cyanide-resistant respiration）或氰不敏感呼吸。抗氰呼吸的存在表明植物具有细胞色素呼吸链之外的电子传递途径，称为交替途径（alternative pathway）。

一般认为，交替途径与细胞色素电子传递途径的分支点在泛醌（图 8-6）。在细胞色素途径中 NADH 和 $FADH_2$ 的电子从泛醌往下主要是通过一系列细胞色素电子传递体；而在交替途径中，电子从泛醌传递给另外一种氧化酶——交替氧化酶（alternative oxidase，AOX），再传递到分子氧。

交替氧化酶定位于线粒体内膜，是一种含铁的酶，其活性受水杨基羟肟酸（salicylhydroxamic acid，SHAM）、*n*-丙基没食子酸等的抑制。交替氧化酶以二聚体的形式存在，二聚体有两种状态（图 8-8），即以二硫键共价联结（—S—S—）的氧化型二聚体和非共价结合（—SH HS—）的还原态二聚体。还原型二聚体的活性大约是氧化型二聚体的 4～5 倍。因此交替氧化酶二聚体间的二硫键具有调节其酶活性的作用。交替氧化酶对氧的亲和力低于细胞色素 c 氧化酶。

NADH 通过交替途径的氧化只经过线粒体膜上的复合体Ⅰ，因此产生 ATP 少，$FADH_2$ 经过交替途径氧化不产生 ATP。因此经过交替途径的电子传递有大量能量以热的形式放出。抗氰呼吸多见于天南星科的产热植物，这些植物开花时其佛焰花序会产生大量热量，使其温度比周围高 15～35℃。根据多年来对抗氰呼吸的研究，在不同科目的 200 多种植物中都不同程度的存在抗氰呼吸。因此抗氰呼吸是植物中普遍存在的呼吸途径。其他如酵母、原生动物也有抗氰呼吸。

抗氰呼吸的生理意义尚不完全清楚，目前认为可能有以下几方面。

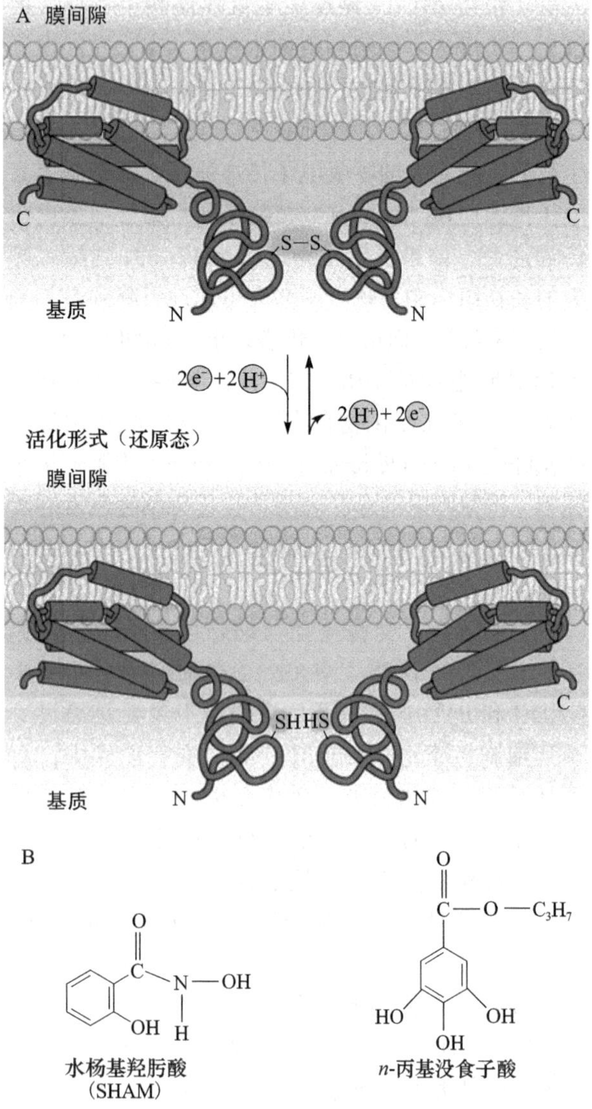

图 8-8 交替氧化酶的结构、活性调节（A）及抑制剂（B）（Buchanan et al., 2000）

（1）放热增温，促进开花、授粉、种子萌发等　抗氰呼吸释放大量热量，有助于某些植物花粉的成熟及授粉、受精过程；有利挥发引诱剂（如 NH_3、胺类、吲哚等），以吸引昆虫进行传粉。放热增温也有利于种子萌发，种子在萌发早期或吸涨过程中都有抗氰呼吸的存在。

（2）抵御逆境　已知在各种逆境下交替途径活性提高。例如，甘薯块根组织受到黑斑病菌侵染后抗氰呼吸成倍增长，抗病品种感染组织的抗氰呼吸总是明显高于感病品种感染组织。抗氰呼吸的强弱与甘薯块根组织对黑斑病菌的抗性有密切关系。一种观点认为，交替氧化酶在结构上比细胞色素呼吸链中的电子传递复合体简单得多，因此在逆境下可能更能维持其功能，维持逆境下的呼吸。这样虽然 ATP 的产生受到一定限制，但可避免逆境下过度的发酵过程。还有一种看法认为交替氧化酶从 UQ 分流电子，阻止了细胞色素呼吸链组分的过度还原和由此导致的活性氧产生对细胞造成伤害。

（3）调节 ATP 合成和细胞碳骨架物质合成的相对速率　当细胞富含糖，细胞呼吸速率超过了细胞对 ATP 的需求时，丙酮酸、还原性 UQ、线粒体 NADPH 等积累，交替氧化酶活性提高。因此交替途径的功能之一可能是调节 ATP 合成和生物合成反应所需碳骨架物质合成的相对速率。

植物体对这两条电子传递途径有协调控制的现象。当细胞色素途径受到抑制，如用细胞色素途径的专一性抑制剂抗霉素 A 处理植物材料时，交替途径会随细胞色素途径的减少而逐渐加强。当细胞色素途径逐渐恢复时，交替途径又会随之减弱。植物对这两条电子传递途径进行调节的机制见本章第三节。

（二）氧化磷酸化

在线粒体中，电子经电子传递链传递到氧，伴随着建立起跨线粒体内膜的质子电化学势梯度，推动 ADP 磷酸化合成 ATP，即氧化磷酸化（oxidative phosphorylation）。氧化磷酸化所产生的 ATP 的数量是和电子进入电子传递链的部位，或者说电子传递所经过的电子传递体有关的。如果用 ADP：O（即每传递两个电子到氧所产生的 ATP 的数量）来表示电子传递产生 ATP 的效率，根据实验测定，从 NADH 到氧的电子传递历经复合体Ⅰ、复合体Ⅲ直到复合体Ⅳ，其 ADP：O 为 2.4～2.7；琥珀酸和“外在”NADH（如糖酵解途径产生的 NADH）所给出的电子从复合体Ⅱ进入电子传递链，依次经过复合体Ⅱ、复合体Ⅲ和复合体Ⅳ，其 ADP：O 为 1.6～1.8；如果用人工电子传递体向细胞色素 c 提供电子，1 对电子经细胞色素 c 到复合体Ⅳ，则得到 ADP：O 为 0.8～0.9。根据这样的观察，一般认为在电子传递链上有 3 个储能部位，即复合体Ⅰ、复合体Ⅲ和复合体Ⅳ。理论上一般认为传递 1 对电子经复合体Ⅰ、复合体Ⅲ和复合体Ⅳ分别向膜外泵出 4、4 和 2 个质子，而合成 1 分子 ATP 并将其输出到细胞质基质需要消耗 4 个 H^+，这样可计算出从复合体Ⅰ传递 1 对电子到氧的 ADP∶O 的理论值为 2.5，而从琥珀酸和“外在”NADH 脱氢的 1 对电子传递到氧的 ADP∶O 的理论值为 1.5，这与实验测得的数值是非常相近的。

1. 跨线粒体内膜质子动力势的形成　根据 Mitchell 的化学渗透学说（见第六章），电子传递体在线粒体内膜上的几何分布使得当电子进行传递时，质子会跨膜进行转移，从线粒体基质转移到膜间隙。由于线粒体内膜对质子是不通透的，因此可以建立起跨线粒体内膜的质子动力势（Δp），驱动 ATP 合成。

$$\Delta p=\Delta E-59\Delta \mathrm{pH}\text{（在 25℃下）} \qquad (8.10)$$

式中，ΔE 为跨线粒体内膜的电位差（$E_{内}-E_{外}$）；ΔpH 为跨线粒体内膜的 pH 差（$\mathrm{pH}_{内}-\mathrm{pH}_{外}$）。一般情况下，线粒体内膜两侧的 ΔpH 大约为 0.5，而 ΔE 大约为 0.2V。因为膜的厚度只有 7～8nm，这样 ΔE 相当于 25MV/m 的电场（是暴雨中产生闪电电场的 10 倍），表明电子传递产生了巨大的驱动力。

尽管 ΔpH 对跨线粒体内膜的质子动力势有贡献，但所占比例较小，这可能是由于细胞质基质和线粒体基质有较强的缓冲能力，因而 pH 变化范围较小。这与叶绿体中跨类囊体膜质子动力势主要是 ΔpH 组分的贡献是不同的（见第六章）。

电子经电子传递体传递时所释放的自由能是建立质子电化学势梯度的能量来源。但是对电子传递引起质子转移的过程目前还不完全了解。Mitchell 认为是因为电子传递中有氢载体（传递 H^+ 和 e^-）和电子载体（仅传递 e^-），当电子在两者间传递时就会引起质子的吸收或释放，由于这些载体在膜两侧的分布不对称，因此形成在膜的一侧吸收质子而在膜的另一侧释放质子。所谓的 3 个储能的部位，即复合体Ⅰ、复合体Ⅲ和复合体Ⅳ是跨膜质子电化学势梯度形成的部位。根据这样的理论，在复合体Ⅲ中已经提出模型来解释电子传递和质子跨膜转移间的偶联关系，但是目前还无法解释复合体Ⅰ和复合体Ⅳ的电子传递和质子跨膜转移的偶联关系。

电子传递过程中产生的跨膜质子动力势驱动 ATP 的合成。在实验中利用解偶联剂［如 2,4-二硝基苯酚、羰基氰对三氟甲氧基苯胺（FCCP）］可以“解除”ATP 合成和电子传递间的偶联。这些解偶联剂常是抑制质子跨膜梯度形成的抑制剂。近年来的研究发现，在植物线粒体内膜上也存在着内源解偶联蛋白（uncoupling protein），这些解偶联蛋白受逆境诱导，受活性氧刺激。在解偶联蛋白敲除的突变体中，光合碳同化和生长都会下降。因此这些解偶联蛋白的作用可能是防止电子传递链的过度还原和由此造成的活性氧的产生。除了用于 ATP 的合成过程，质子的电化学梯度在三羧酸循环和氧化磷酸化的底物和产物的跨线粒体膜运输方面也有重要的作用。例如，ATP 是在线粒体基质中合成的，因此合成的 ATP 必须运出线粒体以满足细胞质基质中的能量需要，而 ADP 则必须运入线粒体以满足 ATP 合成的需要。ATP 的运出和 ADP 的运入是通过内膜上的 ATP/ADP 转运器进行的。ATP/ADP 转运器促进 ATP 和 ADP 的跨膜交换。当电子传递形成跨膜的电势梯度时，可以有更多的 ATP^{4-} 运出线粒体以交换 ADP^{3-}。ATP 合成所需要的 P_i 则通过磷酸转运器进行运输，利用跨膜的 ΔpH 促进 P_i^{2-} 和 OH^- 的交换，使 P_i^{2-} 运入线粒体，OH^- 运出线粒体。此外，对于丙酮酸的线粒体输入也需要跨线粒体内膜的 ΔpH。因此电子传递所形成的质子跨膜电化学势梯度不仅用于 ATP 的合成，同时也用于底物和产物的运输（图 8-9）。

2. ATP 的合成　ATP 的合成是在线粒体内膜上的 F_oF_1-ATP 合酶（F_oF_1-ATP synthase）上完成的。F_oF_1-ATP 合酶由多种蛋白亚基构成（图 8-10），有时也称为呼吸链复合体Ⅴ。该复合体分为 F_o 和 F_1 两部分。F_o 是膜内在蛋白复合体，嵌入线粒体内膜；F_1 位于线粒体的基质一侧，松散地连接在 F_o 上。当 F_1 脱离 F_o 时，表现为 ATP 酶的活性，即水解 ATP 成 ADP 和 P_i 并驱动质子从线粒体基质向膜间隙转移。因此 F_o 对于 F_oF_1 复合体的 ATP 合成功能是很重要的。F_o 由至少 3 种亚基（$a_1b_2c_{10\text{-}12}$）组成，c 亚基被认为组成“中空”的质子通道，质子可以通过这个通道顺质子电化学梯度高速地进行跨膜运动，α 亚基和 β 亚基则起着固定 F_1 的功能。F_1 则由 5 种亚基（$\alpha_3\beta_3\gamma\delta\varepsilon$）构成。其中 3 个 α 亚基和 3 个 β 亚基交替排列组成 F_1“头部”中空的六角形。在 3 个 β 亚基上各有一个核苷酸的结合位点。γ 亚基位于 α 和 β 组成的“六角形”的空腔中，对催化起重要作用，δ 亚基和 ε 亚基的准确位置还不确定。

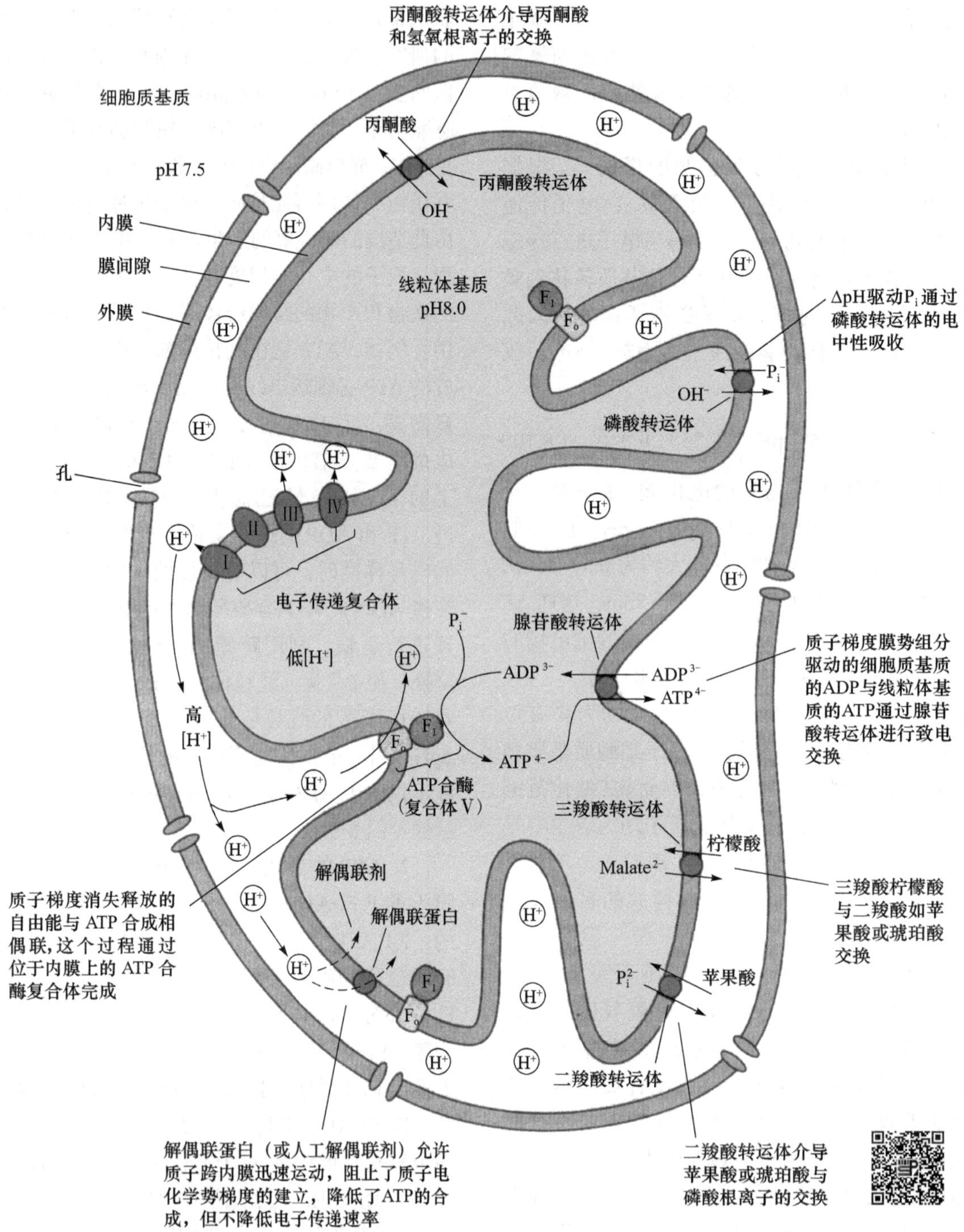

图 8-9　质子跨膜电化学势梯度与 ATP 合成、氧化磷酸化底物和产物的运输过程关系示意图（Taiz et al.，2015）

在 ATP 合酶上合成 ATP 的过程可用结合转化机制（binding-change mechanism）解释。具体内容参见第七章光合作用Ⅱ。

3. 呼吸代谢中的能量转换　综上所述，1 分子蔗糖分子被彻底氧化的过程中，在底物水平的磷酸化过程中产生 8 分子 ATP（4 分子在糖酵解过程中，4 分子在 TCA 循环），在细胞质基质中产生 4 分子 NADH（糖酵解途径），在线粒体基质中产生 16 分子 NADH 和 4 分子 $FADH_2$（TCA 循环）。如果按线粒体基质 NADH 的电子传递产生 2.5 分子 ATP，细胞质基质 NADH 和 $FADH_2$ 的电子传递产生 1.5 分子 ATP 来计算，电子传递和氧化磷酸化的结果共产生 52 分子 ATP，再加上底物水平磷酸化过程中产生的 8 分子 ATP，总共产生约 60 分子 ATP。

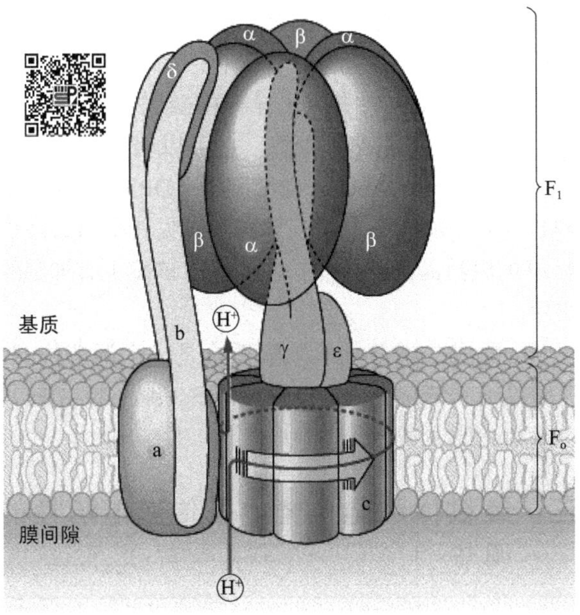

图 8-10　F_oF_1 复合体结构示意图（Buchanan et al., 2000）
质子顺质子电化学梯度通过 F_oF_1 复合体时，会引起 γ 亚基的旋转，结果引起 3 个 β 亚基构象的依次转化，完成 ATP 的合成和释放

1mol 的葡萄糖彻底氧化成 O_2 和 H_2O 所释放的自由能是 2870kJ/mol，其中一部分能量被转化为 ATP 的形式，用于其他生命过程。细胞内每合成 1mol/L ATP 需要的自由能为 50.8kJ，那么 1mol 蔗糖降解过程中，储存在 ATP 中的自由能约为 3000kJ。这样，在蔗糖的完全氧化过程中大约有 3000÷(2870×2)= 52% 的能量转化为有用能，而其余能量以热的形式散发掉。有氧条件下的蔗糖降解能量的利用效率比无氧条件下的发酵过程（只有 4% 左右）大大提高。

4. 非线粒体的末端氧化　在高等植物中，还存在一些线粒体外的末端氧化体系。线粒体外末端氧化体系的特点是催化某些特殊底物的氧化还原反应，一般不能产生可利用的能量。

（1）酚氧化酶　酚氧化酶（phenol oxidase）分为单酚氧化酶和多酚氧化酶，是一类含铜的氧化酶，存在于质体和微体中，催化酚类物质氧化为醌类物质。马铃薯和苹果的伤口暴露在空气中会很快变褐，就是由于多酚氧化酶将细胞中的酚类转变为褐色的醌类所致。这实际上是一种保护性反应，因为醌类物质对微生物有毒害作用，可以防止感染，提高抗病力。

（2）抗坏血酸氧化酶　抗坏血酸氧化酶（ascorbate oxidase）是含铜氧化酶，它催化抗坏血酸脱氢反应，生成脱氢抗坏血酸，反应中脱去的氢传递给氧，生成水。抗坏血酸氧化酶在植物中普遍存在，其中以蔬菜和果实中较多。

（3）乙醇酸氧化酶体系　乙醇酸氧化酶（glycolate oxidase）体系是光呼吸的末端氧化途径。有关光呼吸请参阅第七章光合作用Ⅱ。此外，这个氧化体系在根部可能也有活性。例如，水稻根部具有这个氧化体系以产生氧供根部呼吸，或排出体外氧化土壤中的还原物质。水稻根呼吸产生的部分乙酰 CoA 不进入三羧酸循环，而是形成乙酸，乙酸在乙醇酸氧化酶及其他酶类的作用下依次形成乙醇酸、乙醛酸、草酸、甲酸及 CO_2，并且不断地形成 H_2O_2。H_2O_2 在过氧化氢酶的催化下产生具有强氧化能力的新生态氧，释放于根的周围，形成一层氧化圈，使水稻根系周围保持较高的氧化态，以抑制土壤中各种还原性物质（H_2S、Fe^{2+} 等）对水稻根的毒害，从而保证根系旺盛的生长机能，使植株正常生长。

（4）过氧化物酶和过氧化氢酶　过氧化物酶（peroxidase）是含铁卟啉的蛋白，它可以催化 H_2O_2 对多种芳香族胺类或酚类化合物的氧化作用。过氧化氢酶（catalase，也称触酶）也是含铁卟啉的蛋白，它可以催化两分子 H_2O_2 进行反应，生成 1 分子的 O_2 和 2 分子的 H_2O。H_2O_2 是很强的氧化剂，对细胞有严重的破坏作用。例如，H_2O_2 可使蛋白质失去活性，使膜内磷脂发生氧化而破坏细胞膜的结构，破坏线粒体使能量代谢受阻，等等。过氧化物酶和过氧化氢酶可以促进 H_2O_2 的分解，消除其毒害。

第三节　植物呼吸代谢的调控

一、糖酵解的调节

在糖酵解反应中，果糖磷酸激酶、丙酮酸激酶是主要的调节酶。

依赖 ATP 的果糖磷酸激酶是变构酶。在植物细胞中，PEP 是果糖磷酸激酶的主要抑制物，PEP 对果糖磷酸激酶的抑制作用可以被 P_i 解除，因此 PEP 和 P_i 的比率是调节植物糖酵解途径中果糖磷酸激酶活性的关键因子。而在动物中ATP和AMP是果糖磷酸激酶的主要变构效应物。

丙酮酸激酶和PEP羧化酶（催化糖酵解最后步骤的酶）也是变构酶，它们可以被许多TCA循环的中间产物，如柠檬酸、α-酮戊二酸、苹果酸及谷氨酸所抑制，形成反馈调节。高浓度的ATP对该酶也有抑制作用。此外，乙酰辅酶A和长链脂肪酸也能抑制该酶的活性。

因此植物糖酵解的调节是自下而上的调节（bottom-up），初级调节是丙酮酸激酶和PEP羧化酶对PEP代谢水平的调节，次级调节是PEP对果糖-6-磷酸向果糖-1,6-二磷酸转化的调节。丙酮酸激酶和PEP羧化酶活性的抑制导致PEP的积累，而PEP的积累又进一步抑制了果糖磷酸激酶的活性。而在动物体细胞中糖酵解的调节是自上而下（top-down）的调节，初级激活位点发生在果糖磷酸激酶，次级激活位点是丙酮酸激酶。

植物糖酵解这种自下而上的调节机制的益处在于，糖酵解的进行可以不依赖于细胞内的其他相关代谢过程如卡尔文循环和蔗糖-丙糖磷酸-淀粉转化。另外，这种调控机制也可以使糖酵解过程能够适应细胞对生物合成前体物质的需要。果糖-2,6-二磷酸也影响果糖磷酸激酶的反应，但不同于PEP，果糖-2,6-二磷酸影响正向和逆向反应，即它促进果糖磷酸激酶活性，抑制果糖-1,6-二磷酸磷酸酶的活性（见第七章），因此果糖-2,6-二磷酸调节着糖在呼吸和合成反应之间的分配。

二、三羧酸循环的调节

三羧酸循环的第一个调节位点是丙酮酸脱氢酶复合物，丙酮酸脱氢酶系中有激酶和磷酸酶，激酶通过磷酸化丙酮酸脱氢酶上某些苏氨酸残基的羟基使该酶失活。磷酸酶则通过去磷酸化恢复酶的活性。丙酮酸脱氢酶的底物——丙酮酸对该酶系的磷酸化和去磷酸化有重要调节作用，当丙酮酸含量较高时，会抑制该酶系的磷酸激酶。这就使得底物存在时，丙酮酸脱氢酶保持活性状态，而ATP和NADH则抑制该酶的活性。

在三羧酸循环中还有三步酶促反应是关键的调节部位。柠檬酸合酶催化的草酰乙酸和乙酰辅酶A合成柠檬酸的反应是三羧酸循环的限速步骤。在大多数生物中，ATP是该酶的变构负效应物。当ATP含量增加时会降低酶对乙酰辅酶A的亲和力，因而降低反应的速率。

异柠檬酸脱氢酶催化异柠檬酸脱羧生成α-酮戊二酸，该酶也是变构酶。它可以被ADP激活，与底物的亲和力增加。当细胞中ADP的浓度由于ATP合成增加而减少时，异柠檬酸脱氢酶因为缺少ADP的激活而活性降低。NADH对该酶也有抑制的作用。

α-酮戊二酸氧化脱氢酶系也是一个调节位点。该酶系被其催化反应的产物琥珀酰CoA、NADH和过量的ATP所抑制。

三、线粒体细胞色素电子传递链活性的调节

在离体的线粒体中，电子传递的速度和由此导致的氧吸收的速度，主要由ADP和P_i的供应决定。当ADP或P_i缺乏时，ATP合酶的F_o质子通道就会被阻断，限制质子穿过内膜转移。由于电子传递必然和质子转移联系在一起，因此在稳定状态下，电子传递的速度由膜间隙的质子返回基质的速度决定。当ADP和P_i存在时，质子通过ATP合酶回流的速度是很迅速的。当ADP或P_i或两者都缺乏时，质子只能缓慢地渗漏通过内膜。

因此，线粒体中ADP和P_i的浓度就成为控制呼吸的重要因素。当植物对ATP需求高时，线粒体中ATP运出的速率快，则线粒体中ADP的浓度就高，ATP的合成就会加快，电子传递的速率也随之加快，因而三羧酸循环的速率也会加快。而当植物对ATP需求降低时，线粒体中ATP增加使ADP浓度降低，电子传递的速率会降低，这种降低会通过增加线粒体基质NADH浓度（抑制几个脱氢酶活性）和基质ATP浓度（直接抑制丙酮酸脱氢酶和柠檬酸合酶活性）引起三羧酸循环活性下降，中间产物积累。中间产物（如苹果酸）的积累反过来降低了丙酮酸激酶的活性，增加了细胞质基质中的PEP含量，而PEP又抑制了果糖-6-磷酸激酶的活性，使糖酵解速率降低。

总体来说，植物经糖酵解-三羧酸循环-电子传递途径的呼吸速率调控是由细胞中ADP的水平自下而上调控的。ADP水平直接调节电子传递速率和氧化磷酸化，进而调节TCA循环活性，最终调节糖酵解反应（图8-11）。

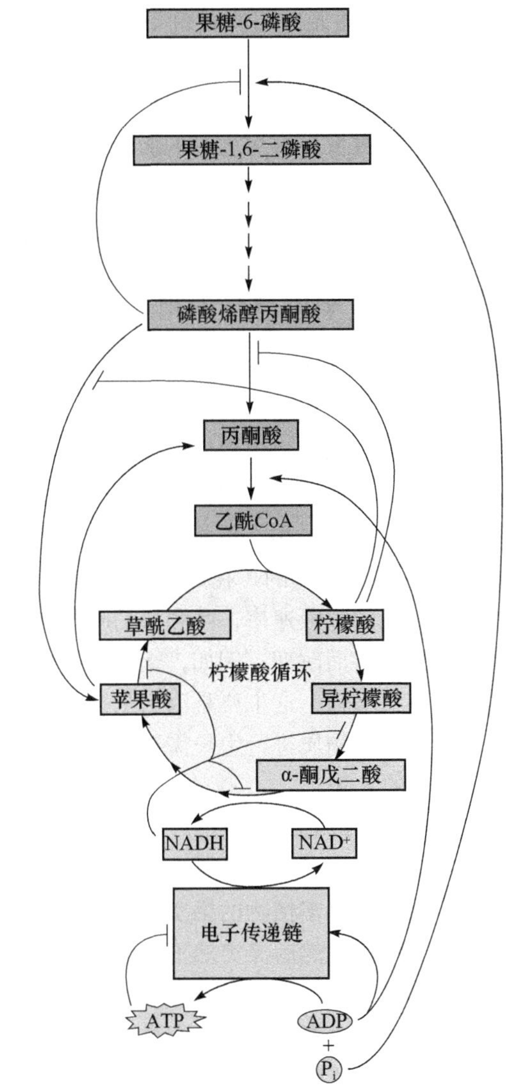

图 8-11 植物呼吸代谢的调控模式（Taiz et al., 2015）

四、交替途径的调节

植物对交替电子传递途径和细胞色素电子传递途径是协调控制的。交替氧化酶（AO）活性受酮酸及二硫键还原剂的激活，因此限制细胞色素途径的电子流的因子（如高 ATP/ADP、低 ADP、低温等）会提高线粒体基质中的 NADH，从而抑制三羧酸循环。三羧酸循环的中间产物如柠檬酸、异柠檬酸的积累能诱导 AO 二硫键还原；丙酮酸的浓度增加会激活 AO 活性（图 8-12）。

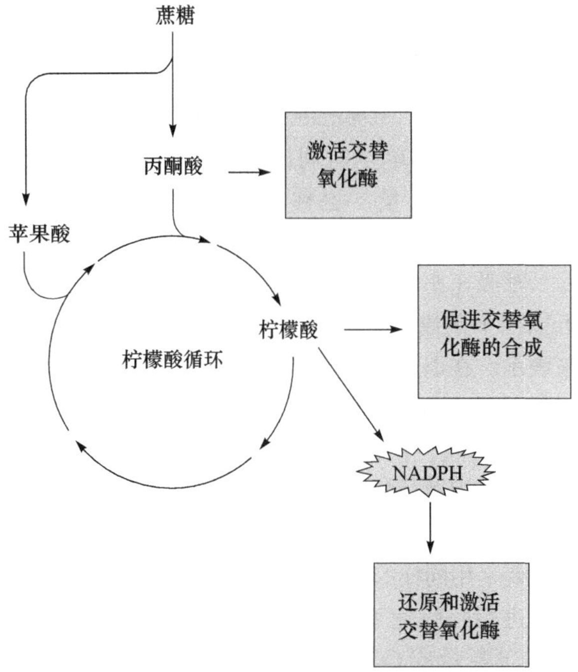

图 8-12 糖代谢对交替氧化酶活性的影响（Buchanan et al., 2000）

AO 也受基因表达水平的调节，在植物中已检测到多个 AO 基因，其表达具组织特异性。逆境胁迫诱导 AO 表达如低温、干旱、活性氧、虫害等都可使诱导表达水平提高。果实成熟时 AO 表达也会提高。

第四节 植物呼吸作用的指标及影响植物呼吸的因素

一、呼吸作用的生理指标

（一）呼吸商

在呼吸过程中被氧化分解的有机物称为呼吸底物。呼吸底物在呼吸过程中所释放 CO_2 的量和吸收 O_2 的量的比值称为呼吸商（respiratory quotient, RQ）。

$$呼吸商（RQ）=\frac{放出的 CO_2 的物质的量}{吸收的 O_2 的物质的量} \tag{8.11}$$

多数情况下植物以糖作为呼吸底物，但某些器官在特定发育时期也会以其他化合物作为呼吸底物，如正在成熟的苹果或柠檬果实以有机酸作为主要呼吸底物，正在萌发的向日葵或油菜幼苗以脂类作为呼吸底物。呼吸底物不同，所释放 CO_2 的量

和吸收 O_2 的量也有所差别，因此呼吸商也不一样。当以糖为呼吸底物时，其呼吸商为 1；油脂中含氧量较少，需要较多的氧才能被彻底氧化，因此呼吸商小于 1；而当呼吸底物为含氧量较多的多元有机酸时，则呼吸商大于 1。因此可以根据呼吸商来了解某呼吸过程的底物性质。此外，当植物进行乙醇发酵时，释放 CO_2，但无氧气消耗，因此高的 RQ 显示有发酵过程发生。

（二）呼吸速率

呼吸速率（respiratory rate）是指单位重量的呼吸材料，在单位时间内进行呼吸所消耗 O_2 或释放 CO_2 的数量，也称为呼吸强度（respiratory intensity）。

呼吸速率的表示单位有多种。例如，植物材料可以用干重或鲜重表示，也可以用细胞（毫克氮）来表示。在以重量为单位表示时，应注意由于其中包括了很多非呼吸材料，如细胞壁、液泡等，因此测得的数值会偏低。真正进行呼吸的是细胞原生质，因此用单位氮计算较为准确，但测量方法较麻烦。无论用什么表示单位，在进行比较时，都应根据需要采用同样的测量方法和表示单位。

进行呼吸速率的测定一般是测定呼吸过程中 O_2 的消耗量或 CO_2 的释放量。比较简单易行的方法如小篮子法，用定量碱液吸收植物组织在一定时间内呼吸所释放出来的 CO_2，再用酸滴定剩余的碱，即可计算出呼吸所释放出的 CO_2 量，求出其呼吸速率。红外线 CO_2 分析仪和氧电极也常用于呼吸速率的测定。

整株植物的呼吸，特别是以鲜重为基础的呼吸速率，一般低于动物组织的呼吸速率。这主要是因为植物细胞中存在大液泡及细胞壁。然而一些植物组织的呼吸速率可以达到一些活跃呼吸的动物组织的呼吸水平，因此植物组织的呼吸在本质上并不低于动物组织。事实上离体的植物线粒体和动物线粒体可以达到相同的呼吸速率或者更快。

呼吸作用对植物总碳量的影响是很大的，因为只有绿色组织进行光合作用，而所有组织都要进行呼吸，且 24h 不间断。即使在光合作用活跃的组织，呼吸也要消耗掉相当大一部分总光合产物。对几种草本植物进行的测定指出光合作用获得碳的 30%～60% 被呼吸消耗掉了，尽管在较老的组织有所下降。树木呼吸掉类似比例的光合产物，但随着年龄增加，光合/非光合组织比例下降，它们的呼吸消耗增加。一般来说，不适宜的环境条件增强呼吸/光合比值，因此降低植物的总碳量。

呼吸速率的高低受许多因素的影响。植物的种类、生长习性、组织器官类型、植物的发育和年龄及各种外界环境条件都会对呼吸的强度构成重要影响。

二、影响植物呼吸的自身因素

不同的植物组织或器官具有不同的呼吸速率。作为一个规律，越是代谢活跃的组织或器官其呼吸的速率也就越高。例如，正在发育的芽通常有很高的呼吸速率，在营养器官中呼吸速率从生长区域（如双子叶植物的叶尖端，单子叶植物的叶基部）到分化区域是逐渐降低的。在成熟的营养组织中，茎一般具有最低的呼吸速率，叶和根的呼吸则随植物种类和环境条件而改变。例如，土壤营养亏缺促使根的呼吸速率增强，这主要是因为根系主动吸收离子及根寻找营养物质进行生长需要更高的呼吸作用产生所需要的 ATP。

当植物的组织成熟后，它的呼吸速率一般保持稳定或随年龄的增加及最终的衰老而缓慢降低。其中的一个特例是当许多植物的果实成熟时，会有一个呼吸的突然增加，然后又突然下降的过程，称为呼吸跃变（respiratory climacteric），如苹果和香蕉。在离体叶片或花的衰老过程中也有类似的现象。在果实成熟时，淀粉（香蕉）或有机酸（苹果）大量转化为糖，并伴随着激素（乙烯）水平升高和交替途径活性升高。有关乙烯和果实成熟的关系见第十一章内容。

对于储藏的种子，水分含量是控制其呼吸的重要因素。种子在入库前必须风干以降低水分至种子储藏安全含水量以下。当种子含水量超过安全含水量时，种子中就有自由水出现，呼吸强度会急剧增加，严重时种子会霉烂变质。安全含水量依种子不同而异，淀粉种子一般为 14%～15%；油料种子一般为 8%～9%。

三、影响植物呼吸的外界因素

（一）温度

温度影响酶的活性，因此温度是影响呼吸速率的重要因素。植物的呼吸作用有最适温度、最低温度和最高温度。所谓最适温度是指植物可以保持稳态的最高呼吸速率的温度。一般温带植物的呼吸最适温度在25～30℃。呼吸的最低和最高温度是指植物能进行呼吸的温度低限和高限。不同种类植物的呼吸最低温度和最高温度有很大的差异，冬小麦在0℃以下仍有一定的呼吸强度，但大多数植物在0℃以下时已无呼吸或仅有微弱呼吸。温度对植物呼吸作用的影响和植物的生理状态有关的。例如，冬季松针在-25～-10℃时仍可测出呼吸，但在夏季当温度降至-4℃时松针的呼吸会很快停止。呼吸作用的最高温度一般为35～45℃，高温下短时间内呼吸速率可超过最适温度时的呼吸速率，但时间稍长后，呼吸速率就会急剧下降，这是因为高温加速酶的钝化和变性。

在0～35℃生理温度范围内，呼吸速率是和温度呈正相关的。呼吸速率与温度的关系可以用温度系数 Q_{10} 来表示。Q_{10} 是指温度每增高10℃，呼吸速率增加的倍数。大多数植物的 Q_{10} 为2.0～2.5。

温度对呼吸的效应被应用于果实和蔬菜的储藏。较低的储藏温度通常可以降低果实和蔬菜的呼吸强度，延长果实和蔬菜的储藏时间。但是在一定低温范围，可能会引起淀粉的降解而使糖的含量增加，因而改变果实或蔬菜的品质，因此需要根据储藏物选择适合的温度。例如，马铃薯储藏的最佳温度是7～9℃，在此温度下，既阻止了淀粉的降解，也使呼吸和萌发降到很低。

（二）氧气

空气中有较丰富的氧气，在25℃空气中的饱和氧浓度大约为21%，此时与之平衡的水溶液中的氧可以达到265μmol/L，而细胞色素c氧化酶所催化的反应中氧的 K_m 值还不到1μmol/L，因此在正常情况下，大气 O_2 浓度对呼吸速率没有明显的影响。然而，当大气中氧降低到5%以下（对完整组织）或降低到2%～3%以下（组织切片）时呼吸速率会下降。这表明氧气的供应会对植物呼吸作用会造成限制。

氧在水溶液中的扩散速度很低，比空气中扩散慢 3×10^6 倍。因此对植物体来说，氧供应的限制主要是来自氧的液相扩散速率的限制。从这个角度来讲，细胞间的空气间隙对于加速氧气的扩散是很重要的。在一些植物中会形成特殊的结构，提供氧气的扩散通道。例如，水稻中从叶到根有通气组织使氧可以向根部扩散。沼泽地树木的根生长在缺氧的环境中，它们或者利用不需氧的发酵代谢或者产生某种结构以利氧气的运输。例如，海揽雌（*Avicennia*）和红树（*Rhizophora*）生长出气生根露出水面，使氧气可以通过气生根扩散进入根部。

氧的浓度还会影响糖的消耗速率。法国科学家巴斯德首先发现，在有氧的条件下酵母比在厌氧条件下消耗的糖要少一些。这种氧抑制糖分解的现象称为巴斯德效应（Pasteur effect）。在植物中也有同样的现象，在厌氧条件下发酵代谢的速率会增加。产生这一效应的主要原因是糖酵解途径的调节作用。因为在有氧条件下细胞中PEP和ATP水平较高，抑制了糖酵解途径的调节酶，因此降低了糖酵解的速率，而在缺氧条件下的植物组织细胞中的PEP和ATP水平较低，它们的抑制效应也较低，结果糖的消耗量增加。

（三）二氧化碳

大气中二氧化碳的含量约为0.033%，这样的浓度不会抑制植物组织的呼吸作用。当二氧化碳的含量增加到3%～5%时，对呼吸作用有一定的抑制。这种效应也被用于蔬菜和果实的储藏。通常情况下，果实被储藏于2%～3%氧气和3%～5%二氧化碳的低温条件下，以降低储藏果实呼吸速率。保持一定的氧气可以减少发酵代谢的发生。高浓度的二氧化碳会抑制乙烯对果实成熟的效应。

（四）光照

在光下，植物同时进行光合作用和呼吸作用。光下丙酮酸脱氢酶（催化丙酮酸脱羧进入柠檬酸循环的酶）活性下降到黑暗下活性的25%左右，这与在光下总的线粒体呼吸速率下降是一致的，但线粒体呼吸速率的下降程度目前还不清楚。

除正常的线粒体呼吸外，在光下植物还进行着光呼吸。一般植物正常的线粒体呼吸速率远低于光合速率，要低6～20倍。而光呼吸可达到总光合速率的20%～40%，因此在日间光呼吸提供的NADH可能远多于正常呼吸途径提供的。不过，即使在光下，线粒体呼吸仍是叶片细胞质ATP的主要供应者。呼吸作用也为光下的生物合成反应提供前体物质，如α-酮戊二酸是氮素同化所需要的。

（五）伤害

物理性的伤害会引起呼吸的增加，这种呼吸的增加不但是由于线粒体呼吸的增加，而且也是因为非线粒体呼吸的增加，有关非线粒体呼吸在非线粒体的末端氧化一节中已经述及。在这类呼吸中通常是利用氧进行氧化反应，产生某种保护性的物质，并不涉及 CO_2 的释放和 ATP 的生成。

（六）离子

当植物培养在无离子水中，加入离子会刺激呼吸的增加，这种现象被称为盐呼吸（salt respiration）。盐呼吸产生的原因还不清楚，可能是由于离子的吸收需要 ATP，因而呼吸的速率增加。

小　结

呼吸作用是植物最基本的生理活动之一。呼吸作用是植物体将光合产物通过有控制的步骤逐步氧化为 H_2O 和 CO_2 的过程。呼吸作用不但产生能量以供植物体各种生理活动的需要，而且为各种物质的合成提供了代谢底物。呼吸作用是通过呼吸代谢途径进行的。植物中的呼吸代谢途径主要有糖酵解途径、三羧酸循环、氧化磷酸化及戊糖磷酸途径。糖酵解途径在细胞质基质中进行，代谢过程不需要氧，也没有 CO_2 的释放。三羧酸循环及氧化磷酸化途径在线粒体中进行，代谢过程需氧，呼吸底物被彻底氧化为 H_2O 和 CO_2。在呼吸代谢途径中，除少数底物水平的磷酸化外，呼吸底物逐步氧化降解所释放的自由能首先被储存在 NADH 和 $FADH_2$ 中，经过电子传递链的电子传递，形成跨线粒体内膜的质子电化学势梯度，并利用它合成 ATP。虽然植物的呼吸代谢途径与其他生物的呼吸代谢途径并没有根本上的差别，但植物的呼吸代谢途径表现出更为灵活的多样性，如植物糖酵解过程有多条支路，植物的电子传递过程中存在不同于细胞色素途径的交替途径等。除了线粒体的末端氧化外，植物中还有非线粒体的氧化途径。植物呼吸代谢受到精确调控，在各呼吸代谢途径中都有关键的调节部位，以控制和协调整体呼吸代谢的进行。植物的呼吸速率主要受细胞内 ADP 水平供应的调节，ADP 水平直接调节电子传递速率和氧化磷酸化 ATP 合成，进而调节 TCA 循环活性，最终调节糖酵解反应。植物的呼吸作用与植物的种类、生长习性、组织器官类型、生理状况等都有很大的关系，并且受到各种外界因素如温度、氧气浓度、CO_2 浓度及光照等的影响。

思 考 题

（1）比较植物与动物的糖酵解与三羧酸循环，说明其不同之处。

（2）什么是交替途径（抗氰呼吸）？其生理意义是什么？

（3）讨论植物呼吸代谢的主要调控机制。

（4）说明植物呼吸代谢的多样性及其意义。

（5）粮油种子储藏过程中应注意些什么？说明其原理。

（6）果实和蔬菜储藏时应注意什么？其生理依据是什么？

（7）讨论光合作用和呼吸作用的相互关系。

第九章 植物次生代谢物

植物体中的糖类、脂类、核酸和蛋白质等生命过程所必需的物质称为初生代谢物（primary metabolite）。植物体中也会产生许多对生命过程非必需的物质，称为次生代谢物（secondary metabolite），如萜类、酚类和生物碱等。次生代谢物的代谢过程称为植物的次生代谢。除了在化学结构及合成途径上区别植物次生代谢物和初生代谢物之外，二者之间最大的差异是功能上的差异。次生代谢物一般不直接参与如光合作用、呼吸作用及营养同化等植物生长发育必需的生理过程，它们主要参与植物与环境之间的相互作用。此外，类似的次生代谢物的产生和分布往往局限在某个或分类学上相近的几个植物种类，大多数植物属在次生代谢途径上或多或少有其特异性，而初生代谢物存在于所有植物中。

植物的初生代谢物和次生代谢物合成途径之间有时也很难绝对地区分，主要是因为两个代谢途径中有某些公用的中间产物。例如，贝壳杉烯酸和松香酸是合成途径相似的两种双萜类，前者广泛地存在于植物中，是植物激素赤霉素的合成前体，而后者仅存在于豆科和松科植物中，是树脂的一种成分；再如，苯丙氨酸、酪氨酸及色氨酸等芳香族氨基酸，是常见的蛋白氨基酸，但它们的合成与酚类次生代谢物合成共享莽草酸途径等。

根据植物次生代谢物的化学结构和性质，可将其分为：萜烯类（terpene）、酚类（phenolics）、含氮化合物（nitrogen-containing compound）和其他次生代谢物。图 9-1 简单地表示了植物次生代谢物的生物合成途径及其与初生代谢之间的关系。萜烯

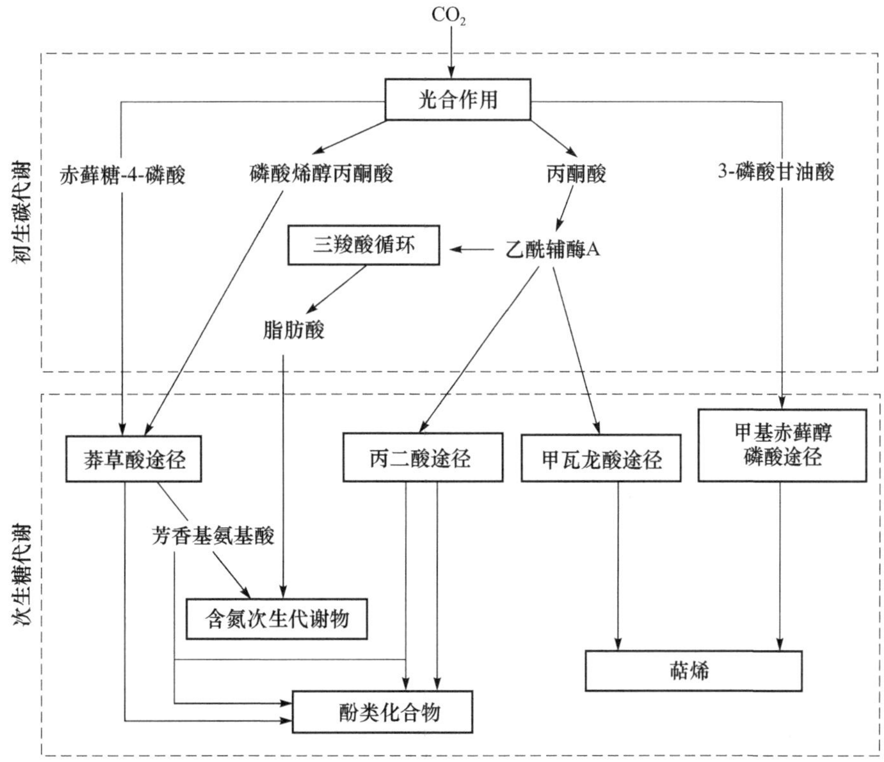

图 9-1 植物次生代谢产物的主要生物合成途径及其与初生代谢的关系示意图

类化合物从乙酰辅酶 A 或糖酵解产物合成而来；酚类化合物是莽草酸途径（shikimic acid pathway）或甲瓦龙酸途径合成的芳香族化合物；含氮次生代谢物（如生物碱）主要从氨基酸合成而来。

植物次生代谢是长期自然进化的结果，对植物适应各种生态性环境有重要意义。例如，初生代谢的随机变异可能产生对草食动物或致病微生物具有刺激或毒性作用的防御物质，只要这些物质对植物本身没毒性，且对植物本身的代谢不造成太大的压力，那么可产生这些防御物质的植物就会比不具备它们的植物具有更强的生存能力，使其在严酷的生存竞争中能够延续后代，所以次生代谢物赋予植物防御功能；次生代谢物还可以诱引昆虫和动物进行传粉和种子传播；植物之间的异株克生现象也与次生代谢物有关。植物次生代谢物对人类生活具有重要意义，是一些药物、香料、染料及工业原料的重要来源。

第一节　植物次生代谢物的种类与作用

一、酚类化合物及其衍生物

酚类化合物是指芳香烃苯环上的氢原子被羟基取代所生成的化合物，广泛存在于高等植物与低等植物中。酚类化合物种类很多，芳香烃苯环上取代基的多样性（如羟基、羧基、甲氧基或其他非芳香环结构）导致了酚类化合物的多样性。酚类次生代谢物主要包括简单酚类、醌类和黄酮类等。

（一）简单酚类

通过莽草酸途径及其衍生反应可以生成许多酚类物质，如肉桂酸（cinnamic acid）、对-香豆酸（*p*-coumaric acid）、咖啡酸（caffeic acid）、绿原酸（chlorogenic acid）、原儿茶酸（protocatechuic acid）（图 9-2）、没食子酸（gallic acid）等。这些化合物在植物中通常以游离形式存在。它们的衍生物，如植保素（phytoalexin）、香豆素（coumarin）、木质素（lignin）及其他多种黄酮类化合物（flavonoid）都是具有重要意义的次生代谢物。

这些衍生物的生物合成途径中，最重要的反应步骤是由苯丙氨酸经苯丙氨酸解氨酶（phenylalanine ammonia lyase，PAL）催化脱氨而生成香豆酸的反应（图 9-3）。香豆酸可以衍生成对-香豆酸；在此羟基的邻位上以同样方式再加上一个羟基，即生成咖啡酸；从 *S*-腺苷甲硫氨酸上转移一个甲基到咖啡酸的一个羟基上，即生成阿魏酸（ferulic acid）；咖啡酸和奎宁酸（quinic acid）（来源于莽草酸途径）以醚的形式结合，即生成绿原酸。

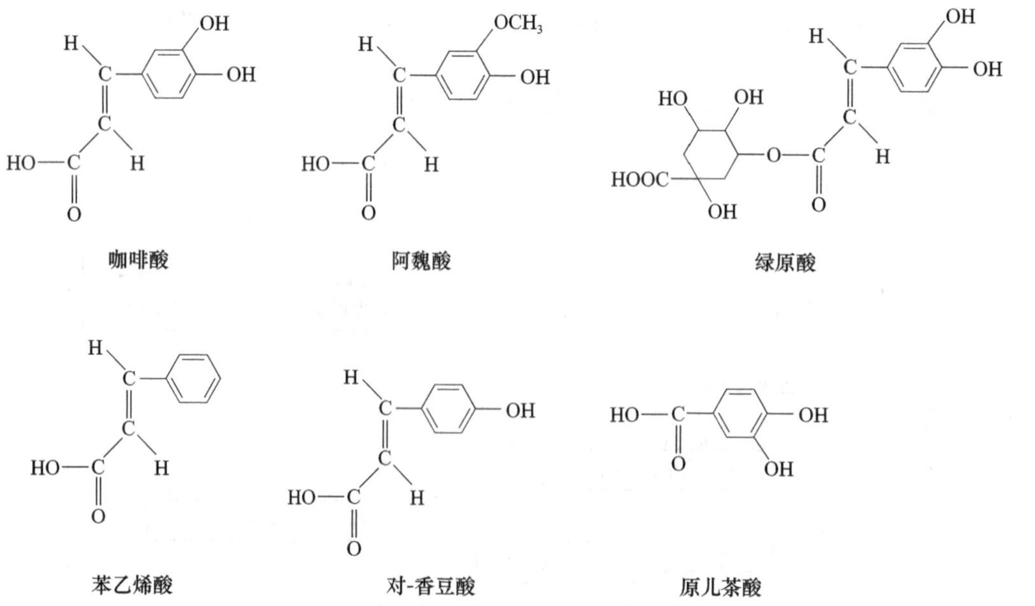

图 9-2　一些简单酚类物质的分子结构

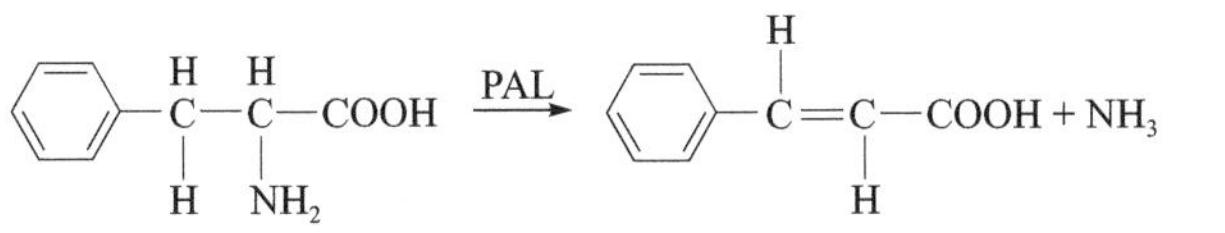

图 9-3 苯丙氨酸解氨酶催化苯丙氨酸的裂解反应

1. 原儿茶酸和绿原酸 原儿茶酸和绿原酸在某些植物的抗病过程中具有重要作用。例如，原儿茶酸可以抑制真菌孢子萌发，防止由真菌（如 *Colletotrichum circinans*）感染引起的斑点病。对此病具有抗性的有色洋葱的葱头颈部可以产生大量的原儿茶酸，但在易感病的白色品种洋葱中没有原儿茶酸产生。

绿原酸在植物体内分布很广，而且含量较高，是一种对人体无害的次生代谢物。例如，干咖啡豆中可溶性绿原酸含量高达 13%；土豆块茎内也含有大量的绿原酸，在氧和铜离子存在的情况下容易被氧化，形成褐色或黑色的多聚醌类物质。催化此多聚醌类物质生成反应的酶是多酚氧化酶（polyphenol oxidase），产生的醌类物质具有抑真菌剂（fungistat）的作用。绿原酸及其氧化多聚物是植物抵抗病菌感染的一种重要物质，它在抗病品种中含量较多，且容易发生氧化生成多醌；而在感病品种中绿原酸含量较少，或难以氧化为醌类物质。

2. 没食子酸 没食子酸是形成植物单宁的主要化合物之一（图 9-4）。没食子酸以多种方式相互连接，并与葡萄糖和其他糖类结合形成杂合的多聚体——没食子鞣质（一种单宁酸）。没食子鞣质及其他单宁酸可以使蛋白质发生交联和变性，严重抑制植物的生长，所以植物通常将产生的单宁酸储存在液泡内，否则会使细胞质内的酶类变性。在制革工业中，单宁常用来鞣制皮革，目的是使皮革内的蛋白质相互交联，抑制细菌的消化和降解。没食子鞣质还能抑制周围其他植物的生长，是一种植物异株克生物质。植物中还存在着大量的其他单宁，对植物的防御作用具有重要意义。例如，单宁可以抑制细菌和真菌的侵染；它们还是一种收敛剂（astringency），使动物食后嘴唇发麻，而且可以抑制消化，以防止动物的采食。

3. 香豆素类 酚类物质的一类重要衍生物是香豆素类化合物（coumarin）。自然界的香豆素类化合物有 1000 种以上。图 9-5 显示了几种香豆素的结构：东莨菪素（scopoletin，7-羟基-6-甲氧基香豆素）、甲熟素和香豆素。

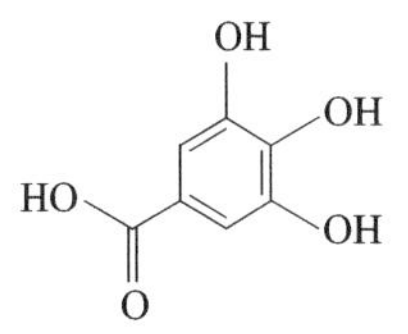

图 9-4 没食子酸的分子结构

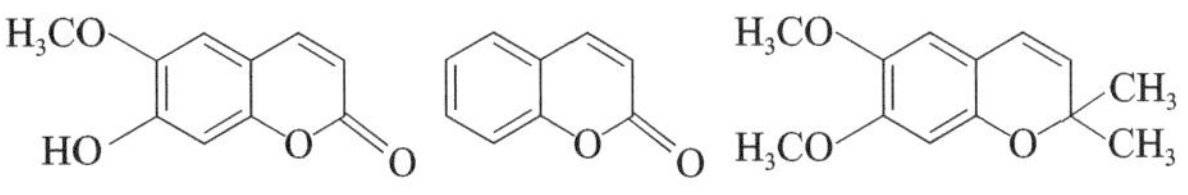

图 9-5 几种香豆素类化合物的分子结构

植物在衰老或受伤时，会降解体内的香豆素葡萄糖结合物，释放出具有青草味的挥发性香豆素。例如，紫花苜蓿和甜三叶草（sweet clover）等牧草中含有大量的香豆素，在储存不当发生腐烂时会产生有毒的双香豆素（dicumarol）（又名双杀鼠灵），它是一种抗凝血剂，可以导致牲畜患上甜三叶草病（sweet-clover disease）。所以筛选低香豆素的苜蓿品种是牧草品种改良的重要目标。

东莨菪素存在于许多植物的种皮内，是种子的萌发抑制剂，可以维持种子的休眠状态。在自然状态下，只有经过雨季足量的降雨将其从种皮淋洗出后，种子才能萌发。

（二）醌类

醌类（quinone）化合物是由苯式多环烃碳氢化合物衍生的芳香二氧化物。天然的醌类化合物包括苯醌（benzoquinone）、萘醌（naphthoquinone）、蒽醌（anthraquinone）和菲醌（phenanthraquinone），基本结构如图 9-6 所示。醌类结构中因含有共轭不饱和二酮的结构，能被还原生成二元酚，在体内可与二元酚构成一个氧化-还原体系。

许多醌类物质具有很好的药用价值。苯醌类中，凤眼草果实产生的 2,6-二甲氧基苯醌有抗菌作用；白花酸藤果实产生的信筒子醌常用来驱赶肠内寄生虫；植物辅酶 Q 类中的辅酶 Q_{10} 可用于治疗心脏病、高血压及肿瘤等。萘醌类中，红根草产生的邻萘醌具有抗菌活性；胡桃属植物产生的胡桃醌和褐色钟花树产生的拉帕醌具有抗菌和抗肿瘤活性；紫草及软紫草中分离的紫草素和异紫草素具有止血、抗炎、抗菌、抗病毒及抗肿瘤用途。菲醌类中，丹参产生的丹参醌类具有扩张冠状动脉及抗菌

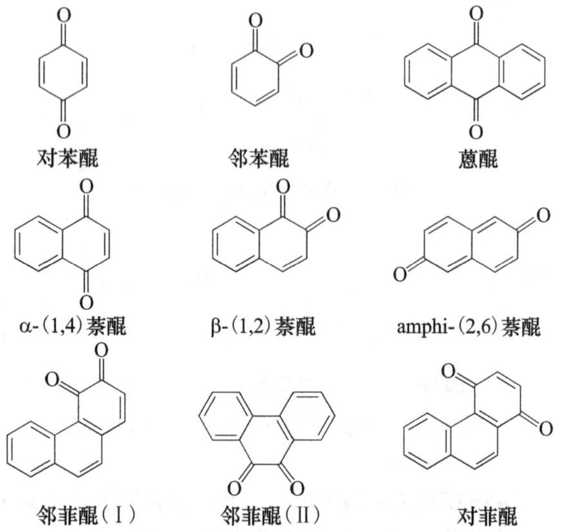

图 9-6　醌类化合物的基本结构

作用，既可用于活血化瘀、治疗冠心病和心肌梗死等疾病，也可治疗由金黄色葡萄球菌导致的疾病。蒽醌类中，大黄产生的大黄素及其衍生物具有抗菌及抗肿瘤作用；茜草产生的茜草素及其衍生物具有止血作用。

醌类分子中因常含有助色团（如—OH、—OMe 等），使醌类化合物大多具有颜色，是植物主要的呈色因子之一。例如，大黄素类主要呈黄色，茜草素类多为橙黄色至橙红色，紫草素为紫红色等。另外，一些醌类化合物可充当植物的化感物质。例如，胡桃醌因具氧化磷酸化解偶联作用，胡桃属植物淋溶出的胡桃醌可以抑制其他植物的生长和种子的萌发。

（三）黄酮类

黄酮类化合物（flavonoid）也称类黄酮，是一类由 15 碳骨架组成的化合物，广泛地分布在各种植物中。

黄酮类化合物泛指两个具有酚羟基的苯环（A-环和 B-环）通过中央三碳原子相连而成的一系列化合物。另外，黄酮类化合物结构中常连接的各种基团有酚羟基、甲氧基、甲基、异戊烯基等。黄酮类化合物基本分子骨架如图 9-7 所示。

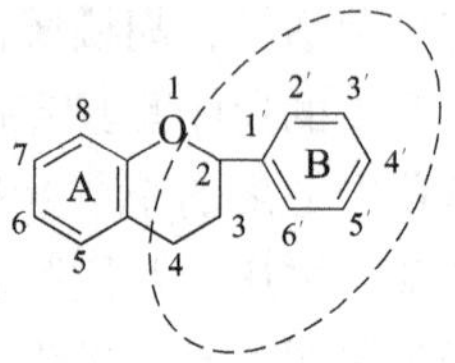

图 9-7　黄酮类化合物的基本结构

依据中央三碳链的氧化程度、B-环在三碳链上的连接位置（2-位或 3-位）及三碳链是否构成环状等特点，可将主要的天然黄酮类化合物分为：黄酮（flavone）、黄酮醇（flavonol）、二氢黄酮类（flavonones）、二氢黄酮醇类（flavanonols）、花色素类（anthocyanidins）、黄烷-3,4-二醇类（flavan-3,4-diols）、双苯吡酮类（xanthones）、查尔酮（chalcone）和双黄酮类（biflavonoids）等。

香豆素和乙酰辅酶 A 是黄酮类的前体。黄酮类化合物分子结构带有的多个羟基可与各种糖类结合，增加了黄酮类化合物的水溶性，所以黄酮化合物一般被储存在细胞的液泡内。

黄酮类的基本骨架中具有多个不饱和键，可以吸收可见光，所以会呈现各种颜色。光照（特别是蓝光）可以促进类黄酮的合成。例如，苹果的着色面往往是朝向阳光的一面，一般认为光通过表皮细胞内的光敏色素启动黄酮类化合物的生物合成。多种胁迫、矿质元素缺乏等（如缺磷、硫和氮）也容易诱导某些植物形成色素的积累。

在植物生理学中比较有意义的黄酮类化合物有五类，它们分别是花色苷（anthocyanin）、花色素、黄酮醇、黄酮和异类黄酮。

1. 花色苷和花色素　在植物细胞内，花色苷一般以糖苷的形式存在，与糖基解离的花色苷剩余部分称为花色素（anthocyanidin）。一个花色素分子上可以结合 1～2 个葡萄糖或半乳糖，糖基的结合位置一般在中央环的羟基上，或者 A-环的 5-位的羟基上（图 9-8）。花色素主要是依据其来源植物命名的。例如，矢车菊色素（cyanidin），最初是从蓝色矢车菊花（*Centaurea cyamus*）中提取的；天竺葵色素（pelargonidin）是从红色天竺葵（*Pelargonium*）中提取的；飞燕草色素（delphinidin）是从飞燕草（*Delphinium*）中提取的。其他一些重要的色素有红色的芍药色素（peonidin）、紫色的矮牵牛色素（petunidin）和紫红色的锦葵色素（malvidin）。

不同花色素的分子结构的差异仅是 B-环上取代羟基数目的不同。花色素的颜色与取代羟基数目有关，同时还受 pH 的影响。许多花色素在酸性 pH 条件下为红色，随着 pH 的升高会变成蓝色或紫色。例如，飞燕草花瓣表皮细胞液泡内的 pH 在衰老过程中从 5.5 上升到 6.6，其中的花色苷的颜色则从紫红色变为蓝紫色。

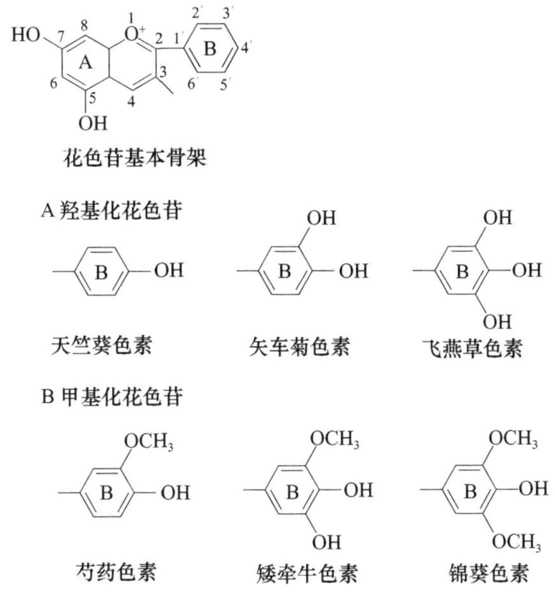

图 9-8　几种主要花色苷的分子结构

花色素的功能主要是作为诱引色，吸引昆虫或动物采食，协助传粉和传播种子。

花色苷大多存在于红色、紫色和蓝色的花瓣中。另外，在一些植物的果实、叶片、茎干和根中也存在花色苷。花色苷大量地分布在植物的表皮细胞中。花和果实的颜色主要是由其中所含的花色苷颜色决定的。晚秋时节，光照良好、温度较低的气候条件，有利于花色苷的大量积累，使树叶呈现鲜艳的颜色。但在某些黄色或橙色的花和叶片中，类胡萝卜素是呈色的主要物质。

地钱、藻类等低等植物中不含花色苷。苔藓和裸子植物中含有少量的花色苷和其他一些类黄酮物质。高等植物中含有多种花色苷，有时在一朵花中同时存在多种花色苷，呈现不同的颜色组合。

2. 黄酮醇和黄酮　黄酮醇和黄酮与花色素的结构非常相似，主要的区别在于中间含氧环的结构不同（图 9-9）。

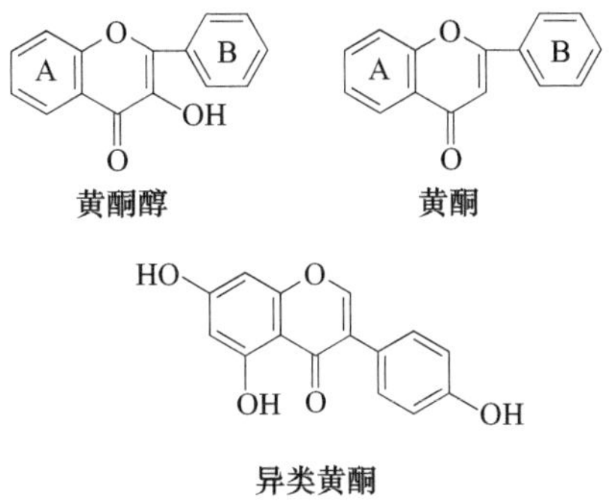

图 9-9　黄酮醇、黄酮和异类黄酮的结构

大部分的黄酮醇和黄酮呈淡黄色或象牙白色，和花色素一样也是植物花的呈色物质。一些无色的黄酮醇和黄酮可以吸收紫外线，保护植物叶片不受长波紫外线的危害。某些昆虫如蜜蜂可以看见部分紫外波段的光线。所以含黄酮醇和黄酮的花可以诱引这些昆虫采食传粉。这些物质还存在于叶片内，起拒食剂的作用。

3. 异类黄酮　黄酮的类似物异类黄酮（isoflavonoid）存在于某些植物种中，尤其是蝶形花亚科豆荚属植物中大量存在。异类黄酮和黄酮的区别在于 B-环与中央环的连接位置不同（图 9-9）。

异类黄酮的功能尚未完全阐明。但已知某些种类的异类黄酮是起化感作用（allelopathy），即对其他动植物具有排斥或诱引作用的化学物质。例如，鱼藤（*Derris elliptica*）根中所含的鱼藤酮（rotenone）就是一种异类黄酮，是常用的一种杀虫剂。异类黄酮的结构与某些动物雌激素（如雌二醇，estradiol）的结构相类似，所以摄食植物异类黄酮过多可以导致某些雌性动物患不育症。

异类黄酮还是一种植保素，在植物受病原菌感染后迅速产生，抑制病原菌的进一步生长。

二、萜烯类

目前在植物中已经发现了数万种萜烯类化合物，按照萜类化合物在植物体内的功能可分为初生代谢物和次生代谢物。萜烯类的研究非常有意义，主要是因为其中许多化合物具有商业应用价值，而且这些复杂的化合物不能被动物或人工合成。

植物萜类化合物是由异戊二烯（C_5）为基本单元构成的化合物及其衍生物，也称为异戊间二烯化合物（isoprenoid），或萜烯类化合物（terpenoid），或萜烯（terpene）。异戊二烯基二磷酸（isopentenyl diphosphate，IPP）是所有植物萜类化合物的合成前体。按照 C_5 单元数量的差异将植物萜类化合物分为：单萜（C_{10}，monoterpene）、倍半萜（C_{15}，sesquiterpene）、二萜（C_{20}）、三萜（C_{30}）、四萜（C_{40}）和多萜（$C>40$，polyterpene）。异戊二烯单位的结构如图 9-10 所示。

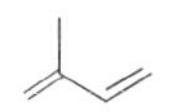

图 9-10　异戊二烯单位的结构

IPP 的合成有两条途径，一条是存在于细胞

质中的甲瓦龙酸途径（mevalonic acid pathway，MVA）。在MVA途径中，3个乙酰辅酶A经过聚合反应生成6碳的中间产物，再经过焦磷酸化、脱羧反应和脱水反应生成IPP。另一条途径是质体中的2-C-甲基-D-赤藓糖醇-4-磷酸（2-C-methyl-D-erythritol-4-phosphate，MEP）途径。在MEP途径中，以甘油醛-3-磷酸和丙酮酸为初始原料，经历多步反应最终生成IPP。

初生代谢萜烯类化合物虽然种类较少，但却是植物生理功能和生长发育所必需的。这类萜烯类化合物及其衍生物主要包括一些植物激素（如赤霉素、脱落酸、油菜素内酯和独脚金内酯）、黄质醛（脱落酸生物合成的中间体）、甾醇（sterol）、胡萝卜素（carotene）及作为叶绿素组成部分的植醇（phytol）。

绝大多数萜烯类化合物属于次生代谢物。虽然大部分萜烯类次生代谢物在植物体内的功能尚不清楚，但其中一些种类的初步功能信息已证明了萜烯类化合物的重要性。例如，一些萜烯类化合物可作为化感物质，植物通过释放这些萜烯类物质抑制其他植物的生长，即相生相克现象或称植物化感作用（allelopathy）（详见本章第三节）；含某些萜烯类化合物的植物可以防虫或者减少草食动物的采食；在植物（如水稻等）中，某些萜烯类化合物也具有植保素的功能。

植物精油、树脂、橡胶和其他萜烯类化合物等属于次生代谢萜烯类化合物，在植物与环境因子的相互作用中发挥功能。许多含10～15碳的萜烯称为植物精油（essential oil），因为它们通常具有挥发性和较强的气味。例如，在橘皮中存在着71种挥发性的植物精油，其中大部分是单萜，主要是柠檬精油（limonene）。植物精油是香料和香精制造中的重要原料。植物花朵中的精油还有诱引昆虫采蜜、协助授粉的功能。

植物体内释放的挥发性精油（包括异戊二烯自身）的量非常惊人，在森林上空常常会形成烟雾，甚至会造成一定的空气污染。据测算，每年地球上植物释放出的挥发性物质大约有14亿t，其中大部分是碳氢类萜烯化合物。在美国田纳西州、北卡罗林纳州，以及澳大利亚等地区经常形成的蓝色山雾，就是由于空气中的萜烯类化合物颗粒对蓝光的散射造成的。

最知名的一种植物精油是松节油（turpentine），大量存在于松属（*Pinus*）植物的一些特殊细胞内。松节油的主要成分是n-庚烷，同时也含有大量的单萜类化合物，如α-蒎烯（α-pinene）、β-蒎烯和莰烯（camphene）。这些化合物及其他一些萜烯类化合物，如香叶烯（myrcene）和柠檬精油，是植物防御松节虫（bark beetle）的重要武器。松节虫是针叶林的杀手，每年都给世界各地的林业生产造成巨大的损失。在松属植物中，柠檬精油是昆虫拒食剂（insect repellant）。与此相反，α-蒎烯是松树吸引昆虫聚集的信息素（aggregation pheromone）。所以，柠檬精油含量高而α-蒎烯含量低的松树就不易受到松节虫的侵害。

植物精油经常含有羟基等化学修饰基团。例如，薄荷油（mint oil）中的薄荷醇（menthol）、薄荷酮（menthone）都是单萜的衍生物。图9-11所示的是一些精油成分的分子结构。其中的桉精油（cineole）是兰花诱引雄蜂采蜜、协助授粉的重要成分。

树脂是10～30碳萜烯的混合物，广泛存在于针叶植物和许多热带被子植物中。树脂在一种特殊的叶片上皮细胞中合成，通过相连的导脂管聚集、分泌，保护植物抗御昆虫侵害。

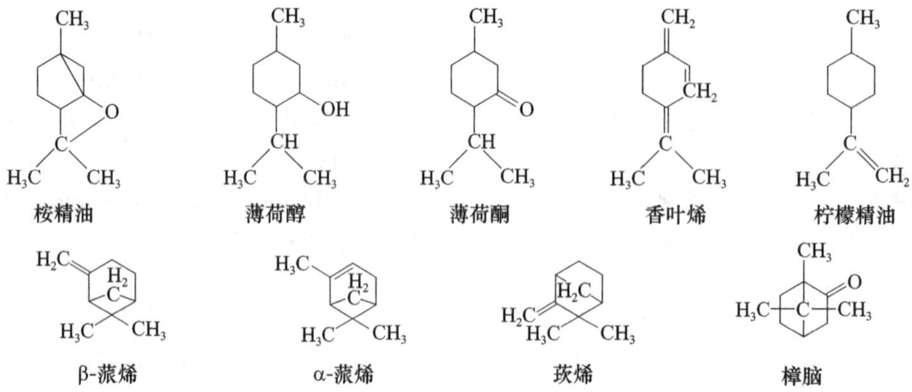

图9-11　几种植物精油成分的分子结构式

橡胶为含有3000～6000个异戊二烯单元组成的无分支长链，是分子最大的异戊二烯类化合物。天然橡胶是一种热带大戟属植物三叶胶树（*Hevea brasiliensis*）分泌的一种乳状的细胞原生质，胶乳中大约含有1/3的纯橡胶。目前世界上发现大约2000种产胶植物，有很多被用作橡胶原料植物。

三、含氮化合物

植物的许多次生代谢物分子结构中含有氮原子。主要的含氮次生代谢物包括生物碱、生氰苷、葡萄糖异硫氰酸盐、非蛋白氨基酸和甜菜碱。这些物质是参与植物防御反应的重要物质，对动物也具有重要生理作用。

（一）甜菜碱

甜菜碱（betalain）是一类含氮的色素，呈黄色或红色，存在于石竹科（Caryophyllales）的少数（大约10种）植物中。甜菜块根中的甜菜红素（betacyanin）就是甜菜碱的一种。

甜菜碱不但与花色素的化学结构完全不同，而且两者在同一植物中也不同时存在。甜菜碱存在于植物的花、果、叶片甚至茎中，随着种类的不同和细胞内pH的不同，呈现从黄色、橙色到红色、紫色等各种颜色。

甜菜碱的合成和花色素一样，受光照的促进。甜菜碱通常含有一个糖基，糖基解离后的有色部分称为甜菜苷配基（betanidin），其结构如图9-12所示。

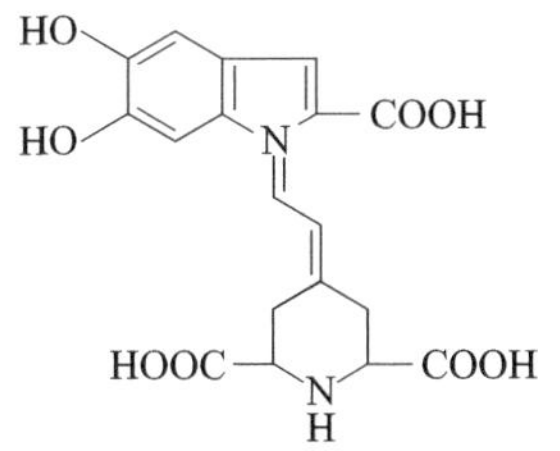

图9-12 甜菜碱的分子结构

甜菜碱的生物功能一方面是作为呈色物质，诱引昆虫等动物采食和传粉，另一方面在植物抗逆反应的渗透调节中，甜菜碱起渗透调节物的作用（参见第十六章）。

（二）生物碱

生物碱（alkaloid）是植物中广泛存在的一类含氮次生代谢物，分子结构中具有多种含氮杂环。氮原子具有结合质子的能力，所以生物碱呈碱性。生物碱多为白色晶体，具有水溶性。生物碱对人和动物具有特殊的生理和精神方面的作用，在植物中也具有十分重要的生理功能。

目前在4000余种植物中发现了3000多种生物碱。自然界20%左右的维管植物含有生物碱，其中大多数是草本双子叶植物，单子叶植物和裸子植物很少含生物碱。最早发现的生物碱是1805年从罂粟中提纯的吗啡（morphine），其他广为人知的生物碱有烟草中的尼古丁（nicotine）、古柯树叶中的可卡因（也称古柯碱）（cocaine）、柏树树皮中的奎宁（quinine）、咖啡豆和茶叶中的咖啡因（caffeine）、可可豆中的可可碱（theobromine）、秋水仙（*Colchicum autumnale*）中的秋水仙碱（colchicine）、有毒植物黑茄（*Atropa belladonna*）中的莨菪碱（atropine）、存在于一种仙人掌花瓣中的致幻剂酶司卡灵（mescaline）、存在于燕草属植物中的一种有毒的牛扁碱（lycoctonine）等。这些生物碱的结构如图9-13所示。

大多数生物碱在植物的茎中合成，少数生物碱，如尼古丁是在根中合成的。生物碱生物合成的前体是一些常见的氨基酸，如天冬氨酸、赖氨酸、酪氨酸和色氨酸。还有一些生物碱，如尼古丁及其类似物是以鸟氨酸为合成前体的。烟草的主要尼古丁成分由两个环状结构组成，其中的五元环吡咯环是由鸟氨酸衍生而来的；六元环嘧啶环是烟酸衍生而来的，而烟酸是由天冬氨酸和3-磷酸甘油酸合成的。生物碱分子中还有一部分是通过萜烯的合成途径合成的。

生物碱曾被认为是植物的代谢废物，但是现在认为是植物的防御物质，因为大多数生物碱对动物具有毒性。例如，狼草（*Lupinus*）、飞燕草（*Delphinium*）和千里光草（*Senecio*）等都是含有毒生物碱的植物。由于家畜不像野生动物那样对有毒植物有天然的选择性，因此在草原上放牧的牲畜常因误食含有有毒生物碱的植物而丧命。

几乎所有的生物碱对人都是有毒的。例如，士的宁、阿托品等都是传统的毒药；但在低剂量时，许多生物碱具有药理学价值。例如，吗啡、可待因（codeine）、颠茄碱、麻黄碱等被广泛应用在医药中。又如，人们通过饮用茶、咖啡，或者通过抽烟来摄取可卡因、尼古丁和咖啡因等，达到刺激或镇静的目的。

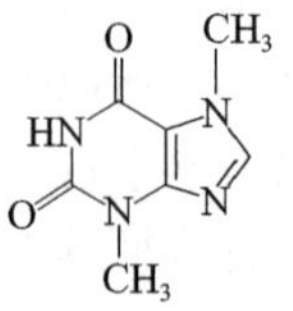

可可碱

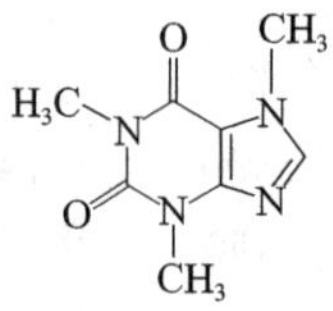

咖啡因

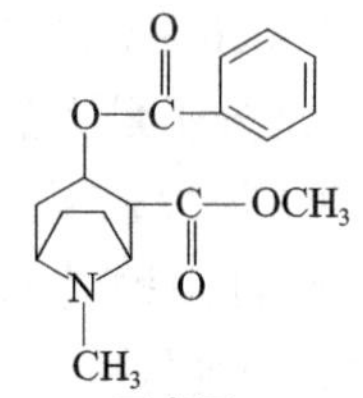

可卡因

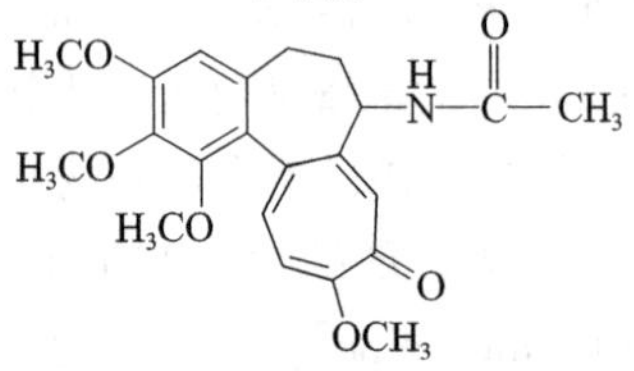

秋水仙碱

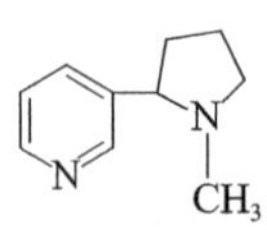

尼古丁

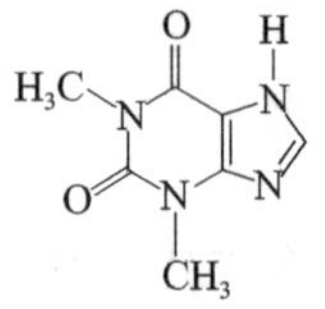

茶碱

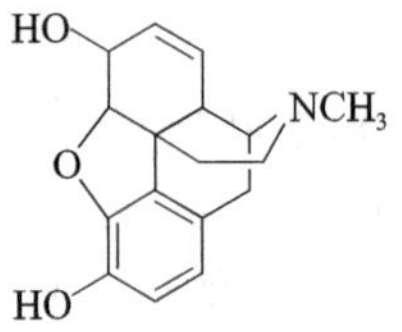

吗啡

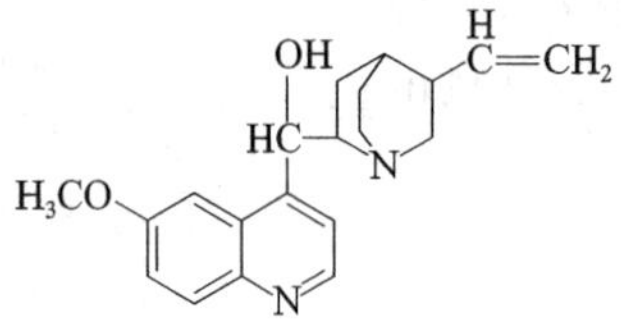

奎宁

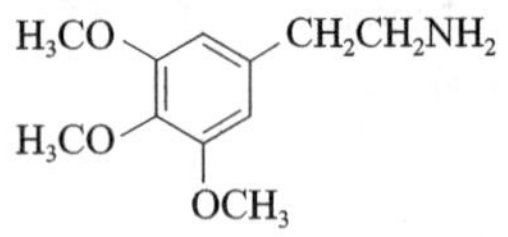

酶司卡灵

图 9-13　几种生物碱的分子结构

生物碱在动物中的作用模式比较复杂。许多生物碱可以干扰神经信号传递，或影响膜的运输、蛋白质合成及酶活性等。

（三）非蛋白氨基酸

植物和动物的蛋白氨基酸大约有 20 种，但是植物含有一些所谓的“非蛋白氨基酸”（non-protein amino acid），这些氨基酸通常不参与蛋白质肽链的合成，而是以游离形式存在。非蛋白氨基酸在结构上与蛋白氨基酸非常相似，如刀豆氨酸（canavanine）的结构与精氨酸相近，铃兰氨酸（azetidine-2-carboxyli cacid）与脯氨酸结构相近（图 9-14）。

非蛋白氨基酸对动物有很大的毒性，它们可以抑制蛋白氨基酸的吸收或合成，或者被结合到正常蛋白质中，导致蛋白质功能丧失。例如，刀豆氨酸被草食动物摄入后，有时可以被精氨酸 tRNA 错误地识别，在蛋白质合成过程中替代精氨酸被结合进蛋白质的肽链内，导致酶催化部位构型的改变，丧失与底物结合的能力或催化能力。

合成刀豆氨酸的植物体内有完善的识别机制，可以区别刀豆氨酸和精氨酸，从而避免刀豆氨酸被错误地结合进正常蛋白质；那些以刀豆为食的昆虫体内也有类似的辨别机制。

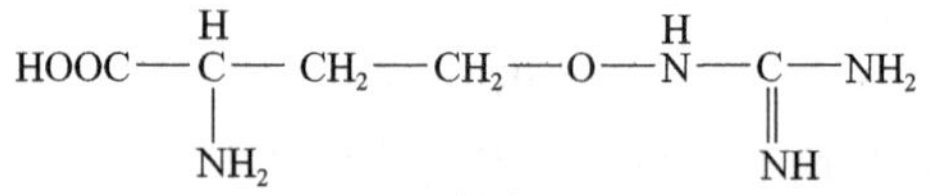

刀豆氨酸

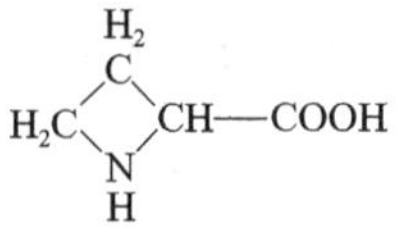

铃兰氨酸

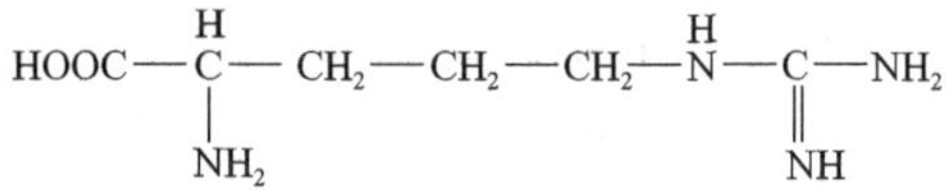

精氨酸

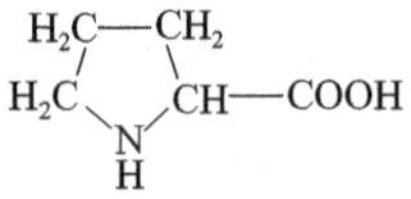

脯氨酸

图 9-14　植物中的非蛋白氨基酸与蛋白氨基酸的比较

（四）生氰苷

生氰苷（cyanogenic glycoside）也称生氰糖苷，是植物的防御物质，其本身并没有毒性，但是当含生氰苷的植物受损伤后，会释放出有毒的氢氰酸（HCN）。

生氰苷存在于多种植物内，最常见的有豆科植物、蔷薇科植物等。生氰苷的裂解和氢氰酸的释放是酶促过程，植物中的糖苷酶（glycosidase）和羟腈裂解酶（hydroxynitrile lyase）是催化生氰苷释放氢氰酸的两种酶（图 9-15）。一般情况下，植物体内的这些酶与生氰苷的存在位置不同，如高粱中的生氰苷存在于表皮细胞的液泡内，而上述裂解酶存在于叶肉细胞内。只有当植物叶片被损伤（如被动物嚼食）时才会使生氰苷与裂解酶混合发生反应，释放毒气。

在非洲一些国家，人们以淀粉含量很高的木薯（*Manihot esculenta*）作为主食，木薯中含有大量的生氰苷。传统的加工方法，如粉碎、浸泡和干晒等，虽能去掉大部分的生氰苷，但仍有少量残存，所以这些地区的人容易发生生氰苷慢性中毒。一方面，利用育种或生物技术的方法可以筛选生氰苷含量低的木薯品种，但另一方面，完全不含生氰苷的木薯抗病性和耐储存性又较差。

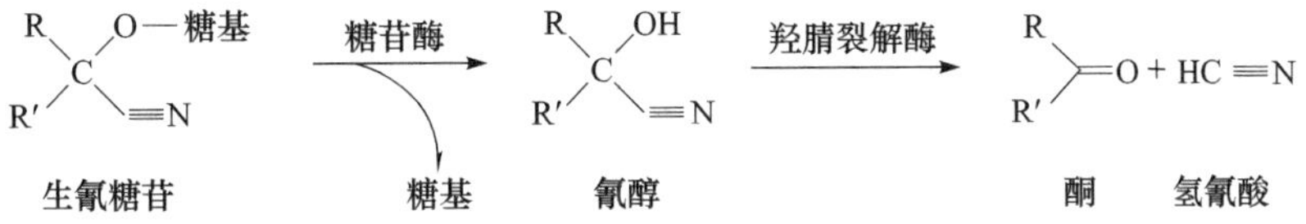

图 9-15　生氰糖苷产生氢氰酸的反应过程

第二节　植物次生代谢的生态意义

植物次生代谢是大自然长期进化选择的结果。为了在自然界的生存竞争中获得胜利，植物在初生代谢之上产生的次生代谢及其产物是一个重要的防御手段。植物利用次生代谢物对危害植物的病原微生物、昆虫和高等动物产生特定的抗性，从而提高了植物对环境的适应性。同时草食动物、昆虫与病原微生物对植物这种化学防御策略在进化过程中同步产生适应性，这种不断的相互适应和相互拮抗，使彼此间形成了错综复杂的共进化关系。植物次生代谢物的复杂性不但和有害生物的共进化过程有密切的关系，而且与其本身的进化程度和分类学地位有密切的关系。以萜类物质为例，在菌类和藻类中仅有单萜类、倍半萜和二萜类次生物质分布，到蕨类中才有三萜的出现，而被子植物中则广泛存在着从单萜到三萜甚至多萜类物质。

植物次生代谢物是植物生态适应的重要手段。例如，各种植保素（phytoalexin）和木质素是植物产生抵抗病原菌侵染的重要物质基础；生物碱和生氰苷等是植物防御动物的有效武器；类黄酮中的花色苷及甜菜碱赋予植物花果多彩的颜色，对物种的繁衍起着重要的作用；其他如寄生和共生识别、异株克生等现象无一不与植物的次生代谢有关。本节将简要地讨论植物次生代谢物与植物抗病性、抗虫性及化感作用等的关系。

一、植物次生代谢物与植物抗病性

到目前为止，已发现几百种次生代谢产物参与植物抗真菌、细菌、病毒甚至线虫的过程。参与植物抗病反应的次生代谢产物有两大类，一类是植物组成性次生代谢成分，如单宁酸、多酚和生物碱类，可以通过毒害作用阻止病原菌侵入；一些大分子次生代谢物，如角质、木栓质、木质素、胼胝质和黑色素等，可以作为病原菌侵入的物理障碍。另一类是诱导性次生代谢物，即只在病原菌或其他诱导因子的作用下才能在植物体内合成的化合物，如植保素，包括萜类、酚类、异黄酮类、生物碱类等小分子次生代谢物。本节只介绍植保素和木质素两类重要的抗病次生代谢物质。

（一）植保素

20 世纪 60 年代发现，许多植物在受到微生物，特别是真菌侵染时会合成一些具有抗菌活性的小分子次生代谢物，并在感染处积累，抵御微生物入侵。它们对微生物没有特异性，但对真菌的毒性比对细菌的毒性要大。这些物质总称为植保素。

产生植保素是所有植物抵御微生物侵染的共同机制，但是不同的物种产生的植保素种类会有所不同，如豆科中的植保素多为异类黄酮类，而茄科中多为倍半萜类（图 9-16）。植保素的化学种类比较繁杂，包括大豆根系中的大豆抗毒素（glyceollin）、豌豆豆荚中的豌豆素（pisatin）、大豆豆荚中的菜豆素（phaseollin）、甘薯根茎中的甘薯酮（ipomeamarone）、兰花块茎中的红门兰醇（orchinol）和红花苜蓿根中的三叶豆紫檀苷（trifolirhizin，或称苜蓿素）、拟南芥中的卡马毒素（camalexin）等。

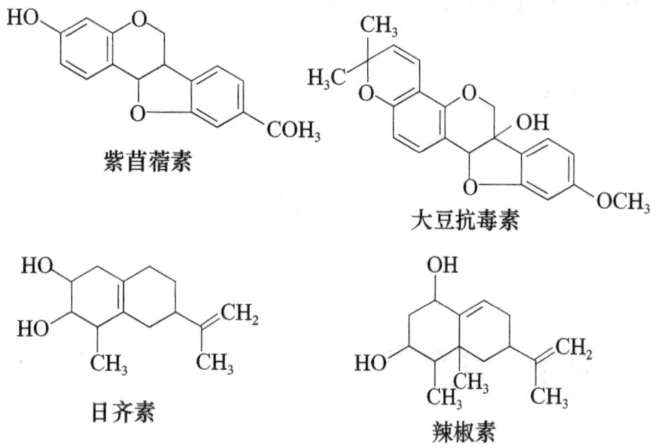

图 9-16　几种植保素的分子结构

目前植物中已经鉴定的植保素有 150 余种，大多数存在于双子叶植物中，单子叶植物和裸子植物中极少存在，无维管植物中不存在植保素。一些植保素是经莽草酸途径合成的酚类化合物和苯丙氨酸类化合物；另一些是萜烯类化合物（倍半萜类）、生物碱和聚乙炔类化合物。

非致病真菌侵染植物时会诱导植保素大量产生，从而抑制非致病菌在植物体内的生长；而致病真菌仅仅诱导植物产生很低水平的植保素，或者有迅速降解这些植保素的能力，所以能够寄生在植物体内。另外，有些病毒侵染植物时也会诱导植保素的产生。

能够诱导植保素产生的物质称为激发子（elicitor），它同时也诱导植物产生其他形式的抗性反应。激发子大多是植物或病菌的细胞壁多糖片段。其产生主要有两种途径：病菌侵染植物时，病菌内的水解酶分解植物细胞壁产生多糖片段；病菌侵染植物细胞诱导植物合成特异的水解酶，分解病菌细胞壁产生多糖片段。

植保素在植物受感染之前是检测不到的。当微生物侵染或者添加外源诱导物时会迅速激活植保素的生物合成途径，如产生酚类的莽草酸途径和产生萜烯类的甲瓦龙酸途径。同一个诱导物可激活不同的植保素合成途径；而不同的诱导物也可激活同一条植保素合成途径。研究表明，诱导物诱导植保素的合成是在转录水平上进行的，即植物体内没有既存的植保素合成所需的酶类，而是在接受感染或诱导后重新转录相应的 mRNA 并翻译成相应的酶蛋白。尽管植物在受感染后能够积累足够浓度的植保素来抑制病原菌的生长，但是植保素机制在植物防病体系的地位如何，一直存在争议。近年来，转基因植物的研究充分肯定了植保素在植物防病机制中的重要地位。例如，将催化合成苯丙氨酸类植保素白藜芦醇（resveratrol）的酶基因导入烟草，会使转基因烟草对病原菌的抗性远高于对照植物。相反，如果将植保素降解酶基因导入病原菌，会使其感染原来对其具有抗性的植物，而且用敲除病原菌禾谷全蚀病菌（*Gaeumannomyces graminis*）的植保素降解酶基因，可以使其对寄主燕麦的致病性丧失。另外，一些与植保素相关的突变体的研究也证明植保素在植物抗病中的重要作用。例如，燕麦无皂苷（avencin）突变体 *sad* 对全蚀病菌引起的根腐病抗性明显下降，这是因为燕麦抗病性与皂苷含量呈正相关；拟南芥植保素合成基因的敲除，会导致拟南芥对多种病原菌抗性的减弱。

（二）木质素

木质素（lignin）是自然界中除了纤维素之外第二丰富的有机物质，在许多木本植物中，木质素占总干重的 15%～25%，是植物细胞壁中的一种骨架物质，存在于纤维素微纤丝之间，起着强化细胞壁的作用。木质部导管分子内木质素含量较高，分布在初生壁、中胶层和次生壁各个部分。

木质素对细胞壁的强化作用，不但能够使植物保持直立姿态，抗御压力和风力，而且使植物能够形成足够强度的木质部导管分子，进行水分的长距离运输。

木质素还具有防御功能。坚硬的细胞壁有助于抗拒昆虫和动物的采食，即使被采食也难以消化。木质素还可以抑制真菌及其分泌的酶和毒素对细胞壁的穿透，感染部位周围细胞壁的木质化还会抑制水分和养分向真菌扩散，达到抑制真菌生长的目的。除了上述的屏障作用之外，木质素合成过程中产生的活性自由基可以钝化真菌的细胞膜、酶和毒素。

由于木质素的分子质量巨大，并与细胞壁多糖上的羟基以醚键等共价键的形式紧密结合，因此它不溶于大部分溶剂。

目前发现，构成木质素的单体主要包括：H-木质素单体、G-木质素单体、S-木质素单体和C-木质素单体。这些木质素单体分别来自4种芳香醇：对-香豆醇（*p*-coumaryl-alcohol）、松柏醇（coniferyl alcohol）、芥子醇（sinapyl alcohol）和咖啡醇（caffeyl alcohol）（图9-17）。这4种芳香醇都是由莽草酸途径合成的。这些芳香醇以自由基诱导的聚合反应形成多聚体，即构成了木质素。催化这个聚合反应的酶是氧化还原酶，如过氧化物酶（peroxidase）。过氧化物酶催化的反应分为两步，首先，过氧化物酶催化NADPH和O_2反应形成H_2O_2，然后从两个芳香醇的羟基上各夺取一个氢原子与H_2O_2结合形成两分子的H_2O，被夺取羟基上氢原子的芳香醇形成自由基。芳香环上的不成对电子移动的方式不同，自由基之间的结合方式就不同，因此也形成不同结构的木质素。

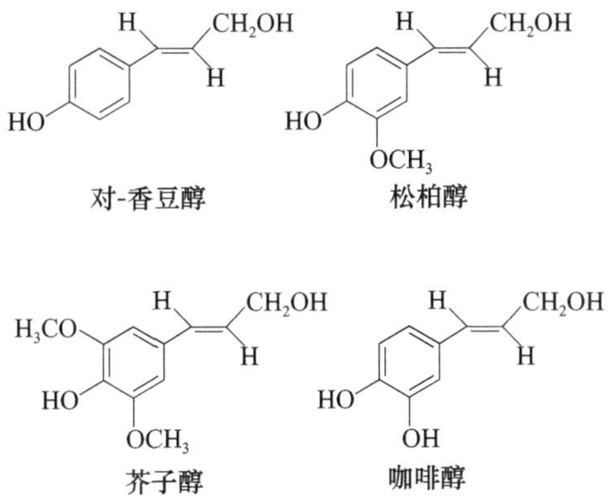

图9-17　形成木质素的4种芳香醇

二、植物次生代谢与植物抗虫性

植物和昆虫之间的关系非常复杂。食草昆虫以植物为食的同时，有时也需要植物中的特殊成分来防御天敌，或者完成繁殖和生长发育；而植物在驱避昆虫的同时，也需要昆虫协助传粉，或者招引天敌，甚至诱捕昆虫为食（如捕蝇草、猪笼草等）等。两者在进化上是协同进化的关系。

植物次生代谢物可以多种方式影响昆虫的行为，如驱避或抑制昆虫取食、阻碍食物消化、引起中毒或延迟生长、降低繁殖率、吸引天敌等，但是有时也会起到刺激昆虫取食的作用。植物利用次生代谢物对昆虫的防御类型分为组成性防御和诱导性防御。前者如多酚、单宁、芥子油等，这些次生代谢物对昆虫表现出毒性和排斥性，而且无论有无昆虫为害，都在某些植物中存在，这种化学防御称为组成型防御。相同的例子还有，烟草表面着生数量众多的毛形刺，从这种毛形刺中分泌出的化学物质能增加烟草对某些害虫的抗虫性，如果用水或丙酮洗涤叶面后其抗虫性就会明显下降；而广泛存在于烟草属植物中的烟碱对豆象幼虫可产生致死效应；当草食性昆虫取食植物时，植物中的生氰苷可分解并释放HCN毒杀昆虫；其他如单宁酸对苜蓿象甲，酚对果园秋尺蛾，单宁类化合物对棉叶螨、棉蚜和棉铃虫，槲皮素对棉红铃虫、玉米穗螟和烟芽夜蛾等具有影响发育或抑制生长等效应。相反，槲皮素对墨西哥棉铃虫，铁杉内酯和桑色素对纹棘胚小蠹却具有刺激取食的效应。具有昆虫蜕皮素活性的物质广泛存在于蕨类植物和裸子植物中，从北美冷杉、罗勒等植物中还分离到了昆虫保幼激素活性物质。在昆虫取食这些植物的同时摄入了相应的激素活性物质，从而影响昆虫的变态发育过程，导致不育或死亡。

而植物对昆虫的诱导型防御只在昆虫取食或遇到损伤时才产生。例如，桦树叶在受到机械损伤后或虫害后两天，便在其他叶中出现酚类物质；在甜菜贪夜蛾（*Laphygma frugiperda* Smith）幼虫取食诱导下，玉米可合成并释放芳樟醇等萜类挥发性次生代谢物，具有一定的抗虫作用；被烟芽夜蛾（*Heliothis virescens* Fabricius）幼虫取食的烟草可合成并释放出特定次生代谢物，抑制烟芽夜蛾的产卵；害螨取食菜豆叶片可诱导叶片合成并释放罗勒烯等萜类次生代谢物来抵抗螨类取食。

除了上述对昆虫的直接毒性作用之外，植物次生代谢物还可以通过间接保护作用来减轻昆虫的危害。即某些植物在受到昆虫取食攻击时，能够释放出特异性挥发物吸引天敌，以减轻害虫对植物自身的进一步伤害，这种通过吸引天敌来保护寄主植物的防卫措施可视为是一种间接抗性机制。例如，玉米、黄瓜、棉花等作物在甜菜贪夜蛾等节肢类食草昆虫为害时，植物体内的异戊二烯及莽草酸代谢途径非常活跃，合成大量的芳樟醇等萜类挥发性物质，不但可以直接抑制害虫取食，而且可以吸引寄生蜂等害虫天敌。玉米释放的萜类和吲哚的混合气体对鳞翅目昆虫内寄生蜂（*Cotesia marginiventris*）有吸引作用；植物释放的（E）-β-金合欢烯是一种蚜虫警戒信息素（alarm pheromone），可使蚜虫因兴奋而离开其寄主植物，该物质还可以增强蚂蚁对蚜虫的攻击作用。

有趣的是，昆虫也会利用植物的次生代谢物对自己进行保护。例如，斑蝶科的后蝶（queen butterfly）对含有强心苷的植物有偏爱，它们在这些植物上产卵，不但保护幼虫不受草食动物的侵扰，而且幼虫进食这些植物后，到成虫时体内就会聚集大量的强心苷，由于强心苷的毒性和苦味对动物具有强烈的致吐作用，因此大多数捕食昆虫的动物如鸟类不会去吃这种斑蝶。

我们把植物-昆虫之间相互作用过程中重要的挥发性有机物通称为挥发性有机化合物（volatile organic compound，VOC）。这些 VOC 种类广泛，包括酚类、萜类及生物碱类。植物释放的 VOC 可分为两类：第一类是植物本身在生长发育过程中所释放的挥发性气味物质，这些挥发性气味物质诱导昆虫产生多种行为，诸如寄主定向行为、产卵行为、逃避行为、取食行为、聚集行为、传粉行为等。第二类化学信息则是植物受到昆虫攻击后才产生和释放的，这些化学信息除了能抑制植食性昆虫幼虫取食的防御功能外，还能招引捕食性天敌来抗御外来害虫的攻击，起着互利素的作用，这些挥发性物质还可以作为同种植物个体间的预警化学信号。植食性昆虫是利用寄主植物所释放的 VOC 来确定自己的飞行行为，从而准确地找到寄主植物的。所以寄主植物的 VOC 和昆虫种类之间有一定的特异性。

植物也可以通过昆虫口器分泌的某些物质来判断害虫的种类，进而采取不同的防御策略。例如，一种生长在美国西部的野生烟草（*Nicotiana attenuata*），虽然它在被某些害虫咬噬时可以合成大量的烟碱作为防御措施，但是被一种耐烟碱的毛虫叮咬时，却不合成烟碱，而是释放出一种挥发性的萜类物质，招引这种毛虫的天敌来进行间接防御。另外，植物还能够识别机械伤害和虫害。例如，当甜菜夜蛾幼虫取食玉米时，玉米会立即释放挥发性的萜类物质吸引夜蛾的天敌寄生蜂，而玉米受机械伤害时则不释放引诱天敌的挥发物。

另外，植物受机械损伤时会释放一类由脂肪衍生的由醛和酯类等物质组成的混合物——绿叶挥发物（green-leaf volatile），这类挥发物不仅会影响植物与昆虫的关系，还可以作为植物之间的预警信号物质。例如，玉米感受到绿叶挥发物时，会诱导产生一些伤害抗性特异基因的表达，用绿叶挥发物处理植物，还可以诱导植物产生致敏作用，对以后发生的虫害或者病害具有更快更强的抗性反应。

利用植物次生代谢物与昆虫间关系的研究，可以为实际应用中防治虫害提供许多可能的途径。例如，在植物抗虫次生代谢物的研究基础上，可以产生一些绿色环保的植物源杀虫剂，广泛应用的拟除虫菊酯类杀虫剂就是模拟菊科植物中一种单萜化合物合成的。烟碱类杀虫剂也是一类重要的农用杀虫剂。研究植物-昆虫互作系统中的挥发性信号及其作用机制，可以为田间害虫的生物防治、抗虫植物育种及植物抗虫性化学诱导技术提供理论基础。

三、植物次生代谢与植物化感作用

人们在长期的观察和农业实践中，发现了很多植物间的相互作用现象，“相生相克”现象就是其中的一种。例如，很少植物能够生长在胡桃树下；洋槐树能抑制许多杂草的生长；许多作物如大豆、草莓、西瓜等栽培中有连作障碍（重茬现象），即在同一个地块连续栽培会造成严重的减产。这些现象的成因，都是植物分泌的化学物质产生的作用，称为植物化感作用（allelopathy）。意为“一种植物通过向环境释放化学物质而对其他植物产生直接或间接、有利或不利的影响”。植物的化感作用中一个重要的方面是植物的自毒作用，即植物释放的化学物质不仅对其他植物有害，有时对自身也有毒害作用，这种现象在作物重茬栽培及人工再生林等过程中表现明显，如杉木、桉树人工速生丰产林会引起地力衰退、生产力下降现象。

植物化感作用有如下三个特征：①化感作用的主客体均是植物，不包括植物和微生物、动物等生物的相互作用；②化感作用的物质是植物的次生代谢物，且能释放到环境中发挥作用，不包括只在植物体内发挥作用的次生代谢物；③化感物质主要是用于影响自身或邻近植物的生长发育，如果是植物间的化学信号传递（如报警），或单纯的挥发性物质（如一些树木的挥发物）则不属于化感作用的范畴。

介导植物化感作用的物质称为化感物质（allelochemical）。植物化感物质的种类非常复杂，Rice（1984）将植物化感物质分为 15 大类，基本上涵盖了植物次生代谢物的所有种类，包括简单的水溶性有机酸、直链醇、脂肪醛、脂肪酸、炔属化合物、萘醌、蒽醌、复合醌、酚、苯甲酸、酚酸、肉桂酸及其衍生物、类黄酮类、单宁、萜类、生物碱、生氰苷等。高等植物的化感物质主要还是类萜和酚类物质，这些物质具有较好的水溶性和挥发性，易于通过雨雾淋溶或者自然挥发向环境中释放，被土壤吸收，发挥化感作用。图 9-18 和图 9-19 分别是一些典型的酚类和萜类化感物质。

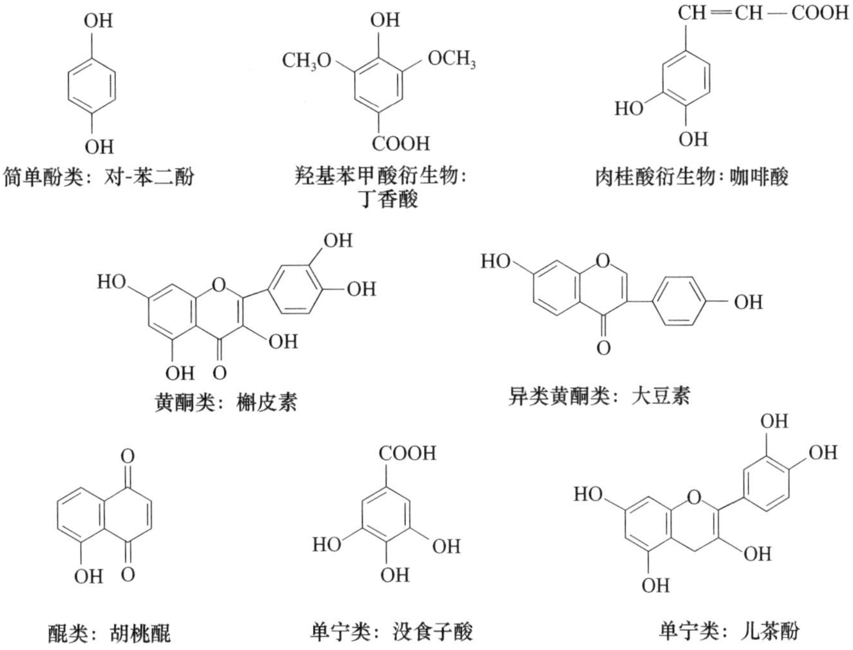

图 9-18　一些典型的酚类化感物质

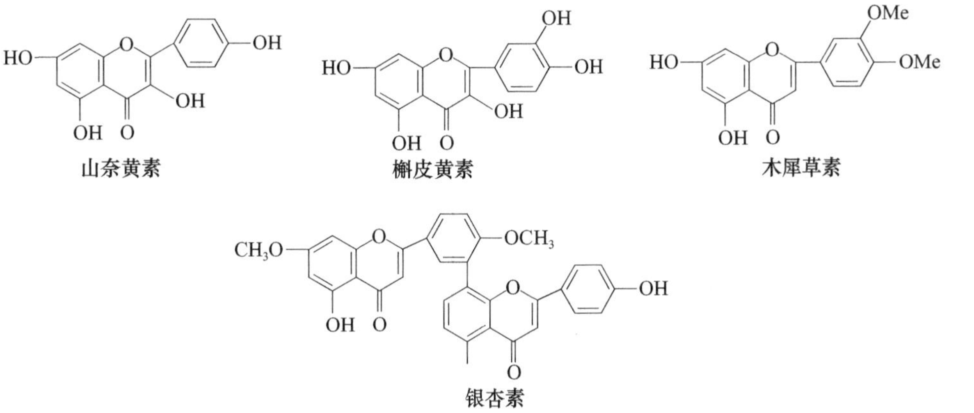

图 9-19　一些典型的萜类化感物质

酚类化感物质中的水杨酸、对羟基苯甲酸、肉桂酸、香草酸、阿魏酸对田间伴生杂草稗草都有抑制效应。香豆素、绿原酸、水杨酸是苜蓿自毒作用的主要酚酸类物质。大分子酚类化感物质进入环境往往需要在土壤媒介的作用下，逐步通过水解，和 Mn、Fe 等离子结合等方式缓慢表现化感效应。而且多数植物化感物质通常是以糖苷的形式在植物体内或环境中存在的，需要通过水解甚至氧化才能形成有活性的配糖体（苷元）。例如，胡桃树的化感物质就是一个典型的例子（图 9-20）。

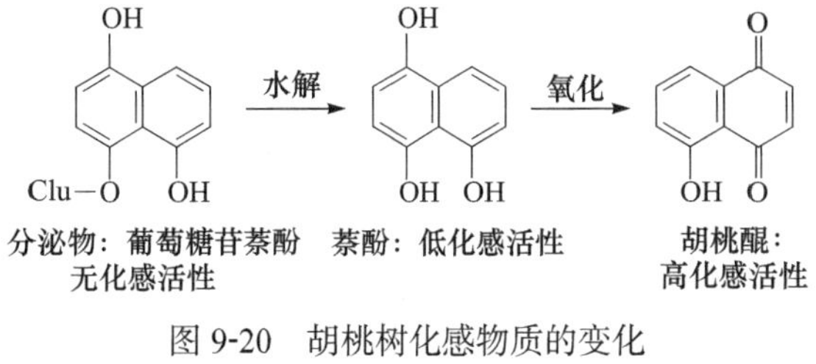

图 9-20　胡桃树化感物质的变化

萜类化感物质中的二萜内酯是水稻分泌的重要化感物质，能够抑制稻田稗草和异性莎草的活性。许多菊科植物含有大量的挥发性萜类化合物，如柠檬烯、蒎烯、樟脑、长叶薄荷酮、桉树脑、香茅醇等，它们不仅保护植物自身不受侵害，还对其他植物生长产生抑制作用。

除了上面两类主要的化感物质之外，还有少量其他类型的化感物质。例如，十字花科植物中的硫苷，水解后形成异硫氰酸酯（如芥子油），可以抑制其他菌或者植物的萌发生长。存在于麻黄科植物中的麻黄碱，是自然界中极少数具有化感作用的生物碱之一。因为麻黄碱具有较大的水溶性，能够通过雨雾淋溶进入环境。麻黄科植物周围很难共生其他植物或者微生物。一些非蛋白氨基酸也是重要的化感物质，如豆科植物种子或者幼苗根系分泌的草酰氨基丙氨酸和异吡咯啉酮基丙氨酸可以抑制水稻、莴苣及一些病源真菌的萌发，但是对自身及其他豆科植物的种子萌发和幼苗生长没有影响。

植物化感物质主要是通过茎叶挥发、茎叶淋溶、根系分泌及植物残株的腐解等途径向环境中释放化感物质，来影响周围植物的生长和发育的。植物化感物质的产生与环境因子具有密切的关系。

植物化感作用的生理机制包括增加细胞膜透性，抑制细胞分裂，抑制矿物质吸收，抑制呼吸作用或光合作用，影响激素活性等。例如，玉米、烟草等植株的残株腐烂分解形成的化学物质能强烈抑制烟草幼苗的呼吸。玉米花粉能够释放高浓度的苯乙酸化感物质，抑制其他植物幼苗的呼吸作用，导致植物的生长发育受到抑制。高粱醌（sorgoleone）是从高粱根部分泌并经氧化形成的苯醌类化感物质，能有效地抑制光系统Ⅱ中 Q_A 和 Q_B 位之间电子的转移，因此高粱醌正被作为新型除草剂进行开发。

植物的化感作用广泛地存在于自然界中，研究化感作用，在农作物耕作制度的合理安排、减少连作障碍危害、农田杂草控制、作物的虫害和病害的防治等方面有着重要的作用。

四、植物次生代谢的其他生态意义

植物的次生代谢是植物在长期进化中与环境（生物的和非生物的）相互作用的结果，在植物对环境的适应机制中具有广泛性和普遍意义。除了前述的对病虫草害的防御作用之外，在植物对大型草食动物的化学防御、对非生物逆境因子的适应等过程中，次生代谢产物也都起着重要作用。

（一）植物次生代谢物与草食动物

植物由于其固着生长更易受到食草动物的攻击，因此在和食草动物长期的竞争过程中演化出完善的防御系统。植物的种子营养丰富，但为避免动物的过度取食，许多植物的种子会储存一些毒性物质。例如，蓖麻种子中的蓖麻蛋白，它对小鼠的致死量为 0.001μg/g 体重；相思豆种子的红豆素对人的致死量约 0.5mg/kg 体重；白车轴草能合成生氰苷，被草食动物采食咀嚼后与水解酶混合，水解形成氢氰酸（HCN），能使取食者呼吸抑制而死亡，因而能有效地阻遏其天敌如蜗牛的采食。植物能生成的毒性物质的种类很多，如广泛存在于被子植物中的生物碱和皂角苷、主要存在于葫芦科植物中的葫芦素、夹竹桃科及萝摩科植物中具有强心作用的烯烃酸内脂、豆科植物中常见的非蛋白氨基酸和十字花科植物中的硫代葡萄苷等，均为一些毒性物质。除了有毒物质之外，植物果实成熟前所含有的涩味、苦味、酸味物质都能大大降低其适口性，而成为很好的防御天敌动物侵食的化学武器。单宁是木本植物中产量较高的一种次生物质，它不但具涩味而且难为消化酶分解，因而成为这些植物对抗动物侵食的最为重要的生化屏障。植物在利用次生代谢物防御草食动物方面还演化了一些比较巧妙和具有长远影响的机制。例如，苜蓿和车轴草等豆科植物中含有具哺乳动物雌激素活性的物质——异类黄酮，它能影响大量摄食这些植物的动物的动情期，抑制其生育力。

（二）植物次生代谢物与非生物逆境

在植物对干旱、盐碱及辐射等非生物逆境的适应方面，次生代谢物也起着重要的作用。一般情况下，在缺水、缺肥、高温等环境胁迫条件下，植物一方面通过释放化感物质的方式抑制周围其他植物的生长，从而增加其对养分、水分等的相对竞争能力；另一方面有些化感物质（如酚类、酸类物质）有助于植物吸收 N、P 及金属离子等营养元素。例如，禾本科作物缺铁可以诱导产生一种非蛋白氨基酸——麦根酸，它对 Fe 有极高的螯合能力，协助植物根系完成对难溶性高价铁离子的吸收。

植物为了抵抗太阳紫外线辐射的伤害，在体内形成了大量的紫外吸收物质，如酚类化合物类黄酮、黄酮醇、花色素苷，以及烯萜类化合物如类胡萝卜素、树脂等。树叶对UV辐射的屏蔽能力主要因为叶表皮组织存在类黄酮和羟基肉桂酸。叶肉细胞中类黄酮是主要的紫外吸收物，对叶肉组织起保护作用。缺乏类黄酮或羟基肉桂酸衍生物的突变体植物或其合成途径被化学抑制的植物非常容易受到UV辐射的伤害。大量的研究表明，UV辐射会诱导和增强叶片内类黄酮和芳香族化合物、单宁、烯萜、木质素等次生代谢物的含量。例如，在大棚栽培条件下补充适量的UV辐射，番茄果实内的番茄红素及维生素C含量均有所提高，除了叶片之外，植物花器官也比较容易受紫外辐射的伤害。各种花器官及花粉内有大量的花青素、类黄酮及萜烯类物质存在，所以UV辐射对花粉和子房壁的穿透性很差，最多达98%的UV辐射能被紫外吸收物质滤掉。

与初生代谢物相比，植物次生代谢物受环境影响更为明显。遗传基因是植物次生代谢产物种类的决定因素。特别是组成型表达的植物次生代谢物受植物自身发育进程的调控，如决定植物花颜色的花青素。但是许多与植物抗逆性相关的植物次生代谢产物的含量都受逆境因子的影响。因此，虽然特定植物中次生产物的种类相对稳定，但是其含量则受环境因素影响而变化较大。在我国，研究环境对植物次生产物的影响有着更为重要的意义。许多次生产物是传统中草药中的重要功效成分，其中的生物碱类、黄酮类、皂苷类、萜类等化合物是众多中药疗效的物质基础。在我国古代有药材“道地性”之说，即不同产地的同种药用植物，其内在质量往往有很大差异，其原因就是不同环境的海拔、光照、温度、土壤、营养、微量元素等因素对植物次生代谢途径产生影响。例如，有研究表明，山莨菪中樟柳碱等生物碱的含量随海拔的升高而增加，其中山莨菪碱和阿托品则是在海拔3100m处含量最高。

第三节 植物次生代谢的基因工程

植物次生代谢物为人类提供了大量的医药原料和工业原料。现代人的心血管疾病和癌症的治疗大多依赖植物次生代谢物，如强心苷是心脏病的常规治疗药物，又如红豆杉紫杉醇（paclitaxel）是目前最有效的天然抗癌药物；人参皂苷和银杏黄酮更是传统的保健良药。天然药物的研究已经成为人们寻求解决现代疾病的主要手段。植物次生代谢物在食品工业和化学工业中的应用更为广泛：大部分的天然食品色素来源于植物次生代谢物；紫草素可以用作化妆品颜料；甜菊苷是一种理想的无热量天然甜味剂；杜仲树叶内的杜仲胶具有非常奇特的形状记忆性质，被广泛地应用于医疗化工等领域。

这表明植物次生代谢物对植物生长发育及人类福祉具有重要的意义，所以植物次生代谢研究深受重视。特别是现代生物学高度发展的今天，利用细胞工程和基因工程的方法调节控制植物的次生代谢，已成为人们控制植物生长发育、改良植物品质、增加产量的重要研究手段。

一、植物次生代谢基因工程的策略

植物次生代谢产物的生物合成途径是由多基因控制的复杂的生物合成途径。这些代谢途径的关键酶基因的克隆和转化不仅是阐明次生代谢物生物合成途径的关键，还是人工控制和利用次生代谢物的重要途径，即通过转入代谢途径的关键酶基因，促进该基因的表达，从而引起植物次生代谢产物发生改变。

苯丙氨酸解氨酶（PAL）和查尔酮合酶（CHS）是苯丙烷类代谢途径中的两个关键酶。在开白花和深粉红色花的矮牵牛变种中转入苜蓿的查尔酮还原酶基因，分别可以得到开黄色花和浅粉红色花的转基因植株，这是因为转入的查尔酮还原酶与受体植物自身的查尔酮合酶协同作用生成了异甘草根亭基质（isoliquiritigenin）。

植物次生代谢产物往往是多个酶基因协同表达的结果，协同转化多个相关基因、增强多个酶基因的协同表达不仅可以有效地提高次生代谢物的产量，还可以达到协调次生代谢物产生和其他植物生理过程的理想目标。例如，木质素是植物细胞壁的组成部分，其存在影响造纸工业中浆和纸的品质与产率，也是污染环境的主要因素，利用基因工程方法降低材质中的木质素含量，对降低造纸污染有重要意义。已知PAL、CCR（羟基肉桂酰辅酶A还原酶）和CAD（羟基肉桂酸脱氢酶）都是木质素合成过程中的关键酶，在转反义PAL、CCR等基因的烟草、拟南芥和杨树中木质素含量都有不同程度的降低，但同时也伴随着植株形态的非正常变化。但是利用纯合的转反义CCR基因烟草（木质素含量降低明显，非正常发育）和转反义CAD基因烟草（发育正常，木质素组成成分发生改变，含量无明显变化）杂交，得到了转双反义基因的烟草。它的形态和发育均正常，木质素含量也下降了50%。

植物次生代谢物基因工程的一个新策略就是以控制次生代谢的信号途径和转录因子为调控目标。因为多个酶基因的协同表达与这些基因受相同转录因子或调节基因作用有关，调控因子往往具有牵一发而动全身的功能。所以增强关键酶基因的转录因子基因或调节基因的表达，是实现增强多个基因协同表达的可行途径。例如，增强AP2转录因子ORCA3的表达可以导致长春花细胞积累更多的萜类吲哚生物碱。玉米中*C1*和*R*基因分别编码转录因子MYB蛋白和bHLH蛋白，这些基因及它们的同源基因被广泛应用于提高黄酮类次生代谢物生物合成的基因工程中。

二、农作物品质及抗逆改良

通过调节植物次生代谢改良作物品质有两个方向：一是减少作物内有害次生代谢物含量，二是增加有益次生代谢物含量。前者的例子如减少木薯中的生氰苷含量，减少棉籽中的棉酚含量，减少苜蓿中香豆素含量，减少蔬菜中的木质素含量等；而后者的例子有增加红豆杉中紫杉醇含量，增加香料植物中香料物质的合成，改变花卉中的花色苷的颜色等。

增加作物中植保素含量可以有效地增加植物的抗病能力。虽然植保素的生物合成是多种酶共同完成的，但是转入植保素生物合成的关键酶可以增加相应植保素的含量。例如，1,2-二苯乙烯合成酶是合成苯丙氨酸类植保素白藜芦醇的关键酶，这种植保素与葡萄对灰葡萄孢菌（*Botrytis cinerea*）的抗性有关。烟草等大多数植物中均有白藜芦醇生物合成的底物存在，但是缺乏1,2-二苯乙烯合成酶。将花生的1,2-二苯乙烯合成酶基因转入烟草，可以使烟草合成白藜芦醇，增加了其对灰葡萄孢菌的抗性。又如，将过氧化物酶基因与烟草花叶病毒的35S启动子相连转入烟草，可以显著增加转基因植物对真菌的抗性。

植物次生代谢基因工程可以增加作物抗虫性。例如，将（E）-β-金合欢烯合成酶基因转入植物使其获得对蚜虫的抗性；将高粱中催化生氰苷合成的细胞色素的P450基因（*CYP79A1*和*CYP79E1*）转入拟南芥，转基因拟南芥合成了蜀黍苷，对十字花科植物害虫跳甲具有抗性。将长春花的色氨酸脱羧酶基因转入烟草，该基因表达可以促进合成色胺衍生的生物碱，抑制了甘薯粉虱的生长和繁殖。

用基因工程的方法调节植物的次生代谢，还可以用于改良蔬菜、花卉和香料植物的品质。例如，用*O*-甲基转移酶的反义基因转化烟草可以有效地降低植株中木质素的合成，这对未来的蔬菜基因改良很有意义。将与胡萝卜素代谢途径相关的基因转入稻米并在其胚乳中表达，创造了金色稻米（golden rice），为提高某些不发达地区人群胡萝卜素摄入量开辟了一个新的途径。

三、药用植物细胞工程和基因工程

药用植物细胞工程是利用植物细胞大规模培养的方法生产药用次生代谢成分的技术。例如，人参皂苷和紫草素等在我国已成功地实现了商业化生产。其中紫草细胞的发酵罐培养已达到100L规模，有效成分紫草素的含量可达细胞干重的10%以上。

用发根农杆菌（*Agrobacterium rhizogenes*）感染植物可以诱导植物毛状根的产生。毛状根具有生长快，培养条件简单，不需外源激素，次生代谢合成能力稳定等优点，而且便于进行突变体筛选。所以用培养转基因毛状根的方法生产次生代谢物已成为研究热点，目前已有100多种植物的发根培养获得成功，如治疗疟疾的特效药倍半萜青蒿素的供体植物青蒿（*Artemisia annua*）。美国科学家采用一系列的转基因调控方法，通过基因工程酵母合成了青蒿素的前体物质——青蒿酸，其产量超过100mg/L，为降低抗疟药物的成本提供了新的途径。

东莨菪碱在植物内含量较小，但是药用价值大。东莨菪胺6-β-羟化酶可以催化东莨菪胺转化为东莨菪碱，将该酶基因和35S启动子结合，利用发根农杆菌的Ri质粒作为载体导入颠茄，可以使颠茄毛根中的东莨菪碱含量增加5倍。红豆杉中的二萜环化酶（红豆杉烯合成酶）在体内含量很低，该酶基因已经得到克隆，这为利用基因工程技术提高红豆杉中紫杉醇的合成速率提供了可能。

这些通过转基因方法，利用细胞培养或栽培进行植物次生代谢或医用蛋白等的大规模生产技术，也称植物生物反应器技术。

小　结

植物次生代谢物是与植物初生代谢产物在生理功能及分布上相区别的一类化合物，在植物的防御功能、传粉和种子传播等方面具有重要的生理生态意义。

植物次生代谢物主要分为三大类：酚类、萜烯类和含氮化合物。酚类化合物是莽草酸途径或甲瓦龙酸途径合成的芳香族化合物，包括简单酚类、醌和黄酮类化合物。该类化合物在植物的抗病过程中、植物吸引或抗拒动物采食、协助传粉和传播种子过程中具有重要作用。

萜烯类化合物是由异戊二烯单元构成的化合物及其衍生物，植物中比较重要的次生萜烯类化合物包括植物精油、橡胶和树脂等。植物精油是具有挥发性和较强气味的10～15碳萜烯化合物，具有诱引昆虫传粉和防御功能；橡胶为含有3000～6000个异戊二烯单元组成的分支长链，是分子最大的异戊二烯类化合物。

植物含氮次生代谢物包括生物碱、生氰苷、葡萄糖异硫氰酸盐、非蛋白氨基酸和甜菜碱。常见的生物碱有吗啡、尼古丁、可卡因、咖啡因、秋水仙碱、莨菪碱等。生物碱参与植物的防御作用，同时对动物具有特殊的生理和精神方面的作用；植物的非蛋白氨基酸如刀豆氨酸、铃兰氨酸等以游离形式存在，起防御作用；生氰苷在植物被损伤后，由糖苷酶和羟腈裂解酶催化释放有毒的氢氰酸气体，是植物的防御物质。

植保素的产生是所有植物抵御微生物侵染的共同机制。植保素主要存在于双子叶植物中。比较重要的植保素有大豆抗毒素、豌豆素、菜豆素、甘薯酮和苜蓿素等。植保素可以被植物或病菌的细胞壁多糖片段等诱导物诱导产生。

木质素是植物细胞壁中的一种骨架物质，起着强化细胞壁的作用，其主要生物功能是支持植物抗御风力和压力、抗拒昆虫和动物的采食及通过屏障作用抑制真菌生长。木质素主要是由莽草酸途径合成，木质素合成过程中的关键酶是过氧化物酶。

植物次生代谢对植物的生态适应及人类福祉具有重要的意义，利用细胞工程和基因工程的方法，调节控制植物的次生代谢，已成为人们控制植物生长发育、改良植物品质、增加产量的重要手段。

思 考 题

（1）什么是植物的次生代谢物？植物次生代谢物的主要种类有哪些？

（2）植物体内主要的黄酮类物质有哪些？简述其生理意义。

（3）植物萜烯类化合物的结构特点是什么？举例说明植物的主要萜烯类物质及其生理意义。

（4）列举出至少5种生物碱的名称。甜菜碱有什么生物功能？

（5）什么是植保素？植保素的产生特点是什么？

（6）植物次生代谢物与植物非生物逆境抗性之间有何关系？

（7）植物次生代谢物对植物和人类有何意义？

（8）举例说明植物次生代谢基因工程的应用。

第十章　韧皮部运输与同化物分配

陆生高等植物主要通过根进行水和矿质元素的吸收，通过叶片进行气体交换和光合作用，根需要叶片光合作用所生产的同化物满足其功能和生长的需要，而叶片光合作用则需要根所吸收的水分和矿质。除此之外，光合作用生产的同化物必须输送到植物的各个部分以满足植物体生长和发育的需要。因此植物所面临的一个重大问题是如何解决地上和地下及植物体各部分间物质的运输和分配问题。同化物的运输和分配对于农作物产量的形成也是极为重要的，作物产量不仅取决于光合作用产量的高低，同时也取决于光合作用生产的同化物能否高效地进行运输，特别是作物的经济产量还取决于同化物向经济器官分配的比例。

有关水分和矿质元素的运输我们已经在第三章和第五章中进行了介绍，在这一章中我们将阐述同化物，主要是光合作用产物在植物体内的运输途径、运输形式、运输机制和同化物在植物体中的分配等问题。

第一节　韧皮部中的同化物运输

高等植物体中物质的长距离运输主要在维管束中进行。植物的维管束主要由木质部和韧皮部构成，木质部是负责将水分和矿质从根向地上部运输的组织，而韧皮部则是负责将光合产物从叶向根及植物其他部分运输的组织。维管束是植物体的“血脉”，遍布植物体全身，是植物体进行长距离的物质运输和信息传递的通道。一旦维管束发生阻断或者断裂而无法修复，植物体就会死亡。在生产实践中，嫁接是否成功就取决于砧木和接穗之间的维管束能否重新形成连接。

同化物是指植物通过自身的代谢活动而产生的物质。本节主要讨论光合作用所生产的同化物的运输。

一、韧皮部是同化物运输主要途径的实验证据

韧皮部（phloem）是同化物在植物体内运输的主要途径。有关同化物在韧皮部进行运输的推测可以追溯到早期植物学家所做的树皮环割实验（girdling experiment）。由于树木的韧皮部在树的树皮部分而木质部在树的树干部分，如果将树木或枝条茎部的一圈树皮用手术完全除去，这样韧皮部就会被完全截断而木质部依然畅通。被环割的树干或枝条通常可以在相当长时间内正常生活，环割部位以上的叶的蒸腾照常进行。环割以下部位的树皮逐渐枯竭死去，而环割以上部位的树皮则仍然健康，在环割部位上方的树皮会逐渐膨大起来，这是由于在树叶中生产的同化物的运输被阻断并在环割处积累所致。据此可以推测光合作用生产的同化物主要是在韧皮部中进行运输的。必须指出的是，向下运输的韧皮部汁液中还含有许多含氮化合物、激素等，它们都能促进细胞的分裂和生长，使韧皮部组织膨大，如果环割不宽（0.3～0.5cm），切口能重新愈合。如果环割过宽，环割下方又没有枝条，时间一久，根系就会因缺少光合产物供应而死亡，“树怕剥皮”就是这个道理。

利用放射性同位素示踪的方法可以更加精确地证明同化物是在韧皮部进行运输的。带放射性同位素的物质可以通过多种途径引入植物体内。例如，可以在叶面或切除叶片的叶柄直接饲喂带有放射性同位素的蔗糖，也可以用 $^{14}CO_2$ 饲喂特定叶片，经植物叶光合固定 CO_2 的作用，放射性同位素 ^{14}C 被

转化到同化物中，因此同化物的运输可以通过对其放射性的监测进行研究。对于同位素的监测有放射性测定仪和放射性自显影等方法。利用放射性同位素的方法已经证明同化物的运输是在植物韧皮部进行的（图 10-1）。

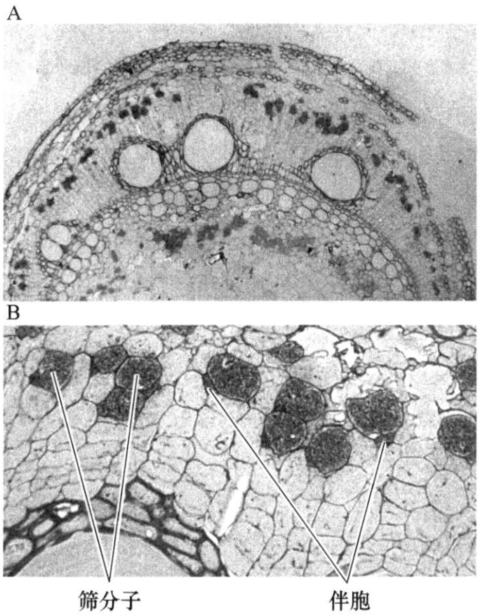

图 10-1 茎组织的放射性自显影图（Taiz & Zeiger，1998）

用 $^{14}CO_2$ 饲喂源叶片，^{14}C 经光合作用被组合到糖分子中，并被运输到植物的其他部分。标记糖的定位由图片中的黑色颗粒显示。从图中可看出，标记糖几乎完全限于韧皮部的筛分子中。A. 50×；B. 325×

二、韧皮部的结构与功能适应

韧皮部主要包括筛分子、伴胞和薄壁细胞。在有些情况下还有纤维、石细胞和乳管等。在维管束的外周常包围着一层或一层以上的紧密排列的细胞称为维管束鞘（bundle sheath）。在叶片维管束末端，维管束鞘将小叶脉末端都包围起来，使其与叶片内空间隔离开。

（一）筛分子

韧皮部中直接执行同化物运输功能的细胞是筛分子（sieve element）。筛分子是一个统称，其中包括被子植物的筛管分子（sieve tube element）和裸子植物的筛胞（sieve cell）。但也有人认为筛分子即筛管分子。

1. 筛分子的结构 被子植物的筛管分子是高度分化的细胞（图 10-2）。成熟的筛管分子是细长的筒状细胞，直径 20～40μm，长度为 100～500μm。成熟筛管分子中缺少许多正常细胞具有的细胞器，如细胞核、高尔基器、液泡、核糖体及微管和微丝等，但是筛管分子仍然有一些变形的质体、线粒体和光面内质网。筛管分子的细胞壁上有多孔的特化区域，称为筛域（sieve area），输导细胞通过筛域上的孔相互连通，筛域孔直径为 1～15μm。筒状的筛管分子首尾相接串联在一起形成管状结构，称为筛管（sieve tube）。筛管分子的端壁特化为筛板（sieve plate）。筛板是在筛管分子分化过程中逐步形成的。在筛管分子分化过程中，相邻筛管分子间胞间连丝扩大形成比侧壁上筛域孔更大的孔。筛板孔面积约占筛板总面积的 50%（图 10-3）。

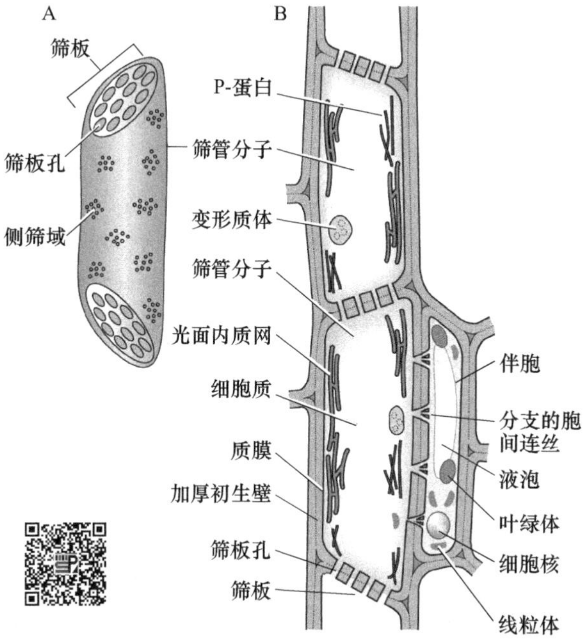

图 10-2 被子植物筛管分子的结构（Taiz et al.，2015）

A. 示筛管的外观；B. 示连在一起的两个筛管分子的纵切面

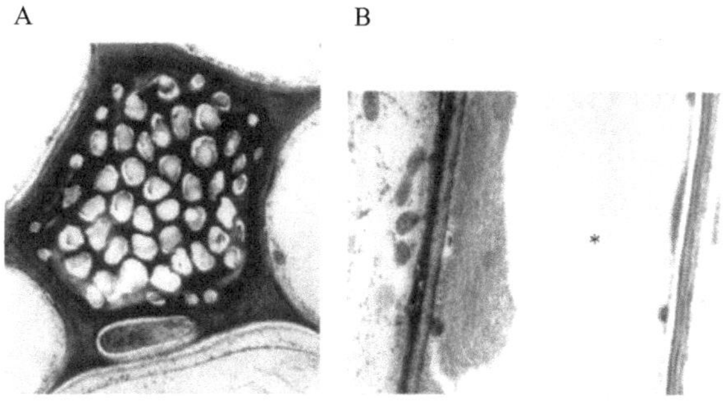

图 10-3 用冷冻置换技术得到的韧皮部筛管的电子显微镜图像（Buchanan et al.，2000）

A. 显示筛板孔是开放的；B. 显示筛管分子中的细胞器如质体、线粒体等都位于筛管细胞边缘，形成相对中空的通道（*）

成熟筛管分子仍是活细胞，它仍然具有质膜，在膜上有许多运输蛋白进行着活跃的物质运输，它的细胞壁也不像导管那样木质化。筛管分子的生命活动在很大程度上依赖于与它相邻的伴胞。筛管分子的这种相对“中空”的结构非常适合于汁液的集体流动，这对于它的运输功能是十分重要的。筛管分子的功能可以维持数年之久，在某些棕榈树中筛管的寿命甚至可能长达百年。

裸子植物中的筛分子是筛胞。筛胞的特化程度不如被子植物的筛管分子。筛胞也是细长的筒形细胞，长度可达1mm，筛胞的两端成斜面，不具备筛板，筛孔区通常在两侧。筛胞中没有P-蛋白存在。由于筛胞间没有直接的通道相连，因此同化物在裸子植物筛胞内的运输机制可能与被子植物筛管分子的运输机制完全不同。

2. P-蛋白 在所有的双子叶植物及许多单子叶植物的筛管分子中都存在一类韧皮部特有的蛋白质，称为P-蛋白（phloem protein）。

（1）P-蛋白的形态和结构 P-蛋白在筛管分子中可以有多种存在形式，如管状、丝状、颗粒状、结晶状等，这些存在形式往往与植物种类和筛管分子的成熟程度相关。在幼嫩的筛管分子中，P-蛋白在细胞质中形成扭曲盘绕的球形或纺锤形蛋白结构，称为P-蛋白体（P-protein body）。细胞成熟后，P-蛋白形成管状或丝状的结构。近年来已从分子水平鉴定了P-蛋白，如发现葫芦科（Cucurbitaceae）植物中P-蛋白主要由两种蛋白构成：PP1和PP2。PP1是形成丝状结构的蛋白质，PP2是与丝状结构相结合的凝集素（lectin，与防御作用相关的糖蛋白）。由于筛管分子不具备核糖体，因此无法合成蛋白质，所以P-蛋白由伴胞合成并通过胞间连丝转运到筛管分子，而后在筛管中装配成P-蛋白丝或P-蛋白体。利用PP1和PP2的抗体进行的免疫杂交实验表明，P-蛋白可以通过种间嫁接从砧木运输到接穗，说明P-蛋白可以在筛管中进行运输。

（2）P-蛋白的功能 P-蛋白可能起到防止受伤筛管中汁液流失的作用。在筛管中通常需要维持较大的压力以推动筛管汁液的集流运输。当筛管发生破裂或折断时，筛管内的压力会将筛管汁液挤出筛管因而造成营养物质的流失，如果不把受伤的筛管堵住，植物就可能会因“血流不止”而死亡。因此，筛管的及时堵漏是非常重要的。在筛管受到伤害时，P-蛋白会随汁液流动到筛板处，起到快速堵塞筛孔从而防止汁液进一步流失的作用。P-蛋白的堵漏作用在烟草和拟南芥植物已得到直接证据。缺乏P-蛋白的突变体筛管受伤后比野生型植物会损失更多的糖。

在一些没有P-蛋白的单子叶植物，质体破损释放的蛋白结晶可能起着类似P-蛋白的作用。

3. 胼胝质 筛管中另一种重要物质是胼胝质（callose）。胼胝质是一种β-1,3-葡聚糖。胼胝质合酶（callose synthase）位于质膜上，它的合成以一种“向量”的方式进行，即反应底物在质膜的细胞质一侧而反应的产物则在质膜的细胞壁一侧，合成的胼胝质沉积在质膜和细胞壁之间。胼胝质合成是解决筛管损伤的长效方案。筛管受伤害刺激会引发胼胝质的合成反应，其他胁迫如机械刺激、高温等也可以诱发胼胝质的聚合；植物休眠时也会发生筛管的胼胝质合成。胼胝质沉积在筛孔上可有效地将筛管分子与周围组织隔离开来。当筛管分子功能恢复以后，筛孔中的胼胝质又会被降解掉。

（二）伴胞

1. 伴胞的形态和结构 每个筛管分子周围都有一个或数个伴胞（companion cell）。筛管分子和伴胞产生于同一形成层细胞的分裂。伴胞通常具有浓厚的细胞质和丰富的线粒体。在筛管分子和伴胞之间有大量的胞间连丝（图10-4），特别是一些分叉的胞间连丝。这些胞间连丝在维持筛管分子和伴胞间的功能联系方面起着重要的作用。

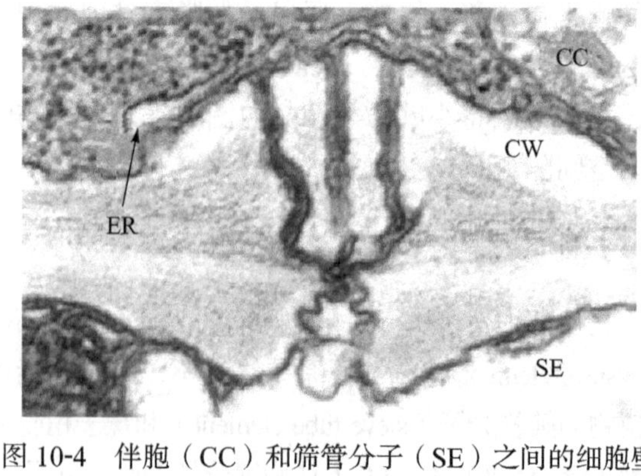

图10-4 伴胞（CC）和筛管分子（SE）之间的细胞壁（CW）上形成的特殊胞间连丝（Buchanan et al., 2000）
ER：内质网

由于筛管分子在分化的过程中丢失了许多重

要的细胞功能，这些功能可能由伴胞来承担。例如，成熟筛管分子中没有细胞核和核糖体，不能进行蛋白质的合成。目前已经有实验证明筛管分子中的一些蛋白质是在伴胞中合成的，在伴胞中合成的蛋白质通过伴胞和筛管分子间的胞间连丝运送到筛管分子，伴胞和筛管分子间的胞间连丝具有运输大分子的能力。此外，在伴胞中有丰富的线粒体，线粒体中产生的大量能量可能有助于韧皮部的装载和卸出。

2. 伴胞的类型 在成熟叶片的小叶脉中伴胞在将光合产物从光合细胞输送到筛管的过程中起重要作用。在成熟叶片的小叶脉中至少有三种类型的伴胞，普通伴胞（ordinary companion cell）、转移细胞（transfer cell）和中间细胞（intermediary cell）（图 10-5）。

（1）普通伴胞 普通伴胞具发育完好的叶绿体，与周围其他细胞之间有或几乎没有胞间连丝，细胞壁内壁无突起。

（2）转移细胞 转移细胞与普通伴胞类似，具有发育完好的叶绿体。但转移细胞具有一个显著的特征，即细胞壁向内形成许多指状突起，特别是在不与筛管分子相邻的壁上。细胞壁的这种内突使转移细胞与质外体空间的接触面积极为扩大，增加了细胞跨膜运输溶质的能力。

转移细胞与外围细胞间的细胞壁上几乎没有胞间连丝，说明筛管-伴胞复合物与外围细胞之间是相对共质体分离的。转移细胞与外围细胞之间共质体的相对分离及细胞壁的内突结构特征是与它们的功能相适应的。目前认为，转移细胞是专司从质外体或细胞壁间隙吸收溶质的特化细胞。在木质部中的薄壁细胞有时也能特化为细胞壁内突的细胞，这些细胞可能负责从木质部中吸收溶质，同样也是从质外体吸收溶质到共质体。

（3）中间细胞 中间细胞的叶绿体不含淀粉，类囊体常发育不完全，细胞中有大量的小液泡。中间细胞最重要的特征是与外围维管束鞘细胞间有大量的胞间连丝相联系。因此中间细胞的功能是通过共质体途径吸收溶质。

由于筛管分子和伴胞之间在结构和功能上的密切联系，通常把两者作为一个功能单位，称为筛分子-伴胞复合体（sieve element-companion cell complex，SE-CC 复合体）。SE-CC 复合体是韧皮部运输系统的“源头”，是蔗糖进入韧皮部运输系统

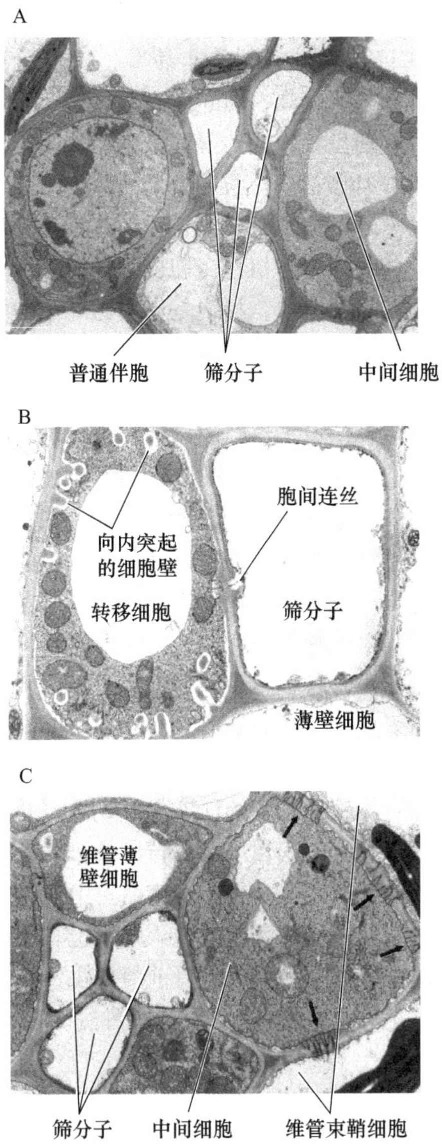

图 10-5 三种类型的伴胞（Taiz et al.，2015）

A. 普通伴胞；B. 转移细胞；C. 中间细胞

的最初部位。SE-CC 复合体与周围细胞间胞间连丝的密度是决定光合产物装载途径的主要因素（见本章第二节相关内容“韧皮部的装载”）。

（三）薄壁细胞

韧皮部中的薄壁细胞与其他组织中的薄壁细胞类似，细胞壁较薄，液泡很大，但是通常比普通薄壁细胞更长一些。韧皮部薄壁细胞可能有溶质和水的储存和运输的功能。

三、韧皮部运输物质的化学性质及其形式

虽然可以用放射自显影技术证实同化物运输

的途径是在韧皮部，但是要证明同化物是以何种化合物形式进行运输的却并非易事。收集筛管汁液是相当困难的。首先，切断韧皮部收集筛管汁液的方法会由于伤口处破碎的薄壁细胞造成收集液的污染；其次，当筛管被切断后由于筛管分子的堵漏机制，筛管中的运输会立即停止，无法收集到足够量的汁液。某些种属的植物在韧皮部被切断后筛管汁液仍然可以继续流出，特别是当用钙离子的螯合物EDTA处理切口，可以增加流出速率。这是因为胼胝质的合成需要钙，当除去钙后胼胝质的合成会受阻，因此筛管伤口无法封闭。但在这种情况下，筛管的切断造成筛管内压力的降低因而水势降低，水会从周围进入筛管分子，筛管中汁液会被稀释。

蚜虫吻针技术（图10-6）是较为理想的收集筛管汁液的方法。蚜虫进食的方法是将其口器刺入植物的筛管，由于筛管中存在压力因此筛管汁液会被挤入蚜虫体内，蚜虫将其中的氨基酸吸收后筛管汁液被排出蚜虫体外。如果用CO_2将蚜虫麻醉，再用激光进行切割将蚜虫身体和口器分离，由于蚜虫口器依然插在筛管中，筛管汁液会继续从口器的切口处流出。筛管汁液的流出可以持续数天之久，收集流出的汁液即可用于分析。因为蚜虫中的物质阻止了植物的堵漏机制，因此认为该技术也有可能对筛管汁液的成分有所改变，但目前蚜虫吻针技术仍是能够获取相对纯的筛管汁液最佳的方法。

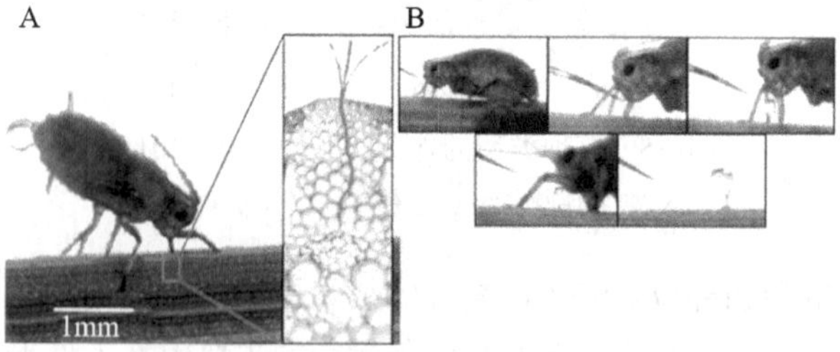

图10-6　用蚜虫吻针法收集韧皮部汁液（Buchanan et al., 2000）

A. 蚜虫将吻针刺入筛分子内部进行取食；B. 将正在取食的蚜虫的吻针切断，韧皮部汁液从吻针流出形成液滴

研究表明，在韧皮部中进行运输的物质包括糖、氨基酸、激素和一些无机离子等（表10-1）。

筛管汁液的主要成分是碳水化合物，其中主要是糖。在筛管中糖通常总是以非还原态形式进行运输，这可能是因为非还原态形式的糖反应活性低于它的还原态形式，可以稳定地从源运输到库。对于大多数植物来说，筛管中最主要的非还原糖是蔗

表10-1　蓖麻韧皮部汁液的成分（Taiz et al., 2015）

成分	浓度 /（mg/mL）
糖	80.0～106.0
氨基酸	5.2
有机酸	2.0～3.2
蛋白质	1.45～2.20
钾	2.3～4.4
氯	0.355～0.675
磷	0.350～0.550
镁	0.109～0.122

糖，筛管中蔗糖浓度可以达到0.3～0.9mol/L，可以占干物质的90%。除了蔗糖之外，蔗糖还可以与半乳糖（galactose）分子结合形成其他化合物进行运输，如棉子糖（raffinose）、水苏糖（stachyose）和毛蕊花糖（verbascose）。在筛管中运输的还有甘露醇（mannitol）和山梨醇（sorbitol）等糖醇。

在韧皮部中进行运输的还有其他有机物。氮化合物主要是氨基酸及其酰胺形式，特别是谷氨酸、天冬氨酸及它们的酰胺（谷氨酰胺和天冬酰胺）。植物激素生长素、赤霉素、细胞分裂素和脱落酸都可以在韧皮部进行运输。虽然生长素可以在木质部薄壁细胞进行极性运输，但是长距离的激素运输至少部分是在筛管中进行的。在筛管中存在的无机物有钾、镁、磷和氯，但是硝酸、钙、硫和铁则几乎完全不存在。

筛管汁液中还有核苷酸、蛋白质和RNA等。蛋白质包括韧皮部结构蛋白PP1和PP2，以及各种水溶性蛋白，如进行蛋白质磷酸化的蛋白激酶、参与二硫化合物还原的硫氧还蛋白、降解蛋白质的泛素、指导蛋白折叠的分子伴侣等。近期对南瓜筛管汁液进行的蛋白组学分析发现有100多种与蛋白质合成有关的蛋白质。筛管汁液中的RNA包括mRNA、病原RNA和siRNA等，这些大分子的功能还有待于进一步研究。

四、韧皮部运输的方向和速率

（一）韧皮部运输的方向

韧皮部运输的方向是从源向库。

（1）源库的概念　源（source）是指生产同

化物及向其他器官提供营养的器官，如绿色植物的成熟叶片、种子萌发时的子叶或胚乳组织；而库（sink）是指消耗或积累同化物的接纳器官，如幼叶、根、花、果实、种子等。“源”和“库”是相对的概念。在植物的任何生长发育阶段都有一定的器官作为供应同化物的源而又有另一些器官作为接纳同化物的库。但是在不同的发育阶段，作为源和库的器官则可能是不同的。例如，在种子萌发的阶段，种子的胚乳或子叶是供应同化物的源而胚芽和胚根则是消耗同化物的库；在植物的营养生长阶段，植物的成熟叶是生产供应同化物的源而植物的根、分生组织等则是接纳同化物的库。对于植物的特定器官在发育的过程中其源或库的地位也会发生改变。例如，正在伸展过程中的幼叶，其光合作用所生产的同化物尚不能满足其生长的需求而需要输入同化物，因此是代谢的库；当叶片伸展到其最终大小的一半之后其输入的同化物逐渐减少，直至最后成为完全伸展的成熟叶其同化物的输入完全停止，成为输出同化物的源。因此植物的源和库可以在发育过程中发生相互转化。

（2）源-库单位　虽然同化物的运输的基本方向是由源到库，但是在植物体内通常有多个源器官和库器官，同化物在源器官和库器官之间的运输存在时间和空间上的调节和分工。源和库之间常构成所谓源-库单位（source-sink unit）。源-库单位一般是指一个源器官和直接接纳其输出同化物的库器官所组成的供求单位，如一个叶片所输出的同化物通常只供应某些特定的器官和组织，它们在营养供求关系上是相互依赖的。源-库单位不仅在空间上有一定分布，在一定的发育阶段也有变化。例如，成熟叶片在植株营养生长阶段主要向根和茎的分生组织供应营养，而当进入生殖阶段后则主要向其生殖器官供应营养。

（3）运输的规律　在植物体中，同化物在源库组织间的运输有一定的规律。

1）就近运输：源库间的距离是影响源库运输的重要因素。源叶的光合产物主要运至它近邻的生长部位，一般植物的上部叶片通常主要向茎端生长点及幼叶运送同化物；而下部叶片主要提供根系所需的同化物；中部叶片则既向上也向下进行运输。

2）向生长中心运输：植物在不同的生长阶段有不同的生长中心，植物总是优先向生长中心运输同化物，或者说生长中心是主要的库。在营养生长期，根端和茎端的生长点是主要的库，成熟叶片是主要的源，因此同化物的运输方向是从成熟叶片到根端和茎端的生长点。当植物体由营养生长转变为生殖生长后，果实逐步成为主要的库，而同化物运输的方向也从向根端和茎端运输转变为主要向果实运输。

3）优先在有维管束相连接的源库间运输：维管束走向和结构对同化物运输的方向有重要影响，叶片通常优先向与其有直接维管束连接的库运输同化物。在许多植物中，叶子沿其茎按螺旋线有规律地排列，每隔一定的叶片数即有一叶片位于沿茎的特定垂直线上，称为直列线（orthostichy）。在直列线上的叶子的维管束通常与茎中同一维管束直接相通，成熟叶也通常向在同一直列线上的幼叶输送同化物（图 10-7A）。

4）维管束的并接（anastomosis）：当植物维管束因植物体受到伤害或修剪被切断时，韧皮部运输也会发生改变。如果源库间直接的维管束被切断，维管束间就会发生并接使源库间的运输可以继续进行（图 10-7B）。

（二）韧皮部运输的速率

（1）运输速率的表示方法　通常可以用两种方法表示韧皮部物质的运输速率：运输速度（velocity）和质量运输速率（mass transfer rate）。

运输速度是单位时间内物质通过的线性距离，用 m/h 或 mm/s 表示。在不同植物中测到的运输速度有很大差异，为 0.3～1.5m/h（0.08～0.42mm/s），平均约 1m/h（0.28mm/s）。但是由于参与运输的韧皮部或筛管的截面积在不同物种和不同植株间变化很大，运输速度并不能真正反映运输物质的量。质量运输速率可反映韧皮部运输物质的量。质量运输速率是指单位截面积韧皮部或筛管在单位时间内运输物质的质量，常用 $g/(cm^2 \cdot h)$ 或 $\mu g/(mm^2 \cdot s)$ 表示，一般为 $1 \sim 15g/(cm^2 \cdot h)$ 或 $2.8 \sim 41.7\mu g/(mm^2 \cdot s)$。

（2）运输速率的测定　质量运输速率可通过测定某个库器官在一定时间内的增重和韧皮部的截面积，经计算得到。例如，马铃薯块茎与植物地上部由韧皮部横切面为 $0.004cm^2$ 的地下蔓相连，块茎在 50d 内增重 230g，块茎含水量为 75%，则此马铃薯同化物运输的质量运输速率为：

$$\text{质量运输速率} = 230 \times (1-75\%)/(0.004 \times 24 \times 50) \approx 12g/(cm^2 \cdot h)$$

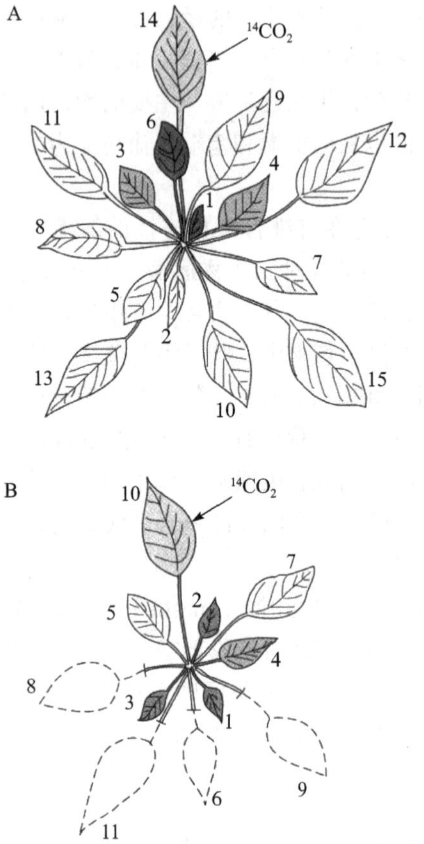

图 10-7　放射性标记物从源叶向整株植物分配的示意图（Taiz & Zeiger，2006）

图中放射性的强度用叶片颜色的深浅来表示。A. 用 $^{14}CO_2$ 饲喂单片甜菜源叶（箭头所指叶片）4h，一周后整株植物的叶片中放射性强度的示意图。叶片按照叶龄顺序用数字表示，叶龄最小的刚萌发的叶片定为叶 1。放射性标记的 ^{14}C 主要向源叶上方，与之在同一直列线上的库叶中分配；B. 如果在 $^{14}CO_2$ 饲喂后 24h 摘去在饲喂叶片另一侧的所有源叶，则 ^{14}C 向两侧的库叶都进行分配

质量运输速率也可以通过供给源叶片已知比活的 $^{14}CO_2$，在一定时间（运输糖达到同位素标记饱和）后测定同位素标记物到达库组织的速率，并结合韧皮部横切面积的测定计算得到。

运输速度可用两种方法测定：一种是利用荧光分子作为示踪物，用显微注射技术将染料分子直接注射入筛管分子内，追踪染料分子在筛管中的运输情况，根据单位时间内染料分子的移动距离来计算运输速度；另一种是放射性同位素标记技术，用 ^{11}C 或 ^{14}C 标记的 CO_2 瞬时供给源叶片（脉冲标记），然后追踪标记的碳水化合物在筛管中的运输速度。

五、韧皮部运输的机制

筛管中溶质运动的平均速度可达1m/h（0.28mm/s）。与物质扩散相比而言，这一速度是相当快的。根据菲克定律计算，糖扩散 1m 距离所需的时间是 32 年，因此扩散不可能是韧皮部物质运输的主要方式。

有两类关于韧皮部运输机制的假说。一类是主动运输机制，认为在源端的装载和库端的卸出，以及溶质在筛管中的运输过程都是需要能量的。另一类学说是被动运输机制，认为虽然源端装载和库端卸出需要能量，但是筛管运输过程本身是不需要能量的，运输过程所消耗的能量是用于维持运输细胞功能的完整性，或者将渗漏的糖重新运回细胞。被动运输机制——压力流动学说是目前被广泛接受的有关韧皮部运输机制的假说。

（一）压力流动学说的内容

压力流动学说（pressure flow theory）是 E. Münch 在 1930 年首先提出的，该学说认为韧皮部运输是依靠源端和库端渗透作用所建立起来的压力梯度推动的溶液集体流动（图 10-8）。源和库之间压力梯度的建立过程是这样的：一方面，在源端韧皮部进行溶质的装载，溶质进入筛管分子后细胞渗透势下降同时水势也下降，于是木质部的水沿水势梯度进入筛管分子，筛管分子的膨压上升；另一方面，在运输系统的库端，由于韧皮部的卸出，筛管分子的溶质减少，渗透势提高，同时水势也提高。当韧皮部的水势高于木质部时，水沿水势梯度从筛管分子回到木质部，筛管分子膨压降低。这样就在源端和库端之间形成膨压差，推动筛管中的汁液从源向库运动。筛管中汁液的运动本身并不需要能量，但是在源端和库端进行的装载和卸出则是消耗能量的。能量主要用于建立和维持源、库两端的压力差。

在韧皮部的运输系统中，筛板极大地增加了筛管对水流的阻力。但是这种阻力对于建立和维持源-库两端的膨压差却是十分必要的。因为如果没有筛板的阻力，筛管两端的膨压会很快达到平衡，因而无法建立起源-库两端的膨压差，也就不能形成筛管汁液的集流。

值得注意的是，图 10-8 所示的韧皮部集流的运动是逆水势梯度进行的。这样的水分运动并不违背热力学规律，因为水在筛管中的运动是以集流形式进行而非渗透（筛管分子间无细胞膜）。韧皮部筛管溶液在压力梯度推动下从源向库运输。

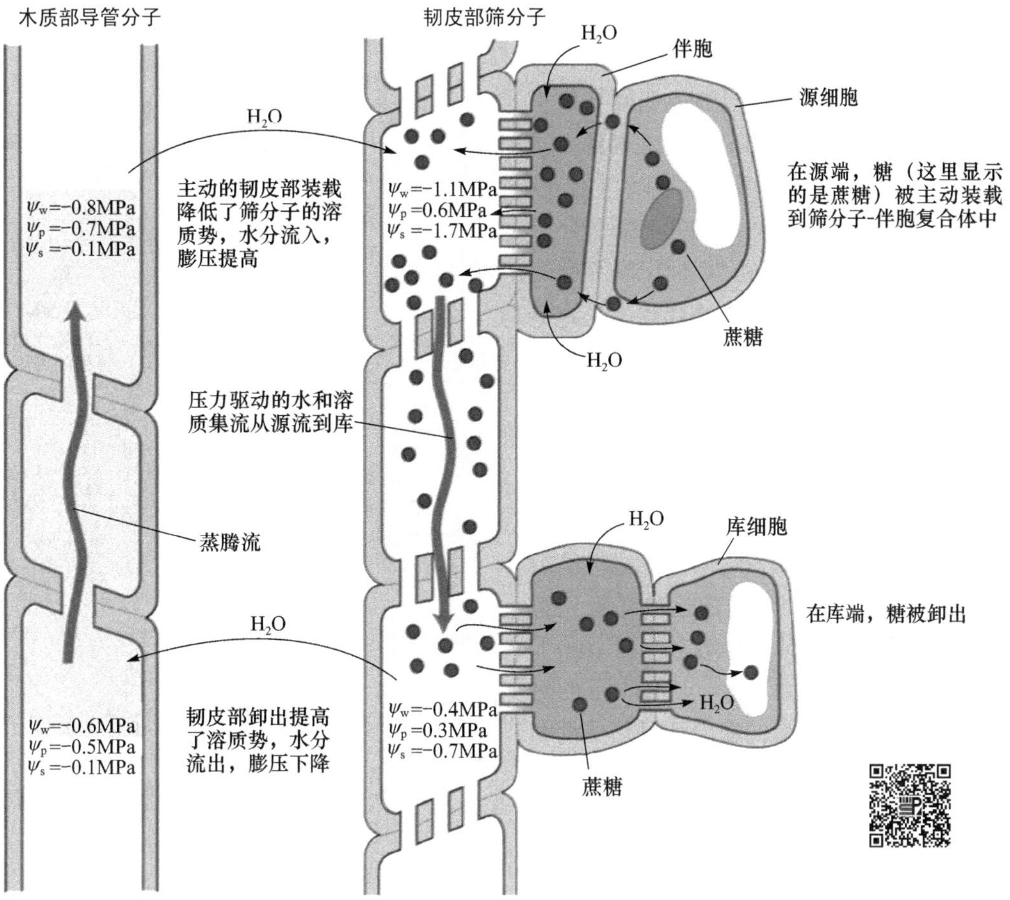

图 10-8　压力流动学说示意图（Taiz et al., 2015）

（二）压力流动学说的实验证据

植物韧皮部的运输机制如果符合压力流动学说，我们就可以做出如下预测。①筛管间的筛板孔应是开放的：如果筛孔是堵塞（如 P-蛋白或其他物质）的，会对集流产生很大的阻力，以致集流无法产生，因此如果筛管中汁液是以集流形式运动则筛孔必须是开放的。②在同一筛管中不能同时进行双向运输（bidirectional transport）：根据压力流动学说，溶质在筛管中是随集流而运动的，而集流在一个筛管中只能有一个方向，而且水和溶质是以相同速度移动的。③筛管运输本身不需要能量：虽然对于维持筛管分子的结构和膜的完整性及将渗漏的糖重新装回筛管需要一定的能量，但是在筛管中的运输本身并不需要能量，因此限制 ATP 的供应，如低温、缺氧、代谢抑制剂等不会中止运输。④在源端和库端存在膨压差：压力流动学说需要筛管中存在正的压力梯度，在源端的筛管分子的膨压应该大于库端筛管分子的膨压，而且压力梯度应足以克服筛管的阻力并维持集流流速达到已观察到的水平。

通过大量实验，以上大多预测已得到实验证明。

关于筛管分子间的筛板孔是开放的还是堵塞的曾经过长期的争论。早期的电镜观察结果常发现筛管分子的孔道是被堵塞的。其原因可能是无法在筛管分子的保护反应发生之前将细胞的结构固定下来。因为筛管分子具有防止泄漏的保护机制，当切割或固定植物材料筛管发生断裂或渗漏时，筛管分子间的筛板孔会迅速被 P-蛋白和胼胝质堵塞。

快速冷冻和固定技术提供了更为可靠的对筛管分子的观察结果。在葫芦科、甜菜、豆类及近期在拟南芥等植物中都观察到筛板孔的开放状态（图 10-3）。利用激光共聚焦显微镜技术对蚕豆中筛管分子在活体状态下荧光分子的运输过程进行了观察，结果表明筛板孔和筛管腔在活体组织中都是开放的。这些观察结果都符合压力流动学说。

对于筛管分子运输方向的观察一般是通过在筛管中装入示踪物如荧光染料，然后根据示踪物的运动方向来确定筛管集流的方向。常常可以观察到示踪物在茎的不同维管束中沿不同方向的运动；在叶柄的同一维管束中也可以观察到邻近的不同筛管分子中示踪物沿不同方向的运动，特别是当叶片处于库-源转变过程的时候。但是目前还没有观察到在同一个筛管分子中存在双向的物质运输。以 $^{11}CO_2$ 或 $^{14}CO_2$ 作为脉冲标记的实验表明，在单一筛管分子中，同化物运输是单向的。通过 ^{14}C 标记测定糖的运输速度和核磁共振技术测定水的运输速度，表明韧皮部中水和溶质是以相同速度移动的。因此目前对筛管分子中物质运输方向的观察结果是支持压力流动学说的。

关于筛管运输本身是否需要耗费能量，在一些植物中已得到实验证据。如可以耐受短期低温的甜菜，使其叶柄的一段处于 1℃的低温，这时组织的呼吸被抑制了 90%，而韧皮部的运输在受到暂短的抑制后可以逐步恢复到正常水平（图 10-9）。将柳树的一段茎给予 0℃低温处理，与 23℃下的对照相比，叶同化的 ^{14}C 同化物的输出情况几乎没有改变（图 10-10）。因此，韧皮部运输本身并不是一个耗能的过程。对于一些非耐寒的植物如豆类，低温处理叶柄或用呼吸抑制剂处理会抑制韧皮部运输，但电镜观察结果表明这些处理会造成筛管分子间筛板孔堵塞，因此造成运输抑制的原因可能是筛板孔的堵塞而非不能满足运输的能量需求。

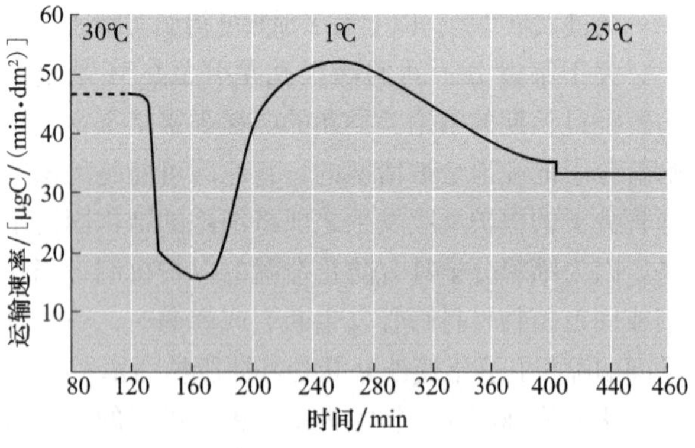

图 10-9　低温对甜菜叶柄韧皮部运输的影响

（Taiz et al., 2015）

叶柄低温处理抑制能量的产生，但韧皮部运输速率在短暂的降低后，很快恢复，说明在韧皮部途径中的运输对能量的需要不大。源叶饲喂 $^{14}CO_2$，2cm 长的叶柄用 1℃低温处理，运输速率通过运输到库叶的 ^{14}C 的量计算

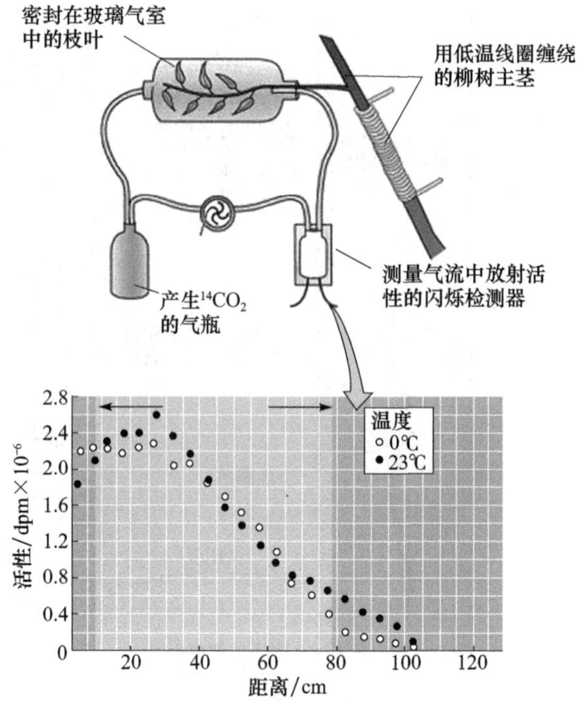

图 10-10　低温处理情况下叶同化物的输出情况

（Buchanan et al., 2000）

柳树 65cm 长的茎用 0℃低温处理，韧皮部运输模式与 23℃下的对照没有明显的差异。横坐标上数字表示从源叶的侧枝连接到主枝上的位置开始向下沿主枝的距离

源端和库端是否存在足够推动集流运动的膨压梯度？筛管膨压可通过不同的方法测定，一种方法是通过测定渗透势和水势经计算得到，另一种是借助蚜虫吻针进行直接测定。让蚜虫将吻针刺入筛管分子，然后将吻针与虫体分离后再与微压力计或压力传感器连接，测定筛管分子的膨压。因为蚜虫的吻针只刺入单个筛管分子，且细胞膜与吻针封接得很好，所以这一方法得到的结果更为准确，但是它的技术难度比较大，在木本植物中很难应用。应用蚜虫吻针技术在草本植物和小树中测得的源端筛管膨压值在 0.7～1.5MPa。

使用渗透势和水势计算法在一些草本植物如大豆植株中测得源和库之间存在足以推动集流运动的压力梯度，然而在高大的树木中并没有检测到预期的比草本植物或小树更高的膨压，如在高大的白灰树中通过测定渗透势和水势计算得到的源端筛管压力值为 2.0MPa，这与草本植物筛管的膨压并没有实质性差异。因此在高大的树木，源和库之间的压力梯度似乎是不足以推动集流长距离运输的。

也有人提出另外的韧皮部集流运输的模式。其中之一是 Fisher（2000）提出的高压增强模式（high-pressure manifold model），该模式认为：筛管的高压力主要产生于源，韧皮部装载能力常常超过卸出能力；运输系统中对集流的阻力主要不是发生在运输途径中的筛管或筛板，而是发生在筛分子-伴胞复合体与库组织特别是维管薄壁细胞之间的胞间连丝；这样在源和库筛分子之间只存在较小的压力梯度，而在库筛管分子与韧皮薄壁细胞之间则存在较大的压力梯度；这样的系统能够有效和快速地传递长距离运输的筛管汁液的压力或浓度变化信息。

另外一种是在早期提出最近又被重提的接力模式（relay model），该模式认为韧皮部是由一系列功能单位串联连接，溶质从一个功能单位主动转运到下一个功能单位，提高压力以驱动长距离运输。该模式认为在运输途径中需要耗费能量。

综上所述，我们可以看到，大多实验数据是与压力流动学说相符合的，包括溶质和水以同样速度运动；草本植物运输途径不需要能量；筛板孔开放；单一筛管中没有双向运输等。而另一些实验数据与压力流动学说仍有矛盾，主要是在木本植物的筛管中没有检测到足以推动集流运输的膨压。总之，韧皮部运输机制的完全阐明还需要更多的研究。

第二节　同化物的装载和卸出

光合产物在源端的装载和库端的卸出是韧皮部运输动力的来源，同时碳水化合物的装载和卸出对农业生产有重要的意义，源端装载对叶的光合作用和库端卸出对果实和籽粒的产量等都有极为重要的影响。

一、韧皮部的装载

韧皮部装载的部位是叶片中的小叶脉。在典型的叶片中维管束类似树枝状逐级分枝，维管束的末梢即小叶脉遍布整个叶片。在叶片中所有叶肉细胞距离小叶脉一般不会超过几个细胞（图 10-11）。小叶脉中仅有一或两个筛管，叶肉细胞中光合作用生产的同化物主要在小叶脉被装载进入筛管，以后逐级汇入主叶脉向植物体全身运输。

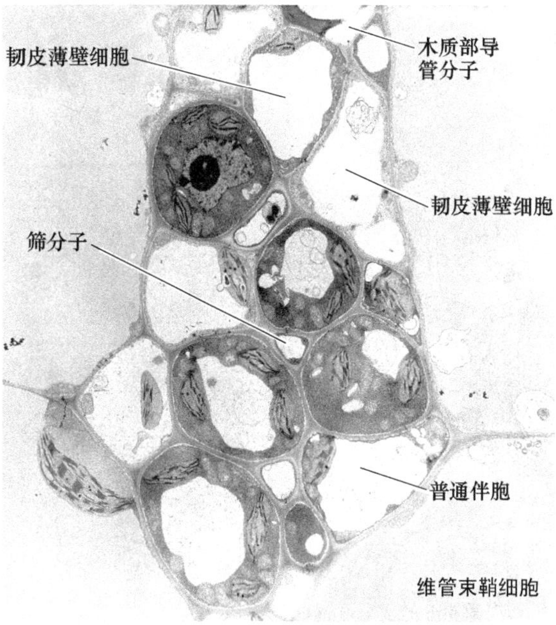

图 10-11　甜菜源叶的一个小叶脉横切面的电子显微镜图像（5000×）（Taiz et al., 2015）

光合产物从成熟叶片叶肉细胞的叶绿体运送到筛分子-伴胞复合体涉及以下三个步骤：第一，光合产物从叶绿体运到细胞质基质。白天，光合作用生产的丙糖磷酸从叶绿体运到细胞质基质，然后转化为蔗糖；夜间，叶绿体中的淀粉水解产物葡萄糖和麦芽糖运送到细胞质基质并转化为蔗糖。第二，蔗糖从叶肉细胞运输到叶片小叶脉的筛分子-伴胞复合体附近，这个过程往往只涉及几个细胞的距离，因此也称为短距离运输（short-distance transport）。第三个步骤是蔗糖进入筛管分子-伴胞复合体即韧皮部装载（phloem loading）。

蔗糖和其他溶质进入筛管后，就会随集流被运出源器官。蔗糖从光合细胞进入韧皮部的整个过程称为输出（export）。而通过维管系统从源向库的运输则称为长距离运输（long-distance transport）。

（一）韧皮部装载的方式

光合产物从光合细胞进入 SE-CC 复合体过程中，最初的短距离运输是通过胞间连丝，因此是共质体运输。而进入 SE-CC 复合体则有两种不同的方式：共质体装载（symplastic loading）（图 10-12A）和质外体装载（apoplastic loading）（图 10-12B）。共质体装载是指光合产物从叶肉细胞通过胞间连丝进入 SE-CC 复合体；而在质外体装载中，同化物在进入 SE-CC 复合体之前，会释放到 SE-CC 复合体附近的质外体中，再由位于 SE-CC 复合体质膜上的运载体转运到筛管中。不同植物可能以某一种装载方式为主，也有证据表明一些植物具有两种装载方式。

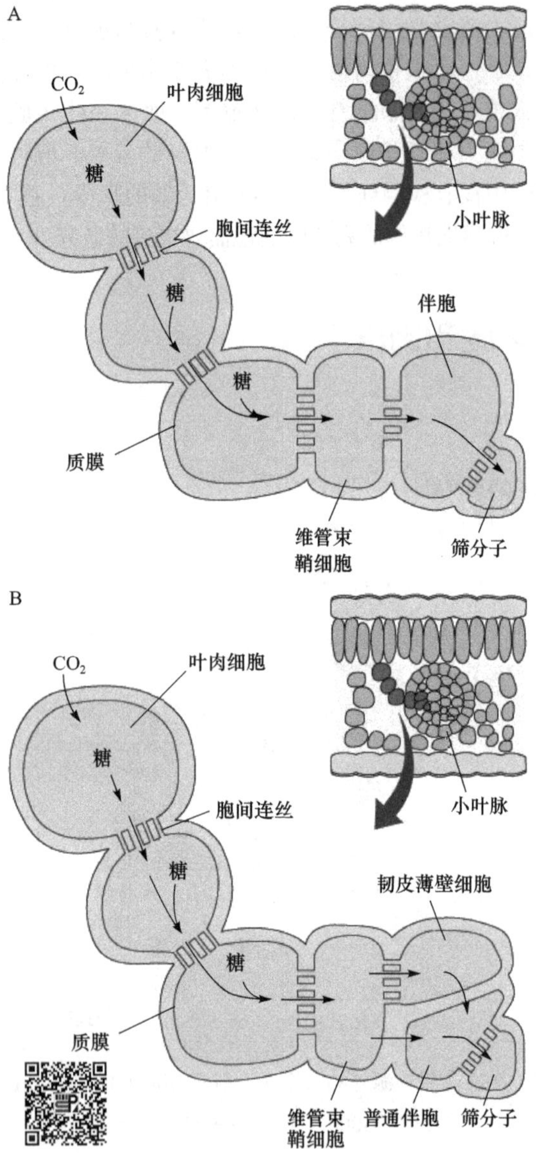

图 10-12　源叶中韧皮部装载途径图解（Taiz et al., 2015）

A. 共质体装载：糖通过胞间连丝从叶肉细胞运输进入筛分子-伴胞复合体中；B. 质外体装载：糖从光合细胞进入伴胞筛管附近的质外体，再通过跨膜运输进入筛分子-伴胞复合体中

不同植物韧皮部装载方式是和其小叶脉伴胞类型、SE-CC 复合体与周围细胞间胞间连丝的密度及运输糖的形式等因素相关的。

韧皮部装载的方式首先取决于伴胞类型和 SE-CC 复合体与周围细胞胞间连丝的密度。前面我们已经介绍了伴胞的三种类型，即普通伴胞、转移细胞和中间细胞。普通伴胞与外围细胞间的胞间连丝数量在不同物种中不同，通过普通伴胞的装载可以是质外体装载，也可以是共质体装载。转移细胞除了与筛管分子间有大量胞间连丝外，与周围的其他细胞间缺少胞间连丝，因此光合产物进入筛管必须经过质外体步骤。而中间细胞与周围细胞间有大量的胞间连丝存在，光合产物可以经过共质体装载方式进入筛管。

SE-CC 复合体与周围细胞胞间连丝的密度在不同植物种属中有相当大的差异。一般可以根据其密度的大小分为 1 型物种、2a 型物种和 2b 型物种，1 型物种在小叶脉伴胞和维管束鞘细胞间有大量胞间连丝存在，属共质体装载的植物，如锦紫苏（*Coleus blumei*）、西葫芦（*Cucurbita pepo*）和甜瓜（*Cucumis melo*）。2 型物种的伴胞与维管束鞘细胞间的胞间连丝闭合，属于质外体装载的植物。其中 2a 型植物伴胞与维管束鞘细胞间胞间连丝发生了初级关闭，如马铃薯（*Solanum tuberosum*）、甜菜（*Beta vulgaris*）等。2b 型植物，伴胞与维管束鞘细胞间胞间连丝发生了进一步的关闭，而且伴胞特化为特别适合将同化物从质外体运输到共质体的细胞，如豌豆（*Pisum sativum*）、向日葵（*Helianthus annuus*）等。

韧皮部和周围细胞的联系程度具有很强的种属特性。例如，在双子叶植物的科中大约只有 10% 的科，其中的植物具有两种以上的韧皮部和周围细胞的联系类型；而大多数科的植物都采用同一联系类型。在韧皮部和周围细胞间有大量胞间连丝的植物通常是树木、灌木或藤本植物，而草本植物是比较典型的韧皮部和周围细胞之间缺少胞间连丝的植物。从全球的植物分布来看，在韧皮部和周围细胞间有大量胞间连丝的植物往往分布在热带和亚热带地区，而在韧皮部和周围细胞间不具胞间连丝的植物则常生活在寒冷和干燥的气候条件下。因此有人认为：低温和水分亏缺会引起共质体运输受阻，质外体装载是植物对这种不利环境条件的适应性反应。

1. 质外体装载

（1）存在质外体装载的实验证据　有许多实验证据说明在韧皮部装载过程中存在着质外体途径。

1）质外体中存在被运输的糖：如果韧皮部装载需要经过质外体，那么在质外体中就应该检测到被运输的糖。实验表明，在甜菜、大豆等以蔗糖为主要运输形式的植物中，质外体中的糖以蔗糖为主，如果改变蔗糖的向外输出也相应地改变蔗糖在质外体的水平或者流速；利用 ^{14}C 同位素方法证明，

当用 $^{14}CO_2$ 饲喂甜菜叶片后，放射性很快出现在质外体中，因此质外体中的蔗糖来自光合细胞。

2）质外体的糖可以进入筛管分子：在甜菜、蚕豆、豌豆、蓖麻叶、秋海棠等多种植物中都观测到：当给叶片施加 ^{14}C 标记的蔗糖时，在短时间后蔗糖会汇聚到小叶脉中的筛分子-伴胞复合体中。因此质外体中的糖是可以被吸收进入筛管的。

3）抑制糖的跨膜吸收同时也抑制了叶片糖的输出：对氯汞苯磺酸（p-chloromercuribenzene sulfonic acid，PCMBS）是抑制蔗糖跨膜运输的抑制剂，但是它自身不能跨膜进入共质体。如果用PCMBS处理某些植物，如甜菜、蚕豆、豌豆等对质外体糖的吸收，同样也会抑制叶片的糖的输出（图 10-13）。因此在这些植物中，蔗糖从光合细胞到 SE-CC 复合体的短距离运输可能涉及蔗糖从质外体进入共质体的过程。

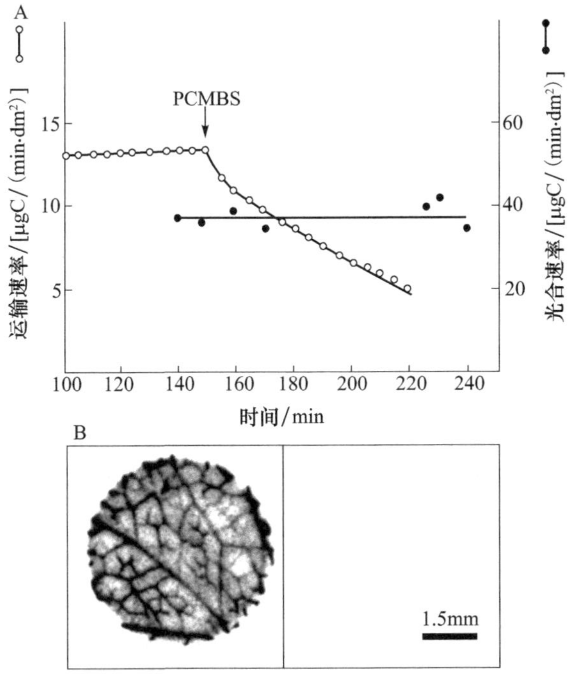

图 10-13　对氯苯汞磺酸（PCMBS）对甜菜叶片韧皮部运输的影响（Buchanan et al.，2000）

A. 甜菜叶片在加入跨膜运输抑制剂 PCMBS 后，^{14}C 标记同化物的输出迅速减少，而叶片光合速率没有受影响，说明韧皮部装载存在质外体途径；B. 放射自显影实验表明，PCMBS 对小叶脉吸收质外体蔗糖有抑制效应，豌豆叶片在短暂的吸收后，几乎所有吸收的蔗糖都汇聚到小叶脉中（左），加入 PCMBS 可完全抑制吸收过程，无显影（右）

4）转基因实验：通过转基因技术使番茄质外体中产生使蔗糖分解的酶——转化酶，结果转基因植株的生长极为缓慢，表明蔗糖在质外体的分解抑制了蔗糖的运输，暗示这些植物的蔗糖运输有质外体途径的参与。

（2）*蔗糖从光合细胞向质外体的释放*　通过质外体装载方式进行装载的植物，光合作用产生的蔗糖首先需要从叶肉细胞进入质外体空间。理论上，蔗糖可以直接从叶肉细胞进入质外体；也可以通过胞间连丝从叶肉细胞运输到邻近 SE-CC 复合体的细胞，再将其释放到质外体中。长期以来一直不清楚蔗糖释放的位点，也不了解其释放的确切机制。最近在拟南芥和水稻中鉴定出一类称为 SWEET 的具有跨膜转运蔗糖功能的蛋白质，其中拟南芥 SWEET 11 和 12 两个成员定位于韧皮部薄壁细胞，编码该蛋白的基因发生缺失突变后，叶片同化物的输出降低，导致叶中糖积累。由以上实验可推测叶肉细胞合成的蔗糖首先通过胞间连丝运输到韧皮部薄壁细胞，在此通过 SWEET 蛋白释放到质外体空间，供 SE-CC 复合体吸收。

（3）*蔗糖由质外体进入 SE-CC 复合体*　在源叶片中，SE-CC 复合体中的蔗糖浓度远高于叶肉细胞中蔗糖的浓度。在甜菜中，叶肉细胞的渗透势大约是 −1.3MPa，而 SE-CC 复合体的渗透势大约是 −3.0MPa。这种渗透势的差别主要是由于蔗糖浓度差造成的。但是蔗糖运输方向是从叶肉到 SE-CC 复合体，同时蔗糖又是不带电荷的分子，因此蔗糖的短距离运输是一个逆化学势梯度的富集、浓缩过程。从理论上讲，这个过程是一个消耗能量的过程。确实，外加 ATP 可以促进蔗糖的输出量。如果用呼吸抑制剂，如二硝基苯酚抑制植物呼吸，降低 ATP 水平，外源蔗糖的装载会受到抑制。

目前一般认为蔗糖的韧皮部装载由蔗糖-质子共运输载体完成。位于筛管或伴胞膜上的质子泵利用水解 ATP 释放的能量将质子运输到细胞外，在质外体中形成较高的质子浓度，建立起细胞膜内外的质子电化学势梯度。在质子电化学势梯度驱动下，蔗糖-H^+共运输载体将 H^+和蔗糖运进筛管伴胞中（图 10-14）。

有许多实验证据支持质子-蔗糖共运输学说。例如，在用蚕豆进行的实验中，提高质外体的 pH 会减少外源施加蔗糖向筛管分子和伴胞的运输。因为质外体 pH 的提高意味着质外体中质子浓度的降低，这样就会降低跨膜的质子电化学势梯度，因而减少推动蔗糖-质子共运输的能量。分子生物学的研究结

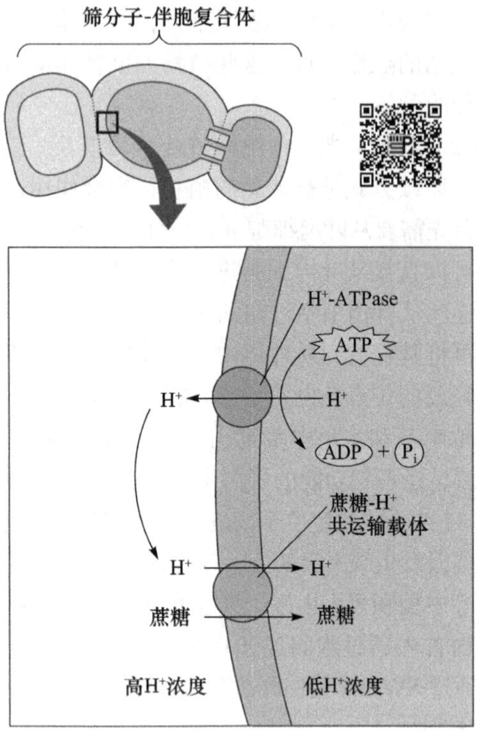

图 10-14 筛分子-伴胞复合体细胞膜上的蔗糖-质子共向运输示意图（Taiz et al., 2015）

果进一步证实了这一假说。用免疫学方法确定了质子泵存在于普通伴胞和转移细胞的质膜上。在转移细胞中，质子泵主要集中于发生内凸的质膜面上，这些部位主要面向维管束鞘和维管薄壁细胞，正是蔗糖从质外体向 SE-CC 复合体运输的界面。在拟南芥中发现 9 种编码蔗糖-质子共运输载体（SUC 或 SUT）的基因。已经证明拟南芥 SUC2 是韧皮部装载所必需的，这个载体是和质子泵在韧皮部伴胞中共同定位的。这种位置上的相关性可能表明，质子泵建立了质子动力势而蔗糖-质子共运输载体则利用质子动力势运输蔗糖。在车前草（*Plantago major*）叶片逐步成熟的过程中，叶片由尖端向基部逐步发生从库到源的转变，而蔗糖-质子共运载体 SUC2 也同步进行表达，说明叶细胞光合产物的输出需要 SUC2 的参与。SUC2 已在多种植物中克隆并定位在韧皮部的伴胞。除了 SUC2 之外，在烟草、马铃薯和番茄中还发现另一种蔗糖-质子共运载体，称为 SUT1。这种蔗糖-质子共运载体不是定位于伴胞而是定位在筛管分子的质膜上，转化反义 *SUT1* 基因的马铃薯，载体活性下降，根和块茎的生长下降，导致淀粉和脂类在源叶积累。

蔗糖外运可以被质外体中的钾所促进，因此适当施钾肥可以增加向库的运输从而促进库器官的生长。

2. 共质体装载

（1）存在共质体装载的实验证据　在共质体的装载途径中，细胞间存在胞间连丝是共质体运输的必要条件。在本章第一节皮部伴胞类型一节中，我们已经介绍了中间细胞与周围细胞间有大量胞间连丝存在。因此具有中间细胞和普通伴胞的植物中，韧皮部装载有可能利用共质体途径。利用显微注射方法将不能跨膜扩散的荧光染料注射到叶肉细胞，发现荧光染料可以从叶肉细胞扩散到小叶脉 SE-CC 复合体中，或者反过来从伴胞扩散到维管束鞘和叶肉细胞。当然，细胞间有胞间连丝的存在并不能说明光合产物的运输一定是通过共质体的途径。

在锦紫苏（*Coleus blumei*）、南瓜（*Cucurbita pepo*）及西瓜（*Cucumis melo*）等植物中，内源糖装载对 PCMBS 抑制剂的处理不敏感，说明光合作用生产的糖并不是通过质外体途径进入筛管的。这些植物的维管束鞘细胞和伴胞间存在大量胞间连丝，同时这些植物的主要运输糖是水苏糖，利用 ^{14}C 标记分析质外体中糖的类型，表明质外体中缺少水苏糖，因此在这些植物中糖可能是通过共质体进行运输的。

（2）共质体装载的机制　筛管汁液的组成成分与其周围组织的溶质成分是非常不同的，说明被运输的糖在进入 SE-CC 复合体时必定要进行选择。在质外体装载途径中，被运输的糖从叶肉细胞运出和从质外体运入 SE-CC 复合体都是通过膜上的特异性载体，那么糖的选择性转运是可以理解的。但是对于共质体途径的装载就比较难以理解。由于胞间连丝只是细胞间非特异的运输通道（对小分子来说），很难解释胞间连丝如何对被运输糖进行选择。此外，SE-CC 复合体中通常具有较高的膨压和糖浓度，而向其运输同化物的细胞却具有较低的膨压和糖浓度，细胞如何维持糖通过胞间连丝从低浓度向高浓度逆浓度梯度进行运输也是一个难以解释的问题。因此在共质体的韧皮部装载途径中还存在一个利用特异性膜载体以外的控制机制。

R.Turgeon 提出一个非运输糖在伴胞中转变为运输糖的模型，用以解释通过胞间连丝的共质体韧皮部装载的选择性和逆浓度梯度运输的问题，称为聚合物陷阱模型（polymer-trapping model）（图 10-15）。该模型认为：叶肉细胞光合作用中产生的蔗糖和肌醇半乳糖苷通过胞间连丝从维管束鞘细胞扩散进入中间细胞后，在中间细胞中蔗糖被用于合成棉子糖和水苏糖，因而被消耗掉，这样就维持了蔗糖从维管束鞘细胞到中间细胞的顺浓度梯度的运输，同时由于合成的棉子糖和水苏糖具有较大的分子质量而无法通过扩散经胞间连丝回到维管束鞘细胞，而中间细胞和筛管分子间的胞间连丝的较大通透性可以允许中间细胞中合成的棉子糖和水苏糖扩散进入筛管分子，这样被运输的糖（棉子糖和水苏糖）在中间细胞和筛管分子中就会提高。按照聚合物陷阱模型，我们可以预测：①蔗糖在叶肉细胞中的浓度应该高于中间细胞；②棉子糖和水苏糖合成所需的酶应该位于中间细胞；③分子质量大于蔗糖的分子不能通过维管束鞘细胞和中间细胞间的胞间连丝。许多研究为这个模型提供了支持，如生物化学的和免疫学的实验证明，棉子糖和水苏糖合成所需的酶是定位在中间细胞的。

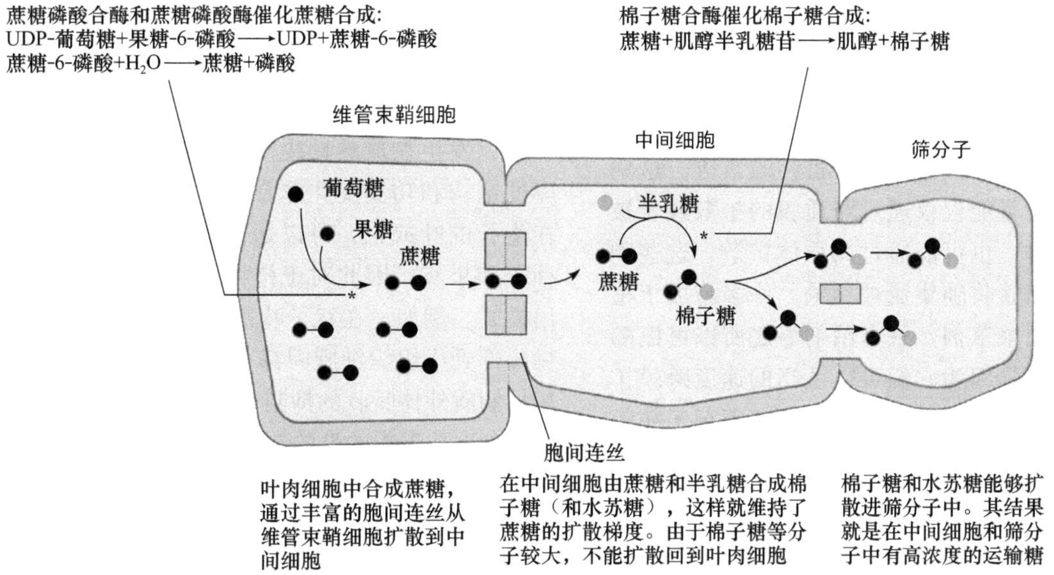

图 10-15 聚合物陷阱模型示意图（Taiz et al.，2015）

除了上述聚合物陷阱机制外，近期在一些木本植物特别是树木中还发现一种被动的共质体装载机制。许多树木韧皮部的伴胞是普通伴胞，但伴胞与外围的细胞间有较多胞间连丝。这些植物转运的糖是蔗糖或糖醇而不是寡聚糖。在这些植物的韧皮部装载过程中，蔗糖从叶肉细胞进入SE-CC 复合体的过程不存在富集机制。叶肉细胞到 SE-CC 复合体之间存在蔗糖浓度梯度，该浓度梯度驱动蔗糖或糖醇从叶肉细胞通过胞间连丝进入筛管。

表 10-2 比较了几种韧皮部装载类型的特点。不同的装载类型可能具有生态学上进化的优势。

表 10-2 植物进行韧皮部装载的类型（Taiz et al.，2015；Turgeon，2009）

特征	质外体装载	共质体装载	
		聚合物陷阱	被动装载
运输糖	蔗糖	棉子糖、水苏糖、蔗糖等	蔗糖
伴胞特征	普通伴胞或转移细胞	中间细胞	普通伴胞
SE-CC 复合体与其周围细胞之间胞间连丝数量与传导性能	低	高	高
对 SE-CC 复合体上主动运输载体的依赖性	依赖于运输载体	不依赖于运输载体	不依赖于运输载体
能量需要	需要	需要	不需要
运输糖在源叶中的总浓度	低	低	高

续表

特征	质外体装载	共质体装载	
		聚合物陷阱	被动装载
产生长距离运输驱动力的细胞类型	SE-CC 复合体	中间细胞	叶肉细胞
生长习性	主要是草本植物	草本植物和木本植物	主要是树木
装载示意图	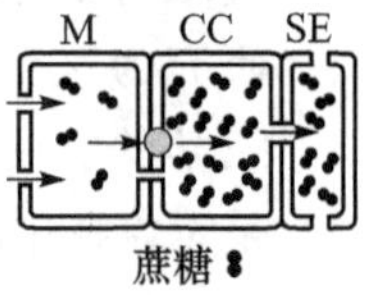	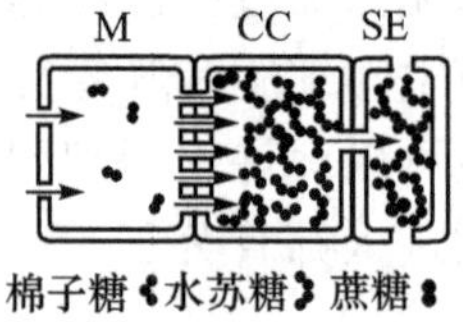	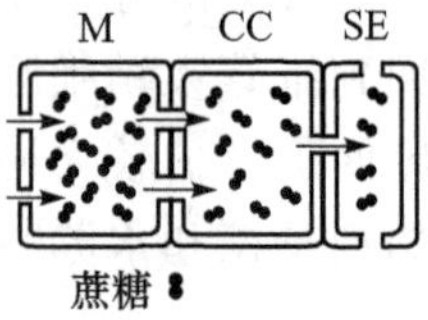

（二）筛管汁液中其他物质进入韧皮部的方式

除了碳水化合物外，在筛管汁液中还有一些含量较低的物质，如有机酸、植物激素等。这些物质进入筛管可能仅仅通过跨质膜的扩散或者被动的运输载体，也可能通过共质体扩散，这些物质一旦进入筛管将随集流被运输。许多施加于植物的物质，如杀草剂、杀真菌剂等之所以可以随筛管集流运输是因为它们可以适当的速度跨膜扩散进入筛管；同时这样的扩散速度又不至于在随集流运输到达库的过程中使其扩散出筛管造成流失。对于弱酸性的物质在进入筛管后，由于筛管中低 H^+ 环境因此带负电荷，带电荷的物质通常难以跨膜扩散，这样弱酸性的物质就会被限制在筛管中随集流输送。

二、韧皮部卸出

同化物经韧皮部运输到库端后，将经过以下步骤输入（import）库组织，如新生的嫩叶、生长的根、种子、储藏茎等。首先，蔗糖等运输糖被输送出韧皮部，称为韧皮部卸出（phloem unloading）；随后经过一个短距离运输（short-distance transport）到达库细胞，这一过程也称为筛管分子后运输（post-sieve element transport）；库组织中接收被运输糖的细胞称为接收细胞（receiver cell）。最后，糖被库细胞存储或代谢。

下面我们主要讨论：韧皮部卸出和短距离运输是通过共质体途径还是质外体途径？在此过程中蔗糖是否水解？韧皮部卸出和随后的过程是否需要能量？

（一）韧皮部卸出的方式

在库端，同化物从筛管分子到接收细胞既可以通过质外体途径也可以通过共质体途径。但是同化物的卸出比同化物的装载要复杂得多。这是由于卸出可以发生在成熟韧皮部的任何地方，此外不同库的结构和功能变化非常大，它可以是幼嫩的正在生长的叶或根，可以是储藏茎或根，也可以是种子和果实，因此对于植物来说并没有固定的卸出模式。例如，在双子叶植物甜菜、烟草的幼叶，韧皮部到库组织细胞间都存在有大量的胞间连丝，用抑制质外体吸收的抑制剂如 PCMBS 和缺氧都不能抑制这些组织的糖的卸出，因此韧皮部卸出和短距离运输都完全是通过共质体途径进行的（图 10-16A）。在初生根的分生组织和伸长区也是通过共质体途径进行卸出的。而在另外一些库器官如果实、种子及积累高浓度糖的其他器官，韧皮部卸出虽然是共质体的，但短距离运输却有部分是质外体的。在这些库组织中，共质体与质外体之间可以转换。当库组织中糖浓度很高时，质外体步骤是必需的。质外体步骤可以发生在韧皮部卸出本身（图 10-16B，类型 1），或筛分子更远的部位（图 10-16B，类型 2）。类型 2 似乎是最通常发生的质外体途径卸出，如韧皮部向发育中的种子的卸出。

在种子发育过程中，胚胎组织和母体组织间缺少共质体的连接，因此质外体步骤是必需的，但是糖从筛管运出却是共质体的。糖从共质体进入质外体发生韧皮部到胚胎组织途径中的某些部位。在甜菜的根和甘蔗的茎等储存库中也有质外体步骤。在这些储藏组织中植物积累了大量的糖，形成很高的细胞膨压，这对于共质体的运输是不利的，因为糖可能沿浓度梯度和压力梯度返回筛管，而质外体步骤则可以避免蔗糖通过共质体的回流，也就是说，质外体步骤使运输物质受到膜的控制。

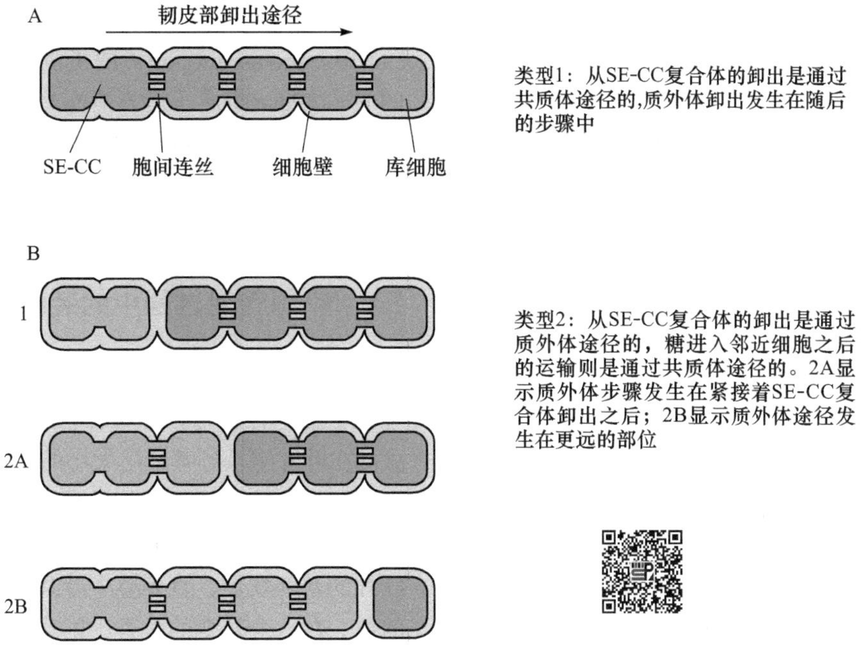

图 10-16　不同植物及不同组织器官可能具有的不同的韧皮部卸出类型（Taiz et al.，2015）

A. 共质体的韧皮部卸出途径；B. 质外体的韧皮部卸出途径，同化物卸出到质外体可以发生在筛分子-伴胞复合体处，也可以在韧皮部卸出途径中的其他部位

在质外体步骤中，被运输的糖在质外体中可能会发生部分转化。例如，蔗糖可以被转化酶水解成葡萄糖和果糖，然后进入细胞。在库组织中发现存在许多单糖运输载体。对于有些植物来说，质外体中蔗糖的水解维持了质外体中低的蔗糖浓度，这样以利于蔗糖向质外体的扩散。质外体中的糖进入接收细胞的机制还了解较少，已发现拟南芥的一些蔗糖质子共运载体在库组织中表达，如拟南芥 SUC1 在花粉中表达，SUC5 在种子中表达，AtSUC8 在花中表达，AtSUC9 在库组织中广泛表达，并且对糖有很高的亲和性。这些蔗糖-质子共运载体可能参与了同化物卸出过程中接收细胞对糖的吸收过程。

研究同化物卸出常用空胚珠技术（empty ovule technique）。这一方法适用于豆科植物的豆荚。在这类植物中胚囊组织和周围细胞间没有胞间连丝的连接，胚囊和种荚的内皮（endothelium）间没有共质体的连接。在胚囊发育过程中，哺育组织向胚囊运输的营养物质只能通过质外体途径。因此可以通过适当手术将胚珠的胚囊部分除去而留下一个“空胚珠”。由于胚囊从种子中除去，这样就可以对糖从种皮进入质外体的过程进行研究而不会受胚囊的干扰；同样也可以分别对胚囊吸收糖的过程进行研究。

在“空胚珠”中可以加入琼脂或缓冲液，在短时间的恢复之后向库器官的同化物卸出会仍然继续进行，卸出的物质将留在琼脂或缓冲液中，这个过程可以持续数小时（图 10-17）。这样，实验者可以通过琼脂或缓冲液的置换和分析，以及通过改变 pH，加入其他溶质和抑制剂等对卸出过程进行研究。

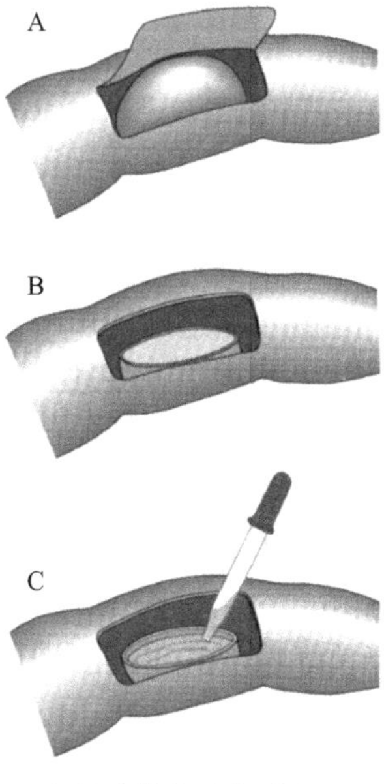

图 10-17　空胚珠技术示意图（Hopkins & Hüner，2004）

A. 在豆荚上切出一个“窗口”；B. 切去种子末端的一半，挖去胚胎组织，形成杯状的只剩种皮的空穴结构；C. 在空穴中充入缓冲液或琼脂，以接收运输到种子、供胚胎发育用的同化物

空胚珠技术已经成功应用于豆科植物和玉米的种子发育过程中同化物卸出的研究。在豆科植物中，向胚囊的卸出对缺氧、低温、代谢抑制剂及PCMBS敏感，因此蔗糖可能是通过需能的膜载体卸出到质外体的，这个载体可能就是蔗糖-质子共运载体。但是在玉米中蔗糖向胚囊的卸出则相反，其对缺氧、低温、代谢抑制剂及PCMBS不敏感。因此不同植物种属的蔗糖向胚囊的卸出存在不同的机制，在豆科植物中卸出是需能的过程而在玉米中则是被动的过程。

（二）同化物进入库组织的能量需求

同化物从韧皮部运输到库组织是需要能量的过程。在正在生长的幼叶和幼根，以及以淀粉和蛋白质等多聚体为储存方式的储藏库是利用共质体途径进行韧皮部卸出和短距离运输的。在这条途径中，糖沿着浓度梯度通过胞间连丝扩散进入库细胞，因此卸出过程本身是一个被动运输的过程，并不直接需要能量供应，但是糖浓度梯度的维持是直接依赖能量的。为维持筛管与库细胞间的糖浓度梯度，库细胞需要将运输来的糖代谢转化为多聚体进行储藏或转化为其他物质供植物生长所需，这些过程都需要能量供应。对于具有质外体步骤的韧皮部卸出和短距离运输途径，糖需要进行跨膜的运输。在输出的细胞要跨膜进入质外体；在接收细胞需要从质外体跨膜吸收；在一些细胞中糖还要跨液泡膜进入液泡。在前面已经提到，许多糖跨膜运输载体是糖-质子共运输的载体，其运输糖的过程是需要代谢能量的。

对种子发育过程的研究证明，蔗糖进入质外体和被吸收进入胚胎都可能通过主动的载体进行运输。禾谷类（如小麦）作物胚胎从质外体吸收糖是主动过程而糖从植物母体外流进入质外体则是顺浓度梯度的扩散，质外体中糖的低浓度主要依靠胚胎对糖的迅速吸收。在玉米的质外体中，蔗糖被转化酶迅速水解为葡萄糖和果糖，维持了质外体中蔗糖的低浓度。一般来说，在发育的种子中，胚胎也采用了蔗糖-质子共运输的机制从质外体吸收蔗糖。

许多植物如甜菜和甘蔗的储藏组织中，库细胞往往积累很高浓度的蔗糖，这些细胞从质外体跨膜吸收蔗糖的过程是主动运输过程，需要代谢能量。在有些植物的储藏细胞中，蔗糖被运入液泡储存起来，蔗糖跨液泡膜的运输是通过蔗糖-质子反向运输（sucrose-proton antiport）的机制进行的。液泡膜上的H^+-ATPase将质子运入液泡建立跨液泡膜的质子动力势，然后液泡膜上的反向运输载体利用跨液泡膜的质子动力势将液泡外的蔗糖与液泡内的质子交换，把蔗糖输送到液泡内。

三、库-源转变过程中的装载和卸出途径

幼小的叶片是接收同化物的库，在叶片发育的过程中逐步转化为源。双子叶植物叶片的这种转变大约在叶片生长到其最后大小的25%时开始，并逐步进行直到叶片生长到其最后大小的40%～50%时完成。叶片输出最早开始于叶的尖端，以后逐渐向叶片的基部发展，直到整个叶片转变为输出同化物的源。在这个转变的过程中同化物的输出和输入可以并存，叶尖进行输出而叶基进行输入。

在叶片的成熟过程中发生着许多结构和功能的变化，其中许多是和库到源的转变有关的。在幼叶中同化物的输入通常是通过共质体途径，因此以共质体装载和质外体装载的两类植物的源到库的转变过程有很大的不同。

对于以质外体途径进行韧皮部装载的植物，叶片中必须有一个从共质体输入到质外体输出的转变过程。研究表明停止输入和开始输出是两个互不依赖的事件。烟草的白化叶片由于不具备叶绿体而不能进行光合作用，因此也不能进行同化物的输出，但是白化叶片如同绿色叶片一样当发育到一定阶段就会停止输入。因此在烟草叶片发育过程中一定发生了某种事件使同化物的输入停止。在烟草中，糖的卸出和装载通过几乎完全不同的叶脉进行。糖的输入通过主叶脉和大叶脉运输到整个叶片，而同化物的输出则通过小叶脉完成。这些小叶脉在同化物输入中不起作用，因为当时它们还不成熟。

糖输入的停止必定涉及叶发育到某一时期大叶脉卸出的阻断。阻断卸出的可能原因包括途径中细胞间的胞间连丝被关闭、胞间连丝密度降低或者其他共质体连续性的破坏。实验表明，胞间连丝关闭或频率减少都可以发生。

叶片合成的糖开始输出需要满足下列条件：①叶片光合作用能产生足够量的可以用以输出的同化物，蔗糖合成的基因表达；②负责装载的小叶脉成熟；③蔗糖-质子共运载体在SE-CC复合体质膜

表达。例如，在拟南芥中发现SUC2在伴胞上的表达模式正好与叶片的库源转变模式一致。因此蔗糖-质子共运载体的表达和活性是叶片可以进行同化物输出的决定因素。

关于通过共质体途径进行装载的植物叶片是如何进行库-源转变的，目前所知甚少。也许作为库时的共质体途径在库-源转变时仍然维持，只是运输的方向从输入变为输出。

第三节　同化物的配置和分配

植物通过光合作用将空气中CO_2中的碳转化为植物可利用的固定碳，叶片中可利用的固定碳的总量是由光合作用的速率决定的，但是固定碳可以被用于光合细胞自身以满足其结构和功能的需要，也可以被输送到不同的库器官以提供其生长的养料或用于储藏，光合作用所固定的碳被用于哪些方面取决于光合之后的代谢过程。植物将光合固定的碳调配到不同代谢途径的过程称为配置（allocation）。光合产物需要通过维管束运送到各种不同的库，如幼叶、生长的根、发育的种子、果实等。虽然在许多植物中维管束相互连接形成一个开放的网络，但实际上植物光合产物输送到各种库并不是平均分配，而是受到控制的有差异分配。植物体中光合同化物有规律地向各库器官的输送称为分配（partitioning）。

在经济产量的形成中，同化物的运输和分配具有决定性作用，通过改善作物的配置和分配也许是提高作物产量的一条有效途径。如果能够搞清楚作物同化物配置和分配的规律，我们也许能够减少“无谓”的消耗，增加向经济器官的分配，从而达到增加作物产量的目的。

一、同化物的配置

（一）配置包括光合固定碳的储存、利用和输出

1. 光合叶片中的配置　叶片光合作用所固定的碳在光合细胞中可以配置进入以下三条途径。

（1）合成储存化合物　光合固定的碳可以合成作为储存用的化合物。对于大多数植物来说白天在叶绿体中合成淀粉并将其储存在那里，夜间淀粉被动员用于输出。

（2）被光合细胞所利用　光合固定的碳可以用于光合细胞自身所需的能量或者合成光合细胞的结构化合物。

（3）合成用于运输的化合物　光合固定的碳可以合成被运输的糖然后被输出到各种库组织中。被运输的糖的一部分还可以暂时储存在液泡中。这样储存方式是一种临时的措施，它是作为蔗糖合成发生短期变化因而发生蔗糖短缺时的一个缓冲库。

2. 库的配置　配置在库中也是非常关键的，库细胞配置能力的强弱常决定了库的强度。

一旦运输的糖被卸出并进入库细胞，它们可以保持原样或者转变为其他化合物。在储藏的库中固定的碳可以蔗糖或己糖的形式储存在液泡中或者以淀粉形式储存在淀粉体中。在生长的库中，糖可以被用于生长所需要的呼吸和其他分子的合成。

（二）配置的调节

配置是由源叶的关键酶所调节的。在白天光照条件下，可用于输出的蔗糖依赖于光合细胞的光合速率、光合后的代谢反应及跨膜的运输等许多过程。虽然光合速率的提高可以增加蔗糖的输出，但是光合固定的碳中可输出的比例，即运输库（transport pool）比例的大小是由其他过程所决定的。光合作用的初产物丙糖磷酸的去向直接关系到碳的代谢方向和去向。丙糖磷酸可以：①加入光合C_3循环；②进行淀粉合成；③转运到细胞基质合成蔗糖（图7-16）。每条途径中都有许多酶起作用，因此对配置的调控是相当复杂的。目前仅针对质外体主动装载蔗糖的植物有所了解。

在白天光合细胞叶绿体中进行的淀粉合成（用于储存）过程和在细胞质中进行的蔗糖合成（用于运输）过程是相互协调的。叶绿体中进行光合C_3循环产生的丙糖磷酸既可用于淀粉合成，也可用于蔗糖合成。增加蔗糖合成将减少用于淀粉合成和储藏的丙糖磷酸。例如，当蚕豆的其他部位对蔗糖的需求高时，在源叶中就储藏较少的淀粉。涉及叶绿体中淀粉合成和细胞质基质中蔗糖合成调节的关键酶分别是ADPG焦磷酸化酶和果糖-1,6-二磷酸磷酸

酶、蔗糖磷酸合酶（具体调节过程见第七章）。

然而，对于以淀粉为碳储存形式的植物，从叶绿体中可以转移到细胞质的碳是有一定限度的。在不同条件下进行的淀粉和蔗糖之间配置的实验表明，大多数植物通常优先保证其在一天24h中的碳输出速率的相对恒定。其调节机制目前还不清楚。

突变体和转基因植物的应用提出了新的关于配置的问题。当抑制或加强两个竞争过程之一（蔗糖或淀粉合成）时，情况会怎样？已经发现只能合成微量淀粉的淀粉合成缺陷烟草突变体通过在白天加倍合成蔗糖补偿储藏碳的缺乏，同时突变体在白天的生长快于夜晚（野生型植物一般夜间生长快于白天）。相反，当用反义RNA技术抑制了磷酸转运体使其活性下降30%时，马铃薯在白天积累的淀粉多出4倍。在这种条件下，固定的碳在白天不能输出叶绿体，因而合成更多的淀粉。这些植物在夜间输出更多的固定的碳，此时在叶绿体和细胞质之间起运输碳作用的是不同的运载体。

像马铃薯一样，磷酸转运体活性降低80%的烟草植株也在叶绿体中积累更多的淀粉，并且利用夜间的转运体将固定的碳运出叶绿体。磷酸转运体活性被抑制的植物一般都没有表现出明显的生长变化。它们可以绕过磷酸转运体，利用其他的方式从叶绿体中输出糖，这些结果及其他有关结果均揭示出植物具有惊人的可塑性。

二、同化物的分配

在植物体内同化物的生产和利用是相互依赖的。虽然同化物的根本来源是植物的光合作用，但是植物的光合作用除了受环境条件调控外，也受到同化物运输和利用的调控。植物可根据同化物的需求来进行同化物的生产。同时，同化物在不同组织之间的分配并不取决于同化物的生产量，库器官对同化物的竞争能力，或者说对同化物的利用能力可能决定了植物体内同化物的分配。一个库的储存和代谢输入糖的能力越强，其从源争夺输出同化物的能力也就越强。这种竞争就决定了运输糖在各种库组织间的分配。

（一）库器官的特点

库器官可以分为使用库和储藏库两类。使用库是指大部分输入的同化物被用于生长的组织，如分生组织。例如，在大麦须根中，输入的蔗糖大约有40%用于呼吸，55%用于细胞结构的构建。在大部分使用库中，如生长中的根尖和幼叶，韧皮部的卸出通常采用共质体的途径。由于在库组织中蔗糖不断地用于细胞分裂和生长而被消耗掉，在筛分子-伴胞复合体与库组织间就形成了一个较大的蔗糖浓度梯度，推动了蔗糖从韧皮部向库组织的运输。因此同化物向这些库的运输速率与库的呼吸速率及库细胞的分裂和生长的速率有直接关系。

储藏库是指大部分输入的同化物用于储藏的组织和器官，如果实、块茎、块根等。同化物可以不同形式进行储藏，如在甜菜根中以蔗糖形式，而在小麦籽粒胚乳中以淀粉形式。在许多储藏库中，筛管分子卸出是通过共质体途径的，但是其后的运输则涉及质外体的途径。同化物输入受储藏过程的控制。同化物储藏的缺陷会导致运输的抑制。在玉米的一个单基因突变体中，由于谷粒淀粉合成中的一个酶有缺陷，因此突变体输入谷粒的同化物比正常植株减少。

（二）库组织对同化物的竞争与库强度

如前所述，同化物从源向库的运输与库组织和源之间的相互位置及源库间有无维管束直接连接等因素有关。库组织对源输出的同化物的竞争是决定同化物运输方向的另一重要因素。生殖器官通常比生长的幼叶和根对同化物有更强的竞争力。

库组织之间的竞争可以通过切去一个库组织后，观察到与之相竞争的库组织中同化物的输入增加的实验得到证实。反过来，如果改变源而仍保留库组织的完整，也可观察到不同库组织间的竞争现象。例如，将甜菜或菜豆植株的其他叶片遮光只保留一个叶片在光下，这样植株只有一个源，此叶片在短期内同化物的输出变化不会很大，此时对不同库组织进行观察，结果表明幼叶比根可以获得更多的同化物，说明叶是比根更强的库。这可能是由于幼叶能更迅速地消耗筛管分子中的糖，从而增加了压力梯度和向幼叶运输的速度。

竞争能力较强的库具有较强的从库区筛管分子的汁液中卸出溶质的能力，这样库端筛管分子的膨压就比较低，源和库之间的膨压差也就比较大，因此具有较强的吸引从源输出同化物的能力。用降低库端水势的处理可以人为增加源和库之间的压力梯度，从而也促进同化物向该库运输。例如，用甘露醇处理豌豆苗的根尖可以增加 ^{14}C 蔗糖的输入，350mmol/L 甘露醇可以在短期内增加约 300% 的蔗糖输入。虽然提高源端筛管分子的膨压同样可以达到提高源和库之间膨压差的目的，但是过高的源端膨压不利于光合细胞向筛管的装载，因此提高库竞争能力更可行的途径是降低库端筛管分子的膨压。

库的竞争能力可以用库强度来表示。库强度（sink strength）是指库组织动员输入同化物的能力。可以用式（10.1）表示。

$$\text{库强度} = \text{库容量} \times \text{库活力} \qquad (10.1)$$

库活力（sink activity）是指单位重量的库组织吸收同化物的速率；而库容量（sink size）是指库组织的总重量。改变库活力或者库容量都会改变运输的模式。例如，一个荚果输入蔗糖的能力不但与荚果吸收同化物的速率有关，而且取决于那个荚果的干重占整个生殖器官（全部豆荚）干重的比例。

库活力的变化是复杂的，因为库组织的各种活性都可能限制库的吸收速率。这些活性包括从筛分子的卸出，在细胞壁中的代谢，从质外体中的吸收，以及在生长或储藏中利用同化物的代谢的过程等。

操纵库强度的传统处理方法常常是非特异性的，如用低温处理库组织，这种处理会抑制需要代谢能量的所有活动，因此导致向库的运输速度下降。近年通过超表达或抑制表达与库活性直接相关的酶如蔗糖代谢有关的酶等可以特异地改变库强度。分解蔗糖的两个主要酶是转化酶和蔗糖合酶，二者均能催化蔗糖利用的第一步。

酸性转化酶结合在细胞壁中或积累在液泡中，通过反义抑制技术抑制胡萝卜根的酸性转化酶活性时，蔗糖分配发生改变，向根的分配下降，降低了主根的发育。这些植物比对照有更多的叶，因此根冠比大大下降。在转基因植株的叶中蔗糖和淀粉的水平大大增加，而在根中则表现出相反的变化。因为卸出到胡萝卜储藏根最可能的途径是质外体途径，在细胞壁中抑制蔗糖分解为葡萄糖和果糖会阻止糖吸收到库储藏组织中，因此引起了分配模式的重大变化。在拟南芥根中过表达细胞壁酸性转化酶，转基因植株发育出更多的次生根，可以吸收更多的营养物质，因而发育出更大的个体和更高的生物产量，且植株早开花。

转化酶和蔗糖合酶常常在库发育的不同阶段表达。在菜豆荚果和玉米籽粒中，转化酶活性的变化常常先于光合产物输入的变化，这些结果表明转化酶和蔗糖合酶在控制同化物输入模式上起重要作用。

（三）库需求对源的调节

在源库间的事件应该是同步的。分配决定了生长，而生长又必须在茎叶生长（进行光合产物生产）和根生长（吸收水分和矿质）之间进行平衡。因此在供需的相互作用之间必须有一个控制机制。

1. 源叶的代谢受库需求的调节 虽然库器官对同化物的需求最终要依赖于源叶的光合作用，但是库的需求对源叶的代谢有非常重要的调节作用。如果只对植株的一片成熟叶进行照光而将其他叶进行较长时间的遮光（如一周），这种处理对于保留的叶片（源）来说相当于库需求的增加，一定时间后源叶代谢会发生许多的变化，如淀粉含量下降，光合速率提高，Rubisco 活性提高，蔗糖含量提高，源输出增加，磷酸含量增加等。反之，当库需求减少时光合速率会随之减少。对于储存淀粉的植物来说，在白天库需求的减少会强烈抑制光合作用。因此虽然短期改变源库的比例只会引起同化物的分配发生变化，但较长时间的源库比例的变化会使源的代谢发生调整以适应变化后的情况。

2. 库需求调节源叶代谢的机制 光合叶中同化物（淀粉、蔗糖和己糖）是否发生积累可能是联系库需求和源叶光合作用的重要因素。其可能的作用机制有以下几方面。

（1）磷酸的可利用性 当库需求降低时，光合作用可能会由于叶绿体中磷酸浓度的降低而受到限制。当库需求低时，蔗糖的合成会降低，可用于通过磷酸转运体与叶绿体中丙糖磷酸交换的磷酸就会减少。虽然淀粉合成可以释放磷酸，但是如果淀粉合成不能很快地循环磷酸，ATP 合成就会减少，进而影响 CO_2 的同化，光合速率下降。有实验证据支持这一假说。在马铃薯中转化磷酸转运体的反义 DNA，使转化植物中磷酸转运体活性降低，表现出光合固定的碳在配置比例上更多地进入淀粉而较少地进入蔗糖。这一效应伴随着植株在饱和光强和饱和 CO_2 浓度下光合速率的下降，表明植物光合作用受到抑制。

（2）糖的调节作用 高水平的糖会使许多光合

作用酶的转录速度和基因表达降低。如前所述，较长期源库比例的改变会引起源细胞代谢的变化，这个变化的时间进程是和基因表达的变化相一致的。当抑制菠菜成熟叶的输出，造成碳水化合物积累时，一些光合作用酶的 mRNA 水平下降。虽然转录在处理后很快下降，但是光合作用酶活性的改变在数天后才明显起来。因此光合作用的抑制除了有磷酸缺乏的原因之外，基因表达的调控可能是另一重要原因。

（3）膨压变化　膨压的变化可以作为信号非常迅速地通过相互连通的筛管分子从库传递到源。例如，当库端筛管分子进行迅速卸出时会降低库端筛管分子的膨压，这个膨压的变动可以很快传递到源端。因为源端装载受筛管分子膨压的影响，膨压下降使源的装载增加；反之，当库端卸出减少时源端的装载也就减少。源叶中积累蔗糖抑制了光合作用。筛分子-伴胞复合体膨压改变可能影响了膜上质子泵 ATPase 的活性进而影响蔗糖跨膜的运输。例如，把甜菜根浸入甘露醇溶液，使细胞的膨压下降，结果刺激质子的排出。

（4）植物激素的作用　植株茎尖产生的生长调节物质，如生长素可以通过韧皮部迅速运输到根；根产生的细胞分裂素则从木质部运输到芽；赤霉素和脱落酸也是通过维管束在植物整体运输的。植物激素起着调节源-库关系的作用。它们通过控制库的生长、叶的衰老和其他发育过程，调节着同化物的分配。

激素也可能通过调节质外体装载和卸出途径中跨膜的主动运输载体调节源库活性。用外源激素的实验结果支持这一假说。蓖麻种子的蔗糖装载被外源 IAA 所刺激，被 ABA 抑制；而甜菜主根组织的蔗糖吸收则被 ABA 所促进，被 IAA 抑制。其他卸出中的可能激素调节位点包括液泡膜的载体、进行糖代谢的酶、细胞壁的可延展性及胞间连丝的通透性等。

三、韧皮部中的大分子信号与植物的生长发育

早已知道病毒能以蛋白核酸复合物形式在韧皮部中运输。最近在韧皮部汁液中发现内源 RNA 分子和蛋白质。这些分子中至少有一些是信号分子或能导致韧皮部产生可移动信号的分子。

一般认为在韧皮部中能起信号作用的大分子应该满足以下重要标准：①必须能从源运输到库；②在库端大分子能从筛分子-伴胞复合体中转移出来，或者大分子能触发二级信号产生；③大分子必需能改变库端特定细胞的功能。

下面我们来分析在韧皮部中运输的大分子是否满足这些标准。

1. 蛋白质　伴胞中合成的蛋白质能通过胞间连丝进入筛分子，如瓜类植物韧皮部汁液中的 P-蛋白亚基 PP1 和 PP2 是在伴胞中合成的，伴胞与筛分子之间的胞间连丝允许这些大分子通过，并随运输流进入库组织。黄瓜 P-蛋白亚基能通过嫁接联合从黄瓜砧木运输到南瓜接穗中。实验表明，较小的 PP2 蛋白能够从接穗茎的筛分子运输到伴胞中，而较大的 PP1 蛋白在伴胞中没有被检测到，两个蛋白质都不能从筛分子-伴胞复合体中转运出来。关于这两个蛋白是否具有信号功能还没有明确证据。

韧皮部汁液中蛋白质作为信号分子最好的例子是成花刺激物信号。早在 20 世纪 30 年代就提出光周期诱导叶片产生可移动的成花信号通过韧皮部移动到顶端促进开花，然而一直不知道成花刺激物的性质，近年来研究表明一种称为 FT（flowering locus T）的小分子质量（20kDa）蛋白质具有可移动成花刺激物的性质。植物叶片感受光周期信号，诱导 FT 蛋白在叶脉韧皮部合成后，通过茎韧皮部运输到植物顶端，促进顶端花分生组织的产生。

从以上讨论可以看出，蛋白质能够从源端的伴胞通过筛管运输到库的伴胞中。然而还没有证据表明伴胞之外合成的蛋白质能运输到筛管中，筛分子-伴胞复合体之外的信号可能通过引起伴胞中可移动的蛋白质的产生起作用。

2. RNA　在韧皮部中发现大量 RNA，包括内源的 mRNA、病原 RNA 及与基因沉默相关的小 RNA。大多数 RNA 是以 RNA-蛋白质复合物（RNP）的形式运输的。已有实验证据表明韧皮部汁液中运输的 RNA 具有引起库组织生理特性改变的作用。例如，赤霉素信号途径中的一个调节因子 GAI（一种 DELLA 蛋白，见第十一章）的 mRNA 定位于 SE-CC 复合体中，也存在于韧皮部汁液中。当在番茄植株中表达突变的 *gai* 时，转基因植物表现出矮化和暗绿的表型。通过嫁接实验表明突变的 mRNA 能够通过韧皮部嫁接联合从转基因植物砧木运输到野生型植物接穗中，并且卸出到顶端分生组织，结果导致野生型植株接穗也发

育出矮化和暗绿的表型。另一个证明RNA作为韧皮部长距离信号起作用的一个系统是转录后基因沉默系统。例如，当转基因或病毒核酸转录形成的或外来的mRNA与宿主基因同源时，宿主基因就会被沉默。RNA沉默由内源存在的双链RNA触发，也受病毒RNA或转基因RNA的诱导。这些双链RNA被称为Dicer-like的蛋白质处理加工，形成小RNA，称为siRNA（short interfering RNA），这些siRNA组入到蛋白复合体中，完成对靶mRNA的降解，从而使基因沉默。在植物中，RNA沉默不但在防御外来mRNA入侵过程中起作用，而且在发育过程中起重要作用。称为micro-RNA（miRNA）的小RNA以类似于siRNA的形式形成复合体，调节mRNA的降解，抑制RNA翻译。这些小RNA分子似乎满足作为信号分子的标准：它们能进入筛分子并从源组织运输到库组织，在库组织中发挥功能。已经在韧皮部汁液中发现siRNA和miRNA，而且这些小RNA也能通过韧皮部运输。例如，在烟草实验中，将烟草病毒外壳蛋白基因转化到南瓜中，一些南瓜品系中产生与病毒外壳蛋白基因互补的siRNA，使转入基因发生沉默，植株中mRNA水平非常低，而另一些品系转基因后不能产生相应的siRNA，转入基因mRNA以很高的水平存在。当将不发生基因沉默的南瓜株系作为接穗嫁接到发生基因沉默的株系上时，在接穗组织检测到高水平的与病毒外壳蛋白基因互补的siRNA，同时接穗组织中的外壳蛋白基因也发生了沉默；当将野生型黄瓜作为接穗异源嫁接到发生了基因沉默的南瓜砧木上时，在黄瓜接穗中也发现了与病毒外壳蛋白基因互补的siRNA。这些研究表明，小RNA分子可以通过韧皮部长距离运输，并起到信号分子的作用。

四、同化物的再利用和再分配

虽然光合作用是植物同化物的最主要来源，但是植物体在一定发育时期常发生同化物的再分配和再利用。细胞的内含物，无论是无机离子还是有机物质，甚至细胞器也可以发生降解然后被运输出细胞并转移到植物体的生长部分或储藏器官，被重复利用以避免浪费。例如，在植物叶片衰老时，叶中的同化物可以进行“撤退”，转移到其他储藏或生长组织中去。

在生殖生长的植物中，营养体细胞的内含物会向生殖体转移。例如，小麦籽粒在达到其最终饱满度的25%时，植株对氮和磷的吸收已经完成90%，因此籽粒在其后的充实中主要是依靠营养体中物质的再利用和再分配。小麦叶片在衰老过程中，有85%的氮和90%的磷会转移到穗中去。在果实、鳞茎、块茎、根茎等延存器官发育成熟过程中，营养体中的同化物也会再分配向延存器官转移，结果是营养器官的衰老。如果去除生殖器官常可延缓营养器官的衰老。有些器官当完成其自身的功能后，它所固有的物质并不废弃浪费，而是再度分配利用。例如，当开花授粉之后，花瓣细胞的原生质就迅速解体，氮、磷、钾等矿质元素与有机物大部分撤离，花瓣凋萎脱落。因此同化物在植物体内的再分配和再利用是植物生长发育的重要生理过程，是植物在长期进化中形成的利用精华、协调器官生长的优良习性。

同化物再利用和再分配过程中，细胞内含物如细胞核可以解体后再撤离，也可不经解体直接通过扩大的胞间连丝穿壁转移，直至细胞内物质全部撤离一空。例如，在葱、蒜细胞衰老过程中，可观察到细胞核穿壁转移现象。

同化物的再利用和再分配在作物的产量形成中具有重要的意义。如果茎叶不能进行自然的秋熟和衰退，细胞内含物没有及时撤离，作物的产量特别是它的品质就会受到影响。例如，小麦在灌浆后期，如遇干热风的突然袭击，叶片很快失水萎蔫，其中大量物质来不及转移至籽粒，造成产量损失。霜冻来得早，地上部分受冻，对叶片中物质转移也造成严重影响。

收割后作物储藏期间茎叶中的有机物仍可继续转移。北方农民为了减少秋霜的危害，在霜冻之前将玉米连秆带穗收割，竖立成垛，使茎叶不致冻死，这样茎叶中的同化物会继续向穗转移，即所谓的“蹲棵”，据测可比收割时提高玉米千粒重5%～10%。小麦、水稻等作物适当延迟脱粒也有增加粒重的作用。

小　结

韧皮部中同化物的运输是光合作用产物从成熟叶向生长或者储藏组织的转运过程。植物体中同化物的重新分配也是通过韧皮部进行的。韧皮部在源和库之间信号的传递中也起着重要作用。糖和其他有机物在韧皮部主要是经由筛管分子组成的筛管运输到植物的各部分。筛分子-伴胞复合体是韧皮部适应其运输功能的高度特化的结构。韧皮部中运输的主要溶质是碳水化合物，蔗糖是最主要的运输形式。韧皮部汁液也含有其他分子如氨基酸、植物激素、蛋白质、核酸、各种无机物等。韧皮部运输的基本模式是从源到库。目前被普遍接受的有关韧皮部运输机制的假说是压力流动学说。同化物在源端的装载和库端的卸出都存在质外体的和共质体的途径。植物通过配置协调各代谢过程对同化物的需求，而通过分配协调同化物向各库器官的输送。源和库之间的关系是相互依存的。源的同化物输出依赖于库器官的形成和代谢，而库器官不仅从源器官获得同化物，同时也对源器官的同化物输出进行调节。同化物还可以被植物再分配和再利用。

思 考 题

（1）如何证明植物体中的同化物是通过韧皮部运输的？

（2）从筛管和伴胞的结构特征讨论它们的功能。

（3）如何获取韧皮部汁液？韧皮部汁液成分有哪些？

（4）压力流动学说的主要内容是什么？有哪些实验证据支持该学说？

（5）伴胞分为哪几种类型？各有何特点？

（6）简述韧皮部装载途径和机制。

（7）什么是韧皮部的卸出？植物体通过哪些方式进行韧皮部的卸出？

（8）什么是光合同化物的配置？有哪些配置途径？

（9）什么是同化物的分配？决定同化物分配的主要因子是什么？

（10）简述源和库的概念，源库间的同化物运输和分配存在哪些规律？

（11）库需求对源的代谢有何影响？

（12）同化物再分配和再利用有何意义？

第三部分
植物的生长发育

第十一章 植物生长物质

植物是一个多细胞组成的复杂有机体，要维持正常协调的生长发育状态、适应外界环境，各细胞、组织和器官之间必须进行及时有效的信息交流。担负这种信息交流任务的化学信使之一就是植物激素（plant hormone）。对植物激素及其他植物生长物质的研究，不仅可以帮助我们了解植物生长发育等诸多生理过程的调控机制，还能够为农业和园艺作物的基因改良、新品种的创制提供方向，也为化学调控提供了新思路和新方法，极大地推动了农业技术的革命。

本章首先介绍植物生长物质的概念，然后依次介绍植物激素，包括它们的发现历史、生物合成、代谢和运输、主要生理作用及其分子机制；最后简要地介绍一些其他植物生长物质和与植物生长调节剂相关的知识。

植物生长物质（plant growth substance）是指一些小分子化合物，它们在极低的浓度下便可以显著地影响植物的生长发育和生理功能。目前使用的“植物生长物质”一词，其含义较为广泛，不仅包括已经确认的各类植物激素，还包括那些对植物生长发育具有重要调节作用，但尚未被认定是激素的内源物质；还包括人工合成的植物生长调节剂（plant growth regulator），这些化合物在微量使用的情况下，对植物生理过程具有显著的调节作用，因此，在农业和园艺生产中得以广泛使用。

根据美国植物生长物质学会命名委员会的定义，植物激素是植物体内产生的一类在很低浓度时即可对植物的生长发育、代谢、环境应答等生理过程产生重要调控作用的有机化合物。除满足以上这个定义外，要确定一个植物内源物质的激素地位，还应该满足三个条件：①该物质在植物中广泛分布，而不是特定植物所具有；②是植物完成基本的生长发育及生理功能所必需，并且不能被其他物质替代；③必须和相应的受体（receptor）蛋白结合才能发挥作用，这是作为激素的一个重要特征。

目前公认的六大植物激素分别是：生长素（auxin）、赤霉素（gibberellin）、细胞分裂素（cytokinin）、脱落酸（abscisic acid）、乙烯（ethylene）和油菜素甾醇（brassinosteroid）。近年又逐步把茉莉素（jasmonate）、独脚金内酯（strigolactone）、水杨酸（salicylic acid）等天然生长物质归入植物激素。随着研究的深入，相信会有越来越多的植物生长物质，甚至是植物激素被发现。目前，也有人把一些植物体内的小肽归为植物激素类。本章将主要介绍生长素、赤霉素、细胞分裂素、脱落酸、乙烯、油菜素内酯、茉莉素、独脚金内酯和水杨酸。

第一节 生 长 素

生长素是一类重要的植物生长物质，广泛存在于植物和藻类（包括绿藻、红藻和褐藻）中，在植物生长发育的各个方面发挥至关重要的作用。生长素是第一个被发现的植物激素，其在植物生长（plant growth）、植物器官发生和发育（plant organogenesis and development）等方面的功能已广为人知。近年来，生长素相关研究在生长素的合成、代谢、运输及生长素信号传递的机制等方面取得了重要的进展和突破。

一、生长素的发现

早在19世纪末和20世纪初，植物学家围绕燕麦胚芽鞘向光性生长进行了一系列的研究，由此发现了生长素。其中著名的试验包括：1880 年，英国博物学家 C. Darwin 和他儿子 F. Darwin 进行了胚芽鞘向光性弯曲生长的一系列试验，他们推论只有胚芽鞘顶端可以接受单侧光信号，并产生某种可以向下传递的信号物质，导致胚芽鞘的向光性弯曲生长；随后，Boysen-Jensen 在 1913 年证明胚芽鞘顶端产生的信号是一种化学物质；1919 年，Paál 观察到，如果把切下的胚芽鞘顶端偏向一侧放置，在黑暗条件下也会导致胚芽鞘的弯曲生长。通过这些试验，人们认为胚芽鞘顶端产生了一种化学物质，刺激胚芽鞘背光面的组织生长快于向光面的组织，这种不均衡的生长就导致了胚芽鞘的向光弯曲现象（图 11-1）。后来人们把这种化学物质命名为“生长素”（auxin，起源于希腊语 auxein，是促进生长的含义）。

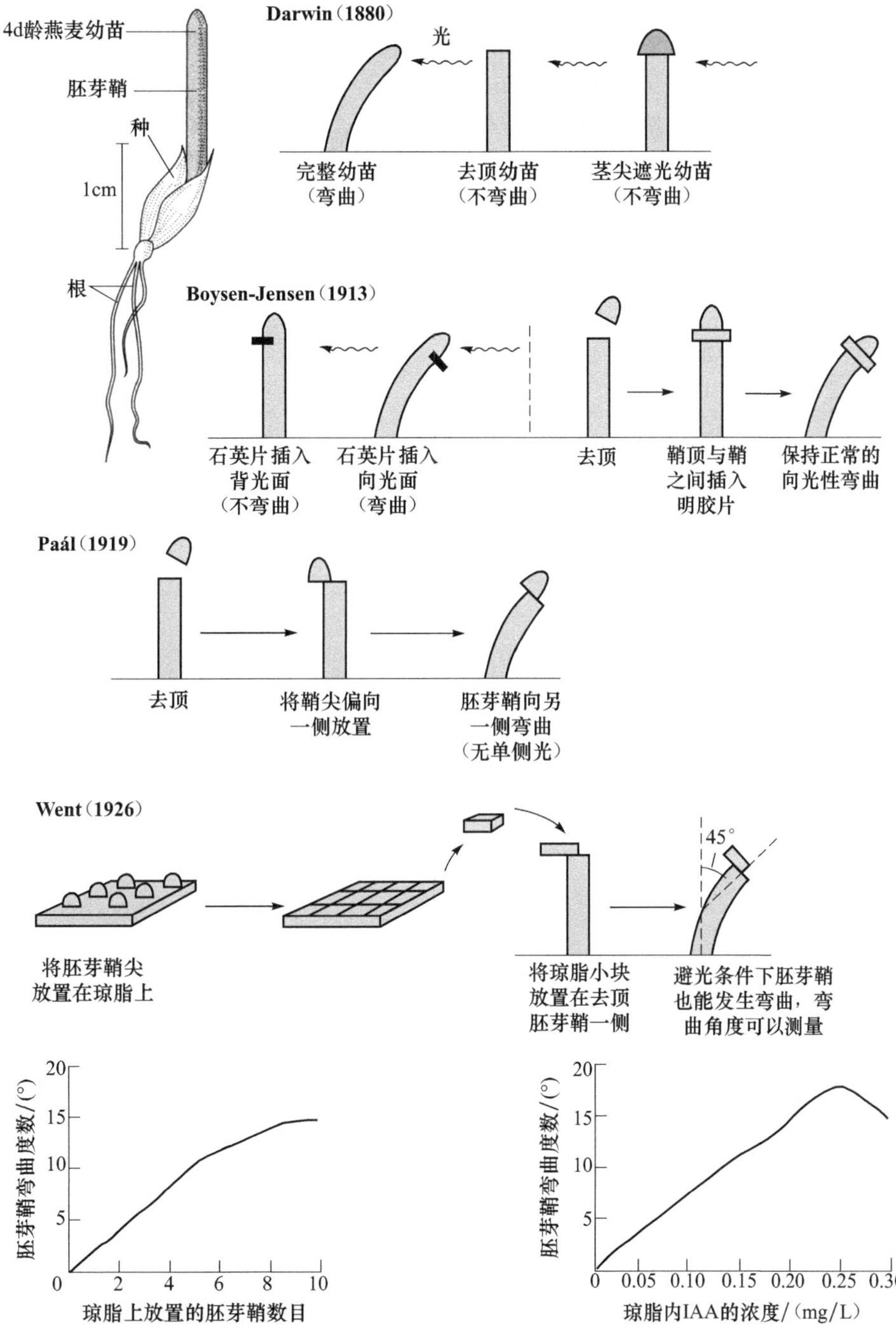

图 11-1　有关生长素研究的几个早期经典试验（Taiz & Zeiger，2010）

Darwin 根据鞘顶在胚芽鞘向光性生长过程中的作用，认为生长刺激物在鞘尖产生并被传送到胚芽鞘生长区发挥作用；1913 年，Boysen-Jensen 发现鞘尖产生的生长刺激物可以穿过明胶，但是不能透过石英片；1919 年，Paál 的试验证实上述生长刺激物是某种化学物质；1926 年，Went 建立了生长素的燕麦胚芽鞘弯曲试验法

1926年荷兰科学家F. W. Went利用琼脂块从切下的燕麦胚芽鞘顶端收集并首次分离出生长素。Went的试验不但更确切地证明了胚芽鞘顶端产生的是一种具有生物活性的生长调节物质，而且建立了燕麦胚芽鞘弯曲试验法（*Avena* curvature test）这一可以定量的生物测定方法（图11-1），成为纯化和鉴定生长素的基础。

Went的工作促进了人们对植物激素的研究工作。1934年，有研究者从孕妇的尿中提纯了生长素并鉴定了其化学结构为吲哚-3-乙酸（indole-3-acetic acid，IAA）（图11-2）。同时在真菌培养物中也提纯了IAA。一些细菌中也可以合成IAA。1946年，从未成熟的玉米胚中提纯了IAA。此后大量的试验证明IAA在高等植物中广泛存在，是植物体内主要的生长素。

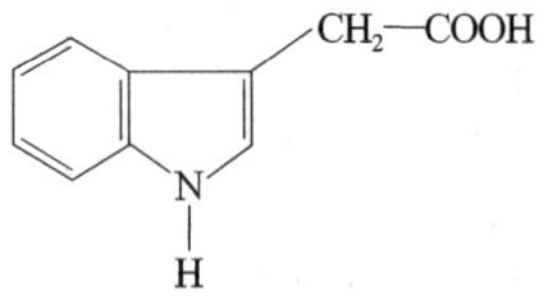

吲哚-3-乙酸（IAA）

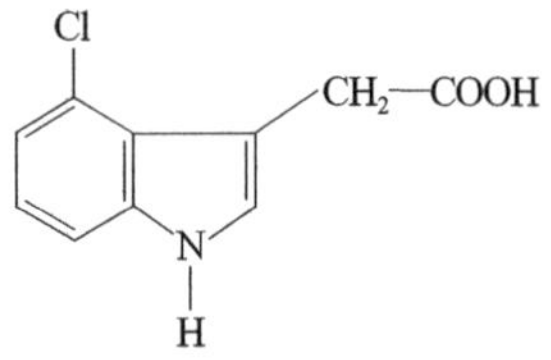

4-氯-吲哚-3-乙酸（4-Cl-IAA）

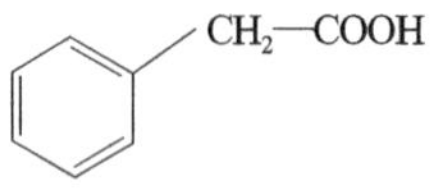

苯乙酸（PAA）

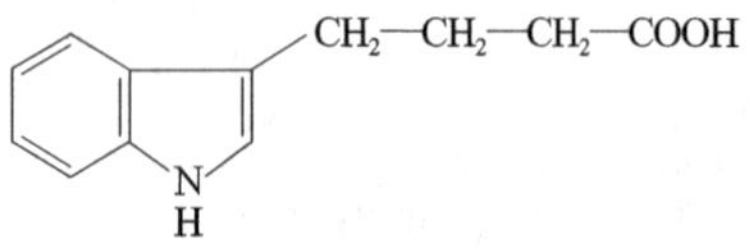

吲哚-3-丁酸（IBA）

图11-2　几种天然存在的生长素分子结构

除了IAA，植物体内还合成吲哚-3-丁酸（indole-3-butyric acid，IBA）、4-氯吲哚-3-乙酸（4-chloroindole-3-acetic acid，4-Cl-IAA）和苯乙酸（phenylacetic acid，PAA）等化合物，这些化合物具有与IAA相似的结构和生长素的生物活性，也被认为是植物内源生长素。

从化学结构上看，具有生长素生物活性的化合物的分子结构特征有如下三点：①具有一个芳香环；②具有一个羧基侧链；③芳香环和羧基侧链之间有一个芳香环或氧原子间隔。在这类特征的结构中，芳香环是一个正电区域，而羧基是一个负电区域，两者的固定间距为0.5nm。这种相距0.5nm的正负电区域结构特征可能就是具有生长素生物活性结构的化学本质所在。根据这些结构特点，人们合成了一系列具有生长素生物活性的化合物（图11-3），如2,4-二氯苯氧乙酸（2,4-D）、α-萘乙酸（NAA）等，并在研究和生产中进行了大量的应用。

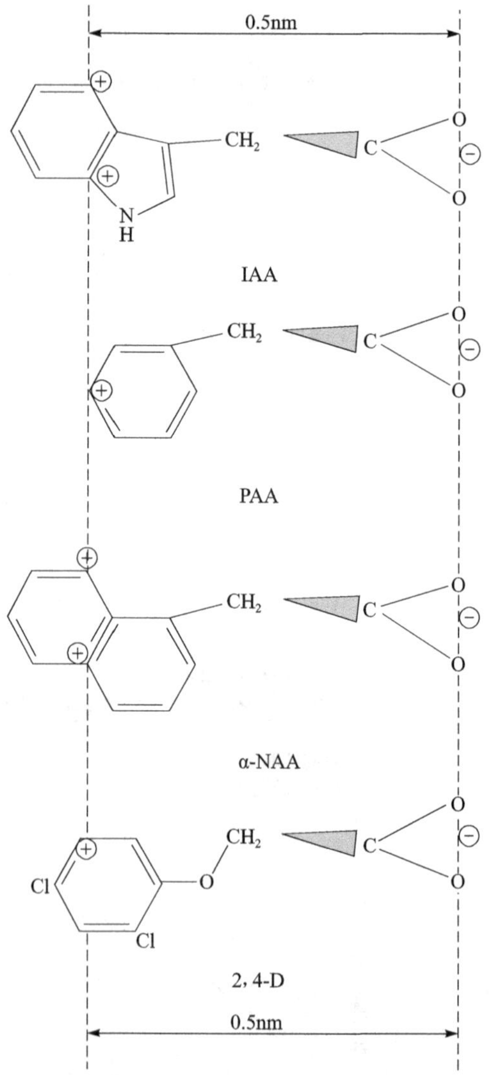

图11-3　生长素及其分子结构特征（Farrimond，1978）

其中α-NAA和2,4-D是人工合成的生长素类似物。在解离状态下，侧链羧基上带负电荷，环上带正电荷，两者之间都具有0.5nm的间隔

生长素是一类相关化合物的统称，不过有的内源生长素含量很低或者仅仅只在某些植物中被发现。因此，目前对于生长素的形成、信号传递和作用机制的了解绝大多数来源于对IAA的研究。大量研究证明，植物体内生长素的生物合成（biosynthesis）、代谢和运输对于维持内源生长素的平衡以完成生长素的生理功能具有非常重要的意义，在植物生长发育过程中受到精密的调控。

二、生长素的生物合成、代谢和运输

随着越来越多先进的分子生物学方法和分析方法的应用，研究者对于生长素前体的鉴定、生长素的合成、代谢途径、生长素的运输及在体内的分布都有了深入的了解。

（一）生长素的生物合成

生长素主要在细胞快速分裂生长的组织内合成，如茎尖分生组织、幼嫩叶片、发育中的果实等。另外，其他的植物组织如成熟叶片、根尖等也可以合成少量生长素。

IAA在化学结构上和色氨酸的结构类似，遗传学和生物化学的研究证明色氨酸是合成IAA的主要前体，植物可以通过若干条途径将色氨酸转变成为IAA，这些途径通常以其关键中间产物命名，被统称为色氨酸依赖型途径（tryptophan dependent pathway）。此外也有报道，植物还可以通过非色氨酸依赖型途径（tryptophan independent pathway）合成IAA（图11-4）。IAA合成途径的多样化可以保证植物体内IAA的稳定来源，也反映了IAA作为调节控制植物生长发育的基本激素的重要地位。

1. IAA的色氨酸依赖型生物合成途径

（1）吲哚-3-丙酮酸途径（IPA pathway）　吲哚-3-丙酮酸途径被认为是IAA生物合成的主要途径。该途径首先通过色氨酸氨基转移酶（TAA1）催化色氨酸经过脱氨反应生成吲哚-3-丙酮酸（IPA），然后IPA经过黄素单加氧酶（YUCCA）的催化作用变成IAA。

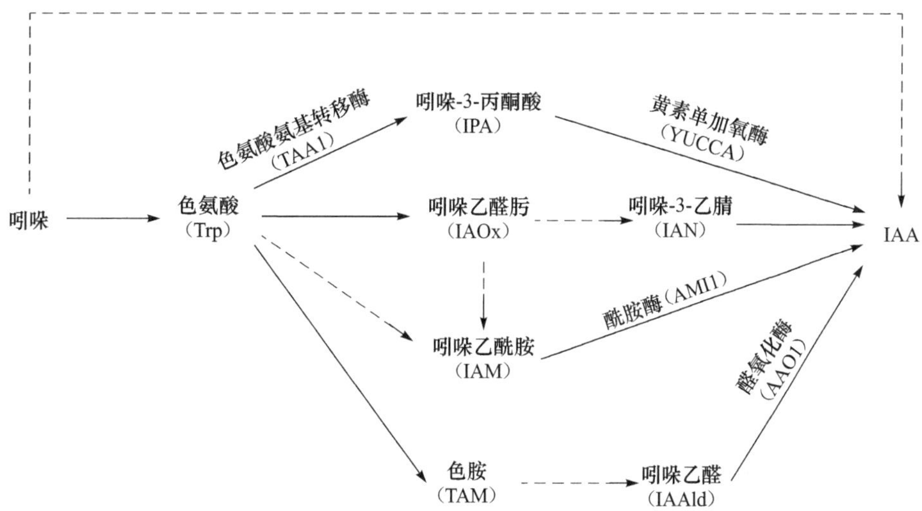

图11-4　IAA的生物合成途径

（2）色胺途径（TAM pathway）　色胺途径通过色氨酸脱羧酶将色氨酸转化成色胺（TAM），而后经过进一步催化反应和修饰形成IAA。

（3）吲哚-3-乙醛肟途径（IAOx pathway）　在吲哚-3-乙醛肟途径中，色氨酸首先被转化为吲哚-3-乙醛肟，然后再经过若干步骤转化为吲哚-3-乙腈（IAN），最后通过腈水解酶（nitrilase）将IAN转化为IAA。IAOx途径曾被认为只存在于十字花科植物中，后来在玉米胚芽鞘中也检测到了该途径下游的中间产物IAN。

（4）吲哚-3-乙酰胺途径（IAM pathway）　有证据显示吲哚-3-乙酰胺是IAOx途径的下游中间产物，不过在许多未发现IAOx存在的物种中也检测到了IAM，表明植物中存在不依赖IAOx的IAM合成途径，在酰胺酶（amidase）AMI1的作用下，IAM转化成IAA。有意思的是，在植物病原菌如萨氏假单胞（*Pseudomonas savastanoi*）和根癌农杆菌（*Agrobacterium tumefaciens*）中也存在IAM途径，其中色氨酸单加氧酶催化色氨酸转变成IAM是病原菌IAM合成途径的限速步骤，随后IAM被IAM水解酶水解形成IAA，这些病菌产生的生长素常常会引起其寄主的形态变化。

*YUCCA*和*TAA*基因家族是IAA合成和植物发育过程中最重要的催化酶系，相对于其他合成途径，吲哚丙酮酸途径是最基本也是最主要的一条IAA合成途径。此外，每条途径在植物体内合成IAA的时空方式也有差异。例如，*YUCCA*基因的表达主要涉及植株局部的IAA合成，而吲哚乙醛肟IAA合成过程似乎不具组织特异性。

2. IAA的非色氨酸依赖型生物合成途径　玉米和拟南芥色氨酸营养缺陷型突变体的发现证明了IAA非色氨酸依赖型合成途径的存在。一种橙色果皮的玉米突变体（*orp*）是完全的色氨酸营养缺陷型，即需要添加外源色氨酸才能存活。拟南芥突变体*trp*则是有条件的色氨酸营养缺陷型。但这些突变体中总的IAA水平却显著高于野生型（在玉米*orp*突变体内甚至含有比野生型高50倍的IAA）。这证明了植物体内存在非色氨酸依赖型的IAA生物合成途径。此外，同位素示踪标记试验也支持这一观点，据推测该途径可能来源于吲哚或者是吲哚的前体物吲哚-3-甘油磷酸酯。不过目前对该途径中起重要作用的酶及中间产物还知之甚少。

很多试验证据表明植物在不同发育阶段，不同组织或者在不同的环境条件下利用不同的途径合成IAA。例如，生长7d的拟南芥幼苗约50%的游离IAA是通过色氨酸合成的，但对14d的植物来说，不依赖色氨酸途径合成的IAA占总IAA的90%多。试验还发现在悬浮培养的胡萝卜细胞中IAA合成主要是色氨酸依赖型途径，但是经2,4-D诱导后的胡萝卜体细胞胚胎发生过程中IAA合成就变成了以非色氨酸依赖型途径为主。由此可见，研究植物体内各条生长素合成途径及其相互联系对理解生长素对植物生理作用的调控非常有意义。

3. 其他植物内源生长素的生物合成　除IAA外，植物内源生长素还包括吲哚-3-丁酸（IBA）、4-氯吲哚-3-乙酸（4-Cl-IAA）和苯乙酸（PAA）。其中PAA是非吲哚类的内源生长素，但是其生物合成和生理功能还不十分清楚。IBA是存在于多种植物中的一种天然生长素，在玉米、豌豆和拟南芥中都有发现。在玉米和拟南芥中，IBA是通过IAA侧链延长合成的，该反应需要IBA合成酶。在过氧化物酶体β氧化酶作用下，植物体中IBA也可以逆转为IAA。

4-Cl-IAA的活性在豌豆和其他几种豆科植物中研究得较多，通常存在于发育中的种子中。最近的研究表明4-Cl-IAA有可能通过IPA生物合成途径产生，色氨酸氯化形成4-氯吲哚-3-丙酮酸，随即被氧化成4-Cl-IAA。然而，有关4-Cl-IAA的生物活性和可能的储存形式，以及其在维持植物体内生长素内稳态中的重要作用还有待进一步研究。

（二）生长素的代谢

生长素的代谢包括生长素结合物的形成、水解和生长素的降解。生长素的代谢对维持植物细胞内生长素的平衡、调节特定的生理活动有重要意义。

1. 生长素结合物　游离的IAA是活性形式，但植物体内绝大多数生长素是以共价键结合物形式存在的，而且所有高等植物中都存在生长素的结合物。一般认为，生长素结合物是非活性的生长素的储存形式。

IAA小分子结合物有与葡萄糖和肌醇结合的酯类结合物（图11-5）；IAA高分子结合物有IAA葡聚糖（7～50个葡萄糖单位结合1个IAA分子），以及通过酰胺结合的IAA-氨基酸、IAA-多肽和IAA-蛋白等结合物。在不同植物中IAA结合物的组成不同。例如，玉米中主要的IAA结合物是与糖结合的酯类结合物，而拟南芥和很多双子叶植物中IAA的储存形式主要是酰胺键连接的IAA-氨基酸。随着研究的深入，一些参与IAA结合物形成或者水解这些结合物以释放游离IAA的酶也陆续被发现。例如，玉米中催化IAA-葡萄糖苷形成的酶——尿苷-5′-二磷酸葡萄糖：吲哚-3-乙酰葡萄糖基转移酶（uridine-5′-diphosphate-glucose：indol-3-acetyl-beta-D-glucosyl transferase），拟南芥中催化IAA-氨基酸形成的吲哚乙酸氨基化合成酶（IAA-amido synthetase）GH3，以及水解不同IAA-氨基酸的水解酶等。生长素结合物的形成和降解可以调节植物组织内源生长素的水平，具有重要的生理意义。

IBA被认为是IAA的前体，有意思的是，IBA同样也具有酰胺类和酯类结合物，不过这些结合物的生理意义还不十分清楚，推测有可能也是一种生长素的储存形式。

除了与生物分子形成结合物，IAA还能被转化成甲酯化形式（MeIAA）。这一转化有可能由 IAA 羧甲基转移酶 IAMT1 催化。MeIAA 的运输不需要特殊的转运体，不过 MeIAA 本身不具有生长素活性，需要甲基酯酶将其转化成有活性的 IAA。

2. 生长素的降解　高浓度的生长素对于细胞具有毒害作用。降解生长素也是植物维持合适生长素水平的重要方式。过去基于体外试验曾经认为过氧化物酶是催化 IAA 氧化降解的主要酶类（图 11-5）。但该降解途径在植物体内是否存在尚不清楚。

植物体内控制 IAA 降解的主要途径是将 IAA

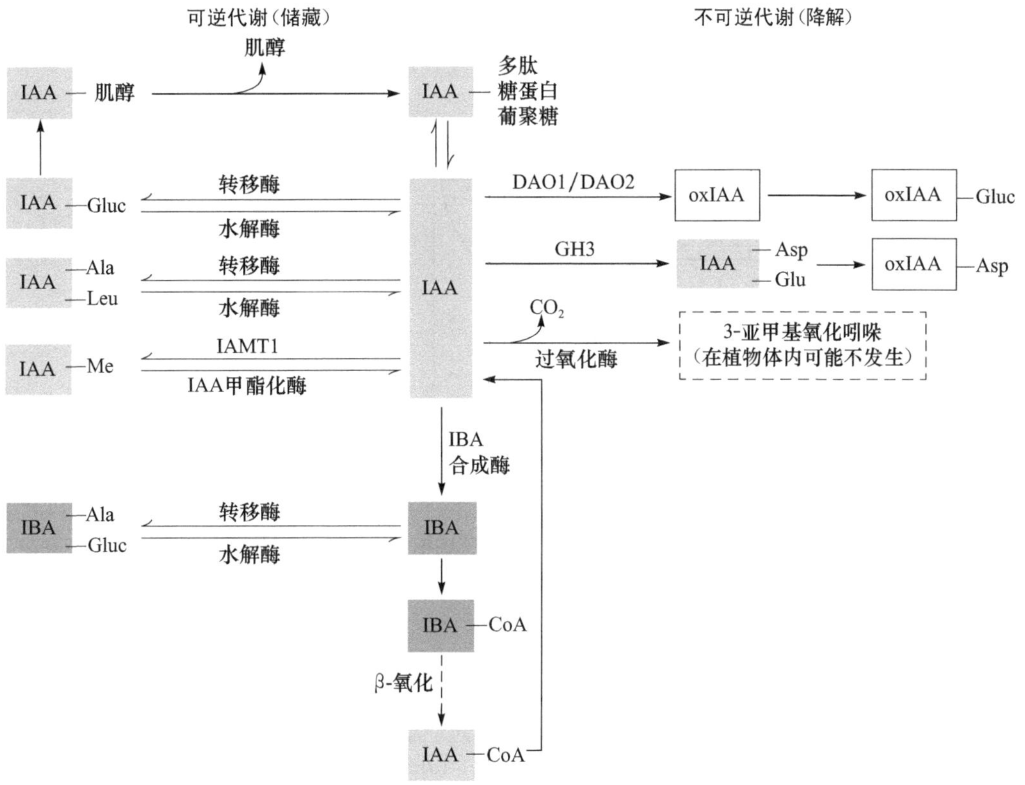

图 11-5　生长素（IAA）生物代谢途径（Taiz et al., 2015）

氧化成羟吲哚-3-乙酸（oxindole-3-acetic acid，oxIAA），而后 oxIAA 又进一步转化成 di-oxIAA，或形成 oxIAA-己糖、oxIAA-葡萄糖、oxIAA-天冬氨酸等代谢产物（图 11-5）。最近在水稻和拟南芥中发现了催化 IAA 氧化为 oxIAA 的关键双加氧酶，DAO1 和 DAO2。在 *dao1* 突变体中，oxIAA 的水平显著降低。另外，IAA-天冬氨酸也可以被直接氧化成 oxIAA-天冬氨酸或 di-oxIAA-天冬氨酸。在拟南芥、玉米、蚕豆等许多植物中都发现了 oxIAA 及其衍生物，不可逆地形成这些无活性的代谢产物能有效减少有活性的生长素，避免激素积累到毒害水平，有助于维持植物体内生长素的平衡。

3. 生长素的储存和分布　IAA 在植物细胞内的存在部位主要是细胞质和叶绿体。瑞典科学家 Sandberg 及其同事系统地研究了 IAA 在野生型和转基因烟草细胞内的分布，发现野生型烟草细胞中大约 1/3 的 IAA 存在于叶绿体中，其他 IAA 存在于细胞质中，而 IAA 结合物只存在于细胞质中。在导入根癌农杆菌生长素合成基因的转基因烟草细胞中发现，生长素生物合成的中间产物只存在于细胞质中。据此推测，细胞中 IAA 的两个分布部位具有不同的意义：在细胞质中发生 IAA 从头生物合成（*de novo* biosynthesis）、IAA 结合物的合成及非脱羧降解反应等；而叶绿体中的生长素受到保护，不受代谢的影响，但其浓度受细胞质中 IAA 浓度的平衡调节。

（三）生长素的运输

1. 生长素在植物中的极性运输　早期利用燕麦胚芽鞘进行试验时就已经发现生长素具有单一方向的运输模式，即极性运输（polar transport）（图 11-6）。茎尖是植物体主要的生长素合成部位，在茎中生长素主要是从顶端向茎基部运输，称为向基性运输（basipetal transport）。而植物根中柱内的生长素则是由根基部向根尖方向运输，即向顶性运输（acropetal transport），不过根尖的生长素可以在根系顶端2～8mm发生向基性运输，发生在根表皮和皮层组织内的这种生长素极性运输对根的向重力性生长具有重要的意义。生长素是目前已知唯一具有明确的极性运输性质的植物激素。这一特性使生长素沿着植株茎干和根系形成特定的生长素浓度梯度，影响植物的许多生理过程，如胚胎发育、茎的伸长生长、顶端优势、不定根发生及叶片脱落等。

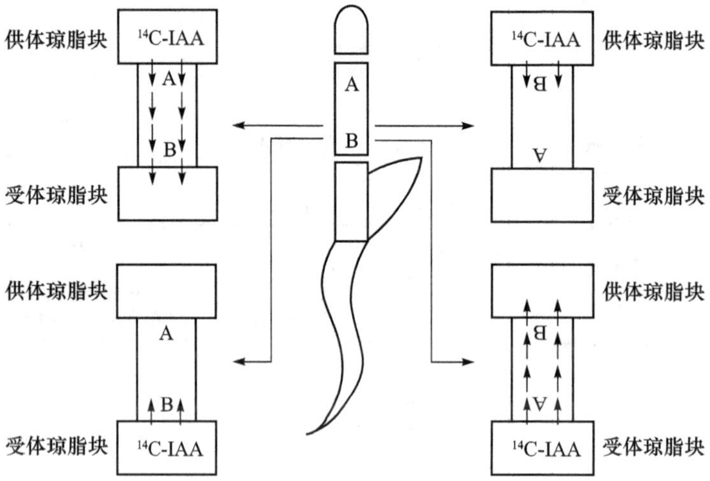

图 11-6　燕麦胚芽鞘切段中生长素的极性运输（Hopkins & Hüner，2004）

供体琼脂块含有 ^{14}C-IAA，无论切段的放置方向如何，IAA 只能从形态学上端（A）向形态学下端（B）运输

不同植物或组织中参与生长素运输的细胞可能不同。例如，在燕麦胚芽鞘中主要是在非维管束组织的细胞，而在双子叶植物茎中，主要是维管束薄壁细胞。生长素的极性运输是采取“细胞-细胞壁空间-细胞”的形式，即一个细胞中的生长素跨过质膜流出到细胞壁，然后再跨过质膜流入下一个细胞内。这个过程受缺氧和呼吸抑制剂的影响，说明生长素的极性运输是一个需能的过程。生长素的极性运输速度是2～20cm/h，比通过细胞膜的单纯扩散快，但比韧皮部的运输速度慢。此外，只有活性内源或合成生长素能被极性运输，而一些无活性的生长素类似物或生长素的结合物不表现极性运输性质。这表明质膜上能特异识别生长素的一些载体蛋白参与了生长素的极性运输过程。

2. 生长素的极性运输模型　化学渗透假说是当前被普遍接受的生长素极性运输模型，如图 11-7 所示。

生长素流入细胞可能有两个途径，即通过磷脂双分子层质膜的被动扩散和质子动力势驱动的协同运输。

IAA 的 pK_a=4.75，因为细胞质膜上质子泵的作用，质外体（细胞壁）内的 pH 一般维持在 5.5

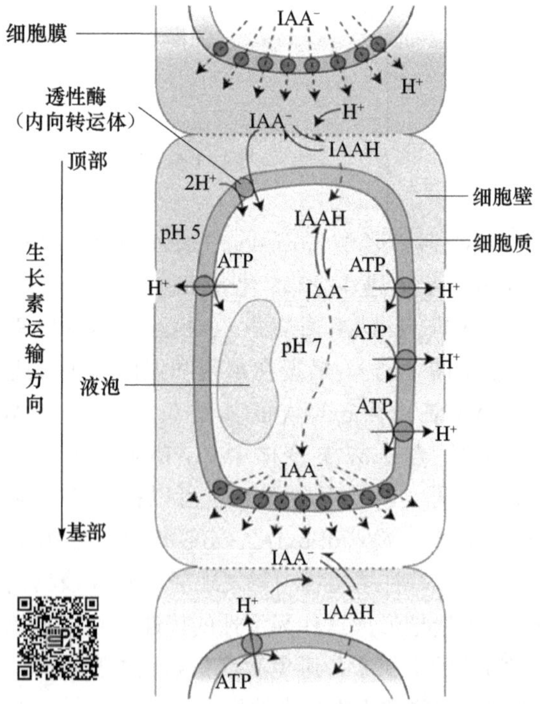

图 11-7　生长素极性运输的化学渗透模型（Taiz et al.，2015）

细胞壁在 H^+-ATPase 的作用下维持酸性，生长素以 IAAH 形式扩散进入细胞质，或者在透性酶（内向转运体）的协助下以 IAA^- 的形式和 H^+ 协同运输进入细胞质；细胞质中性，IAA 主要以 IAA^- 的形式存在，IAA^- 可以在细胞基部的外向转运体协助下输出到细胞壁

左右，在此条件下，一部分 IAA 的侧链羧基被质子化，处于不带电荷的非解离 IAAH 状态，呈现较强的亲脂性，比较容易通过扩散透过质膜。试验也证实，降低细胞壁内的 pH 可以促进 IAA 流入细胞。

生长素也可在内向共转运体的协助下以 IAA^- 的形式和 H^+ 协同运输进入细胞质。细胞内存在着一种由载体 AUX1 介导的生长素主动运输途径。AUX1 是一种与细菌氨基酸透性酶（permease）氨基酸序列非常类似的蛋白质，在拟南芥等植物的叶片及根尖广泛存在，AUX1 在根的原生韧皮部细胞中极性定位于细胞的上端质膜上，作为内向载体蛋白，协助 IAA 的极性运输。但在 IAA 进行侧向及向基运输的根冠细胞内，AUX1 则呈现动态的非极性分布。在这个 IAA 的内向运输途径中，质膜上的特异载体 AUX1 将一个 IAA^- 输送到细胞内的同时，也将两个 H^+ 协同运输到细胞内。因为这种运输可以被质膜两侧的质子动力势推动，所以比单纯扩散更有利于生长素在细胞内的积累。此外，在拟南芥中还存在同样作为生长素内向转运体（auxin influx carrier）的类 AUX1 蛋白 LAX（LIKE AUX1）。目前有许多遗传学和生物化学证据显示 AUX1/LAX 蛋白作为生长素运输的载体在根生长、向性生长和器官发生等生理过程中发挥重要作用。

IAA 进入细胞后，因为细胞质的 pH 大约是 7.2，呈弱碱性，所以几乎所有的 IAA 都解离为荷负电的阴离子状态（IAA^-），不容易通过简单扩散透过细胞质膜，导致 IAA^- 在细胞质内积累。研究表明，IAA 流出细胞是通过生长素外向转运体（auxin efflux carrier）进行的。已知植物体内有两种重要的生长素外向转运体 PIN 蛋白和 ABCB（B-type ATP binding cassette）蛋白参与了细胞内生长素的极性运输（图 11-8）。

PIN 蛋白的结构与细菌的糖分运输及药物抗性中起作用的透性蛋白类似，属于一种典型的跨膜运输蛋白。PIN 蛋白极性定位于细胞某一端的质膜上，在生长素极性运输过程中发挥至关重要的作用。拟南芥 PIN 蛋白家族中有 8 个成员，在不同组织中特异表达，在细胞内的极性分布也有所不同，而且在不同程度上行使特殊的功能。比如，PIN1 在生长素由茎尖向根尖的极性运输中发挥主要作用，而 PIN2 在根尖的表皮细胞和皮层细胞中分别分布在细胞的顶部和基部调控生长素在根尖的向基和向顶运输，在根的向重力生长过程中起作用。PIN3 的定位受光和重力方向的影响，调控生长素的侧向运输，对于植物向光和向重力生长过程中重新建立生长素浓度梯度至关重要。PIN4 定位在根尖静止中心及其周围的干细胞和初始细胞中，参与胚根的发育和维持根尖分生组织微环境的相对稳定。PIN1、PIN4 和 PIN7 在胚发育过程中的定位具有时空特异性，在胚模式建立过程中具有重要作用（详见第十二章）。而 PIN5 和 PIN8 被发现定位于内质网上，调控胞内生长素的动态平衡。有关 PIN6 的研究相对较少。PIN 蛋白具有 IAA 外向载体的功能，有证据显示 PIN 介导的 IAA 外向运输还涉及其他载体蛋白或者调节蛋白的协同作用（图 11-8）。

植物细胞内的 ABCB 转运体［曾被称为 PGP 蛋白（P-glycoprotein）］是一种存在于质膜上的糖蛋白，通过消耗 ATP 将亲水性的阴离子泵出细胞。在拟南芥中发现了 21 个 ABCB 蛋白，水稻中发现了 17 个。试验证明部分 ABCB 蛋白家族成员参与了植物细胞中 IAA 的外向运输过程。和 PIN 不同的是，ABCB 蛋白均匀地分布在细胞质膜上，只有和 PIN 蛋白协同作用的时候，ABCB 对生长素的运输才表现出一定的方向性（图 11-8）。最近，PILS（PIN-LIKES）蛋白家族在拟南芥中被发现，该家族有 7 个成员。PILS 蛋白具有与 PIN 蛋白相似的拓扑结构，定位于内质网膜上，被认为参与调控内源生长素平衡和细胞内生长素积累。由此看来，植物体内存在不同种类的生长素运输载体调控细胞内和细胞间的生长素流动。

研究还发现 PIN 蛋白和 AUX1 蛋白的质膜定位受到细胞内囊泡运输（vesicle trafficking）的调控，涉及网格蛋白（clathrin）依赖的质膜和内膜区室（endomembrane compartment）间的胞吞回收（endocytic recycling）。试验证明，PIN 蛋白在质膜和内膜区室之间的快速循环及其在质膜特定区域的定位（极性定位）受植物中重要的分子开关小 G 蛋白 ROP 和细胞骨架的调控。有研究发现生长素可以通过调控 PIN 蛋白在质膜上的胞吞回收和蛋白稳定性影响 PIN 的极性定位和重新分布，而这一调控机制是由 ROP 信号途径所介导的。

综上所述，质外体中的生长素通过扩散或在内向转运体的协助下从细胞的一端流入，又在外向转运体的协助下，从细胞另一端流出到质外体，这个过程反复进行，就形成了生长素的极性运输。植物发育过程中的器官发生和形态建成依赖生长素的极性运输。

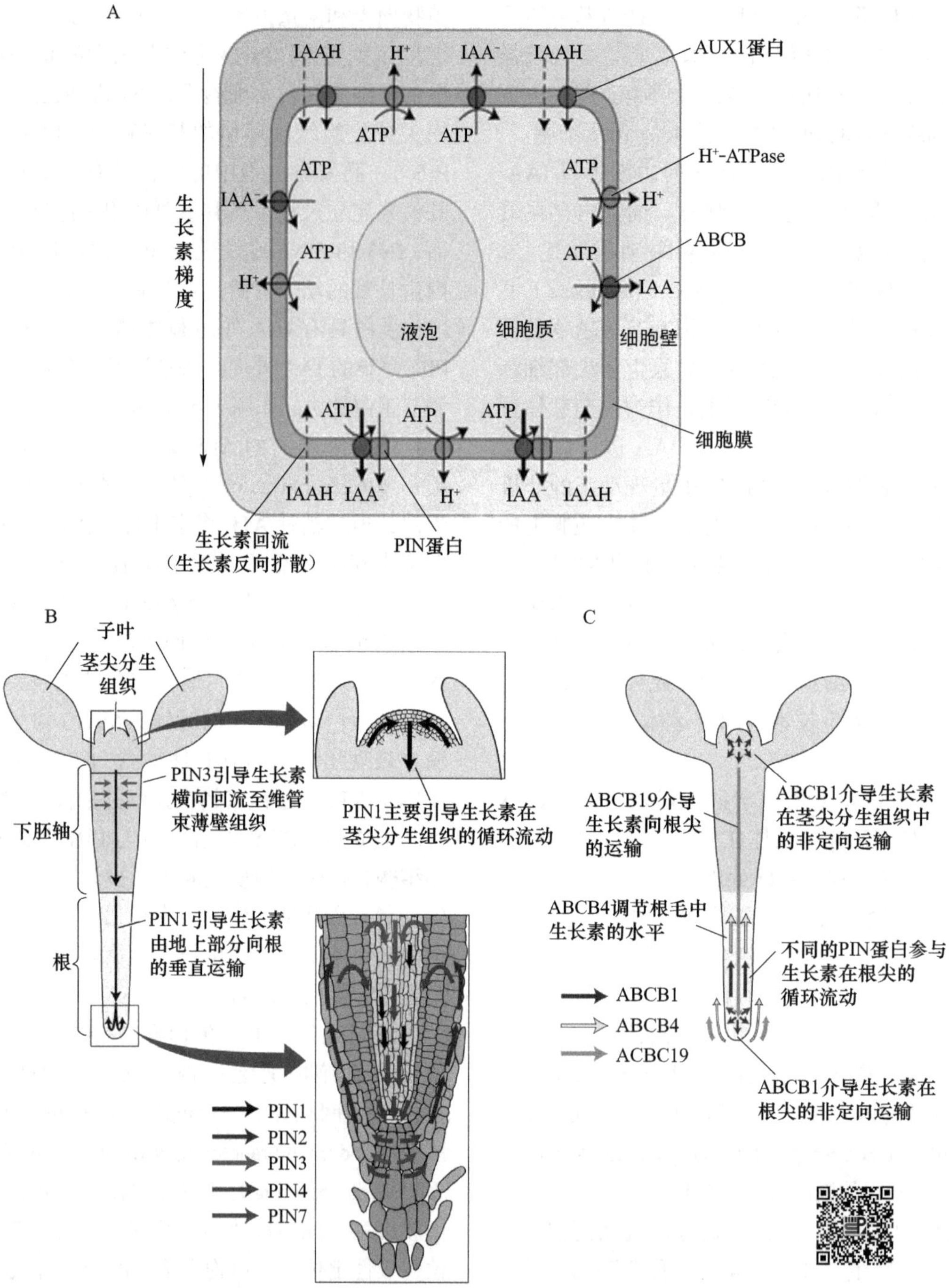

图 11-8 生长素运输载体参与生长素的极性运输（Taiz et al., 2015）

A. IAAH 可以通过扩散或者生长素内向转运体 AUX1 进入细胞，在胞质中以离子形式存在的 IAA^- 则需要通过生长素外向转运体的协助流出细胞。其中 ABCB 一般非极性定位于质膜上，依赖 ATP 提供能量主动运出 IAA^-。而 PIN 蛋白通常极性定位于细胞某一侧的质膜上，在生长素极性运输过程中发挥重要作用。B. 生长素的极性运输与 PIN 蛋白的组织特异性分布有关。图中显示 PIN 蛋白在茎尖分生组织（上图）和根尖（下图）中引导生长素的循环流动。C.ABCB 蛋白参与生长素的运输，在茎尖和根尖的多向箭头显示 ABCB 介导的非定向的生长素运输，而当 ABCB 与极性定位的 PIN 蛋白结合时，其对生长素的运输才表现出方向性

生长素的极性运输受一些化学物质的抑制，其中有一类物质如 2,3,5-三碘苯甲酸（2,3,5-triiodobenzoic acid，TIBA）和萘基邻氨甲酰苯甲酸（naphthyphthalamic acid，NPA），抑制生长素从细胞内向外的跨膜运输，所以称为生长素外向转运抑制因子 AEI（auxin efflux inhibitor）。而 NOA（1-萘氧乙酸）则抑制生长素从细胞壁向细胞内的跨膜运输。这些 AEI 有的是通过竞争性抑制生长素和载

体蛋白本身的结合（如 TIBA），有的是通过与一些相关的调节蛋白结合来干扰生长素的极性运输。最近的研究表明，AEI 还可以通过抑制质膜上 PIN 蛋白循环和分布来干扰生长素的极性运输。

3. 生长素的非极性运输 叶片中合成的生长素还能通过韧皮部进行快速的长距离非极性运输。和其他韧皮部运输的物质一样，生长素可以沿着植物茎干向上或向下运输。这种运输方式主要担负地上部向根系的生长素供应。大部分生长素结合物的运输也是通过韧皮部进行的。例如，萌发的玉米种子中生长素结合物就是通过韧皮部从胚乳运输到胚芽鞘顶端的。生长素沿韧皮部的长距离运输可能对形成层活动及侧根发生具有调控意义。

三、生长素的生理功能

生长素几乎影响了植物从萌发到衰老整个生命过程的各个方面，包括发育模式的建立、器官发生、维管系统分化、胚胎发生、果实发育、叶片衰老等，生长素的极性运输及其所建立的生长素浓度梯度是生长素发挥生理功能的基础。因此生长素也被认为是植物体内的“成形素”（morphogen），类似于动物发育过程中的形成浓度梯度的成形素发育信号，以浓度依赖的方式决定细胞的特性及组织和器官发育模式。

（一）生长素调控细胞生长

生长素的主要生理功能之一是调节茎节间细胞的伸长生长。研究者利用切除顶端的燕麦胚芽鞘切段或在暗中培养的豌豆茎切段进行的生长素生物测定（bioassay）定性和定量地分析生长素浓度和生长素促进茎伸长生长现象之间的关系曲线，发现生长素促进茎的生长有一个最适浓度，在豌豆茎和燕麦胚芽鞘中最适浓度为 10^{-6}～10^{-5}mol/L，其他植物如拟南芥中的最适浓度略低。当超过最适浓度时生长素对茎节的生长起抑制作用，这归因于生长素诱导了乙烯的生物合成。

生长素也促进根系的伸长生长，但根系对生长素更敏感，促进根系生长的生长素最适浓度比促进茎伸长生长的最适浓度要低得多。这种现象的可能原因是生长素诱导乙烯的产生，乙烯抑制了根系生长。但是，即使特异地抑制根系中的乙烯合成，低浓度的生长素（10^{-10}～10^{-9}mol/L）可以促进根系的生长，而稍高一些浓度的生长素（10^{-6}mol/L）仍然会抑制根系的生长。

生长素促进细胞伸长生长的效应是非常迅速的，试验中从处理到发挥效应之间的滞后时间大约是 10min，同时伴随着细胞壁的酸化。生长素诱导的细胞壁酸化与促进生长的迟滞期一样，都是 10～15min，在中性的缓冲液中，即使含有生长素，由于细胞壁酸化受到抑制，细胞的伸长生长也会受到抑制；相反，无生长素的酸性缓冲液可以促进细胞的伸长生长。根据上述试验结果，人们提出了生长素促进细胞伸长生长的酸生长理论（acid growth theory）：在生长素诱导的细胞壁酸生长过程中，生长素诱导增强了质膜上 H^+-ATPase 的活性，促进 H^+ 泵出导致细胞壁酸化，细胞壁中的扩张蛋白（expansin）在酸性条件下可以弱化细胞壁多糖组分间的氢键因而疏松细胞壁。

（二）生长素与植物向性生长

植物的生长受许多环境因素的影响，其中光照和重力能控制植物生长的方向。植物的茎表现出向光性（phototropism）生长，以便叶片能接受最适的光照以更好地完成光合作用。而植物对重力的响应则表现为根沿重力方向的垂直生长和茎沿与重力相反方向的垂直生长，植物生长的向重力性（gravitropism）在种子萌发的早期尤为重要。植物响应光信号和重力信号的这种弯曲生长涉及生长素的重新分布和新的生长素浓度梯度的建立。相关的详细内容见第十二章。

（三）生长素与植物的发育

生长素通过极性运输建立起浓度梯度，以浓度依赖的方式决定组织和器官发育模式。

1. 生长素与植物生长发育的基本模式 植物生长发育基本模式（pattern）在胚胎发生过程中开始建立。在拟南芥的胚发生第一次细胞分裂之后就能检测到生长素呈梯度分布。而且在胚胎发育过程中，生长素浓度梯度的极性不断地发生变化。例如，在大约早球形胚时期，在胚基部形成生长素浓度最高位点，这一变化对于胚根的正常形成是必不可少的。如果生长素的极性运输受到干扰或生长素信号途径被阻断，都会影响胚根的形成。而在心形胚时期，生长素极性运输还会在胚顶端形成生长素浓度最高位点，决定子叶的形成（详见第十二章）。

生长素对植物发育基本模式的调控在根尖细胞分化中了解得最为透彻，生长素在根尖形成稳定的浓度梯度，生长素浓度最高位点在静止中心。围绕静止中心的根尖分生组织不断分裂形成新的细胞，而之前形成的细胞逐渐远离分生组织，并停止分裂，依次进行伸长生长和分化，这些变化依赖于不同的生长素浓度，即生长素浓度梯度所传递的位置信息（详见第十二章）。

2. 生长素诱导维管束分化 生长素诱导和促进植物细胞的分化，尤其是促进植物维管组织的分化。维管束分化是从上向下进行的，即呈向基性（basipetal）的极性分化方向。幼芽或幼叶内产生的生长素控制着维管束的分化，如果去掉幼叶会抑制维管束的分化。生长素影响维管束的分化还可以利用组织培养的方法得到证明。如果将一个幼芽嫁接到一块愈伤组织上，会观察到嫁接幼芽的下边分化出维管束组织，这是因为幼芽可以产生并分泌生长素到愈伤组织内。

在拟南芥中的研究发现生长素外向转运体PIN1介导的生长素极性运输是叶片维管束分化和模式形成的主要决定因素。此外，另一生长素外向转运体ABCB19在运送生长素到子叶的过程中起重要作用。

春天木本植物萌动的幼芽对形成层的活化也是从上向下进行的，所以新一轮的木质部和韧皮部生长是从幼嫩的枝条开始，逐渐向根部移行。这一过程中，生长素浓度梯度提供木质部和韧皮部分化的位置信息（positional information），形成层是生长素浓度最高位点，其内侧分化形成韧皮部，外侧分化形成木质部。茎内的维管束再生也受生长素的控制。如果在茎上切一个楔形缺口，将维管束切断，那么伤口内侧的薄壁细胞就会重新分化成为维管束，恢复上下维管束的连接（图 11-9）。在这个过程中，无论是木质部还是韧皮部的分化，都受伤口上部的叶片所产生的生长素的控制。如果将上部的叶片去掉，就会抑制维管组织的再生；而外源施加生长素则可以替代叶片刺激维管组织的再生。

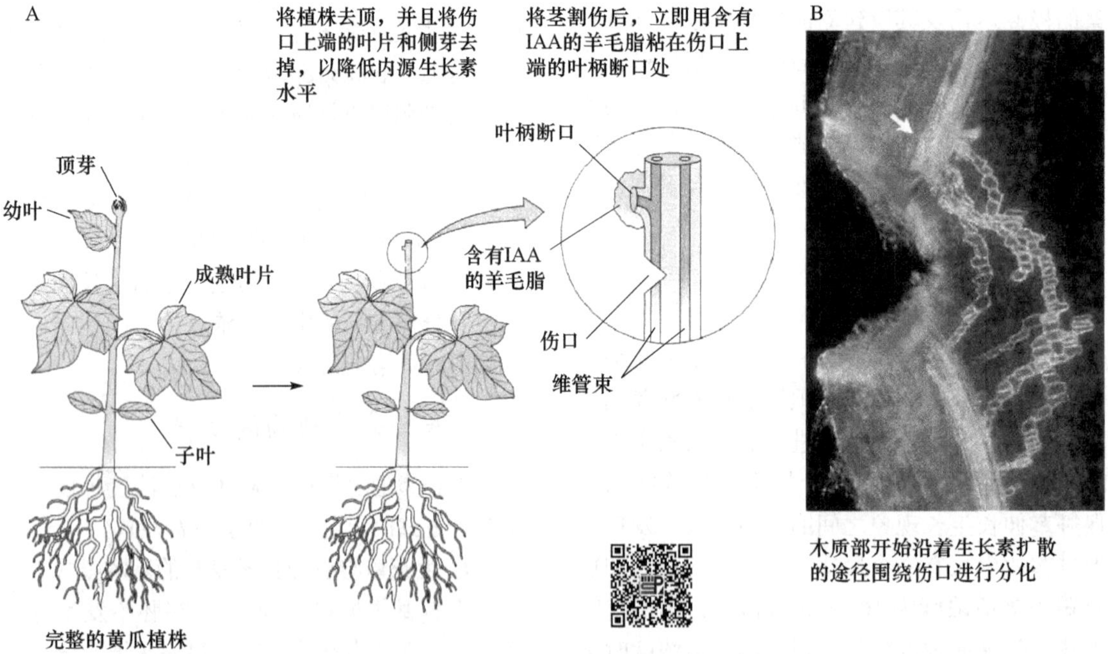

图 11-9 IAA 诱导黄瓜（*Cucumis sativus*）茎伤口薄壁细胞形成维管束（Taiz et al., 2015）

去掉茎切口上端的叶片和芽以消除内源生长素的影响。将含 IAA 的羊毛脂涂抹在切口上端的茎上，生长素沿维管束薄壁细胞运输到伤口附近，诱导新的维管组织从伤口上端开始形成，并向下延伸（A），最后和伤口下端的维管束重新恢复连接（B）

3. 生长素促进侧根和不定根发生 尽管较高浓度的生长素（$>10^{-8}$mol/L）抑制主根的伸长，但却可以促进侧根（lateral root）和不定根（adventitious root）的发生。植物根系侧根的发生一般在伸长区和根毛区的上端，由中柱鞘的某些细胞分化而成（详见第十二章）。生长素可以诱导这些细胞分裂，并逐渐形成根原基，最后穿透皮层和表皮，形成侧根。生长素在侧根形成中的作用分为两步，首先是生长素极性运输到中柱鞘细胞并在其中积累到一定浓度，诱导这些细胞开始分裂；然后生长素刺激并维持细胞持续分裂、生长和分化，最后形成侧根。利用拟南芥侧根发生突变体进行的研究发现根中维管束薄壁细胞中的生长素向顶运输是启动中柱鞘细胞分裂所必需的，这一过程需要生长素转运体的协同作用，包括生长素内向转运体 AUX1 和外向转运体 PIN2、ABCB1 和 ABCB19；而内向转运体 LAX3 介导生长素进入皮层细胞和表皮细胞，促进细胞的扩张和细胞壁的变化，使侧根突起；根尖产生的生长素通过向基运输在侧根伸长过程中发挥作用，并同来源于茎尖的生长素一起维持细胞的分裂和生长。

有些植物在主根和主根所产生的侧根以外的部分生出的根被称为不定根。不定根的发生和侧根的发生类似，但不定根可以从多种多样的组织上发生，如茎、叶、老根、胚轴，甚至组织培养中形成的愈伤组织等。这些组织中的成熟细胞会脱分化重新恢复分裂，形成不定根原基，最后形成不定根。生长素促进不定根发生的性质在园艺和农业生产上应用非常广泛。植物的无性营养体繁殖主要靠插条繁殖，植物插条或叶片在水培或湿润的土壤培养条件下，可以从切口附近长出不定根。如果利用生长素处理插条切口，会大幅度促进不定根的形成速度和数量。

4. 生长素与花芽和叶序发育　花分生组织的形成和发育，叶片的形成和叶序模式的建立都依赖于亚顶端组织运输的生长素。显微观察与绿色荧光蛋白融合的 PIN1 在茎顶端分生组织细胞中的定位发现，PIN1 的定位和生长素流动方向都是高度动态变化的，在叶片形成前，PIN1 的分布决定了生长素在茎尖的运输方向，导致生长素浓度的局部升高，而叶原基则形成于生长素浓度最高的位点。生长素极性运输影响叶序形成的内容参见第十二章。

5. 生长素与果实发育　在正常情况下，在授粉和受精之后花粉和胚乳细胞中大量产生生长素，刺激子房的发育形成果实。果实发育初期的生长素来源主要依赖胚乳细胞，在果实发育后期，生长素的主要来源是胚。关于生长素与果实发育的经典试验是 1950 年 J. P. Nitsch 利用草莓进行的。草莓的种子是一种瘦果，附生在膨大的花托上，去掉草莓的种子会抑制果实的膨大，利用生长素处理又会恢复果实的正常生长，这是因为种子是促进果实膨大的生长素供应源。

生长素的生理作用几乎贯穿了植物的整个生长发育过程。上面我们仅仅介绍了生长素的一部分生理作用，另外一些生理功能如生长素促进植物的向性生长、控制植物顶端优势和调节叶片脱落等将在第十二章和第十五章中详细介绍。

四、生长素的作用机制

研究植物激素作用的分子机制，就是探讨从激素与受体（receptor）结合开始到发生生理效应为止的信号传递途径，以及该传递途径上各环节的分子组成和反应模式。

（一）生长素受体

作为激素的受体，必须满足受体与配体结合的基本特点：①和激素配体特异性结合；②和激素配体的结合具有饱和性；③和激素的结合具有高亲和性和可逆性；④结合后诱导特定的生理效应（参见第一章）。满足这些条件的生长素结合蛋白称为生长素受体。目前比较肯定的生长素受体是 TIR1/AFB。

泛素（ubiquitin）介导的蛋白质降解系统是真核生物中广泛存在的具有重要意义的调节系统。以色列科学家 A. Ciechanover 等因为发现了该途径而获得了 2004 年的诺贝尔化学奖。泛素是在真核生物中高度保守的由 76 个氨基酸残基组成的小分子蛋白。泛素的主要功能是标记底物蛋白使之能被 26S 蛋白酶体降解。大量的研究证明，泛素降解途径参与了包括生长素在内的多数植物激素的信号转导。

泛素介导的蛋白降解途径有三个组分：泛素活化酶 E1、泛素偶联酶 E2 和泛素连接酶 E3。E1 在 ATP 存在时与泛素形成高能硫酯键将其活化，活化的泛素分子可被转移给泛素偶联酶 E2，在 E3 的协助下特异地选择底物蛋白，将泛素结合到底物蛋白上。已经结合到底物上的泛素分子在上述途径的作用下继续结合更多新的泛素分子，经过多泛素化标记的底物蛋白质最终被送到 26S 蛋白酶体内进行降解。SCF（SKP1/Cullin/F-box）复合体是 26S 蛋白酶体降解体系中的一类泛素连接酶 E3，是由 F-box 蛋白（因含有 *F-box* 基因序列而得名）与 SKP1、Cullin（CUL）和 Rbx1 共同形成的，特异识别底物蛋白并使之泛素化。SCF 复合体作为泛素连接酶 E3 在植物激素信号转导中发挥重要功能，研究也最为深入。已经鉴定的一类生长素受体蛋白运输抑制剂响应蛋白 1（transport inhibitor response protein 1，TIR1）即泛素连接酶复合体成员。TIR1 是 F-box 蛋白，作为 SCF 复合体的一个亚基，它决定了底物识别的特异性。具有 TIR1 的 SCF 复合体标记为 SCF^{TIR1}。生长素就像“分子胶水”（molecular glue）一样将 SCF^{TIR1} 复合体中的 TIR1 蛋白和 Aux/IAA（auxin/indole-3-aceticacid）蛋白“粘”在一起，促进了 SCF^{TIR1} 复合体与底物蛋白 Aux/IAA 的结合，并启动 Aux/IAA 蛋白的降解。生长素受体 TIR1 的发现，是生长素信号转导研究中的一个重大的突破（图 11-10）。

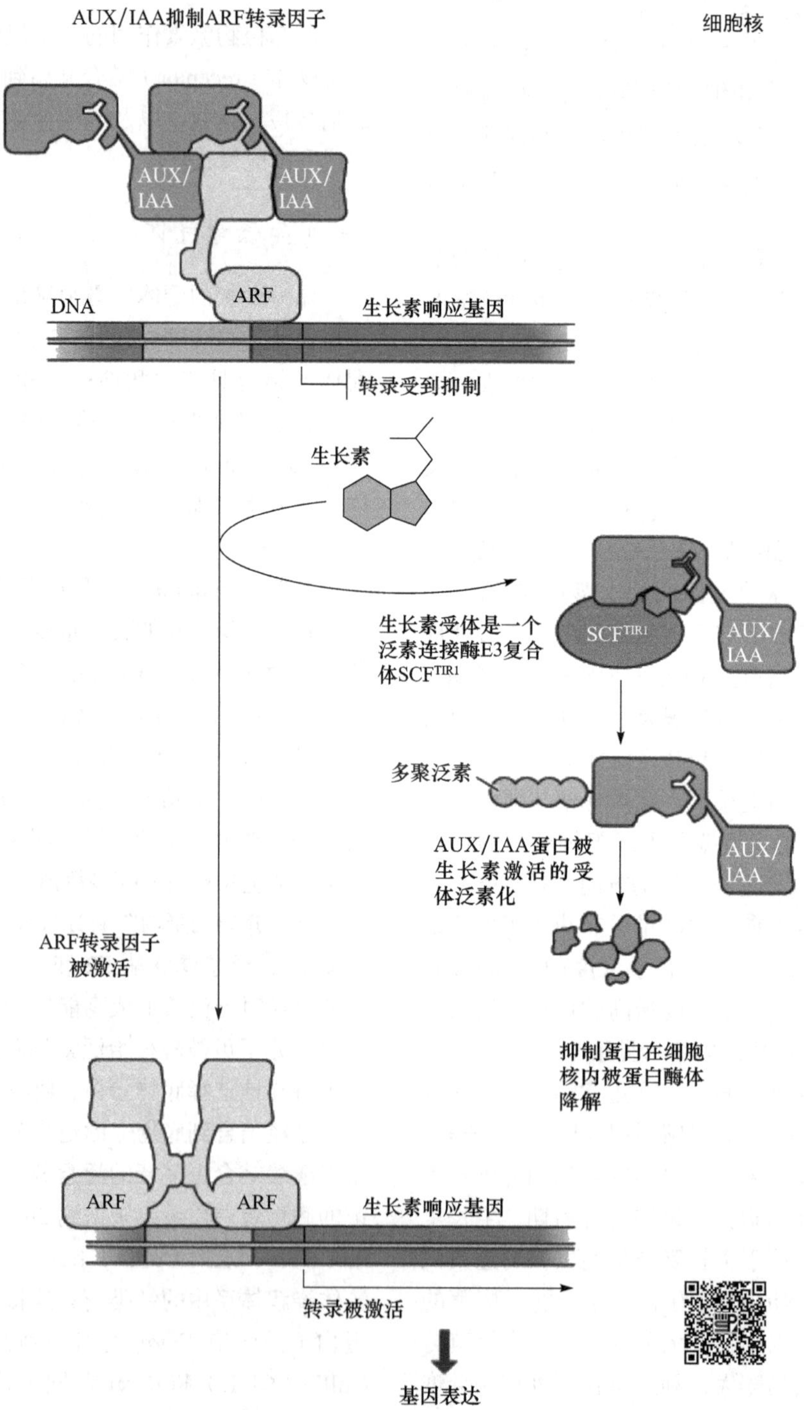

图 11-10　生长素调节基因表达的机制模型（Taiz et al.，2015）

在生长素调节基因表达的过程中，有两个重要的调节因子参与，一类是Aux/IAA蛋白，另一类是生长素响应因子ARF（auxin response factor）。ARF存在于细胞核内，可以和生长素诱导基因的启动子上的生长素响应元件（auxin response element，AuxRE）结合，来促进或者抑制生长素响应基因的表达。当生长素缺乏时，Aux/IAA蛋白与基因启动子上的ARF相结合，抑制其活性。当生长素与TIR1结合后，SCF^{TIR1}复合体被激活，促使Aux/IAA蛋白泛素化，进而被26S蛋白酶体降解，从而解除了ARF的抑制状态，ARF作为转录因子调节相应的基因转录。

尽管生长素信号转导途径看似简单，然而Aux/IAA家族和ARF家族的成员众多，比如拟南芥基因组编码29个Aux/IAA蛋白和23个ARF蛋白，并且TIR1受体蛋白家族中除TIR1之外还有5个成员（被命名为AFB1～AFB5），这些生长素信号途径中的重要成员之间通过不同的组合，特异地参与植物对生长素信号复杂的响应过程。

（二）生长素响应的早期基因和晚期基因

由TIR1-Aux/IAA信号途径直接激活的生长素响应基因称为早期基因（early gene），或称初始反应基因（primary response gene）。生长素诱导早期基因表达所需的时间非常短，通常在几分钟到数小时内完成。早期基因的功能有：①编码合成调控晚期基因表达所需的蛋白质；②编码参与细胞间通信的蛋白质；③编码参与生长素结合物形成或降解生长素的蛋白质，避免细胞内生长素的过度积累。生长素诱导的早期基因主要包括*Aux/IAA*基因家族、*SAUR*基因家族（*SAUR* gene family）和*GH3*基因家族（*GH3* gene family），这些基因多数与生长和发育相关。

晚期基因（late gene）（又称次级反应基因，secondary response gene）在生长素诱导的发育过程的后期起作用，编码谷胱甘肽-*S*-转移酶的*GST*基因家族及ACC合酶基因家族都属于晚期基因，主要参与植物对逆境胁迫的响应。

第二节　赤　霉　素

赤霉素（gibberellin，GA）是一类双萜酸化合物，其作为植物激素的地位是在20世纪50年代确立的。到目前为止，已经发现的赤霉素类物质有136种。赤霉素的典型生理功能是促进植物生长，并在种子萌发、调节植物开花时间和花器官发育等生理活动中也扮演着重要角色。

一、赤霉素的发现

赤霉素最早是在研究水稻“恶苗病”（foolish seedling）时发现的。“恶苗病”是一种导致水稻幼苗异常细高，移栽后不易成活或者难以结实的病害。研究发现“恶苗病”是由一种称为赤霉菌（*Gibberella fujikuroi*）的病原菌分泌的化学物质诱导水稻过度生长所致。20世纪30年代，日本科学家从赤霉菌培养物过滤液中提取到了能够促进植物生长的结晶物质，并将其命名为赤霉素A（gibberellin A）。50年代，美国科学家和日本科学家进一步纯化分离了上述赤霉菌抽提物，并进行了结构鉴定，获得了GA_1、GA_2和GA_3三种赤霉素。植物中的赤霉素含量普遍非常低，1958年，英国科学家J. MacMillan从菜豆（*Phaseolus coccineus*）的未熟种子中成功纯化了GA_1，这也是第一例从高等植物中提纯的赤霉素。随后，在微生物和高等植物中发现了许多赤霉素类化合物，以其发现的顺序命名。到目前为止已有GA_1～GA_{136}共136种赤霉素类物质得到了结构鉴定，但研究表明其中只有GA_1、GA_3、GA_4、GA_7等少数几种赤霉素具有生物活性，其他都是活性赤霉素生物合成的中间产物或者是代谢产物，自身不具备生物活性。

二、赤霉素的结构

赤霉素是一类双萜酸化合物，都有一个基本的骨架结构——赤霉烷（ent-gibberellane）（图11-11A）。其中一部分赤霉素具有赤霉烷所有的20个碳原子，称为C_{20}-GA（图11-11B），另一部分赤霉素在代谢反应中失去一个碳原子，即19位碳原子上的羧基与10位碳形成一个内酯桥（图11-11C），只有19个碳原子骨架，称为C_{19}-GA。以这两种基本结构为基础，

通过 C_{20} 氧化状态的不同及环上羟基、羧基数目、位置及手性的不同，形成了赤霉素分子结构的多样性。

虽然已有上百种赤霉素类物质被发现，但仅有少数几种赤霉素具有生物活性，这些活性赤霉素的结构特征主要包括以下几个方面：①3β-羟基是赤霉素具有生物活性的必要条件，如 GA_1、GA_4、GA_3、GA_7、GA_{32} 等（图 11-11D）；②几乎所有的活性赤霉素都有 6 位碳原子上的羧基，另外，3β,13-二羟基或 1, 2 不饱和键也有助于提高赤霉素的活性；③具有 2β-羟基的赤霉素不具备生物活性，如 GA_8、GA_{29}；④ C_{19}-GA 的相对生物活性比 C_{20}-GA 要高。活性赤霉素的以上结构特点可能是其与受体结合的必要条件，而 2β-羟基则阻碍赤霉素与受体结合部位的结合。实际上 2β-羟基化的引入也是植物进行赤霉素生物合成和活性调节的重要途径。

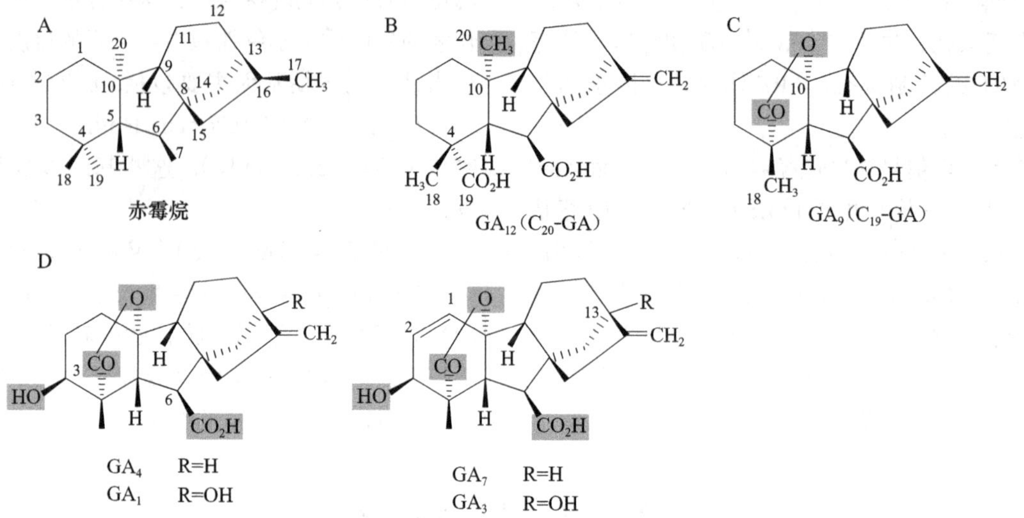

图 11-11　赤霉素的化学结构（Taiz & Zeiger，2010）

三、赤霉素的生物合成和代谢

1. 赤霉素的生物合成　包括赤霉素在内的萜烯类化合物具有一些相同的合成步骤，即由异戊二烯基焦磷酸（IPP）生成 10 碳的牻牛儿基焦磷酸（GPP），然后是 15 碳的法尼基焦磷酸（FPP），最后生成 20 碳的牻牛儿基牻牛儿基焦磷酸（GGPP）（图 11-12）。此过程中的异戊烯基焦磷酸（IPP）是在前质体中由 3-磷酸甘油酸和丙酮酸途径衍生而来。经过从 IPP 到 GGPP 的类萜烯合成的共同步骤之后，赤霉素的生物合成可以分为以下三个步骤。

（1）贝壳杉烯的生物合成　在前质体中，贝壳杉烯合酶催化的环化反应将 GGPP 转变成 *ent*-贝壳杉烯（*ent* 前缀是指贝壳杉烯的对映体立体构型）（图 11-12），该反应包括两个环化步骤，分别由柯巴焦磷酸合酶（copalyl diphosphate synthase，CPS）和 *ent*-贝壳杉烯合酶（*ent*-kaurene synthase，KS）催化完成。一些植物生长延缓剂如 AMO1618、矮壮素和福斯方-D 都是赤霉素合成环化步骤的特异抑制剂。

（2）氧化反应生成 GA_{12} 醛　在前质体和内质网上，贝壳杉烯上的甲基被连续氧化形成羧基，中间产物分别为贝壳杉烯醇、贝壳杉烯醛和贝壳杉烯酸，然后 B 环从一个 6 碳环缩为 5 碳环形成 GA_{12} 醛，GA_{12} 醛进一步被氧化形成 GA_{12}（图 11-12）。参与上述系列氧化反应的两个重要的酶分别是 *ent*-贝壳杉烯氧化酶（*ent*-kaurene oxidase，KO）和 *ent*-贝壳杉烯酸氧化酶（*ent*-kaurenic acid oxidase，KAO）。GA_{12} 是植物体内形成的第一个赤霉素，也是植物体内所有赤霉素的共同前体。多效唑（paclobutrazol）及其他抑制 P450 单加氧酶的特异抑制剂都会抑制赤霉素生物合成的第二个步骤。

（3）由 GA_{12} 形成其他的赤霉素　赤霉素生物合成第三步在细胞质中完成，该步骤的第一步反应有两个方向，一个是 GA_{12} 的 C_{13} 发生羟化反应形成 GA_{53}，再以 GA_{53} 为前体形成其他赤霉素，另一个是 GA_{12} 的 C_{13} 不发生羟化反应，直接以 GA_{12} 为前体形成其他赤霉素（图 11-12）。根据第一步反应中 C_{13} 羟化反应的有无，可以将赤霉素生物合成的第三个步骤分为两条途径：早期 C_{13} 羟化途径（early-C_{13}-hydroxylation pathway）和早期 C_{13} 非羟化途径（early-C_{13}-nonhydroxylation pathway），这两条途径分别以 GA_{53} 和 GA_{12} 为前体，在 GA_{20} 氧化酶（$GA_{20}ox$）、GA_3 氧化酶（GA_3ox）的催化下合成两种在植物体内具有最高活性的赤霉素 GA_1 和 GA_4（图 11-12）。

因为赤霉素生物合成的第三个步骤的关键酶是α-酮戊二酸依赖的双加氧酶和3β-羟化酶，所以凡是能够抑制这些酶活性的抑制剂都能抑制活性赤霉素的合成。这类生长延缓剂的一个典型代表就是调环酸（prohexadione，BX-112），它能够特异地抑制β-羟化反应，所以可以阻碍 GA_{12} 转化为 GA_1，但同时也可以阻碍导致 GA_1 失活的2β-羟化反应。

2. 赤霉素生物合成的器官特异性　赤霉素生物活性及其生物合成具有器官特异性，高等植物中不同的器官组织、不同发育阶段内起调节作用的赤霉素种类不同，相应的生物合成途径也不尽相同。

GA_1 是控制植物茎节伸长生长的活性赤霉素。植物株高的控制主要是由其内源 GA_1 水平决定的，即控制株高的基因主要是通过改变 GA_1 的合成水平来控制株高的。虽然在某些植物种类中，GA_4 也是一个促进营养生长的活性赤霉素，但大量的试验证明，GA_4 更多是在植物的生殖生长中起调节作用。随着水稻生殖生长的进行，GA_4 含量逐渐增加，研究还表明，水稻花粉中存在大量的 GA_4，但 GA_1 的含量甚微，相反，水稻茎节中含有大量的 GA_1，而 GA_4 含量甚微；定性定量分析证明水稻的营养生长阶段，赤霉素的生物合成主要是合成 GA_1 的早期 C_{13} 羟化途径，在水稻的生殖生长阶段，赤霉素的生物合成又增加了合成 GA_4 的早期 C_{13} 非羟化途径。这些都表明，GA_4 在植物生殖生长过程中起关键的调节作用。

赤霉素生物合成的器官特异性是基于相关酶基因表达的器官特异性。水稻中赤霉素生物合成第三阶段关键酶 $OsGA_{20}ox$ 和 $OsGA_3ox$ 基因的表达具有显著的器官特异性。$OsGA_{20}ox2$ 在营养器官中表达，而 $OsGA_{20}ox3$ 只在花器官中表达，在第一次绿色革命中做出重要贡献的半矮化水稻品种（奇迹稻，miracle rice），就是源于编码 $OsGA_{20}ox2$ 的基因 *SD1* 的变异，导致了茎节伸长生长受到抑制。但花器官中编码 $OsGA_{20}ox3$ 的基因保持正常，维持了奇迹稻花器官发育正常。正是由于赤霉素生物合成的这种器官特异性，产生了营养生长受抑制、生殖生长却维持正常的矮秆抗倒伏优良品种。

3. 赤霉素生物合成的关键酶　利用拟南芥、豌豆、玉米及水稻等的突变体材料，克隆了大部分赤霉素生物合成及其代谢酶类的基因，其中第三步骤的几个酶，即 $GA_{20}ox$、GA_3ox 和 GA_2ox，在赤霉素生物合成的调节中有更重要的意义。一方面，这些基因的突变体表现出活性赤霉素合成不足或过量的表型。例如，在拟南芥中，*GA5* 基因编码 $AtGA_{20}ox1$，*GA4* 基因编码 $AtGA_3ox1$，*ga4* 和 *ga5* 突变体表现出植株矮化的表型（图 11-13 A）；玉米中的 *DWARF1*（*D1*）编码 GA_3ox2，*d1* 突变体表现为半矮化表型；豌豆中的 *SLENDER*（*SLN*）基因编码 GA_2ox，*sln* 幼苗与野生型相比更细长。另一方面，通过基因工程手段改变 $GA_{20}ox$、GA_3ox 和 GA_2ox 在植物中的表达水平可以导致植物体内活性 GA 水平的改变。例如，在大麦中过量表达 GA_2ox 可以导致活性 GA_1 水平的显著下降，最终导致转基因植物表现出不同程度的矮化表型（图 11-13 B）。

4. 赤霉素的代谢　研究表明，活性赤霉素可以通过多条代谢途径被转化为非活性赤霉素。

（1）2β-羟化反应失活　在 GA_2ox 作用下，2β-羟基化反应可使活性赤霉素及活性赤霉素前体不可逆地失去生物活性。例如，在 GA_2ox 作用下，活性赤霉素 GA_1 和 GA_4 可分别转化为非活性的 GA_8 和 GA_{34}（图 11-12）。

（2）16,17-双键环氧化失活　在水稻中的研究表明，水稻 *EUI*（*elongated uppermost internode*）编码一个细胞色素 P450 单氧化酶，它能够使非 13-羟基化赤霉素（如 GA_4、GA_9、GA_{12}）的 16,17-双键环氧化，进而导致活性 GA 的失活。

（3）C-6 位羧基的甲基化失活　在拟南芥中的研究表明，两个赤霉素甲基转移酶以 *S*-腺苷-L-甲硫氨酸作为甲基供体，催化 GA 的 C-6 位羧基的甲基化。这一过程如果发生在活性 GA 上即可导致活性 GA 的失活。

（4）赤霉素结合物　赤霉素结合物主要是通过赤霉素的羧基和单糖结合形成的赤霉素糖酯，或者通过羟基和单糖形成赤霉素糖苷，其中的单糖多数是葡萄糖。赤霉素结合物在一些植物种子中含量比较丰富。如果赤霉素大量施用到植株上，其中相当一部分会被转变为糖基结合物，所以可以认为，糖基结合物的形成是赤霉素失活代谢的一种方式；另外，将赤霉素糖苷引入植物后会被水解为游离的赤霉素，所以，赤霉素结合物可能也是一种储存形式。

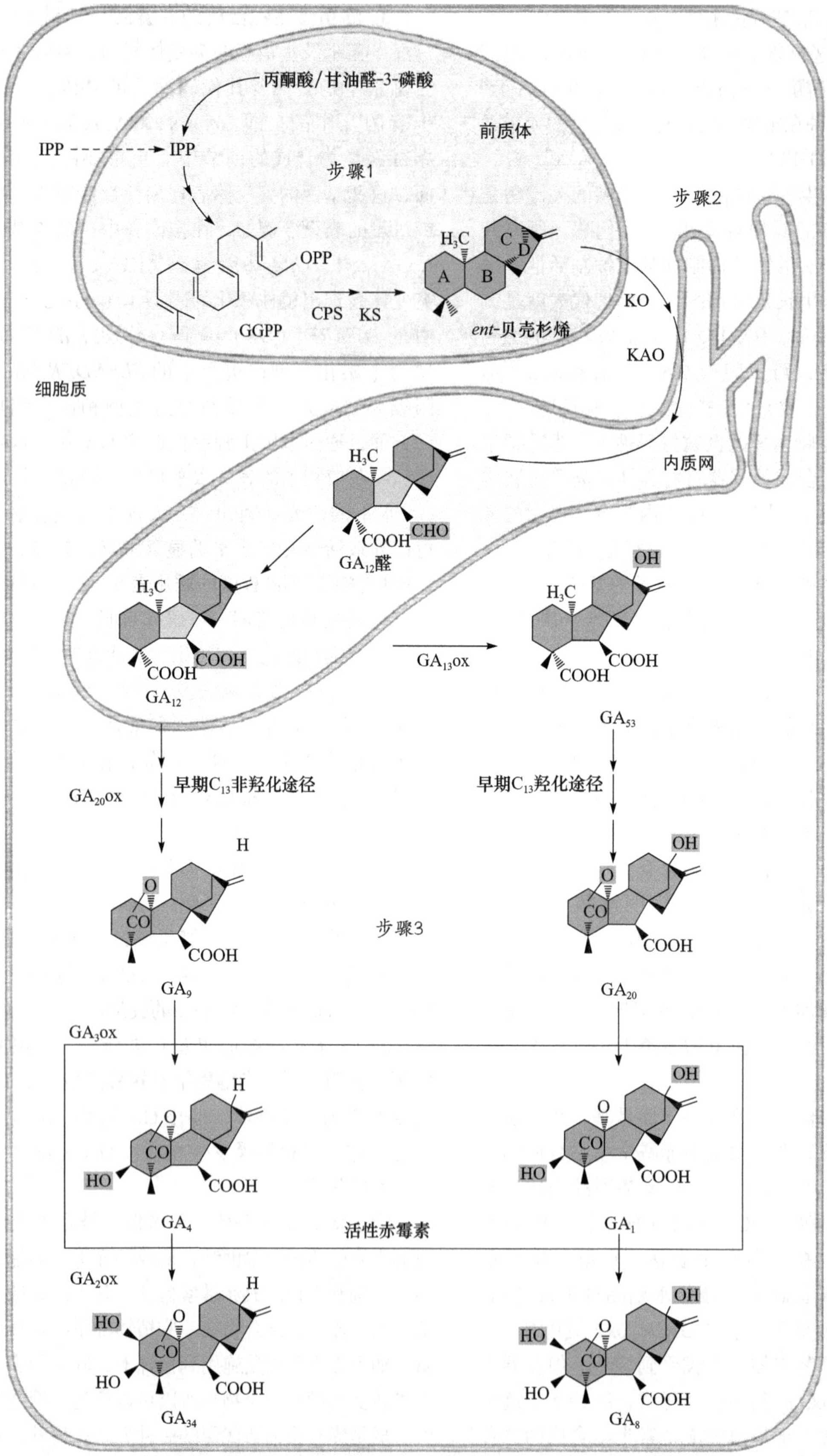

图 11-12　赤霉素生物合成途径（Taiz et al., 2015）

图 11-13　GA 合成酶相关突变体（A）和过量表达植株（B）表型（Hedden & Philips，2000）

5. 赤霉素生物合成和代谢的调控　赤霉素在植物生长发育调控中发挥着重要作用，赤霉素的合成和代谢受环境因素（如光周期、温度等）和其他激素的调节，同时也受赤霉素信号转导途径的反馈调节。

（1）光周期调节　长日植物从短日照转到长日照条件时，体内赤霉素的代谢发生变化，从而调控植物生长发育。例如，菠菜（*Spinacia oleracea*）在短日照条件下其植株呈短缩茎的莲座状，其中的赤霉素早期 C_{13} 羟化途径的活性很弱。随着日照长度的增加，体内的早期 C_{13} 羟化途径的活性也逐渐增加，到第 12 天，GA_{20} 的水平可以增加 16 倍，GA_1 的水平可以增加 5 倍，从而刺激了茎节的伸长生长。

（2）温度调节　某些植物种子的萌发和某些植物的开花需要低温处理才能实现。例如，甜菜（*Thlaspi arvense*）需要一个较长时间的低温处理之后，茎尖才能开始伸长并开花。这种低温处理可以用赤霉素处理代替，说明低温处理与植株体内赤霉素具有某种关系。实际测定发现，在没有低温处理的情况下，茎尖内积累了大量的贝壳杉烯酸，低温处理后，贝壳杉烯酸 7β-羟化酶的活性升高，贝壳杉烯酸被转化为 GA_9，GA_9 又是促进生殖生长的活性赤霉素 GA_4 的直接前体。

（3）赤霉素信号途径反馈调节　一些植物的 GA 不敏感突变体，如玉米 *d8* 突变体和拟南芥 *gai* 突变体，体内经常积累有异常高水平的 GA_{20} 和 GA_1，但它们的前体物 GA_{19} 的水平却非常低，这可能是赤霉素通过反馈控制（feedback control）的方式，抑制赤霉素合成酶类的合成从而抑制赤霉素自身的合成，如产生某些转录抑制因子。

研究发现，在 GA 不敏感突变体植物中发生高水平积累的赤霉素主要是 C_{19}-GA，所以 GA_{20} 氧化酶可能是反馈抑制所调节的关键酶。通过测定拟南芥 *gai* 突变体中三个编码 GA_{20} 氧化酶基因的转录水平，发现如果赤霉素生物合成的早期阶段发生突变，体内 GA 水平极低，*gai* 突变体内的 GA_{20} 氧化酶基因转录水平不受抑制，处于正常的转录状态；但用外源 GA_3 处理突变体植株后，所有三个 GA_{20} 氧化酶基因的转录都受到了抑制。可见赤霉素生物合成中 GA_{20} 氧化酶基因的转录是受体内活性 GA 水平的反馈控制的。赤霉素生物合成途径中的其他酶类，如 3β-羟化酶也可能受到反馈控制的调节。

四、赤霉素的生理功能

1. 赤霉素诱导 α-淀粉酶的合成　在植物激素生理功能的研究中，赤霉素诱导大麦种子糊粉层 α-淀粉酶（α-amylase）合成的研究是一个典范。这一研究不但有助于对赤霉素其他生理功能的分子机制的理解，而且对其他植物激素分子如脱落酸等的作用机制的研究也具有很大的启发意义。

谷类种子由三部分组成：胚、胚乳和种皮。其中胚具有一个特征结构——盾片，是胚的分泌和吸收组织。胚乳有两类组织组成：中央的淀粉胚乳和周围的糊粉层，前者由富含淀粉粒的薄壁细胞组成；后者由富含蛋白体（protein body）和油质体（oleosome）的厚壁细胞组成（图 11-14）。在谷类种子发芽过程中，胚乳中的储藏淀粉和蛋白质由淀粉酶和蛋白酶水解成小分子供应幼苗生长；其中水解淀粉的酶类主要有 α-淀粉酶和 β-淀粉酶，α-淀粉酶将淀粉水解为α-1,4-葡萄糖苷键连接的寡聚糖，β-淀粉酶将寡聚糖水解为麦芽糖，麦芽糖在麦芽糖酶的作用下分解为葡萄糖。α-淀粉酶是在谷类种子的盾片和糊粉层中合成并分泌到胚乳中去的（图 11-14）。单子叶禾本科植物（如大麦、小麦、水稻和燕麦等）种子的糊粉层是一种高度特化的分泌组织，其功能是在种子萌发过程中合成并分泌水解酶类，完成这个生理功能后，糊粉层细胞开始衰老和死亡。

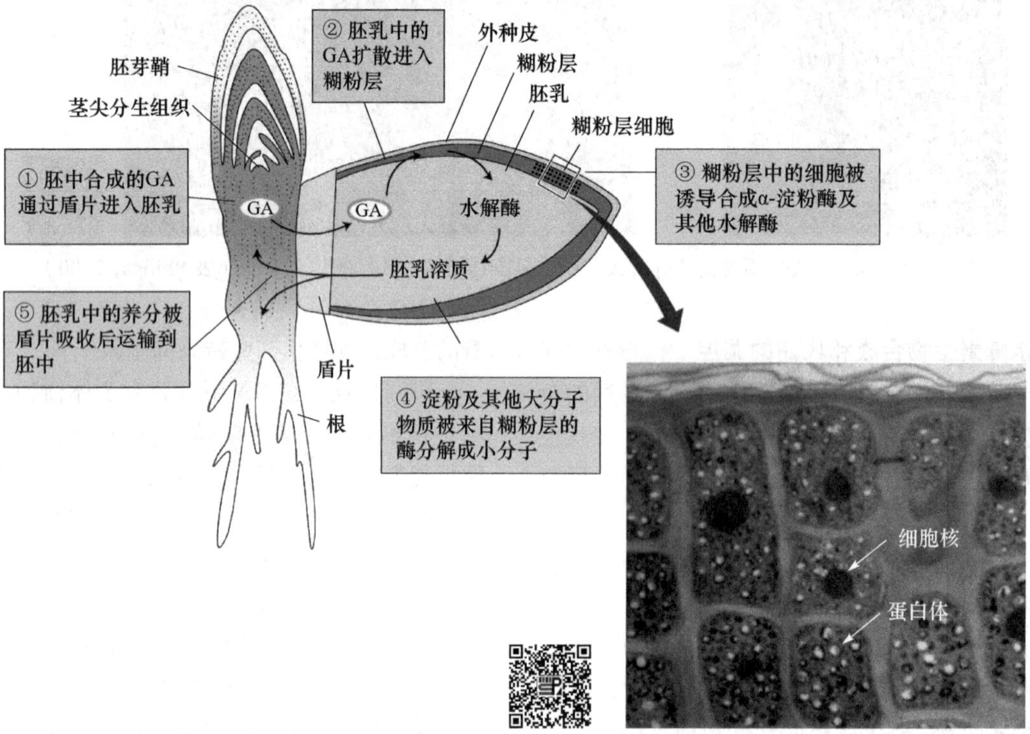

图 11-14　大麦种子结构及各部分组织在萌发过程中的作用（Taiz et al., 2015）

早期实验证明糊粉层分泌α-淀粉酶依赖胚的存在。在经典的“半种子实验”（half-seed test）中，发现除去胚的种子不能分泌α-淀粉酶，但如果把胚和去胚的种子放在一起培养，就有α-淀粉酶的分泌和淀粉的水解。这说明胚分泌的一种可以扩散的因子诱导了糊粉层合成并分泌α-淀粉酶。后来发现在“半种子实验”中，赤霉素 GA_3 可以取代胚来诱导糊粉层α-淀粉酶的合成。进一步的研究确认了在萌发过程中，胚中合成的赤霉素（主要是 GA_1）分泌到糊粉层诱导α-淀粉酶及其他水解酶类的合成，其分子机制如图 11-15 所示。

2. 赤霉素促进种子萌发　赤霉素在种子萌发过程中有多方面的作用，如赤霉素可以刺激胚芽的营养生长，还可以松弛围绕在胚周围的胚乳层细胞，降低对胚生长的压迫；最重要的是，赤霉素可以诱导水解酶的合成，分解种子储存的营养物质。对于一些需要光照或低温处理才能打破休眠开始萌发的种子，常常可以用赤霉素处理代替光照或低温打破休眠。所以在种子休眠打破和萌发过程中，赤霉素是一个介导外界环境因子的调节因素。

在萌发的谷类种子糊粉层中，赤霉素诱导合成许多水解酶，如α-淀粉酶、蛋白酶等，赤霉素的这个生理效应被广泛地应用在酿造工业中。

3. 赤霉素促进植物营养生长　GA 在植物营养生长时期的各个器官生长发育和大小控制中发挥着重要作用，包括下胚轴生长、叶片伸展、株高调节及根系发育等，它对植物营养器官生长发育的调控主要体现在促进细胞伸长和促进细胞分裂两个方面。

（1）*赤霉素促进细胞的伸长生长*　赤霉素是通过增加细胞壁的伸展性来促进细胞伸长生长的，但赤霉素促进细胞伸长生长与生长素有许多不同，首先没有细胞壁酸化现象；其次赤霉素对细胞伸长生长促进的迟滞期较长，如对豌豆茎要 2～3h（生长素需 10～15min），这说明赤霉素对细胞壁伸展性的影响方式与生长素不同。赤霉素对细胞壁伸展性的增加，与它能促进细胞壁中的木葡聚糖内糖基转移酶 XET 活性密切相关。XET 在各种植物组织中广泛

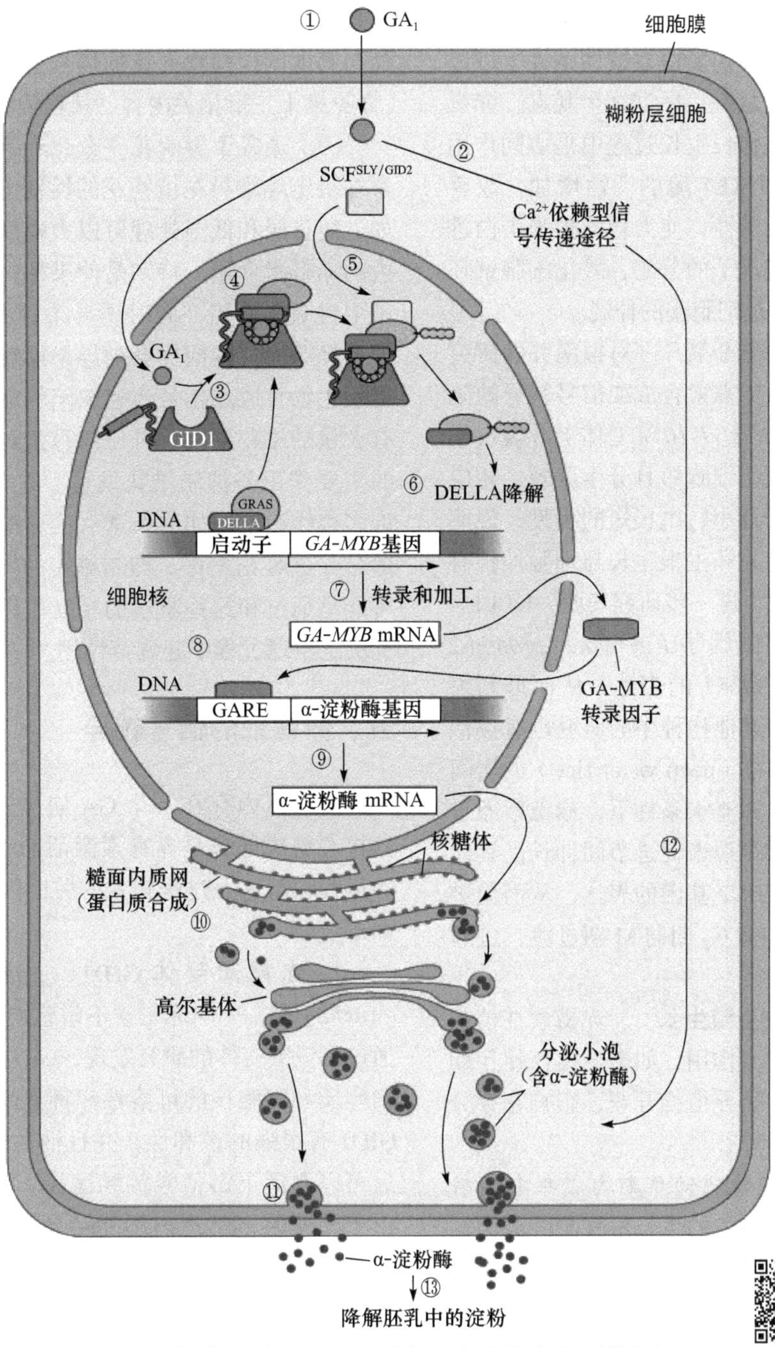

图 11-15　赤霉素诱导糊粉层细胞 α-淀粉酶合成的分子机制图（Taiz et al., 2015）

①来自胚的 GA$_1$ 进入糊粉层细胞；②GA$_1$ 在糊粉层细胞内可能激活与 α-淀粉酶分泌密切相关的 Ca^{2+} 和钙调素依赖型信号传递途径；③在细胞核中，GA$_1$ 结合 GID1；④GA$_1$ 结合 GID1 后导致其构象发生改变，从而有利于 GID1 与 DELLA 蛋白结合形成 GA$_1$-GID1-DELLA 复合体；⑤GA$_1$-GID1-DELLA 复合体形成后，SCF$^{SLY/GID2}$ 复合体多聚泛素化 DELLA 蛋白的 GRAS 结构域；⑥多聚泛素化的 DELLA 蛋白被 26S 蛋白酶体降解；⑦DELLA 蛋白被降解后，早期应答基因的转录被激活（如图中的 *GA-MYB* 基因），*GA-MYB* mRNA 合成后被转运到细胞质中；⑧细胞质中合成的 GA-MYB 转录因子进入细胞核，结合 α-淀粉酶基因及其他水解酶基因启动子的赤霉素响应元件（GARE）；⑨ GA-MYB 激活 α-淀粉酶等基因的转录；⑩ α-淀粉酶及其他水解酶在糙面内质网中合成，随后被高尔基体包装入分泌小泡；⑪分泌小泡中的 α-淀粉酶及其他水解酶通过胞吐作用释放到胚乳中；⑫受 GA 诱导的钙-钙调蛋白依赖的信号途径所调控的分泌途径；⑬ α-淀粉酶及其他水解酶降解胚乳中的淀粉

存在，它从分子链的内部水解木葡聚糖（xyloglucan），并将水解的木葡聚糖片段转移到另外一个木葡聚糖的末端。所以 XET 具有重组细胞壁组分的能力，可以增加细胞壁的伸展性。生长素与 XET 活性之间没有明显关系，所以赤霉素诱导 XET 活性的增加是赤霉素的特异作用。

XET增加细胞壁的伸展性可能是它增加了细胞壁对扩张蛋白的透性。扩张蛋白在酸性条件下可以弱化细胞壁多糖之间的氢键。根据这个观点，赤霉素和生长素在促进细胞伸长生长过程中是协同作用的关系，即赤霉素诱导XET酶的活性增加，改善了细胞壁对扩张蛋白的透性，使大量的扩张蛋白进入细胞壁；生长素促进质子的分泌，酸化细胞壁环境，活化扩张蛋白，促进细胞壁的伸展。

（2）赤霉素促进细胞分裂　对拟南芥的研究发现，与野生型相比，赤霉素合成或信号转导缺陷型突变体（如*ga1*、*gai*、*sly1-10*突变体）叶表皮细胞小且数目少、主根成熟细胞短且分生区短，相应的这些突变体表现出叶片小、主根短的表型，说明赤霉素信号途径调控叶片和主根生长与细胞伸长有关，也与细胞分裂相关。进一步研究表明，DELLA蛋白促进细胞周期抑制因子*Kip-related protein* 2（*KPP2*）和*SIAMESE*（*SIM*）的表达，从而抑制细胞分裂。除拟南芥外，其他物种中的研究也有类似的发现。例如，对深水稻（deep water rice）的居间分生组织的研究发现，在淹水条件下，赤霉素通过调节细胞的伸长生长和分裂来促进节间伸长。具体而言，赤霉素可促进*CDC2*基因的表达，从而促进水稻居间分生组织细胞从G_2期向M期过渡，进而促进细胞分裂。

4. 赤霉素调节植物生殖生长　赤霉素在植物的生殖生长过程中有许多作用，如影响植物幼年期和成年期之间的转换、诱导植物开花、影响花芽分化和性别控制等。

（1）赤霉素影响植物从幼年期向成年期的转变　许多多年生木本植物的生长发育阶段分为幼年期和成年期（详见第十三章），植物只有达到一定年龄和大小，成熟即进入成年期后才能对光照或低温发生反应，被诱导开花结实。有证据表明赤霉素在调节植物从幼年状态向成年状态转换中有重要作用，外源施用赤霉素可以控制植物在幼年状态和成年状态之间的转变。例如，GA_3可以诱导常春藤（*Hedera helix*）从成熟状态转变为幼年状态；赤霉素GA_4+GA_7处理可以诱导许多幼年期的针叶植物进入成熟期，但在这个试验中GA_3处理没有效果。

（2）赤霉素诱导植物开花　赤霉素能够替代长日照条件促进某些植物开花。在短日照条件下，拟南芥*ga1*突变体不能开花，而过量表达GA_{20}ox能够增加植物内源活性赤霉素的含量，并促进植株早花。已有的证据表明，赤霉素调节植物开花的途径与其他调控植物开花的信号途径间存在相互作用（详见第十三章相关内容“植物成花诱导生理”）。

（3）赤霉素影响花芽分化和性别控制　赤霉素在决定雌雄异花植物花的性别上有重要作用。例如，短日照和低温处理可以大幅度增加玉米植株体内的赤霉素含量，特别是使果穗内多种赤霉素的水平上升近100倍，同时诱导果穗花发育为雌性花。施用外源赤霉素同样会诱导果穗雌花的发育，而赤霉素生物合成或信号传递缺陷的突变体，果穗上会有大量的雄花发育。可见赤霉素对玉米花性别决定的主要作用是抑制雄花发育。在花的性别决定上，许多植物激素，如生长素、乙烯都有调节作用，乙烯会促进雌花发育，抑制雄花的发育，所以GA也可能是通过和这些激素的相互作用，共同在花的性别决定生理过程中起调节作用。

五、赤霉素的信号转导

植物体内存在一个GA信号转导的分子网络，其核心组成部分是赤霉素激活DELLA抑制子降解的过程，与这一过程相关的关键因子及其分子机制如下。

1. 赤霉素受体GID1　*gid1*（*GA-insensitive dwarf1*）是一个对赤霉素不敏感的矮化水稻突变体，通过对该突变体的研究发现，*GID1*编码一个定位在细胞质和细胞核的可溶性赤霉素受体，活性GA与GID1有很强的亲和性，并且活性GA与GID1结合后可以激活下游信号传导途径。在*gid1*突变体中，由于突变的*gid1*蛋白不能结合活性GA，因此*gid1*表现出组成型GA信号转导缺陷的表型。拟南芥有三个GA受体，分别命名为AtGID1a、AtGID1b和AtGID1c，虽然它们的单基因突变体没有明显的表型缺陷，但不同组合的双突变体和三基因突变体都表现出不同程度的矮化或者发育缺陷（图11-16），进一步的研究表明AtGID1a、AtGID1b和AtGID1c之间存在一定的功能冗余，但在不同的生长和发育阶段又具有各自特定的功能。

2. DELLA抑制子　DELLA蛋白是赤霉素信号途径的核心负调控因子，赤霉素信号途径通过去除DELLA对植物生长的抑制作用来促进植物生长。DELLA的发现得益于对一类显性赤霉素不敏感突变体的研究，包括拟南芥*gai*突变体、小麦的

图 11-16　拟南芥 GA 受体相关突变体的表型（Griffiths et al., 2006）

半矮秆突变体 *Rht*（*reduced height*）和玉米的 *d8* 突变体（*dwarf-8*）。这类突变体具有生长迟缓、植株矮化、晚花、叶片深绿色等典型赤霉素缺乏的表型，同时外源赤霉素处理并不能恢复其生长。研究表明，它们生长迟缓的表型是由于体内过多积累了一类同源的突变形式的生长抑制蛋白。野生型植株体内的该类蛋白 N 端都有一个由 5 个氨基酸残基组成的保守序列，这 5 个氨基酸残基分别是天冬氨酸（D）、谷氨酸（E）、丙氨酸（A）和 2 个亮氨酸（L），因此将其命名为 DELLA 蛋白。不同物种基因组编码 DELLA 蛋白的数量不一，拟南芥基因组编码 5 个 DELLA 蛋白，分别命名为 GAI（GIBBEREL-LIN-INSENSITIVE）、RGA（REPRESSOR OF gal-3）、RGL1（RGA-LIKE1）、RGL2、RGL3，而水稻基因组仅编码一个 DELLA 蛋白 SLR1（SLENDER RICE 1）。

DELLA 蛋白 N 端的 DELLA 结构域能够响应 GA 信号，并介导 DELLA 蛋白的降解，也被称为 DELLA 调节域；C 端都有一个保守的 GRAS 家族蛋白特有的 GRAS 结构域（GRAS 家族蛋白的命名源于该家族最早被鉴定的三个成员，即 GAI、RGA 和 SCARECROW），该结构域具有核定位序列，并起着在核内阻遏特定基因表达的作用，被称为 GRAS 抑制子域（图 11-17A）。DELLA 蛋白定位于细胞核中，它可以与一些促进生长的转录因子直接相互作用（如 PIF3、PIF4、BZR1 等），抑制其活性，从而阻遏植物生长发育。

如果 DELLA 蛋白结构发生变异，赤霉素的信号转导即会出现异常。发生变异的位置不同，对赤霉素信号传递的影响也不相同。如果变异发生在 DELLA 调节域，DELLA 蛋白便不能感受 GA 信号，成为组成型的阻遏蛋白。这类突变体一般表现为赤霉素不敏感，植株矮化等表型，但 $GA_{20}ox$ 和 GA_3ox 活性增加，造成体内的活性赤霉素水平异常升高。拟南芥的 *gai* 突变体（图 11-17B）、小麦 *Rht1* 突变体及玉米的 *d8* 突变体都属于这一类型。当 DELLA 蛋白 C 端的 GRAS 抑制子域发生变异，就会丧失对转录促进因子的阻遏作用，使受赤霉素调节的相关基因组成型表达，突变体表现为细长的表型，这类突变体内的 $GA_{20}ox$ 和 GA_3ox 活性却受到抑制，体内赤霉素水平远远低于野生型。水稻的“细长”突变体 *slr1*（*slender rice 1*）就属于这类突变体。

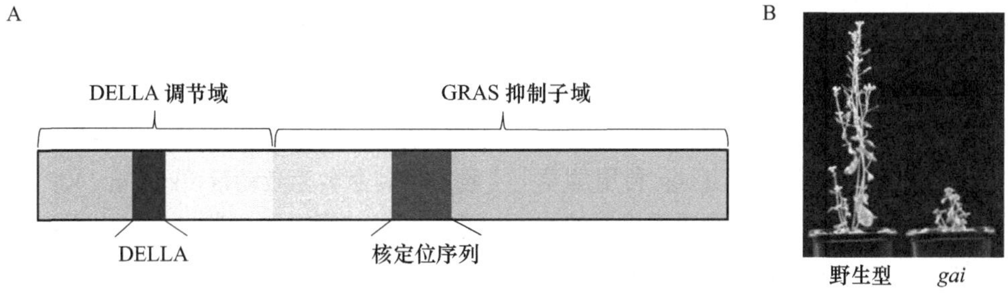

图 11-17　GRAS 蛋白的结构示意图（Harberd et al., 2009）

3. SCF$^{SLY1/GID2}$ E3 连接酶　在赤霉素信号转导过程中，赤霉素与受体GID1结合后会激活DELLA生长抑制因子的降解，这一过程也依赖泛素-蛋白酶体降解途径（参见生长素一节）。通过遗传学分析，已经找到了GA信号识别并介导DELLA蛋白降解的F-box蛋白，拟南芥和水稻中该F-box蛋白分别被命名为SLY1（SLEEPY1）和GID2（GA-INSENSITIVE DWARF2），它们的功能缺失突变体都具有叶片深绿色、植株半矮化的表型，并且外施GA不能恢复突变体的表型。

4. 赤霉素激活DELLA抑制子降解的分子机制　随着上述赤霉素信号途径中关键因子的鉴定，尤其是拟南芥GID1-GA-DELLA复合体晶体结构的解析，对赤霉素通过解除DELLA蛋白的生长抑制作用来促进植物生长发育的分子机制已经有了较清晰的认识。在活性GA存在时，它与受体GID1蛋白结合形成GA-GID1复合体，GA-GID1复合体与DELLA蛋白N端的DELLA调节域结合并形成GID1-GA-DELLA蛋白复合体，该复合体的形成导致DELLA蛋白构象改变并允许DELLA蛋白的C端与SCF$^{SLY1/GID2}$复合体（由F-box蛋白SLY1/GID2、SKP1、Cullin1和Rbx1组成）相互作用，从而导致DELLA蛋白的泛素化，并经由26S蛋白酶体降解，从而解除DELLA蛋白的阻遏作用，释放PIF3等转录促进因子的活性，启动下游GA调节基因的表达。在活性GA与GID1结合的过程中，GA正好填充了GID1 C端形成的一个“口袋”，因此活性GA与GID结合并激活DELLA降解的分子模型也被称为Boxed-in模型，其过程如图11-18所示。

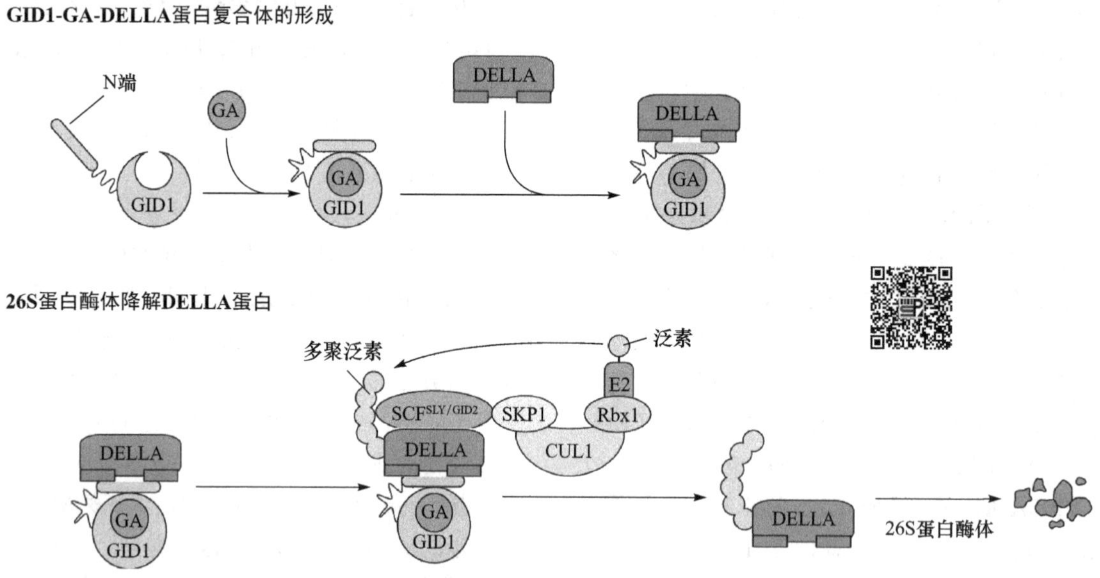

图 11-18　赤霉素信号转导途径的模型（Taiz et al., 2015）

第三节　细胞分裂素

一、细胞分裂素的发现

在20世纪40年代和50年代，植物组织培养被广泛地用来研究细胞的分裂和分化。当时美国威斯康星大学著名的植物生理学家Skoog利用烟草茎段的髓部组织作为外植体研究植物组织培养的添加物。他们发现，凡是含有维管束的外植体在含有生长素的培养基上比较容易分裂增殖，形成愈伤组织；而没有维管束的外植体则只有细胞扩大，却没有细胞分裂的发生。后来发现植物维管组织、椰乳和酵母提取液都有促进细胞分裂的作用。

1955年，Miller等在鲱鱼精子DNA水解产物中发现了一种具有促进细胞分裂活性的小分子化合物，将其命名为激动素（kinetin，KT），并证明激动素是一种腺嘌呤衍生物——6-呋喃氨基腺嘌呤，可以促进不含维管束组织的烟草茎髓部外植体在含有生长素的培养基上分裂增殖。但到目前为止，人们还没有在植物中发现天然合成的激动素。1963 年，Miller 和 Letham 各自独立发现玉米未成熟种子的胚乳中含有与激动素生物活性类似的天然化学物质，命名为玉米素（zeatin，ZT）。随后，人们又相继发现了多种具有类似激动素活性的物质，这些化合物都是腺嘌呤衍生物，后人将其统称为细胞分裂素（cytokinin，CTK）。

二、细胞分裂素的结构与活性

天然的细胞分裂素具有相似的结构，都是 N-6 位的氢原子被不同 R 基团取代的腺嘌呤衍生物（图 11-19）。根据 N-6 取代基团的结构，细胞分裂素可分为类异戊烯型细胞分裂素和芳香族细胞分裂素。异戊烯类细胞分裂素又包括异戊烯基腺嘌呤（isopentenyl adenine，iP）、顺/反式玉米素（*cis/trans*-zeatin，*c/t*ZT）和二氢玉米素（dihydrozeatin）等。植物体内的细胞分裂素主要以 iP、*t*ZT 及它们的核苷（riboside）形式（iPR、*t*ZR）、核苷酸（ribotide）形式（iPMP/iPDP/iPTP，*t*ZMP/*t*ZDP/*t*ZTP）和糖苷（glycoside）形式存在（图 11-19）。需要强调的是，具有激素活性的细胞分裂素是自由态形式而不是结合物形式。此外，在不同植物、相同植物不同的组织及不同发育阶段，细胞分裂素的主要形式会有很大差异。

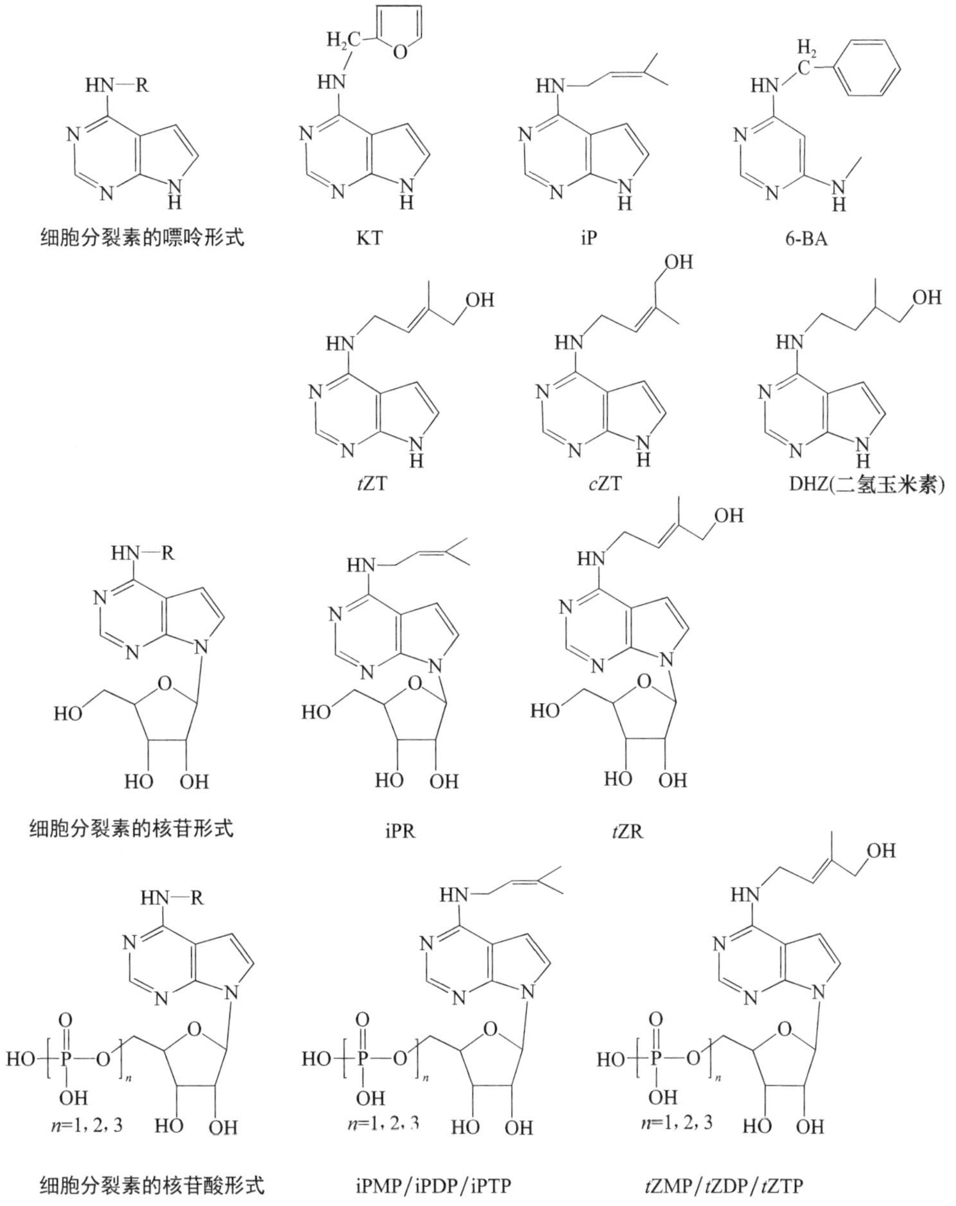

图 11-19　常见细胞分裂素的结构

人工合成的细胞分裂素主要有激动素和6-苄基腺嘌呤（6-benzyl adenine，6-BA），它们也是在农业和园艺上应用最广的细胞分裂素。

三、细胞分裂素的生物合成、代谢和运输

（一）细胞分裂素的生物合成

1. 生物合成 目前已知的细胞分裂素生物合成途径主要有两条：从头合成途径和tRNA分解途径。从头合成是细胞分裂素生物合成的主要途径，由一个关键酶——异戊烯基转移酶（isopentenyl-transferase，IPT）催化完成。*IPT*基因最早是从根癌农杆菌（*Agrobacterium tumefaciens*）诱导冠瘿根瘤的Ti质粒上克隆的，称为*tmr*和*tzs*基因，后来称为*ipt*。IPT催化完成细胞分裂素合成途径的第一步反应——将二甲基丙烯基二磷酸（dimethylallyl diphosphate，DMAPP）上的异戊烯基转移到腺苷酸ATP/ADP上，生成有活性的细胞分裂素中间产物——异戊烯基腺苷-5′-磷酸（isopentenyladenosine-5′-monophosphate，iPMP）（图11-20），该反应是细胞分裂素生物合成途径的限速步骤。

IPT是细胞分裂素合成的限速酶，根据底物的不同IPT可分为磷酸腺苷异戊烯基转移酶（ATP/ADP-IPT）和tRNA异戊烯基转移酶（tRNA-IPT）。拟南芥中有9个编码IPT酶的基因，命名为*AtIPT1*～*AtIPT9*，其中*AtIPT2*和*AtIPT9*编码tRNA-IPT，而其他7个*IPT*基因参与细胞分裂素的从头合成。

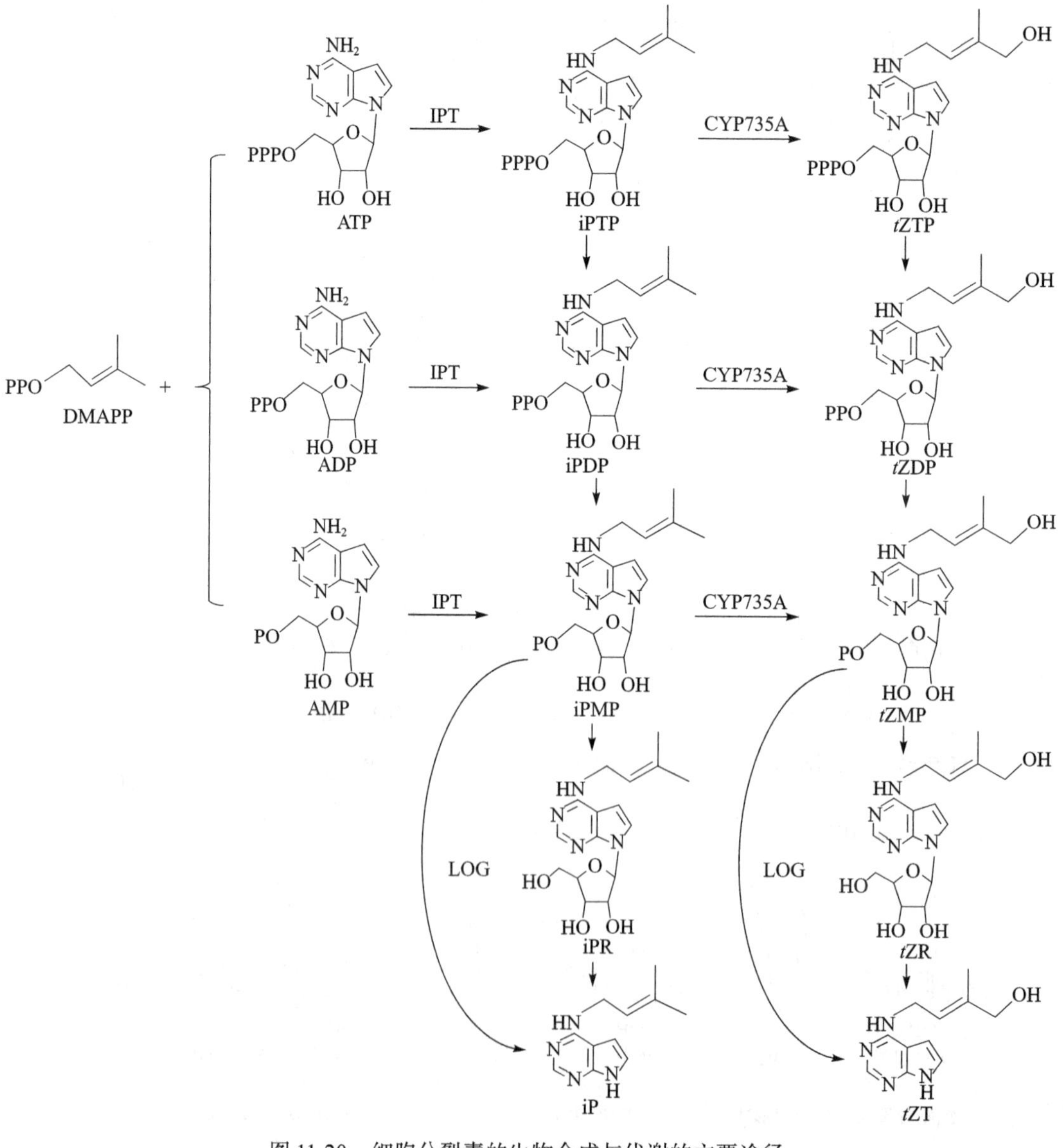

图11-20 细胞分裂素的生物合成与代谢的主要途径

试验证明，拟南芥中的 IPT 优先以 ADP 和 ATP 作为底物，仅有少量的 AMP 参与 IPT 催化的反应。核苷酸形式的 iP 由细胞色素 P450 单加氧酶 CYP735A 催化转化成核苷酸形式的 *t*ZT。核苷酸形式的细胞分裂素可以通过两条途径转化为自由态的细胞分裂素，即两步激活途径和直接激活途径。两步激活途径是指核苷酸形式的细胞分裂素，经过脱磷酸和脱糖苷两步反应，最终形成 iP 和 *t*ZT。长期以来，两步激活途径一直被认为是主要甚至唯一的细胞分裂素激活途径，但编码磷酸酶及糖苷酶的基因一直没有被克隆。最近在水稻中克隆出一个 *LOG*（*LONELY GUY*）基因，它编码磷酸核糖水解酶，可以将核苷酸形式的细胞分裂素直接一步转变为自由态形式的细胞分裂素，由此证明植物体内存在细胞分裂素的直接激活途径。

2. 合成部位　植物体内细胞分裂素合成的主要部位是根尖分生组织。根尖内合成的细胞分裂素随导管液流向上运输到地上器官发挥生理调节作用。细胞分裂素在导管中的运输形式主要是核苷形式的细胞分裂素，到达叶片后可以转变成为自由态的、有活性的玉米素。

根系不是唯一的细胞分裂素合成器官，细胞分裂素在其他植物器官内也有少量合成。例如，玉米幼嫩种子的胚乳中及正在发育的叶片中都可以合成细胞分裂素。细胞分裂素合成的关键限速酶是 IPT，因此 *IPT* 基因的表达模式在一定程度上反映细胞分裂素的合成部位。植物不同 *IPT* 基因表达具有组织特异性，如拟南芥 *AtIPT1* 在根尖木质部的前体细胞、叶腋、胚珠和未成熟种子中表达；*AtIPT3* 在韧皮部表达；*AtIPT4* 和 *AtIPT8* 在未成熟种子中，尤其是在胚乳区有大量的表达；*AtIPT5* 在根原基、根冠、花序的上部和果实离层区表达；*AtIPT7* 在根伸长区的内皮层、幼叶的表皮毛和一些花粉管中表达等。

（二）细胞分裂素的代谢

游离的 *t*ZT 和 iP 可以转化为相应的核苷和葡糖苷。例如，在细胞分裂素 *N*-葡萄糖基转移酶的催化下，它们可以被不可逆地糖基化。*t*ZT 还可以由 *O*-葡萄糖基转移酶催化形成 *t*ZR，该反应是可逆反应，*t*ZR 的糖苷键可被 β-葡萄糖苷酶裂解产生自由态的 *t*ZT。在玉米种子萌发初期，生长发育所需的细胞分裂素是依靠细胞分裂素葡糖苷水解生成的。

由细胞分裂素氧化酶（cytokinin oxidase，CKX）催化的氧化分解途径是调节植物体内细胞分裂素含量的重要途径。CKX 首先在玉米中被发现，能够不可逆地裂解细胞分裂素 N-6 上的不饱和侧链，从而释放出腺嘌呤或腺嘌呤核苷，使细胞分裂素失去生物活性（图 11-21）。拟南芥基因组中共有 7 个 *AtCKX* 基因，通常表达量比较低，而且具有组织特异性。AtCKX 蛋白主要定位于液泡、细胞质和质外体中。过量表达 *AtCKX1*～*AtCKX4* 的转基因拟南芥中，细胞分裂素含量显著下降，表现为细胞分裂素缺失的表型（详见本节“五、细胞分裂素的信号转导”）。*AtCKX3* 和 *AtCKX5* 基因的突变可以明显增加拟南芥花器官和种子的大小；水稻的 *Gn1a* 基因编码水稻幼穗中的细胞分裂素氧化酶 OsCKX2。该基因的突变导致花芽内 CKX 活性下降，提高籽粒内细胞分裂素水平，从而促进籽粒发育、增加穗粒数。

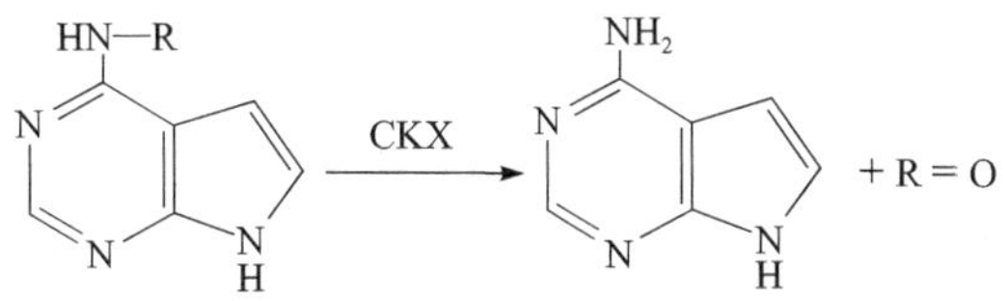

图 11-21　细胞分裂素的氧化降解

（三）细胞分裂素的运输

目前的研究表明，可能有三类蛋白质参与了细胞分裂素的转运，即嘌呤透性酶（purine permease，PUP）、平衡型核苷转运体（equilibrative nucleoside transporter，ENT）和 ABC 转运体 G14（ABC transporter G14，ABCG14）。拟南芥中有两个嘌呤透性酶 AtPUP1 和 AtPUP2，均定位在细胞质膜上，参与细胞分裂素向胞内的主动运输。AtPUP1 和 AtPUP2 在酵母中能选择性地结合并转运自由态和核苷形式的细胞分裂素。拟南芥和水稻基因组中分别含有 8 个和 4 个编码平衡型核苷转运体的 *ENT* 基因。拟南芥 AtENT3、AtENT8 和水稻 OsENT2 被证明介导 iPR 的转运。最近的研究发现，拟南芥 AtABCG14 在细胞分裂素从地下部转运到地上部的长距离运输过程中起重要的作用。*AtABCG14* 基因在维管组织中表达，其编码的蛋白质定位于质膜上。该基因的缺失导致细胞分裂素主要在根部积累，地上部的细胞分裂素含量明显减少。嫁接试验和 ^{14}C 同位素示踪的方法都证明 AtABCG14 影响细胞分裂素从地下部向地上部的长距离运输过程，从而调节地上部的正常生长发育。

四、细胞分裂素的生理功能

细胞分裂素对植物生长发育过程的影响非常广泛，目前研究较多的主要集中在根和芽的分化、顶端分生组织发育、根的生长发育、维管束的分化和叶片衰老等过程。

(一) 细胞分裂素促进侧芽分化

1. 生长素/细胞分裂素比例与根芽分化 在烟草髓组织作为外植体的植物组织培养过程中，Skoog 和 Miller 等发现烟草愈伤组织根和芽的分化受培养基中生长素和细胞分裂素比例的控制。较高的生长素/激动素比例可以刺激生根，相反，较高的激动素/生长素比例可以刺激芽的发生。而适中的生长素和激动素比例可以维持愈伤组织的生长而不发生分化（图 11-22）。

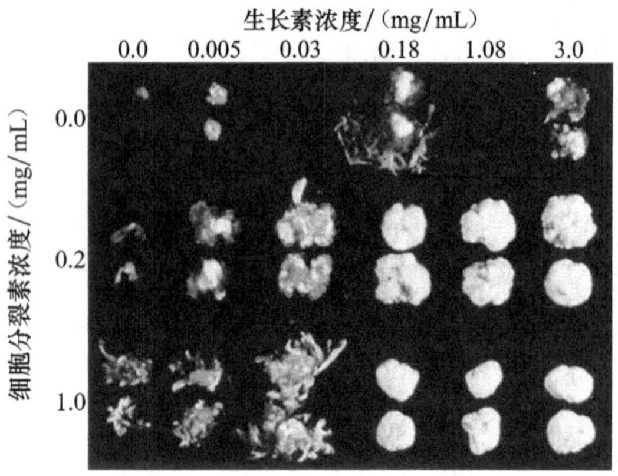

图 11-22 不同浓度的生长素和细胞分裂素对烟草愈伤组织分化的影响（Taiz & Zeiger，2010）

将农杆菌 Ti 质粒上的 T-DNA 进行诱变后，利用转基因处理的冠瘿瘤组织进行的试验也证实了生长素/细胞分裂素比例控制根芽分化的现象。当 Ti 质粒上的 *tmr* 位点发生变异时，会阻断激动素的合成，从而导致较高的生长素/细胞分裂素比例，使畸态瘤产生大量的根；相反，当 Ti 质粒上的 *tms* 位点发生变异时，则抑制生长素的合成，结果导致生长素/细胞分裂素比例降低，刺激地上部的增殖，从而使畸态瘤产生大量的枝条（图 11-23）。这个试验结果进一步证明了生长素和细胞分裂素比例在控制植物根芽分化上的重要性。

2. 顶端优势 植物的形态主要由顶端优势的程度决定。具有很强顶端优势的植物，如玉米，只有一条主茎，很少或没有侧枝发生；相反，灌木的顶端优势就比较弱。

顶端优势受多种激素的调节，包括生长素、细胞分裂素及独脚金内酯。生长素维持顶端优势，细胞分裂素解除由生长素所引起的顶端优势，促进侧芽生长发育。生长素从顶端分生组织向下极性运输，在侧芽处抑制侧芽的生长。相反，细胞分裂素刺激细胞分裂的活性，促进侧芽生长。例如，在很多物种中当用细胞分裂素直接处理侧芽时会刺激芽的细胞分裂和生长，过量产生细胞分裂素的突变体有多枝的表型。在豌豆节部发现，生长素抑制 *IPT* 基因的表达，并促进 *CKX* 基因表达（图 11-24）。生长素对这些基因的影响使细胞分裂素在顶芽中保持较低水平。去除茎尖导致生长素运输量减少，从而使 *IPT* 上调及 *CKX* 下降（图 11-24）。

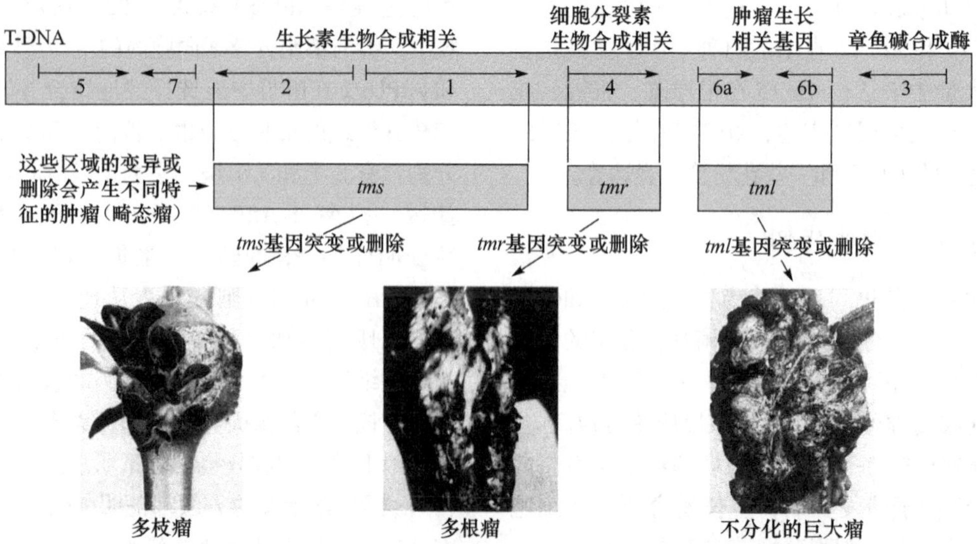

图 11-23 农杆菌 Ti 质粒上不同基因的变异会导致不同形态的冠瘿瘤发生（Taiz & Zeiger，2010）

图中灰色长条表示 T-DNA，数字表示 T-DNA 导入植物细胞后表达的基因

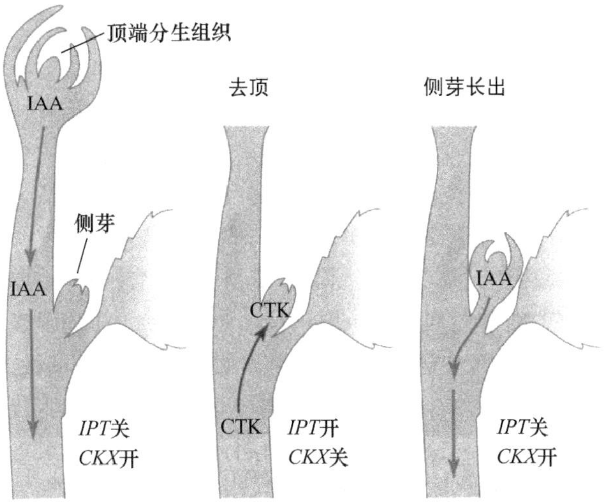

图 11-24 生长素和细胞分裂素相互作用调控侧芽的生长（Taiz & Zeiger，2010）

在有完整顶芽的植物中（左），从顶芽产生的生长素（IAA）通过抑制 *IPT* 基因的表达或增加 *CKX* 的表达来抑制侧芽细胞分裂素的水平，从而阻止侧芽的生长。去顶（中）则使生长素缺乏，导致 *IPT* 表达增强，*CKX* 表达减弱，侧芽中的细胞分裂素水平增加，引起侧芽生长。当侧芽长出一段时间后（右），它们开始产生并输出生长素，再一次抑制 *IPT* 基因和增强 *CKX* 基因表达，导致侧芽中细胞分裂素水平再次降低

图 11-25 过量表达拟南芥细胞分裂素氧化酶的转基因烟草的表型（Taiz & Zeiger，2010）

在烟草中过量表达拟南芥细胞分裂素氧化酶基因 *CKX1* 和 *CKX2*，导致烟草生长矮小

（二）细胞分裂素调控茎尖和根的生长

1. 调控茎顶端分生组织 细胞分裂素在顶端分生组织的细胞增殖中起正调控的作用。提高细胞分裂素水平可能导致地上部成簇，这是由顶端分生组织过度增殖导致的。过量表达细胞分裂素氧化酶 CKX 或突变 *IPT* 基因可以降低源细胞分裂素水平，使其功能减弱，从而使顶端分生组织减少，导致地上部的发育产生缺陷（图 11-25，图 11-26）。

研究证明，细胞分裂素和其他激素及关键转录因子相互作用调控顶端分生组织的发育。细胞分裂素正调控 *KNOX* 家族中同源基因 *KNAT1* 和 *STM* 的表达，这两个基因在调控茎端分生组织中具有重要作用。在拟南芥和水稻中发现，KNOX 能诱导 *IPT* 基因的表达从而促进细胞分裂素的合成，进而调控茎端分生组织发育。在茎端分生组织中通过表达 *IPT* 基因特异性地增加细胞分裂素含量可以部分回复 *stm*（*SHOOTMERISTEMLESS*）突变体的表型，说明 *KNOX* 基因在茎端分生组织细胞分裂素的合成中具有重要作用。

2. 抑制根系的发育 细胞分裂素对根系生长具有明显的抑制作用，其抑制根系生长发育主要是

A

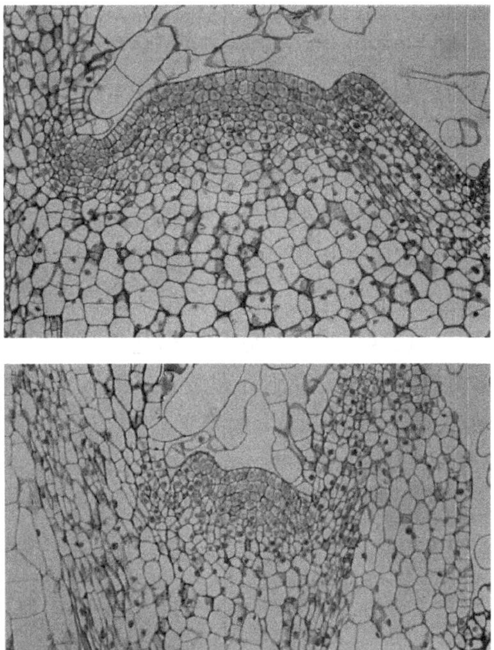

B

图 11-26 细胞分裂素是顶端分生组织的正常生长所必需（Taiz & Zeiger，2010）

A. 野生型烟草顶端分生组织的纵切图；B. 过量表达 *CKX1* 的烟草顶端分生组织的纵切图

通过调控根顶端分生组织而实现的。外施细胞分裂素、过量表达 *IPT* 基因均可显著抑制主根、侧根的生长发育，而过量表达 *CKX* 基因则促进根系生长（图 11-27）。

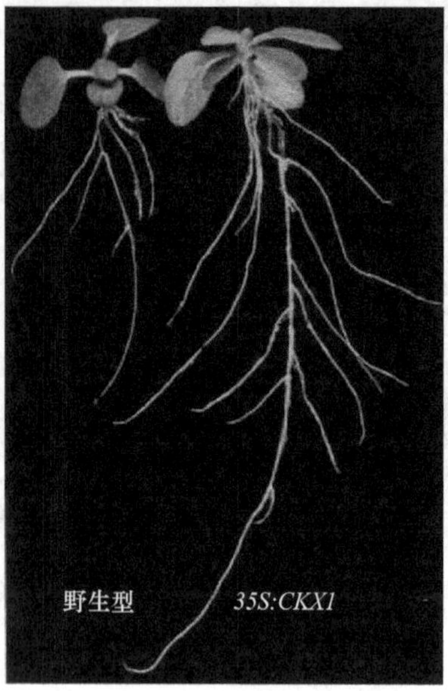

图 11-27　过量表达 *CKX1* 促进植物的根系生长（Taiz & Zeiger，2010）

近年的研究已阐明细胞分裂素负调控根顶端分生组织的机制。细胞分裂素使根尖维管束细胞分化加快，并引起根顶端分生组织区域减小。降低内源细胞分裂素的含量会引起根端分生组织区域的增大，反之则会引起根端分生组织的缩小。细胞分裂素促进根部过渡区细胞分化并减少分生区细胞的数目，从而负调节根顶端分生组织的大小。

生长素正调控根顶端分生组织细胞的分裂，因此细胞分裂素与生长素在调控根系发育中具有不同功能：生长素促进细胞分裂而细胞分裂素促进细胞分化。研究发现，细胞分裂素促进编码生长素信号抑制因子 Aux/IAA 蛋白的基因 *SHY2/IAA3* 的表达，而生长素诱导 SHY2 蛋白的降解，因此两者通过调控 SHY2 蛋白的丰度来拮抗调控根的发育。*SHY2/IAA3* 反过来又通过负调控细胞分裂素合成基因 *IPT5* 及与生长素极性运输相关的 *PIN* 基因的表达，调控根顶端分生组织细胞的分裂与分化。

（三）细胞分裂素调控细胞周期

细胞分裂素通过影响细胞分裂周期中控制细胞所处的阶段来影响细胞分裂。在烟草培养细胞分裂同步化的情况下，玉米素的含量在 S 期末、G_2 到 M 期转变阶段及 G_1 期末具有峰值。抑制细胞分裂素的合成会阻断细胞分裂，而外源细胞分裂素的施加可以使细胞分裂回到正常进程。

细胞分裂素和生长素在细胞分裂过程中相互协同作用，它们通过调控周期素（cyclin）依赖的蛋白激酶（cyclin-dependent protein kinase，CDK）活性来调节细胞周期。CDK 必须与周期素结合才能发挥激酶活性，调节细胞周期。植物细胞中有一种主要的 CDK 蛋白 Cdc2（cell division cycle 2），其基因表达受生长素诱导。但生长素诱导的 CDK 没有酶活性。α3-周期素是一种 G_1 型周期素，其基因表达受细胞分裂素诱导。另外一种 G_1 型周期素——α2-周期素可以被组织培养体系中的蔗糖所诱导。这样，一个处于静止状态的植物外植体，如烟草髓部外植体，在生长素、细胞分裂素和蔗糖的共同作用下，细胞内形成 CDK-G_1 型周期素复合体，CDK 则变成有活性的激酶，启动细胞分裂从 G_1 期进入 S 期。

细胞分裂素还影响类 Cdc25 磷酸酶的活性，而这个磷酸酶的作用是去磷酸化 Cdc2 激酶。说明细胞分裂素可以通过控制磷酸酶的活性来调节 Cdc2 激酶活性，从而影响细胞周期中细胞从 G_2 期进入 M 期的阶段。

细胞分裂素促进 *CYCD3* 基因的表达，*CYCD3* 编码一种 D 型周期素。在拟南芥中，*CYCD3* 在茎分生组织和幼嫩叶原基等增殖的组织中表达。在拟南芥外植体中过表达 *CYCD3* 基因可以代替细胞分裂素在细胞增殖中的作用。这些结果表明细胞分裂素刺激细胞分裂的机制是通过增强 *CYCD3* 的功能来实现的。

（四）细胞分裂素延迟叶片衰老

从植物体上脱落的叶片内的叶绿素、RNA、脂肪和蛋白质会逐渐降解，即使维持环境湿度，并给叶片供应营养也不能避免，这种植物程序性老化的过程被称为衰老。尤其是在黑暗条件下，叶片衰老进行得更为迅速。用细胞分裂素处理可以延迟叶片衰老，这种延迟衰老的作用对植株上未脱落的叶片具有更显著的效果。例如，用细胞分裂素处理植株上的一个叶片，那么即使其他的叶片发黄脱落，被处理的叶片仍然会保持绿色；甚至一个叶片上的一个点用细胞分裂素处理后，当周围其他组织开始衰老，该点仍然会维持绿色。

研究发现，幼嫩叶片可以产生细胞分裂素，而成熟叶片不能。成熟叶片内的细胞分裂素主要由根系合成并运输而来。运输到叶片中起延迟衰老作用的细胞分裂素主要是玉米素核苷和二氢玉米素核苷。在大豆上，叶片的衰老是由种子成熟诱导的，称为单次结实性衰老。如果将发育中的种子除去，可以延迟叶片的衰老。试验证明，大豆种子对叶片衰老的控制，是通过抑制根系细胞分裂素向叶片的运输来实现的。

为了在分子水平上证实细胞分裂素在叶片衰老中的调节作用，有研究者将拟南芥半胱氨酸蛋白酶基因 *SAG12* 启动子和 *IPT* 基因整合后导入烟草，因为这个启动子是由衰老控制的，所以该转基因植物在正常生长状态下具有与野生型植株相同的细胞分裂素水平，导入的 *IPT* 基因只有在叶片开始衰老时才开始启动和表达，表达后在叶片中产生较高水平的细胞分裂素，结果显著地延迟了叶片的衰老（图 11-28）。这个试验结果充分证明细胞分裂素是叶片衰老的内在调节因子。

细胞分裂素延缓衰老的机制之一是细胞分裂素负调控叶绿素分解酶相关基因的表达，诱导叶绿素分解酶的降解，从而导致叶绿素含量的增加，以保持叶片正常的光合能力。与此相关，细胞分裂素在调控叶片衰老过程中调控碳水化合物源和库的分配及氮元素的循环利用。

细胞分裂素影响营养物质从植物的其他部分移动到叶片中，这种现象称为细胞分裂素诱导的营养物质转移。用同位素标记试验证明，营养物会优先向细胞分裂素处理的叶片或组织移动并发生积累。细胞分裂素作为一种指引同化物移动方向的信号，诱导营养物向其移动（图 11-29）。

图 11-28　含有 *IPT* 基因的转基因烟草叶片衰老受到抑制（Taiz & Zeiger, 2010）

IPT 基因由一个衰老诱导的基因（*SAG12*）的启动子驱动

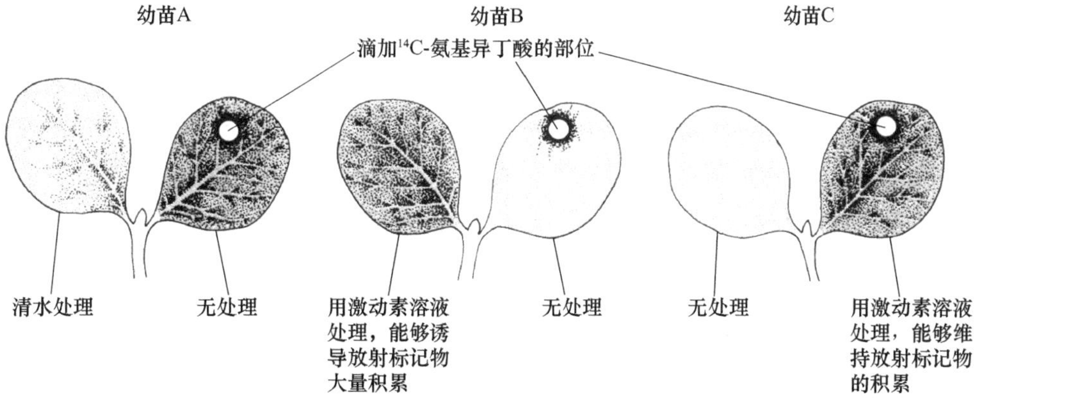

图 11-29　利用黄瓜幼苗子叶进行的细胞分裂素诱导氨基酸移动的试验（Taiz & Zeiger, 1998）

^{14}C-氨基异丁酸不能被降解，方便用来观察营养物质的移动。所有幼苗的右侧子叶上滴加 ^{14}C-氨基异丁酸，再对两片子叶进行不同处理，然后用放射自显影观察放射性物质的分布，图中叶片上黑点的多少表示放射性强度

细胞分裂素的水平随植物所处环境中营养物质浓度的变化而改变。例如，对处于氮饥饿的玉米幼苗施加硝酸盐，首先引起根中细胞分裂素水平迅速上升，随后通过木质部转移到茎中。细胞分裂素水平的上升是由于 *IPT* 基因家族中 *IPT3* 表达被硝酸盐诱导。细胞分裂素水平也受到环境中磷酸盐浓度的影响，而且细胞分裂素会改变磷酸盐和硫酸盐响应基因的表达。植物体内的营养物

质状态又可以调控细胞分裂素水平，进而调控细胞分裂素与生长素的比例来决定根与茎的相对生长速率：高的细胞分裂素/生长素比例促进茎生长，而高的生长素/细胞分裂素比例促进根生长。在营养物质含量较低时，细胞分裂素水平也较低，使得根生长增强，从而能够为植物从土壤中更加有效地获取营养物质。相反地，适量的土壤营养促进细胞分裂素水平增加，促进茎生长，从而最大限度地提高光合作用的能力。

（五）细胞分裂素调控生殖发育

细胞分裂素在生殖发育过程中是必需的。在花器官分生组织发育过程中，增加细胞分裂素的局部浓度或增强细胞分裂素信号途径的活性，可以促进花器官分生组织的细胞分裂和细胞分化，进而增加生殖器官的数目。例如，拟南芥中细胞分裂素氧化酶基因 *AtCKX3* 和 *AtCKX5* 的突变可以促使胚胎或子叶细胞增大，因而导致种子变大。水稻中的 *OsCKX2* 在花分生组织中特异表达。OsCKX2 酶活的降低或丧失导致花序中细胞分裂素水平增高，使花序分生组织活性增强，发育出的生殖器官更多，结实率提高，最终使水稻增产。

细胞分裂素在拟南芥雌配子发育过程中也起着非常重要的作用。正调控细胞分裂素信号途径的组氨酸激酶 CKI1（cytokinin independent 1）（详见本节“五、细胞分裂素的信号转导”）功能的丧失导致雌配子致死，但不影响雄配子发育。

（六）细胞分裂素调控豆科植物固氮根瘤形成

根际固氮菌在调控土壤中可利用氮营养的过程中起着非常重要的作用。在固氮过程中，这些固氮菌可以将氮气转化成有机形式，使植物得以吸收利用，同时可以从植物中获取能量。固氮过程是在根中特化的结构“根瘤”中进行的。在根瘤形成的过程中，固氮菌诱导豆科植物根的形态建成发生改变，宿主的根表皮发生大面积修饰以便固氮菌侵染并随后激活植物细胞的分裂，导致根瘤的形成。

细胞分裂素与根瘤的形成有密切的关系。一些固氮菌可以产生具有类似细胞分裂素活性的混合物。外源施加细胞分裂素可以诱导根皮层细胞分裂，并且早期根瘤基因表达上调。研究发现，在豆科植物苜蓿中，*MtCRE1*（拟南芥细胞分裂素受体 *CRE1* 的同源基因）缺失后根瘤形成所必需的皮层细胞分裂不能起始。相反，*MtCRE1* 功能获得型突变体可以在没有固氮菌存在的情况下自发形成根瘤。这些结果都证明细胞分裂素对于根瘤的形成是必需的。另外，MtCRE1 还调控苜蓿编码生长素转运蛋白 MtPIN 的基因表达，暗示细胞分裂素依赖的根瘤形成与生长素的积累有关。

五、细胞分裂素的信号转导

细胞分裂素参与调节的生理过程十分广泛，这与其信号转导的多途径性质是相对应的。细胞分裂素信号转导是基于一个“多级磷酸接力”（phosphorelay）的双组分磷酸系统，通过磷酸基团在信号组分之间的逐级传递实现的。以拟南芥为例，其细胞分裂素信号转导组分主要包括：拟南芥组氨酸激酶受体（Arabidopsis histidine kinase，AHK）、拟南芥组氨酸磷酸转运蛋白（Arabidopsis histidine-phosphotransfer protein，AHP）、拟南芥反应调节子（Arabidopsis response regulator，ARR）。

（一）细胞分裂素的受体

20 世纪 90 年代，T. Kakimoto 首先利用组织培养技术筛选对细胞分裂素敏感性发生改变的拟南芥突变体，发现了 *cki1*（*cytokinin independent 1*）。随后，T. Kakimoto 及其同事利用类似的体系发现了 *cre1-1*（*cytokinin response 1-1*）和 *wol*（*wooden leg*）。二者的突变位点均发生在拟南芥受体 *AHK4* 基因。*CKI1* 和 *CRE1/AHK4* 均编码组氨酸激酶，都能够正调控细胞分裂素信号通路。CKI1 主要定位在质膜上，主要在特定器官表达，与 AHK 相对独立地介导细胞分裂素信号输出。但 CKI1 在体外不能与细胞分裂素发生结合，因此不是真正的受体。

研究表明，CRE1/AHK4 作为受体直接与细胞分裂素结合。根据 CRE1/AHK4 的同源性分析，在拟南芥基因组中又发现了两个编码细胞分裂素受体的基因 *AHK2* 和 *AHK3*。细胞分裂素受体包括 2～4 个预测的跨膜区、细胞分裂素结合位点、激酶区和信号接收区等，它们主要定位于内质网膜上。拟南芥中的 3 个细胞分裂素受体相似性较高，功能相互冗余但又各自有所侧重。*ahk4* 突变体根部具有对细胞分裂素反应减弱（即不敏感）的表型；尽管 *ahk2* 和 *ahk3* 单突变体没有明显表型，

但 *ahk2 ahk3* 双突变体的地上部具有莲座叶变小等表型。因而认为 *AHK2* 和 *AHK3* 主要参与植物地上部分发育，而 *CRE1/AHK4* 在根系发育过程起主要作用。*ahk2 ahk3 ahk4* 三突变体对外源施加的细胞分裂素几乎完全不敏感，同时其植株生长迟缓，根、叶生长发育严重受阻，育性较差（图 11-30）。最近的研究表明，AHK3 是调控叶片衰老的主要细胞分裂素受体。过量表达 *AHK3* 基因可以显著地延迟叶片衰老。相反地，*AHK3* 基因突变会导致叶片提前衰老。

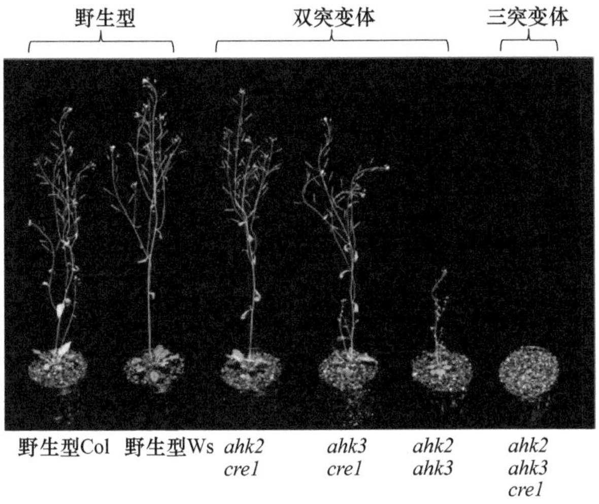

图 11-30 细胞分裂素受体突变体的表型（Taiz & Zeiger, 2010）

（二）磷酸转运蛋白

在拟南芥中有 6 个磷酸转运蛋白 AHP1～AHP6，其中 5 个（AHP1～AHP5）具有与原核生物和酵母中相似的组氨酸磷酸转移区，作为组氨酸磷酸转移蛋白正调控细胞分裂素信号途径。而 AHP6 不具有保守的组氨酸磷酸转移区，却能够与 AHP1～AHP5 竞争磷酸基团，是细胞分裂素信号途径的负调控因子。拟南芥 AHP 分子质量较小，在胞质和核内均匀分布，并且其分布状态不受细胞分裂素影响。在酵母中，AHP 蛋白能够与 AHK 受体进行广泛的互作和磷酸基团的传递。

AHP1～AHP5 家族成员间存在着功能冗余。*ahp* 单突变体没有明显的生长发育和细胞分裂素反应异常表型，*ahp1 ahp2 ahp3* 和 *ahp2 ahp3 ahp5* 三突变体对外源细胞分裂素敏感性降低，后者具有较明显的生长发育异常表型。*ahp1 ahp2-1 ahp3 ahp4 ahp5*（*ahp2-1* 为一个弱等位突变）突变体对细胞分裂素几乎完全不敏感，并表现出非常严重的生长发育缺陷，而 *ahp1 ahp2-2 ahp3 ahp4 ahp5* 功能完全缺失突变体则雌配子败育。这说明细胞分裂素信号通路对植物的生长发育是必需的。在拟南芥细胞分裂素强不敏感突变体中（如 *ahk2 ahk3 ahk4* 缺失突变体），根部维管发育起始的细胞数目降低导致根部维管束只有原生木质部，而没有韧皮部和次生木质部。表明细胞分裂素对于维管束发育中细胞分裂与分化之间平衡的调控是必不可少的。*ahp6* 突变体能够回复 *wol* 的维管束发育缺陷表型，说明 AHP6 在其中起负调控作用。

（三）反应调节子

反应调节子（ARR）作为细胞分裂素信号途径的下游组分，从 AHP 上接受磷酸基团而被活化，是执行细胞分裂素生理功能的效应元件。拟南芥中的 ARR 属于一个多基因家族，根据它们的同源性、结构及表达模式的不同，ARR 可以分为 3 类：A 型 ARR、B 型 ARR 及由 ARR22 和 ARR24 组成的第 3 种类型。如图 11-31 所示，A 型 ARR 基因产物只有一个磷酸信号接收区，而 B 型 ARR 蛋白除了一个磷酸信号接收结构域之外，还有一个由 DNA 结合区和一个转录激活区组成的输出结构域。

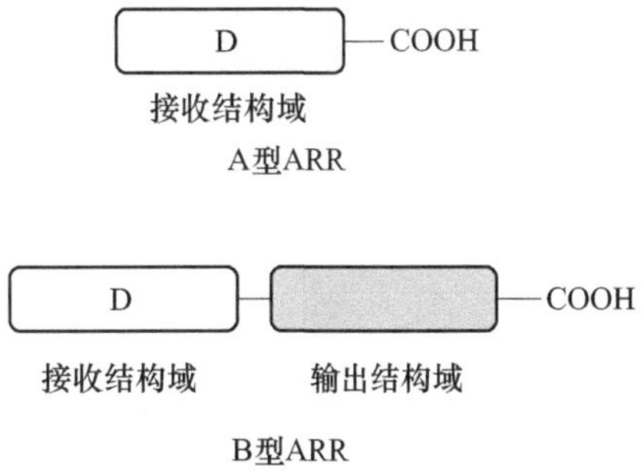

图 11-31 A 型 ARR 和 B 型 ARR 结构的比较（Taiz & Zeiger, 2010）

1. A 型 ARR 外源施加细胞分裂素能特异诱导 A 型 *ARR* 基因的表达，因此 A 型 ARR 通常被作为细胞分裂素信号强弱的标记基因。A 型 ARR 主要定位在细胞核内，是细胞分裂素信号途径的负调控因子。与途径中其他组分类似，结构相似的 A 型 *ARR* 基因家族成员存在高度功能冗余。A 型 *arr* 单突变体的生长发育表型和对细胞分裂素的敏感性都没有明显变化。但随着家族基因突变数目增多，

arr 多突变体对细胞分裂素敏感性增加，*arr3 arr4 arr5 arr6 arr8 arr9* 六突变体对细胞分裂素具有超敏感的表型。过表达 A 型 ARR 能够十分有效地抑制细胞分裂素信号传递。

2. B 型 ARR 细胞分裂素激活受体后，通过磷酸转运蛋白 AHP 将磷酸基团转移到 B 型 ARR 调控结构域的天冬氨酸残基上将其激活。B 型 ARR 作为转录因子，被细胞分裂素激活后直接调控下游靶基因的表达，最主要的一类下游靶基因是 A 型 *ARR*。此外，B 型 ARR 还直接调控生长素负调节基因 *SHY2*/*IAA3*、细胞分裂素代谢基因 *CKX* 等。A 型 *ARR* 基因产物反过来可以抑制 B 型 ARR 的活性，形成一个负反馈调节环。值得注意的是，B 型 ARR 并非唯一的细胞分裂素信号输出下游组分，目前发现有其他转录因子能与 B 型 ARR 共同调控下游基因的表达。

综上所述，目前普遍认可的拟南芥细胞分裂素信号转导机制是：首先由受体 AHK2、AHK3 和 CRE1/AHK4 的 N 端 CHASE 结构域结合细胞分裂素，激活激酶活性，从而使激酶区保守的组氨酸残基自磷酸化，磷酸基团随后转移至受体 C 端信号接收结构域保守的天冬氨酸 Asp 残基上。细胞质中的磷酸转运蛋白 AHP 上保守的组氨酸 His 残基识别并接收受体的磷酸基团，然后进入细胞核内将磷酸基团传递到 B 型反应调节子 ARR 信号接收区保守的 Asp 残基上，激活具有转录因子活性的 B 型 ARR，其 C 端结合到下游靶基因的启动子区域进行转录调控，完成细胞分裂素信号的转导和应答。B 型 ARR 激活的一类下游靶基因是 A 型 *ARR*。A 型 ARR 作为细胞分裂素信号途径的负调控因子，能够通过蛋白互作和磷酸基团竞争等作用方式抑制细胞分裂素信号活性，在细胞分裂素下游形成负反馈调节环，维持细胞分裂素信号的稳态（图 11-32）。

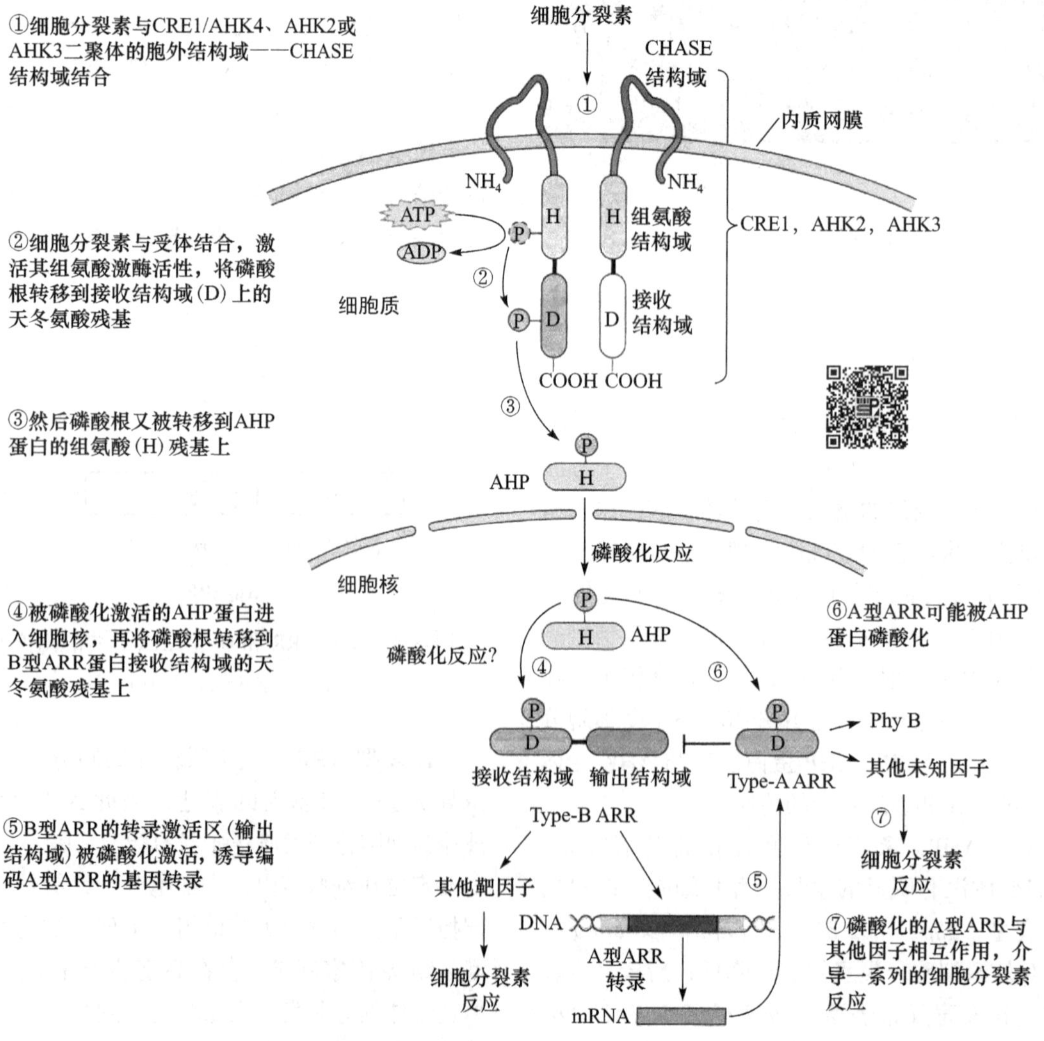

图 11-32 细胞分裂素信号转导的模型（Taiz & Zeiger，2010）

第四节 脱 落 酸

一、脱落酸的发现

1961 年 W. C. Liu 等在研究棉花幼铃的脱落时，从成熟的干棉壳中分离纯化出了一种促进棉铃脱落的物质，命名为脱落素（abscisin，后来 F. T. Addicott 将其称为脱落素Ⅰ，abscisin Ⅰ）。1963 年 K. Ohkuma 和 F. T. Addicott 等从生长 4～7d 的 225kg 鲜棉铃中分离纯化出了具有高度活性的促进棉铃脱落的物质，并命名为脱落素Ⅱ（abscisin Ⅱ）。同时，C. F. Eagles 和 P. F. Wareing 从桦树叶片中纯化了一种能促进芽休眠的物质，命名为休眠素（dormin）。1965 年 J. W. Cornforth 等从 28kg 秋天的干槭树叶中获得了 260μg 的休眠素纯结晶，通过化学结构鉴定发现休眠素和脱落素Ⅱ是同一种物质。1967 年在渥太华召开的第六届国际植物生长物质会议上，将其统一命名为脱落酸（abscisic acid，ABA）（图 11-33）。后来的研究发现，脱落酸实际上并不是脱落的主要控制因子，乙烯才是脱落的主要诱导激素，脱落酸诱导棉铃脱落是因为它刺激了乙烯的产生。

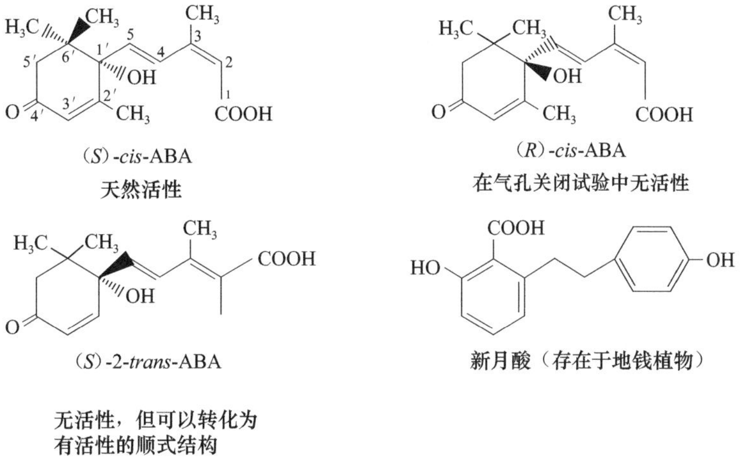

图 11-33 脱落酸及其类似物的化学结构（Taiz and Zeiger，1998）

二、脱落酸的结构与活性

ABA 在高等维管植物中广泛存在，在苔藓中也有少量存在，但在地钱中检测不到。另外，在某些种类的真菌中 ABA 作为次生代谢产物存在。在地钱中，有一种类似 ABA 的化合物——新月酸（lunularic acid）具有与 ABA 类似的生物活性（图 11-33）。ABA 在植物体从根尖到茎尖的所有部位均有分布，而且几乎所有含叶绿体或淀粉体（amyloplast）的细胞都可以合成 ABA。

ABA 是一种酸性倍半萜，其化学结构和类胡萝卜素（carotenoid）分子结构的末端部分比较相似，包含 15 个碳原子，含一个具有不饱和键和三个甲基的脂肪环、一个不饱和侧链和一个羧基末端。由于 ABA 侧链具有不对称的 2,3 位双键存在，因此 2 位上羧基的取向不同就决定了 ABA 具有顺式（*cis*-）和反式（*trans*-）两种构型（图 11-33）。几乎所有生物合成的 ABA 都是顺式构型，所以通常 ABA 指的就是 *cis*-ABA。

ABA 分子在脂肪环的 1′-位上具有一个不对称的手性碳原子，所以 ABA 具有 *S* 和 *R*（或 + 和 −）两种对映体构型（图 11-33），生物合成的 ABA 构型是 *S* 对映体，人工合成的 ABA 是 *S* 和 *R* 对映体的消旋混合物。只有 ABA 的 *S* 对映体才能在一些 ABA 快速生理效应中发挥作用，如气孔开闭的调控；但对一些较长期的效应，如种子中储藏蛋白的合成等，ABA 两种对映体都有作用。在植物体内，ABA 的顺、反式构型可以相互转换，而 *R*/*S* 对映体构型之间不能相互转换。

三、脱落酸的生物合成、运输和代谢

（一）脱落酸的生物合成

植物体中根、茎、叶、果实和种子都可以合成脱落酸，其生物合成是由类胡萝卜素物质玉米黄素（zeaxanthin）转化而来，合成的主要场所是叶绿体（质体）和细胞质基质。类胡萝卜素是叶绿体中含量非常丰富的一类色素物质，如图 11-34 所示，玉米黄素在玉米黄素环氧酶（zeathanxin epoxidase，ZEP）两步环氧化作用催化下转变成紫黄素（violaxanthin）。玉米黄素环氧酶基因最早在烟草中克隆到，命名为 *NpABA2*，拟南芥中该基因称为 *ABA1*。随后紫黄素进一步转化为两种 9-顺式-环氧类胡萝卜素（9-*cis*-epoxy carotenoid）形式——9-顺式-新黄素（9-*cis*-neoxanthin）或 9-顺式-紫黄素（9-*cis*-violaxanthin）。在 9-顺式-环氧类胡萝卜素双加氧酶（enzyme 9-*cis*-epoxy carotenoid dioxygenase，NCED）的作用下，形成黄氧素（xanthoxin）并从叶绿体（质体）运出到细胞质基质中，进一步形成脱落酸醛（ABA-aldehyde）和最终的脱落酸。

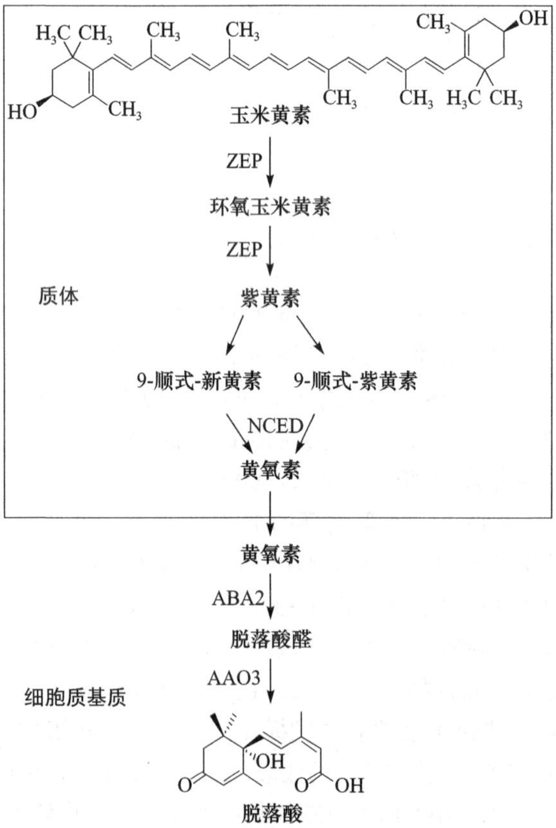

图 11-34 高等植物中脱落酸的生物合成途径（改自 Williams，2015）

NCED 的基因最早在玉米 *vp14*（*viviparous14*）突变体中被鉴定，该突变体内由于 ABA 含量较低而表现为蒸腾速率升高，种子休眠缩短。通常在干旱胁迫下，植物中的 NCED 会被诱导快速表达，并且与 ABA 水平的升高成平行关系，其表达是 ABA 合成途径中的限速步骤。NCED 由一个多基因家族编码，并且各自的表达特点不同。其中有些在根中表达，有些在叶片中（特别是在保卫细胞及维管束的薄壁组织）表达，还有些在表达过程中受到干旱胁迫的显著诱导。NCED 功能的缺失通常会导致植株体内 ABA 水平下降，而过量表达则会提高植物体内 ABA 水平，增强植物的耐旱性和延长种子的休眠。

黄氧素经由两个酶的催化作用转变为脱落酸。先在短链脱氢酶（short-chain dehydrogenase）ABA2 的催化下生成脱落酸醛，该酶在拟南芥中单独由 *ABA2* 基因编码。然后在脱落酸醛氧化酶（ABA-aldehyde oxidase，AAO）的作用下脱落酸醛氧化生成脱落酸。AAO3 的催化功能需要钼辅基因子（molybdenum cofactor，MoCo）的协助，比如番茄突变体 *flacca* 和拟南芥 *aba3* 突变体因为缺少有功能的钼辅基因子而不能合成 ABA。

（二）脱落酸的运输

脱落酸可在木质部和韧皮部运输。用同位素标记的 ABA 饲喂植物叶片，标记 ABA 可以同时沿着茎向上或向下运输，24h 后大多数标记 ABA 会积累在根部。当土壤中有效水分减少时会增加根中 ABA 的合成，根中 ABA 水平的提高有利于根在水分亏缺下的生长。而且，根部合成的 ABA 可以通过木质部运送到地上部分使其更好地应对干旱胁迫（其他一些信号如液压信号、细胞分裂素和 pH 的变化也有利于这种响应过程）。ABA 由根向地上部的运输体系对于水分的变化非常灵敏，即使在叶片自身还没有感受到有效水分变化的情况下，当根部受到轻微的干旱胁迫时就能促进气孔关闭。可利用该效应在不影响作物产量的情况下降低植物蒸腾作用，减少灌溉用水量。通过控制性分根交替灌溉（control root-splited alternative irrigation，CRAI）或调亏灌溉（regulated deficit irrigation，RDI）等灌溉技术，使根中产生的干旱信号诱导保卫细胞中 ABA 水平的提高来降低蒸腾作用，同时能避免其他不良干旱影响的发生，如使作物生长变弱或种子结籽量减少。干旱胁迫条件下，叶片中 ABA 的水平是根中的几倍。例如，在土壤水分状况良好时，向日葵植株的木质部液内的ABA浓度是1.0～15.0nmol/L，当土壤水分亏缺时，其中的ABA浓度可以上升到3.0mmol/L。这是因为叶片也自身合成了部分ABA。

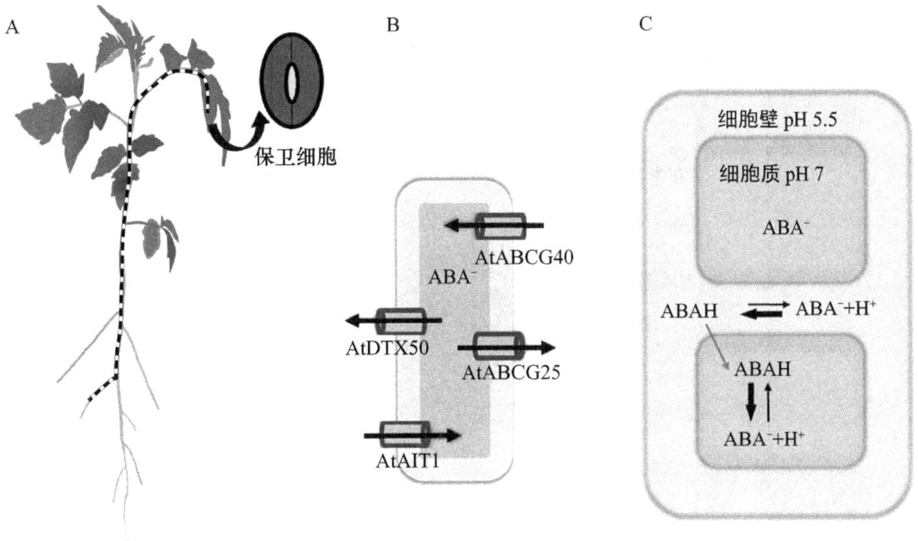

图 11-35　植物体内脱落酸在器官和细胞中的运输情况（改自 Williams，2015）

A. ABA由根部向地上部运输，到达叶片；B. 拟南芥中的4个ABA转运体；C. 脱落酸随pH变化有解离（ABA^-）和非解离（ABAH）两种形式，ABAH可以自由穿越细胞膜，而ABA^-则需要转运体才能进入细胞

与生长素类似，脱落酸是一种弱酸。随着pH的变化有解离（ABA^-）和非解离（ABAH）两种形式。非解离的ABAH可以自由穿越细胞膜，而解离的ABA^-可能需要转运体（transporter）才能进入细胞（图11-35）。目前，在拟南芥中已经鉴定出4个ABA转运体。AtABCG25和AtABCG40是转运体蛋白中ABC（ATP binding cassette）大家族中G亚家族（ABCG，ABC家族共有A～H 8个亚家族，其中G亚家族是最大的亚家族）的两个成员。AtABCG25主要在维管组织中表达，是ABA的输出转运体（ABA exporter，图11-35）。过量表达AtABCG25可以减少离体叶片的失水。AtABCG40在保卫细胞中表达，是ABA的输入转运体（ABA importer，图11-35）。其功能缺失突变体*abcg40*植株的保卫细胞降低了对ABA的敏感性而更易遭受干旱胁迫的影响。DTX50是DTX/MATE（detoxification efflux carrier/multidrug and toxic compound extrusion）家族的一个成员，主要在保卫细胞和叶片维管组织中表达，是ABA的输出转运体（图11-35）。AIT1（ABA-importing transporter 1）也称NRT1.2，是硝酸盐转运体NRT1/PTR（nitrate transporter1/peptide transporter）家族的一个成员，主要在花、茎、叶片和根的维管组织中表达，是ABA的输入转运体（图11-35）。正常生理状态下木质部液pH为6.3，其中的脱落酸为非解离形式ABAH，有利于叶肉细胞的吸收和储存；但在干旱条件下，木质部液pH碱化至7.2，脱落酸为解离形式ABA^-，不易透过细胞质膜进入细胞内，这样就可以避免大量的脱落酸被叶肉细胞吸收，使更多的脱落酸随蒸腾流被运输到达保卫细胞附近，促进气孔关闭（图11-36）。ABA也在气孔保卫细胞中合成，对调控气孔运动发挥作用。

（三）脱落酸的代谢

脱落酸的代谢一般是通过结构修饰进行调控的，包括不可逆的失活和可逆的糖基化修饰。脱落酸可以由C-7、C-8或C-9位的羟基化修饰而失活，其中C-8位羟基化是最普遍的失活途径。尽管8-羟基脱落酸（8-hydroxy ABA）仍保留生物活性，但它迅速地被转变为无活性的化合物红花菜豆酸（phaseic acid，PA）和二氢红花菜豆酸（dihydro-phaseic acid，DPA）（图11-37）。该失活途径对于受干旱胁迫的植物复水时及种子在萌发之前去除ABA是很关键的。脱落酸8-羟化酶（ABA 8-hydroxylase）是一个细胞色素酶P450（cytochrome-P450 enzyme），在拟南芥中由*CYP707A*基因家族的4个成员编码。该酶的抑制剂可以通过维持高水平的脱落酸使植物具有一定的干旱抵御能力。烯效唑（uniconazole，UNI）是一种有应用前景的P450抑制剂，但它也能抑制那些

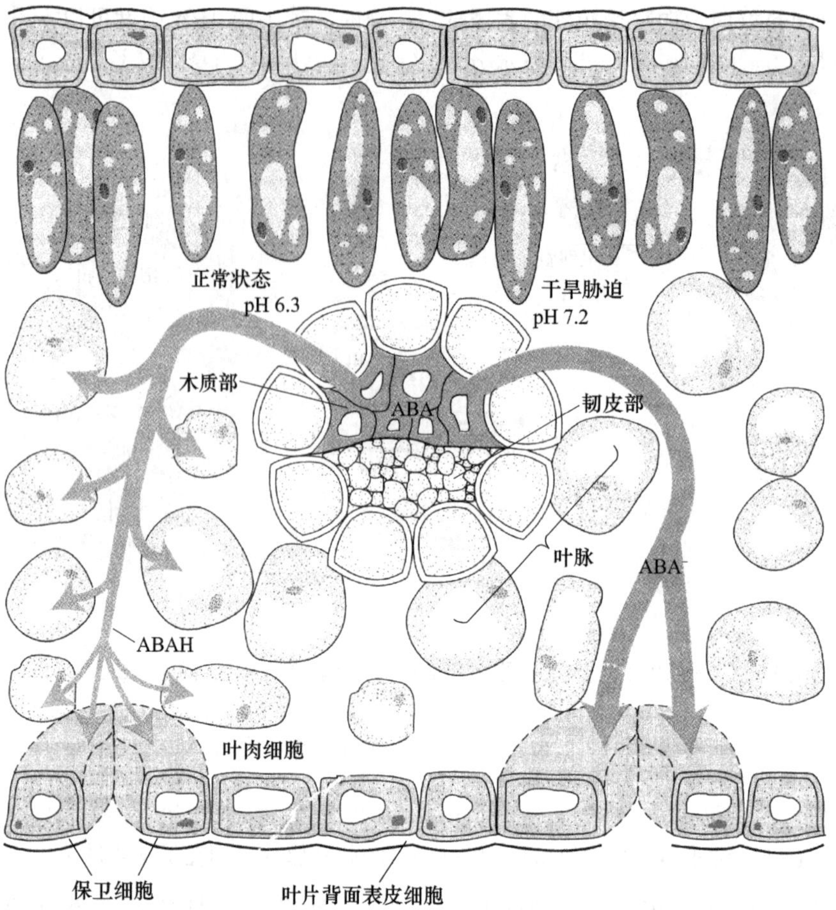

图 11-36 干旱胁迫条件下脱落酸在叶片内的移动情况（Taiz & Zeiger，1998）

正常生理状态下木质部液 pH 为 6.3，其中的脱落酸为非解离形式（ABAH），有利于叶肉细胞的吸收和储存；但是在干旱条件下，木质部液 pH 碱化至 7.2，脱落酸为解离形式（ABA^-），不易被叶肉细胞吸收，而是大部分随蒸腾流被运输到保卫细胞附近，促进气孔的关闭

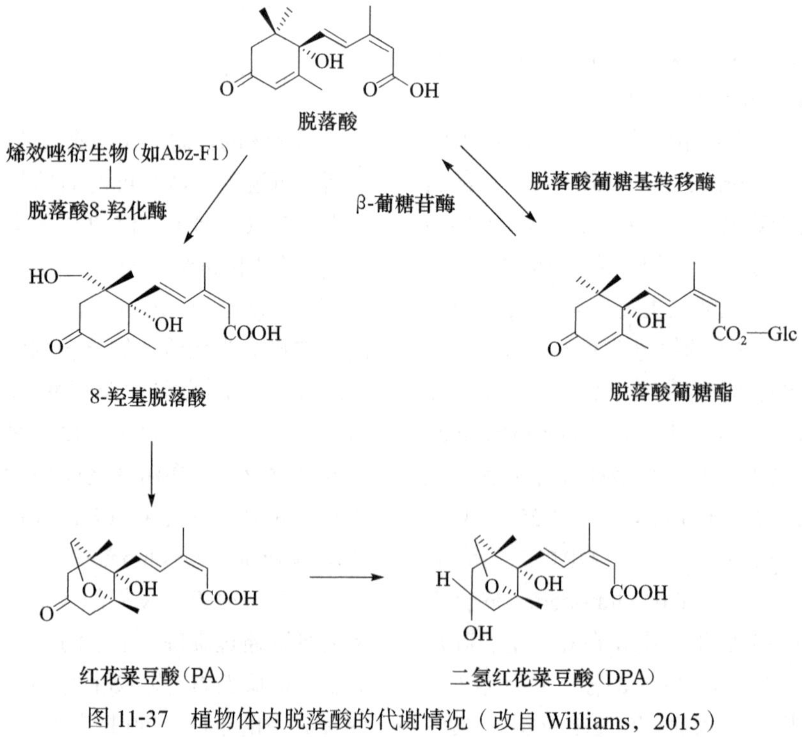

图 11-37 植物体内脱落酸的代谢情况（改自 Williams，2015）

包括参与赤霉素合成在内的其他 P450 酶的活性，因而它的使用会影响植物的生长。特异抑制脱落酸 8-羟化酶而不影响赤霉素合成的烯效唑衍生物 Abz-F1 的开发可以有效解决这个问题。在生产中，可以利用这些抑制剂提高作物的耐旱性。

脱落酸的活性也受到由脱落酸葡糖基转移酶（ABA glucosyl transferase）催化与葡萄糖结合形成脱落酸葡糖酯（ABA-glucosyl ester，ABA-GE）途径的调控（图 11-37）。脱落酸葡糖酯没有活性，但它在 β-葡糖苷酶（β-glucosidase，AtBG1）的作用下水解，转变生成有生物活性的自由脱落酸。该酶功能缺失型突变体表现为脱落酸缺失的表型，说明该途径在脱落酸的转变过程中起着重要的调节作用。相反，尿苷二磷酸葡糖基转移酶（UDP glucosyl transferase）突变体中的葡萄糖不能与 ABA 结合而表现出脱落酸过量的表型。脱落酸葡糖酯作为一个非活性的高亲水性分子，可能是脱落酸长距离运输的主要形式。

四、脱落酸的生理功能

（一）脱落酸与种子发育

植物种子发育分为两个长度大致相同的阶段，第一阶段是以细胞分裂增殖为特征，从受精卵开始形成胚胎组织和胚乳组织；第二阶段以储藏物积累为特征，细胞停止分裂，淀粉、脂肪、蛋白质等储藏物质大量积累，种子脱水，此时胚胎的耐干燥性也逐渐增强。

脱落酸是种子发育过程中的重要调节因子。最初母体组织合成的 ABA 有助于营养物质的积累与储存，由胚胎组织合成的 ABA 则能激活种子特异的转录因子，诱导晚期胚胎富含蛋白（late-embryogenesis-abundant protein，LEA）的表达和其他渗透调节物质的积累，这一过程与植物营养组织在干旱胁迫时积累渗透调节物质的情况相似。ABA 信号不敏感突变体的种子［如玉米 *viviparous*（*vp1*）突变体］不能脱水干燥进入休眠状态而过早发芽（图 11-38），而大多数种子可以保持很长一段时间的休眠。当种子休眠建立后 ABA 水平通常会下降，这一过程称为种子的后熟（after-ripening）。此时的种子仍能响应外界环境的变化，在不利条件下通过增加 ABA 的合成来维持休眠。决定种子休眠何时结束和开始萌发的因素是复杂的，包括温度、光照和土壤水分一系列环境因素，以及体内 ABA 减少的程度和促进萌发的赤霉素含量水平的增加（图 11-38）。种子萌发前，由 *CYP707A* 编码的降解 ABA 的酶类表达量会增加以除去残留的 ABA，在赤霉素的作用下开始萌发。

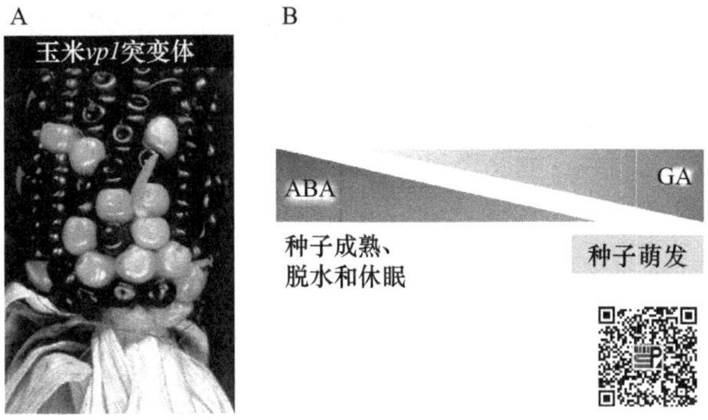

图 11-38　脱落酸与种子发育（改自 Williams，2015）

A. 玉米 *vp1* 突变体因 ABA 含量低种子出现过早发芽现象；B. 种子发育与体内 ABA 和 GA 含量的消长关系

（二）脱落酸与根生长

干旱胁迫及其伴随的根部脱落酸的积累可以促进主根的伸长，以帮助植物深入土壤汲取水分（图 11-39A）。水分亏缺条件下主根的持续伸长是由脱落酸和其他多种因素共同作用的结果。根的正常发育需要低水平含量的脱落酸。在中度干旱下，脱落酸含量的适当提高能促进主根的伸长而抑制侧根的发育；在水分正常情况下，脱落酸含量的降低，则会抑制主根的伸长，促进侧根的发育。水分胁迫时，脱落酸还可以通过限制乙烯的产生来消除乙烯对根伸长的影响（图 11-39B）。

在一些植物中，脱落酸或干旱胁迫会限制侧根的生长。当去除脱落酸后，侧根开始恢复生长。在拟南芥及其相近的物种中，干旱胁迫也能诱导产生新的侧根，并处于静止状态，而在复水时这些侧根会快速生长汲取水分，该反应在 ABA 不敏感或合成缺陷突变体中明显降低。因此，在拟南芥中，当土壤有效水分不足时植物所做出的反应之一是限制侧根生长而保持主根的伸长，但仍然保持着侧根的增生。

（三）脱落酸与逆境

脱落酸有“逆境激素”的别称，这是因为脱落酸在植物的抗旱、抗寒和抗盐的生理过程中具有重要的作用。

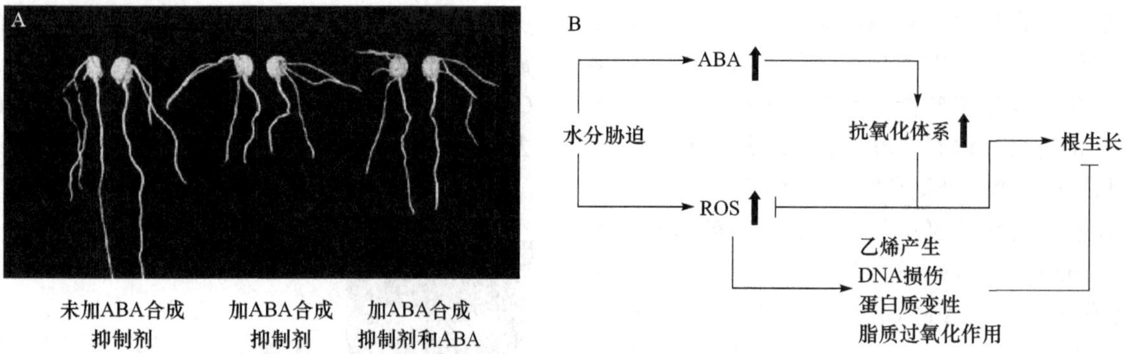

图 11-39　脱落酸与根生长（改自 Williams，2015）

A. 水分胁迫下 ABA 促进玉米根生长；B. 水分胁迫下 ABA 通过限制乙烯的产生来促进玉米根生长

已知 ABA 是对环境因素反应最强烈的激素之一，叶片中的 ABA 浓度在水分亏缺条件下短时间内可以上升 50 倍，所以 ABA 是一个环境介导因子，特别是逆境因子的信号物质。当保卫细胞感受到 ABA 信号刺激后，其细胞内大量离子外流，渗透压减小，使气孔关闭以降低植物的失水率；ABA 还通过干扰 K^+ 流入和降低质膜上的 H^+-ATP 酶活性而抑制气孔重新开放（图 11-40）（详见下文“脱落酸的信号转导”）。另外，K^+ 通道蛋白活性对 pH 的反应也非常敏感，pH 升高有利于 ABA 诱导的 K^+ 外流。除了胞质钙离子浓度（$[Ca^{2+}]_{cyt}$）升高对气孔造成的短期影响外，气孔长期的运动模式可能也是受 $[Ca^{2+}]_{cyt}$ 程序性变化调控的。保卫细胞中 $[Ca^{2+}]_{cyt}$ 的波动相对缓慢，这对于维持渗透平衡及决定气孔关闭的程度和持续时间起着重要作用。

植物体内的 ABA 水平不但在干旱条件下升高，而且在盐胁迫、低温胁迫甚至高温胁迫等逆境条件下都会升高。这是因为几乎所有的逆境条件都会直接或间接地诱导植物细胞发生水分状态的变化，如使细胞的膨压下降等，而细胞的膨压变化会诱导 ABA 合成的增加。关于 ABA 在逆境信号响应中的作用，请参考第十六章相关内容。

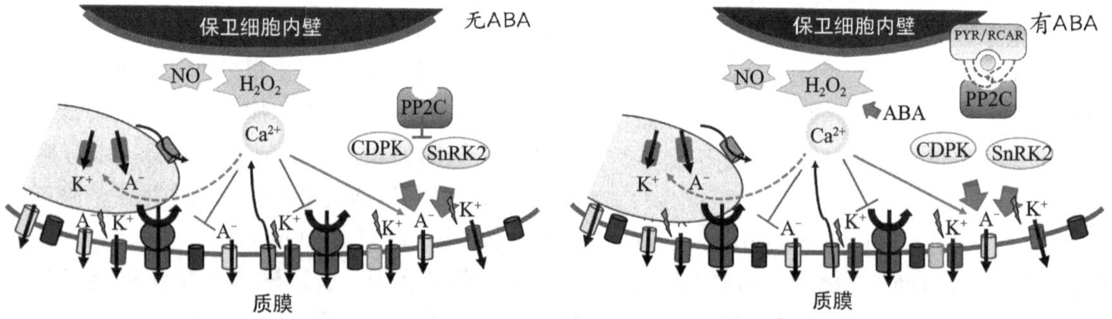

图 11-40　脱落酸与气孔运动（改自 Williams，2015）

A^- 代表阴离子通道

（四）脱落酸促进叶片衰老

脱落酸最初是被当作脱落诱导因子分离提纯的，但后来证明，大多数植物中控制脱落的主要激素是乙烯，ABA 则通过激活钙依赖蛋白激酶 CPK4/11，参与调控乙烯合成的限速酶 ACC 合酶 ACS 的修饰，调节这类酶的稳定性，从而促进了乙烯的合成和器官脱落。

然而有证据表明，ABA 在叶片的衰老过程中起着重要的调节作用。对离体燕麦叶片切段的衰老过程的研究发现，ABA 作用于衰老过程的早期，起启动和诱导的作用；而乙烯作用在衰老的后期。虽然 ABA 能够刺激乙烯的生成，但脱落酸对衰老的促进作用并非由乙烯介导，而是直接发挥作用的。在比较 ABA 和乙烯处理对拟南芥叶片衰老的影响时发现，无论在光照还是黑暗条件下，不经任何处理时，野生型叶片的黄化要比乙烯不敏感突变体叶片快得多；乙烯处理会大幅度增加野生型叶片的黄化速度，但不影响突变体叶片的黄化速度；而 ABA 处理则同时促进两种叶片的黄化速度。这个试验结果说明脱落酸促进叶片衰老是独立于乙烯的生理作用。

（五）脱落酸的生理促进作用

脱落酸通常被认为是一种生长抑制型激素，如抑制种子萌发、抑制生长、促进休眠，甚至促进叶片衰老。但用外源脱落酸处理完整健全的植株所获得的实验结果与这种印象完全相反，脱落酸具有许多生理促进的性质。例如，脱落酸处理可以显著促进水稻中胚轴伸长生长，在较低浓度处理时可以促进发芽和生根，促进茎叶生长，抑制离层形成，促进果实肥大，促进开花等。

脱落酸的这种生理促进性质与其“逆境激素”的性质是密切相关的。因为脱落酸的生长发育促进作用对于最适条件下栽培的植物并不突出，而对低温、盐碱等逆境条件下的作物表现最为显著。脱落酸改善了植物逆境适应性，增强了生长活性，所以在许多情况下表现出有益的生理促进作用。脱落酸的这种特殊的生理性质，对于正确理解脱落酸的生理意义十分重要，同时对脱落酸的实际应用也具有启发意义。

五、脱落酸的信号转导

生物信息学研究证明，拟南芥、水稻的表达基因中，大约有10%是受脱落酸调控的。这说明脱落酸参与许多生理过程的调节，其中有如种子成熟等长期过程，也有如气孔运动等短期过程。对于长期生理过程，肯定有脱落酸诱导基因的参与；而快速的生理反应可能是脱落酸诱导的质膜两侧的离子流动的结果。脱落酸受体的发现及其下游组分的功能鉴定大致勾勒出了脱落酸的信号转导过程。如图11-41所示，脱落酸的信号转导途径主要由四大类信号组分构成：受体、负调节因子（蛋白磷酸酶）、正效应因子（蛋白激酶）和响应因子（包括离子通道和转录因子）。没有ABA的情况下，负调节因子抑制正效应因子的活性，使其和响应因子处于静止状态。ABA与受体结合后，形成脱落酸和受体复合体，并与负调节因子结合致使其钝化失活，因此正效应因子被激活并磷酸化其下游响应因子，进而表现出相应的生理反应。

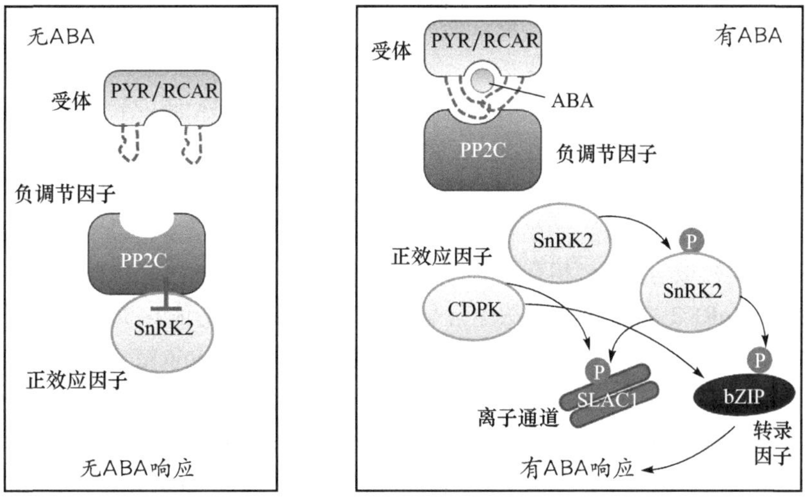

图11-41 拟南芥中ABA的PYR/RCAR受体作用机制模型（改自Williams，2015）

（一）脱落酸的受体

植物中主要的ABA受体是PYRABACTIN RESISTANCE（PYR）/REGULATORY COMPONENT OF ABA RECEPTOR（RCAR）蛋白家族。在拟南芥中，PYR/RCAR家族有14个成员，它们的表达模式（expression pattern）及其相互间的结合、与ABA的结合及与其他靶蛋白的结合亲和性（binding affinity），影响它们在ABA信号途径中的作用。当ABA与PYR/RCAR结合时，ABA进入受体的一个“口袋”（pocket）中，引起受体的构象改变，使ABA与受体附着在一起形成复合体（the hormone+receptor complex）。该复合体与下游信号的负调节因子2C型蛋白磷酸酶PP2C结合并使其钝化失活（图11-41）。PP2C已被证明是ABA信号途径的关键调节因子。PYR/RCAR蛋白家族的发现真正地将激素与其下游的响应联系了起来。ABA+PYR/RCAR复合体通过阻碍磷酸酶的活性位点抑制 PP2C 的活性。ABA+PYR/RCAR 复合体的工作模型类似于赤霉素 + GID1 复合体，都通过形成激素 + 受体复合体增加了与负调节因子结合的亲和性，从而使负调节因子钝化失活。

（二）脱落酸信号转导途径下游组分

通过遗传学方法已经鉴定出许多 ABA 途径的下游组分。第一个被鉴定的 ABA 信号途径的核心组分是 *ABI1*（*ABA-INSENSITIVE1*），它编码一个负调节 ABA 信号响应的 PP2C 蛋白。ABI1 是 PP2C 大家族中的一员，在拟南芥中，该家族中有 6 个成员参与了 ABA 信号转导的调控：ABI1、ABI2、HAB1（HYPERSENSITIVE TO ABA 1）、HAB2、PP2CA 和 AHG1（ABAHYPERSENSITIVE GERMINATION 1）。这些蛋白控制 ABA 信号的正效应因子 SnRK2（SNF1-RELATED PROTEIN KINASE 2）和 CDPK（CALCIUM-DEPENDENT PROTEIN KINASES）蛋白激酶的活性，在 ABA 信号感知与 ABA 响应之间起着关键的整合作用（图 11-41）。

SnRK2 蛋白激酶最早是从小麦（*Triticum aestivum*）和蚕豆（*Vicia faba*）中鉴定到的，它是 CDPK-SnRK 超家族的一个亚家族。在拟南芥和水稻中各有 10 个 SnRK2，其中 SnRK2.2、SnRK2.3 和 SnRK2.6（也称 OST1，OPEN STOMATA1）已被确定在 ABA 信号的转导过程中起作用。这三个 SnRK2 蛋白通过保守残基的磷酸化被激活。在它们 C 端都有一个保守的调节结构域与 PP2C 相互作用，没有 ABA 时，PP2C 使 SnRK2 去磷酸化而失活；在 ABA 存在时，PP2C 与 PYR/RCAR 形成复合体而失活，从而解除了 PP2C 对 SnRK2 的抑制作用，而 SnRK2 激活后可以磷酸化下游靶蛋白，响应 ABA 信号（图 11-41）。

SnRK2 可能的磷酸化靶蛋白是一些 bZIP 转录因子（图 11-41），这类转录因子都有一个亮氨酸锌指结构域（basic Leu zipper，bZIP）的基本结构域。早先对 ABA 响应基因［包括水稻 ABA 响应基因（*rice response to ABA gene*，*Rab*）和小麦胚胎特异基因（*wheat embryo-specific*，*Em*）］的研究发现，它们的启动子上有一个序列为 ACGTGTC 的保守的 ABA 响应元件（ABA-responsive element，ABRE），ABRE 是 ABA 响应基因的主要顺式作用元件（*cis*-acting element）。用该元件序列作为探针，鉴定到了 ABRE 结合因子（ABRE binding factor，ABF），或 ABA 响应元件结合因子（ABA-responsive element binding factor，AREB），均为 bZIP 类转录因子。

ABI5 是利用拟南芥种子萌发对 ABA 不敏感而确定的另一类 bZIP 转录因子。这类转录因子（包括 ABF2、ABF3 和 ABF4）是通过生物化学方法或同源序列分析而鉴定到的。ABF2、ABF3 和 ABF4 调控大多数 ABA 响应基因的表达，表明它们三个是主要的 ABA 响应转录因子。在体外，这些转录因子的片段或合成的多肽能被 SnRK2 家族的几个代表性成员磷酸化，表明 bZIP 转录因子是这些蛋白激酶的下游靶蛋白。

一些 ABF 转录因子在体外也能被 CDPK 磷酸化。与 SnRK2 相似，CDPK 是一类大的蛋白家族，在拟南芥中有 34 个成员。其中一些已经确定在 ABA 诱导的转录和其他响应中起作用。干旱或其他胁迫能增加 $[Ca^{2+}]_{cyt}$ 激活 CDPK 的激酶活性。

SnRK2 和 CDPK 可能的磷酸化靶蛋白还有在保卫细胞的 ABA 响应中引起气孔关闭的离子通道，包括阴离子通道如 SLAC1（SLOW ANIONASSOCIATED CHANNEL 1）（图 11-41）、钾离子通道和钙离子通道。SnRK2 和 CDPK 通过对不同下游靶蛋白的磷酸化，在 ABA 调控转录、离子通道活性和第二信使产生等过程中起着调节作用。

ABA 调节气孔运动的信号转导过程可以概括为两个方面：首先，是 ABA 核心信号途径（core ABA signaling pathway），即 PYR/RCAR 途径。在 ABA 信号存在时，ABA 与受体 PYR/RCAR 结合，使 PP2C 钝化失活，从而激活 SnRK2 和 CDPK 磷酸化其下游响应因子，如阴离子通道 SLAC1、钾离子通道和钙离子通道等，引起阴离子外流，使质膜去极化，激活对电压敏感的 K^+ 通道蛋白，导致 K^+ 外流。阴离子和 K^+ 外流使渗透压减小，促进气孔关闭（图 11-40）。另外，还通过干扰 K^+ 流入和降低质膜上的 H^+-ATP 酶活性而抑制气孔重新开放。其次，许多研究表明，活性氧（ROS）如过氧化氢（hydrogen peroxide，H_2O_2）和活性氮（reactive nitrogen species，RNS）如一氧化氮（nitric oxide，NO）也参与了保卫细胞中 ABA 信号的转导过程。ABA 处理可以导致 ROS 含量增加。在没有 ABA 的情况下，外源施加 ROS 或 NO 可以促进气孔关闭，说明它们作用于 ABA 的下游。研究表明 H_2O_2 和 NO 作为第二信使，通过促使保卫细胞中 $[Ca^{2+}]_{cyt}$ 升高而最终调控气孔关闭。核心ABA信号途径组分ABI1功能获得性突变体*abi1-1*和OST1功能缺失突变体*ost1*在ABA处理后，气孔并不关闭，而H_2O_2处理能使气孔关闭，说明H_2O_2信号处于这两个蛋白质的下游。受ABA激活的OST1可以直接磷酸化并激活定位于质膜上的NADPH氧化酶RBOHF（respiratory burst oxidase homolog F），在细胞质膜的外侧产生超氧阴离子（$O_2^{\cdot -}$），超氧阴离子很不稳定，可快速生成较稳定的H_2O_2，促使[Ca^{2+}]$_{cyt}$升高，进而激活阴离子通道和K^+通道，促进气孔关闭（图11-40）。有报道显示定位于细胞质膜上的一个类受体蛋白激酶GHR1（GUARD CELL HYDROGEN PEROXIDE-RESISTANT1）被PP2C类磷酸酶ABI2所抑制，二者均处于H_2O_2的下游起作用。ABA还与其他蛋白质和信号途径相互作用，共同形成了一个复杂的调控网络，使气孔运动得到精密、严格的调控。

第五节　乙　　烯

一、乙烯的发现

人们很早就知道用烟熏的方法催熟果实和打破球根球茎花卉的休眠。在19世纪，欧洲使用的街灯都是煤气灯，人们观察到在街灯附近的树叶比其他地方的树叶落得早。1901年俄罗斯圣彼得堡植物研究所的学者D. Neljubow经研究证实，是泄漏煤气和燃烧废气损害了叶片的正常生长，其中乙烯（ethylene）是主要的作用因子。他还发现在实验室黑暗条件下培养的豌豆幼苗表现出茎节缩短、横向增粗和水平生长等异常现象，这就是后来所谓的三重反应（triple response）；当植物重新生长在新鲜空气中后，豌豆幼苗又恢复了正常的生长。经过大量的实验，证明是乙烯导致三重反应的发生。

1910年，H. H. Cousins向牙买加农业部提供的报告说，香蕉不宜和柑橘一起储存，因为柑橘会产生一种气体使香蕉过早成熟腐烂。不过由于柑橘自身的乙烯合成能力比其他水果要小得多，因此人们猜测当时Cousins提到的柑橘可能感染了青霉菌，这种菌可以释放出大量的乙烯气体。1934年，R. Gane等确定乙烯是植物代谢的自然产物，并且因为乙烯对植物生长发育具有显著的影响，认为乙烯是一种气态的植物激素。

此后的25年间，乙烯的研究没有受到应有的重视，主要是因为当时的研究者认为乙烯的生理效应可以由生长素处理产生，生长素才是植物体内的主要激素，而乙烯是一个不重要的、只具有间接生理作用的物质。另外，由于当时没有有效的定量检测手段，也阻碍了乙烯研究的进展。直到1959年气相色谱被用于乙烯的研究，乙烯作为植物激素的重要地位才被人们重新认识。近年来随着拟南芥乙烯反应突变体的大量发现和应用，乙烯受体和信号转导途径的研究取得了较大的进步。

二、乙烯的生物合成和运输

乙烯的化学结构极为简单，但其生物合成途径的研究却历经近半个世纪。乙烯生物合成研究的第一个突破是在20世纪60年代，Lieberman和Mapson于1964年发现一种氨基酸——甲硫氨酸是乙烯的前体；第二个突破是1979年华裔科学家X. Yang及其同事发现1-氨基环丙烷-1-羧酸（1-aminocyclopropane-1-carboxylic acid，ACC）是从甲硫氨酸到乙烯合成过程的中间产物。后来证明乙烯的合成是一个甲硫氨酸的代谢循环，被命名为“杨氏循环”（the Yang cycle）。

乙烯的分子质量只有28Da，在生理条件下密度比空气轻（图11-42A），容易燃烧和氧化。研究者用同位素标记物的$^{14}C_2H_4$饲喂植物，追踪乙烯的代谢产物。发现乙烯的氧化产物有乙烯氧化物（ethylene oxide）（图11-42B），水解后生成乙二醇（图11-42C）和乙二醇的葡萄糖苷。在许多植物组织中，乙烯可以被彻底氧化为CO_2（图11-42D）。

高等植物的几乎所有器官都能合成乙烯，但乙烯合成的速率随不同的组织和不同的发育阶段有所不同。一般而言，形成层和茎节区域是乙烯合成最活跃的部位。在叶片脱落、花器官衰老或者果实成熟时，乙烯的合成会大幅度增加；另外，对植物任何形式的伤害，如机械损伤、淹水、干旱、高温、冷冻和病害等逆境因素都会诱导植物体内乙烯的大量合成。

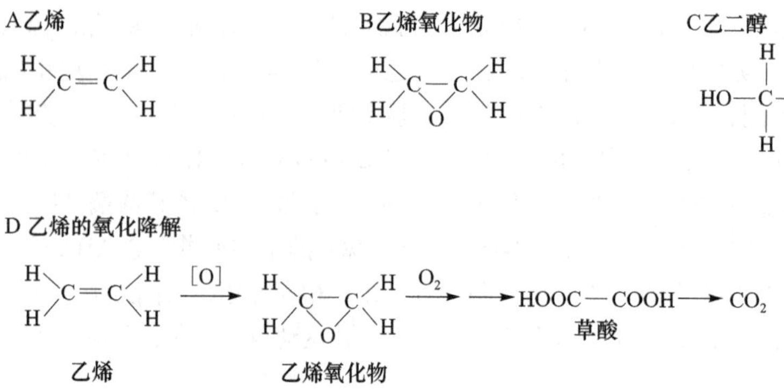

图 11-42　乙烯及其代谢物（Taiz & Zeiger，2006）

植物中产生乙烯量最多的器官是成熟的果实，发生速度大于 10nL/（g·h）[按鲜重计（FW）]。乙烯在极低浓度（1pL/L）下就具有显著的生物效应，成熟苹果组织内的乙烯浓度高达 2500pL/L。植物正常生长的组织如果受到伤害或外因干扰时，其乙烯发生量会在 25～30min 内增加数倍之多，干扰因素撤除后会在短时间内恢复正常。

裸子植物和一些低等植物，包括蕨类植物、苔藓、地钱和某些蓝藻都能产生乙烯。土壤中的乙烯主要是由一些真菌和细菌产生的。

1. 杨氏循环与乙烯合成的关键酶　早期的工作已经明确甲硫氨酸是乙烯生物合成的前体，因为用 ^{14}C 标记的甲硫氨酸饲喂植物，可以生成 ^{14}C 乙烯，而且是从甲硫氨酸的第 3、第 4 位上的碳原子衍生而来的（图 11-43）。进一步的研究证明甲硫氨酸与 ATP 的反应产物 *S*-腺苷甲硫氨酸（*S*-adenosyl-methionine, AdoMet）是乙烯生物合成途径中的中间产物。后来发现乙烯的直接前体是 ACC。给植物饲喂 ^{14}C 甲硫氨酸后，如果培养在缺氧条件下，植物不能产生乙烯，却发生标记 ACC 的大量积累，重新在有氧条件下培养后，乙烯又会大量产生。许多植物组织都能将标记的 ACC 快速转变为乙烯，说明在高等植物中，ACC 是乙烯的直接前体；而且给乙烯发生速率较低的植物组织饲喂 ACC，会使乙烯发生速率迅速升高，说明 ACC 的合成是乙烯生物合成途径的限速步骤。

催化 AdoMet 生成 ACC 的酶是 ACC 合酶（ACC synthase，ACS）（图 11-43）。ACC 合酶存在于细胞质内，含量极低且不稳定。例如，在成熟的番茄果实中，ACC 合酶只占蛋白质总量的 0.0001%，并且极易降解，很难提纯和分析。该酶的活性受一些内外因子的调节，如机械损伤、干旱、淹水及生长素等都能刺激该酶的活性。

许多植物的 ACC 合酶基因都得到了克隆，ACC 合酶蛋白的氨基酸序列与植物的氨基转移酶非常相似，氨基转移酶催化氨基酸之间的氨基转移反应，这类酶以磷酸吡哆醛（维生素 B_1）作为辅基。ACC 合酶是一个多基因编码的蛋白家族，在番茄中，至少有 9 种 ACC 合酶基因。不同基因的诱导因素也有差异，生长素、机械损伤或果实成熟等可以分别诱导不同的 ACC 合酶基因表达。它们在不同的组织和细胞中的表达状态甚至底物亲和性各不相同，这意味着不同的 ACC 合酶在组织和细胞中的作用可能有所区别。

乙烯生物合成的最后一步，即 ACC 转变为乙烯的反应是由 ACC 氧化酶（ACC oxidase）催化的（图 11-43）。在一些乙烯发生量大的器官组织如成熟的果实中，该酶是乙烯生物合成途径中的限速酶。ACC 氧化酶的基因已被克隆，其氨基酸序列与植物中 Fe^{2+}/抗坏血酸为辅基的氧化酶类非常相似。ACC 氧化酶的生化分析也表明，该酶在催化反应时必须有 Fe^{2+}和抗坏血酸作为辅基。和 ACC 合酶一样，ACC 氧化酶也是由多基因编码的蛋白家族，其转录受多种内外因素的调节。

植物组织（包括那些乙烯发生量较大的组织）中的甲硫氨酸含量较低，但总是维持在一个比较稳定的水平。已知甲硫氨酸是乙烯生物合成的唯一前体，在乙烯发生量较高的情况下就需要持续不断的甲硫氨酸供应。植物组织依靠杨氏循环持续不断地供应乙烯合成需要的甲硫氨酸。

另外，植物组织中并不是所有的 ACC 都转变为乙烯，ACC 还可以被转化为一种稳定的结合物形式，即 *N*-丙二酰基 ACC（*N*-malonyl ACC）（图 11-43），该化合物不容易被降解，可以在植

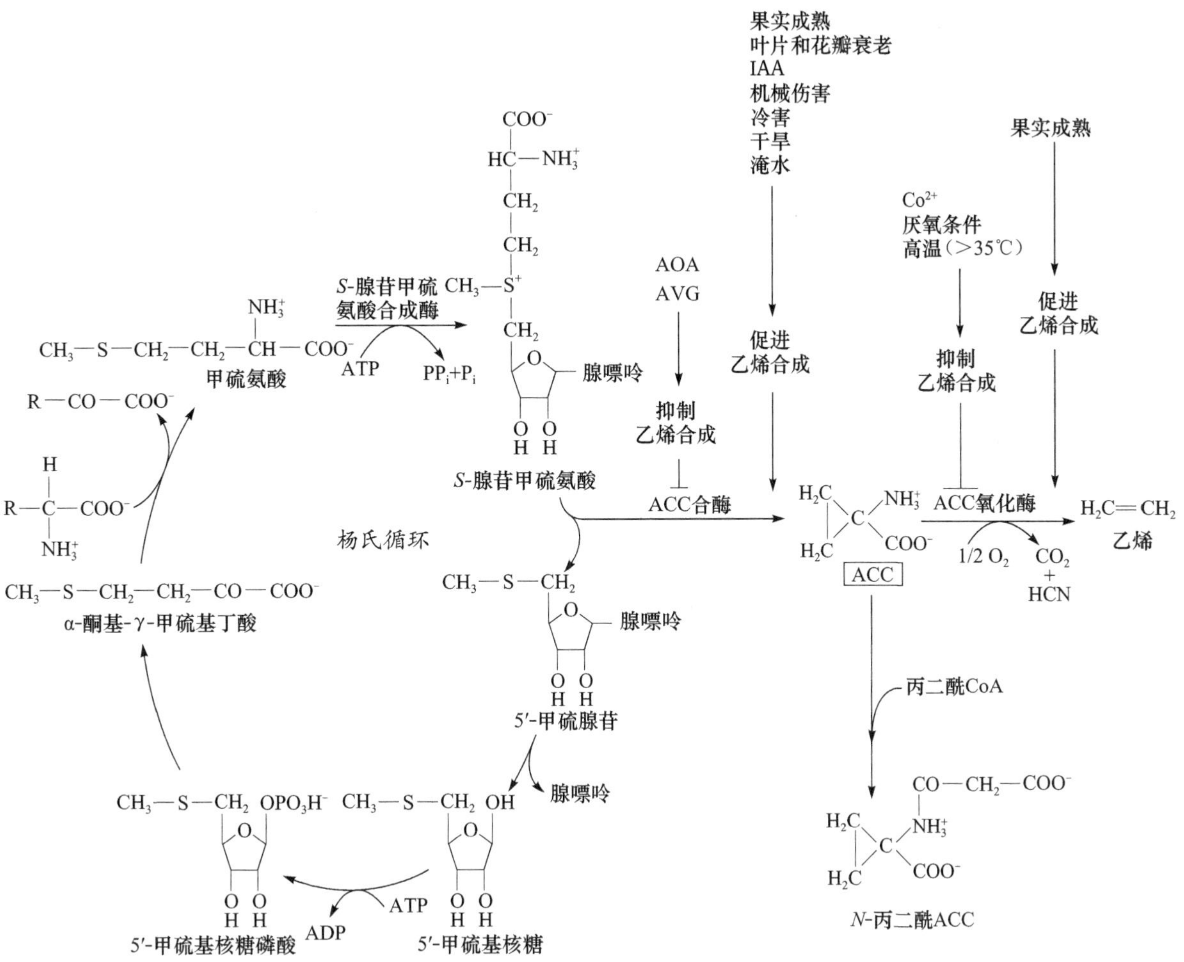

图 11-43　乙烯生物合成途径及杨氏循环（Taiz et al., 2015）

图中标注了各种因素对乙烯生物合成的影响

物组织中积累。ACC 形成的另外一个结合物是 1-(a-L-谷氨酰)-环丙烷-1-羧酸［1-(α-L-glutamyl amino) cyclopropane-l-carboxylic acid，GACC］，ACC 结合物的形成对调节乙烯的生物合成具有重要意义，可能与生长素和细胞分裂素结合物的功能相似，起着可逆的失活和储存功能。

2. 乙烯生物合成的调控　乙烯的生物合成受许多因素的调节，如发育状态、环境情况、物理或化学伤害及其他植物激素等。

（1）乙烯生物合成的促进因素

1）果实成熟促进乙烯合成。果实成熟时，乙烯的合成速率迅速增加。乙烯生物合成的增加伴随着 ACC 合酶、ACC 氧化酶活性的增加，同时也伴随着编码这两种酶的 mRNA 水平的增加。实验表明，给未成熟的果实施用外源 ACC 只能促进乙烯合成少量增加，所以在果实成熟时 ACC 氧化酶活性的增加是一个关键步骤。

2）逆境诱导乙烯产生。许多逆境因素如干旱、淹水、冷害或机械损伤等，都会增加乙烯的生物合成。这种逆境诱导的乙烯合成，主要是由于 ACC 合酶 mRNA 转录水平的增加引起的。这些“逆境乙烯”通常会诱导一些植物的抗逆反应，如脱落、衰老、愈伤组织形成及抗病性形成等。

3）生长素可以诱导乙烯的合成。在许多情况下，生长素和乙烯能产生相同的生理效应，如诱导菠萝开花、抑制茎的伸长生长。这是因为生长素可以增加 ACC 合酶 mRNA 的转录水平，促进 AdoMet 转化为 ACC，从而促进乙烯的生物合成。事实上，原来许多认为是生长素的生理效应，其实是生长素诱导的乙烯的作用。

一般来说，促进乙烯生物合成关键酶的形成会提高乙烯的发生量，但研究表明，提高 ACC 合酶的稳定性或者说抑制其降解可能对提高乙烯发生量更有意义。例如，果实成熟、病菌感染及细胞分裂素等因素促进乙烯发生量增加的机制，都是稳定 ACC 合酶，抑制其降解。目前已知 ACC 合酶蛋白 C 端的一个结构域，在泛素蛋白降解系统中起着重要的作用，病原菌感染激活的一种 MAP（mitogen-activated protein）激酶或者一种钙调蛋白激酶可以磷酸化这个结构域，阻止泛素蛋白降解系统对 ACC 合酶的降解。

（2）乙烯生物合成和生理作用的抑制因素　乙烯的生物合成和生理作用可以被许多化合物所抑制。在研究和生产中得到大量应用的是氨基乙氧基乙烯基甘氨酸（aminoethoxyvinylglycine，AVG）和氨基氧乙酸（amino oxyacetic acid，AOA）两种乙烯生物合成抑制剂。AVG 和 AOA 是以磷酸吡哆醛为辅基的酶的特异抑制剂，因为 ACC 合酶也是一种以磷酸吡哆醛作为辅基的酶，所以 AVG 和 AOA 可以抑制 AdoMet 转变为 ACC（图 11-43）。

钴离子（Co^{2+}）也是乙烯生物合成的抑制剂，它阻抑乙烯生物合成的最后一步，即 ACC 转化为乙烯的反应。银离子是乙烯生理作用最有效的抑制剂，但并不抑制乙烯的合成。通常应用的有硝酸银（$AgNO_3$）或硫代硫酸银［$Ag(S_2O_3)_2^{3-}$］。银离子对乙烯生理作用的抑制作用非常特异，不能被其他金属离子模拟。

CO_2 在高浓度（5%～10%）情况下可抑制乙烯的许多生理作用，如抑制乙烯诱导的果实成熟。这种现象经常在果蔬保鲜储存中得到应用。由于二氧化碳只有在浓度非常高的情况下才能抑制乙烯作用，因此在自然条件下，CO_2 不可能是乙烯的竞争性抑制剂。

反式环辛烯（*trans*-cyclooctene）是迄今发现的最强的一种乙烯竞争性抑制剂（图 11-44），它可能是乙烯与受体结合的竞争性抑制剂。另外，目前在市场上大量应用的甲基环丙烯（MCP）可以特异地和乙烯受体产生不可逆的结合，从而抑制乙烯的大部分生理功能。

图 11-44　乙烯受体结合抑制剂

（Taiz & Zeiger，2006）

3. 乙烯的运输　乙烯是气态激素，在植物体内的运输性较差。乙烯的短距离运输可以通过细胞间隙进行扩散，但扩散距离非常有限。例如，在病菌感染植物细胞后，该细胞产生的乙烯会向周围细胞扩散并诱导细胞的抗逆性和衰亡反应。

乙烯的长距离运输依靠其直接前体 ACC 在木质部溶液中的运输。例如，在根系淹水条件下，植物上部叶片会发生乙烯诱导的典型反应——偏上生长（图 11-45）。这是因为水使根系周围的土壤空气急剧减少，根系内产生的大量 ACC 由于缺氧无法转变为乙烯而发生积累，便通过蒸腾流向上运输。运输到地上部的 ACC 可以迅速转变为乙烯发挥作用。这里 ACC 是作为一个可以运输的化学信号，是乙烯长途运输的“载体”。

三、乙烯的生理功能

乙烯对幼苗生长的“三重反应”和乙烯促进果实成熟的现象，导致了乙烯的发现。实际上，乙烯对植物生长发育的影响是非常广泛的，包括种子萌发、细胞扩张、细胞分化、开花、衰老和脱落。

（一）乙烯的三重反应

所谓乙烯的三重反应（triple response）就是当植物幼苗放置在含有适当浓度乙烯（0.1pL/L 以上）的密闭容器内，会发生茎伸长生长受抑制、侧向生长（即增粗生长）、上胚轴水平生长的现象（图 11-45）。另外，乙烯还抑制双子叶植物上胚轴顶端弯钩的伸展，引起叶柄的偏上生长。

乙烯的三重反应是乙烯的典型生物效应，作为乙烯的生物测定方法，具有特异、灵敏和快速的特点。当然，这种方法不能进行精确定量，利用气相色谱法进行乙烯的定量十分快速方便。

乙烯的三重反应在植物中非常普遍，除豌豆等双子叶植物幼苗对乙烯有三重反应外（图 11-45），像燕麦、小麦等单子叶植物的胚芽鞘和中胚轴（mesocotyl）对乙烯也有三重反应。拟南芥对乙烯的反应包括避光条件下生长黄化幼苗的下胚轴的生长抑制和增粗生长、根系伸长生长的抑制及顶端弯钩伸展的抑制。这些典型的乙烯反应在研究中还被应用在拟南芥的乙烯反应突变体筛选工作中（图 11-46，图 11-47）。

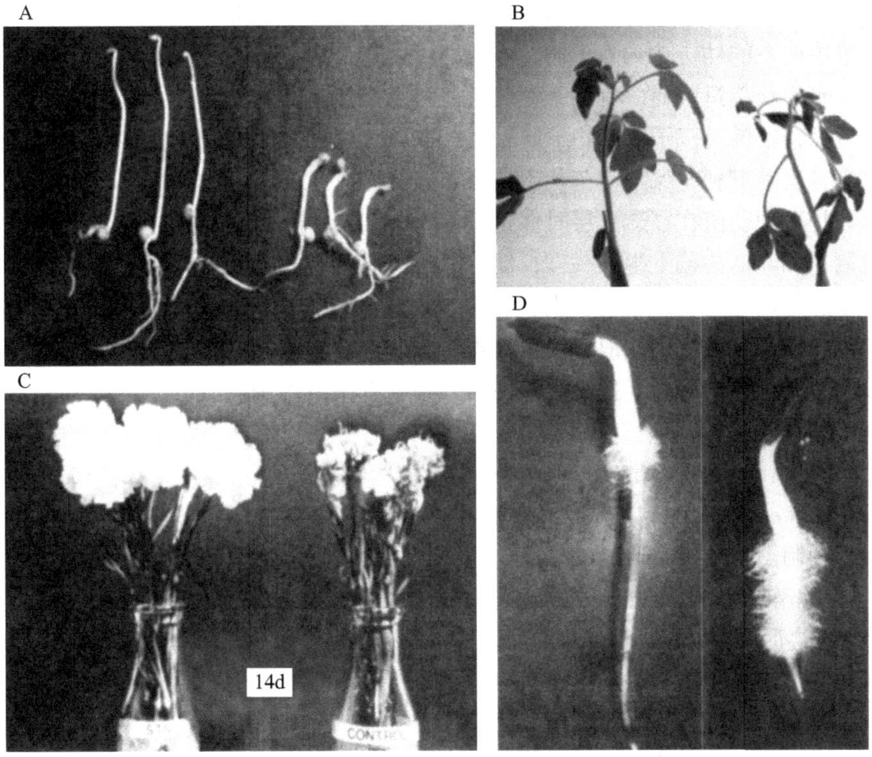

图 11-45 乙烯对植物的各种生理作用（Taiz & Zeiger，2006）

A. 黄化豌豆苗的三重反应，6d 龄幼苗用 10mg/L 乙烯处理（右），和对照（左）相比，表现出径向增粗生长、上胚轴伸长生长抑制和偏上生长；B. 乙烯处理（右）导致的番茄叶片发生偏上生长（即向下弯曲生长），导致偏上生长的原因是叶柄上侧细胞生长快于下侧细胞；C. 用乙烯作用抑制剂硫代硫酸银（STS）可以显著延迟康乃馨花的衰老速度（左）；D. 乙烯促进莴苣幼苗根毛发生，用 10mg/L 乙烯处理 2d 龄的莴苣幼苗 24h（右），比对照（左）具有更多的根毛发生

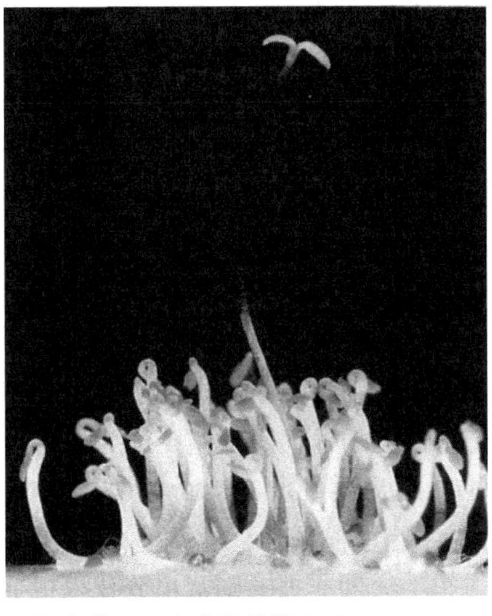

图 11-46 拟南芥 *etr1* 突变体的筛选（Taiz & Zeiger，2006）

拟南芥幼苗在乙烯存在的条件下避光培养 3d，大部分幼苗表现出典型的三重反应，只有一株突变体表现出和空气中生长相同的形态，表明 *etr1* 突变体对乙烯完全不敏感

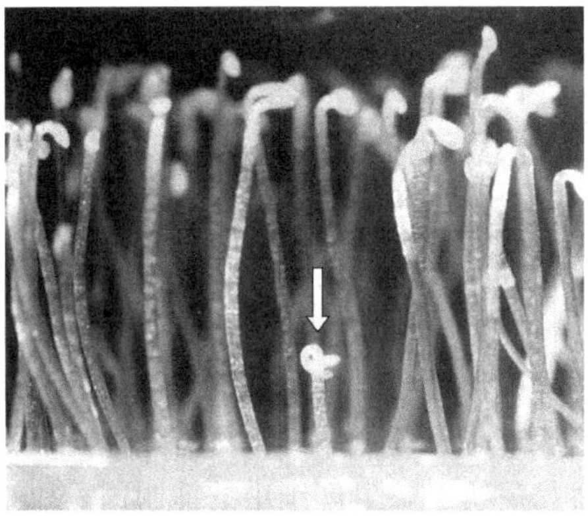

图 11-47 拟南芥组成型三重反应突变体的筛选（Taiz & Zeiger，2006）

拟南芥幼苗在避光条件和正常空气条件下生长 3d，其中箭头标注的突变体（*ctr1*）持续表现三重反应特征

在上述植物幼苗对乙烯的三重反应中，乙烯抑制茎的纵向生长却促进茎的横向生长，是因为乙烯影响了茎细胞内微管的排列状态，即乙烯减少了微管的横向排列，增加了微管纵向排列。微管纵向排列相应地增加了微纤丝的纵向沉积，限制细胞纵向扩张的幅度，却有利于膨压推动的细胞扩张生长向横向进行。

三重反应中的水平生长性质对种子幼苗生长具有重要意义，土壤中萌发的幼苗遇到障碍时，产生乙烯诱导下胚轴水平生长绕过障碍，有利于幼苗长出地面。同样的道理，乙烯对双子叶植物下胚轴顶端弯钩伸展的抑制，也是有利于保护幼苗长出地表的性质。因为弯勾是植物幼苗在穿透土层时保护幼嫩茎尖的重要机制。和叶柄的偏上生长一样，幼苗弯钩的产生是由于乙烯诱导的组织不对称生长。乙烯的这种作用与生长素密切相关。拟南芥的生长素不敏感突变体 *axr1* 就不能形成弯钩，生长素极性运输抑制剂 NPA 也会抑制弯钩的形成。最能说明在弯钩形成过程中乙烯和生长素关系的是一种拟南芥无弯钩突变体 *hls1*（*hookless 1*）。HLS1 介导乙烯诱导的弯钩形成，并且抑制黑暗条件下弯钩的打开。如果 *HLS1* 过量表达，拟南芥会表现出组成型的弯钩状态，即使没有乙烯也会形成弯钩。最近的研究发现，*HLS1* 的突变还会严重影响生长素调节的基因表达，其原因是 *HLS1* 编码一种 *N*-乙酰基转移酶，可以通过乙酰化生长素响应因子，促进其降解。ARF 结合于早期生长素响应基因启动子的生长素响应元件调控该类基因的表达，所以 HLS1 是通过影响生长素信号转导而发挥作用的。

（二）乙烯促进某些果实的成熟

果实的成熟包括细胞壁果胶层酶解导致的果肉软化、淀粉水解和蔗糖积累、色素和香味物质的产生，还包括有机酸、酚类（单宁）含量的下降等。从植物发育的角度来看，果实成熟意味着果实中的种子可以散布，即借助于动物的采食进行种子的广泛传播。

乙烯可以促进某些果实的成熟，在果实的自然成熟过程中伴随着乙烯高峰的产生。外源施加乙烯可以加速果实的成熟。乙烯合成的抑制剂（如 AVG）及一些乙烯生理作用的抑制剂（如 CO_2 或 Ag^+）可以延迟甚至完全抑制果实的成熟。近年来利用生物技术方法成功地制备了耐储存转基因番茄，其原理是将 ACC 合酶或 ACC 氧化酶的反义基因导入植物，抑制果实内这两种酶的 mRNA 的翻译，并且加速 mRNA 的降解，从而完全抑制乙烯的生物合成，这样的果实只能用外源乙烯处理才能成熟。

（三）乙烯促进叶片衰老

与叶片衰老控制关系最密切的植物激素是细胞分裂素和乙烯。首先，因为用外源乙烯或 ACC 处理叶片，可以促进叶片衰老，而用外源细胞分裂素则延迟衰老；其次，叶片内源乙烯发生量与叶片失绿和花瓣褪色程度呈正相关，而内源细胞分裂素水平与衰老程度呈负相关；利用乙烯生物合成抑制剂（如 AVG 和 Co^{2+}）或生理作用抑制剂（如 Ag^+ 和 CO_2）可以延迟叶片衰老。上述事实表明，叶片衰老是受组织内乙烯与细胞分裂素的平衡来控制的；另外，脱落酸也对叶片的衰老具有调节作用。

关于乙烯参与叶片衰老调节的直接证据来自对拟南芥乙烯不敏感突变体的研究。根据拟南芥幼苗对乙烯的三重反应可以筛选出对乙烯不敏感的突变体，如 *etr1*（*ethylene resistant 1*）和 *ein2*（*ethylene insensitive 2*），其中 *etr1* 是编码乙烯受体的基因发生了变异；而 EIN2 是乙烯信号转导途径中的第一个正调控组分，也是乙烯信号转导途径的一个关键组分，*EIN2* 突变（*ein2*）导致植物对外源和内源乙烯均不敏感。乙烯不敏感突变体的衰老速度较慢，整体寿命比野生型植株长约 30%，说明乙烯促进了衰老。耐储藏转基因番茄由于导入了 ACC 合酶或 ACC 氧化酶基因的反义基因，造成乙烯合成障碍，这些转基因植物的叶片衰老也被大幅度延迟。

乙烯促进衰老叶片和花瓣的离层形成，促进脱落（详见第十五章）。

（四）乙烯诱导不定根和根毛发生

乙烯可以诱导茎段、叶片、花茎甚至根上的不定根发生。乙烯的这种生理效应需要较高的浓度（10μL/L）。乙烯还能够刺激根毛的大量发生（图 11-45D）。

拟南芥等十字花科植物根毛的分化具有位置效应，能产生根毛的根表皮细胞（称为根毛细胞）通常位于相邻的皮层细胞接合处上方（详见第十二章）。但乙烯处理根系后，会产生“异位”（ectopic location）根毛，即非根毛细胞也分化出根毛；而生长在含有乙烯抑制剂（如 Ag^+）的基质上的幼苗或者乙烯不敏感突变体幼苗根毛稀少。这些事实说明乙烯能促进根毛分化。

（五）乙烯的其他生理功能

虽然乙烯抑制许多植物（如芒果）开花，但乙烯也能诱导和促进菠萝及其同属植物开花，所以在菠萝栽培中被用来诱导同步开花，达到坐果一致的目的。在雌雄异花同株类型的植物中，乙烯可以在花的发育早期改变花的性别分化方向，如乙烯可以促进黄瓜雌花的发育。

乙烯可以打破许多种子的休眠、促进萌发。乙烯还可以打破一些植物的芽休眠，如可以用来促进马铃薯等块茎植物的发芽。

尽管乙烯通常被当作一种生长抑制剂，但乙烯在深水稻茎节伸长生长中起着重要的作用。淹水状态会导致水下器官内乙烯的积聚，刺激茎节的伸长生长。其机制可能是因为乙烯提高了茎节对赤霉素作用的敏感性，同时提高了茎节内赤霉素的含量，另外，乙烯还降低了淹水茎节内脱落酸的含量。

此外，乙烯作为“伤害激素”在植物抗逆反应中发挥着重要的作用（参见第十六章）。

四、乙烯的信号转导

近年来，乙烯信号传递途径的研究取得了很大的进步，这主要得益于拟南芥乙烯突变体分子生物学研究的进展。在乙烯信号传递途径的研究中应用的拟南芥突变体主要有下述两种类型。

（1）乙烯不敏感突变体　在拟南芥乙烯突变体的筛选中，主要以乙烯典型的生物效应——三重反应作为筛选标准。将诱变的拟南芥种子在避光条件下发芽 3d，同时给予适当浓度的乙烯处理。野生型植株均表现矮化等三重反应，而对乙烯不敏感的突变体则“鹤立鸡群”，具有较长的株高和开放的茎尖弯钩（hook）（图 11-46）。利用这种方法，目前已经鉴定出的拟南芥乙烯不敏感突变体有：*etr1*、*ein2*、*ein3*、*ein4*、*ein5*、*ein6*、*ein7*、*ain1*（*auxin insensitive 1*）。

（2）组成型三重反应突变体　在上述的筛选实验中，如果在不用乙烯处理的情况下仍然表现三重反应表型的（图 11-47）被称为组成型三重反应突变体（*constitutive triple response 1*，*ctr1*，所谓组成型反应是指无诱导条件存在也能持续表现反应）。这是一种隐性突变，在乙烯处理的情况下，和野生型植株一样表现三重反应，但在撤除乙烯或移到光照条件下后，仍然维持乙烯反应的特征，如茎尖弯钩不展开、细胞较小、叶片和花序致密等。

（一）乙烯受体 ETR1

拟南芥 *ETR1* 编码一个乙烯的受体蛋白。ETR1 以二聚体的形式存在，且在铜离子参与下表现出与乙烯的高亲和性。ETR1 蛋白的基本结构如图 11-48 所示。在 N 端具有一个疏水结构域，有 3 段跨膜结构。其 N 端在内质网膜外侧，C 端在内质网膜内侧，疏水的 N 端一个或多个氨基酸残基的突变会导致乙烯结合能力的降低或丧失，现已证明，乙烯的结合位点在 N 端。

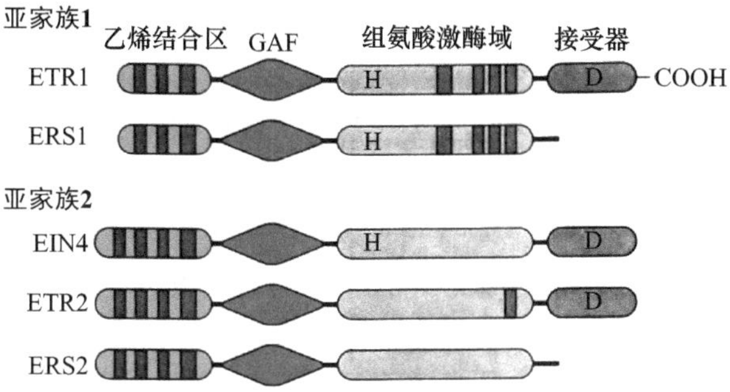

图 11-48　5 种拟南芥乙烯受体的结构示意图

（Taiz & Zeiger，2006）

除了 ETR1 以外，拟南芥的 ETR 家族还有 4 个受体蛋白，包括 ETR2、ERS1（ETHYLENE-RESPONSE SENSOR 1）、ERS2 和 EIN4。这些受体蛋白与 ETR1 具有类似的结构和功能。它们具有两个共同的功能结构域：① N 端结构域至少有 3 个跨膜构造，并含有一个亲脂性的乙烯结合位点；② C 端含有一个组氨酸激酶结构域（图 11-48）。

分子遗传学研究发现，乙烯受体在乙烯信号转导途径中起着负调控作用。即当乙烯缺乏时，这些受体状态处于“on”的状态，将下游信号传递抑制；但与乙烯结合后，受体处于“off”状态，下游信号系统就会被解除抑制。5 个受体中的任意一个发生突变将影响其与乙烯的结合，都能导致植株对乙烯敏感度降低。表明 5 个受体都与乙烯信号相关。但单个受体的功能缺失突变体表型与野生型类似，表明不同受体之间存在功能冗余。三重或四重功能缺失突变体具有组成型的乙烯反应表型。

ETR1 上的组氨酸激酶域在乙烯信号转导中并不是关键的作用元件，已知几个乙烯受体的组氨酸激酶结构域缺乏一些关键的氨基酸，不具备激酶活性。乙烯受体在胞内定位于内质网膜上，这与疏水性的乙烯可以自由扩散透过亲脂性的质膜有关。与此类似的有动物中的疏水性固醇类激素及一氧化氮，它们都是与胞内受体结合的。目前并不确定内质网膜是否是感知乙烯的唯一位点，或许在特异的细胞或环境条件下受体也会移动到高尔基体、质膜或液泡膜等其他膜上。不同的植物中，受体定位也可能不同，如在烟草的原生质体中瞬时表达烟草的乙烯受体 NTHK1-GFP 融合蛋白时，发现其定位在质膜上。乙烯受体不同的定位可能与不同部位分布的乙烯感应有关，也可能与不同生长、发育或抗逆功能有关。

乙烯与 ETR1 等受体的结合需要金属铜作为辅助因子。银离子对乙烯功能的抑制作用，就是因为银离子取代了铜离子与乙烯受体结合，使乙烯在与受体结合时结构变化发生异常，从而抑制了乙烯受体信号传递。拟南芥的 *RAN1* 基因编码的蛋白质类似于酵母菌铜转运蛋白，该基因的变异会导致乙烯受体功能的丧失。这个例子进一步证明了乙烯受体功能的正常发挥，需要铜辅助因子的协助。

（二）乙烯信号的传递

CTR1 在乙烯信号转导途径中位于 ETR1 的下游，是乙烯转导途径上的一个负调节子。拟南芥的 *ctr1* 突变体是一种组成型三重反应突变体。基因克隆和序列分析结果表明 CTR1 蛋白是一种类似于 Raf 蛋白激酶家族的丝氨酸/苏氨酸蛋白激酶，通过磷酸化其下游的靶蛋白起到抑制乙烯生理效应的作用。CTR1 的 N 端可与内质网上的乙烯受体 C 端相互作用，从而间接结合到内质网上形成 ETR1/CTR1 复合体，负调控乙烯反应。采用亲和层析法从内质网组分中纯化 CTR1，得到了 ETR1 的共纯化产物，也直接证明 CTR1 存在于内质网并与 ETR1 形成复合物。CTR1 的 N 端错义突变（*ctr1*～*ctr8*），尽管没有影响到 CTR1 的激酶活性，但由于破坏了与受体 ETR1 的相互作用，仍表现组成型乙烯反应表型；过量表达 CTR1 的 N 端，与内源的 CTR1 竞争 ETR1，导致 CTR1 功能缺失的表型；反之，过量表达 CTR1（*ctr1*～*ctr8*）错义突变的 N 端，由于不能与受体相互作用，则不能产生组成型的乙烯反应表型，这表明 CTR1 与内质网上的受体结合是实现 CTR1 负调控功能所必需的。

EIN2是位于受体/CTR1复合物下游的乙烯信号转导途径中的第一个正调控组分，也是乙烯信号转导途径的一个关键组分。*EIN2* 基因编码一个膜整合蛋白，定位于内质网上，其 N 端含有 12 个跨膜结构域。

近年来对 EIN2 的作用机制取得了一些重要的研究进展。利用拟南芥黄化幼苗进行的研究表明，EIN2 的 N 端功能域是正常的三重反应所必需的，过量表达 C 端能够组成型地活化乙烯信号途径，这表明 EIN2 是一个“双功能信号转导组分”（bifunctional signal transducer）。当没有乙烯的时候，激酶 CTR1 磷酸化 EIN2 的 C 端并抑制其信号转导活性；而乙烯存在的情况下，EIN2 不能被磷酸化，其 C 端（CEND）被剪切下来，一方面转运至细胞核内，抑制乙烯信号通路下游两个 F-box 蛋白EBF1/EBF2（EIN3-binding F-box protein 1/2）对 EIN3/EIL1 的泛素化降解，从而稳定 EIN3/EIL1；另一方面，CEND 在细胞质中结合到 EBF1/EBF2 mRNA 的 3′UTR，抑制 *EBF1/EBF2* 的翻译。EIN2 的双重作用使乙烯信号途径被激活。

乙烯调节基因表达的一个关键组分是一类存在于细胞核中、属于 EIN3 家族的转录因子。遗传分析表明，EIN3 介导 EIN2 下游的乙烯信号途径。在拟南芥中还有 5 个 EIN3 类似蛋白 EIL（EIN3-like protein），分别为 EIL1～EIL5，其中 EIL1 与 EIN3 的同源性最高。过量表达 EIN3 或 EIL1 可以组成型地激活乙烯信号途径，EIN3 或 EIL1 的功能缺失突变体则仅表现出部分的乙烯不敏感，表明 EIN3 家族成员之间存在功能冗余，而且不同成员可能在不同组织或发育阶段参与了特异的乙烯反应。乙烯调控 EIN3 蛋白的稳定性，乙烯处理能促进 EIN3 蛋白积累，而一旦去除乙烯，EIN3 蛋白水平迅速下降。进一步研究表明两个 F-box 蛋白 EBF1/EBF2 通过泛素蛋白酶体降解途径作用于 EIN3 蛋白，使其迅速降解。EBF1 和 EBF2 负调控乙烯反应，*EBF1/EBF2* 的任一基因缺失突变均可稳定 EIN3，增强乙烯反应，而过量表达 *EBF1* 或 *EBF2* 则表现为乙烯不敏感。

EIN3 和 EIL1 转录因子调控机制是乙烯反应的主要调控机制。研究表明，EIN3 能够结合到乙烯响应元件（ethylene response element, ERE）结合蛋白（ERE-binding protein, EREBP）（ERE-binding protein）家族成员 ERF1（ethylene response factor 1）的启动子上来调控该基因的转录，ERF1 的启动子结合区是一个短的回文序列，为 EIN3 结合位点。ERF1 又可与许多乙烯和病原诱导基因启动子的 GCC-box 结合，进而调控了次级乙烯反应基因的表达。

研究发现不同的乙烯处理时间所调控的基因也不同；此外，除了许多基因受乙烯诱导表达外，还有许多基因表达受乙烯下调。乙烯不仅能够影响编码茉莉酸、生长素和自身合成途径酶基因的表达，也能改变其他激素如茉莉酸和生长素所调控基因的表达。总之，乙烯不但参与大量的生物学过程，而且与其他激素的信号途径之间存在相互偶联和交叉反应。

和赤霉素、脱落酸情况相似，乙烯调节基因表达的过程中也有相应的顺式作用元件和反式作用因子。乙烯调节基因表达的顺式作用元件是乙烯诱导基因上的乙烯响应元件，通过与转录因子 EIN3 的结合，启动乙烯调节基因的表达。例如，乙烯诱导的一些基因启动子上有顺式调节因子乙烯响应元件（ethylene response element，ERE），具有重复的 GCCGCC 特征基序（motif）。乙烯调节基因表达的反式作用因子是与 ERE 特异结合的 DNA 结合蛋白，也称 EREBP。在烟草中鉴定出了 4 种 EREBP。乙烯处理可以大幅度提高组织中 EREBP 的水平，所以编码 EREBP 的基因可能是乙烯的初期反应基因（早期基因），EREBP 进而调节次级反应基因的表达。

研究中应用双突变分析方法确定了乙烯信号转导途径中各成员的作用顺序。例如，*etr1* 和 *ctr1* 双突变体表现 *ctr1* 的表型，那么说明 *CTR1* 是 *ETR1* 的下游基因；又如 *ctr1* 和 *ein2* 双突变体表现 *ein2* 的表型，那么 *EIN2* 是 *CTR1* 的下游基因。根据双突变分析得出的结果，可以得出各基因在乙烯信号传递过程中的顺序模型如下。

乙　烯⊣ETR1/EIN4/ERS→CTR1⊣EIN2→EIN3→乙烯诱导基因→生理效应（→表示激活，⊣表示抑制）

其中，*EIN4* 和 *ERS* 是 *ETR1* 的同工型基因。图 11-49 总结了拟南芥中乙烯的信号传递模型。在其他植物中也发现了与拟南芥相似的乙烯信号传递途径。例如，番茄的“永不成熟突变体”

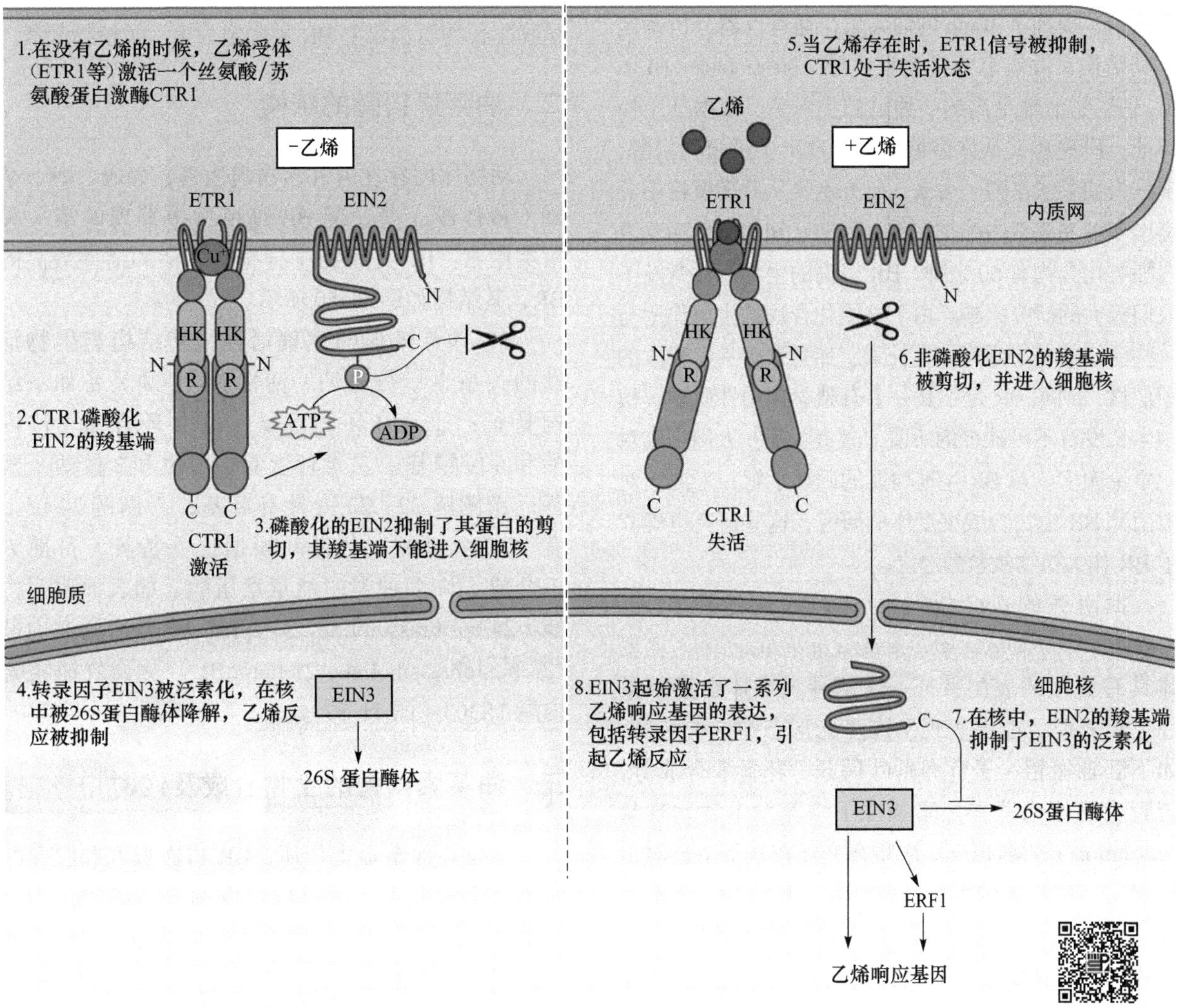

图 11-49　拟南芥乙烯信号转导模型（Taiz et al.，2015）

乙烯结合内质网膜蛋白受体 ETR1，在植物细胞中存在多个 ETR1 的异构体，这里只显示了 ETR1

(*never-ripe mutation*，*nr*)，其果实即使用外源乙烯处理也不能成熟，同时对其他乙烯效应都有广泛的抑制。*Nr* 基因与 *ETR1* 基因高度一致，说明 *Nr* 基因也可能是编码乙烯受体的基因。另外，还有许多研究证明图 11-49 所示的乙烯信号传递模型在各种植物中具有普遍性。

第六节 油菜素甾醇

一、油菜素甾醇的发现

油菜素甾醇（brassinosteroid，BR）是一类植物中的甾醇类激素。Michell 等于 1970 年用有机溶剂从油菜（*Brassica napus* L.）花粉中提取出一种物质，在利用菜豆第二节间进行的生物试验中表现了极高的生物活性，他们把这种未知物质命名为油菜素（brassin）。Grove（1979）利用蜜蜂采集的方法收获了 227kg 的油菜花粉，提纯了 10mg 的油菜素，通过仪器分析确定了其结构，并定名为油菜素内酯（brassinolide，BL）。BL 是生物活性最高的一种甾醇类内酯。根据其结构特征，研究者又从许多植物中分离出多种植物甾醇，统称为油菜素甾醇。后来，研究者又从许多植物中分离出多种油菜素内酯类似物。目前已知的天然油菜素内酯类化合物有 60 余种。BR 极高的生物活性激发了人们极大的研究兴趣。由于这些化合物的生理作用与一些已知的植物激素如生长素、赤霉素等具有很大的相似性，到底 BR 是不是一个有独立作用性质的、植物生长发育不可缺少的所谓“激素”呢？人们一度对此争论颇多。对 BR 生理功能的确切了解，来源于对拟南芥 BR 生物合成突变体的研究，这些研究也确立了 BR 作为植物激素的地位。

拟南芥的 *det2*（*de-etiolated-2*）突变体和 *cpd*（*constitutive photomorphogenesis and dwarfism*）突变体具有相似的表型特征。这两种突变体在黑暗条件下培养时，能够表现出许多光形态建成的特征，如下胚轴短粗、子叶和真叶展开、花青素合成等，与野生型拟南芥在黑暗条件下培养发生黄化现象（etiolation）截然相反。这些突变体在光下生长时也表现出一些特殊的性状，如叶片小且浓绿、顶端优势减弱、花粉育性差，同时有较长的营养生长期，叶片和叶绿体的衰老延迟，甚至在种子成熟或离体情况下叶片仍然保持绿色。对克隆的 *DET2* 基因和 *CPD* 基因进行的分析表明，这两种基因编码的蛋白质与动物甾类激素合成相关的酶类非常近似，而植物体内发现的甾类激素只有 BR。因此进行了培养基内添加 BL 的试验，结果表明，添加 BL 可以完全恢复 *det2* 和 *cpd* 突变体至野生型的状态。通过同位素标记前体添加试验进行的代谢分析也揭示了 *DET2* 和 *CPD* 位于 BR 生物合成途径上。

研究结果表明，BR 在多种植物的光形态建成和其他一些生长发育过程中起重要的调节作用。这些过程包括一些光诱导的基因表达、细胞伸长生长、叶片和叶绿体衰老及开花诱导等。在第十六届国际植物生长物质会议上 BR 被确定为第六类植物激素。

二、油菜素甾醇的结构

动物体内存在着许多甾类激素，如雌二醇、孕酮（黄体酮）等，但 BR 是植物中发现的第一种甾类激素。BL 是植物中分布最广泛和活性最高的 BR，其结构如图 11-50 所示。

BR 具有极强的生理活性，其结构与生物活性的关系也十分密切。活性 BR 必须具备如下结构特征：① A/B 环为反式；② B 环含有 7 位内酯和 6 位酮基；③ A 环上具有 2 位和 3 位两个羟基；④侧链 22、23 位具有羟基；⑤侧链 24 位上有 1~2 个 C 的取代基。根据这些特征，目前人工合成了许多种类的油菜素甾醇，如表油菜素内酯（24-epi-brassinolide，24-epiBL）、高油菜素内酯（28-homobrassinolide，28-homoBL）及长效油菜素内酯 TS303（图 11-50）。

三、油菜素甾醇的生物合成及代谢

作为一种萜烯类物质，BR 与赤霉素和脱落酸的生物合成相似，也是以异戊烯基焦磷酸作为结构单位，逐步合成 C_{15} 的法尼基焦磷酸，然后由两个法尼基焦磷酸聚合形成 C_{30} 的三萜化合物角鲨烯（squalene）。角鲨烯经过一系列的闭环反应形成五元环的环状类固醇（环阿屯醇，cycloartenol）。植物体内的所有固醇类物质如菜油固醇都是以环阿屯

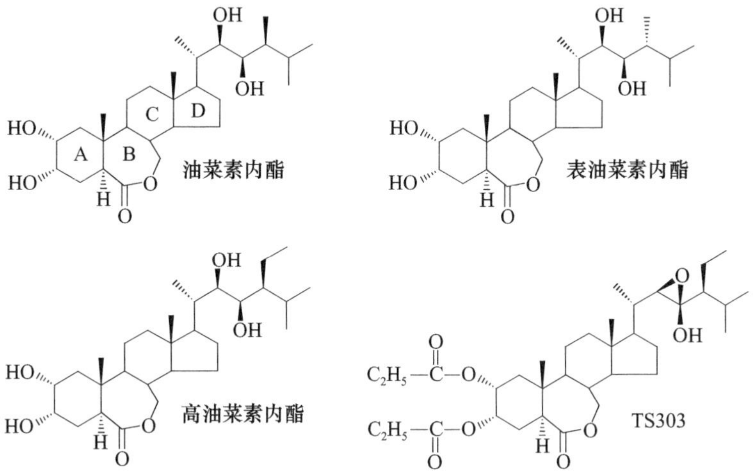

图 11-50　油菜素内酯及若干人工合成的油菜素内酯结构示意图

醇经过氧化或者其他修饰反应形成的。利用同位素标记和突变体进行的试验表明，BR 的合成从菜油固醇开始，经过早期 C-6 氧化途径和晚期 C-6 氧化途径（early-and late-C-6 oxidation pathway）。油菜素内酯的合成途径如图 11-51 所示，主要是菜油甾醇（campesterol）→菜油甾烷醇（campestanol）→长春花甾酮（cathasterone）→茶甾酮（teasterone）→油菜素甾酮（castasterone）→油菜素内酯。BR 的两条生物合成途径在拟南芥、水稻和豌豆等植物中都同时存在，并且如图 11-51 所示，这两条途径在许多位置相互交叉。BR 生物合成的这种复杂性可能与不同的生理反应有关。

通过对拟南芥相关突变体的研究，BR 生物合成的许多关键酶的基因都得到了克隆。例如，催化菜油甾醇→菜油甾烷醇反应酶的基因 *DET2* 和催化长春花甾酮→茶甾酮反应的酶基因 *CPD* 已经得到克隆，前者编码一种甾醇-5α-还原酶（steroid-5α-reductase），后者编码一种含细胞色素 P450 的固醇羟化酶（steroid hydroxylase）。

植物体内活性的 BR 水平可以通过各种代谢反应进行调节，如差向立体异构、氧化、羟化及形成糖类或脂类结合物。拟南芥的 *BAS1* 基因编码一种含细胞色素 P450 的单加氧酶 CYP72B1，该酶催化油菜素内酯 C-26 的羟化反应，导致 BL 失活（图 11-51）。

BR 的生物合成具有反馈调节的性质。例如，外源添加高浓度的 BL 会抑制 *DET/CPD* 等 BL 生物合成关键酶基因的表达，同时促进 BL 失活酶基因 *BAS1* 的大量积累。三唑类物质芸薹素唑（brassinazole）（BRZ）是一种特异的 BL 生物合成抑制剂，可以通过抑制 DWF4 酶来抑制 BL 的合成（图 11-51）。BRZ 处理拟南芥可以使 *DET2*、*DWF4*、*CPD*、*BRox* 和 *ROT3* 等 BR 生物合成关键酶基因上调。可以看出，植物体内的 BR 水平是通过这种反馈调节的机制，来维持一种平衡，即内稳态（homeostasis）。

四、油菜素甾醇的生理功能

BR 生理功能包括促进细胞分裂和细胞伸长、抑制根系生长、促进植物向地性反应、促进木质部导管分化及抑制叶片脱落、调节育性、诱导逆境反应等。

（一）促进细胞的扩张和分裂

外源添加 nmol/L 到 μmol/L 水平的 BL，会引起双子叶植物的下胚轴、上胚轴、花梗显著伸长，单子叶植物的胚芽鞘、中胚轴也显著伸长。用 BL 处理绿豆幼苗第 2 节间，可以引起该节间显著伸长弯曲，细胞分裂加快，节间膨大，甚至开裂；拟南芥 BR 合成突变体 *det2* 植株矮化，BL 处理后 *det2* 的表型可以恢复到野生型状态。拟南芥其他 BR 合成突变体如 *cop*、*fus*、*cpd* 突变体都是矮化表型，说明 BR 参与了细胞扩张的调节。

BR 促进细胞扩张的机制和生长素促进细胞壁伸展的酸生长机制类似，BR 能够刺激质膜上 H^+-ATPase 活性，促进 H^+ 向细胞壁的分泌，增加细胞壁的伸展性，BR 引起的质子分泌作用与早期跨膜电势的超极化有关。研究还发现，BR 同时还参与了对植物细胞水分吸收的调节，增加细胞的膨压，促进细胞的生长。

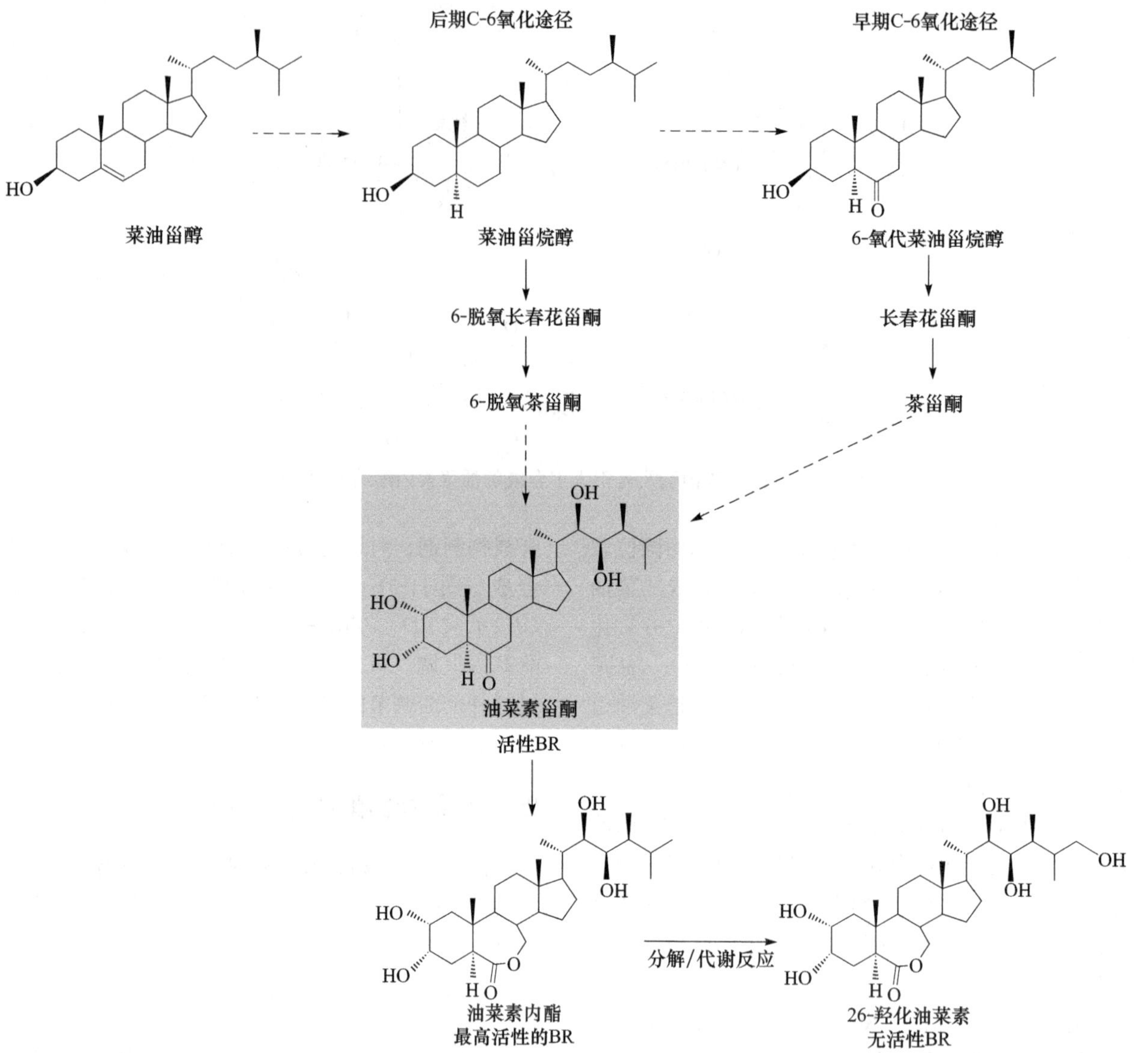

图 11-51 油菜素内酯的生物合成途径简化示意图（Taiz & Zeiger，2006）

DET2 和 *CPD* 分别表示 *det2* 和 *cpd* 突变体的突变位点。其中实线代表一步反应，虚线代表多步反应

BR 和赤霉素在促进细胞生长方面具有类似的性质，即两者都诱导木葡聚糖内糖基转移酶 XET 活性的增加。研究表明 BR 可以诱导大豆胚轴表达一种特异基因 *BRU1*，其编码的蛋白质与 XET 高度同源，具有 XET 活性。已知 XET 可以将新沉积的木葡聚糖锚定在细胞壁上，控制木葡聚糖链的长度从而在细胞伸长中具有重要作用。BL 处理的下胚轴中 XET 活性随 BL 处理浓度的升高而升高，与 BR 介导的细胞可塑性的增加呈正相关。这些证据都说明 BR 诱导的特异基因 *BRU1* 参与了茎的伸长生长。

另外，还有试验证明 BR 促进细胞生长还与其促进细胞内形成与细胞长轴呈垂直排列的横向微管列阵有关。

（二）促进导管的分化

BR 在维管束分化过程中起着重要的作用，包括促进木质部分化和抑制韧皮部分化两个方面。相对于野生型植株，拟南芥的 BR 合成突变体的维管束中韧皮部比例显著增高。相反地，如果过量表达 BR 受体，可以增加木质部比例。

利用百日草（*Zinnia elegans*）悬浮细胞进行的导管细胞分化过程的研究充分证明了 BR 和导管分子分化之间的密切关系。烯效唑（uniconazole）是一种赤霉素和 BR 生物合成的抑制剂，它可阻止百日草叶肉细胞分化成导管，但添加 BL 可以恢复叶肉细胞分化导管的进程，而单独施用赤霉素则不能恢复这个进程。在从原形成层细胞向木质部导管分化的早期阶段，细胞内就开始了活跃的BR合成，BR进一步诱导一系列和分化有关的同源异型基因表达，促进导管分子的分化。

（三）增强植物的抗逆性

BR不但影响植物的生长发育，而且也参与了植物对逆境的反应。用BR处理逆境条件下的植物可以减缓植物对多种逆境的反应。BR可显著提高甘蓝型油菜和番茄的耐热性，且这种反应与BR诱导热激蛋白的表达有关。添加外源的BR可提高烟草和水稻的抗病能力。BR还能提高其他方面（如对除草剂等）的抗性。

（四）影响花粉发育与育性

BR生物合成突变体与不敏感突变体都表现出育性降低的表型，表明BR可能与植物的育性有关。植物花粉中含有较多的内源BR，所以BR在植物花粉萌发和育性调节中发挥重要作用是可以理解的。在BR生物合成突变体*cpd*中，由于花粉萌发过程中花粉管不能伸长而导致雄性不育，如果外源添加BR，可以恢复*cpd*突变体花粉管在柱头内的生长，进入胚囊内实现受精过程。另外，在拟南芥及芥菜中，外施BR还可促进单倍体种子的形成。

五、油菜素甾醇的信号转导

（一）BR的受体BRI1和BAK1

拟南芥一个BR不敏感突变体*bri1*具有和BR生物合成缺失突变体如*cpd*、*det*和*dwf*等类似的表型，如在光照条件下植株矮化、叶柄短缩及育性下降等。但不同的是外源BR处理不能恢复*bri1*的表型。1997年，Li和Chory克隆了*BRI1*（*BRINSENSITIVE1*）基因，该基因编码一个定位于细胞膜上的富含亮氨酸重复序列的膜受体蛋白激酶（the receptor-like serine/threonine kinase，RLK）（图11-52）。2005年，Kinoshita等证明BRI1的胞外域上的岛状（island）结构域和相邻的第22个LRR组成的区域（ID-LRR22）对BR分子的识别和结合是非常重要的。BR与BRI1的结合可以诱导后者胞内结构域的磷酸化。BRI1的C端作为负调节因子，对BRI1的活性调节起着重要作用。

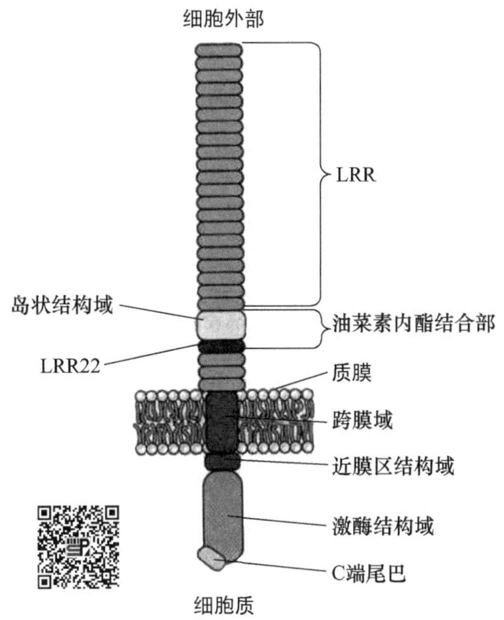

图11-52 BR受体的结构模式图（Taiz & Zeiger，2006）
胞外区包括N端的信号肽、亮氨酸拉链基序（leucine zipper）、25个串连的LRR（leucine-rich repeat，LRR），在第21和第22个LRR之间还有一个70个氨基酸残基的岛状（island）区域。BRI1的胞内区含一个具有丝氨酸/苏氨酸蛋白激酶活性的区域，并能自身磷酸化

动物中膜受体的激活通常是由配体诱导受体形成二聚体，然后再向下游传递信号。作为油菜素内酯的膜受体，BRI1被BR激活并发生磷酸化后也可以促进自身形成二聚体。BRI1可以与另外一个相同的BRI1形成同源二聚体，也可以与另一个富含亮氨酸重复序列的膜受体蛋白激酶BAK1（BRI1-associated receptor kinase 1）在膜上形成异源二聚体（图11-53）。

BRI1和BAK1对BR信号的感知是相互作用，相互依赖的。研究表明，两者结合形成异源二聚体来感受BR信号，与BR的结合也可以进一步稳定二聚体的结构，导致两者在胞内的激酶结构域相互磷酸化，激活彼此的激酶活性，进而启动BR信号转导的下游级联反应。

（二）BR信号的传递

从细胞膜表面受体到细胞核的BR信号转导过程包括激酶BIN2（BRASSINOSTEROID-INSENSITIVE2）及其底物BZR1（BRASSINAZOLE-RESISTANT1）和BES1（BRINSENSITIVE1-EMS-SUPPRESSOR1）。BIN2是一种丝氨酸/苏氨酸激酶，利用BIN2-GFP研究表明拟南芥细胞内的BIN2既可以定位在细胞膜上和细胞质中，也可以存在于细胞核中。BIN2 是 BR 信号转导的负调控因子，其功能获得性突变体 *bin2-1* 表现出与 BR 缺失类似的表型。BIN2 激酶活性的抑制是 BR 信号转导中的关键步骤。研究表明，BRI1 和 BAK1 都不能和 BIN2 直接相互作用，BRI1/BAK1 到 BIN2 之间的信号传递机制目前还不清楚。

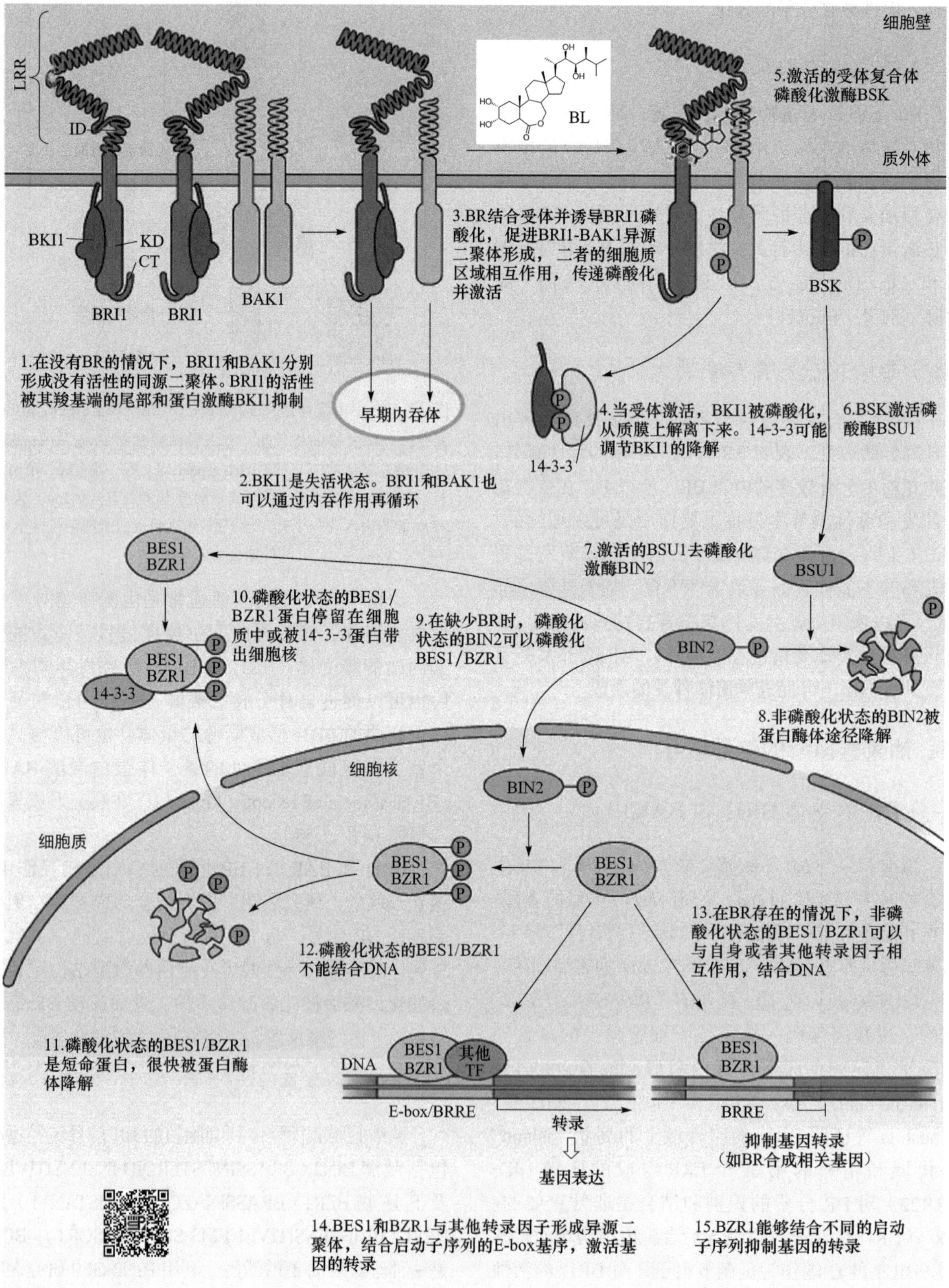

图 11-53　BR 信号转导模式图（Taiz & Zeiger，2015）

同样是通过遗传筛选的方法鉴定到了两个BIN2的底物，BES1和BZR1。体外实验结果表明，BIN2不仅能和BES1/BZR1相互作用，还能够磷酸化BES1/BZR1。BES1是位于核内的转录激活因子。BES1可以与BR诱导基因的启动子序列中的E-box（CANNTG）结合，激活基因的表达。BES1还可以和另外一个转录因子BIM1相互作用，二者协同调节BR诱导基因的表达。BZR1是一种具有双重功能的转录抑制因子，即它可以调节BR合成酶基因表达，也可以调节BR诱导基因的表达。BZR1具有DNA结合域，可以直接结合BR合成酶相关基因的启动子并抑制其转录（图11-53）。

当活化的BIN2进入核内，可以将BZR1/BES1磷酸化，磷酸化状态的BES1会被泛素-蛋白体系统降解，从而失去其转录激活能力。研究还发现植物细胞核内还存在一种植物特异性蛋白BSU1，其N端含有一个长的Kelch重复序列，C端有丝氨酸/苏氨酸磷酸化区域，在幼嫩及伸长组织部位表达，其作用与BIN2相反，可以抑制BES1的磷酸化，促进BES1的转录激酶活性。

图11-53显示一个BR信号转导模式图：当细胞中BR浓度高时，BR分子结合BRI1的胞外域，诱导与BRI1结合的抑制子BKI1（BRI1 KINASE INHIBITOR 1）解离，并促进BRI1和BAK1的相互作用形成异二聚体，激活受体激酶活性。通过BRI1和BAK1之间的相互磷酸化，BRI1被完全激活并且磷酸化激酶BSK（BR-signaling kinase）；磷酸化的BSK从整个受体复合体上脱离下来与BSU1结合，激活后的BSU1通过去磷酸化BIN2从而抑制BIN2的活性，使后者不能磷酸化BZR1和BES1，非磷酸化状态的BES1在核中积累，结合到BR诱导基因的启动子上，激活BR诱导基因的表达。而非磷酸化状态的BZR1也在核中积累，结合到BR合成基因的启动子上，抑制BR合成基因的表达，从而降低BR的水平。当细胞中BR浓度低时，BKI1与BRI1相互作用，阻止BRI1与BAK1的结合，从而抑制BRI1的活性；而与BRI1结合的BSK及下游的BSU1也处于非活性状态，此时BIN2被激活，磷酸化BZR1和BES1。磷酸化后的BZR1被泛素-蛋白酶体系统降解，BZR1蛋白减少，从而失去对BR合成基因表达的抑制，BR水平提高；磷酸化后的BES1失去转录激活功能，从而抑制BR诱导基因的表达。

BR发挥生理作用有基因响应途径和非基因响应途径两种方式。BR通过调节基因表达来调控植物生长发育途径称为BR的基因响应途径。例如，BR诱导拟南芥中*BRU1*基因的表达，从而促进细胞伸长生长就是一种基因响应途径。利用芯片技术比较经BR处理和未被处理植株之间及BR突变体和野生型植株之间的基因表达，可以找到大量受BR调节的基因。非基因响应途径又称为快速响应途径，这种途径不涉及基因的表达并且不被转录和翻译抑制剂所阻断。体外实验表明，BRI1蛋白激酶能够和液泡膜上H^+-ATPase的H亚基相互作用并磷酸化该亚基。因此BR信号可能通过BRI1复合体的活性调节液泡膜H^+-ATPase的装配，从而影响液泡对水分的吸收，改变细胞膨压来促进细胞的伸长生长。

第七节　茉　莉　素

茉莉素（jasmonate）包括茉莉酸（jasmonic acid，JA）、茉莉酸甲酯（methyl-jasmonic acid，MeJA）、茉莉酸异亮氨酸（jasmonic acid-isoleucine，JA-Ile）等20多种结构类似物（图11-54），广泛地存在于各种植物中，因为茉莉花油中JA含量较高，因此这一类物质被命名为茉莉素。目前茉莉素在150属206种植物（包括真菌、苔藓和蕨类）中都有发现，已被公认为植物激素的一种。研究表明，茉莉酸异亮氨酸（JA-Ile）是植物内源茉莉素的生物活性形式；此外，假单胞菌可以分泌一种茉莉素的类似物冠菌素（coronatine，COR），也具有茉莉素生理活性。

一、茉莉素的发现

1962年，茉莉酸甲酯首先从茉莉属的素馨花中被分离出来，它是花的主要芳香物质，也是香水的重要组成成分。1971年，茉莉酸作为一种植物生长抑制剂从一种真菌的培养滤液中得到，这是茉莉酸具有生理功能的首次报道。从1980年开始，并在之后的30多年时间里，对茉莉素生物学功能的研究可以分为两个阶段：①通过外源施加茉莉素，研

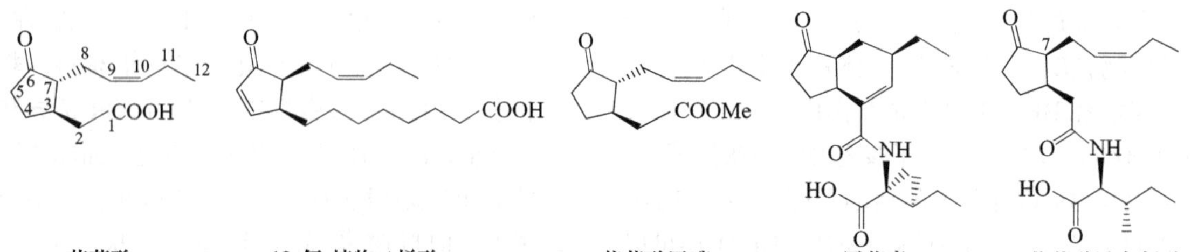

茉莉酸　12-氧-植物二烯酸　茉莉酸甲酯　冠菌素　茉莉酸异亮氨酸

图 11-54　茉莉素及其类似物的化学结构示意图（许智宏和薛红卫，2012）

究茉莉素对不同植物器官发育及抗性的影响，侧重于生理研究；②借助于遗传学和分子生物学的发展，通过研究突变体材料，获知茉莉素生物合成途径和信号转导机制。

二、茉莉素的结构与生物合成

茉莉素的化学结构共同点是都含有一个环戊烷酮（图 11-54）。茉莉酸的生物合成主要发生在叶绿体和过氧化物酶体内，大致的生物合成途径如图 11-55 所示。

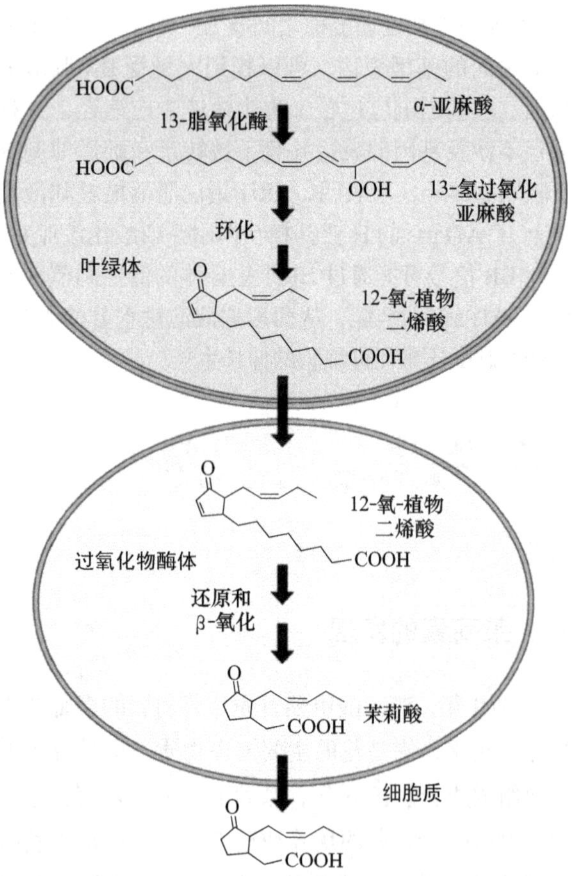

图 11-55　茉莉酸生物合成途径示意图（Taiz et al.，2015）

茉莉酸生物合成的前体是α-亚麻酸（α-linolenic acid，α-LeA）。植物叶绿体膜上的甘油酯和磷脂中含有二烯不饱和脂肪酸（18∶2），可由脂肪酸去饱和酶（fatty acid desaturase，FAD）催化生成三烯不饱和脂肪酸（18∶3）。磷酸酯酶 A1（phospholipase A1）水解甘油酯和磷脂中的三烯不饱和脂肪酸（18∶3），产生游离的α-亚麻酸（18∶3）。在拟南芥中有 3 个 *FAD* 基因，分别为 *FAD3*、*FAD7* 和 *FAD8*。在 *fad3 fad7 fad8* 三突变体中，三烯不饱和脂肪酸的含量小于 0.1%，且茉莉酸的含量非常低。DAD1（defective anther dehiscence 1）是一个拟南芥磷酸酯酶 A1。*fad3 fad7 fad8* 三突变体和 *dad1* 突变体均表现出花丝不能正常伸长、花药开裂异常、花粉不能成熟或活性下降等表型，而施加外源茉莉酸可以恢复它们的雄蕊发育，说明茉莉酸对植物花粉的发育起重要的调控作用。

游离的α-亚麻酸被 13-脂氧化酶氧化为 13-氢过氧化亚麻酸，其再被催化产生 12-氧-植物二烯酸（12-oxo-phytodienoic acid，OPDA）。OPDA 经转运体 PXA1（peroxisomal ABC transporter 1）从叶绿体被转运至过氧化物酶体，在过氧化物酶体中经过一系列反应最终生成茉莉酸。茉莉酸在细胞质中被茉莉酸甲基转移酶催化生成茉莉酸甲酯，或者由茉莉酸氨基酸合成酶将氨基酸结合到茉莉酸上，形成茉莉酸氨基酸衍生物（如茉莉酸异亮氨酸）。2002 年，*JAR1*（*jasmonic acid resistant 1*）基因被克隆，该基因编码一个茉莉酸氨基酸合成酶，且主要合成茉莉酸异亮氨酸。由于（+）-7-JA-Ile 是植物体内有活性的茉莉素信号分子形式，而 *jar1* 突变体无法将茉莉酸转化为活性的（+）-7-JA-Ile，从而表现出对茉莉酸不敏感的表型。

三、茉莉素的生理功能

茉莉素有着广泛的生物学功能，包括调控植物的发育、调控植物对昆虫和病原菌的抗性反应、调控植物的次生代谢等。

（一）调控植物的发育

研究表明，茉莉素可以抑制拟南芥幼苗叶片的生长及主根的伸长，但是诱导侧根和根毛的产生。茉莉素还通过抑制细胞周期相关蛋白的表达抑制细胞分裂，从而抑制植物叶片的生长。此外，茉莉素促进叶片中叶绿体的降解，进而促进叶片的黄化衰老。

茉莉素在植物花粉的发育中起重要调控作用。拟南芥茉莉素合成缺失突变体 *fad3 fad7 fad8*、*dad1*、*opr3* 等及茉莉素信号转导突变体 *coi1* 均表现出雄蕊发育异常的表型。这些突变体雄蕊花丝短，不能达到柱头，花粉无活力，花药不能在开花期开裂，因此表现为雄性不育。当外源喷施茉莉素时，这些突变体可以恢复雄性育性，表明茉莉素在植物生殖器官发育中起重要作用。

（二）调控植物对昆虫和病原菌的抗性反应

茉莉素在植物对昆虫和病原菌的抗性反应中起重要的作用。研究表明，昆虫侵害和病原菌侵染都可以迅速诱导植物组织中茉莉素的合成。茉莉素合成缺失突变体和信号转导突变体丧失对昆虫和病原菌的抗性。

表皮毛是植物地上组织表皮细胞分化出的特殊结构，可以作为抵抗昆虫侵害的物理屏障。茉莉素处理可以诱导表皮毛的产生，从而加强植物的抗病虫反应。

（三）调控植物的次生代谢

次生代谢在植物生长发育、抵抗病虫的侵害及应对逆境胁迫等过程中起重要作用，茉莉酸可以诱导植物次生代谢物的合成。花青素是一种类黄酮次生代谢物，使植物组织或器官呈现亮红、粉或紫等颜色，还有助于植物抵抗紫外线的辐射。茉莉素可以促进植物花青素的积累。

四、茉莉素的信号转导

从 20 世纪 90 年代初开始，人们通过筛选茉莉素不敏感的突变体研究茉莉素的信号转导机制。经过 20 多年的研究，茉莉素信号转导的机制日益清晰，如图 11-56 所示。

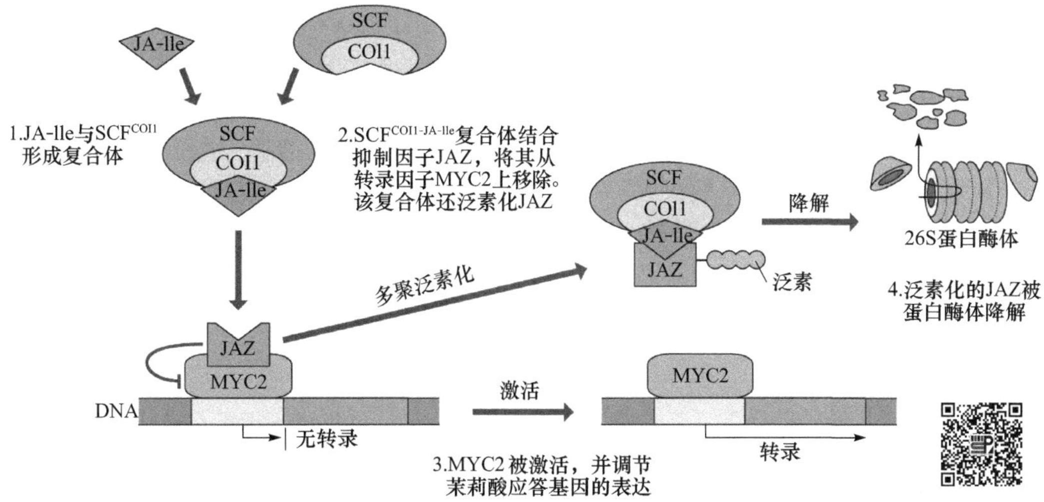

图 11-56　茉莉素的信号转导模型（Taiz et al., 2015）

（一）COI1——茉莉素的受体

1994 年，首个冠菌素不敏感突变体 *coi1-1*（*coronatine insensitive 1-1*）被发现。该突变体丧失了对茉莉素的各种反应，如根的生长对茉莉素不敏感，茉莉素诱导基因几乎不表达，对一些病虫害的抗性降低，并表现为雄性不育。1998 年 *COI1* 基因被克隆，氨基酸序列分析显示该蛋白含有 F-box 结构域和一个富含亮氨酸重复序列（Leucine-rich repeat，LRR）的结构域。

2002 年，通过酵母双杂交筛选获得了与 COI1 相互作用的蛋白 ASK1 和 ASK2。由于 COI1 和生长素受体 TIR1 在蛋白序列上具有一定的相似性，且 *coi1* 突变体几乎失去了所有的茉莉素反应，暗示 COI1 可能是茉莉素的受体。2009 年，Xie 实验室通过一系列生化和遗传实验，证实 COI1 是有活性的茉莉素（+）-7-JA-Ile 和茉莉素类似物冠菌素的一个受体。研究发现 COI1 通过泛素蛋白酶体降解途径传递茉莉素信号。

（二）茉莉素的信号转导

茉莉素受体 COI1 与 ASK1/ASK2、CUL1（Cullin 1）、Rbx1 在植物体内形成 SCF^{COI1} 泛素连接酶复合体。遗传学实验证明，SCF^{COI1} 复合体组分的突变会减弱植物的茉莉素反应。植物中有一类 JAZ（Jasmonate ZIM-domain）蛋白，拟南芥 JAZ 蛋白家族一共有 12 个成员，都含有两个保守的结构域：位于中间的 ZIM 结构域和位于 C 端的 Jas 结构域。2007 年，多个实验室报道了 JAZ 蛋白是茉莉素信号转导途径的负调控因子。这些 JAZ 蛋白之间通过 ZIM 结构域形成同源或异源二聚体，而 Jas 结构域则介导 COI1 和 JAZ 之间的相互作用，而且这种相互作用依赖（+）-7-JA-Ile 或冠菌素。晶体结构解析数据表明，COI1 有一个活性口袋，（+）-7-JA-Ile 或冠菌素首先结合在 COI1 的活性口袋中，然后进一步与 JAZ 蛋白结合。JAZ 蛋白是 SCF^{COI1} 的底物，茉莉素通过泛素蛋白酶体降解途径诱导 JAZ 蛋白的降解，解除 JAZ 蛋白的抑制作用，从而激活茉莉素信号转导途径（图 11-56）。

茉莉素信号可以调控多个转录因子，通过迅速改变下游基因的表达，从而引起相应的茉莉素应答反应。其中，bHLH 家族的几个转录因子——MYC2、MYC3 和 MYC4 在茉莉素信号转导途径中起重要的调控作用。*JAI1/JIN1*（*jasmonate-insensitive1*）基因编码 bHLH 家族转录因子 MYC2，而 MYC3、MYC4 为 MYC2 的同源蛋白，它们都结合 G-box（CACGTG）元件，功能冗余地调控茉莉素应答基因的表达。JAZ 蛋白通过其 C 端的 Jas 结构域与 MYC 蛋白相互作用，抑制 MYC 蛋白的转录活性。茉莉素诱导 JAZ 蛋白的降解，从而解除 JAZ 对 MYC 蛋白的抑制（图 11-56）。*myc2 myc3 myc4* 三突变体的根生长对茉莉素不敏感，表明它们参与茉莉素对根生长的调控。

MYB21 和 MYB24 是另外一组受 JAZ 蛋白调控的 MYB 家族的转录因子。酵母双杂交筛选发现它们与 JAZ 蛋白相互作用，而 JAZ 蛋白的 Jas 结构域和 MYB21/24 的 MYB DNA 结合结构域介导它们的相互作用。*myb21 myb24* 双突变体的花丝不能正常生长，花药不开裂，花粉没有活性，表明它们参与茉莉素对植物花粉发育的调控过程。当植物雄蕊发育到一定阶段，茉莉素诱导合成，JAZ 蛋白被降解从而解除对 MYB21/24 的抑制，而 MYB21/24 则促进雄蕊的发育。

总结以上研究结果得到了茉莉素的信号转导模型（图 11-56）：有活性的茉莉素分子与 SCF^{COI1} 结合，所形成的复合体进一步结合 JAZ，将其泛素化并经 26S 蛋白酶体降解，从而解除了 JAZ 蛋白对 MYC 转录因子的抑制，进而 MYC 蛋白被激活，调节茉莉素应答基因的表达，完成茉莉素信号的转导和应答。

第八节　独脚金内酯

一、独脚金内酯的发现

最早发现的独脚金内酯（strigolactone，SL）是由寄主植物根分泌的一类物质，这类物质可以诱导独脚金（*Striga*）和列当（*Orobanche*）等寄生植物的种子萌发。这些寄生植物寄生在寄主植物根部，是以摄取寄主水分和营养物质为生的特殊植物类群，是农作物的有害生物，会给农业生产造成极大的危害。这类根寄生植物的种子非常小、储存营养有限，在土壤中一直处于休眠状态，直到通过感知 SL 判断到寄主植物的存在，才在寄主植物根附近萌发并向着寄主植物生长，产生吸器和维管系统，附着在寄主植物根部，从中吸取养分，开始不劳而获的生长。寄主植物之所以分泌 SL 并不是为了使根寄生植物受益，而是为了刺激与植物共生的丛枝菌根真菌菌丝分枝，从而帮助植物吸收土壤中的营养元素。植物界超过 80% 的陆生植物根可以将 SL 分泌到周边环境中与丛枝菌根真菌形成共生关系。拟南芥并不与丛枝菌根真菌建立共生关系，但是其根部也能够分泌 SL，可见独脚金内酯除了作为根部分泌的信号分子，可能也参与调控植物的生长发育。近年来，研究人员将 SL 确定为一种能控制植物株型的新型植物激素，它在植物根部产生并向地上部分运输，抑制植物的分枝和侧芽的生长。

二、独脚金内酯的结构

SL 是一类小分子萜类化合物，其基本骨架是由一个三环内酯（A 环、B 环和 C 环）和一个稳定的不饱和环甲基丁烯羟酸内酯（D 环）形成的四环结构（图 11-57）。A、B 和 C 三环由 C40 类胡萝卜素裂解产生，D 环起源于半萜前体单位。A、B、C 三环和 D 环通过烯醇醚键偶联形成 SL，其中 A 环、B 环由于不同的侧基表现出相当的变化，而 C 环、D 环是高度保守的，是 SL 生物活性的重要组成部分。SL 的稳定性由连接 CD 环的烯醇醚键决定，由于烯醇醚键很容易被包括水在内的亲核剂裂解，因此 SL 的稳定性极低。

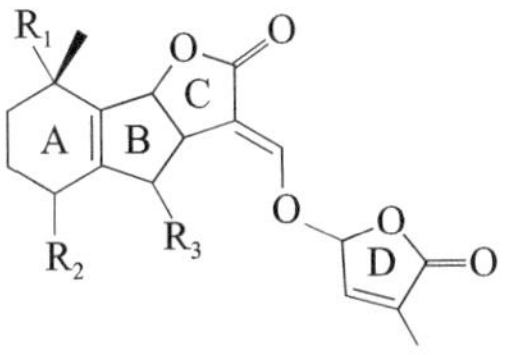

图 11-57　独脚金内酯的结构示意图
（Ruyter-Spira et al.，2013）

最早发现的独脚金内酯类化合物是从棉花根分泌物中分离到的独脚金醇，它可以诱导独脚金种子萌发。之后，从不同寄主植物根的分泌物中分离得到其他一些独脚金内酯类化合物，如高粱内酯、列当醇等。目前，人工合成的类似物有 GR（germination releaser）系列，如 GR24、GR7 等，其中 GR24 活性最高，被广泛应用于植物学研究。

三、独脚金内酯的生物合成

天然的 SL 和 ABA 类似，来源于类胡萝卜素生物合成途径。玉米的类胡萝卜素突变体和 ABA 合成缺陷的番茄植株的根系分泌物诱导独脚金和列当种子萌发的活性受到强烈抑制。用类胡萝卜素生物合成抑制剂氟啶酮处理玉米、豌豆、高粱、番茄幼苗也能降低根分泌物诱导独脚金和列当种子萌发的活性。这些都证明了类胡萝卜素生物合成途径对 SL 合成的重要性。一般认为，独脚金内酯是类胡萝卜素裂解双加氧酶（carotenoid cleavage dioxygenase，CCD）的亚家族成员 9-顺式环氧类胡萝卜素双加氧酶催化类胡萝卜素而得到的裂解产物。

人们从不同植物中克隆到了 4 个 SL 合成途径中的基因，外源施加 SL 或其人工合成类似物 GR24 能够恢复这些基因突变体的多分枝表型。植物体内 SL 合成发生在质体中，其中参与合成的酶包括 *MAX3/RMS5/HTD1/D17/DAD3* 编码的类胡萝卜素裂解双加氧酶 CCD7、*MAX4/RMS1/D10/DAD1* 编码的类胡萝卜素裂解双氧化酶 CCD8，以及 *D27* 编码的含铁蛋白 D27（图 11-58）。CCD7、CCD8、D27 均定位在质体中，逐级催化 β-类胡萝卜素，形成类胡萝卜素裂解中间产物己内酯：D27 是 β-胡萝卜素异构酶，它把反式-β-胡萝卜素转化为 9-顺式-β-胡萝卜素；随后 CCD7 再将其剪切为 9-顺式-β-阿朴-10-胡萝卜醛和 β-紫罗兰酮；CCD8 接着再将 9-顺式-β-阿朴-10-胡萝卜醛裂解为己内酯。由于己内酯具有 SL 化学结构中的 D 环和烯醇醚键，因此它具有与 SL 相似的生物学功能，可以

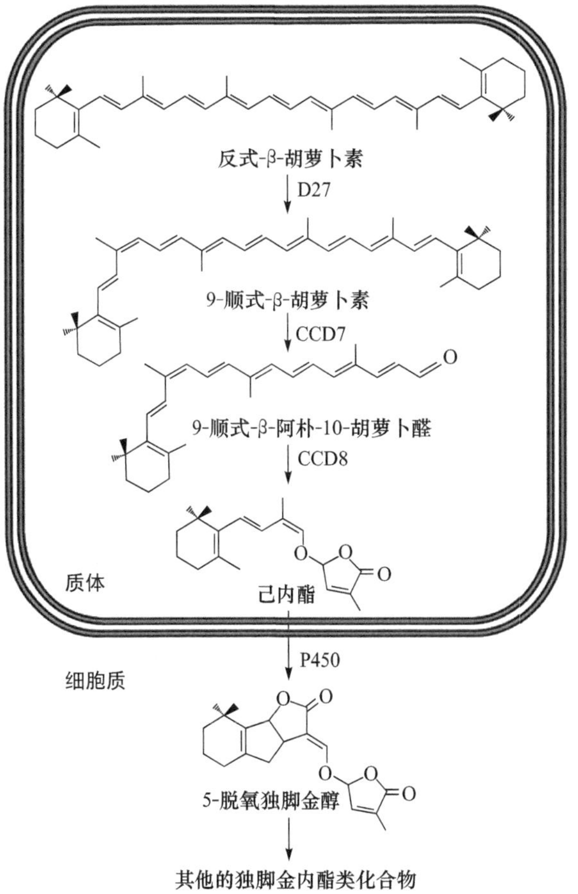

图 11-58　独脚金内酯合成途径示意图
（Taiz & Zeiger，2015）

在一定程度上抑制分枝和诱导寄生植物独脚金种子萌发。*MAX1* 编码的细胞色素 P450 单加氧酶位于 CCD7、CCD8、D27 作用的下游，在质体外参与 SL 的合成：己内酯最终在质体外被 P450 单加氧酶逐级氧化成结构较为简单的前体 5-脱氧独脚金醇；5-脱氧独脚金醇继而转化成其他不同种类的有活性的独脚金内酯类化合物。

四、独脚金内酯的生理功能

SL 主要有三种生物学功能：诱导寄生植物种子萌发、促进丛枝菌根真菌菌丝分枝和养分吸收、抑制植物分枝生长。

最早发现的 SL 是独脚金和列当等寄生植物种子的萌发诱导剂。寄主植物分泌的 SL 渗透到土壤中，将处于休眠状态的寄生植物种子激活，促使其萌发，只要种子胚根接触到寄主根部，寄生关系就建立完成。同时，SL 还可以促进寄主植物与丛枝菌根真菌建立共生关系。没有寄主植物时丛枝菌根真菌孢子萌发后菌丝生长缓慢，在其储存物质被全部消耗前就会停止生长。寄主植物存在时，根部分泌的 SL 信号被丛枝菌根真菌感知到，菌丝向寄主植物根部趋向生长，从而建立共生体系，真菌帮助宿主植物从土壤中获取氮、磷等植物生长所必需的矿质元素，寄主植物则为真菌提供有机营养物质。

此外，SL 作为一种新型植物激素，抑制植物的分枝和侧芽的生长，但是其作用机制尚没有统一的阐述。目前基本分为两种假说，一种是以英国 Lesyer 为代表所提出的生长素运输渠道控制假说，该假说的提出是基于对模式植物拟南芥的研究。在这个模型里，SL 被认为是作为生长素极性运输流的调节者，通过调节生长素运输载体 PIN1 蛋白的丰度来调节生长素的运输能力。在拟南芥野生型中，SL 通过蒸腾流向上运输，降低 PIN1 的表达量，抑制生长素的转运，导致芽中产生的生长素积累而抑制芽的生长。而在 SL 合成突变体 *max* 中，PIN1 蛋白丰度的增加使生长素运输能力提高，芽中不会积累过多的生长素，其生长就不会受到抑制，表现出多分枝的表型。另一种是以澳大利亚 Beveridge 为代表根据在豌豆中的研究而提出的腋芽发育阶段转化假说。该假说认为 SL 作为信号物质向地上部传输到芽，从而抑制芽的生长。腋芽发育至少存在三个阶段：休眠期、转化期和持续生长期，SL 在腋芽发育的起始阶段和后续过程中都发挥作用，而生长素可能在腋芽发育的相对后期阶段中发挥作用。研究发现，早期腋生分生组织的激活可能是由 SL 信号降低引起的，这一过程促使腋芽原基发育，增强了生长素产生和输出的能力。一旦开始生长，腋芽合成和运出生长素将促进腋芽维管束与主茎维管束连接，而营养物质的供给将进一步促进腋芽生长。以上这两种机制是基于不同物种进行的研究，不排除 SL 作用机制在不同物种间的差异性。

五、独脚金内酯的信号转导

SL 由植物根部产生，向上运输至腋芽部位而抑制腋芽的伸长，发挥作用需要一个长距离的信号传递过程。与独角金内酯合成途径基因的突变体不同，信号通路的突变体可以正常合成 SL 或中间产物，但是缺乏对外施的 SL 或人工合成类似物 GR24 响应的能力。目前，已经发现的参与 SL 信号转导的蛋白有 *MAX2/D3/RMS4* 编码的 F-box 蛋白、*D14/DAD2* 编码的水解酶、*D53/SMXL6/7/8* 编码的泛素化复合体的底物蛋白。拟南芥的 *MAX2* 是发现较早的与 SL 信号转导途径相关的基因。*D3* 和 *RMS4* 分别是 *MAX2* 在水稻和豌豆中的同源基因。*MAX2/D3/RMS4* 编码的富含亮氨酸重复序列的 F-box 蛋白，作为 SCF 复合体中的 E3 连接酶亚基，介导底物蛋白的泛素化和 26S 蛋白酶体降解。水稻的 *d14* 突变体是一个对独角金内酯不敏感的突变体，*D14* 基因编码参与植物激素代谢和信号转导的一类重要 α/β 水解酶。*d14* 突变体提高了独角金内酯合成途径基因 *CCD7* 和 *CCD8* 的表达量，因此，*d14* 分泌比野生型更高的独角金醇。矮牵牛的 *DAD2* 基因和拟南芥的 *AtD14* 基因是 *D14* 同源基因，具有保守的结构和功能。*D53* 是从水稻中发现的 SL 途径的新成员，编码一个在结构上与Ⅰ类 Clp ATPase 类似的核蛋白，属于含双 Clp-N 基序的 P 型环状核苷三磷酸水解酶超家族。*D53* 在单子叶和双子叶植物中高度保守，是一个高等植物中特有的基因。拟南芥中 *D53* 的同源基因称为 *SMXL6*、*SMXL7* 和 *SMXL8*。

近年来，李家洋和万建民研究组在遗传和生化水平上证明了 SL 信号转导的“去抑制化激活”机制（图 11-59）：D53 蛋白作为 SL 信号的抑制因子存在，当具有生物活性的 SL 与受体 D14 蛋白相结合，诱导 D14 构象发生变化，进而与 D3 及 D53 形成一个 D53-D14-SCF[D3] 蛋白复合体，引起 D53 的泛素化，使 D53 被 26S 蛋白酶体降解，SL 信号途径被激活，植物分枝受到抑制；如果 D53 蛋白不能被降解，则抑制 SL 信号途径，引起植株多分枝表型。这一“去抑制化激活”机制与其他重要植物激素包括生长素、赤霉素、茉莉酸等的信号转导激活机制类似，表明该机制是植物激素的一种主要调控模式。但是，SL 受体的作用模式有别于其他植物激素受体。谢道昕研究组在拟南芥中研究发现受体 AtD14 结合 SL 后，水解 SL 并生成一个 D 环衍生中间产物，这个结构与 AtD14 共价结合并镶嵌在其催化中心，进而导致 AtD14 的构象改变，激活 SL 信号转导途径。因此，AtD14 是一个非典型的激素受体，具有产生和感知有活性的独脚金内酯的双重功能。

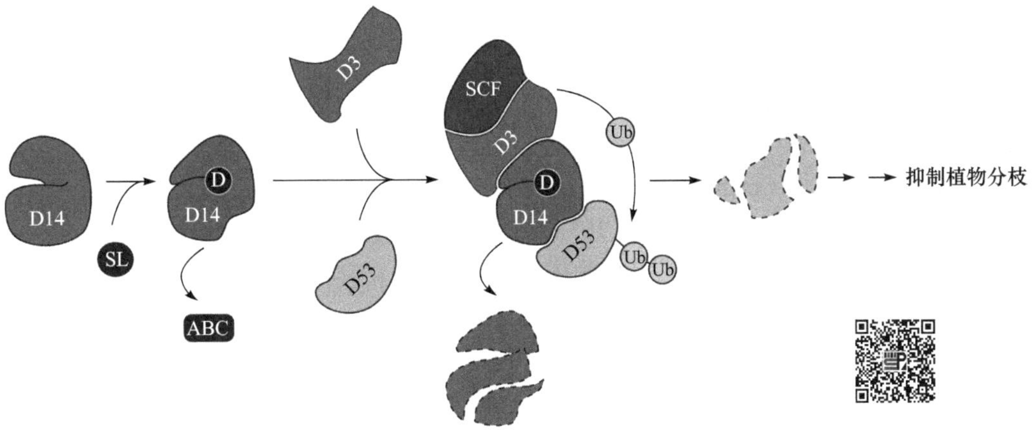

图 11-59　独脚金内酯信号转导模式图（王闵霞等，2014）

第九节　水　杨　酸

一、水杨酸的发现与结构

水杨酸（salicylic acid，SA），又称邻羟基苯甲酸，属于一类简单的酚类化合物，其化学结构如图 11-60 所示。最早 SA 作为柳树树皮提取物的主要组分而被发现，SA 及其衍生物如阿司匹林（乙酰水杨酸）被广泛用作消炎镇痛药类，1979 年首先报道 SA 在植物中的生物学功能，White 等发现用阿司匹林处理后的烟草表现出对烟草花叶病毒的抗性增强，同时，SA 及其衍生物的处理还诱导病程相关基因（*pathogenesis-related protein*，*PR*）的表达。更多的实验证据表明植物的这种诱导抗性是 SA 的典型生理反应，即系统获得性抗性（systemic acquired resistance，SAR）。植物受到病原菌感染时，在感染部位会迅速积累高水平的 SA，SA 作为系统信号分子，运输到植物其他部位后会诱导 SAR 的产生，且这种 SAR 一旦建立就具有广谱、非特异和持久的抗病性。如果植物不能积累 SA 或 SA 合成受阻，就不能建立有效的 SAR 而表现出对病原菌更加敏感。因此，SA 是植物 SAR 激活所必需的关键因子。

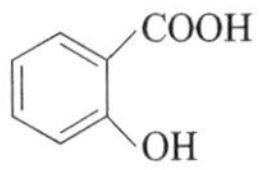

图 11-60　水杨酸的分子结构

二、水杨酸的生物合成与代谢

植物中的 SA 来源于莽草酸合成途径中的产物分支酸，其生物合成主要有两条途径：一条通过异分支酸合酶（isochorismate synthase，ICS）催化完成，植物病原菌防御反应激活的大部分 SA 都由此通路合成，拟南芥中含有两个异分支酸合成酶基因，即 *ICS1* 和 *ICS2*，其中 *ICS1* 起主要作用；另一条途径则由苯丙氨酸脱氨酶（phenylalanine ammonia-lyase，PAL）调节。通过糖基化、甲基化、羟基化等反应修饰，SA 很容易转换成许多衍生物，这些修饰后的衍生物大多不具有 SA 活性。例如，植物中储藏形式的糖基化 SA 需要通过酶促反应转变成有活性的SA才能行使其生物功能。水杨酸甲酯（methyl salicylate，MeSA）也没有活性，但MeSA容易挥发，且易通过膜扩散。因此，SA可能以MeSA的形式挥发而排出，从而降低SA的积累，以减少给植物细胞带来毒害作用。

三、水杨酸的生理功能

SA在植物抗病反应信号途径中起重要作用。植物与病原微生物的相互作用，在某种程度上类似“军备竞赛”，二者在进化过程中产生了不同的进攻与防御的方式和手段。病原微生物具有一类特征性分子——病原相关分子模式（pathogen-associated molecular pattern，PAMP），如脂多糖、几丁质、鞭毛蛋白等，这些分子被植物模式识别受体（pattern recognition receptor，PRR）识别导致植物早期防御反应机制的激活，从而诱导启动植物基础防御反应。相应地，为了躲避植物的基础防御反应，病原微生物又进化产生效应因子（effector），并以此进攻植物基础防御反应系统中的特异组分；而植物则又进化产生特异的由抗病基因编码的蛋白质，保护受效应因子进攻的目标组分。因此，这种军备竞赛一直在这二者间进行。植物进化出了多层次的防御反应机制，由PAMP所诱导产生的PTI反应（PAMP triggered immunity）构成植物的早期基础防御反应，而由效应因子所诱导的ETI反应（effector triggered immunity）则代表植物更高层次的特异防御机制。上述这两种防御反应都会诱导SA的合成。SAR在植物诱导防御反应中起重要作用。植物在早期被一种病原菌侵染后表现出对多种病原菌再侵染的抗性，即SAR的建立使植物免遭病原菌更进一步的侵染，且SAR的抗性具有长期效果和广谱性，而SA是SAR反应建立的重要内源信号分子。

此外，SA途径还能与其他植物激素（包括JA、乙烯、ABA、IAA、GA、BR和CTK）途径交叉互作，相互拮抗或相互促进，共同参与SAR反应。例如，JA在响应植食性昆虫或损伤时激发类似SAR的反应；而用SA处理植物，会抑制JA诱导的损伤反应；有些假单胞菌诱导激活SA和JA的反应。另外，SA诱导的防御反应主要针对活体寄生型病原菌起作用，而JA诱导的防御反应主要针对损伤和坏死性病原菌起作用。针对活体寄生型病原菌的防御反应信号途径的激活会导致针对坏死性病原菌反应的抑制。经低浓度SA和JA处理的拟南芥植物表现出对*PR1*和*PDF1.2*（二者在植物防御反应中起重要作用）基因表达的协同促进作用，而高浓度SA和JA处理则表现出拮抗效应。脂肪酸去饱和酶的缺失突变上调SA途径，从而抑制JA途径。乙烯信号途径与SA和JA途径也存在复杂的交叉作用。在拟南芥和烟草植物中发现，乙烯上调依赖于SA的*PR1*基因的表达，且是诱导SAR所必需。许多实验证明，作为应答非生物胁迫反应的重要激素，ABA也是植物防御反应信号途径的一个重要调节组分，ABA在植物防御反应信号途径的许多步骤中起到拮抗SA的作用。

除了在植物抗病中的重要作用外，SA也是植物抗旱、抗盐、开花、种子萌发、生热作用等生理反应的重要信号分子。

四、水杨酸的信号转导

（一）水杨酸的受体NPR3和NPR4调节NPR1稳定性

作为植物防御反应激素，SA需要与细胞中的目标分子或受体结合而诱导激活下游信号途径。曾经认为SABP1（SA binding protein 1）等是SA的受体，但都被后来的研究结果否认。NPR1（nonexpressor of pathogenesis-related protein 1）是SA介导的防御反应的核心调控因子，*NPR3*和*NPR4*是*NPR1*的同源基因。*NPR1*过表达植物表现出增强的抗病性；功能缺失突变*npr1*的植物不能建立SAR反应。其他遗传证据也表明NPR1可能是SA潜在的受体，但经典的配体结合实验没能检测到SA与NPR1的亲和结合，相反，却明显地检测到了SA与NPR3和NPR4的结合活性，并且SA与NPR4的亲和性明显高于与NPR3的亲和性。尽管也有研究者检测到SA与NPR1的高亲和结合活性，但关于SA与NPR1的高亲和结合还有很多问题目前无法解释，因此，NPR1是否是SA受体还有待进一步证实。

有研究表明，NPR3和NPR4都能够与NPR1相互作用，且它们之间的相互作用均受SA的调节：SA能够促进NPR1与NPR3的相互作用，但干扰NPR1与NPR4的相互作用。实验证明病原菌侵染植物时确实会在侵染部位产生一个SA浓度梯度，推测 NPR3 和 NPR4 作为 SA 的受体响应不同浓度的 SA，从而决定植物细胞是否启动防御反应。在被侵染的植物组织中，足够高浓度的 SA 促进 NPR3 与 NPR1 的相互作用并导致 NPR1 的降解而启动防御反应；而在周围未被侵染的植物组织中较低浓度的 SA 足够干扰 NPR4 与 NPR1 的相互作用，但这一浓度不足以介导 NPR3 与 NPR1 的相互作用，植物细胞因而避免了启动不必要的防御反应。这些生化和遗传学实验证据证明 NPR3 和 NPR4 是 SA 的真正受体分子。

（二）水杨酸的信号转导途径

SA 信号通过依赖于 NPR1 和不依赖于 NPR1 的两种转导途径传递。

（1）NPR1 依赖途径　SA 信号途径在很大程度上是由 SAR 核心调节蛋白 NPR1 控制的，SAR 被激活后激发一系列相关基因的转录表达，启动植物防御反应。NPR1 蛋白包含两个保守的、在蛋白质与蛋白质相互作用中起重要作用的功能域：一个是锚蛋白重复序列（ankyrin repeat），这种重复序列参与调节蛋白质的折叠与稳定性及蛋白质间的互作，是很多蛋白质中的常见结构域；另一个是 BTB（broad-complex，tramtrack and bricàbrac）/POZ（poxvirus and zinc finger）功能域，该结构域介导同源或异源二聚体的形成，具有 BTB/POZ 功能域的蛋白质常介导泛素-蛋白酶体亚基 CULLIN3 及其底物之间的相互作用，还参与调控基因表达。NPR1 定位在细胞核与细胞质中，并以两种形式存在于细胞中：通常状态下，即没有病原菌侵染或低浓度 SA 时，大部分 NPR1 定位于细胞质中，并通过分子间二硫键形成多聚体，少量的 NPR1 以单体形式进入细胞核并被蛋白酶复合体降解，从而阻止 NPR1 目标分子的激活；在有病原菌侵染或高浓度 SA 时，SA 与 NPR1 结合，硫氧还蛋白打开 NPR1 蛋白分子间的二硫键，导致细胞质定位的 NPR1 构象改变而使 NPR1 多聚体解体形成单体 NPR1，单体的 NPR1 被转运至细胞核中，这时，单体 NPR1 通过招募 TGA 转录因子而启动下游防御基因的表达，包括 *PR1* 基因及多个 *WRKY* 转录因子基因，使植物具有了基础抗性。而随后建立有效的 SAR 还需要将进入细胞核的 NPR1 磷酸化，将其通过 NPR3 或 NPR4 介导的泛素化降解。NPR3 和 NPR4 可能在不同生理条件下介导 CULLIN3 调节的 NPR1 降解。

（2）NPR1 非依赖途径　在上述依赖于 NPR1 的水杨酸途径中，SA 诱导的 *PR1* 基因表达及 SAR 的建立需要 NPR1。然而，*NPR1* 缺失突变并没有表现出 *PR* 基因的完全不表达或植株抗性的完全丧失，因此，植物中还存在一种不依赖于 NPR1 的 *PR* 基因激活和 SAR 建立途径。研究发现拟南芥 *SNC1*（*SUPPRESSOR OF NPR1-1 CONSTITUTIVE 1*）和 *SSI2*（*SUPPRESSOR OF SA INSENSITIVITY 2*）均能调控 *PR1* 基因表达和 SAR 的建立，但调控过程不依赖于 NPR1。另外，拟南芥 *Why1*（*WHIRLY 1*）可被 SA 诱导表达，与 NPR1 类似，Why1 对于植物的基础防御反应与特异抗病反应是必需的，但 SA 激活的 Why1 不依赖于 NPR1。

WRKY 是植物中的一大类转录因子，在植物抗病、非生物胁迫、衰老、种子发育等很多方面具有多样的生物功能。拟南芥基因组许多 *WRKY* 的表达受 SA 和细菌侵染的调节，如 *AtWRKY38*、*AtWRKY39* 和 *AtWRKY62* 等受 SA 诱导表达上调；AtWRKY28、AtWRKY46 等参与调节 SA 的合成；AtWRKY1 参与 SA 信号传递，且部分依赖于 NPR1；AtWRKY38、AtWRKY62 二者都是 SAR 所必需的，*wrky38 wrky62* 双突变体植株不能建立有效的 SAR；*AtWRKY18*、*AtWRKY53* 等的表达受 NPR1 的直接调控，且 WRKY18、WRKY53 等正调控 SAR；NPR1 可能通过作用于目标基因 *AtWRKY54*、*AtWRKY70* 而反馈调节 SA 的生物合成。NPR1 在调节 SA 信号转导途径中可能通过与一些 WRKY 转录因子直接或间接的相互作用完成。

第十节　其他植物生长物质

一、多胺

多胺（polyamine）是植物体内一类具生物活性的低分子质量脂肪族含氮碱，含一个或多个胺基，包括赖氨酸和精氨酸。植物体内含量最丰富的多胺有腐胺（putrescine）、精胺（spermine）、亚精胺

（spermidine）（图 11-61）。多胺分布具有组织和器官特异性，主要分布于植物细胞分裂比较旺盛的组织，如分生组织。在植物细胞发育不同阶段，多胺在细胞器中的分布也有差异。作为新的一类植物生长物质，多胺参与植物各种生长发育过程，如形态建成、生长发育、休眠等，也参与植物对逆境的反应。

$H_2N—(CH_2)_4—NH_2$

腐胺

$H_2N—(CH_2)_3—NH—(CH_2)_4—NH_2$

亚精胺

$H_2N—(CH_2)_3—NH—(CH_2)_4—NH—(CH_2)_3—NH_2$

精胺

图 11-61　三种主要多胺的结构示意图

对多胺在植物生长和发育中的作用，大部分来源于外源施加多胺或其合成抑制剂，观察其对植物的影响的研究。多胺的作用机制尚不清楚，有待于进一步的探索。

二、多肽类的生物活性物质

自 1991 年在番茄叶片中发现植物第一个多肽类的生物活性物质系统素（systemin，SYS）以来，越来越多的植物多肽类生物活性物质被分离鉴定，它们在植物生长发育及逆境应答中的作用也逐渐被阐释。例如，系统素是由 18 个氨基酸残基组成的多肽分子（AVQSKPPSKRDPPKMQTD），是植物感受创伤的信号分子，在植物防御反应中起重要的作用。*CLV3* 基因最早在研究与茎顶端分生组织 SAM 大小相关的拟南芥突变体时被发现。CLV3 多肽是由 96 个氨基酸残基的前体蛋白经剪切、羟基化和糖基化修饰产生，在干细胞维持和分化调控中发挥重要作用，有的 CLV3 家族成员也被证明具有类似的功能。Flg22 是来自于烟草野火病菌（*Pseudomonas syringae* pv. *tabaci*）鞭毛蛋白 N 端一段具有 22 个氨基酸残基的多肽，能够引起植物抗病反应。研究发现，以上三种多肽的受体均为类受体蛋白激酶。多肽与受体在细胞表面结合后，启动下游一系列信号级联反应。

植物体内可能存在诸多参与信号转导的小分子多肽，如何有效鉴定这些小分子多肽，以及寻找这些小肽相应的受体是目前研究的热点。

小　结

植物生长物质是指一些小分子化合物，包括天然存在的植物内源激素、内源生长物质和人工合成的植物生长调节剂，它们在极低的浓度下即可以显著地影响植物的生长发育。其中主要的植物激素有生长素、细胞分裂素、赤霉素、脱落酸、乙烯、油菜素内酯、茉莉素、独脚金内酯和水杨酸等。

生长素是第一个被发现的植物激素。生长素在植物的茎尖合成，生长素的生物合成途径有色氨酸依赖途径和非色氨酸途径。生长素沿茎或根进行传输，具有典型的极性运输性质。生长素的代谢主要是氧化降解和结合物的形成。生长素在茎切段试验和胚芽鞘试验中表现出刺激细胞伸长生长的作用，酸生长理论是解释生长素促进细胞伸长生长的经典理论。生长素的主要生理作用还包括诱导不定根发生、促进维管束分化、控制向性生长和顶端优势，以及调节植物开花坐果等生理过程。

赤霉素的生物合成分为三个步骤，分别为环化反应生成贝壳杉烯、氧化反应生成 GA_{12} 醛、由 GA_{12} 醛形成所有其他的赤霉素；其中最后一个步骤又分为早期 C_{13} 羟化途径和早期 C_{13} 非羟化途径两条途径，分别合成两种在植物体内具有最高活性的赤霉素 GA_1 和 GA_4。赤霉素的典型生理作用是促进植物生长，并在从种子萌发到开花结果等植物的各种生理现象中扮演重要的角色。

细胞分裂素是在植物组织培养中研究促进细胞分裂因子的过程中发现的。植物细胞分裂素的主要合成途径是从头合成途径。植物细胞分裂素的主要合成部位是根尖分生组织。根尖内合成的细胞分裂素通过导管液流向上运输到植物地上器官发挥生理调节作用。细胞分裂素不仅促进细胞分裂，还调节其他多种生长发育过程，如茎和根的生长、顶端优势、细胞周期、叶片衰老、生殖发育等。另外，细胞分裂素还参与固氮根瘤的形成等。

脱落酸生物合成过程是由类胡萝卜素物质玉米黄素在玉米黄素环氧酶两步环氧化作用催化下转变成紫黄素，最终进一步转化为 ABA。ABA 的失活代谢包括氧化降解和形成结合物两个途径。脱落酸具有自己独特的功能，如作为生长抑制剂对生长具有抑制作用、对气孔开闭具有调节作用，脱落酸还可作为逆境激素，在植物逆境抗性中起关键的作用。

脱落酸在种子发育和休眠中也具有重要功能。另外，在某些条件下，脱落酸具有许多生理促进的性质。

乙烯是一种气态的植物激素，其生物合成的前体是甲硫氨酸，经过所谓的“杨氏循环”，从甲硫氨酸到*S*-腺苷甲硫氨酸，再到ACC，最后形成乙烯，乙烯生物合成中的关键酶是ACC合酶和ACC氧化酶。乙烯的生物合成受诸如发育状态、环境情况、物理或化学伤害及其他植物激素等因素的影响。乙烯对幼苗生长的“三重反应”和乙烯促进果实成熟是乙烯重要的生理作用，乙烯对植物生长发育的影响还包括种子萌发、细胞扩张、细胞分化、开花、衰老和脱落。

油菜素内酯是植物中发现的第一种甾类激素，其生物合成从菜油固醇开始，经过早期C-6氧化途径和晚期C-6氧化途径，最终形成油菜素内酯。油菜素内酯在极低浓度下具有极强的生理活性，如促进双子叶植物的下胚轴、单子叶植物的胚芽鞘等器官的细胞伸长生长、促进木质部导管分化及影响花粉发育等。油菜素内酯在植物的光形态建成和其他一些生长发育过程中起着重要的调节作用，包括一些光诱导的基因表达、细胞伸长生长、叶片和叶绿体衰老及开花诱导等。

茉莉素包括茉莉酸、茉莉酸甲酯和茉莉酸异亮氨酸等环戊酮衍生物，是由亚麻酸经脂肪氧化酶途径合成的。茉莉素有着广泛的生物学功能，包括调控植物的发育、对昆虫和病原菌的抗性反应，以及次级代谢等。

独脚金内酯是一类小分子萜类化合物，主要在植物的根部产生。与ABA相类似，独脚金内酯来源于类胡萝卜素生物合成途径。独脚金内酯不仅能够刺激寄生植物种子萌发和促进寄主植物与丛枝菌根真菌之间建立共生关系，还作为一种新型植物激素抑制植物的分枝和侧芽的生长。

水杨酸最先作为能诱导产生植物防御反应的植物内源信号分子而被发现。水杨酸在植物生长发育的许多过程中起重要作用，在调节植物对病原菌激活的免疫反应与植物系统获得抗性SAR中尤为重要。

其他内源植物生长物质包括多胺、多肽等，这些物质在调节植物生长发育及对逆境胁迫的防御功能方面具有重要意义。

思　考　题

（1）植物激素、植物生长物质、植物生长调节剂的定义是什么？

（2）活性生长素的结构特征是什么？

（3）生长素生物合成有几种类型？

（4）什么是生长素的极性运输？生长素极性运输的机制如何？试设计一个实验证明生长素的极性运输性质？

（5）简述生长素促进细胞伸长生长的酸生长理论。

（6）活性赤霉素和非活性赤霉素的结构特征是什么？

（7）简述赤霉素生物合成的三个阶段及其关键酶。什么是赤霉素生物合成的器官特异性？简述赤霉素生物合成的调控途径。

（8）简述赤霉素的信号转导途径。

（9）简述赤霉素的生理功能。

（10）简述赤霉素诱导大麦种子糊粉层α-淀粉酶合成的分子生物学机制。

（11）植物细胞分裂素有哪些种类？细胞分裂素生物合成和分解的关键酶是什么？

（12）简述植物细胞分裂素的信号转导途径。

（13）植物细胞分裂素的主要生理功能有哪些？请设计实验证明其中某一功能。

（14）在种子发育和休眠过程中脱落酸有哪些生理作用？

（15）脱落酸是如何控制气孔开闭的？

（16）为什么说脱落酸是逆境激素？

（17）简述乙烯生物合成途径及其关键酶。简述促进和抑制乙烯合成的因素。

（18）什么是乙烯的三重反应？举例说明乙烯的生理作用。

（19）列举若干与乙烯信号传递有关的拟南芥突变体，并简述乙烯信号转导途径。

（20）列举若干与油菜素内酯生物合成及信号传递有关的拟南芥突变体，并简述油菜素内酯信号转导途径。
（21）简述茉莉素生物合成途径及其关键酶。
（22）简述茉莉素信号转导途径。
（23）独脚金内酯的结构特征是什么？
（24）独脚金内酯生物合成途径的关键酶是什么？
（25）简述独脚金内酯信号转导的“去抑制化激活”机制。
（26）简述植物体内独脚金内酯的生理功能。
（27）简述 SAR 信号途径中 NPR3/4 是如何通过 NPR1 起作用的。

第十二章　植物的生长与分化

植物的生长（growth）是指植物在体积、重量、数目等形态指标方面的增加，是一种量的变化。植物的分化（differentiation）是指植物细胞、组织和器官在形态结构、内部代谢和生理功能方面发生的变化，是一种反映不同细胞、组织和器官间区别的质的变化。发育（development）是植物生长和分化的总和，是植物生长分化的动态过程。从分子生物学的观点来看，植物的生长、分化和发育的本质是基因按照特定的程序表达而引起植物生理生化活动和形态结构上的变化。

第一节　植物细胞的生长和分化

尽管植物的种类繁多，形态各异，但所有植物生长发育的基本单位都是细胞。细胞分裂、生长和分化的过程构成了植物的生长发育。细胞分裂、生长和分化的不同状态决定了植物的不同组织和不同形态。

一、植物细胞分裂与生长

（一）细胞分裂

植物体的形成很大程度上取决于植物初生分生组织和次生分生组织的细胞分裂。连续分裂的细胞从一次有丝分裂结束到下一次有丝分裂完成，即经历了一个细胞周期。细胞周期依据核分裂过程中 DNA 复制状态可分为 4 个时期：从有丝分裂结束后到 DNA 复制开始前，细胞处于生长期，即 G_1 期；随后是 DNA 复制期（S 期）；DNA 复制后还有一个生长期，即 G_2 期；最后进入有丝分裂期（M 期）。

在分生组织中，细胞分裂可以持续进行，也可以停止分裂，进行细胞的扩大生长和细胞分化。植物细胞在有丝分裂完成后脱离细胞周期进入生长分化，其核内的染色质为二倍体（diploid）；但有时细胞在有丝分裂进行之前、S 期完成之后脱离细胞周期进入生长分化，则核内的染色质为四倍体或更多，即所谓的多倍体（polyploid）。

已经分化的细胞在特定的情况下可以恢复分裂能力，重新进行细胞分裂，即脱分化（dedifferentiation）过程。动物细胞很少发生脱分化，而植物细胞在组织受伤或叶片脱落时，伤口或叶痕附近的细胞通常会发生脱分化进入细胞周期，重新开始分裂，形成愈伤组织。

几乎所有的植物生活细胞都具有脱分化的能力，高度分化的筛管细胞和气孔的保卫细胞也可以在适当的培养条件下进行分裂。愈伤组织形成过程中，脱分化细胞分裂若干次后通常就会停止，重新进入再分化。但在适宜条件下，植物细胞的分裂能力几乎是无限的。

（二）细胞生长

细胞生长是细胞体积不可逆的增加过程。细胞生长可表现为三维空间的细胞扩大或一维空间的细胞伸长。

细胞生长的动力源于生活细胞所具有的膨压。由于细胞壁的存在，细胞的生长受一定限制。细胞生长包括细胞大小和细胞壁组分的变化，若没有细胞壁的相应延伸，细胞不可能生长。所以说，细胞扩大的速率取决于细胞壁松弛的调节。在细胞伸长或扩大过程中，伴随细胞表面积的增加，细胞壁有新物质的合成。由于细胞壁的松弛和新的壁物质的连续沉积，细胞在维持细胞壁原厚度的基础上，体积或长度能够扩大十几倍或几十倍。大多数植物细胞的生长和新壁物质的沉积是沿细胞壁的各面进行，而顶端生长只局限于细胞的顶端，如根毛和花粉管顶端。

有两种酶参与调节细胞壁的松弛，称为细胞壁松弛酶。一种是木葡聚糖内糖基转移酶 XET，它可将一条多糖链切断并重新连接到另一条多糖链的非还原端，调节细胞生长过程中多糖链的重新排列和新合成的多糖链在细胞壁中的沉积；另一种是扩张蛋白（expansin），它通过可逆结合在细胞壁中纤维素微纤丝和交联多糖结合的交叉点，催化纤维素微纤丝与交联多糖间的氢键断裂，解除细胞壁中多糖对纤维素的制约，使细胞壁松弛（图 12-1）。

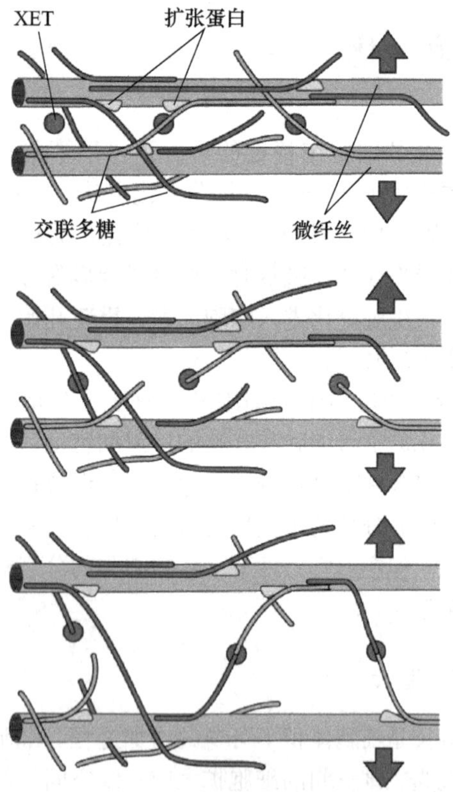

图 12-1　扩张蛋白催化作用使细胞壁松弛

（Buchanan et al.，2000）

扩张蛋白破坏交联多糖与纤维素之间的相互反应，驱使微纤丝的分离；XET 水解多糖链，可将其重新连接到另一条多糖链的非还原端，内层的微纤丝可与最外层的微纤丝结合，由于 XET 的作用又形成了新的细胞壁结构

在细胞生长过程中，细胞壁物质连续合成和分泌，新的物质不断在细胞壁中组装。细胞壁上存在的酶类在此过程中起重要作用。例如，新合成的纤维素分子在 β-1,4-葡聚糖合成酶的作用下，插入松弛了的细胞壁分子间。果胶甲酯酶 PME 水解由高尔基囊泡分泌的半乳糖醛酸聚糖中的甲酯，在 Ca^{2+} 结合点形成果胶间的 Ca^{2+} 桥，使半乳糖醛酸聚糖的螺旋链压缩形成“连接带”，进一步与其他链连接。过氧化物酶催化细胞壁蛋白、果胶与其他聚合物的交联，形成木质素和其他壁物质。

二、植物细胞分化

（一）细胞分化过程

分化是细胞在形态结构、内部代谢和生理功能上区别于原分生细胞的过程。

一般来说，植物细胞的分化包括以下过程：①诱导细胞分化信号的产生和感受；②分生细胞特征基因的关闭及分化细胞特征基因的表达；③形成分化细胞结构和功能基因的表达；④细胞结构和功能上的分化成熟。

植物维管细胞的分化过程较好地反映了上述细胞分化的 4 个过程。生长素是导管分子分化的诱导信号。在拟南芥中，皮层薄壁细胞接受生长素信号后，诱导 *AtHB-8* 基因的表达，*AtHB-8* 与器官分化密切相关，是分化细胞的特征基因。该基因编码一类转录因子，调控细胞分化所需的下游基因（包括一些蛋白酶和核酸酶基因）的表达，这两类基因的产物参与导管分子成熟时的细胞自溶过程，最终导致细胞自溶形成成熟的导管分子。

（二）分化过程的调控因素

1. 细胞分化与极性　极性（polarity）是指植物器官、组织或细胞在形态结构、生化组成及生理功能上的不对称性。极性现象普遍存在。低等植物（如多细胞藻）的合子一端形成假根（rhizoid），另一端则形成叶状体（thallus）。高等植物的合子的第一次分裂也具有极性现象，即第一次分裂确立了胚的极性——胚根端与胚芽端。形成层的分裂也具有极性，向内分化木质部，向外分化韧皮部。极性确立后不易逆转。

细胞极性是细胞不均等分裂的基础，不均等分裂（asymmetric division）又称为分化分裂（formative division）。所谓分化分裂是指细胞分裂产生的两个子细胞在形态或生理生化上具有不同的性质，从而具有不同的发育方向。如果细胞分裂产生的两个子细胞具有相同的性质，如愈伤组织中胚性分生细胞数目的增加，种子发育时胚乳细胞数目的增加等，这种分裂称为增殖分裂（proliferative division）。

不均等分裂或分化分裂是在细胞极性基础上形成的，是细胞分化的前提。植物的第一次有丝分裂——受精卵的分裂就是一种典型的不均等分裂，产生了植物最早的胚体轴向结构。以拟南芥为例，受精卵伸长约 3 倍后，进行第一次不均等分裂形成二细胞的“原胚”，即一个小的顶细胞（apical cell）和一个大的基细胞（basal cell）。之后顶细胞分化为胚芽、子叶和胚轴，基细胞分化为胚根和胚柄。

极性与基因表达有关。在野生型拟南芥的球形胚中，原表皮层细胞表达 *AtLTP1* 基因，该基因编码一个参与角质层形成的脂肪转运蛋白。在球形胚期，*AtLTP1* 在所有的原表皮层细胞中表达，但球形胚后期它的表达只限制在顶端区域，因此 *AtLTP1* 可以作为一种胚极性的标记。拟南芥 *gnom* 突变体，合子的分裂是对称分裂，产生两个同样大小的子细胞，*AtLTP1* 的表达也没有明显集中在顶端区域，*gnom* 突变体胚的极性消失。

2. 细胞间通信与细胞分化 植物是一个多细胞有机体，细胞间有紧密联系，细胞的生理活动与周围细胞保持协调的相互关系。细胞间的协调作用是通过胞间通信（intercellular communication）进行的。胞间通信可通过由胞间连丝相连的共质体进行，也可通过细胞壁空间构成的质外体进行。胞间连丝是相邻细胞保持物质和信息联系的桥梁。

植物细胞分化过程中，分化调节物质主要通过胞间连丝进行胞间运输。例如，在金鱼草（*Antirrhinum*）中，*FLORICAULA*（*FLO*）基因（编码一种转录因子）只在成花分生组织的 L1 层表达，但这种转录因子能从 L1 层通过胞间连丝运输到其他层细胞内，可以诱导其他细胞层内花器官特征基因的表达。

通过胞间连丝构成的细胞间共质体联系随细胞生长分化进程发生变化。例如，在根分生区和伸长区，表皮细胞之间的胞间连丝较多；但在成熟区，根毛分化时，表皮细胞之间的胞间连丝逐渐减少；在根毛形成后，其与表皮细胞间完全丧失了共质体联系。

3. 位置效应与细胞分化 由于细胞间的相互联系，每个细胞在器官和组织中的位置，也影响甚至决定细胞分化的方向和生理功能，这就是细胞分化的位置效应（positional effect）。

由茎尖顶端分生组织和根尖分生组织可以分化产生各种相应的植物器官和组织，这种分化过程最早可以追溯到分生细胞形成的组织原细胞。例如，根尖分生组织包括根冠柱原细胞、表皮-侧根冠原细胞、皮层-内皮层原细胞和中柱原细胞（参见本章第三节）。分生组织中的这些组织原细胞是一种决定态的细胞，决定态细胞的分化只能向某一特定方向进行，发育途径不再改变。中柱原细胞只分化为中柱鞘和维管组织，即细胞的分化方向取决于细胞所处的位置。细胞由于所处位置的改变也会影响决定态细胞的分化方向。

证明位置效应影响细胞分化方向的典型例子是拟南芥根尖细胞激光切除实验。拟南芥根尖的核心区内，顶端分生组织的外表面产生根冠细胞，内表面产生原形成层细胞，静止中心处于两个分生区中间（图 12-2A）。用激光束照射切除静止中心，静止中心细胞被杀死后，邻近的原形成层细胞取代了它的位置（图 12-2B）。这个实验表明细胞的决定态是相对的，细胞位置的改变会导致其分化方向的改变。

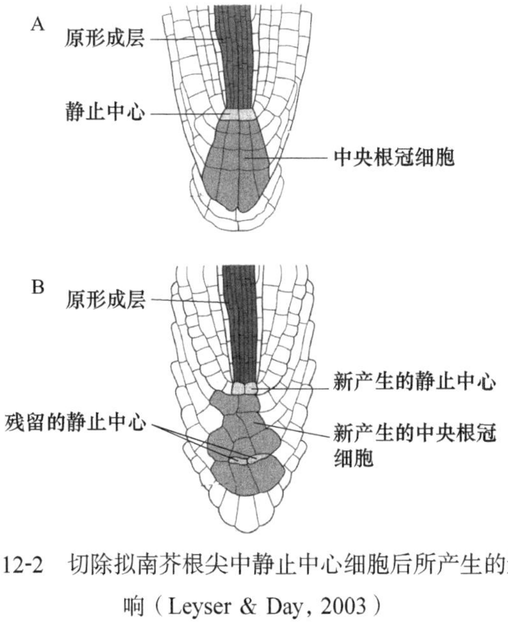

图 12-2 切除拟南芥根尖中静止中心细胞后所产生的影响（Leyser & Day, 2003）

被切除的静止中心细胞变为扁平状，并被相邻的来自原形成层的细胞朝着根尖的方向所取代，由原形成层的细胞产生新的静止中心

第二节　植物的生长和分化

一、植物生长分化的特点和控制

（一）植物生长分化的特点

1. 植物生长分化与分生组织　植物的形态结构完全依靠植物体内各种分生组织的活动构建而成，这是植物生长分化区别于动物生长发育的一个显著的特点。分生组织（meristem）是植物体内的一些体积较小、等直径的胚性细胞。营养器官的分生组织具有自我留存（self-perpetuating）的性质，即分生细胞分裂产生植物各种组织和器官的同时，有一部分细胞永远保持胚性状态，只具有分裂能力，而不发生分化。

分生组织内衍生各种组织的原始细胞称为组织原细胞（initial cell），其性质类似于动物的干细胞（stem cell），即组织原细胞分裂产生的两个子细胞，其中一个仍然保留组织原细胞的特性，而另一个细胞进入特定的分化进程，经过若干次分裂后开始分化。

2. 植物生长的有限性和无限性　植物生长发育具有“有限性”（determinate）和“无限性”（indeterminate）之分。有限性是指植物组织器官生长到一定阶段和大小时停止生长发育，然后衰老、死亡。像大多数动物器官的生长发育一样，植物叶片、花、果实等器官是典型的有限生长器官；而植物根、茎等营养器官的生长具有潜在的无限性，如千年古树仍可繁殖新枝、新根。条件适宜，可能会无限地生长下去。但一旦茎尖分生组织进入生殖生长状态，即分化为花芽后，就转变为有限生长。

3. 植物的一年生和多年生习性　高等植物有单次结实性（monocarpic species）和多次结实性（polycarpic species）之分。前者只开花一次，随后衰老死亡；后者开花后再进入营养生长，然后再开花，这样的循环重复一次或多次后衰老和死亡。一年生的禾本科植物种子多数是在春天萌发，秋天开花结实，冬季到来时死亡。冬小麦等一年生植物则是在秋天播种，以幼苗的形式在冬雪的覆盖下度过冬天，在来年的春天开始生长，并开花结实。单次结实性的禾本科植物也有多年生的，如竹子可以生长 50 多年，然后才开花死亡。

甜菜、萝卜等是典型的二年生植物，通常在第一个生长季的春天发芽，以莲座状营养体生长，晚秋时节地上部分死亡，只保留地下根和枯叶包裹的茎顶芽，也称为多年生芽（perennating bud）。第二年夏天顶芽抽薹（bolting），然后开花结实。

多次结实性植物也称为多年生植物，在每次开花结实时，仍保留大量的营养枝。例如，多年生木本植物只利用侧芽或腋芽发育成花芽，或顶芽开花而保留侧芽或腋芽为营养芽。

（二）植物生长分化的调控

高等植物是一个高度复杂的多细胞有机体，其正常生长发育要求各个器官、组织及细胞间有精确的协调和控制。植物生长发育的控制发生在基因表达的调控、激素的调控和环境因子的调控三个水平上。

1. 基因表达的调控　植物细胞具有全能性（totipotency），即活的植物细胞中含有植物发育所需的所有遗传信息，甚至在高度分化的细胞中，仍保留植物的全套基因。不同基因在不同生长发育阶段的表达活性各异。从本质上讲，植物的生长发育就是基因顺序表达的结果。基因控制可以发生在转录水平、转录后水平、翻译水平和翻译后水平。其他控制因子如激素和环境因子，对基因调控的作用也可以发生在不同水平上。

2. 激素的调控　激素在植物生长发育过程中起着关键的调控作用。激素间的相互作用调控分生组织的功能，因而控制植物体内所有器官的形成。激素还介导细胞与细胞间、器官与器官间、环境与植物间的相互作用，参与整个植物生长发育过程。

3. 环境因子的调控　光、温度和重力等因素对植物的生长发育状态有显著影响。其他环境因子，如磁场、声音、风等因素对植物生长发育也会产生作用。除上述物理因素外，环境中还存在着与植物生长发育关系密切的化学因素和生物因素，如土壤酸碱度、养分状况等。在环境问题日益突出的今天，空气、水和土壤污染对植物生长发育的影响也不能忽视。环境中微生物、动物乃至人类等生物因素对植物生长发育的影响也非常巨大。

以上三种控制水平的作用是相互交叉、相互影响的。例如，基因表达水平的改变可以影响细胞内激素浓度及细胞对激素的敏感性；反过来，许多激素的生理作用又和特定基因表达的诱导和控制有关；环境因子对植物的影响也必须经过胞间和胞内信号的传递才能实现。所以，植物生长发育的各种现象及其调控是上述三种水平的控制因子相互协调、相互作用的结果。

二、植物的胚胎发育

（一）植物胚胎发育的特点

植物胚胎和动物胚胎不同，前者在胚胎时期并没有形成成年个体的所有器官，仅有植物体最基本的形态和构造，即胚芽、胚根、胚轴和子叶。而所有其他成熟植物体器官都是由胚胎发生之后依靠分生组织分化发育而成的。

植物生长发育是从子房胚囊内的单细胞受精卵发育为一个多细胞胚胎过程开始的，这个过程也称为“胚胎发生”（embryogenesis）。在胚胎发生过程中，茎顶端分生组织和根顶端分生组织在胚胎中形成，并发育为胚芽和胚根。在胚胎发生之后，分生组织分化形成植物体的其他器官。

胚胎发育经历三个阶段，以拟南芥胚胎发生为例，第一阶段为球形胚（globular stage embryo）阶段，受精卵进行多次精确的同步分裂后形成一个对称的多细胞球；第二阶段为心形胚（heart stage embryo）阶段，在球形胚一端的两侧发生快速的细胞分裂，形成两个对称的子叶原基，构成一个两侧对称的心形胚；第三阶段为鱼雷形胚（torpedo stage embryo）阶段，胚轴开始伸长，子叶原基进一步发育，形成鱼雷形胚。在许多植物的胚胎发生过程中，鱼雷形胚阶段之后，子叶会进一步生长发育，成为蛋白质、淀粉、脂肪等营养物质的储存器官。

（二）植物生长发育的基本模式

胚胎发生过程是植物最初的，也是最基本的形态建成过程，同时也奠定了植物生长发育的基本模式，即轴向发育模式（axial developmental pattern）和径向构造模式（radial structure pattern），以及将来分化各种植物器官的初生分生组织（primary meristem）发育模式。

植物的轴向发育模式是指植物体呈现根茎极性模式，这种形态特点实质上是植物极性的表现。植物的轴向模式在受精卵的第一次分裂、形成二细胞时期就很明显了。受精卵沿顶基轴方向伸长约 3 倍后，进行第一次不均等分裂，产生一个小的顶细胞和一个大的基细胞。顶细胞经过连续两次纵向分裂和一次横向分裂形成 8- 细胞原胚（proembryo），之后经平周分裂形成辐射对称的 16- 细胞的原胚，其外层的 8 个细胞为表皮原细胞。基细胞经过几次横向分裂后即开始分化，大部分细胞变成胚柄（suspensor），只有上部的少量细胞成为胚胎的一部分，即胚根原（hypophysis），将来形成胚胎的根尖分生组织（图 12-3）。

植物的径向构造模式可从根或茎的横截面上看到，以拟南芥根的横截面为例，各种组织呈现典型的同心圆排列形态，从外向内依次是表皮（epidermis）、皮层（cortex）、内皮层（endodermis）、中柱鞘（pericycle）和中柱（stele）。虽然具体的形态可能随植物种类和部位有所不同，但是绝大部分植物器官构造都遵循这种径向构造模式。

在植物胚胎发育的早期，轴向轴和径向轴的发育似乎是独立的，径向轴的发育稍晚于轴向轴的发育，在胚胎的二细胞时期径向轴的发育还未开始。径向轴是在经过几轮细胞分裂之后才逐渐变得明显，从二细胞时期的顶细胞进行三轮细胞分裂，形成 8 个细胞的球形胚。球形胚早期上层细胞和下层细胞开始分化，形成胚胎的顶端和基端两部分，表现出胚胎的轴向极性发育模式。然后下层细胞开始横向分裂，形成径向分布的三个区域，最外面一层细胞是原表皮层（protoderm），原表皮层覆盖整个胚，将来形成植物的表皮组织。原表皮层下面是基本分生组织（ground meristem），将来分化为皮层和内皮层组织；最里面的细胞是原形成层（procambium），将来分化为维管组织和中柱鞘。可见，胚胎发生的球形胚阶段已经表现出植物的径向构造模式（图 12-4）。

在胚胎发育的晚期，轴向轴和径向轴的发育就不再独立了，径向轴模式的形成部分依赖从纵轴由上而下的极性信息流。

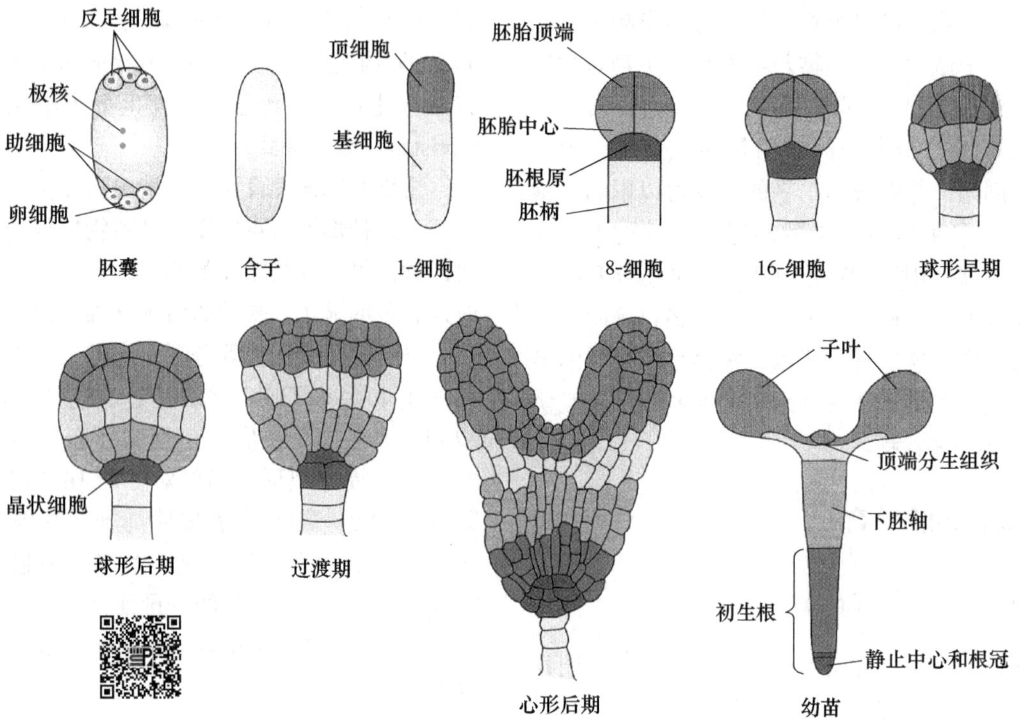

图 12-3　植物胚胎发生的细胞学特征（Taiz et al., 2015）

图示拟南芥胚胎发生过程，各时期以不同颜色线条表示胚胎与幼苗之间结构上的对应关系

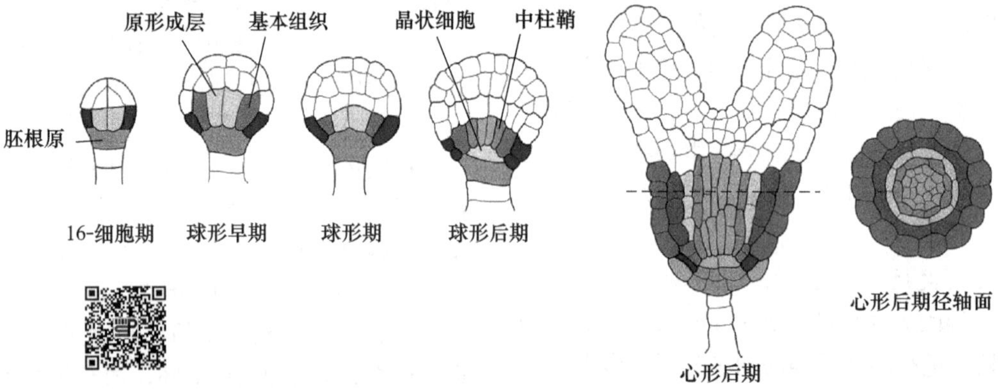

图 12-4　胚胎发生过程中形成的径向发育模式（Taiz et al., 2015）

（三）植物胚胎发育的调控

1. 基因调控　有些基因的突变会破坏植物的径向和轴向发育模式。例如，拟南芥 *gurke*、*fackel*、*monopteros* 和 *gnom* 胚胎发生突变体，*GURKE* 基因的突变导致子叶甚至茎尖缺失，使胚胎的形态像一个小黄瓜；*FACKEL* 基因的突变使胚胎的胚轴丧失，突变体的胚胎茎端和根端直接连在一起；*MONOPTEROS* 基因编码一个生长素响应因子（auxin response factor, ARF）家族成员，其促进胚根原细胞的分化。该基因突变使胚根原细胞的分化受抑，导致突变体根和胚轴缺失，只剩下两个大子叶和茎尖；*GNOM* 基因的突变导致根和子叶的丧失，突变体成为一个无轴向极性结构的圆球体（图 12-5）。

对这些突变体的研究表明，拟南芥正常胚胎发生过程中，胚胎轴向发育模式的建立，即胚胎中沿轴向分布的胚芽、子叶、胚轴和胚根的形成，需要 *GURKE*、*MONOPTEROS*、*FACKEL* 和 *GNOM* 等基因的表达。虽然这些基因影响轴向极性发育模式的形成，但并不影响细胞分化和一些基本组织的形成。例如，*gnom* 突变体胚胎和幼苗中仍然有沿径

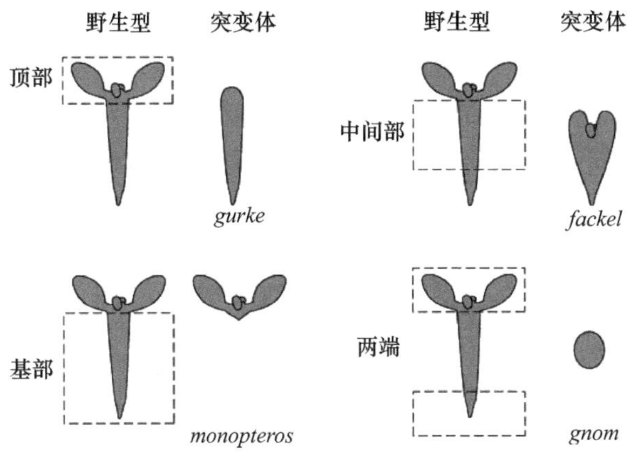

图 12-5　拟南芥 *gurke*、*fackel*、*monopteros* 和 *gnom* 胚胎发生突变体表型（Taiz et al., 2015）

向分布的表皮层、基本分生组织和维管束。

拟南芥的 *SHORTROOT*（*SHR*）和 *SCARECROW*（*SCR*）基因的突变会破坏基本组织的径向模式。拟南芥根内的皮层和内皮层是由根尖分生组织上的皮层-内皮层原细胞经过一次垂周的不均等分裂产生的。较大的子细胞形成皮层，较小的子细胞形成内皮层。在 *shr* 突变体的初生根内缺乏内皮层，而其他部分如表皮层、皮层、中柱鞘和中柱等的分化和分布都正常；*scr* 突变体与 *shr* 类似，只是 *scr* 的皮层细胞和内皮层细胞混合在一起形成一个细胞层（图 12-6）。这是由于形成皮层细胞和内皮层细胞时基本分生组织细胞的不均等分裂受到了抑制。*SCR* 基因编码的蛋白质就是这个不均等分裂的控制蛋白。植物的细胞或组织类型控制基因大多是转录因子，通过促进或抑制某些基因的表达，来决定一些细胞或组织的分化和功能。

2. 激素调控　在胚胎发育过程中，从合子极性的建立，胚根原和根顶端分生组织的形成，到茎顶端分生组织的形成都依赖生长素。

合子的发育受生长素调控。受精后合子沿顶基轴方向伸长至原来的 3 倍左右，合子的伸长过程依赖 *GNOM*。*GNOM* 编码一个调节囊泡运输的因子，该因子参与调控早期胚胎发生过程中 PIN1 蛋白（参见第十一章相关内容）在质膜的定位。*gnom* 突变体中 PIN1 蛋白的膜定位紊乱，生长素极性运输发生改变，合子伸长及不对称分裂异常，产生大小相近的顶细胞和基细胞。由于基细胞参与胚根的形成，突变体的基细胞可能丢失了形成胚根所需的生长素信号，因此，*gnom* 突变体缺失胚根（图 12-5）。

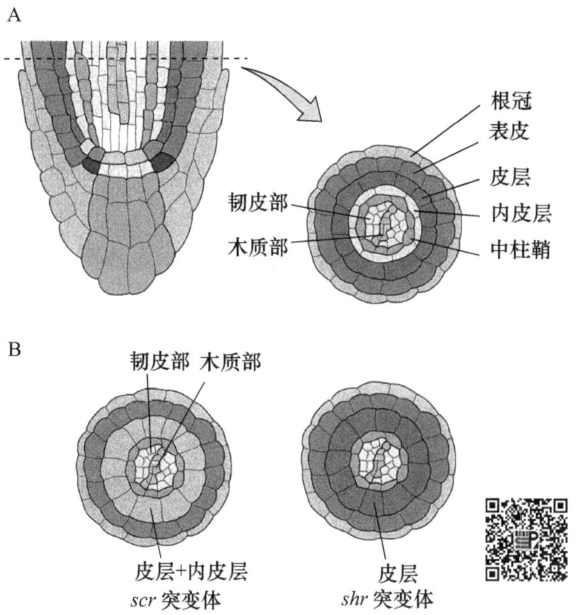

图 12-6　拟南芥野生型（A）和突变体（B）根发育的径向模式（Taiz et al., 2015）

胚根原分化和根顶端分生组织的形成与生长素信号密切相关。在胚胎第一次分裂形成 2-细胞期，PIN7 定位在基细胞的顶部质膜上，诱导生长素从相邻的基细胞运输到顶细胞，生长素在顶细胞中积累（图 12-7）。在球形胚期，PIN1 出现于细胞的基部质膜上，同时，PIN7 翻转定位于基细胞的基部质膜上，PIN4 开始在胚的基部表达，从而诱导生长素从胚胎细胞运输到胚根原（图 12-7），促进胚根原的发育。

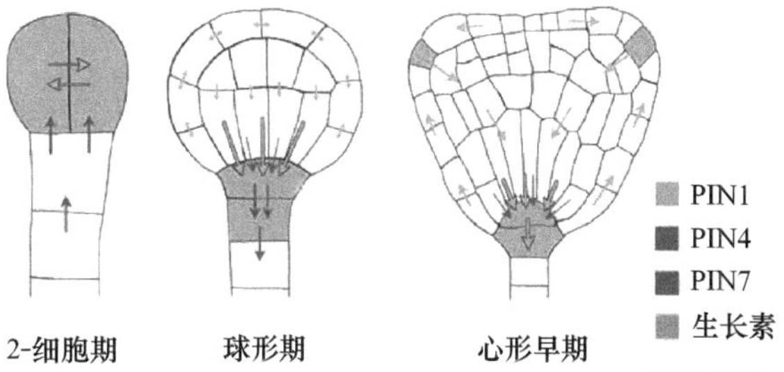

图 12-7　胚胎发育中生长素的积累和运输（Tanaka et al., 2006）

浅绿色代表生长素的积累部位，箭头代表生长素在 PIN1（黄色）、PIN4（深绿色）和 PIN7（红色）作用下的运输方向

生长素极性运输在茎顶端分生组织的形成过程中起重要作用。GARP 转录因子家族成员 *KANADI* 基因（*KAN1*～*4*）在子叶中表达，该基因缺失突变体的胚胎发育异常。究其原因发现，在 *kan1 kan2 kan3* 三突变体胚胎中，PIN1 的定位在下胚轴形成部位出现部分逆转，生长素极性运输发生异常，从而诱导下胚轴上发

育出叶原基，因此，从胚轴发育出许多侧生的叶片。

三、种子的萌发

高等植物的生活史是从种子萌发开始到种子成熟为止的循环过程。在适宜的环境条件下，种子内的胚胎恢复生长，并形成幼苗，这个过程就是萌发（germination）。

（一）种子的萌发

种子的萌发过程从干种子吸水开始，胚根突破种皮标志着种子萌发过程的完成。严格来讲，萌发不包括胚根突破种皮之后的幼苗生长。

种子萌发需要水分、温度、氧，有些种子还需要光，其中，水分是最主要的因素。一般情况下，种子萌发及萌发后的吸水过程可分为三个阶段：阶段Ⅰ，快速吸水。干种子通过吸胀（imbibition）作用迅速吸水。种子吸胀依靠表面张力形成的毛细管作用，更主要的是依靠种子内细胞壁物质、蛋白质及其他亲水性物质对水的吸附作用。阶段Ⅱ，吸水速度减慢。种子的代谢活动包括转录和翻译过程重新活化，胚扩大生长，胚根突破种皮。阶段Ⅲ，吸水速度重新增强。种子萌发后，由于幼苗的生长导致水势明显降低，从而引起再次快速吸水（图 12-8）。

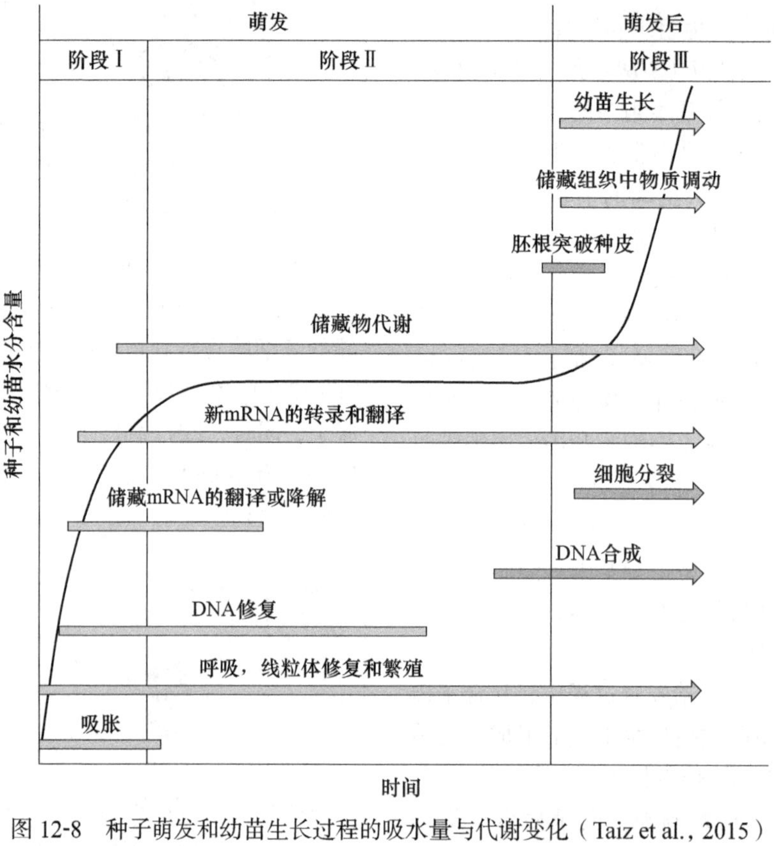

图 12-8　种子萌发和幼苗生长过程的吸水量与代谢变化（Taiz et al., 2015）

种子从吸胀早期开始即伴随着呼吸的增加，种子萌发过程中的呼吸途径主要是糖酵解和三羧酸循环，所产生的中间代谢物和 ATP 作为胚细胞分裂和生长的物质与能量供应。戊糖磷酸途径也是种子萌发过程中呼吸的重要途径之一，该途径产生的 NADPH 是细胞脂类合成必需的能量供应物质，该途径的中间产物是合成核苷酸及其他含芳香环物质的重要前体。

种子萌发过程伴随水解酶类的合成和分泌，降解种子内储藏的营养物质，为幼苗生长提供物质和能量。谷类种子胚乳中储藏淀粉的分解反应主要受糊粉层内合成和分泌的 α-淀粉酶和 β-淀粉酶催化。在无胚乳种子如豆类种子中，早期胚细胞分裂和生长，尤其是胚根的生长主要依赖其自身储藏的营养物质，进一步的发育需要子叶储藏的营养物质发生水解，运输到胚根或胚芽处。

（二）种子萌发的调控

植物激素包括 ABA、IAA、GA、CTK、BR 和

乙烯均参与调控种子萌发过程，其中最重要的激素是 ABA 和 GA。

ABA 生理功能之一是抑制种子萌发，ABA 抑制胚根的伸长和胚乳的降解。例如，ABA 处理增强 RGL2（GA 信号抑制因子）对种子萌发的抑制作用。

GA 调控种子萌发的功能与 ABA 相拮抗，GA 促进种子萌发。GA 信号途径刺激胚细胞的伸长生长和胚乳的降解，GA 处理引起细胞壁松弛酶包括木葡聚糖内糖基转移酶 XET 和扩张蛋白活性增强，从而促进胚根的生长。GA 诱导水解酶的合成，分解种子中储藏的营养物质，利于幼苗生长。

乙烯是种子萌发过程所必需的，并且在种子萌发过程中伴随有乙烯的产生。乙烯处理可打破种子的休眠，刺激其萌发。与野生型相比，乙烯不敏感突变体 *etr1* 和 *ein2* 种子休眠增强，萌发延迟。

IAA 本身不是种子萌发过程所必需的，但 IAA 是幼苗生长所必需。此外，IAA 与 GA 和乙烯的相互作用及其信号转导途径的相互交叉可能影响种子的萌发过程。

CTK 促进种子萌发，在整个萌发过程中 CTK 都具有活性。在逆境条件如干旱、盐害、重金属和氧化胁迫下，CTK 可以减缓胁迫对萌发的抑制作用。

BR 促进种子萌发。BR 促进胚的生长，使其突破种皮。在调控种子的萌发过程中，BR 与 ABA 有拮抗作用，与 GA 和乙烯有协同促进作用。

四、植物的营养生长

随着种子的萌发，幼苗突破种皮，植物体开始营养生长。植物体的营养生长主要来自于根尖和茎尖的分生组织（图 12-9）。以下分别从根的生长分化、茎的生长分化和叶的生长分化三个方面对植物的营养生长进行论述。

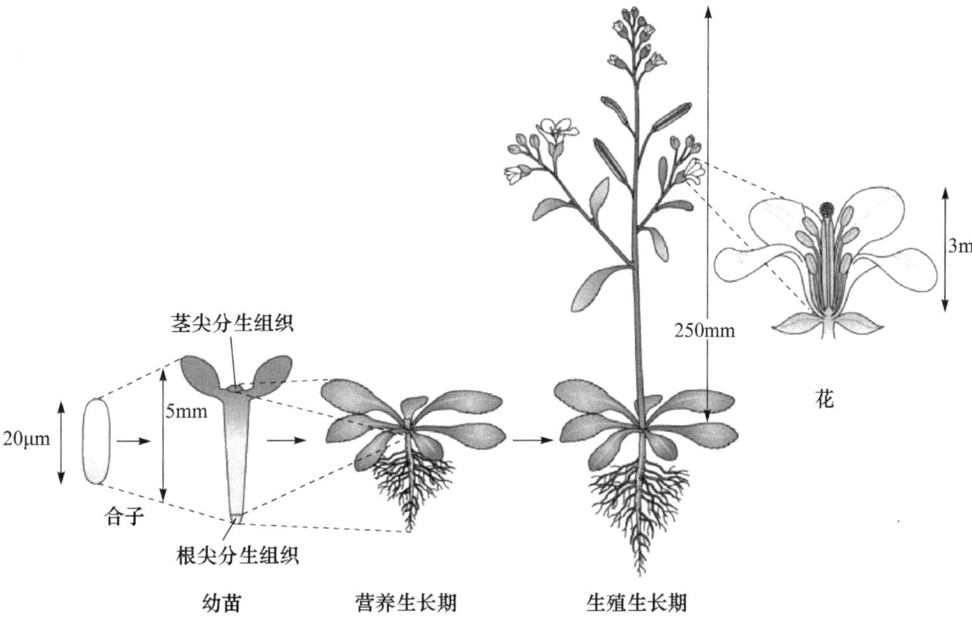

图 12-9　拟南芥植株不同发育时期示意图（Taiz et al.，2015）

（一）根的生长分化

1. 根尖的构造　植物根系的生长非常适应于土壤环境，植物根呈流线形，其生长部分的表面没有任何侧生的附属器官，便于根穿过土壤颗粒缝隙生长。根毛及侧根都是从停止生长的成熟部位发生的。正是因为根生长区域在结构上的单纯性，没有类似茎尖生长区域上的芽原基和叶原基的干扰，有利于观察和研究根细胞的分裂、生长和分化过程及其分子生物学机制。

根系的生长呈现典型的顶端生长性质。根据根尖各部分的发育状态可以分为 4 个区域：根冠区（root cap zone）、分生区（meristematic zone）、伸长区（elongation zone）和成熟区（maturation zone）。除了根冠与其他组织具有明显分界之外，其他三个区域都相互重叠，难以截然分开。

根冠是保护根尖分生区的组织，可以分泌大量黏多糖起润滑作用，避免生长过程中受到土壤颗粒的摩擦损伤。根冠细胞来源于根尖分生区下端的根冠原细胞（root cap initial）。根冠前端的细胞在根生长过程中不断脱落，根冠原细胞又不断分裂产生新的根冠细胞进行补充。另外，根冠细胞在根的向地性生长过程中起重力感受的作用（参见本章第四节）。紧邻根冠细胞的是分生区，分生区分裂产生根的所有组织的原细胞。这些原细胞分裂产生的各种组织细胞快速分裂，并进行伸长生长，所以，在分生区后形成了伸长区。细胞的分裂和伸长生长停止后，细胞开始分化，进入成熟区。在根尖成熟区内各种组织的分布呈现典型的径向构造模式。

根尖分生组织由静止中心（quiescent center，QC）细胞和围绕QC细胞的根冠柱原细胞、皮层-内皮层原细胞和中柱原细胞（图12-10）组成，它们能够通过细胞分裂，不断进行自我更新并产生可以分化成不同类型根细胞的子细胞来维持根的生长。QC细胞的细胞质致密，在生理和形态上明显区别于周围其他分生细胞。QC细胞并非不分裂，而是分裂频率较低，细胞周期相对较长，完成一个细胞周期需要200～300h。不同植物的QC细胞数目差异较大，拟南芥为4个细胞，有些植物可多达1000个细胞，QC细胞数目决定根端增大的程度。

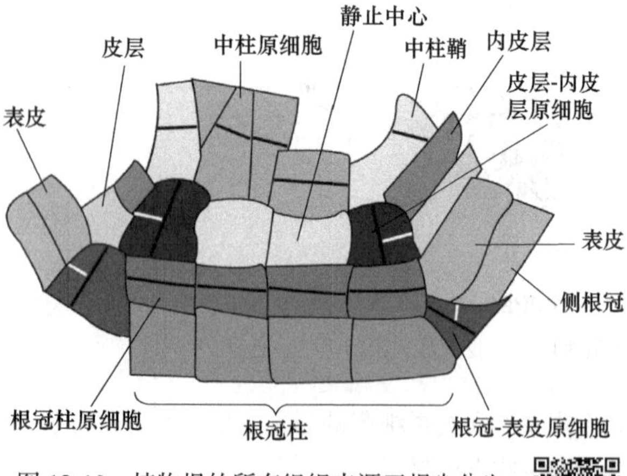

图12-10　植物根的所有组织来源于根尖分生组织原细胞的分裂（Taiz et al.，2015）

QC是根的干细胞群，是根的所有组织的基本来源。有试验证实，当根中其他分生组织细胞受到损伤时，静止中心可以恢复分裂重新形成分生组织。而且，单独培养从根尖分生组织分离出来的QC细胞可以分化为结构完整的根。

根尖分生组织中QC细胞与周围各类组织原细胞间信息和物质的交流对根的形态建成具有重要作用。QC的功能在于维持或更新其周围的原始细胞，QC对根尖分生组织的分化具有负调节作用。例如，根冠和QC有制约关系，当去掉玉米根冠时，QC细胞分裂加快，新的根冠形成之后则QC细胞分裂速度又下降。用激光束定向杀死拟南芥根尖QC细胞，则其周围细胞的分裂加快。

2. 根尖的分化　从根尖的纵剖面可以看到根尖具有一个显著的结构特征，即结构和类型相同的组织细胞呈条状排列。这些条状排列的组织细胞都来源于根尖分生组织分裂产生的原细胞，这些细胞都与分生区的某一个或几个原细胞相对应。例如，根冠柱原细胞分裂产生根冠，表皮-侧根冠原细胞分裂产生侧根冠和表皮，皮层-内皮层原细胞分裂产生皮层和内皮层，中柱原细胞分裂产生中柱鞘和维管组织（图12-10）。根尖分生组织细胞的分裂和条状组织细胞的分裂都是精确控制的。大部分的根尖细胞分裂都是横向的垂周分裂（anticlinal division），根尖顶端附近少量的细胞是纵向的平周分裂（periclinal division）。根据这些细胞分裂产生的子细胞的发育方向，还可以将根尖的细胞分裂分为两个类型：分化分裂（formative division）和增殖分裂（proliferative division）。分化分裂形成的两个子细胞具有不同的发育方向，一个保留分生细胞的特征，另一个进入分化，形成某种特定组织的细胞，如根尖分生区细胞的分裂即为分化分裂。分化分裂的特性使得在形成对应于各种条状组织的原细胞的同时，保持了分生细胞群的稳定。另一种细胞分裂类型是增殖分裂，所形成的两个子细胞具有相同的发育方向。例如，上述各种根组织原细胞经过不断的分裂增加细胞数目，所生成的子细胞是同类型的细胞，最终形成条状组织结构。总之，分化分裂形成条状组织的基础即组织原细胞；增殖分裂增加条状组织的细胞数目。分化分裂一般为平周分裂，而增殖分裂一般为垂周分裂。

3. 分化的调控

（1）基因调控　在胚根发育的球形胚期，*MONOPTEROS*（*MP*）和 *NONPHOTOTROPIC HYPOCOTYL 4*（*NPH4*）基因激活 *PLETHORA*（*PLT*）的表达，*PLT* 是一组转录因子，调控 *PIN1* 的表达，从而影响IAA的运输和积累。在心形胚期，*PLT* 诱

导 *SCARECROW*（*SCR*） 和 *SHORTROOT*（*SHR*）基因的表达；随后，*PLT*、*SCR*、*SHR* 基因协同作用诱导静止中心的形成（图 12-11）。静止中心的形成可以作为胚根起始的标志。

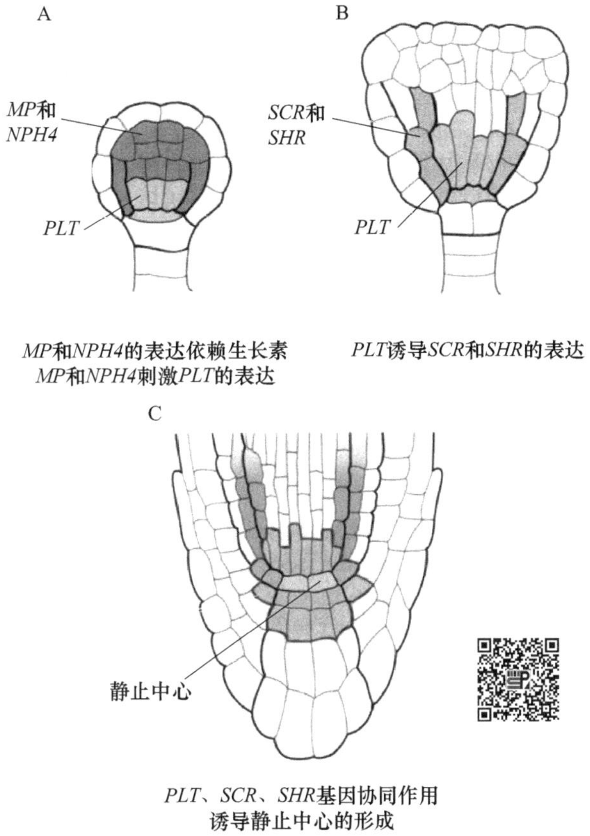

图 12-11 胚根细胞发育的基因调控（Taiz et al., 2015）

在本章第二节的“植物胚胎发育的调控”中已经介绍过，在拟南芥 *shr* 突变体的初生根内缺乏内皮层，而 *scr* 突变体皮层细胞和内皮层细胞混合在一起形成一层细胞（图 12-6）。那么，*shr* 和 *scr* 突变体内不形成内皮层的原因是细胞分裂受抑制，还是因这些细胞本身缺乏内皮层分化的基因表达？为了究其原因，将 *shr*、*scr* 突变体和一种比正常植物细胞分裂活性高的 *fass* 突变体进行杂交，分别得到 *shr fass* 和 *scr fass* 双突变体，*shr fass* 双突变体的根中具有多层皮层细胞，但缺少内皮层，表明 *shr fass* 双突变体内皮层的缺失并不是因为细胞分裂受抑制，而是内皮层细胞分化必需的 *SHR* 基因发生了突变。而 *scr fass* 双突变体的根中既有皮层也有内皮层，表明 *SCR* 基因并不是内皮层细胞分化必需的基因。*SCR* 基因编码不均等分裂的控制蛋白，*scr* 突变体因 *SCR* 基因突变抑制了不均等分裂，导致突变体皮层细胞和内皮层细胞混合形成一层细胞。可见，不均等分裂也是皮层和内皮层细胞分化的必要条件。

（2）激素调控 IAA 是调控根尖细胞分裂和分化的主要激素。研究表明，IAA 在根中的分布不均匀，静止中心是 IAA 浓度的最高点，由静止中心向分生组织区 IAA 呈梯度分布。

IAA 在根中的分布不均匀主要由 *PIN* 基因家族成员的功能所确定。PIN1 蛋白定位于中央维管组织细胞的基部质膜上，介导 IAA 向静止中心和根冠的极性运输；PIN2 蛋白定位于皮层细胞顶端质膜上，是 IAA 从根尖部向基部分生组织区回流运输的主要中介；PIN3 蛋白定位在根冠柱状细胞中，介导 IAA 向侧根冠的运输；PIN4 在静止中心和周围细胞中表达，调控静止中心中 IAA 的含量，使静止中心成为 IAA 浓度的最高点（图 12-12）。

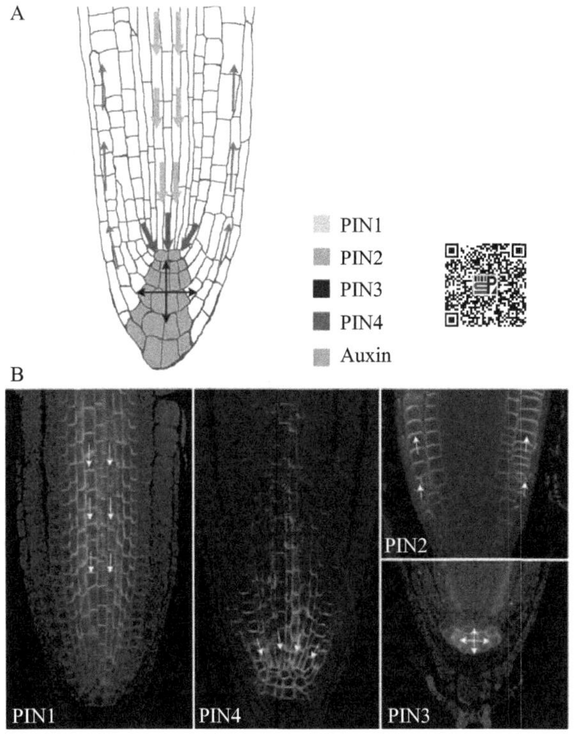

图 12-12 根中 PIN 蛋白的定位及 IAA 的运输（Tanaka et al., 2006）

A. 根中不同 PIN 蛋白的定位示意图；B. 根结构的荧光显微镜图，荧光表示不同 PIN 蛋白在根中的定位；箭头表示 IAA 的运输方向

过高浓度的 IAA 抑制静止中心细胞的分裂与分化，较高浓度的 IAA 促进分生组织中细胞的分裂，而在根的伸长区，IAA 浓度降低促进细胞进入分化状态。

在根中，IAA 是维持其顶端分生组织活性的主要激素。此外，CTK 也有调控作用，但与 IAA 的作用相反，CTK 抑制根的分化。近年来的研究发现，CTK 通过控制根顶端分生组织细胞分化的速度影响分生组织区的大小。

根顶端分生组织细胞的数量由 *WUSCHEL-RELATED HOMEOBOX5*（*WOX5*）控制，IAA 通过调控生长素响应因子 ARF10/16 蛋白的活性，调控 *WOX5* 的表达，从而调控分生组织区的大小。高浓度 IAA 促进 ARF 蛋白的活性，激活 *PIN* 基因的表达，引起 IAA 的积累，IAA 水平的增加促进根顶端分生区细胞的分裂，使根顶端分生组织区增大。

高浓度 CTK 诱导 CTK 信号调控因子（*ARABIDOPSIS RESPONSE REGULATORS*，*ARR*）*ARR1* 和 *ARR12* 基因的表达，激活 *SHORT HYPOCOTYL2*（*SHY2*）基因，SHY2 是 IAA 信号的抑制因子。当 IAA 信号被抑制时，IAA 水平降低引起根顶端分生区细胞分裂减少，根顶端分生组织区变小。因此，IAA 和 CTK 在建立和维持根顶端分生组织细胞的数量和分生组织区大小方面起拮抗作用。

在不影响细胞分裂的条件下，外加 CTK 可以使根的分生组织区变小。利用 CTK 合成突变体和 CTK 信号转导途径相关突变体的研究表明，突变体的根分生组织区细胞变多，分生组织区增大。

此外，乙烯、GA 和 BR 在根发育过程中也有协同调控作用。

4. 侧根的分化　一般侧根从根的成熟区产生，侧根原基从中柱鞘或内皮层（取决于不同的物种）发生。但并非所有的中柱鞘细胞都参与侧根的形成，只有少数细胞能发育形成侧根。当这些中柱鞘细胞接收特定信号后，细胞被激活，开始细胞分裂，形成侧根原基，随后发育成侧根。

拟南芥侧根的发育过程可分为 6 个阶段：阶段Ⅰ，少数中柱鞘细胞进行不均等垂周分裂；阶段Ⅱ，中柱鞘细胞平周分裂产生两层细胞，外层（outer layer，OL）和内层（inner layer，IL）细胞；阶段Ⅲ和Ⅳ，外层和内层细胞进行平周分裂，产生 4 层细胞；阶段Ⅴ，外细胞层的两层细胞进行垂周分裂，内细胞层的细胞呈放射状分裂，原基出现；阶段Ⅵ，原基细胞扩大，开始分化形成侧根分生组织。在侧根分生组织调控下，最终突破主根的内皮层、皮层和表皮，发育为成熟的侧根（图 12-13）。

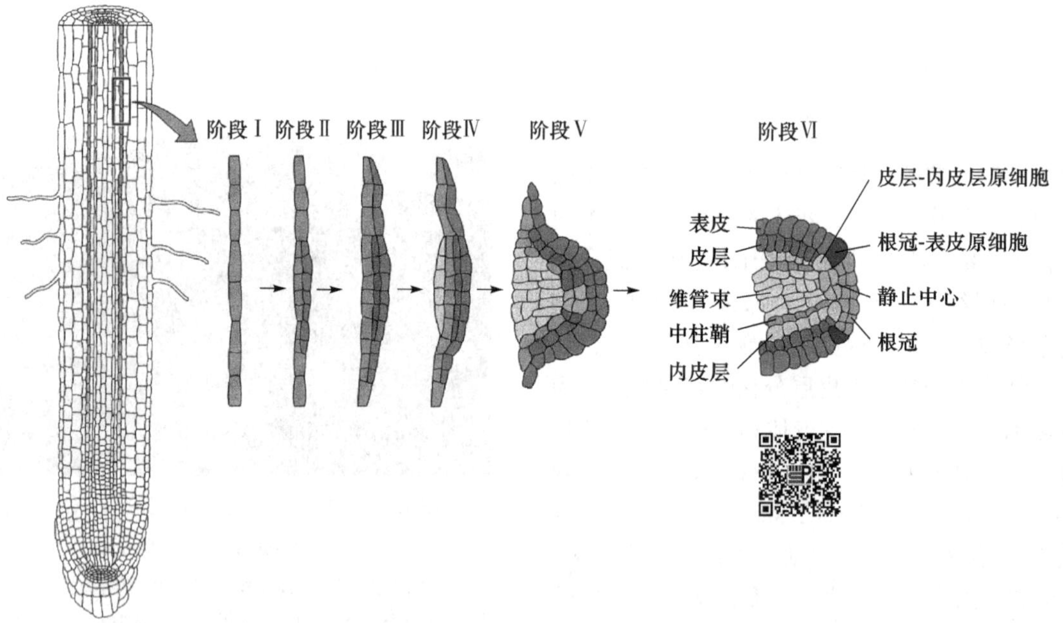

图 12-13　拟南芥侧根原基发育模式（Taiz & Zeiger，2010）

侧根的形成和生长主要受生长素的调控。IAA 的极性运输对侧根发育至关重要。例如，*aux1 pin3* 突变体的侧根密度明显减少，*pin2* 突变体的侧根密度明显增加。

5. 根毛的分化　根毛的分化发生在成熟区，由部分特定的表皮细胞发育形成根毛。

在维管植物中，根毛的发生有3种类型：①任何根表皮细胞均有可能分化形成根毛。大多数植物包括几乎所有的双子叶植物、大部分的蕨类植物和部分单子叶植物的根毛形成属于这种类型。②根表皮细胞早期不对称分裂，由较小的细胞发育成根毛。一些单子叶植物和双子叶莲科植物的根毛形成属于这种类型。③根表皮细胞明显区分为根毛细胞和非根毛细胞两种类型。常见于芸薹属植物，如拟南芥。在这类型中，根表皮细胞分化根毛具有位置效应，根毛的发育是细胞位置效应调控的结果。

从拟南芥根的横切面（图12-14A）可见，表皮、皮层和内皮层均为单细胞层结构，并且皮层和内皮层的细胞数几乎恒定不变，均为8个，呈八轴辐射对称排列。能发育成根毛的表皮细胞总是处于与两个皮层细胞相对的位置，或者说与两个相邻皮层细胞的垂周壁（辐向壁）相对；而不能发育成根毛的表皮细胞处于与一个皮层细胞相对的位置，或者说直接与皮层细胞壁相切。因此，能发育成根毛的细胞有8个，不能发育为根毛的细胞有8～18个。在根表面，这两类细胞分别排列成不同的细胞列。表皮细胞的根毛发育具有明显的位置效应，取决于它与相邻皮层细胞的联结关系。

根表皮细胞分化成根毛是多基因作用的结果。对拟南芥根毛发育的突变体分析，发现*WEREWOLF*（*WER*）、*CAPRICE*（*CPC*）、*TRANSPARENT TESTA GLABRA1*（*TTG1*）、*GLABRA2*（*GL2*）、*GLABRA3*（*GL3*）和它的同源基因*ENHANCER OF GLABRA3*（*EGL3*）调控根毛的发育（图12-14B、C）。*WER*促进非根毛细胞的发育，*wer*突变体根毛增多。*CPC*促进根毛的发育，*cpc*突变体根毛减少（图12-14B）。*TTG1*促进非根毛细胞的特化或抑制特定部位细胞分化为根毛细胞，*ttg1*突变使表皮细胞失去根毛细胞分化的位置信息，*ttg1*突变体根毛增多。*GL2*对根毛形成具有负调节作用，抑制根毛细胞的分化，*gl2*突变体表现为根毛增多。进一步研究证明，WER和CPC是MYB类蛋白质。GL3和EGL3属于bHLH转录因子家族，仅在根毛细胞中表达，但可以移动到与之相邻的非根毛细胞。GL2编码一个同源异型结构域转录因子。

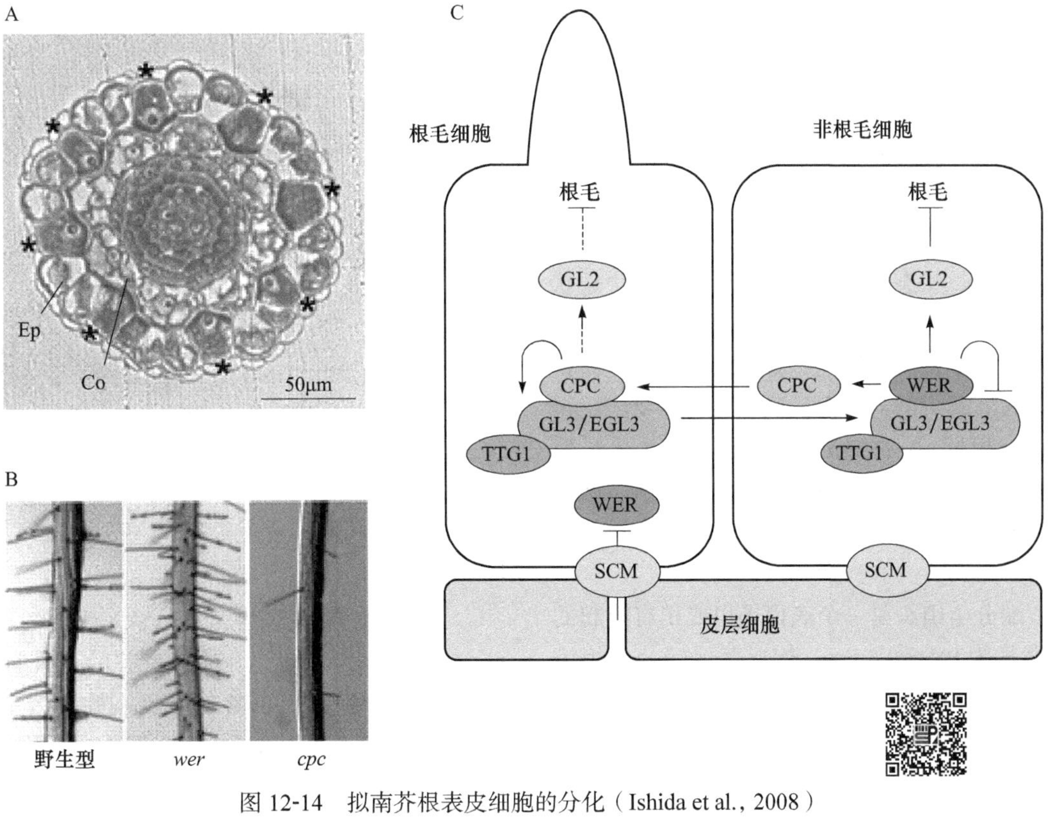

图12-14　拟南芥根表皮细胞的分化（Ishida et al., 2008）

A. 拟南芥根横切面，*代表可以发育为根毛的表皮细胞，Ep为表皮细胞，Co为皮层细胞；B. 野生型和*wer*、*cpc*突变体的根毛表型；C. 拟南芥根表皮细胞分化的调控模型，示位置效应与基因表达调控的相互作用。箭头表示正调节，短横线表示负调节，实线代表调控存在，虚线代表调控解除

在此基础上提出了根毛发育的遗传调控模型（图 12-14C）。在非根毛细胞中，由 WER 与 GL3/EGL3-TTG1 形成 WER-GL3/EGL3-TTG1 转录因子复合体，促进 *GL2* 和 *CPC* 的表达。表达 *GL2* 的表皮细胞，抑制根毛的分化，随后发育为非根毛细胞。CPC 能够侧向移动到相邻假定的根毛细胞，在该细胞中，CPC 和 WER 竞争与 GL3/EGL3-TTG1 结合，CPC-GL3/EGL3-TTG1 复合体对 *GL2* 的表达没有促进作用，不表达 *GL2* 的表皮细胞随后发育为根毛细胞。同时，CPC 正调控 *GL3/EGL3* 的表达，而 WER 负调控 *GL3/EGL3* 的表达。

那么，根毛发育的位置效应如何调控基因表达？有关调控的分子机制目前还了解不多。*SCRAMBLED*（*SCM*）基因被鉴定具有调控根毛发育位置效应的功能，*SCM* 编码一个富含亮氨酸的类受体蛋白激酶，定位于细胞质膜上。该类受体蛋白激酶的胞外结构域（extracellular domain）能够检测并接收存在于两个皮层细胞间的一些未知位置信号，接收了位置信号的 *SCM* 被激活，抑制表皮细胞中 *WER* 的表达。由于 WER 和 CPC 的相互竞争，调控表皮细胞的基因表达，最终决定其发育为根毛或非根毛细胞。

（二）茎的生长分化

1. 茎尖的构造和分化　植物茎尖的结构和生长分化都比根尖复杂得多。茎尖上产生许多侧生结构，如叶原基、芽原基等，而且随着发育阶段的不同，营养生长状态的茎尖还可转变为生殖生长状态。茎尖比根尖更易受环境条件变化的影响，生长状态在一年四季都有所不同，如春天快速生长而秋天进入休眠。茎尖的初生生长区域比根尖要广泛得多，有时茎顶端 10～15cm 区间内都有初生生长发生，而根尖的初生生长区域一般只有几毫米。所以与根尖相比，茎尖的生长分化是一个更为复杂的动态过程。

茎顶端分生组织是一个表面平坦或稍有隆起的区域，直径为 0.1～0.3mm，构成茎顶端分生组织的是较小的薄壁细胞，细胞质致密，缺乏大的中央液泡。

根据细胞组织学分区（cytohistological zone）划分，茎顶端分生组织包括中心区（central zone，CZ）和周缘区（peripheral zone，PZ）。中心区由体积大、分裂缓慢的细胞组成；周缘区由体积相对较小、分裂迅速的细胞组成，叶、腋芽及茎的外层都是从周缘区起始的。在中央区下，有肋状分生区（rib zone，RZ），这部分细胞的分裂分化形成茎的内部组织。根据构成茎顶端分生组织的细胞层划分，茎顶端分生组织的表面有一或多个细胞层，称为原套（tunica）和原体（corpus）。组成原套的细胞从外向内又可以分为 L1、L2 和 L3 三层（图 12-15），原套各层的细胞分裂都是垂周分裂。原套下面的原体细胞的分裂不像原套细胞那样规则。中心区和周缘区包含了原套和原体的细胞。

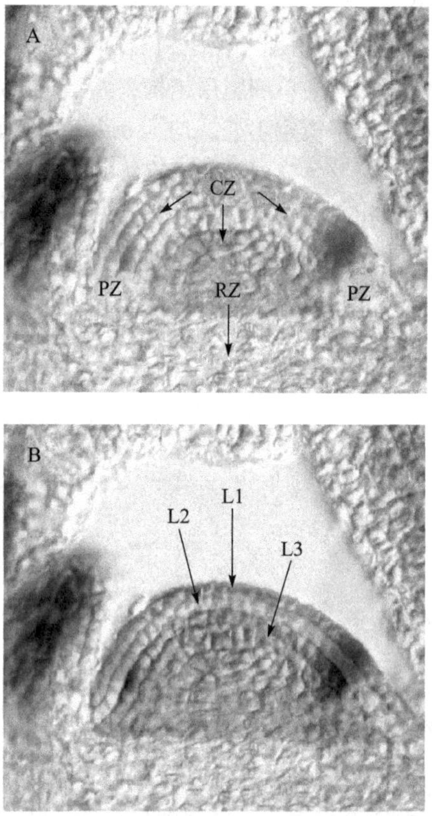

图 12-15　植物茎顶端分生组织的构造（Taiz et al.，2015）

A. 茎顶端分生组织从功能上可明显划分为中心区（CZ）、周缘区（PZ）和肋状分生区（RZ）；B. 茎顶端分生组织从细胞的结构层可划分为原套和原体，原套细胞从外向内可以分为 L1、L2 和 L3 三层

2. 茎尖分化的调控

（1）基因调控　对拟南芥的研究证明，维持茎顶端分生组织正常功能所需的基因主要有：*SHOOT MERISTEMLESS*（*STM*）、*WUSCHEL*（*WUS*）、*CLAVATA1*、*CLAVATA2* 和 *CLAVATA3*（*CLV1*、*CLV2* 和 *CLV3*）等。

STM 是胚胎中形成茎顶端分生组织所必需的，*STM* 基因编码转录因子。拟南芥 *STM* 基因是拟

南芥中 4 个 *KNOX1* 基因之一，*KNOX1* 基因仅在分生组织中表达，在分化的组织和器官中不表达，*KNOX1* 基因在维持茎顶端分生组织的完整性和功能上有重要作用。*STM* 基因最早在球形胚上部表达，从球形胚的后期开始，*STM* 的表达仅限于发育中的顶端分生组织，在分生组织细胞分化为叶原基后 *STM* 停止表达。*stm* 突变体仅产生 2 片子叶后发育就终止，不能建立正常的茎顶端分生组织。

WUS 是同源异型框（homeobox）基因家族的转录因子，对维持茎顶端分生组织的特性起作用。在胚胎发生的球形胚早期，*WUS* 在胚胎的顶端细胞中表达。在茎顶端分生组织的起始过程中，*WUS* 的表达逐渐局限于中心区原体的一部分细胞中（图 12-16）。表达 *WUS* 基因的细胞产生一个信号，在其上层的组织中确定中心区细胞。在 *wus* 突变体中，这一信号缺失，中心区细胞不能正常确定，导致分生组织的终止。有证据表明，表达 *WUS* 的细胞，在维持茎顶端分生组织的中心区的功能与根顶端分生组织静止中心在维持分生组织活性的过程中所起的作用相似。

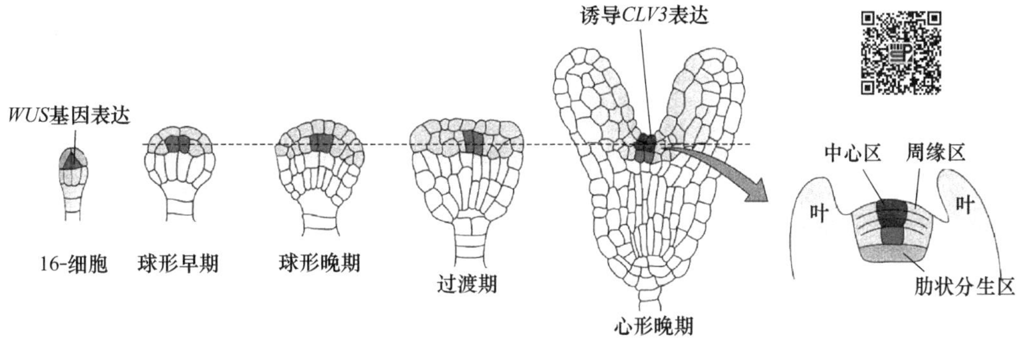

图 12-16　*WUS* 在茎顶端分生组织中的表达部位及功能（Taiz et al., 2015）

CLV1、*CLV2* 和 *CLV3* 基因对维持茎顶端分生组织活性具有核心调控作用。*CLV1* 编码一个富含亮氨酸的丝氨酸/苏氨酸受体激酶，是茎顶端分生组织大小的负调控子。CLV2 是一个类受体蛋白（receptor-like protein），具有与 CLV1 相似的结构，只是不具有激酶结构域，CLV1 和 CLV2 可能形成异源二聚体。*CLV3* 编码一个小的胞外蛋白，作为配基与 CLV1-CLV2 组成的受体复合体相互作用。这三个 CLV 蛋白相互作用，调控细胞分裂，控制茎顶端分生组织的大小。在胚胎发生的心形胚阶段，这些基因开始表达。在茎顶端分生组织的发育中，*CLV1* 的表达主要局限于中心区的原体中，而 *CLV3* 主要在中心区的原套中表达。*CLV* 基因的主要功能是限制 *WUS* 基因的表达区域。

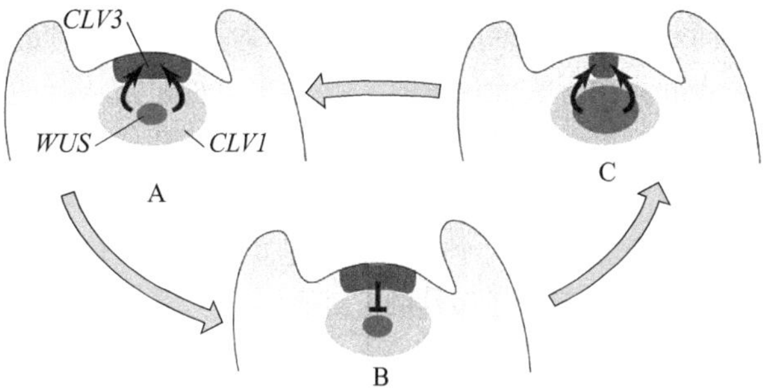

图 12-17　*WUS*、*CLV1* 和 *CLV3* 相互作用的模型（Taiz et al., 2015）

A. *WUS* 表达刺激 *CLV3* 转录，CLV3 蛋白产生；B. CLV3 蛋白激活 CLV1 信号途径，CLV3 蛋白与 CLV1 蛋白结合，抑制 *WUS* 的表达；C. 随着中心区细胞数量减少，CLV3 水平降低，*WUS* 表达，引起中心区细胞数量增加

WUS、*CLV1* 和 *CLV3* 形成一个反馈调节环（图 12-17），调控茎顶端分生组织中心区的大小。*WUS* 是形成和维持茎顶端分生组织所必需的，*WUS* 在分生区原体中表达，诱导 *CLV3* 在上层原套中表达，产生 CLV3 蛋白，在 CLV3 蛋白的作用下激活原体中的 CLV1 信号途径。CLV1 的激活反过来又限制了 *WUS* 的表达区域。

那么，*WUS*、*CLV1* 和 *CLV3* 反馈调节环与 *STM* 的关系如何呢？*WUS* 最初在球形胚早期的顶细胞中表达，*STM* 在球形胚晚期的顶端区域中表达，*CLV1* 和 *CLV3* 在心形胚早期的顶端分生组织中表达，表明在胚发育早期，*WUS*、*CLV1* 和 *CLV3* 反馈环和 *STM* 之间是相对独立的。在胚发育后期，*WUS*、*CLV1* 和 *CLV3* 反馈环与 *STM* 之间有一定作用关系，*WUS*、*CLV1* 和 *CLV3* 反馈环主要维持茎顶端分生组织中心区的大小，*STM* 不仅维持茎顶端分生组织，还调控叶原基的产生和叶的发育。

（2）激素调控　IAA 和 CTK 参与调控顶端分生组织的发育。

在茎顶端分生组织中，CTK 是维持其顶端分生组织活性的主要激素。在拟南芥茎顶端分生组织中，高浓度 CTK 对维持茎顶端分生组织细胞的数量起关键作用，这个细胞数量由 *WUS* 的活性所决定，*WUS* 通过抑制两个 CTK 信号的负调控因子 *ARR7* 和 *ARR15* 的表达，维持 CTK 处于较高水平。IAA 刺激 *ARF5/MP* 转录因子的活化，从而抑制 *ARR7* 和 *ARR15* 的表达，维持 CTK 处于高浓度状态，因此，IAA 通过维持高水平 CTK 发挥调控作用。IAA 和 CTK 在维持茎顶端分生组织细胞的数量方面起协同作用。

（三）叶的生长分化

1. 叶原基的分化及调控　叶原基从茎顶端分生组织的周缘区分化而来。随着叶原基的产生建立了叶生长的三个极性轴向，即基-顶轴极性（proximal-distal polarity）、背腹轴也称为近-远轴极性（adaxial-abaxial polarity）和中-边轴极性（midrib-lateral polarity）（图 12-18）。基-顶轴极性是指从叶的基部指向叶的顶部的轴向；近-远轴极性是指从成熟叶的上表面指向下表面的轴向；中-边轴极性是指从叶的中脉指向叶的边缘的轴向。遗传机制和环境因子沿着这三个极性轴向调控叶片的发育。叶片近-远轴极性的建立是其他两个极性轴向建立的前提，这里主要讨论叶的近-远轴极性的发育。

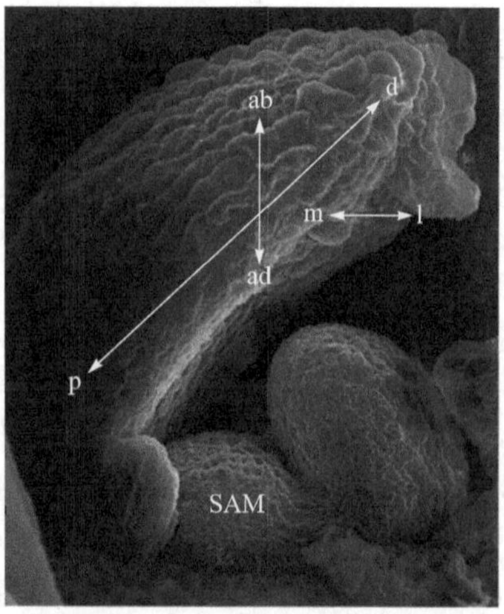

图 12-18　叶的起源与叶生长的三个极性轴向（Byrne，2012）

p ⟷ d 表示基-顶轴极性，ab ⟷ ad 表示近-远轴极性，m ⟷ l 表示中-边轴极性

在大多数植物中，成熟的叶片都有一个上表面和一个下表面。当叶原基从茎顶端分生组织产生，随叶片的生长，将要变成叶片上表面的、面向顶端分生组织的中心的一面，称为叶的近轴面（adaxial），即叶片的腹面；将要变成叶片下表面的、背向顶端分生组织的中心的一面，称为叶的远轴面（abaxial），即叶片的背面。

叶近-远轴极性的产生依赖于茎顶端分生组织与叶原基之间的某种信息联系。例如，通过显微手术将茎顶端分生组织中心与即将形成叶原基的部位切开（图 12-19A），会导致叶原基发育成为一种辐射对称的、没有近-远轴极性的叶。如果显微手术分别从茎顶端分生组织中心与叶原基之间的两侧切，中间仍保留茎顶端分生组织与叶原基间的联系（图 12-19B），叶原基可以发育为正常的叶。结果表明，茎顶端分生组织产生的某种信号是叶近-远轴极性建立所必需的，但目前对这种信号的本质还缺乏了解。

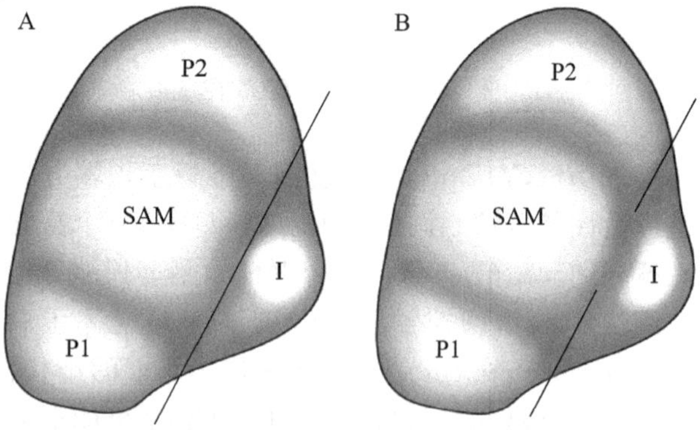

图 12-19　显微手术证明茎顶端分生组织影响叶原基近-远轴极性的建立（Taiz et al.，2015）

A. 叶原基（I）与茎顶端分生组织中心（SAM）之间被完全切开，随后叶原基发育为一种辐射对称的、没有近-远轴极性的叶，P1、P2 表示已经发育的叶；B. 叶原基（I）与茎顶端分生组织中心（SAM）之间没有被完全切开，中间仍保留茎顶端分生组织与叶原基间的联系，叶原基可以发育为正常的叶

金鱼草的 *phantasitica*（*phan*）突变体是最早报道的叶极性相关突变体，*phan* 突变体叶近-远轴的不对称性丧失，叶呈辐射对称的针状结构。*PHAN* 编码一个 MYB 家族转录因子，该基因只在叶原基的起始位点和叶原基的形成中有表达。PHAN 的活化抑制 *KNOX1* 基因在叶发育中的表达。*KNOX1* 基因在维持茎顶端分生组织的完整性和功能上有重要作用，仅在分生组织中表达，在分化的组织和器官中不表达，其功能与维持分生组织的属性有关。因

此，当叶原基形成后，抑制 *KNOX1* 基因的表达有利于叶的发育过程。

拟南芥 *ASYMMETRIC LEAVES 1*（*AS1*）基因是 *PHAN* 的一个同源基因。*as1* 突变体与 *phan* 的叶子形状有相似之处，突变体形成针状叶。拟南芥 *as2* 突变体的表型与 *as1* 相似。遗传分析表明，*AS1* 基因与 *AS2* 在同一遗传途径上调节叶的发育，AS1 和 AS2 蛋白可以形成蛋白复合体，调控下游基因的表达，如结合在 *KNOX1* 基因的启动子上，抑制 *KNOX1* 基因的表达。*AS1* 在叶原基中都有表达，*AS2* 仅在心形胚和鱼雷形胚期的子叶原基的近轴面表达。因此，推测在子叶原基的近轴面表达的 AS2，与 AS1 蛋白形成蛋白复合体，调控下游基因的表达，从而促进叶近轴面特征的分化，同时抑制 *KNOX1* 基因在叶中的表达。

2. 叶序及其基因控制　叶原基的发生并不是随机的，在时间和空间上具有相当的确定性和精确性，并且叶原基发生形态具有种属特异性。叶原基或叶片在茎干上特定的排列状态称为叶序（phyllotaxy）。叶序可分为互生（alternate）叶序、交互对生（decussate）叶序、螺旋（spiral）叶序和轮生（whorled）叶序。在互生叶序的茎上，每节只生 1 片叶，在茎的对应两边形成连续的叶片。交互对生叶序每节生一对叶片，每对叶片与前一对成直角排列。螺旋叶序在每节上只生 1 片叶，连续的叶片沿茎形成一个螺旋。轮生叶序每节生 2 片以上的叶片。

叶序的形成受内部因子和环境因子的影响。生长素是影响叶原基产生的主要因子。例如，在拟南芥茎顶端分生组织施用少量生长素，诱导拟南芥形成互生叶序。外施生长素运输抑制剂可改变叶原基产生的部位。研究证明，叶原基是在生长素浓度最高的区域产生，这与生长素外向转运载体 PIN 蛋白在细胞质膜上的不对称分布密切相关。由于 PIN 蛋白在细胞膜上的不对称分布，从而决定了生长素在茎尖的运输方向，这样会造成生长素的局部浓度升高，叶原基的起始位点位于局部生长素浓度最高的部位（图 12-20）。

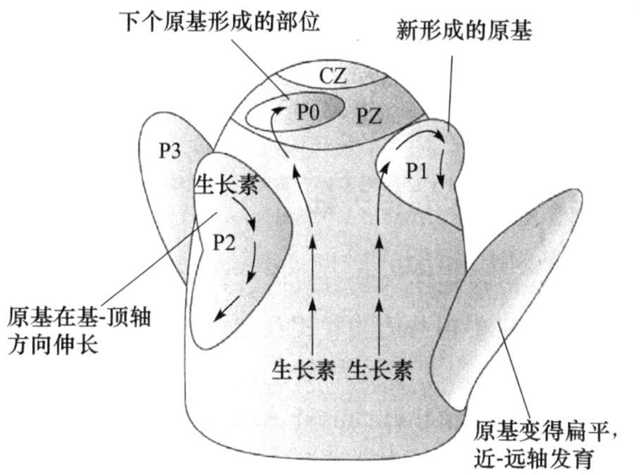

图 12-20　叶产生的部位与生长素的极性运输有关（Taiz et al., 2015）

叶原基出现在生长素浓度最高的部位。由于 PIN 蛋白（生长素外向转运体）在细胞膜上的不对称分布，决定了生长素在茎尖的向顶极性运输（箭头所示）。P0、P1、P2 分别表示叶原基的年龄，P0 表示叶原基开始发育，P1、P2 表示已经发育的叶。生长素的向顶运输在中心区（CZ）和周缘区（PZ）的边界部位被阻止，导致该部位生长素水平增高，叶原基（P0）起始。最新产生的原基 P1 作为生长素的库，这样阻止了它的直接上方新原基的起始。随着茎的生长，较成熟的叶逐渐远离周缘区（PZ），生长素的向顶运输重新恢复，P0 叶原基起始

对 PIN1 蛋白的亚细胞定位的研究表明，在叶原基形成前，PIN1 蛋白主要在茎顶端分生组织表皮（L1 层）细胞层表达，并且呈不均匀分布，使生长素在向顶的极性运输中局部浓度升高，高浓度生长素诱导叶原基的起始。在原基形成过程中，PIN1 的定位发生变化，在原基形成的早期，PIN1 定位在原基细胞的近轴面一侧，导致生长素从周围细胞向原基中心运输。原基形成后，幼嫩的叶原基作为生长素库，从周围区域吸收生长素，结果在相邻区域内形成一个生长素枯竭带。随着原基的伸长，PIN1 定位在原基细胞的远轴面一侧，从而引导生长素向叶片的顶端运输。目前，对叶原基发育过程中 PIN1 定位的调控机制还缺乏了解。

除了生长素外，细胞分裂素也参与调控叶序的发育。*ABPH1* 基因编码一个细胞分裂素诱导反应调节因子（cytokinin-inducible response regulator），*ABPH1* 在胚胎茎顶端分生组织中表达，抑制细胞分裂素诱导的茎顶端分生组织的扩大，从而限制了叶原基在茎顶端起始的有效部位。玉米 *abph1* 突变体的叶序由二分对生叶序变为交互对生叶序，而且 *abph1* 突变体中 *PIN1* 的表达低于野生型。

叶序的产生受基因表达调控。利用金鱼草的研究发现，金鱼草的轮生花序受 *FLORICAULA*（*FLO*）基因和 *SQUAMOSA*（*SQUA*）基因的控制。*FLO* 基因是花芽形成必需的，*flo* 突变体在苞叶叶腋处不形成花芽而形成营养芽，而且所形成的营养芽上的苞叶呈螺旋叶序，说明 *FLO* 基因突变改变了

金鱼草轮生叶序的习性，所以，*FLO*基因是叶序的控制基因。这些基因控制叶序发生的具体机制尚未阐明。

五、植物生长的相关性

高等植物是多细胞有机体，构成植物体的各部分之间存在着相互依赖和相互制约的关系（或称相关性）。在植物的生长发育过程中，不同器官间的相关性是通过植物体内的营养物质和信息物质在各部分之间的相互传递或竞争来实现的。植物个体的生长也受到与它周围一起生长的其他植物的影响，不同植物个体之间也存在相关性。

（一）植物地上部分与地下部分的相关性

植物的地上部分和地下部分处在不同的环境中，两者之间有维管束的联络，有营养物质与信息物质的大量交换。地下部分的生长依赖于地上部分提供的光合产物、生长素、维生素等，而地上部分的生长则需要根系提供水分、矿质、氮素及根中合成的植物激素（CTK、GA和ABA）、氨基酸等。通常所说的“根深叶茂”“本固枝荣”就是指地上部分与地下部分的协调关系。一般情况下，植物的根系生长良好，其地上部分的枝叶也较茂盛；同样，地上部分生长良好，也会促进根系的生长。

植物地上部分与地下部分的相关性常用根冠比（root top ratio，R/T）表示。根冠比是指植物地下部分与地上部分干重或鲜重的比值，它能反映植物的生长状况，以及环境条件对地上部分与地下部分生长的不同影响。不同物种有不同的根冠比，同一物种在不同的生育期根冠比也有变化。例如，一般植物在开花结实后，同化物多用于繁殖器官，同时由于根系逐渐衰老，使根冠比降低；而甘薯、甜菜等作物在生育后期，因大量养分向根部传输，储藏根迅速膨大，根冠比反而增高；多年生植物的根冠比还有明显的季节变化。

（二）主茎与侧枝的相关性

1. 顶端优势 植物的顶芽长出主茎，侧芽长出侧枝，通常主茎生长很快，而侧枝或侧芽则生长较慢或潜伏不长。这种由于植物的顶芽生长占优势而抑制侧芽生长的现象称为植物生长的顶端优势（apical dominance）。顶端优势现象普遍存在于植物界，但不同植物的表现不同。有些植物的顶端优势十分明显，如向日葵、玉米、高粱、黄麻等的顶端优势很强，一般不分枝；有些植物的顶端优势较为明显，如雪松、桧柏、水杉等，越靠近顶端的侧枝，生长受抑制越强，从而形成宝塔形树冠；有些植物顶端优势不明显，如柳树及灌木型植物等。同一植物在不同生育期，其顶端优势也会有变化，如稻、麦在分蘖期顶端优势弱，分蘖节上可多次长出分蘖；进入拔节期后，顶端优势增强，主茎上不再长分蘖。

2. 顶端优势的调控 生长素是调控顶端优势的主要因素，生长素促进顶端生长而抑制侧芽的生长。此外，细胞分裂素和独脚金内酯（详见第十一章）也参与调控侧芽的发育。生长素由茎顶端产生，通过PIN1介导进行向下极性运输。细胞分裂素和独脚金内酯在根部合成，通过木质部进行长距离运输（图12-21）。在侧芽处，若生长素、独脚金内酯占优势，侧芽生长受抑制；若细胞分裂素占优势，则促进侧芽生长。因此，侧芽的发育取决于该部位生长素、细胞分裂素和独脚金内酯三种激素间的相互作用。

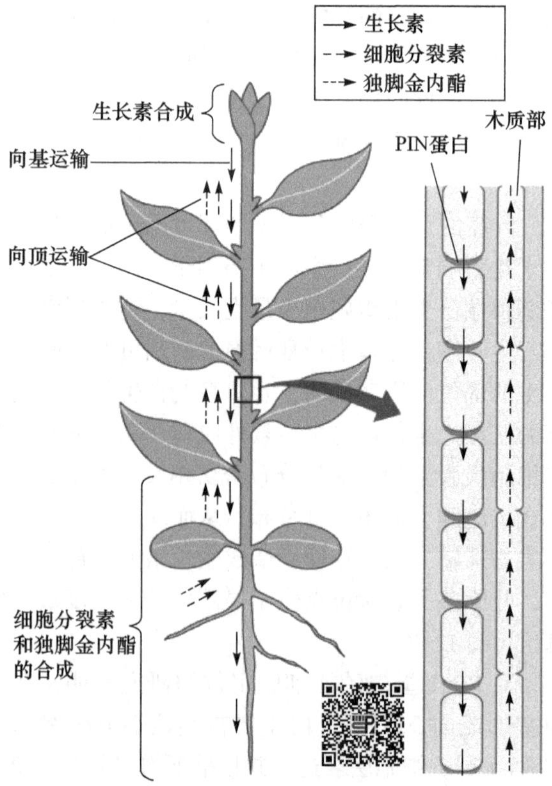

图12-21 植物体内生长素、细胞分裂素和独脚金内酯的运输（Taiz et al.，2015）

近年研究证明，蔗糖作为信号分子调控侧芽的发育（图 12-22）。例如，豌豆去顶后大约 2.5h 后侧芽开始生长，而在与侧芽相邻的茎中，生长素水平的下降在 24h 后才能检测到，表明生长素水平的下降不是侧芽生长的起始信号。利用 ^{14}C 标记的蔗糖证明，在与侧芽相邻的茎中来源于叶片的蔗糖浓度在去顶后 2h 内开始下降，蔗糖浓度的下降是由于侧芽对蔗糖的吸收所致。这样，去顶后，蔗糖浓度下降可能是侧芽生长的启动信号。

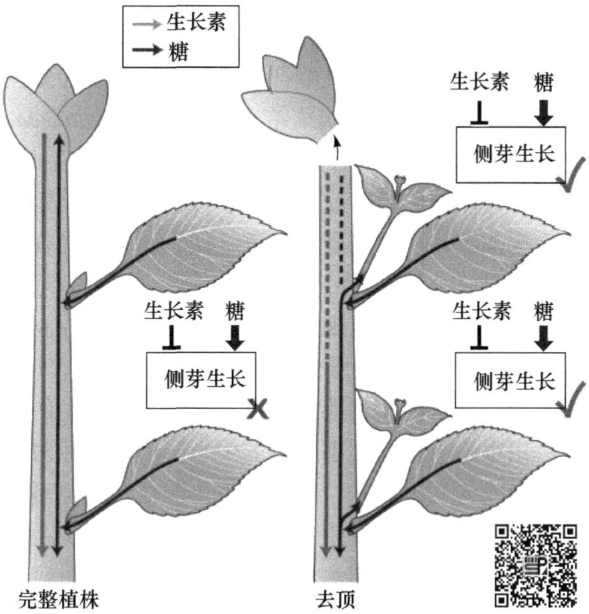

图 12-22　糖分的利用调控植物的顶端优势（Taiz et al., 2015）

去顶后，本来经韧皮部运输到顶部的糖分迅速在侧芽处积累，刺激侧芽生长，与此同时，去顶也导致茎中生长素浓度降低。在茎的上部节位，由于生长素浓度的降低相对慢于下部节位，因此，处于下部节位的侧芽的生长早于上部节位的侧芽

因此，顶端优势是多种因子综合影响的结果。

3. 顶端优势的应用　生产上有时需要利用和保持顶端优势，如麻类、向日葵、烟草、玉米、高粱等作物及用材树木，需抑制其侧枝生长，而使主茎强壮、挺直。有时则需消除顶端优势，以促进分枝生长。例如，水肥充足，植株生长健壮，则有利于侧芽发枝、分蘖成穗；花打顶和整枝、瓜类摘蔓、果树修剪等可调节营养生长，合理分配养分；花卉打顶去蕾，可控制花的数量和大小；茶树栽培中弯下主枝可长出更多侧枝，从而增加茶叶产量；绿篱修剪可促进侧芽生长，而形成密集灌丛状；苗木移栽时的伤根或断根，则可促进侧根生长等。

（三）营养生长与生殖生长的相关性

营养生长和生殖生长是植物生长周期中的两个阶段，以花芽分化为生殖生长开始的标志。

根据开花结实次数，植物可分为两大类：一次开花植物和多次开花植物。一次开花植物的特点是一生只开一次花，开花后，营养器官所合成的有机物主要向生殖器官转移，营养器官逐渐停止生长，随后衰老死亡，如水稻、小麦、玉米、高粱、向日葵、竹子等植物。多次开花植物的特点是营养生长与生殖生长有重叠，如棉花、番茄、大豆、四季豆、瓜类以多年生果树等，这类植物生殖器官的出现并不会马上引起营养器官的衰竭，在开花结实的同时，营养器官还可继续生长。不过通常在盛花期后，营养生长速率都会降低。

无论是一次开花植物，还是多次开花植物，营养生长和生殖生长难以截然分开。例如，小麦、水稻等禾谷类作物，从萌发到分蘖是营养生长，从拔节前到开花是营养生长与生殖生长并进时期，从开花到成熟是生殖生长。棉花从萌芽到现蕾是营养生长，从现蕾到结铃则处于营养生长和生殖生长并进阶段。多年生木本果树从种子萌发或嫁接成活到花芽分化前为营养生长期，随后进入营养生长和生殖生长并进阶段，且可持续多年。

营养生长与生殖生长的关系有相互依赖性，也有相互对立性。生殖生长以营养生长为基础，花芽必须在一定的营养生长的基础上才分化。生殖器官生长所需的养料，大部分是由营养器官供应的，营养器官生长不好，生殖器官的发育自然也不会好。营养生长与生殖生长之间又相互对立。例如，营养器官生长过旺，会影响生殖器官的形成和发育。稻、麦若前期肥水过多，引起茎叶徒长，延缓幼穗分化，增加空瘪率，若后期肥水过多，则造成恋青迟熟，影响粒重。大豆、果树、棉花等，如枝叶徒长，往往不能正常开花结实，或导致花、荚、果严重脱落。另外，生殖生长抑制营养生长，例如，一次开花植物开花后，营养生长基本结束；多次开花植物虽然营养生长和生殖生长并存，但在生殖生长期间，营养生长明显减弱。

在协调营养生长和生殖生长关系方面，生产上积累了很多经验。例如，加强肥水管理，既防止营养器官的早衰，又不使营养器官生长过旺；在果树生产中，适当疏花、疏果，使营养上收支平衡，并有积余，以便年年丰产，消除大小年。对于以营养器官为收获物的植物，如茶树、桑树、麻类及叶菜类，则可通过供应充足的水分、增施氮肥、摘除花芽等措施来促进营养器官的生长，抑制生殖器官的生长。

（四）植物的相生相克现象

植物通过向环境释放化学物质而产生促进或抑制周围植物生长的效应，称为相生相克现象（allelopathy），也称为化感作用。植物的相生相克现象广泛存在于自然界，与植物间的光照、水肥和空间的竞争一起构成了植物间的相互作用。

相生相克物质是一些次生代谢产物，可来源于植物体的不同部位如茎、叶和根，经雨水冲刷、根系分泌、产生挥发性物质或植物残体分解释放到土壤中。

由于相生相克物质的不同，其生理作用也不相同。总的来说，相生相克物质在影响细胞分裂和伸长、引起膜功能的改变、激素平衡的改变、影响矿质元素的吸收、影响光合和呼吸作用、抑制蛋白质的合成等方面起作用。

相生相克物质有些具有广谱活性，有些则具有选择性或专一性。例如，胡桃醌抑制苹果树生长，但对梨、桃、李无作用。弯叶眉草（*Eragrostis curvula*）产生的相生相克物质刺激向日葵生长，但抑制玉米和小麦的生长。有些相生相克物质抑制自身或者本种植物的生长，这种现象称为自毒作用（autointoxication）。例如，银胶菊（*Parthenium argentatum*）根分泌的反式肉桂酸抑制本种幼苗的生长。从高等植物如苹果、梨、葡萄、茶、咖啡、苜蓿和林木到低等植物如蕨和藻类都存在自毒现象。

对相生相克的研究有助于指导农业生产。在种植作物时，尽可能利用有相生作用的作物进行组合混作，避免与有相克作用的作物为邻。作物间或杂草与作物间相克的例子很多，如卷心菜根分泌物抑制油菜生长；番茄的根分泌物抑制莴苣和茄子的生长；胡桃根分泌的胡桃醌抑制番茄、马铃薯和紫花苜蓿的生长；杂草苇状羊茅（*Festuca arundinacea*）分泌的酚类化合物可抑制油菜、红三叶草的生长。对有自毒作用的作物应避免连续种植，如果高粱和向日葵连续种植，产量会显著降低，原因就是存在自毒作用。

植物的相生相克现象在防治植物病害和控制杂草方面有一定的应用潜力。例如，燕麦分泌莨菪亭，抑制一些杂草种子的萌发。黄瓜、向日葵产生的相克作用很强，减弱周围杂草的生长。利用一茬对杂草有相克作用的作物，进行轮作，即在当年也对下一年作物发挥治草作用，可大大减少除草剂的用量。

此外，植物的相生相克现象在外来引种时应得到足够的重视，以免造成难以控制的局面。

第三节　光对植物生长的影响

植物根据其生活环境和生活季节，每时每刻都在整合各种环境信息，进而调整其自身的形态建成。在环境因素中，光对植物的生长和发育具有最深远的影响。光不仅是光合作用的主要能量来源，还作为一种重要的环境信号，调控植物生命周期中的多个发育过程。植物不仅可以感知光，还可以检测光谱性质、方向、强度及光照时间，进而调控自身的发育。

一、植物的光形态建成

黑暗中生长的植物幼苗会进行一个被称为暗形态建成（skotomorphogenesis）或者黄化（etiolation）的发育过程，其特点是下胚轴伸长、子叶和顶钩闭合、根发育缓慢、缺乏叶绿素而呈白色或黄色，以及叶绿体发育不正常等。而光下生长的植物会进行光形态建成（photomorphogenesis）或者去黄化（de-etiolation）的发育过程，其特点是下胚轴短、子叶打开且伸展、根的发育增强、合成叶绿素，以及叶绿体发育完善等（图 12-23）。

植物通过光受体（photoreceptor）感受环境的光信号。植物的光受体主要可分为：光敏色素（phytochrome），主要感受红光和远红光（600～750nm）；隐花色素（cryptochrome）和向光素（phototropin），接收蓝光和紫外光-A（UV-A，320～500nm）；UV RESISTANCE LOCUS 8（UVR8），是最近鉴定的一个紫外光-B（UV-B，280～320nm）受体。

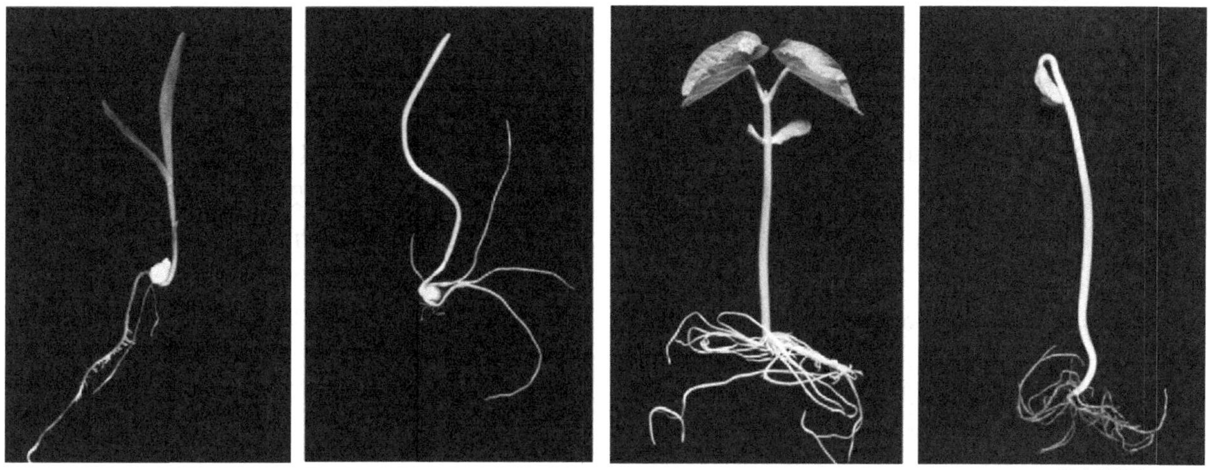

图 12-23　生长在光下和黑暗中的玉米（单子叶）和蚕豆（双子叶）幼苗（Taiz & Zeiger, 2006）

二、光敏色素

1. 光敏色素的发现及其基本特征　光敏色素最初是从光可逆性（photoreversibility）现象中发现的。1952 年，Borthwick 等报道了对莴苣种子进行的萌发试验结果：红光促进种子萌发，而远红光可逆转红光的作用；当反复照射红光和远红光时，种子是否萌发则取决于最后一次照射的是红光还是远红光（表 12-1）。1959 年，Bulter 等用双波长分光光度计检测到黄化玉米幼苗体内存在一种吸收红光和远红光且可互相转化的色素，经提取发现是一种色素蛋白。1960 年，他们将这种色素蛋白命名为光敏色素。

表 12-1　红光、远红光对莴苣种子萌发的影响

（Borthwick, 1952）

处理	种子萌发率 /%
D	8
R	98
R ＋ FR	54
R ＋ FR ＋ R	100
R ＋ FR ＋ R ＋ FR	43
R ＋ FR ＋ R ＋ FR ＋ R	99
R ＋ FR ＋ R ＋ FR ＋ R ＋ FR	54
R ＋ FR ＋ R ＋ FR ＋ R ＋ FR ＋ R	98

注：D. 黑暗；R. 红光；FR. 远红光

光敏色素广泛地分布在藻类、苔藓、地衣、蕨类、裸子植物和被子植物中。在高等植物中，已从多个组织中检测到光敏色素，但分布不均匀，分生组织和幼嫩器官中含量较高。此外，黄化幼苗中光敏色素的含量比绿色组织中高几十倍。

光敏色素是一种可溶性的浅蓝色的色素蛋白，由生色团（chromophore）和脱辅基蛋白（apoprotein）两部分组成。其中脱辅基蛋白由核基因编码，在细胞质中合成，单体的分子质量为 120～127kDa；生色团是呈线状排列的 4 个吡咯环，在质体中合成，运出到细胞质中，与脱辅基蛋白自动装配成光敏色素的全蛋白（holoprotein）（图 12-24，图 12-25）。光

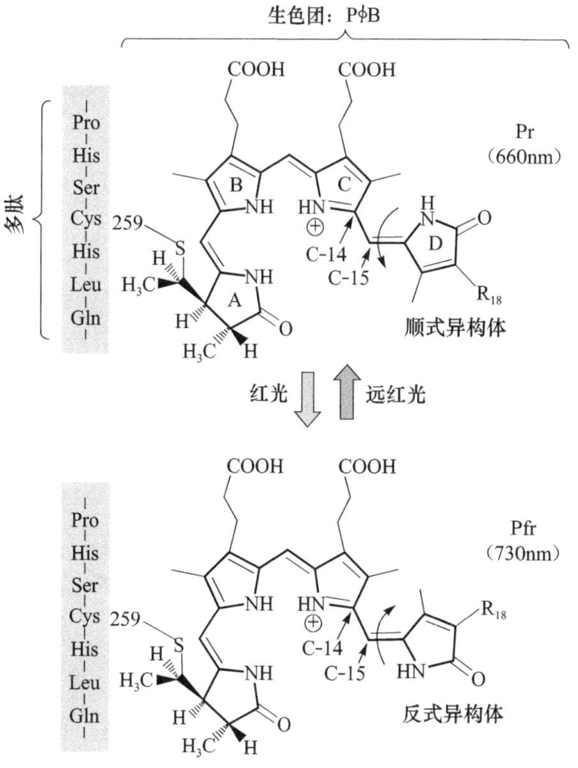

图 12-24　光敏色素生色团的结构及经硫醚键结合多肽的区域（改自 Taiz et al., 2015）

红光和远红光使生色团 C-15 发生顺式与反式异构体转换

敏色素分子可分为N端结构域和C端结构域，二者由一段灵活的铰链区相连接。其中N端结构域又可进一步分为4个亚结构域——N端延伸区、PAS、GAF、PHY，而C端结构域也可进一步分为两个亚结构域——PRD和HKRD（图12-25）。其中，GAF域的一个保守半胱氨酸以硫醚键与生色团A环上的烯双键共价连接，从而形成完整的光敏色素（图12-24，图12-25）。

光敏色素有两种可以互相转化的构象形式：红光吸收型Pr和远红光吸收型Pfr。光敏色素的Pr型在660～670nm处有最大吸收，Pfr型在725～730nm处有最大吸收（图12-26）。两种形式在蓝光区均有一个小的吸收峰，它们的光谱性质是生色团和脱辅基蛋白相互作用的结果。光敏色素两

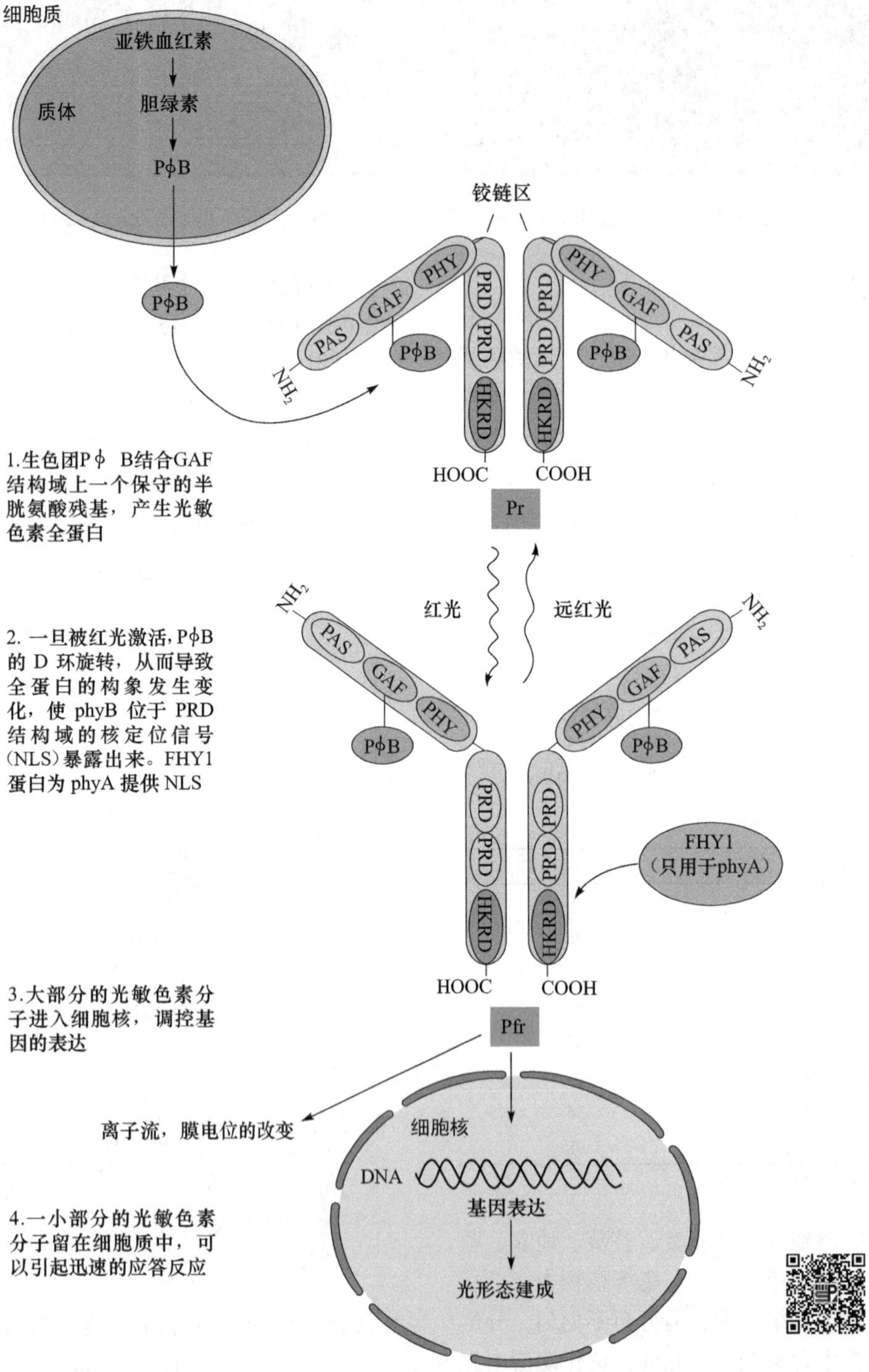

图12-25 生色团的合成、光敏色素全蛋白构象的变化及激活的光敏色素进入细胞核调控基因表达（Taiz et al., 2015）

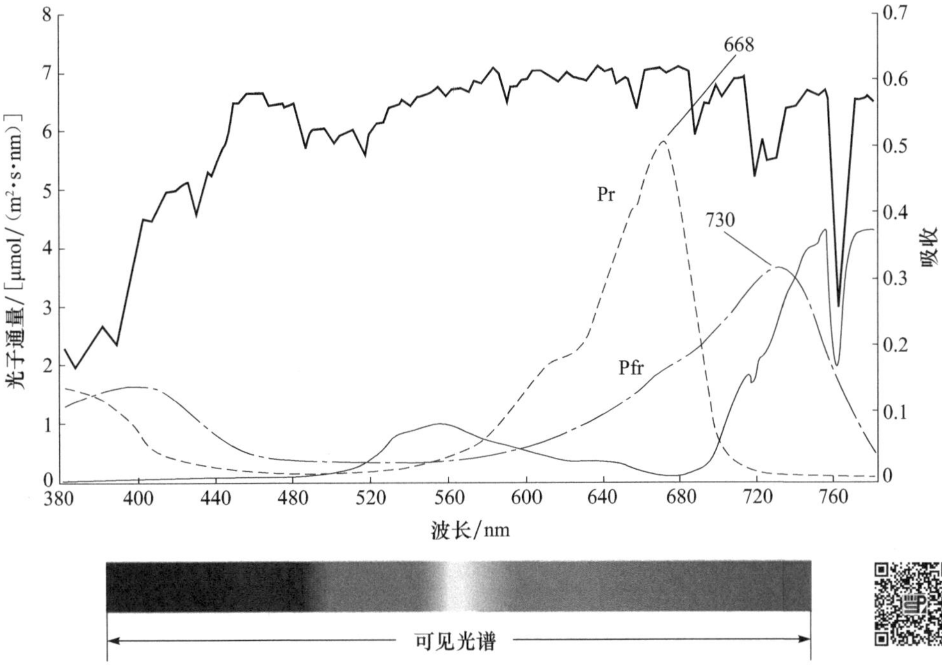

图 12-26　光敏色素 Pr 与 Pfr 吸收光谱图（Taiz et al., 2015）

种形式的吸收光谱在可见光波段有较多的重叠，因此，自然条件下的连续光照使正在生长的植物体内同时存在光敏色素的 Pr 和 Pfr 两种形式。照射白光或红光后，Pr 型转化为 Pfr 型；相反，照射远红光使 Pfr 型转化为 Pr 型。光敏色素两种形式之间的转换称为光转换（photoconversion）。发生光转换时，生色团双键位置转移，与生色团结合的蛋白质骨架的构型也发生相应的变化（图 12-24，图 12-25）。

通常认为，Pfr 型是光敏色素的生理活跃形式，而 Pr 型是非活跃形式。在黑暗下生长的幼苗中，光敏色素以 Pr 型在细胞质中合成；一旦植物照射到白光或红光，Pr 型的光敏色素吸收光子转换为 Pfr 型，而后者可以进入植物的细胞核，通过一系列的机制调节光响应基因的表达，从而最终引起光形态建成。但是，有一小部分的光敏色素会留在细胞质中，通过调控诸如膜电位和离子流，介导一些快速的光应答反应（图 12-25）。

2. 光敏色素基因　光敏色素由多基因家族编码。拟南芥基因组中有 5 个光敏色素的编码基因，包括 *PHYA*、*PHYB*、*PHYC*、*PHYD* 和 *PHYE*。根据其所编码蛋白质在光下的稳定性，可将这些光敏色素分为两类：phyA 是Ⅰ型光敏色素（type Ⅰ phytochrome），在黄化组织中含量丰富，但在光下不稳定，即 phyA 的 Pfr 形式在光下易被降解；phyB、phyC、phyD、phyE 是Ⅱ型光敏色素（type Ⅱ phytochrome），在光下较稳定，是光下生长的绿色组织中主要的光敏色素。不同基因编码的光敏色素在不同光条件下行使特定的功能，如 phyA 是主要的远红光受体，而 phyB 是主要的红光受体，它们分别介导远红光和红光对幼苗下胚轴伸长的调控作用。

3. 光敏色素的生理作用和反应类型　植物个体发育的整个过程，包括种子萌发、幼苗生长、地上部发育、根的生长、花芽分化、器官休眠和衰老等都离不开光敏色素的调节作用（表 12-2）。光敏色素有助于植物适应生态环境，如种子萌发、叶运动、植株的避荫反应等。

表 12-2　绿色植物中一些典型的光敏色素控制的反应

藻类、苔藓类	裸子植物	被子植物	被子植物
孢子萌发	种子萌发	种子萌发和茎节间伸长	叶感夜运动
叶绿体运动	胚芽弯勾伸直	胚芽弯勾伸直和子叶展开	向光性敏感性
原丝体生长分化	节间伸长	根原基分化和根的生长	膜电位、膜透性变化和离子流动
	芽萌发	叶片分化和生长	核酸、蛋白质合成及酶活性
		单子叶植物叶片展开	花青素合成
		叶绿体发育及叶绿素合成	光周期成花诱导

根据不同反应的光生物学特征，包括光辐射强度和时间，可将光敏色素参与调节的反应分为以下三种类型。

（1）低辐照度反应（low fluence response，LFR） 1～1000μmol/m² 的低强度光即可启动这类反应，这是通常所指的由红光/远红光（R/FR）诱导的可逆反应。反应可被一短暂的红光有效诱导，并可被随后的远红光照射逆转，这是光敏色素介导反应的重要特征。需光种子的萌发、幼苗的正常形态建成都是典型的光敏色素 LFR。

（2）极低辐照度反应（very low fluence response，VLFR） 这类反应可以被 0.1～100nmol/m² 的红光或远红光诱导，但红光反应不能被远红光所逆转。VLFR 仅在种子吸胀或幼苗完全生长在黑暗中时才能鉴别出来。VLFR 的作用光谱峰在红光和蓝光区，说明其光受体是光敏色素，有可能有蓝光受体参与。

（3）高辐照度反应（high irradiance response，HIR） 这是指需要光强大于 10mmol/m² 的持续光照的反应，达到饱和的光强度比 LFR 要高 100 倍。光照越强、光照时间越长，则反应越显著。不是 R/FR 可逆反应，而是持续红光或远红光反应。在自然环境下生长的绿色植物，一般总是在高辐照度的阳光、长时间照射下生长，其光形态建成达到最充分表达。幼苗下胚轴伸长的抑制、弯勾伸直、去黄化及一些植物花色素苷的合成等都是 HIR。因这类反应的作用光谱在红光、远红光、蓝光/紫外光 A 区，所以可能有光敏色素和蓝光受体参与。

在单子叶和双子叶植物中，光敏色素基因家族和功能有所不同（表 12-3）；而且即使基因成员一样，但由于下游转导因子不同，引发的生理效应可能不同。

表 12-3 各类光敏色素在拟南芥和水稻中的反应类型及其功能

PHY 类型	双子叶拟南芥	PHY 类型	单子叶水稻
PHYA	VLFR（种子萌发） FR-HIR（下胚轴伸长）	PHYA	VLFR（芽鞘萌发） FR-HIR（支持根向重性）
PHYC	LFR（下胚轴伸长）	PHYC	未知
PHYE	VLFR（种子萌发） LFR（叶柄伸长）		
PHYD	LFR（叶柄伸长）		
PHYB	R-HIR/LFR（下胚轴伸长，开花） LFR（种子萌发）	PHYB	LFR（中胚轴伸长）

光敏色素参与传递环境中光质、光照时间的信息，调节植物的发育。自然生长的植物常受周围植物遮阴，而光敏色素的重要功能之一就是使遮荫下的植物能够感受其生长环境并做出相应反应。其基本原理是光谱中的红光和蓝光被叶片中的叶绿素和其他色素吸收，从而在透过叶片的光中红光比例迅速下降，R/FR 值变小，引起遮荫下植物中光敏色素 Pr/Pfr 的比值变大，最终引起茎伸长的速度加快，以便获取足够的阳光，这就是植物的避荫反应（shade avoidance response）。除此之外，光敏色素还参与光周期反应，这部分内容将在第十三章中讨论。

4. 光敏色素的信号转导机制 在 20 世纪 90 年代中期之前，人们普遍认为光敏色素是在细胞质中起作用的光受体。然而，最近 20 年的研究表明，光敏色素必须进入细胞核才能引起相应的光应答反应。因此，光诱导光敏色素进入细胞核是光敏色素信号转导途径的一个重要事件。目前认为 phyB 的 C 端结构域很可能有核定位信号，在接受光信号转换为 Pfr 型后，核定位信号暴露，从而被核转运机制识别，进入细胞核。但是 phyA 蛋白不含核定位信号，是由一类保守的、植物特异的蛋白质——FAR-RED ELONGATED HYPOCOTYL 1（FHY1）及其同源蛋白帮助 phyA 进入细胞核。

光敏色素是受光调节的苏氨酸/丝氨酸激酶，在体外可以磷酸化多个底物。光敏色素很可能通过磷酸化不同的底物，将光信号传递下去。光敏色素自身可以被磷酸化，其自身的磷酸化状态可以影响其蛋白的稳定性及与下游信号分子的相互作用。光敏色素可以自磷酸化其蛋白的 N 端，除此之外还没有发现其他蛋白激酶可以磷酸化光敏色素；与之对比的是，研究发现多个蛋白磷酸酶可以使光敏色素去磷酸化，从而调控光敏色素的信号转导。因此磷酸化和去磷酸化在光敏色素信号转导中起重要的调控作用。

PHYTOCHROME INTERACTING PACTOR（PIF）是一类bHLH家族的转录因子，可以与光敏色素直接相互作用。PIF蛋白促进暗形态建成、抑制光形态建成，在黑暗下生长的幼苗中富集。植物见光后体内产生Pfr型的光敏色素，与PIF蛋白相互作用并迅速诱导PIF蛋白的磷酸化和降解，从而解除PIF对光形态建成的抑制。CONSTITUTIVE PHOTOMORPHOGENIC 1（COP1）是一个保守的E3泛素连接酶，可使多个促进光形态建成的转录因子［如ELONGATED HYPOCOTYL 5（HY5）等］降解。光敏色素被光激活后，可以抑制COP1的活性，从而促进HY5蛋白等的积累。通过这两种机制，光敏色素可以迅速改变下游基因的表达，从而引起相应的光应答反应（图12-27）。

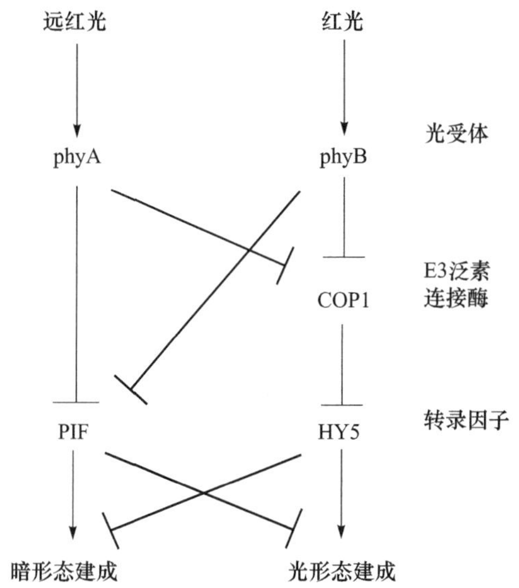

图12-27　光敏色素的信号转导机制

三、植物的蓝光、紫外光反应

植物界存在的第二类光形态建成反应是400～500nm的蓝光和330～390nm的近紫外光所调节的反应。高等植物对蓝光的反应包括对下胚轴伸长的抑制、植物的向光性反应、气孔运动、细胞内叶绿体运动、趋光性、叶绿素和类胡萝卜素等色素的生物合成、刺激呼吸代谢、离子吸收、影响跨膜电位、基因表达的活化等。

有两类蛋白作为植物主要的蓝光反应的受体。一类是隐花色素（cryptochrome），是含FAD的黄素蛋白，具有蛋白激酶活性。已知拟南芥编码隐花色素蛋白的基因是*CRY1*和*CRY2*，CRY1主要介导茎伸长反应和内源节律反应，CRY2参与子叶扩张等其他反应。二者都与光敏色素交叉作用，共同参与植物开花的调控。另一类是向光素（phototropin），其生色团为黄素单核苷酸（FMN），具有受蓝光诱导的蛋白激酶活性。拟南芥中编码向光素的基因至少有两个——*PHOT1*和*PHOT2*，向光素参与植物的向光性反应和叶绿体运动（参见本章第四节）。蓝光可刺激气孔开放，隐花色素、向光素、光敏色素和保卫细胞中的玉米黄素循环等也都参与该过程的调控。

紫外光-B（UV-B）反应是细胞吸收280～320nm波长的紫外光引起的光形态建成反应。UV-B影响植物的光合作用、物质代谢、离子运输等过程，使植物的叶面积减小、植株矮化、作物产量下降、色素合成改变等。UV-B可诱导一些植物类黄酮、花色素苷的合成，很可能是抵御紫外线伤害的一种途径。近年来研究者在拟南芥中鉴定了一个UV-B的光受体——UVR8，在介导UV-B反应中起重要作用。

第四节　植物的运动

虽然植物不能像动物一样自由地整体移动，但可在细胞或器官水平上产生相对的位置移动。植物的运动按其与外界刺激的关系可分为向性运动和感性运动。按其运动的机制可分为生长运动、膨压运动等。

一、向性运动

向性运动（tropic movement）是指植物器官对环境因素的单方向刺激所引起的定向运动。按照刺激因素的性质，可将向性运动分为向光性（phototropism）、向重力性（gravitropism）、向触性（thigmotropism）、向化性（chemotropism）等。将朝向刺激方向的运动称为“正向性”运动，而背向刺激方向的运动称为“负向性”运动。几乎所有的植物的向性运动都是生长性运动，是在一定的刺激下，植物的某特定部位发生了不均匀生长而引起的。

植物的向性运动一般包括三个步骤：①感受刺

激（perception），植物体的感受器官接受环境因素刺激；②信号转导（transduction），感受部位的细胞将刺激转换为细胞内的物理或化学信号；③生长运动，植物的生长部位发生不均匀生长，植物对刺激的感受器官和生长部位往往是分开的。

（一）向光性

植物感受光信号刺激引起的弯曲生长，称向光性。高等植物的地上部分，胚芽鞘、子叶、茎、叶等多发生正向光弯曲生长，使叶片处于最适宜利用光能的位置。

早在 1880 年，达尔文就描述了许多向光性现象，一些单子叶植物的胚芽鞘向照光的方向弯曲生长。

20 世纪 20 年代，Cholodny 和 Went 提出植物向光性机制，即 Cholodny-Went 假说，该假说认为，在向光性反应中，胚芽鞘在接受单侧光信号后诱导生长素从胚芽鞘靠近光源一侧单侧运输到背光一侧，这样单侧较高浓度的生长素促进该侧细胞的伸长，因此引起胚芽鞘发生向光性弯曲。

近年来的研究证明，向光素是向光性反应的光受体。

在高等植物中，有两个向光素 PHOT1 和 PHOT2。PHOT1 是最早被发现的向光素，最初被命名为 NPH1（non-phototropic hypocoty 1）。PHOT2 曾被命名为 NPL1（NPH-like 1）。

1. 向光素的主要功能 野生型拟南芥黄化苗在单侧蓝光照射下，下胚轴发生向光性反应（图 12-28）。

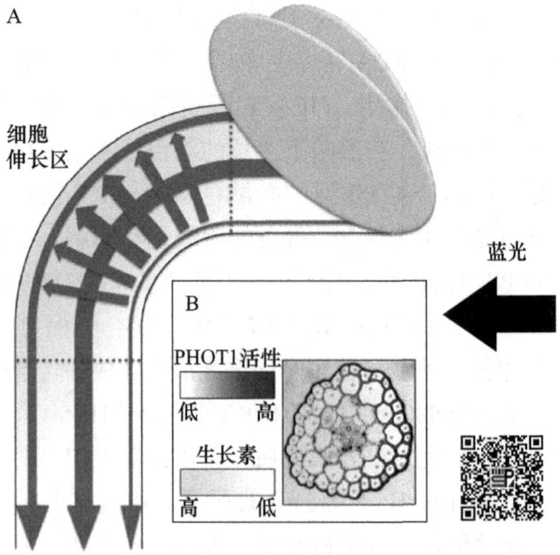

图 12-28 单侧蓝光照射引起下胚轴发生的向光性反应（Liscum et al., 2014）

A. 单侧蓝光照射引起下胚轴发生向光性反应。在茎顶端合成的生长素向根部极性运输，生长素的极性运输大部分经过维管束，少部分经过外层细胞如表皮和亚表皮细胞层。当幼苗生长在黑暗中时，生长素在通过下胚轴两侧外层细胞的运输量是相同的；当幼苗暴露在单侧蓝光下时，生长素在通过下胚轴两侧外层细胞的运输量发生不同，蓝光诱导生长素从下胚轴的向光侧再分配到背光侧，导致生长素在幼苗下胚轴伸长区两侧细胞中的不同积累。B. 拟南芥幼苗下胚轴伸长区的横截面，显示 PHOT1 活性和生长素积累的梯度分布，向光侧 PHOT1 活性高于背光侧，而生长素含量背光侧高于向光侧

拟南芥 *phot1* 突变体在低光强蓝光［0.01～1μmol/（mol^2・s）］下，下胚轴不发生向光性反应，在较高光强蓝光下［1～10μmol/（mol^2・s）］，下胚轴发生向光性反应。拟南芥 *phot2* 突变体无论在低光强下，还是高光强下都具有正常的向光性反应。而 *phot1 phot2* 双突变体对低光强和高光强蓝光向光性反应均明显减弱。这些结果表明，PHOT1 和 PHOT2 都具有光受体功能，都参与调控向光性反应。PHOT1 在低光强和较高光强蓝光下都发挥作用，而 PHOT2 主要在高光强蓝光下发挥作用。

2. 向光素的基本性质 向光素是一种与质膜相关的自磷酸化蛋白激酶，PHOT1 和 PHOT2 的 C 端功能区具有典型的苏氨酸、丝氨酸激酶活性。黑暗中，PHOT1 和 PHOT2 主要定位于质膜的内表面。在蓝光刺激下，向光素发生自磷酸化，磷酸化的向光素具有光受体活性，从质膜上分离，进入胞质中，继而诱发向光性反应。

3. 向光素的信号转导 利用拟南芥缺失向光素功能突变体（*non-phototropic hypocoty3*，*nph3*）的研究发现，NPH3 是 PHOT1 和 PHOT2 介导的向光性反应的必需因子。NPH3 是第一个分离克隆的 PHOT1 的下游信号转导组分，NPH3 与 PHOT1 共定位在质膜上。NPH3 通过自身的磷酸化状态行使信号转导功能。在黑暗中，NPH3 以磷酸化形式存在，当暴露在蓝光下时 NPH3 去磷酸化。NPH3 的去磷酸化是向光性信号转导所必需的。

在高光强蓝光下，拟南芥 *rpt2* 突变体（*root phototropism 2*，*rpt2*）下胚轴不发生向光性反应。RPT2 是另一个目前分离克隆的 PHOT1 的下游信号转导组分。RPT2 和 NPH3 在结构上相似，它们通过 C 端的结构域与 PHOT1 发生直接的蛋白互作。

ABCB19 是跨膜转运体成员之一，拟南芥 *abc19* 突变体的下胚轴向光性反应增强。ABCB19 与 PHOT1 有互作，ABCB19 是一个 PHOT1 的磷酸

化底物。ABCB19 的存在增强了 PIN 蛋白在质膜上的稳定性，从而介导 IAA 的运输活性。

目前已知，PHOT1 调控下胚轴的向光性和气孔开放都通过 NPH3 和 RPT2 途径来实现，但对叶绿体运动的调控不依赖 NPH3 和 RPT2。

那么，在向光性反应中，向光素接受光信号后如何调控 IAA 的不均匀分布？

光刺激下，胞内向光素的信号转导及调控 IAA 的极性运输的模型可概括为图 12-29。当下胚轴细胞暴露在单向蓝光下，PHOT1 被激活，从而刺激 ABCB19、PKS 和 PHOT1 自身的磷酸化，活化的 PHOT1 刺激 NPH3 的去磷酸化。PHOT1 的磷酸化进一步刺激 PHOT1 从质膜上分离进入胞质中，从而刺激 PIN 蛋白的重新定位于细胞的侧面。同时，IAA 与其细胞表面的 IAA 受体结合可促进 PIN 蛋白重新定位，并抑制 PIN 蛋白的内吞过程。这样 IAA 从由顶向基的极性运输改为侧向运输，IAA 积累在下胚轴的背光侧，从而导致下胚轴发生向光性弯曲。

除调控向光性反应外，PHOT1 和 PHOT2 还参与调控叶绿体在叶肉细胞中的排列方式、气孔开放、子叶和叶片的扩展等反应。

（二）向重力性

生长在地球上的植物，总是受到地心引力的影响。植物感受重力的刺激，在重力方向上发生生长反应的现象，称为向重力性（gravitropism），有时也称为“向地性”。感受重力的部位限于生长的某些部位，如根冠、茎端 10mm 的幼嫩部位、禾本科植物的节间等。向重力性反应在种子萌发早期是非常关键的。

植物的根系总是朝向重力方向生长，这是正的向重力性。实验证明，去除根冠的根系虽然继续生长但失去了向重力性反应，当根冠再生后，根又恢复了对重力的敏感性，说明感受重力的部位是根冠，但发生不均匀弯曲生长的部位是根的伸长区。那么，植物如何感受重力，并调控向重力反应呢？

Haberlandt 早在 100 多年前就提出了淀粉体-平衡石假说。该假说认为，根冠柱状细胞中的淀粉体在重力场下的沉降介导了根部重力信号的感受。这些淀粉体被命名为平衡石（statolith）。这些含平衡石的细胞被称为平衡细胞（statocyte）。

植物茎和下胚轴中的平衡细胞与根中的明显不同，植物茎和下胚轴中的平衡细胞存在于发生弯曲的部位。在双子叶植物中，围绕维管束系统的内皮层细胞具有平衡细胞的作用。

淀粉体的下沉是向重力性反应的第一步。缺少淀粉体的突变体，如烟草缺乏淀粉合成酶——葡萄糖磷酸变位酶（phosphoglucomutase）的 *pgm* 突变体，其向重力性反应明显减弱。

当根直立时，平衡细胞中的淀粉体对周边内质网（peripheral ER）的压力是均匀分布的，当根横向时，淀粉体迅速下沉，对细胞两侧内质网产生的压力不均，以此感受重力信号。随之，平衡细胞的细胞质发生快速碱化，在重力刺激下平衡细胞的细胞质 pH 的改变非常迅速，因此，平衡细胞的细胞质 pH 的改变可能是感受重力信号的早期反应，有利于随后发生的生长素的运输。

研究证实，当植物根感受重力刺激后，根冠中生长素的运输发生改变，生长素被优先运输到根伸长区的下侧细胞，下侧聚集较高浓度的生长素，从而抑制该侧细胞的伸长，结果引起根发生向重力性弯曲生长。因此，植物响应重力刺激而发生的生长素运输的改变，引起生长素侧向不均匀分布，而生长素运输的改变是由于在感受重力刺激后短时间内根平衡细胞的 PIN 发生了重新定位所致（图 12-30）。

PIN3 蛋白和 PIN7 蛋白在根的向重力性反应方面起关键作用。当根从垂直方向改变为水平方向时，根冠感受重力刺激，PIN3 蛋白和 PIN7 蛋白从均衡分布状态迅速发生重新定位，集中定位到细胞新的底部一侧，在 PIN3 蛋白和 PIN7 蛋白调控下，运输到根尖的生长素被运输到根冠下侧的侧根冠中。在 PIN2 调控下，生长素主要被运输到根伸长区的下侧细胞中。根的下侧积累了超过最适浓度的生长素而导致该侧细胞的伸长生长受抑制，根的上侧伸长生长较快，从而导致根发生向下弯曲生长（图 12-31）。但目前有关 PIN3 蛋白和 PIN7 蛋白感受重力刺激迅速发生重新定位的调控机制还不清楚。

拟南芥 *pin2*、*pin3* 突变体内生长素的不对称分布均消失，突变体根的向重力性生长丧失，根无定向生长。

研究表明，Ca^{2+}、IP_3 和细胞骨架作为信号也参与根的向重力性反应。Ca^{2+} 信号启动了生长素的侧向运输。但目前对这些信号参与的信号转导机制还不清楚。

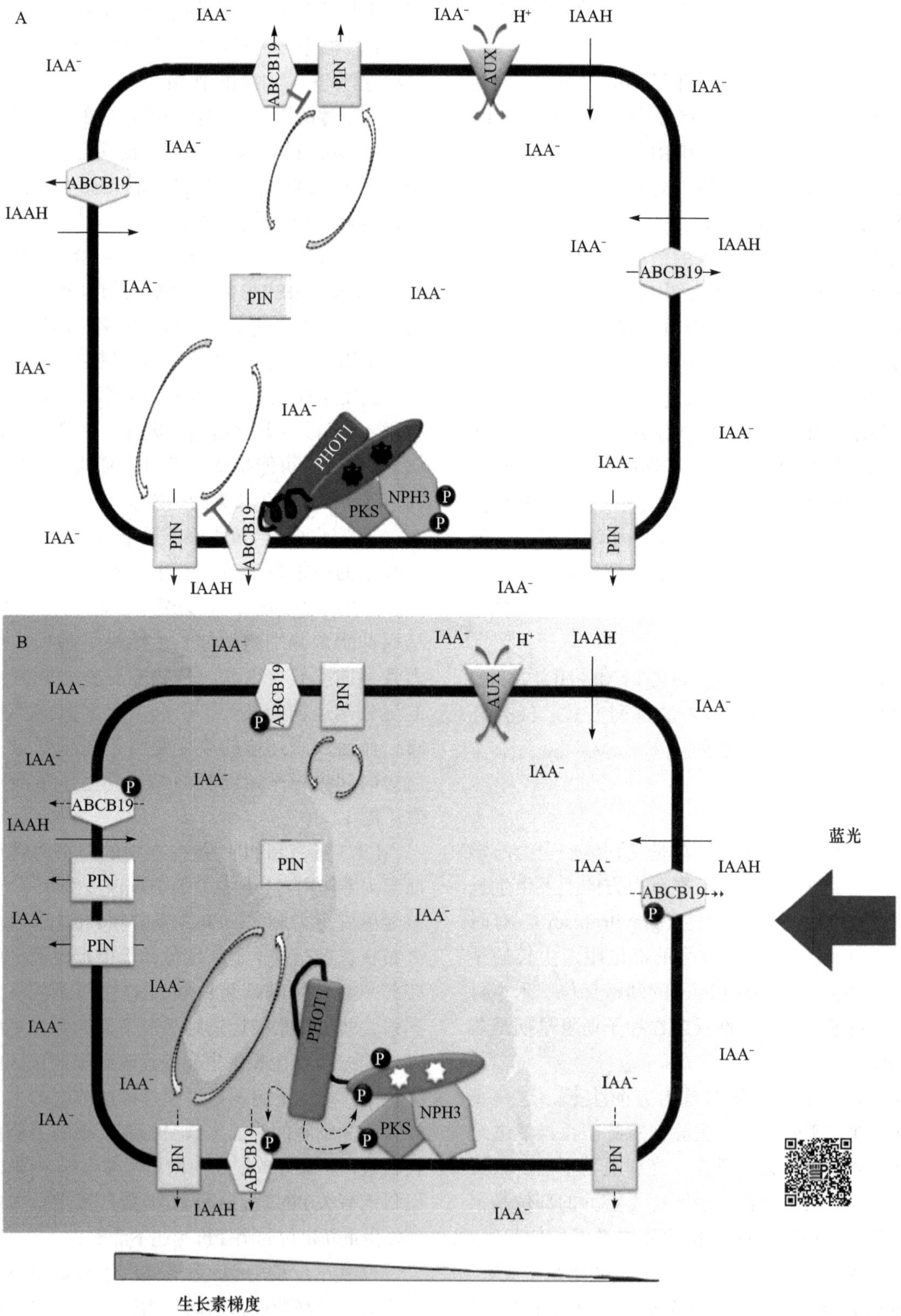

图 12-29　向光性信号参与调控 IAA 的运输引起 IAA 的极性分布（Liscum et al., 2014）

A. 黑暗中下胚轴细胞，IAA 或被动（以 IAAH 形式）或经 AUX/LAX 介导的 H^+ 共运输（以 IAA^+ 形式）从细胞壁空间越过质膜进入细胞质中，PIN 蛋白更多地极性分布于细胞质膜的基部一侧上，ABCB19 的存在增强了 PIN 蛋白在质膜的稳定性。PHOT1 以去磷酸化、非活化形式存在。IAA 均匀分布。B. 当下胚轴细胞暴露在单侧蓝光下，PHOT1 被激活，刺激 ABCB19、PKS 和 PHOT1 自身的磷酸化，活化的 PHOT1 也刺激 NPH3 的去磷酸化。PHOT1 的磷酸化进一步刺激 PHOT1 从质膜上分离进入胞质中，从而刺激 PIN 蛋白重新定位于细胞的侧面。这样，IAA 从由顶向基的极性运输改为侧向运输，IAA 积累在下胚轴的背光侧

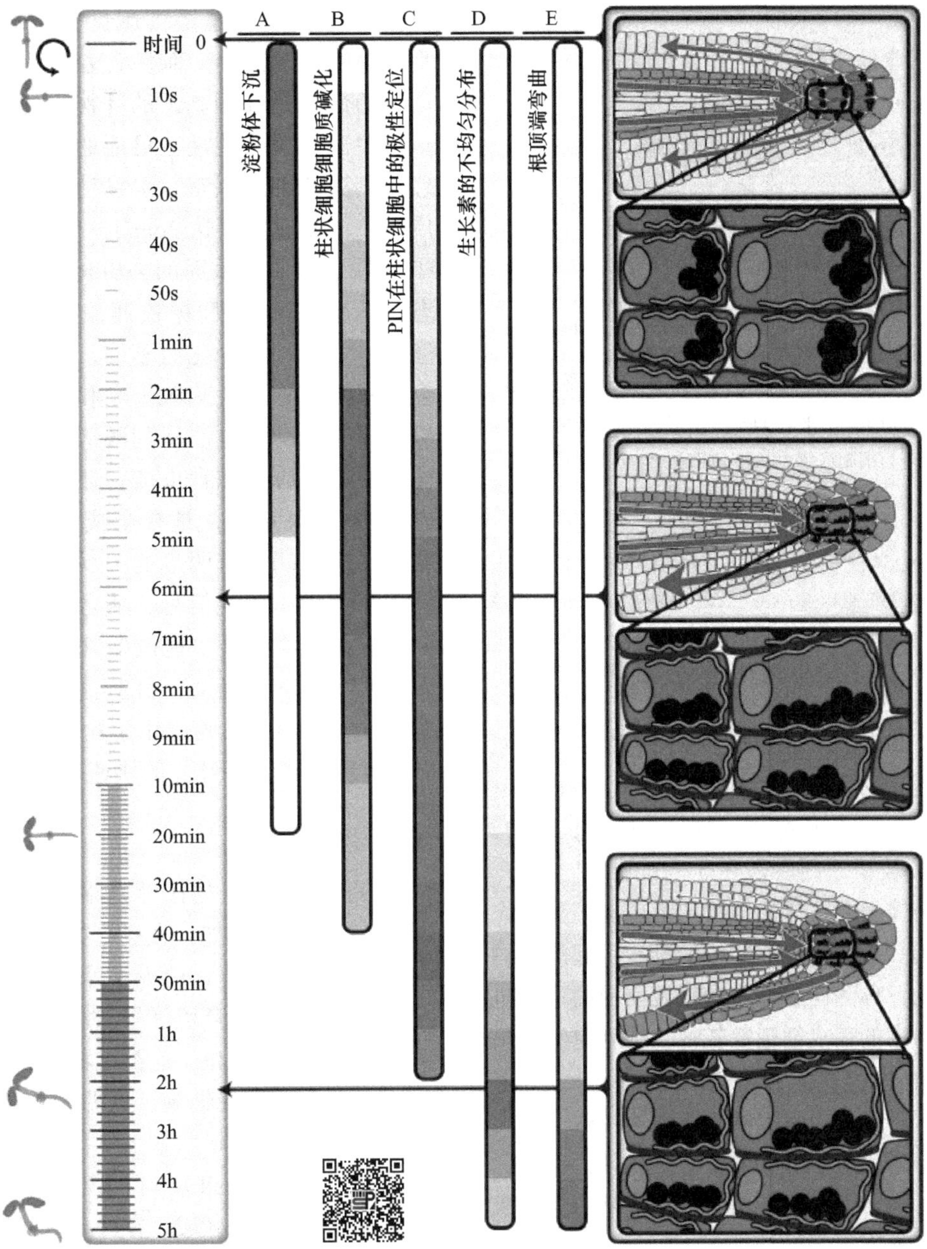

图 12-30　拟南芥根的向重力反应（Baldwin et al., 2013）

幼苗由直立方向转为水平方向（0~2h），根平衡细胞感受重力的刺激而诱发的相关事件。绿色代表根冠柱状细胞，浅绿色代表细胞核和 ER，黑色代表淀粉体，红色箭头代表生长素的运输量，橙色代表细胞中生长素的相对浓度。紫色代表在根冠柱状细胞质膜上 PIN3 和 PIN7 的定位

（三）向水性、向化性和向触性

向化性（chemotropism）是指植物感受环境中化学物质不均匀分布而发生的生长反应。向水性（hydrotropism）也是一种向化性，植物的根系对土壤中的水和肥的分布非常敏感，根系总是朝着潮湿的地方生长，当表层土壤干旱时，根系向土壤深处有水的地方生长。一种豌豆的突变体，失去了向光性和向重力性，但对湿度的梯度却有反应。去掉根冠也几乎完全消除了根的向水性，因此，根对湿度的感受也定位在根冠。同样，根系也总是追逐肥源生长，以获得更多的养料，深层施肥可引导根系向土壤深层生长。高等植物的花粉管生长表现出明显的向化性，花柱中的化学物质，如 Ca^{2+} 和 IAA 存在一定的浓度梯度，引导花粉管向着胚珠生长，以准确进入胚囊。近来的研究还证明，拟南芥根生长可以感受盐浓度而发生躲避高盐区域的避盐生长，这也是一种负向化性。

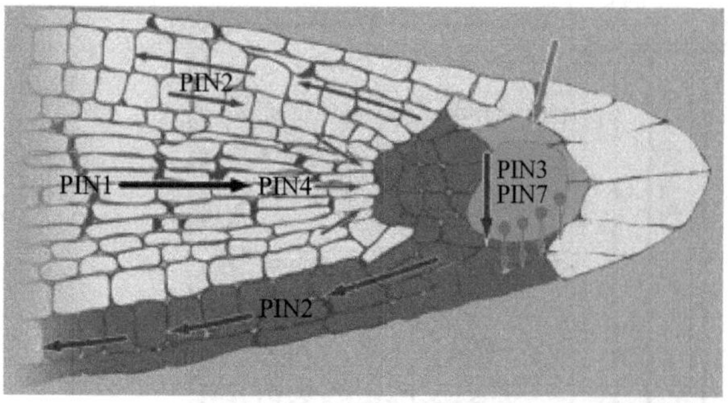

图 12-31　根向重力性反应中 PIN 蛋白调控生长素的运输（改自 Friml，2010）

植物根部感受重力刺激后，平衡细胞（浅蓝色）中的淀粉体（褐色）迅速下沉到新的细胞底侧，PIN3 蛋白和 PIN7 蛋白从均衡分布状态迅速发生重新定位，集中定位到细胞新的底部一侧。在 PIN3 和 PIN7 调控下，运输到根尖的生长素被运输到根冠下侧的侧根冠中，在 PIN2 调控下，生长素主要被运输到根伸长区的下侧细胞中。根的下侧细胞积累了超过最适浓度的生长素而导致该侧细胞的伸长生长受抑制，根的上侧伸长生长较快，根发生向下弯曲生长。红色和黑色箭头表示生长素的运输方向

向触性（thigmotropism）常见于许多攀缘植物，如丝瓜、豌豆、葡萄等，它们的卷须一边生长，一边回旋运动，一旦触及物体，接触一侧生长较慢，而另一侧生长较快，则卷须在 5～10min 内发生弯曲，缠绕在物体上。这样使植物能更多地接受阳光进行光合作用。这种由单方向机械刺激引起的植物回旋生长运动，称为向触性。向触性反应的可能机制是，这些器官的表皮细胞壁较薄，细胞原生质膜受到机械刺激后，产生动作电位（action potential），并迅速传递，影响离子和水的分布而使接触一侧和背侧细胞的膨压发生不同变化，引起不均匀生长。也有人认为，向触性中的不均匀生长也是由生长素的不均匀分布所致。

二、 感性运动

植物的感性运动（nastic movement）也是对环境刺激的反应，与向性运动不同的是与刺激的方向无关，多数在特殊结构部位，细胞膨压发生变化，属于膨压运动（turgor movement）；但也有生长运动。按照刺激的性质可分为感震性（seismonasty）、感夜性（nyctinasty）和感温性（thermonasty）。

（一）感震性

感震性是由机械刺激引起的运动。最常见的是含羞草叶片的运动，在感受轻微刺激的几秒钟内，叶枕和小叶基部细胞膨压变化，使叶柄下垂，小叶依次闭合。刺激含羞草的小叶时，发生动作的部位是叶柄基部的叶枕，显然刺激须经过一段距离的信号传递。可能的信号传递过程是：感受刺激的细胞兴奋，引发动作电位，经维管束传递，传递速度可达 2cm/s，信号到达叶枕细胞，H^+ 的快速吸收导致膜的去极化而调节离子通道状态，细胞内的 K^+ 和糖快速流出到质外体，水分流出，细胞膨压变化而萎缩，叶柄和小叶下垂闭合。植物的感震性刺激传导和动物的神经传导类似，即通过动作电波从刺激部位传递兴奋性。同样是快速反应，如食虫植物捕蝇草的动作电波传递在 1s 内即完成；具有全或无的特征，刺激强度和反应之间没有明显的关系。另一种机制可能是经化学物质传递信号，从含羞草、合欢等植物中提取出一类物质，能改变含羞草叶枕细胞的膨压，使叶片发生运动，目前将这类物质称为膨压素（turgorin）。但通过化学物质的信号传递似乎不能解释如含羞草叶片的快速运动。

（二）感夜性

感夜性是指植物接受光暗变化信号，引起叶片的开合运动。例如，大豆、花生、四季豆、合欢等豆科植物的叶片，白天呈水平展开，夜间合拢或下垂。这是通过环境信号和植物内源的生物钟相互作用而控制的现象。这类植物叶柄基部的叶枕有 10～20 层皮层薄壁细胞，这些细胞发生可逆的膨压变化时，体积和形状发生变化，这些细胞被称为运动细胞（motor cell）。叶柄腹侧是可屈曲的区域，而背侧是可伸展的区域，在叶片平展时背侧细胞膨压增加而叶片闭合时膨压下降；腹侧细胞正相反，在叶片平展时膨压下降而闭合时膨压上升。细胞的体积变化是由渗透性吸水或失水引起的，观察到伴随细胞膨胀有 H^+ 的分泌，质外体 pH 下降，K^+ 和 Cl^- 进入细胞。目前提出的可能机制是：细胞受光的刺激而使质子泵活化，背侧的运动细胞泵出 H^+，建立跨膜的电化学势梯度，驱动对 K^+ 和 Cl^- 的吸收，并产生部分有机酸来平衡电荷，细胞渗透势下降，使水分流入，运动细胞膨胀而叶片展开；K^+ 在背、腹两侧细胞之间再分配，因而另一侧运动细胞 K^+ 流出，水分丢失而曲缩。在白天，蓝光和远红光能使闭合的叶片展开，由光敏色素和蓝光受体接受光变化的信号。由于是近似 24h 的周期，因此必然

也有生物钟参加控制。

（三）感温性

由温度变化引起器官两侧不均匀生长的运动称感温性。例如，郁金香和番红花的花，在白天温度升高时，适于花瓣的内侧生长，而外侧生长很少，花朵开放；夜晚温度降低时，花瓣外侧生长而使花闭合，花朵随每天内外侧的昼夜生长而逐渐增大。适合的温差约 10℃。光对其影响很小，主要是花瓣上、下表面对温度的反应不同而引起的差异生长。

三、生物钟——生命的内源节律

生物体依赖生物钟适应昼夜和季节环境的变化。生物钟（circadian clock）是对外界环境变化相适应而产生的生理上有周期性变化的内在节律。这种周期性变化不是准确的 24h，而是在 20～28h，因此，又称为近似昼夜节奏（circadian rhythm）。在高等植物中，生物钟控制许多重要的生理过程，如叶片的感夜运动、光合活性、气孔开闭、蒸腾作用、呼吸作用、单子叶植物胚芽鞘的生长、双子叶植物下胚轴的生长、光周期诱导的成花反应等。

生物钟的主要特征是具有节律可持续性和可调性。在连续光照或连续黑暗和恒温条件下，植物叶片的感夜运动可维持几个昼夜，连续运转几周后振幅逐渐减弱至消失。如果给予光信号或改变温度等，即可重新启动节奏。如果缩短或延长环境周期，植物的节奏也会发生相位移动，和新的周期同步（图 12-32）。

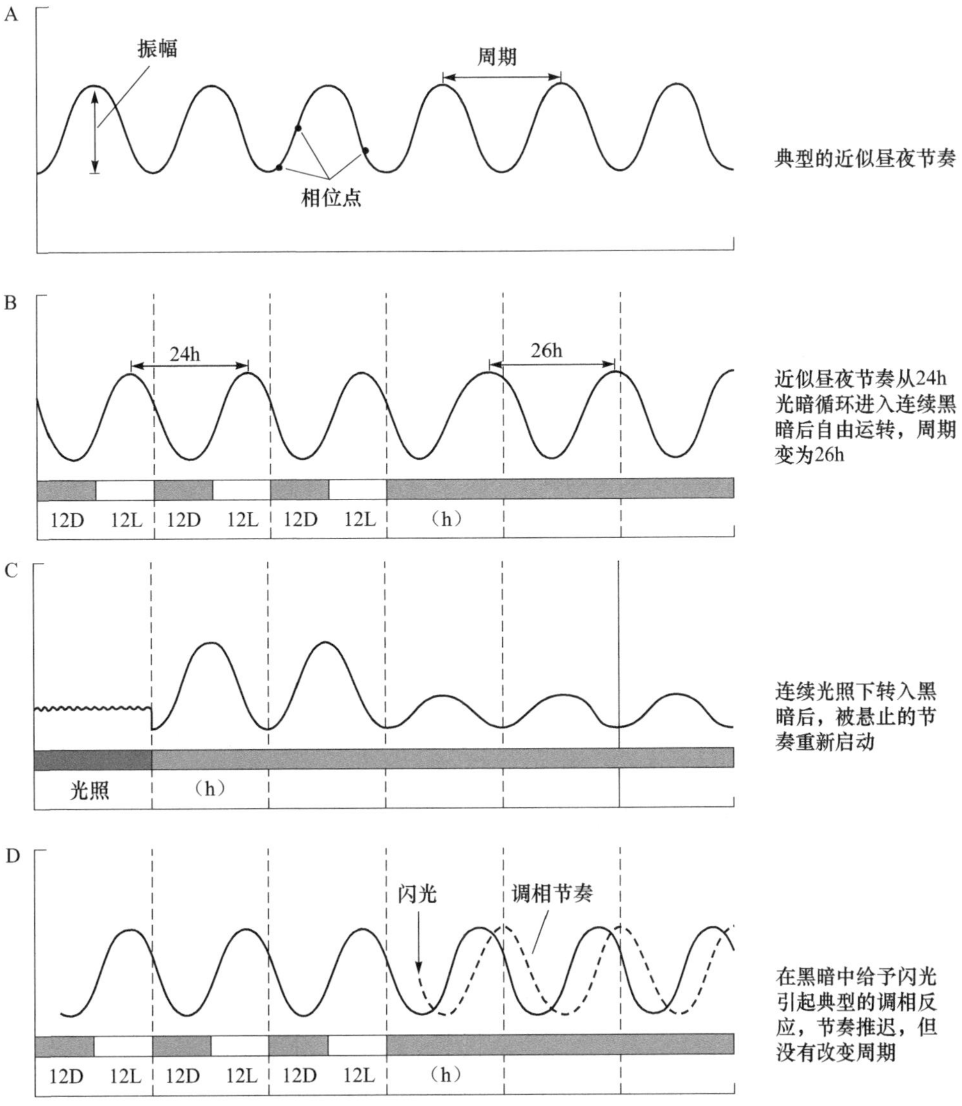

图 12-32　近似昼夜节奏的主要特征（Taiz et al., 2015）

1. 生物钟组成　生物钟包括三个基本组成：①节律中央振荡器（circadian oscillator），产生 24h 计时机制；②信号输入途径，该途径可根据环境变化调节中央振荡器，决定生物钟的节律；③信号输出途径，通过该途径调节生物钟控制的生理过程。

在拟南芥中，生物钟节律体系的组成包括 CCA1、LHY、TOC1 和 ELF4 蛋白。4 种蛋白质和相应的 mRNA 都表现出节律性表达的特点。*CCA1* 和 *LHY* 在黎明时出现表达高峰，它们中的一个表达发生变化会严重降低另一个的表达。而且，光促进 LHY 的翻译。*TOC1* 和 *ELF4* 的 mRNA 表达高峰不在黎明，而是在黄昏。CCA1 和 LHY 蛋白具有抑制 *TOC1* 和 *ELF4* 基因表达的功能，而 TOC1 和 ELF4 蛋白也抑制 *CCA1* 和 *LHY* 基因的表达。因此，科学家根据这些实验结果提出了一个生命节律钟中心振荡器的工作模型。在这个模型中，上述 4 种蛋白质形成一个大约 24h 计时制反馈环。具体地说，*CCA1* 和 *LHY* 基因在早晨表达高，CCA1 和 LHY 蛋白会抑制或降低 *TOC1* 和 *ELF4* 基因的表达。因为 TOC1 和 ELF4 的功能是 *CCA1* 及 *LHY* 正常表达所必需的，那么降低 *TOC1* 和 *ELF4* 基因的表达会反馈降低 *CCA1* 和 *LHY* mRNA 的表达水平。在傍晚时，CCA1 和 LHY 蛋白水平降低，对 *TOC1* 和 *ELF4* 表达的抑制作用减弱，结果使得 *TOC1* 和 *ELF4* mRNA 水平升高；*TOC1* 和 *ELF4* 表达水平的提高又促进 *CCA1* 和 *LHY* 的表达，因此形成了反馈调节环。

上述基因任何一个发生突变都会引起生物钟节律丧失或生物钟节律周期发生改变。

2. 中央振荡器的输入与输出　最初，生物钟模型被认为输入途径、中央振荡器和输出途径三个元件以单方向形式行驶调控功能。随着研究的深入，越来越多的证据表明，生物钟节律是一个扩大的相互调控的网络系统，其中，中央振荡器和植物信号元件之间有相互作用，以对应方式相互调控（图 12-33）。主要的输入信号如光和温度，不仅单方向输入信号到中央振荡器，反过来也受生物钟调节。许多输出途径也常反馈调节中央振荡器的功能。这样，信号与中央振荡器之间、多信号之间的相互作用构成了植物体内一个完整的生物钟系统，从而感知环境的变化，调控植物与之适应的生理过程。

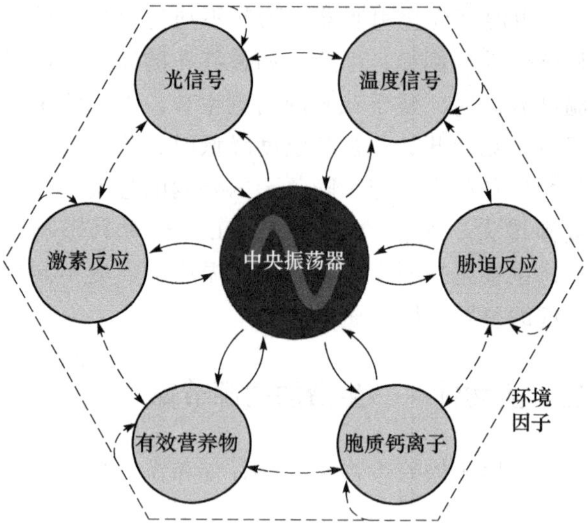

图 12-33　植物生物钟系统网络模型
（Pruneda-Paz & Kay，2010）

红光受体和蓝光受体位于输入途径参与生物钟节律的调控。红光受体 PHYA 参与高、低光辐照条件下的生物钟调拨作用，而 PHYB、PHYD 和 PHYE 则在高光辐照条件下起作用，蓝光受体 CRY1 和 CRY2 在低或中光辐照条件下起作用。不同的光受体在不同植物中表现出不同的反应效率，在拟南芥中，PHYA 和 CRY2 是光周期的主要光受体；在水稻中，光周期的主要光受体是 PHYB。除了上述光受体外，还有一些其他蛋白质参与光信号转导与生物钟偶联的过程。

目前，对 PHYB 途径了解相对清楚一些。PHYB 接受红光后由没有活性的 Pr 形式转化为有活性的 Pfr 形式，并从细胞质进入细胞核，与转录因子 PIF3（phytochrome interacting factor 3）结合。PIF3 可结合到 *CCA1* 和 *LHY* 启动子区的 G-box 上，促进这两个基因的转录，从而调控生物钟的中央振荡器。由于 *PHYB*、*CRY1* 和 *CRY2* 本身的转录也受生物钟的调控，因此它们既是生物钟的输入信号，又是生物钟的输出结果。

小　结

植物生长是植物在体积、重量、数目等形态指标方面的变化，植物分化是植物细胞在结构、代谢和生理功能方面发生的质的变化。发育是生长和分化的总和，是植物生长分化的动态过程。

植物细胞的生长过程包括细胞分裂和细胞扩大。细胞分裂经历细胞周期，细胞周期分为 G_1 期、S 期、G_2 期和 M

期。细胞脱离细胞周期进入生长分化期，反过来，已经分化的细胞经历脱分化过程重新进行细胞分裂。细胞生长的动力源于生活细胞具有的膨压，细胞扩大的速率取决于细胞壁的松弛，木葡聚糖内糖基转移酶和扩张蛋白酶参与调节细胞壁的松弛，在细胞生长过程中，新的细胞壁物质不断在细胞壁中组装。细胞分化经历以下过程：分化信号的感受、分生细胞特征基因关闭和分化细胞特征基因表达、分化细胞结构和功能基因的表达、分化细胞结构和功能的成熟。

细胞分化受极性、胞间通信和位置效应的影响。细胞极性是细胞不均等分裂的基础，不均等分裂是细胞分化的前提。细胞分化过程中，细胞间的协调作用通过胞间通信进行，细胞的位置变化会导致细胞分化方向的变化。

植物生长具有“有限性”和“无限性”之分，植物的个体发育具有一年生和多年生习性。

植物发育的调控可发生在基因表达、激素和环境因子三个调控水平上，三种控制水平的作用是相互交叉、相互影响的。

植物的发育从胚胎发生开始，经历球形胚、心形胚和鱼雷形胚三个阶段。胚胎发生过程建立了植物生长发育的基本模式：径向构造模式、轴向发育模式及初生分生组织；这三种模式的建立受相应基因和激素的控制。

高等植物的生活史从种子萌发开始到种子成熟为止。种子萌发需要水分、温度、氧，有些种子也需要光，其中，水分是最主要的因素。ABA、IAA、GA、CTK、BR 和乙烯均参与调控种子萌发过程，其中最重要的激素是 ABA 和 GA。

植物体的营养生长主要来自于根尖和茎尖的分生组织。根尖分生组织由 QC 细胞和围绕 QC 细胞的根冠柱原细胞、皮层 - 内皮层原细胞和中柱原细胞组成。QC 是根的干细胞群，QC 细胞与其周围的各类组织原细胞之间信息、物质的交流，在根的形态建成过程中具有重要的作用。根尖具有结构和类型相同的组织细胞呈条状排列的结构特征，不同类型的细胞都来源于根尖分生组织分裂产生的原细胞。根尖的细胞分裂分为分化分裂和增殖分裂。IAA 是调控根尖细胞分裂和分化的主要激素。

植物茎尖的结构和生长分化都比根尖复杂，形成和维持茎顶端分生组织的发育与基因表达有关，*WUS* 是必需的，*WUS* 与 *CLV1* 和 *CLV3* 形成一个反馈调节环。

叶原基位于茎尖周缘分生组织部位，茎顶端分生组织决定叶的近-远轴，叶的近-远轴发育反过来也影响茎顶端分生组织的功能。叶序的形成受遗传因子和环境因子的影响，生长素是影响叶原基产生的主要因子。

在植物的生长发育过程中，不同器官间、植物体之间存在相关性。

光形态建成是光对植物发育的特殊效应。植物体内存在的光受体有光敏色素、蓝光 / 紫外光-A 受体和紫外光-B 受体。光敏色素有 Pr 和 Pfr 两种形式，Pfr 型是光敏色素的生理活跃形式，Pr 型是非活跃形式。在黑暗下生长的幼苗中，光敏色素以 Pr 型在细胞质中合成；照射白光或红光后，Pr 型转化为 Pfr 型，Pfr 型可以进入植物的细胞核，通过一系列的机制调节光响应基因的表达，最终引起植物的光形态建成。有一小部分的光敏色素可留在细胞质中，通过调控膜电位和离子流等介导一些快速的光应答反应。光敏色素由多基因家族编码。拟南芥基因组中有 5 个光敏色素的编码基因，包括 *PHYA*、*PHYB*、*PHYC*、*PHYD* 和 *PHYE*。

植物的运动可分为向性运动和感性运动。向性运动包括向光性、向重力性、向触性、向化性等，这类运动是植物的某部位感受环境刺激后，经过信号转导，引起不均匀生长的结果。感性运动也是植物对环境刺激的反应，但与刺激的方向无关，多数属于膨压运动，但也有生长运动。感性运动可分为感震性、感夜性和感温性。

生物钟由节律中央振荡器、信号输入途径和信号输出途径组成，信号与中央振荡器之间、多信号之间的相互作用构成了植物体内一个完整的生物钟系统，感知环境的变化，调控植物的生理过程，使植物的生命活动与环境条件相适应。

思　考　题

（1）简述植物生长分化的调控因素。

（2）简述胚胎发育与植物生长发育的基本模式。

（3）根毛发育的特点是什么？

（4）举例说明茎尖分化过程中基因的调控作用。

（5）简述叶原基的分化过程及调控。

（6）讨论植物生长的相关性及其在农业生产中的应用。

（7）光形态建成对于植物有何重要意义？植物的光受体有哪几类？各有什么特点？

（8）简要说明光敏色素调控植物发育的作用机制。

（9）讨论植物激素和植物运动的关系。

（10）简述植物向重力反应的信号及调控机制。

第十三章　植物成花诱导生理

生殖器官是高等生物进行有性繁殖的基础。高等动物的雌、雄生殖器官在胚胎发生时期形成雏形，随动物个体的发育成熟具有生殖能力。而高等植物在胚胎发育时期并没有形成生殖器官（花）的雏形，花是植物从幼年生长到成熟后由分生组织分化发育产生的。植物分化发育形成花芽的过程是在植物内在和环境因素的诱导下发生的，这种诱导作用称为成花诱导（florad induction）。本章主要介绍和讨论植物从幼年生长到生殖生长转变的生理特征变化和诱导植物开花的因素及其分子遗传机制。

第一节　植物从幼年期到生殖期的转变

高等植物的生命周期可分为三个生长时期，即幼年期（juvenile phase）、成年营养期（adult vegetative phase）和成年生殖期（adult reproductive phase）。植物生长时期的转变伴随着形态和生理特征的变化。

一、植物从幼年期到成年期变化的特点

幼年植物没有产生花的潜力。处于成年期的植物虽然具有分化产生花的潜力，但往往还需要特殊环境信号的诱导才能产生花芽，因此，不开花不一定就是幼年植物。

不同植物的幼年期长短不一样，许多植物要生长到一定年龄才能进入成年期（表 13-1）。植物在从幼年期向成年期转变的过程中，营养器官特征的变化具有多样性，如叶片的形状、叶序和叶片的质地等都会发生变化。不同植物在转变过程的不同时期，其形态变化也不同，一般来说，木本植物的变化最显著，如常春藤（*Hedera helix*）和桉树（*Eucalyptus robusta* Smith），幼年期和成年期的形态和生理特征具有明显的差异（表 13-2）。而有些植物，如拟南芥和玉米，幼年期到成年期的形态变化则比较轻微（表 13-2）。

植物从幼年期到成年期的转变是逐渐进行的，具有过渡形式，有时这种转变在同一叶中都能观察到。例如，豆科木本植物合欢（*Acacia heterophylla*）的幼年叶是羽状复叶，由叶轴和小叶组成，到成年期时转变为扁化的叶状柄（phyllode）。在这个过程中，会产生中间状态的叶子，即在同一叶中上述两种形态并存（图 13-1）。

表 13-1　不同植物的幼年期（Taiz et al., 2015）

植物种类	幼年期长度
日本牵牛	2～3d
天仙子	10～30d
玫瑰	20～30 年
葡萄	1 年
苹果	4～8 年
柠檬	5～8 年
常春藤	5～10 年
枫树	15～20 年
红杉	5～15 年
英国橡树	25～30 年
竹	30～40 年

表 13-2　幼年和成年常春藤和玉米的主要特征

（Taiz & Zeiger, 1998）

特征	幼年	成年
常春藤		
叶形	全缘的	浅裂的
叶片厚度	230μm	330μm
叶序	互生	螺旋
出叶间隔时间	1 周	2 周
生长习性	攀缘斜向生长	直立生长
花青素	幼叶和茎有花青素	没有
茎上绒毛	有	光滑无毛
气生根	有	无
生根能力	强	差
玉米		
角质层厚度	1μm	3μm
表皮细胞形状	圆形	矩形
上表皮蜡质	有	无
气生根	有	无
泡状细胞	无	有
侧芽	分蘖状	穗状或没有

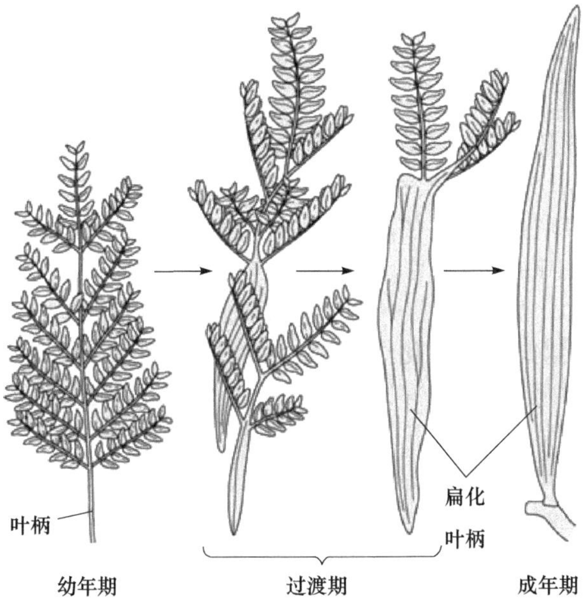

图 13-1　合欢从幼年期到成年期转变过程中叶片形态的变化（Taiz & Zeiger, 2010）

二、植物从成年营养期到成年生殖期变化的特点

植物从成年营养期到成年生殖期的发育变化就是成花诱导的过程。植物从幼年期进入成年期后，其茎端分生组织处于一种感受状态（competent state），能感应环境信号刺激，启动花芽分化发育，这种感受状态称为成花感受态（floral competent state）。处于成花感受态的分生组织不能自动分化形成花芽，必须依赖于内在和环境信号的刺激才能启动花芽的分化发育。启动花芽分化发育的过程称为成花启动。成花启动是由一系列因素诱导的，这些因素的作用是调控茎端分生组织由营养生长状态转变为生殖生长状态，即成花决定态（floral determined state）。进入成花决定态的茎端分生组织就具有了分化形成花或花序的能力，即使在开花前去除诱导开花的条件，茎端分生组织仍能继续分化形成花芽。

植物从成年营养期到生殖期的转变伴随着茎端分生组织的形态变化。许多禾本科植物和双子叶植物经过成花诱导后，其茎端分生组织伸长，表面积增大。如图 13-2 所示，短日植物苍耳在接受成花诱导后，其茎端分生组织由营养生长转变为生殖生长，形态特征发生了显著变化。

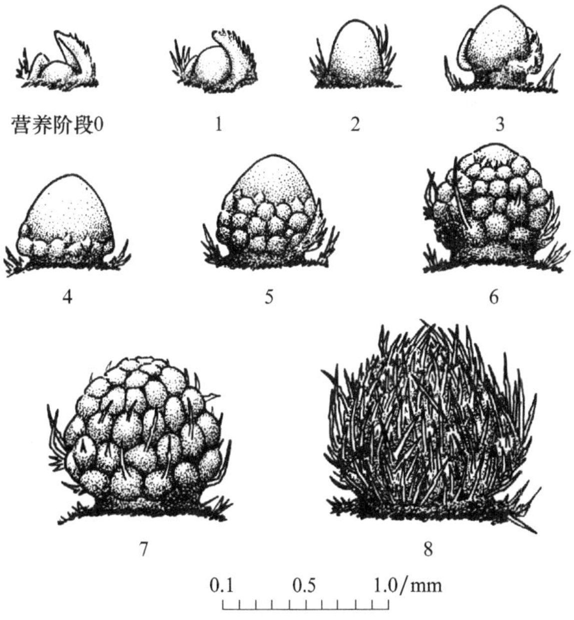

图 13-2　苍耳接受短日诱导后茎端分生组织的变化

（Salisbury & Ross, 1992）

1～8 表示茎端分生组织由营养生长转变为生殖生长的不同阶段

植物从成年营养期到生殖期的转变伴随着茎端分生组织代谢水平的变化。在诱导花芽形成的过程中，茎端分生组织的细胞代谢水平增高，有机物发生剧烈转化，如葡萄糖、果糖和蔗糖等可溶性糖含量增加，氨基酸和蛋白质含量增加，核酸合成速率加快。

不同植物开始开花的年龄不一样。一年生植物，如千里光（*Senecio vulgaris*）种子萌发后几周即能开花，而一些多年生植物，如许多森林树木要生长20多年才开花。此外，植物开花也与顶端分生组织的大小相关，如菊花（*Chrysanthemun morifolium*）的顶端分生组织必须达到一定大小时才能形成花原基。植物开花与叶子的数量也有密切关系，如在一些烟草品种中，植物必需具有一定数量的叶子时才能开花。

植物在不同时期的发育状态具有相对稳定性。植物的生长发育是一个连续的过程，幼年器官位于植物的低位，越是往上的组织，所处的状态越是年长。这种不同部位的发育状态（尤其是成年状态）是相对稳定的，能在营养繁殖或是嫁接中保持稳定。例如，用成熟的英国常春藤（English ivy）植株进行切段培养时，来自底部的切段发育成幼年植物，而来自顶部的切段则发育成成年植物。当把来自正在开花的白桦树（*Betula platyphylla* Suk.）基部作为接穗嫁接到小苗根部砧木上，两年都不会开花；而如果接穗取自开花植物的顶部，就会很快开花。

三、影响植物从幼年期向成年期转变的因素

植物从幼年期向成年生长期转变的过程中，茎端分生组织的变化受到很多因素的影响，如营养条件、激素、环境因子等多种信号都会影响植物茎端分生组织的发育。温度和光照是影响植物发育时期转变的重要环境因子。许多植物在低温、低光照等条件下，生长缓慢，幼年期延长，甚至会引起成年植物返幼生长。低光照的主要效应是降低向茎端供应碳水化合物，碳水化合物是主要能源和细胞构建的原材料，缺乏碳水化合物会影响顶端分生组织的大小，从而影响花芽的分化。植物的内源激素（如赤霉素、细胞分裂素）和其他因子也能诱导植物茎端分生组织从幼年期向成年期的转变。

植物从幼年期到成年期的转变与基因调控密切相关，发育时期的转变归根到底是特异基因在特定时间和空间顺序表达的结果。例如，玉米的*TEOPOD*基因突变后，使得本应发育为成年植物组织的部位缺乏该基因的功能表达，导致这些部位幼年化，其叶片特征介于幼年和成年之间，应该分化出雌、雄穗的部位却继续产生叶片。但突变体植株的生长速率不受影响，说明这个基因参与调控玉米从幼年期向成年期的转变。

四、诱导植物开花的因素

诱导植物开花的因素可归纳为两大类，即内在因素和环境因素。内在因素是植物在生长发育过程中建立起来的自主诱导开花的机制，包括自身发育年龄的因素，主要表现为不同植物发育成熟并开始开花的年龄不同；此外，还有植物激素、生物钟等因素。有些植物不依赖于特殊环境因素的诱导，而是严格受到内在因素的调控而开花，这种调控开花的现象称为自主调控（autonomous regulation）。有些植物则绝对需要合适的环境因素的诱导才能开花，这种调控开花的现象称为对环境专性或质比反应（obligate or qualitative response）。而其他一些植物，环境因素能促进其开花，但在没有该环境因素诱导的情况下，最终也能开花，这种调控开花的现象称为对环境兼性或量化反应（facultative or quantitative response）。拟南芥属于对环境因素兼性反应型植物，其开花既依赖于环境因素也依赖于自主信号。

在植物生长发育过程中，自主调控是分阶段进行的。如图13-3所示，配子体时期是一个调控机制重新设定的时期，使调控开花的机制恢复到初始状态；胚胎发生和幼苗生长时期，促进开花的基因的表达受抑制，保证植物有足够时间进行营养生长；从幼年到成年发育时期，促进开花的基因的表达逐渐增强，最终使茎端分生组织发育发生改变，启动花芽的分化发育。

诱导植物开花的环境因素主要是光和温度。光周期现象和春化作用是植物对光和温度季节性变化的两个重要应答机制。光周期现象是植物通过感应白昼或黑夜的长短变化来调节开花时间的机制，春化作用则是低温促进植物开花的机制。有关这两种机制在成花诱导中的作用将分别在本章的第二节和第三节中进一步详细介绍。

除了上述因素外，其他一些因素如光质、总光照量、环境胁迫、营养条件等也会影响植物开花。

总的来说，植物通过响应内在和环境因素的诱导精确地调节开花时间，及时适应环境的变化，保证尽可能有效地繁殖后代。例如，水稻的开花时间是同步的，这种同步开花有利于杂交育种。适时地产生种子，尤其有利于植物充分利用环境的水分和温度资源，提高自身的生长和繁殖效率。

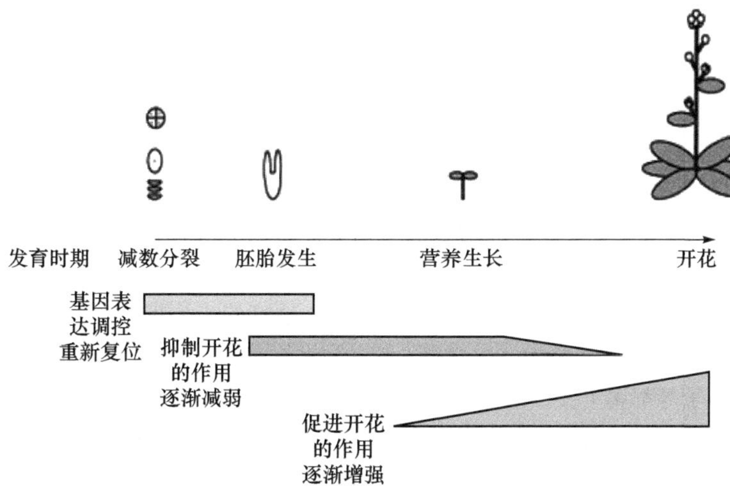

图 13-3　植物自主开花调控（改自 Boss et al., 2004）

第二节　光周期现象

地球围绕太阳公转，在地球上不同纬度地区的温度、雨量和日照长度等随季节有规律地变化，地球又以 24h 为周期自转而有昼夜的变化。在夏季，纬度愈高的地区，白昼愈长，黑夜愈短；而在冬季，纬度愈高的地区，白昼愈短，黑夜愈长；春分和秋分时，各纬度地区昼夜长度相等，均为 12h（图 13-4）。自然界一昼夜间的光暗交替称为光周期（photoperiod）。生长在地球上不同地区的植物在长期适应和进化过程中表现出生长发育的周期性变化。这种植物对日照长度发生反应的现象称为光周期现象（photoperiodism）。

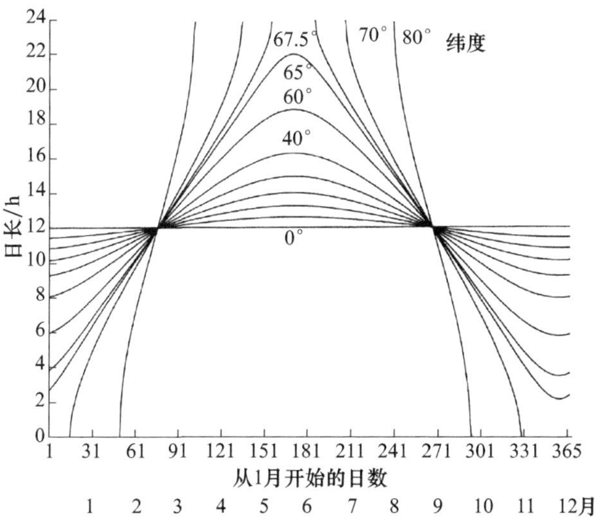

图 13-4　北半球不同纬度地区日长的变化

（Salisbury & Ross，1992）

一、植物光周期现象的发现

人们早就注意到许多植物的开花具有明显的季节性，每种植物在一年中的特定季节开花；同一品种植物在同一地区种植时，尽管在不同时间播种，开花期却都差不多；同一品种在不同纬度地区种植时，开花期表现有规律的变化。美国园艺学家 Garner 和 Allard 于 1920 年观察到烟草的一个变种（*Maryland Mammoth*）在华盛顿附近地区夏季生长时，株高达 3～5m 时仍不开花，但在冬季转入温室栽培后，其株高不足 1m 就开花。他们试验了温度、光质、营养等条件，发现日照长度是影响烟草开花时间的关键因素。在夏季用黑布遮盖缩短日照长度，烟草就能开花；冬季在温室内用人工光照延长日照长度，则烟草保持营养状态而不开花。由此得出结论，短日照是这种烟草开花的关键条件。后来的大量试验证明，植物的开花时间与昼夜光暗的长度即光周期有关，许多植物必须经过一定时间的适宜光周期后才能开花，否则就一直处于营养生长状态。光周期诱导开花现象的发现，使人们认识到光不但为植物光合作用提供能量，而且作为环境信号调节植物整个生命周期中许多发育过程。

二、植物成花的光周期反应类型

根据不同植物对诱导开花所要求的日照长短不

同，可把植物分为以下几种类型：长日植物、短日植物、日中性植物、长短日植物、短长日植物、中日照植物和极端光周期植物。

1. 长日植物　长日植物（long day plant，LDP）是指在24h昼夜周期中，日照长度必须长于一定时数才能开花的植物。延长光照可促进长日植物早开花，相反地，延长黑暗则使长日植物推迟开花或不能开花。常见的小麦、大麦、黑麦、油菜、菠菜、萝卜、白菜、甘蓝、芹菜、甜菜、胡萝卜、金光菊、山茶、杜鹃、桂花、天仙子等都属于长日植物。拟南芥属于长日植物，在人工栽培时，通常用的光周期为16h光照/8h黑暗。

2. 短日植物　短日植物（short day plant，SDP）是指在24h昼夜周期中，日照长度短于一定时数才能开花的植物。对这些植物适当延长黑暗或缩短光照可促进早开花，延长日照则使短日植物推迟开花或不能成花。水稻、玉米、大豆、高粱、苍耳、紫苏、大麻、黄麻、草莓、烟草、菊花、秋海棠、蜡梅、日本牵牛等属于短日植物。

3. 日中性植物　日中性植物（day neutral plant，DNP）的成花对日照长度不敏感，在任何长度的日照下均能开花，如黄瓜、茄子、番茄、辣椒、菜豆、棉花、君子兰、向日葵、蒲公英等。

4. 长短日植物　长短日植物（long short day plant）要求先长日后短日的双重日照条件，如大叶落地生根、芦荟、夜香树等。

5. 短长日植物　短长日植物（short long day plant）要求先短日后长日的双重日照条件，如风铃草、鸭茅、瓦松、白三叶草等。

6. 中日照植物　中日照植物（intermediate daylength plant）只有在某一中等长度的日照条件下才能开花，而在较长或较短日照下均保持营养生长状态的植物，如甘蔗要求11.5～12.5h日照条件才开花。

7. 极端光周期植物　与中日照植物相反，极端光周期植物（amphophotoperiodism plant）在中等日照条件下保持营养生长状态，而在较长或较短日照下才开花，如狗尾草等。

三、诱导植物开花的临界日长

临界日长（critical day length）是指植物开花所需的极限日照长度，即长日植物能够开花的最短日照长度或短日植物能够开花的最长日照长度。有的植物对日照长度的要求非常严格，有明确的临界日长，必须经过连续的、一定天数的长日照才能开花，这类植物称为绝对长日植物；而有的植物必须经过连续的、一定天数的短日照才能开花，这类植物称为绝对短日植物。此外，还有许多长日植物或短日植物的开花时间对日照长度的反应并不十分严格，适宜的光周期能促进其开花，但在不适宜的光周期条件下，经过适当长的时间后也能或多或少地开花，这种植物称为相对长日植物或相对短日植物。表13-3列出了一些植物的临界日长和需要的诱导周期数，从中可以看出，长日植物所要求的临界日长不一定都比短日植物的临界日长要长；而短日植物的临界日长也不一定短于长日植物的临界日长。同种植物的不同品种对日照的要求可以不同，如烟草的有些品种为短日植物，而有些品种则是长日植物，还有些品种是日中性植物。通常早熟品种多为长日或日中性植物，晚熟品种多为短日植物。此外，植物并不是在一生中都要求所需的日照长度，而仅只是在发育的某一阶段需要一定的日照长度和光周期数（即光照日数）。

表13-3　某些植物花芽开始分化所需的临界日长和诱导周期数

植物名称	24h周期中的临界日长/h	最少诱导周期数
短日植物		
菊花（*Chrysathemum morifolium*)	16	12
大豆（*Glycine max* cv. Biloxi）	13.5~14	2~3
厚叶高凉菜（*Kalanchoe blossfeldiana*）	12	2
浮萍（*Lemna purpusilla*，strain 6746）	约14	1
红叶紫苏（*Perilla crispa*）	约14	12
裂叶牵牛（*Pharbitis nil* cv. Violet）	14 ~15	1
苍耳（*Xanthium Strumarium*）	15.5	1
长日植物		
琉璃繁缕（*Anagallis arvensis*）	12~12.5	1
天仙子（*Hyoscyamus niger*）	11.5	2~3
毒麦（*Lolium italicum*）	11	1
白芥菜（*Sinapis alba*）	11	1
菠菜（*Spinacia oleracea*）	14	1
拟南芥（*Arabidopsis thaliana*）	13	1

四、光期与暗期的作用

昼夜 24h 循环是一个既定的常数，有临界日长就会有相应的临界暗期（critical dark period）或称临界夜长（critical night length）。临界暗期是指短日植物开花必需的最短暗期或长日植物开花要求不能超越的最长暗期。研究表明，植物通过检测光暗周期中的暗期长度来感知日长的变化。在暗期间断处理（night break）实验中（图 13-5），短日植物在超过临界暗期的条件下开花，长日植物在短于临界暗期条件下开花；如果用短时间的黑暗打断光期，不影响长日植物和短日植物开花，但如果用闪光处理中断暗期，则使短日植物不能开花，反而能诱导长日植物开花。因此，在植物的光周期诱导开花过程中，暗期的长度是诱导植物开花的决定因素。短日植物对暗期中的光照非常敏感，仅几分钟低强度的光照（日光的 1/10 万或月光的 3～10 倍）中断暗期处理，即能有效地影响植物开花。

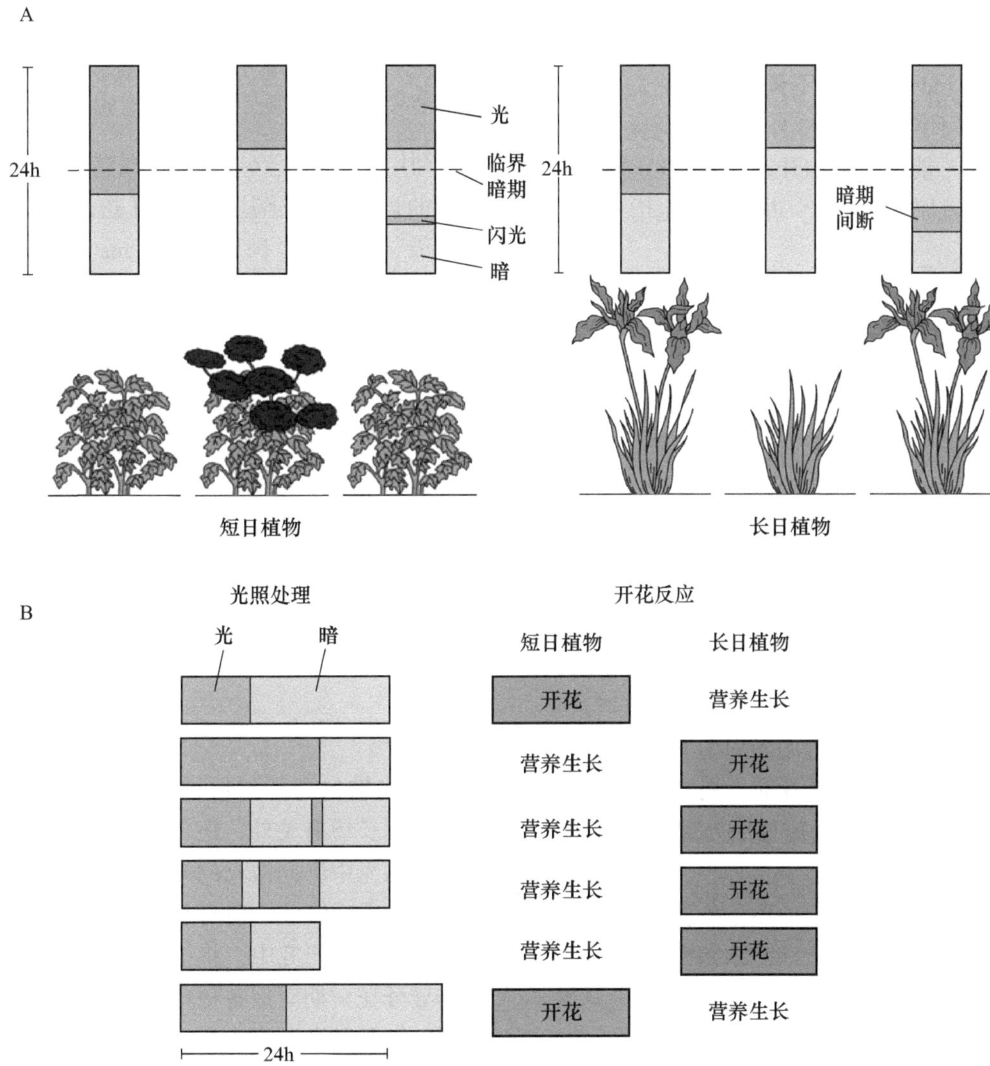

图 13-5　开花的光周期调节（Taiz et al.，2015）

A. 当夜长超过临界暗期时，短日植物开花，用闪光间断暗期阻止开花；夜长短于临界暗期时，长日植物开花，用闪光间断暗期可诱导某些长日植物开花。B. 暗期对开花的效应，不同光周期处理短日或长日植物，证明暗期长度是关键的变量

中断暗期的时间点也很重要，在暗期的中间给予闪光处理最有效。此外，在给予相当长的暗期处理条件下，对暗期间断最敏感期则与距暗期开始的时间相关，如苍耳在延长暗期为 24h 的时候，在暗期开始后 8h 光照间断暗期的效果最好。

短日植物的开花反应要求长暗期，但光期太短也会影响植物开花。例如，大豆在固定16h暗期和不同长度光期处理的条件下，光期长度增加时，促进开花，但在光期长度大于10h后，开花数反而下降。因此，只有在适当的光暗交替条件下，植物才能正常开花。

五、光周期诱导开花的生理机制

（一）光周期诱导

植物在达到一定的生理年龄时，经过足够天数的适宜光周期处理，以后即使处于不适宜的光周期下，仍然能开花，这种现象称为光周期诱导（photoperiodic induction）。不同种类植物需要光周期诱导的天数不同（表13-3）。短于其需要的最低诱导天数时，不能诱导植物开花，增加光周期诱导的天数可加速花原基的发育，花的数量也增多。

（二）光周期的感受和信号传递

1. 植物感受光周期刺激的部位　植物产生花的部位是茎顶端分生组织，而感受光周期诱导的部位是叶片。在经典的实验中，把短日植物菊花全株置于长日照条件下不开花，若将全株置于短日照条件下可开花；将其叶片置于短日照条件下而茎顶端给予长日照，也可开花；而将叶片置于长日照条件下而茎顶端给予短日照，则不能开花；说明植物感受光周期诱导的部位是叶片。叶片对光周期的敏感性与叶片的发育程度相关，幼嫩和衰老的叶片敏感性差，叶片生长达到最大时敏感性最高，这时甚至叶片的很小一部分处在适宜的光周期下就可诱导开花。例如，苍耳或毒麦的叶片完全展开达最大面积时，仅对2cm^{2}的叶片进行短日照处理，即可诱导植物开花。

2. 光周期的信号传递　由于感受光周期的部位是叶片，而形成花的部位在茎顶端分生组织，因此相关的信息应自感受光周期的叶片传导至茎顶端。苏联学者Chailakhyan将5株苍耳相互嫁接在一起，只要其中一株的一片叶接受适宜的短日光周期诱导，而其他植株都在长日照条件下，最后所有植株都能开花（图13-6），说明有刺激开花的物质通过嫁接在植株间传递并发挥作用。此外，不同光周期类型的植物嫁接后，在各自的适宜光周期诱导下，都能相互影响而开花。根据这些实验推测，长日植物和短日植物的成花刺激物质可能具有相同的性质。

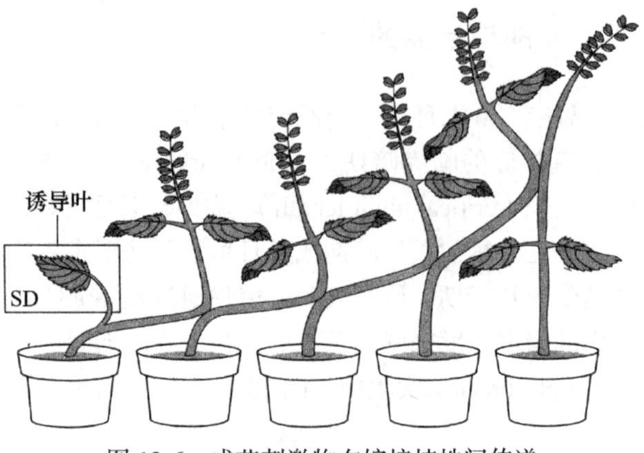

图13-6　成花刺激物在嫁接植株间传递
（Hopkins，1995）

一株植物被诱导开花，则几株嫁接的植株都能开花，表明成花刺激物从诱导叶片传递至所有的植株；SD表示短日照处理

利用环割或蒸汽处理叶柄或茎，干扰或阻止韧皮部的运输，可延迟或抑制开花，表明开花刺激物质传导的途径是韧皮部。Evans用短日植物苍耳的去叶实验探讨成花刺激物质运输的速率时发现，在苍耳植株接受暗期诱导刚结束时立即去掉叶片，则植株不能开花；而在暗期结束数小时后再去叶的植株就能开花，说明成花刺激物的合成和转移需要一定的时间，如果叶片在植株上保留1～2d，则可获得最大的开花效果，可见植物需要一定的时间将成花刺激物运出叶片。有些植物的成花刺激物运输的速度较慢，每小时几厘米；而有些植物可达几十厘米，相当于光合产物在韧皮部的运输速度。

（三）光周期信号的调控机制

1. 光敏色素测时假说　光周期诱导除了与光照周期长短有关外，还与光质有关。一天中照射到地面的光中不同波长的光及其强度都在变化。因此，对光周期信号的感知也是对光质变化的感应。

在早期的研究中，将植物置于适合的日照条件下诱导开花，期间用各种单色光进行闪光间断暗期处理，结果显示，阻止SDP（如大豆或苍耳）和促进LDP（如冬大麦）开花均以600～670nm波长的红光最有效，而且这种对闪光处理的反应是一种红光（R）/远红光（FR）可逆反应，并可反复逆转多次（图13-7）。光周期诱导开花的这种反应特点符合光敏色素的反应特性，因此提出了光敏色素参与诱导植物开花的假说，即光通过影响光敏色素的活性调控植物开花。

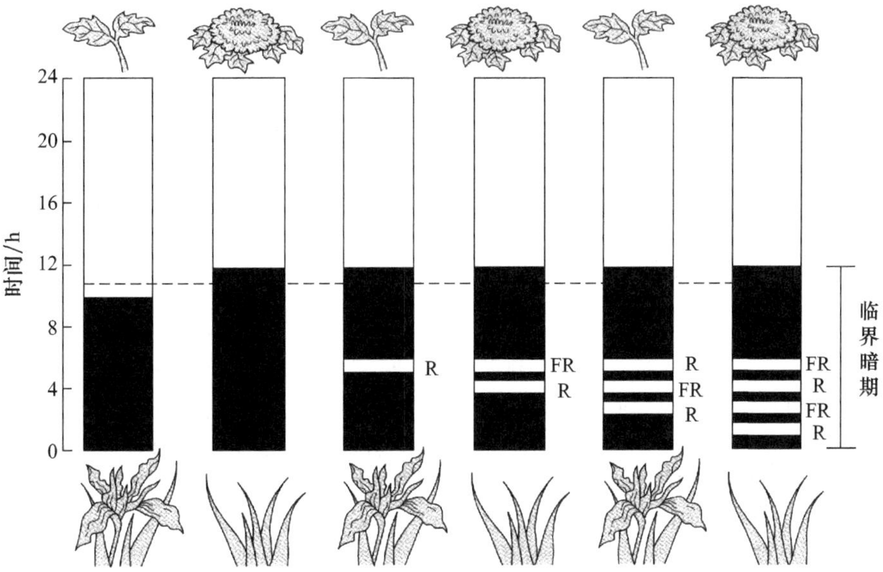

图 13-7　红光（R）和远红光（FR）对开花的控制（Taiz et al.，2015）

暗期间断最有效的光是红光（R），暗期中一次 R 闪光即可诱导长日植物开花，其效应可被一次远红光（FR）闪光逆转，说明光敏色素介入这个反应；一次 R 可阻止短日植物开花，其效应也可为 FR 所逆转

有关光敏色素参与诱导植物开花的机制，Hendricks 等于 1960 年提出光敏色素参与一种滴漏式（hourglass）测时的假说：当植物从光下转入黑暗后，光下形成的 Pfr 型光敏色素便逐渐降解或逆转为 Pr 型，而临界夜长就是植物中的 Pfr 减少到一定阈值的标志，只有达到一个临界水平才能启动特殊的成花刺激物合成。在暗期中间用红光照射时，又使 Pfr 水平迅速提高，在以后的暗期中 Pfr 重新开始向 Pr 转化或降解，但是余下的暗期长度不足以使其下降到某一阈值以下。后来也有人认为是由于在暗期中，Pfr/Pr 值降低到一临界水平促进 SDP 成花刺激物合成的代谢过程。但一些 LDP 可在几小时远红光照射下即促进开花，用这种滴漏式测时机制则不能解释。

近年来的研究发现，红光受体（PHYB）抑制开花，蓝光受体（CRY2）促进开花，二者在调控植物开花过程中起重要作用（见本章第四节）。

2. 生物钟测时假说　当光周期信号输入生物钟的中央振荡器，经过 24h 计时制的反馈圈后输出的信号可参与诱导植物开花，对于植物的成花反应起“振荡计时器”的作用。实验表明，光周期诱导开花现象中存在昼夜节律性的变化，如短日植物大豆，其临界暗期为 10.4h，给予 8h 照光处理后，再给予不同长度的暗期，结果显示：当光暗周期是 24h 或 24h 的倍数时，开花数多；而光暗周期不是 24h 的倍数时，开花数少或不能开花。说明生长在连续暗期中的大豆靠其内源的近似昼夜节奏感知光期和暗期。长日植物大麦也有类似的反应。

有关生物钟参与光周期计时的机制，曾有人提出过两种作用模式，即外源节律偶合模式（external coincidence model）和内源节律偶合模式（internal coincidence model）（图 13-8）。在外源节律偶合模式中，认为植物存在一个由光调拨的时钟，可产生光敏感时相的内源节律，当这个对光敏感的时相与光期重叠时，促进长日照植物的光周期反应或抑制短日照植物的光周期反应。而在内源节律偶合模式中，认为光的作用调拨至少两个不同的时钟，导致产生两种不同的内源节律，当这两个节律变化相遇重合时，即诱导光周期反应，促进开花。目前的分子遗传学研究结果比较支持外源节律偶合模式（见本章第四节）。

3. 光周期诱导的成花素假说　针对诱导叶片中所产生的成花信号，历史上曾提出过一些很有意思的假说。Chailakhyan 最早提出成花激素的假说：叶片经诱导后产生促进开花的物质，可向各方向运转，到达茎端分生组织调控其分化发育；不同植物的成花刺激物具有相似的性质；植株在特定条件下产生的成花素（florigen）不是基础代谢过程中产生的一般物质。大量的嫁接试验支持这一假说。

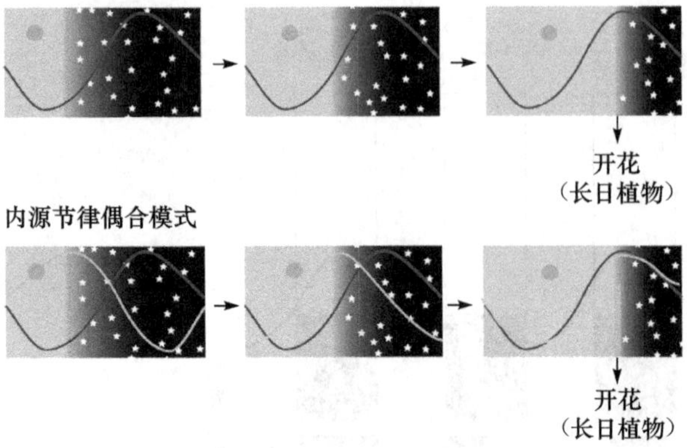

图 13-8　光周期计时模式（Ausin et al.，2005）

Lincoln 等于 1961 年从开花的苍耳植株提取成花刺激物质，将粗提取物施于在长日照下生长的苍耳植株，可诱发约 50% 的植株开花；从营养生长的苍耳植株提取的物质则没有诱导开花的活性。但是在进一步提纯这种物质时则活性丧失，因而未能鉴定此物质的性质。以后的一些试验重复了此结果，但是均未确定预想的成花刺激物。

4. *FLOWERING LOCUS T*（*FT*）基因的产物具有类似成花素的功能　在拟南芥等植物中发现，*FT* 基因受光周期信号调控表达，其产物在叶片中表达后，通过韧皮部被运送到茎端分生组织，促进植物开花。日本科学家还发现水稻的 Hd3a 蛋白是拟南芥 FT 的同源蛋白，受光周期诱导表达，促进开花。因此，*FT* 基因表达的产物可起类似成花素的作用。

（四）温度与光周期反应的关系

在光周期现象中，光照是主导因素，但其他外界条件也有一定的作用，并且会影响植物对光照的反应，其中温度的影响最为显著。温度不但影响植物开花所需光周期的时间，而且可以改变植物对日照的要求。

降低温度可以使长日植物在较短的日照下开花。例如，豌豆、黑麦、苜蓿、甘蓝等长日植物在较低的夜温下失去对日照长度的敏感性而呈现出中间性植物的特征。甜菜通常只在长日照条件下开花，但在 10～18℃的较低夜温下，8h 日照也能开花。降低夜温可以使短日植物在较长日照条件下开花，如短日照品种的烟草在 18℃夜温下需要短日照条件才能开花，而当夜温降低到 13℃时，在 16～18h 的长日照条件下也能开花。

许多要求低温春化（见本章第三节）的植物在经过低温春化后还要求在长日照条件下才能开花，如冬性谷类作物、甜菜、白菜等二年生作物。

六、光周期理论在农业生产上的应用

（一）光周期与植物的地理分布

植物对光周期反应的类型是对所分布地区自然光周期长期适应的结果。低纬度地区不具备长日条件，所以一般分布短日植物；高纬度地区的生长季节日照较长，因此多分布长日植物；中纬度地区则长短日植物共存。在同一纬度地区，长日植物多在日照较长的春末和夏季开花，如小麦；而短日植物如菊花等则多在日照较短的秋季开花。

植物在不同纬度地区的分布也会受人工栽培育种的影响。例如，短日植物大豆，从我国的东北到海南岛都有当地育成的品种，它们具有适应本地区日照长度的光周期特性。如果将我国不同纬度地区的大豆品种均在北京地区栽培，因日照条件的改变会引起它们的生育期随其原有的光周期特性而呈现规律性的变化：南方的品种北移至北京时，得不到短日条件，致使开花推迟；相反，北方的品种南移至北京，因较早获得短日条件而使花期提前（表 13-4）。这反映了植物与原产地光周期相适应的特点。

表 13-4　我国南北各地大豆在北京种植时的开花情况

原产地及纬度	南京 32°N	北京 40°N	锦州 41°N	佳木斯 47°N
品种名称	金大 532	本地大豆	平顶香	满仓金
原产地播种期	5 月下旬	4 月 30 日	5 月 19 日	5 月 17 日
原产地开花期	8 月 23 日	7 月中旬	7 月 29 日	7 月 5 日
北京播种期	4 月 30 日	4 月 30 日	4 月 30 日	4 月 30 日
北京开花期	9 月 1 日	7 月 19 日	7 月 2 日	6 月 5 日
原产地播种到开花日数 /d	90	80	71	55
北京播种到开花日数 /d	124	80	63	36

（二）光周期与引种育种

生产上常从异地引进优良品种，以获得优质高产。在同纬度地区间引种时，由于日照长度基本相同，温度差异也较小，无需考虑光周期差异的问题；但在不同纬度地区间引种时，需考虑品种的光周期特性以评估作物能否产生足够的经济价值。例如，引种以果实或种子为经济性状的作物时，短日植物从北方引种到南方，将提前开花，则应选择晚熟品种；而从南方引种到北方，则应选择早熟品种；长日植物从北方引种到南方时，将延迟开花，宜选择早熟品种，而从南方引种到北方时，应选择晚熟品种。

通过人工光周期诱导可以加速良种繁育、缩短育种年限。例如，在进行甘薯杂交育种时，人为地缩短光照，使甘薯开花整齐，以便进行有性杂交。根据我国气候多样的特点，可进行作物的南繁北育：短日植物水稻和玉米可在海南岛加快繁育种子；长日植物小麦夏季在黑龙江、冬季在云南种植，可以满足作物发育的光照和温度的要求，一年内可繁殖2～3代，加速育种进程。

具有优良性状的某些作物品种间有时花期不遇，无法进行有性杂交育种。通过人工控制光周期，可使两亲本同时开花，便于进行杂交。例如，早稻和晚稻杂交育种时，可在晚稻秧苗4～7叶期进行遮光处理，促使其提早开花以便和早稻进行杂交授粉，培育新品种。

（三）光周期与经济性状的优化

对以收获营养体为主的作物，可通过控制光周期抑制其开花。例如，短日植物烟草，原产热带或亚热带，引种至温带时，可提前至春季播种，利用夏季的长日照及高温多雨的气候条件，促进营养生长，提高烟叶产量。又如，短日植物麻类，南种北引可推迟开花，使麻秆生长较长，提高纤维产量和质量。

在园艺花卉栽培中，已经广泛地利用人工控制光周期的办法来提前或推迟花卉植物开花。例如，菊花是短日植物，在自然条件下秋季开花，若给予遮光缩短光照处理，则可提前至夏季开花，满足城市园林美化的需求。而对于某些需长日照的花卉植物，如杜鹃、山茶花等，进行人工延长光照处理，就可提早开花。

第三节 春化作用

一、春化作用的概念和类型

（一）春化作用的发现

在很早以前，我国北方的农民就开始将吸胀萌动的冬小麦种子闷在罐中，放在0～5℃低温下40～50d，用于春季补种，以保证补种的麦苗能正常开花。此外，在1918年，Garssner用冬黑麦进行试验发现，冬黑麦在萌发期或苗期必须经历一个低温阶段才能开花，而春黑麦则不需要。后来于1928年，Lysenko将吸水萌动的冬小麦种子进行低温处理后春播，即可在当年夏季抽穗开花，他将这种处理方法称为春化，意指使冬小麦春麦化了。人们就将这种低温处理促进植物开花的作用称为春化作用（vernalization）。除了冬小麦、冬黑麦、冬大麦等冬性禾谷类作物以外，某些二年生植物，如白菜、萝卜、胡萝卜、芹菜、甜菜、甘蓝和天仙子等，以及一些多年生草本植物（如牧草）也需要低温春化的诱导才能开花。

（二）植物对低温反应的类型

植物开花对低温的要求大致有两种类型。一类植物对低温的要求是绝对的，二年生和多年生草本植物多属于这类，它们在头一年秋季长成莲座状的营养植株，并以这种状态过冬，经过低温的诱导，于第二年夏季抽薹开花。如果不经过一定天数的低温，就一直保持营养生长状态，绝对不开花。另一类植物对低温的要求是相对的，冬小麦等许多冬性植物，低温处理可促进开花，未经低温处理的植株虽然营养生长期延长，但是最终也能开花，它们对春化作用的反应表现出量的需要，随着低温处理的时间加长，到抽穗需要的天数逐渐减少，未经低温处理的，达到抽穗的天数最长。各种植物在系统发育中形成了不同的特性，所要求的春化温度不同，根据原产地的不同，可将小麦分为冬性、半冬性和春性三种类型。我国华北地区的秋播小麦多为冬性品种，黄河流域一带多为半冬性品种，而华南一带一般为春性品种。不同类型小麦所要求的低温范围和时间都有所不同，一般来说，冬性愈强，要求的春化温度愈低、春化的天数愈长（表 13-5）。

表 13-5　不同类型小麦春化所需要的温度及天数

小麦的类型	春化温度 /℃	春化天数 /d
冬性	0～3	40～45
半冬性	3～6	10～15
春性	8～15	5～8

二、影响植物春化的因素

（一）低温

低温是春化作用的主要条件。有效温度的范围和低温持续的时间随植物种类和品种而不同，对大多数要求低温的植物来说，1～2℃是最有效的春化温度，但只要有足够的时间，−3～10℃都有效。各类植物实现春化所要求的低温时间长短不同，在一定期限内春化的效果随低温处理时间的延长而增加（图 13-9）。

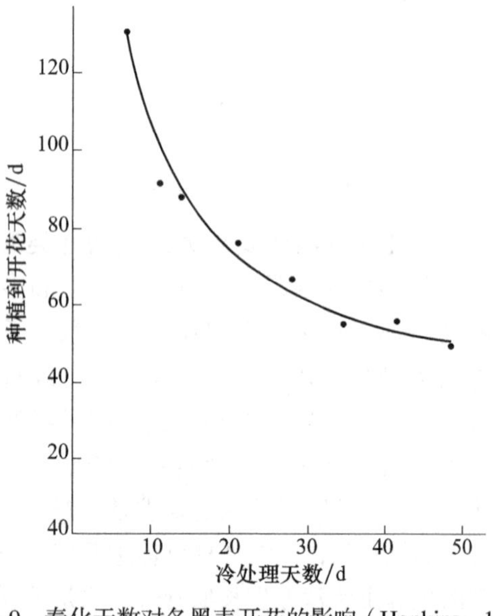

图 13-9　春化天数对冬黑麦开花的影响（Hopkins，1995）
种子在湿沙中 1℃处理不同天数后移到温室生长，随冷处理加长，从种植到开花时间缩短

植物的春化效果是可以消除的。在植物春化过程结束之前，如将植物放到较高的生长温度下，低温的效果会被减弱或消除，这种现象称为去春化作用（devernalization）。一般去除春化的温度为25～40℃，如冬小麦在 30℃以上 3～5d 即可消除春化。通常植物经过低温春化的时间愈长，则去春化愈困难，当春化过程结束后，春化的效果就是稳定的，不会被高温解除。大多数去春化的植物返回到低温下，又可重新进行春化，而且低温的效果是可以累加的，这种去除春化后再恢复春化的现象称为再春化作用（revernalization）。

（二）水分、氧气、营养和光照对春化作用的影响

春化作用除了需要一定时间的低温外，还需要适量的水分、充足的氧气和作为呼吸底物的营养物质。将已萌动的小麦种子失水干燥，当其含水量低于 40% 时，用低温处理种子不能使其春化。在缺氧条件下，即使满足低温和水分的要求，仍不能完成春化，并且缺氧也能起去春化作用。这是因为在春化期间，细胞内的氧化还原作用和呼吸作用均增强，充足的氧气是进行生理生化活动的必要条件。春化作用还需要足够的营养物质，将小麦种子的胚培养在富含蔗糖的培养基中，在低温下可以实现春化，若培养基中缺乏蔗糖，则不能实现春化。

此外，许多植物在感受低温后，还需经过长日照诱导才能开花。例如，天仙子植株，在较高温度下不能开花，经低温春化后放在短日照下，也不能开花，只有经低温春化后再处于长日照条件下的植株才能抽薹（bolting）开花（图 13-10），说明春化过程只是对开花起诱导作用。

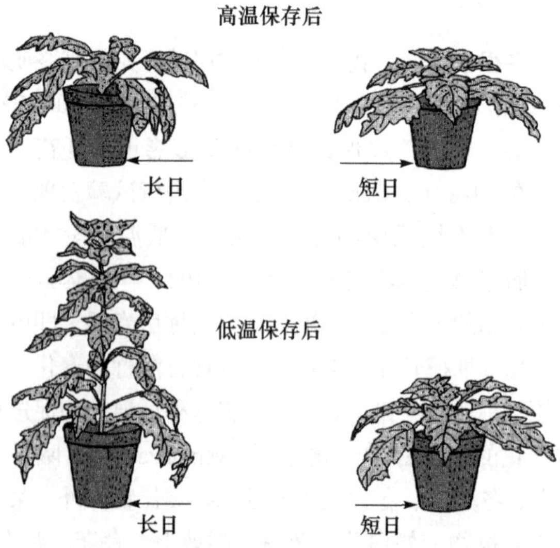

图 13-10　温度和日照对莲座植物天仙子抽薹开花的影响（Salisbury & Ross，1992）

三、春化刺激的感受和传递

（一）植物感受低温的时期和部位

一般来说，植物在种子萌发后到植物营养体生长的苗期感受低温而进行春化。冬小麦、冬黑麦等一年生冬性植物除了在营养体生长时期外，种子吸胀萌动时就能进行春化，在萌发早期胚迅速进行细胞分裂时对低温非常敏感。但胡萝卜、甘蓝和芹菜等只有在幼苗长到一定大小时才能感受低温而进行春化。

不同植物感受低温的部位不同。冬黑麦离体的胚在含蔗糖的培养基上就能接受低温诱导。芹菜等幼苗感受低温的部位是茎端分生组织，栽培于温室中的芹菜，只对茎端分生组织进行低温处理，甚至离体茎尖接受低温，就能进行春化；但是如果芹菜栽培在低温条件下，而茎尖却给予25℃左右的较高温度，植株则不能实现春化。某些植物的叶片感受低温的部位在可进行细胞分裂的叶柄基部，如椴花的叶柄基部在适当低温处理后，可培养再生出花茎，但如将叶柄基部0.5cm处切除，再生的植株则不能形成花茎。一般认为，植物春化作用感受低温的部位是分生组织和某些能进行细胞分裂的部位。

（二）春化作用效应的传递

春化作用的效应是否能传递，有关的试验得到两种完全相反的结果。一些嫁接试验证明，植物完成春化的感受状态只能随细胞分裂从一个细胞传递到另一个细胞，传递时应有DNA的复制，与表观遗传机制相关。而另一些嫁接试验显示，经低温处理的植株可能产生了某种可以传递的物质，并通过嫁接传递给未经春化的植株，而诱导其开花，不过这种情况很少，而且至今还未分离鉴定出这类物质。

四、春化作用在农业生产上的应用

（一）人工春化处理在农业生产上的应用

在农业生产上，对萌动的种子进行人工低温处理使之完成春化作用的措施称为春化处理。春化处理可应用在春天补种冬小麦；在育种工作中利用春化处理，可以在一年中培育3～4代冬性作物，加速育种进程；对种子进行人工春化处理后，适当晚播，避免春季“倒春寒”对春小麦的低温伤害，同时可提早成熟。

（二）春化作用与调种引种

不同纬度地区的温度有明显的差异，我国北方纬度高、温度低，南方纬度低而温度高。在南北方地区之间引种时，必须了解品种对低温的要求，北方的品种引种到南方，可能因当地温度较高而不能满足其对低温的要求，致使植物只进行营养生长而不开花结实，造成不可弥补的损失。

（三）春化作用与控制花期

在园艺生产上可用低温处理促进石竹等花卉植物的花芽分化，低温处理还可使秋播的一、二年生草本花卉改为春播，当年开花。还可以利用去春化控制某些植物开花。例如，越冬储藏的洋葱鳞茎在春季种植前用高温处理以解除春化，防止它在生长期抽薹开花而获得大的鳞茎，增加产量；又如，我国四川省种植的当归为二年生药用植物，当年收获的块根质量差，不宜入药，需第二年栽培，但第二年栽种时又易抽薹开花而降低块根品质，如果在第一年将其块根挖出，储藏在高温下而使其保持未春化状态，就可减少第二年的抽薹率而获得较好的块根，提高产量和药用价值。

第四节　成花诱导的遗传调控机制

前面已经讨论了植物内在因素和环境因素诱导植物花芽分化发育的生理机制，本节介绍和讨论植物成花诱导的遗传调控机制。

一、概述

在拟南芥中已发现的开花调控基因从生理学

功能上可分为四大类：①参与植物内外因素诱导开花信号转导的基因，如红光受体基因 *PHYA* 等；②开花抑制因子基因，如 *FLOWERING LOCUS C*（*FLC*）基因；③开花信号转导途径整合因子（floral pathway integrator）基因，如 *FLOWERING LOCUS T*（*FT*）和 *SUPRESSOR OF OVEREXPRESSION OF CO 1*（*SOC1*）等；④决定花分生组织发育命运的基因，如 *LEAFY*（*LFY*）、*APETALA1*（*AP1*）、*APETALA2*（*AP2*）、*CAULIFLOWER*（*CAL*）和 *FRUITFUL*（*FUL*）。信号转导基因参与感应和传递对诱导开花信号的反应。如图 13-11 所示，相对应于上述不同的诱导开花因素，已经发现的开花信号转导途径归类为：自主途径（autonomous pathway）、光周期途径（photoperiod pathway）、光质途径（light quality pathway）、春化作用途径（vernalization pathway）和赤霉素途径（gibberellin pathway）。开花信号转导途径整合因子基因起承接整合不同信号转导途径的作用，它们调控下游决定花分生组织发育命运的基因的表达。如图 13-11 所示，整个开花调控体系的作用机制是通过不同信号转导途径感应相对应的内在或环境信号，通过抑制开花抑制因子基因的表达，或是直接调控下游的开花信号转导途径整合因子基因的表达，从而调控植物开花。这些开花信号途径可以划分为两类：①通过抑制开花抑制基因 *FLC* 的表达，解除或降低对开花信号途径整合因子基因表达的抑制作用，促进植物开花，如春化作用途径和自主途径属于这一类；②通过激活或促进开

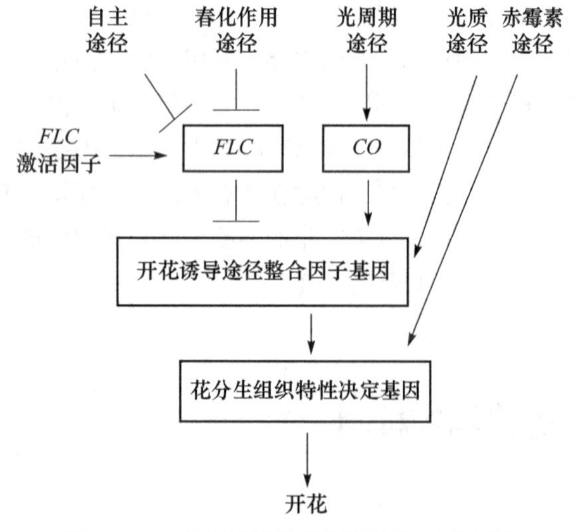

图 13-11　成花诱导的基因调控机制示意图

（改自 Blümel et al.，2015）

箭头表述促进基因表达，横杆表述抑制基因表达

花信号转导途径整合因子基因的表达，促进开花，属于这一类的有光周期途径、赤霉素途径。这几条途径都可以各自独立地发挥作用。

二、*FLC* 基因的表达调控

FLC 是拟南芥中一个开花抑制因子基因，编码一个具有 MADS-box 的转录因子。它的作用是通过抑制诱导开花信号转导途径整合因子基因（如 *FT* 和 *SOC1*）的表达从而抑制开花。对 *FLC* 的表达有正、负两种调控机制。正调控是激活或促进 *FLC* 的表达，从而抑制开花，如 *VERNALIZATION INDEPENDENCE4*（*VIP4*）、*FRIGID*（*FRI*）等基因正调控 *FLC* 的表达，抑制植物开花；而负调控就是抑制或降低 *FLC* 的表达，促进植物开花。

（一）自主途径负调控 *FLC* 表达的机制

自主途径是植物对内源信号（如年龄或固定的叶片数）的感应而启动成花诱导。目前发现自主途径中的基因有 *FVE*、*FLOWERING LOCUS D*（*FLD*）、*FCA*、*FY* 等，它们至少通过两种不同的方式对 *FLC* 表达进行负调节：①通过对 *FLC* 基因位点染色质组蛋白的去乙酰基化作用（histone deacetylation）抑制 *FLC* 基因的表达，*FVE* 和 *FLOWERING LOCUS D*（*FLD*）编码的蛋白质与哺乳动物的组蛋白去乙酰基酶复合体（histone deacetylase complex，HDAC）亚基相似，它们突变会引起 *FLC* 位点染色质组蛋白的乙酰基化（acetylation）增加，导致延迟开花，因此，*FVE* 和 *FLD* 基因是通过对染色质组蛋白的去乙酰基化作用而抑制 *FLC* 的表达的；②通过 *FCA* 与 *FY* 基因抑制 *FLC* 的表达，*FCA* 编码一个 RNA 结合蛋白，而 *FY* 基因编码与酵母 RNA 3′ 端加工复合体的组分相似的蛋白质，通过抑制 *FLC* 基因的表达，从而促进植物开花。

（二）春化作用途径负调控 *FLC* 表达的机制

春化作用对 *FLC* 表达的抑制作用分为两个层次，即建立对 *FLC* 表达抑制状态和维持抑制状态。在拟南芥中，*VERNALIZATION INSENSITIVE3*（*VIN3*）基因参与建立对 *FLC* 表达的抑制状态，而 *VERNALIZATION1*（*VRN1*）和 *VERNALIZATION2*

（*VRN2*）基因则对 *FLC* 表达抑制状态起维持作用。具体来说，*VIN3* 是通过对组蛋白 H3 去乙酰基化建立对 *FLC* 表达的抑制作用，建立春化作用状态；而 *VRN1* 和 *VRN2* 则是通过对染色质组蛋白的甲基化作用维持对 *FLC* 表达的抑制状态，维持春化作用状态。

三、光诱导开花的遗传调控机制

调控开花的光信号主要来自光质和光周期。光质主要是指光的波长和密度。每日从黎明到黄昏，从黄昏到黑夜，从黑夜到黎明，照射到地面的光中不同波长的光组分和强度都在变化，光周期信号是由于每日昼夜光照的变化所产生的周期性光质的变化。因此，对光周期信号的感知也是通过对光质变化的感应作用。

（一）光受体与成花诱导

1. 红光受体与成花诱导　红光受体是一个具有开链四吡咯环发色团的色素蛋白家族，在拟南芥中红光受体有 5 个成员，即 PHYA、PHYB、PHYC、PHYD 和 PHYE，它们的功能明显不同而又部分相似。具有光不稳定性的 PHYA 对远红光（FR）最敏感，介导远红光促进开花的调控作用。PHYB、PHYD 和 PHYE 则具有光稳定性，对红光（R）反应比较敏感，它们都介导红光抑制开花的作用，其中 PHYB 的作用最大，该基因突变产生早花表型，而且不受光周期影响。PHYC 也具有光稳定性的特点，也在光周期反应中起作用，*PHYC* 基因突变导致长日植物拟南芥在短日照条件下早开花。

2. 蓝光受体与成花诱导　蓝光受体（也是 UV-A 受体）包括隐花色素和向光素（详见第十二章第三节）。隐花色素是一类黄素蛋白。在拟南芥中，蓝光受体 CRY1 和 CRY2 在开花调控方面具有相同的功能，但 CRY2 的作用比较大，蓝光促进开花主要由 CRY2 介导。

（二）生物钟与光周期协同调控植物开花

生物钟是由一个内在的、能产生 24h 计时的基因表达调控体系，可调控 *CONSTANS*（*CO*）基因转录水平的节律性变化。光周期通过影响光受体的信号转导机制调节 CO 蛋白的稳定性，影响 CO 蛋白量的节律变化。长日植物拟南芥中，在长日照的条件下，*CO* 基因转录水平的高峰出现在下午黄昏，光照有利于 CO 蛋白的稳定性和富集，进而促进 *FT* 基因的表达，促进开花。下面以拟南芥为例，介绍和讨论生物钟与光周期协同调控植物开花的分子机制。

1. 生物钟调控 *CO* 基因节律性表达的机制　在拟南芥中发现了三类因素参与 *CO* 转录的调控：①与蛋白降解相关的 FLAVIN-BINDING, KELCH REPEAT, F-BOX 1（FKF1）-GIGANTEA（GI）复合体；②抑制 *CO* 转录的蛋白家族 CYCLING DOF FACTOR（CDF）；③ *CO* 基因的启动子上含有被 CDF 结合的顺式调控元件。在长日照条件的上午，生物钟转录因子 CCA1 和 LHY 诱导 *CDF1* 表达，CDF1 蛋白通过与 *CO* 启动子的顺式调控元件结合，抑制 *CO* 基因的表达。在下午，*CDF* 的转录受到转录抑制因子 PSEUDO-RESPONSE REGULATOR（PRR）家族蛋白的抑制，而且 PRR 也抑制 *CCA1* 和 *LHY* 的表达，因而降低或停止 *CDF* 的转录。FKF1 和 GI 的表达受生物钟的调控，在长日照条件下，FKF1 和 GI 的表达同步地出现在下午，FKF1 的 LOV 结构域通过吸收蓝光激活，并通过 LOV 结构域与 GI 形成复合体，再通过 KELCH 重复结构域与 CDF 结合，然后 FKF1 介导 CDF 蛋白通过依赖泛素化的蛋白质降解途径降解，解除 CDF 对 *CO* 转录的抑制作用，从而促进 *CO* 基因的转录。

2. 光照变化调节 CO 蛋白稳定性的机制　CO 蛋白稳定性的变化依赖于日照长度和昼夜更替，即依赖于不同光组分的动态变化。远红光和蓝光信号有利于稳定 CO 蛋白，而红光信号促进 CO 的降解。在上午，PHYB 和 HIGH EXPRESSION OF OSMOTICALLY RESPONSIVE GENES 1（HOS1）可以直接与 CO 结合，降解 CO 蛋白；而在长日照条件的夜里，则主要是 CONSTITUTIVE PHOTOMORPHOGENIC 1（COP1）-SUPPRESSOR OF PHYA-105 1（SPA1）复合体与 CO 蛋白结合，降解 CO 蛋白。

在长日照条件的下午黄昏，有三种光受体参与稳定 CO 蛋白，即红光/远红光受体 PYHA、活性受光影响的 FKF1 蛋白和蓝光受体 CRY。PYHA 在远红光下能稳定 CO 蛋白。FKF1 在长日照条件下呈节律性表达，在下午黄昏时间，蓝光能促进它通过 LOV 结构域直接与 CO 互作，提高 CO 蛋白的稳定性。CYR2 被光激活后，能与 COP1 形成复合体，从而抑制 COP1-SPA1 复合体的活性，促进 CO 蛋白在长日照条件的下午黄昏的稳定性和富集，促进 *FT* 基因的表达，从而促进开花。

3. 生物钟与光周期协同调控植物开花 拟南芥 CO 在光周期调控开花中的作用支持前面介绍过的光周期反应的外源节律偶合模式。在这个模型中，假设植物具有一个内在的生物钟产生内源的节律，这个生物节律具有一个光感应相，当每天的白昼期与这个内源节律感应相遇时，在 LDP 中表现为促进光周期反应，而在 SDP 中则是抑制光周期反应。对于 CO 调控开花而言，生物钟调控 *CO* 基因在长日照条件下表达的高峰出现在黄昏（即白昼），这相当于工作模型中内源节律的光感应相，并且白昼（即光）的作用也能提高 CO 蛋白的稳定性。当生物钟节律机制调控 *CO* mRNA 高表达的时期与能使 CO 蛋白稳定的光照时期重叠时，能产生和维持足够的 CO 蛋白，促进 *FT* 基因表达，从而促进植物开花（图 13-12）。因此，在拟南芥中，植物是通过在 CO 活性水平的变化来响应诱导开花的长日照光周期和抑制开花的短日照光周期。

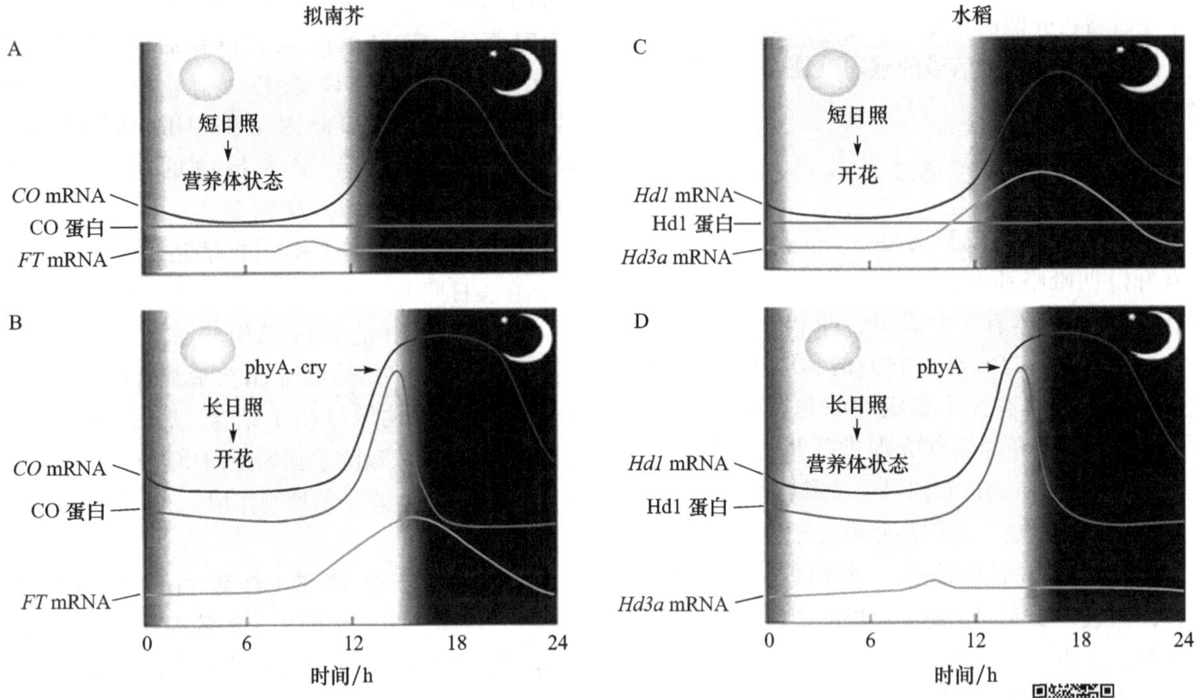

图 13-12 生物钟与光周期协同调控拟南芥和水稻的开花模型（Taiz et al.，2015）

在短日植物水稻中，Hd3a 是 FT 类似物，促进开花；Hd1 是 CO 类似物，但 Hd1 是 *Hd3a* 的抑制子，抑制 *Hd3a* 的表达。在短日照条件的夜里，虽然 *Hd1* mRNA 表达水平升高，但不利于 Hd1 蛋白的稳定性和富集，因而 *Hd3a* 得以表达，促进植物开花。在长日照条件的黄昏（即白昼），*Hd1* mRNA 表达水平升高，而且有利于 Hd1 蛋白的稳定性和富集，从而抑制 *Hd3a* 的表达，抑制植物开花（图 13-12）。

四、赤霉素诱导开花的调控机制

人们早就认识到赤霉素能促进植物开花。对长日植物拟南芥的莲座叶外施赤霉素可促使其在短日条件下开花。外施赤霉素也可使一些生长在非短日环境中的 SDP 或需低温还没春化的植物开花。此外，植物体内赤霉素的代谢受日长的影响，长日植物菠菜在短日照下叶片中的赤霉素含量较低，不抽薹，但转入长日照环境中，赤霉素的含量上升，促进抽薹。在拟南芥中，目前已知的赤霉素调控开花的分子遗传机制有两个方面：①在 GA-MYB 的介导下促进 *LFY* 基因的表达，从而促进开花；②赤霉素通过其受体介导的信号途径促进开花途经整合因子基因 *SOC1* 的表达，从而调控开花。

小　　结

高等植物的生命周期分为三个时期，即幼年期、成年营养期和成年生殖期。从幼年生长发育成熟到生殖生长的转变，植物的形态和生理特征会发生很多变化。成年植物能感应内在和环境因素的诱导，转变为生殖生长，开花结果。目前发现的诱导植物开花的内、外信号转导体系可归纳为植物内在因素（如自主、激素、生物钟等）和环境因素。环境因素对植物成花的作用主要是光周期诱导和春化作用。植物感受光周期的部位是叶片。植物感受低温的部位是分生组织。光敏色素和内源节律信号共同参与光周期调控。调控植物开花的信号转导可归类为：自主途径、春化作用途径、光周期途径、光质途径、赤霉素途径。以上不同信号转导体系感应不同内在或是环境信号的诱导作用，通过抑制开花抑制因子基因的表达或是直接调控开花信号转导途径整合因子基因的表达，激活或促进调控花分生组织决定基因的表达，从而调控植物的开花。

思　考　题

（1）比较幼年和成年植物生理特点的差异。

（2）比较植物从成年生长到生殖生长的生理特点变化。

（3）概述和讨论影响植物开花的内在因素。

（4）概述和讨论影响植物开花的环境因素。

（5）试根据现代分子生物学的研究进展评论或解析“光敏色素”调控植物开花的机制。

（6）概述和讨论光周期调控植物开花的分子生物学机制。

（7）概述和讨论春化作用调控植物开花的分子生物学机制。

（8）概述和讨论不同诱导植物开花信号途径的关系。

（9）利用本章学过的知识讨论在农作物引种中要注意的问题。

（10）试根据本章学到的基础知识，查阅相关参考文献，综述不同诱导开花信号转导途径作用机制的研究进展。

第十四章 植物生殖生理

被子植物的生殖发育过程经历花芽的形成、花器官的形成、雌雄配子体的形成、授粉受精、胚胎发生和果实及种子的发育与成熟，其中雄配子体发生与发育过程可为农作物育种过程中的雄性不育系的建立提供理论指导。本章主要介绍被子植物花器官形成、雌雄配子体形成和授粉受精的生理学和遗传学特点。

第一节 花器官发育

一、花的构造及其作用

不同植物的花在形状、花器官的数目及其形态结构上有很大的差异，但典型的花具有基本的结构特征：由雌雄性器官和周边器官（如被子植物的萼片和花瓣）组成。如图 14-1 所示，花器官通常按轮排列，由外向内分别为萼片（sepal）、花瓣（petal）、雄蕊（stamen）和雌蕊（pistil）。萼片包被在花的最外层，保护幼花的内部结构。花瓣除了在花发育时期对雄蕊和雌蕊起保护作用外，也能为花朵的开放提供伸展动力，而且成熟的花瓣常常具有颜色，可以吸引不同的动物，尤其是昆虫，对传粉起重要的作用。雄蕊由花丝和花药组成，是产生精细胞的器官。雌蕊由子房、花柱和柱头等组成；子房是产生卵细胞的器官，经双受精作用后，进一步形成果实及种子。

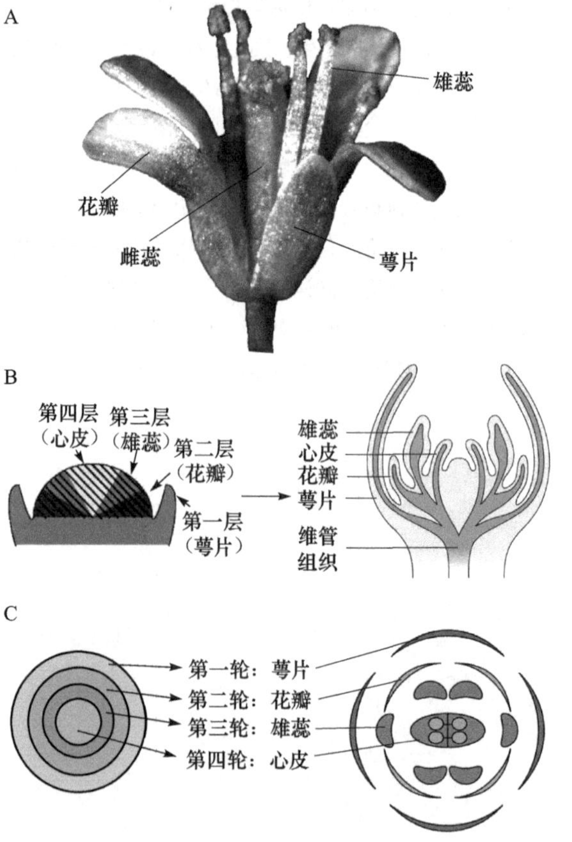

图 14-1 拟南芥花的结构与早期发育特点（Taiz et al.，2015）

A. 成熟花的结构；B，C. 花芽发育早期的结构特征，B 为花芽的纵切面示意图，C 为花芽的横切面示意图；左边的图显示由于不同类型基因的表达在空间上的差异使花原基分化成 4 个不同的区域，右图显示不同花器官原基的排列形式

二、花发育的遗传调控模式

不同花器官的发育主要由一类花器官特征决定基因调控。根据在拟南芥和金鱼草等模式植物中花发育缺陷突变体的研究结果，Coen 和 Meyerowitz 等于 1991 年提出了 ABC 模型（ABC model）（图 14-2）。在此调控模型中，花器官的发育由三种类型的转录因子基因调控，即 A 型（如 *APETALA1/2*，*AP1/2*）、B 型（如 *APETALA3*，*AP3*；*PISTILLATA*，*PI*）和 C 型（如 *AGAMOUS*，*AG*）基因。A 型基因调控萼片

的发育，A 型和 B 型基因协作调控花瓣的发育，B 型和 C 型基因协作调控雄蕊的发育，C 型基因调控心皮（carpel）的发育。在花发育的早期，这些基因特异地在花原基不同的区域表达，使花原基形成四轮不同的花器官原基，即萼片原基、花瓣原基、雄蕊原基和雌蕊原基，然后这些原基分别发育形成相应的花器官。如图 14-2 和图 14-3 所示，A 型基因在靠外的第一、第二区域里表达，并且抑制 C 型基因在这两个区域内表达；C 型基因在靠中心的第三、第四区域中表达，并且抑制 A 型基因在这两个区域中表达；而 B 型基因则在第二、第三区域表达。上述基因突变会产生同源异型突变（homeotic mutation）表型，导致花的结构模式发生变化（图 14-2）。

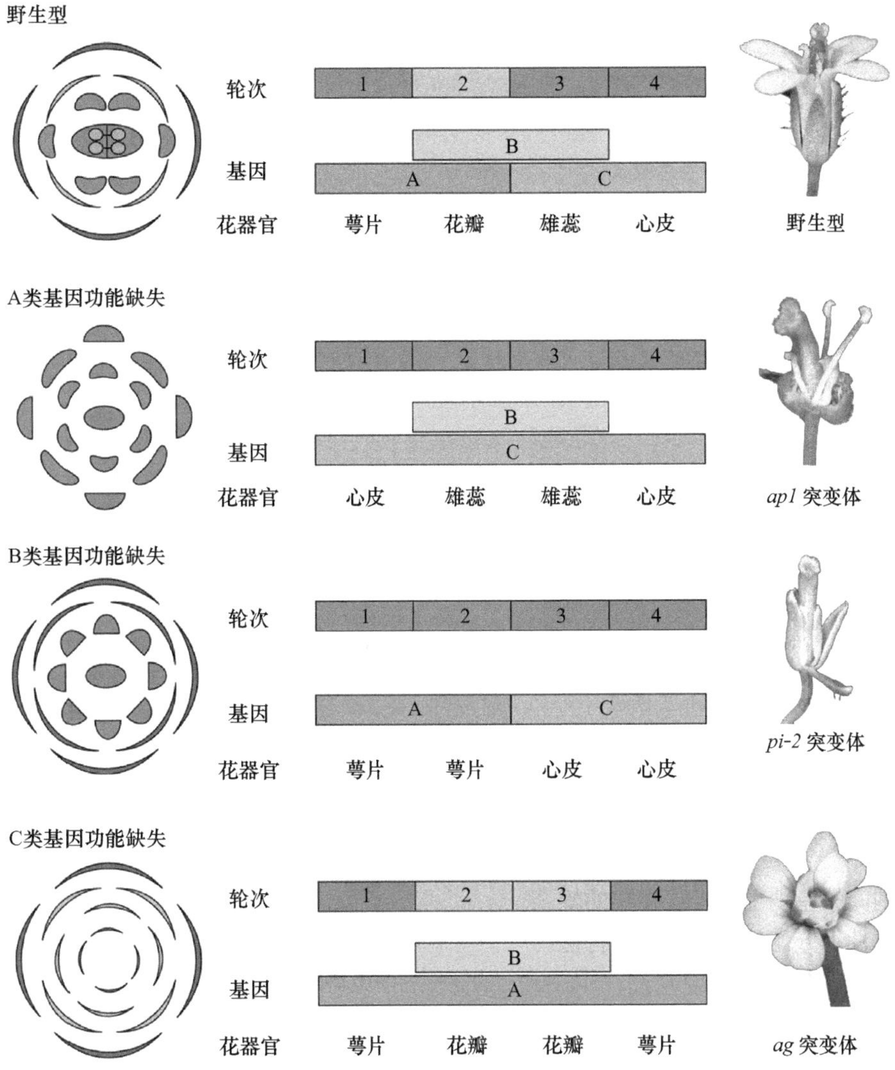

图 14-2　调控拟南芥花发育的 ABC 模式（Taiz et al.，2015）

左边一列表示花器官排列的变化，中间一列表示基因表达模式的变化，右边一列是相关突变体花的结构特征

后来，在 ABC 调控模式基础上又提出了 ABCE 模式（图 14-4）。在该模式中，E 类基因，如 *SEPALLATA1*（*SEP1*）、*SEP2* 和 *SEP3* 调控花瓣、雄蕊和雌蕊（心皮）的发育。*SEP1*、*SEP2* 和 *SEP3* 具有功能冗余性，*sep1 sep2 sep3* 三突变体使所有的四轮花器官发育成为类似萼片的结构，与 B 和 C 两类基因同时突变的表型相似。*sep1 sep2 sep3* 三突变体不影响 B 和 C 类基因的表达，而 B 和 C 类基因同时突变也不影响 E 类基因的表达。因此，E 类基因是与 B 和 C 两类基因在功能上协同决定花瓣、雄蕊和心皮的发育。此外，还发现了 D 类基因，其功能是调控心皮中胚珠的形成。例如，矮牵牛中的 *FLORAL-BINDING PROTEIN7/11*（*FBP7/11*）基因和拟南芥中的 *SHATTERPROOF1*（*SHP1*）、*SHP2*、

SEEDSTICK（*STK*）基因功能丧失后都缺少正常的胚珠。

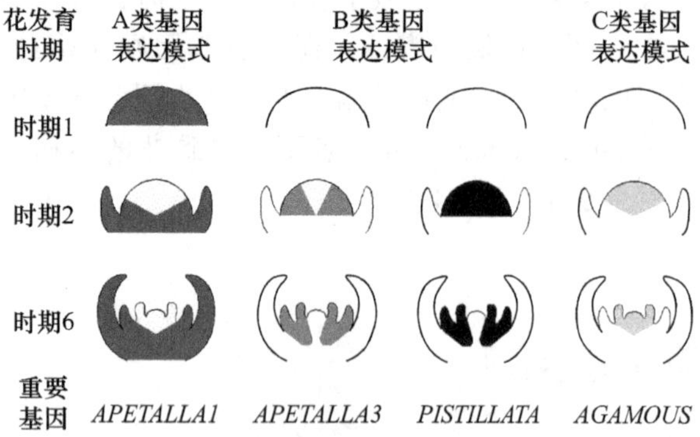

图 14-3　调控花器官发育基因的表达模式

（Irish，1999）

在拟南芥中，花的发育分为 22 个发育时期，这里呈现的是花芽发育早期花分生组织分化形成不同花器官原基的时期，即从时期 1 到时期 6 花芽的发育过程中不同类型花器官特征决定基因的表达模式

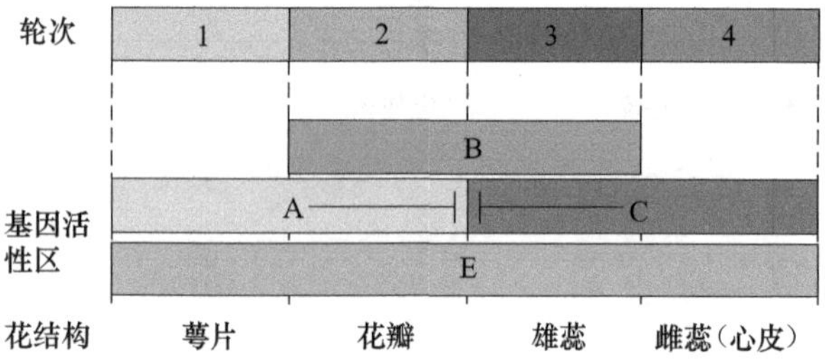

图 14-4　调控拟南芥花发育的 ABCE 模式

（Taiz et al.，2015）

三、花的性别

植物的雌雄性别间的差别主要表现在花的雄蕊和雌蕊上。被子植物性别分化具有多样性，自然界中存在许多不同性别类型的植物。

（一）植物性别的类型

大多数植物的花具有雄蕊和雌蕊，这种花称为两性花。此外，有部分植物的花缺少雄蕊或雌蕊，这种只有雄蕊或雌蕊的花称为雄花或雌花，统称为单性花。典型的单性花的雄蕊或雌蕊严重退化，如南瓜的雌花的雄蕊退化，没有形成有功能的雄蕊，相对应地雄花的雌蕊退化，没有形成有功能的雌蕊。产生典型两性花的植物称为雌雄同株同花植物（hermaphrodite），如拟南芥。同一植株能产生典型雌或雄单性花的植物称为雌雄同株异花植物（monocotylous plant），如玉米（图 14-5）和很多葫芦科植物。在同一种植物中，有的植株只产生雄花，有的只产生雌花，这种植物称为雌雄异株异花植物（dicotyledonous plant），如白麦瓶草（*Silene latifolia*，又称叉枝蝇子草）等。此外，自然界中还存在许多具有介于上述典型性别类型之间的中间性别类型和更复杂的植物性别类型（表 14-1）。

图 14-5　雌雄异花同株植物——玉米

（Taiz & Zeiger，2006）

如箭头所指，雄花序长在顶部，而雌花序长在茎秆中部的节上（即叶腋处）

表 14-1　高等植物性别表现的主要类型

性别表现类型	同一植株上可能形成的花型	代表植物举例
雌雄同株同花型（hermaphroditism）	两性花	小麦，番茄，拟南芥
雌雄同株异花型（monoecism）	雄花和雌花	玉米，黄瓜

续表

性别表现类型	同一植株上可能形成的花型	代表植物举例
雌雄异株型（dioecism）	雄花或雌花	菠菜，大麻，杨，柳，白麦瓶草
雌花两性花同株型（gynomonoecism）	雌花和两性花	金盏菊，灰绿藜
雌花两性花异株型（gynodioecism）	雌花或两性花	小蓟
雄花两性花同株型（andromonoecism）	雄花和两性花	硬毛茄，槭树，元宝枫
雄花两性花异株型（androdioecism）	雄花或两性花	柿树
三性花同株型（trimonoecism）	雌花、雄花和两性花	番木瓜
三性花异株型（trioecism）	雌花、雄花或两性花	番木瓜

雌雄异株植物的雌雄个体间在代谢方面有明显的差异。例如，桑、番木瓜等植物雄株的呼吸速率高于雌株，而菠菜等植物雄株幼叶的过氧化物酶同工酶谱带数少于雌株；许多植物的雌株的叶绿素、胡萝卜素和碳水化合物的含量都高于雄株；雌雄株植物内源激素含量也有明显差异，如在雌雄异株的野生葡萄中，雌株的细胞分裂素含量高于雄株。

（二）花的性别分化

1. 性别决定的遗传机制 不同花性别类型的决定作用具有不同的遗传调控机制。总的来说，可以归纳为两大类型，一类是植物染色体组中具有明显可辨的与性别决定相关的染色体，即性染色体（sexual chromosomes），另一类型是没有明显可辨的性染色体，与性别决定相关的基因分散在不同的染色体上。

具有明显性别决定染色体的性别决定机制常见于雌雄异株植物中，不同性别的植物个体具有不同的性染色体组成，雄性个体有异配型（XY）染色体，而雌性个体有同配型（XX）染色体，如白麦瓶草，染色体组是XX型时，这种植株只产生雌性单性花，为雌株；如果其染色体组型为XY，这种植株只产生雄花，为雄株（图14-6）。

没有明显性别决定染色体的性别决定机制常见于雌雄同株异花植物中。这类植物在同一植株上产生不同性别的花，何时何处产生雄花或雌花是由分散在不同染色体上的性别决定相关基因调控的。例如，玉米没有明显的性染色体，位于不同染色体上的性别决定基因突变会使雄性花序向雌性花序转变，导致雄花序结实。

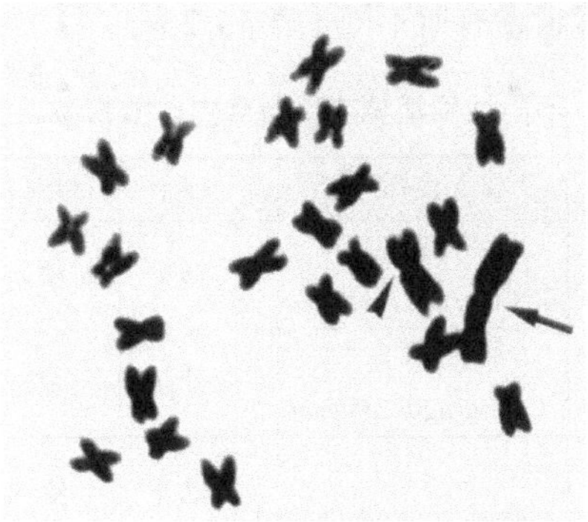

图 14-6 雄性白麦瓶草（*Silene latifolia*）的染色体组（$2n$=24）（Farbos et al.，1999）

箭头指示的为X染色体，箭杆指示的为Y染色体，其他的为常染色体

2. 植株年龄与性别表达 在雌雄同株异花植物中，花的性别随植株年龄而变化。往往在发育的早期出现雄花，然后才出现雌花。例如，玉米先在茎端长出雄花序，而后在茎秆的一定部位长出雌花序。在黄瓜的植株上，雄花着生在较低的节位上，而雌花着生在较高的节位。

3. 环境条件对性别分化的影响 影响性别分化的环境条件主要包括：光周期、温度和营养条件等。植物经过适宜光周期诱导后开花，但雌雄花的比例却受诱导之后的光周期影响。总的来说，如果植物继续处于适宜诱导开花的光周期下，则多开雌花；如果处于非诱导开花的光周期下，则多开雄花。例如，长日植物蓖麻，在花芽形成前10d，每天光照延长至22h，能明显地增加雌花的数量；长日植物菠菜，在光周期诱导后给予短日照，在其雌株上也能形成雄花；短日植物玉米在光周期诱导后继续置于短日照下，可在雄花序上形成果穗。

较低的夜温和昼夜温差大对许多植物的雌花发育有利。例如，夜间较低温度有利于菠菜、葫芦等植物的雌花发育；但黄瓜在夜温低时雌花减少；对于番木瓜，在低温下雌花占优势，在中温下雌雄同花的比例增加，而在高温下则以雄花为主。

此外，水分充足、氮肥较多时促进雌花分化，而土壤较干旱、氮肥较少时则多开雄花。

4. 植物激素对性别分化的影响 植物内源激素参与性别分化的调控。不同性别植株或性器官的植物激素含量有所不同（表 14-2）。

表 14-2　不同性别植株或性器官内源植物激素含量比较

植物激素	植物种类	器官	相对含量比较
生长素	黄瓜（*Cucumis sativus*）	茎尖	雌株＞雌雄同株
	芦笋（*Asparagus officinalis*）	幼花	雄株＞雌株
细胞分裂素	芦笋（*Asparagus officinalis*）	幼花	雄株＞雌株
	山靛（*Mercurialis annua*）	花芽	雌株＞雄株
赤霉素	玉米（*Zea mays*）	花序	雌花序＞雄花序
	黄瓜（*Cucumis sativus*）	幼雄芽	雌雄同株＞雄株
脱落酸	大麻（*Cannabis sativa*）	叶片、花序	雌株＞雄株
	黄瓜（*Cucumis sativus*）	叶片、茎端	雌株＞雌雄同株
乙烯	黄瓜（*Cucumis sativus*）	花芽	雌花芽＞雄花芽

外施生长物质可以有效地控制植物的性别分化。IAA 能促进植物开雌花，如用 IAA 处理雌雄同株异花植物黄瓜，不仅可以降低第一朵雌花的着生节位，还可增加雌花的数目。赤霉素则相反，高浓度时主要促进雄性器官的发育，而不利于雌性器官的分化；低浓度时则促进雌性器官发育。例如，玉米矮生型突变体比野生型有较低的赤霉素水平，造成雌穗发育，而雄蕊的发育受到抑制。细胞分裂素有利于雌花的形成，可以增加黄瓜雌花的数量。乙烯促进黄瓜雌花发育，在农业生产上采取熏烟来增加雌花数量，原因是烟中含乙烯。机械损伤能诱导乙烯合成，也能增加雌花数量。此外，烟雾中富含一氧化碳，能抑制 IAA 氧化酶活性，使植物保持较高水平的 IAA，促进植物产生雌花。三碘苯甲酸和马来酰肼抑制雌花的形成，而矮壮素则能抑制雄花的形成。

在不同植物中，激素在分子水平上的作用机制具有很大的差别。同样的激素在不同植物中可能起完全相反的作用，如赤霉素在玉米中促进雌花发育，而在番茄中则促进雄花发育；外施生长物质和内源激素的作用也不尽相同，在应用时，应首先了解植物性别分化过程中内源激素水平变化的规律及其作用机制，才能更有效地进行人工控制。

第二节　雄配子体的形成与发育

被子植物的雄配子体（male gametophyte），即花粉粒（pollen grain），是在花药（anther）的发育过程中形成的。本节主要介绍和讨论花药和花粉的基本结构及其发育过程。

一、花药的基本结构及发育过程

成熟的花药通常有 4 个花粉囊（pollen sac），花粉囊之间由维管束组织和薄壁细胞连接，形成一个 4 个花粉囊并排的结构，每个花粉囊呈现梭形的腔状，在花药成熟时花粉囊里充满花粉粒（图 14-7）。

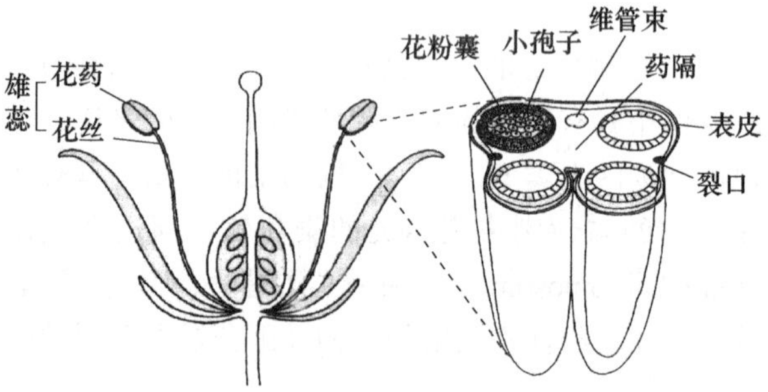

图 14-7　花药的结构特征示意图

花药的发育过程涉及表皮细胞、花药内壁细胞、中间层细胞、绒毡层细胞和生殖型细胞（reproductive cell）5 种不同类型细胞的分化发育。表皮层、内壁层、中间层和绒毡层构成花药的花粉囊壁，而生殖型细胞最终发育形成花粉粒。以拟南芥为例，如图 14-8 所示，在花药发育的早期，花药原基是一个三层细胞的结构，最外面的 L1 层细胞为表皮，最内侧的 L3 层细胞发育成维管束和支撑组织，中间的 L2 层细胞分化发育形成花粉粒和花粉囊壁细胞。首先，位于花药原基四个角的 L2 层细胞长大，发育成孢原细胞（archesporial cell）。孢原细胞进行平周分裂，产生内外两层细胞，内侧为初生造孢细胞（primary sporogenous cell），外侧为初生周缘细胞（primary parietal cell）。初生造孢细胞发育成小孢子母细胞（microsporocyte），小孢子母细胞经过减数分裂产生单倍体的小孢子（microspore），小孢子进行两次有丝分裂并发育为成熟的花粉粒，其中包含精细胞。初生周缘细胞再进行平周分裂产生内外两层次生周缘细胞（secondary parietal cell）。外层次生周缘细胞发育成花粉囊内壁（endothecium），而内层的次生周缘细胞再次平周分裂产生两层细胞，内层的细胞形成初生绒毡层（primary tapetum），然后发育为成熟的绒毡层，外层细胞形成中间层（middle layer）。在花药发育过程中，除了出现活跃的细胞分裂和分化，还出现细胞程序性死亡（programmed cell death）（详见第十五章第四节），首先是中间层细胞退化消亡，绒毡层成熟后为花粉粒外壁的形成提供材料，最后在花粉粒成熟前退化消亡。以上任何一个发育步骤出现异常，都可能中止雄配子体的发育，导致雄性不育。

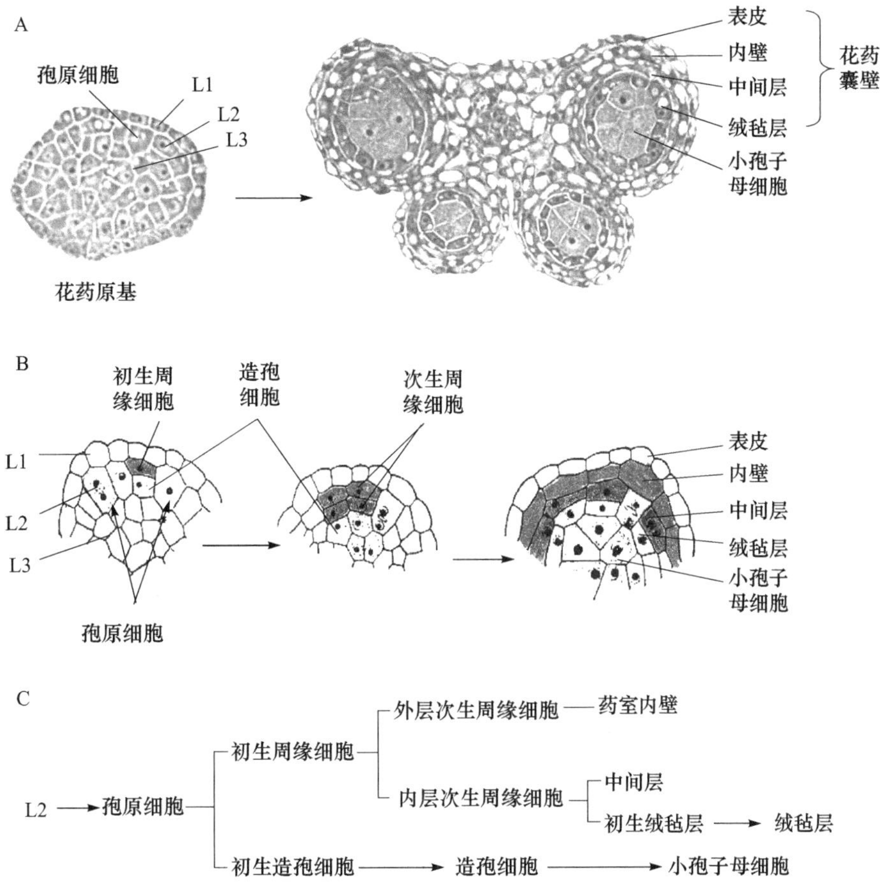

图 14-8 花药的前期发育过程

在拟南芥中，花药发育过程划分为 14 个时期，这里呈现的是时期 1 到时期 5 形态特征的变化。A. 时期 1（左边）和时期 5（右边）时花药的结构特点；B. 时期 1 到时期 5 花药的发育过程；C. 从时期 1 到时期 5 花药发育过程的细胞流程

二、花粉的结构与发育过程

（一）花粉的细胞生物学特点

被子植物的花粉是一个可以离开母体（花药）的细小生命单元（图 14-9），由营养细胞（vegetative cell）和精细胞（sperm cell）组成。不同植物中，成熟的花粉常见有两种结构形式，即二细胞花粉（也称二核花粉）和三细胞花粉（也称三核花粉）。二细胞花粉由一个大的营养细胞包含着一个生殖细胞（generative cell）构成，生殖细胞在授粉后花粉管生长过程中进一步分裂形成两个精细胞（也称为雄配子，male gamete）。三细胞花粉由一个大的营养细胞包含着两个精细胞构成。营养细胞的细胞壁通常称为花粉壁，具有特殊结构，分为两层，即花粉外壁和花粉内壁。

（二）花粉的化学组成及作用

成熟花粉粒的外壁较厚，主要由纤维素、角质和孢粉素组成。孢粉素是花粉所特有的，能抵

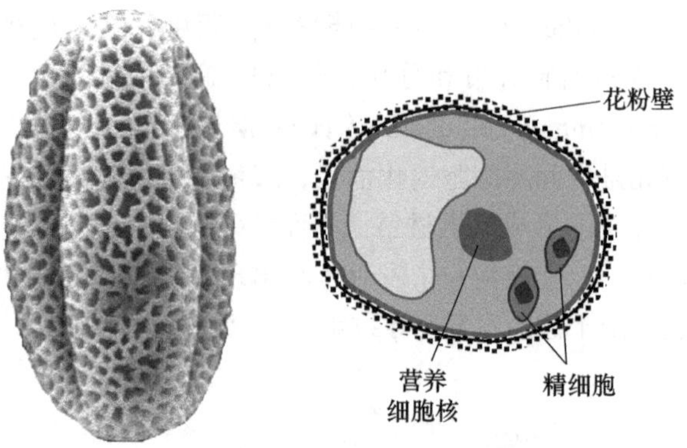

图 14-9　拟南芥成熟花粉粒的细胞生物学结构特点

左图为成熟花粉粒的扫描电子显微镜的照片；右图是成熟花粉内部结构示意图

抗酸和微生物的分解，对花粉起保护作用；孢粉素也有很强的吸水性，利于花粉粒吸水萌发。此外，花粉外壁还含有植物特有的糖蛋白，参与授粉时花粉粒与柱头间的相互识别作用。花粉的内壁较薄，主要由果胶质、纤维素和胼胝质组成。花粉内壁还含有蛋白质，主要是与花粉萌发和花粉管生长有关的水解酶类。

许多花粉含色素，包括类胡萝卜素和类黄酮等，花粉中的色素可吸引昆虫传粉，防止紫外线对花粉粒的破坏。在某些植物中，花粉中的色素与自花授粉不亲和性有关。

花粉中含大量碳水化合物、脂类和氨基酸。水稻、高粱、甘蔗等作物的花粉属富含淀粉型花粉，其含淀粉的多少可作为判断花粉发育程度的指标。可溶性糖的种类和含量也与花粉的生活力有关，如小麦中，含果糖、葡萄糖和蔗糖的为可育花粉，而只含果糖和葡萄糖，不含蔗糖的为不育花粉。一般花粉中含有较多的游离氨基酸和酰胺，可达花粉干重的 6%～28%，其中脯氨酸的含量较高。脯氨酸除了参与蛋白质合成，还为花粉萌发与花粉管生长提供碳源和氮源，并参与调节花粉中的 pH 环境，提高花粉对逆境的抗性等。正常可育的花粉中脯氨酸含量较高，而异常的不育花粉中脯氨酸含量较低。花粉中还含有许多矿质元素、含量不等的脂类和各种维生素，尤其是维生素 E，因此其营养十分丰富。

花粉内含有多种酶类。除了淀粉酶、蔗糖酶、果胶酶、脂肪酶、蛋白酶等水解酶类，还有氧化还原酶、裂解酶、异构酶等，这些酶催化物质转化，为花粉萌发和花粉管生长提供营养。花粉中过氧化物酶和酯酶的同工酶具有植物种属特异性，可用于植物亲缘关系的鉴定。

花粉中含生长素、赤霉素、细胞分裂素等内源激素，其中生长素含量最高，十字花科植物的花粉中含丰富的油菜素甾醇。这些生长物质对花粉萌发、花粉管生长及授粉、受精和结实等过程起着重要的调节作用。

（三）花粉的生活力

不同植物花粉的生活力有很大的差异。水稻的花粉在田间条件下几分钟就有 50% 以上的花粉失去生活力，10～15min 几乎完全丧失生活力。小麦花粉在几小时内活力开始下降。玉米花粉的寿命为 1～2d。果树的花粉寿命可长达几周到几个月。向日葵花粉的寿命可达 1 年。蔷薇科的一些果树的花粉活力可保持几年。花粉的寿命与外界条件有关，高温高湿、极度干旱、氧分过高或高光强等会降低花粉的生活力。

在干燥、低温、低氧含量的条件下有利于花粉的储藏。在育种工作中，采用超低温、真空和冷冻干燥技术储藏花粉，可明显地延长花粉的寿命。

（四）雄配子体的形成与发育

雄配子体（male gametophyte）的形成与发育过程经历小孢子母细胞的分化、小孢子发生、雄配子体的形成和花粉管生长，直至把雄配子（精子）运送到雌配子体中为止（图 14-10）。这里只介绍雄配子体的形成，花粉管的结构和生长将在授粉受精一节介绍。

雄配子体的形成可以划分为三个阶段，即小孢子母细胞的分化、小孢子发生和雄配子体发生。小孢子母细胞的分化是指由花药原基的 L2 层孢原细胞发育成小孢子母细胞。小孢子发生是指小孢子母细胞进行减数分裂形成单倍体的小孢子。雄配子体发生则指由小孢子经两次花粉有丝分裂发育形成成熟的雄配子体，即花粉粒。

减数分裂是植物世代交替的转折点。在减数分裂前的二倍体时期称为孢子体（sporophyte）世代，而减数分裂后即进入单倍体时期，称为配子体（gametophyte）世代。减数分裂形成的四个小孢子是单核的，进一步发育成单细胞花粉（也称单核花粉），这种单细胞花粉粒首先进行一次不均等的有丝分裂（花粉有丝分裂Ⅰ，pollen mitosis Ⅰ,

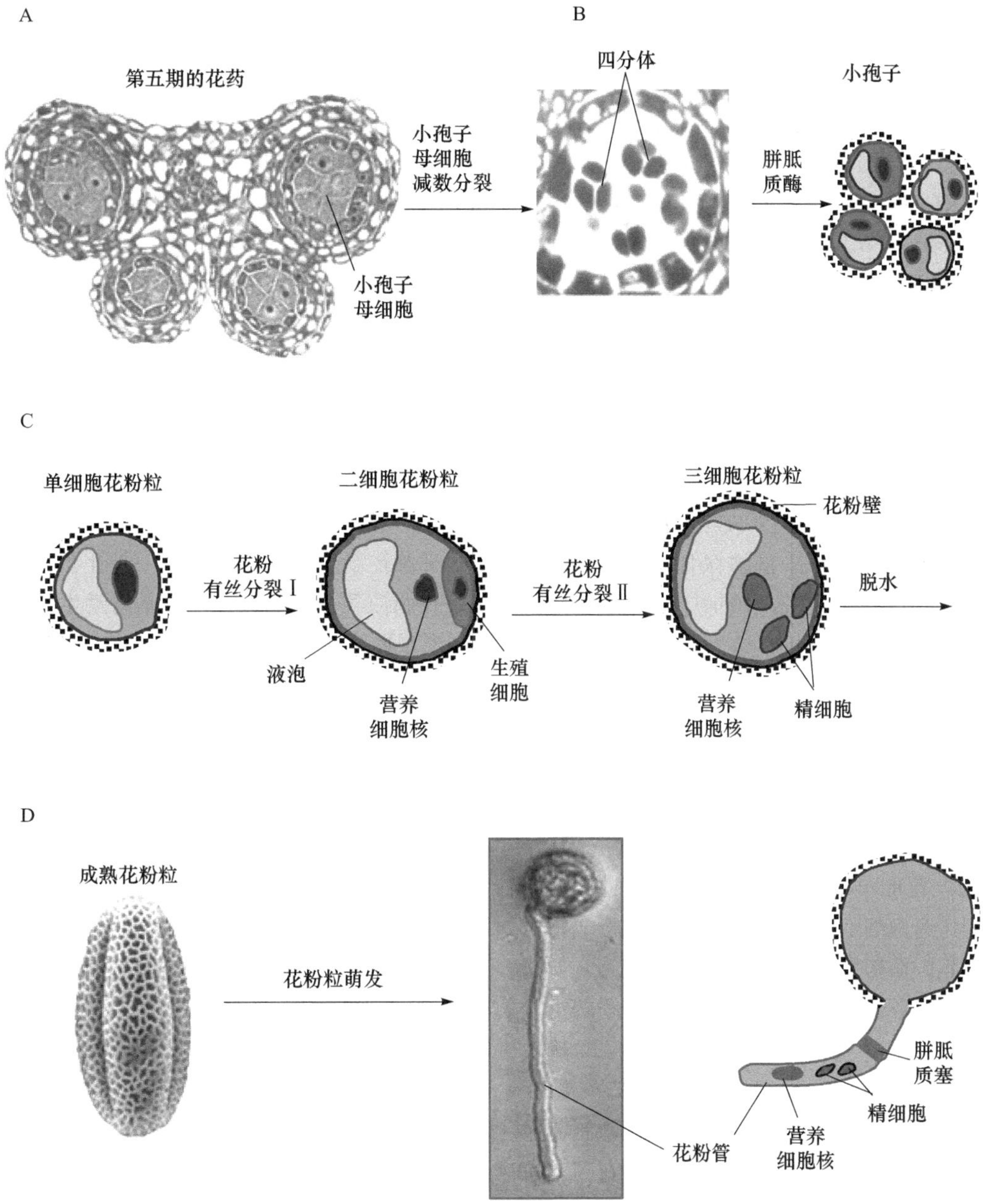

图 14-10　拟南芥雄配子体的发生与发育过程示意图

广义上来说，雄配子体的发生与发育包括 4 个环节：小孢子母细胞的分化（A）、小孢子发生（B）、雄配子体（花粉）形成（C）和花粉萌发与花粉管生长（D）

PMⅠ）产生一个大的营养细胞和一个小的生殖细胞，形成二细胞花粉。在有些物种的花粉中，如拟南芥的花粉，生殖细胞进一步进行均等的有丝分裂（花粉有丝分裂Ⅱ，pollen mitosisⅡ，PMⅡ）产生两个精细胞，形成三细胞花粉，然后进一步发育成熟。而在某些物种（如烟草）中，则维持二细胞形式直至成熟，生殖细胞在花粉管的生长过程中才进行均等分裂形成两个精细胞。

三、雄配子体发育的遗传学基础

目前已鉴定了很多与雄配子体形成过程相关的基因，根据其生物学功能可归纳为以下 5 种类型：①孢原细胞发育相关基因；②造孢细胞和小孢子母细胞发育相关基因；③造孢细胞及小孢子母细胞与其周边细胞互作相关基因；④小孢子发生相关基因；⑤雄配子体发生相关基因。

（一）孢原细胞发育相关基因

在花药发育的早期，花药原基4个角的孢原细胞分裂和分化形成4个被分隔开的花粉囊。遗传学研究发现，拟南芥中类受体蛋白激酶ERECTA/ERECTA-LIKE1/2（ER/ERL1/ERL2）和丝裂原活化蛋白激酶MAP KINASE3/6（MPK3/6）在花粉囊的形成过程中起重要作用，编码这些蛋白质的基因突变会造成花粉囊的数目减少，甚至完全缺失花粉囊，说明这些基因在孢原细胞的分化发育中起重要作用。

（二）造孢细胞和小孢子母细胞发育相关基因

拟南芥*SPOROCYTELESS*/*NOZZLE*（*SPL*/*NZZ*）基因编码一个转录因子，是转录因子*AGAMOUS*（*AG*）的直接靶标基因，在造孢细胞和小孢子母细胞中表达，影响许多下游基因的表达，从而调控小孢子母细胞的发育。*SPL*/*NZZ*基因突变会中止小孢子母细胞的发育，不能形成花粉。

（三）造孢细胞及小孢子母细胞与其周边细胞互作相关基因

在花药发育的早期，孢原细胞分裂形成初生周缘细胞和初生造孢细胞。初生周缘细胞分化形成花药花粉囊壁细胞，而初生造孢细胞分化形成花粉，如何保证这两类细胞各循其道地协调发育对于花粉的正常发育很重要。例如，在拟南芥中，类受体激酶基因*BARELY ANY MERISTEM1*（*BAM1*）和*BAM2*主要在造孢细胞周边的细胞中表达，它们的作用是限制造孢细胞周边的细胞发育成造孢细胞，保证这些花药花粉囊壁前体细胞发育成正常的内壁层、中间层和绒毡层细胞，以保证造孢细胞的正常发育。

在拟南芥中，*TPD1*、*EMS1*/*EXS1*和*SERK1*/*SERK2*作用在同一个调控途径，*EMS1*/*EXS1*和*SERK1*/*SERK2*编码LRR型类受体蛋白激酶，主要在绒毡层的前体中表达；而*TPD1*编码一个预测为分泌型的小蛋白，主要在初生造孢细胞和小孢子母细胞中表达。它们协同调控造孢细胞与绒毡层前体细胞的交流互作，调控小孢子母细胞与绒毡层细胞的分化。它们突变都会导致绒毡层的前体细胞发育成小孢子母细胞，而不是正常情况下的绒毡层，从而影响正常位置的小孢子母细胞的发育，不能形成花粉，导致雄性不育。

（四）小孢子发生相关基因

小孢子母细胞经过减数分裂形成4个单倍体的小孢子。因此，凡是参与调控植物小孢子母细胞减数分裂过程的基因都与小孢子发生相关，如拟南芥中的*MALE MEIOCYTE DEATH1*（*MMD1*）/*DUET*、*SOLO DANCERS*（*SDS*）等，这些基因突变严重影响减数分裂，终止小孢子的形成，导致雄性不育。

（五）雄配子体发生相关基因

在拟南芥中，减数分裂形成的单倍体小孢子相继进行两次花粉有丝分裂形成三细胞结构的花粉粒，其中第一次有丝分裂为小孢子进行的不对称分裂，形成营养细胞和生殖细胞。此后，需要两个机制来调控新生细胞的发育，一是让营养细胞停止分裂并调控其功能的分化，二是启动生殖细胞均等分裂形成两个精细胞及调控精细胞功能的建立。

1. 第一次花粉有丝分裂相关基因　第一次花粉有丝分裂前，小孢子的细胞核首先移动到细胞的一侧，细胞内形成明显的极性，是小孢子不对称分裂所必需的，但目前对这种极性形成的机制还缺乏了解。拟南芥转录因子TB1-CYC-PCF16（TCP16）和组蛋白乙酰化酶（histone acetylase）家族成员HISTONE ACETYLTRANSFERASE OF THE MYST FAMILY1（HAM1）和HAM2在第一次花粉有丝分裂的早期起重要作用。RETINOBLASTOMA RELATED（RBR）蛋白负调控营养细胞的分裂，使得在二细胞期能形成单一营养细胞和生殖细胞。此外，与细胞周期控制相关的蛋白如RING-finger E3连接酶RING-H2 group F1a（RHF1a）和RHF1b，通过参与调控CDK抑制因子KIP RELATED PROTEIN6（KRP6）的降解而在花粉第一次有丝分裂中发挥重要作用。

2. 第二次花粉有丝分裂相关基因　拟南芥转录因子基因*DUO POLLEN1*（*DUO1*）在二细胞花粉中的生殖细胞中表达，通过调控在第二次花粉有丝分裂期间所需基因的表达，影响第二次花粉有丝分裂。该基因突变会使突变体花粉不能进行第二次花粉有丝分裂，导致花粉中只形成一个二倍体的类精细胞（sperm-like cell）。此外，一些与细胞周期调控相关的基因，如*CYCB1;1*、*RHF1a*、*RHF1b*等也参与调控第二次花粉有丝分裂。

3. 精细胞分化相关基因　精细胞分化的调控可以归纳为如下两个方面。

1）在细胞内存在一个机制调控精细胞的分化，不依赖第二次花粉有丝分裂。例如，编码染色质组装因子 CHROMATIN ASSEMBLY FACTOR1（CAF1）的基因突变导致花粉粒不能进行第二次花粉有丝分裂，仅具有一个营养细胞和一个类精细胞，*caf1* 突变体精细胞能表达精细胞特异标志物，并具有使卵细胞或是中心细胞受精的功能，表明没有进行第二次花粉有丝分裂的生殖细胞也具有分化形成精细胞的功能。此外，*cydin-dependent kinase A;1*（*CDKA;1*）功能缺失突变体 *cdka;1* 中，生殖细胞不能进行第二次花粉有丝分裂，导致生殖细胞形成一个具有受精能力的类精细胞，由于只有一个精细胞，只能进行单受精，往往因没有胚乳无法形成成熟的胚胎。这些研究结果说明精细胞的发育不需要第二次花粉有丝分裂，很可能是一个预设定的发育途径，第二次有丝分裂需要一个附加的依赖于细胞周期调控的机制，限制生殖细胞发育成精细胞，以保证第二次花粉有丝分裂顺利进行。

2）精细胞的功能建立可能是通过 DUO1 和 DUO3 与第二次花粉有丝分裂偶联。在上述 *duo1* 突变体花粉中，其二倍体的类精细胞不能进行受精，因此 *DUO1* 既参与调控第二次有丝分裂，也参与精细胞分化的调控。*DUO3* 通过促进一组下游依赖于 DUO1 活性的基因的表达参与精细胞分化的调控。因此，DUO1 和 DUO3 在花粉第二次有丝分裂与精细胞功能建立之间起偶联的作用。

第三节　雌配子体的形成与发育

一、雌蕊及胚珠的结构与发育过程

雌蕊（pistil）由子房、花柱和柱头组成（图 14-11）。子房（ovary）由心皮构成，不同植物子房的心皮数不一样。子房内部往往被片状的组织，即隔膜（septum）分隔成两个或多个室，其中长有胚珠（ovule）。在隔膜的中心部分有一个通道，称为引导组织（transmitting tissue or transmitting tract），可分为实心型和空心型两种。在拟南芥中，成熟的胚珠从外形来看是一个类似于卵形的结构，长在心皮与隔膜连接处，由珠被及其包被的胚囊（embryo sac）构成。珠被有厚薄之分，拟南芥的为薄型珠被，只有两层，即外珠被和内珠被（图 14-12）。胚珠的主要功能是产生雌配子体，是种子的前体。子房的主要功能是给胚珠的发育提供安全可靠的保证。柱头是花柱顶端的一个特殊组织，表面具有一层乳头状突起的特化细胞，其主要功能是接受花粉粒和为花粉管初期萌发生长提供条件，也是雄配子体与雌蕊之间识别的前沿组织。花柱是柱头与子房之间的连接组织，能为花粉管从柱头伸向隔膜中的引导组织提供连接通道。

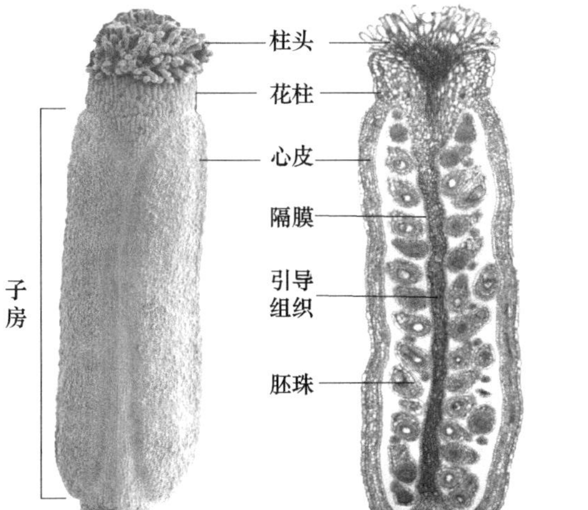

图 14-11　拟南芥长角果的形态特征（Taiz et al., 2015）

左图为整个长角果的扫描电子显微镜照片，右图为角果的纵切面光学显微镜照片

雌蕊的发育开始于雌蕊原基。在拟南芥中，雌蕊原基首先分化形成一个上端开口的筒状结构，在筒状心皮椭圆短轴线交切的两端分别分化形成心皮隔膜原基，心皮隔膜不断地逐步延伸，最后融合在一起形成一个完整的心皮隔膜（图 14-13）。在隔膜发育的过程中，靠近隔膜与心皮连接一端基部的两侧边缘下表皮（L2）细胞分裂分化，形成一定数目的、形态上无明显差异的原基细胞，构成胚珠原基。先是形成珠心组织，然后在珠心组织的基部分化形成珠被，珠心组织则分化形成大孢子母细胞（megasporocyte 或 megaspore mother cell，MMC），经减数分裂形成大孢子，并进一步发育形成胚囊。

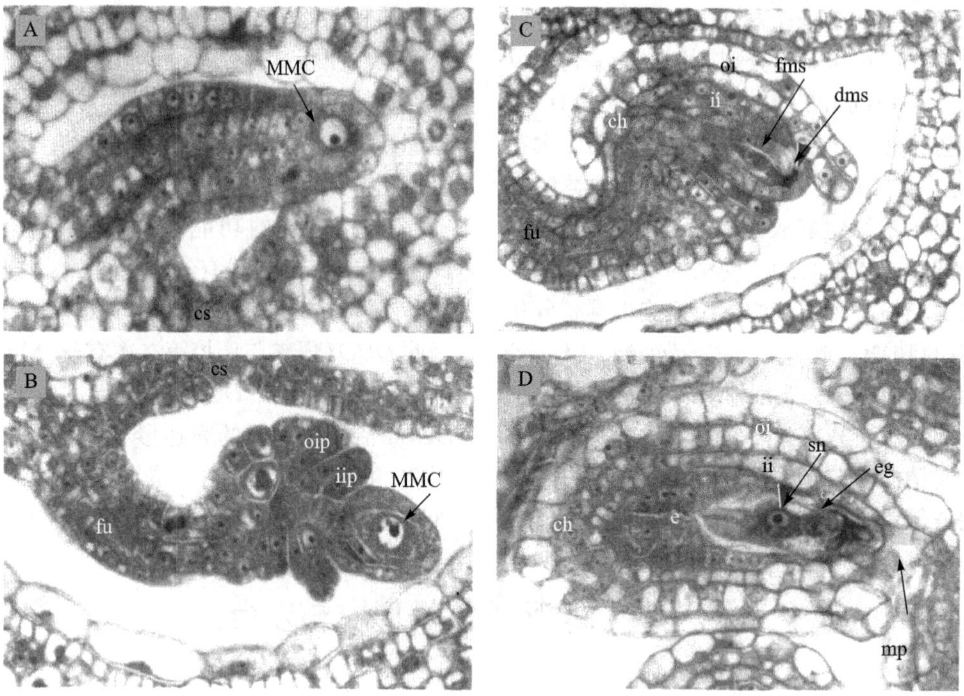

图 14-12　拟南芥胚珠发育从早期到成熟期的形态变化特点（纵切面）（Modrusan et al., 1994）

A. 花发育第 9 期出现的胚珠原基，可见大孢子母细胞；B. 花发育第 11 期的胚珠，显示内外珠被开始形成，大孢子母细胞有效明显的核；C. 花发育第 12 期的胚珠，显示四分体降解，功能大孢子确立；D. 花发育第 13 期的胚珠，此时胚珠成熟，显示卵细胞和助细胞，反足细胞不明显；ch. 合点（chalaza）；cs. 中心隔膜（central septum）；dms. 正在退化消亡的大孢子 (degenerated megaspore)；e. 内种皮（endothelium）；eg. 卵子（egg）；fms. 功能大孢子（functional megaspore）；fu. 珠柄或胚座（funiculus）；ii. 内珠被（inner integument）；iip. 内珠被原基（inner integument primordium）；MMC. 大孢子母细胞（megaspore mother cell）；mp. 珠孔（micropyle）；oi. 外珠被（outer integument）；oip. 外珠被原基（outer integument primordium）；sn. 次生核（secondary nucleus，即融合的极核）

二、柱头的生理特点和生活力

成熟的柱头可分为湿润型和干燥型两类。湿润型柱头表面有由表皮细胞分泌的脂肪酸、糖、硼酸等分泌物，呈酸性。这些分泌物不仅可以黏着花粉，还可以起到识别花粉、促进花粉萌发和花粉管生长的作用。干燥型柱头不产生分泌物，柱头表皮细胞外表面存在亲水性的蛋白质薄膜，也具有黏着花粉、识别花粉和促进花粉萌发的作用。

柱头的生活力因植物而异，一般能持续几天，如水稻的柱头生活力为 6～7d，但其受粉能力以开花的当日最强。小麦的柱头在麦穗从叶鞘中抽出 2/3h 就有受粉能力，在麦穗完全抽出后第 3 天结实率最高，柱头的生活力约能维持 9d，但第 6 天后受粉能力明显下降。玉米花丝长度达穗长一半时，柱头即有受粉能力，在花丝抽齐后 1～5d 内受粉能力最强，6～7d 时受粉能力开始下降，第 9 天则急剧下降。授粉时花粉与柱头同时处于活力最高状态时，有利于植物顺利完成授粉、识别和受精过程。

三、雌配子体的细胞生物学特征

雌配子体（female gametophyte）即胚囊，是一个多细胞的结构单元。成熟的胚囊通常由 4 种细胞组成，即中央细胞（central cell）、助细胞（synergid cell）、卵细胞（egg cell）和反足细胞（antipodal cell）。卵细胞位于胚珠珠孔端，两个助细胞位于卵细胞的周边，反足细胞位于胚囊的另一端，即靠近胚珠合点（chalaza）端，而中央细胞的细胞核位于靠中部的大液泡与卵细胞之间。卵细胞、助细胞和反足细胞都是单倍体细胞，而中央细胞的细胞核由两个单倍体的极核融合而成，是二倍体。不同植物的胚囊在结构上有很大的差异，可以分为三种主要类型，即单孢型（monosporic 或 polygonum）、双孢型（bispore）和四孢型（tetraspore），它们的形态特征与发育过程如图 14-14 所示。拟南芥的胚囊是属单孢类型，由于其反足细胞在胚囊成熟过程中消亡，成熟的拟南芥雌配子体是一个四细胞结构（图 14-15）。

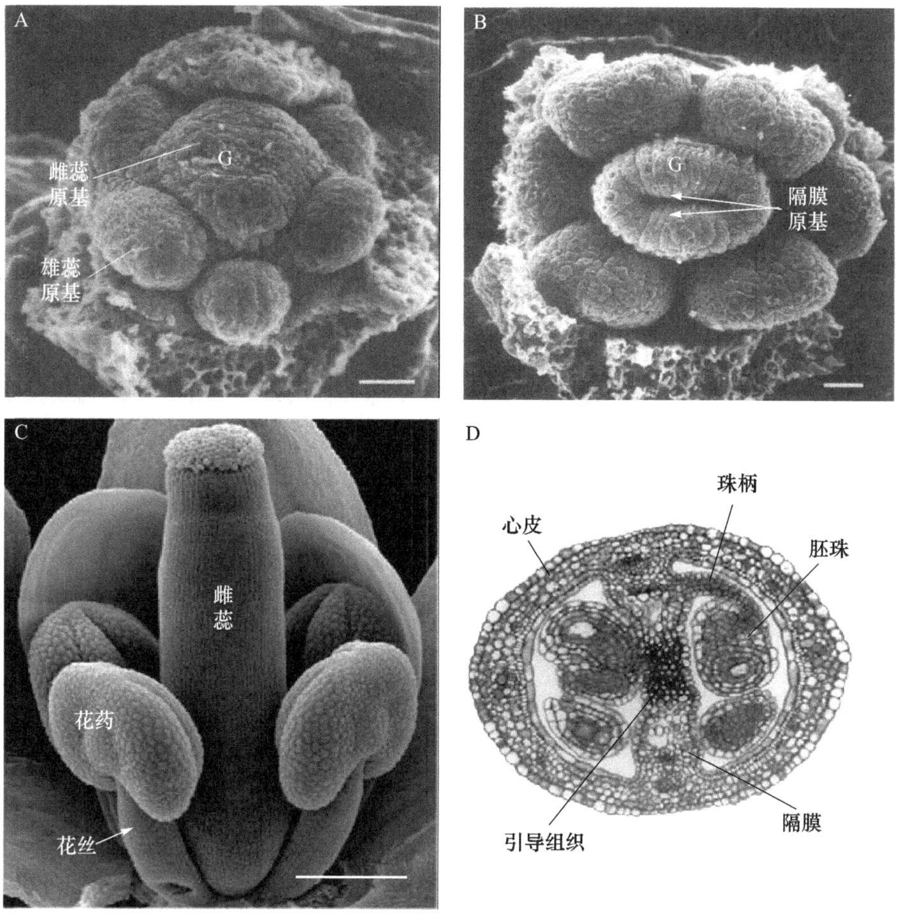

图 14-13　拟南芥不同发育时期雌蕊的形态特征（改编自 Smyth et al., 1990；Dinneny et al., 2006）

A. 第 6 期花中的雌蕊原基（标尺：10μm）；B. 第 7 期花中心皮的发育特征，在心皮上分化出隔膜原基（标尺：10μm）；C. 第 12 期花中的雌蕊发育特征，心皮的上端已经融合在一起，形成了花柱和柱头（标尺：200μm）；D. 成熟花中长角果的横切面，呈现出胚珠着生的位置。在 A 和 B 图中的字母 G 表示雌蕊

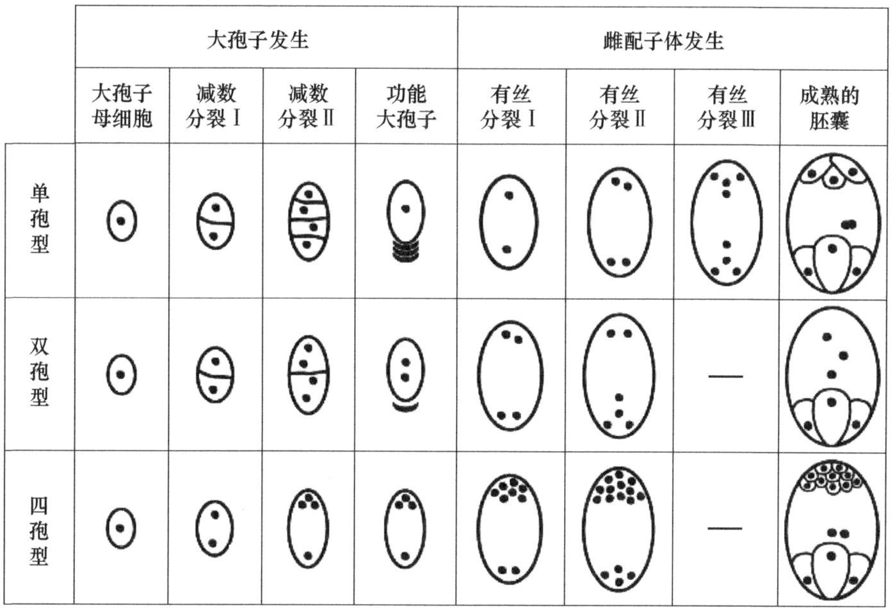

图 14-14　不同类型植物胚囊的结构特征及其发育过程（Yadegaria & Drews, 2004）

单孢型：由一个功能大孢子发育成的胚囊；双孢型：由两个功能大孢子发育成的胚囊；四孢型：由四个功能大孢子发育成的胚囊

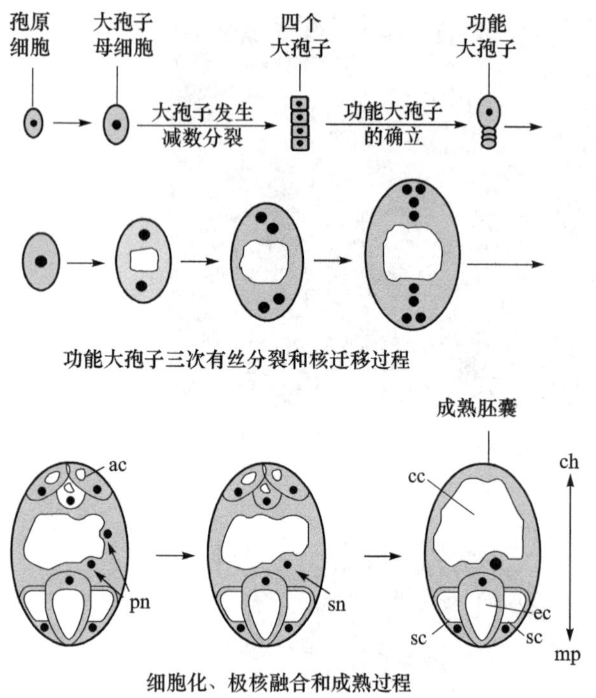

图 14-15　拟南芥雌配子体发生过程示意图

（Drews & Yadegari，2002）

ac. 反足细胞（antipodal cell）；cc. 中央细胞（central cell）；ch. 合点端；ec. 卵细胞（egg cell）；mp. 珠孔端；pn. 极核（polar nuclei）；sc. 助细胞（synergid cell）；sn. 次生核（secondary nucleus，即融合的极核）

四、雌配子体的发育过程及其生理变化特点

雌配子体发生过程经历如下步骤：孢原细胞和大孢子母细胞的分化、减数分裂、功能大孢子的确立、功能大孢子的细胞核连续进行三次有丝分裂、核迁移与细胞化和配子体细胞的选择及其功能的分化（图 14-15）。

在珠心组织发育的早期，胚珠原基顶端的一个皮下细胞开始分化形成一个体积较大、细胞核明显且细胞质丰富的孢原细胞。在不同物种中，孢原细胞的发育历程不一样。在拟南芥等薄珠被类型的植物中，孢原细胞能直接发育成一个大孢子母细胞，随即进行减数分裂产生大孢子。而在大多数具有厚珠被的被子植物中，孢原细胞进行一次平周分裂产生一个外侧的初生周缘细胞和一个初生造孢细胞，初生周缘细胞进一步进行平周和垂周分裂形成多层的周缘组织，而初生造孢细胞通常不再分裂，直接分化成一个大孢子母细胞，进而进行减数分裂形成大孢子。在大多数植物类群中，珠心组织只产生一个孢原细胞，最后形成一个大孢子母细胞。不过，有一些植物类群，如蔷薇科（Rosaceae）、百合科（Liliaceae）等植物中，可以观察到有多个孢原细胞的形成或造孢细胞进行有丝分裂，从而形成多个大孢子母细胞。这种现象常常与植物的多胚和无融合生殖有关。

在孢原细胞分化成大孢子母细胞和进行减数分裂的过程中，细胞内部会发生一系列的细胞生物学和生理学变化。除体积增大的形态变化外，细胞器的分布也发生改变。减数分裂开始时，细胞器主要沿合点-珠孔轴的极性分布，质体和线粒体集中在大孢子母细胞靠近合点端，而内质网主要集中在靠近珠孔（micropyle）端。在减数分裂过程中，线粒体和质体的形态也发生很大的变化，核糖体数目从细线期到中期显著减少，与珠心细胞在形态学上有明显的差异。细胞核一般位于大孢子母细胞的中央或稍微偏向珠孔端，核仁明显。大孢子母细胞在减数分裂过程中形成的细胞质极性化分布可能与后来的不均等分裂有关。

在大孢子母细胞减数分裂I末期形成的二分体是不均等的，不均等的胞质分裂常常导致形成两个体积不等的细胞。这两个细胞都含有多个包含核糖体和细胞器的中央自体吞噬泡；它们之间的横壁是不规则的且没有胞间连丝，而且在胞质分裂后不久就发生胼胝质沉积。一般功能端的细胞比较大，且从大孢子母细胞中接受了较多的细胞质。而位于非功能端的细胞虽然包含有大孢子母细胞中的各种细胞器，但比较少，且从大孢子母细胞中接受了较少的细胞质。这种大孢子母细胞减数分裂时胞质发生不均等分裂的现象在许多植物中普遍存在，如在花生的大孢子发生过程中，就能观察到大孢子母细胞减数分裂的两次分裂均表现出细胞质的不均等分裂，结果在合点端的功能大孢子具有多而浓的胞质。

减数分裂形成 4 个单倍体大孢子（四分体），对于大多数具有单孢型胚囊的显花植物来说，仅有一个大孢子存活并形成大配子（megagamete），而其他的 3 个大孢子则会凋亡。对于一种植物而言，4 个大孢子中的哪一个会成为功能大孢子常常是固定的。在拟南芥、水稻等植物中，靠近合点端的大孢子为功能大孢子，发育成胚囊。与大孢子母细胞相比，大孢子包含较长的质体和较短的糙面内质网。通常，非功能端的大孢子之间没有胞间连丝的形成，而功能大孢子则有很多胞间连丝与珠心细胞相连。胞间连丝成为营养物质从珠心组织流向大孢子的“高速公路”，为合点端大孢子提供营养，以保证功能大孢子的进一步分化发育。

五、雌配子体发育的遗传调控

（一）孢原细胞发育的遗传调控

目前发现的与胚珠中的孢原细胞发育相关的基因可分为三大类。

（1）影响孢原细胞发育的基因　如在拟南芥中，*SPOROCYTELESS/NOZZLE*（*SPL/NZL*）基因突变会严重抑制胚珠中孢原细胞的发育，而*AGAMOUS*（*AG*）通过调控*SPL*基因的表达影响孢原细胞的发育。

（2）控制孢原细胞数目的基因　如水稻的*multiple sporocyte 1*（*MSP1*）基因，编码一个LRR型类受体蛋白激酶，它能与水稻中OsTDL1A蛋白结合。*OsTDL1A*基因主要在孢原细胞和大孢子母细胞中表达，而MSP1在周边细胞中表达，它们协同调控孢原细胞和大孢子母细胞与周边细胞的交流作用，限制周边细胞发育成大孢子母细胞，以控制大孢子母细胞的数目。

（3）与RNA沉默调控机制相关的基因　如水稻中，*MEIOSIS ARRESTED AT LEPTOTENE1*（*MEL1*）是*ARGONAUTE*（*AGO*）基因家族中的一个成员，在启动配子体发育中起重要作用。

（二）功能大孢子发育的遗传调控

在拟南芥*switch1*（*swi1*）/*dyad*突变体中，大孢子母细胞的极性受到破坏，导致减数分裂异常，产生两个倍性不减半的产物，而不是4个单倍体大孢子。所形成的两个二倍体的产物，只有靠近合点一端的一个能形成功能大孢子，而靠珠孔一端的一个不能，说明功能大孢子发育的决定具有位置效应。

（三）胚囊发育的遗传调控

已经发现的与胚囊发育相关基因可归纳为如下三大类。

1. 影响功能大孢子发育的基因　拟南芥*AGL23*编码Ⅰ型MADS-box转录因子在胚囊早期发育中发挥作用。此外，多种阿拉伯半乳聚糖蛋白（arabinogalactan protein，AGP）编码基因在胚囊的发育过程发生明显变化，降低*AGP18*的表达水平会导致功能大孢子不能长大和分裂。

2. 影响雌配子体有丝分裂的基因　目前发现的与雌配子体有丝分裂过程相关的基因主要有如下几个类型。

（1）泛素/26S蛋白酶体途径的基因　这些基因的产物，通过泛素化途径介导蛋白质的降解，在控制配子体细胞周期方面起重要的作用，如26S蛋白酶体（proteasome）的组分基因*regulatory particle triple A ATPase*（*RPT*）、RING-finger E3连接酶（ligase）基因*RHF1a*和*RHF2a*等。

（2）DNA复制相关基因　如*PRL*基因，它编码一个DNA复制"特许"因子亚基（DNA replication licensing factor subunit）MCM7，它也是所有细胞增殖所必需的。

（3）RNA加工相关基因　如拟南芥*SLOW WALKER 1*（*SWA1*），它编码一个含有WD40结构域的蛋白质，参与18S rRNA前体的加工，它的功能缺失会使胚珠中配子体细胞分裂周期进展缓慢，导致配子体延迟成熟。

（4）影响细胞周期G_1/S转变的基因　如拟南芥中类成视网膜细胞瘤蛋白（*retinoblastoma related*，*RBR*）基因是一个重要的G_1/S转变负调控因子，它的突变会中止有丝分裂。

3. 影响配子体细胞化相关基因　在胚囊的发育过程中，功能大孢子的细胞核经过三次有丝分裂形成8个细胞核，然后进行胞质分裂形成中央细胞、卵细胞、助细胞和反足细胞，这一过程称为配子体细胞化。在雌配子体的细胞化过程中，*GEMINI POLLEN 2*（*GEM2*）基因起协调核分裂（karyokinesis）和胞质分裂（cytokinesis）的作用。*GEM1/MOR1*和*TIO*在细胞板的形成中起重要作用。此外，*γ-tubulin*基因和控制细胞板伸展的基因也参与配子体细胞的细胞化。

（四）胚囊的极性与配子体细胞的分化

胚囊具有很高的极性，反足细胞位于胚囊靠合点一端，而卵细胞和助细胞则位于靠珠孔一端。而且在胚囊内，配子体细胞（包括卵细胞、助细胞和反足细胞）也具有极性，卵细胞的细胞核位于朝合点的一端，而中央细胞和助细胞的细胞核则位于朝珠孔一端。由此可见，卵细胞的极性与助细胞和中央细胞呈反方向，这也使得中央细胞的核与卵细胞的核比较靠近，可能有利于双受精时与精细胞进行核融合。胚囊的这种极性是由核分裂和中心液泡所处的位置协同调节决定的。这可以追溯到胚囊的核分裂时期的四核期，所形成的4个核分成两对，中间即出现一个大的中心液泡把它们隔开，并且它们分别移向胚囊的两极。靠合点的一对，按合点-珠孔轴线呈上下排列，而靠珠孔一端的一对核则呈肩并肩排列（图14-15）。在八核期时，除了位置上差异外，在形态上也可以分辨出两个比较大的核，即为极核（polar nuclei）。此外，基因在胚囊中的表达也呈现极性，如拟南芥 *EMETER*（*DME*）基因，在配子体细胞的细胞化前是在极核和助细胞核中表达，细胞化后则在中央细胞中表达。*DME* 下游基因 *FIS2* 仅在极核里表达，不在其他核中表达。

胚囊的极性会影响配子体细胞的分化，即存在一个位置效应机制调控配子体细胞的分化。例如，在玉米的 *indeterminate gametophyte1*（*ig1*）突变体中，胚囊发生比正常多一轮的游离核分裂，产生额外的卵细胞核和极核，这些核最后的发育命运取决于它们所在相关位置。

胚囊内生长素水平会影响配子体细胞的分化。在拟南芥中，下调生长素应答因子 *AFR* 基因的表达，或是下调生长素合成基因 *YUCCA1* 的表达，都会影响配子体细胞的分化发育。例如，通过表达生长素合成基因 *YUCCA1* 增加胚囊中生长素的水平会导致异位产生助细胞，而且在一些情况下，也导致卵细胞命运的不定性。因此，整个胚囊中高生长素水平改变细胞的特征，导致合点端（近轴端）细胞特征转换成珠孔端（远轴端）细胞特征。有趣的是，过量的生长素并不引起多核胚囊发育期间核定位的异常，表明决定细胞发育命运的核定位途径不依赖于生长素对细胞发育的调控作用。

（五）雌性功能生殖单元

雌性功能生殖单元（female functional germ unit）由卵细胞、助细胞、中央细胞和珠孔端的特殊结构组成。

1. 卵细胞及其功能　卵细胞位于胚囊靠珠孔端，主要功能是与精细胞融合形成合子，并发育成胚胎。卵细胞的发育受到胚囊内生长素梯度的调控。此外，通过单细胞文库和 *EST* 分析已经鉴定出了很多在卵细胞中表达的基因，如 *GAMETE EXPRESSED 3*（*GEX3*）。该基因编码一个质膜蛋白，下调或过量表达 *GEX3* 都会严重影响花粉管导向的珠孔调控机制，说明卵细胞参与对花粉管的引导作用。

2. 助细胞及其功能　助细胞与卵细胞并肩位于胚囊的珠孔端。助细胞具有与卵细胞反向的极性，并且具有特殊的细胞壁结构，即在朝合点端一侧没有或是只有不连贯的细胞壁，而在朝珠孔开口一侧的则具有一个特殊的细胞壁样结构，即丝状器（filiform apparatus）。

目前发现的助细胞的主要功能是在受精过程中与花粉管的相互作用，归纳为两个方面：①通过丝状器与花粉管互作，吸引花粉管进入胚囊；②与花粉管互作，激发花粉管进入助细胞后停止生长并爆裂释放精细胞（请参阅本章第四节）。

3. 中央细胞及其功能　中央细胞将反足细胞、卵细胞和助细胞包被其中。中央细胞有其独立的基本细胞结构，它的核是由两个极核融合而成，因此是一个二倍体核，而且能与一个精细胞融合形成三倍体的胚乳前体细胞核，进而在胚胎发育时期形成胚乳。

目前发现的与中央细胞发育相关的基因归纳为四大类：①Ⅰ型 *MADS-box* 基因在中央细胞发育中起重要作用，如在拟南芥 *diana*（*dia*，*agl61*）突变体中，其极核不能融合，引起中央细胞发生形态异常，但不影响助细胞和卵细胞的发育；②与RNA加工相关的基因参与中央细胞的发育，如拟南芥 *MAA3* 基因，它编码的蛋白与酵母的 SPLICING ENDONUCLEASE1（SEN1）helicase 相似，该基因突变引起极核不能融合和中央细胞发育提前停止；③影响核膜融合相关的基因，目前发现的这类基因大多编码线粒体蛋白；④与呼吸作用相关的基因，如拟南芥葡萄糖-6-磷酸/磷酸转运因子1基因（*GLUCOSE 6-PHOSPHATE/PHOSPHATE TRANSLOCATOR1*，*GPT1*）。

随着极核的融合，中央细胞进行分化和功能的建立。在 *glauce*（*glc*）突变体的胚囊中，配子体细胞发育和分化都能正常地进行，但中央细胞不能受精，说明 *GLC* 在中央细胞受精能力的建立方面起重要作用。

中央细胞在花粉管的导向方面也发挥作用，归纳为两个方面：①中央细胞的正常发育对正确引导花粉管进入胚囊至关重要，终止中央细胞发育会导致对花粉管引导作用的丧失，如拟南芥 *maa1* 和

maa3 突变体中，中央细胞的发育和雌配子体的成熟有缺陷，导致花粉管导向失常；②中央细胞具有不依赖于发育的主动参与花粉管导向的功能，如在拟南芥 *central cell guidance*（*ccg*）突变体中，中央细胞的发育没有受到影响，但花粉管引导作用异常。*CCG* 编码一个定位于中央细胞核的蛋白质，在成熟胚囊的中央细胞中特异表达，通过调控下游基因的表达参与对花粉管的引导作用。

第四节　授粉受精

一、授粉受精的类型

花发育成熟时，萼片和花瓣向外展开，露出雄蕊和雌蕊。同时，雄蕊上的花药花粉囊裂开，散发出成熟的花粉粒。花粉经各种途径，如由花药直接与雌蕊柱头接触或是通过风媒和虫媒，把花粉传递到雌蕊的柱头上，这个花粉传递到柱头的过程称为授粉（pollination）。授粉形式多样，花朵不开放即授粉称为闭花授粉，根据授粉的花粉和柱头是否来自同一朵花可分为自花授粉和异花授粉。异花授粉中根据授粉途径不同又可分为风媒授粉和虫媒授粉。

受精（fertilization）是雄配子体把雄配子即精细胞输送到雌配子体中后，精细胞分别与卵细胞和中央细胞核的结合过程。整个过程是从花粉粒落到雌蕊的柱头上开始，花粉粒与柱头细胞相互作用，如果它们是亲和的，花粉粒即从柱头细胞吸水膨胀，萌发出花粉管，花粉管进入柱头组织，经由引导组织（花粉管通道）向胚珠方向伸长，最后进入胚珠内部，把两个精细胞释放到胚囊中，进行双受精作用（double fertilization）。双受精是指花粉管带来的两个精细胞，一个与胚囊中的卵细胞融合形成合子，另一个与中央细胞核融合。所形成的合子发育成胚胎，而受精的中央细胞核发育成胚乳。卵细胞和精细胞都是单倍体细胞，因此精细胞与卵细胞的融合形成的合子为二倍体，使植物生命周期循环恢复到二倍体世代。中央细胞的二倍体核与精细胞融后形成了三倍体的细胞核，因此，植物的胚乳细胞的基因组是三倍体。

总的来说，受精过程包含如下重要环节：花粉粒与柱头细胞相互识别、花粉管的萌发与极性生长、花粉管被准确地引导到雌配子体中、花粉管与助细胞的互作调控精细胞的释放、精细胞分别与卵细胞和中央细胞核识别与融合。

二、花粉与柱头细胞的相互识别

由于植物开花后，雌蕊接受花粉的柱头暴露在一个开放的环境中，而在空气中总是飘浮着各种各样的花粉粒，都有可能落到柱头上，为了保证特异地接受自己或是与自己同类种的花粉，植物进化出了一套控制花粉与柱头之间的识别机制。花粉粒落在柱头上后，在这种机制的控制下，花粉与柱头间进行相互识别，这对于植物保持物种的稳定十分重要。这个识别作用取决于花粉外壁蛋白与柱头乳突细胞表面的蛋白质薄膜之间的相互作用。如果花粉与柱头之间的识别是亲和的，花粉正常萌发，花粉管顶端分泌角质酶，消化柱头表面的角质层，花粉管可以进入花柱生长；如果不亲和，柱头表面细胞产生胼胝质，阻止花粉管进入花柱。

花粉粒与柱头细胞间的识别过程可分为吸附和水合两个环节。花粉粒之所以能黏附在柱头上，一方面是柱头表面的乳头状突起等结构可以让花粉粒停靠，另一方面是由于柱头表皮细胞中的内质网分泌出的水滴状分泌物，通过质膜、细胞壁到达角质层的外面，形成一层膜，这种分泌物质的成分主要是油状的十五烷酸、1,2-羟基硬脂酸、亚麻酸等脂肪酸构成的油脂，对花粉粒有非常强的黏着作用。研究发现，柱头表面细胞和花粉表面的一些组分，如脂类、蔗糖、葡萄糖和果糖及硼酸等对花粉的水合很重要。通过基因突变降低脂类的合成会导致亲和的花粉粒在柱头上不能水合和萌发。不过，花粉粒在培养基上培养时并不需要添加脂类物质也能吸涨萌发，说明柱头细胞与花粉粒的相互作用可能主要是启动花粉粒的水合作用，由水合作用进一步促进花粉萌发。

三、花粉萌发与花粉管生长

（一）花粉管的主要结构特征

花粉粒吸水膨胀后，其营养细胞萌发长出一

根管状的结构，称为花粉管（pollen tube）。花粉管的生长仅仅局限在花粉管顶端的区域，这种特殊的生长方式称为顶端生长（tip growth）。在正常生长的花粉管中，细胞质集中在花粉管的顶端生长区内，胼胝质塞将细胞质与花粉管的其他部分隔开。被子植物花粉管的顶端生长区中的细胞器呈典型的区域化分布，根据这一特点，花粉管顶端生长区又可大致分为顶端生长区和亚顶端区，顶端生长区富含大量的分泌囊泡，但几乎没有其他的细胞器；位于其后的亚顶端区的细胞质中则含有丰富的线粒体、网状高尔基体、内质网和小泡等各种细胞器（图 14-16）。被子植物花粉管细胞质中这种特殊的分布模式，是花粉管顶端生长的必备条件。花粉管顶端生长依赖于细胞骨架组织动态，以及高尔基体囊泡运动到其顶端的正向（anterograde）胞吐作用。

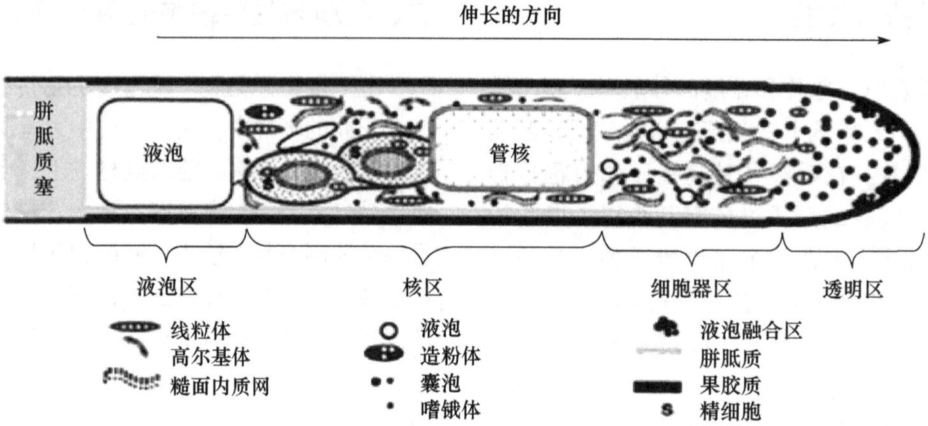

图 14-16　花粉管顶端区域的结构示意图（王晓华等，2007）

（二）花粉管的顶端生长

多数植物的花粉粒落到雌蕊的柱头上后，如果是亲和的则萌发很快，花粉管的生长速率也很高。例如，玉米的花粉管每小时能长 1cm，可以持续长 24h，达一英尺长（约 30cm）。在花粉管伸长时期，营养细胞核和两个精细胞也随花粉管的伸长往前运动，直到抵达雌配子体中。生理学实验表明，雌蕊柱头和花柱引导组织的提取液能促进花粉管的萌发与生长。另外还有两个很重要的分子机制调控花粉管的生长，一是在花粉管顶端具有一个明显的钙离子梯度，二是细胞骨架的动态。目前发现的与花粉管生长相关的基因在功能上主要可归纳为：参与花粉管细胞壁合成与修饰的酶基因、小 G 蛋白信号转导相关的基因、参与细胞内运输的基因和第二信使信号转导的基因，也包括与细胞骨架动态相关的基因。

随着花粉管进行顶端生长，需要合成新的细胞壁。新合成的初生壁主要由果胶质组成，随后紧邻果胶质层下由胼胝质和少量纤维素沉积形成次生壁。遗传学研究表明，在花粉粒和花粉管中表达的、编码与纤维素合酶、胼胝质合酶和果胶合酶相关的糖基转移酶的基因参与花粉管细胞壁的合成，如拟南芥 *AtCSLA7*、*RGXT4* 等。此外，新合成的花粉管初生壁中富含甲酯化的果胶成分，如高度甲酯化的同型半乳糖醛酸聚糖（homogalacturonan，HGA）和鼠李半乳糖醛酸聚糖Ⅰ（rhamnogalacturonan Ⅰ，RG-Ⅰ），这种甲酯化的果胶成分随着花粉管的伸长逐渐去甲酯化，以改善花粉管壁的坚硬度，维持花粉管的形状，保证花粉管的正常生长。果胶甲酯酶（pectin methylesterase，PME）参与这一过程，编码 PME 的基因 *VANGUARD1*（*VGD1*）和 *AtPPME1* 在这个过程中起重要作用，它们突变都会严重影响花粉管的生长。

小 G 蛋白（Rop/Rac small GTPase）信号途径的作用主要是调控顶端生长期间的膜泡运输（membrane trafficking），调控细胞骨架的动态，以维持细胞的极性生长。

（三）花粉管的导向生长

花粉管要经过一段很长的距离才能到达雌配子体（图 14-17），因此花粉管在雌蕊中需要一种定向生长调控机制才能被精确地引导进入胚珠中，这个定向生长调控机制称为花粉管导向（pollen tube guidance）。通常把这个过程分为两步，首先是把花粉管引至胚柄，称为胚柄导向（funicular guidance）；然后由配子体吸引通过珠孔进入胚珠的胚囊中，称为珠孔导向（micropylar guidance）。整个过程需要来自雌蕊的信号引导。遗传研究表明，γ-氨基丁酸（gamma-amino butyric acid，GABA）在花粉管导向过程中起重要的作用。在拟南芥的雌蕊中，GABA 沿花粉管经过的通道上，从柱头到引导组织和隔膜，最后到胚珠的珠被形成一个逐渐增加的浓度梯度。*POP2* 编码一个能降解 GABA 的酶。在 *pop2* 突变体中，花粉管往往错过珠孔，不能进入胚囊。因此，推测因为 *pop2* 突变致使 GABA 不能降解形成一个合适的 GABA 分布状态，因此不能正确引导花粉管的生长进入胚囊。

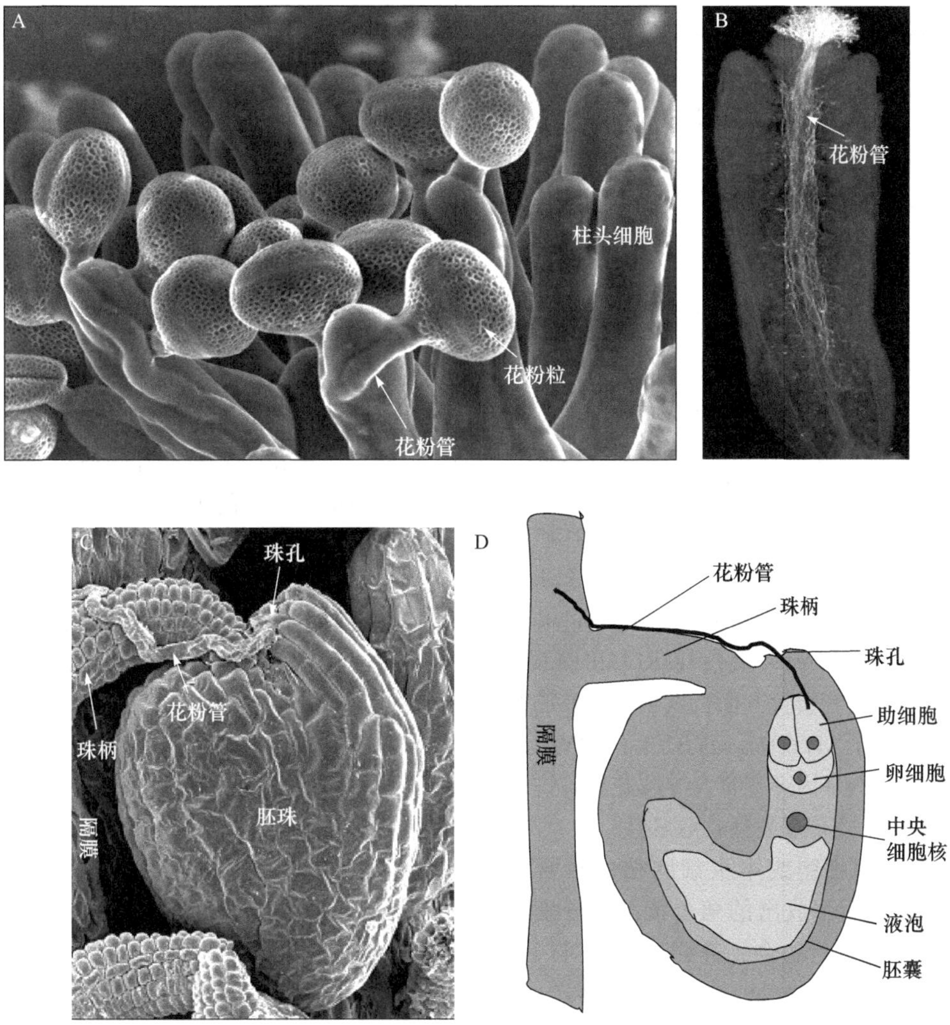

图 14-17 花粉管在雌性器官中的生长过程

A. 花粉粒在柱头细胞的表面萌发，然后花粉管进入柱头组织；B. 花粉管通过花柱和隔膜中的引导组织；C. 花粉管被引导经过胚柄（或胚座）伸向珠孔；D. 花粉管经珠孔进入胚囊中的过程示意图

随着花粉管的生长接近雌配子体，花粉管的导向即由胚囊的信号控制，与助细胞密切相关。如上所述，助细胞在靠珠孔侧具有一个特别的细胞壁结构，即丝状器，它位于胚珠入口处，在花粉管引导中起重要作用。在玉米中有一个小蛋白 EA1，它是在卵器中（即助细胞和卵细胞）合成的，是珠孔花粉管导向所必需的。在拟南芥中，助细胞特异转录因子 MYB98 的功能缺失会致使花粉管导向发生异常，MYB98 可能是通过调控那些编码小肽的基因的表达参与花粉管的引导。在蓝猪耳（*Torenia fournieri*）中也发现一类在助细胞中合成的富含半胱氨酸多肽（cysteine-rich polypeptide）LURE，在

植物中起花粉管吸引因子的作用。

中央细胞在吸引花粉管方面也起重要起作用，如上面提到的拟南芥 *CENTRAL CELL GUIDANCE*（*CCG*）基因，它仅在中央细胞中表达，其突变会引起花粉管迷失进入珠孔的方向。*CCG* 基因编码一个含有 zinc beta-ribbon 结构域的蛋白。受 CCG 调控的基因有可能编码引导花粉管生长的信号。

此外，卵细胞也参与花粉管的导向生长。

四、花粉管及精细胞与雌配子体细胞的识别

花粉管进入胚囊后，花粉管及其精细胞与雌配子体细胞的识别主要在两个方面：一是花粉管与助细胞之间的识别，促进花粉管爆裂释放精细胞；二是精细胞与卵细胞或中央细胞核之间的识别和配对的选择。

1. 花粉管的接纳与精细胞释放 花粉管进入珠孔后，首先与助细胞相互作用，促使花粉管停止生长，并爆裂释放所携带的精细胞，而助细胞也随之发生凋亡。这个过程称为花粉管接纳（pollen reception）。花粉管与助细胞互作是一个由雌雄双方共同参与的调控过程。例如，在拟南芥中，在雌配子体方面，目前发现了受体激酶 FERONIA（FER）、葡萄糖基磷脂酰肌醇锚定（glucosylphophatidylinositol-anchored，GPI-anchored）蛋白 LORELEI（LRE）等参与该过程；而在花粉管方面也发现了重要的相关蛋白，如转录因子 MYB97、MYB101 和 MYB120 等，编码这些蛋白的基因突变都会导致花粉管进入胚囊后不停止生长，不能爆裂释放精细胞。

2. 精细胞与卵细胞或中央细胞核的融合作用 花粉管破裂后释放出的两个精细胞分别与卵细胞和中央细胞进行融合，需要选择配对。目前还不清楚这种两两配对是随机的还是特定的。在空间上来说，卵细胞离精细胞的释放位点较近，如果雌雄配子的选择是随机的，两个精细胞中先遇到卵细胞的那一个即与卵子配对发生融合形成合子，另一个即与中央细胞核融合形成胚乳细胞。有一个遗传分析结果似乎支持这种随机相遇的假说，在拟南芥雄配子体型突变体 *cdka;1* 中，由于 *CDKA;1* 基因的突变导致花粉有丝分裂Ⅱ不能进行，使得该突变体的花粉粒中只有一个类精细胞，这种类精细胞具有受精能力，而且大多数受精的胚囊中只有胚胎形成，而缺少胚乳细胞，暗示该类精细胞会优先受精卵细胞。这种现象虽然支持由于卵细胞离精细胞释放位点比较近而发生随机优先选择的假说，但由于只有一个精细胞，因此无法排除这种类精细胞本身带有定向选择卵细胞进行受精的调控机制。

精细胞与卵细胞或中央细胞核相遇配对后，即发生直接接触的识别作用，如果它们是亲和的（compatible），即会发生融合，完成受精作用；如果它们之间是不亲和的（incompatible），就不会发生融合，受精作用即中止。遗传研究结果表明，这种雌-雄配子体细胞之间的识别也是由精确的遗传机制控制的。例如，拟南芥的 *GCS1*/*HAP2* 基因突变后，尽管两个精细胞都可以顺利地被花粉管运送进胚囊中，但不能与雌配子结合，导致不能完成受精而败育。

五、受精过程中雌蕊的生理变化

在受精过程中，胚珠与子房会发生较大的变化，影响整个植物体的代谢。首先表现为呼吸速率提高，如棉花受精时的呼吸速率比开花当天高 2 倍；一些植物受精的子房出现呼吸高峰，同时呼吸商也有上升的趋势，反映了物质代谢的变化。受精后细胞中的各种细胞器数量增加，并进行重新分布，大量造粉体和线粒体围绕核排列，多聚核糖体和高尔基囊泡增多，壁物质合成旺盛。

授粉受精过程中，雌蕊生长素含量显著增加并发生动态变化，一方面花粉带入了大量生长素，另一方面，随花粉管萌发，雌蕊组织中生长素含量增加。子房中的植物激素含量变化，如生长素和细胞分裂素含量增加，刺激了细胞分裂和生长。这时子房成为竞争力很强的库，整个植物的生长中心转移到种子和果实，大量营养物质运入，子房迅速膨大。

六、植物的自交不亲和性

许多植物的花粉落在同花的雌蕊柱头上不能成功地受精，植物的这种特性称为自交不亲和性（self-incompatibility）。除了位置、形态和时间上的障碍外，亲和性的分子基础是花粉和柱头以 *S* 等位基因产生的特异蛋白的识别作用，*S* 基因的表达产物多为糖蛋白，在开花前后的特定时间表达。当花粉与雌蕊中表达的 *S* 等位基因相同时，就发生自交

不亲和反应。

自交不亲和性可分为孢子体型和配子体型两类（图 14-18）。孢子体型自交不亲和性表现为花粉管不能穿透柱头乳突细胞的角质层，其识别一般在柱头表面进行，即花粉外壁蛋白与柱头表膜蛋白的交流信息而识别，由 *S* 基因在柱头乳突细胞表达糖蛋白。通常十字花科、菊科等三细胞花粉和干型柱头的植物属这一类。配子体型自交不亲和性植物中 *S* 基因表达的糖蛋白在花柱中，花粉萌发和生长进入花柱，在花柱组织内被抑制生长。一般产生双核花粉和湿润型柱头的植物如茄科、蔷薇科、百合科植物及三细胞花粉中的禾本科植物属这一类。研究证明，某些植物的配子体 *S* 基因的糖蛋白有核酸酶活性，称 S-RNAase，可抑制自体花粉的生长。

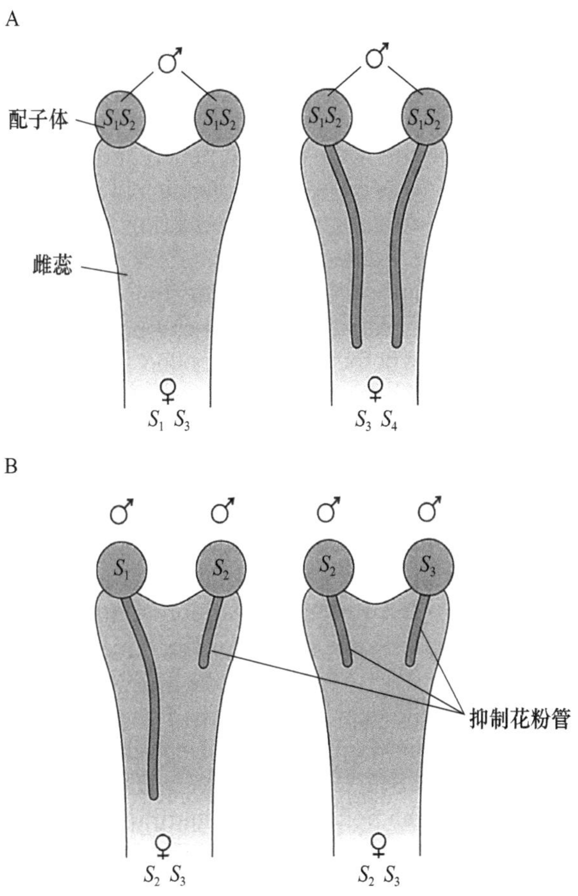

图 14-18　植物自交不亲和性的类型

（Taiz et al., 2015）

A. 孢子体型自交不亲和；B. 配子体型自交不亲和

可采取适当的办法来克服植物的不亲和性。通过增加染色体倍性，如人工将自交不亲和的二倍体诱导得到四倍体，常可表现自交亲和。常采用的蕾期授粉是利用雌蕊未成熟或衰老时，它们的不育基因尚未定型或不亲和成分减弱来克服不亲和障碍。高温或射线处理及用生长物质也可部分克服自交不亲和性反应。目前较多采用离体培养、细胞杂交或原生质体融合等技术得到种间或属间杂交种。

七、影响授粉受精过程的因素

授粉受精过程是植物发育的一个极其重要的环节，内部和环境条件对这个过程的影响直接关系到植物种的延续及作物的产量和质量。

糖是花粉萌发时的渗透势调节物质，也是花粉管生长的物质和能量来源。在花粉和柱头上都有蔗糖调节渗透势，使萌发的花粉管能正常生长。花粉在纯水中萌发后即破裂，多雨的气候影响授粉而造成空瘪粒。

花粉中含较高的硼，硼和糖形成复合物，有利于花粉对糖的吸收；硼还参与果胶物质的合成，促进花粉管生长时花粉管壁的形成。所以，硼对花粉的萌发和花粉管生长都有促进作用，植物缺硼时，常出现“花而不实”的现象，即因为不能正常授粉受精。在油菜等作物或果树的生产中，注意花期喷施硼酸，对提高产量和坐果率十分有效。

适宜开花的温度，一般在 20～30℃，也是花粉萌发和花粉管生长的适宜温度。夏季开花的植物比秋季开花的植物最适温度高。苹果春天开花时，如遇零下低温，花粉和胚囊都发育不好而不能正常授粉受精。

花粉的萌发和花粉管生长对 pH 也非常敏感，不同植物或不同品种的最适 pH 不同，多数植物在较大的 pH 范围内表现为钟形曲线，少数植物，如芸薹属植物的花粉只在 pH 6.5 时才能萌发。

一般落在柱头上的花粉密度越大，花粉萌发比例越高，花粉管生长也较快，这种现象称为花粉萌发的群体效应（population effect）。这与花粉粒产生的某些物质促进萌发和生长有关。

小　结

在花芽的分化与发育、雄配子体的发生与发育、雌配子体的发生与发育和授粉受精作用等过程中，相关的植物组织和细胞会发生显著的分化，而且伴随着明显的生理变化。在花芽发育早期，花原基首先分化发育成不同的花器官原基，然后发育成相应的花器官。花器官的发育是由花特征基因调控。雌、雄配子体的发育过程包括生殖型细胞的分化发育、孢子发生和配子发生三个环节。首先是雌、雄孢原细胞分化发育形成性母细胞，然后经过减数分裂形成大孢子（雌）和小孢子（雄），大、小孢子进一步分裂和分化发育分别形成雌配子体（胚囊）和雄配子体（花粉粒）。授粉受精作用包括4个主要环节，即花粉粒与柱头表面的相互识别、花粉萌发及花粉管生长、花粉管的导向和双受精作用。在雌雄配子体的发生发育和授粉受精过程中，伴随着明显的生理变化。

思 考 题

（1）简述花的发育和遗传调控机制。
（2）植物性别表达的特点是什么？受哪些因素影响？
（3）简述花药和雄配子体的结构特点及其发育过程。
（4）简述植物胚珠和雌配子体的结构特点及其发育过程。
（5）在授粉受精的过程中有哪些雌雄之间互相识别的环节？
（6）简述植物自交不亲和性的分子基础。
（7）试简单概述花粉的化学组成及其作用。
（8）简述和讨论各种因素对植物授粉受精作用的影响。

第十五章 植物的成熟与衰老生理

第一节 种子的发育

一、种子发育

种子的发育始于合子分裂，发育过程包括胚和胚乳的发育及种子的成熟两个阶段。绝大多数种子由胚、胚乳和种皮组成，它们分别由合子（受精卵）、初生胚乳核（受精极核）和珠被发育而成。种子的发育受一系列基因控制，并伴随着剧烈的生理生化变化。种子发育是否正常，决定了植物下一代的发育，也决定了作物的产量和品质。

1. 胚发育 胚是种子最主要的部分，是由受精卵发育而成的幼小植株，包含胚根、胚芽、胚轴和子叶。其中，胚根、胚芽和胚轴构成胚的基本组成。如图 15-1 所示，豆科植物的子叶是高度特化的营养物质的储藏器官，在种子萌发和幼苗生长时期提供营养。禾本科植物种子发育中保留胚乳，胚乳是营养物质的储藏器官。

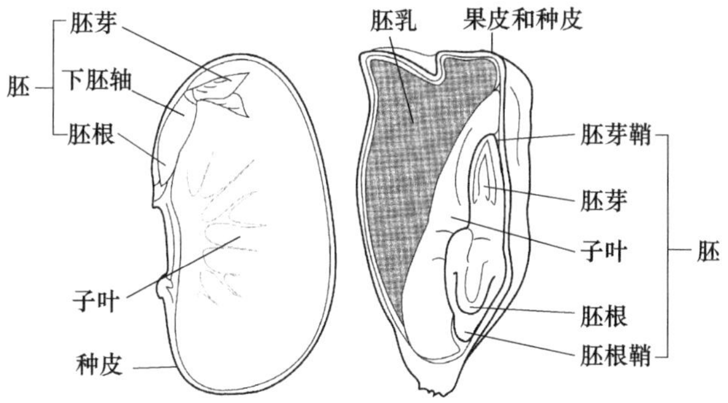

图 15-1 双子叶植物蚕豆（左）和单子叶植物玉米（右）的种子结构示意图（Hopkins & Hüner，2004）

合子经过不均等分裂形成胚和胚柄，胚的发育经过球形胚、心形胚、鱼雷形胚、子叶期，最后形成完整的胚。不同植物胚开始发育的时期有所不同，有的植物在受精后几小时就开始胚的发育，有些植物合子要经过一段时间的休眠后才开始发育，休眠时间的长短因植物而异。

在双子叶植物中，胚从球形期变为心形胚早期时，胚顶端开始形成两个突起，随后发育形成子叶（图 15-2）。单子叶植物与双子叶植物在球形胚之前没有明显的区别，由于单子叶植物仅形成一片子叶，单子叶植物不经过心形胚或鱼雷形胚阶段。不同植物胚胎发育的程度有所不同，有些植物胚胎发育至茎和根的顶端分生组织形成后便进入休眠状态，有些植物胚胎发育至茎和根的顶端分生组织形成胚芽和胚根。有关胚的发育过程及其调控详见第十二章。

2. 胚乳的发育 胚乳是种子储藏营养的部分。根据种子中有无胚乳可将种子分为有胚乳种子和无胚乳种子。被子植物的胚乳由一个精细胞与胚囊中的两个极核融合形成的初生胚乳核发育而成，具有三倍染色体。受精的极核没有休眠期，随即开始分裂。

胚乳的发育有两种类型：一种是胚乳的细胞核分裂后，并不随之进行相应的细胞质分裂，而是连续进行多次核分裂，再进行细胞质分裂形成胚乳细胞，即核型胚乳（nuclear type of endosperm）。单子叶植物和大多数双子叶植物的胚乳发育属于这种类型。一般情况下，在胚发育到心形期，除位于合点端的胚乳核外，其他部位的胚乳核完成了细胞化过程。例如，小麦胚乳在传粉后 5h 出现第一次核分裂，之后，细胞核连续分裂形成合胞体（syncytium），细胞壁的形成出现在传粉后的 3～4d。传粉后的 8～12d 是胚乳生长的最快时期。另一种胚乳发育是核分裂后即进行细胞质的分裂，形成多细胞结构，这种方式为细胞型胚乳（cellular type of endosperm）。大多数茄科植物的胚乳发育属于这种类型。

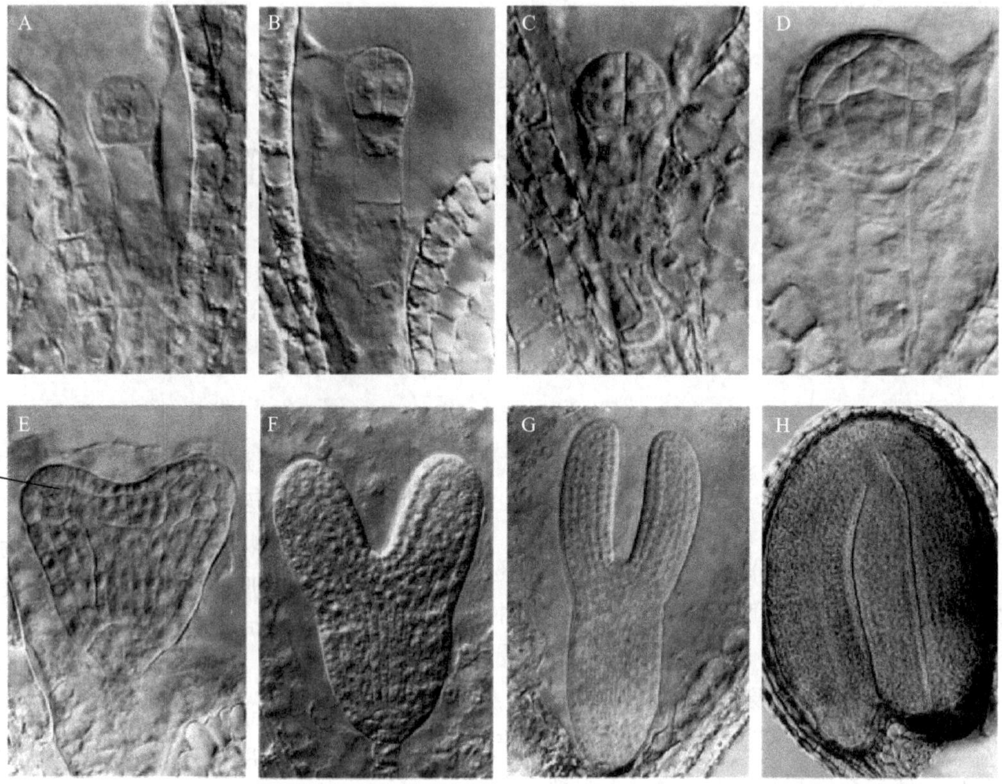

图 15-2　拟南芥的胚发育过程（示子叶的形成）（Taiz et al., 2015）

A. 合子第一次分裂形成顶细胞和基细胞；B. 2-细胞胚；C. 8-细胞胚；D. 球形胚；E. 心形胚早期；F. 心形胚后期；G. 鱼雷形胚；H. 成熟胚

禾谷类如小麦、水稻、玉米、大麦、燕麦等种子胚乳的最外层是糊粉层（aleurone layer），糊粉层细胞的细胞质致密，富含内质网、蛋白体和脂质小体。玉米、小麦糊粉层只有一层细胞，水稻有一或多层，燕麦有两层，而大麦有三层细胞。糊粉层是高度特化的分泌细胞，在种子萌发时合成和分泌水解酶类。

胚乳的主要功能是积累储藏物质，为胚的发育提供营养。胚乳是全世界 60% 食物的来源，大多数单子叶植物的胚乳占据了成熟种子的主要部分。例如，玉米胚乳占籽粒重量的 80%～85%，胚乳细胞的发育决定了籽粒的重量和品质。

3. 种皮的发育　种皮由一层或二层珠被发育而成，包裹在胚和胚乳的外面，起保护作用。由二层珠被发育而成的种皮又分为内种皮和外种皮。也有一些植物虽有二层珠被，但在发育过程中，其中一层珠被退化而消失，只有一层珠被发育为种皮，如大豆、蚕豆的种皮。

种皮结构具有多样性，不仅与珠被的数目有关，还与细胞壁的厚度、色素的种类和有机物的沉积、表皮细胞的特化等因素有关。例如，有些菊科植物的珠被细胞内含物减少，种皮成为薄膜状；棉花的种皮表皮细胞细长，向外延伸形成纤维细胞；蓖麻、菜豆表皮细胞沉积不同的色素，种皮带有不同的花纹。

种皮在受精后即开始发育，伴随着胚和胚乳的发育，在种子成熟时种皮生长才停止。如果种皮生长提前停止，种子的发育会受抑制，种子明显变小。

二、种子发育过程中的物质变化及激素和基因调控

（一）物质变化

1. 碳水化合物　小麦、水稻、玉米等禾谷类种子和豌豆、蚕豆、菜豆等豆类种子以储藏淀粉为主，通常称为淀粉种子。在这类种子发育过程中，首先是大量的糖从叶片运入种子，随淀粉磷酸化酶、Q 酶等催化淀粉合成的酶活性提高，可溶性糖转化为淀粉，积累在胚乳中。禾谷类种子在乳熟和糊熟期淀粉

积累最快，干重迅速增加。

2. 脂肪　大豆、花生、油菜、向日葵等种子中脂肪含量很高，称为脂肪种子或油料种子。这类种子在发育初期，先积累碳水化合物，伴随种子重量增加，碳水化合物转化为脂肪。脂肪种子代谢的另一个特点是，在种子成熟初期，先合成饱和脂肪酸，而后在去饱和酶作用下，转化为不饱和脂肪酸，所以油料植物种子提取的脂肪中主要含不饱和脂肪酸。

3. 蛋白质　许多植物的种子都含丰富的蛋白质，大豆等豆科植物的种子主要储藏蛋白质，称为蛋白质种子。种子发育过程中，从叶片运来的氨基酸和酰胺运至荚果的荚皮，先合成蛋白质，暂时储存，以后被分解成为酰胺，运入种子后再合成蛋白质。

4. 非丁　非丁（phytin）即肌醇六磷酸钙镁，也称为植酸钙镁。

由叶片运入种子的糖常与磷酸结合，当糖转化为淀粉时会脱下磷酸，而游离磷酸的增加不利于淀粉合成。在禾谷类等淀粉种子中，游离磷酸可以与肌醇和钙、镁结合形成肌醇六磷酸钙镁，作为磷酸的储备库和供应源。水稻种子成熟时，80% 的无机磷以非丁形式储于糊粉层。种子萌发时，非丁分解，释放出磷、钙和镁，供幼苗生长。非丁是植物对磷酸含量的一种自动调节形式。

（二）内源激素的动态变化

种子成熟受多种激素的调节控制，种子中内源激素的含量随种子发育进程而发生动态变化。例如，小麦受精前胚珠中 CTK 含量极低，在受精末期开始增加，出现 CTK 含量的高峰；受精后籽粒开始生长时，GA 迅速增加，在第 3 周达到高峰，然后下降；在籽粒膨大时 IAA 含量增加，当籽粒鲜重达到最大时，IAA 含量也达到最高峰，随后开始下降，在籽粒成熟时 IAA 含量极低；种子发育后期，ABA 含量明显增加（图 15-3）。内源激素的顺序变化对种子的发育有特殊功能，首先出现的 CTK，对调节籽粒形态建成的细胞分裂起作用；其次，GA 和 IAA 的增加参与调节有机物向籽粒的运输与积累；种子发育后期 ABA 的增加，促进种子储藏蛋白的基因表达，促进种子的脱水干燥，有利于种子休眠。

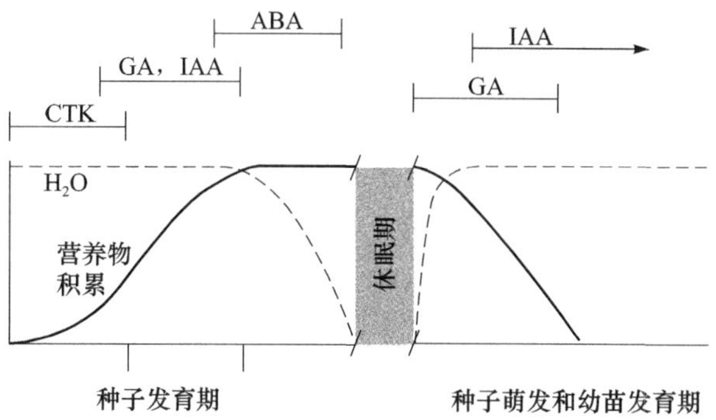

图 15-3　种子发育过程中内源激素和种子含水量的变化（Hopkins & Hüner，2004）

（三）基因的表达调控

1. 胚发育相关基因的表达　已从拟南芥中鉴定和分离出一些调控胚发育的基因，如 *LEC2*、*FACKE*、*GNOM* 等。*LEC2* 编码一个转录因子，在胚发育的早期大量表达，调控胚发育的启动。*FACKE* 基因产物调控胚细胞的分裂和扩大，该基因的突变减少了下胚轴的形成，使得胚根与子叶靠近。*GNOM* 基因产物影响合子的第一次不均等分裂，该基因突变导致合子的第一次分裂是均匀的，不表现出顶-基极性，也不形成胚根和子叶（图 15-3）。

在胚胎发育后期，还有一些具特殊生理功能的蛋白质基因表达，这类基因的产物是种子胚胎发育后期高丰度表达的蛋白质（late embryogenesis abundant protein，LEA 蛋白）。这类蛋白在胚发育后期含量很高，但在种子萌发早期迅速消失。LEA 蛋白是一类小分子、高亲水性、高热稳定的可溶性蛋白，在种子发育的中、后期起很重要的保护作用。首先，由于这些蛋白质富含不带电荷的氨基酸，且具高度热稳定性，可保护细胞结构，维持细胞的代谢；LEA 蛋白参与种子抗脱水过程，LEA 蛋白是高度亲水的，在种子成熟后期高度脱水时能够维持细胞液处于溶解状态，避免细胞结构受到破坏；LEA 蛋白作为渗透调节物质，缓解干旱、盐等环境胁迫的作用。此外，LEA 蛋白在抗低温胁迫中也起重要作用（详见第十六章）。这类蛋白质中有些蛋白质与种子休眠直接相关。

2. 胚乳发育相关基因的表达　目前分离、鉴定出一些参与胚乳发育的基因，如 *TITAN*、*FIS*、*BETL* 和 *HAIKU* 基因，其中 *FIS* 基因调控胚乳核分裂和胚乳发育的模式、抑制胚乳发育所需基因的启动，*fis* 突变体可在不受精的情况下，自发诱导胚乳的发育，形成种皮。*BETL* 基因编码一些小分子蛋白质，其中一些小分子蛋白质具有抵抗病原菌侵染的功能。*HAIKU* 基因缺失导致胚乳的生长受抑制，胚乳生长的减慢也影响种皮的发育，导致种皮生长受抑制。

三、种子的成熟

种子成熟是种子发育的最后阶段，在这一阶段，种子以脱水为主要特征。此时，种子的含水量明显降低，干重基本稳定（图 15-4），种子细胞内部的代谢逐渐减慢，趋于静止状态。种子成熟后期的脱水是自主性的，即使种子周围环境有大量的水分，种子细胞内的水分仍可以逆水势运行。种子可以在非常干燥的状态下存活。除 LEA 蛋白参与种子的抗脱水过程外，成熟种子中积累的糖类物质可能是种子忍受干燥的关键。糖类所含的羟基结构可保护细胞膜免受脱水造成的损伤。

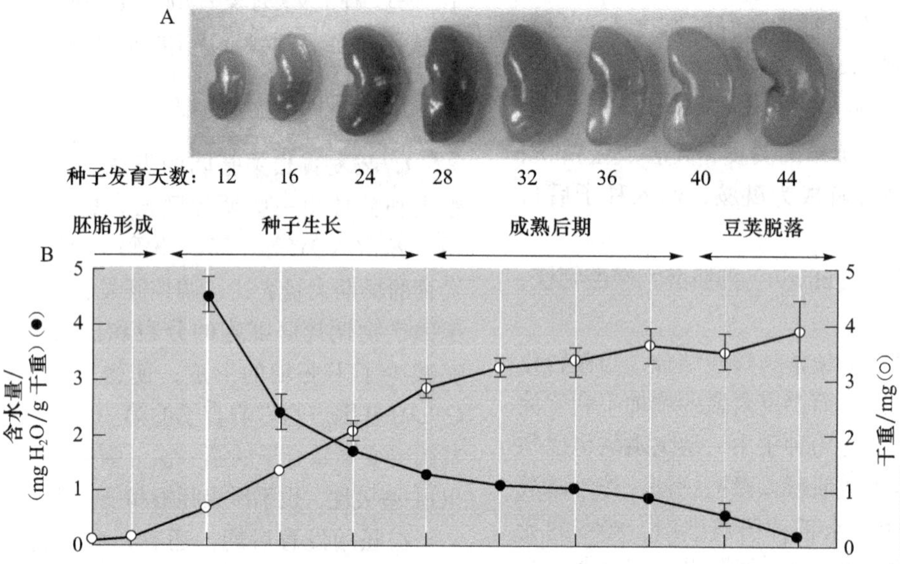

图 15-4 蒺藜苜蓿种子成熟过程中含水量和干重的变化（Taiz et al., 2015）

A. 不同发育阶段种子的形态；B. 种子发育过程中含水量和干重的变化

在种子成熟过程中，随着种子含水量的降低，细胞内的代谢活动发生明显变化。种子发育前期部分活跃表达的基因逐渐关闭，合成的蛋白质种类和数量也发生改变。伴随种子的成熟有部分代谢活动明显增强，如二糖和寡糖的积累，储藏蛋白、LEA 蛋白、小分子热激蛋白的合成，抗氧化活性增强，细胞结构发生相应改变，细胞密度增加等过程。细胞内的代谢活动由活跃状态转入休眠状态，随后，种子逐渐进入休眠期。

ABA 在种子成熟中起关键作用，参与调控种子的成熟过程，是启动种子休眠的重要调控因子。在发育早期，种子内 ABA 含量非常低，随着种子的发育，ABA 含量明显增加，在种子发育后期，伴随种子的成熟脱水，ABA 含量又迅速下降。成熟种子对 ABA 的敏感性明显降低。种子发育过程中，如果 ABA 缺乏，可导致种子的成熟延迟或成熟种子不能进入休眠状态；如果 ABA 含量增加，可增强种子休眠或推迟种子萌发。同时，ABA 刺激储藏蛋白和 LEA 蛋白的合成，也影响种子内的脂类代谢。

第二节　果实的发育

一、果实的生长

1. 果实的生长　果实是由子房发育而成，有些果实除子房外还有花托、花萼、花序等花的其他部分参与形成果实。单纯由子房发育成的果实称为真果，如小麦、水稻、棉花、柑橘等。由子房和花的其他部分参与形成的果实称为假果，如苹果、梨、菠萝等。果实的发育过程一般分为细胞分裂、细胞膨大、果实成熟和衰老（图 15-5）。

就生长速度而言，果实的生长与植株的生长大周期一样，表现出“慢-快-慢”的特点，呈典型的S形曲线。但不同植物果实的生长特点不同，如梨、苹果、香蕉、菠萝、草莓、番茄、茄子等植物的果实的生长积量只呈单S形曲线；而桃、李、杏、樱桃等的果实有两个迅速生长的时期，其生长曲线呈双S形。

图 15-5 番茄果实的发育（Taiz et al., 2015）

2. 果实生长的调控 果实的生长受各种内源激素的调节，IAA、CTK 和 GA 促进果实生长，特别是 IAA 起关键作用。

在田间常能看到一边膨大的畸形果实，发现在没有膨大的一侧种子发育不好。因幼嫩种子富含生长素，促进果实的发育。草莓是由花托发育而成的假果，其上生长瘦果，每个瘦果中有一粒种子，其中富含 IAA，去掉瘦果则花托不能发育膨大，但如在去掉瘦果后用 IAA 处理，则花托可继续生长膨大，可见果实的膨大离不开 IAA。CTK 可促进果实细胞的分裂，GA 促进细胞的膨大。

二、单性结实与无融合生殖

果实的生长与种子中 IAA 含量增加有关。在大多数情况下，植物如果不经受精作用，子房不会膨大形成果实。但有些植物不经受精作用，子房膨大形成无籽果实，这种现象称为单性结实（parthencarpy）。单性结实包括天然单性结实和诱发单性结实。天然单性结实是由于发生了突变而形成的，如无籽的香蕉、柑橘、葡萄等。这些品种的子房中 IAA 含量较有籽的品种高，在开花之前积累大量 IAA，促使子房不经受精作用而膨大。诱发单性结实是由于某种刺激而产生单性结实，如温度或光照等环境因子刺激可引起单性结实，或外用生长物质处理也能有效诱发单性结实，如常用低浓度的 2, 4-D 或 GA 处理番茄、葡萄，可以得到无籽果实。

有些植物的卵不经受精作用也可直接发育成胚，或由胚珠内的反足细胞、助细胞等发育成胚，形成种子，产生有籽果实，这种现象称为无融合生殖（apomixis）。由于大多数无融合生殖产生的种子的基因型与母本完全相同，继承亲本固有的遗传特性，具有保持杂合性的特点，因此，无融合生殖是育种的一个新途径，可加速作物品种改良的进程。在水稻、玉米等作物育种中，可固定其杂种优势；在苹果、马铃薯等无性繁殖作物中，可获得无性种子进行繁殖，避免长期营养繁殖造成的亲本退化。

三、果实成熟

（一）果实成熟中的呼吸跃变

随着果实的成熟进程，某些果实的呼吸速率最初降低，至成熟末期突然升高而后下降，这种现象称为果实的呼吸跃变（respiratory climacteric）。呼吸跃变的出现标志着果实达到成熟可食的程度，也意味着果实即将进入衰老。根据果实在成熟过程中是否出现呼吸跃变现象，可将果实分为跃变型和非跃变型果实。跃变型果实有香蕉、梨、李、苹果、鳄梨、桃、猕猴桃、芒果、蜜瓜、番茄等果实。非跃变型果实有草莓、柑橘、葡萄、樱桃、柠檬、荔枝、菠萝等，这类果实在成熟期间没有明显的呼吸跃变。跃变型果实成熟较迅速，而非跃变型果实成熟较缓慢。

呼吸跃变的产生，最主要的原因是内源乙烯含量增加（图 15-6），有些果实在呼吸上升前出现乙

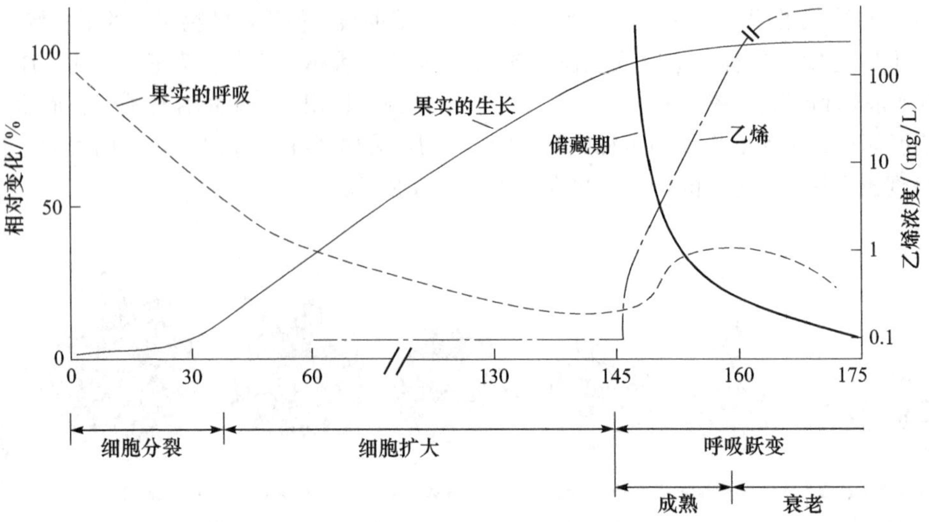

图 15-6 果实发育过程中呼吸跃变与乙烯含量的关系（Taiz et al., 2015）

烯高峰，有些果实的乙烯产生与呼吸同步上升。许多证据说明乙烯是促进果实成熟的激素：在果实中乙烯含量的增加和呼吸速率上升的时间进程一致；用外源乙烯处理可诱导和加速果实成熟；用减压抽气等方法除去果实中的乙烯则推迟成熟；乙烯生物合成的抑制剂和乙烯作用的拮抗剂都可抑制成熟；乙烯对非跃变型果实也有促进成熟和衰老的作用。跃变型果实有明显的乙烯大量产生，非跃变型果实的内源乙烯水平一直维持在很低的水平。

跃变型果实和非跃变型果实的重要区别在于它们乙烯生成的特性和对乙烯的反应不同，跃变型果实中存在两个系统：乙烯生成系统（系统Ⅰ）和乙烯调节系统（系统Ⅱ），其中系统Ⅰ负责跃变前果实中低速率的基础乙烯的生成；系统Ⅱ负责跃变时乙烯自我催化的大量生成。非跃变型果实乙烯生成速率较低，整个成熟过程中只有乙烯生成系统。但是，外用乙烯对非跃变型果实同样具有促进成熟、衰老的作用。果实对乙烯的敏感性也随果实的发育而提高。

（二）果实成熟过程中的物质转化

1. 甜、酸度的变化 果实中糖和有机酸含量的比例决定果实的风味。在果实未成熟前，从叶片运入的糖多转化为淀粉贮于果肉细胞中，所以，幼果并无甜味，随着果实成熟，淀粉酶、转化酶、蔗糖合酶活性提高，淀粉水解转化成可溶性的葡萄糖、果糖、蔗糖等积累在液泡中，果实逐渐变甜。果实的酸味是由于有机酸的存在，包括柠檬酸、苹果酸、酒石酸等。未成熟果实有机酸含量高，随着果实成熟有机酸的合成过程减弱，部分有机酸转化为糖，使果实的酸味降低。

2. 涩味变化 某些未成熟果实由于单宁等物质的存在而有涩味，单宁是一种酚类物质，单宁与口腔黏膜上的蛋白质作用，使人的口腔产生苦涩感和麻木感。随着果实的成熟，单宁在过氧化酶的催化下被氧化或形成不溶性物质，果实涩味消失。

3. 香味变化 果实成熟过程中，酶催化形成各种酯类或醛类等芳香物质，使果实具有其特殊的香味，如香蕉主要含乙酸戊酯，柑橘含柠檬醛，苹果含乙酸丁酯、乙酸乙酯等。

4. 色泽变化 果皮中含叶绿素、类胡萝卜素和花色素三类色素。果实成熟前，由于存在大量叶绿素，果皮呈绿色，随着果实发育，叶绿素降解大于合成，逐渐减少，类胡萝卜素合成积累增加，果皮呈现黄色和橙色。果实长大后，在阳光照射和较大的昼夜温差下，花色素的合成加强，使得果实向阳部分更加红润鲜艳。

（三）细胞壁水解酶和果实软化

果实软化是果实成熟过程中发生的一系列变化中最显著的变化，主要是细胞壁结构改变的结果，与细胞壁中胶层中的果胶物质的转化有关。果胶物质包括原果胶、果胶、果胶酸。原果胶是果胶与纤维素缩合而成的化合物，不溶于水，通常未成熟果实细胞的初生壁中含大量的原果胶。原果胶含量越多，果实硬度越大。随着果实的成熟，多种与细胞壁有关的水解酶活性提高，引起细胞壁结构成分发生变化。原果胶在原果胶酶作用下水解为果胶和纤维素，果实硬度变软。果胶在果胶酯酶（pectinesterase，PE）和多聚半乳糖醛酸酶（polygalacturonase，PG）作用下继续降解。PE 催化果胶水解为果胶酸，PG 催化多聚半乳糖醛酸 α-1，4 键的水解。果胶酸无黏性，果肉细胞彼此分开。果胶酸在果胶酸酶作用下，可进一步水解成半乳糖醛酸和己糖及戊糖。

（四）果实成熟的调控

乙烯是启动和促进果实成熟的主要激素，影响乙烯的合成会明显抑制果实的成熟。ACC 合酶（ACS）和 ACC 氧化酶（ACO）是乙烯合成的关键酶，用反义 RNA 技术沉默编码 *ACS* 和 *ACO* 基因后，转基因番茄体内乙烯生物合成大大降低，果实不能正常成熟（图 15-7）。

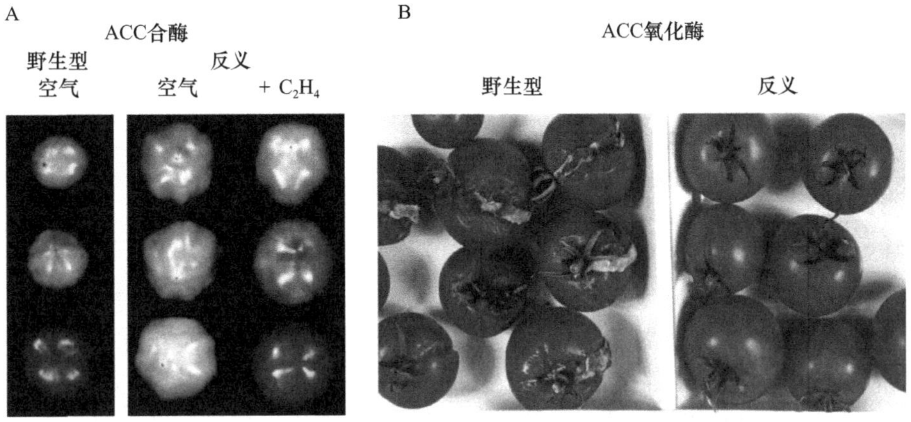

图 15-7　反义 ACC 合酶和 ACC 氧化酶转基因植株果实成熟受抑制（Taiz et al.，2015）

A. 果实表达一个 *ACS2*（*ACC SYNTHASE2*）反义基因，在空气中，转基因果实不能成熟，但在 70d 后开始衰老，果实变黄。外源乙烯处理能促进果实成熟；B. 果实表达一个 *ACO1*（*ACC OXIDASE*）反义基因，果实内约 95% 乙烯合成受抑制，转基因果实能够成熟，但果实的过熟和腐变大大降低

果实成熟过程受转录水平调控。在番茄果实中，PG 是主要细胞壁水解酶之一，PG 的活性和果实成熟及软化成正相关，果实成熟过程中 PG 活性的增加是由于新合成的 mRNA 大幅度增加所致，而不是已有前体的活化。

目前筛选到一些番茄成熟的突变体，如成熟抑制突变体 *rin*（*ripening inhibitor*）、不成熟突变体 *nor*（*nonripening*）和永不成熟突变体 *nr*（*never ripe*），这些突变体内 PG 酶活性降低，乙烯含量和呼吸速率均不增强，类胡萝卜素合成和果实软化过程也受抑制，果实不能正常成熟，始终保持绿色（图 15-8）。

图 15-8　番茄野生型、*rin* 突变体和 *nor* 突变体的果实（Taiz et al.，2015）

转录因子直接或间接调控果实成熟。*RIN*编码一个MADS box转录因子，称为*MADS-RIN*，*MADS-RIN*与ACC合酶启动子有互作，表明*MADS-RIN*调控乙烯的生物合成。*MADS-RIN*也调控下游成熟相关基因的表达，成熟相关基因包括多聚半乳糖醛酸酶基因、半乳聚糖酶基因、扩张蛋白基因、八氢番茄红素合成酶基因、脂氧合酶基因、乙醇脱氢酶基因。因此，果实成熟的调控由乙烯信号与*MADS-RIN*协同启动。在*rin*突变体中，*MADS-RIN*最后一个外显子缺失，导致RIN蛋白功能丧失，果实不能成熟。

除乙烯外，ABA也可促进果实成熟和衰老。许多跃变型果实在成熟期间，ABA水平上升伴随着乙烯的跃升，或在乙烯水平上升之前，ABA水平上升；而对于非跃变型果实，只有ABA的增加而没有乙烯的增加。外源ABA处理能刺激苹果和番茄果实中的乙烯产生。ABA可能通过乙烯或独立于乙烯而发挥作用。

IAA影响果实成熟的启动时间，一般可延缓果实的成熟，但不影响果实的成熟程度。CTK不影响成熟起始时间，但会降低果实的成熟度。GA的作用与之相似。

可见，果实的成熟是多种植物内源激素平衡作用的结果。

第三节　植物的休眠

在季节变化明显的地区，日照、温度、雨量上都有显著的季节差异。并不是所有季节都适合植物的生长，植物在系统发育过程中，形成了适应多变环境的机制，在周期性的恶劣环境因子来临之前，植物以某些器官或整株植物进入生长暂时停顿的状态，以安全度过逆境，延存生命及繁衍后代。一般植物的生命总是旺盛生长和暂时停顿周期性交替，一代又一代地延续。休眠（dormancy）是植物生长暂时停顿的一种状态。

一、休眠的器官和类型

很多一、二年生植物以种子为休眠器官，刚成熟的种子不一定能萌发，要经历一段时间干燥或低温条件下储藏后才能萌发，即种子处于休眠状态。另一些植物以营养器官休眠。多年生落叶树以休眠芽为休眠器官，许多层鳞片保护着芽，避免水分丢失和低温伤害，以安全过冬。多年生草本植物在不良环境到来之前，地上部分死亡，地下部分形成变态器官，如鳞茎、球茎、块根或块茎进入休眠。无论是种子还是其他休眠器官都有较强的抗逆性，使植物能躲避干旱、高温或低温等不良环境，以利于延续生命。

休眠有两种类型，一种是植物自身发育进程控制的休眠，即使给予充足的水分、氧气与适宜的温度等生长条件，它们也不能萌发生长，如刚收获的大麦、水稻等种子，只有在干燥条件下储藏一段时间后才能萌发。显然，这是由于种子自身内在的生理原因造成的休眠，称为生理休眠（physiological dormancy），或深休眠。另一种是当植物在生育期内遇到低温、干旱等不利条件时，生长被迫处于极其缓慢或短暂静止状态，这种休眠称强迫休眠（imposed dormancy），如给予适宜条件，种子即可萌发，植株又开始恢复生长。例如，原产于热带和亚热带的常绿树始终处于生长或强迫休眠状态，即快速生长或极缓慢生长交替。

二、休眠的诱导

（一）环境因子对休眠的诱导

植物进入休眠受内在发育程度及外部环境因子的调节。日照长度是诱导植物体进入休眠的主要环境因子。多数冬季休眠的植物，在长日照条件下旺盛生长，短日照则抑制生长、促进休眠芽形成。秋季的短日照是许多植物感应休眠的信号，植物枝条生长减慢，出现休眠芽或地下休眠器官。休眠芽的形成也受闪光处理的影响，表现为红光抑制休眠，而远红光消除红光的效应，因此，光敏色素介入了休眠的光周期调控。日照长度也是打破休眠的因素之一，长日照可打破植物的冬休眠。

对于日照长度控制休眠的机制，目前尚不清楚。一般推测在秋季日照变短条件下，ABA合成增加，GA合成减少，在ABA/GA比值高时，诱导休眠；而在休眠过程中，ABA 含量逐渐下降，或在春季日照逐渐加长时，GA 合成增加，ABA/GA 下降，解除休眠。

温度是诱导休眠的另一环境因子。在秋季，日照变短并伴随低温的出现。低温下植物进入休眠。如果温度不够低时，诱导休眠的时间会延长。所以，植物能自动调节休眠期的长短以适应变化的环境。

干旱或营养不足也能促进植物休眠，如花卉植物仙客来，在干旱诱导下可进入休眠状态。

（二）进入休眠的生理状态变化

植物进入休眠时，内部代谢过程逐渐降低。首先是呼吸速率从进入休眠开始下降，至休眠中期达到最低，然后逐渐上升，直至解除休眠。一些种子的种皮或芽鳞可阻止氧气进入，导致胚或芽呼吸降低，若去掉种皮或芽鳞，则呼吸上升。另外，当种子或芽内部氧含量降低后，胚或芽会进行无氧呼吸，产生的乙醇和乙醛是休眠释放剂，这些物质的积累有利于解除休眠。

从进入休眠到开始萌发的全过程中，物质代谢发生复杂的变化。休眠器官内储存了大量可溶性糖、淀粉、脂肪或蛋白质等物质。一般可溶性糖和淀粉表现出互相消长的关系，随休眠程度加深，可溶性糖含量下降，而淀粉含量逐渐上升。脂肪积累不仅作为一种储藏物质，而且有重要的保护作用，使休眠芽顺利度过严寒的冬季。核酸和蛋白质生物合成的阻遏和去阻遏是进入休眠和解除休眠的原初反应。

植物休眠过程中，内源激素间的相对含量和平衡关系不断发生变化，尤其是 ABA 和 GA 的平衡关系的变化对诱导休眠或解除休眠起着重要的调控作用（图 15-9）。

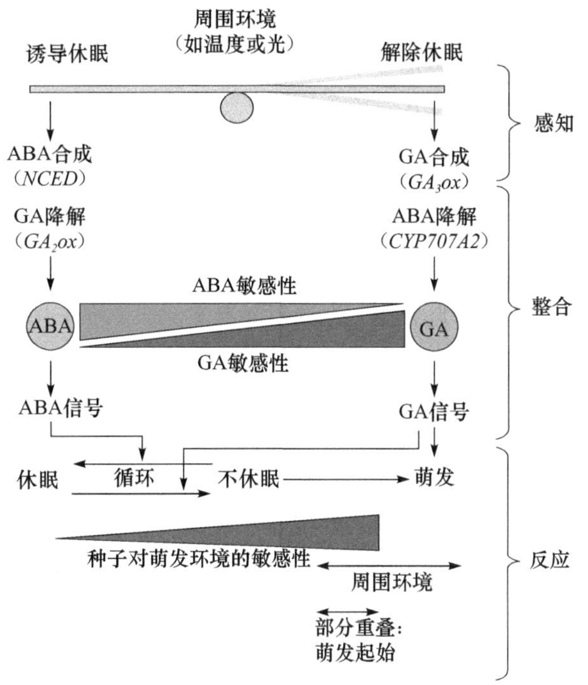

图 15-9 ABA 和 GA 的平衡调控种子的休眠和萌发（Taiz et al.，2015）

环境因子如温度影响 ABA/GA 及胚对 ABA 和 GA 的应答。在休眠期，以 ABA 合成和 GA 降解为主，因此，休眠期 ABA 信号占优势。在萌发期，以 GA 合成和 ABA 降解为主，因此，萌发期 GA 信号占优势。ABA 和 GA 的合成、降解及对周围环境因子敏感性的相互作用导致休眠和不休眠状态的循环。当有利的环境条件和不休眠有部分重叠时，种子开始萌发

三、种子休眠

许多作物的延存器官是种子，有些植物的成熟种子并不休眠，如豌豆种子，只要环境条件适宜就能萌发，但许多种子在成熟收获后进入深休眠状态，即使水、氧气、温度等条件都适合，也不萌发，它们必须在满足某些特定条件时才能萌发。

（一）种子休眠的原因

1. 种胚外包被组织的障碍 种胚外有种皮、果皮及一些其他附属物，它们对胚层层保护，同时也成为种子萌发的障碍，促使种子处于休眠状态。有些种子的种皮外有蜡质层或角质层，有些种子由于厚而坚硬的种皮阻止胚对水分和氧气的吸收，对胚造成机械障碍。例如，豆科、茄科等植物具有坚韧的种皮，其上还有不透水的脂类；苍耳等植物的种子，其种皮能透水，但不透气；核果类果树的种子外有非常坚硬的果皮，对胚造成约束。这些种子都需要擦破种皮去除障碍，使水和气体进入，胚才能生长。在自然界靠微生物的活动，种子被鸟类或其他动物吞食后，在消化道中的酶和酸作用下，种皮软化；或由高低温变化或水流带着砂石冲击、摩擦等去除种皮的障碍。在实验室或生产上，常用硫酸浸泡棉花种子以解除休眠；核果类果树种子可采用机械破壳；在某些地区，自然的火烧可使某些植物的种子打破种皮的限制而萌发。

2. 种子胚未发育完全 种子休眠的另一原因是胚未发育完全。有些植物，如欧洲白蜡树、银杏、人参、当归、冬青等的种子或果实从外表看似成熟了，但其胚并未发育完全，脱离母体后，在

湿润和适当低温条件下，幼胚继续从胚乳中吸取营养，完成发育后才能萌发。新采收的人参种子的胚几乎完全未分化，整个种子中充满了胚乳，在20℃下3～4个月后，胚乳中的营养转向胚中，胚发育完善后才具有萌发能力。

3. 种子未完全成熟 有些种子的胚虽已发育完全，但在适宜的条件下仍不能萌发，它们一定要经过一段时间休眠，在胚内部发生一些生理生化变化，才能萌发，通常称为后熟（after-ripening）过程。苹果、桃、梨、樱桃等蔷薇科的植物和松柏类植物的种子就是这样。在后熟过程中，种子内的淀粉、蛋白质、脂肪等有机物的合成加强，进一步积累物质。经过后熟作用后种皮透性增加，呼吸增强，有机物开始水解。有些植物种子的后熟要求低温，而有些种子则在收获后的晒种干燥过程中完成后熟。

4. 化学抑制物质的存在 番茄种子在成熟果实中不萌发，是因为番茄果实的汁液含大量糖和有机酸，渗透势太低，将种子从果实中取出冲洗后很容易萌发。许多种子中存在萌发抑制物质，如释放HCN的扁桃苷和芥子油；释放NH_3的含氮化合物；水杨酸、阿魏酸等有机酸；香豆素等不饱和内酯；醛类、生物碱和酚类化合物。ABA是诱导种子休眠和抑制萌发的重要物质。抑制物质存在的部位因植物而各不相同，如番茄、苹果、梨、西瓜等的抑制物质存在于果肉果汁中；水稻等谷类植物存在于种皮中，菜豆存在于子叶中；鸢尾存在于胚乳中等。在种子储藏时，经过后熟过程中的生理生化变化，抑制物质被分解转化，对种子萌发的抑制作用得以解除。

ABA缺乏的拟南芥突变体*aba*的种子没有休眠期。ABA不敏感型突变体*abi1*和*abi3*，其种子虽有高水平的ABA，但休眠的程度却比野生型弱。ABA抑制种子过早萌发［胎萌（vivipary）］（图15-10）。将未成熟胚从种子中取出，在培养基上发育成熟，就没有休眠期，表现出胎萌；若在培养基中加入ABA，抑制胎萌。说明在胚胎发育过程中，ABA是一种调控物质。玉米的胎萌突变体会直接在穗上萌发，这些突变体中，有些是ABA缺乏的，如*vp2*、*vp5*、*vp7*、*vp14*，也有些是ABA不敏感型的，如*vp1*。外源ABA处理ABA缺乏型的突变体可部分阻止胎萌。在种子发育过程中，ABA水平上升时，IAA和GA水平下降。GA缺乏的突变体也不能萌发，所以，不是ABA或GA的绝对水平，而是ABA与GA间的平衡更为重要。而且，ABA主要是在种子发育过程中诱导休眠，而GA主要在储藏后期刺激萌发。分子生物学研究已经证明，GA诱导α-淀粉酶的合成，而ABA在转录水平上抑制了GA的作用。

图15-10 玉米ABA缺乏的*vp14*突变体的胎萌现象（Taiz et al.，2015）

种子萌发抑制物质的存在有其生态意义，如许多生长在沙漠中的植物，种子中的抑制物质使其处于休眠状态，一旦充分降雨淋洗掉抑制物质，种子立即萌发，在短暂湿润的环境下迅速完成生长周期。抑制物质对种子萌发的抑制作用没有明显的专一性，一些种子的抑制物还可以抑制周围其他种子萌发，从而使这种植物在生存竞争中存活下来，这是植物间的相生相克现象（详见第十二章）。

种子休眠可能是由上述原因中的某一种，也可能是由多种原因造成的。

（二）种子休眠的人工控制

许多植物被低温诱导而进入休眠，在低温条件又能打破休眠，这种现象称为低温预冷（pre-chilling）。一些果树和裸子植物的种子需在低温、湿润和有氧条件下几周或数月才能打破休眠。层积（stratification）是一种有效的人工处理方法，即用湿润的沙将种子分层堆埋在室外，经低温预冷。不同植物的种子对低温有不同的要求，如苹果、梨、樱桃等在7℃以下经过7～9周，杏经过4～6周可从休眠中释放出来，柿仅需要4d低温。经预冷后，最重要的变化是抑制剂消失，GA和CTK水平上升，如榛树种子在预冷过程中，胚轴中合成大量

GA，约为子叶中 GA 含量的 300 倍。

一些种子在恒温条件下不萌发，在变温条件下才萌发，一般在 5～10℃的温差即可。例如，酸模（*Rumex acetosa* L.）的种子在恒温下不萌发，在每天 16h 的 15℃以上温度和 5℃温差条件下，90% 的种子迅速萌发。

需光种子的萌发需要光照条件，光可打破这类种子的休眠。去种皮后的种子，胚更易于萌发，说明种皮阻碍了胚对光信号的接受，光直接作用于胚。研究证明，胚中的光敏色素是光信号的受体。

外用 GA、6-BA、IAA 处理可打破种子休眠，促进其萌发。

四、营养器官休眠

（一）芽休眠

许多多年生木本植物的休眠器官是芽。在夏季高温干旱地区生长的某些植物，如橡胶草，在夏季来临前落叶进入夏休眠。多数植物的芽休眠是典型的短日反应，在夏末秋初接受日照缩短、温度降低的信号，发生生理和形态变化，其节间缩短，芽停止抽出，在芽外部出现芽鳞片，防止失水，限制氧进入，保持一定的温度，保护芽过冬。

通常认为，植物激素 ABA 可诱导芽休眠，如 ABA 可降低黑醋栗枝条的生长速度，促进桦树枝条芽休眠。但芽中 ABA 含量的高低并不总和休眠的程度相关。ABA 与 CTK 和 GA 间的平衡在维持和打破休眠中起主要调控作用。

一些落叶树被长日照打破休眠，有些植物要求低温后再长日照，由芽鳞或其包裹的原叶感受长日照。一些芽的短日诱导休眠和长日打破休眠是红光-远红光可逆反应，说明光敏素介入了光信号的传递。

低温不仅诱导休眠，也是打破休眠的重要因子。许多芽的休眠可被一段时间低温处理而打破，如苹果在 7℃下 1000～1400h，休眠可被打破。一般植物对低温的感应在芽中，但感应的效应不被传递，如将休眠的紫丁香的一个枝条从窗口伸出，接受低温，则这一个枝条可打破休眠，而生长在温暖的室内的其他枝条不能打破休眠。

利用高温刺激可打破芽休眠，如将丁香枝条在 30～35℃温水中浸泡 9～12h，可使花芽打破休眠，在冬天开放。用二氯乙醇等化学药剂和 GA 处理，也可打破果树的芽休眠。

（二）地下储藏器官休眠

许多多年生草本植物在不适于生长的条件下，被诱导形成地下变态器官，如块根、块茎、鳞茎或球茎，作为休眠器官以度过高温、低温或干旱时期。这些器官含有休眠的芽，同时储存大量营养物质。温度是诱导地下储藏器官休眠的主要因素，有些也受日照长度的影响。以马铃薯为例，它是由地下匍匐茎膨大形成的。马铃薯匍匐茎的发生可在较广的温度和日照条件下进行，由叶片感受温度和日照长度的变化。一般在短日光周期和较大的昼夜温差下，传递信号至匍匐茎，促进其尖端膨大形成块茎。块茎的形成和发育与 GA 和 CTK 的动态变化有关，长日照条件下，体内较高的 GA 水平有利于匍匐茎的伸长，短日照条件下 GA 水平下降，匍匐茎停止生长而尖端膨大。从马铃薯叶片中分离出茉莉酸类化合物也对其块茎形成的诱导非常有效。马铃薯在夏季收获后，一般需要休眠 40～60d，收获后立即作种薯不能萌发。马铃薯芽的休眠和萌发，与内源 GA 含量有密切关系，在其休眠芽中 GA 含量很低，而在开始萌发时，芽中的 GA 含量常增加几十倍，所以可用 0.5～1mg/L 的 GA 处理来有效地打破休眠。马铃薯在储藏期间也会因超过休眠期而发芽，失去其商品价值，可用低温储藏、药剂处理等方法来延长其休眠时间。

一些花卉以鳞茎、球茎为繁殖器官，对其休眠的控制有重要经济价值。

第四节　植物的衰老

一、衰老的类型及其中的变化

在植物个体发育的一定阶段，细胞、器官乃至整体的生理活动和功能逐渐衰退，发生了一系列不可逆的变化，衰老（senescence）是指植物各部分功能发生不可逆衰退的过程。衰老和老化（aging）不同，老化是指植物发育过程中发生的不包括死亡的衰退事件，如种子储藏过程中生活力衰退劣变、发芽率降低等。

衰老不是简单的被恶劣的环境因子导致的被动的死亡或坏死，而是植物发育进程中自身遗传程序控制的一个阶段，是一种主动控制的过程。在植物发育的一定阶段，老叶片光合作用下降，进入衰老程序，物质被运至新器官再利用。衰老也是对环境的一种适应，环境因子可诱导衰老过程的启动。衰老的发生是不可避免的，但在生产上可以通过对引起衰老的原因进行分析而找出加速或延缓衰老的有效办法。

（一）植物衰老的类型

植物的衰老一般可分为 4 种类型：①整体衰老（overall senescence），许多一年生植物，包括主要的农作物，如小麦、玉米、水稻、大豆等植物，即使在适宜生长的条件下，随着果实和种子的产生，植株很快衰老；②地上部分衰老（top senescence），许多草本多年生植物和灌木，每年的一定时期，地上部衰老死亡，但地下部维持生命，待第二年重新长出茎叶，开始新一轮的生长；③脱落衰老（deciduous senescence），落叶树木的叶片发生季节性衰老脱落；④渐进衰老（progressive senescence），一些常绿树木，叶片不是在同一时期衰老脱落，而是分批轮换的衰老脱落。

衰老一直伴随着植物的生长过程，如根毛只有很短的寿命；多年生植物根系可生存多年，但也在不断衰老更新，当整个根系衰老时，植物整株一定会衰老至死亡；花的寿命长短随植物而有很大的差异，牵牛花在清晨开放，午后开始衰老，至第二天就脱落。花的衰老从花冠开始，而后是雄蕊，最后是雌蕊；果实的成熟意味着衰老的开始；植物的发育过程包括一些特殊细胞的分化，如管胞和导管分子，这些细胞分化后即发生细胞的衰老、死亡。由于植物具无限生长的特性，器官的衰老过程实际上发生在植物生活周期的各个时期。

（二）器官衰老过程中的变化

1. 细胞结构变化 在衰老过程中，细胞的结构逐渐解体。以叶片衰老为例，首先是叶绿体完整性的丧失，表现为叶绿体肿胀，膜脂相变，外被膜结构变化和逐渐脱落，基粒数减少，类囊体经囊泡化作用而解体，光合电子传递能力下降；随后，核糖体和糙面内质网急剧减少，失去蛋白质合成能力。随着组织的衰老，内质网膨胀，功能减退；线粒体是较为稳定的细胞器之一，在衰老后期，线粒体嵴扭曲至消失；最后，液泡膜溶解，液泡中各种水解酶扩散到整个细胞。同时，细胞质 pH 降低，在酸性介质中水解酶活跃，消化所有的细胞器，包括细胞核解体。最后，膜完全被破坏，细胞自溶解体。

2. 生理生化变化 在衰老组织细胞中，发生了一系列生理生化变化。以叶片衰老为例，最明显的标志是叶片失去绿色而呈现出黄色、红色或褐色，即叶绿素降解，光合作用迅速下降。叶片变黄时，呼吸作用出现类似果实呼吸跃变的上升，常出现抗氰呼吸。

从外观看，叶片失去绿色是衰老的主要特征，但事实上体内蛋白质的降解是发生衰老的第一步。衰老时定位在叶绿体的 75% 以上的蛋白质均被降解。衰老过程中蛋白质代谢的总趋势是降解加速，蛋白质含量降低，但在衰老过程中也会合成新的蛋白质，如蛋白水解酶、核酸水解酶等。衰老也促进编码核酸酶基因的表达，从而引起核酸的降解，RNA 总量迅速下降。衰老加剧脂类降解，由于膜脂代谢的加剧，细胞膜的结构和功能发生明显变化，参与脂肪降解过程的酶包括磷脂酶 D、磷脂酸磷酸酯酶、裂解酰基水解酶、脂氧化酶。

二、衰老的调控

（一）衰老的内在调控

1. 营养物质的变化 一生中只开一次花的植物，开花结实后营养体开始衰老、死亡。由于生殖器官对营养物质的竞争力较强，大量养分从营养器官运入生殖器官被再利用，导致营养器官衰老加速。若摘除花果，可适当延迟叶片和整株植物的衰老。

研究表明，植物体内糖含量对衰老有调控作用。糖含量的降低是诱导衰老的信号分子，而糖对衰老的调控作用依赖于氮素的供应。糖和氮信号途径协同调控衰老过程。但营养水平的降低并不都是引起衰老的主要原因，如一年生雌雄异株植物菠菜，雄株虽然没有明显的营养物质再分配，但同样也会衰老死亡。玉米去果穗也不能延迟衰老，有时甚至加速衰老。

2. 自由基、活性氧与衰老 具有不成对电子的原子、分子或离子，被称为自由基。生物体内存在并影响衰老的自由基有羟自由基（HO·）、烃氧基（RO·）、超氧化物阴离子自由基（O_2·）、超氧物自由基（HO_2·和ROO·）、单线态氧（$^1O_2$）等。由于它们均含氧，且其比氧更活泼，又统称为活性氧（reactive oxygen species，ROS）。植物体内生物大分子的降解会导致ROS的释放。ROS对植物的作用是多方面的：促进许多重要酶，如Rubisco和谷氨酰胺合成酶等的降解；诱导脂质过氧化反应，影响膜的结构和功能；加速乙烯的生成；ROS作为信号分子，参与衰老基因表达的信号转导过程，从而促进植物的衰老。

在植物体内存在自由基清除剂，如超氧化物歧化酶（SOD）、过氧化氢酶（CAT）和过氧化物酶（POD）、维生素E、维生素C和谷胱甘肽等。正常情况下，这些自由基清除剂随时清除所产生的自由基，一旦植物体内抵御氧化伤害的机制效率下降，或产生活性氧的能力增加，二者失去平衡，自由基积累，就会加速衰老。

3. 衰老的激素调控　乙烯是诱导衰老的主要激素。乙烯是果实成熟的促进因子，同时也促进叶片的衰老。例如，反义ACC氧化酶转基因番茄植株叶片的衰老速度明显减慢（图15-11）。乙烯不敏感的拟南芥突变体（*etr1*）叶片的衰老延迟。外源乙烯处理引起叶绿素含量降低和细胞膜结构发生明显变化（图15-12）。乙烯是叶片衰老的调控因子，乙烯的存在加速叶片的衰老，但乙烯不是诱导衰老的启动因子，乙烯不引起幼嫩叶片的衰老，叶片只有发育到一定阶段后才对乙烯信号产生反应。

CTK能明显延缓衰老，一方面由于CTK可刺激多胺形成，多胺可抑制ACC合酶的形成而减少乙烯的生成，并可清除自由基；另一方面可能由于CTK可吸引营养物质而延缓衰老。CTK延缓叶绿素和蛋白质降解，维持Rubisco和PEPC的活性，保护膜的完整性，维持SOD和CAT的活性。

GA也能阻止叶绿素和蛋白质降解，并清除自由基，延缓衰老。ABA可抵消CTK和GA的作用，促进衰老。但ABA可能并不是促进衰老的关键因子。ABA可能诱导乙烯的产生而引起衰老，但也有证据表明ABA可独立于乙烯起作用。

4. 衰老的遗传控制　衰老是发育过程的不可避免的一部分，受遗传控制。

在衰老早期，发生一系列细胞学和生物化学事件。叶片中多数mRNA水平显著下降，这些在

图15-11　反义ACC氧化酶转基因植株叶片衰老受抑制（Taiz et al.，2015）

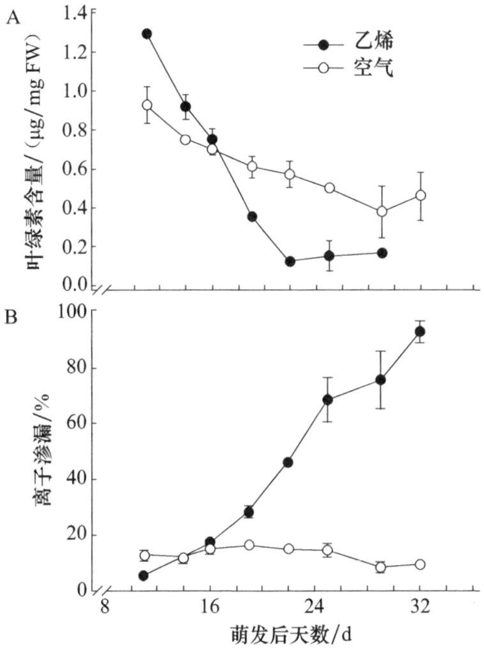

图15-12　乙烯对拟南芥子叶叶绿素含量和细胞膜的影响（Jing et al.，2002）

A. 乙烯处理引起拟南芥子叶叶绿素含量明显降低；B. 乙烯处理引起拟南芥子叶细胞膜结构发生变化，离子渗漏加剧

衰老中降低表达的基因称为衰老下调基因（senescence down regulated gene，SDG），如编码与光合作用有关的多数蛋白质的基因，随叶片衰老表达急剧下降。另一类基因在衰老时被诱导表达，称为衰老相关基因（senescence associated gene，SAG）或称为衰老上调基因（senescence up regulated gene），如催化乙烯生物合成的ACC合酶和ACC氧化酶的基因，在衰老中表达增强，其结果产生大量乙烯；谷氨酰胺合成酶基因在衰老中表达也增强，参与降解物的转化与再分配。SAG编码的蛋白质主要参与大分子的降解、氧化代谢的解毒、防卫机制的诱导及信号和调控反应等。因此，在衰老过程中，SAG调控的代谢途径明显增强，而SDG调控的代谢途径明显受抑制（图15-13）。在衰老后期，伴随发生细胞死亡过程。

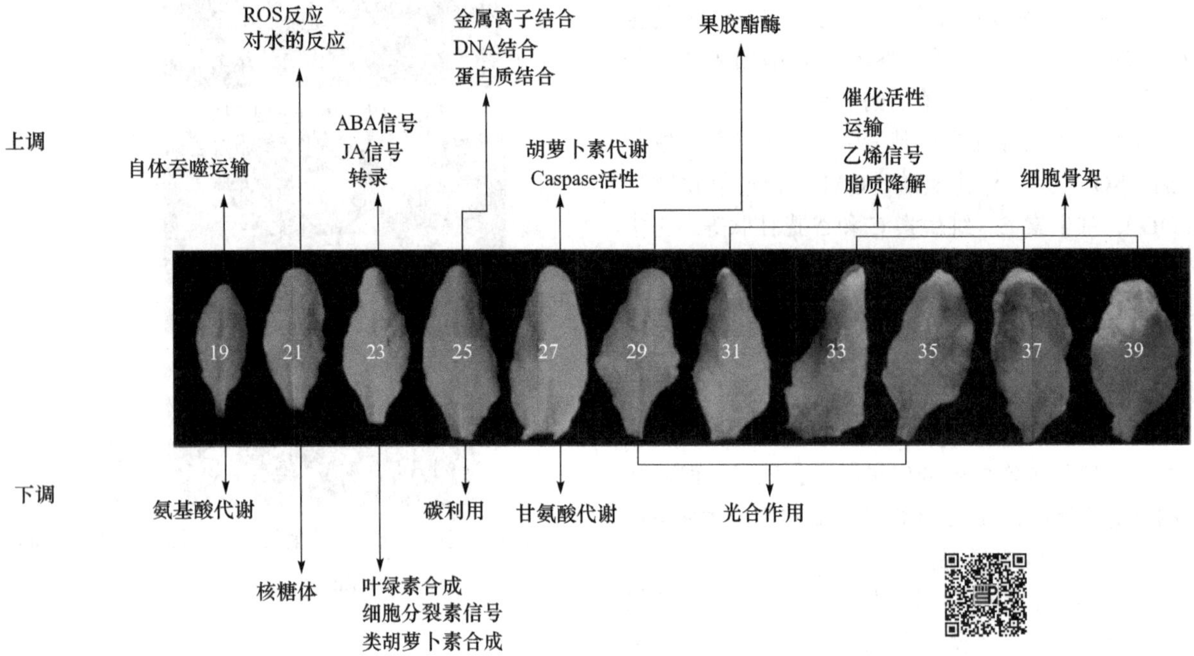

图15-13　在拟南芥叶衰老过程中细胞内代谢途径发生变化（Taiz et al.，2015）

在衰老过程中被上调的基因包括与生物和非生物胁迫、ROS反应、金属离子的结合、细胞壁降解、脂质降解、ABA信号、JA信号、乙烯信号等有关的基因；在衰老过程中被下调的基因包括与物质代谢、叶绿素合成、类胡萝卜素合成、光合作用、CTK信号等有关的基因；图中叶片上的数字表示叶龄

5. 细胞程序性死亡　细胞程序性死亡（programmed cell death，PCD）是植物体在内源发育信号或外源环境信号作用下，由特定基因控制的细胞死亡过程。根据诱发因素，将PCD分为发育性细胞死亡和环境因素诱发的细胞死亡。发育性PCD在植物发育过程中普遍存在，是植物发育的特定时间、特定区域发生的细胞死亡过程，如管胞、导管、纤维等特殊细胞分化后即发生的细胞死亡，从而发挥特殊功能；在植物叶片和花发育相伴随的衰老过程所发生的PCD，以完成特定的发育过程。这些在特定时间和区域发生的PCD过程，确保整株植物行使正常功能。同时，PCD也是植物抵抗环境中生物或非生物胁迫的基本机制。

（二）环境因子对衰老的影响

1. 光　光是调控植物衰老的重要因子，植株或离体器官在光下不易衰老，在暗中则加速衰老。其可能的原因是光调节叶片上的气孔开度而影响植物的气体交换、光合作用、呼吸作用、水分和矿质的吸收和运输等主要生理过程。日照长度影响GA和ABA的合成，因而影响器官的衰老。光质对衰老也有不同的影响，红光可阻止叶绿素和蛋白质的降解，而远红光可消除红光的作用，表明衰老也受光敏色素调控。蓝光显著地减少叶绿素和蛋白质的降解，延缓衰老。

2. 温度、水分、矿质营养和气体　高温和低温都诱发自由基产生，促使膜脂发生过氧化，从而加速叶片的衰老。

水分胁迫刺激乙烯和 ABA 形成，加速叶绿体结构解体，光合作用下降，呼吸速率上升，加速物质分解，促进衰老。

矿质营养缺乏加速植物的衰老，由于器官之间的营养竞争的加剧，为保证新生器官的生命活动正常进行，较老的器官加快衰老。

O_2 是许多自由基的重要成分，O_2 浓度过高时，加速自由基的形成，当超过其自身防御能力时，就会引起衰老。CO_2 对衰老有一定的抑制作用，特别是在果蔬储藏中得到应用。

3. 胁迫对衰老的影响　多种环境胁迫可诱导植物体在还未成熟时就发生衰老，如病原菌侵染、水分胁迫、由臭氧和 UV-B 诱导的氧化胁迫等。研究表明，不同胁迫反应的信号途径与衰老相关基因的表达有明显交叉。例如，SA、JA 和乙烯信号分子参与调控植物对病原菌反应及环境胁迫反应的基因表达，这些途径也参与调控衰老过程的基因表达。

（三）调控衰老的信号途径

衰老过程受不同因子诱导，并有不同信号途径参与调控（图 15-14）。植物激素和叶片的发育时期是衰老的内在诱导因子，环境因子如季节变化、生物和非生物胁迫是诱导衰老的外在因子。信号途径如 ROS 信号、蛋白激酶和磷酸酶信号、MAPK 信号、激素信号途径参与调控衰老过程，这些信号转导途径通过活化或抑制转录因子，改变基因的表达，从而影响衰老相关蛋白质的产生。衰老相关蛋白质是发育年龄信号网络调控的总产物，直接刺激叶片衰老。

（四）衰老的人工控制

任何器官的衰老都与植株整体的发育进程密切相关。在传统的作物栽培措施中也体现了整体的调控，如合理的水肥控制、源库比例的调节、苗期促进根系的生长等，都可有效地控制衰老。根据乙烯和细胞分裂素的平衡对衰老的影响，将 ACC 反义基因导入番茄，使乙烯合成减少而延缓叶片和果实的衰老；同时，也可通过控制细胞分裂素合成的关键酶——异戊烯基转移酶的基因表达，使细胞分裂素适量增加，延缓叶片衰老。这些在果实与切花保鲜方面有较大的应用价值。

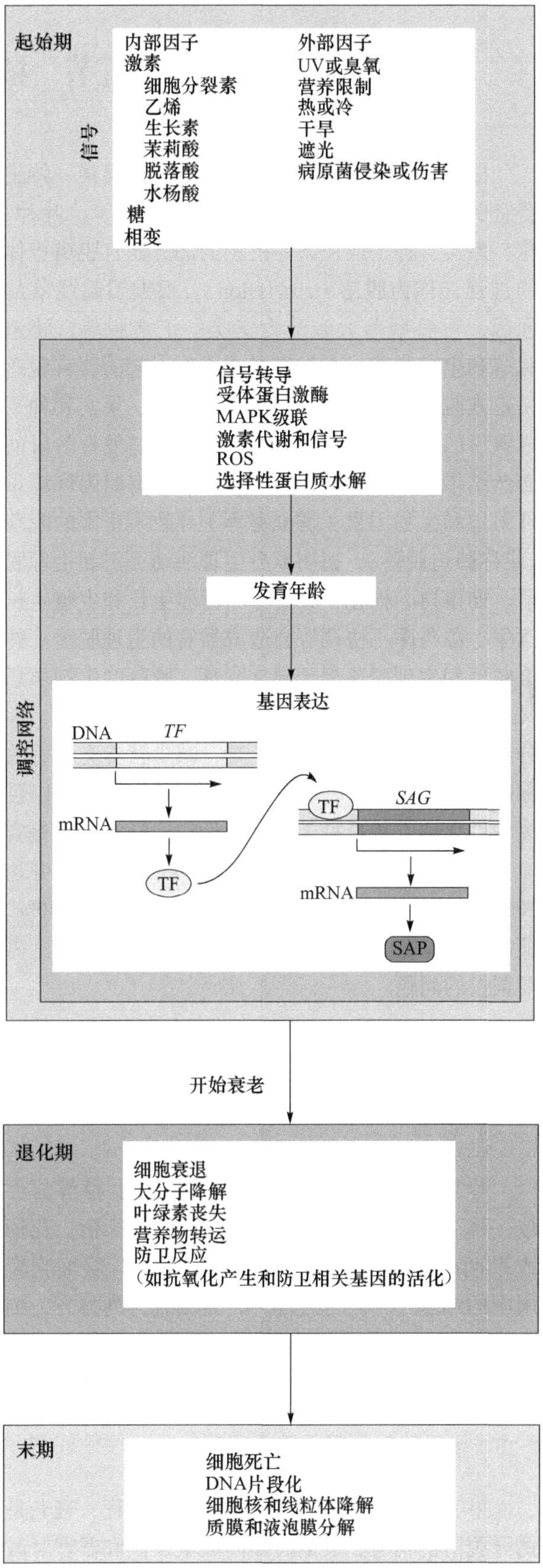

图 15-14　参与调控叶片衰老过程的信号途径和调控网络

（Taiz et al., 2015）

第五节 植物器官的脱落

植物器官衰老的结局往往是脱落，但某一特定器官的脱落并不意味着整株植物都衰老了。叶片、花、果实、种子或枝条等植物的部分器官脱离母体的过程，称为脱落（abscission）。根据引起脱落的原因，可将脱落大致分为三类：正常脱落、胁迫脱落和生理脱落。由于衰老或成熟引起的器官脱落是正常脱落，如叶片和花的衰老脱落、果实和种子成熟后的脱落都是正常的生理现象，是发育阶段的必然结果和植物对环境的适应特性。有时因环境条件胁迫和生物因素（病虫害等）导致不正常的脱落（或称胁迫脱落）。植物本身生理活动可引起生理脱落，如果树、棉花、大豆等的营养生长和生殖生长竞争、源与库不协调等会造成器官的生理脱落。胁迫脱落和生理脱落属于异常脱落。脱落的生物学意义在于植物种的保存，在不适于生长的条件下，部分器官的脱落可减少水分消耗，减少营养竞争，去除病虫害侵染源，有利于存留器官的发育成熟以延续种的生命，传播种子以繁殖后代。异常脱落是农业生产上的严重问题，如棉花的蕾铃脱落率可达70%左右，大豆的花荚脱落率也高达70%～80%，茄果类蔬菜和果树的花、果实的脱落都是生产上需要调控的问题。

一、脱落的机制

（一）离层

叶片、花、果实等离开母体，发生脱落的部位，称为离区（abscisic zone）。离区是叶柄、花柄或果柄的基部特化的区域。离区中有几层细胞较周围的细胞小，具分生能力，且细胞排列整齐，细胞内高尔基体和内质网丰富，此细胞层称为离层（abscisic layer）（图 15-15）。

（二）植物器官脱落的调控

果实和叶片脱落之前先进入衰老进程，衰老是诱导脱落的信号，衰老时体内激素含量和器官对激素敏感性发生变化，从而导致脱落。但衰老的器官却不一定都脱落。

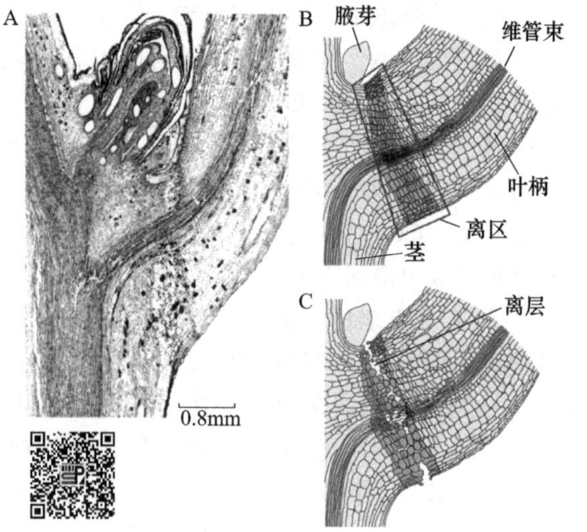

图 15-15 叶片脱落部位及相关组织（Taiz et al., 2015）

A. 光镜下银杏叶的基部，示离区；B. 离区细胞的示意图，绿色代表离区；C. 示离层细胞壁分离

器官的脱落过程可分 4 个阶段：维持生长期（即离层分化期）、脱落诱导期、脱落期和脱落部位保护层形成期。在叶片衰老到一定时期，离层细胞的分化受到诱导，分化形成离层细胞；叶片接收衰老信号或环境信号的刺激，离层细胞内代谢活动逐渐增强，合成纤维素酶、多聚半乳糖醛酸酶等细胞壁降解酶，离层细胞细胞壁发生降解；在重力或风、雨等外力作用下，器官发生脱落；在脱落的残茬部位，细胞壁木栓化，形成保护层（图 15-16）。

植物器官的脱落受植物体内激素的调控，生长素和器官的脱落有关。例如，幼叶随叶龄的增加，生长素含量增加；叶片衰老时，生长素含量降低，随后叶片脱落。切去植物叶片，残留的叶柄基部很快形成离层，然后叶柄脱落。若在切去叶片的伤口处涂含生长素的羊毛脂，则会延迟叶柄的脱落。用生长素处理叶柄的不同部位，可得到不同的结果。将生长素施于近轴端时促进脱落，相反，施于远轴端时抑制脱落。因此，有人提出脱落的生长素浓度梯度学说来解释这一实验结果。决定器官脱落的是离层区两边的生长素浓度梯度，而不是生长素的绝对含量，当生长素的浓度远轴端/近轴端比值高时，不发生脱落，相反，远轴端/近轴端比值低时，加速离层形成而发生脱落。

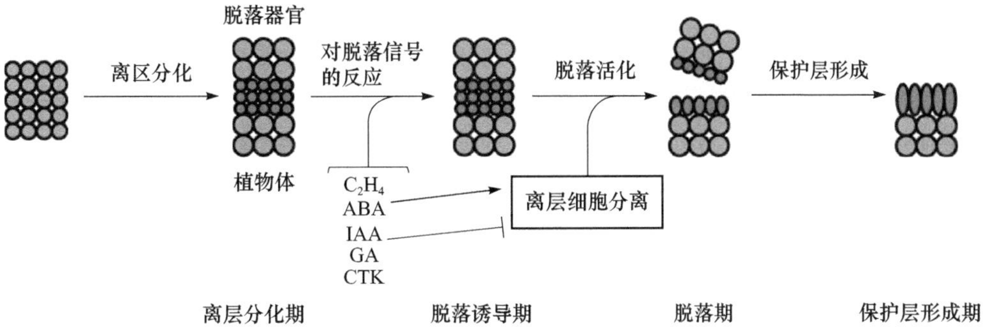

图 15-16　器官的脱落过程（示离层细胞的分化及调控）（Estornell et al.，2013）

乙烯、ABA 促进脱落，IAA、GA、CTK 抑制脱落

乙烯是脱落的主要调控因子，促进器官脱落。在一定的发育阶段，离层细胞对乙烯的敏感性增加，同时，诱导果胶酶、纤维素酶和多聚半乳糖醛酸酶等水解酶的合成和酶活性增加，并加速这些酶向细胞壁分泌，水解离层的细胞壁，从而引起器官的脱落。

在叶片的脱落过程中，发生脱落的时间主要受生长素和乙烯的调控。在维持生长期，叶片维持正常功能，叶片中生长素含量高、生长素从顶向基的极性运输较强，离层细胞对乙烯不敏感。在脱落诱导期，叶片衰老或环境信号干扰生长素的合成和运输，叶片中生长素含量降低，生长素浓度梯度不能维持，甚至形成反向的浓度梯度；同时，乙烯含量增加，离层细胞对乙烯敏感性增加。在脱落期，离层细胞对低浓度乙烯反应敏感，乙烯促进细胞壁降解酶和细胞壁重塑蛋白的合成和分泌，包括 β-1,4-葡聚糖酶、多聚半乳糖醛酸酶、木葡聚糖内糖基转移酶、水解酶和扩张蛋白等，在这些酶作用下，离层细胞细胞壁被水解，导致器官脱落（图 15-17）。

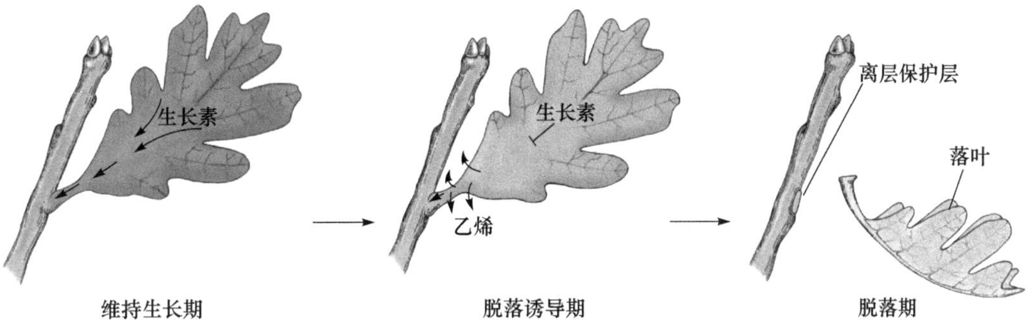

图 15-17　生长素和乙烯在叶片脱落中的作用（Taiz et al.，2015）

维持生长期：叶片中生长素含量高，离层细胞对乙烯不敏感。脱落诱导期：叶片中生长素含量降低，同时，乙烯含量增加，离层细胞对乙烯敏感性增加。脱落期：离层细胞对低浓度乙烯反应敏感，乙烯促进细胞壁降解酶的合成，离层细胞细胞壁被水解，导致器官脱落

ABA 曾被认为是控制器官脱落的主要因子，但后来的证据说明，ABA 仅能诱导少数植物器官脱落。ABA 主要功能是促进衰老。ABA 对脱落的调控作用主要与 ABA 和 IAA 或乙烯的相互作用有关，ABA 促进细胞壁降解酶的合成和分泌，与乙烯有协同作用；ABA 抑制生长素的运输，所以 ABA 对脱落的促进作用并不是 ABA 直接作用的结果。GA 和 CTK 对脱落有抑制作用，可能因其延缓衰老而减少脱落（图 15-16）。

二、脱落的环境信号

光强和日照长度影响器官的脱落。光照充足时可抑制或延缓器官的脱落，在弱光照下，器官容易脱落。在大田生产中，如作物密度过大、光照不足，常使中下部叶片过早脱落。一般情况下，长日照延缓脱落，短日照是诱导脱落的信号。

水分胁迫会导致器官脱落，树木在干旱时落叶，可减少水分的消耗，这是植物的保护性反应。缺水干旱时 IAA 和 CTK 活性降低，而 ABA 和乙烯

含量大大增加，从而启动脱落过程。淹水使土壤中缺氧，乙烯大量合成，也导致器官的脱落。

温度异常会加速器官脱落。温度升高时，呼吸速率提高，生化反应加快，物质消耗加速，同时，高温常导致器官脱水，因而引起器官脱落。低温是秋天树木落叶的诱导信号之一。

当氧浓度增高时，器官脱落率增加，氧气和脱落的关系与乙烯有关，高氧浓度促进乙烯的合成，从而诱发脱落。

矿质营养缺乏时，代谢失调，器官易于脱落。碳水化合物等营养供应不足会增加花和果实的脱落率。

三、脱落的调控

（一）防止脱落

在园艺作物特别是蔬菜生产中，喷施2,4-D可防止茄果类植物如茄子、番茄等的落花。用乙烯作用抑制剂硫代硫酸银（STS）控制花和叶片的衰老脱落。在果树生产中发现，果实膨大期间常出现大量落果，如苹果的开花果枝中只有1/6～1/3能结果，柑橘的结实率仅2%～10%。用NAA防止采前落果是一项重要的措施，但其缺点是易使果实呼吸跃变提前，不耐储藏。

低浓度2,4-D和NAA可减少棉花早期幼铃脱落，外源GA能增加棉花结铃。其他生长延缓剂如矮壮素（CCC）、多效唑（PP_{333}）、B_9等，对防止落铃也有明显效果。

（二）促进脱落

在果树生产中，常因坐果太多而使果实变小或畸形，严重影响产品质量，结果的大小年现象也不利于果树的生产经营，因此在生产上常进行人工的疏花疏果。可用NAA或萘乙酰胺进行果树的疏花疏果，其作用可能是通过增加乙烯的形成，诱导离层区水解酶活性增加而实现的。在生产上还常用$MgCO_3$和NaClO作为脱叶剂，使叶片全部脱落，便于机械采收。也可在采前用乙烯利喷洒枣树，使成熟果实脱落，提高采收效率。

小结

种子的发育包括胚和胚乳的发育。碳水化合物、脂肪、蛋白质等物质在种子成熟中发生明显代谢变化，这些变化受一系列基因的表达调控，同时也受多种激素的调控。许多果实的成熟中出现呼吸跃变，呼吸跃变产生的主要原因是内源乙烯含量增加。跃变型和非跃变型果实对乙烯的反应不同。果实成熟过程中，果实的风味、涩味、香味、色泽及硬度均发生变化。乙烯是启动和促进果实成熟的主要激素，同时，ABA、IAA、CTK、GA也均有调控作用。

休眠是植物发育的一个重要阶段，是对环境变化的主动适应。种子休眠的原因有种胚外包被组织的障碍、种子胚未发育完全、种子未完全成熟或有化学抑制物质的存在等。植物休眠过程中，ABA和GA的平衡关系的变化对诱导休眠或解除休眠都起着重要的调控作用。

植物的衰老是植物发育进程中自身遗传程序控制的一个阶段。在衰老过程中，细胞结构逐渐解体，在衰老组织细胞中发生一系列生理生化变化。衰老过程受不同因子诱导，植物激素和叶片的发育时期是衰老的内在诱导因子，环境因子如季节变化、生物和非生物胁迫是诱导衰老的外在因子。信号途径如ROS信号、蛋白激酶和磷酸酶信号、MAPK信号、激素信号途径参与调控衰老过程。衰老相关蛋白是发育年龄信号网络调控的总产物，直接刺激叶片衰老。

脱落是植物适应环境、保存和繁衍后代的方式。离层细胞接受信号刺激后，水解酶活性增加，细胞壁发生水解，器官脱落。生长素和乙烯的平衡关系控制器官的脱落，生长素的相对含量影响离层细胞对乙烯的敏感性。

思考题

（1）简述种子发育过程中的激素和基因调控。

（2）简述呼吸跃变与果实成熟的关系。

（3）讨论果实成熟的主要特征，简述果实成熟的激素和基因调控。

（4）讨论内源激素间的平衡关系对植物休眠的调控作用。

（5）阐述植物衰老的调控机制。

（6）讨论植物器官脱落的调控机制。

第四部分
植物环境生理

第十六章 植物逆境生理

第一节 植物逆境生理概论

植物的生长发育受到各种环境因子的影响，如水、阳光、温度等。当这些环境因子超出或者低于植物生长所需的条件时，就会对植物的生长造成伤害。由于其生长的不可移动性，植物经过长期的自然选择，进化出了一系列抵御外界不利环境变化的机制。研究植物在不良环境下生命活动规律，探究其抗逆性的生理学基础及分子机制，不但有助于全面了解植物的正常生理活动，而且对培育具有抵抗不良环境因素的优良品种或新品种的创制具有重要的指导和应用价值。本章节将总结植物响应不良环境因素的生理基础及分子机制。

一、逆境对植物的影响

（一）逆境的定义和类型

逆境或者胁迫（stress）是指对植物的生长发育造成不利影响的外界因子。逆境通常可以划分为生物逆境和非生物逆境。生物逆境是由生物因子造成的，包括病害、虫害、杂草等；非生物逆境指的是物理或者化学的胁迫，包括干旱、水涝、盐碱、低温、高温等（图 16-1）。这些胁迫因子常常相互关联，同时或伴随出现，如高温和干旱常常伴随发生，盐分过多与干旱也经常同时发生。

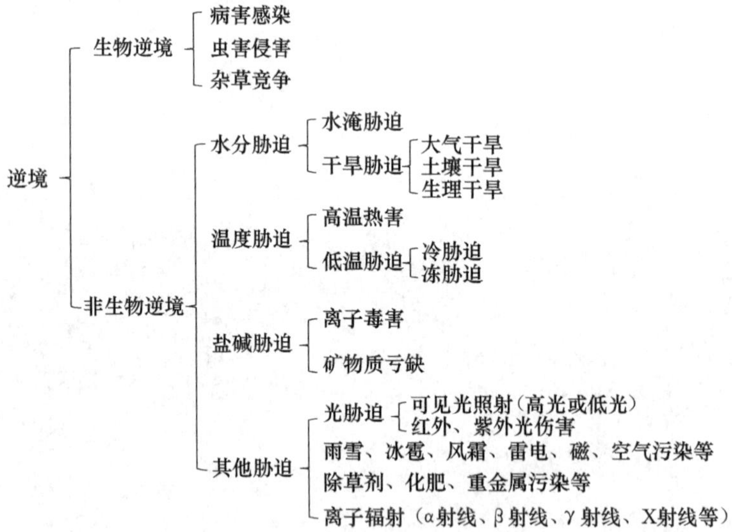

图 16-1　逆境的类型（Levitt，1980）

（二）逆境对植物的伤害

逆境会对植物的生长发育造成伤害，如形态、代谢等方面的伤害。这些伤害一旦超出植物的承受范围，就会造成植物死亡。

1. 逆境对植物形态的伤害　逆境条件下植物形态有明显的变化。例如，干旱会导致叶片和嫩茎萎蔫，高温下叶片变褐、叶片发生卷曲、出现死斑、树皮开裂，病原菌侵染叶片出现病斑、叶片发黄、坏死等。

逆境对细胞膜结构的影响是多方面的，逆境胁迫不仅可以使细胞膜透性增大，导致大量内容物外渗、膜脂组分发生改变，还影响膜蛋白的组成及活性的变化，进而影响植物的生理过程。在一定的胁迫范围内，当解除环境胁迫时，这些变化是可逆的。但是当原生质膜或液胞膜等膜系统损伤严重时，植物便丧失了对逆境的适应能力。

2. 逆境对植物正常代谢的伤害　当植物遭受逆境侵害时，其正常的代谢会遭到破坏，严重时会造成植物代谢不正常而死亡。植物在各种逆境下的代谢有很多相似之处。①水分状况的变化，即吸水能力降低、蒸腾量减少。这时植物体内的水势、溶质势、压力势和相对含水量均降低，气孔部分关闭；当蒸腾量大于吸水量时，植物组织的含水量降低而发生萎蔫现象。②植物的光合作用强度减弱。原因包括体内水分的减少、气孔的关闭造成二氧化碳的吸收减少及植物体内光合作用的相关酶的活性降低等。③呼吸强度发生变化。在逆境下植物的呼吸作用变化可分为三种类型：呼吸强度降低、呼吸强度先升高后降低和呼吸强度明显升高。遭遇冰冻、高温、盐渍和淹水胁迫时植物的呼吸强度都逐渐降低；零上低温和干旱时，植物的呼吸强度先升高而后降低。④植物体内物质代谢变化。总的来说，在各种逆境胁迫下，植物体内的合成作用减弱，分解作用加强。

以上每个层面的伤害都会影响其他层面，逆境对植物的代谢伤害会造成植物的组织和器官受到损伤，严重时，植物将不能够抵抗这些伤害而死亡。

二、植物响应逆境的生理机制

（一）植物适应逆境的方式

植物遭受逆境侵害后，会产生一系列的反应来适应这种环境。这种适应性的反应称为抗逆性。任何植物的抗逆性都不是突然形成的，而是通过逐步适应形成的。植物对逆境逐步适应的过程称为锻炼或驯化（acclimation）。例如，越冬作物经过秋季渐变的低温锻炼，就可以忍受冬季的严寒。

植物的抗逆性大致分为三种形式：避逆性、御逆性、耐逆性。

（1）*避逆性*（stress escape）　指植物通过对生长周期的调整来避开逆境的干扰，在相对适宜的环境中完成其生活史。例如，沙漠中的某些植物只在雨季迅速萌发、生长和开花结实，整个生命过程可以在几小时到几天的时间内完成。

（2）*御逆性*（stress avoidance）　指植物通过特定的形态结构使其生理过程在逆境下仍保持正常状态，从而具备防御环境胁迫的能力。例如，耐旱植物通常具有根系发达、叶片小及输导系统发达等形态特征。根系发达有利于从土壤深处吸收水分、叶片小有利于减少蒸腾、输导系统发达有利于水分养分的运输，这些特征有助于防御干旱胁迫。

（3）*耐逆性*（stress tolerance）　指植物处于逆境时，通过自身的生理生化变化来阻止、降低或修复由逆境造成的损伤，使其仍保持正常的生理活动。例如，植物遇到干旱或低温时，通过增加细胞内的渗透物质来提高植物抗逆性。

植物对各种逆境胁迫的适应性常常是相互关联的。植物在经历了某种逆境后，对其他逆境的抵抗能力也会增强，这种现象称为植物的交叉适应（cross adaption）。

（二）植物响应逆境的生理机制

1. 生长发育调节　植物在逆境下通过调节自身的形态来适应外界环境的变化。例如，在干旱胁迫下，植物往往通过降低叶片的生长速率或脱落老叶等途径来减少总叶面积，从而有效地降低蒸腾失水；生长在缺水地方的植物通过改变根长、根的数量和根系分布、根冠比例等来改善植株的水分平衡及营养利用。另外，植物还会通过改变叶子的形态来适应缺水的环境，如沙漠生长的植物通常会通过叶片变厚增加储水量、叶子表面蜡质增多减少水分的蒸腾等。

有些植物在遭受逆境胁迫时可以提早开花和结籽，通过加快发育进程来尽快渡过难关，以保证繁衍后代。相反，有些植物则会跳过逆境期躲开不适宜的环境。例如，很多多年生植物的种子会在冬季来临之前进行休眠，等到适宜的生长环境才萌发完成生长周期。

2. 植物激素调节　逆境能够促使植物体内激素的含量和活性发生变化，并通过这些变化来影响生理过程，使植物的抗逆性增强。近年来研究比较深入的是胁迫激素ABA在植物响应逆境中的作用。ABA主要通过调节气孔运动、调控逆境相关基因表达、保持组织内的水分平衡等来增强植物的抗旱性。

植物抗逆性的形成是一个非常复杂的适应过程。除了ABA外，越来越多的证据显示其他激素也参与植物抗逆性的调控。值得一提的是，同一植物激素在不同逆境条件下可以起到相同作用或相反作用。气体激素乙烯在调控植物逆境响应过程中起着重要的生理作用。多种逆境可以促进植物体内乙烯的产生，引起器官衰老，枝叶脱落，从而减少蒸腾面积，有利于保持水分平衡，从而减轻环境胁迫对植物造成的伤害。细胞分裂素不仅调控植物的愈伤组织分化、细胞的分裂和生长发育等过程，同时也参与调控植物对非生物逆境的响应过程。细胞分裂素信号通路突变体具有耐干旱、渗透胁迫和低温胁迫的表型。目前细胞分裂素调控植物抗逆能力的内在机制还不清楚，可能是通过ABA依赖或不依赖两种途径。植物内源生长素和赤霉素的合成都会受到逆境的抑制。一般认为，不利的环境条件促进逆境激素的合成同时会抑制生长促进激素的产生，引导植物细胞将有限的资源重新分配，使植物细胞减缓生长速度，降低能量消耗从而提高防御能力。油菜素甾醇（BR）是一种甾醇类激素，参与调控植物生长发育的多个过程。BR合成和信号功能缺失突变体植株矮小，却能够耐受干旱和高盐等逆境胁迫。目前认为BR信号与ABA信号通路之间存在相互拮抗的关系，共同调控植物的抗逆性。水杨酸和茉莉酸在抗病防卫反应中起着非常重要的作用，同时也参与了非生物逆境的响应。因此，植物激素在逆境应答的过程中的生理作用和分子机制各有不同，相互平行或交叉协同调控植物生长和逆境适应性。

3. 渗透调节

（1）*渗透调节的概念*　渗透胁迫是指植物与环境之间渗透势的不平衡导致的胁迫。多种逆境都会对植物产生渗透胁迫。在一定的胁迫范围内，植物通过积累各种有机和无机物质、提高细胞液浓度、降低其渗透势及保持一定的压力势，从而抵抗外界的渗透胁迫，这种现象称为渗透调节（osmoregulation或osmotic adjustment）。

（2）*渗透调节物质*　参与渗透调节的可溶性物质称为渗透调节物质（osmoprotectant或compatible osmolyte）。渗透调节物质分为两大类：一类是从外界环境进入细胞内的无机离子，如植物中的K^+和Cl^-；另一类是细胞内的有机溶质，主要是多元醇和偶极含氮化合物，如可溶性糖、糖醇、游离氨基酸及甜菜碱等。有机的渗透调节物质具有如下一些特征：分子质量小、易溶于水；在生理pH范围内不带净电荷；不易透过细胞膜；引起酶结构变化作用最小；合成迅速并累积至足以引起渗透调节的量。脯氨酸和甜菜碱都是理想的有机渗透调节物质，都分布在细胞质内，所以也称为细胞质渗透调节物质。

以上两类渗透调节物质相互补充、相互联系，在植物渗透调节中都起着重要的作用。

4. 代谢调节　在逆境下，植物可以通过改变其代谢途径来提高抗逆性。

逆境胁迫能显著影响植物体内的碳代谢途径，使植物的C_3光合作用途径向C_4或CAM光合作用途径转变，也有C_4光合作用途径向CAM光合作用途径转变的例子。CAM植物在夜间气孔开放进行CO_2的吸收和固定，白天气孔关闭减少蒸腾失水，这是植物对干旱环境的一种适应。在盐生的松叶菊属（*Lampranthus*）植物中发现，盐胁迫可诱导PEP羧化酶的产生，这是碳同化由C_3途径转为CAM途径的重要生理生化标志，也是盐胁迫引起气孔关闭后植物得以维持碳同化继续运行的适应性表现。

还有研究发现，早秋的杨树枝条的葡萄糖-6-磷酸代谢转变为戊糖磷酸循环；而到早春时，又恢复到葡萄糖-6-磷酸代谢。这种戊糖磷酸循环为许多重要的细胞生理生化反应提供反应底物和能量，使植物对逆境具有更强的适应能力。

5. 细胞膜结构与组分的调节　细胞质膜的透性对逆境的反应非常敏感。在不同逆境条件下，质膜透性增大，内膜系统出现膨胀、收缩或破损。

一般认为，膜脂中饱和脂肪酸与不饱和脂肪酸的比例与植物抗逆性密切相关。从结构上分析，脂肪酸的碳链越短固化温度越低；相同碳链长度时，不饱和键数越多，固化温度越低。因此，设法提高植物细胞膜脂中碳链短的、不饱和键多的脂肪酸以降低固化温度，维持膜脂的流动性，对提高植物的抗逆性有重要意义。

6. 活性氧调节　植物细胞内存在着活性氧ROS的产生和清除系统。正常情况下，二者处于平衡状态，ROS浓度很低，对植物没有伤害，而且ROS还可以作为信号分子起重要的生理作用。在植物遭受逆境胁迫时，ROS浓度超过正常水平，则导致活性氧伤害。植物为了应对不良的外界环境，则提高 ROS 清除系统的能力。

7. 逆境蛋白　植物在各种逆境胁迫下诱导形成的或含量增加的蛋白质，通称为逆境蛋白（stress protein）。由于胁迫因子种类繁多，相应的逆境蛋白也是多种多样，如热激蛋白（heat shock protein，HSP）、冷调节蛋白、水分胁迫蛋白、盐胁迫蛋白和病程相关蛋白（pathogenesis related protein，PR）等。

虽然逆境蛋白的种类繁多，但不同胁迫下产生的逆境蛋白存在一定的共性，这些蛋白包括保护蛋白、分子伴侣及水解酶类等。

逆境蛋白可在植物不同的生长阶段或不同器官产生。它们的亚细胞定位比较复杂，可存在于细胞间隙、细胞壁、细胞膜、细胞核、细胞质及其他细胞器中。特别是细胞质膜上的逆境蛋白种类很丰富，而植物的抗逆性往往与膜系统的结构与功能有关。

逆境蛋白的产生是基因表达的结果。逆境条件使一些正常表达的基因被关闭或表达水平降低，而一些与抗逆性有关的基因被启动或表达水平升高。从这个意义上讲，逆境蛋白的产生是植物对多变的外界环境的主动适应。但是，研究也表明逆境蛋白不一定就与抗逆性有直接联系。例如，有的逆境蛋白（如 HSP）可在植物正常生长、发育的不同阶段出现；有的逆境蛋白产生的量与其抗性无正相关性。

第二节　植物的抗旱性

地球上淡水资源的缺乏早已成为举世关注的战略性问题，而淡水资源中的大部分被用于灌溉大田的栽培作物。目前全球干旱、半干旱地区面积约占陆地总面积的 35%，就耕地而言，干旱、半干旱耕地的面积占世界总耕地面积的 43%。我国干旱、半干旱耕地的面积占全国总耕地面积的 52%，其中没有灌溉条件的约占 65%。随着世界人口的剧增，粮食的供求矛盾日益突出，淡水资源日渐短缺。2014 年 4 月，气候变化国际专门小组（International Panel on Climate Change）发布了最新报告，可预测未来几十年降雨和水可用性逐渐下降，有关植物抗旱性的研究变得日趋重要。从器官、组织、细胞等不同水平上深入研究植物抗旱性的生理机制，是提高植物抗旱性研究的理论基础。

一、干旱对植物的影响

（一）干旱的类型

当植物耗水大于吸水时，植物体内就出现水分亏缺现象，称为干旱（drought）。旱害则是指土壤水分缺乏或大气相对湿度过低对植物造成的危害。

根据引起水分亏缺的原因，可将干旱分为三种类型。

（1）大气干旱　当大气温度高、光照强，空气中相对湿度低（10%～20%），尽管土壤中有水，根系活动也正常，但由于蒸腾强烈，失水量大于根系吸水量而使植物受害的现象，称为大气干旱，如我国西北等地就常有大气干旱出现。

（2）土壤干旱　当土壤中缺乏可被植物吸收利用的水分，根系吸水困难，植物体内水分平衡遭到破坏，致使植物生长缓慢或完全停止生长的现象，称为土壤干旱。其受害情况比大气干旱严重，我国的西北、华北、东北等地区均常有土壤干旱发生。大气干旱如持续时间过长将导致土壤干旱，因此这两种干旱常同时发生。

（3）生理干旱　由于根系正常的生理活动受到阻碍而使土壤中的水分不能被根系吸收，而造成的植物受害现象称为生理干旱，如土壤盐碱化、土壤施化肥过多、土壤存在有毒物质及土壤温度过低等都可能导致生理干旱。

（二）干旱对植物的伤害

干旱时，当植物失水超过了根系吸水，随着细胞水势和膨压降低，植物体内的水分平衡遭到破坏，出现了叶片卷曲及叶片和茎的幼嫩部分下垂，这种现象即萎蔫现象。萎蔫可分为暂时萎蔫和永久萎蔫。夏天炎热的中午，由于强光高温蒸腾剧烈，根系吸水一时来不及补偿，使幼叶嫩茎萎蔫。但到傍晚或次日清晨随着蒸腾量的下降，根系继续吸水，水分亏缺解除，茎叶恢复原状。这种现象即暂时萎蔫。它是植物对干旱的一种适应性现象，萎蔫时气孔关闭可以降低蒸腾作用，减少水分的散失，这对植物是有利的。如果由于土壤中可供植物利用的水分过于缺乏，萎蔫的植物经过夜晚后也不能消除水分亏缺，使茎叶恢复原状，这种现象称为永久萎蔫。永久萎蔫造成原生质严重脱水，引起一系列的生理生化变化，如果时间持续过久，就会导致植物死亡。干旱对植物的伤害主要表现在以下几个方面。

1. 机械损伤 干旱对细胞的机械损伤是造成植株死亡的重要原因。当细胞失水或再吸水时，原生质体与细胞壁均会收缩或膨胀。在正常条件下，细胞的原生质体和细胞壁紧紧贴在一起，当细胞开始失水体积缩小时，两者一并收缩，但是由于它们的弹性及二者之间的收缩程度和膨胀程度不同，当到一定限度后细胞壁不能随原生质体一起收缩，致使原生质体被拉破。相反，失水后尚存活的细胞如再度吸水，尤其是骤然大量吸水时，由于细胞壁吸水膨胀速度远远超过原生质体，使其再度遭受机械损伤（图 16-2）。

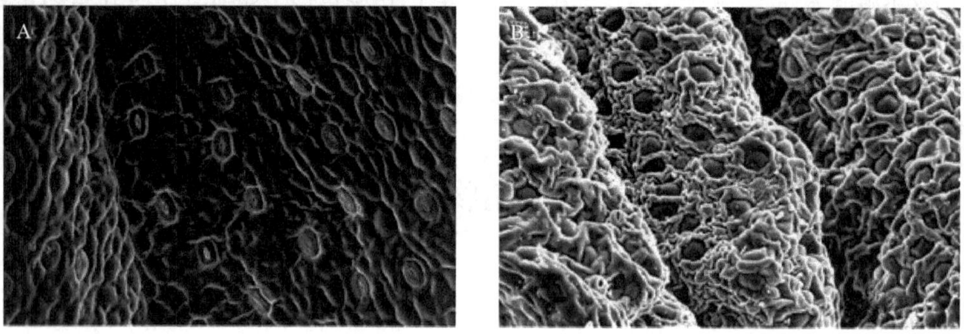

图 16-2 干旱引起的叶片细胞壁结构破坏（Wander et al., 2004）

A. 正常水分的叶片细胞壁结构状况；B. 干旱的叶片细胞壁结构状况

2. 膜及膜系统受损及膜透性改变 正常状态下的膜内脂类分子靠磷脂极性同水分子相互连接，所以膜内必须有一定的束缚水才能保持膜脂分子正常的双层排列。当细胞失水达到一定程度时，膜内的磷脂分子排列出现紊乱状态，往往是亲脂端相互吸引形成孔隙，膜蛋白遭到破坏，因此膜的选择透性丧失，大量的无机离子、氨基酸和可溶性糖等小分子向组织外渗漏。内质网膜系统也因水分胁迫遭到破坏，形成叠状体，膜中的脂类物质大量释出（图 16-3）。

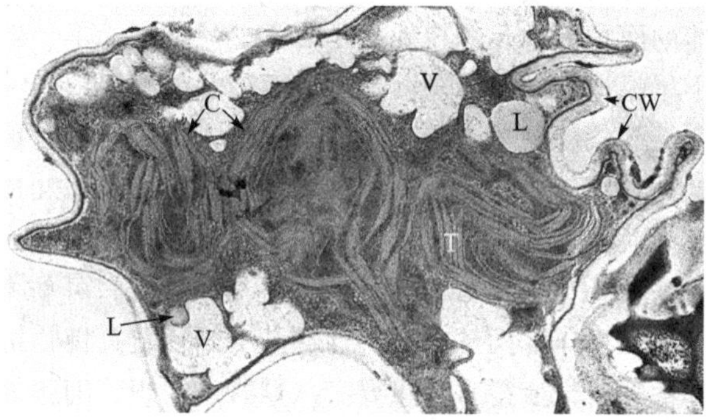

图 16-3 干旱引起的细胞结构破坏

（Thomsorr & Platt，1997）

CW. 细胞壁（cell wall）；C. 叶绿体（chloroplast）；T. 类囊体（thylakoid）；V. 液泡（vacuole）；L. 脂滴（lipid droplet）；干旱引起细胞脱水导致细胞壁和膜发生破裂或相互粘连、蛋白质聚合或变性、有毒的活性氧积累

3. 体内各部分间水分重新分配 水分不足时，不同器官或不同组织间的水分，按各部分水势大小而重新分配。干旱时，幼叶从老叶夺取水分，促使老叶死亡，减少了光合面积。有些蒸腾强烈的幼叶向分生组织和其他幼嫩组织夺水，影响这些组织的物质运输。更严重时，干旱的幼叶从花蕾或果实中吸水，这样就会造成瘪粒和落花落果等现象（图 16-4）。

4. 破坏正常的代谢过程 随着植物体内含水量的降低，合成代谢减弱，水解代谢加强。

（1）*蛋白质分解，脯氨酸积累* 干旱时植物体内蛋白质减少，这与蛋白质合成酶活性的降低及能源 ATP 的减少有关，也与干旱条件下产生的活性氧所造成蛋白质氧化降解有关。另外，游离的氨基酸增多，特别是脯氨酸，可以增加数十倍甚至上百倍。

（2）*呼吸作用增强* 干旱对呼吸作用的影响较为复杂。一般呼吸速率随着水势的下降而降低。缺水条件下，呼吸作用在短时间内上升，而后下降，这是由于细胞中酶的作用方向趋于水解，即水解酶的活性加强，使淀粉分解成糖，从而增加了呼

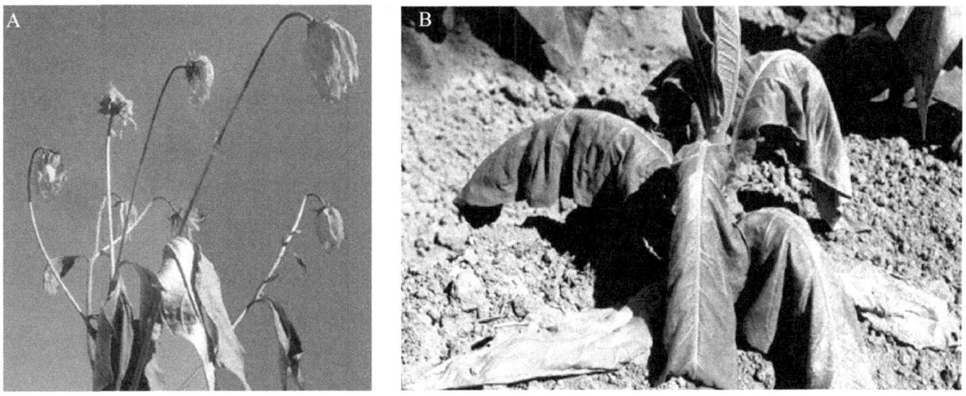

图 16-4　干旱引起的体内各部分间水分重新分配现象

A. 干旱的幼叶从花中吸水会造成瘪粒和落花落果；B. 干旱的幼叶从老叶夺水促使老叶死亡减少光合面积

吸基质。但随着水分亏缺程度的加剧，呼吸作用则逐渐降到正常水平以下。

（3）光合作用下降　水分胁迫抑制光合作用，这种抑制作用既有气孔效应，又有非气孔效应。水分亏缺使气孔开度减小甚至完全关闭，影响植物对 CO_2 的吸收，因而使光合作用下降，这种现象称为光合作用的气孔抑制（图 16-5）。严重的水分胁迫使叶绿体的片层结构受损，希尔反应减弱，光系统Ⅱ活力下降，Rubisco 的羧化作用效率降低、氧化作用效率增强，电子传递和光合磷酸化受抑制，从而导致光合作用的下降，这种现象称为光合作用的非气孔抑制（图 16-6）。

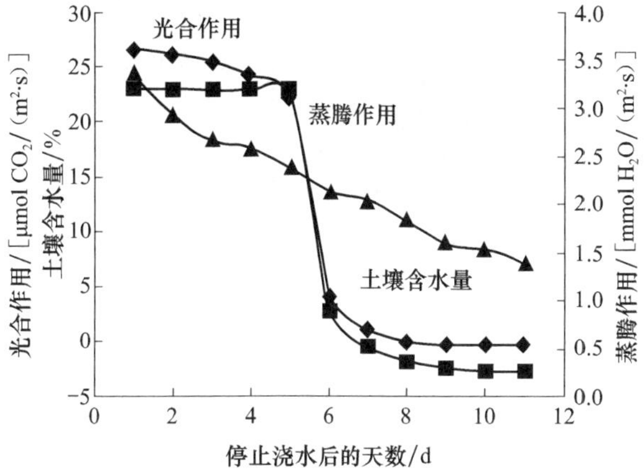

图 16-6　干旱引起植物光合作用下降——非气孔效应（Marshall et al., 2012）

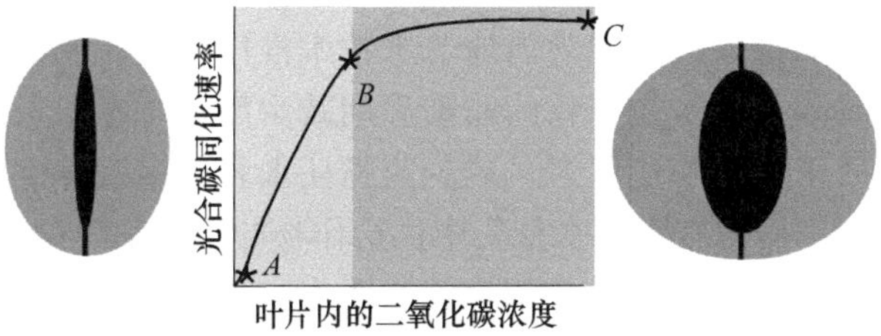

图 16-5　干旱引起植物光合作用下降——气孔效应

B 至 *A* 点：干旱导致气孔开度减小，限制了光合碳同化速率；*B* 至 *C* 点：气孔开度达到最大，蒸腾速率超过了最大光合速率的需要，限制了光合碳同化速率；*B* 点：二氧化碳和水分二者交换的理想值，促进光合碳同化速率

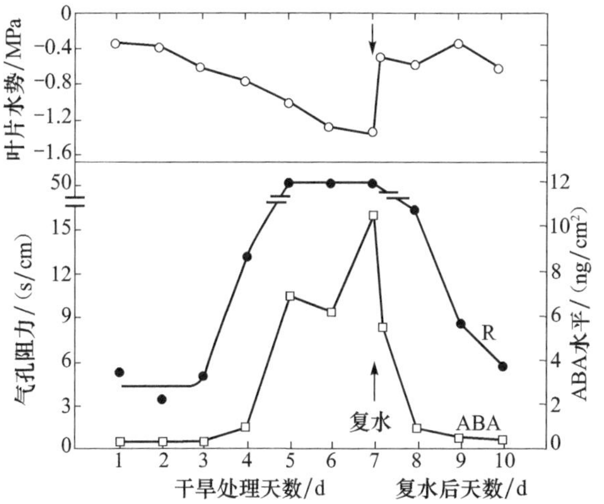

图 16-7　盆栽玉米干旱、复水处理引起植物体内 ABA 含量的变化情况（Beardsell & Cohen, 1975）

（4）激素的变化　植物遇到干旱时，植物内源激素变化的总趋势是促进生长的激素减少，而延缓或抑制生长的激素增多，即 ABA 和乙烯含量增加，而生长素、赤霉素和细胞分裂素含量减少。ABA 能有效地促进气孔关闭，缓解植物体内水分亏缺（图 16-7）；而细胞分裂素的作用则恰好相反，它使气孔在失水时不能迅速关闭，因而加剧体内的水分亏缺。干旱时乙烯含量也有所提高，从而加快

植物部分器官的脱落。

二、植物抗旱的生理和分子基础

植物的抗旱性（drought resistance）是指在干旱条件下，植物具有维持正常的或接近正常的代谢水平及维持基本正常的生长发育的能力。在干旱失水胁迫时，植物通过形态和生理上的改变来适应外界环境的改变，主要体现在如下几方面。

1. 形态结构适应 通常抗旱性较强的植物根系发达，较深，根冠比大（图 16-8），根毛的长度或数量增加，木质部的数量和直径增加，能有效地利用土壤中水分，特别是土壤深层的水分。例如，某些沙生植物为了适应环境，以干重计算的根系竟占整株重的 90%，虽然削弱了地上部分的生长，减少了光合面积，但这样的形态有利于维持植株较高的水势和一定的净光合速率。

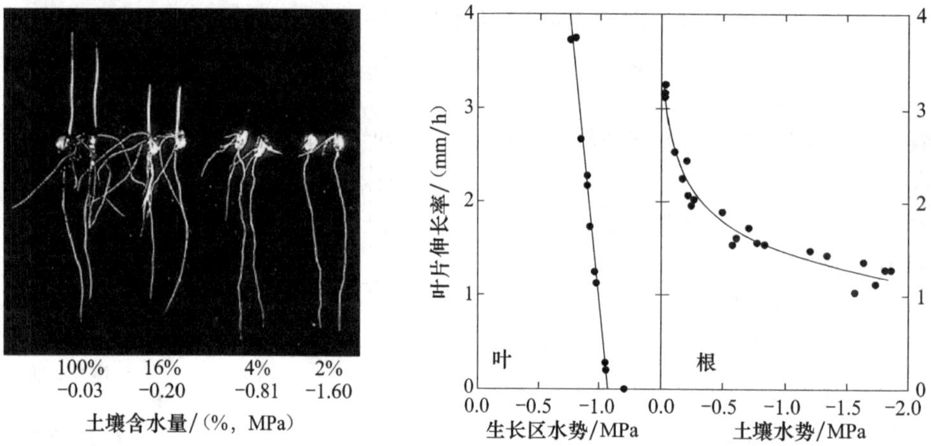

图 16-8 干旱使叶片减小并促进植物根系伸长（Hsiao & Xu，2000；Sharp et al., 1988）

叶片细胞体积小或体积/表面积比值小的植物具有较强的抗旱能力，因为这样可以减少细胞吸水膨胀和失水收缩时产生的细胞损伤。

我国农民在玉米、棉花、谷子等作物的栽培中，早就采用“蹲苗”方法提高作物的抗旱性。所谓蹲苗是使作物苗期处于较少水分供应的条件下，起到促下（根系）控上（抑制地上）的作用。经过“蹲苗”的作物体内干物质积累较多，叶片保水能力强，从而提高了抗旱能力。

生产上通过控制性分根交替灌溉（control root-splited alternative irrigation，CRAI）或调亏灌溉（regulated deficit irrigation，RDI）等灌溉技术，控制作物根冠比提高水分利用效率（water use efficiency，WUE）而不降低或可增加产量。控制性分根交替灌溉也有称为部分根区干燥灌溉（partial root-zone drying irrigation，PRDI），一方面，使部分根系处于土壤干燥的区域（干燥区）中，作物受到水分胁迫，根部形成大量 ABA，传送到叶片，气孔开度减少，降低蒸腾耗水量；另一方面，使部分根系处于灌水的区域（湿润区）中，作物从土壤中吸水水分，满足正常的生理活动的需要。干燥区和湿润区交替灌溉（图 16-9）。该技术在实际生产应用中发展为隔沟交替灌溉系统和交替滴灌系统等。甘肃省推行大田玉米隔沟交替灌水技术，在保持高产下节水 33.3%，效果显著，不增加投入，被列为当地节水技术推广计划。调亏灌溉技术是在作物的非临界期减少灌水（亏缺），处于干旱胁迫状态，减少蒸腾耗水和延缓营养生长，而把有限的水量集中供给作物的水分临界期，满足生殖器官形成和生长的要求。该技术可显著提高水分利用效率而不降低或可增加作物产量。

植物可通过增加水分的吸收或减少水分的散失来提高抗干旱能力。众所周知，植物主要通过蒸腾作用散失水分，蒸腾又可区分为气孔蒸腾和角质层蒸腾。在通常情况下，前者可占总蒸腾量的 80% 以上，因此减少气孔蒸腾是控制植物失水，提高抗旱能力的关键。气孔调节对外界环境因子的变化非常敏感，调节的幅度也较大，可由持续开放到持续关闭，在植物的适应性中占有重要位置。因此，研究气孔运动机制及其调控机制具有重要的理论及实践意义。详细内容请参见第三章和第十一章第四节。

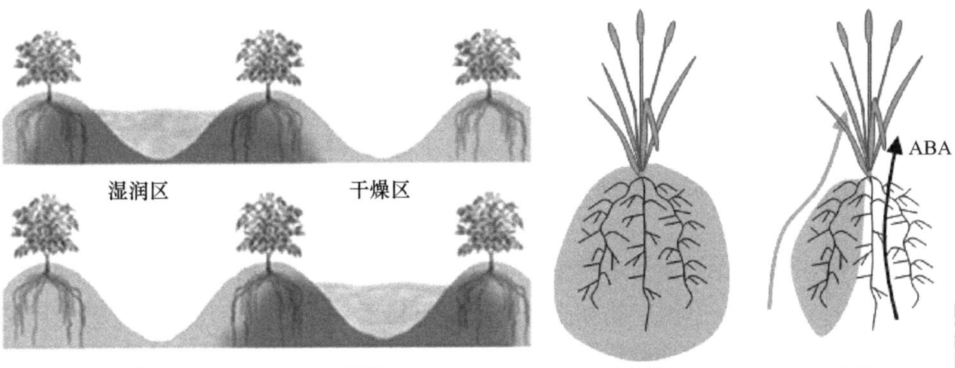

图 16-9 控制性分根交替灌溉（William et al., 2014）

在干旱逆境下，植物减少失水的另一途径是减少截获的辐射。这类方式包括主动的和被动的叶运动、增加茎叶表皮蜡质或表皮毛。例如，大豆叶片具有感日性运动，当供水充足时，叶子随着太阳改变方向，与入射光垂直；当水分亏缺时，叶子便与入射光平行，这是一种主动的叶运动。另外，缺水时作物叶子常常会卷起来，如中午烈日下田间玉米、水稻和小麦等作物的叶子会纵向或螺旋状的卷曲。当植物受旱发生暂时萎蔫时，叶子常常变软下垂，这些都是被动的叶运动，其结果使叶子受到的辐射减少，可防止叶温升高和水分亏缺的继续发展。

2. 生理调节 保持细胞有很高的亲水能力，防止细胞严重脱水，这是生理性抗旱的基础。原生质中束缚水含量高，自由水含量低，原生质的弹性和黏性就大，其保水能力就强。当遇到干旱失水时，原生质仍能保持一定的水分，不至于变性凝集，并能忍受高温。原生质弹性大，其抗机械损伤的能力也强。

抗旱性较强的品种在干旱缺水条件下，水解酶类如 RNA 酶、蛋白酶、脂酶等能保持较稳定状态，同时减少生物大分子分解，这样可保持原生质体的完整性，尤其是避免质膜受破坏，使细胞内的代谢活性及酶活性不受影响或仍能保持在一定水平。

脯氨酸、甜菜碱等物质积累变化也是衡量植物抗旱能力的重要特征。在干旱胁迫环境中，植物为了减缓由胁迫造成的生理代谢不平衡，细胞会大量积累一些小分子有机化合物，如脯氨酸、甜菜碱等渗透调节物质。

脯氨酸的累积是受脯氨酸生物合成的活化和生物降解的抑制所调控的。脯氨酸在植物体中的生物合成有两条途径，即谷氨酸途径和鸟氨酸途径。这两条途径在不同的生理状态下表现不同。在干旱胁迫下，谷氨酸途径是合成脯氨酸的主要途径；而在正常情况下，植物则主要通过鸟氨酸途径合成脯氨酸。在谷氨酸途径中，二氢吡咯-5-羧酸合成酶（Δ'-pyrroline-5-carboxylate synthase，P5CS）是脯氨酸生物合成中的关键酶。渗透胁迫诱导 *P5CS* 基因高水平表达，导致脯氨酸的累积。渗透胁迫解除后，植物体脯氨酸含量能够恢复至正常状态，在此过程中，脯氨酸脱氨酶（proline dehydrogenase，PDH）起着重要作用。*P5CS* 和 *PDH* 基因的正反方向调节是植物胁迫与恢复状态下控制脯氨酸水平的关键机制。

由于脯氨酸具有偶极性，其疏水端与蛋白质联结，而亲水端与水分子结合，从而使蛋白通过脯氨酸束缚更多的水，防止在渗透胁迫条件下蛋白质脱水，并可防止或减轻由于渗透胁迫而引起酶蛋白变性。这说明脯氨酸的积累在调节细胞的渗透势和稳定蛋白质特性方面有重要的作用。

干旱胁迫也可以诱导甜菜碱的积累，甜菜碱的生物合成是从胆碱开始经两步氧化生成的。干旱胁迫下，甜菜碱的累积与胆碱单氧化酶（choline monooxygenase，CMO）和甜菜碱醛脱氢酶（betaine aldehyde dehydrogenase，BADH）活性的增加密切相关。干旱胁迫除了诱导这些小分子溶质外，还可诱导可溶性糖如海藻糖、蔗糖等的积累。这些可溶性糖类不仅起到渗透调节作用，还能在维持植物蛋白质稳定方面起重要作用。

干旱胁迫还可以诱导一些蛋白质的产生和积累，如胚胎发生晚期丰富蛋白（LEA 蛋白）。一般认为，LEA 蛋白在植物细胞中具有保护生物大分子，维持特定细胞结构，缓解干旱、盐等环境胁迫的作用。LEA 蛋白大多是高度亲水的，高度亲水性有利于LEA蛋白在植物受到干旱失水胁迫时，能够部分替代水分子，保持细胞液处于溶解状态，从而避免细胞结构尤其是膜结构的塌陷。某些水通道蛋白也受干旱诱导产生，它们可以改变膜的水分通透性，使水分更易于透过质膜或液泡膜，有利于实现渗透调节。

干旱胁迫导致ABA的积累，ABA激活下游响应基因的表达，因而导致ABA响应基因产物如上述水分胁迫蛋白的积累。这些逆境蛋白在胁迫条件下对植物起到保护作用。

随着作物干旱功能基因组学研究的不断深入和抗旱作物育种技术的不断发展，利用基因工程技术培育耐旱作物品种是提高作物耐旱性的一个重要途径。目前，已经鉴定了一些影响植物抗旱性的关键基因或数量性状基因座（quantitative trait locus，QTL），将抗旱供体基因型的主效QTL掺入高产质优但不抗旱或干旱敏感的受体亲本中，可以获得抗旱的高产优质品种。

通过转基因的方法将已经鉴定植物抗旱性关键基因转入优良作物品种或自交系培育抗旱作物新品种也是目前提高作物抗旱性有效途径。用转基因作物的商业用途来衡量，到目前为止只有一个转基因作物是成功的。它是2013年美国孟山都（Monsanto）公司与巴斯夫（BASF）合作，开发生产了玉米耐旱新品种‘Droughtgard’。有趣的是，转入的耐旱基因不是来自植物，而是来自细菌的一种RNA伴侣分子（RNA chaperone），可以提高玉米在水分胁迫下的产量。

功能基因组学的最新进展表明，可以进行大规模和高通量的基因分析，极大地加速了抗旱相关主要QTL和候选基因的鉴定。在田间条件下，精确而高通量的抗旱性状表型分析，仍是目前作物遗传分析和抗旱育种的主要限制因素。将植物遗传学、基因组学、生理学、系统生物学及农学联系起来进行深入和综合的研究，能够促进我们对作物耐旱性的认识和抗旱作物育种的发展。

3. 分子方面 从水分胁迫发生到植物做出反应是一系列复杂的信息传递过程。主要包括细胞如何感知、转导水分胁迫信号，调控水分胁迫基因的表达，适应干旱的环境条件。到目前为止，植物是如何感知水分的缺乏尚不明确，还没有找到水分胁迫应答的水分感受器（water sensor）或水分受体（water receptor）。一般认为植物是通过叶片或根中细胞水势的降低而最初感受到水分的缺乏。例如，白天保卫细胞张开，植物进行蒸腾作用。当气孔的蒸腾速率超过流进叶片的水速率时，将导致叶片细胞水势下降。同样，在蒸腾作用下水分不断从根部向地上部运输，低的土壤湿度能减慢根的吸水过程而引起根细胞水势的降低。在细胞中，水分缺乏的主要指标被认为是细胞膨压的降低。在拟南芥中，最近鉴定到了一个感受渗透胁迫的感知因子OSCA1（reduced hyperosmolality-induced calcium increase 1）。在渗透胁迫下，编码该蛋白质的基因突变后，降低了植物响应渗透胁迫的第二信使Ca^{2+}的激活峰值，以及对气孔关闭、根生长和叶片失水等的反应。实验研究表明，缺水信息（water-deficit information）在整个植物体内都有传递。例如，当单独对水生植物的根进行缺水处理时，它的地上部分也会有响应。目前发现至少有两个不同的信号参与其中：液压信号（hydraulic signal）和ABA。当根系统感受缺水时，木质部会有水势的变化，称为液压信号，它作为一种物理变化可以快速在整个液压系统（hydraulic system）内转导。液压信号及其液压系统也有认为是一个独立的快速电信号系统（rapid electrical system）。到目前为止，液压信号或电信号（electrical signal）转导的下游机制仍然不清楚。也有证据显示根在感受缺水时会合成ABA，通过木质部传至地上部分（详细内容请参考第十一章第四节）。

如图16-10所示，液压信号和ABA分别通过不依赖于ABA和依赖于ABA两条信号途径调控水分胁迫响应基因（如上所述的*P5CS*、*CMO*、*BADH*、*LEA*，膜转运蛋白如水通道蛋白编码基因、调控蛋白编码基因及参与光合作用基因等）的表达，增强植物适应水分胁迫的能力。

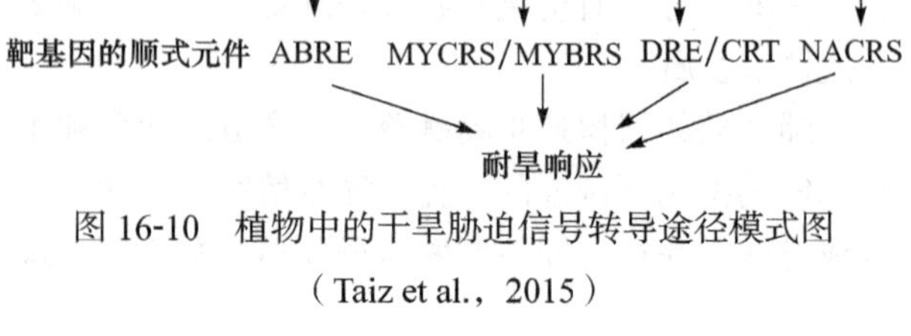

图16-10 植物中的干旱胁迫信号转导途径模式图

（Taiz et al.，2015）

（1）依赖于 ABA 的途径　植物在干旱脱水等条件下的一种主要生理变化是内源 ABA 水平的显著增加，这是由于胁迫信号首先激活 ABA 合成酶的作用，从而使 ABA 在细胞内迅速积累。ABA 受体 PYR/PLY/RCAR 与 ABA 结合后，与 PP2C 互作，从而解除了 PP2C 磷酸酶对 SnRK 激酶的抑制作用，激活下游的特定转录因子和离子通道，调控水分缺乏的转录响应和气孔运动（参见第十一章第四节）。

（2）不依赖于 ABA 的途径　水分胁迫的液压信号被细胞膜上的水分感受器感知，不需要 ABA 介导也可以直接触发第二信使传递系统传递信息，最终激活相应的转录因子而导致特定基因的诱导表达。根据转录因子的不同，目前已知的不依赖于 ABA 的途径分为两条：一条是水分胁迫的液压信号通过含有 AP2/EREBP 结构域类转录因子与下游靶基因启动子上的脱水响应元件 DRE（dehydration response element）/CRT（C-repeat）结合，诱导这些基因的表达。有关 DRE/CRT 的介绍参见本章第四节。另一条是水分胁迫的液压信号通过蛋白转录因子 NAC（NAM-ATAF-CUC）和相应的顺式作用元件 NACRS 结合，诱导水分胁迫响应基因的表达（图 16-10）。NAC 是植物特异性的转录因子家族，具有高度保守的 DNA 结合结构域，这个家族的许多基因响应干旱胁迫。*SNAC1*（*stress-responsive NAC 1*）是水稻的 NAC 家族成员，在保卫细胞中受干旱胁迫特异性诱导。在水稻中过表达 *SNAC1* 能显著增强水稻生殖阶段的抗旱性，而在正常生长条件下并没有表型变化或产量影响。除此之外，参与不依赖于 ABA 的途径的转录因子还有 AP37、SKIPa 和 DSM1 等，分别诱导相应特定水分胁迫响应基因的表达。

第三节　植物的抗盐性

一般在干旱和半干旱地区，水分蒸发会把地下盐分带到土壤表层，造成土壤表层盐分过多；海滨地区因海水倒流或者咸水灌溉等因素，也会使土壤表层积累较多的盐分。盐分的种类决定土壤的性质。若土壤中盐类以 Na_2CO_3 和 $NaHCO_3$ 为主时，此土壤称为碱土；若以 NaCl 和 Na_2SO_4 等为主时，则称其为盐土。事实上，这两种情况经常同时存在，习惯上把这种土壤称为盐碱土。全世界的盐碱地大约占陆地面积的 6%，其中包括 20% 的耕地。我国是耕地受盐碱化危害较为严重的国家之一，已有约 660 万公顷的耕地受到不同程度的盐碱胁迫，主要分布于北方和沿海地区。盐渍化使土壤水势下降，严重阻碍植物生长发育，已成为盐碱地区限制作物产量的主要因素。

一、盐胁迫对植物的影响

土壤盐分过多对植物造成的伤害作用称为盐害（salt injury）。一般将植物盐害分为原初盐害和次生盐害（图 16-11）。原初盐害是指盐离子本身对植物产生的伤害，即离子胁迫导致的伤害。它可分为直接毒害和间接毒害，前者伤害细胞质膜，破坏质膜选择性透性；后者干扰植物各种代谢过程。次生盐害则包括由于土壤盐分过多而引起的渗透胁迫和由于离子间的竞争而引起的营养亏缺。

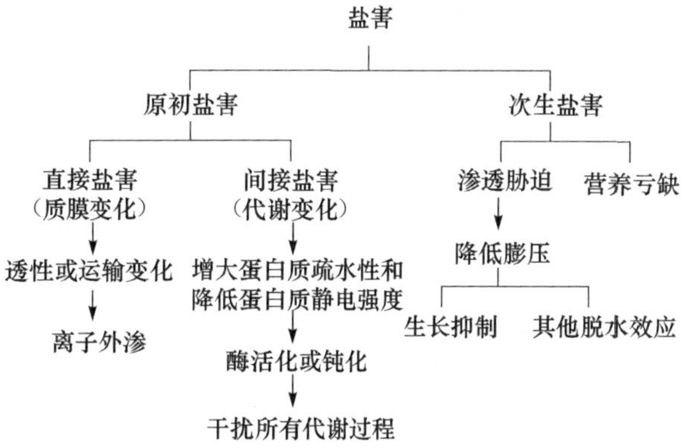

图 16-11　盐胁迫对植物的伤害（Levitt，1980）

（一）原初盐害

1. 离子毒害作用　土壤盐分过多，往往以 1 或 2 种离子为主，形成不平衡的土壤溶液而导致特殊离子的毒害作用，即单盐毒害作用。自然界中分布最广的单盐毒害是 Na^+ 毒害，高浓度的 Na^+ 可置换质膜和细胞内膜系统所结合的 Ca^{2+}，使膜结构完整性及膜功能受到破坏，致使细胞内钾、磷和有机溶质外渗，细胞 K^+/Na^+ 下降。高浓度的 Na^+ 也可抑制液泡膜焦磷酸酶 H^+-PPase 的活性和胞质中的 H^+ 跨液泡膜运输，跨液泡膜的 pH 梯度下降，液泡碱化，不利于 Na^+ 向液泡内积累。单盐毒害可以通过离子拮抗作用而部分消除。例如，小麦用 1% NaCl 浸种，萌发率只有 8%，如果先用 1% $CaCl_2$ 浸种而后转移到 1% NaCl 内浸种，萌发率可达 90%。

2. 活性氧伤害 和其他许多逆境胁迫一样，高盐胁迫会影响植物体内 ROS 代谢系统的平衡，导致 ROS 合成增加，而 ROS 清除系统的活性和含量被破坏或降低，最终导致植物体内积累高浓度的 ROS。高盐胁迫诱导产生的 ROS 一方面可作为信号分子介导高盐胁迫应答，另一方面也会对植物体产生氧化伤害，它会导致膜脂过氧化，从而破坏膜的完整性，膜透性增加，电解质及小分子有机物大量渗漏，造成生理生化代谢紊乱。

3. 生理代谢紊乱 外界高浓度的盐分会致使植物遭受离子毒害，引起植物细胞原生质膜的透性增加，使细胞内部离子浓度与种类的比例改变，最终会导致许多生理代谢过程的紊乱。例如，生长在高盐环境下的植物，其蛋白质的合成降低，分解加速，由蛋白质分解的产物含量上升，会导致代谢失调和产生氨毒害。此外，盐分胁迫会导致叶绿素含量的降低，从而使光合速率下降，植物生长缓慢。

（二）次生盐害

1. 渗透胁迫 盐分胁迫与水分胁迫密切相关。土壤中高浓度的盐降低了土壤水势，使植物吸水困难，甚至引起植物体内水分外渗，导致细胞水分亏缺，影响细胞一系列代谢反应，因而导致生理干旱，是盐胁迫对植物的主要伤害之一。一般植物在土壤含盐量超过 0.2%～0.25% 时，就会引起渗透胁迫。

2. 营养缺乏胁迫 植物对矿质元素的吸收存在着竞争，某些离子的过量会阻止植物对其他一些矿质元素的吸收，造成营养离子亏缺，破坏细胞中的离子稳态。例如，当土壤中的某些离子如 Na^+、Cl^-、Mg^{2+}、SO_4^{2-} 等含量过高时，会引起另一些离子如 K^+、NO_3^- 等的缺乏，Na^+ 与 K^+ 的吸收存在着竞争作用，因此 Na^+ 的浓度增高，K^+ 的吸收减少。Na^+ 的增多还会引起磷的缺乏。钾、磷都是植物所必需的大量元素，缺乏后影响植物的生长发育，极度缺乏导致植物死亡。造成营养缺乏的另一个原因是高浓度的 Na^+ 抑制了 Ca^{2+} 的吸收。Ca^{2+} 是大量元素之一，具有维持细胞膜的选择透性，限制细胞内溶质外渗的作用，缺少后导致植物营养不良。

二、植物抗盐的生理和分子基础

植物抗盐性（salt resistance）是指植物通过形态和生理上的改变来适应环境中高盐胁迫的能力。植物抗盐主要有以下几种主要方式。

1. 泌盐 泌盐是指植物吸收了盐分后并不在体内积累，而是通过盐腺主动排到茎叶表面，然后被雨水冲刷脱落，防止过多盐分在体内积累。具有这种功能的植物称为泌盐植物。泌盐是盐生植物（halophyte）逃避盐害的普遍形式。

2. 减少 Na^+ 的吸收及增加 Na^+ 的外排 减少 Na^+ 的吸收及增加 Na^+ 的外排是植物维持体内低 Na^+ 的重要途径。生长在盐胁迫条件下的植物，其根系可以在确保其他离子正常吸收的条件下，选择性地排斥 Na^+，不让其透过质膜。细胞膜上介导 Na^+ 跨质膜吸收的蛋白有 K^+ 通道、Na^+ 转运体、Na^+/H^+ 反向转运体和非选择性阳离子通道（图 16-12）。K^+ 通道对 K^+、Na^+ 的不同通透性是植物在盐胁迫下选择性吸收 K^+ 的主要原因。Na^+ 从细胞内排出需要逆电化学势运转，是一个主动运输的过程。高等植物的排 Na^+ 机制主要与质膜 Na^+/H^+ 反向转运体有关，质膜 H^+-ATPase 的主要功能是驱动质子排出质膜，建立跨膜 pH 梯度和电势差，即质子驱动力，提供能量驱动膜上的 Na^+/H^+ 反向转运体，使质子顺电化学势梯度进入细胞，同时 Na^+ 逆化学势排出细胞。从拟南芥中克隆到的质膜 Na^+/H^+ 反向转运体 SOS1（salt overly sensitive 1）在这一过程中起重要作用，有关内容详见本节“三、SOS 途径调节 Na^+ 平衡的分子机制”。

3. 减少 Na^+ 由根向地上部的运输 减少 Na^+ 由根向地上部的运输，从而降低地上部盐分浓度也是植物抗盐的重要机制之一。耐盐大麦叶片 Na^+ 含量低，其原因主要是根系吸收的 Na^+ 留存于根中较多，向地上部运输较少。耐盐芦苇最明显的特点也是限制 Na^+ 向地上部运输，即使在 0.5mol/L 的 NaCl 盐度下，其叶渗透溶质也主要是 K^+、Cl^- 和蔗糖，Na^+ 浓度还不到 10%。已有的研究表明，植物激素（如乙烯）、活性氧、Na^+ 选择性的高亲和钾离子转运体（high-affinity potassium transporter，HKT）及 SOS 途径都参与调控 Na^+ 由根向地上部的运输。

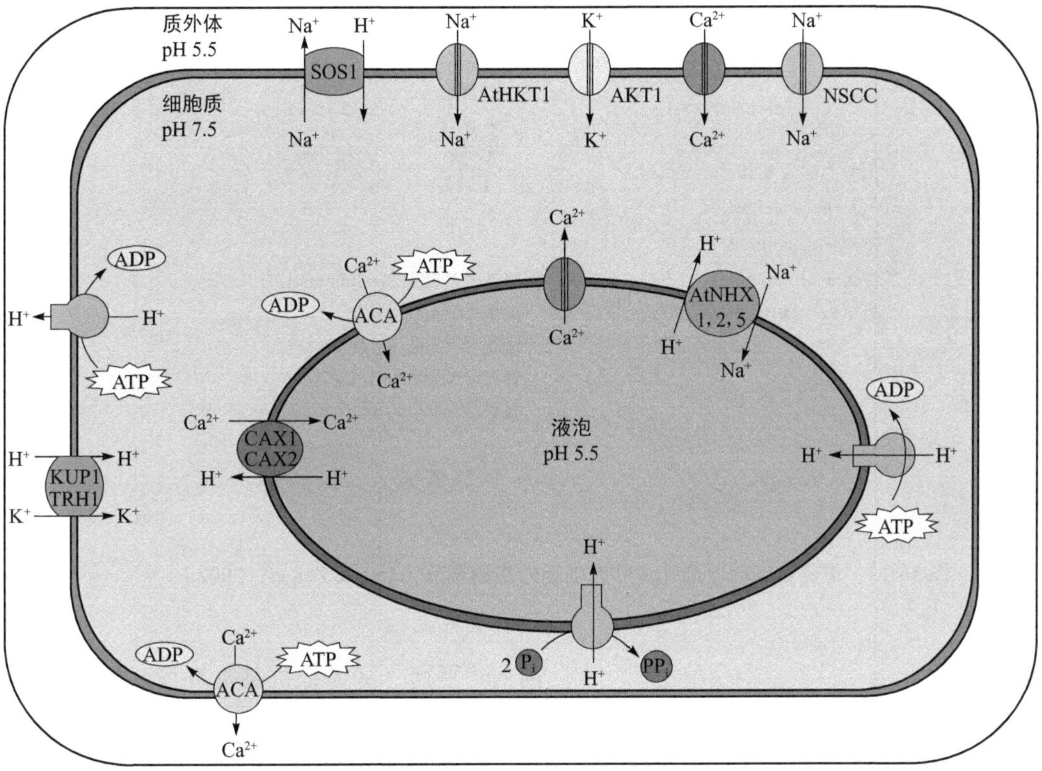

图 16-12　盐离子进入植物细胞的途径及在细胞内的区隔化分布（Taiz & Zeiger，2010）

SOS1. 质膜 Na^+/H^+ 反向转运体；ACA. 质膜/液泡膜 Ca^{2+}-ATP 酶；KUP1/TRH1. 高亲和力的 K^+-H^+ 同向转运体；AtHKT1. Na^+ 转运体；AKT1. 钾离子通道；NSCC. 非选择性阳离子通道；CAX1/CAX2. Ca^{2+}/H^+ 反向转运体；AtNHX1，2 或 5. 内膜 Na^+/H^+ 反向转运体

4. 胞内 Na^+ 区域化　在高盐条件下，植物会通过多种途径来维持细胞质中的低 Na^+ 环境，以保护胞质中酶的活性和维持细胞的正常生理活动。除了上述提到的减少 Na^+ 的吸收及增加 Na^+ 的外排外，另一条非常重要的维持细胞质中低 Na^+ 环境的途径是离子的区域化作用（ionic compartmentalization），即将胞质中的 Na^+ 从细胞质输入到液泡保存起来。

离子区域化主要由液泡膜上质子泵、Na^+/H^+ 反向转运体和离子通道所调控。液泡膜上存在两类质子泵，分别为液泡膜 H^+-ATPase 和液泡膜 H^+-PPase，它们分别通过水解 ATP 和 PP_i 产生的能量将 H^+ 进行定向运输，在液泡膜两侧形成质子梯度，提供能量驱动液泡膜上的 Na^+/H^+ 反向转运体，从而使 Na^+ 进行跨膜运输，进入液泡（图 16-12），减轻细胞质中 Na^+ 对蛋白质的毒害作用，同时又起到渗透调节作用，缓解水分胁迫。进入根细胞的 Na^+ 在液泡中积累后，可以减少向地上部运输，减轻对地上部光合作用的影响。因此，液泡膜上的 Na^+/H^+ 反向转运体是细胞盐分区室化的基础，也是植株层次上盐分区域化分配的重要组成部分。

5. 渗透调节作用　土壤中高浓度的盐降低了土壤水势，导致渗透胁迫，因此渗透调节能力是植物耐盐的最基本特征之一。一些盐生植物，特别是专性盐生植物，如碱蓬、海蓬子、滨黎等，在盐胁迫下，主要依靠从外界吸收和积累无机盐离子，进行渗透调节和抵御盐害。植物在抗盐中，除了可以吸收和积累大量的无机盐离子进行渗透调节外，还可以在细胞中合成大量不同的有机物以降低细胞的渗透势（图 16-13）。

6. 合成保护蛋白　植物在受到盐胁迫时会新诱导一些蛋白质产生或使一些蛋白质的合成增加，这些蛋白质称为盐胁迫蛋白。很多盐胁迫蛋白与水分胁迫蛋白相同，这些蛋白质又被称为渗透胁迫蛋白，具体内容参见本章第二节。

7. 生长抑制　植物在受到盐胁迫时会减缓生长，这有利于植物应对盐胁迫导致的渗透胁迫及养分亏缺，从而增加盐胁迫条件下植物的存活率。ABA、乙烯及赤霉素信号途径都参与了盐胁迫条件下植物的生长抑制调控。

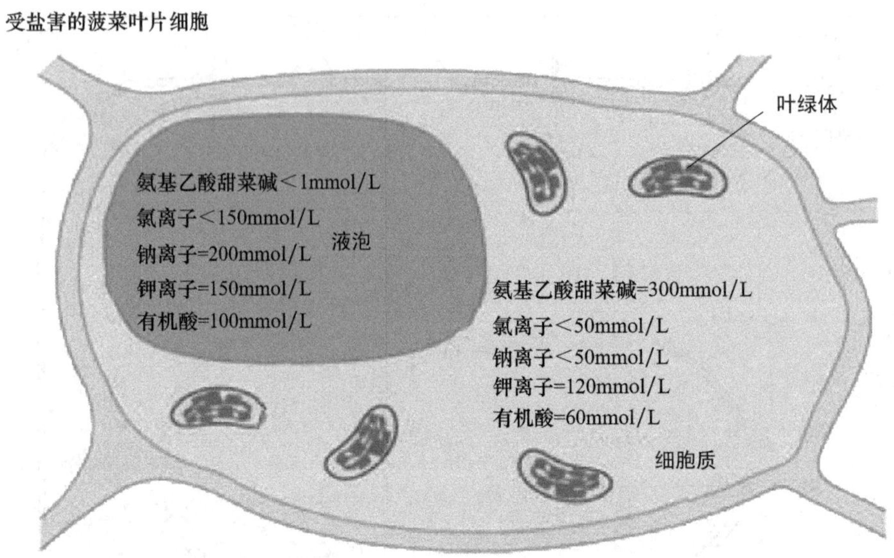

图 16-13　遭受盐害的菠菜叶片叶肉细胞的渗透调节（Taiz & Zeiger，2002）

三、SOS 途径调节 Na^+ 平衡的分子机制

SOS（salt overly sensitive）信号转导途径是在拟南芥中发现的，该途径主要通过介导盐胁迫条件下细胞内 Na^+ 的外排及向液泡内的区域化分布来促进抗盐。

1. SOS 途径的关键因子

（1）*SOS1* 基因　*SOS1* 编码一个质膜 Na^+/H^+ 反向转运体，主要在根表皮细胞和分生组织中表达，它可将胞内的 Na^+ 运出胞外，从而降低胞内 Na^+ 浓度，促进植物抗盐。*SOS1* 基因是植物耐盐性的一个必需基因，其转录和 Na^+ 转运活性都受盐胁迫正调控。

（2）*SOS2* 基因　*SOS2* 基因编码一个 Ser/Thr 蛋白激酶，它的表达和激酶活性都受盐胁迫正调控。*SOS2* 基因是拟南芥中的重要耐盐基因，*sos2* 突变体对高浓度 Na^+ 或低浓度 K^+ 环境超敏。

（3）*SOS3* 基因　*SOS3* 基因编码一种具有 EF 手性结构的 Ca^{2+} 结合蛋白。它含有 3 个 Ca^{2+} 结合位点，Ca^{2+} 可以激活 *SOS3* 的活性。它的 N 端有一个豆蔻酰化（myristoylation）位点，该位点是 SOS3 功能所必需的。拟南芥 SOS*3* 主要在根中发挥抗盐功能，它的同源蛋白 SCaBP8（SOS3-like calcium-binding protein 8）则主要在地上部分发挥抗盐功能。

2. 高盐胁迫环境下 SOS 途径的激活　在高盐条件下，植物通过激活 SOS 途径来维持胞内 Na^+ 平衡，从而抵抗高盐环境。具体而言，当细胞受到来自外界的高 Na^+ 影响时，细胞会通过膜上的未知受体将信号传递到细胞内，使得胞内的 Ca^{2+} 浓度增加，SOS3 的活性被激活，SOS3 与 SOS2 结合形成一种蛋白复合体，激活 SOS2 的蛋白激酶活性。SOS3-SOS2 复合体形成之后，一方面磷酸化细胞膜上的 Na^+/H^+ 反向转运体 SOS1，激活 SOS1，将细胞内过多的 Na^+ 转运到细胞外；另一方面通过磷酸化液泡膜上的 Na^+/H^+ 反向转运体 AtNHX1，激活 AtNHX1，将细胞内过多的 Na^+ 转运到液泡中储存起来。两者结合共同调节细胞质内的盐浓度，使得盐浓度控制在一定的水平，因此 SOS 途径在植物的抗盐性方面起着非常重要的作用（图 16-14）。如果其中的某一个基因发生了突变，使得其功能缺失或者不全，植物就会表现出对盐的超敏感表型。SOS 途径不同于渗透胁迫、低温胁迫和 ABA 响应途径，它是离子胁迫，特别是 NaCl 胁迫响应所特有的。

3. 无高盐胁迫环境下 SOS 途径的抑制　14-3-3 蛋白是一类从哺乳动物脑组织中分离出的酸性可溶性蛋白，在许多真核生物中高度保守，它可以与许多靶蛋白（如一些蛋白激酶、转录因子、离子通道等）结合，从而影响其活性、稳定性、结构、亚细胞定位或与其他蛋白的结合活性。目前发现植物中至少存在 15 种亚型，在植物生长发育和胁迫响应等多种生理过程中行使功能。研究表明，在没有高盐胁迫的环境下，部分 14-3-3 蛋白（如 14-3-3λ和

14-3-3 κ）可以直接与 SOS2 结合，抑制 SOS2 的活性，从而抑制 SOS 途径，而在高盐环境下，14-3-3 蛋白与 SOS2 相互作用被抑制，从而释放 SOS2 的活性，进而激活 SOS 途径。

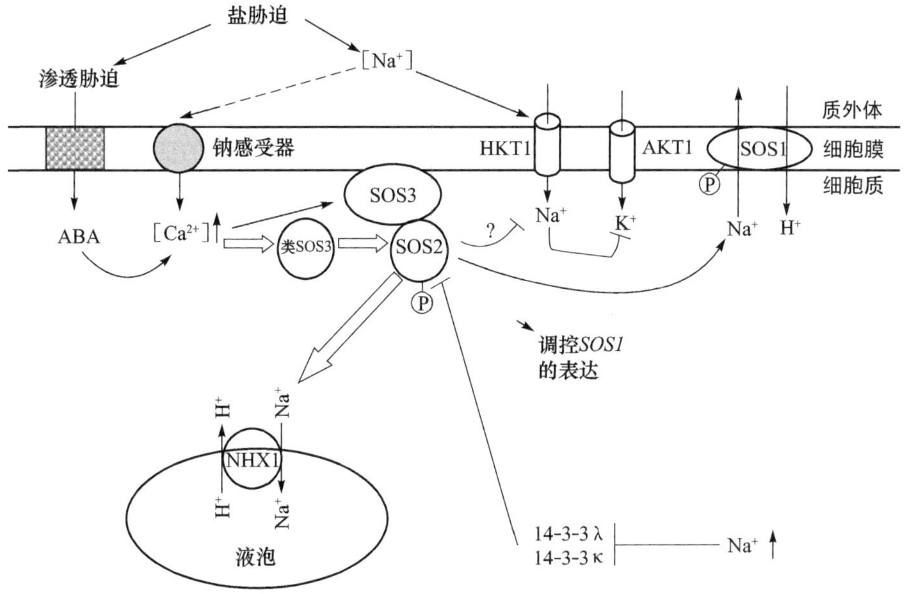

图 16-14　拟南芥中 SOS 信号转导途径（改自 Chinnusamy et al.，2005）

盐胁迫引发的 Ca^{2+} 被 SOS3 所感受，激活激酶 SOS2。有活性的 SOS2 磷酸化质膜上的 Na^+/H^+ 反向转运体 SOS1，将 Na^+ 运到胞外。*SOS1* 的转录受 SOS2-SOS3 复合体的调控。SOS2 也可激活液泡膜上的 Na^+/H^+ 反向转运体，将 Na^+ 运到液泡中。SOS1. 质膜 Na^+/H^+ 反向转运体；HKT1. Na^+ 转运体；AKT1. 钾离子通道；NHX1. 液泡膜上的 Na^+/H^+ 反向转运体

第四节　植物的抗寒性

低温作为重要的外界不良环境因子，不但影响植物的生长及地理分布，而且严重时会造成植物的死亡，从而造成经济作物的减产。因此，长期以来，人们从植物生理学、形态学、遗传学、生物化学、细胞生物学及分子生物学等方面对低温胁迫进行了广泛的研究，使人们对植物抗寒性的机制有了一定的认识。

根据对低温的反应植物分为两大类群：一类是冷敏感植物，也称喜温植物，原产于热带和亚热带地区，它们的生命活动需要较高的温度，一般10～12℃以下的温度就会对生命活动造成伤害。许多重要的粮（水稻和玉米）、油（大豆）、棉等农作物均属于冷敏感植物，在春天播种时，常因春寒造成幼苗大量死亡。例如，我国南方水稻的早春育秧，常因早春冷害造成严重烂秧。这类植物在开花期对低温尤其敏感，当温度降低到 20℃时，即可能发生伤害。另一类是对冷不敏感植物，也称抗寒植物。这类植物生长于温带地区，对低温有一定的抵抗力，但在不同植物种类之间有差异，而且，同一植物的抗寒力随着一年中季节性的温度变化而变化。例如，抗寒植物的冬小麦是一种极其重要的粮食作物，常在越冬过程中遭受低温冻害。它们受到的危害主要是倒春寒，即当寒冬过后，春天温度回升时，麦苗生理活动复苏，抗冻能力降低，而后寒流又降临，结果造成冻害。

一、低温胁迫对植物的影响

低温胁迫根据温度的阈值分为冷胁迫和冻胁迫。

1. 冷胁迫对植物的影响　冷胁迫（chilling stress）是指在 0℃以上低温造成的胁迫。冷胁迫对植物造成的伤害简称冷害（chilling injury）。冷害导致植物生长受到抑制，叶片脱绿和玻璃化。如果根受冷害，植物则会因基本的生理代谢受到影响而导致萎蔫。

低温下，生物膜首先发生膜脂从液晶态向凝

胶态的转变，膜脂的脂肪酸链由无序排列变为有序排列，膜的外形与厚度也发生变化，可使膜发生收缩，膜上会出现裂缝或孔道。因而膜的透性增大，膜内水溶性物质大量向膜外渗漏，破坏了细胞内的离子平衡。同时细胞膜上的蛋白质组分不能正常执行功能，结果抑制很多生理过程，如H^+-ATPase等酶依赖的代谢、溶质的运输、能量吸收和传递等。

2. 冻胁迫对植物生理功能的影响 冻胁迫（freezing stress）是指0℃以下低温造成的胁迫。冻胁迫造成的伤害简称冻害（freezing injury）。冻害程度因植物种类、生育时期、生理状态、组织器官及其经受低温的时间长短而异。一般剧烈的降温和升温，以及连续的冰冻对植物的伤害较大；缓慢的降温与升温解冻，植物受伤较轻。

冻害主要是冰晶的伤害。植物组织结冰可分为两种方式：胞外结冰（extracellular ice crystal formation）与胞内结冰（intracellular ice crystal formation）。

（1）胞外结冰 胞外结冰又叫胞间结冰，是指在温度下降时，细胞间隙及细胞壁附近的水结冰。胞外结冰造成细胞脱水可从两方面作用于细胞：一方面是使细胞内溶质浓度升高，特别是盐的浓度提高，从而造成盐胁迫的伤害；另一方面是由于脱水而发生细胞塌陷，使胞壁和原生质承受机械胁变，也会造成伤害。结冰的植物遇气温缓慢回升，对细胞的影响不会太大。若遇温度骤然回升，冰晶迅速融化，细胞壁易于恢复原状，而原生质来不及吸水膨胀，有可能被撕裂损伤。

（2）胞内结冰 一般来说，温度逐渐下降至冰点以下，细胞外先结冰，由于结冰放热和细胞脱水浓缩，造成不利细胞内结冰的条件，因此可避免胞内结冰。但抗寒性弱的细胞，质膜在低温下对水的透性小，水分到胞外结冰的量少、热的释放少，当温度下降快时，水分来不及透出细胞而在细胞内形成冰晶。另外，由于温度的急剧下降，细胞也易发生胞内结冰。胞内结冰对细胞的危害主要是机械伤害。冰晶形成及融化时对质膜与细胞器及整个细胞质都会产生破坏作用。

二、植物抗低温的生理和分子基础

植物在冬季来临之前，随着气温的逐渐降低，体内发生一系列适应低温的形态和生理生化变化，其抗寒力才能得到提高，这是所谓的冷锻炼或冷驯化（cold acclimation）。当气温回暖时，抗寒力丧失的过程，称为解除锻炼或脱锻炼。在抗寒锻炼过程中，细胞的代谢及结构发生一系列的变化，从而形成一种能够抗寒、避免冻害的稳定的细胞体系。

1. 膜及膜组分的变化 由于低温首先损伤细胞的膜结构，因此在冷锻炼中膜结构稳定性的提高是产生抗寒力的关键性变化。例如，小麦细胞器和膜结构的稳定性与其品种的抗寒性呈正相关。膜脂和膜蛋白的变化也与植物抗寒性密切相关。磷脂与膜脂不饱和脂肪酸的含量也是随着抗寒力的增加而增加。温带植物比热带植物耐低温的原因之一，就是构成膜脂不饱和脂肪酸的含量较高（表16-1）。同一种植物，抗寒性强的品种其不饱和脂肪酸的含量也高于抗寒性弱的品种。

表16-1 抗冷和冷敏感植物线粒体中各种脂肪酸的组成

（Taiz & Zeiger，2010）

主要的脂肪酸[a]	总脂肪酸含量的质量百分率/%					
	抗冷品种			冷敏感品种		
	花椰菜芽	萝卜根	豌豆苗	菜豆苗	甘薯	玉米苗
棕榈酸（16：0）	21.3	19.0	17.8	24.0	24.9	28.3
硬脂酸（18：0）	1.9	1.1	2.9	2.2	2.6	1.6
油酸（18：1）	7.0	12.2	3.1	3.8	0.6	4.6
亚油酸（18：2）	16.1	20.6	61.9	43.6	50.8	54.6
亚麻酸（18：3）	49.4	44.9	13.2	24.3	10.6	6.8
不饱和/饱和脂肪酸	3.2	3.9	13.2	2.8	1.7	2.1

a 括号中的数字表示脂肪酸主链上的碳原子数目与双键数目

2. 植物生理生化变化 随着温度下降，植株含水量逐渐减少，特别是自由水与束缚水的相对比值减小。由于束缚水不易结冰和蒸腾，因此总含水量减少和束缚水含量相对增多，有利于增强植物的抗寒性。

低温下，植物体内的很多生理生化指标也发生变化，如本章第一节提到的植物激素水平的变化，ROS清除系统能力的提高，渗透调节物质等保护物质的积累。同时植物的光合作用与呼吸作用也随着温度的下降而逐渐减弱。细胞呼吸弱，消耗的糖分少，有利于糖分积累，从而有利于对不良环境的抵抗。

3. 冷诱导蛋白 植物在冷锻炼过程中会产生冷诱导蛋白，编码这些蛋白的基因称为冷响应（调节）基因（cold-responsive/regulated gene，*COR*）。其中一类基因专一性地受低温诱导表达，而另一类除对低温处理做出迅速响应外，还可以被外源ABA和水分胁迫等因素诱导。这些蛋白质的生理功能十分广泛，包括降低冰点、类脂转移、激酶调节、阻止脱水等。

低温锻炼过程中冷诱导蛋白的产生是通过植物低温信号转导来完成的。植物感受低温后将信号传递到核内，通过下游转录因子激活冷响应基因的表达，从而引起一系列生理生化反应，产生抗寒能力。

4. 植物低温胁迫信号的感知 植物如何感受低温还没有一个定论。目前，人们较为接受的一种观点认为质膜可能是植物细胞感受低温的最初部位。该观点认为，植物细胞在感受外界低温信号时，细胞膜的流动性和膜蛋白的构象发生改变，同时伴随着细胞骨架的重排，从而激活植物的低温信号转导途径。例如，拟南芥中编码脂酰脱氢酶基因*ADS2*的缺失会导致细胞膜上脂类成分的改变从而降低植物抵抗低温的能力。拟南芥中的油酸脱氢酶缺陷突变体*fad2*就是由于细胞膜组分及细胞膜流动性的异常导致抗冻能力降低。植物感受低温的最初靶标还有可能是细胞膜上的Ca^{2+}通道。当植物受到低温刺激后，细胞内的Ca^{2+}浓度迅速增加。Ca^{2+}作为第二信使激发植物对低温的响应。最新的研究发现了水稻中感受低温的重要基因*COLD1*（chilling-tolerance divergence 1），该基因编码一个G蛋白调节因子，低温条件下，COLD1与G蛋白α亚基互作，激活Ca^{2+}通道，触发下游低温应答反应。

5. 低温胁迫信号的转导 当植物面临低温胁迫时，细胞外储存的Ca^{2+}流入细胞内使细胞质中游离Ca^{2+}水平快速增加。这种Ca^{2+}浓度的瞬时增加是诱发植物*COR*基因的表达和提高抗寒能力所必需的。Ca^{2+}通道阻断剂如La^{3+}抑制了低温诱导的Ca^{2+}的输入，同时也抑制了*COR*的表达，并降低了植物冷锻炼的能力；当用提高细胞内Ca^{2+}水平的药物如钙离子载体A2318处理时，则细胞不经过冷锻炼也可诱导*COR*基因的表达。低温导致细胞内Ca^{2+}水平迅速增加，引发下游的一系列级联信号系统，最终诱导*COR*的表达，提高植物对低温的耐受能力。

除Ca^{2+}外，IP_3在低温信号转导途径中也起重要的作用。IP_3代谢途径中编码肌醇多聚磷酸-1-磷酸酶（inositol polyphosphate1-phosphatase）的基因*FRY1*如果发生缺失突变，则引起植物体内IP_3的积累，激活下游的信号系统，使*COR*基因在冷胁迫时表达增强。

6. 冷响应基因的表达与调控 研究发现，一些受低温诱导的*COR*基因的启动子区域中有一个与干旱、低温胁迫有关的DRE（dehydration-responsive element）顺式作用元件，也称为CRT（C-repeat）。与这些顺式作用元件相结合的蛋白质为DREB1（DRE binding protein 1）/CBF（CRT binding factor）转录因子。有些*COR*基因的表达依赖于上游*CBF*基因的表达，这条冷信号途径被称为依赖于CBF的信号转导途径（图16-15）。近年的研究发现有些*COR*基因的表达独立于*CBF*基因的表达，这些途径统称为不依赖于CBF的信号转导途径。

（1）依赖于CBF的信号转导途径 拟南芥基因组中含有三个*CBF/DREB1*基因，分别编码CBF1/DREB1b、CBF2/DREB1c和CBF3/DREB1a转录因子。*CBF*基因能够被低温迅速诱导表达，其编码的ERF/AP2家族的转录因子能够直接结合到一类*COR*基因启动子的CRT/DRE顺式元件上，调节这些基因的表达，从而导致许多与低温胁迫有关的生理生化变化，如脯氨酸和可溶性糖含量提高，因此CBF作为“枢纽开关”激活了冷锻炼信号的多种组分（图16-15）。

*CBF*基因的表达直接受到了一些上游转录因子的精密调控，这些转录因子包括ICE1（inducer of CBF expression 1）、CAMTA3（calmodulin binding transcription activator 3）等正调控因子，同时还包括MYB15和EIN3等负调控因子。*ICE1*编码一个类似MYC bHLH（MYC-like basic helix-loop-helix）的蛋白质，定位于细胞核内。ICE1蛋白能够结合在*CBF*的启动子区，正向调节*CBF*基因的表达，从而增强植物的抗冻性。*ice1*突变体对低温敏感，而过表达*ICE1*基因则导致植物抗冻性增强。

近年来的研究表明，作为低温信号中的重要正调控因子，ICE1受到多种蛋白翻译后修饰的调控。ICE1蛋白能够被一个E3泛素连接酶HOS1（high osmotic expression 1）泛素化。低温条件下，HOS1

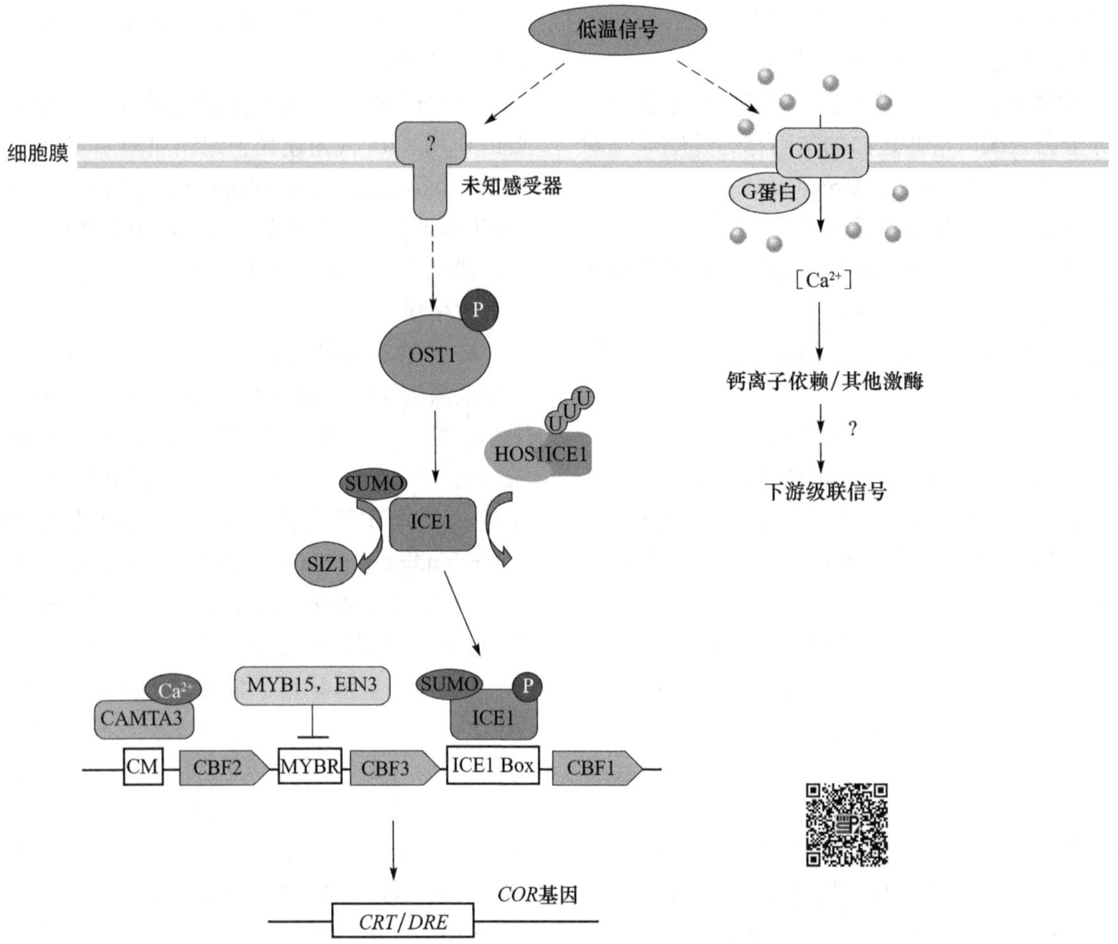

图 16-15　低温胁迫条件下依赖 CBF 的信号转导途径（改自 Shi et al.，2015）

低温引起膜发生变化，或被细胞膜上可能的低温感受器 COLD1 或未知感受器感知，导致胞内 Ca^{2+} 浓度增加，启动下游的一系列磷酸化去磷酸化级联反应；OST1 蛋白激酶被低温激活，磷酸化转录因子 ICE1 蛋白，从而稳定 ICE1，ICE1 直接诱导 *CBF* 的转录，调节冷应答 *COR* 基因的表达及植物的抗冻性。*CBF* 基因自身存在反馈调控机制。HOS1 作为负调控因子泛素化降解 ICE1，而 SIZ1 可以使 ICE1 SUMO 化，增强 ICE1 在低温下的稳定性。另外，转录因子 MYB15 和 EIN3 直接负调控 *CBF* 基因的表达。箭头代表诱导表达；—| 代表抑制。P. 磷酸化；U. 泛素化；S. SUMO 化

直接与 ICE1 互作并泛素化 ICE1，泛素化的 ICE1 蛋白通过 26S 蛋白酶体途径降解。研究还发现，一种类泛素蛋白（small ubiquitin-related modifier，SUMO）E3 连接酶 SIZ1（SAP and Miz 1）也参与调控 ICE1 的稳定性。SUMO 是近年来被发现的一种与泛素（ubiquitin）相类似的蛋白质。它可经由类似泛素化的过程与目标蛋白质上特定的赖氨酸残基形成共价键，而修饰目标蛋白质，这个过程称为 SUMO 化（sumoylation）。拟南芥中的 SIZ1 能够 SUMO 化 ICE1，并抑制 ICE1 的泛素化，从而增强 ICE1 在低温下的稳定性。最新的研究发现，磷酸化修饰在调控 ICE1 的稳定性中也发挥重要作用。ABA 信号途径中关键蛋白激酶 OST1 的突变导致植物对低温敏感，伴随 *CBF* 及其下游 *COR* 基因表达受冷诱导程度明显降低。生化研究发现低温能够快速激活 OST1，激活状态的 OST1 与 ICE1 互作并将其磷酸化，从而抑制 HOS1 介导的 ICE1 的泛素化降解。由此可见蛋白质翻译后修饰在低温信号中起重要调控作用。

（2）不依赖于 CBF 的信号转导途径　基因芯片和突变体分析表明，只有 10%～15% 的 *COR* 基因受 CBF 蛋白的调控，因此还存在不依赖于 CBF 的低温信号转导途径，如拟南芥基因 *ESK1*（*ESKIMO*）、*HOS9* 等基因的突变都会影响植物的抗冻性，但是不影响 *CBF* 基因的表达。对 CBF 不依赖途径的深入研究将加深人们对低温信号的了解。

第五节　植物的抗热性

高温是影响当前农业生产的不利环境因子之一。尤其是近年来，随着温室效应的加剧，全球气温上升，整个种植业面临高温挑战，因此研究植物高温伤害的生理生化基础及其分子机制，将有助于采取有效的措施减轻高温的危害。

一、高温对植物的影响

通常情况下，由高温引起植物伤害的现象称为热害（heat injury）。植物对高温胁迫的适应则称为抗热性（heat resistance）。不同类的植物对高温的忍耐程度有很大差异，一般将超过植物正常生长温度上限所引起的高温伤害的温度分为临界温度和致死温度。

高温对植物的伤害是复杂的、多方面的，归纳起来可分为直接伤害、间接伤害和次生伤害三个方面。

1. 直接伤害　高温直接影响组成细胞的结构，在短期（几秒到几十秒）内出现症状，并可从受热部位向非受热部位传递蔓延。其伤害实质较复杂，可能原因如下。

（1）*蛋白质变性*　高温破坏蛋白质空间构型，由于维持蛋白质空间构型的氢键和疏水键键能较低，所以高温易使蛋白质失去二级与三级结构，蛋白质分子展开，失去其原有的生物学特性。蛋白质变性最初是可逆的，在持续高温下，很快转变为不可逆的凝聚状态。高温使蛋白质凝聚的原因与冻害相似，蛋白质分子的二硫基含量增多，巯基含量下降。

（2）*膜结构破坏*　生物膜主要由蛋白质和脂类组成，它们之间靠静电或疏水键相联系。高温能打断这些键，把膜中的脂类释放出来，形成一些液化的小囊泡，从而破坏了膜的结构，使膜失去半透性和主动吸收的特性。叶绿体、线粒体等内膜系统细胞器的稳定结构也会遭到破坏，最终导致植物细胞不可逆死亡。

2. 间接伤害　间接伤害是指高温导致代谢的异常，渐渐使植物受害，其过程是缓慢的。高温常引起植物过度的蒸腾失水，此时同旱害相似，因细胞失水而造成一系列代谢失调，导致生长不良。

（1）*代谢性饥饿*　光合作用的最适温度一般都低于呼吸作用的最适温度，如马铃薯的光合适温为 30℃，而呼吸适温接近 50℃。因此高温下植物的呼吸作用大于光合作用，储存的能量一旦耗尽，植物体就会出现饥饿甚至死亡。

（2）*有毒物质积累*　高温使氧气的溶解度减小，抑制植物的有氧呼吸，同时积累无氧呼吸所产生的有毒物质，如乙醇、乙醛等。同时高温抑制含氮化合物的合成，促进蛋白质的降解，使体内氨过度积累而毒害细胞。

（3）*蛋白质合成受阻*　高温破坏氧化磷酸化的偶联作用，ATP 合成受阻，直接抑制了蛋白质合成的能力。

3. 次级伤害

（1）*抑制光合作用*　高温导致叶绿素含量降低及光合系统酶活力下降，因此光合作用受到抑制。

（2）*水分胁迫*　高温引起气孔迅速关闭，蒸腾作用随之下降，根部细胞对水分吸收能力降低，造成含水量下降，植物萎蔫。此时植物细胞内渗透调节物质含量增加，帮助植物抵抗热害。

（3）*氧化物积累*　高温会破坏植物体内活性氧清除酶的活性，如 CAT、POD 和 SOD 等，导致 ROS 过量积累，造成质膜的过氧化伤害。

（4）*植物激素稳态失衡*　高温会导致植物体合成大量的乙烯和脱落酸，一方面提高植物抗高温能力，另一方面则促进细胞死亡和叶片脱离，以维持逆境下植物生长发育的平衡。

二、植物耐热性生理和分子基础

不同植物忍耐和适应高温的能力各异。植物在长期进化过程中形成了对高温逆境的适应和抵抗能力，通常可分避热性、御热性和耐热性。植物在感受高温后能够通过特定的生理生化变化来减轻胁迫造成的伤害，这种抗逆机制称为植物的耐热性。

（一）影响植物耐热性的因素

1. 内部因素　耐热性强的植物在代谢上的

基本特点是构成原生质的蛋白质对热稳定。蛋白质的热稳定性主要取决于化学键的牢固程度与键能大小。疏水键、二硫键越多的蛋白质，其耐热性就越强，这种蛋白质在较高温度下不易发生不可逆的变性与凝聚。

一般说来，生长在干燥炎热环境下的植物耐热性高于生长在潮湿冷凉环境下的植物。例如，C_4 植物起源于热带或亚热带地区，其耐热性一般高于 C_3 植物。C_4 植物光合最适温度为 40～45℃，也高于 C_3 植物（20～25℃）。因此 C_4 植物温度补偿点高，在 45℃高温下仍有净光合的生产，而 C_3 植物温度补偿点低，当温度升高到 30℃以上时已无净光合生产。

植物不同的生育时期、部位，其耐热性也有差异。成长叶片的耐热性大于嫩叶，更大于衰老叶；种子休眠时耐热性最强，随着种子吸水膨胀，耐热性下降；果实越趋成熟，耐热性越强；油料种子对高温的抵抗力大于淀粉种子；细胞汁液含水量（自由水）越少，蛋白质分子越不易变性，耐热性越强。

2. 外部因素

（1）温度　温度对植物耐热性有直接影响，高温锻炼（驯化）可以诱导热激蛋白的合成，有助于稳定细胞膜结构，保护细胞器，提高植物的耐热性。

（2）湿度　一般情况下，环境湿度大植物含水量高，抗热能力较低。低湿度环境中，含水量低的植物则具有较强的耐热性。

（二）植物耐热性产生的分子基础

在高于正常生长温度 5～10℃以上时，植物会大量合成一些新的蛋白质，称为热激蛋白（heat shock protein，HSP），这种现象称为热激反应（heat shock response，HSR）。HSP 的形成与植物耐热性呈正相关，因此 HSP 的种类与数量可以作为植物抗热性的生化指标，下面将简单介绍 HSP 蛋白种类、功能及其基因表达调控。

1. 植物热激蛋白的种类和特点　HSP 是目前发现的最保守的蛋白质之一，它的种类很多。根据分子质量大小可以将 HSP 分为五大类：HSP100、HSP90、HSP70、HSP60 和小分子质量 HSP（smHSP）。植物热激蛋白质多以小分子质量的为主，只有少数为大分子质量。热激蛋白定位于细胞的多种细胞器中，包括细胞质、叶绿体、线粒体和内膜系统等。

植物热激蛋白具有以下特点：①不同的物种有同源性很高的 HSP，但同一物种的不同 HSP 如 HSP60 与 HSP70 没有同源性；② HSP 的诱导合成是迅速的，热激处理 3～5min 就能检测到 HSP 的 mRNA，20min 即可检测到新合成的 HSP 蛋白；③ HSP 的诱导持续时间是短暂的，如果让植物一直处于热激状态，HSP 的合成一般只持续几个小时。

2. 热激蛋白的功能　HSP的生理功能一般认为其具有分子伴侣（chaperone）的作用，即协助蛋白质跨膜运输，防止蛋白质前体积累并协助蛋白质跨膜转移；与未折叠蛋白质形成络合物以维持其转移能力；维持蛋白质的正常折叠状态，促进错误折叠的蛋白质降解；在蛋白质从头折叠及应激条件下能起到稳定多肽链，防止蛋白质失活的作用。它参与靶蛋白的活性和功能调节，却不是靶蛋白的组成部分。真核生物中的 HSP90、HSP70 及 HSP60 都具有分子伴侣的功能。

许多研究已经表明，高温热激下产生的 HSP 可以提高植物的耐热力。将一些热激蛋白的相关基因导入植物体，都可以提高植物的耐热性。

3. 热激基因表达的调控　植物在感知高温后，会激活质膜上特定的钙离子通道引发胞内钙离子内流。钙离子通道被认为是主要的高温感受器之一，将高温信号通过钙调素 CaM 向下游传递，激活一类在热激条件下激活 *HSP* 的热激转录因子（heat shock transcription factor，HSF）。

在热激基因的启动子中有特异的 HSF 的结合序列，称为热激元件（heat shock element，HSE），热激时 HSF 被激活并与 HSE 结合，启动 *HSP* 的表达。HSF 的活性调节是 *HSP* 表达转录调节的中心机制。归纳起来，热激蛋白表达自我调节机制的一种可能模式为：在正常生长状态下，HSP70（或 HSP90）与 HSF 相互作用使 HSF 处于钝化的单体状态。热激时胞内异常蛋白增多，HSP 结合到解折叠的蛋白质上，释放出 HSF，之后 HSF 形成三聚体，再结合到 HSE 上启动 *HSP* 基因的转录，产生并积累 HSP。后者积累后又可与 HSF 三聚体结合，使其从 DNA 上解离下来并重新恢复为钝化的单体状态，关闭 HSF 的活性，从而抑制了自身的过度合成（图 16-16）。HSF 的活性也受磷酸化和去磷酸化的调节，HSF 的磷酸化是其活性的主要翻译后调节机制。

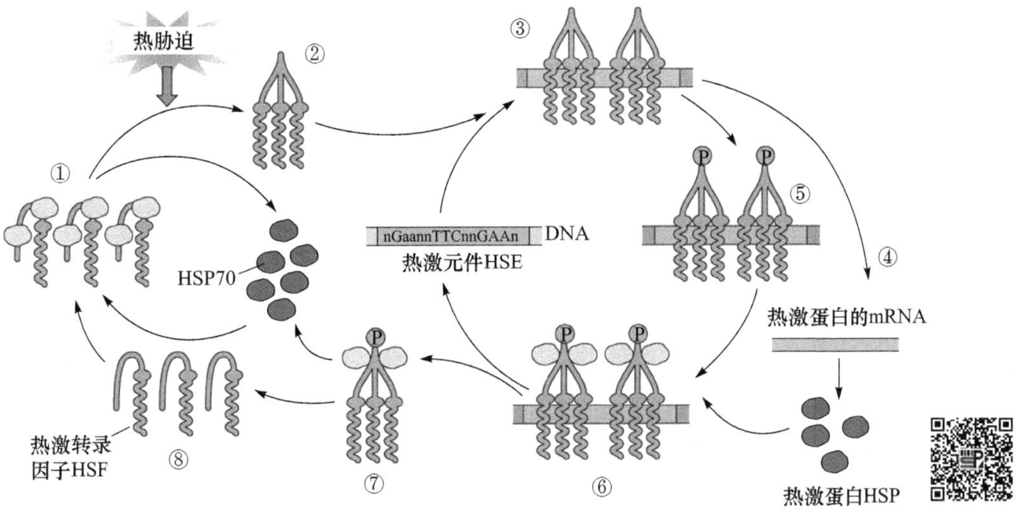

图 16-16　热激蛋白基因表达的调控（Taiz & Zeiger，2006）

在非胁迫细胞中，HSF 和 HSP70 结合，呈单体形式①；在热胁迫下，HSP70 从 HSF 解离出来，后者成为三聚体②；活化的三聚体与 *HSP70* 基因启动子的热激元件 HSE 结合③；刺激 *HSP70* mRNA 的转录，并翻译成 HSP70 ④；HSE 与 HSF 结合，HSF 被磷酸化⑤；HSP70 与磷酸化的 HSF 三聚体结合⑥；HSF 三聚体复合物⑦把 HSE 解离，HSF 去磷酸成为单体⑧；HSF 后来再与 HSP70 形成另一个 HSP70/HSF 复合物

4. 未折叠蛋白应答和活性氧信号分子　未折叠蛋白应答（unfolded protein response，UPR）是真核生物中保守的耐高温机制。内质网产生 UPR 后，会通过向细胞核内释放 bZIP 转录因子，来激活内质网上一种免疫球蛋白结合蛋白（binding immunoglobulin protein，BiP）的基因表达，BiP 参与修复和清除错误折叠蛋白，有利于蛋白结构的稳定。

高温引起的代谢失衡会造成细胞内活性氧 ROS 的积累。ROS 作为信号分子可能参与 HSF 的激活及高温信号的放大，但同时过量 ROS 导致细胞死亡，因此 ROS 清除酶系统也会同时被高温所激活。

5. 激素调控植物耐热性　除 HSF 和 HSP 介导的抗热信号途径外，还存在其他的信号途径调控植物耐热性。研究发现高温胁迫下，植株会大量释放植物激素乙烯，引发细胞死亡。拟南芥乙烯信号组分突变能够增强植株的耐热胁迫能力。高温同样有助于 ABA 和 JA 的合成，相反的是 ABA 和 JA 都具有提高植物耐热性的功能。此外，SA 信号途径上的突变体也对热胁迫敏感。目前尚无证据表明植物激素介导抗热性与 HSP 途径之间有直接关系。

小　结

逆境或者胁迫是指对植物的生长发育造成不利影响的外界因子，分为生物胁迫和非生物胁迫。植物在遭受逆境伤害后会产生抗逆性。植物抗逆性包括避逆性、御逆性和耐逆性三种形式。植物对逆境的响应包括生长发育调节、激素调节、渗透物质调节、代谢调节、细胞膜结构的调节、活性氧代谢及逆境蛋白调节等多个方面。

干旱是指当植物耗水大于吸水时，植物体内出现的水分亏缺现象。旱害是指土壤水分缺乏或大气相对湿度过低对植物的危害。干旱对植物的伤害主要包括机械损伤、膜系统损伤、水分重新分配和影响正常代谢过程。植物的抗旱性是指在干旱条件下，植物具有维持正常的或接近正常的代谢水平及维持基本正常的生长发育的能力。在干旱失水胁迫时，植物通过形态和生理上的改变来适应外界环境的改变，主要体现在形态方面根系发达，根毛数量增加，木质部的数量增加，以及提高细胞保水能力等方面。植物细胞通过依赖于 ABA 和不依赖于 ABA 的两条途径，感知水分胁迫信号和调控水分胁迫基因的表达。ABA 是重要的逆境激素。在干旱脱水条件下植物内源 ABA 水平显著增加，ABA 受体 PYR/PLY/RCAR 与 ABA 结合后，与 PP2C 互作，从而解除了 PP2C 磷酸酶对 SnRK 激酶的抑制作用，激活下游的特定转录因子和离子通道，调控水分缺乏的转录响应和气孔运动。

盐害是指土壤盐分过多对植物造成的伤害作用，分为原初盐害和次生盐害。原初盐害是指盐离子本身对植物产生的伤害。次生盐害是指由于土壤盐分过多而引起离子间的竞争而导致的营养缺乏。植物抗盐的方式分为避盐和耐盐。其中避盐包括主动泌盐、稀盐和被动的拒盐。耐盐是指植物通过自身的生理或代谢过程来适应和耐受细胞内的高盐环境。植物的耐盐机制包括：减少 Na^+ 的吸收及增加 Na^+ 的外排；盐分区域化；渗透调节作用及保护蛋白质的合成。植物细胞内 Na^+ 的外排及盐分区域化主要通过 SOS 信号途径介导。SOS 途径主要由 *SOS1* 基因编码的质膜 Na^+/H^+ 反向转运体、*SOS2* 基因编码的 Ser/Thr 蛋白激酶及 *SOS3* 基因编码的 Ca^{2+} 结合蛋白共同组成。SOS 途径激活能够维持植物体内 Na^+ 的平衡。

低温胁迫包括冷胁迫和冻胁迫。冷胁迫是指在 0℃以上低温造成的胁迫，冻胁迫是指 0℃以下低温造成的胁迫。冷害导致植物生长受到抑制，而冻害主要是冰晶的伤害。植物随着温度的降低，体内发生一系列适应低温的形态和生理生化变化，使其抗寒能力得到提高，称为抗寒锻炼或冷驯化。植物细胞在感受外界低温信号时，细胞膜的流动性和膜蛋白的构象发生改变，诱发 Ca^{2+} 内流，从而激活植物的低温信号。植物冷信号分为依赖于 CBF 的信号转导途径和不依赖于 CBF 的信号转导途径。其中 CBF 作为“枢纽开关”能够激活一系列冷响应 *COR* 基因的表达。

高温引起植物伤害的现象称为热害。植物对高温胁迫的适应则称为抗热性。高温对植物的伤害可分为直接伤害、间接伤害和次生伤害。植物通过特定的生理生化变化来减轻热胁迫造成的伤害，称为植物的耐热性。植物的耐热性受温度、湿度及植物个体生长发育状态的影响。高温下，植物会大量合成热激蛋白 HSP，这些分子伴侣能够帮助维持蛋白质在高温下的活性。

思 考 题

（1）何谓植物的抗旱性、抗盐性、抗寒性？

（2）逆境胁迫（干旱、高盐、低温）对植物的影响有哪些？

（3）植物对干旱胁迫的响应主要包括哪些方面？

（4）简述植物抗盐的生理和分子基础。

（5）简述植物响应低温胁迫的生理和分子基础。

（6）简述植物对热胁迫响应的生理和分子基础。

主要参考文献

曹宗巽，吴相钰．1980. 植物生理学．北京：人民教育出版社

陈晓亚，薛红卫．2012. 植物生理与分子生物学 .4 版．北京：高等教育出版社

李文阳，马梦迪，郭红卫．2013. 植物激素乙烯作用机制的最新进展．中国科学：生命科学，43：854-863

李毅．1998. 高等植物的性别决定 // 许智宏，刘春明．植物发育的分子机理. 北京：科学出版社：39-53

娄成后．1979. 植物生理学．北京：农业出版社

潘瑞炽．2004. 植物生理学 .5 版．北京：高等教育出版社

王凌健，方欣，杨长青，等．2013. 植物萜类次生代谢及其调控．中国科学：生命科学，43：1030-1046

王晓华，郝怀庆，王钦丽，等．2007. 花粉管细胞结构与生长机制研究进展．植物学通报，24：340-354

王忠．2000. 植物生理学. 北京：中国农业出版社

张一婧，薛勇彪．2007. 基于 *S*-核酸酶的自交不亲和性的分子机制．植物学通报，24：372-388

Al-Babili S, Bouwmeester HJ. 2015. Strigolactones, a novel carotenoid-derived plant hormone. Annu Rev Plant Biol, 66: 161-186

Albersheim P, Darvill, A, Roberts K, et al. 2011. Plant Cell Walls: From Chemistry to Biology. New York: Garland Science, Taylor and Francis Group

Alberts B, Bray D, Lewis J, et al. 2002. Molecular Biology of the Cell. 4th ed. New York: Garland Science

Amtmann A, Blatt MR. 2009. Regulation of macronutrient transport. New Phytol, 181: 35-52

Ausin I, Alonso-Blanco C, Martinez-Zapater JM. 2005. Environmental regulation of flowering. Int J Dev Biol, 49: 689-705

Baker NR. 2008. Chlorophyll fluorescence: A probe of photosynthesis *in vivo*. Annu Rev Plant Biol, 59: 89-113

Baldwin KL, Strohm AK, Masson PH. 2013. Gravity sensing and signal transduction in vascular plant primary roots. Am J Bot, 100: 126-142

Beardsell MF, Cohen D. 1975. Relationships between leaf water status, abscisic acid levels, and stomatal resistance in maize and sorghum. Plant Physiol, 56: 207-212

Bergmann DC, Sack FD. 2007. Stomatal development. Annu Rev Plant Biol, 58: 163-181

Blankenship RE. 2014. Molecular Mechanism of photosynthesis. 2nd ed. Oxford: Wiley-Blackwell

Blazquez MA, Weigel D. 2000. Integration of floral inductive signals in *Arabidopsis*. Nature, 404: 889-892

Blumel M, Dally N, Jung C. 2015. Flowering time regulation in crops-what did we learn from Arabidopsis? Curr Opin Biotechnol, 32: 121-129

Boerjan W, Ralph J, Baucher M. 2003. Lignin biosynthesis. Annu Rev Plant Biol, 54: 519-546

Boss PK, Bastow RM, Mylne JS, et al. 2004. Multiple pathways in the decision to flower: Enabling, promoting, and resetting. Plant Cell, 16: S18-S31

Buchanan BB, Gruissem W, Jones RL. 2000. Biochemistry and Molecular Biology of Plants. Oxford: Wiley-Blackwell

Buchanan BB, Graissem W, Jones RL. 2015. Biochemistry and Molecular Biology of Plants. 2nd ed. Oxford: Wiley-Blackwell Physiologists.

Byrne ME. 2012. Making leaves. Curr Opin Plant Biol, 15: 24-30

Chen F, Tobimatsu Y, Havkin-Frenkel D, et al. 2012. A polymer of caffeyl alcohol in plant seeds. Proc Natl Acad Sci USA, 109: 1772-1777

Chen LQ, Qu XQ, Hou BH, et al. 2012. Sucrose efflux mediated by SWEET proteins as a key step for phloem transport. Science, 335: 207-211

Chini A, Fonseca S, Fernandez G, et al. 2007. The JAZ family of repressors is the missing link in jasmonate signalling. Nature, 448: 666-U664

Chinnusamy V, Zhu J, Zhu JK. 2006. Salt stress signaling and mechanisms of plant salt tolerance. Genet Eng (N Y), 27: 141-177

Chiou TJ, Lin SI. 2011. Signaling network in sensing phosphate availability in plants. Annu Rev Plant Biol, 62: 185-206

Davies WJ, Hartung W. 2004. Has extrapolation from biochemistry to crop functioning worked to sustain plant production under water scarcity? Brisbane: Proc. 4th Intl. Crop Sci. Congress

De Schepper V, De Swaef T, Bauweraerts I, et al. 2013.Phloem transport: a review of mechanisms and controls. J Exp Bot, 64: 4839-4850

Demidchik V, Davenport RJ, Tester M. 2002. Nonselective cation channels in plants. Annu Rev Plant Biol, 53: 67-107

Denton AK, Simon R, Weber APM. 2013. C-4 photosynthesis: from evolutionary analyses to strategies for synthetic reconstruction of the trait. Curr Opin Plant Biol, 16: 315-321

Derks A, Schaven K, Bruce D. 2015. Diverse mechanisms for photoprotection in photosynthesis. Dynamic regulation of photosystem II excitation in response to rapid environmental change. Biochim Biophys Acta, 1847: 468-485

Ding Y, Li H, Zhang X, et al. 2015. OST1 kinase modulates freezing tolerance by enhancing ICE1 stability in *Arabidopsis*. Dev Cell, 32: 278-289

Dinneny JR, Weigel D, Yanofsky MF. 2006. NUBBIN and JAGGED define stamen and carpel shape in *Arabidopsis*. Development, 133: 1645-1655

Drews GN, Yadegari R. 2002. Development and function of the angiosperm female gametophyte. Annu Rev Genet, 36: 99-124

Eberhard S, Finazzi G, Wollman FA. 2008. The Dynamics of Photosynthesis. Annu Rev Genet, 42: 463-515

Ehrhardt DW, Shaw SL. 2006. Microtubule dynamics and organization in the plant cortical array. Annu Rev Plant Biol, 57: 859-875

Epstein E, Bloom AJ. 2005. Mineral Nutrition of Plants: Principles and Perspectives. 2nd ed. Sunderland: Sinauer Associates

Estornell LH, Agusti J, Merelo P, et al. 2013. Elucidating mechanisms underlying organ abscission. Plant Sci, 199: 48-60

Farbos I, Veuskens J, Vyskot B, et al. 1999. Dimorphism in white campion: Deletion on the Y chromosome results in a floral asexual phenotype. Genetics, 151: 1187-1196

Florian A, Araujo WL, Fernie AR. 2013. New insights into photorespiration obtained from metabolomics. Plant Bio, 15: 656-666

Fox TC, Guerinot ML. 1998. Molecular biology of cation transport in plants. Annu Rev Plant Physiol Plant Mol Biol, 49: 669-696

Friml J. 2010. Subcellular trafficking of PIN auxin efflux carriers in auxin transport. Eur J Cell Biol, 89: 231-235

Fu ZQ, Dong XN. 2013. Systemic acquired resistance: turning local infection into global defense. Ann Rev Plant Biol, 64: 839-863

Gallagher KL, Sozzani R, Lee CM. 2014. Intercellular protein movement: deciphering the language of development. Annu Rev Cell Dev Biol, 30: 207-233

Geigenberger P. 2011. Regulation of starch biosynthesis in response to a fluctuating environment. Plant Physiol, 155: 1566-1577

Geisler M, Axelsen KB, Harper JF, et al. 2000. Molecular aspects of higher plant P-type Ca^{2+}-ATPases. Biochim Biophys Acta, 1465: 52-78

Grennan AK. 2007. Lipid rafts in plants. Plant Physiol, 143: 1083-1085

Griffiths J, Murase K, Rieu I, et al. 2006. Genetic characterization and functional analysis of the GID1 gibberellin receptors in *Arabidopsis*. Plant Cell, 18: 3399-3414

Gunning BES, Steer MW. 1996. Plant Cell Biology: Structure and Function of Plant Cells. Boston: Jones and Bartlett

Harberd NP, Belfield E, Yasumura Y. 2009. The angiosperm gibberellin-GID1-DELLA growth regulatory mechanism: How an "inhibitor of an inhibitor" enables flexible response to fluctuating environments. Plant Cell, 21: 1328-1339

Hedden P, Phillips AL. 2000. Gibberellin metabolism: new insights revealed by the genes. Trends Plant Sci, 5: 523-530

Hedrich R. 2012. Ion channels in plants. Physiol Rev, 92: 1777-1811

Henderson IR, Dean C. 2004. Control of *Arabidopsis* flowering: the chill before the bloom. Development, 131: 3829-3838

Ho CH, Lin SH, Hu HC, et al. 2009. CHL1 functions as a nitrate sensor in plants. Cell, 138: 1184-1194

Hohmann-Marriott MF, Blankenship RE. 2011. Evolution of photosynthesis. Annu Rev Plant Biol, 62: 515-548

Hong M. 2005. Molecular genetic analyses of microsporogenesis and micro gametogenesis in flowering plants. Annu Rev Plant Biol, 56: 393-434

Hopkins W, Hüner NPA. 2004. Introduction to Plant Physiology. 3rd ed. Hoboken: John Wiley & sons, Inc

Hopkins WG. 1995. Introduction to Plant Physiology. Hoboken: John Wiley & sons, Inc

Hsiao TC, Xu LK. 2000. Sensitivity of growth of roots versus leaves to water stress: biophysical analysis and relation to water transport. J Exp Bot, 51: 1595-1616

Hu H, Xiong L. 2014. Genetic engineering and breeding of drought-resistant crops. Annu Rev Plant Biol, 65: 715-741

Hussey PJ, Ketelaar T, Deeks MJ. 2006. Control of the actin cytoskeleton in plant cell growth. Annu Rev Plant Biol, 57: 109-125

Irish VF. 1999. Patterning the flower. Dev Biol, 209: 211-220

Ishida T, Kurata T, OLada K, et al. 2008. A genetic regulatory network in the development of trichomes and root hairs. Annu Rev

plant B:ol, 59: 365-386
Jacobson K, Sheets ED, Simson R. 1995. Revisiting the fluid mosaic model of membranes. Science, 268: 1441-1442
Jarillo JA, Pineiro M. 2011. Timing is everything in plant development. The central role of floral repressors. Plant Science, 181: 364-378
Jonsson H, Heisler MG, Shapiro BE, et al. 2006. An auxin-driven polarized transport model for phyllotaxis. Proc Natl Acad Sci USA, 103: 1633-1638
Joshi-Saha A, Valon C, Leung J. 2011. A brand new START: abscisic acid perception and transduction in the guard cell. Sci Signal, 4: re4
Ju CL, Chang CR. 2015. Mechanistic insights in ethylene perception and signal transduction. Plant Physiol, 169: 85-95
Jung C, Muller AE. 2009. Flowering time control and applications in plant breeding. Trends Plant Sci, 14: 563-573
Kebeish R, Niessen M, Thiruveedhi K, et al. 2007. Chloroplastic photorespiratory bypass increases photosynthesis and biomass production in *Arabidopsis thaliana*. Nat Biotechnol, 25: 593-599
Kim TW, Wang ZY. 2010. Brassinosteroid signal transduction from receptor kinases to transcription factors. Annu Rev Plant Biol, 61: 681-704
Kinoshita T, Hayashi Y. 2011. New insights into the regulation of stomatal opening by blue light and plasma membrane H^+-ATPase. *In*: Kwang WJ. International Review of Cell and Molecular Biology, Vol 289. Academic Press: 89-115
Kremer PJ, Bojer JS. 1995. Water Relations of Plants and Soil. San Diego: Academic Press
Leran S, Varala K, Boyer JC, et al. 2014. A unified nomenclature of NITRATE TRANSPORTER 1/PEPTIDE TRANSPORTER family members in plants. Trends Plant Sci, 19: 5-9
Leustek T, Martin MN, Bick JA, et al. 2000. Pathways and regulation of sulfur metabolism revealed through molecular and genetic studies. Annu Rev Plant Physiol Plant Mol Biol, 51: 141-165
Leyser O, Day S. 2003. Mechanisms in plant Development. Hoboken: Blackwell Publishing.
Levitt J. 1980. Responses of plants to environmental stress. 2nd ed. New York: Academic Press, Inc
Li J, Blanchoin L, Staiger CJ. 2015. Signaling to actin stochastic dynamics. Annu Rev Plant Biol, 66: 415-440
Li JM. 2010. Regulation of the nuclear activities of brassinosteroid signaling. Curr Opin Plant Biol, 13: 540-547
Liljegren SJ. 2012. Organ abscission: exit strategies require signals and moving traffic. Curr Opin Plant Biol, 15: 670-676
Liscum E, Askinosie SK, Leuchtman DL, et al. 2014. Phototropism: growing towards an understanding of plant movement. Plant Cell, 26: 38-55
Liu ZF, Yan HC, Wang KB, et al. 2004. Crystal structure of spinach major light-harvesting complex at 2.72 angstrom resolution. Nature, 428: 287-292
Lodish H, Berk A, Kaiser C, et al. 2013. Molecular Cell Biology. 6th ed. New York: Media Connected, W. H. Freeman and Company
Loo DD, Zeuthen T, Chandy G, et al. 1996. Cotransport of water by the Na^+/glucose cotransporter. Proc Natl Acad Sci USA, 93: 13367-13370
Lough TJ, Lucas WJ. 2006. Integrative plant biology: role of phloem long-distance macromolecular trafficking. Annu Rev Plant Biol, 57: 203-232
Lucas WJ. 2006. Plant viral movement proteins: agents for cell-to-cell trafficking of viral genomes. Virology, 344: 169-184
Ma H, Sundaresan V. 2010. Development of flowering plant gametophytes. Curr Top Dev Biol, 91: 379-412
Ma Y, Dai XY, Xu YY, et al. 2015. COLD1 confers chilling tolerance in rice. Cell, 160: 1209-1221
Maeshima M. 2001. Tonoplast transporters: Organization and function. Annu Rev Plant Physiol Plant Mol Biol, 52: 469-497
Mahajan S, Tuteja N. 2005. Cold, salinity and drought stresses: an overview. Arch Biochem Biophys, 444: 139-158
Marshall A, Aalen RB, Audenaert D, et al. 2012. Tackling drought stress: RECEPTOR-LIKE KINASES present new approaches. Plant Cell, 24: 2262-2278
Maser P, Thomine S, Schroeder JI, et al. 2001. Phylogenetic relationships within cation transporter families of *Arabidopsis*. Plant Physiol, 126: 1646-1667
Maule AJ, Benitez-Alfonso Y, Faulkner C. 2011. Plasmodesmata-membrane tunnels with attitude. Curr Opin Plant Biol, 14: 683-690
Maurel C, Verdoucq L, Luu DT, et al. 2008. Plant aquaporins: membrane channels with multiple integrated functions. Annu Rev Plant Biol, 59: 595-624
McFarlane HE, Doring A, Persson S. 2014. The cell biology of cellulose synthesis. Annu Rev Plant Biol, 65: 69-94
Meyerowitz EM. 2002. Comparative genomics-plants compared to animals: the broadest comparative study of development.

Science, 295: 1482-1485

Millar AH, Whelan J, Soole KL, et al. 2011. Organization and regulation of mitochondrial respiration in plants. Annu Rev Plant Biol, 62: 79-104

Modrusan Z, Reiser L, Feldmann KA, et al. 1994. Homeotic transformation of ovules into carpel-like structures in *Arabidopsis*. Plant Cell, 6: 333-349

Moore R, Clark WD, Stern KR, et al. 1995. Botany. Dubuque: Wm. C. Brown Publishers

O'Hara LE, Paul MJ, Wingler A. 2013. How do sugars regulate plant growth and development? New insight into the role of trehalose-6-phosphate. Mol Plant, 6: 261-274

Outlaw JWH. 2003. Integration of cellular and physiological functions of guard cells. Crit Rev Plant Sci, 22: 503-529

Palmgren MG. 2001. Plant plasma membrane H^+-ATPases: Powerhouses for nutrient uptake. Annu Rev Plant Physiol Plant Mol Biol, 52: 817-845

Paredez AR, Somerville CR, Ehrhardt DW. 2006. Visualization of cellulose synthase demonstrates functional association with microtubules. Science, 312: 1491-1495

Penfield S. 2008. Temperature perception and signal transduction in plants. New Phytol, 179: 615-628

Peterhansel C, Offermann S. 2012. Re-engineering of carbon fixation in plants-challenges for plant biotechnology to improve yields in a high-CO_2 world. Curr Opin Biotechnol, 23: 204-208

Pockman WT, Sperry JS, O'Leary JW. 1995. Sustained and significant negative water pressure in xylem. Nature, 378: 715-716

Pruneda-Paz JL, Kay SA. 2010. An expanding universe of circadian networks in higher plants. Trends Plant Sci, 15: 259-265

Rosquete MR, Barbez E, Kleine-Vehn J. 2012. Cellular auxin homeostasis: Gatekeeping is housekeeping. Mol Plant, 5: 772-786

Roux F, Touzet P, Cuguen J, et al. 2006. How to be early flowering: an evolutionary perspective. Trends Plant Sci, 11: 375-381

Ruyter-Spira C, Al-Babili S, van der Krol S, et al. 2013. The biology of strigolactones. Trends Plant Sci, 18: 72-83

Salisbury F, Ross C. 1992. Plant Physiology. Cambrige: Wadsworth Publishing Company, a division of Wadsworth, Inc.

Sanders PM, Bui AQ, Weterings K, et al. 1999. Anther developmental defects in *Arabidopsis thaliana* male-sterile mutants. Sex Plant Reprod, 11: 297-322

Santi C, Bogusz D, Franche C. 2013. Biological nitrogen fixation in non-legume plants. Ann Bot, 111: 743-767

Seifert GJ, Roberts K. 2007. The biology of arabinogalactan proteins. Annu Rev Plant Biol, 58: 137-161

Seto Y, Yamaguchi S. 2014. Strigolactone biosynthesis and perception. Curr Opin Plant Biol, 21: 1-6

Sharp RE, Silk WK, Hsiao TC. 1988. Growth of the maize primary root at low water potentials: Ⅰ. Spatial distribution of expansive growth. Plant Physiol, 87: 50-57.

Sheldon CC, Rouse DT, Finnegan EJ, et al. 2000. The molecular basis of vernalization: The central role of FLOWERING LOCUS C (FLC). Proc Natl Acad Sci USA, 97: 3753-3758

Shi Y, Ding Y, Yang S. 2015. Cold signal transduction and its interplay with phytohormones during cold acclimation. Plant Cell Physiol, 56: 7-15

Shimazaki K, Doi M, Assmann SM, et al. 2007. Light regulation of stomatal movement. Annu Rev Plant Biol, 58: 219-247

Smith LG, Oppenheimer DG. 2005. Spatial control of cell expansion by the plant cytoskeleton. Annu Rev Cell Dev Biol, 21: 271-295

Smyth DR, Bowman JL, Meyerowitz EM. 1990. Early flower development in *Arabidopsis*. Plant Cell, 2: 755-767

Somerville C. 2006. Cellulose synthesis in higher plants. Annu Rev Cell Dev Biol, 22: 53-78

Song YH, Shim JS, Kinmonth-Schultz HA, et al. 2015. Photoperiodic flowering: Time measurement mechanisms in leaves. Annu Revi Plant Biol, 66: 441-464

Steudle E. 2001. The cohesion-tension mechanism and the acquisition of water by plant roots. Annu Rev Plant Physiol Plant Mol Biol, 52: 847-875

Strayer CA, Kay SA. 1999. The ins and outs of circadian regulated gene expression. Curr Opin Plant Biol, 2: 114-120

Sweetlove LJ, Beard KFM, Nunes-Nesi A, et al. 2010. Not just a circle: flux modes in the plant TCA cycle. Trends Plant Sci, 15: 462-470

Taiz L, Zeiger E. 1998. Plant Physiology. 2nd ed. Sunderland, Massachusetts: Sinauer Associates. Inc. Publishers

Taiz L, Zeiger E. 2006. Plant Physiology. 4th ed. Sunderland, Massachusetts: Sinauer Associates, Inc. Publishers

Taiz L, Zeiger E. 2010. Plant Physiology. 5th ed. Sunderland, Massachusetts: Sinauer Associates, Inc. Publishers

Taiz L, Zeiger E, Moller IM, et al. 2015. Plant Physiology and Development. 6th ed. Sunderland, Massachusetts: Sinauer Associates, Inc. Publishers

Tanaka H, Dhonukshe P, Brewer PB, et al. 2006. Spatiotemporal asymmetric auxin distribution: a means to coordinate plant development. Cell Mol Life Sci, 63: 2738-2754

Thines B, Katsir L, Melotto M, et al. 2007. JAZ repressor proteins are targets of the SCFCO11 complex during jasmonate signalling. Nature, 448: 661-U662

Tsay YF, Chiu CC, Tsai CB, et al. 2007. Nitrate transporters and peptide transporters. FEBS Lett, 581: 2290-2300

Tsay YF, Ho CH, Chen HY, et al. 2011. Integration of nitrogen and potassium signaling. Annu Rev Plant Biol, 62: 207-226

Turgeon R, Medville R. 2004. Phloem loading: A reevaluation of the relationship between plasmodesmatal frequencies and loading strategies. Plant Physiol, 136: 3795-3803

Turgeon R, Wolf S. 2009. Phloem transport: Cellular pathways and molecular trafficking. Annu Rev Plant Biol, 60: 207-221

Turner S, Gallois P, Brown D. 2007. Tracheary element differentiation. Annu Rev Plant Biol, 58: 407-433

Umena Y, Kawakami K, Shen JR, et al. 2011. Crystal structure of oxygen-evolving photosystem Ⅱ at a resolution of 1.9 angstrom. Nature, 473: 55-U65

Vanlerberghe GC. 2013. Alternative oxidase: A mitochondrial respiratory pathway to maintain metabolic and signaling homeostasis during abiotic and biotic stress in plants. Int J Mol Sci, 14: 6805-6847

Vercesi AE, Borecky J, Godoy Maia ID, et al. 2006. Plant uncoupling mitochondrial proteins. Annu Rev Plant Biol, 57: 383-404

Very AA, Nieves-Cordones M, Daly M, et al. 2014. Molecular biology of K^+ transport across the plant cell membrane: What do we learn from comparison between plant species? J Plant Physiol, 171: 748-769

Vogt L, Vinyard DJ, Khan S, et al. 2015. Oxygen-evolving complex of Photosystem Ⅱ: an analysis of second-shell residues and hydrogen-bonding networks. Curr Opin Chem Biol, 25: 152-158

Wang WF, Bai MY, Wang ZY. 2014. The brassinosteroid signaling network-a paradigm of signal integration. Curr Opin Plant Biol, 21: 147-153

Wang Y, Wu WH. 2013. Potassium transport and signaling in higher plants. Annu Rev Plant Biol, 64: 451-476

Ward JM, Maser P, Schroeder JI. 2009. Plant ion channels: Gene families, physiology, and functional genomics analyses. Annu Rev Physiol, 71: 59-82

Wasteneys GO, Galway ME. 2003. Remodeling the cytoskeleton for growth and form: an overview with some new views. Annu Rev Plant Biol, 54: 691-722

Waters MT, Gutjahr C, Bennett T, et al. 2017. Strigolactone signaling and evolution. Annu Rev Plant Biol, 68: 291-322

Williams ME. 2015. Abscisic acid. Teaching tools in plant biology: Lecture notes. Plant Cell (online), doi/10.1105/tpc.110.tt1210

Williams ME, Pallardy S, Oliver M. 2014. Plant-water relations (2): How plants manage water deficit and why it matters. Teaching tools in plant biology: Lecture notes. Plant Cell (online), doi/10.1105/tpc.114.tt0514

Xie DX, Feys BF, James S, et al. 1998. COI1: An Arabidopsis gene required for jasmonate-regulated defense and fertility. Science, 280: 1091-1094

Xu J, Li HD, Chen LQ, et al. 2006. A protein kinase, interacting with two calcineurin B-like proteins, regulates K^+ transporter AKT1 in *Arabidopsis*. Cell, 125: 1347-1360

Yadegaria R, Drews GN. 2004. Female gametophyte development. Plant Cell, 16: 133-141

Yan JB, Zhang C, Gu M, et al. 2009. The *Arabidopsis* CORONATINE INSENSITIVE1 protein is a jasmonate receptor. Plant Cell, 21: 2220-2236

Yan SP, Dong XN. 2014. Perception of the plant immune signal salicylic acid. Curr Opin Plant Biol, 20: 64-68

Yan YX, Stolz S, Chetelat A, et al. 2007. A downstream mediator in the growth repression limb of the jasmonate pathway. Plant Cell, 19: 2470-2483

Yao RF, Ming ZH, Yan LM, et al. 2016. DWARF14 is a non-canonical hormone receptor for strigolactone. Nature, 536: 469-473

Ye ZH. 2002. Vascular tissue differentiation and pattern formation in plants. Annu Rev Plant Biol, 53: 183-202

Yuan F, Yang HM, Xue Y, et al. 2014. OSCA1 mediates osmotic-stress-evoked Ca^{2+} increases vital for osmosensing in *Arabidopsis*. Nature, 514: 367-371

Zhou H, Lin H, Chen S, et al.2014. Inhibition of the *Arabidopsis* salt overly sensitive pathway by 14-3-3 proteins. Plant Cell, 26: 1166-1182

Zhu C, Naqvi S, Gomez-Galera S, et al. 2007. Transgenic strategies for the nutritional enhancement of plants. Trends Plant Sci, 12: 548-555

Zhu JK, Shimamoto K. 2007. Editorial overview: Cell signaling and gene regulation when will signaling meet small RNAs and epigenetic regulation? Curr Opin Plant Biol, 10: 433-435

中英文名词对照索引